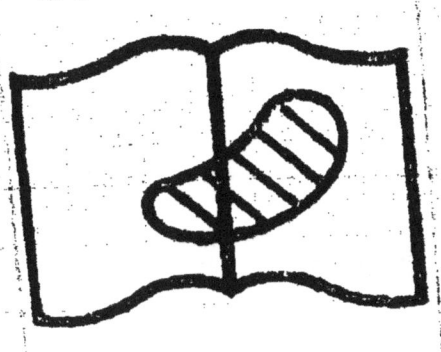

Lisibilité partielle

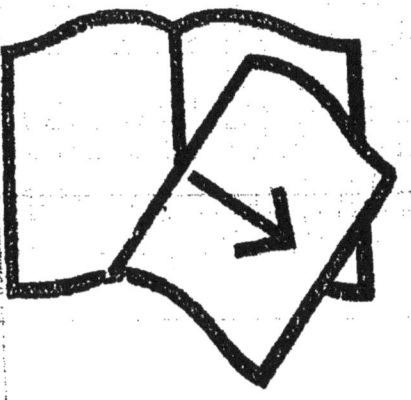

Couvertures supérieure et inférieure manquantes

VALABLE POUR TOUT OU PARTIE
DU DOCUMENT REPRODUIT

COLLECTION
DES
INVENTAIRES SOMMAIRES
DES
ARCHIVES DÉPARTEMENTALES ANTÉRIEURES A 1790

PUBLIÉE

SOUS LA DIRECTION DU MINISTRE DE L'INTÉRIEUR

DEUXIÈME PARTIE

ARCHIVES CIVILES

INVENTAIRE SOMMAIRE

DES

ARCHIVES DÉPARTEMENTALES

ANTÉRIEURES A 1790

RÉDIGÉ PAR

G. DESJARDINS

CHEF DU BUREAU DES ARCHIVES AU MINISTÈRE DE L'INTÉRIEUR

ET

M. BERTRANDY-LACABANE

ARCHIVISTE DU DÉPARTEMENT DE SEINE-ET-OISE, ANCIEN INSPECTEUR GÉNÉRAL DES ARCHIVES

SEINE-ET-OISE

ARCHIVES CIVILES. — SÉRIE E. — NUMÉROS 2948 A 3993

VERSAILLES
CERF ET FILS, IMPRIMEURS-ÉDITEURS DE LA PRÉFECTURE
59, RUE DUPLESSIS, 59

1880

Département de Seine-et-Oise.

INVENTAIRE-SOMMAIRE

DES

ARCHIVES DÉPARTEMENTALES ANTÉRIEURES A 1790

SÉRIE E.

(Féodalité, Communes, Bourgeoisie et Familles. — Titres féodaux, Titres de famille, Notaires et Tabellions, Communes et Municipalités, Corporations d'Arts et Métiers, Confréries et Sociétés laïques.)

TITRES DE FAMILLE. (Suite.)

E. 2848. (Liasse.) — 1 pièce, papier.

1748. — PRESTEL. — Partage fait entre Jean et Pierre Prestel, vignerons, et Anne Prestel, de la succession de leur père, décédé à Maisons-sur-Seine.

E. 2949. (Liasse.) — 1 pièce, papier.

1695. — PRIE (DE). — Conventions faites par Louise de Haultemer, femme de Marc de Prie, baron de Toussy en Bourgogne, avec Charlotte de Haultemer, veuve de Pierre de Roussel, l'un des lieutenants généraux du Roi en Normandie, seigneur de Médany, pour le paiement de 10,000 livres tournois à Jeanne de Haultemer, dame de Raffetot.

E. 2950. (Liasse.) — 39 pièces, parchemin; 46 pièces, papier; 2 cachets.

1695. — PRIOREAU. — Généalogie de la famille Prioreau, établie dans la Saintonge et le Poitou, rattachée à la maison de Priolo de Venise, dont l'un des membres, venu en France sous Henri II, aurait épousé Madeleine de Blanzay, fille d'un gentilhomme de Saintonge. — Planche coloriée représentant l'écusson des Prioreau : palé d'or et d'azur de six pièces, au chef de gueules, et des familles qui leur étaient alliées. — Contrat de mariage de Jacques Prioreau, écuyer, et de Madeleine Guimard. — Quittance de 2,500 livres payées au bureau des finances par Jacques Prioreau pour l'office de procureur du Roi en la sénéchaussée de Bergerac, vacant par la mort de Lucas, son père. — Contrat de mariage de Daniel Prioreau et de Elisabeth Tarneau, veuve de René de Luze, seigneur de la Taste et de Goureau. — Quittance de 33,000 livres payées par Daniel Prioreau pour l'office de procureur du Roi. — Certificat des maire, conseil et gouverneur de Bergerac, attestant que Daniel Prioreau est comme son père Jacques et son grand-père Lucas, bourgeois de cette ville et y « tient feu vif et allumé. » — Quittance de 550 livres payées par Guillaume Prioreau pour l'office de conseiller du Roi au sénéchal de Bergerac. — Contrat de mariage de François Prioreau et de Françoise de Fayolle, 1772, etc.

E. 2951. (Liasse.) — 54 pièces, papier.

XVIII° siècle. — Etats des services du chevalier de Prioreau, prévôt général de la maréchaussée des voyages et chasses du Roi, ayant rang de lieutenant-colonel, ancien gouverneur des pages du Dauphin. — Note des prix que lui ont coûté les charges de porte-arquebusier du comte d'Artois, 36,000 livres ; de maître d'hôtel du comte d'Artois, 42,000 livres. — Pétitions adressées par lui : à la Reine, pour obtenir une gratification annuelle, ensuite la place d'inspecteur général de la 1re division de

SEINE-ET-OISE. — SÉRIE E. — TOME II.

maréchaussée, vacante par la mort de M. de Marville ; — au comte d'Artois pour être nommé colonel ; — au Roi pour être décoré de la croix de Saint-Louis. — Réclamation aux maréchaux de France contre la concurrence faite aux brigades chargées de veiller à la personne du Roi pendant les voyages et chasses par la maréchaussée de l'Ile-de-France, et demande que ces brigades soient casernées aux environs de Versailles.

E. 2033. (Liasse.) — 44 pièces, papier.

XVIII° siècle. — Pétitions diverses adressées par le chevalier de Prioreau au Roi, pour obtenir une pension de 6,000 livres sur la place de secrétaire général des suisses, afin d'avoir « les moyens de former un établissement avantageux pour un mariage, et de donner à « l'État des citoyens qui, à l'exemple de leurs ancêtres, « soient de dignes et fidèles sujets ; » — pour être compris dans l'état des personnes à voiturer à la suite de S. M. ; — pour assurer à son frère la survivance de sa charge de prévôt général de la maréchaussée des chasses et voyages ; — au comte d'Artois, pour être nommé inspecteur général des haras ; — pour obtenir la survivance de la lieutenance de Roi au château de Vincennes, etc.

E. 2034. (Liasse.) — 7 pièces, parchemin ; 49 pièces, papier.

1742-1760. — Règlement de la succession de Jacques Adam, ex-rétaire des commandements du prince de Conti, l'un des quarante de l'Académie française, et de Louise Gudin, sa femme ; — procès intenté par la veuve de Gaspard Charière contre Jean Filiol, écrivain juré, et Catherine-Michelle Gudin, sa femme, pour obtenir le paiement de diverses créances. — Mémoires des sommes dues par Filiol « tant pour sa nourriture que le loyer de « sa chambre de prison, tant au Grand-Châtelet qu'à la « Conciergerie, » etc.

E. 2035. (Liasse.) — 66 pièces, papier, 1 cachet.

XVIII° siècle. — Demandes de subvention en faveur de l'abbaye des Isles, ordre de Cîteaux à Auxerre, adressées par sœur de Prioreau, abbesse, à l'archevêque de Sens, premier ministre, à M. de Marville, directeur général des économats, et à la commission établie pour secourir les communautés religieuses. — Listes des religieuses de chœur et sœurs converses. — État des revenus et charges de ladite abbaye. — Description de la terre et baronnie d'Arès (Gironde), etc.

E. 2036. (Liasse.) — 68 pièces, papier.

1748-1749. — Lettres de M. de Verdun, surintendant des finances du comte d'Artois, au sujet de l'entretien des armes et munitions de chasse confiées au porte-arquebuse de S. A. — État des fusils de chasse du comte d'Artois. — Note du traitement du porte-arquebuse s'élevant à 5,000 livres. — Correspondance de Prioreau, prévôt général de la maréchaussée des chasses et voyages, avec Henriette Prioreau, abbesse des Isles, sa sœur, — avec Grangeneuve de Prioreau, sergent au régiment de Pondichéry, son frère, etc.

E. 2030. (Liasse.) — 15 pièces, papier.

1748-1760. — Vente par Guillaume de Prioreau, mestre de camp de cavalerie, prévôt de la maréchaussée des chasses et voyages du Roi, chevalier de Saint-Louis, à Jean Lafond Albert, négociant à Bordeaux, du domaine de Jacqueaux, situé sur la paroisse de Thouac, dans la juridiction de Puy-Guillem, en Périgord, moyennant 51,500 livres. — Inventaire des titres et pièces concernant ledit domaine, remis par le vendeur à l'acquéreur et datés des XVII° et XVIII° siècles. — Procuration donnée à Guillaume Prioreau par Jean Prioreau, son frère, garde-du-corps du Roi, capitaine de cavalerie, porte-arquebuse du comte d'Artois, pour recevoir la portion qui lui appartient dans le produit de la vente du domaine de Jacqueaux, etc.

E. 2031. (Liasse.) — 14 pièces, papier.

1748-1790. — Pétition de Guillaume Prioreau au maréchal de Castries tendant à obtenir, pour Grangeneuve de Prioreau, son frère, une place de sous-lieutenant au régiment de Pondichéry. — Correspondance dudit Guillaume Prioreau avec sa famille. — Plaintes de l'abbesse des Isles contre la réforme des maisons religieuses, décrétée par l'Assemblée Nationale, etc.

E. 2039. (Liasse.) — 65 pièces, papier.

1778-1790. — État des dettes de Guillaume Prioreau. — Mémoires des menus travaux de charronnage, faits par Trambleau et Lorangée, maîtres-charrons à Versailles. — Notes de Pral, apothicaire du Roi. — Plaintes très-vives des créanciers de Guillaume Prioreau, qu'ils accusent : « de se faire des rentes à leurs dépens, » etc.

E. 2959. (Liasse.) — 8 pièces, parchemin ; 49 pièces, papier.

XVIIIe siècle-1777. — État des chiens du comte d'Artois. — Frais de la nourriture des chiens de Pleureau à raison de 10 livres par mois ; — mémoire de divers ouvrages de sellerie, faits par Andrieu, maître-sellier à Versailles, etc. — Constitution d'une rente de 100 livres, au principal de 2,000, faite par Canteau Delahaière de Pacqueuse, écuyer, huissier ordinaire de la chambre du Roi, et Antoinette Amable Hagary-Delamarche, son épouse, en faveur de Marie Perdion, veuve de Jean-Pierre Morant, contrôleur au Grenier-à-sel de Compiègne, 1777. — Fragment d'un registre censier des paroisses du bailliage d'Abbeville, « en Vimeu, » XVIe siècle, etc.

E. 2960. (Liasse.) — 1 pièce, parchemin ; 1 pièce, papier.

1784. — Dessin fait à la mine de plomb et signé « Prieureau fecit, 1784, » d'une ville ou village dont le nom n'est pas indiqué. — Épreuve à l'eau forte dudit dessin avant la lettre.

E. 2961. (Liasse.) — 19 pièces, papier, dont 9 imprimées.

1774-1775. — Gratifications accordées par l'intendant de la Généralité de Paris, pour la destruction du vagabondage et de la mendicité. — Instructions du maréchal Du Muy, pour le rétablissement des journaux de service de la maréchaussée. — Pièces relatives à l'émeute occasionnée à Paris, au mois de mai 1775, par la cherté des grains. — Jugement du Châtelet de Paris condamnant les nommés Desportes et l'Éguiller à être pendus, pour avoir eu part à la sédition et motion populaire, excitée à Paris le 3 mai 1775. — Jugement rendu par le lieutenant de la maréchaussée du Soissonnais, faisant fonctions de prévôt général, qui condamne, pour vol de blé à main armée à Braisne et aux environs, Duirette et Beauvais à être pendus et étranglés, jusqu'à ce que mort s'ensuive, à une potence à deux bras sur la place publique du grand marché de Soissons, et le nommé Blondeau à être attaché deux heures à un carcan sur la même place pendant trois jours de marché.

E. 2962. (Liasse.) — 47 pièces, papier.

1775. — Lettres écrites à M. Prieureau par le maréchal Du Muy. — Réception des procès-verbaux de capture et détention d'individus prévenus de vol, assassinat, mendicité et pillage à Dorez, aux Clayes, à Davran, à Linas, à Maule, aux Mesnuls, à Neauphle, à Noisy, à Triel, etc. — Mesures prises par la maréchaussée à l'occasion des mouvements qui ont eu lieu à cause de la cherté des grains à Chevreuse, à Maule, à Meulan et à Rambouillet. — Ordre de départ d'un détachement de maréchaussée chargé du service pendant le séjour du Roi à Compiègne. — Détachements faits par les brigades de Chevreuse et de Gif dans les paroisses de leurs districts, etc.

E. 2963. (Liasse.) — 122 pièces, papier.

1776-1780. — Lettres écrites à M. Prieureau par le prince de Montbarey, ministre de la guerre ; — ordres d'arrestation et d'emprisonnement d'individus qui se sont rendus coupables de vol, d'incendie, mendicité, vagabondage, braconnage, viol et désertion à Bures, à Chanteloup, à Toussus, à La Verrière, à Villiers-le-Bâcle, etc. — Nomination de M. le prince de Montbarey aux fonctions de ministre de la guerre en remplacement de M. le comte de Saint-Germain. — Rassemblement de toutes les brigades de la compagnie de Prieureau dans la plaine du Trou-d'Enfer, pour faire le cordon à la revue que le Roi doit passer de son régiment d'infanterie, le jeudi 23 avril 1778. — Règlement du service ordinaire de la maréchaussée pour l'année 1779. — Mutations, tournées et inspections du personnel des brigades de maréchaussée. — Service des étapes. — Exécution de l'arrêt du conseil du 10 janvier 1779, faisant défenses à tous voituriers, messagers et autres personnes de se charger d'enfants qui viennent de naître ou autres enfants abandonnés, etc.

E. 2964. (Liasse.) — 107 pièces, papier, dont 4 imprimées.

1780-1783. — Lettres écrites à M. Prieureau par M. de Ségur. — Nomination de M. de Ségur aux fonctions de secrétaire d'État au département de la guerre. — Installation de brigades de maréchaussée à Milly, à Montlhéry, à Triel. — Paiement de gratifications pour captures de déserteurs. — Rapports sur la conduite des cavaliers de la maréchaussée. — Envoi de quatre cavaliers pour être employés à la prévôté qui sert à la suite de l'armée dans l'île de Minorque. — Ordre d'arrêter certains habitants des villages qui avoisinent le Mont-Sion, et qui vendent des petites croix qu'ils fabriquent, en annonçant qu'elles ont été bénies à la montagne de Sion, et se servent de ce prétexte pour mendier. — Retus de visa de passeports et certificats, présentés par les frères hospitaliers et autres religieux étrangers qui quêtent et mendient; ordre de saisir leurs papiers et de les faire sortir du royaume. — Répression du braconnage dans l'étendue du duché de Rambouillet. — Exécution de l'arrêt du Conseil (30 août 1782) relatif à la conservation des routes, qui règle le nombre de chevaux et autres bêtes de trait qui seront à l'avenir attelés aux voitures. — Armement de la compagnie de maréchaussée des voyages et chasses du Roi. — Amnistie accordée par le Roi aux déserteurs de ses troupes antérieurement au 1er janvier 1786. — Surveillance à exercer pour que les messagers qui transportent les espèces d'or, par suite du mouvement occasionné par la nouvelle fabrication de cette matière ne soient point exposés à être volés. — Règlement de police à observer sur les routes par les postillons et les routiers. — Capture de matelots génois, mendiants. — Mesures d'ordre prises le jour de l'expérience de canon qui a été faite, le 9 décembre 1786, près de la ménagerie à Versailles.

E. 2965. (Liasse.) — 57 pièces, papier.

1784-1789. — Lettres écrites à M. Prioreau par M. le baron de Besenval, lieutenant général des armées : — état des détachements qui doivent servir auprès du Roi pendant ses voyages à Fontainebleau, Rambouillet et Saint-Hubert; — état des armes trouvées chez les particuliers et envoyées à l'arsenal de Paris. — Rassemblement de la compagnie des chasses à Trappes, pour y être passée en revue par M. de La Combe. — Établissement de deux nouvelles brigades à Pont-sur-Seine et à Luzarches. — Ordre de reconduire à son régiment le nommé Julien, semestrier turbulent. — Ordres donnés aux hommes qui composaient la légion licenciée de Luxembourg, et étaient employés au service de la Compagnie Hollandaise, de se rendre successivement à leurs lieux d'habitation afin d'éviter le rassemblement sur les routes. — Émeute occasionnée à Montlhéry par la cherté du blé (14 avril 1789). — Envoi d'un détachement de trente Cravates à Chevreuse, afin de contribuer, de concert avec la maréchaussée, au maintien du bon ordre sur le marché de cette ville. — Avis de la suppression des espions payés par le gouvernement pour rechercher les braconniers. — Envoi à Limours d'un détachement de hussards pour donner la chasse aux braconniers. — Éloges accordés à M. Prioreau au sujet du succès des recherches qu'il a fait faire pour découvrir les braconniers et chefs d'attroupements. — Envoi de plusieurs détachements de hussards pour soutenir la maréchaussée contre les mal intentionnés, l'aider dans les recherches des attroupements séditieux, rassurer les habitants des campagnes sur les troupes de bandits qui paraissent s'être rassemblées pour piller, faire connaître et répandre parmi ces habitants qu'on pourvoit à leur sûreté et qu'on s'occupe de garantir leur propriété de toute entreprise. — Ordre de faire afficher plusieurs placards d'un jugement rendu prévôtalement à Paris contre les séditieux et gens qui ont participé à la révolte de cette ville. — Avis de la nomination de M. Daulote à la place de commissaire général aux transports du département de la Guerre en remplacement de M. Dietrix de Sault, etc.

E. 2966. (Liasse.) — 22 pièces, papier.

1775-1780. — Lettres écrites à M. Prioreau par M. de Saint-Germain et M. de Vergennes. — Nominations de M. de Saint-Germain à la charge de secrétaire d'État de la guerre. — Instructions sur le service et l'équipement de la maréchaussée. — Réception de procès-verbaux de capture de vagabonds, voleurs et mendiants à Bures, Trappes et Villiers-le-Bâcle. — Établissement d'une brigade de maréchaussée à Villepreux. — Information sur la conduite du nommé Dubreuil, exempt de la compagnie Prioreau. — Avis de l'établissement d'un directeur de la Guerre et du choix fait par le Roi du prince de Montbarey pour occuper ces fonctions. — Mesures de police contre les vagabonds et gens sans aveu tant français qu'étrangers, prêtres, religieux, Italiens, polonais et marchands forains, qui, à la faveur de certificats et passeports falsifiés et frauduleux, quêtent et mendient et établissent des loteries sur de fausses permissions. — Mesures d'ordre à prendre lors du passage du Roi se rendant à Fontainebleau.

E. 2967. (Liasse.) — 7 pièces, papier.

1776-1778. — Lettres écrites à M. Prioreau par MM. de Sartines et d'Angivilliers : — Ordonnance du Roi étendant aux déserteurs de la marine l'amnistie accordée aux déserteurs des troupes de terre. — Avis de l'évasion du marquis de Beauvau des prisons du Mont-Saint-Michel où il avait été enfermé par ordre du Roi. — Mesures de police à prendre contre des particuliers et des cavaliers de la maréchaussée qui pêchent dans les Étangs de Saclay et de Saint-Hubert malgré la défense.

E. 2968. (Liasse.) — 21 pièces, papier.

1776-1783. — Lettres écrites à M. Prioreau par M. de Bertier, intendant de la Généralité de Paris. — Capture des déserteurs du corps des ouvriers provinciaux. — Exécution de l'ordonnance du Roi concernant les mendiants. — État des détachements de maréchaussée qui devront faire le service à Fontainebleau pendant le séjour du Roi et de ses frères. — Ordre donné par l'intendant de Paris d'envoyer une brigade de maréchaussée chaque jour de marché, à Chevreuse, à Mantes, à Houdan, à Montfort, à Neauphle et à Meulan, pour y maintenir la tranquillité. — Mouvement sur le marché de Montlhéry occasionné par la rareté et la cherté du blé. — Envoi de cent hommes du régiment Royal-Piémont-cavalerie et de même nombre du régiment Colonel-général-dragons pour maintenir l'ordre sur le marché de Chevreuse. — Avis de l'ordre donné aux commandants des brigades de maréchaussée de se transporter chez tous les fermiers de leur arrondissement à l'effet de visiter leurs granges et greniers, constater la quantité de blé qui y est enfermée, en distinguant la nature du blé et l'année de la récolte, de les sommer de fournir les marchés et de veiller à ce qu'ils se présentent sur le carreau avec une quantité raisonnable de grains.

E. 2969. (Liasse.) — 10 pièces, papier.

1777-1783. — Lettres écrites à M. Prioreau par M. Amelot : — Ordres de faire tuer les chiens mordus par un chien enragé, à Montgeron ; — de retenir huit jours en prison les nommés Culard et Carinot pour avoir emporté nuitamment le cerf de la chasse du Roi ; — d'arrêter les braconniers dans diverses paroisses dépendantes ou limitrophes du duché de Rambouillet et de les désarmer.

E. 2970. (Liasse.) — 15 pièces, papier.

1785-1787. — Lettres écrites à M. Prioreau par le duc de Bourbon et par le maréchal de Castries : — Remerciements au sujet de l'établissement d'une brigade de maréchaussée à l'Isle-Adam. — Mémoire du sieur Verdet à l'effet d'obtenir une place de maréchal-des-logis. — Demandes d'avancement pour les sieurs Oberhaussier, brigadier à Montgeron, et Verdet, commandant la brigade de l'Isle-Adam. — Arrestations de soldats déserteurs de la marine. — Ordres concernant les embauchages des recrues des colonies. — Capture de matelots génois arrêtés à Trappes comme mendiants.

E. 2971. (Liasse.) — 14 pièces, papier.

1784-1787. — Lettres adressées à M. Prioreau par le baron de Breteuil et le comte de Montmorin : — Mise en liberté d'habitants de Palaiseau, détenus dans la prison du château d'Orsay pour délits commis dans les bois de ce domaine. — Gratification annuelle de 1,000 livres accordée à M. Prioreau, pour ses frais de voyage à la suite du Roi. — Ordre donné à M. Prioreau de se rendre avec le plus grand nombre possible de cavaliers à la plaine du Trou-d'Enfer, pour y faire le service avec la compagnie de l'Isle-de-France, à la revue générale des gardes-du-corps (10 juin 1787). — Capture de soldats déserteurs du corps de la marine.

E. 2972. (Liasse.) — 28 pièces, papier.

1787-1788. — Lettres adressées à M. Prioreau par M. de La Combe : — Changements de résidence des commandants de brigades et cavaliers de maréchaussée. — Destitution de Guillemin, cavalier de maréchaussée à la résidence de Milly. — Ordre d'interroger le sieur Tavallo, brigadier à Milly, au sujet de malversations qui lui sont attribuées. — Avis des jours d'inspection de la compagnie Prioreau. — Admission à l'hôtel des Invalides de Vadot, ci-devant brigadier à Montfort. — Élargissement provisoire des prisons de Montlhéry de Tavallo, ci-devant brigadier à Milly.

E. 2973. (Liasse.) — 19 pièces, papier.

1788-1789. — Lettres écrites à M. Prioreau par MM. de Puységur, de La-Tour-du-Pin : — Avis de la nomination de M. de Puységur à la charge de secrétaire d'État au département de la Guerre, vacante par la démission de M. le comte de Brienne. — Nomination de M. Magnier de Bains, prévôt-général de la compagnie de la connétablie, à la place d'inspecteur général de la première division de maréchaussée vacante par la démission de M. de La Combe. — Gratification de 75 livres accordée à la brigade de Montgeron pour faire réparer les vitres de la caserne, cassées par la grêle. — Ordre d'adjoindre à chacun des détachements de troupes réunis à Versailles un cavalier de maréchaussée, afin de le guider dans sa marche. — Ordre de rechercher et choisir de

« bons sujets avoués, » sachant lire et écrire, ayant servi dans la cavalerie et infanterie, pour augmenter, selon le désir du Roi, le nombre des cavaliers de la compagnie Prioreau. — Service extraordinaire des escortes que nécessite le transport des poudres dans le royaume. — Surveillance à exercer pour assurer l'approvisionnement en grains et en farines de la ville de Paris. — Lettres écrites par le prince de Lambesc, bailli et capitaine des chasses de la capitainerie du bois de Boulogne à propos de l'administration de ce domaine et des mesures prises pour la répression du braconnage.

E. 2974. (Liasse.) — 16 pièces papier.

1784-1789. — Lettres écrites à M. Prioreau, par MM. de Villedeuil, de Saint-Périer, etc. — Ordres donnés à M. Prioreau de se transporter dans toutes les paroisses qui comprennent l'arrondissement de Houdan, Montfort, Pontchartrain, Saint-Hubert, Rambouillet, Dourdan, Arpajon et Sainte-Geneviève, et de Montlhéry, Limours, Chevreuse et Orsay jusqu'à Longjumeau, à l'effet d'y faire enlever, en sa présence, toutes les armes à feu et autres qui pourront se trouver chez les habitants.

E. 2975. (Liasse.) — 58 pièces, papier; 3 cachets.

1774-1788. — Congé et certificat de bonne conduite de Jean Huot dit Divertissant, appointé de la compagnie de La Roque, au régiment Mestre-de-camp général. — Congés : de Poyer, bombardier de 1re classe de la compagnie de Saux du régiment de Besançon-artillerie; — de Hubert Chivillat, soldat au régiment Commissaire-général-cavalerie. — Lettres d'envoi de procès-verbaux dressés par les diverses brigades de la compagnie Prioreau. — Acte de naissance de François Front, fils de messire Jean-François de Larmandie, écuyer, etc.

E. 2976. (Liasse.) — 43 pièces, papier; 2 imprimées.

1778-1789. — Déclaration du Roi, portant création d'officiers dans la capitainerie-gruerie royale du bois de Boulogne et fixation des ressort et juridiction de ladite capitainerie. — Mémoire et observations sur les abus qui existent dans l'administration de ce domaine. — Autorisation accordée à Robert Pialat, entrepreneur chez le Roi, d'enclore la quantité de cinq arpents dix perches de sa terre dans la paroisse de Villiers, et de construire un bâtiment sur ce terrain. — Demande du baron de Cappel en autorisation de faire couper une partie du taverne qui entoure sa maison située vis-à-vis la porte Maillot. — Procès-verbaux dressés : par les sieurs Guy et Sagey, brigadier et garde chargés de la conservation du bois de Boulogne, contre des grenadiers et fusiliers de la garde nationale chassant avec des fusils de munition. — Surveillance des gens sans aveu qui se trouvent dans la capitale. — Commission de conservateur des chasses du château de Bellevue accordée au comte Louis de Narbonne, chevalier d'honneur de Mesdames, tantes du Roi. — États des détachements fournis par la compagnie Prioreau pour les voyages du Roi à Cherbourg et au Havre. — Composition de la compagnie de maréchaussée des voyages et chasses du Roi. — État de la dépense pour une brigade commandée par un brigadier (3,510 livres) et pour cinq brigades qu'on doit établir (17,550 livres). — Règlement de MM. les maréchaux de France pour la présentation et communication des requêtes, pour la signification de l'exécution des ordonnances, tant dans la ville de Paris que hors d'icelle. — Ordonnance du tribunal de MM. les maréchaux de France rendue contre le sieur Louis de N., maire de Bordeaux, lui enjoignant de comparaître au dit tribunal à l'effet de répondre du fait d'emprisonnement du suisse portant la livrée du Roi et ayant pour consigne de ne laisser entrer sur le théâtre de cette ville d'autres personnes que le maire, son lieutenant, les deux jurats gentilshommes et celui chargé de la police. — Emplacement des régiments revenus d'Amérique, etc.

E. 2977. (Liasse.) — 2 pièces, papier.

1776-1784. — PUISSANT. — Cessions du château de Dazons, tout meublé, et de toutes les prérogatives attachées à la seigneurie, à l'exception des droits utiles, faites : par Jacques-Gabriel Bazin, marquis de Dazons et de Maisons, lieutenant-général des armées du Roi, à Thomas Sutton, chevalier, comte de Clonard, et à Philis Masterson de Castletown, sa femme, pour 14,000 livres; — par Jacques-Gabriel-Alexandre Bazin, capitaine de dragons au régiment de la Reine, fils du précédent, à François Puissant, écuyer, fermier général, et à Jeanne-Jacqueline-Sophie Malartic, sa femme, pour 6,000 livres.

E. 2978. (Liasse.) — 3 pièces, papier; 1 cachet.

1765-1781. — PURGOLD DE LOWENHARDT. — Brevets de cadet gentilhomme et de sous-lieutenant en la compagnie de La Chèze, dans le régiment d'infanterie de Champagne, pour Ét.-Fr.-Charles Purgold de Lowenhardi. — Acte de naissance dudit d'Illiers par l'abbé Poussin, préfet apostolique faisant les fonctions curiales à Cayenne.

E. 2378. (Liasse.) — 3 pièces, papier.

1788. — QUANTIN DE VILLIERS. — Bail de diverses pièces de terre sises à Villiers, passé par Michel Métayer, fondé de procuration de Jean Philibert Quantin de Villiers, capitaine à la suite de la cavalerie, à Simon Poydon, laboureur, Pierre Le Gangneux, vigneron, etc.

E. 2379. (Liasse). — 2 pièces, parchemin; 2 pièces, papier.

1780-1789. — QUÉRU. — Brevet d'une pension annuelle de 135 livres 5 sous, octroyé par le Roi à René-Michel Quéru, garçon maréchal en sa Petite-Écurie. — Contrat de mariage de Quéru avec Suzanne Gouthier, etc.

E. 2381. (Liasse.) — 3 pièces, papier.

1762-1789. — RACINE. — Bail passé par Armand-Jérôme Bignon, chevalier, commandeur, prévôt et maître des cérémonies de l'ordre du Saint-Esprit, conseiller d'État, grand bibliothécaire du Roi, l'un des Quarante de l'Académie royale des sciences, inscriptions et belles-lettres, seigneur-châtelain de l'Isle-Belle, haut-justicier d'Hardricourt, à Suzanne Prévost, veuve de Guillaume Racine, maîtresse de l'hôtellerie où pend pour enseigne l'image Saint-Nicolas, à Meulan, hors la porte de Mantes, d'un jardin, moyennant un loyer de 35 livres. — Permission de clore de murs ledit jardin, et alignement donné par Hippolyte Lambert, grand voyer en la Généralité de Paris, à la veuve Racine.

E. 2982. (Liasse). — 2 pièces, parchemin ; 1 pièce, papier.

1778-1790. — RAIGECOURT (de). — Accord intervenu entre Joseph, marquis de Raigecourt-Gournay, comte du Saint-Empire, chevalier, marquis de Spincourt, seigneur de Frianville, Vignot, Malaumont, Bayonville, Moutier, chambellan de LL. MM. I. et R., grand sénéchal de l'insigne chapitre de Remiremont, demeurant à Nancy, tuteur de Bernard, marquis de Raigecourt, chevalier, seigneur de Jaulny, Thezey, Saint-Martin, Maidières et Montainville, son fils mineur, issu de son mariage avec Louise, comtesse de Bressey, d'une part, et Jean-Baptiste Ancillon, lieutenant-colonel, commandant pour le Roi en la ville de Pont-à-Mousson, d'autre part, touchant la succession de Madame Ancillon, grand'mère dudit Bernard; — vente par Claude de Ferrières, chevalier, à Bernard, marquis de Raigecourt, capitaine au régiment d'Angoulême-dragons, et à Marie de Vincens de Causans, son épouse, dame pour accompagner Madame Élisabeth, moyennant 550,000 livres, de la terre et seigneurie de Ferrières, située dans les conquêts hués (usages) de Gournay-en-Bray, consistant en un château, fermes du Manoir, des Bas-Bois, droit de champart à la onzième botte, etc.

E. 2983. (Liasse.) — 31 pièces, papier.

1780-an VII. — RAISSING. — Octroi par le comte d'Artois à Raissing d'une pension de retraite de mille livres, en considération des services qu'il a rendus en qualité de secrétaire du premier maître d'hôtel de la comtesse d'Artois. — Liquidation par la section des biens nationaux du directoire du district de Versailles, de la déshérence des époux Raissing, allemands d'origine, décédés sans héritiers.

E. 2984. (Liasse.) — 41 pièces, papier.

1782-1789. — Quittances des sommes payées par Raissing, premier commis à l'inspection générale de la maison de la comtesse d'Artois; — pension de 144 livres accordée à Landrin, palefrenier de la comtesse d'Artois, lequel vient de perdre sa femme, pour l'aider à élever son fils; — indemnité de 8 louis par quartier à Françoise Huvaux, femme de la garde-robe du linge, que madame de Forcalquier a destituée pour donner sa place à une de ses créatures; — pension de 1,500 livres donnée par le comte d'Artois à Isabelle Pigrals, lectrice de mademoiselle d'Angoulême. — Engagement pris par Joseph Martin, premier garçon de fruiterie, de payer à sa mère 400 livres sur le produit de sa charge. — Note indiquant que Raissing a vendu à Forqueroy la charge de secrétaire de la garde-robe du comte d'Artois, moyennant 10,000 livres. — État de la vaisselle d'argent perdue à Choisy pendant l'inoculation du duc d'Angoulême, 1781, etc.

E. 2985. (Liasse.) — 133 pièces, papier.

1778-1789. — Quittances des sommes payées par Raissing : — Pensions de 150 livres à Lucien Poulain, gardien de vaisselle; — de 425 livres à Gaulnier, cou-

clergé des villes communs du comté d'Artois. — Emprunt de 4,000 livres, remboursable à sa majorité, fait par le marquis de Marillac pour payer un billet d'honneur. — Paiement de 123 livres à Bonnel pour fourniture de glaces « pour la bouche et le gobelet du comte et de la comtesse d'Artois pendant l'année entière 1789. » — Octroi par la comtesse d'Artois de 72 livres d'étrennes par an à chacun de ses six garçons de vaisselle. — Fourniture de meubles mécaniques faite à la comtesse d'Artois par David Roentgen, mécanicien du roi et de la Reine. — Prix de deux barriques de Malaga, 389 livres 5 sous, etc.

E. 7852. (Liasse.) — 9 pièces parchemin ; 50 pièces, papier. 2 cachets.

1054-1791. — Rassay (Aubert de). — Actes de baptême de Pierre, fils de Georges-Aubert de Rassay, écuyer, seigneur du Petit-Thouars et de Saint-Germain-les-Caude ; — de Joseph, fils de J.-B. Aubert de Rassay, capitaine au régiment de Gervaisais, et de Françoise de Calmeil Du Gazel, né à Fraissé, diocèse de Saint-Pons de Tomières ; — de Michel, fils de Bernard, écuyer, seigneur des Aulnay et de Marie de Mégaxon, né à Angers, etc. — Commissions : de capitaine dans le régiment de Bresse, octroyées à J.-B. Aubert de Rassay ; — de lieutenant-colonel du régiment de Joyeuse, au même ; — de capitaine de la compagnie de grenadiers du régiment de Bassigny ; — de commandant du bataillon de garnison des troupes provinciales de la Généralité de Tours, avec rang de lieutenant-colonel, — de maréchal de camp, à Auguste Aubert de Rassay. — États de services dudit maréchal de camp. — Quittances données au chevalier de Rassay, par Le Mercyer de Chezy, d'un à compte « sur le travail » des preuves de M. de Beyne fils, pour sa réception aux » pages de M. le comte d'Artois, » — par Armand, de 385 livres pour un forté-piano fourni à M. de Beyne, page du comte d'Artois, etc.

E. 2957. (Liasse.) — 1 pièce, parchemin : 25 pièces, papier ; 2 cachets.

1751-1791. — Raynal. — Acte de baptême de François-Jacques Raynal, fils d'Antoine, laboureur, et de Marie Laborie, né à Lavercantière (Lot) le 10 novembre 1751. — Lettres de tonsure, et lettres démissoires pour recevoir les ordres dans un autre diocèse, octroyées audit Raynal par M. de Cheylus, évêque, baron et comte de Cahors. — Lettres de promotion aux ordres mineurs et

au sous-diaconat données par François de Narbonne, évêque d'Évreux, premier aumônier de Madame Victoire. — Certificat d'examen sur les matières demandées pour le diaconat accordé par Le Mercier de Montigny, vicaire général d'Évreux ; — d'accomplissement des exercices spirituels préparatoires, octroyé par Guillé, directeur des retraites de Saint-Lazare. — Lettres de promotion au diaconat données par Claude de Bourdeilles, évêque de Soissons, — à la prêtrise par l'évêque d'Évreux. — Inscription de l'abbé Raynal aux cours de droit romain, canon et français. — Diplôme de bachelier en droit et civil. — Autorisation de confesser à Versailles et dans tout le diocèse de Paris, donnée à l'abbé Raynal par M. Le Clerc de Juigné, archevêque de Paris, duc de St-Cloud, pair de France. — Passeport pour l'abbé Raynal, sous-gouverneur des pages du duc de Penthièvre. — Inscriptions dudit au registre de la garde nationale de Versailles, etc.

E. 2958. (Liasse.) — 67 pièces, papier ; 5 cachets.

1773-1792. — Lettres adressées à M. l'abbé Raynal : par son père et sa sœur ; — par M. de Crécy : « Me voilà » comme Sancho faisant toutes sortes de métiers. J'ai » jeté mon froc de Picpus aux orties pour me faire sei» gneur de paroisse. Cela vous paraîtra surprenant, il n'y » a rien cependant de plus sûr, et je suis actuellement » dans mes terres avec mon beau-frère, ma sœur et leur » petit ménage ; » — par M. Bonassies, principal du collège de Cahors, pour le féliciter de sa nomination à une chaire de philosophie vacante dans ledit collège ; — par l'évêque de Cahors, en réponse de son refus d'accepter ladite nomination, etc.

E. 2959. (Liasse.) — 37 pièces, papier.

1784-1790. — Mémoire présenté au duc de Penthièvre, sur l'éducation de ses pages, par le chevalier de Blond, leur gouverneur, et l'abbé Raynal, leur sous-gouverneur. — Réformes à faire dans le mode d'habillement des pages du duc de Penthièvre, indiquées par le chevalier de Blond. — Pétition des maîtres d'exercices demandant une augmentation du nombre de leurs leçons et de leurs honoraires. — Liste des livres achetés pour les pages, etc.

E. 2960. (Liasse.) — 92 pièces, papier.

1784-1792. — Avis envoyé de Malaga de l'expédition

d'une demi-botte de vin vieux en double futaille taxée à 324 livres. — Reconnaissance par l'abbé Lemoyne, curé de Port-Marly, du prêt à lui fait, par l'abbé Raynal, d'une somme de 500 livres. — Mémoire de fayence fourni par Duris, marchand à Versailles, etc.

E. 2971. (Liasse.) — 23 pièces, papier.

1790. — Plan de charité proposé pour fournir du pain aux plus malheureux ouvriers du canal et aux bons pauvres de Versailles, adressé au maire de cette ville. — Extraits des registres de délibérations de l'aumônerie générale. — Demandes de secours. — Reçus des sommes données pour bonnes œuvres. — États de souscriptions volontaires. — Factures de fournitures de toiles et indiennes. — Don par la supérieure des religieuses de la congrégation de Notre-Dame d'une « bourse à argent. » — Aperçu des dépenses des sœurs de la charité de la paroisse Saint-Louis pour le mois de décembre 1790, etc.

E. 2972. (Liasse.) — 1 pièce, parchemin; 7 pièces, papier; 1 cachet.

1789-1790. — Actes de naissance et de baptême et certificat de bonne vie et mœurs de François-Louis Richard. — Acte de baptême de Charlotte-Augustine de Jousserant, — de Pierre Léonard de Reynaud. — Acte de mariage de messire Joseph de Cosnac, écuyer, et demoiselle Marie de Bonnel. — Acte de baptême de Jean-François de Cosnac. — Actes de décès de Jean Satinier, notaire; — de Marie-Antoine Guischard, docteur en médecine, etc.

E. 2973. (Liasse.) — 3 pièces, papier.

1789-1790. — Copie de lettres écrites par la comtesse de « Pont-cais-zin, » se disant fille de François de Conti, grand-prieur du Temple, à Louis-François-Joseph de Conti, au Roi, à M. de Necker, etc., pour obtenir une place ou des secours, etc.

E. 2974. (Liasse.) — 22 pièces, papier.

XVIIIe siècle. — Brouillons de sermons préparés par l'abbé Raynal : sur la résurrection, — sur le triomphe de la croix (en français), — sur l'ascension (en provençal). — Troisième sermon de saint Thomas de Ville-neuve pour le jour de l'Ascension. — Premier sermon du même pour le jour de la Pentecôte.

E. 2975. (Liasse.) — 11 pièces, papier.

XVIIIe siècle. — Sermons sur la Sainte-Vierge (en provençal et en français). — Panégyriques de S. Jean Baptiste et de S. Pierre (en français).

E. 2976. (Liasse.) — 11 pièces, papier.

XVIIIe siècle. — Sermon sur la communion (en français et en provençal), — sur le mariage (en français).

E. 2977. (Liasse.) — 18 pièces, papier.

XVIIIe siècle. — Sermons sur le devoir des maîtres envers leurs domestiques (en français), — sur les devoirs des parents envers leurs enfants (en français et en provençal).

E. 2978. (Liasse.) — 24 pièces, papier.

XVIIIe siècle. — Sermons sur la vengeance, — l'impureté, — la médisance, — l'orgueil (en français). — Notes sur le scandale et sur la Samaritaine (en français et en provençal).

E. 2979. (Liasse.) — 17 pièces, papier.

XVIIIe siècle. — Sermons sur la profession religieuse, — sur le rosaire (en français), — sur la sanctification du dimanche (en français et en provençal), — sur l'aumône (en provençal).

E. 2980. (Liasse.) — 2 pièces, papier.

XVIIIe siècle. — Sermons sur l'enfer, — sur l'enfant prodigue (en français).

E. 2981. (Liasse.) — 41 pièces, papier.

XVIIIe siècle. — Fragments de sermons sur le ciel, l'orgueil, la communion, la médisance, la passion, le bonheur, etc. (en français et en provençal).

E. 000. (Liasse.) — 17 pièces, papier.

XVIIIe siècle. — Passages extraits de l'Écriture sainte concernant la foi, le péché de rechute, la préparation à la mort, la luxure, l'orgueil, etc.

E. 000. (Liasse.) — 20 pièces, papier.

XVIIIe siècle. — Office du Sacré-Cœur de Jésus. — Litanies du Sacré-Cœur en français et en latin. — Fragment d'un sermon sur le Sacré-Cœur.

E. 2004. (Liasse.) — 8 pièces, papier.

XVIIIe siècle. — Pratiques pour le temps de l'avent, — de Noël, — du carême. — Remèdes contre l'orgueil, l'opiniâtreté, l'ostentation, la désobéissance, etc. — Résumé de la règle de la Trappe.

E. 2005. (Liasse.) — 13 pièces, papier.

1751-1757. — Renard. — Lettres adressées à Renard, commissaire des guerres, demeurant à Marly, au Cœur-Volant, par l'abbé Angard, qui le prie : de prendre des renseignements sur son neveu, déclaré fuyard lors du tirage de la milice ; — de faire écrire « sous le contre-seing d'un ministre, à l'exempt de la maréchaussée de Pontoise, avec ordre de se transporter chez Louis Froment, à Pontoise, et lui déclarer que s'il ne cesse de maltraiter sa femme, il sera enlevé pour les Isles ; » — par M. d'Assarolle : « n'oubliez pas que vous avez laissé à la Louisiane un ami, » etc. ; — par madame Du Barry : invitation à venir jouer au loup ; — par madame de Beuno : « sachant combien vous êtes considéré de madame la comtesse Du Barry, je prie de vous parler pour moi s'il était possible par votre canal que je puisse occuper une place honnête chez madame la comtesse, » etc.

E. 2006. (Liasse.) — 100 pièces, papier.

1752-1764. — Lettre par laquelle Dardel informe Renard de sa nomination comme greffier en chef de la prévôté de l'Isle-de-France. — Copie d'un certificat de noblesse pour Charles-Marie Dauphin d'Halinghen. — Lettres de M. de La Frenière à Renard : « vous avez sans doute appris que Mandrin, ce fameux contrebandier, a été arrêté et conduit le 13 de ce mois (1755) à Valence, où il est en prison. On dit que la flotte anglaise observe la nôtre qui est partie le 8 de ce mois ; » — de l'abbé Orates, de Bordeaux (1775) : « vous savez que M. le comte de Noailles doit venir commander dans notre province et réintégrer notre parlement. Vous vous doutez bien que je suis fort aise que ce bon et respectable seigneur soit chargé de cette honorable commission. » — Refus par le duc de Noailles de la permission de tirer des lapins dans le bois de Marly, parce que les enfants de France y chassent, etc.

E. 2007. (Liasse.) — 19 pièces, papier.

1748-1749. — Lettres de MM. d'Hardancourt, Hennin de Beaupré, Imbert de Nangis, secrétaire du Roi, Blanchard de La Combe, etc. — Félicitations adressées par le chevalier de Kératio à mademoiselle Arnoux pour ses brillants succès à l'Opéra.

E. 2008. (Liasse.) — 100 pièces, papier.

1763-1764. — Lettres de MM. de La Morlière, Landry, maître-ès-arts en chirurgie, Lecoq, de Léon, de l'Épine ; — de mademoiselle de La Lande : « on vient de m'apprendre à l'instant que j'ai presque la certitude de la place de sous-gouvernante des Enfants de la Reine, cela sera tout-à-fait décidé lundi prochain. Comme je te l'ai déjà dit, cette place rapporte 10,000 livres de rente, beaucoup de présents, la plus grande protection. Pour avoir la préférence, il faut que je donne 50,000 livres, » etc.

E. 2009. (Liasse.) — 94 pièces, papier.

1767-1768. — Lettres de MM. Mercier de Merle, garde du magasin du Roi au Cap, de Merville, le prince de Mostowski, palatin du duché de Mazovie, etc. ; — de mademoiselle Oulet de Saint-Michel : « malgré le serment que j'ai fait, Monsieur, de ne vous pas écrire, il faut que je le fasse pour vous dire que j'ai dîné aujourd'hui avec un militaire, un philosophe et une jolie femme, tous trois très-connus de vous, et qui ont dit tant de mal de votre individu que je n'ai pu m'empêcher d'être votre avocate et de les engager à vous voir pour vous dire tout ce qu'ils pensent de vous. Le dîner est arrêté chez M. de Mirvault où je réside. Point d'affaires, point de parties qui puissent empêcher cela. Vous savez comme un militaire se venge ; le philosophe

» pourrait employer sa plume, et une femme avec de
» beaux yeux ne pardonne pas une indifférence. »

E. 3010. (Liasse.) — 410 pièces, papier.

1687-1788. — Lettres de mademoiselle Gudat de La Tuillerie, de MM. Du Perche, Ponteaux, Fouts, Prévost de Saligny, Prieur, de Rambault, Du Portal, etc.; — de MM. Papillon : « Je viens de recevoir des ordres de la
» part du ministre afin de prévenir tous les officiers de
» ma compagnie de ne point se déplacer pour se rendre
» à Paris mardi prochain, l'état de la Reine ne permet-
» tant pas à M. le comte de s'éloigner de Versailles.

E. 3011. (Liasse.) — 112 pièces, papier.

1757-1788. — Lettres de MM. Renard-Douchain, Renard Du Coudreau, Renard Le Hellère, Renard de Geninville, Renard de Ménard, Renard-Drouard, etc.; — de M. Renard père : « J'ai reçu, mes chers enfants, votre
» lettre du Cap. J'ai été charmé d'apprendre votre
» heureuse traversée, et j'espère que celle du Cap à la
» Louisiane aura été de même, » etc.; — de M. Le Roi de La Rouquette, félicitant Renard de son mariage avec mademoiselle Rousselot ; — de madame Ringuier-Douchain, demandant un congé et la croix pour son mari, etc.

E. 3012. (Liasse.) — 75 pièces, papier.

1782-1788. — Lettres de lord Seymour, de mesdames Voisin, femme du maître du tour du Roi, à Versailles, Vinfrais, Walper, Y......, qui demande que sa fille soit enfermée, pour arrêter son libertinage ; — de M. de Sombreval, qui envoie (1782) une feuillette de vin de Chablis, « bien soutiré, rellé, vu, goûté et trouvé tel et
» franc de goût » à raison de 22 livres le muid, etc.

E. 3013. (Liasse.) — 100 pièces, papier.

1782-1788. — Notes diverses. — Indication des frais d'un établissement à la Nouvelle-Orléans : 1,200 l. pour la location d'une maison entre cour et jardin, avec remises et écuries; — 800 l. pour celle d'une forge avec maison et dépendances; — 200 l. pour celle d'un parc avec étable et hangars; 1,400 l. pour les gages de sept nègres; 160 l. pour ceux de deux négresses. — Relevé de la valeur en principal d'une charge de commissaire provincial et ordinaire des guerres au département de Flandres ; 110,000 l. de principal et 2,400 de pot-de-vin. — Billets de la loterie royale, établie en faveur des pauvres par arrêt du Conseil d'État du 30 janvier 1781. — Billets de la loterie de la souveraineté de Bouillon. — Certificat constatant que le sieur Renard, trésorier-général de France au bureau des finances de Lille, est seul chargé du recouvrement de la recette générale des finances de la province de Flandre. — Permis de chasse, bon pour une fois, accordé à Renard, commissaire des guerres, par le maréchal de Noailles, capitaine des chasses royales de Saint-Germain-en-Laye, etc.

E. 3014. (Liasse.) — 3 pièces, parchemin; 100 pièces, papier, dont 3 imprimées.

1697-1750. — Oppositions faites par Le Bosseux, marchand joaillier à Paris, aux ventes : du marquisat de Rouillac, provenant de la succession de Marie-Aubert de Villesavin, veuve de Claude Foucault, conseiller au Parlement de Paris, subrogée au lieu de dame Anne Sourré, marquise de Louvois ; — et de la seigneurie de Vaux sulise sur Élisabeth de Gots, duchesse d'Épernon, et Jules de Gots, marquis de Rouillac, baron d'Argenton, abbé de N.-D. du Tronchet, et consorts. — Procédures faites contre Louis Le Bosseux, par ses créanciers, pour recouvrement de sommes à eux dues. — Transport fait par ledit Le Bosseux, à Jean Coulombier, caissier-général au bureau des postes, d'une obligation de 7,500 l. qu'il avait sur Jean Gosselin, sieur de Villons, et dame Du Hulondel, son épouse, etc.

E. 3015. (Liasse.) — 82 pièces, papier.

1689-1771. — Notes sur l'ouverture d'une rue en face de celle des Prouvaires, conduisant au bout du Pont-Neuf en traversant la rue de la Monnaie, à Paris, décidée par arrêté du conseil du Roi du 31 janvier 1689. — Bail par Le Bosseux à Dominique de Grandmaison, prêtre habitué de Saint-Germain-L'Auxerrois, d'un logement dans la maison à l'enseigne de *l'Epée hermine*, appartenant à Charles Charon, écuyer, gentilhomme ordinaire du Roi. — État d'une boutique sous-louée par Rousselot à Leleu, dans une maison à l'enseigne du *Château de Vincennes*. — Bail par la veuve de Valentin Léger, écuyer de la bouche de la Reine, d'une portion de maison, sise au Cœur-Volant, à Marly, moyennant 72 livres, à Renard, commissaire des guerres, etc.

E. 3016. (Registre.) — In-folio, 93 feuillets, papier.

1732-1738. — Livre-journal tenu par Rousselot, marchand de meubles, dont Renard était l'associé. — Vente de six chaises de paille en bois de frêne, 10 livres 10 sous; — serre-papier en bois d'amarante, 30 l.; — deux douzaines de fauteuils à bras à manchettes, sculptés à la boudinette, 216 l.; — deux bibliothèques en bois d'amarante, 300 l.; — table de marbre avec pied sculpté et doré, 60 l.; — bureau en bois d'amarante, 60 l.; — commode en palissandre, 45 l.; — table de marbre de brèche d'Alep de 33 pouces, 30 l.; — dix fauteuils de canne à la boudinette, 60 l.; — deux peaux de maroquin rouge, 10 l.; — quatre soufflets à deux vents, 24 l.; — deux soufflets à un vent, 4 l. 10 s.; — deux encoignures palissandre avec cannelures, 20 l.; — cordon de lustre en soie verte avec deux houppes, 60 l.; — drap vert pour deux tables de piquet, 11 l. 8 s.; — cinq cabarets en bois noir, 33 l.; — bureau de bois noir couvert de maroquin, 74 l.; — bibliothèque en chêne plaqué d'amarante, 230 l.; — coffre fort en bois de violette, 108 l. 6 s.; — cave en bois de violette, 24 l.; — toilette en palissandre avec pelotte et boîte à poudre, 9 l.; — table de nuit en noyer, 7 l.; — secrétaire plaqué en bois de Cayenne, 240 l.; — sculpture d'un bois de fauteuil, 60 l.; — dorure d'un bois de fauteuil, 48 l.; — garde de la boutique par deux suisses pendant une nuit, 6 l.; — port et rapport de lustres et bras à l'Opéra-Comique, 11 l. 8 s. — Clôture du registre par suite de la dissolution de l'association, le 12 décembre 1738.

E. 3017. (Liasse.) — 49 pièces, papier.

1762-1783. — Mémoires de menus ouvrages de serrurerie, maçonnerie, menuiserie, etc., et de fournitures de comestibles, épicerie, etc., au compte de madame de La Lande, à Pontoise, et de Renard, à Marly. — Contributions de madame de La Lande : capitation de veuve de commissaire des guerres, 9 livres 15 sous ; vingtième et deux sous pour livre du dixième, 19 l. 16 s. ; capitation de deux domestiques, 48 s. — Frais de l'enterrement de madame Des Prez de Saint-Jérôme, des Ursulines de Pontoise, « pour douze pères cordeliers pour » le convoi, à 10 s., 7 l. 4 s.; pour 45 messes pour l'en-» terrement et les services à 15 s., 33 l. 5 s.; pour » 10 livres de cire à 2 l. 6 s., 23 l.; pour le célébrant, » diacre, sous-diacre, pour l'enterrement et les services, » 6 l. 10 s.; pour deux sacristains, 3 l.; pour la bière et » le fossoyeur, 7 l. 10 s.; total, 81 l. »

E. 3018. (Liasse.) — 49 pièces, papier, dont 9 imprimées, 1 cachet.

1742-1778. — Notes et papiers divers. — Récit écrit par le P. Montalembert, Jésuite, de la mort de M. Claude Boivin d'Hardancourt, directeur général pour la compagnie française des Indes dans le royaume de Bengale, à Chandernagor (1717). — Notice sur la fabrication des cuirs de Hongrie, introduite en France par Rose, tanneur sous Henri IV, l'établissement d'une manufacture de ces cuirs par une compagnie privilégiée à Saint-Denis en 1699, la création de jurés « ongreyeurs » en 1703, la dissolution de la compagnie de Saint-Denis en 1720, sa reconstitution, etc. — Notes sur l'abus dans la distribution du sel en Poitou. — Projet d'un emprunt pour la construction d'un canal d'arrosage et de navigation dans le royaume de Murcie. — Plan de la création d'un dépôt public en France. — Mémoire sur l'établissement d'une taxe réelle personnelle. — Extraits de discours, de journaux, etc., sur les Jésuites et le Parlement. — Projet de fournir Paris d'eau de Seine prise au port à l'Anglais. — Prospectus d'une pension de demoiselles. — Notice sur la manière d'accommoder le riz. — Privilège de l'Élixir Garrus. — Décision qui exclut du barreau de Paris un avocat coupable d'injures envers la magistrature et les ministres de la religion, et arrêt de la Cour qui ordonne son emprisonnement. — Quinze vers sur la rime, quinze en l'honneur de Louis XV. — Chanson satirique contre le maréchal de Richelieu. — Épigrammes contre le Parlement. — Poésies pastorales; épître en prose mêlée de vers; logogriphes, etc.

E. 3019. (Liasse.) — 1 pièce, parchemin; 1 pièce, papier.

1760-1761. — Renier. — Contrat de mariage de J. Pierre Renier, maître-tailleur d'habits de Pontoise, et de Marie Louise-Victoire Laporte, fille de Nicolas, jardinier à Gisors.

E. 3020. (Liasse.) — 16 pièces, papier.

1769-1793. — Retz (de). — Correspondance entre le comte de Retz, capitaine au régiment de la Guadeloupe, et M. Pasquier de Varennes, son oncle, au sujet d'une rente de 6,000 livres que le premier devait au second sur la succession de son frère, décédé à Marie-Galante.

E. 3021. (Liasse.) — 3 pièces, parchemin; 3 pièces, papier, 1 cachet.

1756-1760. — Riault. — Démission de l'emploi

de garde à pied de la capitainerie de Saint-Germain, en résidence à Conflans-Sainte-Honorine, donnée par Clément Ribault. — Nomination de son fils Vincent à sa place, par Louis de Noailles, duc d'Ayen, lieutenant-général des armées du Roi, premier capitaine des gardes-du-corps, gouverneur de Roussillon, gouverneur et capitaine des chasses de Saint-Germain-en-Laye. — Enregistrement par la cour des aides des provisions de Vincent Ribault.

E. 3022. (Liasse.) — 3 pièces, parchemin; 61 pièces, papier.

1768-an III. — Ricart (de). — Extrait du testament de dame Blanche de Ricart, veuve du comte de Bérulle, seigneur de Saint-Maudé. — Accord au sujet de la succession de la marquise de Ricart, intervenu entre Daniel Bouard de Cerberon, doyen des présidents des enquêtes et requêtes, et consorts, d'une part, et Jeanne Blondeau de la Glatière, veuve d'Antoine de Ricart, comte de Cromé, marquis de Ricart et de Montmain, père de la comtesse de Bérulle, etc.

E. 3023. (Liasse.) — 35 pièces, papier; 9 cachets.

1702-1703. — Lettres du chevalier de Prioreau et de M. de Loncle, sous-officier au régiment des chasseurs de Lorraine, à la marquise de Ricart.

E. 3024. (Liasse.) — 10 pièces, papier; 1 cachet.

1760. — Richemont (de). — « Table de mathématiques démontrée pour résoudre à peu de chiffres toute multiplication avec deniers depuis 1 jusqu'à 11. » — Lettres adressées à M. de Richemont, brigadier des gardes-du-corps du Roi, par son fils, par Jacquette de Richemont, sa filleule, par M. d'Esparbès de Richemont.

E. 3025. (Liasse.) — 1 pièce, parchemin.

1767. — Ricouard (de). — Bail passé à Aubry, vigneron, par Charles de Ricouard, chevalier, conseiller honoraire de grand'chambre, comte d'Hérouville, seigneur de Franconville-la-Garenne, d'un demi-arpent de terre, sis au Plessis-Bouchard, moyennant 12 livres de loyer.

E. 3026. (Liasse.) — 4 pièces, parchemin.

1704-1707. — Rigoley, baron d'Ogny. — Actes par lesquels Jacques Bourgineau, Louis Bourgineau, Abel Royer, reconnaissent tenir plusieurs pièces de terre, et François Vassal une maison, à Auteuil, de messire Jean-Claude Rigoley, baron d'Ogny, conseiller au Parlement de Dijon, trésorier-général des États de la même province, comte d'Auteuil, seigneur de Millemont et Garancières.

E. 3027. (Liasse.) — 1 pièce, parchemin, 6 pièces, papier.

1756-1763. — Ringuenet de la Toulinière. — Inventaires après décès des meubles de Marie-Louise Lazure, femme de Jacques Ringuenet de la Toulinière, sommier d'échansonnerie-bouche du Roi, décédée à Versailles, à la Petite-Écurie du Roi ; — de Louis-Joseph Lazure, son père, aussi sommier d'échansonnerie, etc. ; — de Jacques-François Ringuenet de la Toulinière, maître-d'hôtel de M. de Béringhen, premier écuyer du Roi.

E. 3028. (Liasse.) — 27 pièces, papier, 2 cachets.

1761-1764. — Inventaire des meubles et effets laissés par Jean Baptiste, fermier du Roi à la ménagerie de Versailles. — Comptes passés entre la veuve Baptiste et ses deux filles, l'une femme de Carruette, écuyer de la bouche de Monsieur, frère du Roi, l'autre, femme de François Ringuenet de La Toulinière, chef du gobelet de la Reine et commis de la marine.

E. 3029. (Liasse.) — 1 pièce, parchemin; 49 pièces, papier.

1762-1769. — Liquidation de la succession de Baptiste, fermier. — Quittances du loyer de la ferme de la Ménagerie au petit parc de Versailles, louée à raison de 6,000 livres par an, etc.

E. 3030. (Liasse.) — 1 pièce, parchemin ; 33 pièces, papier.

1676-1602. — Constitution d'une rente de 75 livres faite par Charlotte Henault, femme de Barthélemy Mazzagatby, gondolier du Roi au canal de Versailles, au profit de Charlotte Ringuenet de La Toulinière, religieuse professe en l'abbaye de Monchy-Humières. — Brevet d'une pension de 300 livres accordée à Charlotte Ringuenet de La Toulinière pour sa subsistance et en considération des services rendus par sa famille. — Sentence extraite des registres « du petit sénat » de la ville de Strasbourg, accordant à Marguerite Diebold, femme de Ringuenet de

La Toulinière, déclaré en faillite, les droits des autres créanciers de son mari. — Mémoire d'un petit convoi avec convertie en l'église Saint-Louis de Versailles, pour feu Lazure, 184 livres. — Brevet de la charge de chef de panneterie-bouche du Roi, accordée par Louis XV à Antoine Lazure en survivance de François Lazure, son père, à condition de payer à ses frères et sœurs la somme de 6,000 livres. — Actes de baptême de divers membres de la famille Ringuenet de La Toulinière. — Lettres écrites par La Corallière de Narbonne, gendarme de la garde du Roi, etc.

E. 3011. (Liasse.) — 113 pièces, papier.

1757-1774. — Lettres de Sapt, greffier en chef de la sénéchaussée de la colonie de l'Ile-de-France, à Ringuenet de La Toulinière. — Mémoires de marchandises achetées pour Sapt, parmi lesquels une note des livres à lui fournis par Blaizot, libraire ordinaire du Roi et de la Reine, rue Satory, à Versailles, avec un extrait de son catalogue. — Liste de 50 tableaux et un bas-relief déposés chez Ringuenet de La Toulinière par Sapt, et réclamés après sa mort par sa sœur : peintures attribuées au Caravage, à Mignard, Rubens, Raphaël, Van de Welde, Bourdon, Breughel, au Guide, au Bourguignon, à Claude Le Lorrain, de Troy, Le Brun, au Titien, à Philippe de Champaigne, Desportes, au Régent, etc.

E. 3012. (Liasse). — 101 pièces, papier.

1767-1780. — Mémoire expositif des services et des pertes de Baptiste, fermier de la ferme de la Ménagerie, qui fut chargé pendant cinquante ans de fournir le fourrage nécessaire aux animaux de la ménagerie et de remettre en culture les fonds de Clagny. — Demande par ledit Baptiste de la jouissance d'un bâtiment avec jardin sis sur la route de Saint-Cyr. — Mémoires des dépenses faites par Reinguenet de La Toulinière pour appropriation de ce bâtiment, etc.

E. 3033. (Liasse.) — 77 pièces ; papier.

1775-1780. — Projet de constitution et de dissolution de société entre Ringuenet de La Toulinière et Mesnière, bijoutier. — Quittances d'une rente de 50 livres payée chaque année à madame Chaponnel. — Lettres de condoléance sur la mort de madame de La Toulinière envoyées à son mari, etc.

E. 3034. (Liasse.) — 143 pièces, papier.

1776. — Mémoires de fournitures faites à Ringuenet de La Toulinière par divers marchands. — Note des vins vendus par Jobart et Chortamps frères, marchands de vins de Sa Majesté, pour le gobelet de la Reine, vins de Champagne, Bourgogne, Malvoisie, Alicante, Malaga, Rivesalte, etc. — Achat par madame de La Toulinière d'un chapeau de taffetas blanc, 16 livres ; d'un chapeau noir, 10 livres ; d'un bonnet de gaze avec rubans, 15 livres, etc. — Fournitures d'épiceries faites par Regnault, marchand à Versailles, au gobelet-vin de la Reine, au nom de Ringuenet de La Toulinière, pour sa moitié du quartier de juillet : en 1784, 1,500 livres ; 1785, 940 l. ; 1786, 1,400 l. ; 1787, 1,471 l., etc. — Achat de souliers à Ramy, cordonnier, 6 livres la paire. — Gratification payée aux conducteurs d'un chariot destiné à porter à Paris, sous la direction de Fourin, commis de la guerre, le reste des papiers « de la maison de la guerre, » à Versailles, etc.

E. 3035. (Liasse.) — 20 pièces, papier.

1784-2786. — Brouillons de lettres et de rapports à soumettre au maréchal de Castries, ministre de la marine, par Ringuenet de La Toulinière, premier-commis. — Mémoire sur la réorganisation de l'artillerie de la marine et des colonies par le maréchal de Castries, et la création d'un bureau de l'artillerie au ministère. — Détails sur la marche suivie par M. d'Harneville pour l'établissement de ce bureau en 1784. — État des dépenses à faire à la fonderie d'Indret pour la fonte de pièces de canon sur un nouveau modèle. — Demande au ministre par Bellanger, prieur d'Indret et de Bouage, d'un secours pour faire agrandir l'église paroissiale d'Indret, devenue insuffisante pour la population, considérablement augmentée par suite de l'établissement d'une fonderie par le Roi. — Mémoire sur l'établissement à Lorient ou aux environs du « fond » du régiment d'artillerie des colonies, jusqu'alors à Douai. — Correspondance avec Chouard, entrepreneur de la fonderie de Framont, chargé par le ministre de fabriquer, dans le courant de l'année 1786, 151 pièces de canon pour le service de l'artillerie aux Iles-du-Vent : la Martinique, Sainte-Lucie et Tabago, etc.

E. 3036. (Liasse.) — 6 pièces, papier.

1778-1789. — Extraits « pour la gazette » des rapports envoyés des ports de Saint-Malo, Dunkerque, Lorient, Saint-Jean-de-Luz, La Rochelle, Cherbourg, Bordeaux, Marseille, Le Havre, Fécamp, Toulon, Morlaix, Granville, Caillery, Brest, Bastia, Calais, Ostende, Bayonne, Rotterdam, Les Sables-d'Olonne, Barfleur, Concarneau, La Corogne, Palma en l'île de Majorque, Boulogne, Étaples, Saint-Valery-en-Caux, Saint-Valery-sur-Somme, Saint-Pierre de la Martinique, des îles de Malaga, de Malte, de Groix. — Nouvelles de la guerre contre les Anglais; captures faites par les bâtiments français. — État des prises de l'armée navale depuis son départ de la côte d'Espagne. — Relevés : de 5 prises et 9 rançons faites par le corsaire la *Marquise de Seignelay*, du 15 avril au 10 mai 1780; — de 4 prises et 9 rançons par le corsaire le *duc d'Estissac*, du 30 avril au 20 mai 1780; — de 2 prises et 0 rançons par le corsaire la *Subtil*, de Brest, du 11 au 20 août 1780. — Extrait des nouvelles apportées de la Martinique par le brigantin l'*Uni*, parti le 16 avril 1782 : récit d'un combat entre une escadre anglaise et une escadre française commandée par le comte de Grasse, etc.

E. 3037. (Liasse.) — 79 pièces, papier.

1778-1780. — Brouillons de rapports adressés au maréchal de Castries par Ringuenet de La Toulinière. — Il propose d'accorder un supplément d'équipage à Chilly, capitaine du corsaire le *Renard*, de Dunkerque, qui a pris à l'abordage le *Lord Cornwallis*. — Il signale une réclamation de Favro, capitaine du corsaire la *Joséphine*, du Havre, qui se plaint de n'avoir pas été soutenu par le commandant du fort de Cherbourg lorsqu'il a été attaqué à portée de canon de ce fort par trois navires anglais ayant ensemble 118 canons, auxquels il n'a échappé qu'à la faveur de la brume. — Le chevalier de Brianssaux, armateur de Dunkerque, anobli et décoré de l'ordre de Saint-Michel pour les sacrifices qu'il a faits afin d'armer des corsaires, demande la reversibilité d'une pension de 2,000 livres qui lui a été accordée sur la tête de sa femme et de ses deux filles. — Hébert, capitaine du corsaire l'*Épervier*, qui a fait 4 prises, est digne de recevoir du Roi une épée d'honneur. — Rapport sur le corsaire l'*Union*, de Dunkerque, dont l'équipage était formé d'Anglais transfuges, et qui, après avoir fait échouer quatre bâtiments ennemis à l'entrée de la Tamise, a pris un navire de 100 tonneaux. — Mémoire concluant à l'emprisonnement d'un Anglais transfuge, accusé d'avoir trahi, et duquel il résulte que le succès de la course exercée par les corsaires armés à Dunkerque est surtout dû à ce que les équipages sont composés d'émigrés Anglais dévoués à la France. — Quinze Espagnols, pris sur un navire anglais par le duc de Chartres, demandent à passer au service de la France. — Belle conduite de Riyan, capitaine de la frégate la *Calonne*, qui, après avoir donné la chasse à plusieurs cuters et frégates anglaises, a pris ou coulé quatre vaisseaux ayant ensemble 40 canons et fait 189 prisonniers. — Félicitations et gratifications envoyées à Roger, capitaine du corsaire le *Commandant*, de Dunkerque, qui a attaqué seul une flottille anglaise de sept bâtiments, en a coulé un, pris cinq et mis le septième en fuite. — Prise par la frégate la *Courageuse* du corsaire anglais, doublé de cuivre, le *Vaillant*, de Bristol, jaugeant 350 tonneaux, armé de 24 canons et monté par 100 hommes. — On propose, si la marine royale ne le réclame point pour s'en servir, de vendre ledit corsaire à Foutat, armateur du Havre, pour la course, etc.

E. 3038. (Liasse.) — 17 pièces, papier.

1779. — Liquidation des prises faites par le marquis de Vaudreuil. — Compte-rendu de la conquête du Sénégal par le marquis de Vaudreuil, parti de la rade de Quiberon, le 25 décembre 1778, avec une escadre formée des bâtiments suivants : le *Fendant*, vaisseau de 74 canons, commandant le marquis de Vaudreuil; le *Sphinx*, vaisseau de 64 canons, commandant le comte de Soulange; la *Résolue*, frégate de 26 canons, capitaine M. de Pontevès-Gien; la *Nymphe*, frégate de 26 canons, capitaine de Sainneville; la *Lunette*, corvette de 4 canons de 24, capitaine de Chatagnac; l'*Épervier*, corvette de 14 canons de 9, capitaine le comte de Capellis; et le *Levelly*, corvette de 10 canons de 6, capitaine Eryes. — Après la conquête, le marquis de Vaudreuil part pour la Martinique avec les vaisseaux le *Fendant* et le *Sphinx*, du 1er au 10 mars 1779; de Pontevès-Gien est chargé avec les frégates la *Résolue* et la *Nymphe* et la corvette l'*Épervier* de s'emparer des rivières de Gambie et de Sierra-Leone; la corvette la *Lunette* reste pour défendre la barre au Sénégal, le capitaine Eryes prend le commandement de la conquête sous les ordres du duc de Lauzun, et le *Levelly* part pour annoncer le résultat de l'expédition à Rochefort, où il aborde le 16 mars 1779. — Difficultés pour le partage des prises entre ces différentes fractions de l'escadre, qui tombent d'accord de mettre en commun la somme de 963,494 livres 15 sous 5 deniers, à laquelle elles s'élèvent toutes ensemble; sept parts et demie sont réservées au commandant en chef de l'escadre.

B. 3113. (Liasse.) — 16 pièces, papier.

1778-1780. — Liquidation des prises faites par l'escadre commandée par le comte d'Estaing aux Îles-du-Vent, à la Grenade et sur la côte de Savannah. — Division de l'expédition en trois périodes : 1° depuis le départ de l'escadre de Provence jusqu'à son arrivée aux Îles-du-Vent, le 9 décembre 1778; 2° depuis sa jonction à l'escadre du comte de Grasse, le 20 février 1779; 3° depuis la réunion de ces deux escadres à celle de La Motte-Piquet, le 7 juin 1779. — Indications sur le rôle des frégates l'Aimable et l'Alcmène, des vaisseaux le Fantasque et le Sagittaire, des frégates l'Iphigénie et la Cérès, etc. — Gratifications données par le Roi pour les canons pris à l'ennemi. — Parts assignées aux officiers d'infanterie présents sur les vaisseaux. — Caisse de réserve, pour être distribuées à leurs héritiers, les parts des officiers et marins tués dans l'expédition. — Proposition de récompenser de Préville, qui s'est acquitté avec activité et avec intelligence de la mission de vendre les prises. — Marie Le Clair, veuve de Penel, capitaine-armateur de la goélette l'Aimable-Marie, est signalée au ministère pour sa belle conduite pendant un combat naval, etc.

B. 3040. (Liasse.) — 49 pièces, papier.

1778-1788. — Projet d'instruction à adresser aux consuls de France sur les prises faites par les bâtiments français et amenés dans des ports étrangers. — Liste des consuls français en Espagne, Portugal, Italie, Autriche, dans le nord de l'Europe, en Barbarie et dans le Levant. — Observations sur la course présentées par le chevalier de Lironcourt, consul de France à Amsterdam. — Etat de 36 prises, d'une valeur de 3,080,353 livres, liquidées dans les ports de Brest et de Toulon. — Liste des bâtiments pris en 1778-1781 par des navires des ports de Brest, Lorient, Morlaix, Saint-Malo, Nantes, Saint-Brieuc, Quimper, La Rochelle, Toulon, Bordeaux, Dunkerque, Granville et Cherbourg. — Etat des répartitions des prises des armées combinées de France et d'Espagne (1779), s'élevant à la somme de 350,131 l. 2 s., sur laquelle 188,531 l. 11 s. 9 d. reviennent à l'Espagne et 161,599 l. 10 s. 11 d. reviennent à la France, qui a de plus fait seule, pendant la campagne, d'autres captures valant 182,415 l. 2 d. — Proposition de prendre pour base de la répartition du produit des prises faites par la France et l'Espagne en 1780 le nombre des canons et navires. — Fragment d'une liste des officiers employés à Cadix pour l'expédition projetée, par le comte d'Estaing en 1782, et des régiments qui ont fourni des volontaires. — Mémoire sur la répartition des prises de la division commandée par M. de Kersaint, à Demerary, Berbiche et Essequibo, en 1782, etc.

B. 3041. (Liasse.) — 41 pièces, papier.

1778-1782. — Propositions pour l'octroi de passeports à Leroo, piqueur du cardinal de Rohan, chargé d'acheter des chevaux en Angleterre; — à Bradau, piqueur du prince de Conti, pour ramener des chiens d'Angleterre; — à la veuve Spyns, pour faire entrer du charbon en France; — à Franklin, pour envoyer en Amérique de vieilles armes réparées à Nantes; — à la veuve Rosa Fabry, de Livourne, pour faire le commerce sous pavillon toscan; — à Kenny, pour acheter en Angleterre le cuivre et les clous nécessaires au doublage de quatre cutters en construction dans les chantiers royaux; — à Vendol, d'Hayange, pour rapporter en France 800 milliers de fonte achetés en Angleterre; — à Gallvey, négociant à Nantes, pour approvisionner de salaisons le service de la Marine; — à Jacques Holton, chef de la secte des frères ermites, établis sur la côte du Labrador, pour transporter en Amérique des vêtements et des vivres. — Etat des passeports avec les motifs à l'appui, octroyés par le marquis de Castries du 21 octobre 1780 au 12 septembre 1782. — Projet imprimé de passeports pour navires anglais. — Projet d'établir à Calais un service pour le transport des passagers en Angleterre, au nom d'un sujet des Pays-Bas et sous pavillon impérial. — Notes sur un autre projet de service pour le transport des passagers de Douvres et Calais par quatre navires anglais et quatre français, dont serait chargée une compagnie anglo-française. — Réclamation de Gauneau, négociant à Dunkerque, contre Coppeus, capitaine du corsaire la Victoire, qui s'était emparé de son navire le sloop la Fortune, malgré les passeports réguliers du capitaine. — Plainte contre le comte de Kerguelen qui, ayant obtenu un passeport pour un voyage de découvertes, s'en serait servi pour faire le commerce, etc.

B. 3042. (Liasse.) — 60 pièces, papier.

1778-1789. — Projet de lettres patentes donnant commission à Lehoc, chef de bureau au ministère de la marine, de décider des affaires concernant les prisonniers anglais, de veiller à leur discipline et à leur nourriture, de passer les marchés qui les concernent, de correspondre avec la Cour de Londres, etc. — Lettre informant

Garnier, consul de France à Ostende, que les prisonniers français, retournant dans leur pays par Ostende, ne seront défrayés de leur voyage que jusqu'à Dunkerque. — Proposition de donner une indemnité de 1,000 livres pour la perte de ses effets à Malouet d'Alibert, commissaire de la marine, fait prisonnier par l'escadre de l'amiral anglais Kempenfeld. — Demande par Franklin de la mise en liberté de prisonniers américains. — Reproches au commissaire des classes de Dinan, pour la négligence qu'il a apportée dans la surveillance des prisonniers enfermés dans la citadelle de cette ville, qui ont dû recourir au parlement de Bretagne pour échapper au monopole du cantinier. — Autorisations données à un sergent et à un caporal qui, à la tête d'un détachement de 15 hommes, avaient pris 27 anglais, de garder les armes que leur ont rendues les officiers ennemis. — Octroi d'une gratification de deux louis « aux bas-officiers » et d'un louis aux cavaliers du régiment du marquis d'Estourmel, qui ont conduit de Waldam à Calais 65 anglais, formant l'équipage de deux cutters échoués sur les côtes de France. — Règlement de l'indemnité due à Fagan, chargé à Londres et à Versailles des affaires concernant les prisonniers. — Avis préparé pour la *Gazette de France*, annonçant qu'un cartel pour l'échange des prisonniers vient d'être signé par les commissaires de la France et de l'Angleterre. — Modèle du certificat de mise en liberté. — Proposition de supprimer les droits perçus en France sur les vaisseaux parlementaires anglais, pour imiter l'Angleterre qui ne perçoit rien sur les parlementaires français ; — d'accorder une gratification à Perret de Trégadoret, maître de Ploërmel, qui a été chargé de l'entretien des prisonniers. — On recommande à la sollicitude du ministre le capitaine Ryan, Irlandais établi en France, qui, pris par les Anglais, s'est échappé de sa prison, a regagné son navire, a jeté à la mer les gardiens de l'amirauté qui le montaient et est revenu à Dunkerque. — Fait bourgeois de cette ville, naturalisé français, après avoir, comme capitaine du corsaire la *Calonne*, fait des prises nombreuses, il retombe entre les mains des Anglais qui le regardent comme un traître. On propose diverses mesures pour le sauver du dernier supplice. — Correspondance au sujet de plusieurs Américains royalistes de la Virginie, faits prisonniers et envoyés en France à la demande des délégués de ce pays pour les tenir le plus longtemps éloignés, la considération que leur parti leur accorde les rendant dangereux, etc.

amiral pour l'inviter à interdire la course contre les bateaux-pêcheurs anglais, et à mettre en liberté ceux qui seraient retenus dans les ports français. — Proposition de faire rendre à François Ledos, maître-pêcheur de Carteret, son bateau, pris par un corsaire de Guernesey. — Félicitations et gratification de 4,000 livres envoyées à Lemoine, ancien maire de Dieppe, député des provinces de Flandre et de Picardie, pour les démarches par lui faites en France et en Angleterre, afin d'assurer la liberté de la pêche. — Remerciements adressés à M. de Castries par les députés du commerce de la pêche anglais et français, pour l'empressement qu'il a montré à favoriser leur liberté. — État des bâtiments-pêcheurs de Dieppe pris par les Anglais de 1778 à 1781 : 18 bateaux montés par 301 hommes et valant ensemble 117,900 livres. — Ordre au grand-amiral de faire courir sus à tous les bateaux-pêcheurs anglais, l'amirauté de Londres s'étant refusée à assurer la liberté des bâtiments français. — Avis de cet ordre donné à de Berken-Rood, ambassadeur de Hollande. — Le comte de Scarnafix doit être informé que les chevaux destinés au Roi de Sardaigne sont débarqués à Calais. — Rapport sur la destination à donner aux prises faites par Johnes, commandant une escadre américaine qui, ayant relâché dans un port des Pays-Bas dont le gouvernement n'avait pas reconnu l'indépendance de l'Amérique, a été réclamé comme sujet Anglais par l'ambassadeur d'Angleterre, et n'a pu échapper à cette réclamation que grâce à une commission d'officiers français à lui envoyée par la France. — Observations sur un règlement déterminant la conduite de la marine portugaise pendant la guerre, édicté par le Roi de Portugal le 8 mai 1781. — Notes sur la situation respective, au point de vue du commerce maritime avec la France, de la Suède, du Danemark, de la Norwège et de la Russie ; — sur les encouragements et privilèges à donner à la marine marchande française. — Mission à Chardon pour rétablir l'ordre dans les amirautés. — Plaintes de Chardon contre les amirautés de Martigues, Arles, Aigues-Mortes, Cette et Agde qui n'ont tenu aucun compte de la commission dont il était porteur. — Réprimande sévère adressée par le ministre à ces amirautés. — Dénonciation d'une correspondance suspecte entretenue par des Anglais fixés à Montreuil-sur-Mer. — État de l'exportation en Angleterre d'eau-de-vie, de genièvre et de thés, du 1er juillet 1778 au 1er janvier 1787, faite en fraude par les « smogleurs, » qui ont frustré la douane d'Angleterre d'une somme de 52,581,997 livres, etc.

E. 3043. (Liasse.) — 48 pièces, papier.

1778-1788. — Projet de lettres du Roi au grand-

E. 3044. (Liasse.) — 40 pièces, papier.

1788-1789. — Gratification accordée à Morphil, nommé sous-lieutenant au régiment de Dillon, pour aider à son équipement. — Demande de 18 canons pour le corsaire la *Caïcha*, adressée par Delporte, armateur à Boulogne. — Rapport, daté de Rotterdam et signé Castagni, signalant au ministre de la marine la difficulté qu'ont les Hollandais à trouver des capitaines pour leurs vaisseaux de guerre, et l'informant que le capitaine et le pilote du navire le *Prince-Guillaume*, perdu sur un écueil, ont été, en punition de leur impéritie, le premier déclaré incapable de servir dans la marine hollandaise, le second condamné à trois mois secs. — Lettres par lesquelles Vaillant, commis à Brest, demande à Ringuenet de La Touilière des conseils sur la conduite qu'il doit tenir dans son bureau. — Correspondance avec Annisson Du Péron, directeur de l'imprimerie royale du Louvre. — Demande par Coppenin, armateur, de vieux boulets déposés à l'arsenal de Calais, pour lester la frégate la *Charlotte*, armée en course. — Observations sur la juridiction qui devra juger l'équipage du corsaire de Dunkerque l'*Éclipse*, accusé d'avoir pillé le vaisseau Danois l'*Emillard*. — Proposition de révoquer l'exil de M. de la Personne, puni pour avoir promis aux officiers d'une troupe formée par une compagnie, pour faire une expédition sur les côtes d'Afrique dont il avait le commandement, que le gouvernement français ratifierait les grades qui leur seraient accordés, etc. — Notes sur les travaux du bureau des prises. — Feuilles quotidiennes contenant le relevé des affaires qui y sont traitées. — État du personnel et de ses appointements : Dumons, 3,000 livres ; Ringuenet de La Toulière 1,000 ; Caussin 1,200 ; Daigremont, 1,200 ; Aubry, payé par une gratification.

E. 3045. (Liasse.) — 112 pièces, 1 plan, papier.

1782-1790. — Riquet de Caraman. — Plan d'une manœuvre exécutée le 11 septembre devant la ville de Metz, à Borny, sous les ordres du comte de Caraman. — Comptes-rendus à M. de Caraman par Dardenne, son intendant. — Mémoires de gratifications données à Martin, taupier, pour avoir pris 76 taupes à 4 sous pièce, 15 livres 4 sous. — Frais du change de trois billets de 200 livres, 33 livres ; — de menues réparations au château de Roissy, aux grilles du parc, au théâtre, etc. — Prix de 61 voies de sable de rivière, 122 l. — Rôles des ouvriers employés à la journée. — Gages de Lucien, lieutenant de la prévôté de Roissy, pendant 10 mois, 150 livres 10 sous, etc.

E. 3046. (Registre.) — In-folio, 159 feuillets, papier.

1788-1789. — Livre journal de recette et de dépense tenu par Dardenne, régisseur de la terre de Roissy. — État, pendant les 6 premiers mois de 1789, de la recette : 18,338 l. 15 s. ; de la dépense : 24,653 l. 9 s. 6 d. — Prix du voyage d'un commissionnaire de Roissy à Paris, 3 l. ; — du ramonage de 6 cheminées, 1 l. 16 s. ; — de la façon de 2,374 fagots, 19 l. ; — d'une culotte de peau, 24 l. etc.

E. 3047. (Liasse.) — 1 pièce, parchemin ; 1 pièce, papier.

1780. — Rivet de Bois-Jacourt. — Vente par les héritiers de Jacques Aubert, jardinier-fleuriste, à Joseph Rivet de Bois-Jacourt, ancien lieutenant volontaire du régiment de Nassau, et à demoiselle Marie-Louise Racarry, sa femme, d'une maison sise à Moulton, en la censive de la seigneurie de Corbeville, moyennant 1,600 livres.

E. 3048. (Liasse.) — 7 pièces, papier.

XVIIIe siècle. — Robien (de). — Généalogie des maisons de Gauteron et de Robien, originaires, la première du Poitou, la seconde de Bretagne, réunies en une seule par le mariage de Claudine de Robien avec Jacques qui prit le nom de Robien en 1569. — Armes de Gauteron : *d'azur à sept coquilles d'argent* ; et de Robien : *d'azur à dix billettes d'argent*. — Modèle de l'arbre généalogique à produire pour être reçu dans « la vénérable langue de France. »

E. 3049. (Liasse.) — 55 pièces, papier.

XVIIIe siècle. — État des pièces remises à Berthier, généalogiste-commissaire du Roi, et à Chérin, par le chevalier de Robien, seigneur de Treulan, Kérumbert, S. Nerven et Goizac, officier du génie, en instance pour obtenir les honneurs de cour. — Réponses faites par MM. de Robien aux objections de Chérin contre leur généalogie. — État des sommes payées par de Robien pour ses preuves de noblesse et l'obtention des honneurs de cour, s'élevant à 2,851 livres : à Mlle Brizart, sœur de l'abbé Brizart qui a examiné les titres, une pièce de vin d'Alicante valant 25 livres 17 sous ; à Bercegeay, pour ses soins, 400 livres; à Berthier, généalogiste-commissaire, une cassette d'argent valant 240 livres; « au suisse des Louve pour indiquer la demeure des honneurs de cour, 6 livres; au suisse de l'œil-de-bœuf suivant l'usage, 24 livres; » frais d'habits de cour, habit de velours brodé, culotte et veste, 755 livres, habit de drap gris pour la chasse, chapeau, gants, ceinturon, éperons, 637 livres, etc. — Mémoires : sur la charge de sénéchal de Bretagne, possédé par Roland Gauteron de 1477 à 1496; — sur la fonction de procureur exercée par Roland Gauteron; — sur les services militaires des Gauteron et des Robien; — sur les alliances des Robien; sur l'ancienneté de leur noblesse.

B. 2250. (Liasse.) — 4 pièces, parchemin; 2 pièces, papier.

2459-2627. — Copie de lettres de Charles VII, renvoyant à la vicomté d'Avranches le jugement d'un procès mu entre Robine Durand, veuve de Pierre Gauteron, écuyer, et les héritiers de Jean Lepage. — Lettres de Louis XII invitant les « généraux, conseillers ordonnés sur le fait et gouvernement des finances » à payer leur solde à Jean Bacle, Jean Gauteron dit La Bourdellière, Pierre de La Roche, le bâtard de La Boucherie, hommes d'armes, Pierre Delagarde et Rollant de Noyelle, archers en la compagnie de Guillaume Gouffier, Chambellan, ayant la conduite de cinquante lances des ordonnances du Roi; bien qu'ils n'aient pas assisté aux revues, attendu que, du commandement du Roi et de leur capitaine, ils « se sont retirés en leurs maisons pour eulx faire panser et guérir de certaines blessures et playes qu'ils ont receues des Anglois à plusieurs courses et escarmouches qui ont esté faictes par nos gens de guerre en nostre pais de Picardye. » — Extraits de divers rôles de montres et revues d'hommes d'armes des ordonnances du Roi dans lesquelles figurent les Gauteron, et d'un compte qui mentionne le paiement, sur l'ordre de Henri IV, d'une indemnité pour frais de voyage, à Pierre Gauteron, prêtre, aumônier des bandes françoises. — « Roolle de la monstre et reveue, faicte à Caudebec le trentième jour de may 1592, de 60 hommes de guerre à pied françoys, tenant garnison pour le service du Roy en la ville de Caudebec, soulz la charge et conduicte du capitaine de Gautheron, pour les moys commençant le dix-huitième jour d'avril dernier passé et finissant le vingt-troisième jour du présent moys de may, par Etienne de Moireau, commissaire extraordinaire, et Isaac Basselin, contrôleur extraordinaire des guerres. »

B. 2251. (Liasse.) — 2 pièces, parchemin; 34 pièces, papier, 1 cachet.

2740-2790. — Certificat signé du marquis de Monteynard, gouverneur de Sarrelouis, secrétaire d'État ayant le département de la guerre, constatant que le chevalier de Robien a été reçu en qualité de surnuméraire à l'ancienne école du corps royal de l'artillerie à La Fère. — Nomination du chevalier de Robien : au grade de capitaine en premier de la première classe; — au grade de major dans le corps du génie. — Lettres annonçant au chevalier de Robien qu'il est détaché au bureau des fortifications à Versailles. — Accusés de réception signés La Tour du Pin : d'un mémoire présenté par le comte de Robien, major du génie, sur la formation « d'un conseil de la guerre permanent auquel seraient attachés quatre autres conseils tirés des différentes armes constituant l'armée, savoir : infanterie, cavalerie, artillerie et génie; » — d'un mémoire proposant de supprimer le corps d'état-major et de faire remplir ses fonctions par le corps du génie. — Brevet de chevalier de S.-Louis conféré à Julien de Robien de Ré. — Pension de 200 livres accordée à Julien de Robien de Ré en qualité de chevalier de S.-Louis. — Extrait du registre des débutants à l'écurie des carosses du Roi, délivré par de Pégulhan comte de Larboust, commandant l'écurie du Roi, écuyer ordinaire de la comtesse d'Artois, certifiant que le comte de Robien « a été présenté et a monté dans les carosses du Roi pour avoir l'honneur de suivre S. M. à la chasse. » — Numéro de la *Gazette de France* du 12 janvier 1787, relatant la présentation à la cour du comte de Robien. — Lettre du duc de Penthièvre l'autorisant à porter l'habit d'équipage du Roi. — Invitation à assister, le jour de la fête de S.-Louis, à la messe qui se célébrera en la paroisse de S.-Louis de Versailles, pour le Roi, la famille royale et l'ordre royal et militaire de S.-Louis. — Billet donnant entrée aux Tuileries pour faire sa cour à S. M. — Circulaire par laquelle le comte de Robien, procureur-général-syndic des États de Bretagne, annonce que la présentation du cahier desdits États se fera à Versailles le 3 février 1770. — Protestation adressée par le comte de Robien à M. Du Portail, ministre de la guerre, contre son remplacement au dépôt des fortifications. — Circulaire du comte de Robien aux directeurs du génie, exposant ses travaux au dépôt des fortifications et les mesures qu'il a préparées dans l'intérêt du corps du génie. — Titres constatant les services militaires des deux frères du comte de Robien : l'un Robien de S.-Nervin, enseigne de la compagnie des gardes de la marine de Brest; l'autre

François de Robien, garde de la marine, tué au siège de Louisbourg; et de son neveu, gendarme du Dauphin.

E. 3033. (Liasse.) — 9 pièces, papier.

1764-1768. — Vente au chevalier de Robien par Boubert-Delahaye, ancien officier des cent-suisses de la garde du Roi, de six deniers d'intérêt dans les mines de charbon de terre de Sarlon-Champs et S.-Vaast, situées sur les territoire et seigneurie du Roux, pour 10,000 livres; — de six autres deniers d'intérêt pour 8,000 livres; — par Geoffrion de Cryssoul, lieutenant-colonel d'infanterie, exempt des cent-suisses de la garde du Roi, demeurant à Valenciennes, de six autres deniers d'intérêt pour 10,000 livres. — Arrêt du Conseil d'État qui évoque le jugement de tous les procès qui pourraient naître à propos des créances souscrites par les sieurs Law et Chevalier, le premier ancien gouverneur des établissements français dans l'Inde, le second commandant au Bengale, associés dans des opérations de commerce entreprises dans l'Inde après la suppression du privilège de la compagnie française dans les Indes. — Mémoire rédigé par Achille de Robien, chevalier, ancien chef du conseil royal de Canton, en Chine, pour établir que la somme de 141,786 l. 18 s. 6 d., par lui avancée au sieur Chevalier pour sauver la flûte l'*Etoile* à Canton, compléter sa cargaison et nourrir son équipage, ne doit pas être comprise dans les créances à soumettre au jugement du Conseil d'État.

E. 3033. (Liasse.) — 1 pièce, parchemin; 10 pièces, papier.

1654-1746. — Marché passé entre Pierre Blanchard, boulanger à Versailles, d'une part, et le marquis de Castries, chevalier d'honneur de la duchesse d'Orléans, Jacques Giraud, écuyer, François Le Clerc, maître d'hôtel, et Foulon de Vaugelas, contrôleur-général de la maison de S. A. R., pour la fourniture du pain nécessaire à la maison de S. A. pendant trois ans. — Copie du testament de Jean Thierry, fait à Corfou, contenant le récit de ses aventures. Originaire de Château-Thierry, il va en Italie, devient garçon de cabaret, est adopté par un marchand grec nommé Athanase Thipaldy qui lui laisse 800,000 écus vénitiens et trois vaisseaux marchands, etc.

E. 3054. (Liasse.) — 77 pièces; papier.

1773-1790. — Lettres adressées au comte de Robien par Bercegeay, de Rennes, chargé de réunir les preuves de noblesse de la famille Robien; par Brugaière, chirurgien-major du régiment de Béarn à Metz, et par de Brotonne, pour lui rendre compte des effets de l'eau médicinale; — par de Crysoul, pour l'informer de l'état des houillères des Pays-Bas en 1790; — par Cointereaux, pour lui recommander des inventions relatives à la défense et à l'attaque des places, à la construction de magasins à poudre incombustibles, etc. — Lettre de faire part adressée par « la comtesse de La Brisse, M. et M⁽ᵐᵉ⁾ la » marquise Des Moustiers, M. et M⁽ᵐᵉ⁾ la vicomtesse de » Laxis, M⁽ᵐᵉ⁾ la présidente Le Prestre, du mariage du » comte de La Brisse, leur fils, frère, beau-frère et neveu, » avec M⁽ˡˡᵉ⁾ de Broteuil, » et invitation d'assister au lever du Roi pour la signature du contrat, etc.

E. 3033. (Liasse.) — 30 pièces, papier.

1776-1792. — Lettres adressées au comte de Robien, par Dumottays, avocat à Paris, à propos du procès entre son frère et les sieurs Law et Chevalier (voir E. 3047); — par Husson, pharmacien à Sedan, inventeur de l'eau médicinale; — par Paulin, professeur à l'école royale militaire d'Avila, l'informant de la situation critique de cet établissement, menacé de suppression, etc.

E. 3030. (Liasse.) — 30 pièces, papier.

1762-1789. — Lettres adressées au comte de Robien par son frère, supercargue, en Chine, de Canton et de Macao « ville portugaise où se retirent les Européens par » ordre du Gouvernement chinois lorsque les vaisseaux » sont partis; » — par ses parents de Bretagne pour les affaires d'intérêt. — Correspondance avec M. de Sieze, qui s'est chargé d'obtenir, en Espagne, de l'officier supérieur du corps du génie, un certificat constatant la présence de Robien à la tranchée pendant le siège d'Almeida, etc.

E. 3051. (Liasse.) — 30 pièces, 5 plans, papier.

1766-1790. — Correspondance avec Dubreton, de Ploërmel, au sujet de réparations à faire à la maison de M. de Robien et plans à l'appui. — Partage entre les six frères de Robien de la succession provenant de leurs parents. — Comptes annuels de l'emploi des sommes à lui confiées, présentés par de Robien, supercargue à Canton.

E. 3058. (Liasse.) — 69 pièces, papier.

1780-1790. — Notes sur les revenus que le comte Robien tire chaque année de ses propriétés à Bionzou, Bothron, Cantao, Le Hilgouet, Kabannaleo, Kloguen, Kgouet, Kgof, S.-Symphorien, — d'une maison à Pontivy, — de la métairie de S.-Geneviève, — d'une maison à S.-Malo, etc.

E. 3059. (Liasse.) — 92 pièces, papier.

1767-1791. — Notes sur les dépenses faites par le comte de Robien, — sur l'état de son revenu, — sur les sommes qui lui sont dues, — sur celles qu'il a placées à rente viagère, — sur la dépense de ses chevaux. — Inventaires de ses habits, linge, livres et brochures, cartes, meubles, vaisselle, etc.

E. 3060. (Liasse.) — 97 pièces, papier.

1770-1788. — Conventions faites entre le comte de Robien et ses domestiques. — Comptes tenus par sa cuisinière. — Livre du boucher. — Etat des recettes et des dépenses faites au charbonnage de Sarlonchamps du 1er octobre 1784 au 30 septembre 1785 : recettes : 71,967 livres 16 sous 6 deniers ; dépenses, 52,099 livres 12 sous ; bénéfices, 19,868 livres 4 sous 6 deniers à diviser en 36 parts. — Patrons de souliers découpés en papier, etc.

E. 3061. (Liasse.) — 91 pièces, papier.

1769-1791. — Prêt de 9,600 livres comptées en écus de 6 livres, fait par le comte de Robien à Duhaffont, ancien lieutenant de vaisseau du Roi, moyennant un intérêt de 4 1/2 pour cent. — Indications détaillées pour la confection d'un cabriolet. — Façon dudit cabriolet, 1,020 livres. — Mémoires de Franconville, Lyon, Philipps, tailleurs, etc.

E. 3062. (Liasse.) — 98 pièces, papier.

1770-1790. — Quittances du loyer payé par le comte de Robien, pour un appartement rue royale, 70 livres par terme de 3 mois. — Fourniture de 6 couverts d'argent à filets par Sager, orfèvre, 316 livres ; — d'une paire d'éperons d'argent, par Poixmenu, 55 livres ; — de toile à 3 l. 15 s., de futaine à 3 l., de mousseline à 24 l. l'aune, par la veuve Jenillon, marchande à Versailles ; — d'un porte-manteau en cuir de vache par Rogar, 23 l. — Façon de manchettes à 6 et 8 sous la paire, etc.

E. 3063. (Liasse.) — 2 pièces, papier.

1791. — Lettre du comte de Robien à Masset Du Pan, rédacteur de la partie politique du *Mercure français*, réfutant un article de ce journal qui demandait l'érection de deux Chambres et critiquant l'anglomanie des écrivains politiques français.

E. 3064. (Registre.) — in-folio, 66 feuillets, papier.

XVIIIe siècle. — Traité manuscrit de l'approvisionnement des armées : — Préliminaires ; — supputation de la quantité des vivres et de la dépense ; — des équipages ; — de la levée des chevaux ; — devis d'un caisson et des attelages ; — de la force d'un équipage ; — de l'approvisionnement des médicaments ; — de la marque des chevaux ; — ordre de la marche des équipages pour se rendre au lieu du rendez-vous ; — de la bâtisse des fours dans les places de guerre ; — travail de la manutention dans un bourg à portée du camp ; — travail de la munition en rase campagne ; — des magasins des vivres ; — des moutures ; — des différentes espèces de moulins ; — des différentes espèces de fours ; — des qualités du pain ; — bâtiments de la munition à Metz ; — dessin des fours de Strasbourg. — Extrait du livre intitulé le *Munitionnaire général des armées*. — Extraits des mémoires du maréchal de Vauban sur les fours à cuire le pain de Montroyal, sur l'approvisionnement des places, sur Neufbrisack et du livre IV de Bélidor.

E. 3065. (Liasse.) — 10 pièces, papier.

1747-1748. — Dispositions à prendre pour une attaque de nuit contre une place qui paraît être Berg-op-Zoom. — Instructions pour MM. de Reyne et de S.-André, majors de tranchée. — Ordre de marche des troupes placées sous les ordres du maréchal de Löwendhal pour se rendre à Verviers ou à Limbourg indiqué dans des mémoires instructifs dressés pour le marquis d'Armentières, lieutenant général, qui partira de Namur avec le marquis de Bauffremont, maréchal-de-camp, et 11 bataillons, 5 escadrons et la compagnie de Ficher ; — et pour les maréchaux-de-camp qui partiront : le comte de Lorges, de Sedan, avec 5 bataillons et 4 escadrons ; — le marquis de Montmirail, de Carignan, avec 6 bataillons et 2 escadrons ; — le marquis de Montbarey, de Givet, avec 5 bataillons et 4 escadrons; — milord Tirkonel, de Montmédy, avec 19 bataillons et 7 escadrons ; — le comte de S.-Germain et M. de Turcy, de Longey, avec 20 bataillons et 7 escadrons. — Dispositions à prendre pour recevoir l'ennemi dans le cas où de la Roër il marcherait par la rive gauche de la Meuse sur l'armée française, occupée à faire le siège de Maëstricht.

E. 3168. (Liasse.) — 18 pièces, papier.

XVIII⁰ siècle. — Notes sur la construction des tranchées, les matériaux nécessaires à un siège, la manière de les préparer, le prix des ouvrages, etc. — Mémoires sur la tenue d'un magasin d'artillerie; — sur l'utilité des plans de fortifications en relief dont il conviendrait de confier la garde à un officier du génie.

E. 3167. (Liasse.) — 9 pièces, papier, dont 1 imprimée, 8 plans, papier.

1703-1775. — Devis et adjudication des ouvrages qui s'exécutent ordinairement dans les places de Port-Louis et de Lorient et de la direction de Bretagne. — Mémoire sur les mesures à prendre pour solder les frais de construction des casernes de Sedan. — Devis de l'établissement d'une écluse au pont de La Ferenouch, pour servir de retenue aux marées qui doivent nettoyer le hâvre de Dunkerque. — Devis pour la fourniture des outils nécessaires à l'exécution des ouvrages projetés à Montdauphin. — Mémoire sur la manière de faire les devis des travaux de fortifications. — Règles à observer pour le revêtement des maçonneries en décharge, avec figures explicatives. — Mémoire sur la nouvelle construction des voûtes légères en briques posées de plat et liées avec du plâtre, accompagné de plans et coupes. — Instruction sur la façon d'appliquer les chapes en ciment des souterrains, avec planches. — Représentation coloriée d'une crapaudine de cuivre pour les tourillons d'une cloche, etc.

E. 3168. (Liasse.) — 1 pièce, papier; 13 plans, papier.

XVIII⁰ siècle. — Plans des fortifications de la porte Chambrière à Metz. — Profils du polygone de fortification à élever à Metz pour l'école d'artillerie. — Programme avec plans à l'appui pour douze jours d'exercices de l'école d'artillerie. — Plans des petits retranchements dans les places d'armes des chemins couverts; — des huttes et abris à faire au pied des remparts; — d'une flèche à la queue d'un glacis; — d'un cintre pour la voûte d'un magasin à poudre. — Profils des différentes sortes d'escarpes usitées dans les fortifications. — Plans d'un bastion avec cavalier; — d'un carré fortifié; — du bastion et du réduit de la place d'armes rentrante du chemin couvert. — Profils d'une demi-lune et de son réduit. — Plans de la tenaille ; — de la caponnière dans le fossé du corps de la place. — Élévation des ouvrages d'un front de fortification, etc. — Profils comparés des revêtements proposés par Le Maire, Bélidor et le maréchal de Vauban. — Façade d'une porte de place de guerre, « copiée sur l'original signé Vauban et Mansart. » — Retranchement en palissades pour les postes que l'on jugera devoir garder aux environs d'Egra. — Profil d'un ouvrage des fortifications d'Ingolstadt.

E. 3169. (Liasse.) — 67 pièces, papier.

1775. — Mémoires sur une eau médicinale découverte par Husson, pharmacien à Sedan, efficace dans toutes les maladies à l'exception de la pulmonie, de la paralysie fixée et des affections absolument incurables. — Expériences faites à l'hôtel des Invalides sur l'ordre du maréchal Du Muy, ministre de la guerre. — Bulletins des malades traités par l'eau médicinale. — Envoi au comte de St-Germain, ministre de la guerre, du résultat des expériences faites, etc.

E. 3170. (Liasse.) — Registre in-folio de 80 feuillets, papier.

1774-1777. — Minutes des lettres écrites par le comte de Robien touchant l'eau médicinale à Husson, inventeur, à Sedan, — à Edmond, officier-adjudant du corps royal de l'artillerie, — à de Brotonne, — au comte Du Muy et au comte de St-Germain, ministres de la guerre, — au baron d'Espagnac, gouverneur des Invalides, — à Richard, premier médecin inspecteur-général des hôpitaux militaires.

E. 3171. (Liasse.) — 4 pièces, papier; 7 plans, papier.

XVIII⁰ siècle. — Mémoire sur l'établissement des manufactures de peaux. — Description de la manufacture de Corbeil « où l'on prépare des buffles, des cuirs de Hongrie, des veaux tannés, et où l'on fabrique une excellente colle blonde pour le papier. » — Projet d'une nouvelle manufacture au compte de l'État, laquelle serait dirigée par MM. de Belle-Isle. — Projet d'une manufacture de chapeaux.

E. 3072. (Liasse.) — 4 pièces, papier; 6 plans, papier.

XVIII° siècle. — Mémoire sur la préparation de la garance. — Projet et plan d'un moulin à garance. — Mémoire sur l'or qu'on tire du sable du Rhin avec figures représentant une éprouvette. — Projet d'un moulin à cheval capable de pouvoir moudre 48 sacs en 24 heures.

E. 3073. (Liasse.) — 49 pièces, papier, dont 33 imprimées.

XVIII° siècle. — Recette pour faire la crème de Robeck. — Prescriptions pour l'usage de la colle de peau d'âne, remède chinois nommé *Okao* ou *Okiao*. — Prospectus imprimés de divers marchands et fabricants : de Pascal Thotoire, bonnetier (sur le dos d'une carte à jouer); de Déjenotte, marchand de vêtements en taffetas ciré de la fabrique du sieur Desjardins; de Geoffroy, Vormand, Olor, tailleurs à Paris, avec énumération des prix des diverses sortes de vêtements. — Factures avec tête imprimée en forme de prospectus. — Prospectus de la quintessence végétale de Cuchet-Salomon; — de la boule minérale, composée à la chartreuse de Holsheim, en Basse-Alsace; — de la pâte d'orge de M. de Chamousset; — de l'eau médicinale avec attribution de l'invention à Emond, et note manuscrite du comte de Robien, traitant d'imposteur le sieur Emond qui avait seulement été chargé de veiller aux essais tentés sur les malades de l'hôtel des Invalides; — de la pension académique de Berthaud, au faubourg S.-Honoré, consacrée spécialement à la préparation des aspirants aux écoles du génie, de l'artillerie et de la marine, avec tableau des exercices de la maison, etc.

E. 3074. (Liasse.) — 1 pièce, papier.

1762. — ROBILLIARD. — Partage entre Louis Robilliard, journalier, Philippe Thuillier, charpentier; Nicolas Criton, serrurier, demeurant à Bailly, et Alexandre Flamion, menuisier à Versailles, de l'héritage laissé par la veuve Thuillier, leur mère et belle-mère; consistant en une maison et quelques pièces de terre sises à Bailly.

E. 3075. (Liasse.) — 1 pièce, parchemin; 2 pièces, papier.

1775-1784. — ROBIN (DE), baron de Magalas. — Vente par Jean-Étienne de Robin, baron de Magalas, écuyer, gouverneur des pages de la chambre du Roi, de la charge de gouverneur des pages, à Jean-François de Canongette de Cannecaude, chevalier, garde-du-corps de S. M., compagnie de Noailles, et à Marguerite Lamorte, sa femme, femme de chambre et coiffeuse de Madame Adélaïde de France, moyennant 25,000 livres. — Extrait du testament de Étienne de Robin de Magalas, contenant un legs de 300 livres fait à Riatche dit Valentin, son domestique. — Acte de décès de Riatche.

E. 3076. (Liasse.) — 1 pièce parchemin; 33 pièces, papier.

1708-1787. — ROBINEAU. — Contrats de mariage : de René Robineau, valet de chambre de l'abbé de Tressan, premier aumônier du duc d'Orléans, avec Gabrielle Delaunay. — D'Étienne Robineau, leur fils, maître-barbier-perruquier-baigneur-étuviste, rue Dauphine, à Versailles, avec Marguerite Dumont. — Quittance de 800 livres que la veuve Robineau a données à son fils pour s'établir à Versailles. — Bail par la veuve d'Étienne Robineau à son fils de la moitié qui lui appartient, suivant les statuts de la communauté des maîtres-perruquiers, dans la maîtrise de feu son mari, moyennant un loyer de 100 livres par an. — Frais des convois en la paroisse N.-D. de Versailles : de la veuve de René Robineau, en 1752, 26 l.; de la veuve d'Étienne Robineau, en 1784, 31 l. 10 s. — Certificat constatant que Charlotte Dantigny, femme de Robineau fils, a subi l'examen prescrit par la déclaration du Roi du 1er mai 1782, pour obtenir une maîtrise de mercière. — Quittance du paiement de 62 livres 10 sous, pour le quart dans la finance, payée par la nouvelle mercière, attribuée à la communauté des merciers de Versailles, ladite quittance signée de Blaizot, syndic, et Huard, adjoint de ladite communauté. — Prospectus de la « véritable huile de sperme de baleine noire » et blanche » pour l'entretien de la chaussure; — des articles tenus par Vincent « armoriste sur porcelaine » et fabricants de cuirs à rasoirs, à Paris, etc.

E. 3077. (Liasse.) — 2 pièces, papier.

1762-1766. — LA ROCHEFOUCAULD - DOUDEAUVILLE (DE). — Bail par Ambroise-Polycarpe de La Rochefoucauld-Doudeauville, mari de Bénigne-Augustine-Françoise Le Tellier de Montmirail-Doudeauville, et Élisabeth Pierre de Fezensac de Montesquiou, mari de Louise-Charlotte-Françoise Le Tellier de Montmirail de Crozy, à Antoine Moulé, laboureur, de la ferme de La Grange-Dame-Rose, à Meudon, pour 1,600 livres de loyer. — Bail par Angard, prêtre, secrétaire du cardinal de La Rochefoucauld à Pontoise, de diverses pièces de terre aux

2169. — ROHAN-ROCHEFORT (DE). — Échange de pièces de terre à Rochefort, entre S. A. Mgr Charles-Armand-Jules de Rohan, prince de Rohan-Rochefort, seigneur de S.-Arnoult, du Bréau-sans-Nappe, de Brétencourt, Rainville-le-Gaillard, baron de Magnac, marquis de Renac, vicomte de Lavedan, premier baron de Bigorre, gouverneur des villes et citadelles de Nîmes et de S.-Hippolyte, lieutenant-général des armées du Roi, d'une part, et Claude Poisson, laboureur, d'autre part. — Bail par le prince de Rohan à Marguerite Rigault, veuve de Jacques Labbé, « laboureuse, » d'une métairie à Ponthévrard, moyennant 300 livres de fermage, etc.

E. 2170. (Liasse.) — 14 pièces, papier.

2680-2691. — ROSCHEROLLES (DE). — Extraits d'aveux et dénombrements, de papiers terriers et de divers actes servant à établir que la seigneurie de Labbeville était en possession du quart des grosses dîmes dépendant du fief de Cœnisse. — Extraits des articles de comptes de la fabrique de Labbeville concernant les dîmes. — Demande au directoire du district de Pontoise, par Louis-Jean-Jacques, ci-devant chevalier et comte de Roncherolles, héritier pour un cinquième de feue Suzanne-Catherine Françoise Le Cornier de Ste-Hélène, sa tante à la mode de Bretagne, décédée dame et patronne de Labbeville, d'une indemnité équivalente au produit des dîmes supprimées.

E. ... — 1 pièce, parchemin.

XVIIIe siècle. — ROPSY. — Certificat de réception en qualité de franc-maçon donné à Ropsy, marchand de bois au Pecq, sous les auspices de Louis-Philippe-Joseph d'Orléans, duc de Chartres, grand-maître de toutes les loges régulières de France.

E. 2151. (Liasse.) — 1 pièce, parchemin.

1752. — ROUSSEAU. — Vente par Lefebvre Du Tillet, seigneur de Villebazin et consors, à Jérôme Rousseau, meunier, de deux maisons à Étampes en la paroisse S.-Gilles, moyennant 7,000 livres.

E. 2152. (Plan.) — 1 pièce, papier.

2153. — ROUSSEL, DE MEULVILLE. — Extrait de la vente d'une maison, à Étampes, grande-rue S.-Jacques, paroisse S.-Basile, faite par Jean Hautefeuille, marchand, à François Roussel de Meulville, lieutenant-colonel d'infanterie, aide major des suisses de la garde ordinaire de Monsieur, frère du Roi, pour 8,000 livres.

E. 2153. (Plan.) — 1 pièce, parchemin.

1669. — ROZE. — Homologation par le bailli, juge et garde du scel aux contrats de bailliage du comté de Jouy, justice de Châteaufort, bailliage de Magny-l'Essart, du partage de la succession de feu François Roze, etc.

E. 2154. (Liasse.) — 6 pièces, parchemin; 30 pièces, papier.

1698-1780. — RUEL. — Acte de baptême de Charles-Henri Ruel, fils de Henri Ruel, sieur de Mesnil-Fleury, bourgeois d'Alençon, et de Jacqueline de Mésanges. — Contrat de mariage entre Charles-Henri Ruel, avocat en Parlement, et Antoinette-Claude Bouët. — Lettres de Louis-Jean Bertier de Sauvigny, chevalier conseiller d'État, intendant de justice, police et finance de la généralité de Paris, nommant sub-délégué au département d'Enghien, Ruel, bailli du duché-pairie d'Enghien, en remplacement de Coült de la Bretonnière, démissionnaire pour cause de santé ; — de Louis-Joseph de Bourbon, prince de Condé, nommant Ruel capitaine du château d'Enghien et gruyer garde-marteau des eaux-et-forêts du duché d'Enghien ; — du même, donnant le titre de bailli et gruyer honoraire du duché-pairie d'Enghien, à Ruel, que son grand âge empêche d'en exercer les fonctions actives, etc.

E. 2155. (Liasse.) — 5 pièces, parchemin ; 25 pièces, papier.

2698-2784. — Actes par lesquels Henri Ruel reconnaît tenir en censive : de Nicolas-Anne Delisle, écuyer, seigneur de Sannois, des fiefs du Grand-Hôtel, Hugot, prévôté de Sannois, des charités de S.-Denis, réunis à la seigneurie de Sannois, de Choisy ou Soisy, des mairie et voirie de Sannois, des Tartres, des Conches, des Rues, Geneval, Jean Lemaître, du Bois des Guimonts ou Aigumonts, une maison et des terres à Sannois ; — de Charles-François de Montholon, chevalier, conseiller au Parlement de Paris, seigneur de la Chapelle-du-Vivier-lez-Aubervilliers, de Denis-Jean Amelot de Chaillou, chevalier, baron de Chatillon-sur-Indre, seigneur du fief Auger-Osmontel, sis à Aubervilliers; de l'abbaye de S.-Denis-en-France, des terres sises aux terroirs d'Aubervilliers et Chaumontel. — État d'une maison sise à Saint-Germain-en-Laye, rue aux Vaches, et louée par Morin, greffier en chef de l'élection d'Évreux, à Claude Ruel de Mesnil-Fleury, écuyer. — Bail par Henri Ruel et Claude Ruel, son fils, de 5 arpents 10 perches de terre, sis à Sannois, à Jean Le Danois, moyennant 150 livres de loyer par an, etc.

R. 3156. (Liasse.) — 19 pièces, parchemin; 63 pièces, papier.

1685-1787. — Constitution d'une rente de 11 livres 2 s. 9 d. par Claude Nepveu, vigneron à Sannois, en faveur de Jean de Serre, bourgeois de Paris. — Transport de 37 s. 6 d. de rente, sur une pièce de terre à Sannois, fait par Denis de Cazaux à Claude Duchesne, bourgeois de Paris. — Bail d'un demi-arpent de jeune vigne, à Sannois, passé par Mathieu Roussel, jardinier de M. de Louvois, à Nicolas Guérin, vigneron, moyennant 10 livres de rente. — Contre-lettre par laquelle Claude Fontaine et Anne Meyenberg reconnaissent que l'obligation de 10,000 livres, souscrite envers eux par Ruel, n'est qu'une marque d'amitié, et qu'ils ne lui doivent en réalité que 3,000 livres. — Constitution de 40 livres de rente par Claude Ruel au père Oursel, de l'Oratoire. — Obligation de 1,213 l. 6 s. souscrite par Claude Ruel envers Jolly, maître horloger à Paris, etc.

R. 3157. (Liasse.) — 42 pièces, papier, 4 cachets.

1782-1783. — Vente par Claude Ruel à Madeleine de Recicourt, veuve de Lemoine, notaire au Châtelet de Paris, de deux maisons à Sannois, pour 18,000 livres. — Lettre de madame Lemoine touchant le paiement de cette somme.

R. 3158. (Liasse.) — 91 pièces, papier.

1773-1787. — Mémoires des travaux de menuiserie, faits pour le comte de Ruel à S.-Germain-en-Laye, par Aumont : une porte d'entrée à deux vantaux, 40 l., une porte vitrée avec le bâti, 15 l., un lambris de 40 pieds de pourtour sur 8 pieds 10 pouces de haut en sapin neuf, 154 l., une jalousie à double dormant, 24 l. 10 s., — de la fourniture de 24 aunes et 1/2 de tapisserie en damas de 2 aunes de hauteur, 147 l., — d'un aune 1/3 de drap écarlate de Rousseau pour un frac, 42 l. 13 s. 4 d.; d'une aune 1/4 de drap fin dit Route d'Artois, 30 l. 19 s. 6 d., etc.

R. 3159. (Liasse.) — 41 pièces, papier.

1785-1787. — Mémoires des fournitures faites à Ruel par Maison, pâtissier, de 2 poulardes, 7 l.; 2 douzaines de mauviettes, 3 l.; une poularde, 3 l. 10 s.; 2 lapereaux, 3 l.; 4 perdreaux rouges, 7 l. 4 s.; 4 lapins, 5 l. 4 s.; un faisan, 4 l.; — de pain à 19 sous les 12 livres; — par Perrot, d'une grande cheminée, 102 livres. — Travaux de pavage exécutés par Toutnus, maître paveur, à raison de 5 livres la toise, etc.

R. 3160. (Liasse.) — 1 pièce, papier.

1763. — SALORNAY (DE). — Brevet de chevalier de S.-Louis octroyé par Louis XV à M. de Salornay.

R. 3161. (Liasse.) — 3 pièces, papier.

1776. — SALVATORY. — Plans par Gally et Lemaître, architectes, de l'ancien hôtel Salvatory, sis au coin de la rue de la Paroisse et de la rue Dauphine (côté sud-est), partagé en deux lots par sentence du bailli de Versailles.

R. 3162. (Liasse.) — 5 pièces, parchemin; 70 pièces, papier (1 imprimée).

1657-1783. — SALVERT (MARQUISE DE). — Paiement par Mathieu Jacobin, sieur de Beaupré, porte-manteau ordinaire de madame la duchesse d'Orléans, aux héritiers de Sébastien Colin, chirurgien ordinaire du Roi et premier médecin de la reine de Pologne, de la somme de 3,009 l. 10 s. 8 d., prix d'acquisition d'une maison sise à Paris, rue des Mathurins. — Legs par Charles-Armand Foucquet, prêtre de l'Oratoire, frère de Louis Foucquet, marquis de Belle-Isle, oncle de Louis-Alexandre de Crussol d'Uzès, à Alexis des Essarts, diacre du diocèse de Paris, d'une somme de 12,000 livres. — Transaction entre Marie-Anne Foy de Cadrieu, veuve de Louis de Guiscard, et Marie-Jeanne de Maslet, épouse séparée de biens de Guillaume de Salvert-Montrognon, marquis de Marsas, baron de La Rodde, La Garde, La Roche-Cossac, mettant fin à un procès mu entre les deux parties touchant la possession de la terre de Trioulou, qui demeure à la marquise de Salvert, moyennant le paiement de 7,000 livres à madame de Guiscard. — Acte par lequel la marquise de Salvert constitue son procureur général et spécial le sieur Brun, avec pouvoir de régir sa terre de Trioulou. — Constitution d'une société pour l'exploitation des mines de charbon de terre des environs de Paris, entre Tubeuf, concessionnaire du Roi par arrêt du Conseil d'État du 10 avril 1734, et Anfrié, marquis de Chaulieu, ancien officier des vaisseaux du Roi; de La Bourge, sieur du Fougerais, seigneur de l'Hébergement, en Poitou; Vincent de Billy; demoiselle Hippolyte de Maucontenant de Sainte-Suzanne, chanoinesse de Largentière; Élisabeth de Gourgues, veuve d'André de Pomereu, conseiller au Parlement de Paris; dame Jeanne de Hellet, veuve du marquis de Salvert-Montrognon; dame Martha Hellouen, veuve d'Hippolyte de Maucontenant de Sainte-Suzanne; dame de Littinière du Saucey, veuve de de Guy du Saucey, et Nicolas Porchet, au capital de 400,000 livres. — Vente par la marquise de Salvert au comte François de Surtiges de la baronnie de Lavaur, située en la paroisse de Jaleyrac près Mauriac, en Auvergne, moyennant 42,000 livres. — Mémoire sur le projet d'obtenir du Roi, par l'intermédiaire du comte de Bernis, parent de la marquise de Salvert, l'inféodation des grandes et petites landes dans l'étendue des généralités de Bordeaux et d'Auch, pour les faire défricher, peupler et cultiver sous les auspices d'une société fondée à cet effet, etc.

E. 3093. (Liasse.) — 7 pièces, papier, 2 cachets.

XVIIe **siècle. — 1789.** — Inventaire des actes trouvés « dans les coffres du haut et puissant » seigneur messire Gilbert d'Ussel, entr'autres ses sei- » gneuries, sieur baron de Chasteauvert, et concernant » les cens, rentes et autres droits et devoirs seigneu- » riaux dheubz au seigneur de La Reyssarie, à cause du » dict lieu en la paroisse de Marailhat, au Bas-Limouzin. » (1234-1592.) — Procès-verbaux contenant le relevé des armoiries des seigneurs d'Ussel, placées dans l'église paroissiale, sur la place de la ville d'Ussel et dans l'abbaye de Saint-Angel, lesdits procès-verbaux dressés par Rochefort, notaire royal réservé, le premier en présence des délégués des maire et échevins, le second en présence du prieur claustral du monastère. — Contrat de mariage entre Marc-Antoine d'Ussel, chevalier, marquis d'Ussel, baron de Croc et de Chateauvert, seigneur de S.-Martial, Fayal, Foyal, Leboys, Beyssac, La Montagne près S.-Siler, capitaine de cavalerie au régiment de Conty, et Claire-Catherine de Salvert. — Procuration donnée par Léonard, marquis d'Ussel, ancien officier au régiment du Roi, à Claude Amadon, prêtre, docteur en théologie, avec pou-

voir de retirer des mains de la marquise de Salvert les titres le concernant ainsi que ses sœurs dont ladite marquise a été tutrice (cachet de Delmas de la Rebière, lieutenant-général civil, criminel et de police au siège sénéchal de Ventadour, à Ussel, en Limousin).

E. 3094. (Liasse.) — 160 pièces, papier.

1762-1768. — Mémoires des fournisseurs de la marquise de Salvert : 3 setiers d'avoine, 60 livres; 200 bottes de paille, 50 livres; 50 bottes de foin, 80 livres; payées à Fournier, etc. — Bail par François Messager, maître menuisier, d'un appartement dans la rue S.-Dominique, à Paris, moyennant un loyer de 1,170 livres, etc.

E. 3095. (Liasse.) — 100 pièces, papier.

1712-1768. — Mémoires des fournisseurs de la marquise de Salvert. — Impression d'un mémoire contenant 2 feuilles 3/4, à 200 exemplaires, 49 livres 10 sous. — Une paire de bas de soie noire, achetée à Antoine Blatin, négociant à Clermont, en Auvergne, 9 livres. — Prix de 4 côtelettes, 1 l.; de 6 saucisses, 18 s.; d'une poularde, 4 l. 10 c ; de 6 petits pâtés, 6 s.; de 3 merlans, 1 l. 10 s. — Une journée de carrosse de remise, 12 l.; une demi-journée, 9 l. — Façon d'une robe, 12 l., etc.

E. 3096. (Liasse.) — 71 pièces, papier.

1741-1700. — État d'un appartement meublé de gros meubles, loué par Charlin à la marquise de Salvert. — Réparation d'un vis-à-vis par Petit, maître peintre et sellier, 50 l. — Facture avec tête imprimée de Quinton et compagnie, marchand d'étoffes, à l'enseigne de la Balayeuse, rue S.-Denis, en face de la rue des Lombards, à Paris, etc.

E. 3097. (Liasse.) — 100 pièces, papier.

1748-1789. — Quittances du droit de vingtième et 2 sols pour livre par le marquis de Salvert, au receveur des tailles de l'Élection d'Aurillac, pour son bien situé en la paroisse Saint-Sermis. — Règlement du partage entre mesdames de Paris et de Salvert, légataires de l'abbé de Cursay, à chacune 3,138 l. 10 s. 10 d. — Prospectus, avec vignette représentant S. Jean-Baptiste, de Vanier, « maître doreur-argenteur, demeurant à la quatrième » boutique au-dessus de la rue de la Pelleterie, au bout

« du pont Notre-Dame, vis-à-vis un marchand plumassier, au Grand-Saint-Jean, » à Paris, etc.

E. 3098. (Liasse.) — 100 pièces, papier.

1788-1789. — Façon de 10 rideaux de croisée en taffetas, par Truffaut, tapissier à Paris, à raison de 18 livres par croisée, 90 l. — Facture, encadrée dans une vignette de style Louis XVI, acquittée par la veuve Langlois, fabricante de couvertures, rue S.-Victor, vis-à-vis le séminaire des Bons-Enfants, à Paris, à l'Épi d'or couronné. — Réclamation par le directeur du carosse de Clermont de 10 livres 13 sous, pour port de 1,400 livres envoyées d'Aurillac à Paris, etc.

E. 3099. (Liasse.) — 200 pièces, papier.

1751-1768. — Fourniture de petit lait à 12 sous la chopine; — d'une livre d'éponges de Venise, 8 l.; d'une étrille anglaise à 7 barres, 2 l., d'une brosse à chevaux à l'anglaise, 1 l. 10 s.; d'un tablier de coutil, 1 l. 4 s. — Factures avec têtes imprimées de Desprier et Lebel, marchands drapiers à Paris, rue du Roule, à la *Tête noire*; — de Roullier et Chevalier, fournisseurs d'équipages de chevaux de selle, rue de l'Arbre-Sec, à la *Fleur des Marchands*; — avec vignette (style Louis XVI) représentant le Grand-Turc, de Buffaud, marchand d'étoffes de soie d'or et d'argent, rue S.-Honoré, au *Grand-Turc*. — Quittance de 6 livres donnée à la marquise de Salvert par le commissaire au grand bureau des pauvres pour la paroisse S.-Sulpice, « pour son aumône et cotisation pour les dits pauvres, etc. »

E. 3100. (Liasse.) — 67 pièces, papier.

1756-1789. — Quittances données par le receveur de l'Élection d'Aurillac au marquis de Salvert, du paiement du vingtième et deux sols pour livre du dixième pour la seigneurie de Marzé; — par Martin, prêtresyndic de la communauté de S.-Sermin, de la somme de 56 livres 5 sous due pour fondations faites en faveur de ladite communauté par le s. igneur de Marzes, etc.

E. 3101. (Liasse.) — 1 pièce, papier.

1724. — SARCUS (DE). — Copie informe du contrat de mariage de Philippe-François de Sarcus de Rocquemont, demeurant à Gratenois, paroisse de Beaussault (Seine-Inférieure), et de Marianne Le Moine de Saint-Arnould.

E. 3102. (Liasse.) — 2 pièces parchemin; 2 pièces, papier.

1780-1802. — SATURNE. — Contrat de mariage entre Antoine-Noël Coste, maître d'hôtel de Jacques de Necker, ministre de la République de Genève auprès du Roi de France, et Périne-Françoise Rifaud, femme de charge dans la même maison, contenant constitution par M. de Necker, en faveur de ladite Rifaud, d'une rente viagère de 200 livres. — Donation par M. de Necker audit Coste, son valet de chambre, d'une rente viagère de 200 livres. — Contrat de mariage entre la veuve Coste et Jean-Henry Saturne, bourgeois de S.-Germain-en-Laye, veuf sans enfants en premières noces de Catherine Bourgeois, en secondes de Marguerite Coquerel. — Abandon par les sœurs de feu Saturne à sa veuve de tous leurs droits sur la succession de leur frère, etc.

E. 3103. (Liasse.) — 1 pièce, papier.

XVIIIe siècle. — SAVARIN DE MARESTAN. — Donation par Eustache-Charles Le Bosseur de La Bauve, écuyer, seigneur d'Épluches, Loris, La Treille, S.-Vast; ancien lieutenant-colonel au régiment de Dauphiné-infanterie, à André-Michel Savarin, écuyer, sieur de Marestan, ancien mousquetaire du Roi avec brevet de capitaine de cavalerie, son neveu, de la seigneurie d'Épluches, des fiefs de Loris, La Treille, S.-Vast, sis audit Épluches, avec toutes les terres en dépendant.

E. 3104. (Liasse.) — 20 pièces papier.

1757-1788. — SAVIGNY (DE). — États des recettes faites par Blaze, notaire, pour le compte de la marquise de Savigny. — Note des capitaux placés par la marquise sur le Grenier à sel.

E. 3105. (Registre.) — In-folio, 127 feuillets, papier.

1757-1789. — Livres de recettes des rentes dues au marquis de Savigny par l'Aumône générale d'Avignon, les héritiers Dauvergne, André de Robion, mademoiselle d'Arvei, la ville d'Avignon, le duc de Caderousse, la communauté d'Entragues, la douane d'Avignon, l'hôpital de Liste, les jésuites d'Avignon, M. de Limon du Thor, le baron de Montfancon, les notaires de Nîmes, le confrérie du Rosaire de Lisle, la communauté de Vedennes, etc. — Acquittement par le chapitre de la cathédrale d'Avignon d'un accensement de chaque année au seigneur de Jonqueretles. — État des revenus de la seigneurie de Jonqueretles, etc.

E. 3106. (Liasse.) — 1 pièce, parchemin ; 70 pièces, papier.

1728-1790. — SCHOMBERG (BARON DE). — Contrat de mariage entre Gottlob-Ferdinand de Schomberg, chevalier, seigneur de Wildruff et de Limbach, fils de feu Thierry de Schomberg, conseiller privé, président de la chambre des comptes de S. M. le Roi de Pologne, électeur de Saxe, et Catherine Mondy, fille de Michel Mondy, officier et pensionnaire du Roi de France. — Vente par César de Schomberg, mestre-de-camp à la suite du régiment royal allemand, à François-Nicolas Du Mourier Du Périer, écuyer, président trésorier de France au Bureau des finances de la Généralité de Montauban, d'un hôtel ci-devant appelé hôtel de Montpensier et maintenant hôtel de Nesmond, sis sur le quai de la Tournelle, au coin de la rue des Bernardins, à Paris, en la censive de l'abbaye de Tiron, pour 90,000 livres. — Contrat de mariage entre Jean-Ferdinand-César Baron de Schomberg, brigadier des armées du Roi, fils de défunts Gottlob-Ferdinand et Catherine Rondy, et Anne-Charlotte Du Périer Du Mourier, fille d'Antoine-François, chevalier, commissaire et ordonnateur des armées du Roi. — État des meubles prêtés par M. Du Mourier à sa fille pour sa maison de Paris. — Vente par César de Schomberg et sa femme à madame de Brovedent, veuve d'Alexandre Dutot, comte de Varneville, maréchal de camp, enseigne des gardes du corps, d'une maison et dépendances à Mézières, près de Nantes, pour 80,000 livres, etc. — Mémoire adressé au Roi par madame Du Mourier, abbesse de Fervacques, afin d'obtenir des secours pour réparer les bâtiments où sont logés les pensionnaires, parmi lesquelles on compte un grand nombre de demoiselles nobles de la province.

E. 3107. (Liasse.) — 2 pièces, papier.

XVIIIe siècle. — Arbre généalogique de la famille de Schomberg (996-1768), divisée à partir du XVe siècle en deux branches, celle des comtes et celle des barons. — Arbre généalogique des barons de Schomberg, indiquant la succession des possesseurs de la terre de Schomberg.

E. 3108. (Liasse.) — 10 pièces, papier.

XVIIIe siècle. — Filiation de la branche des barons de Schomberg qui possédait les seigneuries de Schomberg, Reinsberg, Wildruff, Limbach, Tanneberg, Neukirchen, Kornitz, Maxen, etc., avec indication des preuves à l'appui. — Extraits des dictionnaires de Bayle et de Moréri, et de l'histoire des grands officiers de la couronne concernant la famille de Schomberg. — Règlements et conventions faits dans la famille de Schomberg. — Note sur les comtes de Schomberg enterrés dans la chapelle comtale du prieuré de Nanteuil, près Senlis, etc.

E. 3109. (Liasse.) — 10 pièces, papier, dont 1 imprimée.

XVe-XVIIIe siècles. — Documents en allemand concernant la famille de Schomberg. — Devise coloriée représentant une plante dans un vase, arrosée par une main sortant des nuages, avec les mots : *souffrir et espérer* entourée des blasons de la famille de Schomberg et des maisons qui lui sont alliées, etc.

E. 3110. (Liasse.) — 4 pièces, papier.

XVIIIe siècle. — Arbre généalogique de la famille Du Périer Du Mourier (1240-1777). — Notices sur les familles Du Périer et Du Mourier. — Blasons : des Du Périer, d'azur bordé dentelé de gueules à une bande d'or accompagné en chef du côté senestre d'une tête de lion arrachée d'or, lampassé de gueules et couronnée d'argent ; — des Du Mourier, d'or à un cœur de gueules soutenu de deux mûres au naturel inclinées en chevrons, au chef d'azur, chargé de deux étoiles d'or.

E. 3111. (Liasse.) — 185 pièces, papier, dont 1 imprimée.

1758-1788. — Comptes entre César et Louis de Schomberg et journal des relations entre les deux frères de 1763 à 1788. — Extrait du contrat de mariage de Louis de Schomberg, chambellan de l'électeur de Saxe et de Henriette de Carlowitz. — État du mobilier du château de Corbeville. — Capitation par le baron de Schomberg à titre de maréchal de camp, 195 livres pour six mois. — Vente par le baron de Schomberg à Jean-Louis Cannac d'Harteville, lieutenant au régiment d'Anhalt, infanterie allemande, de sa compagnie au régiment royal

SÉRIE E. — TITRES DE FAMILLE

allemand cavalerie, composée de 40 maîtres et 40 chevaux, pour 80,000 livres. — État de répartition entre les créanciers du comte et de la comtesse de Langeac dont les dettes s'élèvent à somme de 891,094 livres 14 sous 6 deniers, de 49,374 l. 5 s. 1 d., etc.

E. 3112. (Liasse.) — 41 pièces, papier.

1671-1760. — Procès entre Anne-Charlotte Du Mourier Du Périer, épouse non commune en biens de César baron de Schomberg, maréchal-de-camp, propriétaire des fermes de Corbeville et de la Martinière, contre Germain Motteau, fermier sortant. — Mesurages des terres dépendant desdites fermes. — Rapport d'experts sur l'état et la nature de la sole faite par Motteau. — Sentence rendue par Charles Lhéritier, juge ordinaire civil et criminel, et de police de la prévôté haute, moyenne et basse justice de la seigneurie d'Orsay, pour messire Pierre-Gaspard-Marie Grimod-d'Orsay, comte d'Orsay, capitaine de dragons, seigneur de la baronnie de Rupt, de la principauté de Delain et du comté d'Orsay, condamnant Motteau à payer 800 livres d'indemnité à madame de Schomberg, etc. — Bail de 61 arpents 90 perches 3/4 de terre sis à Corbeville, passé par madame de Schomberg, dame de Corbeville, à Jean Ratel, laboureur, pour un loyer de 1,200 livres, etc.

E. 3113. (Liasse.) — 18 pièces, papier.

1774-1778. — Bail du parc du château de Corbeville, passé par la baronne de Schomberg à Louis Peuillet, laboureur, moyennant 600 livres, deux douzaines de pigeons, deux douzaines de lapereaux, un cent de pêches et un cent de poires par an. — Poursuites intentées par madame de Schomberg contre Peuillet pour avoir dégradé le Parc. — Sentence de Charles Moutardier, juge civil, criminel et de police des ville et bailliage de Chevreuse, déboutant madame de Schomberg de sa demande et la condamnant aux dépens, etc.

E. 3114. (Liasse.) — 100 pièces, papier.

1781-1790. — Pièces de dépense. — Notes de gratifications accordées par le Roi au comte Louis de Schomberg : 12,000 livres « en qualité de mestre-de-camp d'un » régiment de dragons de son nom et pour le dédomma- » ger de la perte qu'il fit lors de la nouvelle composition » des troupes en 1763 ; » 8,000 l. pour appointements, retenus, 6,000 pour le gala avec lequel il a fait une inspection en 1783. — Quittance donnée par le maréchal général des logis des gardes-françaises de 42 livres payée par la baronne de Schomberg « pour tenir lieu du loge- » ment effectif que les gardes-françaises doivent avoir » dans sa maison sise rue de Valois. » — Quittances des vingtièmes dus par la baronne de Schomberg dans la paroisse d'Orsay. — Mémoire de graines fournies par madame Gastier de Sinsez « au Coq de la bonne-foi, ci-devant » au milieu du quai de la Mégisserie dit de la Ferraille, » où est actuellement la Poule d'or, et présentement » côté de l'Arche-Marion, maison du sieur Ricci, den- » tiste, près le Pont-Neuf (ne vous trompez pas à l'en- » seigne)..... On est chez elle à la source des semences » nouvelles propres à la composition du ratafia des sept » graines. Voici la manière de le faire, etc. Ladite dame » a chez elle la graine pour les colliers, propre à faire » percer les dents des enfants. Elle vend aussi une graine » qui est propre pour détruire la vermine qui se multi- » plie souvent dans les cheveux des enfants. » — Arbres » fournis par Maugé : peupliers d'Italie à 20 sous la pièce, pommiers et poiriers sauvageons à 25 sous, pêcher demitige à 10 sous, etc.

E. 3115. (Liasse.) — 19 pièces, papier — 2 plans, papier.

1762-1768. — Pièces de dépenses. — État d'un hôtel appartenant à la baronne de Schomberg, rue de Valois. — Mémoires des réparations de maçonnerie et de couverture à faire audit hôtel. — Élévations des façades sur la cour et sur le jardin. — Réduction de 63 livres 4 sous 4 deniers sur l'imposition due pour le « rachat des » boues et lanternes, » à la condition que la maison sera nettoyée et éclairée. — Quittances de la capitation payée par le baron de Schomberg à titre de mestre-de-camp de cavalerie, etc.

E. 3116. (Liasse.) — 100 pièces, papier.

1772-1790. — Pièces de dépenses. — Permission de tirer des oiseaux et les lapins dans l'enclos du château de Corbeville, donnée par le maréchal de Noailles au baron de Schomberg et à son fils. — Déclaration de la baronne de Schomberg qu'elle fait valoir 40 arpents de terre et 18 arpents de bois, à l'effet d'obtenir l'entrée en franchise à Paris, par la barrière d'Enfer, les denrées nécessaires à l'approvisionnement de sa maison ; certificat à l'appui signé de Huré, curé d'Orsay et de Lievin, collecteur. — Autorisation d'abattre dans la garenne de

Corbeville 120 chênes au-dessous de l'âge de 40 ans, octroyée à la baronne de Schomberg par la maîtrise particulière des Eaux-et-Forêts de Paris, etc.

E. 3117. (Liasse.) — 100 pièces, papier.

1772-1789. — Pièces de dépense. — Pension d'Anne-Caroline-Françoise de Schomberg, fille du baron de Schomberg, placée comme élève au couvent de Sainte-Ursule de Pontoise : 119 livres pour 6 mois. — Loyer d'un appartement à Versailles, rue Maurepas, 218 livres par terme. — Fourniture de papiers pour ameublements par Malnet, fabricant, qui tient en même temps le cabinet littéraire de la rue Satory. — Prospectus de ce cabinet littéraire où l'on peut lire, moyennant un abonnement de 12 livres par an, les gazettes de France, d'agriculture, arts et finances, politique de Deux-Ponts, universelle de littérature, de Hollande; les courriers : du Bas-Rhin, d'Avignon, de Leyde; les affiches de Paris ou petites affiches de province, de Normandie, la Gazette de Santé, le Mercure de France; les journaux des savants, des Beaux-Arts, encyclopédique, politique, de Fréron, de physique de Linguet, de Genève, des Dames, du commerce et de l'agriculture; les éphémérides du citoyen (1783), etc.

E. 3118. (Liasse.) — 16 pièces, papier.

1770-1789. — Pièces de dépenses. — Factures avec vignettes : *au nom de Jésus*, rue Saint-Denis, près le Grand-Châtelet, à côté de la rue du Chevalier-du-Guet, vis-à-vis la rue d'Avignon, Le Sage, marchand drapier, etc.; — *à la tête noire*, Rigal, marchand-orfèvre, quai des Orfèvres, ci-devant vis-à-vis Henri IV. — Prospectus de Bailly, marchand-mercier, *au Perroquet mignon*, dans l'abbaye de S.-Germain-des-Prés, cour du Prince, les troisième et quatrième boutiques à droite, en entrant par la rue du Colombier. — Achat de deux bois de lit avec roulettes, 60 livres. — Etat des meubles du château de Corbeville en 1778, etc.

E. 3119. (Liasse). — 94 pièces, papier.

1758-1789. — Pièces de dépense. — Mémoire de Charles, loueur de carrosses, rue Mazarine, à Paris : une demi-journée, 9 livres; une journée, 12 livres. — Comptes de la dépense journalière de la maison du baron de Schomberg. — Prospectus de Ract, marchand papetier ordinaire du Roi, rue Dauphine, à Versailles, etc.

E. 3120. (Liasse.) — 95 pièces, papier.

1762-1789. — Pièces de dépenses. — « Une voiture » en fer fait à Dresde, 63 livres. — Un mois et deux » jours d'appartement » à l'hôtel de Londres, à Paris, 77 livres. — Une demi-voie de bois, y compris le transport, la façon et la mise en place, 11 l. 10 s., etc.

E. 3121. (Liasse.) — 110 pièces, papier.

1772-1789. — Pièces de dépense. — Factures avec têtes imprimées : à *l'Homme armé*, rue S. Denis, près l'Apport-Paris, au coin de la rue de la Heaumerie, Taillebosc, marchand de dentelles à Paris; — à *Louis le Bien-Aimé*, rue S. Honoré, vis-à-vis celle des Bourdonnais, Lépy et Lavillette, marchands d'étoffes de soie, d'or et d'argent; — *à la Reine de France*, rue de la Pompe, à Versailles, Dolbois, marchand d'étoffes. — Factures avec vignettes : *au Cerceau d'or*, Vauquier, rue de la Coutellerie, à Paris, marchand d'étoffes; — *au Grand caisson des Indes*, Brasseur, marchand de soieries des Indes étrangères, aux Quinze-Vingts, « 10 aunes gourgourand » broché or, 330 l. » — *au Duc de Berry*, Leroux et de La Salle, marchands d'étoffes, rue St-Honoré, vis-à-vis les piliers des Halles, « un habit à bordure gris, 228 l.; » — *à la Corbeille des nouveaux goûts*, grande cour des Quinze-Vingts, Pradel, « vient de recevoir un très-bel » assortiment d'étoffes de printemps dans tout ce qu'il y » a de plus nouveau, comme d'Artoises, Du Barriennes, » musulmanes, etc. »

E. 3122. (Liasse.) — 60 pièces, papier, dont 1 imprimée.

1768-1789. — Pièces de dépense. — Fourniture par madame Capreze de mantilles : en gaze noire, 30 l.; en tulle blanc, 60 l.; en cordonnet garni de fleurs, 124 l.; en tulle de soie de Grenade, garni de fleurs, 70 l., etc. — Mémoires de Verdet, tailleur. — Compte de ce qui revient à la baronne de Schomberg dans la succession de M. Du Mourier de la Genette, son oncle. — Ordre aux maîtres de poste de la route de Paris à Strasbourg d'avoir à fournir des chevaux au baron de Schomberg, donné par le duc de Choiseul, ministre et secrétaire d'Etat, Grand-Maître et surintendant général des courriers, postes et relais de France. — Dessin d'un bidet. — « Tableau général des graines du *Vrai Coq*, tant pota- » gères que de fleurs, » etc. — Dessin d'un château (de Corbeville), etc.

SÉRIE E. — TITRES DE FAMILLE

E. 3123. (Liasse). — 83 pièces, papier, dont 3 imprimées.

1749-1786. — Pièces de dépense. — « État de pensions de la communauté de Sainte-Barbe au mois d'octobre 1783 » : prix de la pension annuelle, 350 l., y compris les menus frais. — Instructions pour le recouvrement des pensions militaires. — « Plat-Pays de Paris, bureau d'Étampes, » laissez-passer pour 6 poinçons de vins de Beaugency. — Facture avec vignette, de « la dame Regnault, marchande de modes de madame la comtesse d'Artois, rue de l'Échelle S.-Honoré, à Paris, » au Nœud galant : un bonnet à la paysanne, 21 l., etc.

E. 3124. (Liasse). — 70 pièces, papier.

1787-1788. — Pièces de dépenses, Mémoire de Robert, faïencier à Marseille : assiettes chantournées en blanc, la douzaine, 48 sous ; grande terrine et son plateau pour potage, 7 livres ; grand plat rond pour bouilli, 4 l. ; moutardier, 24 sous ; 4 plats ovales pour relevés, 3 l., 12 ronds pour entrées, 9 l., 12 moins grands pour entremets, 7 l. 4 s., etc. — Recette du sirop de fleurs d'oranges « donnée par madame l'abbesse de Favacques. » — Mémoire des fournisseurs du baron de Schomberg en Corse. — Relevé des frais que le baron de Schomberg a faits pour ses vers à soie et de ses bénéfices, etc.

E. 3125. (Liasse). — 100 pièces, papier.

1759-1786. — Pièces de dépense. — « Porcelaine dure. Manufacture de Monsieur établie à Clignancourt, du magasin rue Neuve des Petits-Champs, au coin de celle de Chabannais, à Paris. Fourni à M. de Schomberg une écuelle et plateau, 18 livres. » — Quittance d'abonnement pour le Journal encyclopédique, le Journal politique ou Gazette des Gazettes, et pour la Gazette salutaire, les trois journaux de Bouillon, » 18 livres pour une année. — Prix d'un cheval vendu par Racouet, à Paris, 408 l. — Mémoires : avec tête imprimée, de Dallemagne, marchand fayencier rue de la Paroisse, à Versailles, — avec vignette, de Bourdon, drapier, rue S.-Honoré, vis-à-vis la rue de la Lingerie, à Paris, à la Couronne d'Or, etc.

E. 3126. (Liasse). — 100 pièces, papier.

1770-1786. — Pièces de dépense. — Abonnement à la Gazette de France, 12 livres par an. — aux Affiches de Paris, 24 livres. — Fourniture par Damien, » au magasin général de la fourniture anglaise de papier pour tentures, établi à l'hôtel de la Grenade, rue de Bussy, à Paris. » — Factures avec tête imprimée, de Panot, marchand de galons, à la Chaise ; — de Fontaine, marchand de selles françaises et d'Angleterre, à la Levrette ; — de Clément et Fanot, drapiers, fournisseurs des troupes et des communautés religieuses, au Château couronné. — Factures avec vignettes de Dumoutier, marchand de galons, « vrai fabricant privilégié du Roi, » À la Fleur de Lis d'or ; — de Lambron-Cartier, marchand d'étoffes, au Château de Vincennes ; — de Malgot, qui tient « magasin du nécessaire à l'équipage de cheval, de l'écurie et de la chasse, » à la Victoire ; — de Nixos, coutelier du Roi et de Mgr le duc d'Orléans, au Grattoir royal. — Plat pour une boîte à chocolat, etc.

E. 3127. (Liasse). — 100 pièces, papier.

1772-1789. — Pièces de dépense. — Achat d'une corde de bois à Corbeville, 40 francs. — Facture avec tête imprimée de Dujardin, marchand épicier, cimetière S.-Jean, au coin de la rue de Berry, à Paris. — Certificat du Grenier à sel de Paris, constatant que M. de Schomberg a payé le quart d'un minot de sel, etc.

E. 3128. (Liasse). — 100 pièces, papier.

1688-1787. — Pièces de dépense. — Compte du bois fourni en Corse au baron de Schomberg, maréchal-de-camp, à raison de 12 quintaux par jour en hiver et de 9 en été, et en tout 3,828 quintaux par an. — État de la dépense du baron de Schomberg à Bastia. — Facture-prospectus avec vignette de Lesourd et Morlet, marchands d'étoffes, rue S.-Denis, au coin de la rue de la Heaumerie, à Paris, À l'Homme armé. — Note de blanchissage : la chemise 3 sous, le mouchoir 1 sou, 4 bonnets de coton 6 sous, etc.

E. 3129. — In-folio, 69 feuillets, papier.

1768-1777. — Compte des dépenses journalières tenu par la baronne de Schomberg. — « Fête à Mézières pour mon fils, 66 l., — un mois de la nourrice de mon fils, 36 l., — 3 mois de gage du jardinier, 119 l. — Troisième année de notre mariage commençant en mai 1769 : deuil de mon père, 520 l., — Couches et maladies, 647 l. 10 s., — baptême de ma fille, 30 l.,

« — relevé des dépenses de la troisième année de notre mariage, 19,609 l. 8 s. 0 d., » etc.

E. 3133. (Registre.) — In-4°, 185 feuillets, papier.

1774-1777. — Compte des dépenses journalières tenu par la baronne de Schomberg.

E. 3131. (Registre.) — In-folio, 171 feuillets, papier.

1775-1776. — Compte des dépenses journalières tenu par Hanier, cuisinier de madame de Schomberg.

E. 3132. (Registre.) In-12, 53 feuillets, papier.

1767-1781. — Notes sur les domestiques de madame de Schomberg. — Appointements de M. l'abbé de Lonigham, aumônier de Corbeville, 150 l. — Aux capucins de Meudon, pour dire la messe les dimanches et fêtes, 100 écus par an. — État du linge. — Dépense journalière. — Provisions de recettes, etc.

E. 3133. (Registre.) — In-12, 23 feuillets, papier.

1769-1771. — État des terres du domaine de Corbeville en 1770, etc.

E. 3134. (Registre.) — In-4°, 25 feuillets, papier.

1777-1781. — Relevé des dépenses faites par le baron de Schomberg en Corse. — Voyage : un mulet de bât, 1 l. 8 s.; un mulet ou un cheval de selle, 1 l. 5 s.; le muletier, 16 s., un guide, 10 s. par jour, etc.

E. 3135. (Registre.) — In-12, 87 feuillets, papier.

1773-1779. — Comptes des gains et pertes faits au jeu. — Balance à la fin de 1773, 40 l. 6 s. de gain — de 1774, 135 l. 2 s. de gain; — de 1775, 93 l. 14 s. de perte; — de 1776, 190 l. 11 s. de perte; — de 1777, 370 l. 13 s. de perte; — de 1778, 326 l. 4 s. de perte, etc.

E. 3136. (Registre.) — In-12, 47 feuillets, papier.

1771-1785. — Prévisions de recettes. — Revenu de Corbeville : 3,190 livres. — Dépense journalière. —

« Fonds à espérer s'il plaît à Dieu : 45,000 l. » — Projets pour augmenter le revenu, etc.

E. 3137. (Registre.) — In-12, 46 feuillets, papier.

1763-1785. — État des diamants, bijoux, argenterie, linge, habits, literie, etc., de la baronne de Schomberg.

E. 3138. (Registre.) — In-4°, 44 feuillets, papier.

1763-1784. — État de la garde-robe de M. de Schomberg. — Dépenses d'habillement. — Adresses de tailleurs. — « Récapitulation du prix de différentes » choses concernant l'habillement, » etc.

E. 3139. (Registre.) — In-12, 14 feuillets, papier.

1774. — Catalogue des livres de la bibliothèque du baron et de la baronne de Schomberg.

E. 3140. (Liasse.) — 4 pièces, papier.

XVIIIe siècle. — Catalogue des cartes géographiques du baron de Schomberg. — État des livres du comte de Schomberg que la baronne de Schomberg se propose de lire, etc.

E. 3141. (Liasse.) — 19 pièces, papier, 1 cachet.

1781-1786. — Lettres du maréchal de Ségur, ministre de la guerre : autorisant le baron de Schomberg à s'absenter de Corse pendant six mois; expliquant que le motif du rappel de Corse en France du baron de Schomberg était une raison d'économie, et lui exprimant de la part du Roi la satisfaction méritée par ses services. — Demande de la croix du Mérite militaire, adressée au maréchal de Ségur par le baron de Schomberg. — Lettre par laquelle ce dernier remercie le maréchal de l'avoir fait nommer lieutenant-général; — de lui avoir fait accorder l'ordre du Mérite militaire, et un traitement de 8,000 livres en attendant un emploi; — d'avoir conféré le grade de capitaine à son fils, etc.

E. 3142. (Liasse.) — 60 pièces, papier, 1 cachet.

1773-1781. — Lettres écrites d'Allemagne et de Corse par le baron de Schomberg à sa femme.

E. 3143. (Liasse.) — 64 pièces, papier.

1780-1787. — Lettres écrites à sa femme par le baron de Schomberg pendant deux voyages en Allemagne.

E. 3144. (Liasse.) — 53 pièces, papier, 1 cachet.

1767-1772. — Lettres de madame de Schomberg à son mari pendant les premières années de son mariage.

E. 3145. (Liasse.) — 64 pièces, papier, 1 cachet.

1777-1778. — Lettres écrites par la baronne de Schomberg à son mari séjournant en Corse.

E. 3146. (Liasse.) — 93 pièces, papier.

1780. — Lettres envoyées en Corse, à son mari, par la baronne de Schomberg.

E. 3147. (Liasse.) — 58 pièces, papier.

1781. — Lettres écrites par la baronne de Schomberg à son mari en Corse.

E. 3148. (Liasse.) — 77 pièces, papier.

1782-1789. — Lettres adressées par madame de Schomberg à son mari en Corse et en Allemagne. — Elle lui annonce la mort de sa fille, etc.

E. 3149. (Liasse.) — 39 pièces, papier.

1777-1787. — Lettres adressées du couvent de Pontoise par mademoiselle de Schomberg à son père. — Lettres de Xavier de Schomberg à son père.

E. 3150. (Liasse.) — 101 pièces, papier.

1782-1786. — Lettres adressées à la baronne de Schomberg par son fils Xavier, officier de dragons, en garnison à Vaucouleurs, à Charmes et à Mirecourt. — Détails sur la vie qu'il mène au régiment, — sur ses exercices, — sur une fête donnée au comte de Schomberg, propriétaire du régiment, — sur une petite guerre faite à Mattincourt sous les ordres de M. de Vioménil, etc.

SEINE-ET-OISE. — SÉRIE E. — TOME II.

E. 3151. (Liasse.) — 94 pièces, papier.

1787-1789. — Lettres de Xavier de Schomberg à sa mère. — Détails sur les fêtes auxquelles il assiste à Paris chez la princesse de Lamballe, madame de Staal, etc.; — sur les revues et les chasses du Roi; — sur les manœuvres commandées par le maréchal de Broglie, au camp de Montigny-lès-Metz, en septembre 1789, etc.

E. 3152. (Liasse.) — 93 pièces, papier, 2 cachets.

1783-1789. — Correspondance entre le baron de Schomberg et le chevalier son frère. — Réclamations au baron des créanciers du chevalier, etc.

E. 3153. (Liasse.) — 63 pièces, papier, 1 cachet.

1777-1783. — Lettres du comte de Schomberg à la baronne de Schomberg.

E. 3154. (Liasse.) — 57 pièces, papier.

1784-1786. — Lettre du comte de Schomberg à la baronne de Schomberg.

E. 3155. (Liasse.) — 86 pièces, papier, 1 cachet.

1787. — Lettres du comte de Schomberg à la baronne de Schomberg.

E. 3156. (Liasse.) — 57 pièces, papier.

1788-1789. — Lettres du comte de Schomberg à la baronne de Schomberg. — Démarches pour obtenir les honneurs de cour en faveur du baron de Schomberg.

E. 3157. (Liasse.) — 87 pièces, papier, 2 cachets.

1762-1776. — Lettres : de Cornille, capitaine d'infanterie, à madame de Schomberg, mère du baron, sa cousine; — de madame de Schomberg mère à son fils; — de M. Palmer (en anglais) au baron de Schomberg, etc.

E. 3158. (Liasse.) — 70 pièces, papier, 2 cachets.

1777-1779. — Lettres au baron et à la baronne de

Schomberg ; de madame Des Nos, dame de Beauvilliers, seconde douairière, — de M. de Sarthe, gentilhomme porte-manteau de madame Adélaïde de France, — de Martinetti, officier municipal à Vintimert, dans le Piémont, en Corse, — du comte de Mironteuil, colonel du régiment de Guyenne, à Calvi, — de la marquise de la Villemenout, — du comte de Broglie, etc. — Brouillon de lettre du baron de Schomberg à M. Du Mourier, commandant de Cherbourg et colonel de dragons. — Ordonnance d'Aubry, médecin à Versailles, contenant le diagnostic d'un état maladif de la baronne de Schomberg et l'indication d'un régime à suivre.

E. 3159. (Liasse.) — 59 pièces, papier, 2 cachets.

1770. — Lettres d'affaires écrites au baron de Schomberg, pendant son séjour en Corse, par Gombert et Colomb, de Toulon ; Surian, de Marseille, et Gautier, de Bastia, négociants.

E. 3160. (Liasse.) — 91 pièces, papier, 1 cachet.

1772. — Lettres du maréchal de Castries, — de M. de Vergennes, — du maréchal Du Muy, — de M. de Champonay, lieutenant-colonel au régiment de Beauvoisis, — de l'évêque d'Alléria, — du marquis de Saint-Aignan, etc.

E. 3161. (Liasse.) — 96 pièces, papier.

1780-1782. — Lettres du comte de Marbeuf, — de Bonelli, podestat de Vezzani (en italien), — de M. de Sionville, etc., sur les affaires de la Corse.

E. 3162. (Liasse). — 114 pièces, papier, 4 cachets.

1782-1789. — Lettres adressées au baron et à la baronne de Schomberg par Du Chesnay, — madame Du Mouriez, abbesse de Fervacques, — Francesco de Montera (en italien), officier au régiment provincial, en Corse, — de Ponickau, de Dresde, — la « première maréchale de Schomberg », née d'Erffa, — le maréchal de Castries, — le chevalier de la Gravière, — Orel, capitaine au régiment de Steiner, à Nîmes, — le comte de Barrin, commandant en Chef en Corse, — Giaciato de Montera, grand-vicaire du cardinal archevêque Albani, à Gênes, etc.

E. 3163. (Liasse.) — 13 pièces, papier, 2 cachets.

1783-1787. — Lettres adressées à M. Du Chesnay, major du régiment de Berry-infanterie, chez le baron de Schomberg, à Corbeville, par de Berghes, pour le tenir au courant de ce qui se passe au régiment.

E. 3164. (Liasse.) — 5 cahiers in-1°, 19 folios écrits, papier.

XVIIIe siècle. — Notes sur l'île de Corse. — Description du tour de l'île par mer. — Division du pays en provinces, juridictions, fiefs et pièves. — État ecclésiastique de l'île en 1781. — Établissements militaires. — Table des matières.

E. 3165. (Liasse.) — 11 pièces, papier.

1778-1782. — *Memoria sopra l'attuale amministrazione della Corsica*, 1782. — *Relazione della festa dei signori della commissione dei dodeci nobili di Corsica*. — Procès-verbal d'établissement du logement des officiers de la garnison de Corte. — État du bois qui doit être fourni par jour aux officiers et aux troupes servant en Corse. — État des bois de Corse fournis à l'arsenal de Toulon par Sébastien Vialo, négociant de Bastia. — Procès-verbal de visite des forêts de Rospa et de Ledia, appartenant aux communautés de Vezani et de Petroso, et de la forêt de Louchieta, dressé par Dantoine, maître-charpentier au port de Toulon. — Description d'un mollusque du nom de *gnacaro*, dont les filaments forment une soie mordorée susceptible d'être tissée.

E. 3166. (Liasse.) — 10 pièces, papier.

1755-1785. — État des troupes du camp de Richemond sur la Sarre, en 1755. — État des marines de France et d'Espagne, en Mars 1778. — Tableau de l'état militaire de la France, en 1779. — État des grâces accordées à des officiers du régiment d'infanterie de Berry. — État des hommes du régiment du Berry, mis au cachot, « aux salles » et aux arrêts. — Noms des lieutenants-généraux, maréchaux-de-camp, officiers d'état-major, employés sous les ordres du maréchal de Broglie, etc.

E. 3167. (Registre.) — 254 feuillets, papier.

XVIIIe siècle. — Cours de géométrie et de mécanique.

E. 3168. (Registre.) — In-4°, 212 feuillets, papier.

XVIIIe siècle. — Cours d'arithmétique et d'algèbre.

E. 3169. (Liasse.) — 62 pièces, papier.

XVIIIe siècle. — Exercices pour apprendre la langue italienne.

E. 3170. (Liasse.) — 11 pièces, papier.

XVIIIe siècle. — Rôles : de Darmant, dans *l'Anglais à Bordeaux*, — d'Érasto, dans *l'Orpheline léguée*, — de Crispin, dans *le Chevalier à la mode*, — de Frontin et d'Érasto, dans *l'Amant auteur et valet*, — de Jasmin, dans *l'Enfant prodigue*, — de Carlin, dans *l'Amitié rivale*, etc.

E. 3171. (Registre.) — In-4°, 17 feuillets, papier.

XVIIIe siècle. — Traduction des lettres de Mentor publiées dans une gazette anglaise, — conseils à de jeunes personnes de condition. — *Sénèque*, tragédie. — *Le Songe de Scipion*, dialogue, etc.

E. 3172. (Liasse.) — 17 pièces, papier; 9 dessins.

XVIIIe siècle. — « Extrait des petites affiches du... » 178... » Annonces satiriques contenant des épigrammes sur les dames de la cour. — Chansons sur la Reine Marie-Antoinette. — Couplets en l'honneur de madame de Schomberg. — Sonnets en italien au comte de Schomberg. — Croquis au crayon rouge et à la mine de plomb, etc.

E. 3173. (Liasse.) — 16 pièces, papier.

XVIIIe siècle. — Ouverture d'*Iphigénie*, partie de harpe. — Romances, ariettes, chansons, avec accompagnement de harpe, de violon, de clavecin. — Concertos. — *Le Prince Lutin*, opéra, rôle de la fée. — *Se in arboreo foresto*, canzonnetta con violini, viola, basso, del sig. Giov. Paisiello. — Sonate. — Principes d'accompagnement, etc.

E. 3174. (Liasse.) — 22 pièces, papier, gravées.

XVIIIe siècle. — Trois sonates pour le clavecin avec accompagnement de violon, dédiées à madame la princesse de Poix par M. D..., gravées par madame Oger. — Trois duos pour deux harpes composés par Hinner, de l'Académie de Bologne, maître de harpe de la Reine, gravés par Le Roy. — Fragment de la partition de l'opéra de *Colinette à la Cour*, arrangé pour le clavecin. — Journal hebdomadaire, composé d'airs d'opéras et d'opéras-comiques, mêlé de vaudevilles, rondeaux, ariettes françaises et italiennes, duos, romances, etc., avec accompagnement de clavecin, par les meilleurs auteurs, 22e année, n° 50. « On souscrit à Paris chez Le Duc, successeur de » M. de La Chevardière. » — Catalogue n° 1 de musique vocale appartenant à M. de La Chevardière. — Parties de premier et de second violon, violoncelle, hautbois, cor, etc.

E. 3175. (Liasse.) — 84 pièces imprimées.

1782-1784. — Affiches de théâtre en allemand.

E. 3176. (Liasse.) — 10 pièces imprimées.

XVIIIe siècle. — Listes des ouvrages géographiques des sieurs Sanson et Robert, géographes du Roi. — « Vertus et effets de la très-excellente *eau admirable* ou » eau de Cologne. » — Prospectus de Lebrun, épicier-droguiste, rue Dauphine, à Paris, *aux armes d'Angleterre*: eau de perles, pour le teint; emplâtres écossais pour les cors; ruban de santé contre le mauvais air; eau de fleurs de Venise, etc. — « La magie de la peinture, optique où » l'on voit l'utile et l'agréable, » catalogue des vues panoramiques du sieur Girard sur le boulevard du Temple; « messieurs les ecclésiastiques peuvent voir sans aucun » scrupule. » — « Par permission du Roi et de Monsei- » gneur le lieutenant-général de police. La nouvelle » troupe des Fantoccini italiens, boulevard du Temple. » — « Chef-d'œuvre ou modèle de la ville de Londres en » relief », par le sieur Grimani, mathématicien, rue Dauphine, à l'hôtel d'Espagne. — « Ménagerie d'animaux » vivans des Indes orientales et occidentales, foire S.- » Germain, par la rue de Tournon, à la troisième porte » et à la troisième traverse à gauche, vis-à-vis le spectacle » du sieur Nicolet. » — « Avis au public sur une véri- » table syrène, nouvellement arrivée à Paris, » visible à la foire, etc.

E. 3177. (Liasse.) — 6 pièces parchemin ; 22 pièces, papier, 1 cachet.

1680-1785. — SELVE (MARQUIS DE). — Acte de foi

et hommage rendu par Pierre, marquis de Selve, seigneur d'Andeville, Estouches, Gravier, Mérobes et autres lieux, pour la seigneurie d'Estouches, au marquis de Méréville. — Relevé des rentes en grain de la seigneurie d'Estouches. — Sentence du bailli du duché d'Étampes, maintenant Catherine de Selve dans la possession de la dîme des grains d'Estouches contre la prétention de Julien Plangarnon, curé d'Arrancourt. — État des vassaux au nombre de neuf de la seigneurie d'Estouches. — Actes de foi et hommage rendus pour la terre d'Arrancourt au seigneur d'Estouches, par Timoléon de Poilloux, écuyer, — par François Forcadel, commissaire aux saisies réelles, avec le procès-verbal de la saisie de la terre faite sur Louis de Fourcroy ; — par Geneviève de Vion de Tessancourt, veuve de Claude Grassin, vicomte de Sence. — « Papier » de la recepte de la seigneurie d'Arrancourt, receue par » Louis de Fourcroy, escuyer, sieur du Bois de Villiers » et du dict Arrancourt. » — Actes de foi et hommage rendus au seigneur d'Estouches par « monsieur maistre » Gontier, conseiller du Roy en sa court de Parlement, » pour le fief d'Ollu. — par Françoise Goislard, veuve de Louis Aubin, seigneur de Planoy, pour la seigneurie d'Andeville. — Lettres de M. de Césarges, abbé de Saint-Euverte, et de son homme d'affaire, au sujet de l'aveu à faire au seigneur d'Estouches pour un fief, sis à Ardelot (Eure-et-Loir). — Aveu et dénombrement de pièces de terre sises à Nébouville, paroisse de S.-Valérien, faubourg de Châteaudun, rendu à Charles de Moreau, écuyer, seigneur de La Regnardière et de Nébouville, etc.

E. 3178. (Liasse.) — 12 pièces, papier.

1594. — Extraits de « l'ancien papier terrier » d'Estouches ; déclarations faites par les détenteurs de maisons et de terres sises au carrefour du Puits : — sur le chemin de Mérobert ; — aux chantiers des Controuches, — de la Croix de Panetières, — des Terrières, — des Hoilars, — de la Fosse-aux-Couleuvres, etc.

E. 3179. (Registre.) — In-folio, 74 feuillets, papier.

1665-1669. — Déclarations des censitaires recevant de la seigneurie d'Estouches, qui dépend de la châtellenie de Méréville : François Chédeville, — Pierre Mésigot, — Antoine Simon, — Jeanne Pachot, Marie Trinité, — Boniface Michan, — Martin Aussenard, — Jeanne Lambert, — Louis Chenu, etc.

E. 3180. (Registre.) — In-4°, 11 feuillets, papier.

1750-1751. — Terrier de la seigneurie d'Estouches. — Déclarations reçues par Nicolas Baudouin, notaire royal, des censitaires : Tristan Thibault, marchand, — Michelle David, veuve de Jacques Houdy, — Louis Rutel, laboureur, — Jacques Mériel, — Salomon Lempe, officier de M° le duc d'Orléans, — damoiselle Marie Aléaume, veuve de noble homme Nicolas Paris, écuyer, sieur de l'Orme, etc.

E. 3181. (Registre.) — In-f°, 252 feuillets, papier.

1520. — Terrier de la seigneurie d'Estouches. — Déclarations de terres, rentes, censives, etc., faites à François-Fabien de Selve, chevalier, seigneur d'Estouches, par Toussaint Paschau, vigneron ; — Pierre Chappart, laboureur ; — Denis Verneau, manouvrier ; — Louis Jouanneau, vigneron ; — Jacques Desroziers, receveur de la terre et seigneurie de Pannetière, etc.

E. 3182. (Registre.) — In-f°, 95 feuillets, papier.

1623-1630. — « Recepte et perception faicte au » lieu seigneurial d'Estouches par damoiselle Catherine » de Selve de Villiers, dame dudit Estouches, des censives, qui luy sont deues, chacun an, au jour S.-André, » en deniers, poules et chappons, portent lods et ventes, » saisines, deffauts et amendes, quand le cas y escheit. » — Perception des rentes foncières en blé et en avoine qui sont dues solidairement par les tenanciers de la seigneurie. — « Augmentation de la rente due à ladite seigneurie d'Estouches sur le terroir d'Andouville, à cause » du bail à nouveau cens, et rente du fief des Testus, » vacant par deshérence faulte d'homme, dont ladite dame » d'Estouches s'est emparée pour le réunir à son domaine. »

E. 3183. (Liasse.) — 1 pièce, parchemin ; 3 pièces, papier ; 2 plans, papier.

1780-1789. — SERENT (MARQUIS DE). — Vente par Louis-Marie-Bretagne-Dominique de Rohan-Chabol, duc de Rohan, pair de France, et par Emilie de Crussol-d'Uzès, son épouse, à Armand-Louis, marquis de Serent, baron de Malestroit, pair de Bretagne, président-né de l'ordre de la noblesse de cette province, maréchal des camps et armées du Roi, gouverneur de M° le duc d'Ansoudoie, et à Bonne-Marie-Félicité de Montmorency-Luxembourg, son épouse, d'une grande maison, sise en la rue des Réservoirs, à Versailles, appelée l'hôtel de Rohan-Chabot et anciennement l'hôtel de Roquelaure, moyennant 60,000 livres. — Lettres de M. de Noailles, prince de Poix, annonçant au marquis de Serent la remise par le Roi du droit de lods et ventes sur l'hôtel de Rohan. — Inventaires des titres établissant la transmission au duc de Rohan-Chabot de la propriété dudit hôtel, après la mort de Françoise de Roquelaure, princesse de Léon, fille du maréchal duc de Roquelaure et Du Ludo, sa mère. — Plan et élévation d'un cabinet d'histoire à exécuter dans l'hôtel de Serent, etc.

E. 3184. (Liasse.) — 2 pièces, parchemin ; 13 pièces, papier.

1680-1790. — SESMAISONS (DE). — Acte par lequel Claude-François de Sesmaisons, chevalier, seigneur-châtelain d'Escoublac, Loenerac, Trevescart, S.-André et L'Ile, seigneur de Sesmaisons, La Saussinnière, en Bretagne, seigneur comte et patron de S.-Saire, Neale, Mesnil, Mauger, Beauboc, La Ville, lieutenant-général des armées du Roi, ancien lieutenant des gardes-du-corps de S. M., et Marie-Gabrielle-Louise de La Fontaine Solart de La Boissière, garantissant sur tous leurs biens le paiement d'une rente de 300 livres, constituée par le comte et la comtesse de La Boissière et le président et la présidente de Tieux, en faveur de Marguerite-Françoise Le Clerc, veuve de François-Joseph de Berneval, et appartenant actuellement à Anne Valenghen, veuve d'Ovide-Henri Falague, et à Elisabeth-Victoire Falague, sa fille, épouse de Thomas Venerend de Vierrey, chef du Gobelet-pain du Roi. — Cession par Antoine Desperrois à Henri de Boulainvilliers, d'une maison et de terres sises à Saint-Saire, moyennant une rente de 140 livres. — Transport à Charles-François de Laverdy, chevalier, marquis de Gambois, seigneur de Neuville, Condé et autres lieux, ministre d'État, par Marie-Félix Guérier de Lormoy, ancien écuyer du Roi, d'une créance de 1,450 livres sur la marquise de Sesmaisons, etc.

E. 3185. (Liasse.) — 1 pièce, parchemin ; 1 pièce, papier.

1714-1716. — SEVIN. — Vente par François-Pierre Gillet, avocat en Parlement, et Anne Farouart, sa femme, à Louis Sevin, officier de S. A. R. Madame, et Anne Ferté, sa femme, de 3 arpents de vignes à S.-Cloud, lieu dit le Clos-l'Evesque, en la censive de l'archevêque de Paris, pour 2,400 livres. — Partage de la succession de Louis Sevin entre sa femme, ses fils mineurs, Jean-Marie et Louis, et sa fille, Marie-Louise, mariée à François Bourdon, vigneron à Garches.

E. 3186. (Liasse.) — 18 pièces, papier.

1777-1778. — Lettres : du comte de S.-Germain au garde-des-sceaux, auquel il soumet, pour avoir son avis, un projet d'ordonnance sur l'organisation du corps de la maréchaussée ; — A M. Sevin, premier commis du ministère de la guerre, pour l'inviter à venir conférer avec lui à ce sujet ; — de M. de Berthier, intendant de la généralité de Paris, au comte de S.-Germain ; — de M. De Château, secrétaire de l'intendant, de M. Necker, de M. Taboureau, à M. Sevin, touchant ladite ordonnance ; — de M. Gondot, invitant M. Sevin, de la part du maréchal de Tonnerre, à se rendre chez ce dernier à l'heure où MM. les maréchaux de France seront assemblés, etc.

E. 3187. (Liasse.) — 5 pièces, papier.

XVIII° siècle. — Mémoires contenant les objections faites par le comte de Maurepas et M. de Berthier, intendant de la généralité de Paris, contre le projet d'ordonnance sur la maréchaussée. — Réponses de M. Sevin, premier commis de la guerre.

E. 3188. (Registre.) — In-folio, 80 feuillets, papier.

XVIII° siècle. — Premier projet d'ordonnance sur la maréchaussée, divisé en quatorze titres : I de la constitution, composition et formation, — II de la subordination et discipline, — III des fonctions des officiers, — IV du service ordinaire des brigades, — V du service extraordinaire des brigades, — VI des honneurs, — VII des appointements et solde, — VIII des fourrages, — IX du logement, — X des remontes, — XI de la bourse commune, — XII des revues des commissaires des guerres, — XIII de l'habillement, équipement et armement, — XIV des récompenses militaires, privilèges et exemptions.

E. 3189. (Liasse.) — 11 pièces, papier.

XVIII° siècle. — Changements proposés aux cinq premiers titres du premier projet d'ordonnance sur la maréchaussée.

E. 3101. (Registre.) — In-folio, 69 feuillets, papier.

XVIIIᵉ siècle. — Troisième projet d'ordonnance sur la maréchaussée avec des annotations en marge.

E. 3102. (Registre.) — In-folio, 69 feuillets, papier.

XVIIIᵉ siècle. — Quatrième projet d'ordonnance sur la maréchaussée avec des corrections et additions au crayon.

E. 3103. (Liasse.) — 2 pièces, papier.

XVIIIᵉ siècle. — Mémoire au Roi accompagnant le projet d'ordonnance sur la maréchaussée : « ... La ma-
» réchaussée, qui est de 914 brigades de 3, 4 et 5 hommes,
» toutes à cheval, faisant 3,764 hommes, est mise à 600
» brigades de 4 hommes à cheval et à 600 brigades à
» pied, faisant 4,800 hommes... Il a paru nécessaire de
» lui donner le titre de Légion de France... Elle aura
» pour commandants supérieurs les maréchaux de
» France,... prendra rang immédiatement après la gen-
» darmerie, avec laquelle elle fait corps,... sera compo-
» sée de 6 divisions, chacune commandée par un mestre-
» de-camp, un lieutenant-colonel et un major. Chaque
» division sera composée de 5 compagnies, qui porteront
» les noms des villes principales de l'étendue qu'elles oc-
» cuperont. Chaque compagnie sera commandée par un
» capitaine, 3 lieutenants et 6 sous-lieutenants, et com-
» posée d'un fourrier écrivain, 4 maréchaux-des-logis,
» 10 brigadiers et 60 dragons ; 4 sergents, 10 caporaux
» et 60 chasseurs, etc. » Total des traitements à leur
fournir : 2,028,780 livres.

E. 3103. (Liasse.) — 2 pièces, papier.

XVIIIᵉ siècle. — « Mémoire tendant au bien du
» service du Roi et à l'économie de ses finances sur la
» partie des maréchaussées, » critique du projet d'ordonnance. — Réfutation de ces objections par M. Sevin.

E. 3104. (Liasse.) — 2 pièces, papier.

XVIIIᵉ siècle. — Mémoire ayant pour objet d'établir qu'il est plus économique et aussi utile pour le bien
du service que les brigades de maréchaussée soient à pied.
— Réfutation de ce mémoire.

E. 3105. (Liasse.) — 10 pièces, papier.

XVIIIᵉ siècle. — « Observations tendantes à la sû-
» reté des grands chemins du Royaume, » adressées au
ministre de la guerre par Durville. — Mémoires : sur
l'augmentation de la solde de la maréchaussée, — sur
son logement, — sur sa subsistance. — Réponse de
M. Taboureau au comte de S.-Germain, relative au mémoire sur le logement de la maréchaussée. — Projet
d'instruction, préparé en 1773 pour les inspecteurs-géné-
raux de la maréchaussée, etc.

E. 3106. (Liasse.) — 3 pièces, papier.

XVIIIᵉ siècle. — « Distribution de la maréchaus-
» sée de Corse. » — Projet de mettre une brigade à cheval et 2 à pied dans chacune des quatre juntes de l'île
résidant à Orezza, à Caccia, à Quenza et à Guagno, etc.

E. 3107. (Liasse.) — 1 pièce, papier.

1781. — Mémoire concluant à la suppression de la
régie de l'habillement des troupes.

E. 3108. (Liasse.) — 13 pièces, papier.

1776-1778. — SOLAR (MARQUISE DE). — Ordres écrits
par la marquise de Solar pour régler la journée de ses
domestiques. — Plaintes d'une femme de service contre
la marquise de Solar. — Lettre dans laquelle la marquise
de Solar expose que, laissée presque sans ressources à la
mort de son mari, mort au service dans le grade de colonel d'un régiment de grenadiers royaux, elle a été réduite à ouvrir une maison de jeu qui n'a pas réussi, et
demande à avoir part aux aumônes du Roi. — Refus de
se remarier, etc.

E. 3109. (Liasse.) — 100 pièces, papier.

1777-1778. — Menus de repas commandés par la
marquise de Solar. — Comptes journaliers des dépenses
de bouche. — Notes de blanchissage, etc.

E. 3110. (Liasse.) — 100 pièces, papier.

1777-1778. — Menus de repas pour la marquise de
Solar. — Comptes journaliers des dépenses de bouche,
etc.

E. 3201. (Liasse.) — 42 pièces, papier.

1780-1784. — SOLIVA. — Vente par François Hyacinthe, écuyer, sieur de la Grimonière, seigneur et patron de Digosville, Garanètères et autres lieux, à Jean-Louis Soliva, écuyer, employé en qualité de commissaire des guerres au département de Paris, de la charge de commissaire des guerres dont il est pourvu, moyennant 60,000 livres. — Correspondance entre M. Soliva et M. de Tartonnys, procureur, de MM. Le Fèvre de la Grimonière, Le Fèvre de Virandeville et de Gourmont de S. Clair, au sujet de la rétrocession d'une charge de commissaire des guerres qu'il avoit achetée à ces derniers en 1774. — Note sur la valeur de la charge qui peut être vendue 70,000 livres, et dont le titre peut être loué au moins 800 livres par an.

E. 3202. (Liasse.) — 97 pièces, papier.

1778-1790. — Lettre à M. Soliva de : M. Moisset, lui recommandant « une invention capable de faire une « révolution utile dans tous les arts et métiers où on a « besoin de chauffer, bouillir, évaporer ou distiller un « fluide quelconque; » — du maréchal de Noailles, lui accordant la permission de tirer des lapins dans le petit bois clos dont il a la jouissance à Ville-d'Avray, etc. — Cession par M. Resnard à M. Soliva de neuf deniers de son intérêt dans l'entreprise de la fourniture des souliers, peaux de vaches et de veaux pour le service des colonies. — Correspondance entre M. Soliva et madame Beauvillain, sa belle-mère. — Mémoire sur la faillite de la maison Pelletier et Carrier, de Nantes, et contestation avec M. de Sainte-James qui réclame à M. Soliva des fonds perdus dans cette faillite, etc.

E. 3203. (Liasse.) — 85 pièces, papier, dont 1 imprimée.

1778-1792. — Bail par Robert-Charles Du Buisson, bourgeois de Ville-d'Avray, à Isabelle Swinton, épouse non commune en biens de Jean-Louis Soliva, d'un corps de logis et d'un carré de jardin à Ville-d'Avray, moyennant 300 livres. — Lettres en Anglais adressées à madame Soliva par ses parents. — Mémoires, quittances, etc. — Notes avec vignettes de style Louis XVI de fournitures de porcelaines faites par Bochard, successeur du sieur Bailli, « marchand renommé pour les plateaux de « dessert, lustres et lanternes pour les appartements, « lanternes et réverbères, porcelaines, etc., » à Paris, au Roy de France. — Prospectus pour la vente de la farine de pomme de terre, publié par la veuve de M. de Pinteau, auteur d'un traité sur les propriétés de cette fécule, etc.

E. 3204. (Liasse.) — 53 pièces, papier.

1780-1783. — Liquidation de la succession de mademoiselle Palandre, par Soliva, exécuteur testamentaire. — Actes : de baptême de Louise, fille légitime de Fleuri Palandre, maître-cordonnier à Lyon, et de Jeanne Besson, née le 19 février 1730; — de sépulture de Louise Palandre, bourgeoise de Paris, morte à Paris le 20 juillet 1780. — Lettres de MM. Palandre, de Bordeaux, et Faudran, de Marseille, à Soliva, à l'occasion de la maladie et de la mort de leur tante, etc.

E. 3205. (Liasse.) — 81 pièces, papier, dont 5 imprimées.

1784-1788. — Projet d'agrandissement de l'enceinte de la ville de Marseille. — Résumé des entreprises faites par l'ennemi contre Marseille et la Provence depuis 1518. — État des différentes épaisseurs du revêtement du corps de place. — Mémoire sur les ouvrages projetés à Marseille, savoir : 1° la construction d'une nouvelle enceinte; 2° un bassin pour le carénage à la terre des Prudhommes, communiquant au port sous la citadelle; 3° un bassin « vivier » au centre des terrains de l'ancien arsenal; 4° un hôtel des monnaies longeant ledit bassin; et 5° une porte triomphale à l'entrée royale dite d'Aix, à l'occasion de la paix conclue par le traité de Versailles du 3 septembre 1783. — « Ordonnance de Monseigneur « l'Intendant concernant les bâtisses, alignements, ni- « vellements et ouvertures des rues dans les faubourgs de « Marseille, du 3 avril 1783. » — Correspondance de M. Soliva, agent des actionnaires de la compagnie de l'arsenal, avec le maréchal prince de Beauvau. — Lettres du prince de Beauvau, sur cette affaire à M. de Calonne et aux maréchaux de Ségur et de Castries. — Estimation de la dépense de l'établissement de l'enceinte, du bassin de carénage et d'un chantier de construction : 5,463,074 l. 18 s. — Relevé des droits que fait perdre au Roi le privilège de citadin de Marseille sur le commerce de l'épicerie et droguerie seulement : 1,494,606 l. — Règlement du Conseil d'État pour la construction du palais de justice d'Aix. — Soumission pour l'entreprise des bassins à établir à Marseille, présentée au roi par M. Soliva, écuyer, député de la compagnie de l'arsenal de Marseille, etc.

E. 3206. — (Liasse.) — 30 pièces, papier, dont 7 imprimées; 2 plans, papier.

1710-1790. — États des portes, cours, bâtiments, etc., de l'arsenal de Marseille en 1710. — « Arrêt du Conseil d'État du Roi qui approuve les deux délibéra-
» tions du Conseil municipal de la ville de Marseille,
» pour la vente de l'arsenal et bâtimens en dépendant,
» du 25 août 1781. — Contrat de vente de l'arsenal à la
» ville de Marseille par M. l'Intendant, commissaire du
» Roi à ce député, le 3 septembre 1781, reçu par M*s*
» Chauvet et Sard, notaires; qui en ont la minute. » —
Revente par la ville à la compagnie de Marseille moyennant 7,200,000 livres. — Mémoire sur les résultats de la vente de l'arsenal de Marseille faite par le Roi à la compagnie Soliva sous le nom de Rapally, noble génois, et sur les avantages qui en sont résultés pour les finances de S. M. — « Arrêt du Conseil d'État du Roi et lettres
» patentes sur icelui qui homologuent le contrat de
» vente de l'arsenal de Marseille, fait par les officiers
» municipaux de cette ville à la compagnie du sieur de
» Rapally, ordonnent l'exécution du nouveau plan de
» distribution adopté par S. M., autorisent l'érection d'un
» arc-de-triomphe et agréent la dédicace d'une place pro-
» jetée qui sera appelée place Louis XVI, du 15 août
» 1784. — Plan de distribution des terrains de l'arsenal
» de Marseille, gravé d'ordre de la compagnie qui en a
» fait l'acquisition, approuvée le 3 septembre 1784 par
» M*r* de Calonne, ministre d'État, contrôleur général
» des finances, pour être exécutés sous l'inspection du
» S*r* Sigaud, ingénieur des États de Provence. » — Noms des actionnaires de la compagnie de l'arsenal : Rostan, Gresnier l'aîné, commissaires; Mathieu, procureur fondé; Rapally, Soliva, Danmartin, députés agents à Paris, etc. — Délibération de la compagnie, nommant Soliva seul représentant à Paris. — Lettre du maréchal de Castries ordonnant la prompte exécution de deux bassins : l'un pour le carénage à la terre des Prudhommes, l'autre pour les vivriers et caboteurs dans le terrain de l'ancien arsenal. — État des actionnaires en 1790 : de S.-Memme et de Veymandye, commissaires, Soliva représentant la compagnie à Paris, etc.

E. 3207. (Liasse.) — 55 pièces, papier; 1 plan, papier.

1784-1787. — « Description et sommaire du devis
» d'un arc-de-triomphe, érigé à la gloire de Louis XVI,
» en mémoire de la paix de 1783, projeté pour la ville
» de Marseille sur l'emplacement de la porte d'Aix, d'a-
» près les vues de M*r* de Calonne, contrôleur général des
» finances, du dessin de François Jules Gauthier de Mar-
» seille, de l'académie de peinture, sculpture et archi-
» tecture de la même ville, » accompagnés d'un mémoire pour le contrôleur général, d'une recommandation des maire, échevins et assesseurs de Marseille, et d'une lettre de félicitations à l'auteur par M. de La Tour, intendant de la généralité d'Aix. En marge du projet est écrit : « plan rejeté. » — Observations sur les modèles présentés par les architectes Louis et Franque. L'arc-de-triomphe devra porter cette inscription : « Liberté des mers réta-
» blie sous le règne de Louis XVI. » — Plan de l'arc-de-triomphe, dressé par Gautier. — Présentation de quatre projets d'arc-de-triomphe d'après les vues de M. le contrôleur général par Gautier. — Description de deux nouveaux projets faits par Gautier. — Lettres de Franque à M. Soliva, pour lui recommander son plan d'arc-de-triomphe : « J'ai présenté des projets pour loger les mo-
» dèles des places frontières du royaume; on a fait choix
» d'un que j'ai fait exécuter à l'hôtel royal des Invalides.
» J'ai appris que S. M. avait été l'année dernière au châ-
» teau de Maganneville dont j'ai été architecte. Elle en
» témoigna son contentement ainsi que l'Empereur qui
» l'avait vu auparavant, » etc.

E. 3208. (Liasse.) — 7 pièces, papier, dont 1 imprimée, 4 plans, papier.

1786. — Édit du Roi portant établissement d'un hôtel des Monnaies à Marseille. — Plan du terrain qu'occupera ledit hôtel sur l'emplacement de l'ancien arsenal. — Toisé de ce terrain. — Mémoire pour l'établissement de l'hôtel des Monnaies, etc.

E. 3209. (Liasse.) — 51 pièces, papier, 1 cachet.

1782-1786. — Correspondance de Soliva avec Démétrius Comnène, au sujet d'une inscription grecque trouvée en démolissant une maison à Marseille. — Lettres du marquis de Rapally, de Mathieu, etc., à Soliva, touchant la cession que ce dernier voulait faire d'une action dans la compagnie de l'arsenal. — Mémoires et correspondance touchant l'établissement de deux bassins dans les terrains de l'arsenal de Marseille, etc.

E. 3210. (Liasse.) — 80 pièces, papier, dont 4 imprimées, plans, papier.

1785-1790. — Lettres patentes du Roi en forme d'édit qui ordonnent la démolition du Château-Trompette, les différentes constructions à faire dans son emplacement et autres établissements utiles à la ville de Bordeaux, ainsi que la suppression du droit de huitain, août 1785. — Plan des constructions projetées : place de Louis XVI, quai de Calonne, etc. — Envoi à Bordeaux, par le ministère de Soliva, pour lui rendre compte de la situation de l'affaire du Château-Trompette. — Proposition par Soliva de fonder une nouvelle compagnie pour l'exploitation du terrain et des matériaux, et de racheter la concession primitivement faite au sieur de Montmirail. — Précis succinct et résultat des opérations relatives à la revente faite par le Roi des terrains de l'ancien arsenal de Marseille et de ceux du Château-Trompette, à Bordeaux, au mois de novembre 1788. — Défense intimée par le Conseil d'État au sieur de Montmirail de continuer les opérations commencées au Château-Trompette. — Projet contenant les moyens de rendre à l'affaire du Château-Trompette son utilité à l'égard des finances, en procurer la revente, tirer de ces terrains le parti le plus utile à la ville de Bordeaux, au commerce et au public même, et fixer le sort des créanciers et acquéreurs ; plan d'un bassin à creuser au lieu de la place Louis XVI, etc.

E. 3211. (Liasse.) — 10 pièces, papier.

1785-1790. — Projet d'établir un bureau général pour passer les contrats et polices d'assurances à Bordeaux. — Mémoire de Soliva pour le contrôleur général des finances touchant ce projet. — Lettres de divers sur cette affaire, etc.

E. 3212. (Liasse.) — 78 pièces, papier, dont 3 imprimées.

1774-1786. — Mémoire provoquant l'établissement de fiacres à Marseille, à l'instar de Paris, Lyon et Bordeaux. — Lettre de M. Mathieu à M. Soliva, l'invitant à présenter ce mémoire au ministre, afin de l'emporter sur M. Rebuffet, qui est en instance auprès de l'intendant de la généralité d'Aix. — Proposition par M. Soliva de donner au domaine du Roi, s'il obtient le privilège des fiacres, une redevance de 600 livres par an. — Acte de constitution d'une société pour l'établissement de fiacres à Marseille, formée entre MM. Gautier, de La Chapelle et Mathieu. — Envoi à M. Soliva d'un acte de désistement par lesdits sociétaires. — « Arrêt du Conseil » d'État du Roi portant privilège exclusif, en faveur de » Soliva et compagnie de mettre sur place de la ville et » des faubourgs de Marseille, des voitures de place et de

» remise, du 11 avril 1786. » — Quittance donnée à Soliva du droit de Marc d'or de l'arrêt qui lui permet d'exposer sur les places de Marseille 25 carrosses. — Tarif des voitures de place : le jour, 18 sous par course, 30 sous pour la première heure, 25 sous pour les heures suivantes ; la nuit, depuis 10 heures, 30 sous par course, 3 l. 10 s. pour la première heure, 40 s. pour les suivantes, 30 sous par course à la sortie des spectacles ; un carrosse de remise, 15 livres par jour de 8 h. à minuit, 9 l. de 2 heures à minuit. — Devis d'une voiture de place d'après le modèle anglais, 1,000 livres. — « Ordonnance de M. le pré- » vost de Paris ou son lieutenant-général de police, por- » tant règlement pour les carrosses de place, du 1er juillet » 1774, » etc.

E. 3213. (Liasse.) — 45 pièces, papier.

1786-1788. — Lettre de M. Lartigue annonçant que la compagnie des fiacres a acheté un vaste terrain hors la porte d'Aix à Marseille, et que 12 voitures seront prêtes à rouler au 1er janvier 1787. — Mémoire pour demander une extension des privilèges de la compagnie et la punition des personnes mal intentionnées qui dégradent les voitures, y fument et y font des ordures pour en dégoûter le public. — Plaintes de M. Lartigue contre la police de Marseille, hostile à la compagnie. — Projet d'arrêt à solliciter du Conseil du Roi contre les loueurs de carrosses qui font concurrence à la compagnie. — Lettres de Lartigue, directeur de la compagnie à Marseille, à Soliva, pour le presser d'obtenir que le Conseil du Roi publie ledit arrêt interprétatif de celui qui avait établi les fiacres, etc.

E. 3214. (Liasse.) — 79 pièces, papier, dont 5 imprimées.

1788-1792. — Lettres constatant l'opposition du comité contentieux au projet d'arrêt interprétatif. — Nouveau projet proposé au Conseil d'État. — « Précis » pour les prieurs du corps des maîtres-voituriers de la » ville de Marseille, estimés en appel de sentence ren- » due par les lieutenans-généraux de police de la même » ville le 8 février 1788, et celle du nonobstant appel du » 19 du même mois, contre les sieurs entrepreneurs de » l'établissement des voitures de place de ladite ville de » Marseille, appellans chez les frères Mouret, 1789. » — Lettre de Lartigue informant Soliva qu'il s'est démis de la charge de directeur de la compagnie des fiacres en faveur des frères Chaulan. — Plaintes de Chaulan contre les abus des voituriers de Marseille. — Mémoire pour les entrepreneurs des fiacres de Marseille contre les prieurs de l'association des voituriers de la même ville. — Règlement provisoire concernant les voitures de place et de remise à Paris, du 21 septembre 1789. — Envoi de ce règlement à la compagnie des fiacres de Marseille. — Pétitions de cette compagnie à l'Assemblée nationale contre les loueurs de carrosses de Marseille. — Mémoire des loueurs de carrosse à l'Assemblée nationale. — « Réponses aux doléances des loueurs de carrosses de place et de remise, » etc.

E. 3215. (Liasse.) — 36 pièces, papier.

1787. — Mémoires sur les messageries de France. — Note pour Mgr l'archevêque de Toulouse, dans laquelle Soliva établit que le bail de la ferme actuelle des messageries met le trésor à découvert de 24,000,000 de livres, et propose soit de faire un nouveau bail à un prix plus élevé, soit de régir au compte du Roi, soit de nommer inspecteur ledit Soliva pour surveiller le service. — Situation du Roi relativement au service des messageries sur les produits du bail actuel qu'il convient de résilier au 1er janvier 1788. — Observations sur le bail actuel des messageries à l'appui de l'état de situation du Roi relativement à ce service. — Mémoire pour l'établissement d'une nouvelle administration des messageries au compte du Roi, rédigé par ordre de M. le contrôleur général. — Relevé général des dépenses et recettes faites au compte du Roi pour l'exploitation des messageries pendant onze années, à compter de la première régie établie sur la fin de 1775 par M. Turgot, jusqu'au 1er janvier 1787, etc.

E. 3216. (Liasse.) — 17 pièces, papier, dont 1 imprimée.

1765-1780. — Mémoire contenant proposition à la compagnie du canal de Provence de se charger de sa construction, et de faire en son nom et à son profit les concessions d'eau aux riverains. — Projet de faire cultiver les landes en Gascogne par les réfugiés hollandais. — Brouillon d'un acte de société entre Soliva et le comte Du Rozel pour l'exploitation desdites landes. — Plan de réforme proposé pour l'administration des gabelles, tabac et traites. — Mémoire sur un nouveau mode de levée des recrues pour l'armée.

E. 3217. (Liasse.) — 1 pièce, parchemin.

1765. — SOMMEREUX. — Contrat de mariage entre J.-B. Sommereux-Préfontaine, régisseur du prince de Rochefort, demeurant au château de Rochefort en Beauce, fils de défunts Antoine Sommereux, laboureur à Beauvais, à la paroisse S.-André, et de Marguerite Sommereux, son épouse, et Reine-Marie Osmont, fille de Nicolas Osmont, maître maçon à Rochefort, et de Marie-Louise Sommereux, son épouse.

E. 3218. (Liasse.) — 1 pièce, papier.

1787-1788. — SOMMERY (comté de). — Bail par François-Claude Antoine, écuyer, maréchal-des-logis du Roi et gentilhomme ordinaire de Monsieur, frère du Roi, à J.-B. Du Mesnil, comte de Sommery, lieutenant-colonel de cavalerie, d'une maison à porte-cochère, sise à S.-Germain, rue du Vieil-Abreuvoir, moyennant 1,000 l. par an. — État des fermages s'élevant à 8,452 livres et des rentes seigneuriales et foncières s'élevant à 1,935 l. 10 s. dues au comté de Sommery à Noël 1787. — Emprunt de 7,000 livres fait au comte de Sommery par son frère, marquis de Sommery, etc.

E. 3219. (Liasse.) — 2 pièces, papier.

1618-XVIIIe siècle. — SOURDIS (de). — Acte par lequel maître Georges Laisné, curé du Perchay, chapelain de la chapelle Sainte-Marie-Madeleine, située au bord de Vigny, reconnaît tenir à titre de chef cens de Henri, duc de Montmorency et de Dampville, pair et amiral de France, Bretagne et Guyenne, gouverneur et lieutenant-général pour le Roi en Languedoc, à cause de sa seigneurie de Vigny, actuellement possédée à titre de douaire par Renée de Cossé, douairière, duchesse de Dampville, veuve de Charles de Montmorency, plusieurs terres au terroir de Vigny autour de ladite chapelle, chargés de rentes et redevances seigneuriales. — Fragment d'un terrier de Vigny.

E. 3220. (Liasse.) — 4 pièces, parchemin.

1770-1776. — STEIN. — « Retenue de tailleur de madame la Dauphine pour le sieur Gaspard Stein. » — Procès-verbal de la prestation de serment faite par Gaspard Stein, nommé tailleur de la Dauphine. — « Lettres de naturalité » octroyées par Louis XVI à Gaspard Stein, né à Limbourg (Autriche). — Quittance de 25 livres 16 sous payée par Gaspard Stein pour le droit de marc d'or des lettres de naturalité à lui accordées.

SÉRIE E. — TITRES DE FAMILLE.

E. 3221. (Liasse.) — 24 pièces papier.

1742-1774. — STRINSEL. — Lettres en allemand adressées par des parents ou amis à Conrad-André Funcken.

E. 3222. (Liasse.) — 21 pièces, papier; 8 pièces, parchemin.

1772-1776. — SURAT. — Constitution d'une rente de 200 livres faite par Thomas-Edme de Broul, seigneur de La Jesse, capitaine de cavalerie, demeurant ordinairement à son château de Montigny-la-Jesse, en faveur d'Étienne Surat, ancien officier de Monsieur, frère du Roi, demeurant à Versailles, moyennant 4,000 livres. — Billets à ordre de M. Surat, bons pour 5,200, 6,800 l., souscrits par Taillebosq fils, etc.

E. 3223. (Liasse.) — 9 pièces, papier.

1768-1769. — SAINT-HUBERTY (DE). — Vente par Antoinette-Françoise Perety, épouse non commune en biens de Nichault de la Vallette, intendant et contrôleur général des écuries de Monsieur, frère du Roi, à Alphonse comte de Turconi, d'une maison et dépendances, à Groslay près Enghien, pour 30,000 livres. — Acte par lequel le comte de Turconi déclare qu'il a agi comme prête-nom de Marie-Cécile Claves de S.-Huberty, pensionnaire du Roi.

E. 3224. (Liasse.) — 11 pièces, papier, 1 cachet.

1725-1768. — SAINT-SOUFLET (DE). — Congé absolu donné par Armand de Béthune duc de Charost, pair de France, capitaine des gardes-du-corps du Roi, lieutenant-général de ses armées et de ses provinces en Picardie, etc., ci-devant gouverneur de S. M., au sieur S.-Marc, garde-du-corps dans la brigade de Vernassal. — Mémoire sur les coupes à faire dans les forêts de la seigneurie de S.-Cyr (?), etc.

E. 3225. (Liasse.) — 6 pièces, parchemin; 11 pièces, papier.

1674-1772. — SAINTE-CROIX (DE). — Acte par lequel Charles Descorches, écuyer, sieur d'Estignières, et Gabrielle Petitgas, sa femme, donnent quittance à Pierre Descorches, écuyer, sieur de Mesnil, Sainte-Croix, Les Genettres et autres lieux, du legs à eux fait par Louise Petitgas, sa femme. — Bail d'une maison à Montgeron par Catherine Dièvre, veuve de Christophe Marie, sieur de Montaux, ancien substitut du procureur du Roi au Châtelet, à Jacques Sabier, vigneron, d'une maison sise en la grande rue du village de Montgeron, moyennant une rente foncière, perpétuelle, non rachetable, première après le cens, de 45 livres et deux poulets par an. — Vente par les héritiers de Françoise Denis, veuve de François Devaux, procureur des comptes, à Charles-Marie-Urbain Descorches de Sainte-Croix, capitaine de la compagnie franche détachée du régiment Lyonnais, d'une maison à Montgeron, moyennant 20,000 l. : ladite vente ensaisinée par Anne-Gabriel-Henri-Bernard, chevalier marquis de Boulainvilliers, comte de Torides, baron de Montfourcault, vicomte de Gimois, seigneur de Montgeron, Vigneux et autres lieux, prévôt de la ville prévôté et vicomté de Paris, conservateur des priviléges royaux de l'Université de Paris, lieutenant pour le Roi de la province de l'Isle-de-France, lecteur de la chambre de S. M., grand-croix de l'ordre royal de S.-Louis. — État des meubles contenus dans la maison ci-dessus indiquée et vente de ces meubles à Descorches de S.-Croix, moyennant 10,000 livres. — Legs par Louis de Neufville de Villeroy, duc de Villeroy et de Retz, pair de France, etc., à Descorches de S.-Croix, son écuyer, d'une pension viagère de 2,000 livres et de tous les vins et liqueurs de quelque cru et qualités qu'ils soient trouvés au jour de son décès en ses maisons de Paris, Sève, Versailles et Villeroy. — Partage entre Charles-Antoine Descorches de S.-Croix, curé et seigneur de la Trinité sur... chanoine de S.-Maurice-lez-Chartres, Charles-Urbain-Marie Descorches de S.-Croix, capitaine de la compagnie franche détachée du régiment de Lyonnais, Gilles-Charles Descorches de S.-Croix, aide-major de la ville de Lyon et enseigne de la compagnie franche du régiment de Lyonnais, établie en garnison aux portes de ladite ville, Renée-Geneviève Descorches de S.-Croix, demoiselle majeure, et Anne-Marguerite Descorches de S.-Croix, sœur à l'hôtel-Dieu de Mortagne, de la succession de messire Charles Descorches, seigneur de la Trinité, et de Catherine Duval, sa veuve, etc.

E. 3226. (Liasse.) — 10 pièces, parchemin; 21 pièces, papier, dont 1 imprimée.

1773-1702. — Affiche annonçant la vente par décret d'une maison sise à Montgeron, appartenant à l'abbé Arlaud, prêtre du diocèse de Paris. — Adjudication à la barre de la grand'chambre de la cour de Parlement de ladite maison à Charles-Marie-Urbain Descorches de Sainte-Croix, moyennant 1,450 livres. — Rachat par le même à la fabrique de Montgeron de plusieurs rentes duée à cette dernière sur diverses maisons. — Location par Descorches Sainte-Croix à Vallet-Seneuville d'une maison à Montgeron, sur le grand chemin, pour 600 livres (1788). — Acte de baptême de Charles-Pierre, fils de messire Gilles-Charles Descorche, chevalier, aide-major de la ville de Lyon, lieutenant de la compagnie franche, et de dame Marie-Marthe de Regnauld de La Richardie, né à Lyon en la paroisse de S.-Michel et S.-Martin d'Ainay (1770), etc.

E. 3227. (Liasse.) — 103 pièces, papier.

1762-1792. — Mémoires, quittances, etc. — Fourniture de vin de Bourgogne à 120 livres le muid ; — de drap par Lefebvre Desnouëttes, marchand de draps à Paris, à l'enseigne du prince de Conty. — Ouvrages de serrurerie faits à la maison bourgeoise du chevalier de Sainte-Croix, lieutenant des plaisirs de S. M. », à Montgeron, par Lambert, serrurier à Villeneuve-S.-Georges, etc.

E. 3228. (Liasse.) — 71 pièces, papier.

1762-1792. — Lettres d'affaire écrites au chevalier de S.-Croix par son frère, demeurant à la Trinité, par le duc de Neuville-Villeroy, Pépin, curé de Petite-Ville, Choisne, etc. — Mémoires : pour Charles-Antoine Descorches de S.-Croix, écuyer, seigneur des fiefs et seigneuries de la Trinité, etc., contre Dilon, commis à la direction des aides de Verneuil, soi-disant acquéreur de la prétendue seigneurie de La Brunelière, en la paroisse de la Trinité, laquelle n'a jamais été qu'une ferme, constamment tenue en roture ; — pour Charles-Marie-Urbain Descorches de S.-Croix, chevalier, seigneur, patron honoraire de la seigneurie de la Trinité, lieutenant des capitaineries royales de Corbeil et de Sénart, etc., tendant à faire annuler les provisions de gardes forestiers des Routils La Baubelière données à Clouet, etc.

E. 3229. (Registre.) — In-folio, 195 feuillets, papier.

1788. — TALLEYRAND-PÉRIGORD (DE). — Papier terrier de la terre et seigneurie du Coudray, appartenant à messire Hilaire Rouillé, chevalier, conseiller d'État ordinaire, seigneur du Coudray-sur-Seine et du Plessis-Chesnay.) — Désignation des confins et limites de la seigneurie du Coudray. — Déclarations faites par Antoine Lambin, maître-fondeur à Paris, Luc Corbery, menuisier au Coudray-sur-Seine, — Denis Ciron, vigneron, — Charles Moreau, charretier, — Louis Girard, marchand plâtrier, — Charles Nicot, hôtelier au Plessis-Chesnay, — Louis Collinat, cordonnier, — Jérôme Lestang, voiturier par eau à Corbeil, — Pierre Figara, vigneron au Coudray, etc. — Tenanciers du fief de Merbouf, etc.

E. 3230. (Liasse.) — 1 pièce, papier.

1769. — Bail de la ferme seigneuriale du Coudray, consistant en bâtiments et en 380 arpents de terre, fait par Élie-Charles Talleyrand de Périgord, prince de Chalais, grand d'Espagne de la première classe, colonel du régiment royal-Normandie, seigneur du Coudray, S.-Fargeau, Tilly, Maison-Rouge, Villière-les-Sales et autres lieux, à J.-B. Couteau, laboureur à Champoueil, moyennant 5,000 livres, 3 muids d'avoine, mesure de Mennecy, rendus en son hôtel, rue de l'Université, à Paris, 12 poulets, 6 canards et 2 poules d'Inde.

E. 3231. (Liasse.) — 2 pièces, parchemin, 9 pièces, papier.

1766-1792. — TAMBRUN. — Contrats de mariage entre : Joseph-Marie Berenguier, compagnon cordonnier à Versailles, et Marie-Catherine, fille de Charles Marcipon, portier au grand couvent de S.-Cyr, et de feue Marie Boiron ; — Nicolas Tambrun, garçon maréchal à Versailles, et la veuve Berenguier, etc.

E. 3232. (Liasse.) — 1 pièce, parchemin.

1776. — TANDON DE LUCENAY. — Vente par Pierre-Louis-Paul Tendon de Lucenay, chevalier, seigneur de Lucenay du Bessay, de Verneuil, Vernouillet, Chapet, des Mureaux, de Bresolles, Bazincourt, Marsinval et autres lieux, mestre-de-camp de cavalerie, maréchal général des logis des camps et armées du Roi, à Pierre Vaudran, receveur des droits du pont de Meulan, de 5 arpents de terre au terroir des Mureaux, dans la mouvance du fief de Puiseux, réuni à la seigneurie de Verneuil, moyennant 4,616 livres.

E. 3233. (Liasse.) — 1 pièce, parchemin ; 25 pièces, papier dont 1 imprimée.

1726-1775. — TÉROLLES. — Acte de baptême d'Antoine Térolles, fils naturel du sieur de Térolles, né à Saint-Bauzire, diocèse de Brioude. — Acte de sépulture d'Angélique Térolles, décédée en nourrice à Saint-Paul,

SÉRIE E. — TITRES DE FAMILLE.

les Beauvais, fille de Pierre Térolles, domestique à Paris, et de Claudine Régnier, sa femme (1733). — Location par Jean Gravarte, maître couvreur à Paris, à Pierre Térolles, maître traiteur, d'une boutique et dépendances, sise rue de Bourbon, à Paris, moyennant 300 livres par an. — Plainte de Chartier, bourgeois de Paris, contre Pierre Térolles, tendant à obliger ce dernier à détruire des pigeons et des dindons qu'il entretient dans le grenier d'une maison qu'il habite à S.-Germain-en-Laye. — Instruction sur l'usage et les propriétés de la poudre purgative de M. Ailhaud, docteur en médecine à Aix (1744), etc.

E. 3234. (Liasse.) — 3 pièces, parchemin; 37 pièces, papier, 1 cachet.

1730-1774. — Testament de Claudine Régnier, femme d'Antoine Térolles, journalier à S.-Germain-en-Laye, laquelle lègue tous ses biens mobiliers à François Le Sieur, bourgeois de Paris, son ami. — Vente après décès des meubles de la femme Térolles. — Nomination par Meilheurat de Champourret, lieutenant en l'élection de Moulins en Bourbonnais, d'Antoine Térolles en qualité de tuteur des enfants mineurs d'Antoine Dechaume, voiturier par terre en la ville de Moulins, et de Jeanne Régnier, sœur de Claudine Régnier, etc.

E. 3235. (Liasse.) — 65 pièces, papier.

1769-1776. — Lettres écrites à Antoine Térolles et à sa femme par Marie-Catherine Bruyer, leur mère, — par Brouillet, — Filières, — Potdevin, domestique du château de Bernis, etc.

E. 3236. (Liasse.) — 42 pièces, papier.

1780-1789. — Autorisation donnée par Claude-Joseph Clos, lieutenant-général civil criminel et de police de la prévôté de l'Hôtel du Roi, et grande prévôté de France, à Paris-Antoine Térolles de tenir trois chambres garnies à Versailles, rue des Bourdonnais, pavillon Gosse; — par Antoine de Noailles, prince de Poix, gouverneur et capitaine des chasses des ville, châteaux et parcs de Versailles, Marly et dépendances, etc., ou même de s'établir à la petite place Dauphine, à Versailles, en qualité de marchand parfumeur, grainetier, verdurier, de beurre, d'œufs et lait, etc. — Cahiers paraphés par le sous-lieutenant de la compagnie des gardes de la prévôté de l'hôtel et le commissaire de police pour l'inscription des personnes que la femme Térolles, logeuse, rue des Deux-Portaux, au coin de la petite place, recevra dans ses chambres garnies : « madame la comtesse de la Mothe, entrée le 24 décembre 1783, sortie le 27 ; — Frevet, travaillant au plan anglais du jardin de la Reine ; — madame de La Ville, femme de chambre de la Reine, entrée le 28 avril 1789, » etc. — Billets non signés écrits du château de Versailles, à sa femme Térolles. — Lettres de Pierre-Antoine Térolles à sa femme : « Je cours, je vais, je viens continuellement pour tâcher d'obtenir votre liberté... » etc.

E. 3237. (Liasse.) — 6 pièces, parchemin; 3 pièces, papier.

1785-1788. — Tessé (de). — Brevets par lesquels Louis XVI accorde au comte de Tessé, grand d'Espagne de première classe, premier écuyer de la Reine, la jouissance, sa vie durant, de 5 arpents de terre sis au bas de la garenne de Sèvres, moyennant une redevance de 5 l. par arpent ; — de trois autres arpents, au même lieu, moyennant une redevance de 15 livres par arpent ; — de 7 arpents 20 perches, sis à Châville, et faisant partie des prés destinés au pâturage des chevaux de la grande écurie. — Brevets par lesquels Louis XVI fait don, sur la demande du comte et de la comtesse de Tessé, après leur mort ou de leur consentement pendant leur vie, à Sophie-Ernestine, comtesse de Tott, des terrains sis au bas de la garenne de Sèvres, dont la jouissance a été accordée par lui audit comte de Tessé. — Lettres d'envoi de ces brevets écrites par le baron de Breteuil au comte de Tessé. — Brevet par lequel Louis XVI accorde à la comtesse de Tott, en survivance du comte et de la comtesse de Tessé, la jouissance du château et du parc de Châville.

E. 3238. (Liasse.) — 3 pièces, papier; 1 plan, papier.

1757-1784. — Thierry. — Vente par Benoît Dumas à Marc-Antoine Thierry, « d'une maison à porte cochère et de deux tourelles à côté appelée La Brosse, sise au village de Ville-d'Avray, au-dessus de la fontaine, sur le chemin de Marnes, » pour 50,000 livres. — Échange entre François Fancond, écuyer, receveur-général des domaines et bois de Versailles, Marly, Meudon et dépendances, représentant le Roi, et Marie-Marc-Antoine Thierry, chevalier, brigadier des armes du Roi, mestre-de-camp de dragons au régiment Dauphin, premier valet de chambre de S. M., seigneur de Ville-d'Avray, par lequel le Roi abandonne audit Thierry la seigneurie directe du territoire de Ville-d'Avray, la ferme qui lui apparûrent audit lieu et le petit parc des Célestins, et reçoit de lui des terres à Vaucresson, Marnes, Rue, Mayny et la ferme des Tournelles à Guyancourt, etc.

E. 3239. (Registre.) — In-folio, 93 feuillets, parchemin.

1784. — Foi et hommage, aveu et dénombrement de la seigneurie de Ville-d'Avray, érigée en baronnie par lettres patentes de juillet 1784, rendus au Roi par Marc-Antoine Thierry, baron de Ville-d'Avray, mestre-de camp du régiment Dauphin-dragons, commissaire-général de la maison du Roi au département des meubles de la couronne et premier valet de chambre de S. M. : Fief de Trouvy à Clamart-sous-Meudon, possédé par Claude de Bard, conseiller de Monsieur, frère du Roi, intendant de sa maison ; — ancien château devenu la ferme de Ville-d'Avray ; — jardins potager et à l'anglaise situés dans l'ancienne prairie de Ville-d'Avray ; — nouveau château sur le chemin de Sèvres à Marnes, etc. — Déclarations des biens dans la mouvance de la baronnie appartenant aux habitants de Ville-d'Avray : Moheau, commis au bureaux de la guerre ; — Robert Dubuisson, bourgeois de Paris ; — Joseph Savournis, inspecteur des vivres de Corx, pensionnaire du Roi ; — Alexandre Kerchenperger, ancien perruquier à Paris ; — Bigeon, blanchisseur de linge ; — Féron, vigneron ; — Ursin Morinière, bourgeois et officier de la capitainerie de Louvres, etc. — Indication des lieux dits.

E. 3240. (Liasse.) — 5 pièces, parchemin ; 17 pièces, papier.

1721-1790. — THIRIAL. — État de compte arrêté entre Thirial, curé de S.-Crépin de Château-Thierry, et Nutrel, premier marguillier de cette paroisse. — État des rentes de la fabrique de S.-Crépin. — Paiement par l'abbé Thirial, député à l'assemblée nationale, de 128 livres, 6 sous, 8 deniers pour le tiers de sa contribution patriotique, etc.

E. 3241. (Liasse.) — 16 pièces, papier.

1789. — Procès-verbal des délibérations de l'ordre du clergé du bailliage de Château-Thierry, qui nomme député aux États-Généraux Jean-François Thirial, docteur de Sorbonne et curé de S.-Crépin de Château-Thierry, et député suppléant Nicolas Bernard, curé de Seringes. — Cahier des plaintes et des demandes du clergé du bailliage de Château-Thierry. — Mémoire sur les privilèges de l'église gallicane et principalement sur le droit d'élection par le clergé, des évêques. — Brouillon d'une adresse au Roi contenant les vœux et doléances des curés et habitants de la campagne. — « Cahier contenant des instructions relatives aux différentes demandes qui ont paru en exiger parmi celles dont le député du clergé sera tenu de solliciter l'obtention. » — Observations d'un curé sur le moyen d'acquitter la dette nationale. — Doléances des curés d'Azy, de Bonneuil, des dames de la congrégation de Château-Thierry, des curés de Condé, de Courtemont-Varennes, de La Croix, du prieur de Licy-les-Chanoines, des curés de Marigny, de Montigny-les-Condé en Brie et du prieur de Pargny.

E. 3242. (Liasse.) — 7 pièces, papier.

1789. — Procès-verbal de la prestation de serment par Thirial, curé de S.-Crépin de Château-Thierry, nommé député du bailliage de Château-Thierry aux États-Généraux, François de Grainberg, chevalier, seigneur de Belleau, lieutenant des maréchaux de France, syndic de l'ordre de la noblesse, député de la noblesse, Pentarel de Louverny, lieutenant du bailliage, Harmand, avocat en Parlement, député du Tiers-État et de leurs suppléants, entre les mains d'André d'Oberlin de Mitterbac, chevalier immédiat du Saint-Empire, chef d'escadron au régiment du colonel-général des hussards, grand bailli-d'épée du bailliage de Château-Thierry. — Délibération de l'ordre de la noblesse de ce bailliage exprimant le vœu que le clergé et la noblesse, sans cesser de former dans l'État des ordres politiques distincts, renoncent à leurs privilèges pécuniaires. — Instructions pour les députés aux assemblées de bailliages et indications des délibérations à prendre. — Mémoires sur les changements à apporter dans la constitution du notariat.

E. 3243. (Liasse.) — 2 pièces, papier.

1765. — THOMAS. — Traité passé entre François Bertier, surintendant des maisons, finances, domaines et affaires de la Reine, intendant de justice, police et finance de la généralité de Paris, et les sieurs Thomas et Briet, pour l'établissement d'une pépinière royale à Pontoise. — Location par Claude Gouy, fermier de la seigneurie d'Osny, à Thomas et Briet, d'un terrain de 4 arpents lieu dit le Champ-Burié, moyennant 65 livres par arpent.

E. 3244. (Liasse.) — 3 pièces, parchemin; 4 pièces, papier.

1330-1503. — TILLY. — Accord et transaction entre Jean d'Harcourt, chevalier, seigneur d'Harcourt, et Jeanne, vicomtesse de Châtellerault, sa femme, d'une part, et Jean de Tilly, chevalier, seigneur de Cuy, d'autre part, relativement au paiement « des reliefs et aides de » onze fiefs et trois quarts de chevalier. » — Notes généalogiques sur la famille de Tilly, prises sur un « registre » journal ou compte des revenus de la terre de Cuy et au-» tres lieux... commencé en 1364 jusqu'en 1380, que la » baronnie de Cuy a changé de main. » — Donation faite par Guy, seigneur de La Roche, et Aelis, sa femme, dame de ce lieu, à Ydoinne, leur fille, pour cause de son futur mariage avec Guillaume de Doncelle, écuyer, fils aîné et héritier de Guillaume de Doncelle, chevalier, sire de Rógny. — Vente de trois acres de terre à Cahagnes faite par devant Jean de Péronne, garde du sceau du bailliage de Gisors, par Guillaume de *Kehaignies* (Cahagnes), écuyer, à Guillaume de Blaru, écuyer. — Reconnaissance du douaire d'Agnès de La Roche, veuve de Guillaume de Saquainville, seigneur de Blaru, faite, devant Guillaume de May, garde du sceau de la prévôté de Vernon, par autre Guillaume de Saquainville, chevalier, seigneur de Blaru, leur fils. — Donation de 600 arpents de bois dans la forêt de Chevry, faite par devant Pierre le Roy et Nicaise le Munier, notaires au Châtelet de Paris, par Amaury Mauvoisin de Rosny, à Jean de Saquainville, dit Saquet, chevalier, seigneur de Blaru, et Yde de Beausart, sa femme, nièce dudit Amaury.

E. 3245. (Liasse.) — 1 pièce, parchemin; 10 pièces, papier.

1315-1579. — Attestation faite par devant Jean Julienne, prévôt de Chaumont, tenant les plaids de Chaumont, et à la requête de Guillaume de Doncelle, chevalier, sire de *Resgney*, relativement à la validité de certaines lettres scellées de Guy de la Roche et de sa femme *Aelis*, par Gilles de Bertrechières, procureur de noble homme monsieur de la Roche, Jean de Valengougart, procureur de noble dame madame de la Roche, Guillaume de la Roche, chanoine de Notre-Dame de Rouen, Guillaume de la Roche, autrement dit Archevesque, Philippot de la Roche et Colart de la Roche, écuyers. — Charles de Tilly, seigneur de Blaru, se fait excuser à la convocation du ban et arrière-ban du bailliage de Mantes, pour cause de son service qui le retient dans les armées du Roi, en qualité d'enseigne « de la compaignye de cinquante » hommes d'armes, soubz la charge de monseigneur le » comte de Rochefort. » — Jean de Saint-Marie, chevalier de l'ordre du Roi, déclare que la donation à lui faite par la Reine, dame usufruitière du comté de Mantes et Meulan, après la bataille de Montcontour, du droit de rachat de la terre et châtellenie de Blaru, au bailliage de Mantes, à cause du trépas de Charles de Tilly, châtelain de ladite terre et châtellenie, tué à la bataille de Montcontour, « portant l'enseigne de la compai-» gnye de monsieur le comte de Rochefort..... » (3 oc-tobre 1569), a été réellement faite au profit de Jacques et de François de Tilly, frères et héritiers de Charles de Tilly. — Saisie de 100 arpents de « patys ou environ, » appelez les *coustumes de Blaru*, » pour défaut de déclaration desdites coutumes par les habitants de Blaru. — Questions relatives à la mouvance de certaines possessions des seigneurs de Blaru.

E. 3246. (Liasse.) — 2 pièces, parchemin; 2 pièces, papier.

1390-1647. — Vente de 110 arpents de bois et de 40 arpents de terres « gaignables », dans les limites de Blaru, faite à Pierre de Blaru, chevalier, par Jean de Matheau, sire de « Moncreston, » pour le prix de 750 livres parisis. — Vidimus d'un bail à rente de 3 acres de terre à prendre « à la couture qui fut Pierre de Blaru, assis ès-noms de Longueville... » et de 8 perches « tout au bout des terres qui furent mess[re] Claudin de Haramvilliers, » pour le prix de 18 sous parisis de rente annuelle, consenti, par-devant Pierre de Limoges, tabellion juré à Vernon, par Jean du *Crunescal* (?), écuyer, et D[lle] *Alix*, sa femme, « comme héritiers, à cause de ladite femme, de feu Pierre de Blaru, » à Chardin Mallaunay de Saint-Marcel. — Guyon Mauvoisin concède à Philippe de Blaru la jouissance « propriétairement » du quart de la forêt de Chevry. — Mandement de la chambre des comptes aux officiers du bailliage de Mantes, relativement à la notification du don de rachat, fait par François Ier à Charles de Tilly, fils mineur de feu Jean de Tilly, en son vivant, écuyer, seigneur de Blaru, en récompense des services de toute nature rendus par le défunt. — Arrêt du Parlement de Paris qui déclare la terre de Blaru mouvante, en partie, du Roi, à cause de son comté de Mantes, et, en partie, du Sr Phélippeaux, à cause de sa châtellenie de Neauphle, et condamne le Sr de Tilly à faire foi et hommage audit Phélippeaux.

E. 3247. (Liasse.) — 2 pièces, parchemin; 2 pièces, papier.

ville, dit Saquet, chevalier, chambellan du Roi, et Yde de Beausart, sa femme, seigneur et dame de Blaru, d'une part, et Jean d'Ivry, chevalier, chambellan du Roi, et Yde de Saquainville, sa femme, seigneur et dame de Rosny, d'autre part, des conventions arrêtées, le 7 juin 1402, à Vernon-sur-Seine, en présence du comte de Tancarville et de Monsr d'Ivry, en vue du mariage desdits Jean d'Ivry et Yde de Saquainville. — Nouveau bail à rente consenti aux frères Forestier et à leur neveu par Jean de Saquainville. — Donation faite par devant Pierre Chabardel et Pierre Leroy, notaires au Châtelet de Paris, par nobles et discrètes personnes Pierre Mauvoisin de Rosny, archidiacre de Brie en l'église de Paris, et Amaury Mauvoisin de Rosny, frères, à Jean de Saquainville, dit Saquet, chevalier, seigneur de Blaru, chambellan du Roi et du duc d'Orléans, et à Yde de Beausart, sa femme, nièce desdits frères de Rosny, de « tout tel droit et action, soit en propriété, en seigneurie et autrement, » dont jouissent les donateurs, « en toute la ville, terre et appartenances de Freneuze, » et en la forêt de Chevrie. — Sacquet de Saquainville, chevalier, seigneur de Blaru, Rosny, Villeneuve en Chevrie, établit pour « ses procu- » reurs généraulx et certains messages espéciaulx, c'est » assavoir : Robert Desplains, Michel Ogier, Jehan Fré- » rot, Jaquet de Vergis, Alain Mauvoisin, mess. Jehan La- » loyel (?), prestre, Guillaume Trichart, Jehan Fouquet » et Jaquet de Boz. »

E. 3248. (Liasse.) — 1 pièce, parchemin; 1 pièce, papier.

1444. — Commission donnée par Robert Varin, voyer et receveur de Mantes, pour le Roi de France, à Allain Mauvoisin, écuyer, verdier de la forêt de Chevrie, d'administrateur des terres et seigneuries de Blaru et de la Villeneuve, étant en la main du Roi, « pour ce que » Henry Branche, écuyer, seigneur dites terres, n'a fait » son devoir, ne baillé son dénombrement, ne adveu... »

E. 3249. (Liasse.) — 7 pièces, parchemin.

1474-1516. — Main-levée de la terre et seigneurie de Blaru, au profit de Jean de Tilly, seigneur de Blaru, moyennant 12 livres tournois. — Mandement royal attestant l'acte de foi et hommage de Raoul de Tilly, chevalier, capitaine « des nobles et gens de pied du bail- lage de Constantin, comte de Mortaing, mareschal de Jérusalem, S[r] de sa baronnye ou S[rie] de Blaru, « conseil- ler et chambellan du Roi. » — Lettres royales et mandement de la chambre des comptes touchant la souf- france accordée à Charles de Tilly, fils mineur de feu Jean de Tilly, et à la veuve de ce dernier, Françoise Ladvocat, de faire foi et hommage au Roi, à cause de son château de Mantes, pour raison de la terre et seigneurie de Blaru. — Quittance de rachat de la terre et seigneurie de Blaru, délivrée par Nicolas Courtorel, commis de noble homme Jean de Bondeville, voyer et receveur ordinaire pour le Roi, à Mantes et Meulan, Jean Le Pelletier le Jeune, et Pierre Bernardel, agissant pour Françoise Ladvocat, veuve de Jean de Tilly, tutrice et ayant la garde noble et administration de Charles de Tilly, son fils.

E. 3250. (Liasse.) — 1 pièce, parchemin; 3 pièces, papier.

1477-1502. — Conventions et accord entre Pierre, seigneur de Champagne, d'une part, et Guy de Beaumanoir, seigneur de Lavardin, d'autre part, pour cause de mariage prochain entre Réné de Champagne, écuyer, seigneur de Longchamp, fils aîné dudit Pierre de Champagne et de Marie de Laval, et Julienne de Beaumanoir, fille dudit Guy de Beaumanoir et de feue Jeanne de Toustevilie (Estouteville). — Donation faite par Julienne de Beaumanoir, dame de Lonchamp, à Jehannetin (?), sa fille. — Procuration donnée à Pierre Damille, par Julienne de Beaumanoir, dame de Lonchamp, veuve de feu Robert Ladvocat, chevalier. — Déclaration de Thomas Nolent et de Julienne de Beaumanoir, au sujet d'un article du contrat de mariage de Thomas Nolent, écuyer, baron de Saint-Julien de Feulcon et seigneur de Montigny, avec Jehannesin (?) Ladvocat, fille de feu Robert Ladvocat, seigneur de Longchamp, et de Julienne de Beaumanoir, sa veuve.

E. 3251. (Liasse.) — 1 pièce, parchemin, 3 pièces, papier.

1512. — Conventions et accord entre Françoise Ladvocat, veuve de noble homme Jean de Tilly, en son vivant, chevalier, seigneur de Blaru, d'une part, et noble homme Jean de Byars, seigneur dudit lieu et de Saint-Georges-le-Gaultier, fils aîné de feu Jean de Byars et de Jeanne Girard, d'autre part, pour cause de prochain mariage entre lesdits Jean de Byars et Marguerite de Tilly. — Renonciation par Marguerite de Tilly, duement autorisée de son mari, Jean de « Biars, » au profit de Charles de Tilly, écuyer, seigneur châtelain de Blaru, capitaine et gouverneur du comté de Dreux, de tous ses droits à la succession de Maître Jean de Tilly, son frère, moyennant le paiement de 100 « escus d'or solleil, du » prix de » 45 sous tournois. — Contrat de mariage de

Jacques de Tilly, seigneur châtelain de Biaru, en partie, du port de Villiers, du grand Folignay et de Villiers-les-Gas, et d'Adrienne de Boufflers, fille d'Adrien, seigneur de Boufflers, et de Louise Doyen. — Contrat de mariage de noble homme Jean de Grimainville, fils aîné de Pierre de Grimainville, seigneur de la Lande, etc., et de Marguerite Charlotte d'Arcona, fille aînée de feu d'Arcona, en son vivant, chevalier de l'ordre du Roi, gentilhomme ordinaire de sa chambre, et de Marie de Grollet alias Grillet.

E. 3232 (Liasse.) — 1 pièce, parchemin ; 1 pièce, papier.

1598-1599. — Contrat de mariage de Louis de Tilly, chevalier, seigneur châtelain de Biaru, lieutenant de la compagnie de cinquante hommes d'armes des ordonnances du Roi, sous la charge de feu M. de Moy, et de Marie Le Pelletyer, fille mineure de noble homme Charles Le Pelletyer, en son vivant seigneur de Château-Poissy, et de Marie Bouguyer, sa veuve. — Extrait des registres du greffe du bailliage de Gisors, siège de Vernon, contenant le contrat de mariage de « messire de Hierosme » d'Arcona, sieur de Hubecourt..., chevalier et gentilhomme ordinaire de la... chambre du Roy, demeurant audit Hubecourt, bailliage de Gisors..., d'une part, et damoiselle Marie d'Allègre, fille de feux... Christophle d'Allègre, luy vivant, marquis dudit Allègre, sieur de Blainville, Saint-André, Maizy et Marcilly, et bailly de Senlis, et de dame Anthoinette du Prat, jadis sa femme, ladicte damoiselle... demeurant à Paris sur le cay des Augustins, en l'hostel de Nanthoillet, d'autre part... » en présence de « messire Loys de Mornay, chevalier, sieur de Villerceau, Omerville et Chaussy, près Magny, et de Nicollas de Mornay, escuier, sieur de Merville, amys et voisins dudict sieur d'Arcona, et de Robert de Quenel, aussy escuier, gentilhomme dudict sieur d'Arcona, et de damoiselle Jehanne du Prat, damoiselle de Nanthoillet, tante maternelle, et de nobles hommes maistre Gabriel Salomon, sieur de Fonteneau, propriétaire des greffes de Chinon, et de Claude du Haultois, advocat en la cour de parlement, amys de ladite damoiselle d'Allègre... »

E. 3253. (Liasse.) — 1 pièce, parchemin ; 1 pièce, papier.

1612-1681. — Contrat de mariage entre noble et puissant seigneur, messire Philippe de la Haye-Chantelou, chevalier de l'ordre du Roi, seigneur d'Anfreville, Sotteville, etc., fils de noble et puissant seigneur messire P. de La Haye-Chantelou, chevalier de l'ordre du Roi, et de dame Marie de Goupil, d'une part, et Prudence de Canouville, fille de noble et puissant seigneur messire Antoine de Canouville, chevalier de l'ordre du Roi, seigneur de Rafetot, etc., et de Françoise de la Motte, d'autre part. — Contrat de mariage entre haut et puissant seigneur messire Henry de Presteval, chevalier, seigneur de Saint-Paer, fils de Nicolas de Presteval, chevalier, seigneur de Presteval, Saint-Paer, etc., et de haute et puissante dame Jacqueline de Maricourt, d'une part, et haute et puissante dame Louise de Clerc, veuve de haut et puissant seigneur messire Adrien d'Arcona, en son vivant chevalier, seigneur de Houbecourt, etc., fille de feu haut et puissant seigneur messire Charles de Clerc, en son vivant, chevalier, seigneur et baron du lieu de Clerq, et de haute et puissante dame Claude Courbault, veuve en premières noces dudit baron de Clerc, d'autre part. — Contrat de mariage entre Claude de Talaru-Chalmazel, chevalier, marquis dudit lieu, baron et seigneur d'Escottay et autres terres, guidon des gens d'armes du Roi, demeurant à Paris, rue et proche la porte de Richelieu, paroisse Saint-Eustache, fils de Christophe de Tallaru-Chalmazel, marquis dudit lieu, baron dudit Escottay, seigneur de l'Hermitte, de la Faye, Saint-Marcel, La Pye, Lornas, Ivessonnes, Neyrondes et autres places, et de feue Claude de Malin, d'une part, et Louise-Marie de Champagne, fille de Hubert de Champagne, chevalier, marquis de Villayne et autres terres, demeurant à La Flèche, pays d'Anjou, et de feue Louise d'Arcona, d'autre part ; en présence d'Hugues de Tallaru-Chalmazel, frère du futur, Jean-Baptiste d'Albon, chevalier, son cousin, Charles de Tilly, chevalier, oncle de la future, Jean de Bouchet, chevalier, marquis de Sourches, Marie Nevelet, sa femme, Jacques de Bouchet, abbé de Saint-Martin de Troard (Troarn), et de Louis-François de Bouchet, amis et amies communs du futur et de la future. — Contrat de mariage entre Hubert-François de Talaru, chevalier, marquis de Chalmazel et autres lieux, fils de Claude de Talaru, chevalier, marquis de Chalmazel, seigneur de Saint-Marcel, et de Louise-Marie de Champagne, d'une part, et Marie-Anne d'Ornaison de Chamarande, fille de Clair-Gilbert d'Ornaison de Chamarande, chevalier, seigneur comte de la Bastie et autres lieux, conseiller du Roi, gouverneur de Phalsbourg et Sarrebourg, premier maître d'hôtel de Madame la Dauphine, et de Marie de Trélon, en présence de Leurs Majestés, du Dauphin et de la Dauphine, de Neufville, duc de Villeroy, de Camille de Neufville, archevêque de Lyon, de René de Gillier, chevalier, marquis de Clérambault, de Marie de Bellenave, sa femme, dame d'honneur de Madame, « amie des parties, » de Jacques de Talaru, chevalier, vicomte de Chaimoxel, oncle du futur, de messire d'Oraaison, chevalier, reçu en la survivance de la charge de premier maître d'hôtel de Madame la Dauphine, frère du futur.

E. 3254. (Liasse.) — 6 pièces, parchemin; 3 pièces, papier.

1500-1580. — Jean de Beaumanoir, seigneur de Lavardin, vend à Robert Ladvocat, chevalier, seigneur de Longchamp, et à Julienne de Beaumanoir, sa femme, la châtellenie, terre et seigneurie de Villeray, dans le Perche, pour le prix de 2,100 livres tournois. — Vidimus de la donation faite le 22 juin 1494, par Jean de Beaumanoir, écuyer, sieur de Lavardin, à Jehannetin, fille de Robert Lavocat (sic) et de Julienne de Beaumanoir, et nièce dudit Jean, d'une maison sise au « bourg de Neuf- « ville-alles, joignant au cymetière dudit lieu, ung « chemin entre-deux, » à la charge de continuer à payer annuellement à la recette de Lavardin la somme de 12 deniers tournois de cens. — Donation d'immeubles et cession de droits au même lieu faites à la même Jehannetin par sa mère Julienne de Beaumanoir. — Prise de possession par noble homme Thomas de Nolent, seigneur de Montigny, d'une maison à la Neufville-Alles, où demeurait habituellement feue noble dame Julienne de Beaumanoir, en présence de l'abbé de Champagne, de Jean Jousselin, Jean Bernier, François Poupin, prêtre, Jean Cart, Robert Guyart et autres. — Sentence rendue aux assises de Lavardin relativement à la propriété de cette même maison, contestée à Thomas de Nolent. — Procès-verbal de saisie pour des reprises dotales de Françoise Ladvocat, femme de Jean de Tilly, sur la succession de feus Robert Laurent (sic, lis. : Nolent), et Julienne de Beaumanoir. — Déclaration de Jean de Vassé, Catherine Ladvocat et François Ladvocat, au sujet des stipulations du bail à rente d'une maison sise à « Neufville-Alles, » à eux fait par Françoise Ladvocat, dame de Blaru, leur sœur. — Martin Le Bigot, écuyer, et Renée Ladvocat, sa femme, déclarent que ladite maison, où ils font leur demeure, appartient à Charles de Tilly, seigneur de Blaru.

E. 3255. (Liasse.) — 4 pièces, parchemin.

1517-1519 (1520). — Maître François Ladvocat, curé de « Neufville-losies », confesse avoir donné à Françoise Ladvocat, sa sœur, veuve de Jean de Tilly, en son vivant, chevalier, seigneur de Blaru, tous ses droits en la somme de 30 livres tournois de rente sur Jean Nollent, à lui échue par le décès de Jehannotine (?) Ladvocat, sa sœur, et ses droits à la succession de Pierre de Champagne et de son frère. — Pierre de Champagne, seigneur dudit lieu, de Parcé, du Bailleul et de Vallon, déclare avoir donné à son frère François Ladvocat, curé de Neufville Alex, en la main de Jehan des Prez, notaire de Parcé, en la présence de noble homme Jean de Vassé, et Guillaume Befot, « tous ses droits sur la succession de « Jehanne Ladvocat, en son vivant, femme de Thomas Nol- « lent, en premières nocces, et de Claude de Tilly, en se- « condes. » — Jean de Vassé, écuyer, et Catherine Ladvocat, sa femme, confessent avoir cédé à Françoise Ladvocat, dame de Blaru, tous leurs droits à la succession de la même Jeanne Ladvocat. — Quittance autographe signée de Pierre de Champagne, seigneur dudit lieu, de Parcé, etc., à Jean Nollent, pour sa part du rachat de trente livres de rente.

E. 3256. (Liasse.) — 2 pièces, parchemin.

1524. — Testament de Françoise Ladvocat, dame de Blaru. Elle donne à l'église de Blaru, 100 sous tournois; à toutes les confréries de ladite église, à chacune 5 sous tournois; aux prieur et curé de Blaru ou à leurs vicaires, 5 sous tournois; à Notre-Dame d'Evreux, à Notre-Dame de Jeufosse, à Saint-Pierre du Port-de-Villers, à la Madeleine, près Vernon, 20 sous pour chacune de ces églises; aux Cordeliers de Vernon, 6 sous; à l'église Saint-Sauveur de Chauffour, 6 sous; 5 sous à chacun des prêtres qui accompagneront son corps. Elle veut que ses fils, Jean et Christophe de Tilly, « soient entretenus aux es- « colles aux dépens de nostre maison, s'il n'y a aultres qui « ne les y entretiennent; » et leur donne à chacun les meubles d'une chambre et 20 écus, « pour avoir chacun ung « qualice quand ils chanteront leur première messe. » Elle donne à sa sœur, Catherine Ladvocat, « une père de (ses) « heures, merchés d'argent, et (ses) grosses patenostres, « merchés d'or. » Elle choisit pour ses exécuteurs testamentaires son fils, Charles de Tilly, et son frère à elle « Mons' de Neufville Lalez. »

E. 3257. (Liasse.) — 1 pièce, parchemin.

1427-1517. — Copie de lettres de commission pour la visite et la mise en état de défense de la ville de Vernon, dont Charles de Tilly, seigneur de Blaru, était capitaine. Dans une de ces lettres le Roi de France dit, s'adressant à Charles de Tilly et au comte de Tancarville : « Il est venu à notre connoissance que notre adversaire « d'Angleterre apreste et advance son armée en la plus

» grand diligence qu'il peult, en intention de descendre
» en nostre royaume, et de porter à nous et à notre païs
» et subjectz tout le grief et dommage qu'il pourra.... et
» pour ce que nous avons entendu que nostre ville de
» Vernon est très mal emparée, dont grans inconvéniens
» peuvent advenir,... nous vous mandons... que... vous
» visitiez les tours, murailles et fossés d'icelle, et les
» faites emparer et fortifier,.... en contraignant à y labou-
» rer et besoigner tant et tel nombre de massons, char-
» pentiers, pionniers et aultres manouvriers de nostre
» dite ville et du pays d'environ que vous verrez que be-
» soing en sera, et en contraignant pareillement... à con-
» tribuer aux frais nécessaires et despence.... les habitans
» de nostre dite ville et des aultres villes voisines, qui,
» en temps de guerre et de péril, y sont accoustumé en
» avoir leur reffuge et retraite plus prompte, pour la
» garde et conservation d'eux et de leurs biens... »

B. 3258. (Liasse.) — 4 pièces, parchemin; 1 pièce, papier.

1691. — Pièces relatives à la démission de la charge de gouverneur de Vernon, donnée par Gabriel de La Vallée-Fossés, et à la nomination de son successeur, le Sʳ Darcona.

B. 3259. (Liasse.) — 2 pièces parchemin; 1 pièce papier.

1625-1629. — Lettre du Roi aux « eschevins et ha-
» bitans de Vernon : Chers et bien amez. Le Sʳ Dar-
» cona, cappⁿᵉ et gouverneur de nos ville et chasteau de
» Vernon, nous ayant faict plaincte de ce que, au lieu
» d'envoyer les malades de la contagion au lieu où ils
» ont accoustumé d'estre mis de tout temps, vous avez
» faict faire des cabanes proche du chasteau pour retirer
» lesdits malades, ce que ne peult estre sans mettre en
» péril le cappⁿᵉ et la garnison que nous y entretenons
» pour la sureté de la place, nous n'avons néantmoings
» rien voulu résoudre sur la plaincte sans avoir esté
» premièrement informez par vous des raisons qui vous
» ont meu de choisir ceste place, et de l'incommodité
» qu'elle peult apporter tant au chasteau qu'à la ville.
» C'est pourquoy nous vous écrivons ceste lettre pour
» vous mander... qu'incontinant que vous l'aurez receue
» vous ayez à nous informer de ce que dessus... Donné
» à Fontainebleau le xxiiᵉ jour de juin 1625... » —
Mandement du Roi de France au trésorier de l'Espargne, M. Macé-Bertrand, Sʳ de la Bazinière, portant l'ordre de payer au Sʳ d'Argonac (lis. : d'Arcona), gouverneur de Vernon, la somme de 1,000 livres tournois, à titre de don fait par le Roi. — Quittance des 1,000 livres tournois, signée « Hiéronime Darcona, » qualifié dans le corps de l'acte « chevalier, sieur du Quesnay. »

B. 3260. (Liasse.) — 14 pièces papier.

1635-1637. — Le sieur Darcona, gouverneur de Vernon, ordonne d'informer des délits de toute sorte commis aux environs de Vernon, par les capitaines, lieutenants et autres ayant charge, et les soldats du régiment du baron du Gaz. — De Rouen, le 10 août 1636, le duc de Longueville mande au sieur Darcona qu'ayant appris le passage de la rivière de Somme par les ennemis, il lui recommande de faire bonne garde à la ville de Vernon. — Le 18 août, les capitaine et lieutenant du quartier de la porte du pont de Vernon certifient qu'ils ont trouvé, chez les habitants de ce quartier, 106 mousquets, 97 arq... et 33 hallebardes, plus une certaine quantité de piques et de pistolets. — Le 19, le sieur Darcona signe au pied d'un rôle du quartier une ordonnance de règlement de service ; le 21, il enjoint aux échevins de Vernon de faire toute diligence possible pour apporter, dans les vingt-quatre heures, 500 de poudre à canon, quantité jugée nécessaire pour la fourniture de la ville et du château de Vernon ; il leur permet d'aller à la Roche-Guyon traiter avec un « poudrier. » Le 29 août, le duc de Longueville mande aux habitants de Vernon de fournir les vivres nécessaires à 6 compagnies du régiment d'infanterie du baron de Roncherolles, qui doivent s'y rassembler pendant 10 jours. Le 5 septembre, assemblée publique et générale des habitants de Vernon devant le sieur Darcona pour délibérer sur un itératif commandement à eux apporté de la part du duc de Longueville par le sieur de la Croisette, capitaine de ses gardes, relativement au logement des 6 compagnies du régiment de Roncherolles ; il est résolu qu'on remontrera au duc de Longueville « que la supplication qu'ilz luy feirent par
» l'acte de la délibération du... dimanche dernier estoit
» fondée sur ce que, en pareille occurrence de logementz de
» genz de guerre, le roi envoyait d'ordinaire ses comman-
» dements au gouverneur et habitants de Vernon. » Le surlendemain de cette première délibération, le Sʳ de Roncherolles, étant venu à Vernon, avait dit au gouverneur et aux échevins que, « s'attachant aux fermes, il avait
» premièrement envoyé le Sʳ de Saint-Just, sergent-major
» de son régiment, et que luy s'en venoit après, avecq
» ordre du Roy et l'attache du duc de Longueville. A quoy
» luy auroit esté faict réponse par lesdits échevins... qu'en
» faisant apparoir de commandement » du Roi « et atta-
» che » du duc de Longueville, « ils estoient prestz à l'ins-

» tant... d'obéir... Et néanmoings que ledit sieur de Ron-
» cherolles n'avoit voulu en faire apparoir, et aussy
» s'estoit retiré... que, le jour d'hier, le sieur de la
» Croisette, ayant esté arresté à la porte de Vernon, avoit,
» indigné de ce, menacé le soldat sentinelle, pour lors, de
» lay donner quatre cents coups de baston, adjoustant,...
» entre autres paroles, qu'il voudroit que tous les habi-
» tants dudit Vernon fussent pendus et étranglez. » Cependant
le gouverneur et les habitants ont député vers
le Roi, et, en attendant la réponse, ils supplient le duc de
Longueville de croire qu'ils sont ses très-humbles serviteurs,
etc. Le 6 septembre, ordre du Roi aux habitants de
Vernon de recevoir et loger les gens de guerre qui sont
envoyés dans ladite ville. Le 17 septembre, le Roi écrit au
sieur d'Arcona : « Je vous ay cy devant... ordonné de vous
» retirer de ma ville de Vernon en votre maison, et dési-
» rant maintenant, à l'instance et prière qui en a esté
» faicte par mon cousin le duc de Longueville, que vous
» retourniez en madite ville et soyez restably en la fonc-
» tion de votre charge,...... je vous ordonne de vous y
» rendre, et vous employer aux occasions qui s'offriront
» pour le bien de mes affaires et service, suivant les
» ordres que vous en recevrez, soit de ma part, soit de
» celle de mon dit cousin le duc de Longueville... Escrit
» à Roye le XXVIIe de septembre 1636. »

E. 3261. (Liasse.) — 13 pièces, parchemin ; 1 pièce, papier.

1647-1672. — Lettres patentes maintenant, dans
son office de capitaine des gardes des forêts de Vernon et
Andelys, Claude, Sr d'Hanneboult, amiral de France. —
Pouvoir donné par Jacques de « Guaillerboys, » Sr de
Bionval en partie, et capitaine des gardes des forêts de
Vernon et Andely, à Guillaume de Rouve (?), pour rece-
voir du trésorier de l'épargne la somme de 120 livres
tournois, montant d'une année de ses gages. — Dispenses
de nouvelles lettres de provision accordées par le Roi à
Guillaume Roussel, capitaine des gardes des forêts de
Vernon, Andely, Gagny et buissons circonvoisins près
Gaillon, à Michel de Selly, Jean de Saint-Germain et
Chardin-Tiercelin, garde desd. forêts et buissons. — No-
mination de Claude Le Cavellier, écuyer, Sr de Gourville,
à l'office de capitaine des gardes des forêts de Vernon,
Andelys, Bacqueville, Gasny, buissons et garennes en dé-
pendant, en remplacement de son père Robert Le Cavel-
lier, décédé. — Autre en faveur de Jacques d'Ans, Sr dudit
lieu. — Autre en faveur de François de Carruel, écuyer,
Sr de Sainte-Geneviève, sur la résignation volontaire de
Jacques d'Ans. — Démission dudit office par François de
Carruel en faveur de Mre Hiéronime d'Arcona, chevalier,
Sr dudit lieu et autres terres, gentilhomme ordinaire de
la chambre du Roi, gouverneur des ville et château de
Vernon. — Lettres de provision en faveur dudit d'Arcona. — Lettres de provision de l'office de capitaine des
gardes des forêts de Vernon, Andely, Bacqueville, Gasny,
buissons et garennes en dépendant, vacant par la démission du sieur de Tilly, marquis de Blaru, en faveur de
Charles de Tilly, marquis de Blaru, son fils. — Surannation desdites lettres de provision et relief d'adresse.

E. 3262. (Liasse.) — 16 pièces parchemin ; 1 pièce, papier.

1607-1680. — Pièces relatives aux nominations de
» gardes des bestes dans les forêts de Vernon, An-
» dely, Bacqueville, garennes et buissons en dépendant,
» de Allain Manniel, Simon Salutier, Nicolas Postel,
» Charles Noyer et Claude Postel. »

E. 3263. (Liasse.) — 3 pièces, parchemin ; 12 pièces, papier,
dont 3 imprimées.

1624-1699. — « Arrest et règlement définitif, donné
» au conseil privé du Roy, pour la charge, fonctions et
» exercices des capitaines des chasses des forêts de ce
» royaume, leurs lieutenans, greffiers, gardes et autres
» officiers desdites capitaineries. Du 22 de mars 1624. »
— Le Roi témoigne au sieur d'Arcona sa satisfaction pour
le soin qu'il met à veiller à la conservation des bêtes dans
les forêts et bois des environs de Vernon ; à l'égard de ce qui
s'est passé entre les Srs de Croismare et les gardes, dont le
parlement de Rouen a pris connaissance, il tiendra la
main à ce que justice soit faite. — Hiéronime d'Arcona,
« cappitaine des chasses et plaisirs de Sa Majesté, » nomme
François Le Mercier, demeurant à Notre-Dame de Lisle,
en l'office de garde des chasses et plaisirs de Sa Majesté
en la maîtrise de Vernon, Andely et Bacqueville, vacante par le décès de Gilles Le Cousturier, dit Petitmont.
— Charles de Tilly, chevalier, seigneur de Blaru, gouverneur de la ville et vicomté de Vernon, capitaine des
chasses et plaisirs de Sa Majesté dans les forêts de Vernon, Andely, Bacqueville, Gasny, buissons et garennes
en dépendant, nomme Mre Pierre de Savary, seigneur du
fief de Saint-Just, à l'office de lieutenant desdites chasses
et plaisirs, vacant par le décès du Sr de Villegast. — Ordonnance pour le règlement de la chasse. — Le Roi permet au duc de Vendôme de chasser dans toute la forêt de
Vernon exclusivement « à toutes autres personnes, de
quelque qualité et condition qu'elles soient, » et mande

au marquis de Blaru de tenir la main, par lui-même et par ses officiers, à l'exécution de ces ordres. — Arrêt du Conseil d'État qui maintient les grands-maîtres, maîtres particuliers et officiers des eaux et forêts, capitaines des chasses, leurs lieutenants et autres officiers des capitaineries, dans la connaissance et juridiction qui leur appartient sur le fait des chasses, du 17 février 1683. — Avis des doyen et conseillers des eaux et forêts de France au siège général de la Table de Marbre du Palais à Paris, estimant que le marquis de Blaru ne peut être valablement inquiété dans la fonction de sa charge ou commission de capitaine des chasses. — Arrêt du Conseil d'État concernant les capitaines, lieutenants et autres officiers des chasses, du 19 janvier 1698.

E. 3244. (Liasse.) — 18 pièces, parchemin ; 10 pièces, papier.

1404-1787. — Bail de rentes fieffées consenti par demoiselle « Jehanne de Roumans » à Jean Rondel, sergent, demeurant à Tilly. — Quittance générale donnée par demoiselle Jehanne Laveneure, « veuve de Jean de Roumans, » en son vivant, écuyer, demeurant à Heubecourt, à noble homme Guillaume « Degencourt, » écuyer, dit Sauvage, « premier pennetier » du Roi. — Vente par la même d'un quart de fief à Heubecourt à noble « Pierres de Jencourt, dit Compaignon, » écuyer, pour le prix de 830 écus. — Jean Guillet, sénéchal à Heubecourt, pour Monsr de Blaru, donne acte d'appel en garantie à Jean Fleurye, procureur de Pierre de Jencourt, pour défaut d'aveu du quart du fief susdit, à la mort du dernier sieur de Blaru, à « l'aide de la chevallerie de mons. Dutrait, » son fils aîné, à l'aide du mariage de madame de Faugueroux, à présent dame de Rosny, sa fille aînée. — Jean de Saquainville, chevalier, seigneur de Blaru, reconnaît avoir reçu de Pierre de Jencourt, seigneur de Heubecourt, l'hommage d'un quart de fief de haubert, sis au lieu de Heubecourt, nommé, « le fief de Roumans, » ainsi que les ventes, aides et autres droits. — Pierre de Tilly, écuyer, seigneur de Blaru, par la provision à lui donnée par Guillaume de Tilly, son frère aîné, seigneur bénéficiaire de Blaru, reconnaît avoir reçu l'hommage de ce même fief de « Jehan de Giencourt, » écuyer, seigneur de Heubecourt. — Foi et hommage rendu à Jacques et François de Tilly, seigneurs châtelains de Blaru, par Mathieu de Godefroy, procureur fondé de Jean-Baptiste d'Arcona, agissant en qualité de tuteur des enfants de lui et de Claude de Saint-Germain, sa femme, pour le fief des « Roumans, » qu'ils tiennent du chef de leur mère. — Autre hommage, pour le même fief, rendu à Charles de Tilly, par « Hubert de Champaigne, chevalier, seigneur et marquis de Villaines et » de Thuré, baron de la Vaucelle et de Chassegnères et du » Theil, seigneur des chastelaines de Mareille-la-Ville, etc., père et tuteur... de... Louise-Marye de Champagne, » sa fille, seule héritière de « Louise Darcona, sa mère, nostre » épouse, en premières noces, héritière, en partye, de... » Adrien d'Arcona, vivant chevalier, seigneur des fiefs, » terres et seigneuries de Heubecourt, les Romans et Coupigny, escheues au partage de nostre dite fille. » — Autre hommage rendu au même pour le même fief par Claude de Talaru-Chalmazel, au nom et comme mari de Louise-Marie de Champagne. — Transaction entre Claude de Talaru-Chalmazel et sa femme, d'une part, et Charles de Tilly, d'autre part, au sujet de fiefs à Heubecourt. — Extrait du contrat d'acquisition des fiefs, terres et seigneuries de Heubecourt, Coupigny et les Romans, faite le 30 mai 1680, Bochet et Mouffe, notaires à Paris, par Jean-Jacques Charron, marquis de Ménars, de Claude de Talaru de Chalmazel et Marie-Louise de Champagne, sa femme. — Règlement arbitral de Claude Daniel, chevalier, seigneur de Boisdenemets, sur les droits de lods, ventes et treizièmes, prétendus contradictoirement par le marquis de Blaru et le S[r] d'Auvray, chevalier, seigneur de Machonville, acquéreur de la terre et seigneurie d'Heubecourt, à M. de Ménars. — Pièces relatives à ce règlement, dont deux lettres autographes du seigneur de Boisdenemets.

E. 3245. — Registre, 57 feuillets ; 1 cahier, 20 feuillets ; 1 cahier, 6 feuillets ; 7 feuillets détachés.

1464-1546. — Comptes et fragments de comptes rendus au seigneur d'Heubecourt par le receveur des terres et seigneuries d'Heubecourt, Coupigny, Corbie, Tilly, Maricourt, Sainte-Geneviève, la Quendais, Pressigny-l'Orgueilleux, le Mesnil-Milon, Vernon et les Goulets. « Pour ung brochet envoyé à Heubecourt, le jour » que mademoiselle eust ung beau filz, qui fut le ven» dredi vi jour d'avril mil CCCCLXIII après Pasques, IIII s. » VII d. — Item, pour ung pâté de saumont, II s. IIII d. » — La VII jour ensuivant, qu'il estoit samedi, pour une » alose, pour mondit seig[r], V s. — Pour trois choppines » et demi septier de vin bastart, au pris de deux grands » blans le pot, val. II s. IIII d. — Item, pour une bran» nouere pour l'enffant, IIII s. — Le samedi, XIIIIe jour » d'avril, pour ung brochet et deux perches, IIII s. » — Extraits du compte rendu par son receveur à Claude d'Annebault, chevalier de l'ordre du Roi, amiral et maré

chal de France, seigneur des susdites terres et seigneuries, du 1er octobre 1545 au 1er octobre 1546. Dépenses :
« Le xiiie jour de décembre, payé à Pierres de Lestre
» quatre sols tournois, pour avoir porté une lettre à
» mons' de Mallecourt, à Evreux, lesquelles lettres mon-
» seigneur l'Admiral luy envoyet de la court; pour ce,
» iiii s. — Le vii dud. moys (février), envoyé ledit Mor-
» sent près mondit sieur de la Creppière, pour le haster
» de venir à Heubecourt, par le commandement de mon-
» seigneur le cardinal, et luy baillay cinq solz tourn. —
» Le pénultième jour de mars audit an, me fut envoyé
» par ong des filz de Mons' de Menon, ung faulcon, por-
» tant les verrelles d'argent et armoyés des armes de
» monseigneur l'admiral, par son lacquays; auquel je
» donnai cinq solz tournois pour sa peine. — Item, je
» payé troys solz pour une poulle, pour faire repaistre
» ledit moynau, et le reste de ladite poulle fut baillé à
» celui qui porta ledit faulcon à la court. — Item, baillé,
» à grant Jehan de l'escuyrie, sept sols six deniers tour-
» nois, pour porter ledit faulcon jusques à Fontayneblau,
» où estoit la court. » — Ancienne déclaration des fiefs
composant la seigneurie d'Heubécourt.

E. 3466, (Liasse.) — 8 pièces, parchemin, 3 pièces, papier.

1558-1598. — François, duc de Nivernois, souverain des terres d'Outremeuse, marquis d'Isles, comte de
Rethelois, Beaufort et Auxerre, pair de France, lieutenant-général du Roi en ses pays de Champagne, Brie et
Luxembourg, pour récompenser les services de Charles
de Tilly, Sr de Blaru, et demeurer quitte envers lui de
certaine pension qu'il lui avait promise depuis longtemps, lui donne tous les quints, requints, reliefs, rachats et profits de fiefs quelconques, qui pourraient lui
être dus par le Sr de la Harmousse, à cause de sa terre et
seigneurie de la Harmousse, mouvant du comté de
Dreux. — Vidimus de la cession de ses droits successifs
faite à Charles de Tilly par sa sœur, Marie de Tilly, veuve
d'Antoine de Hargeville, en son vivant seigneur de Bé-
boust, fille et héritière, en partie, de Charles de Tilly et
de Louise de Vaulzay, pour le prix de 10,000 livres
tournois. — Le duc et la duchesse de Nivernois font au
seigneur de Blaru des dons de 450 et 500 livres tournois.
— Accord et transaction amiable entre Jacques et François
de Tilly, frères, écuyers, seigneurs châtelains de Blaru,
d'une part, et leur frère Adjutor de Tilly, d'autre part,
lequel reçoit la terre et seigneurie de Poligny en Poitou,
et une rente en argent, et renonce à tous ses droits à la
succession de son père et de son frère aîné. — Attestation des moines de l'abbaye de Ressons, touchant la profession de frère Adjutor de Tilly, qui eut lieu le dimanche
des Rameaux 1564 ; religieux attestants : Pierre Le Vasseur, prieur de ladite abbaye, André Vachette, Guillaume
Durant, trésoriers, et Nicole Chrétien.

E. 3467. (Liasse.) — 8 pièces, papier, dont 1 cahier de 8 feuillets
et 1 autre de 9 feuillets.

1598-1605. — Partage de la succession de Madeleine d'Annebault, femme en secondes noces de Jacques
de Tilly, en son vivant comte de Rochefort, entre Jean-
Baptiste d'Arcona, chevalier de l'ordre du Roi, gentilhomme ordinaire de sa chambre, au nom et comme tuteur des enfants de lui et de feue sa femme Claude de
Saint-Germain, d'une part, et Gabriel de Vieupont, seig-
de Chaillone, et Claude de Vieupont, abbé de Saint-
Sever, et Jacques de Vieupont, chevalier de l'ordre de
Saint-Jean de Jérusalem, et Jeanne Le Secrétain, dame
douairière de Bacqueville. — Transaction par laquelle
les Vieupont cèdent à Bernard Pottier, sieur de Blérancourt, leurs droits dans la succession de Jeanne Le Secrétain. — Marie de Grillet, veuve de Gaspard d'Arcona,
en son vivant seigneur dudit lieu et du Quesnay, chevalier de l'ordre et gentilhomme ordinaire du Roi, tutrice
de ses enfants mineurs, Hieronimo d'Arcona, seigneur
dudit lieu, fils aîné, et Adrien d'Arcona, Sr de Ronsay,
majeur, âgé de 25 ans passés, héritiers, en partie, de
leur père, d'Hieronimo d'Arcona, chevalier, seigneur
d'Heubécourt, leur oncle, et aussi, en partie, de Jeanne
Le Secrétain, en son vivant, douairière de Bacqueville,
comtesse de Pontauton, Pont-Audemer et Monfort, baronne d'Annebault, vendent à Louis Pottier, chevalier,
seigneur et baron de Gesvres et Tresmes, conseiller du
Roi, secrétaire de ses commandements, demeurant à
Paris, rue des Bourdonnais, paroisse Saint-Germain, tout
ce qui leur est advenu par le premier des deux lots et
partages faits et présentés par ladite dame et ses enfants,
le 18 juin 1605, à Bernard Pottier, chevalier, seigneur
de Blérancourt, et Charlotte de Vieuxpont, sa femme,
fille et seule héritière de feu Gabriel de Vieuxpont, en
son vivant seigneur de Chaillone, des immeubles de la
succession de Jeanne de Secretain, moyennant 72,000
livres tournois. — Acte de partage du 18 juin 1605, ci-
devant mentionné. — Inventaire des papiers concernant
la maison d'Arcona et d'Annebault.

E. 3468. (Liasse.) — 18 pièces, parchemin, 4 pièces, papier.

1574-1618. — Pièces relatives aux droits du seigneur de Blaru sur la succession de Geoffroi Chambon, cultivateur de Blaru.

E. 3268. (Liasse.) — 2 cahiers, papier: l'un de 10 feuillets, l'autre de 4 feuillets.

1616 (30 août). — Testament de Marie de Gondy, comtesse de Pancallier et de Saint-Trivier, gouvernante de la personne et maison de Charles-Emmanuel, prince de Piémont, fait à Turin. Elle donne à sa fille, Marie de Grillet, femme de Gaspard d'Arcona, 1,000 livres tournois ; à son autre fille non mariée, Isabeau de Grillet, 2,000 écus d'or sol, payables le jour de son mariage, et, en attendant, une pension annuelle de 500 livres tournois ; une maison sise à Turin ; tous les habillements de la testatrice ; la tapisserie d'une chambre ; un lit en velours vert, avec des passements d'or ; une douzaine de plats d'argent ; une demi-douzaine d'assiettes d'argent ; une aiguière et un bassin d'argent ; deux petites coupes dorées ; deux chandeliers d'argent ; un petit pot d'argent pour puiser l'eau ; une écuelle d'argent ; deux petites salières dorées ; une demi-douzaine de cuillères ; un bougeoir ; à son fils, Charles-Maximilien, abbé de Saint-Jean-des-Vignes et de la Chassagne, la moitié de ses meubles, excepté l'or et l'argent monnayé trouvé au décès de la testatrice ; elle établit, pour son héritier universel, son fils aîné *Philippe de Grillier*, avec substitution pour le comté de Saint-Trivier ; elle choisit pour ses exécuteurs testamentaires l'archevêque de Paris et le comte de Retz, maréchal de France, ses frères.

E. 3270. (Liasse.) — 1 pièce, parchemin ; 7 pièces, papier, dont 1 cahier de 8 feuillets et 1 autre de 13 feuillets.

1579-1732. — « Ensuict le lot et partaige de noble
» homme Jacques de Tilly, héritier par moitié de deffunct
» noble et puissant seigneur Charles de Tilly, lorsqu'il vi-
» voit, seigneur chastelain de Blaru, par partaige faict
» avecque noble et puissant seigneur Françoys de Tilly,
» son frère, et à eulx venu par sa mort et trespas du dict
» deffunct Sr Charles, leur frère. » — Partage des biens de Jacques de Tilly, chevalier de l'ordre du Roi, lieutenant des cent gentilshommes de sa maison sous la charge du sieur de Rambouillet, seigneur chastelain de Blaru, et de sa femme Adrienne de Boufflers, entre Louis de Tilly, leur fils aîné, Jean-Pierre et Antoinette de Tilly, leurs fils et fille mineurs, assistés d'Adrien de Boufflers, chevalier, seigneur de Boufflers et de Raigny, Gabriel de Limoges, seigneur de Saint-Just et de La Grandfray, et Gaspard de Saint-Séverin, seigneur dudit lieu, leurs curateurs. — Partage entre Françoise-Charlotte de Lambert, femme civilement séparée de Guillaume Guenau, écuyer, garde du corps, héritière, pour une moitié, de Madelaine de Tilly, sa mère, veuve de Guillaume Lambert, écuyer, seigneur du Buisson-Fallue, et aussi de Marie-Anne de Lambert, sa sœur, lors de son décès, femme de Philippe Magnard, écuyer, avec laquelle elle était conjointement héritière, par bénéfice d'inventaire, de Charles de Tilly, écuyer, leur oncle maternel, d'une part, et Jean-François Olouard, écuyer, sieur de Roroger, en son nom et comme procureur spécial de Charles Olouard, aussi écuyer, son frère, étant à la représentation de Marie de Lambert, leur mère, héritiers pour moitié de ladite dame Magnard, leur tante, d'autre part. — Jean-Baptiste-Jolien Danican, conseiller, maître ordinaire en la chambre des comptes à Paris, seigneur d'Annebault et autres lieux, et Claude-Charlotte de Tilly, sa femme, sont autorisés à accepter, sous bénéfice d'inventaire, la succession de Charles de Tilly, marquis de Blaru. — État de papiers remis à Mr Bouron, notaire au marché neuf.

E. 3271. (Liasse.) — 1 cahier, papier, 10 feuillets.

1581 (10 décembre). — Sommaire du testament de Jean-Baptiste d'Arcona, reçu par Jean-Paoul Pitizara, notaire public de Milan. Le testateur fonde, dans l'église d'Arcona, deux messes par semaine et une rente annuelle de 50 livres rachetable moyennant 1,000 livres une fois payées : il donne à Claude d'Arcona, sa fille, « soy faisant religieuse, » 3,000 livres, « et les habillements, » et 50 livres de rente, sa vie durant ; à sœur Paule-Marie d'Arcona, sa sœur, 1,300 livres ; à Jean-Baptiste d'Arcona, son fils, tous les livres imprimés : il institue ses héritiers universels, Jacques, Antoine, Gaspard, François, Hierôme et Jean-Baptiste, ses fils.

E. 3272. (Liasse.) — 3 pièces, parchemin ; 4 pièces, papier.

1604-1630. — Contrat de mariage de Claude Angier, chevalier, seigneur de Crapado, la Chauvelière, au diocèse de Nantes, etc., assisté, en cette partie, de Guillaume Maneran, sieur de La Rivière, procureur fondé de Marguerite Leroux, dame douairière de Crapado, sa mère, avec Marguerite-Charlotte d'Arcona, veuve de Jean de Grimonville, en son vivant chevalier, sieur de Montmartin, en Normandie ; témoins, le cardinal de Gondy, oncle de la future ; Henri de Gondy, évêque de Paris, son cousin ; Anne de la Baume, comtesse de Saint-Trivier, sa tante ; Charles-Emmanuel de Grillet, comte de Saint-Trivier, son cousin germain ; Marie de Seneton, sa tante ; S. de Pierrevive, abbé de Notre-Dame de la Blanche ; François de Maxarel, baron de Bois-Geofray, ses cousins ; Hieronime d'Arcona, sieur d'Hebecourt, son oncle. — Quittance de Charlotte d'Arcona, baronne de Crapado, pour le solde du reliquat de 6,000 livres, à elle donnée en contrat de mariage par son oncle Hieronime d'Arcona. — Quittance des baron et baronne de Crapado pour solde de 1,450 livres tournois, reliquat d'une rente constituée par Marie de Grillet, dame d'Arcona, mère de M. de Crapado. — Louis de Tilly, chevalier, seigneur châtelain de Blaru, enseigne des cent gentilshommes de la maison du Roi, se portant fort pour sa femme Marie Le Pelletier, cède à Nicolas Le Pelletier, seigneur de Château-Poissy, et à Marie Le Pelletier, écuyer, sieur de Mesnault, conseiller du Roi et maître ordinaire de la chambre des comptes, frères de ladite Marie Le Pelletier, tous les droits successifs et immobiliers à elle échus ou à échoir, en Normandie, tant à cause du décès de Charles Le Pelletier, son père, que du délaissement de Marie Bourguyer, sa mère, et de l'entrée en religion de Jacques et Anne Le Pelletier, ses frère et sœur, moyennant la somme de 1,000 livres tournois. — Transport de 600 livres tournois, contre payement comptant de pareille somme, fait par Claude Augier, baron de Crapado, à noble homme François Gobelin, sieur de la Marche, conseiller du Roi et contrôleur général des finances à Rouen. — Accord et transaction à la suite de différends intervenus entre Hieronime et Adrien d'Arcona, frères de feue Marguerite-Charlotte d'Arcona, d'une part, et Claude Augier, baron de Crapado, d'autre part, après la mort de ladite d'Arcona, baronne de Crapado.

E, 3273. (Liasse.) — 1 cahier, parchemin de 16 feuillets ; 3 pièces, papier.

1605-1742. — Accord entre Pierre de Sart, écuyer, seigneur de Tury, se portant fort pour Anne Aubert, sa femme, d'une part, et Jean de Tilly, écuyer, seigneur de Prémont, et Françoise Aubert, sa femme, d'autre part, sur les affaires de la succession de feu Thomas Aubert, en son vivant, écuyer, seigneur de Montigny et de La Haye, père desdites Anne et Françoise Aubert. — Acte de partage des biens provenant de la succession de Philippe de La Haye-Chantelou, en son vivant chevalier, seigneur d'Anfreville-la-Champagne, Yville, Sotteville, Amerguy et Saint-Amand, en partie, entre Charles de Tilly, seigneur de Blaru et autres terres et seigneuries, gentilhomme ordinaire de Monsieur, frère du Roi, au nom de Prudence de la Haye, sa femme, fille et unique héritière de Philippe de La Haye, d'une part, et Prudence de Canonville, veuve dudit Philippe, d'autre part. — Mémoire des dépenses faites à l'occasion du décès de M. d'Anfreville, « à Noël Langlois, pour une demy-queue de vin, » XLIII livres ;... ung saulmont,... XXIII sous... ; demy-» cent d'huîstres... v sous... ; douze bécassines..., XI sous ;... douze chevalliers, XI sous ; ung levrault..., L sous ; » deux perdrix..., X sous ; trois lapperaulx, XV sous ; deux » cercelles..., XXV sous ; ung cabrit..., XXV sous ; quatre » douzaines de clurens..., ung livre XVI sous ; quatre douzaines d'oranges..., XXXVI sous ; deulx cents de marons..., » XIX sous... ; deux livres de castonnades..., XXXV sous ; » quatre livres et demie de sucre, ung livre II sous... ; deux » douzaines de truittes..., VIII livres. » — Signification à Bonaventure de Tilly, marquis de Blaru, d'une sentence rendue aux requêtes du Palais à Paris, en la cause d'entre Joseph de La Tour Saint-Ange, tuteur onéraire d'Etienne-François d'Aligre, chevalier, fils mineur d'Etienne-Claude d'Aligre, conseiller du Roi, président du Parlement, ledit Etienne-François légataire universel, quant à la propriété, de feu François Michel de Vertamont, chevalier, commandeur des ordres du Roi, premier président du grand conseil et héritier, pour un tiers, de feue Madeleine-Catherine-Jeanne d'Aligre, sa sœur, femme du comte de Vertus, laquelle était héritière, en partie, des propres maternels dudit sieur de Vertamont, d'une part, et Louis-Etienne de l'Aubépine, marquis de Verderonne, d'autre part.

E. 3274. (Liasse.) — 13 pièces, papier, dont 1 cahier de 11 feuillets et 1 autre de 33 feuillets.

1633. — Succession mobilière de Philippe de la Haye, seigneur d'Anfreville. — Mémoire de l'argent qui est dans la cassette rouge. — Mémoire des meubles échus à M. de Blaru. — Mandement de Jean Martel, conseiller du Roi, lieutenant-général au bailliage d'Evreux, « pour la vicomté de Conches, » pour l'autorisation de la vente desdits meubles. — Publication du procès-verbal de la vente. — Etat des meubles, bagues et joyaux, carosse, et autres « enmeublementz, que madame d'Anfreville a » eu pour son préciput... Un collier de grains de corail ; » douze chattons d'or esmaillé avecq douze diamantz ; » neuf autres chattons avec neuf rubis ; vingt et ung autres » avecq vingt et une perles ; une petite ceinture de tresse » noire couverte de clous et leur fermeture d'or, une » chesne d'or esmaillée à laquelle est attaché un petit ca- » pucin d'or avecq des petits diamantz ; une ceinture de » vollet incarnat et six coquilles d'or ; deux pendantz d'o-

» rolles esmaillés avecq rubis en forme de croissants et
» six diamants; une autre paire de pendants d'oreille d'or
» avecq huict diamants à chacun d'iceulx; une bague d'or
» avecq une rose de sept diamants; deux autres pendants
» d'oreillier d'or avec trente-six perles à chacun d'iceux;
» une petite chaisne d'or;... ung collier de perles de deux
» cents avecq deux grains d'or aux boutz; ung nœud d'or
» esmaillé avecq une rose de diamants au nombre de
» treize petits et ung grand ; ung Agnus Dei enchassé
» d'or avecq trois perles; sept boutons formes d'ollive,
» converts de semences de perles; sept autres ollives
» calcedoine garnies d'or; un collier d'or avecq des dia-
» mants et perles; une bague d'or avecq une rose tur-
» quoise; une autre bague d'or avecq une amatiste; une
» autre bague d'or avecq ung diamant tenu de quatre
» petites agraffes d'or; une autre bague d'or avecq ung
» chiffre dessus; une petite croix d'or avecq trois petites
» perles; un collier de perles au nombre de cent deux et
» une plus grosse au bout; trente et une perle ronde envi-
» ron deux onces de semences du pertier; vingt-quatre
» gros boutons d'or esmaillés; une grande croix d'or
» avecq trois pandeloches à chacune, et un petit diamant
» avecq neuf diamants à l'entour de ladite croix, six plus
» gros sur la mesme croix, et une autre pandeloche d'or
» pour pendre ladite croix, et ung diamant estant dans
» une bourse de velours bleu; ung poinson d'or, au
» bout duquel est une esmeraude;... ung chappelet de
» lappis au bout duquel est une Notre-Dame d'or avecq
» trois diamants, avecq autres figures.

E. 3275. (Liasse.) — 4 pièces, papier.

1637-1648. — Procuration donnée par Albert de Grillet, comte de Saint-Trivier, pour agir comme parent de Claude d'Arcona, recherchée en mariage par Charles de Boivin, seigneur de Canonville. — Contrat de mariage de Charles de Tilly, chevalier, seigneur châtelain de Blaru, et autres terres et seigneuries, et Claude d'Arcona, fille aînée et héritière, en partie, de feu Adrien d'Arcona, en son vivant, chevalier, seigneur d'Heubecourt et autres terres et seigneuries, et de Louise de Clerc, à présent femme de Henri de Presteval, chevalier, seigneur dudit lieu et autres terres et seigneuries. — Contrat portant quittance de la somme de 10,000 livres tournois, payées au couvent des Ursulines de Gisors, pour l'entrée en religion d'Anne d'Arcona, fille d'Adrien d'Arcona et de Louise de Clerc. — Etat des dettes de feu Hiéronime d'Arcona « et des arrérages des rentes hypothé-
» caires qui ont eus cours jusques au dernier jour de
» décembre (1645), que Messieurs de Blaru et marquis » de Villaines, comme père, tuteur et ayant la garde
» noble... de damoiselle Louise-Marie de Champagne,
» doibvent en commun et par moitié. »

E. 3276. (Liasse.) — 6 pièces, papier.

1658-1671. — Dispense et réception de minorité dans l'ordre de Saint-Jean de Jérusalem de Maximilien de Tilly, fils de Charles de Tilly, seigneur de Blaru et de Claude d'Arcona. (Sceau pendant, en plomb, de Paul-Lascaris Castellar, grand-maître.) — Commission d'informer sur Maximilien de Tilly, donnée par Alphonse Mirmond de Berrieux, chevalier de l'ordre de Saint-Jean de Jérusalem, commandeur de la Croix en Brie, et autres commandeurs, chevaliers et frères dudit ordre, réunis en l'hôtel prioral du Temple, à Paris, pour la célébration de l'assemblée provinciale, aux frères « Jacques de Carrel, Hercey d'Oysemont, Charles du Val-Coupauville d'Ivry-le-
» Temple, Guillaume de Neufville de Castro, Charles
» Cauchon-Davise de Laon, Gabriel Desmarest de Chan-
» terenne, François de Billamont-Hautavenne, Adrien
» de Vignacourt de Bou et Maupas, Jacques de Ricerville
» de Fieset, François de Brocq-Cinqs-Mars de St-Maury.
» Pierre de Cultan d'Auxerre, Jacques de La Motte-Ho-
» dencourt de Troye et Bauvoir, Guillaume du Fay la
» Mésangère, Jean de Fresnoy de Villedieu-en-la-Mon-
» tagne, Jacques du Four-Longuerue, Charles de Ma-
» chault, Jacques de Briquebosq, Anthoine de Friches-
» Bresnaire, Michel de Havacourt, Jacques Le Ver des
» Eaux, Maximilien De Grieux, Michel du Bosq, Hermi-
» nal Rhoc, Racault de Ruily, Charles de Vion-Testan-
» court, Octave de Fleurigny, Nicolas de Paris-Boissy.
» Claude de Mesmes, Louis Faideau de Vaugren, Jean
» de Handesens, Descluseaux de Chenvreu, » et à deux d'entre eux sur ce requis. Signé : « Fr. Charles de Rosnel, chancelier du Grand Prieuré de France. » — Testament de Maximilien de Blaru, âgé d'environ 23 ans, fait à Malte le 1er août 1671, signé de lui, de Fr. André-Manuel, prieur de la sacrée infirmerie de Malte. « Il
» doctor Giacobo Cassia, prattico della sacra infermaria ;
» Gio.-Antonio Azupardo, apothicario della sag[r]a infer.;
» et Gioan-Batista Disidi, maitre de la phisiqua. » L'exécution du testament est confiée au chevalier de Piancourt, à qui le testateur donne « un fusil à deux canons. »
— Pièces relatives à l'exécution de ce testament, dont une quittance autographe, scellée en placard, de Fr.-André Manuel, prieur de la sacrée infirmerie, pour une montre d'argent que Maximilien de Blaru avait chargé le chevalier de Piancourt de donner audit Manuel.

E. 3277. (Liasse.) — 1 pièce, parchemin ; 118 pièces, papier.

2080-2708. — Actes de partage, accords, transactions, lettres, quittances, mémoires et autres pièces touchant la succession de Charles-Louis, comte de Manneville, dont une des filles, Catherine-Élisabeth, avait épousé Charles de Tilly, seigneur de Blaru.

E. 3278. (Liasse.) — 17 pièces, parchemin ; 11 pièces, papier, dont 3 imprimés.

1680-1780. — Constitution de rente faite par Pierre Gallet, sieur de Lapierre, maître d'hôtel du marquis de Blaru, au profit du couvent de Notre-Dame de Vernon, représenté dans l'acte par Agnès Flamant, supérieure, Geneviève de Sainte-Agnès Guiard, assistante, Marie-Madeleine Boullart et Marie-Françoise Dionis, religieuses. — Déclaration de Claude d'Arcona, marquise de Blaru, veuve et héritière de Charles de Tilly, relativement à ladite rente. — Prise à bail par Pierre Auvray, laboureur, demeurant à la Quendaiz, paroisse de Haricourt, du domaine non fieffé de la seigneurie de la Quendaiz, appartenant à ladite veuve marquise de Blaru, moyennant 1,000 livres tournois de ferme par an. — Constitution de rente en faveur d'Étienne Coignard, écuyer, conseiller-secrétaire du Roi, demeurant à Rouen, par la même marquise de Blaru et son fils, Henry de Tilly, écuyer, Sr de Bienval, capitaine dans le régiment d'Anjou. — Vente de 65 livres tournois de rente faite par Germain de Bordeaux, écuyer, sieur du Buisson de May, demeurant à Vernon, à son frère Michel de Bordeaux, écuyer, sieur de la Mézangère, conseiller du Roi, vicomte d'Auge. — Reconnaissance par la marquise de Blaru et Henri de Tilly, son fils, pour la dette de 111 livres 2 sous 2 deniers de rente, à David Coignard, écuyer, sieur de Rombosc, fils aîné, héritier, en partie, d'Étienne Coignard. — Quittance de rachat de ladite rente donnée par David Coignard. — Constitution de rente faite au profit de maître Henri Basnage, sieur du Franquesney, avocat en la cour du Parlement de Normandie, demeurant à Rouen, paroisse de Saint-Patrice, par Charles de Tilly, chevalier, seigneur et marquis de Blaru. — Rachat de ladite rente d'Henri Basnage, écuyer, sieur de Franquesnay, avocat au Parlement de Rouen, y demeurant, rue de l'Écureuil, paroisse Saint-Laurent, par François Euhard, chevalier, seigneur de Gourel, conseiller du Roi et maître ordinaire en sa chambre des comptes de Normandie, comme procureur de Marguerite d'Aligre, veuve de François Bonaventure, comte de Manneville, marquis de Charlemesnil et autres lieux, en l'acquit de Charles de Tilly, marquis de Blaru, son gendre. — Constitution de rente au profit de Nicolas Dupré, écuyer, sieur de Saint-Maur, conseiller du Roi, receveur et payeur des rentes nouvelles assignées sur le clergé, par Charles d'Aligre, chevalier, conseiller d'État ordinaire, Marguerite d'Aligre, veuve de Louis-Charles d'Albert, duc de Luynes, comte de Tours, pair de France, etc., et, en premières noces, de François Bonaventure, comte de Manneville, marquis de Charlemesnil ; Charles de Tilly, chevalier, marquis de Blaru, et Catherine-Élisabeth de Manneville, sa femme. — Constitution de rente au profit de David Danvray, chevalier, seigneur de Maugrimont, par Claude d'Arcona, veuve du marquis de Blaru, et Henri de Tilly, son fils, moyennant la somme de 6,050 livres, que les constituants déclarent applicables au rachat d'une rente constituée au profit du couvent de Notre-Dame de Vernon. A la suite de l'acte est la quittance de rachat où figurent, comme parties prenantes, Marie-Anne Jubert, supérieure, Thérèse de Rauquemare, Marie-Angélique de Tilly, Françoise d'Aché et Françoise Le Couturier, religieuses dudit couvent. — Constitution de 1,305 livres de rente par Charles de Tilly et sa femme Catherine-Élisabeth de Manneville, au profit de Marguerite d'Aligre, veuve de Louis-Charles d'Albert, duc de Luynes. — Constitution de rente au profit de Louise de Chennevières, fille de feu Philippe de Chennevières, en son vivant, chevalier, seigneur de Sainte-Opportune, conseiller du Roi, avocat général à la cour des aides de Normandie, par Charles de Tilly, chevalier, marquis de Blaru, procureur fondé de sa mère, Claude d'Arcona, et Henri de Tilly, chevalier, lieutenant colonel du régiment d'Anjou. — Quittance de remboursement de rachat de ladite rente. — Constitution de rente au profit de Louise-Catherine de Lumo (lis. Lommeau), veuve de Jacques de Tilly, seigneur de Prémont, par Charles de Tilly, chevalier, seigneur et marquis de Blaru, etc. — Quittance de remboursement. — Constitution de rente au profit de Marguerite d'Aligre, ci-devant nommée, par Charles de Tilly et Catherine-Élisabeth de Manneville, sa femme, gendre et fille de ladite Marguerite.

E. 3279. (Liasse.) — 6 pièces, papier.

1639. — Érection en marquisat de la terre et seigneurie de Blaru, en faveur de Charles de Tilly, chevalier, châtelain de Blaru, du Port-de-Villiers, Jeufosse, le Colombier, Chevry, Bois-d'Ivry et autres lieux, gouverneur des ville et château de Vernon, capitaine des chasses et plaisirs de Sa Majesté, dans les forêts de Vernon, les Andelys, Bacqueville, Gisors, buissons et garennes en dépendant, et pièces y relatives.

E. 3740. (Liasse.) — 1 pièce, parchemin.

2687. — Lettres patentes portant droit de Chamittimus contre les redevables de 150 livres et au-dessus, en faveur de Charles de Tilly, marquis de Blaru, gentilhomme ordinaire du feu duc d'Orléans.

E. 3741. (Liasse.) — 3 pièces, papier, dont 1 cahier de 16 feuillets.

2688-2706. — Contrat de mariage de « Jacques de » Hémont, chevallier, seigneur de Rothois, Chanville, » Guéry-Lesecq et autres lieux, capitaine du régiment de » Picardie, major du régiment de Rambure, fils de... » David de Hémont, chevallier, seigneur desdits lieux, » conseiller et maistre d'hostel du Roy et capitaine au » régiment de ses gardes, et de... Antoinette d'Allen» court, jadis sa femme, à présent sa veuve, assisté de... » David de Bétancourt, chevallier, seigneur de Brazeux, » au nom et comme procureur de... sa mère..., d'une » part; et... Charles de Tilly, chevallier, marquis de Bla» ru, Corbie, Bonneval, Laquenedaye, Pressigny, Leques» nuy, Langrogne, Lafontaine et autres lieux, gouverneur » des ville, château et pont de Vernon, et capitaine des » chasses et plaisirs de Sa Majesté ès forests de Vernon, » Andelly, Bacqueville, Guigny, buissons et garennes en » dépendant, et dame Claude d'Arcona, son espouze... » stipulans... pour... Elizabeth de Tilly, leur fille..., » d'autre part ..; en la présence,... de la part ladit » sieur Hémont, de... Louis de Hémont, son frère, Fran» çoise de Boufflers, veuve de Louis d'Allevernot, cheval» lier, seigneur de Rosminy et autres lieux,... François » d'Allomont, chevallier, seigneur de Boullainvilliers, » Antoine Gobelin, seigneur de La Paillerie, conseiller » du Roi, commissaire au régiment de Rambure, amy ; » et, de la part de ladite damoiselle, de... Charles de » Tilly, marquis de Blaru, Henri et Maximillien de » Tilly, ses frères,... Hubert de Champagne, chevallier, » seigneur marquis de Villaine,... François de Paris, » conseiller du Roy,... maître ordinaire en sa chambre » des comptes. » — Quittance de 6,000 livres, donnée par Elisabeth de Tilly, veuve de Jacques « Hémont,... de» meurant présentement en l'abbaye de Saint-Jean du » grand Andely..., » à Charles de Tilly, marquis de Blaru, et à sa femme Elisabeth de Manneville. — Accord et transaction entre Elisabeth de Tilly, veuve sus-nommée, et son frère Charles de Tilly, marquis de Blaru, touchant les reprises dotales de ladite veuve.

E. 3742. (Liasse.) — 3 pièces, papier.

2702-2706. — Extraits du testament de Louis de « Cahengues, » conseiller et procureur du Roi en l'hôtel de Vernon, et pièces relatives à ce testament, en ce qui concerne les fondations faites en l'église Saint-Jacques de Vernon.

E. 3743. (Liasse.) — 1 pièce, parchemin; 4 pièces, papier, dont 1 cahier de 20 feuillets.

2707-2710. — « Mémorial des titres et actes au» thentiques dont entend se servir noble Hilaire de » Tilly de Blaru, écuyer, pour faire ses preuves de filia» tion, légitimation et noblesse, afin d'estre receu de » minorité en la vénérable langue et grand prieuré de » France. » La plus ancienne date des actes rappelés est 1456. — Lettres de réception de minorité dudit Hilaire de Tilly, dans l'ordre de Saint-Jean de Jérusalem. — Religieux seigneur, frère Henry Féret, chevalier de Saint-Jean de Jérusalem, commandeur d'Oysemont, lieutenant et vicaire-général de monseigneur le grand prieur de France, demeurant à Paris, rue du Temple, confesse avoir reçu dudit Hilaire de Tilly, fils de Charles de Tilly, marquis de Blaru, et d'Elisabeth de Manneville, la somme de 4,695 livres 12 sous 6 deniers, dont 4,500 livres « pour » la valeur de trois cents trente-trois louis d'or et un » tiers de louis d'or, à raison de 13 livres dix sols cha» cun, sur le pied fixé à Malthe, que ledit sieur de Tilly » de Blaru est tenu de payer, pour son droit de passage, » minorité et dispense d'âge, pour estre receu chevalier » dudit ordre de Saint-Jean de Jérusalem, en la véné» rable langue et grand prieuré de France, suivant le » bref de sa Sainteté, donné à Rome le trois juin mil sept » cens neuf, enregistré à Malte le premier juillet suivant, » portant terme de deux années, à compter du jour dudit » enregistrement, pour le payement dud. droit, et cent » quatre vingt quinze livres douze sols six deniers, pour » les droits de ladite vénérable langue.... » — Extrait des registres des baptêmes de l'église paroissiale Saint-Hilaire de Blaru, contenant l'acte du baptême de Charles de Tilly, fils d'autre Charles et de Claude d'Arcona : parrain, René de Presteval; marraine, Marie, femme d'Adrien de Tilly, seigneur de Villegast (23 mai 1646); et l'acte du baptême d'Hilaire de Tilly, sus-nommé: parrain Guil-

[aumo] Dupont ; marraine, Elisabeth Quetel (25 octobre 1702).

E. 2124. (Liasse.) — 2 pièces, papier, dont 1 cahier de 20 feuillets et l'autre de 18 feuillets.

1711-1722. — Inventaire des meubles de madame la duchesse de Luynes, annoté de la main de la Duchesse, qui a écrit à la fin : « Après avoir lu cet inventaire, je
» l'ai signé, ce vingt-trois janvier mil sept cent onze.
» La duchesse de Luynes. » Voici la copie des deux premiers articles de cet inventaire : « Dans la chambre de
» madite dame, un meuble de drap gris, consistant en
» un lit à la Duchesse, qui sont deux grands rideaux,
» deux bonnes grâces, le ciel, les pentes et les soubasse-
» ments en falbalats, le dossier, la courtepointe et les
» pommes, le tout de drap gris; le dedans du lit consiste
» en un lit et un chevail de plume, un matelat de laine
» et un sommier de crain, une tringue tournante et le bois
» dudit lit; plus, quatres grands fauteuils; trois autres
» fauteuils à coëffe; un fauteuil en confessionnal; quatre
» tabourets; deux écrans avec leurs pieds d'assier poly;
» quatres portières, sçavoir : deux à la porte de la cham-
» bre et deux à celle du cabinet, le tout de drap gris;
» une couverture de ratine blanche ; un bureau de bois
» de noyé pour poser des petits flambeaux ; deux petits
» guéridons tous unis; une petite table avec son tiroir;
» un miroir de toilette garny de velours bleu; un béni-
» tier avec une vierge pointe sur de l'albastre dans une
» bordure d'ébaine garnie de plaque d'argent et de
» cuivre doré; deux autres petits tableaux représentant
» la Vierge paint sur du vallin, dans des bordures d'é-
» baine garnie de plaque d'argent; deux reliquaires dans
» leurs bordures de bois doré ; une pandule sonnante
» dans une boiste façon d'ébaine garnie de plaque d'ar-
» gent et de cuivre doré; un crucifix d'ivoire dans une
» bordure de bois doré, dont le fond est de velours
» noir; trois tableaux dans leurs bordures de bois doré,
» l'un représentant un Exce-Homo, un autre une Notre-
» Dame de Pitié, et le troisième l'adoration des Mages;
» quinze estampes dans des bordures façon de cèdre;
» dix sentances, dont huit sont dans des bordures façon
» de cèdre, et deux rondes dans des bordures de mar-
» queteries; une garniture de cheminée consistant en
» traize gobelets de porcelaine fine telles quelles et qua-
» tres soucoupes de porcelaine aussi fine, huit soucoupes
» de porcelaines de Hollande, et deux gobelets de mesme;
» quatres rideaux de toille damassée; une grille de feu
» avec des pommes argentées, la pelle, pincette et te-
» naille de mesme. Dans le cabinet de madite Dame,
» deux grands fauteuilles couvert de point à la turc avec
» leurs carreaux de velours amarante; un lit de repeau
» garny de deux mattelats de crain, l'un couvert de ve-
» lours amarante, et l'autre de toille bordé de satin ama-
» rante, avec des soubassemens d'un costé, et aux pieds
» de point à la turc; un chevet de velours amarante et un
» careau couvert, d'un costé, de point à la turc, et, de
» l'autre costé, de satin aussi amarante; deux tabou-
» rets couvert de point à la turc,... un acotoire couvert
» de velours noir et un tabouret de mesme; un bureau
» de bois de noyé tout uny, sur lequel est un petit cabi-
» net de bois de noyé marqueté d'ivoire et d'ébaine; un
» thermomètre et un baromètre dans leurs bordures de
» bois de cèdre ; un crucifix d'ivoire sur une croix de
» bois de cèdre; quatre petits tableaux, dont deux sont
» de dévotion, les deux autres représentent des fruits;
» douze petites sentances; une Madeleine dans une bor-
» dure de bois de noyé garnie de plaque de cuivre; un
» petit Jésus dans une bordure de mesme; deux estam-
» pes dans leurs bordures façon de cèdre; une garniture
» qu'on croit estre de porcelaine fine sur le petit cabinet,
» consistant en cinq soucoupes et cinq gobelets tels
» quels, un petit flacon de cristal avec un bouchon d'ar-
» gent; une sonnette façon d'argent ; un petit rideau
» amarante à la porte vitrée. » — Déclaration autographe ainsi conçue : « Quoyque cet inventaire soit si-
» gné de moi, du depuis, je peu avoir apporté du chan-
» gement, soit en retranchant, soit en augmentant, ou
» en substituant une chose à l'autre, en sorte que je ne
» veut pas qu'il en soit fait peine à aucun de mes domes-
» tique, surtout n'en ayant pas chargé un seul du soing
» de les garder. Fait ce 18 février 1710. M. Daligre. » Et
en renvoi : « Outre que j'ai laissé mettre dans mon
» garde meuble bien des meubles de plusieurs personnes,
» ce qui y a pu apporter de la confusion. M. D. » — Ouverture du testament de la Duchesse de Luynes, morte le
26 septembre 1722. La testatrice défend que son corps
ou sa tête soient ouverts; elle choisit sa sépulture aux
incurables, derrière la grand-croix, si c'est possible; elle
demande un cercueil de bois pour que le corps soit
plus tôt anéanti et fasse place aux malades de la maison
pour leur sépulture : l'enterrement et le service sans aucune pompe; elle ordonne de faire dire 1,000 messes,
dont 500 à l'hôpital général, Hôtel-Dieu, Carmes, Capucins et Bénédictines de Dieppe, et les 500 autres à Paris,
aux Jacobins, Bon-Pasteur, Sainte-Valère, Capucines,
Ave-Maria. « Je donne et lègue à ma petite fille de Blaru,
» qui n'est pas mariée, une petite bibliothèque dont le
» catalogue des livres est dans mon cabinet, et tous les

» imprimés et manuscrits, tant reliés que non reliés,
» qui sont dans le dessous de mad. bibliothèque, avec
» les petites armoires dans lesquelles ils sont renfer-
» més... »

E. 3255. (Liasse.) — 78 pièces, papier, dont 2 cahiers,
1 de 34 feuillets et l'autre de 150 feuillets.

1732. — Inventaire des meubles et immeubles de feu le marquis de Blaru, fait à la requête de Catherine-Elisabeth de Manneville, sa veuve; François-Bonaventure de Tilly, chevalier, seigneur marquis de Blaru, Jeffosse, le port de Villiers et autres terres et seigneuries, fils aîné; Hilaire de Tilly, chevalier de l'ordre de Saint-Jean-de-Jérusalem, non profès, fils puîné; Jean-Baptiste-Julien d'Anican, chevalier, seigneur de Pontaudemer, Pontaushon, Annebault et autres lieux, conseiller du Roi, maître ordinaire en sa chambre des comptes à Paris, tant en son nom qu'en celui de Claude-Charlotte de Tilly, sa femme, fille du marquis décédé et de Catherine-Elisabeth de Manneville. — Liquidation des droits de cette dernière. — Acte de partage des biens provenant de la succession de leurs père et mère entre François-Bonaventure, Hilaire et Claude-Charlotte de Tilly, cette dernière représentée par son mari, Jean-Baptiste-Julien d'Anican. — Procurations, mémoires, quittances et autres pièces relatives à cette liquidation.

E. 3256. (Liasse.) — 15 pièces, papier, dont 5 cahiers : 1 de
8 feuillets, 1 de 25 feuillets, 1 de 51 feuillets, 1 de 44 feuillets,
et le 5e de 110 feuillets.

1725-1732. — Sentences du bailliage de Mantes nommant maître Charles Lenain, bourgeois de Paris, pour tuteur à François-Bonaventure de Tilly, chevalier marquis de Blaru, capitaine au régiment mestre de camp général des dragons, et Edme Champagne-Brunet, bourgeois de Paris, pour tuteur d'Hilaire de Tilly, chevalier non profès de l'ordre de Saint-Jean de Jérusalem. — Acte de dépôt du testament de Catherine-Elisabeth de Manneville, veuve de Charles de Tilly, marquis de Blaru, par son exécuteur testamentaire, Auguste-Joseph de Montullé, prêtre, docteur de Sorbonne, doyen honoraire de l'église de Beauvais, abbé commandataire de l'abbaye royale de Notre-Dame de Licques. La testatrice ordonne expressément que son corps ne soit point ouvert, « pour
» quelques causes et raisons que ce puisse être..., qu'il
» soit mis dans un cercueil de bois. » Elle veut que son enterrement et le service « soient faits sans tenture, sans
» armes, illuminations, invitations et autres cérémonies;
» qu'il n'y en ait point aussi dans la maison. » Elle déclare « que tous les meubles, livres et généralement tout
» ce qui est dans le cabinet du petit appartement qui est
» sur (sa) cuisine (que M. de la Porte, docteur en théo
» logie, a occupé jusqu'à ce que Mgr l'évêque de Senés l'ait
» choisi pour être son vicaire général), lui appartient et
» est à lui. » Elle institue une pension annuelle payable aux religieuses de la visitation de Bourbon-Lancy, pour Mlle Coquille, qui l'a servie pendant plus de 16 ans. « Je
» donne et lègue à mad. Danican, ma fille, le portrait
» en émail de feue madme la duchesse de Luynes, ma
» mère, que je porte à mon bras, et la croix pleine de
» reliques, qui est attachée à mon lit, qui vient de sa
» sœur, coadjutrice de Montreuil, afin qu'elle l'attache
» au sien, et qu'elle se souvienne de prier Dieu pour elle
» et pour moi... ». — Inventaire des meubles de Catherine-Elisabeth de Manneville, trouvés, après son décès, arrivé, le 13 juin 1732, dans l'appartement qu'elle occupait au rez-de-chaussée d'une maison appartenant à la communauté du Bon-Pasteur, rue du Cherche-Midi, à Paris. — Procès-verbal de vente desdits meubles. — Testament de François Allix, domestique de la marquise de Blaru, et pièces relatives à la liquidation.

E. 3257. (Liasse.) — 15 pièces, papier.

1757-1764. — Pièces (correspondance, en majeure partie) touchant la succession de Jean-Pierre-Robert le Roux, Sr de la Mothe, contrôleur général des fermes unies de France, au pont de Beauvoisin, près Grenoble, qui avait eu la tutelle d'Edouard-Hilaire-Louis de Tilly, écuyer, fils mineur d'Hilaire, comte de Tilly, et d'Henriette-Madeleine le Roux.

E. 3258. (Liasse.) — 3 pièces, parchemin ; 33 pièces, papier.

1366-1566. — Compulsoire de titres étant au trésor de Montfort-l'Amaury, en 1558, où se trouve un extrait de l'aveu de Neauphle-le-Château, de 1366, ainsi conçu : « *Item*, c'est ce que le sire de Blaru tient de nous, pre
» mièrement, le chastel de Blaru, et l'enclos de jardin,
» si comme il se comporte, et le champart du fief qui est
» en prix de sept muicts de grains, à la mesure de Ver
» non; *item*, les cens de la Toussains, de la valeur de
» quinze livres parisis; *item*, environ quarante solz à la
» sainct André ; *item*, six vingtz arpens de terre aux
» champs appartenant audict chastel, et quatre arpens
» de pré; *item*, un pressoir, que monsr Robert de Sa-

» queville tient de lui en fief, pour ung arrière fief du-
» dict chastelain, de quatre livres, et les avoynes de
» rente, qui vallent quatre muiots d'avoyne, à la mesure
» de Vernon; item, quatre-vingts chappons de rente à
» Noël et deux milliers et demy d'œux à Pasques; sept
» sols et demy de rente d'aigneaux de may; item, un
» moulin qui est au prix de quatre muiots de blé, à la
» mesure de Vernon. Et est assavoir que, quant le sei-
» gneur de Blaru tient tout le fief du Chesné de Blaru
» pour ung arrière fief du chastelain, et le boys du
» moulin, et le boys du pressouer, et les boys de Vencel
» et environ quatre journez de terre de champart, qui
» sont Jehan de Maltem de par sa femme, et cest tient
» ledict Jehan de Maltem dudict sieur de Blaru pour
» ung arrière fief de quatre livres tenus de nous. Et est
» assavoir que ledict Sr de Blaru tient de nous toutes ces
» choses susdictes aux us et aux coustumes de Veuzin
» François, et sa haulte justice, de la valleur de soixante
» six tournois par an. » — Mandement pour contraindre
les vassaux de la seigneurie de Blaru, et notamment Jean
d'Assigny, à fournir les aveux et dénombrements. —
Jean de Tilly, seigneur de Blaru, fait offre de 12 livres
tournois pour prix du rachat de la haute justice de Jeufosse et le Port-de-Villers, etc., à lui échue par le décès
de son père, Pierre de Tilly, en son vivant, écuyer et seigneur de Blaru. — Acceptation de l'offre et main-levée
par sentence du bailliage de Mantes. — Mandement du
Roi à la chambre des comptes, constatant l'acte de foi et
hommage fait au Roi, à cause de son château de Montes-
prevés (?), à Mantes, par Jacques de Tilly, écuyer, seigneur châtelain de Blaru, gentilhomme ordinaire de la
maison du Roi, sous la charge du sieur de Lanssat, tant
pour lui que pour François de Tilly, aussi écuyer, son
frère, pour la seigneurie et châtellenie de Blaru. — Déclaration fournie au bailliage de Mantes par Charles de
Tilly, écuyer, seigneur châtelain de Blaru et de la seigneurie du Port-de-Villers, du revenu desdites châtellenie et seigneurie et du fief du Colombier. — Aveu et dénombrement de la terre et seigneurie de Blaru, des fiefs
du Port-de-Villers, du Colombier, des Chasteliers, La
Noue, le Clos-d'Ivry et le Bois-du-Buisson, par Charles
de Tilly, seigneur châtelain de Blaru, de la seigneurie du
Port-de-Villers, gentilhomme ordinaire de la maison du
Roi, tant pour lui que pour ses frères et sœur, héritiers
de feu Charles de Tilly, lorsqu'il vivait, seigneur châtelain de Blaru et seigneur du Port-de-Villers, enseigne des
cent gentilshommes de la maison du Roi, sous la charge
du comte de Sancerre. — Autre aveu et dénombrement
fourni par Jacques et François de Tilly, après la mort de
leur père et de Charles, leur frère, tué à Montcontour.
— Déclaration par Jacques de Tilly, écuyer, seigneur
châtelain de Blaru, gentilhomme ordinaire de la maison
du Roi, des héritages par lui acquis des commissaires
du Roi, en 1570, comme terres vagues et vaines, lors de
l'adjudication. — Déclaration des biens et revenus de
François de Tilly, seigneur châtelain, par moitié, de
Blaru, du Port-de-Villers et du grand Poligny, en Anjou.
On lit dans les aveux des seigneurs de Blaru : « ... Audit
» Blaru y a chastel, environné de fossés pleins d'eau,
» fermant à pont-levis, bassecourt, granches, estables,
» deux collombiers à pied, l'un à cause de sa dicte châtel-
» lenye, l'autre à cause dudit fief du Colombier, réuni
» comme dessus avec les jardins et enclos dudit lieu,
» closd tout à l'enteur de meurs de pierre; le tout tenant
» ensemble, et contenant de six à sept arpens ou environ,
» qui peut renir en revenu, par chacun an, l'une année
» portant l'autre, à la somme de (23 livres tournois). Item,
» à cause de laquelle seigneurie et chastellenie, partout
» et au dedans d'icelle, ledit escuyer a tout droit de jus-
» tice haulte, moyenne et basse, gibet et fourches pati-
» bulaires à quatre piliers, verdier, maistres des eaux
» et forêtz, bailly, lieutenant, greffiers, sergens, gardes
» bois et de forêtz, et dont les appelans de ses bailly et
» lieutenant sortissent par devant... le bailly de Mantes...
» avecques droictz de assises et ressorts, par toute sadite
» chastellenie, des juges d'anciens fiefs et seigneuries,
» tenuz et mouvans de luy, dont les appellations des-
» dictz juges inférieurs et aultres officiers sortissent, par
» appel, par devant son dict bailly de Blaru, ... droictz de
» confiscation, aubaines et forfaictures, tabellion et scel
» à contratz, droictz de pris, gauges, mesures à vin,
» bled et aultres grains, rouage, terraige et foraige,
» voirie, chanstiers, chanstellage, mesureurs et arpen-
» teurs, et aultres droictz, ... lesquels peuvent valloir par
» an (30 livres tournois). Item, ledict escuyer a droict
» de guet sur ses hommes et subgets... pour faire le guet,
» quant le cas y eschet ; pour lequel sesdits hommes et
» subgetz, par amyable composition, payent 20 deniers
» tournois par an. Item, ledit escuyer a droict d'eaue en
» la rivière de Seyne, depuis environ le val de Benne-
» court, qui est au-dessus de la maladrerie de Jeufosse,
» jusques en Folle-en-Rue, près Vernon-sur-Seyne ; de
» laquelle eaue, il a ung bras d'eaue nommé le bras de
» deffendz, auquel nul n'a droict de pescherie, ne gecter
» et tendre filletz, ne engins à prendre poissons, sans son
» congé et licence, sur peine de confiscation des filletz et
» engins et d'amende ; et sur le surplus de ladite eaue a
» droict d'amendes sur les pescheurs, ... qui lui peuvent
» valloir (100 sous tournois environ par an). Item, droict
» d'avoir et prendre sur ses subgectz, ... quant ils se ma-

» rient, ou quilz marient aucuns de leurs enffans, un plat
» ou metz de viande pareil ou semblable de ceux qui sont
» serviz au banquet et feste dudict mariage, avec deux potz
» de vin et quatre pains, portez en son chasteau de Blaru,
» le jour des nopces, premier que de estre espousee, par
» les parents et amis desditz mariez, accompagnez des
» joueurs ménestriers qui seront joueurs en ladite feste ;
» qui peuvent valloir, en bonnes années, la somme de
» (15 livres tournois)... Item, a droict de corvéez sur ses
» hommes et subgectz, sçavoir est, sur ceulx qui ont har-
» nois et voictures, trois jours, par an, de leurs dictz
» harnois et voictures, et sur les aultres non ayant har-
» nois, sont tenuz faucher et fanner l'herbe de ses dictz
» préez ; peult valloir, par commune année, les dépens et
» fraiz payez, la somme de (20 livres tournois)... »

E. 3189. (Liasse.) — 1 pièce, parchemin ; 68 pièces, papier,
dont 9 cahiers, l'un de 6 et l'autre de 12 feuillets in-4°.

1532-1702. — Blaru. Banvin. — Guillaume de Saquainville, Sr de Blaru, reconnait que sa mère, Agnès
de la Roche, veuve d'autre Guillaume de Saquainville,
doit posséder, pour cause de son douaire, et à titre d'usufruit, entre autres choses, le Ban de la ville de Blaru. —
Pierre de Tilly, écuyer, sieur de Blaru, donne à Jean de
Tilly, écuyer, son fils, « chargé de la demoiselle sa
» femme et de neuf petits enfants, » la terre, seigneurie,
fief et chatellenie de Blaru, « haulte justice,... cens,
» rentes en deniers, œufs, poulailles, blés, avoines,
» champars et vin, terres, prés, boys, forestz, forestaiges,
» maisons, maisaulises, court, usaiges, jardins, ван,
» masuraiges, voituraiges, corvées, isles, eaues, portai-
» ges... » — Déclaration présentée au bailliage de Mantes
par Charles de Tilly, écuyer, seigneur châtelain de la
terre, seigneurie et châtellenie de Blaru, et de la seigneurie du Port-de-Villers, pour la seigneurie et châtellenie
de Blaru, et les fiefs de Port-de-Villers et du Colombier...
« Item, un ou plusieurs pressoirs et fours baniers pour
» cuire le pain et piller et esprandre les vins et cildres,
» avec trois autres pressoirs qu'il ou ses prédécesseurs
» ont faict construire et édiffier pour subvenir à ses sub-
» jetz, avec droiz de vendre vins et autres breuvages de
» son creu, durand le temps de six sepmaines, pendant
» lequel temps ses dits subjez n'ont puissance vendre
» vins ne autres breuvages ; à cause du quel ban et vente
» desditz breuvages, il n'en doibt aucune imposition ; et
» lesquels droitz luy peuvent valloir, en commune année,
» tous frais payez, la somme de vingt-cinq livres tour-
» nois... » — Extrait de l'art. 196 de la coutume de
Mantes, réformée en 1556 : « Les seigneurs qui ont par
» cy-devant jouy des droits de terrage, forage, peilage,
» rouage et autres droits seigneuriaux, jouiront de tous
» iceux en la manière accoustumée. » — Adjudications
du droit de banvin de Blaru, Jeufosse et Port-de-Villers,
faites, au nom du seigneur dudit lieu, à Jean Gosselin,
Charles Questel, Louise David, veuve Augo, maître
Charles Dupré, Henri Leprestre, maître Guy Boucher,
Guillaume Chéron, Lucien Le Prestre, Adam Tremblay,
François Cordalx, Guillaume Lenoir, Nicolas Le Cousturier. — Inventaire des titres dont se sert Mre Charles de
Tilly, marquis de Blaru, pour établir son droit de banvin
dans son marquisat de Blaru. — Billet, en forme de
bail, du sieur Bouilland, ci-devant fermier des aides de
Mantes, avec une copie collationnée d'une sentence obtenue sur lui, en l'élection de Paris, par la marquise de
Blaru. — « Advertissement que met et baille par devant
» vous messieurs les présidents, lieutenants, conseillers
» du Roy, esleus en l'eslection de Mante et Meullent,
» messire Charles de Tilly, chevallier, marquis de Blaru,
» seigneur de Jeufosse et Port-de-Villers, gouverneur
» pour le Roy des ville et chasteaux de Vernon, deffen-
» deur et incidemment demandeur, d'une part, contre
» M. Martin de Fresnoy, fermier général des aydes de
» France, poursuite et diligence de M. Robert Hardy,
» soy disant son procureur et receveur de ladite eslection
» de Mante, demandeur et incidemment deffendeur,
» d'autre part. ». — Procédures pour Charles de Tilly
contre Pierre Huchet, fermier des aides de l'élection de
Mantes. — Désistement des fermiers des aides en poursuites contre le seigneur de Blaru. — Instruction touchant les titres de banvin employés par le seigneur de
Blaru.

E. 3190. (Liasse.) — 3 pièces, parchemin ; 6 pièces, papier.

1455-1775. — Blaru. Baux. — Noble homme,
Pierre de Tilly, écuyer, seigneur de Blaru, baille à ferme,
pour neuf années, à Guillot Huennel, de Blaru, 6 arpents de terre au long du chemin de Gournay, tresle du
fief « au Jousteux, » moyennant le champart accoustumé.
— Vidimus du bail de 12 acres de terre en 3 pièces fait,
le 2 juillet 1474, par Pierre de Tilly, à Chardin Quesnel
(Aliàs, Questel), de Blaru, moyennant une rente annuelle
de 16 deniers parisis par acre. — François Baranix, vigneron, baille à François Idoine, demeurant au val d'A-
conville, paroisse Notre-Dame de Vernon, plusieurs lots
de terre dans la seigneurie de Blaru, moyennant une
rente annuelle de 70 sous 6 deniers tournois. — Charles
de Tilly, marquis de Blaru, baille à ferme, pour six ans,

à Jacques-Alexis Le Gratt, demeurant à Blaru, l'état et office de greffier et tabellion dans le marquisat de Blaru, pour le prix de 30 livres par an. — Bail du même office fait au même, pour 9 années, par Bonaventure de Tilly, moyennant 25 livres de fermage par an. — Bail fait au sieur Jean-Pierre-Irénée-Janson Descours, bourgeois de Vernon, des offices de principal tabellion et greffier, dépendant de la haute justice et marquisat de Blaru, pour 3, 6 ou 9 années, à la volonté de François-Hilaire de Tilly, marquis de Blaru, pour le prix de 50 livres par an, à dater du mois de juin 1775. — Bail de plusieurs immeubles dans la seigneurie de Blaru fait par le tuteur des enfants mineurs de Jacques Masson, à Pierre Le Fort. — Nicolas Allain, laboureur, déclare prendre à ferme, pour 9 ans, de Charles de Tilly, marquis de Blaru, deux pièces de terre « sur les côtes de Normandie, au « lieu dit les Trois-Maillets, » moyennant un loyer annuel de 10 livres. — Requête adressée par Charles de Tilly au bailli de Dizy, afin d'être autorisé à mettre opposition sur les deniers provenant de la vente de meubles, saisis sur Nicolas Allain, décédé avant d'avoir effectué le paiement de son bail.

E. 3291. (Liasse.) — 3 pièces, parchemin ; 3 pièces, papier.

1489-1493. — Blaru. Baux. — Bail à cens d'une maison et autres immeubles à Blaru, rue Chèvrie, fait par Pierre de Tilly, écuyer, seigneur de Blaru, à Richard Simon, maréchal, demeurant à Blaru, moyennant une rente annuelle de 32 sous parisis. — Bail de 81 acre 1/2 de terre en plusieurs pièces, sur le territoire de Blaru, fait par Jean de Tilly, écuyer, seigneur de Blaru, à Jean Robert et à Cardin Questel (alias, Quesnel), moyennant une rente annuelle de 16 deniers parisis par acre. — Bail de plusieurs pièces de terre à Blaru, lieu dit le Clos, fait par le même à Jean Pinguet et à Robinet Le Mire, moyennant une rente annuelle de 16 deniers par arpent. — Bail fait par le même à Robinet Le Mire, de 2 acres de terre au terroir de Blaru, moyennant un cens annuel de 2 sous parisis par acre. — Bail fait par le même à Guillot Le Mire, de Blaru, d'un petit jardin sis en la rue qui « maine de Blaru au Chesnay en allant à la maison » dudit Guillot, moyennant une rente annuelle de 2 sous parisis. — Bail fait par le même à Roger Gosselin, demeurant « au Chesnay sur Blaru, » d'un acre de terre, sise aux Angles, moyennant une rente annuelle de 2 sous parisis et une poule.

E. 3292. (Liasse.) — 4 pièces, parchemin ; 10 pièces, papier.

1518-1579. — Blaru. (Ferme du château.) Baux, quittances, etc. — Noble dame Françoise Ladvocat, veuve de Jean de Tilly, en son vivant, chevalier, seigneur de Blaru, tant en son nom que comme ayant la garde noble et administration des corps et biens de ses enfants, baille, à titre de ferme, pour 4 ans, à Jean Le Pelletier, le jeune, toute la terre, seigneurie et châtellenie de Blaru, moyennant 800 livres tournois par an. — François Bonaventure de Tilly, chevalier, seigneur marquis de Blaru, exempt des gardes-du-corps du Roi, compagnie de Villeroi, donne à bail, pour 9 années, à Alexandre Vinot, laboureur, demeurant à Hennesis, la ferme du château de Blaru, moyennant un loyer annuel de 1,100 livres. — Accord entre la veuve Vinot, fermière de la ferme du château de Blaru, et Maistre Tessier, fermier du Colombier, au sujet de certain droit de pâturage. — François Bonaventure de Tilly promet de faire jouir de sa ferme du Colombier, sise à Blaru, Louis Tessier et sa femme, après l'expiration de leur bail. — Le même donne à bail, pour 3, 6 ou 9 années, à Salomon Giroux, laboureur, demeurant à Blaru, et à Marie de Goubert, sa femme, la ferme du château de Blaru, moyennant 1,600 livres de loyer par an. — Bail de la même ferme fait par le même à Toussaint Robillard, demeurant à Vernon, moyennant 1,400 livres de loyer par an. — Guillaume Pellerein, laboureur, demeurant à la paroisse de Jeufosse, s'engage à prendre à bail, pour 9 ans, la ferme du château de Blaru, moyennant 1,300 livres, pour les deux premières années, et 1,500 livres pour chacune des autres. — Quittances du seigneur de Blaru à Guillaume Pellerin. — Georges Morel, père et fils, demeurant à la ferme de l'abbaye de Jouy, dépendant de l'abbaye de Jumièges, conviennent de prendre à bail la ferme du château de Blaru. — Bail de la ferme du château de Blaru fait, pour 9 ans, par François Bonaventure de Tilly à Françoise Bouilland, veuve de Georges Morel, « laboureuse. » — Etats du produit que l'on pourrait tirer annuellement des fermes du château de Blaru, de Chevry, du Colombier et de la Saussaye. — Etat des coupes de bois et hayes de la ferme du château de Blaru. 1770-1778.

E. 3293. (Liasse.) — 9 pièces, papier.

1547-1674. — Blaru. Cens et rentes seigneuriales. — Extrait d'anciens papiers contenant les rentes en champarts dues en la seigneurie de Blaru. Les censitaires soumis au champart, en 1547, sont au nombre de 4, pour la fiasse, 42, pour le seigle, 119, pour le blé, 23, pour l'orge, 56, pour l'avoine, 15, pour les vesces, et 4, pour les fèves : en tout, 257 individus. — Table alphabétique des noms et surnoms des tenanciers de la terre, seigneurie et marquisat de Blaru, inscrits au registre des recettes pour l'année 1608, 458 noms. — Minute pour faire la déclaration de Guillaume David pour la terre du Chênet. — Table alphabétique des censitaires de la terre seigneuriale et marquisat de Blaru pour 1674, 552 noms. — Liste des censitaires qui ont acquitté leurs redevances en 1670. — Mémoires des recettes de rentes seigneuriales pour 1673.

E. 3795. (Liasse.) — 1 pièce, parchemin ; 25 pièces, papier.

1571-1572. — Blaru. Cens et rentes seigneuriales. — Pièces d'un procès entre François de Tilly et Jacques de Tilly, seigneurs de Blaru, d'une part, et Simon de Lespine, Jean de Lespine, l'aîné, Jean de Lespine, le jeune Girard Morin, Coffette, veuve de Vincent Caret ou Carré, Pierre Morel, Louis Morel, Simon Gosselin, Martin Feugère, Jean Questel dit Petit, et Pierre Questel, tous habitants de Blaru, touchant les prétentions des premiers à percevoir, sur chacun de leurs sujets, par chaque « feu et lieu, » trois boisseaux d'avoine, mesure de Vernon.

E. 3796. (Liasse.) — 1 pièce, parchemin ; 5 pièces, papier.

1582. — Blaru. Cens et rentes seigneuriales. — « Conclusions que Jacques de Tilly, escuyer, seigneur
» chastellain de la terre, seigneurie et chastellenie de
» Blaru, gentilhomme ordinaire de la maison du Roy,
» d'une part, mect et baille par devant... le bailly de
» Blaru,... à l'encontre de Pierre Gentil, Jehan Le Roux,
» fils feu Simon, Jehan Morel, fils feu Jehan, fils Gillot, Jean Le Chapperonnier, Loys Gosselin, Charles
» Adam, Charles Pellerin, Claude Le Mostier, la veufve
» Pantaléon Savary, Guillaume Robert, tous habitants et
» subjectz du dict seigneur de Blaru,... d'aultre part.
» aux fins, sur eux et chascun d'eux, pour son regart.
» soint condempnez payer audit seigneur de Blarru, sçavoir est, ceux d'entre eux qui tiennent harnoys et
» voicture, chevaulx et charoy, chascun d'eux le nombre
» et quantité de six boisseaux d'avoyne, et ceulx d'entre
» eux qui n'ont harnoys ne voicture, ains seulement feu
» et lieu, en ladite terre de Blarru, chascun troys boisseaux d'avoyne, mesure desdits lieulx... » — Sentence d'évocation de la cause aux requêtes du Palais à Paris,

en vertu du privilège de *Committimus*, accordé au seigneur de Blaru, par lettres du 9 février 1582. — Défaut donné à Jacques de Tilly par les requêtes du palais contre les défendeurs ci-devant nommés. — Assignation à comparaître en parlement.

E. 3796. (Liasse.) — 25 pièces, papier.

1777-1789. — Blaru. Cens et rentes seigneuriales. — Recette des rentes seigneuriales payées au marquisat de Blaru à la fête de Saint-Sébastien, depuis l'année 1777 jusqu'à l'année 1789 inclusivement. — Table alphabétique des particuliers et établissements qui doivent des rentes au marquisat de Blaru. — Notes et pièces comptables relatives aux rentes.

E. 3797. (Liasse.) — 3 pièces, papier, dont 1 cahier de 23 feuillets in-18.

1592-1672. — Blaru. Cens et rentes seigneuriales. — « Pappier des champarts de Blaru pour l'année » (1592). — Mémoires des grains de champarts reçus en 1671 et 1672.

E. 3798. (Liasse.) — 2 pièces, papier.

1698. — Blaru. Cens et rentes seigneuriales. — Sentence prononcée, à la requête de François Bonaventure de Tilly, chevalier, marquis de Blaru, par Pierre Baudot, lieutenant du bailliage et marquisat de Blaru, contre Hilaire Le Marchand, charpentier, demeurant au Chênet, paroisse de Blaru, lequel est condamné à payer au seigneur de Blaru 6 gerbes de pois gris, pour le droit de champart qui lui est dû sur la récolte de 40 perches de terre, sise au terroir dudit Blaru. — Mémoire des frais auxquels Hilaire Le Marchand est condamné (12 l. 3 s. 6 d.), et déclaration par laquelle ledit Le Marchand s'engage à payer ces frais à madame la marquise de Blaru.

E. 3799. (Liasse.) — 1 cahier in-4°, papier de 28 feuillets.

1688. — Blaru. Cens et rentes seigneuriales. — Inventaire des contrats de rentes du partage des biens de feu Le Pelletier, en son vivant, seigneur de Château-Poissy, fournis par M. de Blaru à ses enfants. À la suite se trouve une déclaration d'acceptation, avec les signatures autographes de Quentin Laurencin, procureur aux sièges royaux de Mantes, et fondé de procuration de

SEINE-ET-OISE. — SÉRIE E. — TOME II.

Charles de Tilly, Sr de Blaru, d'Adrien, Louis et Jacques de Tilly, écuyers, frères de Charles, et héritiers de Marie Le Pelletier, leur mère, en son vivant, femme de Louis de Tilly, seigneur de Blaru, et de Pierre de Croismare, écuyer, sieur de Formort, conseiller du Roi, vicomte de Vernon, curateur de Jacques de Tilly. A la suite encore se trouve l'approbation de Charles de Tilly : signature autographe.

E. 3300. (Liasse.) — 3 pièces, papier.

1643-1756. — Blaru. Cens et rentes seigneuriales. — Analyse des titres concernant une rente de 8 boisseaux d'avoine et un demi-chapon, due au marquis de Blaru par Jacques Chevaucheur, pour sa maison, sise près l'audience du marquisat et châtellenie de Blaru. — Compte de Jacques Chevaucheur avec le marquis de Blaru.

E. 3301. (Liasse.) — 116 feuillets de différents formats.

1658 (S. D.)? — Blaru. Cens et rentes seigneuriales. — États des contrats des censitaires de la seigneurie de Blaru qui ont fourni leurs déclarations, probablement en vue de la confection du terrier de ladite seigneurie.

E. 3302. (Liasse.) — 14 pièces, parchemin ; 94 pièces, papier, dont 12 cahiers in-4° de 93, 24, 10, 12, 9, 22, 27, 10, 13, 8, 5 et 10 feuillets.

1659-1722. — Blaru. Cens et rentes seigneuriales. — Pièces d'un procès entre Charles de Tilly, chevalier, seigneur châtelain de Blaru, du Port-de-Villers, Jeufosse et autres terres et seigneuries, gouverneur de la ville, châteaux et pont de Vernon, d'une part, et Jeanne Le Pelletier, veuve de maître Claude Le Prince, et Claude Le Prince, son fils, et, plus tard, Claude-Jean Le Prévost, chirurgien à Vernon, héritiers de Claude Le Prince, d'autre part. La pièce la plus ancienne du dossier contient les « blasmes que fait, met et baille par devant vous,
» monseigneur le bailly de Blarru ou vostre lieutenant,
» hault et puissant seigneur, messire Charles de Tilly,
» chevallier, seigneur chastellain de Blaru... deman-
» deur en blasmes de déclaration, d'une part, à l'encon-
» tre de Jehanne Le Pelletier, veufve de deffunt maistre
» Claude Le Prince, et Me Claude Le Prince, son filz,
» deffendeurs, contre la déclaration, par eux rendue et
» baillée audit seigneur, des maisons et héritages par
» (eux) tenus à tiltre de cens et de droit seigneurial dudit

» seigneur, à cause de sa chastellenie dudit Blarru, et par
» eux afferme, le jeudy septiesme jour de maradernier,
» par le moyen des quelles blasmes, les deffendeurs seront
» condamnés et puis contrains reffermer et augmenter
» les charges et redevances de ladite déclaration... » La pièce la plus moderne est la signification de : 1°, la sentence arbitrale rendue par Claude-Adjutour Josset, seigneur de Vintimille et de Chenonville, conseiller et avocat du Roi au bailliage, vicomté et siège de police de Vernon, le 29 novembre 1719 ; 2°, l'arrêt du parlement de Paris rendu, sur l'appel interjeté de ladite sentence, le 22 mai 1722 ; 3°, l'acte de soumission fait par Claude-Jean Le Prévost, chirurgien à Vernon, au greffe de la cour du Parlement de Paris, le 8 juin 1722, en exécution tant de la sentence arbitrale que de l'arrêt ; ladite signification faite à Charles de Tilly, chevalier, marquis de Blaru, requête de Claude-Jean Le Prévost, 19 juin 1722.

E. 3303. (Liasse.) — 4 cahiers in-4°, papier, de 10 feuillets.

1689 (S. D. vers). — Blaru. Cens et rentes seigneuriales. — Registre des rentes dues au seigneur de Blaru, avec les dates des contrats de constitutions, sentences et autres actes relatifs à ces rentes. A la fin est une table alphabétique, contenant 93 noms de personnes, avec l'indication des feuillets où ces noms se retrouvent.

E. 3304. (Liasse.) — 1 pièce papier.

1351-1543. — Blaru. Cure, Prieuré. — Copie des actes ci-après indiqués, extraite, en 1543, des registres de feu Jean Ferret, en son vivant, tabellion de Blaru. — 1°, Déclaration de noble homme Jean de Tilly, sieur de Blaru, vénérables et discrètes personnes, frère Jean Larcher, prieur de Blaru, et maître Guillaume Champion, prêtre, curé dudit lieu, sur l'existence et la teneur de la donation d'une rente annuelle et perpétuelle de 20 sous tournois, à prendre sur le grand moulin de Blaru, tenu en ce moment à ferme par Alain Chastellain, faite le 25 mars 1478, au prieur et curé de Blaru et à leurs successeurs, par ledit Jean de Tilly et Marie de Bernezay, sa femme, « pour faire et célébrer ung obyt... par cha-
» cun an, » dans l'église paroissiale de Blaru, « le lende-
» main de la Notre-Dame ; » 2°, traité et accord fait, le 28 mai 1487, entre noble homme Jean de Tilly, d'une part, et Colin Le Marchant, Simonnet du Bisson, Chrétien Hays, Robin Le Roux, Perrin Le Roux, Guillaume Le Roux, Jean Jouenne, Pierre Carré, Richard..., Pierre

Gosselin, Yvonnet Hays, Guillemin Gosselin, Robin de Vernay ou Bernay, Denis Questel, Guillaume Morel, Perrin Lefort, Jean Troslin, Jean Pont dit Sardin, Jean Pont le jeune, Pierre Le Friteux, Thomas Morel, Roger Le Chapperonnier, Pierre Fallaze, Guillaume Harel, Perrot Nolles, Richard Harel, Adenet Le Fouillon, Denis Tahye, Guillemot Le Roy, Geuffroi Robert, Jean Annoys, Jean Lucas, Jean Chauvin et Jean Le Fort, tous manants et habitants de Blaru, d'autre part, touchant le guet dudit Blaru; pour être quittes du guet, les habitants s'engagent à payer 20 deniers tournois par an, en deux termes; 3°, promesse faite, le 4 mai 1400, par Perrin et Guillaume, dits Les Roux, frères, de faire dorénavant les « corvées » et avoynes » qu'ils refusaient à Jean de Tilly, écuyer, Sr de Blaru. — Ratification par les religieux, abbé et couvent de l'abbaye et monastère de Notre-Dame de « Colombs, » sur la présentation et après la lecture faite par frère Ambroise Taillebois, religieux de ladite abbaye et Prieur de Blaru, de la donation du 25 mars 1478, mentionnée plus haut. — Sceau, vestiges de sceau.

E. 3395. (Liasse.) — 6 pièces, parchemin.

1550-1554. — Blaru. Cure, Prieuré. — Reconnaissances d'héritages et rentes tenus de frère Ambroise Taillebois, prieur de Blaru, par Martin Dupré, praticien en cour laye, Guillaume Colleuille, Louis Hays, Philippe Le Roy.

E. 3396. (Liasse.) — 3 cahiers, papier, de 12, 37 et 38 feuillets, in-4°.

1555-1556. — Blaru. Cure, Prieuré. — Quittance donnée à discrète personne messire Guillaume Bernay, prêtre, et Jean Bernay, marchand, son frère, demeurant à Blaru, receveurs fermiers des grosses dîmes de la paroisse de Blaru, par Étienne Charpentier, manouvrier, Lubin Bernay, Pierre Chauvin, tisserand en toile, Louis Le Fort, manouvrier, et Pierre Chambon, aussi manouvrier, tous demeurant en la paroisse de Blaru, ayant levé les dîmes et battu les grains. — « Cens et rentes seigneu-
» riales deubz, par chascun an, à religieuse personne
» frère Ambroise Tailleboys, prieur du prieuré Mons.
» Saint-Hilaire de Blaru, receuz par ledit prieur, en son
» hostel et lieu de recepte de son dict prieuré, au dict
» Blaru, pour l'an mil cinq cens cinquante et cinq,
» portans ventes, saisines et amandes, quant le cas y
» eschet... » — Le même, pour l'année 1556.

E. 3397. (Liasse.) — 4 pièces, parchemin; 6 pièces, papier.

1559. — Blaru. Cure, Prieuré. — Pièces d'un procès entre la veuve de Jean Le Chapperonnyer, d'une part, et Frère Ambroise Taillebois, prieur et curé primitif de Blaru, pour raison du droit de dîmes de bois prétendu par ce dernier.

E. 3398. (Liasse.) — 3 pièces, parchemin; 25 pièces, papier, dont 2 cahiers de 16 feuillets, in-4°.

1564-1573. — Blaru. Cure, Prieuré. — Guillaume Foucault et Jean Dagonnier, prêtres, chanoines de l'église cathédrale Notre-Dame d'Évreux, « pour adviser et
» délibérer des biens meubles et immeubles, moins duy-
» sans et commodes, que les bénéficiers dudit diocèse,
» cotizés à la somme qu'il convient lever audit diocèse,
» pour le remboursement du temporel de l'église alie-
» né,... pourront vendre,... » consentent à la vente de 7 livres 5 sous 9 deniers tournois de rente, 38 boisseaux de blé et 48 boisseaux d'avoine de cens, par le prieur de Blaru, jusqu'à concurrence de sa cotisation, fixée à 600 livres tournois. — Adjudication à Charles de Tilly, seigneur châtelain de Blaru, du Port-de-Villez, et du Grand-Poligny, en Anjou, gentilhomme ordinaire de la maison du Roi, demeurant à Blaru, de 7 livres 5 sous de censive, 38 boisseaux de blé et 48 boisseaux d'avoine, aussi de censive, que Bonaventure de la Chaussée, prieur commandataire de l'église Saint-Hilaire de Blaru, « a droit de prendre sur plusieurs personnes de Blaru et lieux voisins, en vertu de l'adjudication qui lui en a été faite le 22 janvier 1564 (1565. N.-S.), moyennant la somme de 720 livres tournois. — Charles de la Chaussée, prieur de Theuvy, procureur fondé de son frère Bonaventure, donne quittance à Charles de Tilly, 1°, de 300 livres tournois, 2°, de 420 livres tournois, faisant ensemble les 720 livres mentionnées ci-devant. — Lettre du même Charles de la Chaussée au même Charles de Tilly, jointe à la première quittance, et par laquelle on voit que « Mons.
» de Theuvy » avait épousé une sœur de Charles de la Chaussée. — « Papiers de recepte en deniers et menus
» cens et rentes seigneuriales deubz à monseigneur de
» Blaru, à cause de l'acquisition qu'il en a faicte de Bo-
» naventure de la Chaussaye, prieur du prieuré Mons.
» Saint-Hilaire de Blaru. » — Signification à Geufroy Vincent, prêtre, prieur de Blaru, de la taxe de 2 écus sol, représentant la quote-part du prieuré de Blaru, dans la somme de 47,638 livres demandée par le Roi au diocèse

d'Évreux. — Noble personne M⁰ Olivier Chaillou, prieur de Saint-Hilaire de Blaru, demeurant à Paris, fondé de procuration Jean Dupré, son fermier, pour recevoir « des fermiers et curés de la cure de Cabaignes, tout ce » que peuvent debvoir du muyd de grain par chacun au » audit prieur, et aussi de ce que peult estre deub à As- » premont... » — Publications faites, le 29 novembre 1564, au nom de maître Bonaventure de la Chaussée, prieur de Saint-Hilaire de Blaru, dans les églises de Blaru, Jeufosse, Chauffours, la Villeneuve, Vernon et Mante, par les curés ou desservants, Morel, Pierre Le Barbier, Colius Bourcier, Pénochet et Launoy, pour annoncer la vente de 7 livres 5 sous 9 deniers tournois de cens et rentes seigneuriales, de 38 boisseaux de blé et 48 boisseaux d'avoine, dus annuellement par les habitants de Blaru et circonvoisins. — Autres publications pour le même objet, le 10 décembre 1564. Le desservant de la Villeneuve est Henry et non plus Bourcier. — Autres publications, pour le même objet, du 21 janvier 1564 (1565, N. S.).

E. 3309. (Liasse.) — 3 cahiers, papier, de 6, 6 et 15 feuillets in-4°.

1552-1552. — Blaru. Cure, Prieuré. — Enquêtes touchant la prétention des prieur et curé de Blaru à lever la dîme des laines et agneaux dans l'étendue de la paroisse de Blaru, faites par Eustache Apoil, sieur de Romainval, lieutenant-général civil et criminel au bailliage et siège présidial de Mantes, suivant la sentence donnée entre Claude Goulas, prêtre, prieur de Blaru, et Jean Jubert, prêtre, curé dudit Blaru, le 3 août 1651, à l'encontre de Jean Luce, Guy Baucher, Pierre Morel, Claude Morain et autres habitants de Blaru. — Enquête, faite par le même et pour le même objet, à la requête de Jean Luce, Guy Boscher, Pierre Morel, Claude Morain, Guy Vassart, Morain Pellerain, Jean et Jacques Les Chaumontz, Alexandre Pons, Pierre Legrand, Jacques Drouart et consorts, habitants de Blaru, défendeurs, à l'encontre de Jean Jubert, prêtre, curé dudit Blaru, demandeur, en exécution d'une sentence interlocutoire du bailliage de Mantes, sur les faits posés et articulés par lesdits Jean Luce et consorts.

E. 3310. (Liasse.) — 31 pièces, papier.

1518-1664-1721. — Blaru. Cure, Prieuré. — Pièces d'un procès entre le marquis de Blaru, d'une part, et, successivement, Jean Jubert, prêtre, maître-ès-arts en l'Université de Paris, et Pierre L'Huissier, curé de Blaru, d'autre part, pour raison de déclarations censuelles incomplètes rendues par lesdits curés au seigneur de Blaru. — Extrait, fait en 1638, des registres des rentes seigneuriales de Blaru, en ce qui concerne celles dues par les curés dudit lieu, de 1518 à 1570. — Autre extrait du registre de la recette des rentes seigneuriales de Blaru des années 1595 et 1596. — Sentence contre Jean Jubert. — Déclaration des terres et biens tenus par le curé de Saint-Hilaire de Blaru, dans la seigneurie de Blaru, présentée à l'audience du bailliage de Blaru, par Jean Jubert, qui déclare, en outre « que, de ce que lesdites redevances n'a- » valent été demandées, ni à ses prédécesseurs, ni à lui, » depuis plus de neuf ans, il auroit présumé que lesdits » seigneurs, d'une part, et les curés dudit Blaru, se se- » roient par cy devant accommodez de compenser et » commuer lesdites redevances pécuniaires en redevances » spirituelles et en des prières consistantes spécialement » en des *Libera me*, *Domine*, et suffrages mortuaires, qui » se chantent coutumièrement, en ladite église, tous » les dimanches et fêtes de l'année, après la procession » des messes paroissiales et après les complies,..... et » requiert du seigneur de Blaru de lui faire apparoir » la fondation desdits suffrages et de l'obligation qu'il a » de les chanter. » — Le 21 mai 1721, le bailli de Blaru condamne le curé Pierre L'Huissier à présenter une nouvelle déclaration, « adressante au sieur marquis de » Blaru, dans laquelle il sera tenu charger le manoir » presbytérial et lieux y attenant de deux chapons, paya- » bles aux termes de Noël, et de trois sols neuf deniers » d'argent, payables au terme de Toussaint, envers ledit » seigneur demandeur, et, à l'égard des autres terres et » champs, appartenant au deffendeur, à cause de son bé- » néfice, ordonne qu'ils seront chargés à raison de deux » sols parisis l'acre, payables aux termes de Toussaints, » par chacun an... » — Le 1ᵉʳ décembre 1721, le curé Pierre L'Huissier baille l'aveu et dénombrement de ce qu'il tient, en sa qualité de curé de Blaru, à titre de cens, droits et redevances seigneuriales dus au seigneur de Blaru, et, par le même acte, se désiste de l'appel par lui interjeté d'une sentence du bailliage de Blaru, en date du 19 mai 1721.

E. 3311. (Liasse.) — 2 pièces, parchemin, 7 pièces, papier, dont 1 imprimée.

1540-1672. — Blaru. Cure, Prieuré. — Production pour Charles de Tilly, marquis de Blaru, intimé, contre Mᵉ Pierre L'Huissier, curé dudit Blaru. — Copie de l'aveu de la seigneurie de Blaru, fait en 1640. — Arrêt du parlement contre les habitants de Goupillières, pour le droit de banalité. — Sentence et arrêt confirmatif contre Jeanne Le Pelletier, veuve de maître Claude Le Prince, et son fils, Me Claude Le Prince, pour les droits seigneuriaux dus au châtelain de Blaru. — Sentence qui condamne messire Jean Jubert, prêtre et curé de Blaru, à réformer la déclaration qu'il a fournie au seigneur de Blaru. — Déclaration des héritages tenus par droit de cens dû au marquis de Blaru par Jean Harnouyer, prêtre et curé de Notre Dame de *Giffosse*. — Le mandataire de Bernard de *Fortius*, chapelain de la chapelle Saint-Léger ou Ligier du Chénet, en l'église de Blaru, baille, à titre de loyer, pour 6 ans, à Guy Baucher, receveur fermier de la terre et seigneurie du Chénet, le revenu temporel de ladite chapelle.

E. 3313. (Liasse.) — 1 pièce, parchemin ; 35 pièces, papier.

1542-1680. — Blaru. Cure, Prieuré. — Procédures pour le seigneur de Blaru contre le prieur dudit lieu. — Accord et transaction par devant notaires, à Paris, entre frère Ambroise Taillebois, prêtre, licencié en droit, et prieur du prieuré de l'église Saint-Hilaire de Blaru, d'une part, et Jean Houdé, prieur et curé primitif de l'église de Blaru, ayant repris le procès au lieu de feu Denis Desnault, en son vivant, prêtre, prieur, curé primitif de ladite église, d'autre part, réglant les droits et fonctions respectifs du prieur et du curé dans l'église : le prieur recevra les deux tiers et le curé un tiers des grosses dîmes; les dîmes de vins, vertes dîmes et dîmes domestiques seront perçues par moitié ; le prieur et le curé contribueront aux frais au prorata. — « Claude Le » Pelletier, Nicolas de Cabagne et Jacques Nolle, » marguilliers de l'église de Blaru, reconnaissent, au nom des habitants de Blaru, au prieur de Blaru le droit de faire enlever et transporter où il lui plaira « le tabernacle posé » au maître-autel de l'église de ladite paroisse (Blaru), » par l'ordre de Monseigneur l'évêque d'Evreux... » — Guy Goulas, prieur commandataire du prieuré de Saint-Hilaire de Blaru, intente une action contre les marguilliers ci-dessus nommés, Charles Perier, vicaire perpétuel de Saint-Hilaire de Blaru, et Charles de Tilly, marquis dudit lieu. — Productions de pièces par les parties. — Arrêt du parlement en faveur de Guy Goulas, confirmant les droits réciproques du prieur et du vicaire.

E. 3313. (Liasse.) — 4 pièces, papier, dont 2 cahiers, l'un de 23 et l'autre de 54 feuillets in-4°.

1656-1677. — Blaru. Cure, Prieuré. — Production pour Charles de Tilly, marquis de Blaru, contre Pierre L'Huissier, curé de Blaru. — Compulsoire des déclarations présentées à la seigneurie de Blaru. — Lettres d'érection en marquisat de la châtellenie de Blaru. — Information ou enquête pour l'enregistrement des lettres d'érection de la châtellenie de Blaru en marquisat. — Aveu et dénombrement rendu au Roi, à cause du château de Montespervier, sis à Mantes, par Charles de Tilly, chevalier, seigneur et marquis de Blaru, gouverneur des ville et château de Vernon, capitaine des chasses et plaisirs de Sa Majesté dans les forêts de Vernon, Andelys, Bacqueville, Gasny et buissons en dépendant, fils et héritier de Charles de Tilly, chevalier, en son vivant, seigneur de Jeufosse, Port-de-Villers, Corbie, Bionval, Laquendaye, Pressagny, Le Quesnay, aussi marquis de Blaru, gouverneur des ville et château de Vernon, capitaine des chasses et plaisirs de Sa Majesté dans les susdits forêts et buissons, gentilhomme de la chambre du duc d'Orléans, pour la terre, châtellenie et marquisat de Blaru, terres et seigneuries en dépendant, tant en l'Ile-de-France qu'en Normandie.

E. 3314. (Liasse.) — 3 pièces, parchemin ; 24 pièces, papier, dont 1 cahier de 12 feuillets in-4°.

1689-1690. — Blaru. Cure, Prieuré. — Sentence du bailli de Mantes, rendue à la requête de Charles de Tilly, marquis de Blaru, et les syndic, marguilliers, manants et habitants de la Paroisse dudit lieu, contre Guy Goulas, prêtre et prieur, et Charles Périer, aussi prêtre et curé de Blaru, gros décimateurs de la paroisse, et portant que le clocher de l'église de Blaru sera vu et visité par Robert Pitron et Claude Simon, jurés, maçon et charpentier, nommés d'office, qui dresseront procès-verbal de leur visite. — Requête de Charles de Tilly au bailli de Mantes, tendant à obtenir la nomination d'un autre expert à la place de Claude Simon, expert, décédé. — Exploit de sommation aux prieur et curé de Blaru d'être présents au rapport du procès-verbal des experts devant le bailli de Mantes. — Procès-verbal des experts Robert Pitron et Philippe Jean, maître charpentier ; ... « Premiè- » rement, avons remarqué que le chœur et chancel de la- » dite église contient (29) pieds de longueur de dans œuvre, » sur (18) pieds de largeur, dont il y en a treize pieds

« faisant le Sancta sanctorum, où est le maître autel,
» divisé, par une balustrade de bois, du surplus, où est
» aussi le lutrin et où chantent les prestres; au-dessus
» duquel chœur et chancel sont les cloches,... et le dessus
» duquel clocher est cantonné de quatre pillers carrés de
» (18) pieds de hauteur chacun, et sur lesquels il y a
» quatre arcades de tous sens, qui font la séparation du
» pourtour de ladite église et nef, sur lesquelles arcades
» portent les murs du carré du clocher, de la hauteur
» de (40) pieds, jusqu'aux entablements; dans l'espace
» desquels (40) pieds, sçavoir, à (25) pieds de hauteur ou
» environ, avons remarqué une voûte en arc d'augive,
» qui fait le plancher du clocher; au dessus de laquelle
» voûte, à neuf pieds de hauteur, sont placées trois pou-
» tres portant le beffroy des cloches; et sur lesquelles
» poutres est placée la charpente en quarré, au dedans
» des murs, et qui règne jusques au-dessus de l'enta-
» blement de la hauteur de neuf pieds, sont placés (sic)
» huit poteaux de hauteur, chacun de 12 pieds, qui por-
» tent la pointe et flèche du clocher à huit pans... » La dépense pour la réparation du clocher en bois, fer, plomb,
ardoises, clous et lattes, et en utilisant les démolitions, est
évaluée à 2,800 livres. — Plan de l'église. — Le prieur et
le curé, n'ayant pas satisfait à l'obligation de leurs qualités de gros décimateurs, sont cités à comparaître en
parlement, pour voir dire et ordonner qu'en attendant
la décision d'un appel par eux interjeté d'une sentence
du bailliage de Mantes précitée, ils seront tenus de faire
faire la réparation du clocher à la première sommation
qui leur sera faite, sinon qu'il sera permis à Charles de
Tilly et consorts d'y faire travailler et d'en avancer les
deniers à leurs dépens. — Copie de pièces, dont : l'adjudication des travaux faite à François Rouget, maître
charpentier à Vernon, demeurant à Tourny, pour 2,380
livres, sauf déduction de la somme à laquelle seront évalués les matériaux provenant des démolitions; le prieur
contribuera pour les deux tiers et le curé pour l'autre
tiers; le certificat du dépôt de 374 livres, fait au greffe
du bailliage de Mantes par Guy Goulas, pour éviter la
vente d'une chaise et de deux chevaux, saisis sous lui, à
la requête de François Rouget; un procès-verbal de saisie
des meubles du prieuré de Blaru, dans lequel le sergent
ne trouve qu'un méchant lit, que l'ordonnance du Roi
défend de saisir. — Lettre autographe du marquis de
Blaru à M. Perdreau, procureur au parlement : « M. le
» curé de Blaru va à Paris pour poursuivre M. le prieur
» sur la réparation du clocher, auquel il faut aider au-
» tant que nous pouvons, sans nous départir, cependant,
» des arrêts que nous avons obtenus contre l'un et contre
» l'autre,... il faut seulement luy aider... à faire con-
» damner le prieur,... lequel a empesché que le charpen-
» tier, avec lequel le S⁺ curé avait fait marché, n'ait
» travaillé au clocher; lequel, faute de réparations, est
» tombé sur l'église et a fait beaucoup de désordre... »
— Dépens adjugés, par arrêt de la cour du 8 juin 1690,
et dont requièrent taxe en parlement Charles de Tilly,
marquis de Blaru, et les syndic, marguilliers et habitans de la paroisse Saint-Hilaire de Blaru, contre Guy
Goulas, prieur dudit Saint-Hilaire.

E. 3315. (Liasse.) — 12 pièces, papier.

1705-1706. — Blaru. Cure, Prieuré. — Pièces d'un
procès entre Simon Dumoulin, Nicolas Sachet et François
Blin, fermiers des moulins banaux du marquisat de
Blaru, et, plus tard, Charles de Tilly, marquis de Blaru,
prenant fait et cause pour eux, d'une part, et François
Loyer, prêtre, curé de Blaru, et Jean Lesueur, prêtre,
curé de Jeufosse, d'autre part. Par sentence du bailliage
de Blaru, du 28 janvier 1706, le seigneur de Blaru est
maintenu dans la possession de sa banalité, et les curés
sont condamnés à faire moudre leurs grains aux moulins
banaux dudit seigneur, à peine de confiscation et de
20 livres d'amende, et à payer aux fermiers les « mou-
» tages de grains qu'ils ont cy-devant fait moudre en
» d'autres moulins, » à raison d'un sixième pour boisseau.

E. 3316. (Liasse.) — 29 pièces, papier, dont 5 cahiers
de 7, 10, 14, 14 et 28 feuillets in-4°.

1719-1721. — Blaru. Cure, Prieuré. — Production
pour Charles de Tilly, marquis de Blaru, contre Pierre
L'Huissier, prêtre, curé de l'église de Saint-Hilaire de
Blaru. — Assignation à « comparoir » à huitaine, pa-
vant le lieutenant-général du bailliage de Mantes, donnée
au marquis de Blaru, pour répondre et procéder sur et
aux fins d'une requête de Pierre L'Huissier, tendant à obtenir que le marquis et la marquise soient condamnés à
lui remettre les clefs d'une porte particulière de l'église,
que le curé pourra faire boucher et, en tout cas, fermer
en dedans; qu'il leur soit expressément défendu de faire,
soit par eux, soit par leurs domestiques, aucune menace
de violence à ceux qui sonneront les cloches pour les
morts, et d'interrompre, dans le service divin, le suppliant,
qui sera maintenu dans la libre possession et jouissance
d'une chaise du chœur; et qu'enfin, pour avoir troublé
le suppliant, ils soient condamnés solidairement à des
dommages-intérêts portés à 100 livres. — Défense du

marquis de Blaru, qui conclut à ce que le curé de Blaru soit débouté de sa demande, et qu'à la jonction du procureur du Roi, il soit dit que les règlements sur la sonnerie des cloches seront exécutés, avec défense de sonner à heure indue; que le marquis de Blaru sera maintenu dans tous les droits honorifiques de l'église de Blaru, comme patron et haut justicier, et dans la possession immémoriale d'avoir la clef d'une porte de l'église; qu'il sera défendu au curé d'introduire aucune personne laïque dans le chœur, ni de lui céder sa chaise; et, pour réparation du scandale qu'il a causé, en abandonnant son église, le dimanche de la Passion, que ledit curé sera condamné à 500 livres d'amende, applicables à l'embellissement et aux réparations de l'église. — Réplique du même à un plaidoyer fourni par le curé; il fonde son droit de patronnage honorifique sur ce que l'église de Blaru a été bâtie sur le fond des anciens seigneurs châtelains de Blaru, « proche et jointe à leur château par une
» galerie qui y a une entrée, en sorte que cette église pa-
» roist proprement la chapelle du château. Lorsqu'on est
» entré dans cette église on voit, à costé de l'hostel de
» Saint-Jean, une tombe eslevée de deux pieds, que l'on
» appelle, de tout temps, la tombe du fondateur; laquelle
» est posée sous une arcade prise sous l'espoisseur de la
» muraille de l'église, et, sur cette tombe, on y lit encore
» le nom de Pierre de Blaru, qui trépassa en l'année
» 1237. En entrant dans le cœur, on voit, à costé de
» l'hostel de Saint-Hilaire, deux représentations de
» pierre, l'une de Charles de Tilly, seigneur chastelain
» de Blaru, et l'autre de Louise de Vaudray, son espouse,
» à genouil devant chacun un prie-dieu, portant leurs
» armes; au-dessous desquels est leur épitaphe : décédés
» ès années 1551 et 1564. On voit les armes des seigneurs
» de Blaru taillées en pierre d'un costé de l'hostel, sous
» les pieds de la statue de Saint-Hilaire, et, de l'autre,
» sous les pieds de Saint-Michel, patron de l'église. On
» voit, hors le balustre qui sépare l'hostel du reste du
» cœur, un banc fermé, dans lequel le sieur et dame
» marquis de Blaru sont placés, où tous les curés leur
» ont toujours donnés de l'eau bénite, le dimanche, et
» de l'encens, les festes solennelles, comme a fait aussy
» le sieur L'Huissier, depuis qu'il est curé. On voit une
» litre ou ceinture funèbre au dehors et au dedans de
» l'église et du cœur, sur laquelle ont été apposées les
» armes des seigneurs de Blaru, de toute ancienneté.
» Lorsqu'on sort de l'église, on voit la galerie qui joint
» l'église au chasteau, et qui conduit à une tribune dans
» l'église, qui a veue sur le cœur; on voit, à costé de
» l'église, une porte pratiquée, en mesme temps que l'é-
» glise a esté construite, pour l'usage des seigneurs, dont
» ils ont la clef. » — Charles de Tilly communique au greffe du bailliage de Mantes les pièces énumérées dans son plaidoyer. — Par sentence du bailli de Mantes, 29 juin 1720, les parties sont appointées en droit à écrire, produire et contredire, et bailler salvations suivant et dans le temps de l'ordonnance. — Inventaire des pièces produites devant le bailli de Mantes par Charles de Tilly. — Contredits fournis et donnés par le même devant le même magistrat. — Salomon Faroult, procureur du curé Pierre L'Huissier, signifie à Jacques Ribault, procureur de Charles de Tilly, que ledit L'Huissier se porte pour appelant au parlement de la sentence rendue contre lui et à son préjudice au bailliage de Mantes, le 30 mars 1721. — Le 6 mai 1721, Jacques Ribault somme Salomon Faroul de comparaître, le jour même, pour prendre sur place communication de la déclaration des dépens adjugés à Charles de Tilly. — Sommation analogue du 17 mai 1721.

E. 3317. (Liasse.) — 35 pièces, papier.

1749-1723. — Blaru. Curé, Prieuré. — Production de pièces rappelées ou résumées dans une sentence du 21 janvier 1723, en faveur de Charles de Tilly, marquis de Blaru, contre Pierre L'Huissier, curé de Blaru... « Nous disons les déclarations présentées par ledit sieur
» curé le (8) août (1720) et (15) décembre (1721), insuffi-
» santes, mal baillées et moins que duement chargées,
» et à bonne cause les blasmes fournies contre icelles par
» ledit seigneur demandeur, suivant lesquelles nous
» avons condamné le deffendeur de réformer lesdites dé-
» clarations, et y employer en détail toutes et chacunes
» rentes, censives, droits et devoirs seigneuriaux par lui
» dues, à cause des héritages dont il est détempteur,
» conformément à notre sentence du (20) mai (1721), et
» nommément charger sa déclaration des droits de lots et
» ventes, deffault, saisines, amendes, feu, guet, banna-
» lité aux moulins, four et pressoir, ver, taureaux, et
» autres droits dus audit seigneur à cause de son mar-
» quisat et chastellenie,... de payer les arrérages eschus
» de droit des rentes par luy dues,... et... aux dépens...
» taxes et liquidez à (71 livres 8 sous 6 deniers). »

E. 3318. (Liasse.) — 5 pièces, papier.

1720. — Blaru. Curé, Prieuré. — Sentence du bailli de Blaru donnant défaut à Charles de Tilly, marquis de Blaru, contre Pierre L'Huissier, prêtre, curé de Blaru, et portant que ledit marquis fera preuve du dommage causé par Pierre Vaste, valet dudit curé, à une haie d'épines, clôturant la cour, pressoir et terre ensemencée, joignant le presbytère, sauf au curé à faire preuve du contraire. — Assignation de témoin à cet effet.

E. 3310. (Liasse.) — 57 pièces, papier.

1680-1728. — Blaru. Cure. Prieuré. — Production pour Charles de Tilly, chevalier, marquis de Blaru et consorts, demandeurs, contre André Chaumont et Charles Billy, défendeurs. — Sentence arbitrale rendue par Jean Bellart, curé de Notre-Dame de Vernon, choisi pour juge des différends entre Jean Jubert, prêtre, bachelier en droit canon, curé de l'église paroissiale de Saint-Hilaire de Blaru, d'une part, et Marin Pellerin, et Jacques Drouard, marguilliers de ladite église, d'autre part. Le curé donnera tous les ans à la fabrique 3 livres tournois, pour l'entretien de la seconde cloche de l'église; plus 25 sous par an et la moitié des arrérages représentant la valeur d'un quarteron de « Rottiaux de Fouaire, » pour être employés aux réparations les plus nécessaires de l'église; quant aux obits, les marguilliers continueront à payer au curé, pour chaque obit, la somme de 30 sous, « à la
» charge que, outre ledit sieur curé et le prestre vicaire
» dudit sieur prieur, il y aura trois autres prestres et
» deux petiz enfants choristes, et que ledit sieur curé
» prendra le soing de faire sonner et allumer les cierges;
» et, en cas qu'il eust moins de prestres que dessus, sera
» diminué audit sieur curé deux solz pour chacun ab-
» sent; et, en cas qu'il s'en trouve plus grand nombre,
» ils seront payez, par lesdits marguilliers, à ladite
» raison de deux solz pour chacun... » La coutume immémoriale de payer à la fabrique une somme de trois livres, pour droit d'ouverture de terre, lorsqu'on inhume un corps dans l'église, continuera à être suivie, et l'on prélèvera, comme par le passé, sur ces trois livres, la somme de 20 sous pour les droits tant du prieur que du curé; un article additionnel surseoit à l'application de cette dernière clause en ce qui concerne l'inhumation des petits enfants. — Règlement de François de la Haye, prêtre, docteur en théologie, curé de Saint-Aquilin d'Evreux, promoteur du diocèse et délégué de l'évêque d'Evreux, pour régler les honoraires du curé de Blaru, supprimer ou réduire les obits et fondations, etc. Le curé percevra 20 sous pour chaque obit consistant en *vigiles* avec *Laudes*, une haute messe et *Libera*, et pour la recommandation qui doit être faite le dimanche précédent : 15 sous pour service des morts où il n'y aura qu'une haute messe : 15 livres tournois par an pour le *petit salut*, qui se doit chanter tous les soirs; 20 sous et 15 sous pour le vicaire pour la procession annuelle de Notre-Dame de Grâces; 5 sous pour chaque *Libera*. Les trois services pour dame Le Pelletier, Jacques et Louis de Tilly, sont réduits à deux ; les honoraires du curé sont réduits à 15 sous pour chacun des deux obits des sieurs de Saint-Séverin ; les trois obits pour Adrien Pèlerin et Barbe Barré seront célébrés en deux messes basses ; celui de François Courtois, dû par la succession de Lucas Luce, et celui de Lucas Luce seront célébrés, nonobstant le non-paiement de la rente y affectée ; la rétribution du curé est réduite à 15 sous pour l'obit de Nicolas Lenoir et de Barbe de Launé, ainsi que pour celui de Louis Nolle ; les obits de Claude Pellerin, Charles Idoine, et Jean Robert, prêtre, ne seront célébrés que lorsque les marguilliers auront recouvré la rente y afférente ; la fondation de la décollation de saint Jean-Baptiste, faite par Jean Jubert, est réduite à une messe basse avec 10 sous pour le célébrant ; la rétribution du curé est réduite à 15 sous pour chacun des obits de Jeanne Le Plastrier, femme de Louis Nolle, et Guillemette Hay, femme de Nicolas Gosselin ; pour le *Libera* de Perrette Ledru, celui d'Antoine Soret et « celuy du
» fondateur du pain de la cène, » il est enjoint au curé de les chanter moyennant 5 sous pour chacun ; l'obit de Marie Lasne sera célébré nonobstant le non-paiement de la rente y affectée ; la rétribution du curé pour l'obit de Jean de Launé, prêtre, est fixé à 15 sous. Le droit d'assistance aux obits, services et inhumations, pour les vicaires, est fixé, conformément aux règlements du diocèse, savoir, pour les obits ordinaires, à 3 sous, et à 15 sous, pour les services fondés auxquels il y aura trois messes, dont le vicaire en dira une. — Charles de Tilly, marquis de Blaru, demande par voie judiciaire la reddition des comptes d'André Chaumont et Charles Billy, ci-devant marguilliers de la fabrique de l'église de Blaru. — Compte de ladite fabrique rendu par lesdits marguilliers, pour les années 1712-1713. — Charles de Tilly se pourvoit auprès du lieutenant-général au bailliage de Mantes, pour obtenir que lesdits marguilliers rendent de nouveau leurs comptes, « à la tablette, en la manière ordinaire, » leurs premiers comptes étant inexacts. — Réplique des marguilliers. — Par sentence du bailliage de Mantes, les parties sont appointées en droit à écrire, produire et contredire le tout, dans le temps de l'ordonnance. — Production pour Charles de Tilly contre Guy et Jacques Gosselin, marguilliers de la paroisse de Blaru. — François-Bonaventure de Tilly, chevalier, marquis de Blaru, capitaine au régiment, mestre-de-camp général des dragons de France, autorisé par justice à poursuivre, sans attribution de qualité, les instances commencées par Charles de Tilly, son père, adresse au bailli de Mantes

une requête, tendant à obtenir la permission de faire assigner André Chaumont, Guy Gosselin et Jean Houssaye, anciens marguilliers de la paroisse de Blaru, à l'effet de savoir d'eux s'ils ont donné commission de composer un avertissement, signifié au requérant et contenant plusieurs points injurieux pour la mémoire de son père. — Désaveu d'André Chaumont, Guy Gosselin et Jean Houssaye.

E. 3320. (Liasse.) — 6 pièces, papier.

1782. — Blaru. Cure, Prieuré. — Sentence du Bailliage de Mantes, dans l'instance entre Charles de Tilly, marquis de Blaru, le syndic et les marguilliers en charge de l'église de Blaru, d'une part, et les sieurs Chaumont et Charles Billy, trésoriers en charge de l'église et fabrique de Saint-Hilaire de Blaru en 1713-1714, Jacques Gosselin et Guy Gosselin, en charge en 1715-1716, Jacques Gosselin et Jean Houssaye, en charge en 1719-1720, d'autre part, ordonnant que l'église de Blaru sera visitée par Pierre Basse, maçon, et Charles Jean, charpentier, qui indiqueront les réparations à faire, et présenteront l'estimation des dépenses, et qu'en présence du curé et des marguilliers en charge, il sera procédé à l'inventaire des titres, papiers et comptes de la fabrique par Le Coux, tabellion à Blaru. — Procès-verbal de prestation de serment par Pierre Lefeuvre, dit Basse, maçon, demeurant à Vernon, et Charles Jean, maître charpentier, demeurant à Blaru, experts nommés pour visiter l'église de Blaru et faire l'estimation des réparations dont elle a besoin. — Sentence du bailliage de Mantes, à la requête de Charles de Tilly, marquis de Blaru, François Colliette, syndic de la paroisse, Louis Hervé et François Dupré, marguilliers de la fabrique de Saint-Hilaire de Blaru, qui les autorise à faire faire les réparations à l'église de Blaru, à la réserve de celles de chœur, et, à cette fin, à faire faire les publications nécessaires pour procéder à l'adjudication, au rabais, desdites réparations, et qui permet au seigneur de Blaru d'avancer les deniers nécessaires, dont il sera remboursé par la fabrique, sur le reliquat des comptes des marguilliers, dont l'exercice est fini, et, en cas d'insuffisance, sur les habitants de la paroisse, sauf aux requérants à se pourvoir contre les gros décimateurs, pour les obliger à faire faire les réparations nécessaires au chœur. — Publications pour l'adjudication au rabais des réparations à faire à l'église de Blaru.

E. 3321. (Liasse.) — 3 pièces, parchemin; 10 pièces, papier.

1669-1768. — Blaru. Cure, Prieuré. — Simon Gosselin, fils de feu Guillaume Gosselin, tisserand en toiles, demeurant en la paroisse de Blaru, baille, à titre de rente à fin d'héritage, à Jeanne La Verin, veuve dudit Guillaume Gosselin, demeurant en la même paroisse, certains immeubles et droits spécifiés dans l'acte, pour le prix de 10 livres de rente annuelle. — Copie, faite en 1670, de la déclaration des biens tenus à cens et rentes seigneuriales de Charles de Tilly, marquis de Blaru, par Eloi Le Clert, bourgeois de Vernon, y demeurant. — Bail, à titre de rente et fieffe d'héritage, d'immeubles sis dans la seigneurie du Chesnay, fait par Charles de Tilly, marquis de Blaru, à Adjutor Gosselin, journalier, demeurant à Blaru, pour le prix, outre les charges particulières, de six livres de rente annuelle. — Titre nouvel dudit bail par Jeanne Primaulx, veuve d'Adjutor Gosselin. — Commandement à Jeanne Primaulx de payer 90 livres, montant de 15 années d'arrérages de ladite rente. — Jeanne Primaulx et Adjutor Gosselin, son fils, incapables de satisfaire aux clauses du contrat constitutif de la rente de 6 livres, obtiennent du marquis de Blaru qu'il reprendra « la maison, lieux et héritages sujets à » ladite rente, » sous certaines conditions. — Marie-Anne Lenain, femme et fondée de procuration de François Bonaventure de Tilly, marquis de Blaru, mestre de camp de cavalerie, chevalier de Saint-Louis, exempt des gardes-du-corps du Roi, compagnie de Villerol, donne, à titre de bail, à vie du preneur, Antoine Vievaz, prêtre, curé de la paroisse de Saint-Hilaire de Blaru, le terrain où était ci-devant un pressoir dans Blaru, borné, d'un côté, par la rue tendant à l'église, d'autre côté une pièce de terre appelée la Coste, d'un bout, la ravine, le jardin de la Plouine et le Prieuré, d'autre bout, le mur du presbytère, moyennant, outre les clauses, charges et conditions particulières, la somme de 12 livres de rente annuelle, que le curé s'oblige à payer à la fabrique des trépassés de Blaru, à la décharge du seigneur dudit lieu, pour 12 obits que ce dernier est tenu d'acquitter par an. — Bail identique fait par François-Bonaventure de Tilly, marquis de Blaru, à Louis Pavard, prêtre, curé de la paroisse de Saint-Hilaire de Blaru. — Pierre-Simon Hubert, curé de la paroisse du Port-de-Villers, se désiste de l'appel, fait par lui au bailliage de Mantes, d'une sentence obtenue contre lui par le marquis de Blaru pour cause de droits seigneuriaux, 10 décembre 1768.

E. 3322. (Liasse.) — 19 pièces, parchemin ; 163 pièces, papier.

1468-1725. — Blaru. Cure, Prieuré. — Procès entre Charles de Tilly, chevalier, seigneur, marquis de Blaru gouverneur des ville et château de Vernon, d'une part, et les religieux de l'abbaye des Vaux de Cernay, d'autre part, au sujet de propriétés à Prémont, près Blaru. — Robert-le-Sac, procureur de l'abbaye, reconnaît avoir reçu de Pierre de Tilly, écuyer, seigneur de Blaru, la somme de 6 livres tournois, montant du terme de Toussaint, 1479, pour une année de la ferme des « terres et » hostel de Prémont. » — Autres quittances délivrées au même Pierre de Tilly par Jean Houel, prêtre, curé de Saint-Pierre-de-Sourges, procureur et receveur de l'abbaye de Vaux de Cernay. — Frère Jean Larchier, prieur de Saint-Hilaire de Blaru, de l'ordre de saint Benoît, confesse avoir reçu de Michelet Bertault, fermier du manoir de Prémont, en la paroisse de Blaru, la somme de 4 écus d'or, « pour cause et raison de partie de récom- » pense, en tant que à moy touche, tant de certain procès » pendant devant mons' l'official d'Evreux, sur la de- » mande que maistre Guillaume Champion, prebstre, » curé dudit lieu de Blaru, et moy, à cause de mon dit » prieuré, faisons audit fermier, touchant toutes et cha- » cunes les menues dismes et frutaiges, et dont ledit fer- » mier avoit esté condampné à les payer dorésnavant » audit curé et à moy ou nom que dessus, chacun an, » par moitié..... » — Quittance identique de Guillaume Champion, curé de Blaru. — Accord et transaction entre frère Ambroise Taillebois, prieur de Saint-Hilaire de Blaru, d'une part, et maître Mathurin Clérisseau, curé de l'église paroissiale dudit Blaru, touchant les dîmes de Prémont, d'autre part. — Lettre, qui paraît autographe, signée « Jean de Tilly, » adressée à Mons' le bailli de Blaru. « J'aimeroys mieulx avoir perdu la moityé de » tout ce que je ay au mon de vaillant que vous oussés do m- » maige ne perte de la vallue d'ung petit blanc » : il lui annonce l'envoi du double des quittances mentionnées ci-dessus et « d'unes lettres missives, que mons' le curé » de Blaru envoya à son oncle, pour avoir le double de la » sentance que luy et le prieur ont obtenu en chastellet » contre ledit abbé et couvent des Vaulx de Cernay... » la formule de salutation est « le plus que vostre. » — Lettre, qui paraît autographe, signée « Marie de Berne- » zay, » femme de Jean de Tilly, morte en 1498. « Mons' » le Bailly... plaise vous sçavoir que j'ay receu l'escript » que m'avez envoy(é), faisant mention du procès pen- » dant, à Paris, entre mons' de Blaru et les religieux de » Cernay. Et pour ce que mondit S' à présent n'est pas » en la maison, ne sçay bonnement comme frère, et, pour » ce, je vous envoye ce que j'en ay peu trouver de cer- » tain à respondre aux articles contenus audit escript... » Je vous suppli, mons' le Bailly, que, sus le tout, en » faciez au moins mal que faire se pourra; et, quant » mondit sieur sera venu, il fera si bien votre vou » que serez content de luy. Et adieu, mons' le Bailly, » qui vous ait toujours en sa garde, et vous doint ac- » complir tout ce que votre cueur désire. Escript à » Blaru, ce dimanche XXVII. de septembre par la bien » vôtre, Marie de Bernezay. » — Lettres, non signées, qui paraisent de la duchesse douairière de Luynes, mère de Catherine-Elisabeth de Manneville, femme de Charles de Tilly. — Lettres de D. Louvet, prieur des Vaux de Cernay, adressées probablement à la duchesse douairière de Luynes, qui s'était entremise pour mettre fin aux contestations entre l'abbaye et son gendre Charles de Tilly. — Transaction entre Charles de Tilly, d'une part, et dom Eloy Soret, sous-prieur de l'abbaye des Vaux de Cernay, ordre de Citeaux, procureur fondé de ladite abbaye, d'autre part. D. Soret reconnaît que, par donation de l'an 1162, « qu'il a repré- » senté audit seig' de Blaru en la présence desdits notaires » subsignés, ce fait, il luy rendu, et qu'il reconnaît avoir » en sa possession, Philippe de Blaru auroit aumôné, » à ladite abbaye des Vaux de Cernay, certaine quan- » tité de terre seizes à Prémont, paroisse de Blaru, » avec un lieu pour bâtir une maison, à la charge de » payer, par chacun an, audit seigneur de Blaru, un » muid de bled et un muid d'avoine; que, par les baux » amphitéotiques qui avoient esté cy devant faits par » les prieur et religieux de ladite abbaye, en l'année » (1245), à Gervais des Chapelles, en (1308), à Geoffroy » et Guillaume Le Boulanger, en (1409), à Michaud Le » Blond, et, en (1409), à Pierre et Jean de Tilly, seigneur » de Blaru, ils auroient chargé ceux à qui ils les ont » faits de payer ladite rente auxdits seigneurs de Blaru; » qu'en l'année (1426), s'estans meus quelques différens » et procès, entre ledit Pierre et Jean de Tilly, seigneurs » de Blaru, et lesdits religieux de ladite abbaye, sur le » retrait que lesdits religieux prétendoient faire de leurs » terres de Prémont, nonobstant le bail amphitéotique » qu'ils leur avoient fait, il y auroit eu transaction, pas- » sée le 12 aoust de ladite année, avec l'abbé Jean et » Estienne de Montlhéry, prieur de ladite abbaye, d'une » part, et Jean de Tilly, seigneur de Blaru, d'autre part, » par laquelle la quantité des terres de Prémont, données » auxdits prieur et religieux de Cernay, ont esté fixées » à cent altes, mesure ordinaire du pays, y compris » une place pour édifier une maison, et les rentes à huit » septiers de bled et huit septiers d'avoine, mesure an- » cienne de Vernon; qu'en suitte de laditte transaction, » lesdits sieurs abbé et religieux avoient fait plusieurs » baux amphitéotiques desdites terres, le premier, le » (12 décembre 1487), à Jean Genty, le second, le (30 mai

» 1520), à Marc Danas et Robert Genty, et le troisième, le
» (26 mars 1520), à M⁰ Anthoine Le Comus, S⁺ de Janville,
» par lesquels ils ont chargé lesdits preneurs de payer
» lesdites rentes auxdits seigneurs de Blaru, et en ac-
» quitter lesdits S⁺⁵ prieur et religieux; qu'en vertu des-
» dites charges et des poursuites faites en divers temps,
» par lesdits seig⁺⁵ de Blaru, contre les détempteurs des-
» dits héritages, lesdits seigneurs ont esté toujours payés
» desdites rentes par lesdits détempteurs, jusqu'en
» l'année (1662), en laquelle lesdites terres de Prémont,
» estant demeurées incultes, lesdits seig⁺⁵ de Blaru n'au-
» roient pu s'en faire payer qu'en l'année (1675); et le
» S⁺ Le Clerc de Lasseville, héritier dudit sieur de Jan-
» ville, preneur dudit bail amphitéotique, ayant fait
» bail desdites terres audit Louis Baucher, il les auroit
» cultivées et ensemencées; et qu'enfin, en l'année
» (1678), ledit seigneur marquis de Blaru auroit fait
» saisir les grains estans sur lesdites terres de Prémont,
» pour avoir payement de (29) années d'arrérages des-
» dites rentes; sur laquelle saisie, ledit Baucher auroit
» formé opposition par devant le bailly de Mantes, et
» lesdits religieux, prenant fait et cause dudit Baucher,
» auroient évoqué l'instance auxdites requestes du Pa-
» lais, où seroit intervenu ladite sentence dont est appel;
» à ces causes, s'est ledit dom Soret, ès dits noms, désisté
» et départy de l'effet et exécution desdites sentences du
» bailliage de Nantes et desdites requestes du Palais des-
» dits jours (4 août 1681 et 21 juillet 1682)... reconnais-
» sant... que lesdits prieur et religieux de ladite abbaye
» des Vaux de Cernay sont... paisibles possesseurs et dé-
» tempteurs desdits cent altes de terre seizes à Prémont...
» que lesdites terres sont chargées envers lesdits sei-
» gneurs de Blaru de huit septiers de bled et huit sep-
» tiers d'avoine de rente, revenant à quarante-huit bois-
» seaux, pour le bled, et quatre-vingt-seize boisseaux,
» pour l'avoine, mesure ancienne de Vernon ; desquelles
» rentes ledit dom Soret... reconnoist qu'il est deub au-
» dit seigneur marquis de Blaru (29) années d'arré-
» rages; lesquelles, estimant le bled à trente sols le
» boisseau, et l'avoine à 12 sols le boisseau, se monte
» à (3,765) livres pour lesdites vingt-neuf années...
» Dom Soret... a cédé, quitté et délaissé au... marquis
» de Blaru,... pour luy, ses hoirs et ayant cause, la jouis-
» sance, pendant trente années... desdites cent altes de
» terre... Pour faciliter la culture desdites terres et
» les remettre en bon estat, pourra le... marquis de
» Blaru... les affermer en gros et en détail... » A la suite
se trouve la ratification de la transaction par « dom
» Charles Louvet, docteur en théologie, prieur ; dom
» Louis Alexandre; dom Nicolas Prévost; dom Robert

» Bellé, sacristin ; dom Joseph Caqueret, procureur et
» célerier; dom Eloy Soret, sou-prieur; dom Germain
» Genty, prestres; frère François Drouin, diacre ; frère
» Paul Lenoir, clerc, composant actuellement la commu-
» nauté desdits Vaux... » Signatures autographes. — Eloy
Soret reconnaît avoir reçu, de madame la marquise de
Blaru, l'arpentage des terres de Prémont, constatant une
étendue superficielle de 102 acres et 10 perches.

E. 3323. (Liasse.) — 11 pièces, papier, dont 6 cahiers de 5, 7, 9, 14 et 18 feuillets in-4°.

1540. — Blaru. Déclarations. — Aveu et dénombrement de la terre et seigneurie de Blaru, rendu au Roi, à cause de son château de Montépervier, à Mantes, par Charles de Tilly, écuyer, bailli, capitaine et gouverneur du comté de Dreux, fils et héritier de Jean de Tilly, en son vivant, chevalier, seigneur châtelain de Blaru. — Déclaration de la terre de Blaru. — Déclarations du revenu de la terre, seigneurie et châtellenie de Blaru, et du revenu des terres et seigneuries appartenant au seigneur châtelain de Blaru. — Déclaration du domaine, du fief et « chastellenye de Blaru, tant en rentes seigneuriales et » héritages, tenus en domaine, délaissés par la mort et » trespas de defunct messire Charles de Tilly, en son » vivant, seigneur de ladite chastellenie, venus et es- » chubz, par sa mort et trespas, à Charles, Jacques, » François et Marye, dictz de Tilly, ses enffants. »

E. 3324. (Liasse.) — 23 pièces, parchemin.

1424-1431. — Blaru. Déclarations. — Déclarations d'héritages tenus à cens de Jean Saquainville, seigneur de Blaru, par Jean, Raoulin et Guillot Le Forestier, Pierre Huennel, Jeanne Allain, fille de Guillaume Courant, Jeanne Follente, fille de Simon Bondin, Robert Vacquart, Guillot Davin, Jean Dauvergne, Perrote, fille de feu Guilmin Davin, Jean Le Forestier, fils de Raoul, Pierre Roussel, Jean Baudoyn, Colin Lemoyne, Charlot du Chemin, Jean Josseaume, Jean Benot, Robine, femme de feu Jean Alamaury, Simon Le Pèletier, Pierre La Vache.

E. 3325. (Liasse.) — 8 pièces, parchemin.

1431-1465. — Blaru. Déclarations. — Déclaration d'héritages tenus à cens de Guillaume de Tilly, seigneur de Blaru, par Roger Chastelain. — Déclarations d'héritages tenus à cens de Pierre de Tilly, écuyer, seigneur de Blaru, par Tderon, fille de Rogier Le Forestier, Philippe Garnier ou Granier, au droit de Jean Tiphaine et de Marguerite, enfants de lui et de feue Jeanne, fille de Jean Almaury, Guillaume Le Normant et Guillemette, sa femme, demeurant à Vernon, Everard Le Petit, Pierre Faleise, la fille et héritière de feu Collin de Royon, le jeune.

E. 2325. (Liasse.) — 2 pièces, parchemin; 6 pièces, papier.

1478-1506. — Blaru. Déclarations. — Déclarations d'héritages tenus à cens de Jean de Tilly, écuyer, seigneur de Blaru, par Louis Le Normand et Jean Le Normand, frères, Guillaume Le Roux et Robine, sa femme, Jean de Colleville, demeurant au Val-d'Aconville, Bertin Ragot, à cause de sa femme, Colette, fille et héritière, en partie, de Pierre Caron. — Copie des actes de propriété des héritages déclarés par Jean de Colleville, de 1488 à 1503. — Copie d'actes de propriété, de 1498 et 1506, des héritages déclarés par Guillaume Le Roux.

E. 2327. (Liasse.) — 38 pièces, papier.

1591-1771. — Blaru. Déclarations. — Déclarations d'héritages tenus à cens du seigneur de Blaru par Geoffroi Margerie, Guillaume Gillebert, au nom de Gilette Margerie, sa femme, Massin Charpentier, à cause de Perrette Gillebert, sa femme, et Louis Yssac, à cause de Guillemine Gillebert, sa femme, Simon Ango, Pierre Ango, Raoullin Ango, Martin Ango, Louis Héze, Jean Bouette, Nicolas Frilleux, Barthélemy Ameline, marchand, demeurant à Evreux, Philippe Le Cène, marchand demeurant à Vernon, Catherine Le Noir, fille de Lucas et veuve d'Ancellot de la Porte, chirurgien, demeurant au Pont-l'Evêque, Pierre Foucquet, l'aîné et le jeune, et Nicolas Géraulme, fondé de procuration de Bertin Géraulme; Claude Le Marchand, Louis Duval, Pierre Pavid, prêtre, curé de Bénécourt (1652), Jean Hierosme Le Tellier, écuyer, conseiller et avocat du Roi au siège et bailliage de Vernon, Catherine Le Cauchoix, veuve de Jacques Pattier, Marie Catherine Pèlerin, veuve, en secondes noces, de Jean Le Goust, en son vivant, lieutenant au marquisat de Blaru, Nicolas Charpentier, conseiller du Roi, receveur des tailles en l'élection des Andelys, tuteur des enfants mineurs de noble homme Claude Gambard, en son vivant, conseiller du Roi, élu en l'élection des Andelys, et grenetier au grenier à sel de Vernon, Michel Drouet, Charles de Chèrence, bourgeois de Vernon, Louis Petit, Louis Saint, Henri Guérin, François

Blain et Blin, la fabrique de Villegast, représentée par Martin Haret, marguillier en charge de Saint-Léger de de Villegast.

E. 2328. (Liasse.) — 5 pièces, parchemin; 1 pièce, papier.

1568-1650. — Blaru. Déclarations — Déclarations d'héritages tenus à cens de Charles de Tilly, par Pierre Gosselin, cordonnier, demeurant au But, paroisse de Blaru, Chrétienne, veuve de Toussaint Luce, Guillaume Le Cousturier, au nom de Marion, sa femme, Jean Hébert, fils d'Abel Robert le Cyre, au nom de sa femme, Catherine Roux.

E. 2329. (Liasse.) — 72 pièces, papier.

1571-(1572). — Blaru. Déclarations. — Déclarations d'héritages tenus à cens du seigneur de Blaru par Jean Chambon, Pierre Du Clos, Lucas Le Fort, Louis Feugère, Martin Feugère, Pierre Feugère, Jeanne, veuve de Guillaume Le Fort, Louis Lefort, Jacques Gosselin, Pierre Guérin, Robert Guigant, Guillaume Gablier, Nicolas Guespin, Jean Le Gendre, Jean Gardier, Françoise Questel, veuve de Jean Gassoning, Jean Harchette, marchand, demeurant à Blaru, Martin Jéraulme, Michel Le Conte, Pierre Luce, Guillaume Lespine, Pierre Lespine, Nicolas Delaunoy, Simon Lespine, Jean Luce, Regné Lasne, Thomas Le Myre, Marin Meslier, Pierre Morel, Jean Le Marchand, Lucas Morel, Valentin Morel, Benart Morel, Hélène, veuve de Jean Morel, Louis Morel, Mathieu du Pré, praticien en cour laye, Adrienne Perrelle, Jacques Perrelle, Jean le Pelletier, Bertine de la Mare, veuve de Colas Questel, Jean Questel, Guillaume Questel, Claude Castel, veuve de Jean Questel, Marin Questel, Fortin Questel, Louis Questel, Pierre Questel, Hilaire Questel, Thomas Questel, Simon Robert, Pierre Le Roux, Louis Le Roux, Louis Du Pré, Jean Le Roux, Nicolas Racigot, Marguerite, veuve de Pantaléon Savary, Louise, veuve de Philippe Vassart, Pierre Le Roux, Guillemette, veuve de Simon Raignon, Roger Le Noir. — Table alphabétique des tenanciers ayant rendu leur aveu à Jacques de Tilly, écuyer, seigneur de Blaru en 1571 (1572).

E. 2330. (Liasse.) — 2 pièces, parchemin; 238 pièces, papier.

1425-1724. — Blaru. Déclarations. — Déclarations d'héritages tenus à cens du seigneur de Blaru par Nicolas du Boc, Jean du Boc, Nicolas Boys, Jean Bénère, Jean

Bernay, Durande Carré, sa veuve, Jean de Bernay, Allain de Bernay, vénérable et discrète personne messire Guillaume de Bernay, Daniel Bernay, Grégoire Bernay, Pierre Boiset, Adrien Boiset, Jean Billart, Raullet Billart, Thomine, veuve de Jean Billart, Jean Boreu, Robinet du Becquet, Jacques Binet, Simon Binet, Nicolas Bobe, Estiennot Bobe, Pierre et Estiennot Bernardel, Pierre Bernardel, greffier de Blaru, Jacques Boucher, Guillemette, veuve de Jean Le Boucher, Jean Le Boucher, dit l'escuier, Lucas Le Boucher, Claude Bauldouin, Pierre Bourgeois, André Bonvallet, Mathurin Baudet, Jean de Burette, greffier aux sceaux de La Roche-Guyon, Pierre Le Blond, Jean Blandurel, Perrette Binet, Pierre Bernay, Toussaint Boutier, Alain Binet, Pierre Billart, Georges Belliard, Pierre Belliard, Pierre Boutier, Nicolas Boutyer, Adrien Bouthier, Louis Boucher, Pierre du Bois, Guy Bocher, Jean Du Bois, Marie Le Boucher, veuve de Jean Le Marchand, Claude Le Boucher, Guy Boché, Guillaume Bouthier, Olivier Boutier, Richard Boutier, Vincent Boutier, Barbe Petit, sa veuve, Jacqueline Bonnamy, veuve de Nicolas Chandoysel, Jean Bourcyer, Lucas Bourcier, Jean Bourcier, Marion, veuve de Lucas Boursier, Marin Bourcier, Louis Bourcyer, Marie Morel, veuve d'Alain Binet, Mathieu Binet, Charlotte Le Masson, veuve de Pierre Le Blond, Lucas Le Blond, Jacques Le Blond, Jacqueline Le Coq, veuve de Pasquier Bernê, Pasquier Bernay, Colette, veuve de Jacques Bernay, Philippe Binet, Madeleine Binet, Madeleine Bourcyer, veuve de Louis Gassoing, Robert Bernay, Marceau Bonnamy, Jean Bonette, Jean Bonesart, Jean Blondel, Louis Bertault, Charles Baudel, Simon Baudel, Louis Baudet, Geneviève Durant, veuve de Grégoire Bouthier, Jean Beausiel, Arculles Beausiel, Gilles Beausiel, Pierre Bonnet, Pierre Brière, Michel Boudin, Jeanne Boudin, Pierre Bourgeois, Nicolas Bobel, Jean Bobe, Collas Bobée, Nicolas Bobe, Catherine Bisson, Pierre Bisson, Jean Billy, chirurgien, François Barault, Balthazard Billard, François Billy, chirurgien, Lucas Billy, Martin Billy, barbier et chirurgien, Claude Billy, Robine, sa veuve, Charles Billy, Etienne Becquet, conseiller du Roi au grenier à sel de Vernon, Adrien Bonnamy, François Bonnamy, François du Buat, écuyer, sieur de Flacourt, D^{lle} Catherine Le Bret, veuve de Jacques de Collagon, Louis Le Boucher, sergent au marquisat de Blaru, Georges Le Bel, garde-quai au Port-de-Villiers. — Table alphabétique des tenanciers dont le nom commence par la lettre B.

E. 3321. (Liasse.) — 56 pièces, papier.

XVIe - XVIIIe siècles. — Blaru. Déclarations. — Déclarations d'héritages tenus à cens du seigneur de Blaru par Antoine Camus, greffier au bailliage et siège présidial de Mantes, Nicole Chambert, sieur de Saulz, Charles Chevalier, la veuve de Nicolas Cousturier, Louis Le Clerc, prêtre, curé de Boulogne, près Paris, Guy Courtois, Jacques Courtois, Louis Courtois, Raullin Chrestien, Jean Chrestien, François Chevalier, prêtre, vicaire de Blaru, Pierre Chevalier, Jean Canu, Jean Le Clerc, Charles Courtois, Marie Cousturier, François Cousturier, François Cabagne, François Le Carpentier, greffier de l'archevêque de Rouen, Liénart Erard, Jean Le Marchand, Louis Le Marchand, Pierre Chambon, Louis Carbonnel, Louis Chaumont, Eloi Chaumont, André Chaumont, Olivier Chaumont, Jacques Chaumont, Jean Chaumont, Louis Chantel, Lucas Chantel, Marie de Laulnay, veuve de Pierre Chantel, Claude Chantel, Pierre Courtins, Allain Chantel, Jean Cousturier.

E. 3322. (Liasse.) — 1 pièce, parchemin ; 323 pièces, papier.

XVIe - XVIIe siècles. — Blaru. Déclarations. — Déclarations d'héritages tenus à cens du seigneur de Blaru par Charles de Chérence, marchand drapier, demeurant à Vernon. Claude Chérence, menuisier, demeurant au Port-Villés, Pierre Courtois, Pierre Chaptoies, Simon Colliette, Louis Le Cointre, Samson Chapelain, Noël Le Cocq, Simonne Langlois, veuve de Jean Chéron, François Coneville, Nicolas Coneville, François Clergeon, praticien, Claude Chapelain, Guillaume Chapelain, Claude Le Cointre, Jacques Cuirot, Charles Cuirot, Jean Cousturier, Claude Le Couturier, Noël Chapelain, Jean Le Compte, Catherine Luce, veuve de Guillot Le Conte, François Le Conte, Etienne Le Conte, prêtre, demeurant à Blaru, fils de Louis Le Conte, Bertrand Le Conte, Jean Colliette, Guy Colliette, Jean Chauvin, François Chauvin, Jean Chappelois, Pierre Chappetois, Pierre Colleville, Michel Colleville ou Colleuille, Mathurin Colleville, Jean Colleville, Guillaume Colleville, Geoffroy Collombel, Guillaume Coulombel, Pasquier Le Cocq, Jacques Le Cocq, Jacqueline Le Cocq, Charles Le Cocq, Pierre Clérambourt, Hilaire Clérambourt, Guillaume Le Clerc, Jean Chédeville, Toussaint Collebault, Simon Coillebault, Nicolas Le Chasseur, Claude Le Cœur, Robert Cornu, Jean Chéron, Geoffroy Chéron, Adrien Chartier, Claude Chartier, Marie Chauvin, Simon Coquart, Jean Coquart,

Jean Collichon, Claude Du Costé, Guyon Coste, Jean Chaulmon, Pierre Le Conte, Nicolas Le Conte, Michel Le Conte, Alison, veuve de Jean Le Conte, Marion, veuve de Jean Le Conte, Pierre Chambon, Nicolas Chambon, Jeanne Berenger, veuve de Geffroy Chambon, Mathieu Chambon, Perrette Chambon, Martin Chambon, Marteau Chambon, maçon, Louis Chambon, Catherine Bernay, veuve de Jean Chambon, Jean Chambon, Jean Chambon Gouffroy Chambon, Claude Chambon, Pierre Chantel, Lubin Chantel, Marion Questel, sa veuve, Louis Chantel, Guillaume Chantel, Jean Chantel, Richard Le Chapperonnier, Pasquier Le Chapperonnier, Lucas Le Chapperonnier, Louis Le Chapperonnier, Jean Le Chapperonnier, François Le Chapperonnier, Marion, veuve de Claude Le Chapperonnier, Claude Le Chapperonnier, Adam Le Chapperonnier, Gervaise, veuve de Jean Charpentier, Simon Chastellain, Jacquette, veuve de Robert Chastellain, Charlotte Chastellain, Robert Chastellain, Jeanne Vauelin, veuve de Pierre Chastellain, Pierre Chastellain, Lucas Chastellain, Louis Chastellain, Catherine Hochon, veuve de Jean Chastellain, Jean Chastellain, Guillaume Chastellain, Chardin et Jean Chastellain, frères, Augustin Chastellain, Charles Le Cousturier, Adam Le Cousturier, Françoise Le Chasseur, veuve de Pierre Conchon, Pierre Le Cousturier, Jean Le Cousturier, Pierre Couturier, Nicolas Cousturier, Henri Cousturier, Henri Cousturier, Guillaume Le Cousturier, Claude Cousturier, Marion Le Marchand, veuve de Pierre Couturier, René Certain, Richard Certain, Marin Certain, Michelle, veuve de Pierre Du Clos, Marguerite, veuve de Nicolas Du Clos, Lucas du Cloz, Catherine Chambon, Jean Cauchon, Michel Cauchon, Denis Cauchon, Claude Cauchon, Costantin Cauchoix, Collette Des Monceaulx, veuve de Vincent Carré, Pierre Carré, Louis Carré, Jean Carré, Catherine Carré, vénérable et discrète personne messire Jean Carré, prêtre, Pierre Caillon, Jean Caillon, Guillot Chandelyer, Hieronisme de Cabagnes, Jeanne Morel, veuve de Jean Du Cloz, François Des Champs, Catherine, veuve de Robin Cochet, Charles Cochet, Pierre Croisy, Jean Couville, Martin Cocquerel, Marguerite, veuve de Robert Cymorel, Guillaume Collichon, prêtre, Guy Courtois, prêtre, Guillaume Cuvier, Geneviève Le Moustardier, veuve de Michault Courtois, Louis Courtois, procureur et praticien en cour laye, Guy Courtois, sommelier du Roi, Allain Courtois. — Deux tables des tenanciers de Blaru, dont les noms commencent par la lettre C.

E. 3333. (Liasse.) — 1 pièce, parchemin ; 209 pièces, papier.

XVIe - XVIIIe siècles. — Blaru. Déclarations.—

Déclarations d'héritages tenus à cens du seigneur de Blaru par Jean David, Perrinot David, Regnault David, Richard David, Robert David, Charles Doriant, Germain Doriant, Allain Le Dru, Jean Doriant, Pierre Drouet, Jurion Dorléans, Laurent Danael, dit La Touche, Jean Darras, Nicole Darras, Pierre Darras, Etienne Darieu, Collette Baignon, sa veuve, Marion, veuve de Gringoire Darlu, Jean Darlu, Nicolas Darlu, Rogier Darlus, Simon Darlus, Jacques Drouart, Guy Drouart, Nicolas Drouart, Françoise Delaunay, sa veuve, Allain Duval, Simon Duval, Nicolas Duval, Guillot Doulcet, Louis Duval, Jean Doulcet, Michault Doulcet, Pierre Le Duc, Marguerite, veuve de Pasquier David, Pierre David, Pacquette Guérin, veuve de Collas David, Guillaume David, Jacques David, Martin David, Simon Le Dru, Thomas Le Dru, Hector Le Dru, Jacqueline Henri, veuve d'Allain Le Dru, Charles Le Dru, Laurent Le Dru, Marin Le Dru, Martin et Charles Le Dru, Nicolas Le Dru, Noël Le Dru, Pasquier Le Dru, Phillipe Le Dru, Madeleine Le Dru, fille de Nicolas, Louis Le Dru, Charles Durant, François Durant, Guillaume Durant, Jean Durant, Louis Durant, Pierre Durant, Barbe Duclos, veuve de Louis Durant, Jérôme Durant, Madeleine Bourillon, veuve de Pierre Le Duc, Jean Le Duc, Jean Dupré, Charles Dupré, Jean Dubois, procureur au marquisat de Blaru, Martin Dupré, Nicole Delaunay, Pierre Delaunay, Madeleine Duchemin, Pierre Duchemin, veuve d'Adrien Laurent, et fille de Pierre Duchemin, Pierre Duchemin, Léger Delaunay, Louis Dupré, Geneviève Planche, veuve de Jean Dupré, Collette Durant, femme de François Savary, François Dupré, Martin Dupré, procureur en cour laye, Toussaint « Dané, » Philippe « Hunés, » fils de Toussaint, Jean d'Hunés, Marie Delaunay, veuve de Jean Glorians, Christophle Dannel, Barbe Le Dru, veuve de Charles Robert, Marin Desperois, Philippe Dupré, Jean Dupré, prêtre, Marie Dupré, veuve de Louis Poulagnés, Pierre Hénault, héritier de Pierre Le Dru. — Tables alphabétiques des tenanciers dont le nom commence par la lettre D.

E. 3334. (Liasse.) — 15 pièces, papier.

XVIe - XVIIIe siècles. — Blaru. — Déclarations d'héritages tenus à cens du seigneur de Blaru par Pierre Estienne, Marion, veuve de Lubin Esgay, Lubin Esgay, Marie Cuvier, veuve de Pierre Esnard, François Enard, Louis Eschard, Clément Esnard, Jean Ermagie, Louise Henri, veuve de Clément Eschard, Pierre Esnault, Souplis Erangot. — Table des déclarants dont le nom commence par la lettre E.

E. 3335. (Liasse.) — 135 pièces, papier.

XVIe - XVIIIe siècles. — Déclarations d'héritages tenus à cens du seigneur de Blaru par Lucas Forestier et Collette, sa femme, Jean Fougert, Guillaume Le Fort, Jean Le Fort, François Le Fort, Pierre Le Fort, Allain Le Fort, Barthélemy Le Fort, Guillot Le Fort, Jean Le Fort, Jacques Le Fort, Lubin Le Fort, Lucas Le Fort, Perrette Gosselin, sa veuve, Louis Le Fort, Marin Le Fort, Nicolas Le Fort, François Foucher, Noël Foucher, Jacques Fouquet, Barbe Bouthier, veuve de Jean Fontaine, Louis Fontaine, Jean Fontaine, André Fontaine, Jean Françoys, Guillaume Françoys, Lucas Françoys, Jean Foubert, prêtre, curé de Sainte-Geneviève de Vernon, Simon Foubert, Robert Foubert, Barthélemy Foucaut, Mathurin Fouquault, Michel Ferray, Allain Forestier, Chardin et Philippe Le Febvre, Jean Lefèbure dit Belhomme, Guillemette Le Roux, veuve de Pierre Feugère, Martin Feugère, Louis Feugère, Perrette Le Marchand, veuve de Jean Feugère, Hilaire Feugère, Daniel des Feugères, Pierre de Fongères, Cyprien Feugères, Adrien Féret, Guillot Féret, Jacques Féret, Jean Féret, Lucas Féret, Richard Fouvel, Marguerite Fauvel, femme de Regnault Le Dru, Jean Fauvel, Pierre Fauvel, Nicolas Pallot, Pierre Fauvel, Jean Fauvel, prêtre, Nicolas Fauvel, Marguerite Desmons, sa veuve, Catherine, veuve de Jean Fauvel, Marguerite Chambon, veuve de Guillaume Fauvel, Guillaume Fauvel, Suzanne Lauseran, veuve de Pierre Le Fort, Pierre Foubert, Anne Lafont, veuve d'Adrien Le Fort, Marguerite Le Fort, veuve de Barthélemy Fouquault, Françoise Dupré, veuve de Jean Le Fort, Guiot François, Barthélemy François, Fremin Fouquet, tabellion au duché-pairie de Laroche-Guyon, Simon Le Fortier, Louis Fontaine, Robert Le François, Jean Fouillié, Anne Fouquet, veuve d'Amant Ango, François Le François, Barthélemy Le François. — Table alphabétique des tenanciers dont le nom commence par la lettre F.

E. 3336. (Liasse.) — 312 pièces, papier.

1526-1750. — Blaru. Déclarations. — Déclarations d'héritages tenus à cens du seigneur de Blaru par Catherine Ydoyne, veuve de Gabriel Grailler, Guy de Genestrys, sergent au bailliage de Mantes, Charles Gloriant, Jean Gillains, Yvelin Guespin, Guillaume Géraulme, Jean Gélaume, Philippe Géleaulme, Philippe Gérosme, Jean Guérard, Jean Gouel, Jean Le Goux, Simon Gosmont, Pierre Gaultier, Anne Gaultier, veuve de Georges Nulle, Claude Guingant, Michel Le Gendre, Louis Le Gendre, Jean Le Gendre, Robert Le Gendre, François Gentil, Jacques Gentil, Pierretto Courtois, veuve de Pierre Gentil, Robert Gentil, Mathurin Guéroult, Adrien Georgin, Geneviève Georgin, sa fille, Pierre Georgin, Jean Guérin, Perrine, sa veuve, Pierre Guérin, Jacques Gervais, Charles Gervais, Charles Guéroult, Jean Guéroult, Isabeau Durant, veuve de Lubin Guéroult, Robert Guéroult, Lucas Gassouin, Denis Le Grand, Simon Gosselin, Étienne Le Grand, François Le Grand, Germain Le Grand, Grégoire Le Grand, Louis Gassouin, Germain et Nouel dits Les Grands, frères, Jean Le Grand, Lucas Le Grand, Pierre Le Grand, Simon Le Grand, Thomas Le Grand, Charles Le Grand, Pierre Gosselin, Marin Gosselin, Louis Gosselin, Jean Gosselin, Nouel Gosselin, Charles Gosselin, Claude Gosselin, Marie Gosselin, veuve de Jérôme Le Roux, Nicole Gosselin, Thomas Gosselin, Adrien Gosselin, Alain Gosselin, « Arcules » Gosselin, Artus Gosselin, Benoît Gosselin, Madeleine Chantel, veuve de Christophe Gosselin, Christophe Gosselin, Collin Gosselin, Denis Gosselin, Étienne Gosselin, Guy Gosselin, Guillaume Gosselin, Guyot Gosselin, Hilaire Gosselin, Jacques Gosselin, Lucas Gosselin, prêtre, Marion Gosselin, fils de Martin, Claude, veuve de Pierre Gosselin, Robin Gosselin, Marin Gaultier, Louis Gaultier, Jean Gaultier, Hilaire Gaultier, Pierre Gardier, Marin Gardier, Jean Gardier, Henri Gambart, Jacques Gabellier, Pierre Gabelier, Lubin Goddefray, Catherine Roussel, veuve de Jacques Gosselin, Jean de Gudin, Madeleine Ango, veuve de Marin Gosselin, Adjutor Gosselin, François Garnier, Gabriel et Lubin Garnier, Denis Guernier, Marguerite Guernier, veuve de Nicolas, Thomas Garnier, François Grou, Guillaume Gillebert, Simon Gillebert, Pierre Gillebert, Nicolas Groménil, Jean Gattelais, Louis Gillebert, conseiller du Roi, contrôleur au grenier à sel de la Roche-Guyon, Jacques Le Grand, greffier à Blaru, Louis Genty, Jean Gorge, Marie Dupré, veuve de maître Charles de Gisors, en son vivant, procureur fiscal du marquisat de Blaru, Jacques-Alexis Le Goust, Philippe-Charles Le Goust, Christophe de Gisors. — Table alphabétique des tenanciers dont le nom commence par la lettre G.

E. 3337. (Liasse.) — 173 pièces, papier.

1520-1702. — Blaru. Déclarations. — Déclarations d'héritages tenus à cens du seigneur de Blaru par Jean Hachette, Nicole Herbert, prêtre, Pierre de Hors, Jacques Huan, Robert Huet, Olivier Huet, dit Gaulcourt, Roger

Huet, Jean Huet, Charles Huet, Jean Houssaye, Simon Houssaye, Pierre Houssaye, Michel Houssaye, Mathurin Houssaye, Jacques Houssaye, Madeleine Questel, veuve de Guillaume Houssaye, Guillaume Houssaye, Denis Houssaye, Claude Houssaye, Pierre Hocquerel, Jean Hocquerel, Martin Hèze, Lucas Hèze, Louis Haize, Hilaire Hèze, Guillaume de la Haize, Martin Hèze, Jean Henry, François Henry, Noël Henry, Louise Courtois, veuve de Pierre Henry, Nicolas Henry, Marin Henry, Louise Henry, fille de Jean, Jeanne Le Dru, veuve de Guyon Henry, Guyon Henry, Guillaume Henry, Thomas Héranger, Philippe Héranger, Françoise Dupré, veuve de Jacques Haranger, Gilles Héranger, Louis Héranger, Guillaume Hébert, Martin Hébert, Pierre Hébert, Nicole Hébert, Yvon Hébert, Jean Hébert, Jacques Hébert, Juliette Péloing, femme de Guillaume Hébert, Thomas Le Hongre, Guillaume Hébert, Chardin Hébert, Jean Haranger, prêtre, curé de Jeufosse, Thomas Hais, Pierre Hays, Nicolas Hays, Louis Hays, Jean Hays, Henri Hais, Gabriel Hays, François Hay, Claude Hays, Charles Hays, prêtre, fils de Bertrand, Alain Hébert, Marie Cahaigne, veuve de Nicolas Hébert, Martin et Christophe Hesbert, père et fils, Madeleine Hays, veuve de Lucas Gosselin, Jeanne Moussinglant, veuve de Louis Haronger, Pierre Hurel, Robin Le Hongre, Robert Hannoyer, François Hanequin, Françoise Pellerin, veuve de Pierre Hennequin, Pierre Hannequin, François Hainfray, Louis Hainfray, Gabriel Hainfray, André Huvé, Jean Halay, Jean Hocquet, Anne Reully, veuve de François Hocquerel. — Table alphabétique des tenanciers dont le nom commence par la lettre H.

E. 3338. (Liasse.) — 1 pièce, parchemin ; 161 pièces, papier.

1522-1742. — Blaru. Déclarations. — Déclarations d'héritages tenus à cens du seigneur de Blaru par Charles Ivot, Gilles Jandin, Pierre Jouxtel, Simon Ivetain, Jeanne Ivetain, Pierre Ivetain, Guillaume Ivetain, Jacques Isaac, Jean Isart, Frémin Isac, Allain Isacq, Amand Isacq, Gabriel Isacq, Eustache Isac, Adrien de Josy, barbier et chirurgien, Adrien du Jort, Jean du Jort, Louis du Jort, François du Jort, Etienne du Jort, Yvon Idoyne, Martin, Yvon et Jean dits les Ydouesnes, Toussaint Ydoyne, Colette Courtois, veuve de Tassin Ydoysne, Tassin Ydoyne, Simon Ydoine, Roger Ydoyne, Robert Ydouesne, Pierre Ydoyne, Philippe Ydoyne, Marin Yoyne, Nouel Ydoisne, Nicolas Ydoyne, Martin Ydoyne, Louis Ydoyne, Jean Ydoyne, Jeanneton, sa veuve, Jean Ydoyne, fils de Tassin, prêtre, Guyot Ydoesne, Raulin, sa veuve, François Ydoyne, Félix Ydoesne, Denis Ydoyne, Bertrand Ydoyne, Antoine Ydoine, Alexandre Ydoine, Alain, Toussaint, Martin, Yvon et Jean les Ydoines, frères, Léger Ydoine, Thomas du Jardin, Pierre du Jardin, Charles Jubert, avocat au parlement de Paris, Michel Jouvain, Guy Jossot, procureur en cour laye, Jean Isacq, fils de Jacques, Pierre Isac, l'aîné, Marin Isac, Pierre Isac, Louis Isacq, Geffroy Isart, Fremin Isac, Catherine Isac, fille de Pierre, Jacques Isac, Marie Binnet, veuve d'Alain Isac, Adam Isac, fils de Gabriel, Catherine Le Tellier, veuve de Jacques Isac, Charles Idoine, Pasquet Idoine. — Tables alphabétiques des tenanciers dont le nom commence par les lettres I, J ou Y.

E. 3339. (Liasse.) — 2 pièces, parchemin ; 196 pièces, papier.

1526-1704. — Blaru. Déclarations. — Déclarations d'héritages tenus à cens du seigneur de Blaru par Mélanie Pinguet, veuve de Jean Labbé, Jean Laiguel, Jacques Labbé, Etienne Louvet, Taneguin Laurens, François Laurens, Guillaume Lasire, Catherine Ango, veuve d'Amand Lasire, Chrétienne, veuve de Toussaint Luce, Pierre Luce, prêtre, Lucas Luce, Jean Luce, Guillaume Luce, Toussaint Lucas, Pierre Lucas, Charles Lucas, Vincent Lespine, Nicolas Lespine, Simon Lespine, Pierre Lespine, Jeanne, veuve de Nouel de Lespine, Marguerite Lespine, Jean Lespine, Guillaume Lespine, Guillot Lespine, Charles Lespine, Vincent Lespine, Marie Lespine, Simonie Langlois, Jean Langlois, Isabelle Pinguet, veuve de Louis Langlois, Louis Langloix, Guillaume Langloix, Martin Longloix, Guillaume Lasne, Regné Lasne, Pierre Lasne, Nicolas Lasne, Barbe Sainctar, veuve de Guillaume Lasne, Charles Lasne, Adrien Lasne, Jean Lasne, Jacques Lasne, Adrien Laurens, Jeanne Gosselin, veuve Tanneguin Laurens, Robert Laurens, prêtre, Quantin Laurens, Louis Laurens, Gilette Charpentier, veuve de Jean Laurens, Guillaume Laurens, Perrette, sa veuve, Claude Laurens, Catherine Laurens, Jean Langeray, Colette Langeray, veuve de Jean Vauclin, vénérable et discrète personne Jean Lanzeray, Louis Lanzerny, Mathias Lanzeray, Jean Lion, Mathieu Lanchard, Nicolas Le Lièvre, Adam Lambert, Thomas Lesponze, Isabeau, veuve de Thomas Lallet, Lucas Lambin, Eustache Lalemant, Pierre Lanchard, Guyot Lanchart, Simon de Launay, Pierre de Launay, Marion, sa veuve, Nicolas de Launay, Jean de Launay, prêtre, Charles de Launay, Guy de Launay, Nicole Landry, Mathieu Lanpersère, maître ès arts en la faculté de médecine, Jeanne Lespine, veuve de Jacques Idoisne, Benoît Lauvray, Gabriel Laniel, Guillaume Lambin, François

Lauchantin, Louis Lauvray, David Laurens, Marie Henry, veuve de Jean Langlois, Léger Langlois, Louis Lainé, Catherine Lasne, fille de Claude, Pacquette Lasne, veuve de Pierre Belliart, Guillaume Leder, Pierre Labbé, avocat au siège royal de Pacy. — Tables alphabétiques des tenanciers dont le nom commence par la lettre L.

E. 3340. (Liasse.) — 2 pièces, parchemin ; 173 pièces, papier.

1562-2073. — Blaru. Déclarations. — Déclarations d'héritages tenus à cens du seigneur de Blaru par Robin Montresut, Nicolas Le Marchand, Jean Maussinglant, Alain Mausinglant, Amand Mausinglant, Hilaire Mausinglant, Robine, veuve de Jean Maussinglant, Catherine Le Conte, veuve de Pierre Manthoys, Geffroy Manthois, Jean Manthois, Nicolas Manthoys, Pierre Manthoys, Claude Le Marchand, Collin Le Marchand, François Le Marchand, Guillaume Le Marchand, Jacques Le Marchand, Jean Le Marchand, Françoise Boutier, sa veuve, Louis Le Marchand, Lucas Le Marchand, Philippe Le Marchand, Regnault Le Marchand, Simon Le Marchand, Jeanne Lespine, sa veuve, Anne Le Marchand, Nicolas Le Marchand, Charles Le Marchand, Benard Morel, François Morel, prêtre, demeurant au « Mostier » prioral ou paroissial de Blaru, Jean Morel, Louis Morel, Lucas Morel, Pierre Morel, prêtre, Simon Morel, Françoise Le Roux, sa veuve, Valentin Morel, Jeanne Haucaulx, sa veuve, Laurent Marye, Robert Marye, Estiennot Le Maryé, Jean Le Maryé, Lucas Le Maryé, Pierre Le Maryé, Louise Consturier, veuve de Roger Le Maryé, Roger Le Maryé, Catherine Le Masson, Guy Masson, Guillaume Le Masson, Françoise Robert, sa veuve, Jacques Masson, Jean Le Masson, Léonard Le Masson, Marin Masson, Nicolas Le Masson, Robert Masson et Le Masson, Colette Le Masson, sa fille, François Le Menu, Philippe Le Menu, Guillaume Le Mercyer, Marin Le Merayer, Gilles de Meulles, Perrette, veuve de Guillaume de Meulles, Jean de Meulles, Louis de Meulles.

E. 3341. (Liasse.) — 136 pièces, papier.

1559-1735. — Blaru. Déclarations. — Déclarations d'héritages tenus à cens du seigneur de Blaru par Thomas Le Moyne, Jacques Le Moigne, Pierre Moynel, François de Moncuict, Lucas des Mons, Guillaume des Montz, Louis des Monceaulx, Guillaume des Monscaultz, Claude Morain, François Morain, Euart Morain, Henri Morain, Jacques Morain, Louis Morain, Jacqueline Ydoyne, sa veuve, Marthe Morain, veuve d'Alexandre Pont, Vandrille Morain, Colette des Monceaulx, veuve de Simon Morain, Marin Morain, Pierre Morain, Claude Le Mostier, Jacques Le Mostier, Louis Le Mostier, Nicole, veuve de Louis Le Mostier, Mathieu Le Mostier, Marion Questel, veuve de Pierre Le Mostier, Nouel Moulart, Nicolas Morico, Guillaume Maretz, Barthélemy Maretz, Guy Maretz, Guillaume de Mante, Marcade, prêtre, curé de Lauviers, Gilles de Maulles, François Le Moyne, Pierre Le Moine, Louis Le Moyne, Marie Langlois, sa veuve, Guillaume Le Mercier, Marie Masson, Jacques Martin, Pierre des Monsceaux, Henri des Monceaux, Pierre Morel, Michel Moisy, Jean Malet, Nicolas Le Marchand, Claude Le Marchand, Charles Le Marchand, Jacques Le Marchand, Marie Le Marchand, veuve de Charles Ango, Jeanne Le Masson, veuve de Guillaume Le Marchand, Guillaume Le Marchand, Surplice Le Marchand, Hilaire Le Marchand, Pierre Le Marchand, Jean le Machy, prêtre, chapelain de la Charité de Vorgon, Guillemette Le Clerc, veuve de Jacques Le Marchand, Françoise Bérard, veuve de Charles Le Marchand, Antoine Maussinglant, Jean Maussinglant, Amant Masinglant et Maussinglant, Guillaume Marais, Christophle Mausinglant, Jeanne Mantois, Michel Le Marchand, Lucas Le Myre, Louise Le Mire, veuve d'Adrien Questel, Gringoire Le Myre, Guillaume Le Myre, Jean Le Myre, fourrier de cent hommes d'armes des ordonnances du Roi, sous la charge du duc de Retz, Pierre Le Myre, Jean Le Mire, Françoise Courtoys, sa veuve, Louis Le Myre, Toussaint Le Myre, Gabriel Le Marchand, Toussaint Maloche, Louis de Meulle, Nicolas Le Marchand, fils de Claude et de Barbe Durand, Nicolas Moulin, Pierre Moullin. — Table alphabétique des tenanciers dont le nom commence par la lettre M.

E. 3342. (Liasse.) — 111 pièces, papier.

1532-1755. — Blaru. Déclarations. — Déclarations d'héritages tenus à cens du seigneur de Blaru par Jean Nolles, Pierre Normand, Adrien Nicolle, Charlot Le Noir, Perrine Ydoyne, sa veuve, Guillaume Le Noir, Lucas Le Noir, Pierre Le Noir, Pierre et Guillaume Le Normand, François Nyvet, Charles Nolles, Judith Chambon, sa veuve, Claude Nolle, Etienne Nolles, Georges Nolles, Jérôme Nolles, Jacques Nolles, Jeanne Le Roux, veuve de Jean Nolles, Lucas Nolles, Marin Nolles, Catherine Le Jaulboin, sa veuve, Marie Nolles, Michel Nolles, Nicolas Nolles, Pernot Nolles, Pierre Nolles, Catherine Roussel, sa veuve, Christophe Nolles, Françoise Pellerin, veuve de Martin Nolles, Gervais Nolle, Louis Nolles, Léger Nolle, Jeanne Tholle, veuve de Pernot Nolles, Nicolas

SEINE-ET-OISE. — SÉRIE E. — TOME II.

Le Noir, Claude Le Noir, sa veuve, Barbe Jardinet, veuve de Pierre Le Noir, Charles Le Noir, Anne Poisson, veuve de Louis Le Noir, Jean Le Normand, chirurgien à Vernon, Bonaventure Le Prévost, sa veuve, Jean-Chrysostôme Le Normand, Charles Le Normand, ancien officier de la Maison du Roi. Tables alphabétiques des tenanciers dont le nom commence par la lettre N. — Lettre signée « Le Normand de Gournay » au marquis de Blaru. — Autre adressée au même et signée « Percheron. »

E. 3343. (Liasse.) — 4 pièces, parchemin ; 321 pièces, papier.

1494-1765. — Blaru. Déclarations. — Déclarations d'héritages tenus à cens du seigneur de Blaru par Jean Pinguet, Guillaume Pinguet, Louis Pinguet, Robert Prévosts, Jeanne Le Pelletier, veuve de Claude Le Prince, Claude Le Prince, Louis Le Prévost, chirurgien à Vernon, Louis Prévost, Madeleine Le Pelletier, veuve de Pierre de la Porte, Charles Le Pelletier, Claude Pelletier, chirurgien à Blaru, Hubert Le Pelletier, chirurgien à Vernon, Adrienne Le Grand, veuve d'Olivier Le Pelletier, Marguerite Aubé, veuve de Claude Le Pelletyer, Claude Pol, Pierre Patin, Adrien et Claude Paol, Marin Paul, Louis Pol, Roger du Port, François Patin, Jacques Pol, Jean Pol, Lucas Pol, Philippe Paoul, Thomine, sa veuve, Simon Paoul, Charles Pélerin, François Pélerin, Jean Pélerin, « escolier, » Jeanne Manthoye, sa veuve, Marguerite, veuve de Robert Pelerin, Jean Perelle, Marin Pételi, Catherine Marcade, sa veuve, Léger Pétel, Jeanne Questel, sa veuve, Jacques Postel, Cyrolde Picart, prêtre, Thomas Picart, Robin Picart, Guillemin Picart, Nicolas Picard, Jacques Picard, Philippe Pithon, Louis Pichon, Pierre Pichon, Jean Picquet, Robert Picquet, Simon Picquet, Simonet Pierres, Guillaume Pierre, Pasquet Pierre, François Pingault, Philippe Pingault, Amant Pinguet, Charlot Pinguet, Denis Pinguet, Jacques Pinguet, Jean Pinguet, prêtre, frère de François, Pierre Pont, Simon Pont, Jean Pont, Alexandre Pont, Colas Pont, François Pont, Marie Ydoyne, sa veuve, Geoffroy Pont, Madeleine Lespine, sa veuve, Guillaume Pont, Guy Pont, Jacques Pont, Louis Pont, Martin Pont, Jeanne Chastellain, sa veuve, Pernot Pont, Marin Plastrier, Guy Poullalier, Louis Poullalier, Michelet Poullart, Nicolas Poullalier, Louis du Pré, Jean du Pré, Anne du Pré, Christine du Pré, Colette Pelletier, veuve de Pasquet du Pré, Pasquet du Pré, Abraham du Pré, Guillaume du Pré, Charles Plouin, Louis Plouin, Nicolas Plouin, Isabeau du Pré, fille de Jacques, Marie Plastrier, veuve de Louis du Pré, Marie du Pré, veuve de Robert du Pré, Martin du Pré, Mathieu du Pré, Louise Le Roux, sa veuve, Robert du Pré, Jeanne Bernay, sa veuve, Etienne Prévosts, Jacques Prévosts, Pierre Prévosts, Marguerite Saintart, sa veuve, Robert Prévosts, Jean la Personne, Simon Pitou, Jean Prunier, Resmonnet Picquet, Henri Le Prestre, Jean Le Prestre, Laurent Le Peteulx, Ambroise Peloing, Jacques Peloing, Jean Peltoing, Perrette Hèse, veuve de Marin Peloing, Françoise du Pré, veuve de Jean Le Fort, Françoise Pont, veuve de Lucas Nolles, Perrette Regnault, veuve de Martin Pont, Antoinette Pélerin, veuve de Martin du Pré, Charlotte Peguchet, femme de Jean du Liège, Gille Porquerel, Roger du Port, Pierre Paunyer, Geneviève Alais, veuve de Jean Pélerin, Christophe Péries, contrôleur au marquisat de Blaru, Pierre Pernolle. — Table alphabétique des tenanciers dont le nom commence par la lettre P.

E. 3344. (Liasse.) — 128 pièces, papier.

1533-1772. — Blaru. Déclarations. — Déclarations d'héritages tenus à cens du seigneur de Blaru par Jean Quentin, Martin Quervel, Robert Quervel, Louis Quesnel, Marion, sa veuve, Adrien Questel, Aubry Questel, Bastien Questel, Bertrand Questel, Blaise Questel, Chardin Questel, Charles Questel, Cyprien Questel, Charlot Questel, Simon Questel, François Questel, Gringoire Questel, Guillaume Questel, Lucasse, sa veuve, Hilaire Questel, Françoise Gosselin, sa veuve, Jacques Questel, Jean Questel, Louis Questel, Lubin Questel, Lucas Questel, Mahiet Questel, Marin Questel, Louise Questel, fille de Mahiet, Nicolas Questel, Bertine, sa veuve, Pierre Questel, Rogière, sa veuve, Catherine Questel, leur fille, Jeanne Gosselin, veuve de Simon Questel, Thomas Questel, Noël Questel, Adrienne Questel, fille de François, femme de Jacques Gamache, Madeleine Questel, femme de Guillaume François, Geneviève Questel, fille de Nicolas, Nicolas Quantin, Barthélemy Queneville. — Table alphabétique des tenanciers dont le nom commence par la lettre Q.

E. 3345. (Liasse.) — 1 pièce, parchemin ; 236 pièces, papier.

1469-1714. — Blaru. Déclarations. — Déclarations d'héritages tenus à cens du seigneur de Blaru par Jeanne, veuve de Jean Rober, Jean Raignon, Nicolas Racigot, Charles Le Regnard, Nicolas Robert, Philippe Robert, Pierre Robert, Perrine, sa veuve, Simon Robert, Colas Robert, Guillaume Robert, Guyon Robert, Jeanne

Le Pelletier, sa veuve, Jean Robert, prêtre, Perrette, veuve de Jean Robert, Louis Robert, Lucas Robert, Marin Robert, Nicole Robert, prêtre, Charles Robert, Pierre Robert, Mathieu Roussel, Perrette Roussel, veuve de Jean, Jacques Roussel, Jean Roussel, Louis Roussel, Lucas Roussel, Françoise Haya, sa veuve, Michel Roussel, Guillemette Capery, sa veuve, Noël Roussel, Pierre Roussel, Robert Roussel, Simon Roussel, Vincent Roussel, Thomas Roussel, Charles Roussel, Collas Roussel, Guillot Roussel, Guillaume Roussel, Geneviève, sa veuve, Marie Roussel, veuve de Nicolas Lespine, Adrien Le Roux, Alain Le Roux, prêtre, Benart Le Roux, prêtre, Françoise Le Roux, François Le Roux, Jérôme Le Roux, Marie Gosselin, sa veuve, Guillaume Le Roux, dit Rousselet, Hilaire Le Roux, Marion Benardel, sa veuve, Jacques Le Roux, Jean Le Roux, Louis Le Roux, Pierrette, sa veuve, Lucas Le Roux, Marin Le Roux, Michel Le Roux, Martin Le Roux, Marion, veuve de Nicolas Le Roux, Philippe Le Roux, Pierre Le Roux, Marion de la Plasse, veuve de Simon Le Roux, Guillemette Le Roux, veuve de Guillaume Cocquart, Philippe Rotenger, Jeanne Binet, veuve de Robert Rotenger, Jean Le Roy, Guillot Le Roy, Blaise Le Roy, Michel Le Roy, maître écrivain au collège de Vernon, Nicolas Le Roy, Françoise, sa fille, Philippot Le Roy, Pierre Le Roy, Bertrand Le Roy, Catherine Buisson, veuve de Martin Roussignol, Jean Roussignol, Nicolas Roussignol, Guillaume Roussignol, Louis Roussignol, Jean Richer, André Raffy, Marie Roussel, veuve de Louis Le Mollier, Etienne Roussignol, Françoise Dubois, veuve de Michel Rouget, Jacques Rémy, Louis Rémy, Nicolas Rémy, Nicolas Rouget, Jacques Rouget, Marie Chaumont, veuve de Jacques Robert, Jean Roncerel, Barbe Le Dru, veuve de Charles Robert, François Rouget, Charlotte Chaumont, veuve de Pierre Robert. — Table alphabétique des tenanciers dont le nom commence par la lettre R.

E. 3346. (Liasse.) — 1 pièce, parchemin; 154 pièces, papier.

1530-1708. — Blaru. Déclarations. — Déclarations d'héritages tenus à cens du seigneur de Blaru par Louis Sainct, Thomas Sevestre, Charles Soret, Jean Soret, Pierre La Sire, Guillaume Sainct, Jean Sainct, Anne Savary, veuve de Michel Le Roux, Michel Savary, Nicolas Savary, Pantaléon Savary, Guy Sauvage, Louis Sauvage, Olivier Sauvaige, Jean Sebire, Pierre Sevestre, Jeanne, veuve de Guillaume Soret, Lucas Soret, Adrien Soret, Guillaume Soret, Guillaume Sifflet, Louis de la Salle, Vincent Sevestre, noble homme Gaspard de Saint-Séverin, Gabriel Saintart, Pierre Sainctard, Jacques Simon, Jacques Sevestre, Louis Sabin, Louis de Sainctard, écuyer et vétéran des gardes-du-corps du Roi, Alexandre Signol, Noël Sainct. — Table alphabétique des tenanciers dont le nom commence par la lettre S. — Copie de déclaration d'héritage ayant servi au seigneur de Blaru, dans un procès contre Claude Le Prince.

E. 3347. (Liasse.) — 2 pièces, parchemin; 110 pièces, papier.

1588-1708. — Blaru. Déclarations. — Déclarations d'héritages tenus à cens du seigneur de Blaru par Durand Tremblé, Louis Le Tellier, Jean Le Tellier, Perrette Chambon, veuve d'Alain Le Tellier, Durand Le Tellier, médecin ordinaire du Roi, demeurant à Mantes, Gabriel Le Tellier, Gervais Le Tellier, Henri Le Tellier, Guillaume Le Tellier, Jean Le Tellier, Jacques Le Tellier, Jeanne, veuve de Martin Le Tellier, Pernet Le Tellier, Philippot Le Tellier, Regnault Le Tellier, Simon Le Tellier, Michelle, veuve de Jean Testard, Clément Tibergé, Jeanne Gosselin, veuve de Jacob Thierry, Jacques Torel, Jean Tolles, Lucas Tolles, prêtre, curé de Chauffour (1571), Richard Tolles, Bertrand Trouilbrullart, Adam Tremblé, Guillaume Tremblé, Isaac Tremblé, Marin Tremblay, Nicolas Tremblé, Hilaire Treslin, Pierre Treslin, Pierre Trudet, Jean Thomas, Gouffroy Le Tellier, Collette, veuve de Pernot Le Tellier, Etienne Le Tellier, Marie Ysaac, veuve de Guillaume Tremblay, François Tremblay, Pierre Tremblé, Claude Thierry, Marc Le Tellier, Marie Abraham, veuve de Martin Tolle, Louis Tollé, François Touet, Louis de Tilly, sieur de Prémont, Simon Villebault et Guillebault. — Tables alphabétiques des tenanciers dont le nom commence par la lettre T.

E. 3348. (Liasse.) — 115 pièces, papier.

XVIe-XVIIIe siècles. — Blaru. Déclarations. — Déclarations d'héritages tenus à cens du seigneur de Blaru par Pierre Le Vacher, Jean Le Vacher, Louis Le Vacher, Pauline, veuve de Pierre Le Vacher, Robert Le Vacher, Robin Le Vacher, Alain du Val, Grégoire du Val, Jean du Val, Louis du Val, Marguerin du Val, Nicolas du Val, Etienne du Val, Marie du Val, fille de Grégoire, Marion Le Roux, veuve de Guillaume du Val, Jean Varin, Adrien Vassart, Robine, veuve de Clément Vassart, Guy Vassart, Perrette Saintart, veuve de Guillaume Vassart, Jean Vassart, Philippe Vassart, Louise, sa veuve, Pierre Vassart, Richard Vassart, Jean Le Vavasseur, Pierre Vandichon, Geneviève Quervel, veuve de Chrétien Vauclin, Guillaume Vauquelin, Claude de la

Vigne, Jean de la Vigne, Claude Vauclin, Geneviève Préaulx, veuve d'Antoine La Verta, Chardin La Vertu, Perrette Vivien, veuve de Guillaume Le Marchand, Thomas Vivien, Jacques Vivien, Jean Vyvyon, Louise Ruault, veuve de Louis du Val, Noël du Val, Jean La Verta, Pierre La Verta, Jeanne Vauclin, veuve de Pierre Chestelain, Louis Vauclain, Hubert Le Vacher, Marc-Antoine Vaudichon, Charles Varin, Nicolas Le Vavasseur, Louis François de la Vigne, prêtre, fils de Louis de la Vigne, docteur en médecine, Nicolas Vallée. — Table alphabétique des tenanciers dont le nom commence par la lettre V.

E. 3263. (Liasse.) — 197 pièces, papier.

1682-1786. — Blaru. Déclarations. — Déclarations d'héritages tenus à cens du seigneur de Blaru par Charles Dubois, prêtre, curé de Port-de-Villiers, François Toit, marguillier en charge de la Fabrique de Saint-Pierre du Port-de-Villiers, Louis de la Vigne, Nicolas Duval, François Duval, Michel du Til, François Thouet, Guillaume Tolay, Pierre Tollé, François Tremblai, Pierre Tremblai, Jean Le Tellier, Nicolas Le Tellier, Louis Saint, Nicolas Sachet, Jeanne Ronsai, veuve de Jean l'Epine, Jean Roussel, Pierre Roussel, Geneviève Le Sueur, Louise Quervel, Sébastien Quervel, Louis Querolles, Claude Pont, Louis Pèlerin, François Dupré, Charles Dupré, Claude Porquerel, Robert Pont, Louis Plouin, Pierre Piquet, Barbe Piquet, veuve de Louis Quétel, Pierre Pernelle, Jacques Pelletier, Catherine Pèlerin, Léger Pèlerin, Charles Pèlerin, Antoine Pèlerin, Jacques Nolle, François Nolle, Jacques Nolnville, Guillaume Montois, Marie Mondet, veuve de Charles Monsinglant, Antoine Desmousseaux, Guillaume et Jacques Monsinglant, Jean l'Epine, Gabriel Lestard, Lucas et Benoît Lauvrai, Louis Lauvrai, Guillaume Laurent, Etienne Laurent, Marie Langlois, veuve de Louis Le Moine, Nicolas de Lalitre, Antoine Lainé, Antoine de Jord, Sébastien Jeulant, Eustache Issac, Jean Isaac, fils de Jacques, Jean Isaac, fils d'Amand, Madeleine de Jord, veuve de Jean Quétel, François Huet, Guillaume Harouard, Françoise Garnier, veuve de Benjamin Bébier, Jacques Gosselin, Antoine Gautier, Nicolas Grosmesnis, Pierre Gosselin, Marie Le Grand, veuve de Jean Le Tellier, Nicolas Gosselin, Lucas Gosselin, fils de Michel, Lucas Gosselin, fils d'Adrien, Louis Gosselin, Jacques Gosselin, Guillaume Gosselin, Claude Gosselin, Adrien Gosselin, Jean François, Jean Fouillée, Jean-André Le Fuel, élu en l'élection d'Andely, demeurant à Vernon, Louise François, Adrien Le Fort, Pierre François, Françoise Eschard, veuve de Louis Hainfroy, Louis Eschard, Louis Le Dru, Charles Le Dru, Barthélemy Denis, Antoine David, Simon Caillou, François Clergeon, Pierre Gilbert, Charles Cadot, François Celliette, Louis Le Chasseur, André Chaumont, Claude Le Cellier, Denis du Cellier, François Cahagnes, Joseph Desbois, receveur des tailles à Mantes, au nom de Maria Duclos, sa femme, François Bonami, Rose Dubois, Charles Dubois, Marie Binet, veuve de Guillaume Tremblai, Jean Bernai, couvreur en chaume, Jean Bernai, marchand à Bonnières, Philippe Ango, Pierre Ango, Marie Ango, successivement veuve de Guillaume Henri et de Louis Le Dru, Marie Ango, veuve de Jean Dortans, François Allix, domestique de la marquise de Blaru, Catherine Allain, veuve, en secondes noces, de Pierre Gosselin, Jacques Alexandre, Michel Abraham, Etienne Viornai et Hilaire Le Marchand, marguilliers de la paroisse Saint-Hilaire de Blaru, Jean Le Vacher, Philippe Toutrin, Jean et Claude Saint, Jean Le Signo, Guillaume de la Sale, Jean Roussel, Jean Robert, Jean Renoux, Laurent Quendrai, Pierre Perchon, M° chapelier, demeurant à Versailles, Louise Catherine de Lommeau, veuve de Jacques de Tilly, chevalier, seigneur de Pray, Christophe Périer, l'aîné, procureur au bailliage de la haute justice et marquisat de Blaru, Jacques Dumesnis, Charles Lauchard, Marie Lauzeroy, veuve de François Paumier, Judith Lauchard, Clotilde Lauchard, veuve de Jacques Quétel, Jean Langlois, Barbe Hennequin, veuve de Charles Robert, Pierre Hézé, Noël Hérango, Jean Houssais, Charles Gosselin, Mathieu Goutard, avocat et procureur fiscal du duché de la Roche-Guyon, Louis Genty, Louis Le Fort, Geneviève Fiché, veuve de Charles de Chérences, chirurgien à Vernon, Denis Feron, Jacques Canonville, Jacques Le Courrayer, Samson Chapelain, Jacques Le Coq, Marie Cochet, veuve de Jean Godefroi, Nicolas Cahagnes, Pierre Boutlou, Robert Baraud, Louis Le Boucher, Jacques Barat, Pierre Alain, Pierre Duchemin, Jeanne Le Clerc, veuve de Louis Fontaine, Marie Clergeon, veuve de Pierre Dauvergne, Charlotte de Vaux, veuve de Nicolas Le Gendre, chirurgien, demeurant « à la Folie-Panier, » paroisse de Bréval, Anne de la Vigne, Anne Duval, Anne Lépine, Jean-François Lemonnier, Jean Martial, Sébastien Le Sueur, Michel Tremblai, Marie Quinet, veuve de Pierre Le Tellier, Denis Pèlerin, Louis Barat, Jean Toutain, Jacques Potier, Jacques Carvitte, Jacques Nolle, Claude Le Cointre, Alain Isaac, Jacques de Lorme, écuyer, fourrier des logis du Roi, demeurant à Vernon, Martin Hébert, Marie Hébert, Catherine Lanchon, veuve de Marin Gosselin, Louis Gatelais, Jean Gosselin, Louise

Tremblay, veuve de Jacques Morand, Rose Gautier, les Pauvres de Vernon, Barbe Hennequin.

E. 3350. (Liasse.) — 150 pièces, papier, dont 1 cahier de 22 feuillets in-6°.

XVIIe - XVIIIe siècles. — Blaru. Déclarations. — Table alphabétique des tenanciers de la seigneurie de Blaru assujétis aux déclarations censuelles. 250 noms de personnes. — Extraits de déclarations censuelles et notes y relatives.

E. 3351. (Liasse.) — 72 pièces, papier.

XVIe - XVIIIe siècles. — Blaru. Déclarations. — S. D. — Déclarations d'héritages tenus à cens de Jacques de Tilly, seigneur de Blaru, par Pierre Le Conte, Jeanne, veuve de Colas Le Conte, Jean Le Conte, Catherine, veuve de Jean Chastellain, Robert Chastellain, Thommine Robert, veuve de Jean Billard, Pierre Bonnet, Lucas Boutier, Françoise Boutier, veuve de Pierre Bonamy, Nicolas Boutier, Jean Bernay, Guillaume Bernay, prêtre, Bertin Letellier, Ollive Tiberge, veuve de François Pingault, Jeanne Trestin, Marion, veuve de Pierre Trestin, Jacob Chastellain, Simon Robert, Richard Le Chasseur, Pierre Chastellain, Michaut Le Conte, Lucas Chauvin, Guionne Desnouyers, Regnault Le Dru, Marion, veuve de Pierre Drouet, Jean Darin, Catherine, veuve de Jean Darras, Louis Gossolin, Ollivier Roulin, Jean Legrand, le jeune, Lucas Legrand, Adrien Legrand, Jean Gassouing, Nicole Hue, prêtre, Jean Hays, Nicole Hays, « huillier, » Louis Hays, Philippe Ydoyne, Colas Ydoyne, Françoise Le Roux, veuve de Simon Morel, Vandrille Morain, Roger Morel, Pierre Morel, Lucas Lemire, Henri Maillard, Nicolas de Meulles, Nicolas Picart, Michel Pentin, Jean Questel, barbier, Louise Questel, Jeanne Robert, Thomas Questel, Jean Quentin, Nicolas Robert, Lucas Robert, Jean Robert, Vincent Roussel, Martin Le Roux, Guillaume Sauvage.

E. 3352. (Liasse.) — 1 pièce, parchemin; 35 pièces, papier.

XVIe siècle. — Blaru. Déclarations. — Déclarations d'héritages tenus à cens de Charles de Tilly, seigneur de Blaru, par François Barbier, Jeannette, veuve de Petitjean Le Roux, François Robert, Philippe Robert, Jean Robert, Jean Le Roy, Colette, veuve de Pernot Le Tellier, Jean Tolles, Charles Adam, François Billy, Guillaume Bernay, prêtre, Augustin Chastellain, Guy Courtois, prêtre, Louis Courtois, Louis Chambon, Madeleine, veuve de Pierre Cappery, Collette, veuve de Vincent Carré, Louis Carré, Pierre Guérin, Jeanne, veuve de Claude Hays, Louis Hays, Collette, veuve de Jean du Fort, Antoine Ydoyne, Guillaume Ydoyne, Pierre Morel, prêtre, François Pont, Louis Questel.

E. 3353. (Liasse.) — 6 pièces, parchemin.

XIVe siècle. — Blaru. Déclarations. — Déclarations d'héritages tenus à cens du seigneur de Blaru, pendant que la seigneurie était dans les mains du Roi, par Jean et Geoffroy Douice, frères, Pierre Nolles, Jean Nolles et Robin Lefèvre.

E. 3354. (Liasse.) — 2 pièces, parchemin; 1 pièce, papier.

1385-1461. — Blaru. Eaux et Forêts, Bois. — Charles, sire de Châtillon, chevalier, chambellan du Roi, souverain et général ordonnateur et réformateur des eaux et forêts de France, accorde au sire de Blaru la permission d'user de ses droits sur les rivières et forêts où il est seigneur haut justicier dans le bailliage de Mantes. — Même permission accordée, le 21 décembre 1461, à Pierre de Tilly, écuyer, seigneur de Blaru. — Jean de Saqualuville, chevalier, Sr de Blaru, et Ide de Beausart, sa femme, donnent à Alain Mauvoisin, écuyer, cousin de ladite Dame, l'office de la verderie de la forêt de Chevrie, « des bois qui furent à deffunts Mrs Pierre et Amaury » Mauvoisin de Rosny, frères, en leur vivant, oncles de » ladite dame. » — Don de l'office de verdier des bois et garennes de Blaru fait par Françoise Ladvocat, veuve de Jean de Tilly, seigneur de Blaru, à Guillaume Mauvoisin, en considération du mariage prochain dudit Guillaume, fils d'Hector de Mauvoisin et d'Isabeau de Villiers, elle-même fille de Robert de Villiers, écuyer.

E. 3355. (Liasse.) — 1 pièce, parchemin; 1 pièce, papier.

1492. — Blaru. Eaux et Forêts, Bois. — Jean de Tilly, écuyer, seigneur de Blaru, d'une part, et Jean Féret, l'aîné, Jean Gentil, Jean Pont, l'aîné, Robin Le Roux, Guillaume Le Roux, Colin Le Marchant, Jean Morain, Chardin Boutier, Michel Boutier, Perrin Leconte, Robin Bernay, Guillot Lemire, Jean Robillart, Robinet Lemire, Estiennot Leconte, Jean Boiréau, Pernot Hays, Richard Pol, Jean Guérin, Olivier Lepelletier, Rogier Le Chapperonnier, Jean Lucas, Jean Lemasson, l'aîné,

Jean Lemasson, le jeune, Guillot Fouquet, Colin Binet, Simon Binet, Jean Lasséro, Jean Guérin, le jeune, Gieuffroi Questel, Simonet du Buisson, Guillaume Morel, Pons Morel, Jean Doulcet, Guillot Le Roi, Pernot Drouart, Louis Lecomte, Denis Billié, Guillemin Gosselin, Adnet Noitre, Jean Pant, Allain Ydoine, Guillaume Le Roux, Simon Roussel, Michel Lechasseur, Jean Carré, Thomas Morel, Gervais Sehire, Jean Crestin, Richard Questel, Thomas Delaunay, Noël Vassal, Thomas ......, Jehannot Lecousturier, Pierre Bourrier, Gieuffroy Robert, Pérot Darius, Pierre Le Frilleux, Rogier Questel et Guillaume Robert, tous manants, habitants et paroissiens de Blaru, d'autre part, s'accordent sur la nature et l'étendue des droits des habitants dans la châtellenie de Blaru, et spécialement sur le droit de pâturage, consacré par une charte rapportée dans l'acte, et qui établit, en substance, qu'en l'année 1149, Guy Mauvoisin concéda perpétuellement à Philippe de Blaru une portion de la forêt de Chevrie, que ledit Philippe tenait dudit Guy de Mauvoisin, comme ses ancêtres l'avaient tenue de ceux de Guy : parmi les lieux mentionnés dans cette dernière charte, on remarque les Trois Chênes auprès du champ d'Emeline de Péronne, *tres quercus juxta campum Emeline de Péronne, Pommerel de Beron-Villa, Rubea Corsseria, Portus de Villiers, Guynofossa, ou Guyrofossa* (Jeufosse), *Vallis de Morillon*. Les témoins de cet acte, accompli « anno quo Ricardus rex Angliæ mortuus est, » sont *Willermus Malus vicinus*, Guillaume Mauvoisin, frère de Guy, *Johannes de Flahacourt*, Jean de Flacourt, *bandominus* (sic) *de Magnanvilla, Petrus de Magnanvilla*, Pierre de Magnanville, *Ricardus de Favis*, Richard de Favrieux (?), *Rodolphus de Heronvilla*, Rodolphe ou Raoul de Héronville, *Ricardus de Tionvila-Garnici* ou Garivel, Richard de Thionville-sur-Opton (?), *Baudulphus Vrenes Robillart*, pour Guy Maubuisson ; et, pour Philippe de Blaru, *Robertus de Porta*, Robert de la Porte, *Thomas de Guesneel, Villermus Dumoustier, Gauffridus de Sancta Collumba, Ricardus de Blarrea, Magister Ricardus de Blarrea, Villermus de Blarru de Cantelou, Goulierius Gels, prepositus Blarruti, Philippus Daphifer, Rokerius Girardus Favis, Amgabonnus* ou *Aingabonus, Jobertus Quaillel, Reginaldus Caillel*. — Extrait de l'acte sus-mentionné. — Déclaration des coutumes des habitants de Blaru ou droit de pâturage faite au seigneur de Blaru en 1506 et en 1515.

E. 3356. (Liasse.) — 2 pièces, parchemin.

1568. Blaru. Eaux et Forêts, Bois. — Sentence de la prévôté de Paris, dans la cause d'entre Jean de Tilly, seigneur de Blaru, et Nicolas Binet, laboureur, demeurant à Blaru, qui condamne ce dernier à payer au demandeur une somme de 160 livres tournois, pour dégats divers commis dans 100 arpents de bois « assis au long « du val de Chevrie, nommée la côte de la Boissière, » et sur un chemin, « par lequel l'on va du chesne de Lessart « au Port-de-Villiers. » — Commission du prévôt de Paris pour l'exécution de la sentence sus-mentionnée.

E. 3357. (Liasse.) — 31 pièces, papier, dont 1 cahier de 6 feuillets in-8°.

1562-1599. — Blaru. Eaux et Forêts, Bois. — Extraits des registres de la verderie de Blaru, de 1561 à 1599, inclusivement. — Extrait des amendes de la verderie de Blaru, commençant le 23 novembre 1579, et finissant le dernier jour de février 1583.

E. 3358. (Liasse.) — 13 pièces, papier.

1736-1739. — Blaru. Eaux et Forêts, Bois. — Pièces d'un procès intenté par Catherine-Elisabeth de Manneville, marquise de Blaru, mère et fondée de procuration de François-Bonaventure de Tilly, chevalier, marquis de Blaru, capitaine au régiment mestre-de-camp-général des dragons de France, à Robert et Jean-Baptiste Masurier, ou Le Masurier, frères, marchands, demeurant à Rosny, pour obtenir payement de la somme de 9,000 livres, montant d'un marché de coupes de bois fait avec le marquis de Blaru.

E. 3359. (Liasse.) — 73 pièces, papier.

1726-1791. — Blaru. Eaux et Forêts, Bois. — Procès-verbaux dressés par les gardes du marquisat de Blaru, Louis Soret, Augustin Grandin, Jean Le Signe, Jean Gosselin, Claude Allain, Charles Charon (Alias : Chéron), Pierre-Marin Gosselin, Pierre Phiot, Etienne Huet, Pierre-Louis Pellerin, Maurice Carlin, François Isard dit La Verte, contre Etienne et Pierre Le Fort, veuve Jean du Bois, Pierre Dupont, Etienne Laurent, Simon Fontaine, Duval, Lucas Auvray dit l'Amy, Périé, René Pichon, Nicolas Piquard, Pierre Monard, Jean Letellier, Jacques Laurent, Jean-Louis Boulan, Jean et Lubin Picard, Antoine Dubois, veuve de Charles du Bois, Louis Le Chasseur, Marie-Anne Le Dru, Michel Picard dit Lucain, servante d'Antoine Pellerin, Jean Letellier et

Jean Monsinglant, Claude et Chrysosthome Vinot, Nicolas Letellier, François Chaumont, Denis Laurent, Gabriel Auvray, servante de François Planche, Louis Alepté, Jacques Hullot, Mʳ de Chavanne, ancien garde-du-corps, demeurant à Saint-Aquilain, et le sieur Jeuffroy Boisfrand, Mathurin Baudet, Louis Boucher, veuve Rotanger, Cavellier, Rustace et Jean Ledouce, Guillaume Monsinglant, Louis Cahagne, Jacques Nollo, François Loene, Jacques Genty, Pierre Blin, Toussaint Robillard, Nicolas Masson, Joachim Ducosta, Hubert Baudel, Etienne Viornay, Jean Chauvot, Louis Querotte, fille de Jean Mantois, Jean Saint, Jean-François Le Mounier, veuve Nicolas Le Sieur.

E. 3360. (Liasse.) — 1 pièce, parchemin; 35 pièces, papier.

1727-1767. — Blaru. Eaux et Forêts, Bois. — Procès-verbaux dressé par les garde-bois Charles Chéron, Jean Gosselin, Louis Soret, Denis Chéron, Jean Le Signe, contre Nicolas Le Tellier, Nicolas Sachet, Jacques Laurent, Jean Huet, Jacques Abraham, les fils de Pierre Dupont, Antoine du Bois, Anne Soret, Louis Colleville, Marie Chaumont, Mathurin Cavaillé, Nicolas Picard, Louis Le Roy, Guillaume Monsinglant, Lubin Godefroy, et la veuve Pellerin. — Sentence par laquelle François Greslebin, juge verdier des eaux et forêts du marquisat de Blaru, condamne, par défaut, Jean Le Tellier, laboureur, demeurant à Notre-Dame-de-la-Mer, à 3 livres de dommages-intérêts envers le seigneur de Blaru, et aux dépens, pour délit commis par ses chevaux dans les bois dudit seigneur.

E. 3361. (Liasse.) — 32 pièces, papier.

1544-1704. — Blaru. Eaux et Forêts, Bois. — État des tenanciers des Chastelliers d'Yvry et de la Noë Durlent. — Procès-verbaux d'arpentages exécutés par Robert Dupré, mesureur juré en la seigneurie de Blaru, Vincent Gaultier, mesureur juré au bailliage de Gisors, Denis Le Boucher, mesureur juré en la ville et châtellenie de Vernon, Jean Hainequin, mesureur juré au bailliage de Mantes, Guillaume Gaultier, mesureur et arpenteur juré au bailliage de Gisors, Louis Delavigne, arpenteur royal juré, au bailliage de Gisors, Jean Gosselin, arpenteur juré au bailliage de Blaru, Claude Hunay, maître arpenteur juré au bailliage d'Evreux, Jean Aupers, arpenteur et greffier des jurés maçons, charpentiers, pour le Roi, au bailliage de Mantes. — Copie de la vente de la coupe de la Noë Durlent, faite le 10 juin 1506, par Charles de Tilly, seigneur de Blaru, à Jean Chambon. — Mémoire des coupes de bois que le sieur de Blaru se propose de « bailler à user, par l'espace de dix ans, par coupes « l'une après l'autre, à recommencer à la saint Remy » 1684. » — Toisé des murs édifiés dans le parc du château de Blaru, en 1673. — État de la consistance des bois de Blaru usés par Jean Feugère, avec la différence des mesurages et de ce qui en est adjugé par la sentence de la table de marbre, du 26 septembre 1704, pour servir au procès d'entre le sieur marquis de Blaru, intimé, et ledit Feugère, appelant de ladite sentence.

E. 3362. (Liasse.) — 13 pièces, papier.

1587-1647. — Blaru. Eaux et Forêts, Bois. — Procès-verbaux d'arpentages exécutés par Marin Rayeulx, arpenteur juré demeurant à Lommoye, et Jean Bachellier, maître arpenteur juré au marquisat de Breval et bailliage de Lommoye. — « Mémoire des personnes trouvées par » moy Guillaume Chéron, garde-bois de Monsieur (le » Sʳ de Blaru), et rapportz en justice, le jeudi dix-hui- » tième juillet 1647. »

E. 3363. (Liasse.) — 30 pièces, papier.

1705-1746. — Blaru. Eaux et Forêts, Bois. — Procès-verbal d'arpentage des bois exploités par Jean Feugère, marchand, demeurant à Bonnières, fait par Jacques Thiberge, arpenteur juré en la maîtrise de Vernon, commissionné par François de Chauffour, écuyer, conseiller du Roi, lieutenant-général en la maîtrise des eaux et forêts de Vernon et Andelys, du consentement de Charles de Tilly, marquis de Blaru, pour le profit du défaut accordé à ce dernier à l'encontre dudit Feugère. — État de la quantité des bois du marquisat de Blaru vendue par adjudication, à l'exception des côtes de Jeufosse, suivant les recolements, avec le prix de chaque vente, de 1725 à 1735. — Procès-verbal de recolement des côtes de Jeuffosse. — Procès-verbal d'assiette des bois de Blaru pour 1730. — Procès-verbal d'assiette de la vente des Chastelliers. — Procès-verbal du recolement des ventes de Blaru de 1729, pour la grande vente. — État du recolement des ventes dépendant du marquisat de Blaru usées et exploitées en 1733. — L'arpenteur Robert-Anselme Delavigne certifie que la mesure des bois que le marquis de Blaru a fait planter dans son parc, par les nommés Nicolas Le Febvre et Louis Bolguize, est de 2 arpents 25 perches. — État des ventes arpentées dans la forêt du marquisat de Blaru, tant par recolement que par assiette, en l'année 1742. — État de la contenance des ventes arpentées dans les bois du marquisat de Blaru, pour l'usance et ordinaire des années 1745 et 1746. — Procès-verbaux des arpenteurs Robert-Anselme Delavigne et André Roussel.

E. 3364. (Liasse.) — 10 pièces, papier.

1716-1746. — Blaru. Eaux et Forêts, Bois. — État des bois de Blaru en l'année 1719, vente de la queue de la Boixière, avec dix arpents des côtes. — Le marquis de Blaru reconnaît avoir vendu à Françoise Hébert, veuve de Charles Beaumont, la levée et coupe de bois taillis, vulgairement appelé Couppe-Taille, contenant 22 arpents, à raison de 150 livres l'arpent ; à Mme Lefébure, marchande à Mantes, et Antoine David, de Limay, marchand, la levée et coupe de deux pièces de bois taillis à raison de 150 livres pour chaque arpent, sis aux Monts-Faucons, et de 135, pour chaque arpent, sis aux côtes de Jeufosse ; au sieur Jean Bourret, marchand à Paris sur le quai de l'École, la coupe de la petite futaie nommée la Garenne, pour 6,000 livres ; des bois du Chesné, de la Roche et de la vallée de Chevrie, à raison de 150 livres l'arpent ; et la moitié de la coupe de la Haute-Tasse, à raison de 170 livres l'arpent ; à Robert et Jean-Baptiste Le Mazarier, frères, demeurant à Rosny, l'autre moitié de la Haute-Tasse, à raison de 130 livres l'arpent. — Procès-verbal d'adjudication de coupe de bois du 12 novembre 1732, aux lieux dits la Garenne, Coupe-Caille, près le Colombier, Grande-Vallée de Chevrie, Côtes de Jeufosse.

E. 3365. (Liasse.) — 13 pièces, papier.

1725-1737. — Blaru. Eaux et Forêts, Bois. — Procès-verbaux d'adjudication de coupes de bois aux Chasteliers, Côtes de Jeufosse, les Quatre-Acres, Grande-Vallée, Bout-du-Bochet, la Boissière, Camp-de-César, l'Enclos, les Montfaucons, la Justice, proche les Six-Frères, bois de la Roche, Courcaille (alias : Coupe-Caille), la Haute-Tasse, entre le Hameau de Saint-Augustin et le Port-de-Villez.

E. 3366. (Liasse.) — 8 pièces, papier.

1726-1751. — Blaru. Eaux et Forêts, Bois. — Plan de la vente des « Châtiliers, » contenant 49 arpents 10 perches, exploités pour l'ordinaire de l'année 1726. — Plan des bois du marquisat de Blaru, pour 1731, 1732, 1733, à l'exception de deux ventes. — Plan d'une pièce de bois de la seigneurie de Blaru, située au val d'Acconville, vidé en 1748, contenant 59 arpents 92 perches. — Plan des ventes de la « Bossière, » ordinaire 1751-1752, contenant 114 arpents 25 perches. — Plans des ventes du Camp-de-César, de l'Enclos, des Côtes de Jeufosse, du Bochet, des Montfaucons, de Courte-Caille.

E. 3367. (Liasse.) — 85 pièces, papier.

1740-1757. — Blaru. Eaux et Forêts, Bois. — Pièces comptables relatives à l'exploitation des bois de Blaru, par Pierre-Louis Pellerin, au compte des adjudicataires, Jean-Baptiste Legoux, Mathurin Daudet et Jacques-Alexis Legoux, tant pour eux que pour Jean-Claude de Colbrye, leur associé. — Ordonnance de monsieur Duvaucel, grand-maître des eaux et forêts de France au département de Paris et Isle-de-France, du 20 juin 1757, concernant ce qui doit être observé par les propriétaires, possesseurs et adjudicataires des bois en la coupe et exploitation de ceux étant dans l'étendue du bailliage de Mantes, du ressort de la maîtrise de Saint-Germain-en-Laye, en conformité des différentes dispositions de l'ordonnance des eaux et forêts du mois d'août 1669.

E. 3368. (Liasse.) — 37 pièces, papier.

1742-1749. — Blaru. Eaux et Forêts, Bois. — Quittances, assignations, significations, etc., pour le Sr Pellerin, marchand de bois, demeurant au Port-de-Villez.

E. 3369. (Liasse.) — 23 pièces, parchemin ; 1 pièce, papier.

1512-1526. — Blaru. Eaux et Forêts, Bois. — Nouel Le Masson, laboureur, de Jeufosse, vend à Jean Nolles, l'aîné, laboureur, de Blaru, un arpent et demi en bois, buissons, et non valoir, assis en la Noue aux Durlens, pour 60 sous parisis. — Philippote, veuve de Bertrand Haya, vend à Françoise Ladvocat, veuve de Jean de Tilly, en son vivant, seigneur de Blaru, 2 arpents 6 perches de terre en bois taillis et buissons, faisant partie de 4 arpents, sis moitié à la Noue aux Durlens et moitié aux Châteliers d'Yvry, pour 20 livres tournois. — Jean Morisse et Marion, sa femme, demeurant en la paroisse de Gaudreville, vendent à Martin de Beauvoir, frère de ladite Marion, tout le droit que celle-ci peut avoir dans la succession de leur père, pour les biens sis en la paroisse de « Port-de-Villers, » moyennant 11 livres tournois. — Pierre Hays, laboureur, de Blaru, vend à Françoise Ladvocat, veuve de Jean de Tilly, tous ses droits sur 4 arpents de bois taillis, sis moitié aux Chasteliers d'Yvry et moitié à la Noue aux Durlens, provenant de la succession de son père, Bertrand Hays, moyennant 4 livres 15 sous tournois. — Vente d'un arpent de bois taillis à la Noue-aux-Durlens, faite à la même par Robinet le Mercier, laboureur de Blaru, moyennant 8 livres tournois. — Pierre Renardel, praticien en cour laye, demeurant à Blaru, vend à Charles de Tilly, seigneur de Blaru, 1 arpent 3 perches de bois taillis et buissons, sis aux lieux dits les Chasteliers et la « Noue Durlens, » par échange contre un lot de jardin, sis en la seigneurie de Blaru, au lieu nommé la Fresche-Haulny, près le petit moulin du Chesnay, — François Hays, barbier, demeurant à Vernon, et Jean Robert, laboureur, aux droits de sa femme, vendent à Charles de Tilly tous leurs droits sur 4 arpents de bois taillis ayant appartenu à Bertrand Hays et Catherine, sa femme, en premières noces, moyennant 6 livres tournois. — Pierre Lanchard, manouvrier, de la paroisse de Blaru, vend à Charles de Tilly un quartier de bois taillis à la « Noue Durlen, » pour 36 sous tournois. — Adam le Cousturier, laboureur, de la paroisse de Blaru, vend au même 1/2 arpent de bois taillis, sis à la Noue-aux-Durlens, pour 65 sous tournois. — Jean Leroux, l'aîné, du Chênet, vend au même 1 arpent de bois taillis, même lieudit, pour 6 livres 10 sous tournois. — Jean le Grand, laboureur, de la paroisse de Jeufosse, vend au même 5 quartiers de bois taillis, même lieudit, pour 9 livres tournois. — Perrine, veuve de Jean Bretel, Robin Bretel, Simon Bretel, tisserands en toiles, demeurant à « Belleval, près Chastillon-sur-» Marque, » et Geoffroy Bretel, du Chênet, vendent au même 1/2 arpent de bois, même lieudit, pour 65 sous tournois. — Richard Vapart (Alias : Vassart), laboureur, du Chênet, vend au même 1/2 arpent de bois taillis, même lieudit, pour 65 sous tournois. — Jean Nolles, l'aîné, vend au même la moitié d'un arpent 1/2 de bois taillis, même lieudit, pour 4 livres 17 sous 6 deniers tournois. — Jean Dannel, dit La Touche, et Toussoint Nicole, au nom et comme receveurs fermiers de la terre et seigneurie de « Lommage, » pour Charles de Luxembourg, chevalier de l'ordre du Roi, comte de Brienne, etc., seigneur dudit lieu de « Lommage, » au droit de sa femme, Charlotte d'Estouteville, reconnaissent avoir reçu, de Charles de Tilly, la somme de 2 livres tournois, montant des droits de vente et saisine pour cause d'acquisition de bois sis à la « Noe Dourlenc et les Chastel-» liers d'Yvry, » droits appartenant audit de Luxembourg, à cause de sa seigneurie de Lommote. — Adam le Cousturier vend à Charles de Tilly, pour 100 sous tournois, 2 arpents de terre aux Sablons, qu'il a eus par échange contre 1/2 arpent de bois taillis, sis à la Noe-aux-Durlens. — Guiot Lanchart, de Blaru, vend au même le quart d'un arpent de bois taillis, même lieudit, pour 50 sous tournois. — Jean le Cousturier et Adam le Cousturier, son fils, échangent, avec Charles de Tilly, plusieurs lots de terre, sis au lieudit la Noe-aux-Durlens, contre 7 arpents de terre en la « Côte-de-Port-de-Villers. » — Pierre Lasne et Alison, sa femme, vendent à Simon Houssaye « du Val d'Acconville, paroisse de Port-de-Villers, » 1/2 acre de bois taillis, sis dans ladite paroisse, pour 22 livres tournois. — Honorable homme Guillaume de Mesbines, demeurant à Vernon, vend à Charles de Tilly et à Louise de Vauldray, sa femme, 12 acres de bois taillis, sis au val « d'Aconville-en-France, » pour le prix de 40 livres tournois. — Germain le Noir, fils et héritier en partie de feus Pierre le Noir et Jeanne Raguayne, ses père et mère, demeurant à Paris, vend à maître Nicole d'Aconville, avocat en cour laye, demeurant à Vernon, plusieurs portions de bois taillis, sis au val d'Aconville à la côte des Chasteliers d'Ivry, moyennant 100 livres tournois.

E. 3370. (Liasse.) — 3 pièces, parchemin ; 9 pièces, papier.

1544-1705. — Blaru. Eaux et Forêts, Bois. — Charles de Tilly, seigneur châtelain de Blaru, bailli, capitaine, gouverneur du comté de Dreux, pour Marie d'Albret, duchesse de Nevers, comtesse d'Eu et d'Evreux, vend à honnête personne Guillot Monsinglant, marchand, demeurant à Bonnières, « la tonture et despeuilles, pour » une couppe seullement, de la trocque du boys et tail- » lys,... nommé les Chastelliers, » moyennant, outre les autres charges, le prix de 2,000 livres tournois. — Vente analogue faite par Guillaume Chastellain, receveur à Blaru et fondé de procuration de Charles de Tilly, à Philippe Chambon et Pierre le Roux, marchands, demeurant à Blaru, moyennant 1,000 écus d'or. — Vente d'une coupe de bois, au lieudit le Clos d'Ivry, faite par Charles de Tilly à Philippe Chambon. — Jacques de Tilly, seigneur de Blaru, vend à honnête personne Martin Labbé, demeurant à Bonnières, une coupe de bois aux lieux dits la Boissière et les Dix-Arpents, pour 3,080 écus sols, valant 9,240 livres. — Louis de Tilly, seigneur de Blaru, vend à honnête personne Charles Tremblay, marchand, demeurant à la Rovallesye, paroisse de Villeneuve-en-Chevrye, une coupe de bois taillis de 120 arpents ou environ ; au lieudit la Boissière, moyennant 106 livres tournois l'arpent. — Vente analogue faite par le même, à raison de 90 livres tournois l'arpent. — Charles de Tilly, seigneur de Blaru, vend à honnête personne Claude Damours, marchand, demeurant à la Roche-Guyon, une coupe de bois de 103 arpents à la Haute-Tasse ou Clos-d'Yvry, pour 10,993 livres tournois. — Le même vend à Guillaume le Noir une coupe de bois sur 131 arpents à la Boissière. — Obligations, quittances et notes relatives aux coupes de bois.

E. 3371. (Liasse.) — 2 pièces, parchemin ; 13 pièces, papier.

1649-1750. — Blaru. Eaux et Forêts, Bois. — Adjudication du Buisson de Blaru, contenant 562 arpents, faite, par les commissaires généraux, députés par le Roi pour la vente de ses domaines, à Pierre Sauvaire, bourgeois de Paris, pour le compte de Charles de Tilly, seigneur de Blaru, moyennant 8,030 livres, dont 7,300 livres de principal et 730 livres pour les 2 sous pour livre. — Sentence qui condamne par défaut la veuve de Simon Gambard, marchande à Vernon, à payer à Charles Pellerin, marchand de bois, demeurant au « Port-de-Villez, » la somme de 85 livres 10 sous, pour marchandise de bois à brûler à elle vendue. — Sentence qui condamne Guillaume Prévost, meunier, de Vernon, à payer au même la somme de 48 livres 14 sous, pour vente et livraison de cotterets. — Minutes de mémoires. — Etats et notes touchant des coupes ou ventes de bois à la Boissière, les Côtes-de-Jeufosse, le Camp-de-César, les Châteliers, l'Enclos, de 1725 à 1750.

E. 3372. (Liasse.) — 25 pièces, papier, dont 2 cahiers de 10 et 22 feuillets in-4°.

1891-1754. — Blaru. Eaux et Forêts, Iles et Pêche. « — Extrait tiré sur les contracts d'acquisitions, fieffes, » partages et autres tiltres, faictes par les seigneurs de » Blaru, concernant les eaues à eux appartenant en la ri- » vière de Seine, à cause de ladite seigneurie de Blaru... » — Extraict tiré sur un antien registre des adveus bail- » lés en jugement, par les personnes y desnommées, en » la seigneurie de Blaru, lors appartenant à noble et » puissant seigneur Messire Jean de Sacquanville, che- » vallier, seigneur de Blaru et des Bottereaux, et furent » présentés le vingt-deuxième jour de juillet l'an de » grâce mil quatre cens et saize... — Extraictz tirés sur » plusieurs contratz de ventes et eschanges faictz par » plusieurs particuliers, vassaux de la seigneurie de » Blaru... — Extraict tiré sur les contracts de fieffe faictz » par les seigneurs de Blaru à plusieurs particulliers... » — Extraits d'aveux et déclarations d'héritages dans les îles de la Seine tenus à cens de la seigneurie de Jeufosse, dépendance de celle de Blaru. — Lettres signées : Baudoyn, probablement procureur, à Paris, du marquis de Blaru, à qui elles sont adressées, touchant l'opposition du seigneur de la Roche-Guyon à un exploit de saisie fait, à la requête du procureur fiscal de Blaru, aux tenanciers d'îles sur la Seine, et notamment de l'île de Flotte, pour faute de droits et devoirs non faits ni payés. — Transaction entre le duc de la Rochefoucauld et le marquis de Blaru touchant la jouissance et la propriété de certains motillons sur la Seine. — Plan en conséquence de ladite transaction. — Articles extraits du chapitre de la pêche de l'ordonnance du mois d'août 1669.

E. 3373. (Liasse.) — 30 pièces, papier.

1535-1652. — Blaru. Eaux et Forêts, Iles et Pêche. — Copie des lettres de Charles de Châtillon, souverain ordonnateur des eaux et forêts de France, et d'Algean Violé, lieutenant-général, ès-pays de France, Champagne et Brie, de M. de Montauban, amiral, grand-maître des eaux et forêts, touchant les droits de pêche et de chasse du seigneur de Blaru. — Jugement par défaut rendu, par le juge de la verderie de Blaru, contre Robin Chandélier. — Information sur la mort de Thomas Binet, dont le corps avait été trouvé noyé dans la Seine. — Exploit pour Charles de Tilly, seigneur de Blaru, contre Renée de France, duchesse de Ferrare, comtesse de Gisors, touchant « la réparation d'un petit pont appelé le » Poncel, estant prez la rivière de Seine, sur ung petit » ruisseau de fontaine faisant séparation des resors de » noz parlements de Paris et Rouen. » — Consultation de Robert de Thou (24 mars 1550), Lefèvre, avocats en parlement, et Chevalier, procureur, pour le seigneur et les habitants de Blaru, motivant leurs droits d'en appeler, pour cause d'incompétence, des actes judiciaires, émanés du commissaire, sur le fait de la réformation des eaux et forêts en Normandie, à l'occasion de l'information du procès criminel de Louis Morel, demeurant à Blaru, accusé d'homicide et autres crimes, instruction faite par le bailli de Blaru ou son lieutenant. — Etat des frais de ladite consultation. — Information au sujet du corps d'Antoinette Bernier, servante de Pierre Ango, trouvé noyé dans la Seine ; permis d'inhumation en terre sainte. — Procès-verbal à l'occasion de la mort accidentelle de Robert Nargot, domestique de M. de Planes, qui s'était noyé dans la Seine, en abreuvant son mulet, en face la maison de Guillaume David, hôtelier à Port-Villez. — Procès-verbal à l'occasion de la mort de Robert Brice, boulanger, dont le corps a été retiré de la Seine à Port-Villez. — Enquête à ce sujet. — Procès-verbaux de saisie de bateaux sur la Seine. — Procès-verbal à l'occasion de la mort d'un enfant de Michel Mesllier ou Mellier de Bennecourt, dont le corps avait été trouvé dans la Seine. — Sentence rendue à Port-Villez, par le bailli de Blaru, relativement au conflit de juridiction, entre les ressorts de Blaru et de la Roche-Guyon, à la suite de la découverte du corps du fils de Michel Mellier.

E. 3376. (Liasse.) — 2 pièces, parchemin ; 23 pièces, papier.

1295-1644. — Blaru. Eaux et Forêts, Iles et Pêche. — Copie des lettres par lesquelles Charles de Châtillon, souverain réformateur des eaux et forêts du royaume, maintient le seigneur de Blaru dans ses droits. — Copie des lettres d'Aignan Violle, lieutenant-général des pays de France, Champagne et Brie, pour M. de Montauban, amiral, maître enquêteur, grand-maître et général réformateur des eaux et forêts du royaume, portant confirmation des droits du seigneur de Blaru. — Jean de Tilly, écuyer, sieur de Blaru, baille à rente à Simon Pitors ou Pitois, demeurant au Port-de-Villers, divers immeubles et notamment « un motillon et excroissement d'isle, assiz » en leaue de Sayne. » — Robin Chandelier, pêcheur, demeurant à Giverny, prend à titre de rente et fieffe annuelle et perpétuelle, de Françoise Ladvocat, veuve de Jean de Tilly, en son vivant, chevalier, seigneur de Blaru, « quatre motillons d'isle, assis en l'eaue de Sayne, » en ceste seigneurie de Blaru, au droit de Givernay. » — Extrait de l'aveu et dénombrement de Blaru en 1540, où on lit : « Item, ledit écuyer (Charles de Tilly), a droit » d'eau en la rivière de Seine, depuis environ le val de » Bencour, qui est au-dessus de la maladrerie de Jeu- » fosse, jusques en Folle-en-Rue, près Vernon-sur-Seine; » de laquelle eau, il y a un bras d'eau nommé le Bras- » du-Deffends, auquel nul n'a droict de pescher, ne » jetter, ny tendre filetz, ny engins à prendre poisson, » sans son congé et licence, sur peine de confiscation des » filetz .. » — Acensement de « deux mottes d'isles avecq » excroissement jusques à deux arpentz... assis en leaue » de Saine, près Jeufosse, au lieu nommé le Linart, » fait par Charles de Tilly, seigneur de Blaru, à Guillaume Guilbert, moyennant une rente annuelle de 34 sous parisis et un chapon. — Accord et règlement pour la pêche entre Jacques et François de Tilly, frères, seigneurs châtelains de Blaru, d'une part, et Naudlin Huppé, Jacques Huppé, Pierre Rouiland, Guillaume Rouiland, Gilles Dupuis, Simon Dupuis, Pierre Thiesnot, Guillaume Diacre, Vincent Thiesnot, l'aîné, Vincent Thiesnot, le jeune, son fils, Thomas Collas, Jean Lannelet, tous pêcheurs en la rivière de Seine, d'autre part. Ces derniers s'engagent solidairement à payer, aux seigneurs de Blaru, la somme de 10 deniers tournois par bateau, chaque fois qu'ils pêcheront, « à cause du droict d'ennée appartenans » aus dits seigneurs en la dite rivière de Sayne, depuis » le ponset estans au dessoubz du Port-de-Villez et en » droict Grand'Isle, du costé de la dite Grand'Isle vers Giverny, jusques aux gords appellez les grands et petits » Gords... » Suivent les réserves faites par les seigneurs de Blaru. — Jacques de Tilly, écuyer, seigneur de Blaru, baille, à titre de rente, à Jean Sorel, pêcheur, demeurant au « Port-de-Villez, » une maison, plusieurs perches de terre et « un petit lot d'isles, assis en la ri- » vière de Sayne, en la seigneurie de Blaru, au tresle » dict l'Isle-du-Chesnel... » — Sentence des requêtes du palais, à Paris, au profit de Jacques de Tilly, contre Henri de Silly, chevalier, seigneur de la Roche-Guyon, relativement à la dépendance d' « une motte et isle plan- » tée de saulx, assize en la rivière de Seyne, contenant » de trois à quatre arpentz ou environ, appellée l'Isle- » Linart, aultrement l'Isle Maurin... » — Cyprien Cocquart, pêcheur, demeurant au « Port-de-Villers, » prend à titre de vente et fieffe d'héritage de Jacques de Tilly, chevalier, seigneur de Blaru, « une place deaue pour » faire gordz à tendre et prendre poisson, assize en leaue » de Sayne, en la paroisse du Port-de-Villers, sur la » seigneurie dudit Blaru, et de leaue dudit sieur, assize » près l'isle de la veuve Nicolas le Marchand... » — Jacques de Tilly acense à Pierre Hervieu, laboureur, demeurant à Giverny, un petit motillon « où il y a cinq » ou six testes de saux plantez, contenant une perche ou » environ, avec motte ou excroissement,... jusques à un » quartier seulement. Ledit motillon assis sur la sei- » gneurie de Blaru, en leaue de la rivière de Sayne, sur » la paroisse de Port-de-Villers, entre le gord appellé le » Gord-au-Sourd et celuy nommé le Gord-de-Hellerie... » — Louis de Tilly, chevalier, seigneur de Blaru, baille à titre de cens et rente seigneuriale, à Louis de Longre, laboureur, demeurant à Limay, « un arpent deaue et » excroissement pour accomoder et mettre en nature » d'isle, assis en la rivière de Sayne, en leaue dudit sei- » gneur, entre le port de Villés et Geufosse, au lieu » nommé l'Isle-Beaujart... » — Le même acense à Nicole Cordaiz, marchand de Vernon, « demy arpent deaue et » atterrissement encommencé à planter et accommoder

« en Isle... en deux pièces... la première pièce contenant
» trente perches d'eaue et atterissement,... proche et joi-
» gnant l'Isle appellée l'Isle-de-la-Madeleine... » (Madeleine?)
— Acensement d'un « argent deaue et atterissement, ja
» commencé à alérir et mettre en nature disle, » fait par
le même à Nicolas Gaultier et Jeanne la Hongre, sa
femme. — Le même baille, à titre de cens et rente seigneuriale, à noble Simon le Tellier, médecin ordinaire
du Roi, demeurant à Mantes, « trois quartiers deaue.....
» proche et joignant l'isle d'Ameaux,.... pour icelle eaue
» alérir et mettre en nature d'isle,... pour y bastir et
» édifier un gord à pescher poisson, qui dorénavant
» sera appellé le Gord-de-la-Nouvelle-Flotte... » — Transaction et règlement de leurs droits respectifs sur la
Seine entre les seigneurs de Blaru et ceux de la Roche-
Guyon.

E. 1919. (Liasse.) — 29 pièces, papier.

1480-1612. — Blaru. Eaux et Forêts, Iles et Pêche.
— Robin le Boucher, dit l'Escuyer, baille à rente à A-
drien Vauquelin, entr'autres choses, « un gort et motil-
» lillon assis en la rivière de Sayne, en banlieu de Monsr
» de Blaru, d'un costé le gord que tient Colin le Mar-
» chand, d'autre costé les s[rs] de Saint-Ouen... » — Robin
le Chandelier vend à Colin le Marchand, « un gort
» nommé le Gort-de-Ferrier, avec l'isle audit gort appar-
» tenant, nommé le Pointel-de-l'Isle-du-Chenet... » —
Echange entre Simon le Tellier et Jean Gorgs, se portant fort pour leurs femmes, Marguerite et Perrette,
d'une part, et Jean Ango, d'autre part, lequel donne
« le lot... assis en Isle de la Tranche, seigneurie de
» Blaru... » — Jean Sel et Robine Sel, sa sœur, veuve
» de Julien Pornelle, vendent à Perrette, veuve de Jean
» Ango, tous les droits à eux appartenant sur un bras
« d'eaue, » pré et lieu, sis en la seigneurie de Blaru,
nommé le Bras-de-Goubert. — Adjudication d'un motillon devant Giverny, faite à Aimon Chandelier par Nicolas le Vavasseur, écuyer, verdier des eaux et forêts de
la châtellenie de Blaru. — Opposition de Robin Chandelier au décret des héritages de Jean le Chandelier, requis
par noble et discrète personne Me Nicolas le Roux, sieur
d'Escronaz, parmi lesquels se trouvaient « un motillon
» d'ile assis... devant Grand-Isle... et... un traict de
» Sayne... en la gueulle de la rivière d'Epte et du Ru de
» Giverny... » — Robin Chandelier prend, à titre de
cens et rente seigneuriale, de Françoise Ladvocat, veuve
de Jean de Tilly, écuyer, seigneur de Blaru, quatre motillons d'île au droit de Giverny. — Guillaume Chandelier vend à Nicole Bouthier, prêtre, curé du « Fort-de-
» Villers, » (21 mars 1603), un motillon d'île au gord de
la Pointe. — Opposition de Charles de Tilly, seigneur de
Blaru, au décret des héritages de Robin le Chandelier,
requis par maître Nicole le Roux, pour avoir payement
de dix années d'arrérages de 8 sous parisis de rente seigneuriale, à prendre sur quatre motillons d'île, sis au
Gord-au-Sourd, au bout de l'île du Fresne et au long de
l'île du Pavillon. — Alexandre Chandelier, bourgeois de
Vernon, baille, à titre de rente, à Eustache Lallemant,
marchand panetier de Vernon, un motillon d'île près le
gord de Fortune. — Bail à cens d'un motillon, par le
même, à Michault Luce. — Nicolas de Lestre baille en
échange à Jean le Chandelier 1/2 quartier d'île, près de
l'île de la Madeleine. — Jean le Marchand, l'aîné, fils de
feu Nicolas et Marion Questel, sa femme, vendent à Robert Cavelier, écuyer, seigneur de Tourville, une île appelée l'Ile-Jean-le-Marchand et anciennement l'Ile-des-
Andrieux. — Vente de 20 perches d'île devant Giverny,
faite à Michel Charité par Nicolas de Loistre et Jean
Chandelier. — Jean le Cauchois, écuyer, sieur du Bois-
Odraume, baille, à titre de rente, à Michel Hervieux et
Jean Gosmond, une pièce d'île, entre Grand-Isle et le Gord-
au-Sourd, contenant un arpent et demi ou environ. —
Cyprien Morent et Denise Lapierre, sa femme, baillent,
à titre de rente, à Pierre Barault, un lot d'île sur la
Seine contenant un demi arpent environ. — Sentence de
Jean de Bordeaux, écuyer, vicomte de Vernon, qui met
hors de cour et de procès Guillaume Saintier, receveur
adjudicataire des ventes du Roi à Vernon, et le châtelain
de Blaru, et, sur le désistement du premier, adjuge au
second, sans tirer à conséquence, le bénéfice des ventes
qu'il a déjà reçues. — Pierre Broche vend à Guillaume
le Marchand 1/2 quartier de pré et rivière au lieu dit
l'Ile-de-la-Merville, et un autre 1/2 quartier en l'île
et motillon Marmin. — Guillaume et Adrien dits Guernier, fils et héritiers de Pierre Guernier, cèdent à Jean
Gosmond, au nom de sa femme Geneviève le Chandelier,
« un gord à pescher poisson, assis en la rivière de Seine,
» nommé le Gord-au-Sourd, avec deux motteaux. »
— Bail à rente dudit gord fait par Jean Gosmond à Guillaume Lasne. — Nicolas de Laistre et Claude Chandelier,
sa femme, vendent à Jean Barbier, fils de Robert, dé-
pensier de la Maison-Dieu de Vernon (25 juin 1611),
1/2 quartier d'île, au droit de Giverny, près l'Ile de la
Madeleine. — Jean Sézille, fourrier ordinaire de la
maison du Roi, demeurant à Vernon, vend à Nicolas et
Claude Baudouin, frères, une île, vis-à-vis le village de
Giverny. — Pierre Cocquart vend à Jeanne Guerté, veuve
de Guillaume le Roy, une portion de l'île Roger. — Mar-

tin le Roy, bourgeois de Vernon, vend à Noël le Clerc, entr'autres choses, « un lot d'isle et rivière, planté de « saulx, assis en la rivière de Seyne, devant le Port-de-« Villez, au lieu nommé l'Isle-Rogé... » — Massine Morel, veuve de Massin Laudun, vend à Guillaume Gillebert, 12 perches de pré et rivière dans l'île de Flotte, lieudit les Boullons, et 12 autres perches de pré et rivière dans l'île de la Rousselle. — Echange d'îles sur la Seine entre Guillaume Gillebert et Nicolas Morel. — Jean Hanouyer, prêtre, curé de Jeufosse (30 décembre 1651), et Jean Angu, se portant fort pour sa femme Michelle le Clerc, vendent à Guillaume Gillebert, un lot de pré et rivière dans l'île de Flotte, lieu dit la Longue-Ile, 1/2 quartier de pré et rivière dans la même île, lieudit le Boullon, 6 perches de pré et rivière dans la même île, au-dessous de la « Tranche du bois, » 6 perches de rivière au motillon Marmin, 3 perches de pré et rivière à la Motte-à-la-Sirable. — Michel Oliveray et Anne le Clerc, sa femme, vendent à Nicolas Morel, un lot de pré et rivière contenant 10 perches, sis au bout du bas de l'île de Flotte, sur le dimage de Blaru.

E. 3376. (Liasse.) — 31 pièces, papier.

1461-1575. — Blaru. Eaux et Forêts, Iles et Pêche. — Ordonnance de Martin de Saulx, écuyer, lieutenant du bailli de Senlis en la châtellenie de Chaumont, défendant au bailli de la Roche-Guyon de connaître d'une cause d'entre le procureur du seigneur de la Roche-Guyon, demandeur, d'une part, et Robin Isaac et Richard Séel, commissaires à régir et gouverner certain bras d'eau de la Seine, défendeurs, d'autre part. — Signification à Robin Isaac de la saisie et main-mise, au profit du seigneur de la Roche-Guyon, « d'un bras d'eau assis « en leau de Sayne, paroisse de Jeufosse, d'un costé « l'isle de Flotte, et d'aultre une autre isle, par faulte de « droictz et debvoirs non faictz, adveux et desnombre-« ment non faictz... » — Procès-verbal de criée et mise à prix d' « une motte et isle, plantée de saulx, assize « en la rivière de Seyne, contenant de trois à quatre ar-« pents ou environ, appellée l'isle Linart, » saisie à la requête du comte de la Roche-Guyon. — François Gosselin, huissier ordinaire du Roi en ses chambres des comptes et trésor, fait commandement à Guillaume Chastellain, receveur de Charles de Tilly, sieur de Blaru, de montrer et communiquer, au procureur du Roi au trésor, les lettres, titres et enseignements en vertu desquels ledit seigneur a droit de faire exercer la justice. — Signification des lettres de relief d'appel accordées par le Roi à Renée de France, duchesse de Chartres et douairière de France, faite à Charles de Tilly, seigneur de Blaru, ajourné au parlement de Paris, dans la cause d'entre ledit seigneur et ladite Renée de France, relativement à la ré-paration d'un ponceau « estant près la rivière de Seyne, « sur un petit ruisseau de fontaine, faisant séparation « des ressorts des parlements de Paris et Rouen... » — Sommation faite, à la requête de Martin Raoul Moreau, trésorier, et Jean le Febvre, général des finances à Paris, commissaires députés par le Roi sur le fait de la réunion de son domaine, aux détenteurs « de partie ou portion « des isles, et atterrissements de cinq moteaux estants « vis-à-vis du Port-de-Villez, et encore de deux petits « moteaux près l'isle d'Amault... » pour qu'ils aient à produire les lettres et titres en vertu desquels ils jouissent. — Procès-verbaux de saisie, au profit du Roi, des îles ou atterrissements possédés, depuis le village de Jeufosse jusqu'à Gamilly et Grand-Isle, par Nicole Boutier, la veuve de Guillaume le Boucher, dit l'Escuyer, Jean Fauvel, Jean Quérart, Guillaume Lasne, Robert Marie, Claude Marchand, Regnault Marchand, Guillaume Thomas. — Jugement par lequel les commissaires de la chambre du trésor, faisant droit à la requête de Jacques de Tilly, écuyer, seigneur de Blaru, le reçoivent à prendre fait et cause pour les tenanciers d'îles sur la Seine qui ont été saisis, à la charge que le jugement à intervenir sera exécutoire tant contre lui que contre les tenanciers.

E. 3377. (Liasse.) — 7 pièces, parchemin ; 2 pièces, papier.

1461-1503. — Blaru. Eaux et Forêts, Iles et Pêche. — Pièces relatives à une pêcherie sur la Seine, « à l'en-« droit de l'ysle d'Amyaulx, » qui devait être établie, par l'ordre et aux frais de Michel Daniel, écuyer, avocat du Roi au bailliage de Gisors, par Robin le Chandellier de Giverny.

E. 3378. (Liasse.) — 2 pièces, parchemin; 62 pièces, papier.

1497-1588-1722. — Blaru. Eaux et Forêts, Iles et Pêche. — Liasse cotée : « Papiers concernant l'isle « aux Orties, paroisse de Giverny, ainsi que les autres « isles dépendantes du marquisat de Blaru, y joints les « papiers concernans le droit de pêche dans les différents « endroits de la rivière de Seine, et toutes les déclara-« tions et aveux y relatifs. » — Marché fait entre Michel Daniel, écuyer, avocat du Roi au bailliage de Gisors, et Robinet le Chandellier, pêcheur de la paroisse de Giveray, pour la construction d' « ung touche et presberie » auprès et joignant de une isle, à luy (Daniel) appartenant, nommé l'isle d'Ameault. » — Antoine Chandelier, marchand cordonnier, demeurant à Paris, vend à Me Nicolas le Prévost, bourgeois de Vernon, ses droits aux successions d'Antoine Chandelier, son père, et de Jeanne Chandellier, sa cousine, excepté sur ce qui lui est échu de la succession paternelle au village de Bonnelles. — Echange d'immeubles entre Nicolas le Chandellier, « vendeur de vins juré et bourgeois, à Paris, » et Louis Regnault, maréchal, demeurant à Pontoise ; le premier donne un gord, nommé le Gord-de-Fortune, sur la Seine, seigneurie de Blaru. — Jean Sézille, fourrier ordinaire de la maison du Roi, demeurant à Vernon, vend à Nicolas et Claude Bauldouin, frères, demeurant à Giverny, une île, en partie plantée de saules, sise en Seine, seigneurie de Blaru, près Giverny moyennant 330 livres tournois. — Louis de Tilly, seigneur châtelain de Blaru, cède, à titre de cens et de rente seigneuriale, à Simon Le Tellier, médecin ordinaire du Roi, demeurant à Mantes, 3 quartiers d'eau en Seine sur la châtellenie de Blaru, « proche et joignant l'île d'Ameaux, pour icelle eau attérir et mettre en nature d'isle ;... une place d'eau » pour y bastir et édifier ung gord à pescher poisson, qui » doresnavant sera appelé le Gord-de-la-Nouvelle-Pierre... » — Simone du Bosc, veuve de Robert Lasne, Marin du Bosc et Simon Horice, fils d'Alexandre, vigneron, demeurant à Giverny, prennent à terme, de noble homme Simon Le Tellier, conseiller et médecin ordinaire du Roi, demeurant à Paris, « l'isle d'Ameaux et attérissement y attenants, » moyennant, outre les autres charges, le payement d'un loyer annuel de 70 livres tournois et 6 livres de beurre. — Pierre Tellier, procureur fondé de Françoise de Bonigalle, veuve de noble homme Simon Le Tellier, déclare tenir, à titre de cens et droit seigneurial, de Charles de Tilly, seigneur châtelain de Blaru, l'île d'Ameaux, le grand Gord et le petit Gord. — François Le Tellier, conseiller, aumônier ordinaire de la Reine mère, et archiprêtre de Saint-Séverin, demeurant à Paris, vend à Louis de Cabaigne, marchand mercier, demeurant à Vernon, « trois arpens ou environ de » terre en une pièce partie plantée en saux et partie en » pray, appelée l'isle d'Ameaux... » moyennant, outre les charges, le prix de 1,900 livres tournois. — Déclaration pour l'île d'Ameaux, fournie au marquis de Blaru par Louis de Cabaigne, marchand meunier, demeurant à Vernon. — Publication pour la mise en adjudication du bail restant à courir des îles d'Ameaux, Héronnière, Chandelier ou de l'Estre, saisies, à la requête du seigneur de Blaru, pour défaut de droits, devoirs, déclarations et aveux. — Acte de rachat portant quittance d'une rente annuelle de 4 livres, assise sur, entr'autres immeubles, un « gort et motillon assis en la rivière de Saine à l'eau » du sieur de Blaru, » par Jean Vauquellin, à Michelet le Moyne. — Robert le Cavellier, écuyer, sieur de Tourville, demeurant à Giverny, déclare tenir à cens et droit seigneurial, de Louis de Tilly, seigneur de Blaru, « ung » lot d'isle contenant ...... arpent et demy, assis à la » seigneurye de Blaru, en l'eau de Saine, au lieu dict et » appellé l'isle des Andrioulx, par le dict sieur advouant » equise de deffunt Jehan le Marchand, » — Déclaration par Perrette le Marchand, veuve de Jean Vauelle, d'héritages tenus du seigneur de Blaru, entr'autres, d'un gord et motillon en Saine. — Acte d'échange entre François Froissart, marchand, bourgeois de Paris, au nom et comme tuteur des enfants mineurs de lui et de feue sa femme, Marie le Chandellier, d'une part, et Nicolas le Prévôt, greffier, demeurant à Vernon, d'autre part. François Froissart donne, de son côté, la moitié d'une île nommée l'Isle-du-Fresne, assise en la rivière de Seine, entre Giverny et Grand-Isle. — Nicolas et Claude Baudoin, frères, demeurant à Giverny, reconnaissent tenir, à titre de cens et droit seigneurial, de Charles de Tilly, seigneur châtelain de Blaru, une île, en partie plantée de saules, en la rivière de Seine, anciennement appelée l'île-Ramonnet. — Guy le Prévôt, conseiller assesseur en la vicomté de Vernon, déclare tenir, à titre de cens et droit seigneurial, du seigneur de Blaru, l'île de Fresne, sise sur la Seine, paroisse de Port-Villez, entre le « Pon» sel et Giverny. » — Déclaration d'héritages tenus à cens du seigneur de Blaru dans « l'isle de Jean David,... » proche l'isle aux Ortles, » successivement par Claude David et les héritiers de Michelle le Marchand. — Jean Perrin, maître chirurgien à Vernon, déclare tenir, du seigneur de Blaru, « une isle assise à la rivière de Saine, » paroisse du Port-de-Villez, proche et joignant l'isle du » Fresne, contenant cinq à six quartiers... » — Déclaration d' « une pièce d'isle contenant cinquante-cinq » perches, dans l'isle nommée le Gord-au-Sourd, assise » en l'eau de Seyne, paroisse de Port-de-Villez, » tenue à cens du seigneur de Blaru, par François Duclos, vigneron, demeurant à Giverny, tant pour lui que pour Marie Duclos, veuve de Simon Gosmond. — Claude Gosmond, Pierre Lasne et Anne Gosmond déclarent tenir à cens, du seigneur de Blaru, une pièce de pré dans l'île Simon Gosmond. — François Baudouin, prêtre, curé de la paroisse de Giverny, déclare tenir à cens, du seigneur de Blaru, 1/2 arpent d'île ou environ, planté de saules « en » l'isle Gosmond, proche le Gord-aux-Sourds... » — Mathieu Becquet, avocat au siège de Vernon, déclare tenir à cens, du seigneur de Blaru, 64 perches d'île en « l'isle Cosmont. » — Robert Ivelin, sergent, demeurant à Giverny, déclare tenir à cens, du seigneur de Blaru, 50 perches dans l'île aux « Cosmonds. » — Jacques l'ermelhuts de Saluie, demeurant à Rouen, déclare tenir à cens, du seigneur de Blaru, 1/2 arpent d'île en « l'isle » Cosmond. » — Mathieu Charité déclare tenir à cens, du seigneur de Blaru, 53 perches d'île « dans l'isle vul- » gairement appellée l'isle au Cort-au-Sourt. » — Claude le Cauchois, conseiller du Roi, élu en l'élection de Paris, déclare tenir à cens, du seigneur de Blaru, 60 perches d'île « en l'isle vulgairement nommée l'isle aux Cos- » monds. » — Pierre Godin, procureur au parlement de Normandie, ayant épousé Louise Foubert, héritière de Marie le Prévost, veuve d'Étienne Foubert, apothi- caire à Vernon, déclare tenir à cens, du seigneur de Blaru, une île nommée l'Île-du-Fresne. — Le greffier en chef de la maîtrise des eaux et forêts de Vernon et An- delys, fils de Pierre Godin et de Louise Foubert, donne son consentement à la prise de possession, par le marquis de Blaru, de 25 perches d'île « nommée l'Isle du Fresne. » — Jacques de Lorme, ancien garde des..., demeu- rant à Giverny, déclare tenir à cens, du seigneur de Blaru, « une pièce d'isle... plantée en saulx et autres » arbres, contenant quatre arpens ou environ, assise au » village de Giverny, seigneurie du Port-de-Villiers, vis » à vis le quel du dit Giverny, communément appelée » l'isle des Andrieux ou de Brévédent. »

E. 3379. (Liasse.) — 1 pièce, parchemin ; 21 pièces, papier.

1587-1723. — Blaru. Eaux et Forêts, Îles et Pêche. — Simon le Tellier, se portant fort pour Marguerite, sa femme, cède, par échange, à Jean Ango, un lot de prés dans l'Ile de la Tranche. — Adjudication, à maître Olivier des Barres, de motillons près le Gort-de-Fortune et au bout du bas de l'Ile de Robin Chandelier. — Philippe Picard, se portant fort pour sa femme, Louise Landrin, vend à Nicolas Ménil (?) 5 perches de rivière à prendre dans l'Île de Marmin. — État de la contenance des îles apparte- nant à divers particuliers, sises devant Giverny et rele- vant de la seigneurie de Blaru. — Plan des îles conten- tieuses des seigneurs de Blaru et de Liancourt, dressé en 1681. — Lettres du seigneur de Blaru, notes, etc., tou- chant les îles de la Seine dépendant de la seigneurie de Blaru.

E. 3380. (Liasse.) — 1 pièce, parchemin ; 6 pièces, papier.

1589-2020. — Blaru. Eaux et Forêts, Îles et Pêche. — Noble homme, maistre Jacques Danyel, seigneur » du Boisdanемés..., conseiller au parlement de Rouen, reçoit, par échange et pour mettre fin à une longue con- testation, de Pierrot Saintyer, demeurant à Giverny, un motillon dans l'île du Pavillon. — Déclaration d'héri- tages tenus à cens du seigneur de Blaru, dans l'Île du Pavillon, par Jean Saintier, Nicolas Saintier, son fils, Madeleine Barbier, veuve de Nicolas.

E. 3381. (Liasse.) — 43 pièces, papier, dont 2 cahiers de 13 et 22 feuillets in-4°.

1589-1691. — Blaru. Eaux et Forêts, Îles et Pêche. — Extrait des registres contenant la recette des deniers et rentes seigneuriales dûs, au seigneur de Blaru, par les tenanciers des îles sur la Seine, dépendant de la seigneu- rie de Blaru, et contenant aussi la recette des deniers provenant des amendes prononcées par le verdier de Blaru, pour délit commis sur la rivière et dans les îles, depuis 1589 jusqu'en 1691.

E. 3382. (Liasse.) — 18 pièces, papier, dont 14 cahiers de 6 feuillets in-4° chacun, et 1 autre cahier de 5 feuillets in-4°.

1591-1622. — Blaru. Eaux et Forêts, Îles et Pêche. — Extraits des registres contenant la recette des deniers et rentes seigneuriales dûs, au seigneur de Blaru, par les tenanciers des îles sur la Seine, dépendant de la sei- gneurie de Blaru, depuis le terme de la Toussaint 1591 jusqu'au terme de la Toussaint 1622.

E. 3383. (Liasse.) — 1 cahier papier, de 18 feuillets in-4°.

1586-2667. — Blaru. Eaux et Forêts, Îles et Pêche. — Copie de 11 titres de propriété, de 1586 à 1667, d'une île ou portion d'île sur la Seine, près Giverny, à côté de l'île de la Madeleine, dans lesquels figurent, comme ven- deurs, acquéreurs, tenanciers, Nicolas de Lestre, maré- chal, Jean le Tellier, Jean Chandelier, Michel Charité, Claude Chandelier, Jeanne de Lestre, femme de Nicolas de Luistre (sic), Jean Barbier, Jean Saintyer, Alexandre de Laistre, Louise de Lestre, femme de Jean Saintyer, Jeanne de Lestre, femme de Guillaume du Bosc, Nicolas Saintyer le jeune, prévôt de la seigneurie de Giverny, Nicolas le sœur, maréchal, François du Clos, Madeleine Barbier, veuve de Nicolas Salnizer.

H. 3333. (Liasse.) — 63 pièces, papier.

1604-1686. — Blaru. Eaux et Forêts, Îles et Pêche. — Pièces concernant les îles de la Seine dépendant de la seigneurie de Blaru, possédées, en 1724, par Nicolas Toustain, chevalier, seigneur de Saint-Maur et autres lieux. — Sentence du bailli de Blaru qui condamne Claude de Lestre à payer à Louis de Tilly, chevalier, seigneur de Blaru, les arrérages d'une rente annuelle de 10 sous tournois, qu'il lui doit à cause de l'île qui fut à Nicolas de Lestre. — Déclaration des héritages, tenus à cens, dans cette île, par Nicolas de Lestre, Alexandre de Lestre, Simon Saintard, au droit de sa femme, Suzanne de Laistre, fille d'Alexandre, Barbe de Lestre, fille de Nicolas. — Marin Langrogne, pêcheur de Giverny, prend, à titre de rente et fieffe d'héritages, de Guy le Prévost, conseiller au siège de Vernon, un gord appelé le Gord-de-Fortune, seigneurie de Blaru, entre Vernon et Giverny, près l'île de Jean Saintard. — Déclaration de Marin Langrogne pour le Gord-de-Fortune et un moitillon de 20 perches. — Accensement d'un gord sur la Seine, dit Gord-des-Colombes, fait à Claude Langrogne par Charles de Tilly, chevalier, seigneur de Blaru. — Déclaration de Claude Langrogne pour le Gord-aux-Colombes. — Déclaration de Robert Langrogne, fils de Claude, pour les gords de Fortune et des Colombes. — Louis de Tilly, seigneur de Blaru, baille, à cens, à Nicolas Cordetz, un « demy arpent d'eau et attérissement encommencé à « planter et accommoder en isle, assis en la seigneurie « de Blaru,... proche et joignant l'isle appellée... de la « Madalaine... » — Déclarations, par les héritiers de Robert Fresnot, « d'un lot d'isle.... devant le village de « Giverny,... appellée La Héronnière, que le deffunt « Robert Fresnot avait eu et acquis à rente de Nicolles « Cordetz, qui l'avoit fieffé de feu M. de Blaru... » — Déclaration de Jean Cordais pour « ung motte d'isle, » fieffé à son père Nicolas, par le seigneur de Blaru. — « Jehan Jeune, pennetier, demeurant à Vernon, au nom « et comme fermier des gouverneurs (sic) du bureau de « la Madeleine de Rouen,... advoue à tenir, à tiltre de « cens et droit seigneurial, de... Loys de Tilly, cheval- « lier et seigneur chastellain de... Blaru,... quarante « perches d'isles plantée en saulx et osiers, assize sur « la seigneurie de Blaru, en la rivière de Saine, prez « Grand-Isle,...... nommée l'isle de la Madelaine... » — Déclaration pour l'île de la Madeleine, chargée d'un cens annuel de 6 sous tournois, au profit du seigneur de Blaru, présentée par Charles Vallier, demeurant à Rouen, en qualité et au nom d'agent des affaires de l'Hôtel-Dieu et hôpital de la Madeleine de Rouen. — Déclarations pour l'île appelée successivement de Lestre et au Maréchal, fournies au seigneur de Blaru, par Robert le Tellier, Jeanne de Laistre, sa veuve, Joger le Tellier, Jean Chocquot, Bertoin le Guay, Catherine Allain, veuve de Jacques le Tellier. — Déclarations de Nicolas Toustain, chevalier, seigneur de Saint-Maur et autres lieux, pour ce qu'il tient du seigneur de Blaru sur la Seine, 50 perches dans l'île de la Poüterie, près l'île du Pavillon, un quartier près l'île de la Héronnière et du Maréchal, 37 perches dans l'île de Laistre, etc. — Correspondance de M. Toustain avec le marquis et la marquise de Blaru, M. de Notallier, greffier de Blaru, M. de Baillole, président au grenier à sel de Vernon. — Plans et notes diverses touchant les îles possédées par ledit Toustain dans la seigneurie de Blaru.

H. 3333. (Liasse.) — 4 pièces, papier.

1611-1644. — Blaru. Eaux et Forêts, Îles et Pêches. — Louis de Tilly, chevalier, seigneur de Blaru, fieffe, à titre de cens et droit seigneurial, à Pierre Isaac et Louis Chappetois, pêcheurs, demeurant à Jeufosse, « un har- « nois servant à pescher poisson, nommé et appellé la « Sayne, pour par eux en jouir et pescher, quand bon « leur semblera, en leaue de Seyne, deppendance de la « chastellenie du Blaru, au dedans de la paroisse de « Jeufosse,... » moyennant la somme de 12 sous 6 deniers tournois, payables, chaque année, le jour de Saint-Clément, au « Port-de-Villers, » et un plat de poisson, bon, loyal et marchand, de la valeur d'un écu de 60 sous tournois, à livrer au seigneur de Blaru le mercredi des Cendres. — Sentence du bailli de Blaru qui déclare exécutoire, contre Jean et François Chappetois, frères, héritiers de feu Louis Chappetois, leur père, les clauses de la fieffe « de la Sayne à pescher poisson, » faite audit Louis et à Isaac Layne, par le seigneur de Blaru, le 9 décembre 1630. — Eustache et Allain les Isaac, pêcheurs, Jean Chappetois et Jean Cousturier, le jeune, au droit de sa femme, sœur dudit Jean Chappetois et héritière de feu Louis Chappetois, s'obligent envers Charles de Tilly, chevalier, seigneur de Blaru, pour la somme de 29 écus d'or sol, évalués à 87 livres tournois, destinée à l'acquit de 29 plats de poissons dus audit seigneur, en vertu de la fieffe faite à Pierre Isaac et Louis Chappetois le 9 décembre 1611. — Procès-verbal de saisie du mobilier de Jean Chappetois, pour défaut de payement de 29 années d'arrérages de la redevance seigneuriale, stipulée dans la fieffe du 9 décembre 1611.

E. 3356. (Liasse.) — 1 pièce, parchemin; 12 pièces, papier.

1656-1686. — Blaru. Eaux et Forêts, Iles et Pêche. — Pièces d'un procès entre les Coquart et Noël le Clerc, relativement à la propriété d'une île ou lot d'île, sur la Seine, seigneurie de Blaru, ayant appartenu à Martin le Roy, marchand, bourgeois de Vernon.

E. 3357. (Liasse.) — 2 pièces, parchemin; 1 pièce, papier.

1647-1742. — Blaru. Eaux et Forêts, Iles et Pêche. — Procès-verbal d'adjudication du bail à loyer de la pêche sur la Seine, dans l'étendue de la seigneurie de Blaru, depuis le val de Bennecourt jusques à Folle-en-Rue; le bail est adjugé, pour 6 ans, à Vauclin, Soret et Nolles, moyennant la somme de 60 livres, par an, et 4 plats de poissons, à fournir au seigneur de Blaru: un le jeudi saint, un autre la veille de la Pentecôte, le troisième la veille de Noël et le quatrième le mercredi des Cendres. — Marie-Anne Le Nain, fondée de procuration de François-Bonaventure de Tilly, marquis de Blaru, son mari, baille, à titre de ferme, pour 9 ans, à Adrien Soret, pêcheur, demeurant à Giverny, Jean Isard, Guillaume et Jacques Monsingiant, Eustache Isard, Jacques Isard, fils d'Alain, et Jacques Isard, fils de Jean, aussi pêcheurs, demeurant à Jeufosse, le droit de pêche et pêcherie de poissons, appartenant au seigneur de Blaru, sur la Seine, depuis le val de Bennecourt jusqu'à Folle-en-Rue, moyennant un loyer annuel de 60 livres, et moyennant, en outre, 7 plats de poissons, que les fermiers seront tenus de donner au seigneur de Blaru dans le temps qu'il en aura besoin. — Bail analogue fait par le même marquis de Blaru, moyennant 64 livres de fermage par an et 8 plats de poissons.

E. 3358. (Liasse.) — 1 pièce, parchemin; 12 pièces, papier, dont 3 cahiers de 6, 14 et 16 feuillets, in-4°.

1659-1757. — Blaru. Eaux et Forêts, Iles et Pêche. — Inventaires des titres et écritures appartenant au marquis de Blaru, concernant les droits qu'il a sur la Seine dans l'étendue de son marquisat, et des paroisses de Jeufosse et Port-Villez, qui en dépendent, et les droits de censives et rentes seigneuriales qui lui sont dus sur les îles, gorts et atterrissements en Seine. — Mémoire instructif des fiefs et déclarations des îles, motillons, gords et atterrissements appartenant au marquis de Blaru, dans la Seine, depuis le val de Bennecourt jusques à Folle-en-Rue, près Vernon. — Réponse à un mémoire des eaux et forêts à l'occasion de condamnations obtenues, par les gardes de la maîtrise de Saint-Germain-en-Laye, sur des pêcheurs de Blaru. — Mémoire des droits possédés par le marquis de Blaru sur la Seine, dont les régisseurs du droit de confirmation demandent déclaration, suivant l'avis de M. Dubois, receveur des tailles de l'élection de Mantes, chargé du recouvrement du droit de confirmation porté en sa lettre du 28 mai 1752. — Sentence de la maîtrise des eaux et forêts de Vernon, qui détermine les limites de la partie de la Seine dont les droits appartiennent au seigneur de Blaru. — Procès-verbal de bornage. — Procès-verbal dressé par Louis Soret, garde-pêche du marquisat de Blaru, contre Nicolas Lerault et son beau-fils, Louis Corville et sa femme.

E. 3359. (Liasse.) — 4 pièces, parchemin; 15 pièces, papier.

1670-1680. — Blaru. Eaux et Forêts, Iles et Pêche. — Pièces produites dans un procès entre Charles de Tilly, marquis de Blaru, défendeur, contre Noël Barattier, fermier des domaines de la Généralité de Paris, poursuite de Louis Toupet, se disant son procureur en l'élection de Mantes et Meulan, demandeur. — Sentence de la Table de marbre, à Paris, qui reçoit le seigneur de Blaru à prendre fait et cause pour les fermiers de sa pêche contre les fermiers du domaine. — Sentence de la Chambre du Trésor, rendue à la requête de Vincent Dallet, fermier du domaine en l'élection de Mantes et Meulan, contre plusieurs pêcheurs, parmi lesquels Pierre Vauclin et les Isaac, fermiers de la pêche du seigneur de Blaru. — Sentence de la Table de marbre, à Paris, qui fait défense au fermier du domaine de mettre la sentence de la Chambre du Trésor à exécution contre les pêcheurs de Blaru. — Autre sentence de la Table de marbre, à Paris, qui ordonne que les pêcheurs de Blaru seront mis hors des prisons, où les avait fait mettre le fermier du domaine. — Sentence de la même Table de marbre qui maintient le seigneur de Blaru dans son droit de pêche sur la Seine, et fait défense au fermier du domaine de l'y troubler. — Requêtes adressées au Conseil par Noël Barattier, fermier des domaines de la généralité de Paris, tendant à obtenir la jouissance exclusive du droit de pêche en Seine, depuis le val de Bennecourt jusques à Fol-en-Rue. — Requête au Conseil par le marquis de Blaru, tendant à obtenir l'autorisation de prendre fait et cause pour les fermiers de la pêche sur la Seine, dans l'étendue de la seigneurie de Blaru, et à être maintenu en la pleine possession et jouissance du droit de pêche en Seine, depuis le val de Bennecourt jusqu'à Fol-en-Rue, près Vernon. — « Inventaire sommaire des « pièces que met et baille, par devers le Roi et nos sei- « gneurs de son Conseil, M⁰ Charles de Tilly, chevalier, « marquis de Blaru, gouverneur de la ville et château « de Vernon, défendeur, aux qualités qu'il procède, « contre Noël Daratier, fermier des domaines de la Géné- « ralité de Paris, poursuite de Louis Toupet, soy-disant « son procureur en l'élection de Mantes et de Meulan, « demandeur. »

E. 3390. (Liasse.) — 9 pièces, parchemin ; 22 pièces, papier.

XVI⁰ siècle (?) - 1687. — Blaru. Eaux et Forêts, Iles et Pêche. — Déclarations d'héritages tenus à cens du seigneur de Blaru, dans les îles et eaux dépendant de la seigneurie de Blaru, par Robinet le Chandelier, Pierre Lame, Nicolas le Marchand, Guillaume Gillebert, Isabeau, veuve de Mathieu de la Grange, Regné Poullain, Morin Vauclin, Nicolas du Val, curé de la paroisse de Giverny (10 mars 1603), François Baudoin, curé de la même paroisse (2 octobre 1673), Mathurin, Jean, Louis et Pierre Courtois.

E. 3391. (Liasse.) — 24 pièces, papier.

1604-1714. — Blaru. Eaux et Forêts, Iles et Pêche. — Déclarations d'héritages tenus à cens du seigneur de Blaru, dans les îles ou eaux dépendant de la seigneurie, par Nicolas Landrin, Jean Lesguillon, Guy le Prévost, conseiller assesseur en « la vicomté » de Vernon, Pierre Coquant, Cyprien Coquart, Sébastien Lanzeray, Marie Gosmont, veuve de Nicolas Bargueryes, Guillaume Barbier, Robert Barbier, son fils, Jean Saintart, Louis le Clerc, Claude Langlois, Claude de Chérencé, huissier, demeurant au « Port-de-Villers, » Nicolas Daniel, chevalier, seigneur de Giverny, Pierre Marguerie, Georges Singeot.

E. 3392. (Liasse.) — 1 pièce, parchemin ; 14 pièces, papier, dont 1 imprimée.

1689-1722. — Blaru. Eaux et Forêts, Iles et Pêche. — Déclarations d'héritages tenus à cens du seigneur de Blaru, dans l'île de Flotte, par Guillaume Nollet, Guillaume Maussinglant, Pierre Pernelle, Claude David, Louis Isaac, Pierre Rouvel. — Charles de Tilly, marquis de Blaru, déclare à Jacques du Buisson et N. du Moutier, fermiers des domaines de France, que, pas plus que son père, il ne possède, dans l'île de Flotte, assise, en partie sur la seigneurie de Blaru, en partie sur la seigneurie de la Roche-Guyon, que 25 perches ou environ, avec le droit de censive sur la portion relevant de la seigneurie de Blaru, et qu'il ne s'oppose en aucune façon à ce que lesdits fermiers se mettent en possession du surplus, s'ils le jugent à propos. — Signification au seigneur de Blaru d'avoir à fournir copie, dûment collationnée, des titres en vertu desquels il jouit de 50 arpents ou environ dans l'île de Flotte, et ce, en exécution de l'ordonnance de François Hachette, Jean Regnault et André Rovillet, seigneur de Beauchamps, présidents et trésoriers de France, et grands voyers au bureau des finances de la Généralité de Paris, commissaires départis par Sa Majesté pour l'exécution de ses ordres dans l'étendue de ladite généralité, et, en cette partie, par arrêt du Conseil du 19 mars 1669. — Jugement des commissaires ci-devant nommés, maintenant le marquis de Blaru « en « jouissance des îles, îlots, motillons et droits de « pesche en la rivière de Seyne, de l'estendue de la dite « seigneurie de Blaru, contenue en ses tiltres cente- « naires, en payant par luy annuellement au domaine « du Roy,..... le vingtiesme denier du revenu, sur le « pied des baux qui ont esté faicts... » — Jean Rouvel, fils de Guillaume, vend à Pierre Isard et à Pierre Rouvel, fils de Joachim, un lot de rivière au terroir de Bennecourt, lieu dit le Motillon-Marmont ; 1/2 quartier de pré et rivière en l'île de Flotte, terroir de Bennecourt, lieu dit la Motte-à-la-Droble ; 6 perches de pré ou environ dans la même île, lieu dit la Maladrie ; 1/2 quartier de pré, dans la même île, « lieu dit le Bout de haut « de Flotte, tenant d'un costé maistre Frémin Fouquet, « d'autre costé maistre Jacques le Clerc, prestre, curé de « Bonnière, » (Bonnières, 11 juillet 1681) ; 1/2 quartier « de pré et rivière, au lieu dit l'île de « Hérigay... » — Liste nominative des particuliers ayant des héritages dans l'île de Flotte, dont les déclarations ont été réglées, en 1722, à raison de 3 sous l'arpent.

E. 3393. (Liasse.) — 52 pièces, papier.

1697-1722. — Blaru. Eaux et Forêts, Iles et Pêche. — Déclarations d'héritages tenus à cens du marquis de Blaru, dans l'île de Flotte, par l'église et fabrique de Saint-Ouen de Bennecourt, François le Fébure, curé de Bennecourt (3 juillet 1697), Romain Landrin, Pierre Landrin, Louis Bioche, Massin Landrin, Guillaume Landrin, Robert Cailleux, Pierre Normand, Jean Lasée, Louis David, Pierre Abraham, Louis le Clerc, Charles Baudet, Goyon

Normand, Guillaume Fouquet, Louis Hurel, Pierre Bioche, Louis Sée, Jean Fouquet, Pierre Pinaguet, André de Mante, Nicolas de Mante, Firmin Fouquet, Joachim Rouvel, Pierre Fouquet, Louis de Mante, Louis Landrin, Marie Fouquet, Laurent Pernelle, Jean David, Pierre Lefébure, Nicolas Hannouyer, Pierre Rouvel, Guillaume Charpentier, Pierre Morel, Marie-Jeanne David, veuve de Pierre Giverny, Simon Isaac, Paul Dumont, Claude le Clerc, Michel Pernelle, Joseph Isard, Pierre Pernelle, Pierre Giverny, Catherine Nollet, veuve de Robert Baudet, Jacques Monnier, Vincent Pernelle, Louis Musard, Pierre Eschard, Jeanne Isard, fille de feu Pierre Isaac, Jean Loynay, Grégoire Bernay, Pierre Tremble, Jean Gilbert.

E. 3194. (Liasse.) — 47 pièces, papier.

1678-1709. — Blaru. Eaux et Forêts, Îles et Pêche. — Déclarations d'héritages tenus à cens du seigneur de Blaru, dans l'île de Flotte, par Pierre Cauvin, Louis Landrin et Louis le Boucher, Marie Ango, veuve de Nicolas Nollet, Louis Musard, Massin Morel, Guillaume Rouvel, Nicolas Nollet, Charles le Clerc, Pierre Sais, Pierre Pinaguet, Louise Sais, Pierre David, Guillaume Fouquet, Michel Lenormand, Pierre Bioche, Catherine David, veuve de Martin Renoult, Pierre Fouquet, Guillaume Giverny, François Giverny, Pierre Hannouyer, Henri Hurel, Louis Hannouyer, Anne Isaac, veuve de Louis David, Sébastien Isaac, François Isard, Nicolas Isaac, Louis Isaac, Jean Isaac, Michel Monnier, Pierre le Cocq, Philippe Boucher, Louis le Boucher, Charles le Clerc, Jean David, Massée Pernelle, Pierre Isaac, Pierre Pernelle, Jean Pernelle, Jean Monnier, Guillaume Pernelle, Christophe Normand, Jeanne David, veuve de Pierre David, Jean Hanoyer, Simon Le Fébure, Pierre le Clerc, Guillaume Landrin, Pierre Landrin, Claude du Fossé, François Morel, François-Claude Morel, curé de Saint-Aubin, à Gaillon (24 juin 1709), Louis Demante, Guillaume Musard, Nicolas Abraham, Nicolas Morel, Pierre Morel.

E. 3195. (Liasse.) — 5 pièces, parchemin; 13 pièces, papier.

1470-1671. — Blaru. Eaux et Forêts, Moulins. — Adjudication à Allain Chastelain, comme plus offrant et dernier enchérisseur, d'un moulin « assis à Blaru, au « dessus du moulin appartenant au seigneur du dit lieu « de Blaru ; lequel moulin et place appartient d'ancien- « neté au seigneur de Rolleboise, » (qui, le 9 décembre 1470, était Philippe de Tryé), « à cause de sa seigneurie « du Chenoy, » moyennant le payement annuel d'une rente de 48 sous parisis. — Approbation de cette adjudication par Philippe de Tryé, chevalier, « seigneur de « Rolleboyse et du Chesnay-sur-Blaru. » — Consultation sur la question de savoir si le seigneur de Blaru est réellement le seul et unique propriétaire du petit moulin de Blaru. — Jean Thierry, l'aîné, cordonnier, de Blaru, vend à Charles de Tilly, seigneur de Blaru, « bailli, cap- « pitaine et gouverneur de la conté de Breux, absent » (9 septembre 1592), acheptant et stipulant par demoi- « selle Louyse de Vauldray, son espouse,..... le lieu « et place pour aller et passer le cours des eaues ve- « nant par les auges du grand moulin du dit seigneur « pour aller au moulin neuf, pour passer par à tra- « vers le jardin et lieu qui fut Collin Thierry, père du « dit vendeur, à commencer depuis environ le Funteil, « estant au dit lieu, pour aller jusques au fossé de der- « rière la maison assise au dit lieu, qui est le fossé par « où descendent les grosses eaulx, passant par dessoubs « le pont Gaillard,... » moyennant le prix de 8 livres tournois, 8 sous tournois pour le vin du marché, et quittance des amendes que le vendeur peut devoir à la seigneurie de Blaru. — Marguerite, veuve de Robert le Vacher, et Louis le Vacher, son fils, prennent à ferme, pour 9 années, de Jacques de Tilly, écuyer, seigneur châtelain de Blaru, un moulin à blé sis à Blaru, appelé le Grand Moulin, s'engageant à donner et porter au château de Blaru, le lundi de chaque semaine, 6 boisseaux de blé, ferme, loyal et marchand, et, chaque année, 1/2 douzaine de chapons, « loyaulx et marchands, » et un gâteau d'un boisseau de blé, livrables : les chapons le jour de la Chandeleur, et le gâteau la veille des Rois ; le seigneur ne veut pas prendre ledit gâteau, les preneurs lui fourniront un boisseau de blé et deux livres de beurre ; ces derniers s'engagent en outre à moudre, sans rétribution, le blé de la vente que le bailleur pourrait vendre à des étrangers, et à payer, tous les ans, le jour de Notre-Dame de Mars, une somme de 20 sous « pour « ung obict, qui est dict et célébré, en l'église du dit « Blaru, pour le dit seigneur, ses amys, vivans et tres- « passés. » — Jean Boutier prend à ferme de Charles de Tilly, seigneur de Blaru, le pressoir « assis au lieu du « Buisson. » — Bail du Petit Moulin fait, pour 6 années, par Charles de Tilly, seigneur de Blaru, à Michel Rouget, charpentier, et Françoise du Bois, sa femme. — Procès-verbal de visite et estimation du Petit Moulin, à la requête du seigneur de Blaru et de la veuve de Michel Rouget. — Procès-verbal analogue fait, à la requête dudit seigneur et de Jean Mignard, meunier, demeurant audit

Petit Moulin. — Saisie mobilière sur Jean Mignard, pour défaut de paiement de loyer.

E. 3330. (Liasse.) — 9 pièces, parchemin ; 8 pièces, papier.

1560-1670. — Blaru, Eaux et Forêts, Moulins. — Commission adressée par le roi de France au bailli de Mantes ou à son lieutenant, pour qu'il ait, après enquête préalable, à casser le bail à cens, d'« une place à moulin à « tan, contenant trois arpents et demy ou environ, » fait, depuis environ trente ans, par Jean de Tilly, chevalier, seigneur de Blaru, moyennant une rente de 40 sous parisis, dont 24 rachetables, à Simonnet D'Assigny, Jean D'Assigny et Jean Chantel, actuellement représentés par Guillaume Dubois, Simon Duclos et Philippot Lesueur, comme ayant été consenti par « simplesse et ignorance.... « et... oultre moictié... de juste prix... » — Claude Dubois, procureur en cour laye, et Catherine Duclos, sa femme, fille et héritière, en partie, de feu Simon Duclos, vendent à Gabriel Honoré, marchand tanneur, bourgeois de Vernon, « trois quarts de jour, tierce partie de deux « jours et ung quart, à prendre, de trois sepmaines en « trois sepmaines, en ung moulin à tan, assis au val « d'Aconville, paroisse du Port-de-Villez... (1571-1572), pour la somme de 40 livres tournois, sous la réserve de pouvoir racheter « le droit de moulin dans deux ans. » — Cession de cette réserve faite, par Claude Dubois et Catherine Duclos, à Jean le Tellier, dit Tester, marchand, bourgeois de Vernon. — Gabriel Honoré cède, à son tour, à Guillaume Duclos, tanneur de Vernon, frère de Catherine, l'acquisition qu'il avait faite de ladite Catherine et de Claude Dubois, son mari ; cession faite pour 42 livres tournois, tant en principal qu'en vin de marché. — Jean et Jacques le Moyne, père et fils, et Jean Duboys, marchands tanneurs, bourgeois de Vernon, prennent, à titre de rente et fieffe d'héritage, de Charles de Tilly, seigneur châtelain de Blaru, « un moulin à tan « au dict seigneur appartenant, assis en la dite châtel« lenie de Blaru, paroisse du dict lieu (1653), avec la « cour, jardin et petite maison pour loger le meunier et « ses chevaux ; le tout tenant ensemble, contenant dix « perches ou environ, au hamel nommé le Grand-Val, « paroisse du dit Blaru,... » moyennant une rente de fieffe annuelle de 90 livres tournois et 10 livres tournois de rente seigneuriale. — Procédure pour le seigneur de Blaru contre Jean Dubois, qui avait abandonné, sans acquitter les charges, le moulin à tan acensé en 1653.

E. 3331. (Liasse.) — 16 pièces, parchemin ; 49 pièces, papier.

1608-1678. — Blaru, Eaux et Forêts, Moulins. — Comptes faits entre Charles de Tilly, seigneur de Blaru, et Louis Pouillalier, meunier, fermier du Moulin du Val, en conséquence du bail du 8 septembre 1619. — Louis Pouillalier et sa femme, s'obligent envers Charles de Tilly, seigneur de Blaru, pour une somme de 1,232 livres 10 sous tournois, montant d'arrérages dus pour la jouissance du moulin du Val. — Sommation pour qu'ils aient à satisfaire à cette obligation. — Obligation de Louis Pouillalier envers le seigneur de Blaru pour 76 chapons et un quart, 50 boisseaux et demie quarte d'avoine, et 28 livres 11 sous 6 deniers tournois. — Autre obligation du même pour une somme de 100 sous 8 deniers tournois de rente, constituée, au profit de Geoffroy Chambon, prêtre de Blaru, par Charles Pouillalier, père de Louis, envers Simon et Claude de Lavigne, marchands, demeurant à Vernon, héritiers de feu Jean Regnault, qui était aux droits de Geoffroy Chambon. — Constitution d'une rente annuelle de 64 livres 17 sous 6 deniers tournois faite, au profit du seigneur de Blaru, créancier, par Louis Pouillalier, débiteur. — Autre contrat de constitution d'une rente de 8 livres 12 sous 6 deniers tournois, au profit du même seigneur de Blaru, par le même Louis Pouillalier. — Copie d'actes relatifs au moulin du Val, depuis 1516 jusqu'en 1648. — Louis Pouillalier, se portant fort pour sa femme Jeanne Verny, prend à ferme du seigneur de Blaru, pour neuf années, le Moulin-du-Val, moyennant un loyer annuel de 353 livres tournois. — Obligation de Louis Pouillalier envers le seigneur de Blaru pour la somme de 1,275 livres 5 sous. — Autre pour la somme de 1,140 livres 10 sous. — Déclaration des biens de Louis Pouillalier. — Louis le Pouillalier et Marie du Bosc, sa femme, vendent leurs biens à Charles de Tilly, seigneur de Blaru. — Vente d'immeubles sis au Val, parmi lesquels un pressoir et un moulin à foulon, faite à Charles de Tilly, seigneur de Blaru, par les membres de la famille Saint-Séverin, moyennant 3,050 livres. — Baux de la ferme et moulins du Val faits, par le seigneur de Blaru, à Louis Courtois, marchand de Blaru, et Madeleine Duval, sa femme, à Adrien Cavalier, meunier à foulon, demeurant à Blaru, et Anne Roulland, sa femme. — Bail du moulin du Val fait par François Bonaventure de Tilly, marquis de Blaru, à Jean Bertaud, meunier, demeurant à Blaru, et Jeanne Grandchamp, sa femme, moyennant un loyer annuel de 350 livres. — Bail du moulin du Val fait à Jean Bertaut et Geneviève Belguise, sa femme, moyennant un loyer annuel de 400 livres. —

Bail du même moulin et de la ferme du Val, fait par le même à Geneviève Belguise, veuve de Jean Bertault, et Antoine Lefebvre, son fils d'un premier mariage, moyennant un loyer annuel de 580 livres. — Bail de la ferme du moulin du Val fait par François-Bonaventure de Tilly, marquis de Blaru, à Geneviève Belguise, veuve de Jean Bertheault, en son vivant meunier, demeurant au Val, paroisse de Blaru (8 avril 1772). Antoine « Lefebvre, » son fils, d'un premier mariage, et Catherine Planche, femme dudit Antoine, moyennant 580 livres de loyer annuel.

E. 3398. (Liasse.) — 10 pièces, parchemin; 4 pièces, papier.

1588-1746. — Blaru, Eaux et Forêts, Moulins. — Étienne Delaunay, couturier, et Geneviève, sa femme, demeurant à Rouen, vendent à Jean Guyot, éperonnier, demeurant à Rouen, « tout et tel droit, part et portion comme « aux dits mariez vendeurs, au droit d'icelle femme, « et au droit de la succession de deffuncte Katherine « Dupont, sa mère, leur peut compecter et appartenir, « en ung petit moulin et ses appartenances, assis en la « paroisse de Blaru, près Vernon, nommé le petit moulin « de Blaru,... » moyennant le prix de 100 livres tournois et 20 sous tournois de vin du marché. — Jean Guyot vend, à son tour, l'acquisition qu'il vient de faire à Étienne « Delaunay, » taillandier, demeurant à Rouen, moyennant 115 livres tournois et 20 sous de vin du marché. — La veuve de Guillaume Luce donne à Jean de Tilly, chevalier, seigneur de Blaru, et à Françoise Ladvocat, sa femme, les trois portions du même moulin à blé, sis à Blaru, nommé le Moulin-du-Chesnay, dont les 64 portions font le tout, en échange d'un lot de terre, en la seigneurie de Blaru, aux Viviers. — Denis Luce donne aux mêmes quatre portions et demie du même moulin, en échange d'un acre de terre, en la seigneurie de Blaru, au Val (Vaul) de Chevry. — Pierre de Faulgières, maçon, et Marion, sa femme, donnent aux mêmes deux portions et demie du même moulin, en échange d'un demi acre de terre au Val de Chevry. — Jean le Pelletier, marchand, demeurant en la paroisse de Blaru, donne aux mêmes quatorze portions du même moulin, en échange « de semblable portion d'un moulin à blé, assis, en la « seigneurie de Blaru, au val d'Aconville, nommé le « Moulin-Neuf,... » — Étienne « de Launay, » couturier, se portant fort pour Geneviève, sa femme, donne aux mêmes la quatrième portion du même moulin, en échange de quatre acres de terre au val de Chevry. — Jean Dupont, peintre, demeurant à Rouen, se portant fort pour sa femme Philippine, donne aux mêmes la quatrième portion du même moulin, plus la moitié d'un jardin et terre par indivis avec Étienne de Launay, « nommé le Preschy-Mauny, » et la moitié d'un autre jardin, également indivis avec Étienne « Delaunay, » sis près la Fontaine-du-Trésor, en échange de 5 acres de terre au Val de Chevry. — Charles de Tilly, seigneur châtelain de Blaru, et Jean le Roux conviennent, d'un commun accord, que le dernier prendra, chaque semaine, huit portions des 64 qui composent le revenu du petit moulin du Chesnay (Chenet), et contribuera, dans une égale proportion, aux réparations dudit moulin. — Nicolas Sachet et Marie-Catherine Durand, sa femme, reconnaissent avoir pris à bail, du marquis de Blaru, pour une année, « un moulin, faisant de blé farine, et banal, « comme les autres, situé à la paroisse de Blaru, nommé « le Petit-Moulin, » moyennant un loyer annuel de 180 livres, payables par douzième. — Charles Sachet, meunier, et Françoise Rouland, sa femme, reconnaissent devoir au marquis de Blaru une somme de 313 livres, pour le loyer du petit moulin à eux rétrocédé par Nicolas Sachet, père de Charles. — Marie-Anne Le Nain, femme et fondée de procuration de François-Bonaventure de Tilly, marquis de Blaru, donne à bail, pour trois années, à Thomas Sachet, meunier, et à Geneviève Foubert, sa femme, le moulin appelé communément le Petit-Moulin, moyennant un loyer annuel de 120 livres.

E. 3399. (Liasse.) — 3 pièces, parchemin; 16 pièces, papier.

1740-1763. — Blaru, Eaux et Forêts, Moulins. — Devis pour la construction d'un moulin projetée par le marquis de Blaru au Ponceau de Blaru. — Germain Piquard et Thérèse Germain, sa femme, s'engagent à passer bail avec le marquis de Blaru pour le loyer du moulin qui vient d'être construit au Ponceau de Blaru (1740). — Engagement analogue de Jacques Basselet et Geneviève Demay, sa femme. — Autre de Jacques Masson. — Marie-Anne Le Nain, épouse et fondée de procuration de François-Bonaventure de Tilly, marquis de Blaru, donne, à titre de ferme, pour trois années, à Luce Moulard, meunier, et Françoise Lambin, sa femme, un moulin, sis au Ponceau de Blaru, paroisse de Port-Villez, moyennant un loyer annuel de 400 livres. — Bail du même moulin fait, par François-Bonaventure de Tilly, à Alexis Aluine, meunier, et Anne La Vertu, sa femme, pour le terme de six années, moyennant un loyer annuel de 350 livres. — Mémoires des meubles saisis sur Redon, meunier du moulin du Ponceau, et vendu le dimanche 16 novembre 1755. — Quittance autographe signée « Lenain de Blaru, » pour la somme de 112 livres reçues en à-compte des ferusages dus par Redon, pour le moulin du Ponceau. — Contrat d'échange entre François-Bonaventure de Tilly, d'une part, et Philippe Blanche, laboureur, qui reçoit, entre autres choses, « un moulin faisant du blé farine, mais sur la paroisse de Port-de-Villez, près le ponceau qui sépare la province de France d'avec celle de Normandie... » — Mémoires et quittances touchant ledit moulin et les immeubles donnés en échange par Philippe Planche.

E. 2400. (Liasse.) — 40 pièces, papier.

1703-1722. — Blaru. Eaux et Forêts. Moulins. — Correspondance, quittances, assignations, sommations, sentences, saisies et autres pièces de procédure touchant le payement du droit annuel des moulins, tant à eau qu'à vent, créé par édit du 15 janvier 1704, dont le marquis de Blaru prétendait être exempté. Une lettre adressée de Mantes, le 10 janvier 1710, au marquis de Blaru, par Faure, contrôleur des aides au bureau de Mantes, contient les renseignements suivants : « Madame de Maintenon paye, pour son moulin d'Aulnay ; M. le comte de Senneterre pour deux moulins, de Brueil et Oinville ; M. d'Esgrigny, pour son moulin de Fontenay-Saint-Père ; M. de Gaillon, seigneur de Gaillon, pour son moulin de Gaillon ; M. d'Hannucourt, seigneur d'Hannucourt, pour deux moulins à Gargenville ; M. de Fredet, seigneur de Jumeauville, paye pour son moulin de Jumeauville ; M. de Sully paye pour son moulin de Villeneuve ; M. de Loumois paye pour son moulin de Loumois ; M. de Binanville pour trois moulins à Mantes-la-Ville ; M. d'Aufreville pour trois moulins à Mantes-la-Ville, dont il y en a un à tan ; tous les moulins à tan de l'Élection de Mantes payent. M. Bouret, lieutenant-général et subdélégué de M. l'Intendant, paye pour deux moulins, un à Mantes-la-Ville, l'autre sur le pont de Mante ; M. de Lamotte, seigneur de Magnanville, pour un moulin à Mante-la-Ville ; M. de Petaut, seigneur de Nezée, pour son moulin de Nezée ; M. d'Oinville, seigneur d'Oinville, pour deux moulins à Oinville ; M. de Lasseville, seigneur de Rosay, pour cinq moulins à Villette, Rosay et Gaillonnet ; M. de Sailly, seigneur de Sailly, pour son moulin de Sailly ; M. de Tessancourt, seigneur de Tessancourt, pour son moulin ; M. Ponchet, seigneur de Soindre, pour son moulin de Vert ; M. le prince de Soubise pour son moulin de Vigny ; M. Le Noir, procureur du Roy à Mante, seigneur de Senneville, pour son moulin de Villette. Messieurs du Chapitre de Paris, pour leur moulin d'Épone, payent, et quarante autres particuliers à eau, à vent, à tan et autres, payent (ou leurs meuniers et fermiers), annuellement, ce droit sans aucune contestation. En sorte qu'il n'a que vous, Monsieur, qui reste à payer pour vos trois moulins. »

E. 2401. (Liasse.) — 2 pièces, parchemin ; 22 pièces, papier.

1623-1775. — Blaru. Eaux et Forêts. Pièces diverses. — Vente du gord du Fresnes, sur la Seine, faite à Colin le Marchand par Robin Chandellier. — Lettres royales au comte de Mauro, portant défense de chasser dans une étendue d'environ une lieue de large, depuis Château-Gaillard jusques au village de Port-Mort ou Port-Morin, entre la Seine et la forêt des Andelys. — Sentence rendue en faveur de Jacques Daniel, seigneur de « Bordenemetz, » contre Pierre Sainctier, touchant la propriété des saules d'une île. — Adjudication d'une pièce de terre vague plantée en bois abroutis, en la garde du Buisson de Blaru, lieudit Coupecaille, contenant 11 acres, au prix de 20 livres tournois l'acre, faite à Jacques de Tilly, seigneur de Blaru, par les commissaires du Roi en la Généralité de Rouen. — Procès-verbal de Pierre Bourgeois, garde des bois et eaux du marquisat de Blaru, contre Gilles Dupuis, Jean de Mante, Vincent Adnay et Adventure Guerbois, Jean Dallemaignes et Charles Gerosme, tous pêcheurs, demeurant à la Roche-Guyon. — Transaction entre Charles de Tilly, marquis de Blaru, d'une part, et Jean Louis Le Prévost, héritier en partie de feu Claude Le Prince, son grand oncle, d'autre part, pour un tiers de 14 portions d'un moulin. — Mémoire pour compter avec la veuve Adrien Cavelier et son fils, fermiers du moulin à foulon, appartenant à la marquise de Blaru. — Procès-verbal d'arpentage des ventes du Camp-de-César, des Quatre-Acres, des Marseaux et de la Côte-de-Jeufosse. — Procès-verbal d'arpentage par récollement des ventes des Châtelliers, de la Grosse-Racine, de huit arpents aux Côtes-de-Jeufosse et des Marseaux. — Notes et correspondance relatives à l'exploitation des bois de Blaru. — État de la contenance des ventes usées dans les bois du marquisat de Blaru, pour l'ordinaire de l'année 1755, par le sieur Robillard, marchand à Vernon. — Requête adressée au bailli de Blaru par la veuve de Jean Bertaut, meunière du moulin du Val, Philippe Planche, meunier du moulin du Poncel, appartenant au marquis de Blaru, et La Vertu, meunier du Grand-Moulin de Blaru, appartenant à M. de Tilly, à ce qu'il lui plaise leur permettre de faire assigner devant lui le nommé Cordon, laboureur, demeurant à la Gamachère, paroisse de Blaru, chez lequel ils ont trouvé et saisi un sac de farine d'environ 4 boisseaux, que ledit Cordon leur a déclaré avoir fait moudre en un autre moulin qu'aux moulins banaux de Blaru. — Recette des droits seigneuriaux dus aux marquis de Blaru sur la rivière de Seine pour l'année 1775.

E. 3102. (Liasse.) — 8 pièces, parchemin; 13 pièces, papier, dont 1 cahier de 12 feuillets in-4°.

1510-1589. — Blaru. Famille. Généalogie. — Procuration générale donnée à Pierre Benardet par Jean de Tilly, chevalier, seigneur de Blaru, bailli et capitaine de Dreux. — Procuration générale donnée au même et à Pierre Chambon par Charles de Tilly, seigneur de Blaru, bailli, capitaine et gouverneur du comté de Dreux, fils de Jean de Tilly. — Accord et transaction entre Louis de Tilly, gentilhomme ordinaire de la maison du Roi, seigneur châtelain de Blaru et de « Pontevillés, » Jean de Tilly, sieur de Prémont, et Pierre de Tilly, écuyer, sr de Villegast, tant en leurs noms qu'en celui d'Antoinette de Tilly, leur sœur, tous enfants et héritiers de feu Jacques de Tilly, en son vivant, l'un des cent gentilshommes de la Maison du Roi, seigneur châtelain de Blaru, d'une part; Inglebert du Cerf, sr de Belleville, gentilhomme ordinaire de la maison du Roi, tant en son nom que comme ayant la garde noble des enfants de lui et d'Elisabeth d'Argeville ou Hargeville, sa femme, qui était fille et héritière, pour un tiers, de Marie de Tilly, dame de Saint-Méry, et Julie du Cerf, fille desdits sr de Belleville et Elisabeth d'Argeville, d'autre part, touchant une rente due par le seigneur de Blaru à sa sœur, mère dudit seigneur de Belleville. — Règlement de compte entre Jacques de Tilly, chevalier de l'ordre du Roi, lieutenant des cent gentilshommes de sa maison, seigneur châtelain de Blaru, seigneur de Villegast, Chauffour, le « Port de Villés » et fief de Pré, d'une part, Claude de Hargeville, sa nièce, dame de Crespières et du Vauguyon, veuve d'Horace Donez, en son vivant écuyer, gentilhomme de la chambre du Roi, seigneur de Crespières, d'autre part. — Deux certificats de Jacques Gasteau, trésorier des cent gentilshommes de la maison du Roi, attestant que Jacques de Tilly, écuyer, seigneur de Blaru, est lieutenant de la compagnie desdits cent gentilshommes. — Procuration donnée à Hilaire le Roux par Charles de Tilly, seigneur châtelain de Blaru. — François, duc de Nivernais, souverain des terres d'Outre-Meuse, marquis d'Isles, comte d'Eu, Rethelois, Beaufort et Auxerre, pair de France, gouverneur et lieutenant-général pour le Roi en ses pays de Champagne, Brie et Luxembourg, décharge son amé et féal conseiller, Charles de Tilly, seigneur de Blaru, maître de sa garde-robe « de tout le manément qu'il aurait eu de tous titres, papiers, meubles » et ustensiles, qui auraient par cy-devant esté au chas- » tel de Dreux, » appartenant audit duc de Nivernois. Charles de Tilly, seigneur châtelain de Blaru, s'oblige, moyennant un remboursement dont il donne quittance à son frère Jacques de Tilly, à acquitter, pour ce frère, des rentes constituées par Charles de Tilly, leur père commun, au profit d'une marchande de Rouen, des chanoines du Chapitre de Vernon et du curé de la « Ronde d'Evreux, nommé Claude le Roux. » (1 décembre 1505.) — Contrat de mariage d'Adrien de Boufflers, seigneur dudit lieu, de Cagny, Rouverel et Ponches, et de Louise d'Oyron (1), fille de feu Jean d'Oyron, en son vivant, seigneur de Vernouil, et d'Isabeau d'Estouteville, ayant alors convolé en secondes noces avec Jacques de Montenay, seigneur et baron de Baudemont et Garancières. — Adrien de Boufflers, chevalier de l'ordre du Roi, seigneur de Boufflers, Cagny, Milly et autres terres et seigneuries, bailli de Beauvais, et Françoise Goufller, sa femme, cèdent à Jacques de Tilly, chevalier, seigneur de Blaru, 1,000 écus d'or sol à eux dus par Claude de « L'hisle, » chevalier de l'ordre du Roi, seigneur de Marivaulx et autres lieux, pour s'acquitter de pareille somme, dont ils étaient débiteurs envers Jacques de Tilly. — Déclaration des terres et seigneuries appartenant au seigneur de Boufflers dans le comté de Ponthieu.

E. 3103. (Liasse.) — 6 pièces, parchemin ; 3 pièces, papier, dont 1 cahier de 15 feuillets in-4°.

1515-1627. — Blaru. Famille. Généalogie. — Françoise de Tilly, âgée de 30 ans « et plus, comme elle dict, » déclare que son frère, Charles de Tilly, seigneur de Blaru, lui a rendu exactement compte de tous les meubles et revenus à elle appartenant du chef de leurs père, mère et frères, et lui donne quittance du « reliqua deu » par laffin (la fin) du dict conte, » le jeudi 13 août 1545, en présence du révérend père en Dieu, Christophe de Tilly, abbé du monastère de Notre-Dame de Ressons, Jean Le Fébure, lieutenant particulier au bailliage de Mantes, Allain Servain, lieutenant en la prévôté dudit lieu, Jacques de la Motte, écuyer, sieur dudit lieu de la Motte, et Pierre Benardel. — Procuration donnée par Charles de Tilly, seigneur châtelain de Blaru,

(1) V. ci-devant p. 46, où il faut lire d'*Oyron*, au lieu de *Dopen* ; V. aussi p. 55, art. 3270, où il faut lire *Cagny*, au lieu de *Reigny*.

à Martin Dupré, pour requérir l'insinuation de certaines lettres de donation faite audit Charles de Tilly, par son oncle, Pierre de Tilly, prêtre, doyen de Vernon. — Rémond Philippe, procureur et receveur de la terre et seigneurie de « Neauphle-le-Chastel, » pour Madeleine « de la Couldeuvre, » veuve de Pierre de la Porte, en son vivant, maître d'hôtel et écuyer d'écurie ordinaire du Roi, usufruitière de ladite terre et seigneurie, confesse avoir reçu de Jean de Tilly, écuyer, seigneur de Blaru, par les mains de Pierre Chambon, son procureur, la somme de 12 livres tournois, pour droit de la terre et seigneurie de Blaru, à l'occasion de la mort de son père, Jean de Tilly. — Certificat de Clément Lavet, conseiller du Roi et son sénéchal au siège et ressort de Beaugé, constatant que Charles de Tilly, sieur de Blaru et de Poligny, est un des cent gentilshommes ordinaires de la maison du Roi, et, en conséquence, le déclarant exempt des services et contributions du ban et de l'arrière-ban, en l'année 1553. — Mandement de Guy de Daillon, comte du Lude, sénéchal d'Anjou, pour contraindre Charles de Tilly au paiement de certains frais avancés par Pierre Paraige, Toussaint Forget et François Deshayes, commissaires ordonnés par justice, à la requête dudit Charles de Tilly, pour procéder à des saisies sur Charles Bordaige. — Jean de Champaigne, chevalier de l'ordre du Roi, baron de Parcé, déclare que Guillaume Chastelain, receveur et procureur spécial de Jacques de Tilly, seigneur de « Blaysru » et du grand Polligni, en Anjou, paroisse de Parcé, et gentilhomme ordinaire de la maison du Roi, lui a fait foi et hommage, au nom dudit Jacques de Tilly, pour la terre et seigneurie dudit Poligny. — Fragments du contrat de mariage de Charles Le Clerc avec Claude de Combault, passé le 1er juillet 1596, en présence de Réné de Maricourt, chevalier, seigneur baron châtelain de Mouchy-le-Chastel, Louise de Combault, sa femme, François de la Béraudière, écuyer, sieur de « Sygon (?) » et de la Bourbillière, conseiller du Roi en sa cour de Parlement, et chef de la justice « du » camp et armée du Roi, » frère de la dame de Gombault, François de Quievremont, écuyer, sieur de Heudreville, Antoine « Doullay, » écuyer, sieur de Neafville, Claude de Louvigny, écuyer, sieur de « Treelles, » gentilhomme ordinaire de la maison du Roi, Marie Delannoy, veuve de Jacques de Mansel, en son vivant, chevalier des deux ordres du Roi, seigneur de Saint-Léger, capitaine des villes et châteaux de Montfort-l'Amaury et Saint-Léger, cornette du comte de Soissons, maître particulier et gruyer en la forêt dudit Montfort; tous parents ou amis communs des parties. — Adrien de Tilly, chevalier, Sr de Villegast, capitaine sergent-major au régiment du mar-

quis de « Foassé, » vend à Charles de Tilly, chevalier, seigneur châtelain de Blaru, tous ses droits héréditaires aux successions des seigneur et dame de Blaru, leur père et mère, moyennant une rente annuelle de 3,722 livres 4 sous 6 deniers tournois, rachetable au capital de 6,700 livres tournois. — Inventaire informe des contrats de mariage « des seigneurs de Tilly. » — Projet d'aveu et dénombrement de la terre et seigneurie de Tilly, fourni par Jean Desmazis, seigneur du Mesnil-Simon, et à cause de la seigneurie du Mesnil-Simon.

E. 3401. (Liasse.) — 2 pièces, parchemin; 10 pièces, papier.

1548-1682. — Blaru. Famille. Généalogie. — Pièces diverses, actes de partages, inventaires, consultations, etc., relatives à la part des membres de la famille de Tilly dans la succession Le Pelletier, seigneur de Château-Poissy.

E. 3405. (Liasse.) — 15 pièces, papier, dont 1 cahier de 14 feuillets in-4°.

1560-1747. — Blaru. Famille. Généalogie. — « Inventaire de certains titres servants au seigneur de » Blaru, trouvés entre les titres et papiers de la sei» gneurie de Baye, » délivré à Louis Langlois, homme de chambre de Mons' de Blaru, chambellan du duc de Nivernais, par Jacques Rudel, élu en l'élection de Sésanne, bailli de Bay, pour le duc de Nivernais, baron et seigneur dudit lieu de Bay. — Inventaire des titres de la seigneurie de Blaru. — Mémorial des titres présentés à l'Assemblée provinciale du Grand Prieuré de France par Hilaire de Tilly, écuyer, pour établir sa noblesse. — Autre pour justifier que la famille des Tilly est ancienne; que Jean de Tilly a pris la qualité d'écuyer; qu'il était fils de Pierre, écuyer, seigneur de Blaru; qu'il a eu, entr'autres descendants directs, Antoine et Marie de Tilly, fils d'autre Antoine et de Julie du Vivier de la Grange, dame de Piscop et du fief du Colombier. — Inventaire des lettres, pièces et écritures déposées au greffe de l'intendance par Charles de Tilly, chevalier, marquis de Blaru, gouverneur, pour le Roi, des ville, châteaux et pont de Vernon, capitaine des chasses et plaisirs de Sa Majesté ès-forêts de Vernon, Andelis, Baqueville, Gasny et autres buissons et garennes en dépendant, demeurant à Vernon, pour justifier l'antiquité et de la noblesse de son extraction. — Mémoires de plusieurs pièces et titres de la famille de Tilly, de 1498 à 1664. — Inventaire des titres et papiers envoyés à Monsieur le marquis de Blaru en février 1743, avec la déclaration dudit marquels que ces titres lui ont été remis, à Paris le 19 avril 1747, par M. d'Hozier, qui s'en était servi pour les preuves du fils dudit marquis, page du Roi. — Extrait des titres de noblesse et papiers de M. de Chambay (de Rosnivinen). — Mémoire pour noble de Nanneville. — Extraits d'inventaires de pièces au point de vue généalogique.

E. 3406. (Liasse.) — 1 pièce, papier.

2527 (28 avril). — Blaru. Famille. Généalogie. — Testament de « révérend père en Dieu Domp Christofle « de Tilly, ancien abbé de la Croix Sainct-Leufré, agé de « quatre vingts ans ou environ... par devant... Claude « Le Tourneur, prebstre et, par le bénéfice du dit sei- « gneur testateur, curé de Blaru... » Christophe de Tilly veut être inhumé et enterré dans l'église paroissiale de Blaru, « devant le principal autel où repose au sacraire « la saincte et sacrée hostie, un peu au-dessus du pillier « au quel a faict engraver la fondation qu'il a faicte en « la dite église. »

E. 3407. (Liasse.) — 6 pièces, papier, dont 2 cahiers : un de 13 et l'autre de 16 folios in-4°.

1599-1643. — Blaru. Famille, Généalogie. — Déclarations d'héritages, inventaires et actes de partages entre différents membres de la famille de Tilly.

E. 3408. (Liasse.) — 5 pièces, parchemin; 8 pièces, papier.

1606-1679-1712. — Blaru. Famille. Généalogie. — Extrait des originaux de la Chambre des comptes à la suite d'une requête de Gaspard d'Arcona, gentilhomme ordinaire de la maison du Roi, tendant à obtenir « extraict « des parties employées soubz son nom ès comptes de la « maison du Roy, des années IIII^{xx} III et IIII^{xx} V... » — Ordre du Roi de laisser passer, repasser et séjourner, avec gens, chevaux et hardes, le seigneur de Blaru, enseigne de la compagnie des cent gentilshommes du Roi, autorisé à se rendre aux eaux de Spa, « pour le recouvrement de sa « santé, » à porter avec lui jusqu'à la somme de 3,000 livres, et emmener 6 ou 7 chevaux de son train. — Louis de Tilly, chevalier, seigneur châtelain de Blaru, et Marie Le Pelletier, sa femme, pour l'entrée en religion de leur fille Claude de Tilly, agée d'environ 17 ans, constituent une rente annuelle de 300 livres tournois, dont 18 livres à perpétuité et le reste en viager, au profit du monastère de Saint-Louis de Poissy, avec l'assentiment de Jeanne de Gondy, prieure, Louise de Gondy, coadjutrice, Jeanne de Vieuxpont, sous-prieure, Jeanne de Mantevault, Antoinette Parent, Marguerite de Machault, Antoine de Milly, Anne Coutel, Lucrèce Dorval, Marie Leclerc, Marguerite Senguin, Claude Clausse, célerière, Marguerite de Pronelay, Léonore Deshoues, Françoise de Monceaulx, toutes religieuses professes et mères du Conseil dudit monastère (1620-1621). — Quittance de 494 livres, pour rachat et arrérages de la rente de 18 livres mentionnée ci-devant, donnée au marquis de Blaru, le 28 mai 1713, par Charlotte de Mailly, prieure de Poissy, Anne de Malteville, sous-prieure, Charlotte de la Ferté, Charlotte de Blaru, Marguerite Boutin ou Boulin, Françoise Oller de Verneuil, Françoise Pellot, mères du Conseil, et Marie-Thérèse Le Camus, dépositaire. — Antoinette de Tilly, veuve de Charles de « Croymaro, » en son vivant écuyer, sieur de Saint-Jean, héritier en partie de feu Jacques de Tilly, en son vivant, seigneur châtelain de Blaru, fonde de procuration son frère Louis de Tilly. — Mandement de Pierre de Dessus-le-Pont, écuyer, s^r du Ru, assesseur du bailliage de Gisors pour le siège de Vernon, prescrivant de faire les diligences nécessaires pour arriver à l'entérinement des lettres royales autorisant l'acceptation, sous bénéfice d'inventaire, de la succession de Hiéronime d'Arcona, par Charles de Tilly, seigneur châtelain de Blaru, ayant épousé Claude d'Arcona, fille de feu Adrien d'Arcona, en son vivant, chevalier, seigneur d'Heubecourt, et nièce du dit Hiéronime, et par Hubert de Champagne, aussi chevalier, seigneur et marquis de Villaines, père, tuteur naturel et légitime d'une fille issue de lui et de Louise d'Arcona, autre fille d'Adrien. — Gaston, fils de France, oncle du Roi, duc d'Orléans, certifie que le seigneur de Blaru, gentilhomme de sa chambre, sert actuellement près de sa personne en cette qualité et comme volontaire dans l'armée que commande ce prince : « Fait au camp de » Spières, » le 24 juillet 1645. — Extraits des originaux de la Chambre des comptes, à la suite d'une requête de Charles de Tilly, marquis de Blaru, tendant à obtenir la délivrance des titres nécessaires aux preuves de noblesse pour son fils Maximilien de Tilly, aspirant à la dignité de chevalier de Malte. — Charles de Tilly, marquis de Blaru, et Claude d'Arcona, sa femme, pour favoriser le dessein de leur fils, Maximilien de Tilly, chevalier de l'ordre de Saint-Jean de Jérusalem, de prononcer ses vœux, et lui fournir les moyens de vivre honorablement, s'obligent à lui servir une pension viagère de 2,000 livres. — Charles de Tilly, marquis de Blaru, Claude d'Arcona, sa femme, et Henri de Tilly, chevalier, seigneur de Bion vel, s'engagent à payer à Vincent de Prévost, écuyer, sieur du Bacq, capitaine et major au régiment du duc d'Anjou, la somme de 6,000 livres, faisant la plus grande partie de celle de 8,200 livres, pour le prix de ladite charge de capitaine dans une compagnie du régiment du duc d'Anjou, dont ledit de Prévost est titulaire.

E. 3409. (Liasse.) — 10 pièces, papier, dont 2 imprimées.

1656-1668. — Blaru. Famille. Généalogie. — Mainlevée de la saisie des fiefs de Lorleau et de Villegast, à la requête de Jacques et Louis de Tilly, frères, s" desdits fiefs, qui établissent les preuves de leur noblesse et, par conséquent, l'illégalité de la saisie opérée par le sieur l'alléatege, commis à la recette des taxes de confirmation de l'exemption du droit de francs-fiefs. — Ordonnances prescrivant l'enregistrement des lettres d'érection en marquisat de la châtellenie, terre et seigneurie de Blaru, en faveur de Charles de Tilly, chevalier, seigneur châtelain de Blaru, du « Port-de-Villiers, » Jeufosse, le « Coulombier, » Chevrie, Bois-d'Ivry et autres lieux, gouverneur de la ville et château de Vernon, lettres données à Paris, au mois de mars 1650. — Avis de Jacques Barrin, chevalier, marquis de la Galissonnière, conseiller du Roi, maître des requêtes ordinaires de son hôtel, commissaire départi par Sa Majesté en la province de Normandie, généralité de Rouen, pour la recherche des usurpateurs de noblesse, sur la convenance de décharger, de l'assignation qui leur a été adressée, Charles de Tilly, marquis de Blaru, Charles, Henri, Maximilien et Robert, ses fils, Louis et Jacques de Tilly, ses frères, Charles, Jacques et Hubert, fils de feu Adrien de Tilly, en son vivant, seigneur de Villegast, aussi frère dudit marquis de Blaru, et Urbain et Henri, fils dudit Louis de Tilly, seigneur de Lorleau et d'Acon, qui ont produit les pièces justificatives de leur noblesse. — Exploit d'assignation, à la requête de M° Jacques Duret, bourgeois de Paris, commis par le Roi pour l'exécution de l'arrêt du Conseil du 22 mars 1666, à Charles de Tilly, marquis de Blaru, pour qu'il a.......porter ou envoyer, à Paris, les titres et pièces en vertu desquels il prend les qualifications nobles, et s'exempte du payement de la taille ou autres contributions. — Les commissaires généraux contre les usurpateurs de noblesse déchargent le marquis de Blaru de l'assignation de Jacques Duret, sauf à ce dernier à se pourvoir contre le jugement de maintenue de la Galissonnière en date du 6 août 1666. — Décharge analogue donnée, à la requête d'Anne d'Acon, veuve de Louis de Tilly, seigneur de Lorleau, mère et tutrice d'Urbain et Henri de Tilly.

E. 3410. (Liasse.) — 6 pièces, papier.

1695-1762. — Blaru. Famille. Généalogie. — Commission adressée par le Roi au marquis de Blaru, pour concourir à la confection du rôle de la capitation du bailliage de Mantes. — Extrait des registres des mariages de l'église Saint-Sulpice de Paris, contenant l'acte de célébration du mariage de François-Bonaventure de Tilly, marquis de Blaru, capitaine au régiment mestre-de-camp général des dragons, fils mineur de Charles de Tilly, marquis de Blaru, lieutenant du Roi au gouvernement de l'Isle-de-France, et de Catherine-Élisabeth de Manneville, avec Marie-Anne Le Nain, fille mineure de Jean Le Nain, chevalier, conseiller du Roi et son premier avocat général au Parlement, et de Marie Mascranny. — Mémoire des frais faits en la Chambre des comptes pour la foi et hommage du marquisat de Blaru, rendue, en ladite chambre, le 13 février 1730, par François-Bonaventure de Tilly, marquis de Blaru, tant pour lui que pour Hilaire de Tilly, son frère, et Charlotte de Tilly, sa sœur, femme de M. Danycan, maître des comptes, avec la quittance du procureur des comptes Barckaus. — Réponse à des éclaircissements demandés sur la terre de Blaru. — Copie de la déclaration fournie par le marquis de Blaru, pour sa terre de Blaru, le 27 février 1734. — Extrait, fait en 1763, d'un jugement des assises du bailli de Caen de 1320, où il est fait mention de Guillaume de Tilly, clerc, seigneur dudit lieu.

E. 3411. (Liasse.) — 14 pièces, papier, dont 1 imprimée.

1702-1709-1740-1763. — Blaru. Famille. Généalogie. — Extrait des registres de l'église Saint-Hilaire de Blaru, fait en 1734 et contenant : 1° l'acte de baptême d'Hilaire, fils de Charles de Tilly et de Catherine-Élisabeth de Manneville, marquis et marquise de Blaru, 25 octobre 1702; 2° l'acte d'inhumation, « dans un caveau » à costé du Maistre Autel, sur la gauche », de Charles de Tilly, marquis de Blaru, 3 août 1724. — Pièces relatives à l'acquisition de la compagnie de Charles de Sennes, marquis de Menilles, dans le régiment mestre-de-camp des dragons, faite par le marquis de Blaru, en 1721, moyennant 15,000 livres, dont 5,000 comptant et 10,000 en rente au denier vingt; procuration du marquis de Blaru à M. de Laporte, docteur en théologie, pour traiter avec le marquis de Menilles; acte de cession de la compagnie; quittances du marquis de Menilles; déclaration du marquis de Blaru pour établir le quantum des deniers pris sur la succession de M. Le Nain, correcteur des comptes, curie de Madame de Blaru, à l'effet de solder la créance du marquis de Manilles. — Charles de Tilly, marquis de Blaru, et sa femme Catherine-Elisabeth de Manneville, voulant témoigner l'estime particulière qu'ils ont pour la personne d'Étienne de Laporte, docteur en théologie de l'Université de Nantes, et lui marquer la reconnaissance qu'ils ont des bons offices qu'ils en reçoivent au spirituel et au temporel, depuis près de sept ans qu'il demeure avec eux dans leur château, comme aussi pour donner un petit dédommagement audit sieur de Laporte de ce qu'il a refusé un canonicat et une cure dans son diocèse de Nantes, par attachement à leurs personnes et à leurs intérêts, lui donnent la jouissance d'un contrat sur Messieurs des États du Languedoc de 15,000 livres en principal, faisant, à trois pour cent, 450 livres de rente annuelle. A cet acte sont annexées les lettres patentes du Roi données à Versailles le 12 mars 1700, qui permettent aux États de la province du Languedoc d'emprunter 4,800,000 livres au denier douze. — Constitution de 150 livres de rente annuelle, au capital de 3,000 livres sur l'Hôtel-de-Ville de Paris, au profit de Catherine-Elisabeth de Tilly de Blaru, religieuse en l'abbaye d'Issy-les-Paris, « ce acceptant par elle et par dame Élisabeth Boutillier de Chauvigny, abbesse de ladite abbaye. — Frère André-Augustin Boulet, de l'ordre des Frères mineurs de la régulière observance, prêtre, docteur de Sorbonne, ex-secrétaire général de tout l'ordre de saint François, ancien commissaire général de la Terre Sainte, père des provinces de Touraine la Majeure et France Parisienne, et ministre provincial, pour la seconde, des religieux Cordeliers de la Grande Province de France, comme syndic, protecteur et ami spirituel du couvent de Vernon, François-Bonaventure de Tilly, marquis de Blaru, par lettres données au couvent de Noisy le 7 novembre 1724 (sign. aut. sce. placard). — Extrait des registres des convois de l'église paroissiale de Saint-Sulpice à Paris, fait en 1734, et constatant que le convoi, service et enterrement de Catherine-Elisabeth de Manneville, veuve de Charles de Tilly, marquise de Blaru, ont eu lieu le 14 juin 1732. — Publication des bans du mariage entre Hilaire de Tilly, chevalier, fils de Charles de Tilly et de Catherine-Elisabeth de Manneville, marquis et marquise de Blaru, d'une part, et Henriette-Marie-Madeleine-Anne Le Roux, fille mineure de Jean-Louis, écuyer, et de feue Madeleine Benoît de la Barre, paroisse Saint-Vincent de la ville de Rouen. — Mémoire du marquis de Blaru, lieutenant-général des armées du Roi, lieutenant des gardes-du-corps, tendant à obtenir un arrêt de surannation, qui le rétablisse dans sa charge et office de lieutenant du Roi dans la province et gouvernement de l'Ile-de-France, dont un arrêt du 12 septembre 1748 a déclaré la vacance à son préjudice.

E. 3112. (Liasse.) — 1 pièce, papier.

1708-1765. — Blaru. Famille. Généalogie. — Lettres adressées d'Argentan à M. et à Mme de Tilly par M. Le Devin, touchant les résultats des recherches faites par ce dernier dans plusieurs dépôts d'archives civiles et ecclésiastiques, à l'effet d'y trouver des titres et documents généalogiques pour la famille de Tilly. — M. d'Ormesson annonce au marquis de Blaru que le Roi a nommé, le 23 septembre 1764, Mlle de Tilly, pour être élevée dans la maison de Saint-Cyr. — Lettre signée « D. d'Harcourt », datée de Caen le 2 décembre 1764, et sans suscription : il y est question du résultat des recherches faites par le receveur de Beuvron dans l'intérêt de la famille de Tilly.

E. 3113. (Liasse.) — 16 pièces, papier, dont 1 cahier de 9 feuillets in-folio.

XVIIe-XVIIIe siècles. — Blaru. Famille. Généalogie. — Généalogie de la maison de Tilly-Blaru, suivie des « recherches sur la maison de Tilly, extraites de l'hystoire « généalogique de la maison d'Harcourt, de M. de La « Roque, et d'un « armorial des alliances de la maison « de Tilly-Blaru. » — Mémoire concernant les alliances de la maison d'Arcona avec celles de Savoie, de Grillet et de Gondy. — Consultation juridique sur l'interprétation d'une des clauses du testament de Marie de Gondy, comtesse de Pancalier et de Saint-Trivier (1). — Notes pour servir à la généalogie de Tilly-Blaru. — Mémoire sur les familles Tournemine et Annebaut. — « Descente et généa- « logie de messire Jean-Baptiste d'Arcona, seigneur du « lieu, venu en France soubz le raigne de Henry second, « dont il estoit le favory. »

E. 3114. (Liasse.) — 59 pièces, partie en papier, partie en cartes à jouer, dont le verso a reçu l'écriture.

1760-1775. — Blaru. Gestion des biens. — Mémoires, quittances, lettres, notes, touchant la régie ou gestion des biens et revenus du marquisat de Blaru, tant par le sieur Vallée que par le sieur Grenlebin. — Quittances de V.evard, curé de Blaru.

---

(1) V. ci-devant p. 53, art. 3291.

E. 3115. (Liasse.) — 64 pièces, papier.

1702-1774. — Blaru. Gestion des biens. — Mémoires, quittances, notes, touchant la régie ou gestion des biens et revenus du marquisat de Blaru, tant par le Sr Vallée que par le Sr Greslebin.

E. 3116. (Liasse.) — 117 pièces, papier, dont 15 cahiers, 3 de 4, 3 de 10, 6 de 12, 1 de 18 et 1 de 20 feuillets in-folio.

1704-1775. — Blaru. Gestion des biens. — Mémoires détaillés des réparations faites aux château et fermes du marquis de Blaru, suivis d'un état de recettes et dépenses pour les années 1704 à 1775, 29 février inclusivement, dressé par le Sr Vallée (le 19 février 1707): « Payé quatre » livres quatorze sols pour trois livres de poudres à tirer,
» qui servi à charger les canons le jour que madame de
» Tilly est venue à Blaru...; le 19 (avril 1707), payé à Gran-
» din et à Tourneville trois livres, pour avoir été chargé
» de grenouilles pendant six jours...; le 14 (octobre 1707),
» payé au Sr Halot six livres dix sols, pour avoir gravé
» et fait un cachet pour le scellé de Blaru..; le 1er mai
» (1770), payé aux garçons qui ont présenté le may, six
» livres...; le 8 août (1770), payé au Sr Cheval, chirur-
» gien à Vernon, quatre livres quatre sols, pour la vi-
» site d'un cadavre trouvé dans la rivière sur la paroisse
» de Jeufosse... » — Quittances et autres pièces à l'appui desdits mémoires.

E. 3117. (Liasse.) — 2 pièces, papier, dont 1 cahier de 101 feuillets in-4°.

1775-1779. — Blaru. Gestion des biens. — Compte rendu à François-Hilaire de Tilly, marquis de Blaru, « le Port-Villès, » Jeufosse et autres lieux, enseigne des gardes-du-corps de Sa Majesté, compagnie de Villeroi, par Me Jean Greslebin, prêtre, curé de Blaru, au nom et comme tuteur principal des enfants mineurs de feu Adrien-François Greslebin, en son vivant, avocat en parlement, demeurant à Vernon, pour la gestion et l'administration que ledit Adrien-François Greslebin a eues des biens et revenus dudit marquis de Blaru, en conséquence de la procuration passée en brevet devant les notaires au Châtelet de Paris, le 28 mars 1775, déposée en l'étude de Me Trichard, notaire à Vernon, le 11 septembre de la même année. A la fin est l'approbation de ce compte, donnée à Blaru le 25 avril 1779, par Guillaume-Charles Vigreux, procureur fondé de François-Hilaire de Tilly, par acte du 10 avril 1779. Recette: 77,043 livres 4 sols 4 deniers ; dépenses, y compris les droits de régie ou gestion fixés à raison d'un sou par livre, 79,973 livres 4 sous 8 deniers.

E. 3118. (Liasse.) — 8 pièces, parchemin ; 16 pièces, papier.

1690-1778. — Blaru. Gestion de biens. — Pièces concernant le droit de treizième sur les échanges de la seigneurie de Blaru, pour servir au compte de gestion du sieur Greslebin. — Pierre Gruyn, conseiller du Roi, garde de son trésor royal, confesse avoir reçu comptant de Charles Le Tellier, écuyer, Sr d'Orvilliers, la somme de 300 livres, pour la finance à laquelle, par le rôle arrêté au conseil le 16 décembre 1690, ledit sieur Letellier d'Orvilliers a été compris pour la jouissance des droits seigneuriaux dus aux mutations par échanges des biens et héritages nobles et roturiers, sis dans l'étendue de la paroisse de Blaru, avec faculté de se dire et qualifier seigneur en partie de ladite paroisse. — Cession de la jouissance de ces mêmes droits faite à Charles de Tilly, marquis de Blaru, par Urbain Aubert, seigneur de Tourny, conseiller, secrétaire du Roi, et receveur général des finances en la généralité de Caen. — Joseph Micault d'Harvelay, conseiller du Roi, garde de son trésor royal, confesse avoir reçu comptant du marquis de Blaru, seigneur de la terre, fief et paroisse de Jeufosse et de « Port-de-Villé, » 250 livres pour la finance principale à laquelle ledit marquis a été compris au rôle arrêté au conseil le 31 août 1762, pour jouir, par ledit marquis, des droits dus aux mutations, par échange des biens et héritages, tant en fiefs qu'en roture, situés dans la mouvance et la directe immédiate de ladite terre, fief et paroisse de Jeufosse et de « Port de Villé. » — Mémoire concernant les droits d'échange. — Etat des treizièmes d'échanges perçus au bureau du contrôle des actes de Vernon, aliénés au marquis de Blaru, dans les paroisses de Blaru, Port-Villez, et réclamés par lui de 1775 à 1778.

E. 3119. (Liasse.) — 16 pièces, papier.

1772-1778. — Blaru. Gestion. — Mémoires et quittances pour servir à l'apurement des comptes du Sr Greslebin, chargé de la régie des biens et revenus du marquisat de Blaru. — Quittances de 8 livres, pour une année d'occupation, par le marquis de Blaru, du banc n° 26, dans l'église Notre-Dame de Vernon. — Mémoire et quittance du sieur Dionis, docteur en médecine, demeurant à Vernon.

E. 3123. (Liasse.) — 61 pièces, papier.

1775-1778. — Blaru. Gestion. — Quittances, mémoires, lettres, notes, touchant la gestion des biens et revenus du marquis de Blaru par Adrien-François Greslebin. — Lettres signées « Cornet » adressées au marquis et à la marquise de Blaru, touchant des procès qu'ils soutiennent au Parlement de Paris. — Lettres de « Carteron, procureur occupant pour le « marquis de » Tilly. » — Lettre dans laquelle M. de Senozan demande au marquis de Blaru la cession de la mouvance du fief de la Haye-Bérauville, qu'il possède et qui relève de la terre de Blaru. — Minutes de lettres de Greslebin au marquis et à la marquise de Blaru.

E. 3124. (Liasse.) — 19 pièces, papier.

1775-1778. — Blaru. Gestion. — Quittances des payements d'intérêts des rentes constituées dépendant de la succession du marquis de Blaru, faits par le sieur Greslebin. — Autographes du chevalier de Tilly, Tilly Le Nain, Hilaire de Tilly, Tilly de Prémont.

E. 3125. (Liasse.) — 13 pièces, papier.

1775-1778. — Blaru. Gestion. — Quittances des payements des rentes viagères en faveur des domestiques du marquis de Blaru, faits par le sieur Greslebin. — Quittances des paiements des vingtièmes des terres de Blaru, Jeufosse et autres, faits par le même. — Mémoires et quittances de plusieurs ouvriers à l'appui des comptes du Sr Greslebin.

E. 3126. (Liasse.) — 13 pièces, papier.

1775-1778. — Blaru. Gestion. — Quittances de payements faits par le Sr Greslebin, régisseur du marquisat de Blaru, pour des envois de vins et de meubles au château de Blaru, pour des provisions de bouche, pour les pauvres de Blaru.

E. 3127. (Liasse.) — 55 pièces, papier.

1775-1778. — Blaru. Gestion. — Mémoires, quittances, notes, pour servir à la justification des comptes du Sr Greslebin, régisseur du marquisat de Blaru, en ce qui concerne les fournitures d'ardoise, plomb, clous, pierres, tuiles, briques, plâtre et chaux.

E. 3128. (Liasse.) — 73 pièces, papier.

1775-1778. — Blaru. Gestion. — Mémoires, quittances, notes, pour servir à la justification des comptes du Sr Greslebin, régisseur du marquisat de Blaru, en ce qui concerne les ouvrages de menuiserie, de serrurerie, de tapisserie et de maçonnerie exécutés au château de Blaru.

E. 3129. (Liasse.) — 103 pièces, papier.

1775-1778. — Blaru. Gestion. — Mémoires, quittances, notes, pour servir à la justification des comptes du Sr Greslebin, régisseur du marquisat de Blaru, en ce qui concerne la culture des vignes, les réparations des fermes, les ouvriers employés directement à la journée, etc.

E. 3130. (Liasse.) — 1 cahier, papier, de 30 feuillets in-3°.

1769-1778. — Blaru. Gestion. — Livre des fournitures de viandes de boucherie, faites au marquis de Blaru par le boucher Elie, du 25 mars 1769 au 26 juillet 1778. « Toute la viande fournie par Monsieur Elie, de- » puis Pasques 1771 jusqu'au caresme 1772, se trouve » monter à 3,310 livres de viande, à 7 sous 6 deniers la » livre, fait, en argent, la somme de 1,241 livres 5 sous... » Toute la viande fournie à Monsieur le marquis de » Blaru, part (sic) monsieur Elie, depuis le 10 avril 1773 » jusqu'au caresme 1774, se monte à la quantité de 3,039 » livres et un quart, à 7 sous la livre, fait 1,061 livres » 11 sous... »

E. 3131. (Liasse.) — 118 pièces, papier, dont 7 imprimées.

1660-1698-1784. — Blaru. Justice, Procès. — Pièces d'un procès entre le marquis de Blaru, d'une part, et Louis Phelippeaux, comte de Pontchartrain, d'autre part, touchant la mouvance de la seigneurie de Blaru. Le document dont suit la copie, et qui est le dernier, en date, de la liasse, fournit sur ce procès des détails intéressants... « J'ay soussigné, François-Bonaventure de » Tilly, chevalier, marquis de Blaru, fils aisné et prin- » cipal héritier de messire Charles de Tilly, marquis de » Blaru, déclare que mon intention est de me pourvoir, » par les voies de droit, contre l'arest intervenu au ra- » port de Monsieur de Montchal, conseiller en la troi-

« sième chambre des enquêtes, entre m⁰ Louis Phélip-
« peaux, ch¹ʳ, comte de Pontchartrain, ministre secrétaire
« d'Estat et contrôleur général des finances, et ledit sieur
« feu marquis de Blaru, mon père, le lundi 12ᵐᵉ jour de
« mais d'aoust 1697, à cause des torts et griefs qui me
« sont faits par ledit arrest, qui oste au Roy, comte de
« Mantes, la mouvance du marquisat de Blaru, que mes
« prédécesseurs et moy avons tenu dudit comté de Mante,
« de temps immémorial, et attribue ladite mouvance à
« la châtelenie de Neauphle, de laquelle la châtelenie de
« Blaru n'a jamais esté tenue, sous prétexte d'un pré-
« tendu aveu de 1330, qui n'a jamais esté présenté ny
« reçu. Mais, comme le crédit et l'authorité qui ont fa-
« cilité à M. de Pontchartrain le moyen d'obtenir ledit
« arrest en sa faveur contre la possession du Roy, justifié
« par le dit feu sieur marquis de Blaru, mon père, par
« des titres authentiques, seroient encore à présent le
« mesme obstacle à mes poursuites, et empescheroient
« l'entérinement des lettres en forme de requeste civile,
« et qu'il me seroit aisé d'obtenir contre le dit arest,
« à cause des ouvertures incontestables qu'il renferme,
« je me trouve contrainct de différer, malgré moy, les
« poursuites légitimes que je serois obligé de faire
« pour empescher l'exécution du dit arest à mon égard.
« C'est pourquoy, pour prévenir les fins de non recevoir
« qu'on pourroit opposer dans la suitte à moy et à mes
« enfans, sur le fondement de l'exécution du dit arest,
« soit par la foy et hommage rendu, et l'adveu que feu
« mon père a été obligé de donner à la châtelenie
« de Neauphle, soit par transaction, soit autrement, je
« proteste, par le présent écrit, que tout ce qui a esté
« fait par feu mon dit père, et pourra cy après estre par
« moy fait, pour l'exécution du dit arest, ne sera fait
« que par contrainte, force et violence, malgré moy,
« parce que les circonstances ne me permettent pas d'es-
« pérer que la justice de ma cause l'emporte sur le crédit
« et l'authorité de Monsieur de Pontchartrain, chance-
« lier, qui vit encore, dont le petit-fils, M. de Maure-
« pas, est actuellement secrétaire d'Estat, et que, d'ail-
« leurs, feu mon dit père avoit commencé à éprouver les
« effets de son ressentiment du procès qu'il avoit soutenu
« contre luy, dans ce qui se passa peu après pour le dé-
« pouiller de son gouvernement de Vernon, possédé, de-
« puis tant d'années, par mon grand-père et luy; en sorte
« que l'exécution de mon dit arest sera toujours forcée et
« non volontaire de ma part, comme elle l'a esté de celle
« de feu mon dit père, comme il l'a déclaré par les pro-
« testations qu'il a faites dans les temps, déposés chés
« un notaire à Paris, n'ayant pu trouver d'huissier qui
« ait voulu les signifier à Monsieur de Pontchartrain ;

« et les notaires n'ayant point voulu les recevoir ny m'en
« donner acte, j'ay cru estre obligé de les cacheter et de
« mettre sur la souscription que c'est mon testament,
« affin d'obliger par là les notaires à les recevoir, et leur
« donner une datte qui les rendît antérieures à toute
« sorte d'exécutions qui pourroient estre par moy faites
« du dit arest : j'ay enveloppé et cacheté la dite protes-
« tation de trois cachets de cire d'Espagne de mes armes,
« qui sont une fleur de lys en champ d'or ; sur laquelle
« enveloppe est écrit : Aujourd'hui est comparu, par
« devant les notaires, haut et puissant seigneur, messire
« François-Bonaventure de Tilly, chevalier, marquis de
« Blaru, capitaine au régiment mestre de camp général
« des dragons, demeurant ordinairement en son château
« de Blaru, estant en ce jour en cette ville, logé chés
« le nommé Gérod Seigneur, rue Saint-Dominique, fau-
« bourg St-Germain, lequel a représenté à Doyen le
« jeune, pour garder, jusqu'à ce qu'il plaise au dit sei-
« gneur comparant de retirer, le présent paquet, cacheté
« en trois endroits du cachet de ses armes, qui sont une
« fleur de lis de gueule sur un champ d'or, qu'il a dit con-
« tenir son testament, qu'il a entièrement écrit et signé
« de sa main ; dont acte ès études, à Paris, le dix-huit
« septembre 1724, et a signé. On trouvera cet acte chés
« Doyen le jeune, rue du Roule, quasi vis-à-vis la rue
« Saint-Germain. La présente laissée pour mémoire et
« advertissement. François-Bonaventure de Tilly. » —
Les titres les plus anciens invoqués par Pontchartrain à
l'appui de ses prétentions, et dont les copies se trouvent
au dossier, sont un extrait du registre trésor des chartes,
registre commençant par ces mots : *Ausit principio
Sancta Maria uro* ; pris au folio 77, recto, sous le titre :
Feoda Mellenti in manu Regis, sans date ; l'aveu et dénombrement rendu au roi par Jean de Greville, seigneur
châtelain de Neauphle-le-Chatel, 8 février 1306 (1307) ;
un extrait d'une transaction du 19 mai 1391 ; un autre
du contrat de vente de la châtellenie de Neauphle-le-Chatel, faite par Jeanne Buismiart, veuve de Pierre Cour-
ton, en son vivant, écuyer, fille et unique héritière de
Guillaume de Buismiart, chevalier, et de Catherine de
Gréville, du 7 mai 1443 ; copie de foi et hommage rendu
par Jean de Tilly, écuyer, seigneur de Blaru, au comte
de Montfort, à cause de son château de Neauphle-le-Chastel, le 14 décembre 1478.

E. 3129. (Liasse.) — 7 pièces, parchemin ; 6 pièces, papier,
dont 1 cahier de 8 feuillets in-4°.

1478-1684. — Blaru. Justice. Procès. — Sentence

du bailliage de Mantes, portant main-levée de la terre et seigneurie de Blaru, en faveur de Jean de Tilly, moyennant le paiement d'une somme de 10 livres. — Saisie de la terre et seigneurie de Blaru, à la requête de la reine de France, comtesse de Montfort, duchesse de Bretagne, comtesse d'Étampes et de Montfort-l'Amaury, pour défaut d'aveu et dénombrement de la dite seigneurie de Blaru, dépendant de la châtellenie de Neauphle-le-Château. — Sentence de main levée de la terre et seigneurie de Blaru en faveur de François de Tilly. — Requête présentée à la Chambre des comptes par Louis de Tilly, seigneur châtelain de Blaru, pour avoir main-levée de la châtellenie de Blaru, saisie à la requête du procureur général de ladite Chambre des comptes. — Saisie de la terre et seigneurie de Blaru pour défaut de foi et hommage, et d'aveu et dénombrement. — Arrêt surprenant de la Chambre des comptes, accordant à Charles de Tilly, marquis de Blaru, un sursis pour fournir aveu et dénombrement du marquisat de Blaru. — Arrêt de défense contre l'exécution d'une sentence, rendue en la Chambre du trésor, contre le marquis de Blaru, dont est appel pour relief en ligne directe. — Saisies féodales et mainlevées du marquisat de Blaru, la dernière de 1684. — « Inventaire des pièces que met et produit, par devant vous, messieurs tenant la cour de parlement, à Paris, pour le roy, nostre sire, Charles de Tilly, escuyer, sr châtelain de Blaru, du Port-de-Villiers et du grand Polligny, en Anjou, gentilhomme ordinaire de la maison du roy, demandeur, et requérant l'entérinement d'une requête par luy présentée à ladite court, le seizième jour de novembre dernier passé, et, en ce faisant, main levée luy estre faicte de sa seigneurie de Blaru, et ses appartenances, saisie à la requête de monsr le procureur du roy, à l'encontre du dit sr procureur général du Roy, demandeur en communication de titres, et défenses de n'exercer la haulte, moyenne et basse justice au lieu et chatellenye du dit Blaru. » Cet inventaire n'est pas daté : la pièce la plus ancienne qui y est mentionnée est de l'année 1300, la plus moderne du mois de novembre 1560, « dernier passé : » ces dernières expressions permettent d'assigner pour date à cet inventaire la fin de l'année 1560 ou l'année 1561.

E. 3139. (Liasse.) — 2 pièces, parchemin; 3 pièces, papier, dont 2 cahiers de 14 et 34 feuillets in-4°.

1515-1673. — Blaru. Justice. Procès. — Rôles d'amendes, défauts et autres exploits de justice du bailliage de Blaru, pour les années 1515-1516, 1544-1545, 1633-1637 et 1673.

E. 3140. (Liasse.) — 2 pièces, parchemin; 7 pièces, papier.

1501-1559. — Blaru. Justice. Procès. — Sentence par laquelle Nicolas le Ventrier, licencié en lois, bailli de Blaru, dans la cause de Jean Quesnel, l'aîné, demandeur, contre Denis Quesnel, défendeur, défère le serment à Philippot Tilly, Pierre Besnardel, Pierre Blanchon et Jean Robert, tonnelier, cités comme témoins par le ministère de Perrot le Massue, sergent au dit bailliage. — Autre sentence du même, qui condamne Jean Quesnel l'aîné à payer à Jean Dillard, mesureur, demeurant en la paroisse de Jeufosse, la somme de 6 sous parisis, pour avoir mesuré et arpenté une pièce de terre, labour et jardinage, sur laquelle étaient bâties une ou plusieurs maisons, au Buisson, et contenant 3 acres 1/2 et 50 perches. — Sentence de prise de corps, rendue par Jean Lepeltier, lieutenant général du bailli de Blaru, contre Mathurin Chermontou, serviteur d'Olivier Moret. — Sentence d'ajournement, rendue par Lucas Le Grand, lieutenant particulier du bailli de Blaru, dans la cause entre Pierre Carré, demandeur, contre Jean Chartier, sergent à Blaru, touchant les vices de signification d'un exploit fait par le dit Chartier, requête du dit Carré, à Pierre Manchon aîné. — Rôle de témoins à assigner, à la requête du procureur d'office, par devant le bailli de Blaru ou son lieutenant, pour être confrontés avec la veuve de Jean Chognon, prisonnière. — Arrêt du Parlement, sur l'appel, interjeté par Etienne le Marié, d'une sentence du bailliage de Blaru qui l'avait condamné à la question extraordinaire : l'appel est mis à néant; la sentence sortira son plein et entier effet; l'accusé est renvoyé devant le bailli de Blaru. — Sentence par laquelle Nicole Baron, licencié en lois, seigneur de « Doessy, » conseiller, chambellan du Roi, et son bailli de Mantes et Meulan, déclare mal fondé l'appel interjeté par Michel Doulcet contre Charles de Tilly, seigneur de Blaru, et condamne ledit Doulcet à payer à Charles de Tilly 3 boisseaux d'avoine, mesure de Vernon, pour une année de louage échue au jour de Noël 1544. — Simon le Certain, licencié en lois, seigneur des « Hertolus » et de Hanville, en Beauce, conseiller du Roi, et son lieutenant général, civil et criminel en ses comté et bailliage de Mantes et Meulan, à la requête de Martin Dupré, procureur d'office en la châtellenie, bailliage et juridiction de Blaru, après avoir recueilli le témoignage de Guy de Chèvremont, avocat, Etienne Guernier, procureur du Roi, Allain Servant, lieutenant en la prévôté et châtellenie de Mantes, Nicole le Ventrier, Nicole Aupois, Hubert Chéron, Marin Grimont, avocats, Bouchard, Robert le Chan-

deillet, Antoine Du Verger, Christophle le Chandelller, Michel Bertesauville, procureurs, Thomas de la Rocque, Nicole Richomme, Marin Pigié, Nicole Ruelle et Roullant Labbé, sergents royaux audit bailliage, déclare (30 mars 1550 (1551)), que les terre, seigneurie, châtellenie et bailliage de Blaru sont situés et assis au pays de France, dans la juridiction du bailliage de Mantes et Meulan ; que les appels du bailli de Blaru ressortissent par devant le bailli de Mantes et Meulan, et de là au Parlement de Paris ; que, s'il arrive que « les demourant » en la dicte terre, seigneurie, chastellenie et bailliage « de Blaru, » soient condamnés, en première instance, par devant le bailli de Mantes et Meulan, ils sont renvoyés au bailli de Blaru, quand le seigneur du dit lieu le requiert, à moins que la cause ne soit privilégiée ; que jamais les officiers du duché de Normandie n'ont mis ces droits en doute, et élevé des prétentions contraires. — Jean Foulet, écuyer, licencié en lois, seigneur de la « Chaulsaye, » conseiller du Roi et son lieutenant au bailliage de Mantes, accorde à Charles de Tilly, écuyer, seigneur de Blaru, représenté par Martin Dupré, son procureur, lettres d'insinuation d'un contrat d'arrêt de main-levée de la justice de Blaru, par lui obtenue en la cour de Parlement à Paris. — Certificat constatant que Jean Bernay et Charles le Plâtrier, sergents en la châtellenie de Blaru, ont conduit, de la prison de Blaru dans celle de la conciergerie à Paris, Robert Giroult, « appellant de la mort. » — Consultation, signée Séguier, Piron et Bourgeoys, contenant l'avis que M. de Blaru « n'a pas cause d'appel de la sentence donnée, par le
» bailli de Mante ou de son lieutenant, au proffit du
» procureur du Roy à Mante, par laquelle sentence iceluy
» seigneur de Blaru ou son procureur pour luy a esté
» débouté du renvoy, par luy requis luy estre faict, en sa
» seigneurie de Blaru, de certaine amende d'une déser-
» tion d'appel interjeté de son bailly du dit Blaru, dé-
» claré désert, par le dit bailly de Mante ou son lieute-
» nant... Quant est de la place publique que le dit sei-
» gneur de Blaru a baillée, pour faire des estaulx contre
» la muraille d'un nommé Bertrand le Roy, lequel Ber-
» trand le Roy s'efforce vouloir percer la dite muraille à
» l'endroict des dits estaulx, pour empescher qu'ils n'y
» demeurent, le Conseil est d'avys que le dit le Roy ne
» le peult pas empescher, mais se doibt contenter de son
» ouverture ancienne... »

E. 2432. (Liasse.) — 3 pièces, parchemin ; 1 pièce, papier.

2528-2587. — Blaru. Justice. Procès. — Pièces d'un procès par devant le bailli de Blaru entre les familles le Boucher et Morel.

E. 2433. (Liasse.) — 10 pièces, parchemin ; 10 pièces, papier.

2588-2589. — Blaru. Justice. Procès. — Pièces d'un procès criminel intenté par le bailli de Blaru à Roullin Questel, pour faux témoignage.

E. 2434. (Liasse.) — 3 pièces, parchemin ; 6 pièces, papier.

2540-2545. — Blaru. Justice. Procès. — Pièces d'un procès par devant le bailli de Mantes entre Charles de Tilly, seigneur châtelain de Blaru, et enseigne des cent gentils-hommes de la maison du Roi, sous la charge du comte de Sancerre, d'une part, et François de Béthune, seigneur de Rosny, d'autre part, touchant leurs prétentions mutuelles d'être appelé le premier au rôle du ban et arrière-ban du bailliage de Mantes.

E. 2435. (Liasse.) — 10 pièces, parchemin ; 10 pièces, papier.

2546-2569. — Blaru. Justice. Procès. — Pièces d'un procès entre Charles de Tilly, seigneur de Blaru, étant aux droits de son oncle Pierre de Tilly, haut doyen et chanoine en l'église collégiale Notre-Dame de Vernon, demandeur en dégagement de vaisselle d'argent pour la somme de 300 livres, d'une part, et, d'autre part, noble dame et damoiselle Marguerite et Anne dites d'Estançon, défenderesses. Charles de Tilly offre de prouver « que,
» puis douze ans en çà ou environ ce temps, aprez le dé-
» cez et trespas de deffuncte Jehanne de Rozenyvigaen,
» en son vivant, dame de Houllebec et femme de feu
» Jhan Destancon, escuyer, s' du lieu, fut apporté par
» ung nommé Coquerel, serviteur, domesticque de la dite
» dame et du dit sieur, à deffunct maitre Pierre de Tilly,
» escuyer, presbstre, de son vivant demeurant à Vernon,
» et hault doyen de l'esglise collégiale du dit lieu, pour
» luy tenir gaige, pour la somme de troys cens livres
» tournois, pour aider à faire les obsèques et funérailles
» de la dite dame, les bagues en or et argent qui sen-
» suyvent : ung bassin ; demye douzaine d'assiettes ; trois
» chandeliers, dont y en avait ung rompu ; deux couppes
» couvertes, l'une dorée et l'autre sans (mot suivi); une
» escuelle à aureilles ; ung bougeouer ; ung œuffier ; item,
» ung drageoux d'argent ; une paire de brasseletz d'or ;
» deux paires de patynostres à merques d'or ; deux jase-
» rens, l'ung d'or et l'autre d'argent doré ; une chayne
» d'or ; une eschauffecte d'argent ; deux sallières d'ar-

« gent et quelques aultres petits biens, desquels le dit
« s' de Blaru n'a cognoissance. »

E. 3413. (Liasse.) — 11 pièces, parchemin ; 10 pièces, papier.

3468-1573. — Blaru. Justice. Procès. — Pièces
d'un procès entre les seigneurs de Blaru et les sieurs de
Fresne, dont l'arrêt ci-après indique la nature et les
phases principales : « Charles..., roy de France..., sça-
« voir faisons que, comme le (23 novembre 1570) compa-
« rant en nostre court de Parlement ou par devant l'un de
« nos... conseillers, en icelle... Jacques de Tilly, escuyer,
« seigneur chastellain de Blaru et du grand Polligny en
« Anjou, gentilhomme ordinaire de nostre chambre, frère
« et principal héritier de feu Charles de Tilly, en son
« vivant escuyer, seigneur chastellain du dict Blaru,
« demandeur au principal, en exécution d'arrest de nostre
« dicte court du (19 mars 1569), et requérans l'entéri-
« nement d'une requeste par luy présentée à ceste fin à
« nostre dicte court, le (10 juillet 1570), d'une part ; et
« Françoys de Fresnes, escuyer, filz aisné du dict feu
« Jéhan de Fresne, en son vivant, escuyer, défendeur au
« dict principal et à l'entérinement de sa dicte requeste,
« et, ce se faisant et pour les causes y contenues, requis
« que, à faulte d'avoir baillé et mis en ses mains les
« vrayes lectres obligatoires du (13 mars 1549), pour,
« en vertu d'icelles, recouvrer par luy la somme de mil
« escuz d'or soleil, à prendre sur Anthoine de Hargeville,
« obligé par les dictes lectres, ses hoirs et ayans cause,
« le dict deffendeur fut condamné payer et restituer au
« dict demandeur la dicte somme de mil escuz d'or soleil
« qu'il auroit receue comptant, comme porté est par
« icelles lectres obligatoires ; ensemble à rendre et payer
« tous les dommaiges et intéretz par luy eus et sous-
« fertz et qu'il auroit et souffriroit par après, à faulte de
« luy avoir baillé et délivré les dictes lectres obligatoires
« pour recouvrer la dicte somme et payer icelle ; le tout
« avec condamnation de despens de ceste instance et
« de ce qui s'en fut ensuyvy ; et que par le dict deffendeur
« eust esté dict qu'il au (roit) satisfaict à la demande du
« dict demandeur, et à luy ou son procureur délivré la
« pièce qu'il luy en pouvoit demander, et n'en auroit
« icelluy défendeur aucune autre par devers luy, et estoit
« prest de se purger sur ce par serment ; et que, par vol
« et fraulde, il n'a délaissé à la posséder, pour ces causes
« et autres par luy alléguées, disoit qu'il estoit en voye
« d'absolution, et demandoit despens ; surquoy, partyes
« oyes, notre dict conseiller, sur leurs demandes, def-
« fences, répliques, les eust appointez en droict et pro-
« duire ce que bon leur sembloit dedans huitaine, pour
« se référer à nostre dicte court, afin d'en estre par elle
« ordonné ce que de raison, et à fin de despens, dom-
« maiges et intérests ; pendant laquelle huitaine, le dict
« défendeur pourroit, sy bon luy sembloit, fournir de
« dupliques ; suivant lequel appointement en droict eust
« le dict demandeur fourny de son advertissement, con-
« tenant amplement ses faicts, causes, raisons et moyens,
« tendant et concluant, par le moyen d'iceulx, à ce que
« le dict deffendeur fut condamné rendre et payer au
« dict demandeur la somme de mil escuz sol, selon et
« ainsy qu'il est contenu en la demande d'icelluy deman-
« deur, et ce à faulte de n'avoir obéy et satisfaict au dict
« arrest dessus dacté confirmatif de la sentence donnée
« au proufflet du dict demandeur par nos... gens tenans
« les requestes de nostre palais à Paris, le (1er mars 1568),
« ensemble à luy rendre et payer les intéretz des mil
« escuz depuis le jour du contract, qu'il les auroit eus et
« receuz du dict de Tilly, ou à tout le moings depuys
« le procès encommancé, avec condamnation de despens,
« dommaiges et intéretz ; et, au regard du dict défen-
« deur, n'eust fourny d'aucun advertissement, et de ce
« faire eust esté forcloz... et depuis eust le dict deman-
« deur, suivant le dict appointement en droit, produit
« de sa part ; ce que n'eust faict icelluy défendeur, ains
« de ce faire eust aussi esté forcloz: finablement les dictes
« parties ou leurs procureurs comparans en nostre court
« de parlement, et veu par elle les dicts arrestz et re-
« queste, l'appointement en droict, advertissemens et pro-
« duction du dict demandeur, forclusion d'escripre et
« produire par le dit défendeur, et tout considéré ce que
« faisoit à considérer en ceste part, nostre dicte court,
« par son arrest, a condamné et condamne le dict défen-
« deur à rendre et payer au dict défendeur la (som)me
« de mil escuz.... donné à Paris en nostre parlement le
« (2 mai 1573.) » — Exploit d'exécution de l'arrest qui
précède et d'un autre portant taxe de dépens, par « Dy-
manche Mercier, » sergent royal au bailliage de Blois et
ressorts, résidence de Châteaudun, qui se transporte
de cette ville jusques au lieu de Fresnes, distant l'un de
l'autre de deux lieues ou environ. » Il trouve en son
domicile noble homme François de Fresnes, seigneur du
dit lieu, auquel il fait commandement de lui payer 1000
écus d'or soleil, valant, en livres, 2,250 livres, plus 975
livres tournois pour les intérêts de 6 ans et demi d'arrérages, plus 43 livres 19 sous 8 deniers parisis, valant 54
livres 19 sous 9 deniers parisis (sic : *le mot tournois
est biffé*). Le sieur de Fresnes prétend n'avoir ni or ni
argent pour satisfaire au dit commandement : l'huissier
procède alors à la saisie des meubles et des « lieu, terres
et seigneurie de Fresnes... assis en la paroisse de Lu-

« en-Dupuis... tenant d'un costé et d'un bout aux terres
» du Mesnillo, et d'autre bout aux terres de Blannville
» et de Luz, et joignant iceluy lieu au chemin allant
» d'Estreauville aux Maisons neuves, vulgairement appelé
» le Chemin des bots. » Le sergent nommé des administrateurs gardiens de la saisie, procède ensuite aux criées
et reçoit les oppositions de noble homme François de
Montègu, écuyer, seigneur de Mylegrain ; noble homme
Jacques de Beaucorps, écuyer, seigneur de Pranqueville ;
François de Fresnes, tant pour lui que comme ayant la
garde noble de Léger de Fresnes, son fils ; Etienne Tac-
quet ; Louis le Marié, demeurant à Châteaudun ; honorable femme Françoise Pecloire (?), veuve de Nicolas
Charpentier, demeurant à Châteaudun ; honorable homme
Pierre Descrot ; noble homme Gilles de Neufville, écuyer, seigneur de Lorrière et de La Motte, demeurant en
la paroisse d'Alizay ; noble homme Gilles de Neufville,
écuyer ; François Deshayes, sieur des Touches, demeurant aux Touches. — Causes d'opposition au décret de la
terre de Fresnes, fournies à la cour de parlement. — Réponse à ces causes par Jacques de Tilly. — Signification
d'ajournement au parlement de Paris fait à Jacques de
Tilly, seigneur de Blaru, requête de François de Fresnes,
en exécution de lettres royaux en date du 11 février 1575
(1576), dans lesquelles ont lit : « ... de la partye de Fran-
» çoys de Fresnes... nous a esté exposé que, le vendredy
» (13 mars 1518), en faisant et passant certain contract
» de vente faict par le dit exposant à feu Anthoine de
» Harqueville, de certains héritages, moyennant la
» somme de (3725) livres tournois, ung nommé Lau-
» rens Garboys, tabellion et notaire soubz le principal
» tabellion de Montfort L'Amaury, qui avoyt receu et
» passé le dit contract de vente..., passa ung brevet
» d'obligation, lequel il laissa avec le dit contract en son
» registre, mais ne le délivra au dit exposant dès lors ; le-
» quel l'emporta, tellement qu'il n'en demeura rien au
» dit registre ; et depuis, le (29 avril 1519), le dit expo-
» sant a cédé et transporté à Charles de Tilly, écuyer,
» seigneur de Blaru, la somme de (1000) escus d'or soit
» vaillant (2250) livres ; de laquelle somme de (1000)
» escus, le dit exposant promist lors au dit de Tilly de
» luy aider du dict brevet... contre... Harqueville, toutes
» fois et quantes que besoing seroyt ; depuys lequel
» transport... le dit exposant auroit perdu et adiré le dit
» brevet... de sorte qu'il n'en auroit peu ayder au dit de
» Tilly, ainsi qu'il y estoit tenu pour poursuyr et de-
» mander au dit de Harqueville la dite somme de (1000)
» escus..., tellement que, à faulte de ce faire, le dit de
» Tilly auroyt mys en procès le dit exposant... » — Défenses de Jacques de Tilly, ajourné en parlement, en ver-

tu des lettres susmentionnées, pour le 17 mars 1576. —
Lettre adressée par Guillaume Chastelain à « Monsr Le
» Tellier, demeurant à Paris, au Moustier d'or, en la mai-
» son d'un appothiquaire nommé Hébert, au-dessoubz de
» la croix du Tiroueir, à Paris » ; demande des renseignements pour traiter sur l'affaire de Fresne, à la suite d'une
démarche faite auprès du sr de Blaru par un gentilhomme
qui se dit gendre de Monsr de Fresnes... Vous en man-
derez ung petit mot comme il sera bon que mon dit Sr
s'y gouverne, de peur de surprise, car il y a de ces Man-
ceaux qui sont bien tricquotaulx. »

E. 3137. (Liasse.) — 3 pièces, parchemin ; 3 pièces, papier.

1550. — Blaru. Justice. Procès. — Guillaume Quil-
louet, dit Poilgris, de Bissy, accusé d'une « faulce con-
» damnation par luy faict faire, par devant maistre Jehan
» Maignard, lieutenant-général « du vicomté de Gisors, »
» montant vingt-deux livres, à prendre sur ung nommé
» Nicolas Robert, » est condamné, par sentence de Jean
le Pellier, seigneur de Château Poissy, lieutenant-général du bailliage de Blaru, à être pendu et étranglé aux fourches
patibulaires de Blaru ; ses biens seront confisqués. —
Le parlement de Paris confirme cette sentence, avec ordre
de surseoir à l'exécution, « jusques à huit jours, pendant
» lesquelz le bailly de Blaru... fera diligence de faire
» prendre au corps un nommé Guillaume Dumoustier,
» dit de Bière, » nommé au procès de Poilgris, « pour
» iceluy confronter au dict... Poilgris, » et lui faire son
procès. — Arrestation et incarcération de Guillaume Dumoustier à la prison de Blaru.

E. 3138. (Liasse.) — 4 pièces, parchemin ; 10 pièces, papier.

1550-1557. — Blaru. Justice. Procès. — Pièces d'un
procès entre Charles de Tilly, écuyer, seigneur de Blaru,
tant en son nom que prenant la cause pour ses officiers
en la châtellenie de Blaru, d'une part ; et Guillaume
Postel, seigneur de Fourneaux, conseiller du roi et son
commissaire pour la réformation des forêts de Lions,
Vernon et Andelys, d'autre part ; touchant la compétence
de la justice de Blaru.

E. 3139. (Liasse.) — 5 pièces, papier, dont 3 cahiers de 1, 25 et 29 feuillets in-4°.

1552-1553. — Blaru. Justice. Procès. — Procès criminel de « Marion, femme Adam le Chapperonnier, de-

« meurant au Val d'Aconville, paroisse » de Blaru, accusée de sorcellerie et d'empoisonnement. — Déposition des témoins, au nombre de 40, par devant Jean Le Pelletier sieur de Château Poissy, lieutenant-général du bailli de Blaru. — Confrontation des témoins avec l'accusée. — Conclusions du procureur d'office de Blaru requérant que la dite Marion soit, par le bailli de Blaru, « condamnée » à estre arse et bruslée vifve, son corps mys et réduict en » cendre, à tel lieu » qu'il plaira au juge d'indiquer; « ses » biens acquis et confisqués à qui il appartiendra » — Sentence rendue par Jean Le Pelletier, par laquelle Marion est condamnée « à estre arse et bruslée » le jour même, 5 mai 1653, devant l'église de Blaru, « et son » corps mis et réduict en cendre, ses biens déclarés acquis et confisqués à qui il appartient... »

E. 3109. (Liasse.) — 3 pièces, parchemin; 2 pièces, papier.

2550-2560. — Blaru. Justice, Procès. — Procédures pour Charles de Tilly, chevalier, seigneur châtelain de Blaru, appelant du bailli de Mantes ou de son lieutenant pour cause d'incompétence, contre Nicole Viel, procureur du roi au bailliage et siège présidial de Mantes. — Lettres royaux en forme de relief d'appel délivrées, à la requête de Charles de Tilly, en la cause d'entre Jeanne Alain, veuve de Pierre Le Roux, en son vivant, demeurant à Blaru, d'une part; et Louis Courtois et sa femme, Jacques Le Roux et Adrien Le Grand, demeurant à Blaru, et Marie Le Roux, demeurant à Mantes, d'autre part, pour cause de l'exécution du testament de Pierre Le Roux. — Signification des dites lettres. — Jacques Chevalier, procureur en parlement, au nom et comme procureur de Charles de Tilly, déclare par devant notaires « qu'il désavoue... Me Marin Letellier, solliciteur au Palais de » Paris, que l'on dict avoir assisté à l'expédition de certaine cause d'appel, pendant en la dite court de Parlement, entre le dit seigneur de Blaru, appelant une foys » ou plusieurs « du bailliage de Mantes, ou son lieutenant, comme de juge incompétant, d'une part; et Loys » Courtois, Jacques Le Roux et autres leurs consorts, » aussi appelans une foiz ou plusieurs du dit bailli ou » son lieutenant..., aussi comme de juge incompétant, » d'une part, et Jehanne Alain, veufve de feu Pierre Le-» roux, intimé en toutes les dites appellations, d'autre » part. » — Lettres royaux en forme de relief d'appel délivrées comme dessus, en la cause d'entre Guillaume Fauvel, d'une part, et Guillaume Le Boucher dit l'Escuyer, d'autre part. — Signification des dites lettres.

E. 3110. (Liasse.) — 1 pièce, parchemin; 10 pièces, papier, dont 1 cahier de 18 feuillets in-f°.

2560-2600. — Blaru. Justice, Procès. — Pièces d'un procès entre les sieurs de Blaru, d'une part, Jean Dannel, dit La Touche, laboureur et marchand, demeurant à Villegast, Guillaume et Louis Abadon, aussi laboureurs et marchands, demeurant à Chauffour, et plus tard, leurs ayants droit, d'autre part. — Arrêt du Conseil du roi, tenu à Vernon, le 13 décembre 1590, qui condamne le sieur de Blaru à fournir promptement au sieur de Dampmartin, colonel des Reistres de l'armée du roi, la somme de 500 écus, par lui offerts, pour la délivrance de son fermier, impliqué dans la « sesterie des chevaux et équipages » du dit Dampmartin, commise à Villegast, et pour laquelle il avoit été ordonné de faire une levée de 2000 écus sur les habitants des paroisses de Villegast, Blonval et Cravent « et autour » — Le colonel de Dampmartin déclare avoir reçu les 500 écus du sieur de Blaru. — Jean Dannel dit Latouche, Guillaume et Louis Abadon s'obligent ensemble et chacun pour le tout à rembourser Jacques de Tilly, chevalier de l'ordre du roi, enseigne des cent gentilshommes de sa maison, seigneur châtelain de Blaru, de Villegast et de Chauffour, la somme de 500 écus sol. que le dit seigneur de Blaru a payée au colonel Dampmartin, pour « Jean Dannel, » pour sa part dans la contribution des 2000 écus. — Assignation aux requêtes du Palais à Paris, donnée, à la requête de Jacques de Tilly à Guillaume Abadon et Louis Abadon, laboureurs, demeurant l'un à Chauffour, l'autre à Porvillers, pour se voir condamner à payer audit Jacques de Tilly la somme de 400 écus sol. — Défaut à Jacques de Tilly, contre les dits défendeurs contre lesquels est requis payement de l'intérêt des 400 écus, à raison du denier douze, à compter du jour où le demandeur a payé pour eux. — Assignation à Guillaume Aubé, Richard et Guillaume Abadon, à comparaître aux requêtes du palais à Paris, pour rendre compte de l'administration des grains saisis sur les défendeurs, à laquelle ils ont été commis. — Guillaume et Louis Abadon appellent en responsabilité Isabeau Clerjon, veuve de Jean Daniel (sic), tant en son nom qu'au nom de ses enfants mineurs, prétextant avoir promesse verbale de feu Jacques de Tilly, seigneur de Blaru, de ne pas être inquiétés pour le remboursement de leur obligation, et de feu « Jean Daniel » d'être garantis de la dite obligation. — Isabeau Clerjon décline toute responsabilité se fondant sur ce que la somme payée au colonel Dampmartin a servi à la libération de Jacques de Tilly et non à celle de Jean Daniel, et aussi sur ce que

ledit Jacques de Tilly a reçu récompense du roi pour les 500 écus payés par lui; tandis que Louis de Tilly, fils de feu Jacques, prétend que, bien loin d'avoir reçu la moindre récompense du roi, son père a dépensé plus de 4000 écus pour réparer le tort que le colonel Dampmartin soutenait lui avoir été fait par Jean Daniel et consorts. Isabeau Clerjon, ayant consenti à prendre fait et cause pour Guillaume et Louis Abadon, sur ce autorisée par justice, au refus de Mathurin Marcel, écuyer, son second mari, Louis de Tilly obtient des lettres royaux ordonnant une enquête sur faits et articles. — Inventaires de pièces, dits et contre-dits produits en première instance et en appel. Le document qui, par les dates dont il fait mention, paraît être le plus récent du dossier, est intitulé : « Contredits de production que met et baille
» par devant vous, nosseigneurs tenans la cour de par-
» lement à Paris, Loys de Tilly, escuier, sieur de Blaru,
» fils et héritier de deffunct Messire Jacques de Tilly,
» vivant chevallier, sieur du dit lieu, intimé, deffendeur
» à l'enthérinement de la clause de rescision, selon le
» contenu ès-lettres de relief d'appel, en requeste de pro-
» vision, du septiesme juing quatre vingtz dix-neuf, et
» deffendeur en requeste, contre Guillaume et Loys les
» Abadons, laboureurs, demeurans à Chauffour, paroisse
» de Blaru, appellans de la sentence donnée par les gens
» tenans les requestes du Pallais le diziesme jour de (le
» nom du mois manque) quatre-vingt dix-huit, de-
» mandeurs en sommation et deffendeurs en provision,
» et Ysabel Clerjon, veufve de Mathurin Marcel, aupara-
» vant veufve de Jehan Dannel, tant en son nom, à cause
» de la communaulté, que comme tutrice des enffans
» mineurs d'ans du dit deffunct Dannel et d'elle, aussi
» appellant de la mesme sentence, et requérant la ces-
» sation de certaine obligation, et encores deman-
» resse en requeste du quatriesme febvrier mil six cent
» six... »

E. 3162. (Liasse.) — 2 pièces, parchemin ; 43 pièces, papier.

1594-1770. — Blaru. Justice, Procès. — Saisies d'héritages par puissance de fief, exécutées à la requête des seigneurs de Blaru. — Proclamations aux tenanciers de Blaru, pour les inviter à payer leurs redevances aux seigneurs du dit lieu. — Requêtes des seigneurs de Blaru tendant à obtenir l'autorisation de saisir les biens de ceux des tenanciers de leur seigneurie qui sont en retard pour l'acquit de leurs redevances. — Consultation sur le mode de saisir et réunir un fief faute d'homme en Normandie.

E. 3163. (Liasse.) — 2 pièces, parchemin ; 44 pièces, papier.

1590-1647. Blaru. Justice, Procès. — Procédures pour des contre-lettres des S⁹ d'Arcona, Crapado et autres. — Jean de Bourgueuf, chevalier, sieur de Cussy, conseiller du roi en son conseil d'État, reconnaît que Hiéronime d'Arcona, chevalier de l'ordre du roi, gentilhomme ordinaire de sa chambre, sieur de Heubecourt, lui a délivré la somme de 500 écus d'or sols, provenant de la constitution de 50 écus de rente faite, par le dit sieur d'Arcona à Jacques Puchot, s⁹ de Montlandrin, conseiller et maître des comptes à Rouen. — Claude Auger, chevalier, s⁹ et baron de Crapado, reconnaît, « que, nonobstant et
» combien que messire Jerosnyme Darcona, sieur du
» lieu, demeurant à Heubecourt, bailliage de Gisors, se
» soit constitué... preneur de (214 livres, 5 sous, 8 d.)
» tournois de rente au denier quatorze, qu'il avoyt spé-
» cialement assigné... sur la ferme de Brachy, terres et
» héritages à luy appartenant, assis au bailliage de Coa-
» tentin... moiennant la somme de (3000) livres tour-
» nois, qui luy auroit esté payée et fournie par noble
» homme Pierre Puchot, s⁹ de Cldetot et du Bosemelles,
» conseiller du roy en sa cour de parlement de Rouen,
» et commissaire aux requêtes du pallais au dit lieu...
» toutefois la vérité... est... que la... somme de (3000)
» livres... avoyt esté à l'instant baillée et délivrée par...
» Darcona au dit. s⁹ de Crapado, pour employer en ses
» affaires particullières... » Comme garantie de ce prêt, Crapado cède à Darcona pareille somme de 214 livres 5 sous 7 deniers tournois de rente, à prendre annuellement sur la somme de 1000 livres tournois appartenant à Crapado du chef de sa femme, « qu'il a droit de prendre
» sur les quatriesmes du vin de ceste ville de Rouen ; et
» ce jusques au racquict de la dite rente constituée par
» le dit sieur Darcona... pour parvenir auquel racquict..;
» Crapado... donne pouvoir au dit sieur Darcona de
» prendre... des mains du sieur de Montmartin la Lande...
» la somme de (3000) livres... » — « Articles et faicts
» pertinents concernantz les parentelz et alliances......
» produits par messire Hiéronime Darcona... à l'encon-
» tre de messire Claude Auger, seigneur et baron de Cra-
» pado, ayant espousé dame Anne de Brinon, aupara-
» vant veufve du feu sieur du Val, vivant conseiller au
» parlement de Rouen... » — Jacques Maisson, receveur général des décimes au diocèse de Rouen, confesse avoir reçu de « messire Jérosnime Darcona, chevallier, gou-
» verneur de la ville et chasteau de Vernon, et messire
» Adrien Darcona, chevallier seigneur de Heubecourt...,
» une consignation en pappier faicte, entre les mains du

sieur Ollivier Frollet, sieur de La Touche aux Begarra, bourgeois, marchand, demeurant à St-Malo, de la somme de (5000) livres tournois... consignez par le s⁺ de La Ville Basse et la dam⁶⁶ sa femme,... avec une procuration des s⁺ˢ Darcona... pour poursuivre la délivrance de la dite consignation... » — Assignation donnée par les s⁺ˢ Darcona au s⁺ de La Touche, pour avoir payement des 5000 livres. — Procès-verbal des dires et soutiens des s⁺ˢ d'Arcona demandeurs, et le s⁺ de La Touche défendeur, dressé, devant le sénéchal de St-Malo, pour le payement des 5000 livres. — « Inventaire des tiltres, lettres et escriptures concernans la terre de la Fresnaye livrée par le sieur Darcona au sieur de Blanval. » — Les s⁺ˢ Desetron déclarent que le transport fait par messieurs de Monchamp et de la Bazillière, frères, de la somme de 1400 livres tournois, à prendre sur Messieurs de La Varengère et de « Cibrenton », et la D⁶⁶ Ramenoville, leur mère, ne l'a été que pour faciliter le payement de la dite somme, de laquelle ils ne prétendent aucune chose, reconnaissant qu'il ne leur était rien dû de la somme pour laquelle le transport a été fait. — Lettre autographe signée de Madame de Brimon à M. d'Arcona relative aux 5000 livres consignées à Saint-Malo. — Note indiquant une distraction de titres.

E. 3444. (Liasse.) — 1 pièce, parchemin ; 4 pièces, papier.

1602-1639. — Blaru. Justice. Procès. — Pièces d'un procès intenté par le seigneur de Blaru à Louis Roussignol, vigneron, à fin de payement d'arrérages d'une rente annuelle de 4 livres 4 sous tournois assise sur 10 perches de terre plantées de vigne, au Champ-Nouvel, au profit de Fauvel, qui en avait opéré le transport au seigneur de Blaru.

E. 3445. (Liasse.) — 4 pièces, papier.

1605. — Blaru. Justice. Procès. — Pièces d'un procès entre Jacqueline, veuve de Marin Jollivet, d'une part, et Jean Thomas dit David, dont le fils était accusé d'un vol de brebis. L'inculpé est condamné, par sentence de Jacques Le Paige, lieutenant au bailliage et châtellenie de Blaru, « en la somme de huit livres parisis envers Monsieur, et en soixante solz parisis d'amende, assavoir, moityé envers l'église Monsieur Sainct-Illère de Blaru, et l'aultre envers Monsieur Saint-Pierre du Port-de-Villers, pour lesquelles il tiendra prison jusqu'à plein payement. »

E. 3446. (Liasse.) — 4 pièces, parchemin ; 20 pièces, papier.

1608-2682. — Blaru. Justice. Procès. — Sentences rendues par Jacques le Paige, lieutenant au bailliage et châtellenie de Blaru, touchant un droit d'aisine prétendu sur les habitants par le seigneur de Blaru. — « Inventaire des pièces, tiltres et escriptures du procès d'entre Monsieur de Blaru, et dont il s'agyde, contre les religieux, abbé et couvent Saint-Ouen de Rouen, mises ès mains de Monsieur Viel, adv⁺ au parlement, bailli de Blaru. » Le motif du procès paraît avoir été la propriété ou la jouissance d'îles ou moulins sur la Seine. — Sentence de l'élection de Mantes déclarant exécutoire le rôle des tailles de la paroisse de Blaru, quoique dépourvu de la signature de Jean Jhoulu, collecteur nommé avec Charles Luce et Pierre Picson. — Sentences rendues à Vernon dans la cause d'entre Françoise Puchot, veuve de Charles Maignart, en son vivant, chevalier, seigneur de Bernières et la Rivière-Bourdet, conseiller du roi et président au parlement de Normandie, d'une part, et Charles de Tilly, seigneur châtelain de Blaru, et Hubert de Champaigne, marquis de Villaines, héritiers par bénéfice d'inventaire de Hiéronime d'Arcona, touchant le non-payement d'arrérages d'une rente annuelle de 150 livres, constituée le 16 janvier 1590, par le seigneur d'Arcona, au profit de Jacques Puchot, sieur de Montlandrin, père de la dite Françoise Puchot, d'autre part. — Sentence par laquelle Jacques Diel, seigneur de Miromesnil, intendant de justice, police et finances en la province de Normandie, règle le différend survenu entre le seigneur de Blaru, et Jean Le Clerc, « cy-devant entrepreneur des ouvrages du pont neuf de pierre qui debvoit estre construit sur la rivière de Sayne de la ville de Rouen, » touchant la disposition des pierres extraites d'une carrière louée au dit Le Clerc par le seigneur de Blaru. En suite de la sentence est une quittance de la somme de 400 livres adjugée au dit Le Clerc, et payée par le seigneur de Blaru ; qualifié, comme dans la sentence, du titre de Baron. — Lettre signée « Lecler, » (le même que celui de la sentence), adressée à « Monsieur le Baron de Blaru, gouverneur des ville et chasteau de Vernon, à Vernon. » — Sentences rendues par Jean Letellier, licencié en droit, avocat au parlement de Rouen, conseiller et secrétaire ordinaire de la reine-mère, bailli de Blaru, contre Lucas Luce, sergent au dit bailliage, touchant divers actes de son ministère. — Mémoires et notes pour compter avec Lucas Luce. — Sentences rendues par le même Jean Letellier, portant défense à Guillaume Laurent et à Barthélemy Le Fort de vider leurs mains de ce qu'ils peuvent devoir à Louis Duval. — Procédures pour Charles de Tilly, marquis de Blaru, demandant à être aidé par provision d'une somme de 22 livres tournois, pendant le procès qu'il intente en payement de rentes seigneuriales dues par les Le Fert dits la Vallée.

E. 3447. (Liasse.) — 11 pièces, parchemin; 127 pièces, papier.

1690-1700. — Blaru. Justice. Procès. — Procédures pour la liquidation des successions de Louis Luce et de Louise Lasne, sa femme, formant une liasse, laissée aux archives de Blaru par Louis Le Boucher, fils d'Adrienne Luce, qui était fille du dit Louis Luce, et par Jeanne Rouve, veuve de Jean Lespine, qui était fils et héritier de feue Louise Luce, sœur de la dite Adrienne.

E. 3448. (Liasse.) — 4 pièces, parchemin; 11 pièces, papier.

1614-1658. Blaru. Justice, Procès. — Pièces d'un procès touchant une rente de 8 livres tournois, constituée par Marin Gardier, au profit de Louis le Meslier qui d'accord avec sa femme, Thomasse Abadon, la vendit à Louis de Tilly, dont l'héritier, Charles de Tilly, seigneur de Blaru, obtint une sentence exécutoire de saisie à fin de paiement d'arrérages, contre les héritiers du dit Marin Gardier.

E. 3449. (Liasse.) — 18 pièces, papier.

1622-1630. — Blaru. Justice, Procès. — Exploit d'exécution et pièces de règlement pour le seigneur de Blaru contre Guy Masson, sa femme et leurs héritiers, au sujet d'une rente annuelle de 31 livres 5 sous, due au dit seigneur.

E. 3450. (Liasse.) — 1 pièce, parchemin; 31 pièces, papier.

1657-1689. — Blaru. Justice, Procès. — Procédures pour Charles de Tilly, chevalier, marquis de Blaru, fils de Jacques de Tilly, chevalier, seigneur de Villegast, intimé anticipant et incidemment défendeur, contre Louis Abadon, appelant d'une sentence rendue par le bailli de Bréval ou son lieutenant, le 14 juin 1686, anticipé et incidemment demandeur en entérinement de lettres de rescision obtenues, en la chancellerie de ce juge, le 10 juin 1687. Il s'agit de paiement d'arrérages réclamés par le seigneur de Blaru, en conséquence d'une obligation contractée à son profit par Guillaume Abadon, le 4 août 1616, et reconnue, le 16 juillet 1627, par autre Guillaume et Pierre Abadon, ses fils.

E. 3451. (Liasse.) — 3 pièces, parchemin; 18 pièces, papier.

1670-1672. — Blaru, Justice, Procès. — Pièces d'un procès intenté par honorable homme René Cressé ou Crossé, marchand drapier, bourgeois de Paris, et plus tard, suivi par sa veuve, tutrice de leurs enfants mineurs, demeurant à Paris, rue Saint-Honoré, au coin de la rue du Jour, enseigne de la Couronne royale, à l'encontre de Charles de Tilly, chevalier, seigneur de Blaru, à fin de paiement d'une obligation de 6700 livres, consentie, au profit du demandeur, par acte du 26 octobre 1629.

E. 3452. (Liasse.) — 1 pièce, parchemin; 21 pièces, papier.

1670-1667-1679. — Blaru. Justice, Procès. — Procédures pour Charles de Tilly, seigneur de Blaru, et, après son décès, Claude d'Arcons, sa veuve, tutrice de leurs enfants, contre Michel, Charles, Jean et Claude Oubert ou les Ouberts, héritiers de Charles Oubert et de Marie Mercier, leurs père et mère, appelants aux périls et fortune d'Elisabeth Feuillé, veuve de Georges Oubert, et plus tard de Louis Oubert, leur fils, de deux sentences contre eux rendues par le bailli de Bréval ou son lieutenant, les 17 Mai 1608 et 28 Janvier 1667, au moyen de lettres royaux, obtenues le 28 Mai 1667. Il s'agit de payement d'arrérages d'une rente de 42 livres 12 sous 8 deniers tournois, réclamé par le seigneur de Blaru, en exécution d'un contrat, passé devant Guillaume Dupré, tabellion à Blaru, le 18 novembre 1620, par lequel Pierre Abadon fils de Louis, et Jean Dupré l'aîné, au droit d'Antoinette Abadon, sa femme, Charles Oubert, fils de Louis, ayant épousé Marie Abadon, héritière du dit Louis Abadon, et Thomas des Mousseaux s'étaient obligés envers Louis de Tilly, seigneur de Blaru « à la faisance payement et continuation de la somme de (42 livres 12 sous 8 deniers » tournois) de rente... rachétable par la somme de (682 » livres 2 sous 6 deniers tournois). » Les défendeurs sont condamnés en appel par sentence de Gabriel Garnier, écuyer, sieur de Ligandry, lieutenant particulier en la ville, duché, bailliage et siège présidial de Chartres, le 16 mai 1679.

E. 3453. (Liasse.) — 6 pièces, papier.

1642-1719. — Blaru. Justice, Procès. — Consultations, notes, procédures, touchant une rente de 20 livres tournois, constituée, au profit de Jacques de Tilly, s⁰ de Villegast, par Armand Barré, laboureur, et Gabrielle Lepaige, sa femme, et possédé successivement, par transport ou succession, à Michel Ferré et Perrette Abadon, sa femme, à Pierre Ferré, Claire, Nicole, et N. Ferré, leur fils et filles, ces dernières ayant épousé, la première, Nicolas Clergeon, la seconde Pierre Valée et la troisième Thierry Le Roy.

E. 3454. (Liasse. — 7 pièces, parchemin ; 10 pièces, papier.

1645-1656. — Blaru. Justice. Procès. — Pièces d'un procès touchant une rente de 7 livres, 10 sous 3 deniers tournois, hypothéquée, au profit de Charles de Tilly, chevalier, seigneur châtelain de Blaru, par Charles Hus (alias : Hays), et Marie Planche, sa femme, spécialement sur « ung lieu, maison, chambre et grange, couverts de
» thuilles et chaume, cour, jardin, tenant aux dits Charles
» Hus et Marie Planche et par eux habitée. »

E. 3455. (Liasse.) — 7 pièces, parchemin ; 176 pièces, papier.

1649-1716. — Blaru. Justice. Procès. — Pièces d'un procès entre les familles de Tilly-Blaru et Talaru Chalmazel, auquel paraît avoir mis fin une transaction du 17 Juin 1711, dont les dispositions principales résument l'origine et les diverses phases de l'affaire, comme il suit : « Par devant Mᵉ Albert Eugène Le Mercier et Eustache
» Louis Meunier... notaires... au Châtelet de Paris,
» furent présens.., Catherine Elisabeth de Manneville,
» épouse et procuratrice de Messire Charles de Tilly, chevalier, marquis de Blaru, seigneur de Pressagny, Laquedais, Corbie, le Port-le-Villié, Jeufosse et autres terres,
» lieutenant de roy en la province de l'Isle-de-France,..
» fils et héritier de... Claude d'Arcona, sa mère, laquelle
» estoit héritière de Mᵉ Hiérosme d'Arcona.., et Mᵉ Benoist Noyel, ancien procureur au parlement.., fondé
» de procuration de... François Hubert de Talaru, chevalier, marquis de Chalmazel... fils et donataire de...
» Louise de Champagne, sa mère, qui estoit héritière
» de... Louise Darcona, et elle du dit Mᵉ Hiérosme d'Arcona... Lesquelles parties... pour terminer les procès
» et différends d'entre les marquis de Blaru et de Chalmazel au sujet des garanties et recours de partage des
» biens de la succession du dit... seigneur Darcona, jugez, au profit de la dite dame Claude d'Arcona, contre
» feu... le marquis de Chalmazel la dite dame de Champagne, sa veuve, par plusieurs sentences rendues, à
» Vernon (les 23 juin 1689, 20 juin 1691 et 2 novembre

» 1700), et au Châtelet de Paris, (les 16 juillet 1700, et
» 10 juin 1701), et arrets du parlement (des 17 mars
» 1689 et 7 mars 1690), et au profit du dit... marquis de
» Blaru contre le dit..., marquis de Chalmazel et le sieur
» abbé de Chalmazel, son fils, ont compté ensemble de
» tout ce qui résultait des dits jugements et arrests, tant
» en principal, arrérages, obligations... lesquels... se
» sont trouvez monter à la somme de cinq mil livres,
» déduction faite des paiements faits tant par le... marquis
» de Chalmazel, la... dame de Champagne, le dit ... abbé
» de Chalmazel, que par leurs fermiers, à la ... dame Darcona, au... marquis de Blaru, et au sieur Turgot, suivant les quittances qui ont esté... communiquées par
» le... marquis de Chalmazel,.. comme aussy déduction
» faite des sommes que le... marquis de Blaru a volontairement remises, en considération de la présente
» transaction. De laquelle somme de cinq mil livres, le
» dit sieur Noyel ...reconnoist estre redevable envers le...
» marquis de Blaru.., pour le paiement de laquelle...
» Noyel... oblige... Chalmazel de paier et continuer, à la
» décharge du... marquis de Blaru.., à monsieur Jannart,
» conseiller au grand conseil, représentant le sieur de
» Gaumont, (166 livres 5 sous 4 deniers), au principal
» de trois mil livres, dont le... marquis de Blaru est
» chargé, comme héritier de la... dame Darcona, sa mère,
» à laquelle rente la... dame de Champagne étoit pareillement obligée pour pareille somme de trois mil livres,
» comme héritière de la... dame Louise Darcona...; et
» pour le paiement des deux mil livres restant des dites
» cinq mil livres.., Noyel, au nom... de Chalmazel, a
» assigné sur les revenus, fermages de sa terre du Clos,
» sise sur la paroisse de Montmartin près Caratan (sic)
» en la province de Normandie ..: toutes les susdites sentences, arrests, obligations et autres pièces demeurantes
» néanmoins entre les mains du... marquis de Blaru,
» jusqu'au parfait paiement des dites deux mil livres,...
» lesquelles pièces, après les dits paiements faits, seront
» remises entre les mains du marquis de Chalmazel... »
» En marge de l'acte se trouve la quittance des 2000 livres, ainsi que la déclaration de remise des titres, faites et signées par le marquis et la marquise de Blaru, à Blaru le dernier jour de septembre 1715. — Le 7 mars 1716, à Saint-Marcel, le marquis de Talaru Chalmazel écrit et signe une déclaration par laquelle il reconnaît avoir reçu les titres, en exécution de la transaction du 17 juin 1711.

E. 3456. (Liasse — 1 pièce, parchemin ; 27 pièces, papier.

1655-1656. — Blaru. Justice. Procès. — Pièces

d'un procès entre Anne Fleurye, héritière de Geneviève Bradel, d'une part, Adrien Berteaux, demeurant à Saint-Pierre-d'Autis, possesseur d'héritages de la succession de Louis Bradel, d'autre part, Louis Oubert, marchand, demeurant à Vernon, au droit de Simon Bradel, fils du dit Louis, d'autre part, et Charles de Tilly, chevalier, marquis de Blaru, créancier de Simon Bradel, d'autre part, aux fins d'obtenir règlement de garantie, entre les héritiers Bradel, au profit du seigneur de Blaru, envers lequel s'étaient obligés solidairement, pour une rente de 42 livres 12 sous tournois, plusieurs membres de la famille Abadon, à laquelle s'était allié Simon Bradel, par son mariage avec une fille de Jean Abadon. — Acte du mariage religieux de Simon Bradel, fils de Louis et de Marguerite, avec Marie Abadon, fille de feu Pierre et de Françoise Oubert. — Contrat de mariage de Simon Desmouxeaux, d'Artis (sic), demeurant à Chauffour, et Françoise Bradel, fille de Simon et de feue Marie Abadon. — Mémoires de biens possédés par Simon Bradel.

R. 3457. (Liasse.) — 1 pièce, parchemin; 25 pièces, papier.

1655-1665. — Blaru. Justice, Procès. — Procédures pour les seigneurs de Blaru contre Barthélemy Lefort, Jean de Chérences, l'un des gardes de la porte du roi; Charles Le noir, Nicolas et Charles Aubry. — Procédures pour Louis Vessier, laboureur, demeurant au Colombier, paroisse de Blaru, contre Jacques Chevaucheur, journalier, demeurant à Blaru.

R. 3458. (Liasse.) — 18 pièces, papier.

1656. — Blaru. Justice, Procès. — Pièces d'un procès intenté par Martin Nollet, charpentier, demeurant sur les Coursières de Rosny, paroisse de Jeufosse, à Louis Tremblé et Jean Dufour, pour coups et blessures devant occasionner une incapacité de travail d'au moins dix jours, suivant le certificat de Jean Gosmond, Mᵉ chirurgien à Vernon, et François Billy, chirurgien, demeurant à Blaru, qui ont donné leurs soins à Martin Nollet.

R. 3459. (Liasse.) — 2 pièces, parchemin; 10 pièces, papier.

1661-1665. — Blaru. Justice, Procès. — Pièces de procès entre Alexandre Delaissement, cordonnier, demeurant à Tourny, ayant épousé Madeleine Le Maire, fille d'honnête personne Alexandre Le Maire, et Guillaume « de Messière », laboureur, demeurant à Tourny, ayant épousé Elisabeth Manchon, veuve de Robert Le Haire, tuteur des enfants mineurs du dit défunt et d'elle, pour la possession de 2 acres de terre labourable sises à Tourny; — entre le même Alexandre Delaissement et François Amaury, pour la possession d'un acre de terre à Tourny.

R. 3460. (Liasse.) — 4 pièces, parchemin; 6 pièces, papier.

1668-1700. — Blaru. Justice, Procès. — Sentence d'adjudication à Marin Paol des fruits pendant par les racines, saisis, à la requête du marquis de Blaru, sur le dit Paol, Guillaume Roussel et consorts. — Sentence de l'adjudication, moyennant 100 livres, au rabais, à Jacques Mannoury, sergent royal, demeurant à Vernon, de « la conduite, » dans les prisons de la conciergerie à Paris, de Madeleine Du Pont, détenue dans la prison du bailliage de Blaru. — Procédures pour le marquis de Blaru contre Catherine Toutain, veuve de Jacques Cadot, appelée par devant Jean Dubois, procureur au marquisat de Blaru, bailli « au bailliage de Chauffour, pour Monsieur le Prieur et seigneur du dit lieu, » pour affirmer ce qu'elle doit à François Lance Levée, comme ayant épousé Catherine Abadon, fille et héritière de feu Guillaume Abadon. — Sentence par laquelle Joseph Buisson, conseiller du roi, vicomte de Pacy, bailli de Blaru, déclare exécutoire une obligation de 9 livres 10 sous, souscrite par Louis Lanzeray, cabaretier, à Jeufosse, au profit de Pierre Chaptois, demeurant à Bonnières. — Sentence du bailli de Blaru, requête du marquis de Blaru, en déclaration d'hypothèque, contre la veuve Aman Ango, de Jeufosse, pour des terres acquises de Marie Masson.

R. 3461. (Liasse.) — 13 pièces, papier.

1672-1686. — Blaru. Justice, Procès. — Pièces d'un procès intenté par le marquis de Blaru à Guillaume Hébert, maréchal, demeurant à Blaru, et, après sa mort, à sa fille et héritière Catherine Hébert, ayant épousé Guy Lauchard, laboureur, demeurant à Blaru, pour obtenir le payement des arrérages d'une rente foncière de 8 livres.

R. 3462. (Liasse.) — 12 pièces, papier.

1673-1685. — Blaru. Justice, Procès. — Procédures entre Guillaume Vincent, sous-fermier des domaines du roi de Mantes et de Meulan, d'une part, et René Belhoste, aubergiste du *Cheval blanc*, à Mantes, d'autre part, pour

raison des droits que le dit Vincent prétend lui être dûs à cause de l'héritage sur lequel l'auberge du *Cheval blanc* est bâtie, héritage qu'il prétend être de la censive du roi. — Mémoire instructif de l'instance pendante au bailliage de Mantes entre Joachim Dreux, docteur en Sorbonne, chanoine de l'Eglise de Paris, prieur et seigneur du prieuré de Saint-Georges de Mantes, conseiller du roi en son grand conseil, contre Pierre Belhoste, maître de l'hôtellerie où pend pour enseigne le *Cheval blanc*, à Mantes. Pierre Chèvremont, maître maréchal, à Mantes, beau-père dudit Pierre Belhoste, aurait obtenu, le 11 septembre 1633, des maire et échevins de Mantes, moyennant une rente annuelle non rachetable, la concession d'une place vague proche la porte de Rosny, joignant le mur de la ville, pour y construire une maison à l'alignement de celles de David Bouret, Pierre Richomme et dame Guillain. Cet acte étant venu à la connaissance de Nicolas d'Arcons, pour lors prieur du dit prieuré de Saint-Georges, il prétendit que la place cédée était, comme les maisons Bouret, Richomme et Guillain, de la censive du prieuré de Saint-Georges. — Requête adressée à la Chambre du Trésor par Joachim Dreux, pour obtenir de René Belhoste le paiement des cens et rentes qu'il prétend être dûs au prieuré de Saint-Georges. — Madeleine Carreau, veuve, en premières noces, d'Honoré Lepierre, vivant, aide du pont de Mantes, et, en secondes noces, de Nicolas Tuelle, tant en son nom que se portant fort d'Honoré, Jacques et Jeanne Lepierre, enfants d'elle et de son premier mari, vend à René Belhoste, maréchal, à Mantes, une maison, tenant d'un côté à Jean Richomme et à François Pasquier, à la charge des droits seigneuriaux dûs au prieur de Saint-Georges, et moyennant la somme de 50 livres tournois de rente rachetable pour 900 livres tournois. — Sentence de la chambre du trésor. « La chambre
» ...sçavoir faisons qu'entre René Belhoste.. demandeur
» en requeste présentée à la chambre (le 20 décembre
» 1684), à ce qu'il plût à la chambre luy donner acte de
» ce qu'à son esguart, en tant qu'à luy est, il accorde de
» quitter... à l'un des deffendeurs sy-aprez nommez, la
» propriété, possession et jouissance des lieux dont il
» est question entre les partyes, en le remboursant, au
» préalable, de la somme de (21,516) livres pour les bas-
» timans, augmentations et améliorations qui ont esté
» faittes sur iceux, ce qu'il sera tenu de faire dans la
» huitaine, sinon, et à faute de ce, que le dit demandeur
» et ses ayans cause seront maintenus et gardez à tou-
» jours en la propriété, possession et jouissance des dits
» lieux... mentionnez au rapport fait par Regnault de
» Croix, Gilles, Jean et Damian Périer... aux offres qu'il
» fait de payer annuellement au domaine de Sa Majesté
» la somme de (7 livres 15 sous), portée en la dite sen-
» tence de la Chambre du (31 décembre 1681) : en con-
» séquence, faisant droit sur la demande en garantie du
» demandeur, contre Magdelaine Cathelain, veuve Jean
» Chrestien, le décharger de la rente de (12 livres)
» à la charge de laquelle deffunct Jean Chèvremont, beau
» frère du demandeur, avoit acquis partye des dits héri-
» tages, ensemble des arrérages du passé, avec restitu-
» tion de ce qui en a esté payé; le condamner aux dépens;
» et que la sentence qui interviendra sera exécutée par
» provision, nonobstant oppositions ou appellations quel-
» conques, et sans préjudice d'icelle, par Me Jean An-
» thoine Ficquet, son procureur, d'une part, et Guillaume
» Vincent, fermier du domaine de Mantes et Meulan,
» par Me François Grelain, son procureur, et encore
» Magdelaine Cathelain, veuve Jean Chrestien, deffen-
» deresse et défaillante, d'autre part, ...La Chambre...
» ayant esguard à la requeste de la partye de Ficquet,
» l'a maintenu et gardée, et ses ayans cause, en la pro-
» priété, possession et jouissance des lieux et héritages
» dont est question, en payant annuellement au domaine
» de Sa Majesté au dit Mantes, la somme de (20 livres)
» de rente, dont sera passé déclaration au papier terrier
» de Sa Majesté, dans la huitaine, sans qu'elle puisse, et
» ses successeurs, estre dépossédez qu'on rembourssant
» actuellement les augmentations et améliorations faites
» sur les lieux et héritages ;... payer trois années d'ar-
» rérages de ladite rente à la partye de Grelain,... a donné
» défault contre la dite défaillante,... et descharge la
» dite partye de Ficquet de la rente de (12) livres, à la
» charge de laquelle partye les dits lieux et héritages ont
» esté vendus à Jean Chèvremont, ensemble des arré-
» rages escheus depuis la demande du dit Vincent ; con-
» damne la dite défaillante aux dépens... » — Les Maire et échevins de Mantes déclarent, le 10 janvier 1673, par devant Eustache Apoil, sieur de Romainval, conseiller du roi, lieutenant général civil au bailliage et siège présidial de Mantes, que c'est afin d'éviter un plus grand désordre qu'ils consentent à délivrer le nombre de logements réclamés par les brigadiers des compagnies des gens d'armes, et chevau-légers de Sa Majesté. (Ce document est attaché aux autres pièces de la procédure, avec lesquelles il ne paraît avoir de commun que la cote analytique du dossier écrite au verso du 2e folio).

E. 3463. (Liasse.) — 1 pièce, parchemin ; 8 pièces, papier.

1672-1687. — Blaru. Justice, Procès. — Procédures pour Jacques et Louis de Tilly contre Nicolas le Marchand), ayant épousé Marie Henri, fille et héritière d'Abraham Henri et de Nicole Cadot, sa femme, touchant une rente de 7 livres 13 sous 9 deniers tournois.

E. 3151. (Liasse.) — 7 pièces, papier.

1678-1680. — Blaru. Justice. Procès. — Pièces d'un procès entre le marquis de Blaru et Blanche Goupy, veuve de Toussaint Hénault, maître tailleur d'habits, à Paris, tutrice des enfants mineurs d'elle et du dit défunt, pour cause de non-payement d'une somme de 500 livres, à laquelle s'était obligé, pour ledit marquis de Blaru, envers Toussaint Hénault, Jacques Chaumont, laboureur, demeurant aux Coutumes, paroisse de Blaru.

E. 3165. (Liasse.) — 30 pièces, papier.

1677-1687. — Blaru. Justice. Procès. — Procédure entre Charles de Tilly, marquis de Blaru, d'une part, et Vincent Savé, fermier des domaines du roi en la généralité de Paris, et Pierre Orcholle, s' de Valfond, garde du corps du roi et donataire de sa Majesté des droits de reliefs et rachats du marquisat de Blaru, d'autre part, pour raison du payement des droits de relief que ces derniers prétendent être dus au domaine du roi, par suite du décès du père de Charles de Tilly, parce que le marquisat de Blaru relève directement du roi. La sentence finale de ce procès n'est pas au dossier ; mais la dernière pièce en date, à la suite d'une requête adressée au Parlement par Vincent Savé, est ainsi conçue : « Veu
» par nous l'instance d'entre M. Vincent Savé, fermier
» des domaines du roy en la généralité de Paris, deman-
» deur, d'une part, et M. Charles de Tilly, chevalier,
» marquis de Blaru, d'autre part, et encore entre Pierre
» Orcholle, garde du corps du roy, donataire de sa Ma-
» jesté des droits de relief du marquisat de Blaru, de-
» mandeur en requeste, etc. : Je requiers, pour le roy,
» estre déclaré la dite terre seigneurie et marquisat de
» Blaru relever du roy, à cause de son comté de Mante,
» aux us et coutumes du Vexin-le-François ; et, en con-
» séquence, faisant droit sur la demande desdits fermier
» et donataire du roy, entre les dits fermier et donataire,
» receus parties intervenantes en l'instance de saisie féo-
» dale, faite à nostre requeste, de la terre et seigneurie
» de Blaru, payer et mettre entre les mains du trésorier
» général du domaine le rachapt et relief deub et ouvert
» par la mort du dit deffunct s' de Blaru, père, qui est
» le revenu d'une année de la dite terre, qui sera liquidé
» au dire d'experts, dont les parties conviendront en la
» manière accoutumée, et, cependant, par provision,
» telle somme qu'il plaira à la Chambre arbitrer ; lequel
» rachapt sera restitué par le dit trésorier général du do-
» maine entre les dits fermiers et donataires du roy, confor-
» mément à l'édit de 1669 ; signé : Ravière. Et, depuis,
» Veu deux autres productions nouvelles, sçavoir, la pre-
» mière du dit s' de Blaru, par requeste du 14 juin 1684,
» et l'autre du dit Savé, par autre requeste du 27 du dit
» mois, et pièces y mentionnées, la dite dernière requeste
» employée aussy par contredits contre la susdite der-
» nière production nouvelle d'iceluy s' de Blaru. Je per-
» siste en mes conclusions. Signé : Ravière. (Et plus bas) :
» Ayt acte, et sur le surplus, soit la requeste et pièces
» communiqué à la partie pour y fournir contredy sui-
» vant l'ordonnance. Fait le 18 avril 1687. »

E. 3169. (Liasse.) — 3 pièces, parchemin ; 15 pièces, papier.

1678-1720. — Blaru. Justice. Procès. — Pièces d'un procès entre Pierre Poitevin, demeurant à la Chapelle-Saint-Ouen, ayant épousé Françoise Porion, et Jean Mollemont, demeurant à Sainte-Geneviève près Gagny, pour cause des faits indiqués dans l'extrait suivant d'une transaction conclue entre les parties, le 31 octobre 1716. « Pour terminer le procès pendant au
» siège présidial d'Andely, entre honneste personne Jean
» Molemont, demeurant à Sainte-Geneviève près Gagny
» appelant, soubz le nom de Breuil, son beau-frère....
» de sentence rendue au bailliage de Vernon, le 13 avril
» 1715 confirmative d'autre rendue en la vicomté du dit
» lieu, le 17 août 1713, d'une part ; et honneste personne
» Pierre Poitevin, demeurant à la Chapelle-Saint-Ouen,
» ayant espousé Françoise Porion, à présent deffunte, in-
» timé au dit appel, d'autre part ; les dites partyes ont
» appointé et transigé de la manière suivante, sçavoir
» est, que le dit Mollemont, s'estant remis aux droicts du
» dit de Breuil, qu'il a entièrement remboursé comme
» son garand, a quitté, cédé et cède, sans aucune garantie
» ny restitution de deniers, au dit Poittevin, ce acceptant,
» la partye de sept livres de rente... deub au dit Ville-
» mont, à la représentation de feu Adrien Millemont, son
» père, à cause du transport qui luy en avait été fait, et
» d'une autre partye de vingt sols de rente, à prendre
» sur Anne Lamy, laquelle, avecq Pierre Delamare, son
» second mari, avoit agréé et accepté le dit transport...
» au moyen de cent-cinquante livres... laquelle somme le
» dit Poitevin s'est obligé de luy payer... »

E. 3167. (Liasse.) — 6 pièces, papier.

1696. — Blaru. Justice. Procès. — Procédures pour Charles de Tilly, marquis de Blaru, et Jacques Buisson, fermier général des domaines de France, demandeur en payement de droits de lods et ventes de plusieurs échanges faits par Charles de Tilly.

E. 3168. (Liasse.) — 13 pièces, papier.

1694-1748. — Blaru. Justice. Procès. — Pièces d'un procès entre Marie Catherine Pellerin, veuve de M. Jean Le Goust, et Christophe Périer, maître d'hôtel du marquis de Blaru, pour la possession d'une vache, que Marie Catherine Pellerin avait donnée à loyer à Robert François, tisserand de Blaru, et aussi touchant le non payement de 20 boisseaux de blé, auquel s'était obligé le dit Périer.

E. 3169. (Liasse.) — 62 pièces, papier.

1698-1699. — Blaru. Justice. Procès. — Mémoire, lettres, significations, etc., touchant un procès entre Charles de Tilly, marquis de Blaru, et sa sœur Elisabeth de Tilly, veuve de Jacques de Hémont, seigneur de Rotoire, Hauville, Guiry-le-Sec, et autres lieux, laquelle avait fait saisir les meubles du dit marquis et arrêter les deniers entre les mains de ses fermiers, pour obtenir payement de ce qui pouvait encore lui revenir de la succession paternelle.

E. 3170. (Liasse.) — 23 pièces, papier.

1694. — Blaru. Justice. Procès. — Procédures pour Charles de Tilly, chevalier, seigneur marquis de Blaru, gouverneur de Vernon, lieutenant de roi de l'Ile de France intervenant, Marguerite Jacquot, demoiselle suivante de la marquise de Blaru, et Claude Allix, ses domestiques, demandeurs, contre Vincent de Prévost, écuyer, seigneur du Buc, ancien capitaine major au régiment d'Anjou, défendeur, et plus tard Louis de Prévost, chevalier, seigneur de la Bretonnerie et de Prenoy ou Prévoy, seul héritier de Vincent, son père. — Mémoire pour le marquis de Blaru, indiquant l'origine et les phases du procès. Le 6 mars 1670, Charles de Tilly, marquis de Blaru, Claude d'Arcona, sa femme, Henri de Tilly, leur fils, sieur de Bionval, contractent envers Vincent de Prévost une obligation de 8000 livres « pour vendition d'une compagnie » dans le régiment d'Anjou, pour la donner au dit sieur » de Bionval. » Le 1er avril 1694, le sr Rivière, porteur de la procuration de Vincent de Prévost, demande verbalement le payement de 678 livres, reliquat du solde de 8000 livres, au marquis de Blaru, frère du sr de Bionval, lequel promet « de l'argent immédiatement après les » festes de Pasques. » Mais le 9 du même mois, on présente une requête au lieutenant civil, sous le nom de Vincent de Prévost, aux fins de permettre de mettre l'obligation à exécution dans l'étendue de la juridiction ; cette permission est accordée ; et, le même jour, à la requête de Vincent de Prévost, on fait un commandement de payer, en vertu de la dite obligation ; le 5 du même mois, on fait saisir, par Jarry, huissier au Châtelet, « plu- » sieurs coffres et balots trouvés dans une charrette sur » les guichets des galeries du Louvre, faute de payement » par le marquis de Blaru... On les transporte dans une » maison, et, quelques heures après, on y appose un » scellé. » Mais il se trouve que ces coffres et balots appartiennent à Marguerite Jacobou Jacquot, suivante de la marquise de Blaru, « laquelle, estant entrée au service » de la dite Dame, deux jours seulement avant son dé- » part de Paris, avoit esté obligée de faire conduire ses » hardes au coche de Mante, avec un balot de linge salle » appartenant aux autres domestiques. » La dite Marguerite fait signifier, le 9 avril, opposition à la saisie de Vincent de Prévost ; le même jour, le sr de Bionval répond qu'il ne sait pas de quoi on veut lui parler. Le marquis de Blaru donne sa requête d'intervention, et conclut à la main levée des coffres et balots saisis, avec intérêts, dommages et dépens contre le saisissant, et obtient, enfin, gain de cause, par une sentence de la chambre civile du Châtelet rendue le 24 avril 1694.

E. 3171. (Liasse.) — 1 pièce, parchemin ; 16 pièces, papier.

1698-1788. — Blaru. Justice. Procès. — Pièces relatives à des procès, contestations et arrangements entre le marquis de Blaru, d'une part, et Claude Jean Le Prévost, maître chirurgien à Vernon, d'autre part.

E. 3172. (Liasse.) — 10 pièces, papier.

1694-1695. — Blaru. Justice. Procès. — Pièces d'un procès entre les srs de Tilly, d'une part, et Louis de Croismare, écuyer, sieur de Valmesnil, d'autre part. — Signification, au procureur de Louis de Croismare, de la réponse que Jacques de Tilly, clerc, sous-diacre, Urbain de Tilly, chevalier, seigneur d'Acon, lieutenant colonel du régiment de cavalerie de Grignan, et Henri de Tilly, chevalier, seigneur de Saint-Illiers-le-Bois, capitaine de carabiniers du régiment de (mot en blanc), font à l'exploit qui leur a été notifié, le 20 juin 1694, en la personne du dit sous-diacre, Jacques de Tilly. — Signification, au même, des « défenses que donne messire Char- » les de Tilly, chevalier, marquis de Blaru, lieutenant de » roy en l'Isle-de-France, et gouverneur de la ville et » Chasteau de Vernon, un des héritiers de feu messire » Jacques de Tilly, clerc sous-diacre, Urbain de Tilly, che- » valier, seigneur d'Acon, et Henry de Tilly, chevalier, » seigneur de Saint-Illiers-les-Bois, héritiers, comme le » dit sieur de Blaru, du dit feu sieur de Tilly, leur oncle, » tous assignés par exploit du 20 juin (1694), contre » Louis de Croismare, escuyer, sieur de Valmesnil, hé- » ritier, en partie, de Jacques de Croismare, escuyer, son » père, demandeur aux fins du dit exploit 20 juin der- » nier, tant pour luy que pour les sieurs ses frères et cohéri- » tiers, et en la présence des sieurs doyen, chanoines et » chapitre de Notre-Dame de Vernon, appellés par le dit » s¹ de Valmesnil. » — Signification, par le procureur de Croismare à celui du marquis de Blaru, de : 1° une requête adressée par Louis de Croismare au bailli de Gisors, pour qu'il lui plaise donner acte au suppliant « de ce que, pour » responses aux escripts des sieurs de Tilly et de Blaru, » il employe le contenu en la présente requête, recevoir » au jugement du procès les pièces nouvelles cy dessus » dubitées, aux fins de ses demandes incidentes, et, fai- » sant droict sur le tout, adjuger audit suppliant les con- » clusions par luy prises, avec despens... ; » 2° un acte, par lequel « de Tilly Villegast, » recognoist, le 12 novem- bre 1682, devoir à M. de Croismare la somme de 3400 livres, pour l'acquit de laquelle il lui transporte pareille somme restante de plus grande à lui due par le marquis de Blaru. — Signification, par le procureur du marquis de Blaru à celui de Croismare, des « consentemens et » desbats de... Charles de Tilly... marquis de Blaru, un » des héritiers de M¹ᵉ Jacques de Tilly... au compte que » présente Louis de Croismare... en la succession de feu » M¹ᵉ Jacques de Croismare,... des meubles laissés par le » dit feu sieur de Tilly, dont le dit feu sieur de Crois- » mare doibt encore disposer comme exécuteur des der- » nières volontés du dit feu sieur de Tilly... sans pré- » judice du traité faict entre eux (les frères de Tilly), et » sans approuver l'acte du 6 de janvier 1681, prétendu » estre le testament du dit feu sieur de Tilly. » — Signi- fication, par le procureur de Croismare à celui du mar- quis de Blaru, des contredits à la pièce précédente, four- nis par Louis de Croismare, devant le lieutenant général civil au bailliage de Vernon. — Notes diverses, dont un « écrit » pour servir de réponse au sieur de Valmenil sur l'exécution du testament de Jacques de Tilly.

E. 3473. (Liasse.) — 15 pièces, papier.

1702-1704. — Blaru, Justice, Procès. — Procédures pour Charles de Tilly, marquis de Blaru, contre Guil- laume Pont ou Dupont, curateur à la succession vacante de feu Louis Baucher, vivant, héritier de feue Marie Lemire, jadis femme de feu François LeFrançois, à fin de payement d'une somme de 200 livres et les intérêts, dûs au seigⁿ de Blaru par Louis Baucher.

E. 3474. (Liasse.) — 10 pièces, papier.

1723-1724. — Blaru, Justice, Procès. — Pièces d'un procès entre Thomas Questel, commissaire et con- trôleur aux saisies réelles dans l'étendue du bailliage et siège présidial de Mantes, et Charles de Tilly, marquis de Blaru, prévenu d'avoir indûment procédé à la saisie réelle des biens de la succession de François LeFran- çois.

E. 3475. (Liasse.) — 1 pièce, parchemin; 42 pièces, papier.

1725-1727. — Blaru, Justice, Procès. — Pièces d'un procès entre Jacques Vaudichon, qui se qualifie, dans une requête, « ung malheureux dénué de tous biens » et gagnant son pain au jour le jour, » d'une part, et François Blin, marchand, demeurant en la rue de Nor- mandie, paroisse Notre-Dame de Vernon, d'autre part, touchant une rente de trente livres, au capital de 420 li- vres, constituée par Luce Postel et le Meillier, sur Louis Vaudichon, père, ou aïeul de Jacques.

E. 3476. (Liasse.) — 5 pièces, papier.

1727-1728. — Blaru, Justice, Procès. — Pièces d'un procès intenté à Jean Feugère, entrepreneur chargé des ouvrages du roi dans les chemins de Rolleboise et la Vallée-aux-Anges, demeurant à Bonnières, par Charles de Tilly, chevalier, seigneur et marquis de Blaru, le Port de Villers, Jeufosse et autres terres et seigneuries, récla- mant une indemnité de 500 livres pour cause d'extraction de pierres, par le dit Feugère, sur la seigneurie de Jeu- fosse, et prétendant au droit d'arrêter les opérations commencées en vue de continuer cette extraction.

E. 3477. (Liasse.) — 23 pièces, papier.

1732-1734. — Blaru, Justice, Procès. — Procédures,

à la requête du marquis de Blaru, prenant fait et cause de ses gens, contre Hassin Morel, vigneron, demeurant à Bennecourt, fils de la veuve Guillaume Hannouyer, inculpé d'avoir volé des saules et autres arbres, que le dit marquis de Blaru avait fait abattre, sur un atterrissement à lui appartenant dans la rivière de Seine, seigneurie de Jeufosse, relevant de son marquisat de Blaru. — Plusieurs lettres de membres de la famille de Tilly-Blaru à M. Guyot, procureur au parlement: une de ces lettres, signée « Blaru, » et datée « à Blaru, ce 30 avril 1733, » porte « le nommé Morel, de Bennecourt, a fait acquisi-
» tion d'une portion de l'isle aujourd'hui en contestation;
» quand je fis abattre les saules plantés par les riverins
» de mon isle et qui entreprenaient sur moy, il dit qu'il
» possédoit en vertu d'une vente faite sous signature pri-
» vée, portant promesse de passer contrat toutes fois et
» quand ; je lui ai demandé de me produire cet acte, et
» j'ay esté obligé, sur son refus, de le faire assigner ; et
» les conclusions de mon exploit estoient qu'à faute par
» luy de produire de titres, il varieroit la dite portion d'isle
» réunie à mon domaine : c'est sur cela qu'est intervenu
» M. de la Rochefoucault, et a fait évoquer, en vertu d'un
» Committimus, cette affaire aux requestes du Palais.. »
L'intervention de ce dernier personnage explique peut-être la rédaction de la cote suivante : « Troisième dossier :
» Grosse des informations faites en la justice de Blaru,
» dont le double a esté porté au greffe de la Cour, et qu'il
» faut tenir secrètes, pour M. François Bonaventure de
» Tilly, marquis de Blaru, contre Hassin Morel et autres
» et M. le duc de la Roche-Guyon. »

E. 3178. (Liasse.) — 1 pièce, parchemin; 4 pièces, papier.

1669-1730. — Blaru. Justice, Procès. — Procédures de François Bonaventure de Tilly, marquis de Blaru, chevalier, seigneur marquis de Blaru, Port-Villers, Jeufosse et autres lieux, à l'effet d'obtenir payement de la somme de 228 livres, restant dues au dit marquis, pour marchandises de bois vendues et livrées à feu Mathieu Lavenant, en son vivant, marchand tonnelier, demeurant au faubourg de Gamilly, paroisse de Notre-Dame de Vernon.

E. 3179. (Liasse.) — 3 pièces, parchemin ; 1 pièce, papier.

1524-2595. — Blaru. Lettres, Quittances. — Richard Billart, demeurant à Blaru, reconnaît avoir reçu de Jean de Tilly, chevalier, seigneur de Blaru, et Françoise Ladvocat, sa femme, la somme de 30 livres tournois pour « le remboursement de une acre et 10 perches de
» terre, dont mention est faite ès-lettres d'acquisition
» du dit Billart, qui l'avoit faite de la vente de
» Michault Maunoury, passées devant le tabellion des
» Essarts, » le 24 octobre 1549. — Noble homme Pierre de Villiers, demeurant à « Nojon-la-Sec, » reconnaît avoir reçu de Françoise Ladvocat, veuve de Jean de Tilly, la somme de 60 livres tournois, reliquat de 300 livres tournois, « en quoy estoient subjectz nobles hommes
» Claude et Lucas de Tilly... à cause du mariage de
» deffuncte Marye de Tilly, lorsqu'elle vivoit, femme du
» dit Pierre de Villiers... » — Jean le Grimonville, sieur de Montmartin, fils aîné de Pierre Grimonville, sieur de Lalande, tant en son nom qu'au nom de Marguerite Charlotte d'Arcona, sa femme, reconnaît avoir reçu de Marie de Griffet, veuve de Gaspard d'Arcona, 1000 écus 2/3 à déduire sur les deniers de l'amortissement de 100 écus 2/3 de rente, reliquat de 500 écus de rente donnés par la dite dame d'Arcona, en sa qualité de tutrice et gardienne de ses enfants, en faisant le mariage de sa fille, Marguerite Charlotte, avec le dit Jean de Grimonville. — Robert Lucien, marchand de soie et bourgeois de Paris, fondé de la procuration de Jean Rousselet, marchand, demeurant à Lyon, reconnaît avoir reçu de Louis de Tilly, chevalier, seigneur châtelain de Blaru, la somme de 150 écus d'or sol, à la décharge de feue Marie de Tilly, dame de Saint-Merry.

E. 3180. (Liasse.) — 15 pièces, papier.

1572-1730. — Blaru. Lettres, Quittances. — Correspondance entre Guillaume Chastellain, lieutenant de Monseigneur de Blaru, à Blaru, et Monseigneur Le Tellier, à Paris, logé successivement au collège Sainte-Barbe, dans la rue des Poulies près « la Croix du Tirouer, » et « près ung appoticquère, qui demeure à la rue Sainct-
» Honoré, au-dessoubz de la Croix du Thirouer, lequel appoticaire se nomme Habert. » Cette correspondance a généralement trait à la sauvegarde et défense des intérêts du seigneur de Blaru. — Lettres autographes de la marquise de Blaru à M. Pèlerin, procureur au Châtelet, pour rentrer en possession d'un bracelet, que la marquise avait livré à madame Martin, ou du prix de ce bracelet, qui appartenait à une dame amie de la dite marquise. — Lettres et notes adressées au même par le marquis de Blaru touchant diverses procédures. — Deux lettres signées Guyot adressées, l'une au marquis, l'autre à la marquise de Blaru, touchant des procès avec le fermier du domaine. — Lettre autographe signée : « J. Guil-

jaume Bessin » datée à Rouen le 23 juin 1723. En tête on lit : « Pour Dom Delerue, » et la lettre commence par les mots « Mon révérend père. » Il est question des résultats des recherches faites pour trouver un « contrat, » non autrement désigné. — Lettre autographe adressée à la marquise de Blaru par De La Croix, secrétaire du duc de Biron, en faveur de Marie Hortense Maritoury, touchant la jouissance de certains héritages sis au Hameau du Val, paroisse de Port-Villez. — Lettre autographe du père Le Noir, sans suscription, mais très-probablement adressée à un membre de la famille de Tilly. En voici la copie. « Monsieur, L'on vient de me renvoyer de Paris à
» Fécamp, où je suis pour . . . étant ma demeure ordi-
» naire, la lettre que vous nous avez fait l'honneur de
» nous écrire. Permettez-moi, s'il vous plaît, de vous en
» témoigner toute ma reconnoissance et de vous faire
» mes très-humbles remerciements de l'accueil favorable
» que vous avez bien voulu faire à mon mémoire (1).
» La difficulté que vous me faites l'honneur de me pro-
» poser, Monsieur, ne doit en aucune façon empêcher les
» effets de votre bonne volonté pour nous. Blaru entre
» tout naturellement dans notre plan, qui ne comprend
» pas simplement ce qui est du ressort du parlement de
» Normandie, mais encore toutes les paroisses renfer-
» mées dans l'étendue des sept diocèses de l'archevêché
» de Rouen. J'espère donc, Monsieur, que vous voudrez
» bien avoir la bonté de me faire part de toutes vos
» lumières, et me mettre en état de rendre à votre illus-
» tre famille toute la justice qui lui est due. Je vous en
» supplie instamment, et vous prie d'être bien persuadé
» que rien ne pourra me flatter davantage. J'ai l'hon-
» neur d'être, avec le plus profond respect, Monsieur,
» votre très-humble et très-obéissant serviteur. (Signé) :
» Le Noir, relig. bénéd. à Fécamp, ce 13 novembre
» 1760. » — Lettre signée « Bellanger, » sans suscription, relative au projet de vente d'une charge non indiquée. — Lettre adressée par le « comte de Tilly » à
M. Vigreux, au château de Blaru ; il le prie de faire les
démarches nécessaires pour obtenir payement d'un billet
de 240 livres, souscrit à Caen par Harel au profit de
madame de Saint-Louet.

E. 3181. (Liasse.) — 2 pièces, parchemin ; 39 pièces, papier.

1593-1769. — Blaru. Lettres, Quittances. — René

de Poisson, écuyer, sieur de Montigny et de Saint-Martin de Nigelles, maître de camp d'un régiment de gens de pied françois, gentilhomme ordinaire de la chambre du roi, ayant épousé noble damoiselle Suzanne de Sainct-Just, reconnaît avoir reçu de Jacques de Tilly, chevalier de l'ordre du roi, lieutenant des cent gentilshommes de sa maison, seigneur châtelain de « Blaru, Villelegate, Chaufiour, du Port de Villiers et du fief du Péré, » la somme de 500 écus d'or sol, revenant à 1500 livres tournois, sur le principal de 5000 livres tournois, pour lesquelles le dit Jacques de Tilly fait rente au dit sieur de Montigny, à cause de sa femme Suzanne de Sainct-Just, propriétaire par cession de demoiselle Claude d'Hargaville, dame de Crespières. — Quittances pour termes de cette rente, signées de Suzanne de Sainct-Just, veuve du sieur de Montigny (1597). — Noël Varo, demeurant à Heuland, vicomté d'Auge, procureur général et spécial de Louis d'Angerville, écuyer, sieur de Grainville, déclare avoir reçu, conjointement avec Robert Edme de Hayes, marquis de Montmes, de Charles de Tilly, marquis de Blaru, par les mains de Charles de Gisors, agent des affaires du dit marquis, la somme de 1701 livres 5 sous, et, de plus, déclare qu'il a été payé par Me Souving, en l'acquit et décharge du dit marquis de Blaru, ès-mains de Madame de Grainville, la somme de 432 livres 15 sous, en conséquence d'une transaction entre les dits seigneurs de Blaru et d'Angerville. — Quittances, signées Le Clerc, prêtre, curé de Vouroux (1730-1732), pour plusieurs termes de la pension d'un fils de M. de Tilly Prémont, placé chez le dit curé. — Quittances et notes autographes du seigneur de Blaru, de 1728 à 1769.

E. 3182. (Liasse.) — 26 pièces, papier.

1592-1687. — Blaru. Lettres, Quittances. — Quittances, la plupart autographes, de Claude Augier, seigneur de Crapado, pour arrérages d'une rente assise, au profit de Dlle d'Arcona, sa femme, sur le quatrième de Rouen. — Quittances de Jeanne de Leyrit, (Sign. autogr.: Jeanne Delerit), veuve de René Cressé, bourgeois de Paris, pour intérêts d'obligations passées au profit du dit Cressé par le seigneur de Blaru. — Lettre signée « Cressé, » adressée à M. de Blaru, de Paris le 5 mai 1648. Il a reçu 3000 livres du sieur de Caraillier ; il demande, pour le payement du reste de sa créance, une délégation sur les marchands de bois de M. de Blaru. — Quittance signée « Cressé, » pour une somme de 500 liv. reçue, à la décharge de M. de Blaru, de Madame Torin,

---

(1) Il s'agit sans doute du « Mémoire relatif au projet d'une histoire générale de la Normandie, » que le P. Le Noir publia précisément en 1760.

veuve d'Antoine Goisel, marchand marinier. — Compte de la créance Cressé. — Quittance autographe, signée « Bimorel, » pour la somme de 500 livres à déduire sur les arrérages d'une rente annuelle de 200 livres, dues au dit Bimorel par M. de Blaru, comme cohéritier de M. d'Arcona. — Autres quittances pour le même objet, mais avec la signature : J. Le Coron, qui était effectivement le nom du seigneur de Bimorel.

E. 3182. (Liasse.) — 5 pièces, papier.

1647-1648. — Blaru. Lettres, Quittances. — Lettres autographes adressées par H. d'Arcona à M. de Bimorel, conseiller du roi, lieutenant général au bailliage et présidial d'Evreux. Il lui demande du temps pour le payement d'arrérages d'une rente due au dit de Bimorel, par Roger, s⁰ de la Pouterie, dont M. d'Arcona s'est rendu caution... « Je scay que vous m'avés desja trop obligé ; « vous en demande pardon et j'ai manqué à ce que je « vous avois promis, c'est que l'on m'a trompé ; car je « vous puis assurer que je poursuis tant que je puis, et « croi que j'aurai nom qui palera. MM. de Blaru et de « Villaines sont à Paris pour trouver de l'argent, pour « me sortir d'affaires, tant avec vous qu'avec mes créan- « ciers... » — Lettre autographe de « Villaines » à Bimo- rel. Après l'examen des papiers de feu M. d'Arcona, on fera droit à Bimorel des arrérages de rente qui lui sont dus par d'Arcona. — Lettre autographe signée « Blaru, » et adressée au même, l'engageant à prendre un à-compte sur ce qui lui est dû par M. d'Arcona. — Minute autogra- phe d'une lettre sans adresse, dans laquelle M. d'Arcona expose les faits qui se sont passés à Vernon, à l'occasion de logement de gens de guerre.

E. 3184. (Liasse.) — 3 pièces, parchemin ; 21 pièces, papier.

1649-1727. — Blaru. Lettres, Quittances. — Jean Baptiste Lepelletier, exécuteur des sentences du bailliage et siège présidial de Mantes et Meulan, confesse avoir reçu de Guillaume Dupré, procureur fiscal du bailliage de Blaru, la somme de 6 livres tournois, à lui taxée, le 20 mai 1649, pour être venu exprès à Blaru pour l'exé- cution de la sentence rendue contre Nicolas et Guillaume Les Vavasseurs, frères, prisonniers au dit Blaru, con- damnés à faire amende honorable, exécution qui n'a pu avoir lieu, attendu l'appel fait par les dits Vavasseurs. — Quittances de Claude d'Arcona, Charles de Tilly, Adrien Boutier, agent des affaires du seigneur de Blaru, pour argent ou denrées reçues de Lucas Luce, sergent au marquisat de Blaru. — Quittances signées « A. Turgot » pour arrérages d'une rente constituée par le seigneur de Tilly. — Tataru Chalmazel reconnaît que le marquis de Blaru a payé sa part plus une moitié des frais dans « l'af- faire d'Annebault. » — Lettre signée « Chalmazel, » datée à Paris du 9 juin 1680, et relative à cette affaire, avec un projet de transaction entre Claude de Tataru, marquis de Chalmazel, Charles de Tilly, marquis de Blaru, et Jacques Dall, comte d'Annebault, relativement à la succession de Bernard de Vieux-Pont. — Lettre signée Chalmazel, datée à Saint-Marcel le 4 janvier 1717, et adressée à Madame la marquise de Blaru... « Vous « me trouverez toujours disposé, Madame, à faire ce qui « vous sera le plus agréable, et à éviter tout ce qui « pourroit troubler l'intelligence que je désire entre « vostre maison et la mienne... Il ne se présente encore « rien pour l'établissement de mon fils. J'en ay écrit « bien pressemment à M. de Chamarande ; car je regrete « fort le tems que nous perdons ; comme vostre secours « ne peut que nous estre très profitable, je vous seray « très obligé, Madame, de me donner avis du tems que « vous arriverez à Paris, pour que nous agissions de « concert avec vous, s'il se rencontre quelque chose de « favorable... » — Sœur Charlotte d'Albert de Chaulnes, prieure du monastère de Saint-Louis de Poissy, (Sig. autog.), reconnaît avoir reçu du marquis et de la mar- quise de Blaru, la somme de 421 livres 4 sous 11 deniers, suivant une lettre exécutoire au dos de laquelle est écrite la quittance. — Autre quittance de la même pour la somme de 318 livres 2 sous 1 denier. — Autre pour la somme de 976 livres 19 sous 2 deniers.

E. 3185. (Liasse.) — 17 pièces, papier.

1658-2667. — Blaru. Lettres, Quittances. — Lettres adressées au marquis de Blaru par Mathurin Féron, écuyer, sieur de la Barbée près la Flèche. — Lettre datée à la Flèche le 5 mars 1661, et signée « De la Va- ranne, » adressée à la marquise de Blaru ; toute cette correspondance est relative à une rente que payait le sr de la Barbée au sr de Blaru. — Règlement de compte pour la dite rente entre Charles de Tilly, marquis de Blaru, d'une part, et Regné (sic) Le Bigot, écuyer, sieur de « Chardon » (lis : Cherbon), héritier de Mathurin Féron, écuyer, sieur de la Barbée, à cause de Marie Féron, nièce du dit sieur de la Barbée, d'autre part. — Sentence des requêtes du Palais qui condamne René le Bigot, écuyer, sr de Charbon (sic), et Marie le Féron, sa femme, comme ayant hérité du sr de La Barbée, et encore comme ayant acquis les droits d'Antoine le Féron, écuyer, fils aîné et principal héritier du dit sieur de la Barbée, et ceux de Marguerite Renée le Féron, frère et sœur de la dite Marie, à passer titre nouvel d'une rente de 100 livres créée, par contrat du 25 septembre 1610, au profit de Louis de Maridor, président à la Cour des aides, la dite sentence rendue à la requête de François Roucher, ou Raucher, écuyer, ci-devant abbé de « Montaraudo » (Montarot?), créancier du dit Mathurin le Féron, et de la Barbée.

E. 3146. (Liasse.) — 18 pièces, parchemin; 19 pièces, papier.

1605-1760. — Blaru. Lettres, Quittances. — Quittances de Nicolas Dupré, écuyer, sr de Saint-Maur, conseiller du roi, correcteur ordinaire en sa Chambre des comptes, pour une rente de 750 livres, constituée à son profit par M. d'Aligre, la duchesse de Luynes, le marquis de Blaru et sa femme.

E. 3147. (Liasse.) — 61 pièces, papier, en partie imprimées.

1695-1764. — Blaru. Lettres, Quittances. — Déclaration du roi pour l'établissement de la capitation, avec le tarif contenant la distribution des vingt-deux classes, donnée à Versailles le 18 janvier 1695. — Quittances de la capitation payée par le marquis et la marquise de Blaru.

E. 3148. (Liasse.) — 7 pièces, papier.

1702-1773. — Blaru. Lettres, Quittances. — Quittance de 8,100 livres délivrée par le marquis de Blaru à la Ferté-Costard. — Claude Adjutor Jossel, conseiller et avocat du roi au siège de Vernon, y demeurant, confesse avoir reçu de Charles de Tilly, marquis de Blaru, héritier de feu Jacques de Tilly, seigneur de Villegast, le prix principal et les arrérages d'une rente de 214 livres 5 sous, la dite rente de l'obligation de Charles de Goubert, chevalier, seigneur de Ferrières et de Saint-Chéron, à la caution solidaire du dit seigneur de Villegast, et de Claude le Barbier, chevalier, seigneur d'Aigleville, envers le sr Jossel, père du dit Claude-Adjutor, par contrat du 29 juillet 1661. — Quittances signées « E. de Manneville, » à la suite d'une obligation par laquelle Michel de Cabagne s'engage à payer au marquis de Blaru, seigneur de Laqueue d'Haye, la somme de 49 livres, pour la valeur de 12 boisseaux de blé de rente seigneuriale. — Accord, portant quittance, entre Charles de Tilly, marquis de Blaru, d'une part, et Jean Louis Le Prévost, laboureur, demeurant au Val, paroisse de Blaru, d'autre part, relativement à des héritages dont le marquis de Blaru se prétendait indûment propriétaire. — Quittance délivrée par Allix, sergent au bailliage de Blaru, à la suite d'un mémoire des vacations et débours faits pour le marquis de Blaru, par le dit Allix, de 1726 au 11 juillet 1730. — Lettre de M. Le Brun, notaire à Vernon, sans adresse, relative à une île dont il a fait l'acquisition dans le marquisat de Blaru.

E. 3149. (Liasse.) — 33 pièces, papier.

1703-1769. — Blaru. Lettres, Quittances. — Quittances de Humbert Cotart de la Croix pour pension viagère à lui léguée par la duchesse de Luynes, et pour rente viagère de 100 livres constituée à son profit par la duchesse. — Quittances signées « Marguerite Jeanne Gérardin, » supérieure de la communauté du Bon Pasteur, pour des payements faits par la marquise de Blaru au profit de cette communauté.

E. 3150. (Liasse.) — 92 pièces, papier.

1728-1769. — Blaru. Lettres, Quittances. — Quittances, dont plusieurs à la suite de mémoires de payements, faits au compte de la famille du marquis de Blaru à Jeanne de Bar, Baudry de Lamarche, bourgeois de Paris, F. Champagne Brunet, Le Goust et Le Goux, de Crémeaux, Martin Duchesne, Pèlerin, procureur au Châtelet de Paris, Duvivier, Marie-Françoise et Marguerite de Silly Prémont, Marguerite Marcadé, Moury, Simon Augé, plombier, à Paris, Vidal, Martin, m. tapissier, Françoise-Mélanie de Guitaud Espoisse, Le Fevre Deaubonne, chanoine de l'église de Paris et légataire universel de feu Mademoiselle d'Epoisse, Leroux, L. Fréneau, brodeur, Charles, loueur de voitures, François Le Fèvre.

E. 3151. (Liasse.) — 33 pièces, papier.

1723-1770. — Blaru. Lettres, Quittances. — Simon Barrier, bourgeois de Paris, y demeurant, au nom de procureur d'Étienne Joseph de Manneville, chevalier, comte du dit lieu, marquis de Charles-Mesnil, ancien gouverneur de la ville et du Château de Dieppe, de Charles de Tilly, chevalier, marquis de Blaru, et de Catherine-Élisabeth de Manneville, sa femme, sœur de Joseph de Manneville, et héritière, avec lui de feu Marguerite d'Aligre, duchesse de Luynes, veuve en premières noces de François Bonaventure, marquis de Manneville, et en secondes noces de Louis Charles d'Albert, duc de Luynes, reconnaît que Guillaume-Charles Bandio, ci-devant conseiller du roi, notaire au Châtelet de Paris, lui a remis les quittances de payements faits par Guillaume Mongoy, conseiller en la Grand-Chambre du parlement, exécuteur des testaments et codicilles de la dite feue duchesse de Luynes; parmi ces quittances s'en trouvait une d'Helvétius, médecin, pour 80 livres d'honoraires. — Quittances de Barrier pour une pension de 400 livres à lui léguée par la duchesse de Luynes. — Quittances de payements faits par Barrier pour droit de confirmation, à cause de joyeux avènement, pour le compte de M. de Verthamon, premier président au grand Conseil, comte de Mannoville, marquis de Blaru, marquis de Verderonne, comte de Pontchartrain, à cause de sa femme, et pour le compte des créanciers de feu Charles d'Aligre, représentant la succession du chancelier d'Aligre, propriétaires des offices de prud'hommes, vendeurs et contrôleurs des cuirs de la Ville et élection de Falaise, généralité d'Alençon, et vendeurs de cuirs à Condé-sur-Noireau, Vassy et Saint-Jean-le-Blanc, élection de Vire, généralité de Caen, et des droits de parisis et quart en sus dans les dits villes et lieux. — Caperon, maître en chirurgie, à la résidence de Vernon, donne quittance au marquis de Blaru d'une somme de 120 livres, pour pansements et médicaments faits et fournis aux pauvres malades de la paroisse du marquisat de Blaru et les hameaux en dépendant, du 1er juillet 1769 au 1er juillet 1770.

E. 3492. (Liasse.) — 39 pièces, papier.

1724-1755. — Blaru. Lettres, Quittances. — Les supérieure, assistante et conseillères du monastère de la Visitation Sainte-Marie de Bourbon-Lancy, promettent à Mademoiselle Coquille, « de présent au château de Blaru, » de la recevoir pour pensionnaire perpétuelle, moyennant la pension de 50 écus, que la marquise de Blaru se charge de leur payer chaque année ; la dite demoiselle Coquille, de son vrai nom Marie-Joseph Dufregne, s'engage, de son côté, à se pourvoir de bois de chauffage, chandelle et blanchissage de linge fin ; elle sera nourrie comme une religieuse : signé, le 29 mars 1724, Sœur
» Magdeléne-Joseph de Sivy, supérieure, Sr Claude Éléo-
» nore Challemoux, assistante, Marie Agnès de Masille,
» Sr Marie Magdelaine de Sivy, Sr Marie-Joseph Gaudry,
» conseillers. » — Quittances de la pension, signées par Madeleine Joseph de Sivy, de 1725 à 1727 ; Anne Alexis de Mareschalo (et Maréchalo), de 1727 à 1731 ; Françoise Emmanuel (et Emanuelle) Drevet, de 1731 à 1734 ; Louise Marie de Tracy, de 1735 à 1738 ; Louise-Marie Destut de Tracy, de 1739 à 1740 ; Régis Destut de Tracy, de 1741 à 1744. — Certificat de vie de dlle Coquille, du 20 juin 1745, signé « Sr Anne-Marie-Régis Destut de Tracy,
» supérieure, Sr Françoise Elisabeth Tuby, assistante, Sr
» Louise-Marie Destut de Tracy, économe, Sr Marie-Rose
» Jourdier, conseiller. » — Quittances de la pension signées, sœur Marie-Angélique Dethour, supérieure, de 1747 à 1749. — Autres signées Sr Marie-Charlotte Bergier, supérieure, en 1753 et 1754. — Certificat de vie de la veuve Coquille, signé, le 2 juillet 1754, par Sr Marie Charlotte Bergier, supérieure, Sr Claude-Agnès Grangier,
» assistante, Sr Louise-Charlotte Desvernois, Sr Françoise-
» Loire de la Guiche, Sr Magdelaine-Elizabeth Marion,
» conseillères. » — Certificat de vie de la veuve Coquille délivré par André Grangier, lieutenant général aux bailliage et chancellerie de Bourbon-Lancy, 10 juin 1755.

E. 3493. (Liasse.) — 10 pièces papier.

1732. — Blaru. Lettres, Quittances. — « Mémoire
» de St-Sulpice pour le convoy et service Mme la marquise de Blaru, fait le 14 juin 1732, » à la suite duquel est la quittance du total, s'élevant à la somme de 197 livres. — Mémoire de la cire fournie par Dumontier, pour le luminaire des obsèques de la marquise de Blaru, à la suite duquel est la quittance du total montant à 137 livres 14 sous. — Mémoire des chaises fournies par Adam à la chapelle du Bon-Pasteur, pour les messes à l'intention de la marquise de Blaru, le 26 juin 1732, avec la quittance du total s'élevant à la somme de 61 livres 12 sous. — Quittance de la somme de 51 livres donnée au marquis de Blaru par Marguerite-Jeanne Girardin, supérieure de la communauté du Bon-Pasteur, pour les messes dites dans cette communauté à l'intention de la marquise de Blaru. — Quittances de Michel Chéron, Agathe Le Coq, Marianne Le Coq, Charles Bruslé dit Chaumont, F.-C. Brunet, pour payement de gages ou délivrance de legs faits par l'abbé de Monthulé, exécuteur testamentaire de la marquise de Blaru, au compte de la succession de ladite marquise.

E. 3494. (Liasse.) — 43 pièces, papier.

1746-1774. — Blaru. Lettres, Quittances. — Quittances de rentes payées par le seigneur de Blaru à Françoise-Charlotte de Lambert du Buisson-Palu, veuve de Guillaume Caneaux, écuyer, ancien garde-du-corps, Jean et Charles Crespeaux, Catherine Bardel, Françoise Pernelle, Marie-Elisabeth Cartier, Elisabeth Prieur, Longueville.

E. 3495. (Liasse.) — 70 pièces, papier.

1750-1760. — Biaru. Lettres, Quittances. — Quittances des vingtièmes payés par le marquis de Biaru dans l'élection de Mantes.

E. 3496. (Liasse.) — 61 pièces, papier.

1748-1772. — Biaru. Lettres, Quittances. — Quittances de rentes payées par le seigneur de Biaru à Pierre Grota, Mlle de Tilly-Prémont, et chevalier de Tilly, lieutenant dans le régiment de dragons de Languedoc.

E. 3497. (Liasse.) — 49 pièces, papier.

1760-1770. — Biaru. Lettres, Quittances. — Quittances, dont plusieurs à la suite de mémoires, de payements faits, au compte de la famille du marquis de Biaru, à Daudiffret de la Mure, Ginisty, Nicolas Angot, L. Richard, curé de Saint-Vincent-des-Bois, Lutton (bureau du *Mercure de France*), Rionnet, carossier à Paris, Langlois, trésorier de la paroisse Notre-Dame de Vernon, Huttot, receveur de l'hôpital général de Vernon, Pavard, curé de Biaru, Boursier, passementier à Paris.

E. 3498. (Liasse.) — 129 pièces, papier.

1770-1775. — Biaru. Lettres, Quittances. — Quittances, dont plusieurs à la suite de mémoires, de payements faits, au compte de la famille du marquis de Biaru, à Vigreux, Dupont, Alexis Albe, Jacques Pichon, Roussel, Etienne Huet, Elisabet Prieur, Fontaine, Ratel, chanoine, maître du chœur du Chapitre Notre-Dame de Vernon, Richard, apothicaire à Vernon, Bolscherot, prêtre, vicaire de la paroisse Notre-Dame de Vernon, Carpentier, chapelier, Agneau, marchand de bas à Vernon, Revel, menuisier à Vernon.

E. 3499. (Liasse.) — 11 pièces, parchemin ; 71 pièces, papier.

1572-1724. — Biaru. Obligations. — Robert le Masson s'oblige à payer, à Jacques de Tilly, 3 boisseaux d'avoine, pour le terme de Noël 1571. — Obligation réciproque de Jacques et François de Tilly, pour raison de la rente annuelle de 100 écus d'or, payable à leur frère Adjutor de Tilly. — Hiéronimo d'Arcona, chevalier, seigneur dudit lieu, gouverneur des villes et château de Vernon, reconnaît devoir à Jean Barbon, prêtre, vicaire de l'Eglise paroissiale de Saint-André-des-Arts, à Paris, la somme de 400 livres tournois, qu'il en a reçue en pur prêt, et qu'il s'oblige à lui rembourser à sa première requête. — Sentence de la prévôté de Paris qui condamne Charles de Tilly, comme héritier d'H. d'Arcona, à rembourser les 400 livres au vicaire Barbon. — Le même Hiéronimo d'Arcona reconnaît devoir à Noël Auvray, marchand, bourgeois de Paris, la somme de 400 livres tournois, qu'il en a reçue en pur prêt, et qu'il s'oblige à lui rembourser à sa première requête. — Quittance de 200 livres sur les 400 ; sig. autog. « Noël Auvray. » — Saisie arrêt, entre les mains de Jean Souyeg, conseiller du Roi et receveur des aides et tailles en l'élection de Rouen, sur tous les deniers que ledit d'Arcona a droit de prendre annuellement sur la recette ; ladite saisie arrêt à la requête de Nicolas Auvray, mesureur de sel à Rouen, frère et procureur fondé de Noël Auvray, pour recouvrer 200 livres restant dues sur les 400 empruntées par M. d'Arcona. — Lettre signée Chevallier, adressée à son cher cousin, M. Auvray, à l'effet d'obtenir du temps pour le payement des 200 livres en question, dont il s'est chargé au lieu et place du seigneur de Biaru. — Charles de Tilly, seigneur de Biaru, et Claude d'Arcona, sa femme, s'obligent à rembourser à Nicolas Pageau, procureur en la Cour du Parlement, agissant comme tuteur de Jean-Alexandre de Morogues, fils mineur de Guy de Morogues-Bourdin, chevalier, seigneur de Médan, et de Marie Lhoste, la somme de 2,111 livres 2 sous 4 deniers tournois, qu'ils en ont reçue en pur prêt. — Remboursement, le 24 août 1663. — Charles de Tilly, marquis de Biaru, déclare devoir à François-Auguste de Paris, conseiller du Roi, maître ordinaire en sa chambre des comptes de Paris, la somme de 4,120 livres 2 sous 6 deniers tournois, qu'il en a reçue en pur prêt. — Quittance de remboursement du 24 mai 1663. — Obligations consenties au seigneur de Biaru par Jean Houssaye, Léonard Erard, Jean Questel, Adrien Bonamy, Claude le Marchand, Marguerite Aubé, Charles Gosselin, Louis Abadon, Jullien Bouret, Michel Moisy, Marie Chaumont, Marie de la Vigne, Louis Poulailler, Jean Pichon, Charles Dupré, Jacques Courtois, Adrien Le Dru, Jean Picard, Charles Billy, Geneviève Métey, François Conneville, Louis Prout, Louis Aubé, Jean Groult, François Henry, Jean Saint, Noël Langlois, Valentin Lengrougne, Allin

Binet, Nicolas David, François Tremblay, Pierre Morain, Mathieu Lanchart, Guillaume Pellerin, Louis le Gendre, François Allix, Catherine Cauchon, Barthélemy Foucault, Charles Quétel, François Clergeon, Jacques Gilles, Pierre Jambon, Jacques Carillier et Henry Chauvrast, Louis Boscher (et Baucher), Marie Le Blond.

E. 3300. (Liasse.) — 4 pièces, parchemin; 8 pièces, papier, dont 1 imprimée.

1693-1712. — **Blaru. Offices.** — Louis de Tilly, chevalier, seigneur châtelain de Blaru, donne, à Arthus Jumel, l'office de jaugeur en la châtellenie de Blaru. — Prestation de serment par ledit Arthus Jumel. — Provision du même office donnée par François Bonaventure de Tilly, marquis de Blaru, à Denis Couturier, laboureur, demeurant à Blaru. — Prestation de serment par ledit Denis Couturier. — Provision du même office, par le même, à Jean Dumesny, ayant épousé Agathe Couturier, laboureur, demeurant à Blaru. — Prestation de serment par ledit Jean Dumesny. — Nomination de garde chasse à cheval faite en faveur d'André Briqueville, demeurant au village de Pressigny-l'Orgueilleux, par Hiéronime d'Arcona, capitaine des chasses et plaisirs de sa majesté au bailliage de Gisors. — Adjudication, par devant Jean Letellier, bailli de Blaru, de la sergenterie exercée par Lucas Luce, continuée audit Lucas Luce, moyennant le prix annuel de 50 livres. — Déclaration du Roi portant réunion des offices de gruyers, procureurs du Roi et greffiers, créés par édit du mois de mars 1707, à toutes les justices, terres et seigneuries ecclésiastiques et laïques du royaume; donnée à Marly le 1er mai 1708 : signifiée au marquis de Blaru, le 20 octobre 1708. — Charles de Tilly, marquis de Blaru, nomme à l'office de bailli et juge du marquisat de Blaru, Jacques le Courajer, conseiller du Roi, référendaire en la chancellerie du parlement de Normandie. (Cachet en placard, cir. roug.) — Requête adressée au bailli de Blaru par les habitants et laboureurs de la paroisse de Blaru, tendant à obtenir, pour Louis Benne, demeurant à Blaru, l'exercice des fonctions de messier et les jouissances des droits attachés à ses fonctions, droits consistant à « prendre de chaque laboureur un boisseau de bled, et tous les autres personnes qui sont sans voitures, deux sols six deniers par arpent, et cinq sols aussi par arpent de ceux qui font valoir des terres sur Blaru, qui ont leurs domiciles aux paroisses voisines, et les amandes de chaque délinquant... » Cette requête est suivie de la nomination dudit Louis Benne.

E. 3301. (Liasse.) — 10 pièces, parchemin; 4 pièces, papier.

1658-1695. — **Blaru. Rentes constituées.** — Procuration donnée, par Yveron de Mesnil-Regnard, à son mari Jacques Olam, écuyer, Sr du Mesnil-Regnard, et par les deux à Robert Pillot, prêtre, Jean Ambroise, écuyer, Drouet le Goux, Guillot le Patichier, Jean Lefèvre, Louis de Sallois, Michelet Lecomte. — Jacques Olam, fondé de procuration de sa femme, constitue une rente de 18 sous tournois, au principal de 9 livres tournois, au profit de Denis Frémin, marchand boucher, demeurant en la paroisse Saint-Maclou de Rouen. — Jean de Tilly, écuyer, Sr de Blaru, pour favoriser l'entrée en religion de Catherine de Tilly, sa fille, constitue à son profit une rente annuelle et perpétuelle de 30 sous tournois, et au profit de l'abbaye du trésor Notre-Dame-lès-Beaudemont, une rente annuelle et perpétuelle de 30 sous tournois. — Sœur Marguerite de Moussures, abbesse de « Notre-Dame-la-Trésor, prez Baudemont, » reconnaît avoir reçu de Françoise Ladvocat, veuve de Jean de Tilly, fils aîné et héritier de feu Jean de Tilly, seigneur de Blaru, « le franchissement du principal et arrérages de trente sols tournois... » — Jean Cauchoix, archer des tailles du Roi, demeurant en la paroisse de Chambourcy, près Saint-Germain-en-Laye, transporte à noble homme Nicolas Bassannier, receveur des aides et tailles de l'élection d'Évreux, « Sr de la Motte de Fellins, » 10 livres tournois de rente, que ledit Cauchoix, au nom et comme subrogé au droit de Jeanne, veuve de feu Myot Grantes, fils et héritier de feue Guillemine Duval, avait droit d'avoir sur feu Alloin de la Ferté, écuyer, sieur de Villegast. — Jacques de Tilly, seigneur de Blaru et de Villegast, rachète ladite rente, transportée, par les héritiers de Nicolas Bassanier, à Guillaume Ballet ou Vallet, seigneur de Boissy et de Saint-Charron, en partie. — François Hemel, marchand, de Vernon, transporte à Jacques de Tilly, chevalier, seigneur de Villegast, une rente de 7 livres tournois, à lui due par Louis Courtois, « drappier drappant de Blaru. » — Ledit Jacques de Tilly, transporte à Jacques Prudhomme, conseiller du Roi, lieutenant-général au duché de la Roche-Guyon, 73 livres 4 sous 6 deniers tournois, qu'il a droit de prendre sur les héritiers de feu Louis Dupré, greffier à Blaru, Le Boucher, tabellion au dit lieu, et sur les héritiers de feu Louis Le Poulailler et Jean Gosselin, aussi de Blaru. — Titre d'une rente annuelle de 8 livres renouvelé au profit de Charles de Tilly, marquis de Blaru, par Jean Gardier, « domestique de la maison de Monsieur Destrosi, »

Marie Gardier, veuve de Laurent Le Dru, « Jean de Lavingne, » au nom de Françoise Le Dru, sa femme, les dites Le Dru, filles de Pasquier Le Dru et de Marie Gardier, et héritières en partie de Marie Gardier, leur aïeul, qui s'était obligé envers Louis Le Mostier et Thomasse Abadon, sa femme, dont les droits avaient été acquis par le seigneur de Blaru. — Titre d'une rente de 12 livres 10 sous tournois renouvelé par Jacques Simon, cordonnier, demeurant à Blaru, et Marie Le Dru, sa femme, fille et héritière de feu Laurent Le Dru et de Marie Gardier, au profit de Claude de la Vigne, marchand bourgeois de Vernon, ayant les droits cédés par transport de François Rouget, maître charpentier, demeurant à Gamilly, paroisse Notre-Dame de Vernon, rente qui avait été donnée par Jacques de Tilly, chevalier, seigneur de Villegast, à Jeanne Godard, en faveur de son mariage avec ledit Rouget. — Claude de Nossay, chevalier, seigneur de Fontenay, représentant, par échange, Jean Le Pelletier, sieur du Mottay, et Madeleine du Mesnil, sa femme, héritière, en partie, de Madeleine de Pottard, lors de son décès, veuve de Joachim du Mesnil, sieur du Saulssy, ladite Madeleine Potard (sic), aussi héritière, en partie, de Claude de Pottard, en son vivant, écuyer, sieur de l'Isle, confesse avoir reçu comptant de Charles de Tilly, marquis de Blaru, la somme de 1700 livres tournois, pour le rachat et amortissement de 121 livres 8 sous 6 deniers de rente, créée pour le prix de l'acquisition faite par ledit sieur de Blaru, Madeleine Pottard, Jean Le Pelletier, sieur du Mottay, Madeleine du Mesnil, sa femme, Michel Brouquet, sieur de Boisjoli, et Renée du Mesnil, sa femme, des maisons et héritages à eux échus par le décès de Claude de Pottard, sieur de l'Isle.

E. 3502. (Liasse.) — 21 pièces, parchemin.

1486-1524. — Blaru. Rentes constituées. — Jean de Tilly, écuyer, seigneur de Blaru, vend à Jean Jabin, conseiller en cour laye, demeurant à Vernon, 1° 50 sous tournois de rente ; 2° 40 livres tournois de rente, reliquat de 4 livres 10 sous tournois de rente, que ledit seigneur avait le droit de prendre par an sur « l'ostel, manoir, » terres et appartenances de Coulombier de Blaru. » — Le même vend à maître Pierre Trumel, demeurant à Rouen, 100 sous tournois de rente annuelle, qu'il constitue sur les rentes que tiennent à ferme de lui Colin le Boucher, dit l'Escuyer, le Jeune, et Regnault et Colin dits Marchant, frères, du Port-de-Villers. — Transport de ladite rente fait par Pierre Trumel à Jean Jabin. — Le même Jean de Tilly donne, à titre de cens et rente seigneuriale, à Jean le Chaperonnier, prêtre, demeurant à Blaru (14 février 1506) (1507), « une masure et jardins tenant » ensembles, assis audit Blarru, près le pont Gaillard, » d'un costé le fossé du pont Gaillard, d'autre costé la » sente qui maine de la maison Mess⁶ Philippes Perrelle, » d'un bout les hoirs Becquet, et d'autre bout le chemin » qui passe par dessus le pont. » — Philippe Billy, fils de Denis, maréchal, demeurant à Blaru, cède à Philippe Perrelle, prêtre, vicaire du curé de Blaru (21 août 1506), moyennant une rente annuelle de 9 livres tournois, « une ou plusieurs maisons, granche, estables, court, » jardins et clos dessus lesdits jardins, le tout tenant en- » sembles, situés et assis audit Blarru, d'un costé le che- » min de la Ruelle du Chesnay, d'autre le fossé des Ra- » vynes et les Becquets, d'un bout le presbytaire de » Blarru, et d'autre bout plusieurs houtiers : item, troys » lotz de terre, assis au dessus de ladite ruelle. » — Vente d'une maison à Blaru faite au même (13 juillet 1511), par Nouel le Charpentier, dit Guenot, boulanger, de Blaru. — Vente d'un jardin faite par Guillaume Le Myre, boulanger, de Blaru, au même Philippe Perrelle, qualifié, dans l'acte (28 novembre 1511), prêtre, vicaire desservant la cure de Blaru et doyen de Vernon. — Jean Jabin reconnaît avoir reçu de Jean de Tilly, chevalier, seigneur de Blaru, la somme de 95 livres tournois pour l'achat et l'amortissement de 9 livres 10 sous tournois de rente. — Pierre Bernardel, baille, par échange, à Françoise Ladvocat, veuve de Jean de Tilly, un jardin contenant environ 30 perches, au val d'Aconville, et en reçoit 35 perches, en la seigneurie de Blaru, auprès du petit moulin. — Estiennot dit Becquet, maçon, et Marion, sa femme, baillent à la même, 2 portions d'un jardin à Blaru, lieu dit le jardin aux Becquetz, et en reçoivent un lot de jardin, au val d'Aconville. — Robinet dit Becquet, laboureur de vignes, fils et héritier en partie de Robinet dit Becquet, demeurant à Gamilly, paroisse Notre-Dame de Vernon, vend à la même la quatrième portion d'un jardin nommé le Jardin-Becquet, à Blaru. — Toussaint le Myre, foullon, demeurant à Blaru, baille, par échange, à la même, la moitié de la moitié d'une maison, jardin et terre, et en reçoit un arpent de terre au Tresle de la Courbespine, seigneurie de Blaru. — Le même vend à la même un arpent de terre, même lieu dit. — Robert le Myre, laboureur de vignes, demeurant à Gamilly, baille, par échange, à la même tous ses droits sur une maison, jardin et lieu, sis tant à la seigneurie de Blaru qu'en celle du Chenet et en la tenure du prieur de Blaru, et en reçoit un arpent et demi de terre à la Courbespine. — Guillaume le Myre vend à la même un arpent et demi de terre à la Courbespine. — Guillaume le Myre, boulanger, demeurant à Bréval, baille, par échange, à la même, la moitié d'une maison, cour, jardin, terre et lieu, sis tant en la seigneurie de Blaru qu'en celle du Chenet, et en reçoit un arpent et demi à la Courbespine. — Marion, veuve de Guillaume le Myre, reçoit de Françoise Ladvocat la somme de 7 livres 10 sous tournois, restant à payer sur celle de 52 livres tournois, montant du prix d'acquisition d'immeubles, faite par ladite Françoise dudit Guillaume le Myre. — Pierre Pélerin, au nom et comme trésorier et marguillier de l'église Saint-Hilaire de Blaru, reçoit, de Françoise Ladvocat, la somme de 100 sous tournois, pour le rachat et amortissement de 10 sous tournois de rente, que ladite Françoise était tenue de payer à ladite église, à la décharge de Guillaume le Myre.

E. 3503. (Liasse.) — 7 pièces, parchemin ; 6 pièces, papier.

1495-1620. — Blaru. Rentes constituées. — Jean de Vieupont, baron de Neufbourg, en Normandie, pour favoriser l'entrée en religion de sa fille Jeanne de Vieupont, constitue, au profit du monastère Saint-Louis de Poissy, une rente annuelle de 30 livres tournois. — Constitution d'une rente de 75 écus d'or sol, au capital de 900 écus d'or sol, faite, au profit de Charles Le Pelletier, sieur de Château-Poissy, par Jacques de Tilly, chevalier, seigneur châtelain de Blaru, enseigne des cent gentilshommes de la maison du Roi. — Constitution d'une rente de 40 livres tournois, au capital de 480 livres, faite, au profit du même, par Martin Picard, marchand, demeurant à Bonnières. — Constitution d'une rente annuelle et perpétuelle de 16 écus deux tiers d'écus d'or sol, faite, au profit de Charles Le Pelletier, seigneur de Château-Poissy, par Jacques de Tilly, écuyer, seigneur de Blaru, gentilhomme ordinaire de la chambre du Roi. — Constitution d'une rente annuelle et perpétuelle de 106 sous 8 deniers tournois, au capital de 80 livres tournois, faite, au profit de Geoffroy Chambon, prêtre, demeurant à Blaru (1609), par Charles Poullalier, meunier, demeurant à Blaru. — Transport de ladite rente fait par Geoffroy Chambon à Jean Regnault, demeurant à Vernon. — Exploit d'ajournement, à la requête de Jean Regnault, marchand, donné à Henri Le Poullalier, prêtre, Louis Le Poullalier, meunier, et Louise Le Poullalier, héritiers de feu Charles Le Poullalier, leur père, aux fins de payement de la rente ci-devant mentionnée. — Sentence exécutoire du bailliage de Blaru, en conséquence de la signification précitée. — Obligation consentie à Jean Regnault par Louis Poullalier.

E. 3504. (Liasse.) — 3 pièces, parchemin.

1502-1597. — Blaru. Rentes constituées. — Jean Péloing, le jeune, filassier, et Geuffine, sa femme, demeurant au But, paroisse de Blaru, prennent de Louis Morel, fils de Pardon, marchand, demeurant à « Moslu » (Maulu), paroisse de Blaru, « ung lieu, maison, court, » jardin, contenant le tout » 47 perches environ, sis aux « Bossouingtz » (Bons-Soins), moyennant 8 livres tournois. — Louis Morel, fils de feu Pardon Morel, vend et transporte à Catherine le Myre, veuve de Jean Pélerin, l'aîné, et auparavant d'Alexandre Sainctart, demeurant au But, la rente de 8 livres tournois sus énoncée. — Charles Sainctart, cuisinier, demeurant à Blaru, héritier de feue Catherine le Myre, sa mère, transporte la même rente à Cyprien Fauvel, procureur au bailliage de Mantes.

E. 3505. (Liasse.) — 9 pièces, parchemin ; 14 pièces, papier.

1593-1660. — Blaru. Rentes constituées. — Jean Roussel, fils d'autre Jean, tonnelier, demeurant au Chenet, paroisse de Blaru, prend à titre de rente, de François Pélerin, boucher de Blaru, dix perches de terre plantées en vigne, sises au Tresle des Vignes de la Garenne, seigneurie de Blaru, moyennant un écu sol de rente. — François Pélerin, laboureur et marchand de Blaru, transporte à Louis de Tilly, chevalier, seigneur châtelain de Blaru, la somme de 60 sous de rente sur les héritiers de Jean Roussel. — Titre nouvel de ladite rente, passé par Mathieu Roussel, maçon, fils et héritier de Jean, au profit de Charles, Adrien, Louis et Jacques de Tilly, héritiers de Louis de Tilly, seigneur de Blaru. — Titre nouvel de la dite rente, passé, au profit du marquis de Blaru, par Pierre Roussel, fils et héritier de feu Mathieu Roussel, et Pierre Mondit, comme ayant épousé Louise Lanchard, fille de Guy Lanchard et de Judith Roussel, fille et héritière dudit Mathieu, et Pierre Gosselin, fils de Lucas, comme ayant épousé Marie, fille et héritière de feu Jean Questel et d'Adrienne Roussel, qui était aussi fille et héritière dudit Mathieu. — Jean Roussel, fils de Lucas, prend, à titre de rente, de Guillaume Dupré, procureur fiscal de la châtellenie de Blaru, plusieurs lots de terre, sis au Tresle de Saint-Augustin, seigneurie de Blaru. — Guillaume Dupré transporte à Louis de Tilly, seigneur de Blaru, une rente de 15 livres sur Jean Roussel, fils de Lucas. — Louis de Tilly reconnaît avoir reçu de Jean Roussel, fils de Lucas, laboureur, demeurant à Saint-Augustin, la somme de 75 livres tournois, pour le rachat et amortissement de 7 livres

10 sous tournois de rente, faisant moitié de 15 livres de rente annuelle, en quoi ledit Roussel était tenu et obligé envers le seigneur de Blaru, ayant le droit cédé de Guillaume Dupré, ci-devant nommé. — Guillaume Roussel, fils de Jean, laboureur, demeurant à Saint-Augustin, paroisse de Jeufosse, et Jacques Blandureau, laboureur, demeurant en la paroisse de Villeneuve-en-Chevrie, tant pour eux que pour François le Menu, dudit Villeneuve, ayant épousé Adrienne Roussel, renouvellent le titre de 7 livres 10 sous tournois de rente due à Louis de Tilly.

E. 3105. (Liasse.) — 17 pièces, parchemin; 1 pièce, papier.

1606-1611-1615-1620. — Blaru. Rentes constituées. — Constitution d'une rente annuelle de 107 livres 2 sous 6 deniers, faite au profit de Philippe Daniel, écuyer, sieur de Boisdenemetz, par son frère Nicolas Daniel, avocat au grand Conseil. — Transport de ladite rente faite par Nicolas Daniel à Nicolas de Dessus-le-Pont, lieutenant-général en la vicomté de Vernon, moyennant 1500 livres tournois. — Nicolas Daniel vend à Claude de Bauquemare, prieur de « Saulseuxe » (30 août 1619), une maison « ou maisons » à Vernon, paroisse Sainte-Geneviève, près le « coing du Saule, » qu'il tenait de la succession de Gédéon Daniel, son frère, lequel l'avait eue par héritage du sieur du « Boisdanemetz, » leur père, pour le prix de 3000 livres tournois, « en payement de laquelle somme le dict sieur (sic) de Saulseuxe... sera tenu... de charger ledict sieur Daniel du principal » des 107 livres 2 sous 6 deniers de rente, hypothéquée et rachetable moyennant 1500 livres ci-devant mentionnée. — Nicolas de Dessus-le-Pont reconnaît avoir reçu de Louis de Tilly, chevalier, seigneur châtelain de Blaru, 1500 livres tournois, pour le principal de ladite rente, et à la suite du retrait de la maison de Vernon d'entre les mains du prieur de Saussuse, et d'une seconde vente du même immeuble, faite, par le sieur de Boisdenemetz, audit Louis de Tilly. — Constitution d'une rente annuelle de 178 livres 13 sous tournois, au capital de 2,500 livres 1 sou tournois, faite par Philippe Daniel, écuyer, « sieur » de Boisdanmetz, » et Nicolas Daniel, écuyer, son frère, au profit de Christophe Le Maçon, écuyer, sieur de « Goneville » (Gonneville) et « Houllebecq, » capitaine d'une compagnie de gens de guerre à pied français, entretenus, pour le service du Roi, en la ville de Brouage. — Geneviève Jubert, femme de Christophe Le Maçon, et de lui autorisée, reconnaît avoir reçu, de Louis de Tilly, le montant des rachat et arrérages de la rente constituée, au profit de son dit mari, par Philippe et Nicolas Daniel.

— Constitution d'une rente annuelle de 250 livres tournois, au capital de 4,000 livres, faite, au profit de Marie Le Pelletier, sieur de Resnault et de la Houssaie, conseiller du Roi et maître ordinaire en la Chambre des comptes, par Louis de Tilly, chevalier, seigneur châtelain de Blaru, lieutenant de la compagnie des cent gentilshommes de la maison du Roi. — Constitution d'une rente de 214 livres 5 sous 6 deniers tournois, au principal de 3,000 livres tournois, faite au profit de Pierre Puchot, sieur de Cidetot et du « Bosmellet » (Bosmelet), par Hiéronime D'arcona. — Autre constitution d'une rente de 33 écus tiers faite par le même au même. — Constitution d'une rente annuelle de 300 livres tournois, au capital de 4,200 livres tournois, faite, au profit de Pierre Puchot, sieur de Cidetot, conseiller au parlement de Rouen, par Hiéronime et Adrien d'Arcona. — Hector Leroux, écuyer, en qualité de tuteur de Marie Puchot, donne quittance du montant du rachat de la dite rente opéré par le frère d'Arcona. — Constitution d'une rente de 500 livres tournois, au principal de 7000 livres tournois, faite, par les mêmes frères d'Arcona, au profit de David Dauvray, conseiller du Roi et receveur général de ses finances en la généralité de Rouen. — Constitution d'une rente de 280 livres 14 sous 2 deniers, faite, par les mêmes, moyennant 4000 livres tournois de principal, au profit de Charles Faulcon, sieur de Saint-Pierre-Bourgerie. — Acte de rachat de la dite rente par les dits frères d'Arcona. — Constitution d'une rente de 500 livres tournois, au capital de 7000 livres, faite par les mêmes, au profit de Jacques Le Jouey, écuyer, sieur de Bonnelles, conseiller du Roi et maître ordinaire de ses comptes en Normandie. — Quittance de rachat de la dite rente.

E. 3107. (Liasse.) — 12 pièces, parchemin; 11 pièces, papier.

1616-1703. — Blaru. Rentes constituées. — Claude le Cœur, cordonnier, demeurant à Verzon, ayant épousé Catherine Auffray, héritière de feu Simon Auffray, prêtre, curé de « Chignolles » (Chaignolles), (10 décembre 1616), reconnaît avoir reçu de Louis de Tilly, seigneur châtelain de Blaru, héritier pour un quart, de son père, Jacques de Tilly, la somme de 18 livres 15 sous tournois, principal et arrérages de 25 sous tournois de rente, quatrième partie de 100 sous de rente constituée au profit du dit Simon Auffray, par Charles et Françoise de Tilly, par contrat du 11 janvier 1506 (1567). — Transport de 10 livres tournois de rente, au capital de 100 livres tournois, fait à Louis de Tilly, seigneur de Blaru, par François Le Grand, marchand, de Blaru.

— Constitution d'une rente annuelle et perpétuelle de 50 livres tournois de rente, au principal de 800 livres tournois, faite, au profit du même Louis de Tilly, par Nicolas Henry, écuyer, sieur de « Vianne » (Velannes). — Constitution d'une rente de 123 livres 11 sous 0 deniers tournois, au principal de 1400 livres tournois, faite, au profit d'Antoine Turgot, sieur du Ménil-Gondouin, avocat en la Cour, demeurant en la paroisse de Saint-Michel de Rouen, par Claude Augier, chevalier, sieur et baron de Crapado. — Autre constitution d'une rente de 100 livres, au capital de 1400 livres tournois, faite par le même au profit du même. — Titre nouvel des deux rentes sus mentionnées passé au profit d'Antoine Turgot, chevalier, seigneur de Saint-Clair et autres lieux, conseiller du Roi en sa cour de parlement et commissaire aux requêtes du palais à Paris, héritier de feu Jacques Turgot, son vivant, chevalier, seigneur du dit Saint-Clair, le Mesnil-Gondouin et autres lieux, qui était héritier de feu Antoine Turgot, en son vivant, chevalier, seigneur du dit Saint-Clair, par Charles de Tilly, marquis de Blaru, Claude d'Arcona, sa femme, Hubert de Champagne, marquis de Vilaines, au nom et comme tuteur de Louise de Champagne, sa fille, unique héritière de feue Louise d'Arcona, sa mère, et co-héritière, avec la dite Claude d'Arcona, marquise de Blaru, de feu Hiéronime d'Arcona, en son vivant, chevalier, seigneur du Quesnay, sur les biens duquel étaient assises les deux rentes Turgot. — Transaction sur procès pour cause des dites rentes entre Antoine Turgot, chevalier, seigneur de Saint-Clair, Ménil-Gondouin, Sainte-Croix-sur-Orne, Sainte-Honorine-la-Petite et autres lieux, conseiller du Roi et maître des requêtes ordinaire, et Jacques-Étienne Turgot, chevalier, seigneur de Saumont et autres lieux, fils et héritier de feu Dominique Turgot, chevalier, seigneur du dit Saumont, conseiller du Roi, maître des requêtes ordinaire, lequel, avec ledit seigneur de Saint-Clair, Jacques Turgot, président au parlement de Rouen, et François Turgot, seigneur de Belou, était héritier de Jacques Turgot, leur père, d'une part, et Claude d'Arcona, veuve de Charles de Tilly, et Charles de Tilly, marquis de Blaru, leur fils, d'autre part. — Quittance de remboursement du capital et arrérage des dites rentes, fait, à Antoine Turgot, par Charles de Tilly, marquis de Blaru.

E. 3508. (Liasse.) — 7 pièces, parchemin; 11 pièces, papier.

1618-1712. — Blaru. Rentes constituées. — Pierre Hébert et Marguerite Gontier, sa femme, transportent à Louis de Tilly, seigneur châtelain de Blaru, une rente de 30 livres tournois, qu'ils ont droit de prendre sur Jean Launo, demeurant au Val, paroisse du « Port de Villiers. » — Titre nouvel de 9 livres de rente affirmé par Jean Questel, au profit de Mathurin Baudet. — Pièces relatives à deux parties de rente dues au seigneur de Blaru par Guy Baucher et Judith Lemire; à une rente de 40 sous due au même par Thomas Demousseaux et sa femme Guillemette Marel; à une rente de 14 livres 5 sous 10 deniers tournois due au même par Pierre Morel. — Jean Bonamy et Louise Roussel, de Blaru, sa femme, constituent une rente de 74 sous 9 deniers tournois, au capital de 69 livres tournois, au profit d'honnête personne Pierre le Duc, cuisinier de « H. de Brécour. » — Pièces de procédures touchant la dite rente, dont se chargea le marquis de Blaru, par l'acquisition qu'il fit de Jean Bonamy, et qu'il amortit en 1713. — Madeleine Hays ou Haye, veuve de Jacques Desnois, demeurant à Vernon, transporte à la marquise de Blaru différentes rentes, montant ensemble à la somme de 23 livres, à prendre sur Charles Lenoir, Jean Primault et Jean Billy, chirurgien, à Blaru. — Transport d'une rente de 75 sous tournois sur Claude Bernay, fait à Nicolas La Duc par Jean Lodru.

E. 3509. (Liasse.) — 8 pièces, parchemin; 5 pièces, papier.

1621-1653. — Blaru. Rentes constituées. — Constitution d'une rente de 700 livres, au principal de 11200 livres tournois, faite, au profit de François de Brétignières, conseiller du Roi et son procureur général au parlement de Normandie, par Hiéronime d'Arcona. — Hiéronime d'Arcona, pour faciliter le paiement d'arrérages de cette rente, consent à ce que le sieur de Brétignières reçoive annuellement la somme de 650 livres, à prendre sur une partie de 2800 livres de rente qu'a le dit d'Arcona sur les aides du quatrième de la ville de Rouen. — Le même transporte un pareil droit à Louise de Pleurs, veuve de François de Brétignières. — Charles de Brétignières, sieur de la Pertuisière, constitue pour son procureur Lanfranc Bouchard, chevalier, vicomte de Blosseville, conseiller d'État, demeurant à Rouen, à l'effet de recevoir du seigneur de Blaru la somme de 11200 livres, montant du rachat de la rente constituée par H. d'Arcona. — Exploit de signification contenant : 1° une constitution de rente de 1000 livres, au principal de 18000 livres tournois, faite par Hiéronime d'Arcona, au profit de Nicolas « Servyens, » seigneur de Montigny, conseiller du Roi, trésorier des parties casuelles;

2° une requête adressée au lieutenant civil par Nicolas Servieux, à ce qu'il lui plaise ordonner que la veuve et les héritiers du dit d'Arcona soient appelés en justice pour voir déclarer exécutoire sur eux le contrat de constitution sus mentionné; 3° commission du garde de la prévôté de Paris, pour qu'il soit donné assignation pour faire droit à la requête précédente; 4° arrêt exécutoire à l'encontre d'Adrien d'Arcona et de tous autres qu'il appartiendra. — Quittance du rachat de la rente de 1000 livres, au capital de 18000, cédée par Nicolas Servieux à Hugues Lyonne et Paule Payen, sa femme. — Pierre le Marchand, conseiller du Roi et auditeur en sa chambre des comptes de Normandie, reconnaît avoir reçu d'Hiéronime d'Arcona 9800 livres, d'une part, et 763 livres 18 sous, d'autre part, pour le rachat et les arrérages de 700 livres tournois de rente, en quoi s'était obligé ledit d'Arcona, comme caution de Charles Baudry ou Gaudry, écuyer, sieur de Biville et Embleville, conseiller du Roi au parlement de Rouen. — Constitution d'une rente de 200 livres tournois, au principal de 2800 livres, faite par Georges Boyer, écuyer, sieur de la Digardière, tant en son nom que comme se portant fort de Jean et Pierre Royer, écuyers, sieurs de la Fonterie et de Secqueville, ses frères, au profit de Jean Le Cornu, écuyer, sieur de Bimorel, conseiller du Roi au parlement de Normandie, et à la caution d'Hiéronime d'Arcona. — François Le Cornu, écuyer, sieur de Bimorel, conseiller du Roi au parlement de Normandie, fils et héritier, en partie, de Jean Le Cornu, déclare avoir reçu de Charles de Tilly, seigneur châtelain de Blaru, ayant épousé Claude d'Arcona, et, en cette qualité, héritier, par bénéfice d'inventaire, de feu Hiéronime d'Arcona, le principal et les arrérages de 200 livres de rente cautionnées par ledit d'Arcona.

E. 3510. (Liasse.) — 4 pièces, parchemin; 15 pièces, papier.

1626-1680. — Blaru. Rentes constituées. — Lucas Luce le jeune, tailleur d'habits, demeurant à Blaru, et Françoise Jossy, sa femme, constituent, au profit de Louis de Tilly, chevalier de l'ordre du Roi, lieutenant des cent gentilshommes de Sa Majesté, capitaine d'une compagnie de chevau-légers, une rente de 12 livres 10 sous tournois, au principal de 200 livres tournois. — Constitution d'une rente de 8 livres 16 sous 3 deniers tournois, au capital de 141 livres tournois, faite par les mêmes à Charles de Tilly, seigneur châtelain de Blaru. — Procédures pour cause de non-payement des dites rentes. — Lucas Luce prend de Jean Gosselin, arpenteur juré au bailliage d'Evreux, demeurant à Vernon, 5 perches de terre, moyennant le payement d'une rente annuelle de 60 sous. — Titre nouvel des deux rentes constituées au profit des seigneurs de Blaru par Lucas Luce et sa femme. — Jean Dubois, procureur au marquisat de Blaru, et Geneviève Gosselin, sa femme, transportent à Charles de Tilly, marquis de Blaru, la rente de 60 sous qu'ils ont droit de prendre, comme héritiers de Jean Gosselin, sur Lucas Luce. — Jean Bauciel, vigneron, demeurant à Blaru, et Perrette Drouart, sa femme, constituent, au profit de Charles de Tilly, une rente de 4 livres 10 sous 6 deniers, au principal de 90 livres tournois, hypothéquée sur une maison sise près le grand moulin. — Procédures pour cause de non-payement de la dite rente, à l'encontre de Charles Luce, ayant épousé Jeanne Bauciel, fille et héritière de Jean Bauciel, ci-devant nommé.

E. 3511. (Liasse.) — 6 pièces, parchemin; 10 pièces, papier.

1624-1667. — Blaru. Rentes constituées. — Charles de Tilly, seigneur de Blaru, Adrien de Tilly, écuyer, seigneur de Villegats, son frère, tant en leurs noms que comme se portant fort de Prudence de la Haye de Chantelou, femme de Charles de Tilly, et de Louis de Tilly, écuyer, S' de Lorieau, leur frère, constituent, au profit de François Bonault, S' de Fremont, une rente de 300 livres au principal de 5400 livres. — Charles de Tilly, seigneur de Blaru, et Nicolas Baudot, écuyer, sieur de Neaufle, constituant une rente de 300 livres tournois, au principal de 4200 livres, au profit de Jean Jubert, chevalier, seigneur de Brécourt. — Adrien de Tilly, chevalier, sieur de Villegast, capitaine major au régiment du marquis de Fesses, et Julien Lebret, sieur de Flacourt, conseiller du Roi, constituent une rente de 333 livres 6 sous 8 deniers tournois, au principal de 6000 livres, au profit de Charles Savin, sieur de Quincy, conseiller du Roi, stipulant par Marie Lemaistre, sa femme. — Transport de la dite rente fait, par Charles Savin, à Alexandre Guillemin, chirurgien à Paris. — Rachat de la dite rente par Charles de Tilly, seigneur de Blaru. — Charles de Tilly, seigneur de Blaru, et Adrien de Tilly, écuyer, seigneur de Villegast, son frère, tant en leurs noms que comme se portant fort de Louis de Tilly, écuyer, sieur de Lorieau, et de Jacques de Tilly, écuyer, sieur du dit lieu, constituent une rente de 400 livres tournois, au capital de 7200 livres, au profit de François Girard, avocat au grand conseil du Roi. — Constitution d'une rente de 222 livres 4 sous 5 deniers tournois, au principal de 4000 livres, faite par Charles de Tilly, sieur de Blaru, au profit de Cardin Lebret, chevalier, sieur de Flacourt

...arg et autres terres. — Adrien de Tilly, chevalier, seigneur de Villegast, reconnaît avoir reçu de Charles de Tilly, seigneur de Biaru, la somme de 18000 livres tournois, faisant partie de 67000 livres, pour le rachat de 1000 livres tournois de rente, faisant aussi partie de 3722 livres 4 sous 6 deniers de rente constituée, au profit dudit sieur de Villegast, par contrat du 2 novembre 1637. — Marie de Bordeaux, veuve d'Adrien de Tilly, reconnaît avoir reçu de Charles de Tilly, marquis de Biaru, la somme de 15000 livres tournois, en déduction du principal de 49000 livres, en quoi ledit marquis de Biaru s'était obligé envers la succession du dit feu sieur de Villegast, à cause de l'acquisition qu'il avait faite de lui des héritages et biens à lui échus, pour sa part dans la succession de feu les S. et dame de Biaru, leurs père et mère. — La même Marie de Bordeaux, tutrice de ses enfants mineurs, Jacques de Tilly et demoiselle Claude de Tilly, Charles de Tilly et Hubert de Tilly, ses enfants majeurs, reconnaissent avoir reçu de Charles de Tilly, marquis de Biaru, la somme de 49030 livres 1 sous 9 deniers tournois, dont 34,000 livres pour le rachat et l'amortissement de la somme de 1888 livres 17 sous 6 deniers tournois, restant due et à racheter sur celle de 3722 livres 4 sous 6 deniers de rente, constituée par ledit marquis de Biaru au feu sieur de Villegast, son frère, pour le prix de la vente du 2 novembre 1637, et la ... 1 sous 9 deniers, pour les arré... — Jean Houssaye, laboureur, de...
...aville, constitue, au profit de ...alier, seigneur de Villegast, une ... 6 deniers tournois au principal ...

E. 3512. (Liasse.) — 5 pièces, parchemin ; 5 pièces, papier.

1643-1765. — Biaru. Rentes constituées. — Constitution d'une rente de 125 livres tournois, au principal de 2000 livres, faite par Charles de Tilly, seigneur de Biaru, au profit de David Bouret, élu en l'élection de Mantes. — Titre nouvel de la dite rente fait par Charles de Tilly, marquis de Biaru, fils et héritier du constituant primitif, au profit de Louis Bouret, fils et héritier de feu David, conseiller du Roi, contrôleur en l'élection de Mantes, et de Jacques Vathonne, avocat au parlement, à cause de Marie Poisson, sa femme, fille et héritière de feu Nicolas Poisson, en son vivant, marchand, bourgeois de Mantes, et de Marie Bouret, laquelle était fille et héritière du dit David. — Transaction touchant la conversion de cette rente du denier seize au denier dix-huit, faite entre François-Bonaventure de Tilly, marquis de Biaru, petit-fils du constituant primitif, d'une part, et Simon-Placide Le Maire, seigneur de Némond, conseiller du Roi, président au présidial et élection de Mantes, fils et héritier d'Anne Bouret, veuve d'Eustache Le Maire, seigneur dudit Némond, et président au présidial de Mantes, et aussi de Catherine Bouret, sa cousine germaine, veuve de Guillaume Le Noir, écuyer, conseiller et procureur du Roi au présidial de Mantes, lesquelles veuves de Némond et Le Noir étaient héritières de David Bouret, prieur de Précourt, leurs frère et oncle, fils et héritier de Louis Bouret sus mentionné : et encore le dit Simon Placide Le Maire, fondé de procuration de Marie-Christine Hérault, femme de Jean-Baptiste Guillard, chevalier, seigneur de la Vacherie, gouverneur de la citadelle d'Arras, laquelle était héritière du dit Bouret, prieur de Précourt, son oncle maternel ; Guillaume Bouret, écuyer, seigneur de Beuron et de Malassis, conseiller du Roi, premier président et lieutenant-général au présidial de Nantes, et Antoinette Le Camus, sa femme, donataires, par leur contrat de mariage, de tous les biens de Marie Poisson, aïeule maternelle de la dite dame de Beuron, veuve de Jacques Vathonne, d'autre part. — Quittance de rachat de la dite rente délivrée à François-Bonaventure de Tilly par Charles-Antoine-Placide Bouret, écuyer, seigneur de Beuron et de Malassis, conseiller du Roi, président lieutenant-général au bailliage et siège présidial de Mantes, comme héritier de Guillaume Bouret et d'Antoinette Le Camus, ses père et mère, Marie-Marguerite-Elisabeth Le Maire de Dénemont (sic), veuve de Armand-Louis Cognard, chevalier, seigneur des Vieilles-Granges et autres lieux, seule et unique héritière de Simon-Placide Le Maire, sus-mentionné ; et Antoine Barret, huissier-priseur au bailliage de Mantes, aux droits de Marie-Victoire Guillard de la Vacherie, femme en secondes noces de Jacques-Charles, marquis de la Roche-Courbon, brigadier des armées du Roi, colonel du régiment de Forez, la dite Marie-Victoire, seule et unique héritière de Marie-Christine Hérault, et de Jean Guillard, seigneur de la Vacherie, précités.

E. 3513. (Liasse.) — 6 pièces, parchemin ; 2 pièces, papier.

1657-1695. — Biaru. Rentes constituées. — Charles de Tilly, seigneur de Biaru, et Claude d'Arcona, sa femme, constituent, au profit de Pierre Gobelin, chevalier, seigneur du Quesnoy, une rente de 500 livres, au principal de 10000 livres. — Marguerite Le Bret, dame d'« Hermay » (Hermé) et de « Cervolle » (Servolle), en partie, veuve de Pierre Gobelin, François Gobelin, chevalier, et Thomas Gobelin, conseiller au parlement, reconnaissent avoir reçu de Charles de Tilly et Claude d'Arcons le montant du rachat de la rente sus-mentionnée. — Constitution d'une rente de 7 livres 9 sous 0 deniers tournois faite, au capital de 100 livres tournois, au profit de Charles le Cellier, laboureur (1609), demeurant à la Chapelle-Saint-Ouen, par Anne Bethouano, veuve de Nicolas le Doyen, et Pierre le Doyen, son fils. — Transport de la dite rente fait à Pierre Pot-de-Vin, laboureur, demeurant à la Chapelle-Saint-Ouen, par Charles Le Cellier, écuyer (1609), garde de la porte du Roi, demeurant au Bois-Gérosme, près Vernon. — Charles de Tilly, marquis de Blaru, transporte à François de Paris, conseiller du Roi, maître ordinaire en sa chambre des comptes, 200 livres de rente en trois parties: la première, de 100 livres de rente constituée par Philippe Daniel, écuyer, sieur du Bois-Dennemets, et Nicolas Daniel, écuyer, avocat au grand conseil, frères, au profit de Charles de Croismare, écuyer ; la seconde, de 50 livres de rente constituée par les mêmes au profit du même; lesquelles deux parties de rente ont été transportées par Antoinette de Tilly, veuve du dit Charles de Croismare, tant en son nom que comme procuratrice de François de Croismare, écuyer, son fils, et Nicolas de Croismare, prêtre, chanoine de l'église de Vernon, et Pierre de Croismare, écuyer, conseiller du Roi, vicomte du dit Vernon, tous héritiers du dit feu Charles de Croismare, à Louis de Tilly, seigneur de Blaru ; desquelles deux parts de rente unies il a été passé acte nouvel par Nicolas Daniel, écuyer, Sr de Giverny, au profit du dit Charles de Tilly, comme les ayant héritées de son père Louis ; la troisième partie des 200 livres de rente constituée par Jacques Le Prince, conseiller du Roi en l'élection d'Andelys, Vernon et Gournay, au profit de Louis de Tilly, père du dit Charles. — Charles de Tilly, marquis de Blaru, reconnaît, par son procureur fondé, Pierre Galet, son maître d'hôtel, devoir à François de Paris la somme de 4000 livres, pour cause de pur, vrai et loyal prêt d'argent. — Quittance de remboursement de ce prêt faite à Charles de Tilly, marquis de Blaru, par Louis de Vervius, à qui François de Paris avait cédé ses droits.

E. 3514. (Liasse.) — 5 pièces, parchemin ; 3 pièces, papier.

1638-1662. — Blaru. Rentes constituées. — Titres de propriété d'un quart de deux maisons sises rue des Poulies, à Paris, vendu à Etienne d'Aligre, chevalier, seigneur de Larivière, Laforest, Le Favril, Villenesce et autres lieux, conseiller du Roi, directeur des finances de France, par René Liejart, écuyer, sieur de Puymorin, garde du corps du Roi, et Charlotte Chedda, sa femme, tant en leurs noms que comme se portant fort de Pierre Liejart, commis aux aides de Beauvais, fils du dit Puymorin et de feu Blanche Kerver, et encore le dit de Puymorin comme tuteur de Marie Liejart, fille de lui et de la dite Blanche. — Sentence d'ordre, à la requête de créanciers, pour la distribution de la somme de 7000 livres, montant du prix d'acquisition du dit quart des deux maisons. — Quittances en exécution de la sentence d'ordre données à Etienne d'Aligre par les créanciers Robert Hamouin, procureur au Châtelet de Paris, Marguerite Pessey, sa femme, le dit Hamouin, ayant le droit par transport de Jacques Lefebvre et Marguerite Frémond, sa femme, au nom et comme tuteurs conjointement et stipulant pour Madeleine de Mony, fille de la dite Frémond et de Jacques de Mony ; Jean Blanchard, peintre ordinaire du Roi, au nom et comme tuteur d'Anne Blanchard, fille de lui et de feu Antoinette de Guepréau ; Jean Pessey, prêtre, aumônier du Roi en son château de Chantilly ; Hubert Pessey, marchand de fer, bourgeois de Paris ; les dits Hamouin, sa femme, Blanchard et Pessey, héritiers, savoir : les dits Pessey, chacun pour un tiers, de feu Hubert Pessey, leur père, et encore héritiers, avec ladite Blanchard, mineure, chacun pour un quart, de la dite défunte de Guepréau, leur mère. — Titres de propriété de trois quarts de deux maisons sises rue des Poulies, à Paris, vendues à Etienne d'Aligre, conseiller du Roi et directeur de ses finances, par sentence de licitation du 11 mai 1658 sur Marguerite Kerder, poursuite de Marie de Cathin de Rozan. — Quittance de la somme de 8592 livres 10 sous payée par le chancelier d'Aligre à Léonard Tardy, conseiller du Roi, auditeur en sa chambre des comptes, caution de Marie de Cathin de Rozan, en suite de laquelle est un contrat de constitution de 472 livres de rente, faite par d'Aligre à Tardy. — Déclaration faite par Tardy de ladite rente au profit de Marie de Cathin de Rozan. — Quittance de remboursement et rachat de la dite rente faite par Marie de Cathin de Rozan à Charles d'Aligre, chevalier, conseiller d'Etat et d'honneur au parlement, Madeleine Blondeau, veuve de Michel d'Aligre, en son vivant, chevalier, seigneur de Boislandry, au nom et comme tutrice d'Etienne et Giles d'Aligre, enfants mineurs, Marie d'Aligre, femme de Godefroy, comte d'Estrade, maréchal de France, commandeur des ordres du Roi, gouverneur des ville et citadelle de Dunkerque et places en dépendant, Claude de l'Aubespine, chevalier, marquis de Verderonne, Stores et autres lieux, Hélène d'Aligre, sa femme, et procuratrice de François-Bonaventure de Manneville, chevalier, marquis de Manneville, comte de Charles-Mesnil, les dits sr et dames d'Aligre, enfants et petits-enfants d'Étienne d'Aligre, garde des sceaux et chancelier de France.

E. 3313. (Liasse.) — 3 pièces, parchemin; 3 pièces, papier.

1608-1682. — Blaru. Rentes constituées. — Georges d'Accon, conseiller et aumônier ordinaire du Roi, prieur commandataire des prieurés de Saint-Michel et de Notre-Dame de Tréon, diocèse de Chartres, au nom et comme se portant fort du marquis et de la marquise de Blaru, de Louis de Tilly, seigneur de Lorteau et Saint-Illiers-les-Bois, et d'Anne d'Accon, sa femme, et enfin du seigneur de Villegast, transporte à François Ouret, conseiller du Roi, maître ordinaire en sa chambre des comptes, 1952 livres 14 sous tournois de rente, à prendre sur les 3,000,000 de livres de rente de sel, en deux parties, l'une de 905 livres 9 sous de rente constituée par la ville de Paris au profit de Charles-Louis-Jacques et feu Adrien de Tilly, frères; l'autre, de 1047 livres 5 sous de rente constituée aussi par la ville de Paris au profit de Louis de Tilly, seigneur de Blaru. — Constitution d'une rente de 700 livres tournois, au capital de 12,000 livres, faite par Charles de Tilly et Claude d'Arcona, marquis et marquise de Blaru, au profit de Claude Daniel, chevalier, seigneur de Bois-Jennemets. — Quittances de rachat et amortissement de la dite rente. — Pierre Gallet, Sr de Lapierre, maître d'hôtel du marquis de Blaru, constitue, au profit de Claude Le Moyne, Sr de « Mustel et de Valmeux, » conseiller du Roi, une rente de 30 livres tournois, au capital de 420 livres, avec la caution de Jean Charité, maître du pont de Vernon. — A la requête de Jean-Baptiste Le Moyne, sieur de « Bel-Isle, » conseiller du Roi, président au grenier à sel de Vernon, héritier de feu Claude Le Moyne, Claude d'Arcona, veuve de Charles de Tilly, marquis de Blaru, déclare que Pierre Galet et Jean Charité ont fait la constitution sus mentionnée pour en faire toucher le capital à elle et à son mari, et conséquemment s'oblige personnellement envers le dit Jean-Baptiste Le Moyne. — Transport de la dite rente de 30 livres fait par Jean-Baptiste Le Moyne à Jacques Pattier, conseiller du Roi, receveur des tailles en l'élection d'Andelys, Vernon et Gournay. — Constitution de 257 livres 2 sous 6 deniers de rente, au capital de 3000 livres tournois, faite, au profit de Jacques de Croismare, écuyer, par Charles de Tilly, marquis de Blaru.— Quittance autographe signée « de Croismare, » pour une année d'arrérages de la dite rente.

E. 3314. (Liasse.) — 6 pièces, parchemin; 6 pièces, papier.

1607-1724. — Blaru. Rentes constituées. — Charles de Tilly, marquis de Blaru, et Haulin Chrestien, marchand chaudronnier, bourgeois de Paris, tant en leurs noms que comme se portant fort de Claude d'Arcona, femme de Charles de Tilly, constituent une rente de 400 livres, au capital de 8000 livres tournois, au profit de Nicolas Marescot, marchand bourgeois de Paris, tant en son nom que comme tuteur de Mathieu Marescot, son frère, fils mineur de feu Nicolas Marescot, vivant bourgeois de Paris, et d'Antoinette David, sa femme. — Acte de rachat de la dite rente. — François Voirlot, marchand, demeurant à Vernon, constitue, avec la garantie de Jacques de Tilly, chevalier, seigneur de Villegast, au profit du bureau de Sainte-Elisabeth « des pauvres valides renfermés de la ville de Vernon, » représenté par le receveur Pierre Pattier, marchand, bourgeois de Vernon, une rente de 121 livres 8 sous 6 deniers, au principal de 1700 livres. — Le même, avec la même caution, constitue une rente de 50 livres, au principal de 700 livres tournois, au profit des enfants de feu Jacques Pattier, en son vivant, marchand bourgeois de Vernon, stipulant par leur aïeul et tuteur Pierre Pattier. — Charles de Tilly, marquis de Blaru, déclare que le capital provenant de ces deux constitutions de rente a été effectivement versé entre ses mains par Voirlot, et s'oblige conséquemment à payer les intérêts au lieu et place du dit constituant. — Charles de Tilly et Claude d'Arcona, marquis et marquise de Blaru, cette dernière représentée par son procureur fondé Adrien Bouchier, marchand, demeurant à Bizy, près Vernon, constituent une rente de 1000 livres, au principal de 20000 livres tournois, au profit de Mathias Poncet de la Rivière, chevalier, conseiller du Roi, maître ordinaire des requêtes de son hôtel (1607). — Claude d'Arcona, veuve de Charles de Tilly, tant en son nom que comme se portant fort de Charles de Tilly, son fils, chevalier, marquis de Blaru, constitue une rente de 250 livres, au principal de 5000 livres tournois, au profit de Mathias Poncet, chevalier, seigneur comte d'Ablis, conseiller du Roi, intendant de justice, police et finances, à Metz (1673). — Titre nouvel de cette constitution par Charles de Tilly, marquis de Blaru, comme seul et unique héritier de feue Claude d'Arcona. — Quittance du remboursement de cette rente opéré par Charles de Tilly entre les mains d'Ambroise Ferrand, chevalier, conseiller au Parlement, et Marie Betauld, sa femme, auparavant veuve de Mathias Poncet de Larivière, chevalier, président à la cinquième chambre des requêtes du Parlement, légataire universel dudit Mathias Poncet, son père.

E. 3517. (Liasse.) — 6 pièces, parchemin; 6 pièces, papier.

1670-1712. — Blaru. Rentes constituées. — Charles de Tilly, marquis de Blaru, et Claude d'Arcona, sa femme, constituent, au profit de Rodolphe le Coustarier, écuyer, sieur de Chauvincourt, conseiller du Roi au siège présidial de Mantes, une rente de 100 livres, au principal de 2000 livres. — Titre nouvel par Charles de Tilly, marquis de Blaru, fils du constituant primitif. — Anne Sanhoye, veuve de Philippe le Coustarier, comme tutrice et ayant la garde noble des enfants mineurs de Rodolphe le Coustarier et de Catherine Meter, sa femme, reconnaît avoir reçu de Charles de Tilly et de Marguerite d'Aligre, marquis et marquise de Blaru, le montant du remboursement de la rente susdite. — Constitution d'une rente de 200 livres, au principal de 4000 livres, faite, au profit d'Etienne et Claude de Labye, bourgeois et marchand de la ville d'Amiens, par François du Chastelet, chevalier, seigneur de Moyencourt, Vadencourt et autres lieux, tant en son nom que comme fondé de procuration de Catherine de Presteval, sa femme, et Henry de Tilly, chevalier, seigneur de Bionval. — Quittance de rachat de ladite rente faite à Charles de Tilly, marquis de Blaru, par Claude Labye, tant en son nom que comme héritier de son frère Etienne. — Constitution d'une rente de 122 livres 4 sous 6 deniers, au capital de 220 livres, faite par Charles de Tilly, marquis de Blaru, au profit du trésor de l'église et fabrique des trépassés du grand cimetière de Vernon, stipulant par Etienne Lebert, marchand, bourgeois de Vernon. — Claude Darcona, veuve de Charles de Tilly, marquis de Blaru, constitue une rente de 25 livres, au capital de 450 livres, au profit du trésor et de l'église et fabrique Sainte-Geneviève de Vernon, stipulant par Louis-le-Hérault, avocat aux sièges royaux dudit Vernon. — Constitution de 100 livres de rente, au capital de 1800 livres, faite par la même au même trésor, stipulant par François Le Tellier, écuyer, sieur d'Oysonville, trésorier en charge de la fabrique Sainte-Geneviève. — Elisabeth Lezille, veuve de Roger Le Tellier, en son vivant, avocat à Vernon, fondée de procuration de Louise Le Tellier, sa fille majeure, héritière en partie dudit Le Tellier, vend à Claude d'Arcona, une maison sise à Vernon, rue Potard, paroisse Notre-Dame, pour le prix de 200 livres, en payement duquel ladite d'Arcona se charge d'acquitter une rente de 65 livres due au sieur de Martinbos, lieutenant-général au Pont-Levêque, au nom et comme mari d'une des filles du feu sieur de « Mezangere ». — Gilles le Diarre, écuyer, sieur de Martinbans (sic), conseiller du Roi, lieutenant-général civil et criminel du bailli de Rouen en la vicomté d'Auge, ayant épousé Madeleine de Bordeaux, fille et héritière en partie de Michel de Bordeaux, écuyer, sieur de la Mézangere, en son vivant, conseiller du Roi, vicomte d'Auge, reconnaît avoir reçu de Claude d'Arcona le montant du remboursement et des arrérages de la dite rente de 65 livres. — Sœurs Marie de Saint-Bernard, supérieure (6 novembre 1700) du couvent des dames Ursulines d'Evreux, et Barbe de Saint-Jean-Baptiste, dépositaire dudit couvent, reconnaissent avoir reçu de Gilles le Diarre, susnommé, la somme de 400 livres, pour le rachat de cette de 100 livres de rente constituée, au profit desdites dames, par Madeleine Bouchard, veuve de Jacques de Bordeaux, écuyer, sieur du Buisson-de-Mai, et du feu sieur de la Mézangère (sic, lis. : Mesangère). — Etienne Becquet, marchand tanneur de Vernon, trésorier de l'église et paroisse de Sainte-Geneviève de Vernon, reconnaît, en la présence de Jean Allaire, prêtre, curé (14 janvier 1713) de ladite église, avoir reçu de Charles de Tilly, marquis de Blaru, le remboursement du capital des deux rentes constituées, comme il est dit ci-devant, au profit du trésor de ladite église Sainte-Geneviève.

E. 3518. (Liasse.) — 3 pièces, parchemin; 9 pièces, papier.

1671-1750. — Blaru. Rentes constituées. — Constitution d'une rente de 22 livres 4 sous 4 deniers, au principal de 400 livres, faite par Hubert de Tilly, écuyer, demeurant à Vernon, au profit de François le Monnier, greffier au siège du bailliage de Vernon. — Transport de ladite rente faite à Jacques Pattier, écuyer, conseiller du Roi, receveur des tailles en l'élection des Andelys, par Adjutor-Nicolas Le Monnier, conseiller du Roi, élu en l'élection des Andelys, comme héritier de feu Abraham Le Monnier, en son vivant, écuyer, son frère, fils de François Le Monnier. — Claude d'Arcona, veuve de Charles de Tilly, marquis de Blaru, Henri de Tilly, chevalier, seigneur de Bionval, premier capitaine du régiment d'Anjou, et capitaine des grenadiers du même régiment, tant pour eux que pour Charles de Tilly, marquis de Blaru, constituent, au profit de Jacques Pattier, une rente de 400 livres, au capital de 7200 livres tournois. — Constitution d'une rente de 75 livres, au capital de 1350 livres, faite à Jacques Pattier, par Claude d'Arcona, veuve de Charles de Tilly, marquis de Blaru. — Règlements de compte entre le marquis de Blaru et le sieur Pattier, qualifié, à partir de 1718, lieutenant de la grande vénerie du Roi, touchant les arrérages des deux rentes sus-mentionnées. — Jacques Pattier, écuyer, lieutenant de la grande vénerie du Roi, reconnaît avoir reçu de Charles de Tilly, marquis de Blaru, le remboursement du principal des deux rentes précitées.

E. 3319. (Liasse.) — 2 pièces, parchemin; 11 pièces, papier.

1694-1709. — Blaru. Rentes constituées. — Henri de Tilly, chevalier, seigneur de Bienval, major du régiment d'Anjou, constitue une rente de 113 livres 18 sous, au capital de 2030 livres tournois, au profit de Jean Perrin, maître chirurgien à Vernon, au nom et comme tuteur des enfants mineurs de feu Alexandre Quillet, en son vivant, marchand drapier à Vernon. — Quittance de 2000 livres reçus de Claude Collère, marchand bourgeois de Vernon, par Louis Collère, aussi marchand, son fils, en contrat de mariage. — Ledit Louis Collère ayant épousé Marie-Anne Quillet, fille et héritière, en partie, de feu Alexandre Quillet, reconnaît avoir reçu de Charles de Tilly, marquis de Blaru, la somme de 2030 livres, pour le rachat et l'amortissement de la rente constituée par Henri de Tilly, comme il est dit ci-dessus, et à la caution solidaire des marquis et marquise de Blaru. — Constitution d'une rente de 66 livres 13 sous 4 deniers, au principal de 1200 livres, faite par Jacques de Chauffour, écuyer, demeurant à Vernon, au profit du susdit Louis Collère. — Noël Charité, l'un des aides du pont de Vernon, et Catherine Quillet, sa femme, reconnaissent avoir reçu de Jacques Durand, écuyer, conseiller du Roi, receveur général des finances en la généralité d'Orléans, représenté par son procureur fondé, François Le Tellier, écuyer, s' d'Oisonville, la somme de 2700 livres, pour le sort principal et amortissement de 150 livres de rente, hypothéquée à ladite Quillet par Charles de Tilly, marquis de Blaru, suivant le contrat de son obligation au profit de Jean Perrin, chirurgien, et dont Jacques Durand s'était chargé, en achetant dudit marquis de Blaru le moulin nommé Quinquempois, sis à Vernon. — Charles de Tilly, marquis de Blaru, et Catherine Elisabeth de Manneville, sa femme, constituent une rente de 200 livres, au principal de 4000 livres au profit de Nicolas Jassaud, chevalier, seigneur de la Lande et autres lieux, conseiller du Roi, doyen des maîtres des requêtes ordinaires de son hôtel. — Quittance de rachat de ladite rente. — Transport d'une rente de 5 livres faite à Charles de Tilly, marquis de Blaru, par les héritiers de Charles Enard, en son vivant, laboureur de Blaru.

E. 3320. (Liasse.) — 4 pièces, parchemin; 11 pièces, papier.

1718-1749. — Blaru. Rentes constituées. — Pierre Godin, procureur au Parlement de Rouen, et Louise Foubert, sa femme, et autre Louise Foubert, fille majeure, lesdites Foubert, héritières de feu Pierre Foubert, en son vivant, prêtre, chanoine de l'église collégiale de Vernon, leur oncle, aux droits d'Etienne Foubert, apothicaire, reconnaissent, en présence de Charles de Tilly, marquis de Blaru, héritier de feu Jacques de Tilly, en son vivant, seigneur de Villegast, son oncle, avoir reçu d'Urbain Aubert, chev..., marquis de Tourny et autres lieux, ayant acquis dudit marquis de Blaru le fief, terre et seigneurie de Fressagny, la somme de 1380 livres pour le rachat et amortissement de 75 livres de rente, que le dit sieur feu de Villegast avait transportée audit feu Etienne Foubert, apothicaire, en acquérant de lui une maison et jardin hors la porte de Gamilly, à Vernon. — Constitution d'une rente de 50 livres, au principal de 1000 livres tournois, faite par Charles de Tilly, marquis de Blaru, au profit de Jean Quervel et Elisabeth Bourlet, sa femme. — Quittance de rachat de ladite rente. — Jean-François Audouard, Allain Audouard et Charles Audouard, frères, fils de feu François Audouard, écuyer, et de Marie-Madeleine de Lambert, demeurant en la paroisse de Beauroger, vicomté de Beaumont-le-Roger, reconnaissent avoir reçu de Guillaume Guéneau, écuyer, et de Françoise-Charlotte de Lambert, sa femme, la somme de 3427 livres 19 sous 10 deniers, prix de rachat et remboursement de la somme de 160 livres 3 sous 5 deniers de rente constituée par lesdits époux Guéneau au profit desdits sieurs Audouard. — Guillaume Guéneau et Charlotte de Lambert reconnaissent avoir reçu de Charles de Tilly, marquis de Blaru, la somme de 3469 livres 10 sous 2 deniers de principal, et celle de 22 livres 10 sous de prorata, demeurées en dépôt entre ses mains et restant à payer sur celle de 6920 livres 6 deniers. — Constitution d'une rente de 150 livres constituée, au capital de 3300 livres, et au profit de Françoise-Charlotte de Lambert, femme de Guillaume Guéneau, par Christophe Périer, l'aîné, marchand de Vernon, et Barbe Gosselin, sa femme. — Rachat de ladite rente. — Constitution de rentes de 75 livres et 120 livres sur la ville de Paris, par Guillaume Guéneau. — Ratification par Françoise-Charlotte de Lambert du Buisson-Falu, veuve de Guillaume Guéneau, de : 1° Un contrat portant remboursement audit Guéneau, par Charles de Tilly, marquis de Blaru, de la somme de 6897 livres 10 sous; 2° Un autre contrat portant remboursement de la somme de 3300 livres fait aux époux Guéneau par Christophe Périer.

E. 3321. (Liasse.) — 8 pièces, parchemin; 15 pièces, papier.

1732-1755. — Blaru. Rentes constituées. — François-Bonaventure de Tilly, marquis de Blaru, et Marie-Anne Le Nain, sa femme, constituent une rente de 250 livres, au capital de 5000 livres, au profit de Catherine-Aimée de Grillet de Brissac, fille majeure, demeurant ordinairement au Brémion, paroisse d'Illiers, élection d'Évreux. — Les mêmes constituent une rente de 925 livres, au capital de 18500 livres, au profit de Louise-Françoise-Mah.tavie-Céleste de Coëtquen, fille mineure de Malo-Auguste de Coëtquen, marquis de Coëtquen, comte de Combourg, lieutenant-général des armées du Roi, gouverneur de Saint-Malo, et de Marie-Céleste Lecquet de Grandville, sa femme, stipulant par son procureur fondé Antoine Pénnéja, bourgeois de Paris. — Quittance de remboursement de ladite rente par ladite de Coëtquen, alors femme d'Emmanuel-Félicité de Durfort de Duras, marquis de Coëtquen, lieutenant général des armées du Roi. — Constitution d'une rente de 150 livres, au capital de 3000 livres, faite par François-Bonaventure de Tilly, marquis de Blaru, au profit de Charles Le Charpentier, prêtre, curé d'Houlbec (1744) et Cocherel, doyen rural du doyenné de Vernon. — Extrait de l'acte de partage des biens des successions de Charles de Tilly, marquis de Blaru, et de Catherine de Manneville, sa femme, entre François-Bonaventure de Tilly, chevalier, marquis de Blaru, capitaine au régiment mestre de camp général dragons, fils aîné; Hilaire, comte de Tilly, chevalier non profès de l'ordre de Malte; Jean-Baptiste-Julien Danican, chevalier, seigneur d'Annebault et de Pont-Audemer, et Claude-Charlotte de Tilly, sa femme. — Extrait du testament olographe de Françoise-Elisabeth Landrin, veuve de René Boulin, receveur général des finances de Picardie, et de plusieurs autres actes relatifs à la liquidation de ladite succession. — François Germain, bourgeois de Paris, fondé de procuration de Marie-Anne Le Nain et de François-Bonaventure de Tilly, marquis et marquise de Blaru, constitue une rente de 430 livres, au capital de 8000 livres, au profit de Françoise-Elisabeth Landrin, sus-mentionnée. — Quittance de rachat de ladite rente faite aux constituants par Charles-Simon Vannesson, bourgeois de Paris, au nom et comme procureur de Nicolas Roulin de Pommery, chevalier. — Constitution d'une rente de 150 livres, au capital de 3000 livres, faite au profit de Pierre-Robert Gaudron, marchand orfèvre, de Mantes, par François-Bonaventure de Tilly et Marie-Anne Le Nain. — Quittance de rachat de ladite rente par Catherine Delorme, veuve de Pierre-Robert Gaudron. — Constitution d'une rente de 150 livres, au capital de 3000 livres, faite par les marquis et marquise de Blaru sus-nommés, au profit de Charles de Verguette, capitaine de cavalerie au régiment de Gramont, et chevalier de Saint-Louis, stipulant par Pierre de Verguette, chevalier, seigneur de Villette et d'Aubay, ancien chevau-léger de la garde et pensionnaire du Roi. — Quittance de rachat et amortissement de ladite rente. — Constitution d'une rente de 3350 livres, au capital de 70000 livres, faite par les mêmes au profit de Guillaume-François Bidal, chevalier, comte d'Asfeld, ancien capitaine de dragons, stipulant par son procureur Jean-Baptiste Gottis, bourgeois de Paris. — Règlement de compte portant quittance entre François-Bonaventure de Tilly, et sa fille Geneviève-Marie de Tilly de Blaru, veuve, en premières noces, du comte d'Asfeld ci-devant nommé, et, en secondes noces, de Jean-Vincent-Claude Le Nain, chevalier, intendant de justice, police et finances de la généralité de Moulins. — Lettre du marquis de Blaru à l'abbé « Hulot, » bachelier de Sorbonne, et grand boursier au collège » d'Harcourt, rue de la Harpe, à Paris, » pour avoir des papiers d'affaire de chez Dulon, notaire, rue du Roule. — François-Bonaventure de Tilly constitue, au profit de Michel-Marie-Noël Amelot, chevalier, comte de Varaize, conseiller du Roi, maître des requêtes honoraires de son hôtel, demeurant ordinairement en sa terre de Varaize en Saintonge, une rente de 1400 livres, au capital de 28000 livres. — Le même reconnaît avoir reçu de Jean-Baptiste Racoin, marchand, demeurant à Vernon, la somme de 4000 livres, dont il a besoin pour le service du Roi, et dont il s'engage à payer une rente annuelle de 200 livres. — Quittance de remboursement desdites 4000 livres.

E. 3322. (Liasse.) — 30 pièces, papier.

1758-1774. — Blaru. Rentes constituées. — Constitution faite par les marquis et marquise de Blaru, au profit de Françoise Giroux, veuve de Mathurin Baudet, et d'Hubert Baudet, leur fils, héritier dudit Mathurin, d'une rente annuelle de 150 livres, remboursable en trois termes de 1000 livres chacun, le capital provenant d'un règlement de compte entre lesdits héritiers et le marquis de Blaru, dont ledit Mathurin avait été l'homme d'affaires. — Quittances de payement d'arrérages de ladite rente, transportée, à partir de 1770, au sieur Prier. — Contrat entre Marie-Charlotte-Thérèse de Verney, veuve de Pierre-Louis Guyot, ancien receveur des gabelles à

Lyon, d'une part, et Nicolas-Charles Dufour, avocat en Parlement et notaire à Vernon, au nom et comme tuteur principal de Pernette-Pauline et Antoinette-Julie Dufour, filles de lui et de Jeanne Guyot, celle-ci fille des dits sieur et dame Guyot, d'autre part, touchant le règlement de la succession dudit Pierre-Louis Guyot. — Quittance de Nicolas-Charles Dufour pour les arrérages d'une rente de 150 livres, constituée, au profit de madame Guyot et des filles dudit Dufour, par les marquis et marquise de Blaru, le 14 novembre 1758. — Quittances des arrérages de la même rente délivrées par Adam, curateur et fondé de la procuration des demoiselles Dufour. — Quittances de la même rente délivrées par les demoiselles Dufour, dont une était novice au couvent des Ursulines de Magny, le 15 novembre 1778. — Marguerite le Roux, v[euv]e de Jean-Baptiste Le Moyne de Belle-Isle, maître ordinaire en la chambre des comptes, aides et finances de Normandie, déclare avoir reçu de François-Bonaventure de Tilly, marquis de Blaru, la somme de 8000 livres, pour le rachat et amortissement de 400 livres de rente foncière créée par contrat du 24 décembre 1733.

E. 3333. (Liasse.) — 9 pièces, parchemin; 2 pièces, papier.

1470-2589. — Blaru. Ventes. — Perrin le Conte et Marion, sa femme, demeurant à Blaru, vendent à Pernot Drouart, de Blaru, une masure et jardin audit Blaru. — Gringoire Vingae, laboureur, demeurant au val d'Aconville, vend à Jean de Tilly, chevalier, seigneur de Blaru, et à Françoise Ladvocat, sa femme, un lot de terre aux Bonsoins, seigneurie de Blaru. — Vente d'un arpent de terre sous les Hayes de Maulu, seigneurie de Blaru, faite aux mêmes par Alain Huet dit Durand, laboureur, demeurant en la rue de Normandie. — Échange d'immeubles en la seigneurie de Blaru entre Jean le Pelletier, praticien en cour laye et greffier du bailliage de Mantes, d'une part, et Pierre le Roux, fils de Guillaume, laboureur, demeurant en la paroisse de Blaru, d'autre part. — Charles de Tilly, seigneur de Blaru, bailli, capitaine et gouverneur du comté de Dreux, baille par échange à Robert Chastellain, son serviteur, une maison, masure, cour, jardin, terre et lieu, qui fut à «deffunt Guillaume le » Myre, lequel lieu feu madame de Blaru avoit eu en ac- » quis de la veuve et héritiers » dudit Guillaume, et en reçoit 4 arpents de terre en bois taillis, sis aux côtes de Port-Villés. — Jean Billart, couturier, demeurant au But, paroisse de Blaru, vend à Clément Le Noir, laboureur, 60 perches de terre, au tresle de «Helleville», seigneurie de Blaru. — Louis Bouvier, demeurant en la paroisse de Jeufosse, baille, en échange, à Pierre Guério, tailleur de pierres, et Marguerite, sa femme, 7 perches de terre au tresle des «Scellières», seigneurie de Blaru, plus un demi arpent et 2 perches, au tresle du Poirier, même seigneurie, et en reçoit trois quartiers de terre, au tresle des «Longzarpens», même seigneurie et une somme de 100 sous tournois. — Pierre Treslin, laboureur, demeurant à Blaru, vend à Jean Fauvel, marchand, de Blaru, une vergée de terre, au lieu dit «La Cousture», terroir de Blaru, pour la somme de 17 livres tournois. — Jean Fauvel baille en échange à Jean de Tilly, écuyer, seigneur châtelain de Blaru, environ 30 perches de terre au tresle de «Dessus-le-Grand Pré», seigneurie de Blaru, et en reçoit environ 12 perches de terre au lieu dit «le lieu » Chambon», même seigneurie. — Échange d'immeubles en la seigneurie de Blaru entre François Pellerin, marchand boucher, demeurant à Blaru, d'une part, et Charles le Plâtrier, aussi de Blaru, d'autre part.

E. 3324. (Liasse.) — 51 pièces, parchemin; 1 pièce, papier.

1492-1594. — Blaru. Ventes. — Guillaume Morel, de Blaru, vend à son frère Pierre Morel une demi-vergée de terre, triage du chemin du Roi, pour 20 sous parisis. — Copie de quatre titres de propriété de 1507, 1509 et 1511, d'une maison sise à Blaru près le pont Gaillart. — Titres de propriété, année 1516, de 5 ares de terre en la seigneurie de Blaru, triage du Val de Chevrie, ayant appartenu à Jean du Pont, peintre, demeurant à Rouen, et à sa femme Philippine. — Titres de propriété, des années 1520 et 1520, d'un acre de terre, sis au Bisson, seigneurie de Blaru. — Louis Aymorel, prêtre, demeurant en la paroisse de Blaru, vend à Pierre Le Roux, une vergée de terre, triage du But, pour 10 livres tournois. — Philippe Pinguat, tisserand en toile, de Blaru, vend à Guillaume Fauvel, le jeune, 18 perches de terre, triage des «Bonssoingts», pour 12 livres 10 sous tournois. — Guillaume de Launay, laboureur de vignes, et Jeanne Thierry, sa femme, demeurant à Gamilly, paroisse Notre-Dame de Vernon, vendent à Jean Tierry, laboureur, demeurant au Colombier, 8 perches 1/4 de terre en la seigneurie de Blaru, lieu dit la Lietre, pour 100 livres tournois. — Chardin Hébert, laboureur, et sa femme Perrine, vendent à François Lortye, sergent, à Blaru, 3 perches de terre, triage de la Bochaye, pour 15 livres tournois. — Pierre Georgin, meunier, de Blaru, vend à Jean Billard, couturier, demeurant au Buc, paroisse de Blaru, une vergée de terre, sise au triage des Boulins, et 28 perches de terre au triage de Brisardel. — Martin de Launay, « espin-

» guyer », et Marion, sa femme, demeurant à Vernon, dans la rue aux Huillières, vendent à François le Maryé, meunier de Blaru, une portion de vergée de terre sur les seigneuries de Blaru et du Chenet, pour 7 livres tournois. — Pasquier Fichon, voiturier, vend à Pierre Augo, laboureur, marchand, demeurant en la paroisse de Joufosse, 5 perches de terre en 2 lots, l'un sur la seigneurie de Blaru, l'autre sur celle de Rosny, à raison de 30 sous tournois la perche. — Pierre Courtois, laboureur, vend, à Morin Tremblé, 90 perches de terre, au lieu dit la Pille.

E. 1325. (Liasse.) — 6 pièces, parchemin.

1502-1547. — Blaru. Ventes. — Guillaume le Sac, l'aîné, marchand et bourgeois de Paris, au nom et comme tuteur et curateur de Guillaume le Sac, le jeune, son fils, « escolier estudiant en l'Université de Paris », fonde de procuration maître Nicolas Nourry, Allain Huet, M⁶ Pierre le Sac, Charles Garnier et Guillaume Couttin. — Pierre le Sac, prêtre, curé de Sainte-Geneviève de Vernon, donne à Guillaume le Sac, le jeune, son neveu, étudiant en l'Université de Paris, un jardin, terre et pré, sis commune de Blaru, « au tresle du Prunyer-aux-Chats. » — Vente de l'immeuble sus-mentionné faite à Olivier Huel par Thomas le Sac, marchand, demeurant à Paris, au nom et comme tuteur des enfants mineurs de feu Guillaume le Sac. — Charles de Tilly, seigneur de Blaru, vend à Claude le Roux, prêtre, curé de Notre-Dame de la Bonde-lez-Evreux, un jardin, nommé le « Jardin aux Sacs » sis à Blaru.

E. 3526. (Liasse.) — 13 pièces, parchemin ; 3 pièces, papier.

1505-1549. — Blaru. Ventes. — Titres de propriété d'un jardin avec 2 maisons encloses, sis à Blaru, lieu dit les Arpents, borné d'un côté par la ruelle nommée Gaultier-au-Mont, et d'un autre côté par le chemin tendant de Blaru au But, ayant passé successivement entre les mains de Guillaume Fauvel, Etienne Pingault, Robert Pingault, et finalement à Charles de Tilly, seigneur de Blaru, pour la cession que lui en fit, le 27 mars 1547 (1548) Robert Pingault, maçon, demeurant à Blaru.

E. 3527. (Liasse.) — 16 pièces, parchemin ; 1 pièce, papier.

1508-1509. — Blaru. Ventes. — Accensement d'un lot de terre sis en la seigneurie de Blaru, lieu dit la Haye de Beranville, fait par Lucas de Tilly, pour lui et se portant fort pour Jean de Tilly, seigneur de Blaru, à Honnequin La..., moyennant une rente annuelle de 6 deniers parisis et une poule, et la somme de 4 écus d'or au soleil, valant 30 sous tournois. — Etienne de Launay et Geneviève, sa femme, demeurant à Rouen, paroisse Saint-Lô, vendent à Jean de Tilly, chevalier, seigneur de Blaru, et à sa femme, Françoise Ladvocat, deux moitiés de jardin sises à Blaru, l'une au lieu dit la Fresche-Maulny, l'autre au lieu dit la Fontaine-du-Trésor, pour le prix de 12 livres tournois. — Guillaumin Questel, laboureur, de Blaru, se portant fort pour Perrine, sa femme, vend à Françoise Lavocat, veuve de Jean de Tilly, un acre de terre en la seigneurie de Blaru, triages des Hayoctes, pour le prix de 30 livres 6 sous tournois. — Guillaume Sauvaige, « cousturier, » de Blaru, vend à Pierre Benardel, praticien en cour laye, demeurant à Blaru, un demi arpent de terre en la seigneurie de Blaru, triage de Busardel, pour le prix de 4 livres 12 sous 6 deniers tournois. — Vente de maisons et autres immeubles à Blaru, faite à Françoise Lavocat par Philippe Perrelle, prêtre, doyen de Vernon, moyennant 100 écus d'or soleil, valant 40 sous pièce. — Vente, faite à la même, d'un demi arpent de terre, seigneurie de Blaru, lieu dit la Haye-aux-Merois, par Robinet le Mire, et Jeanne, sa femme. — Accensement d'une maison sise à Blaru fait par Charles de Tilly, seigneur de Blaru, en faveur de noble Nicolas Le Vassor, archer des ordonnances du Roi. — Vente et rétrocession, entre Adjutor Charpentier, demeurant à Paris, et Jacques Fouquet, sergent, demeurant à Blaru, d'une portion de maison, sise dans la seigneurie de Blaru, au lieu dit le Chesne-Gudon. — Jeanne, veuve de Louis Manchon, demeurant au Chenet, vend à Jean Demeulles, son gendre, 25 perches de terre sises en la seigneurie de Blaru, lieu dit les Fousseaux-de-la-Noe, pour le prix de 10 livres tournois. — Jean le Masson, laboureur de Vignes, demeurant à Blaru, vend à honorable homme Jean Fouvel, marchand de Blaru, une vergée de terre en la seigneurie de Blaru, triage du Maret, lieu dit le Grand-Jardin, pour 60 livres tournois. — Vente de deux acres de terre, seigneurie de Blaru, triages du « Buzardey » et de la Fosse-au-Prêtre, faite par Lucas Chauvin, sergent, demeurant à Blaru, à Jean Blondel, demeurant à Vernon. — Lucas Billy, boucher, et Madeleine Le Marchand, sa femme, vendent à Charles Dupré, praticien en cour laye, un demi arpent de terre, seigneurie de Blaru, lieu dit les Salières, pour 9 écus sol 1/3. — Vente d'immeubles à Blaru faite à Christophe de Saint-Severin, prêtre, demeurant à Blaru, par Robert Cornu, tisserand en draps, et sa femme. — Jean le Fort vend à Pierre Morel 9 perches de terre sises au triage des « terres Franges, » pour 1 écu sol. — Vente de 60 perches de terre au terroir de Blaru, lieu dit le Champ-Ruffin ou Ruffin, faite par Pierre Henry, laboureur, demeurant en la paroisse de « Geffosse, » et Louise Courtois, sa femme, à honnête personne Marin Tremblé, demeurant en la paroisse de la Villeneuve-en-Chevrie.

E. 3528. (Liasse.) — 9 pièces, parchemin ; 15 pièces, papier.

1587-1673. — Ventes d'immeubles dans les seigneuries de Blaru, Chauffour, et paroisse de Port-de-Villez, et constitution de rente au profit de Jacques et Charles de Tilly, successivement seigneurs de Blaru, par Louis Forestier, Robert Pingault, Morin le Confférant, prêtre, Guillaume Hébert, Marie Pernel, Pierre le Roux, Nicolas Guespin, Pierre de Tilly, s' de Villegast, Lucas le Blond, François Gentil et Pasquier le Dru. — Inventaire des actes de vente sus-mentionnés. — Quittances, mémoires, etc., touchant la maison, sise au hameau de Maulu, acquise par Jacques de Tilly, des héritiers de Jacques Gentil.

E. 3529. (Liasse.) — 79 pièces, parchemin ; 30 pièces, papier.

1556-1672. — Blaru. Ventes. — Denis Houssaye, manouvrier, demeurant en la paroisse de Port-de-Villez, vend à Charles de Tilly, seigneur de Blaru, un quartier de bois taillis, au Val, seigneurie de Blaru, pour 7 livres tournois. — Ventes d'immeubles sur la seigneurie de Blaru faites à Jacques de Tilly, seigneur de Blaru, par Louis le Fort, manouvrier, demeurant au Buc, Augustin Chastellain, tisserand en toiles, de Blaru, et Cyprien Couquart. — Ventes d'immeubles sur la seigneurie de Blaru faites à Louis de Tilly, seigneur de Blaru, par Pierre de Tilly, écuyer, sieur de Villegast, Augustin le Boucher, procureur au bailliage de Breval, Jean de Tilly, écuyer, sieur de Brémont, Charles Questel, tisserand en toiles, et Guillemette Binet, sa femme, Pierre Vacher, cordonnier, demeurant à Vernon, et Marie Carré, sa femme, Pacquet Luce, marchand, et Geneviève Carré, sa femme. — Ventes d'immeubles sur la seigneurie de Blaru faites à Charles de Tilly, seigneur de Blaru, par Guillaume Luce, tailleur d'habits, Jean Dupré, Vincent Lespine, laboureur, Jean Manthois, soldat aux gardes du Roi, et Marie Norville, sa femme, Jean le Grand et Isabeau Courtois, sa femme, Françoise Pont, Barbe Chastellain, Jacques Questel, procureur, demeurant à Blaru, Charles Dupré, Pierre Abadon, Claude Cousturier, Guillaume Pont, marchand, du Chênet, Clément Manthois, laboureur, Jean Tolk, laboureur, Félix Idoine, laboureur, et Françoise Comtois, sa femme, Marie Tremblay, Marie Dupré, Pierre Billard, Michel Pellerin, Pierre Margerie, sergent du marquisat de Blaru, Louis Bertault, Louis le Boucher, sergent du marquisat de Blaru, Françoise du Bour, Nicolas Le Noir, Prudence le Noir, Jean Lauvray et Madeleine le Noir, sa femme, Louis le Mièvre, Nicolas le Dru, Françoise Jozy, Simonne Langlois, Louis Dupré, procureur au marquisat de Blaru, Claude le Marchand, Martin Billy.

E. 3530. (Liasse.) — 15 pièces, parchemin.

1603-1680. — Ventes d'immeubles, sis en la seigneurie de Blaru, faites à Marin Tremblay et Tremblé, laboureur, de Blaru, par Jean Piaset, laboureur, et Gillette le Roux, sa femme, Guy le Roux, demeurant au Bois-Guinot, paroisse de Villeneuve-en-Chevrie, Léger Brouillart, maçon, même paroisse, maître Grantien Laurent, procureur de la châtellenie de Blaru, et Jeanne Roussel, sa femme, demeurant en la paroisse de Jeufosse, Marin-le Fort et Marie Thomas, sa femme. — Jean Roussel, demeurant à Saint-Augustin, paroisse de Port-de-Villez, vend à Nicolas Tremblay, laboureur, demeurant à la Rouvallerie, 1/2 arpent de terre pour 53 livres tournois. — Vente d'un immeuble au Val, seigneurie et paroisse de Blaru, faite, par Léger Cousturier, à Philippe Allot, foulon en draps, de Blaru. — Vente d'un immeuble au tresle de la Fosse, seigneurie de Blaru, faite, par Pierre Roussel, à honorable homme Martin Billy, maître chirurgien, demeurant à Blaru, moyennant 70 livres tournois. — Charles Bernier, manouvrier, demeurant à Cravent, vend à François Durand, vigneron, 60 perches de terre, pour 40 livres tournois. — Maître Charles Le Plastrier, procureur au bailliage et châtellenie de Blaru, vend à honnête personne Martin Billy, barbier et chirurgien, 9 perches de terre pour le prix de 24 livres 10 sous tournois. — Abraham Dupré, laboureur, vend à Jean le Cousturier, foulon en draps, demeurant au Val, paroisse de Blaru, une maison sise au Val, pour le prix de 80 livres tournois. — Vente d'un demi arpent de terre, triage du Mesleret, faite par François Bouvier, manouvrier, à Françoise Courtois, veuve de Jean le Mire, moyennant 52 livres 10 sous tournois. — Vente d'immeubles auprès du Bout-aux-Ferrets, seigneurie de Blaru, et au terroir de « Jeffosse, » lieu dit les Coursières de Rosny, faite par Louis « Chaptoues, laboureur en vignes, » et Catherine « Courteneis, » sa femme, demeurant en la paroisse de Jeufosse, à honnête personne Morin Tremblay, marchand, laboureur, moyennant 129 livres tournois. — Vente faite au même par Jacques Blust, manouvrier, demeurant à la Haye de « Véronville, » paroisse de « Geffosse, » et sa femme, Perrette Monsaglant, de deux quartiers de terre, en la seigneurie de Blaru. — Nicolas Dupré, laboureur de Blaru, vend à Claude Lasne, laboureur, aussi de Blaru, 90 perches de terre, seigneurie de Blaru, triage du Petit-Lot, près les « Muthéreaux, » pour le prix de 21 livres tournois. — Guillaume Canonville, manouvrier, et sa femme, Marguerite Guéroult, vendent au même 18 perches de terre, au triage des Sablons, seigneurie de Blaru, pour 14 livres 8 sous tournois. — Jean Morel, le jeune, laboureur, et Geneviève Gadiot, sa femme, vendent au même plusieurs immeubles en la seigneurie de Blaru, moyennant le prix de 84 livres tournois.

E. 3531. (Liasse.) — 1 pièce, papier.

1619 (?). — Blaru, Ventes. — Inventaire des contrats passés par le seigneur de Blaru au tabellionage de ce lieu depuis 1613 jusqu'en 1619.

E. 3532. (Liasse.) — 7 pièces, parchemin ; 2 pièces, papier.

1619-1672. — Blaru, Ventes. — Robert Treslin, laboureur, et Gilette Massé, sa femme, demeurant en la paroisse de Blaru, vendent à Guy Allais, laboureur, de Blaru, 15 perches de terre au tresle « du Traversain, » et 25 perches au tresle « du Bois-de-Bisson, » pour 19 livres 10 sous tournois. — Barbe Pêteil, femme de Christophe Boutier, de Blaru, vend à Robert Ydoine, manouvrier, de Blaru, 62 perches de terre au tresle des Terres-Franches, seigneurie de Blaru, pour 60 livres 16 sous tournois. — Vente d'une moitié de bâtiment sis à « la Mare-d'Aboinville, » seigneurie de Blaru, faite par Louis Gasseing, laboureur, demeurant en la paroisse de Blaru, et Madeleine Bourcyer, sa femme, à Françoise Bourcyer, sœur de ladite Madeleine, « fille à marier. » — Lucas Luce, maître tailleur d'habits, se portant fort pour sa femme, Françoise de Jossy, et pour Nicolas de Jossy, soldat à la compagnie de Monsieur de Villegasts, dans le régiment du marquis de Fossé, vend à Louis le Noir, marchand, à Blaru, la deuxième part sur neuf d'une maison, grange, étable, cour, jardin avec trois perches et 1 quart de terre plantée en vignes, à Blaru. — Echange d'immeubles à Blaru, entre Jean Gosselin, arpenteur juré au bailliage d'Evreux, d'une part, et Louis David, meunier, d'autre part. — Philippe Le Quen, bourgeois de Vernon, pour demeurer quitte de 300 livres sur 500 en quoi il s'était obligé envers Jean Crestien, son gendre, dans le contrat de mariage de Jeanne, sa fille, cède à ses enfants plusieurs immeubles dans la seigneurie de Blaru. — Echange d'immeubles, sis en la seigneurie de Blaru, entre Jacques Ydoine, d'une part, et Robert Ydoyne, fils d'autre Robert, de Blaru, d'autre part. — Michel Pellerin, ci-devant sergent au marquisat de Blaru, y demeurant, et Gabrielle Le Duc, sa femme, vendent au marquis de Blaru divers immeubles en la seigneurie de Blaru. — Charles de Tilly, marquis de Blaru, baille en échange à Charles Dupré ou du Pré, procureur au marquisat de Blaru, un lot de terre d'environ 1/2 acre, et reçoit de lui un immeuble ayant appartenu à Louis Haize.

E. 3533. (Liasse.) — 6 pièces, parchemin ; 1 pièce, papier.

1620-1632. — Blaru, Ventes. — Vente de 64 perches de terre, seigneurie de Blaru, tresles de Helleville et des Terres-Franches, faite par Jean le Mire, tisserand, demeurant à Poissy, à Claude Lasne, laboureur, à Blaru. — Vente d'un quartier de terre faite au même, moyennant 20 livres tournois, par Jean Guéroult et François Guéroult, son fils, manouvriers, demeurant à Blaru. — Nicolas Dupré, laboureur, demeurant à Blaru, vend au même 1/2 arpent de terre, sous la mare d'Abouville. — Raignon, femme de Nicolas Boutier, vend au même 13 perches de terre, aux Terres-Franches, pour 11 livres tournois.

E. 3534. (Liasse.) — 5 pièces, parchemin.

1642-1649. — Blaru, Ventes. — Jean le Fort, laboureur, demeurant à la « Haye de Véronville, » paroisse de Jeufosse, vend à Jacques le Fort, son père, laboureur, demeurant aux Courrières-de-Rosny, certains immeubles sis dans la seigneurie de Rosny et dans celle de Blaru. — Vente de 60 perches de terre faite à Guy Allais, laboureur, marchand, demeurant dans la paroisse de Rosny, par Guillaume Roussel, laboureur, du Chenet, et Annette Dupré, sa femme. — Vente de 14 perches de terre, triage du Champ-au-Mire, faite par Pierre Legrand, laboureur, et Claude Allaiz, sa femme, à Jean Pelouing, leur beau-frère, marchand du Chenet, moyennant 23 sous tournois la perche. — Jean Chappetous, vigneron, et Marie Duval, sa femme, vendent au même, 53 perches de terre, triage de la Noe, pour 55 livres tournois. — Guy Drouard, tailleur d'habits, de Blaru, vend, au même, 26 perches de terre ou environ, triage de la Cousture, entre le Bisson et la Saussaye, moyennant 14 livres tournois.

E. 3535. (Liasse.) — 7 pièces, parchemin; 1 pièce, papier.

1650-1660. — Blaru, Ventes. — Eustache Chantel, laboureur, de Blaru, et sa femme, Marguerite Morain, vendent à Robert Idoisne, demeurant à la Villeneuve-en-Chevrie, 6 arpents de terre, paroisse de Blaru, pour 57 livres tournois. Morin Idoisne et Martine Roussel, sa femme, vendent à François Courtois, deux corps de logis au Val, seigneurie de Blaru, pour 100 livres tournois. — Honnête personne Guillaume Gosselin, fils de feu Christophe, maître rôtisseur, demeurant à Paris, rue de la « Fourmagerye, paroisse de Saint-Eustache, » vend à Robert Idoisne, 166 perches de terre, en plusieurs lots, dans la seigneurie de Blaru et dans celle du Chenet. — Thomas du Jardin, de Blaru, vend à Pierre Bernay, boulanger, de Blaru, 1/2 arpent de terre, sis dans la seigneurie de Blaru. — Guy Allais et Géneviève Allain, sa femme, vendent à Jean Pellouin, marchand, demeurant au Chenet, 30 perches de terre, tresle du Poirrier, pour 28 livres 10 sous tournois. — Guillemette Hyéronisme, veuve de Simon Drouart, vend à honnête personne Jacques le Marchand, laboureur, demeurant au « Port de Villers, » 80 perches de terre ou environ, lieu dit le Bois-Blot, moyennant 63 livres tournois. — Narc Chevalier, marchand, demeurant en la paroisse de Villeneuve-en-Chevrie, et sa femme Jeanne Cerveau, vendent à Jean Plouin, 30 perches de terre, lieu dit le Poirier, moyennant 27 livres tournois.

E. 3536. (Liasse.) — 4 pièces, parchemin.

1661-1662. — Blaru, Ventes. — Ventes d'immeubles en la seigneurie de Blaru, faites à Louis Courtois, marchand drapier de Blaru, par Elisabeth Courtois, au triage du Poirier, François Courtois, au triage de la Mare, Pierre Gosselin, au triage de la Marotte, et Simon Pont.

E. 3537. (Liasse.) — 7 pièces, parchemin.

1661-1669. — Blaru, Ventes. — Adrien Vassard, charpentier, vend à Louis Courtois, marchand drapier, demeurant au Val, paroisse de Blaru, 85 perches de terre, en deux lots, sis, le premier aux Ormetaux, seigneurie de Blaru, le second sous la mare d'Aboville, seigneurie du Chenet, à raison de 20 sous tournois la perche. — Pierre Mondet, manouvrier, et Louise Lanchard, sa femme, vendent à Louis Courtois, marchand, de Blaru, 23 perches de terre, lieu dit la Maratte, moyennant 20 sous tournois la perche. — Jean Le Clerc, laboureur, de la paroisse de Jeufosse, vend à Louis Paul, aussi laboureur, paroisse de Port-de-Villez, 40 perches de clos et masure, au tresle des Petites-Coutumes, pour 40 livres tournois. — Le sieur Nicolas Chasteau, « M° tissoutier, rubanier et marchand franglier, bourgeois de Paris, y demeurant, rue » des Lombards, paroisse Saint-Jacques-la-Boucherie, et sa femme Catherine Isaac, vendent à Pierre Gallet, maître d'hôtel du marquis de Blaru, une maison, masure et jardins à Blaru, près l'église, pour 50 livres tournois. — Etienne Rosingnol, « tondelier, » demeurant rue de Normandie, paroisse Notre-Dame de Vernon, tuteur de Guillaume Beauciel, vend à Jean le Tellier, avocat du Roi et bailli du marquisat de Blaru, un acre de terre en 4 pièces sises aux Carronges, la Prise, Bois-Blot et Prémont, moyennant 100 livres 15 sous. — Vente d'immeubles dans la seigneurie de Blaru, faite par Françoise de Josy, veuve de Lucas Luce, en son vivant, sergent au marquisat de Blaru, à son fils Charles Luce, tailleur d'habits. — Louis Haize et Catherine Bouttier, sa femme, vendent à Charlotte Bouttier, veuve de Martin Haize, deux pièces de terre aux Muttereaux » et une autre sise au Chenet.

E. 3538. (Liasse.) — 3 pièces, parchemin; 3 pièces, papier.

1672-1712. — Blaru, Ventes. — Honorable homme Pierre Gallet, demeurant à Vernonnet, vend à Charles Dupré, procureur au marquisat de Blaru, 8 perches de terre « assise au dit Blaru, et sur laquelle il y avait une mai- » son bastie, triège de May, » pour la somme de 20 livres. — Vente de 45 perches de terre faite par Nicolas Picard, laboureur, et Claude Roussignol, sa femme, à Louis Picard, leur fils, et Françoise le Roux, sa femme, pour 27 livres tournois. — Barbe Monnier ratifie une vente faite par son mari, Jean Lasne. — Charles Questel, tisserand en toiles, et Suzanne le Conte, sa femme, vendent à Guy Gaultier, tonnelier, demeurant au But, paroisse de Blaru, une perche de terre pour 3 écus sol. — Pierre de Launay, laboureur, demeurant à Blaru, vend à Claude Daniel, chevalier, seigneur de « Boisdennemetz, » 1/2 acre de terre, à Blaru, triage de « la maison » à l'Hoste ou des Delaunez, » moyennant la somme de 40 livres. — Louis de Lavigne, journalier, de Blaru, vend à Jean-Baptiste Le Goust, huissier royal, demeurant à Vernon, 30 perches de terre, ou environ, sises en la paroisse de Blaru, lieu dit « la Vallée-Falaize, » pour la somme de 15 livres.

E. 3339. (Liasse.) — 14 pièces, parchemin; 5 pièces, papier.

1692-1780. — **Blaru. Ventes.** — Ventes de divers immeubles dans la seigneurie de Blaru, faites à Clément Planche, meunier, demeurant à Bizy, paroisse de Sainte-Geneviève de Vernon, par Claude Chaumont, laboureur, Jean Le Roux, laboureur, Louis Questel, manouvrier, Louis Allain, vigneron, Pierre Chevalier, maçon, et Marie Dupré, sa femme, Louis Gosselin, tisserand, Jean Chéron, sergent au marquisat de Blaru, Jacques Luce, tailleur d'habits, et Catherine Haize, sa femme, Nicolas Haize, charretier, et Angélique Billy, sa femme, Jacques Simon, cordonnier en vieux, et Marie Le Dru, sa femme, Charles Dubois, tonnelier, Pichon Louis Pont, laboureur, François Rouget, maître charpentier. — Léger Pelletrin, laboureur vigneron, demeurant à Limest, vend à Philippe Planche, marchand, demeurant à Saint-Marcel, un immeuble, sis sur la paroisse de Blaru, hameau du But, faisant partie de la ferme de feu Marin Pellerin, son grand père.

E. 3340. (Liasse.) — 4 pièces, parchemin; 4 pièces, papier.

1555-1700. — **Amfreville-la-Campagne.** — Guillaume Godet, curé de la Haye-du-Theil, au nom et comme procureur fondé de noble homme Robert Godet, sieur de Saint-Amand des Hautes-Terres, son frère, constitue, au nom d'Isabeau de Croismare, veuve de Charles de Goupil, en son vivant sieur d'Amfreville-la-Campagne, 50 livres tournois de rente au capital de 500 livres tournois. — Philippe de la Haye-Chanteloup, seigneur d'Amfreville, Iville, Auvergny, Sotteville, reconnaît avoir reçu de Guillaume de Sourdon, bourgeois de Rouen, en l'acquit et décharge de François de Godet, écuyer, sieur de Saint-Amand des Hautes-Terres, gentilhomme ordinaire de la vénerie du Roi, la somme de 500 livres, pour rachat de la rente susmentionnée, constituée, au profit de l'ayeule maternelle du dit Philippe, Sr d'Amfreville. — Philippe de la Haye-Chanteloup, écuyer, seigneur d'Amfreville, reconnaît, à l'instance de Jean de « La Chantelou » (sic), que, bien que monsieur de Chanteloup, son père, lui ait, le jour même, fait cession et transport de la somme de 3880 livres, pour l'amortissement d'une rente de 323 livres 6 sous 8 deniers, due à l'abbaye de Conches, et lui en ait donné quittance, il ne lui en a « aucune chose payée... » — Jean du Val, bourgeois de Rouen, se désiste de l'arrêt par lui mis sur les deniers des arrérages de 500 livres de rentes, en quoi M. de Beneville, conseiller en la cour des aides de Normandie, était obligé envers M. d'Amfreville, à condition que ce dernier tiendra l'engagement qu'il a fait au dit Du Val de lui payer 45 écus qu'il lui doit. — Mathieu de Saint-Amand vend à Jean le Bel, fils de Michel, laboureur, demeurant au hameau de « Saint-Aubin-des-Freneux, » 35 perches de terre, en la paroisse d'Amfreville, triage de la Plantette, moyennant 28 livres 10 sous tournois en principal. — Vente faite par le même au même, qualifié « marchand, » de 3 vergées de terre labourable, sises au même lieu et dans le même triage de la Plantette. — Retrait féodal des immeubles sus-indiqués par Charles de Tilly, seigneur de Blaru, au nom et comme ayant épousé Prudence de la Haye-Chanteloup. — Pièce relative au partage de la succession de Marie-Madeleine Françoise du Poërier d'Amfreville, décédée au couvent des Dames de Bellefond, à Rouen, le 10 février 1787, dont une des cohéritières était Anne-Elisabeth de Tilly, veuve de Nicolas de Roussel, comte de Goderville, seigneur et patron de Némoulins et autres lieux, ancien officier de la marine royale et chevalier de Saint-Louis.

E. 3341. (Liasse.) — 12 pièces, parchemin; 9 pièces, papier, dont 1 cahier de 23 feuillets in-4°.

1637-1650. — **Amfreville-la-Campagne.** — Bail à titre de ferme, pour l'espace de huit ans, de la terre d'Amfreville, consenti à Nicolas et Jean du Chemin, père et fils, laboureurs, demeurant dans la paroisse d'Amfreville-la-Campagne, par Charles de Tilly, seigneur de Blaru et d'Amfreville, moyennant le prix de 750 livres tournois par an. — Bail analogue fait aux mêmes, qui se sont adjoints Jean Regnault, laboureur, demeurant à Amfreville, moyennant 2000 livres tournois par an. — Par sentence du 18 juillet 1642, les fermiers susdits, Jean du Chemin et Jean Regnault, sont condamnés à payer à Charles de Tilly, en argent ou quittances valables, le prix de leur bail de la terre et seigneurie d'Amfreville. — Procédures pour Charles de Tilly contre les fermiers d'Amfreville. — Vente des meubles saisis. — Saisie des immeubles. — Adjudication des immeubles saisis. — Transaction entre Charles de Tilly, seigneur de Blaru, d'une part, et Allonce de Quintanadoine, écuyer, sieur de Brétigny, d'autre part, touchant le solde de 75 écus 32 sous 6 deniers, moitié de la somme de 151 écus 5 sous, montant de la taxe des dépens auxquels avaient été condamnés Jean de la Haye et Philippe de la Haye, seigneur d'Amfreville, ce dernier, représenté par ses héritiers, Prudence de Canonville, sa veuve, et Prudence de la Haye, sa fille, femme de Charles de Tilly.

E. 3342. (Liasse.) — 1 pièce, parchemin; 18 pièces, papier.

1639-1644. — Amfreville-la-Campagne. — Pièces d'un procès dont l'origine et diverses phases sont indiquées dans les extraits suivants d'un compromis en date du 26 février 1644 : « Par devant Nicolas Boindin et » Pierre Morel, notaires... du Roy... en son chastellet de » Paris,... furent présens... François Martel, chevallier, » seigneur de Fontaine, Bellencombre, Brétigny et au- » tres lieux,... tant en son nom personnel que comme se » faisant et portant fort de... Adrien Martel, son frère, » chevalier, seigneur d'Esmalville, Hattoville, Touffre- » ville et autres lieux... lesquels... sont héritiers, du costé » de la ligne des Goupilz, de feue dame Prudence de la » Haye, en son vivant espouse... de Charles de Tilly, che- » vallier, seigneur de Blaru, la dite dame seulle fille et hé- » ritière du feu... Philippe de la Haye, vivant, chevallier, » seigneur d'Amfreville et la Champagne, qui estoit seul » filz et héritier de feue dame Marie Legoupil, sa mère, » d'une part; et le dict seigneur Charles de Tilly.... » d'autre part : lesquels,... pour terminer... les procès et » différend pendant entr'eulx ès requestes du Palais de » Rouen, par arrest du Conseil privé du Roy, sur la de- » mande faicte par les dictz seigneurs de Fontaine et d'E- » malleville... contre le dict seigneur de Blaru, à ce » qu'il fust condamné à leur dellivrer les tiltres et con- » tratz, lettres et escritures, concernans la succession de » la dicte feue dame de Blaru, sa femme; sur laquelle de- » mande le dict seigneur de Blaru se seroit rendu deman- » deur à ce que les dictz seigneurs demandeurs eussent » à lui accorder la délivrance du tiers des immeubles de » la succession du dict feu seigneur d'Amfreville, qui » luy avoit esté donnez, au lieu de l'usufruict, sa vie » durant, des dictz immeubles, par contrat de mariage, » passé par devant Guillaume Dupré, tabellion au dit » Blaru (le 12 septembre 1627); ont nommé... pour » juges, arbitres... scavoir est : le dict seigneur de Fon- » taine,... Monsieur de la Douze, conseiller du Roy en » ses conseils et cour de parlement, et président des re- » questes du palais à Paris, et le dict seigneur de Blaru, » la personne de..... Lebret.... Et où les dictz..... arbitres » ne se pourroient accorder,.... les dictes parties..... ont » nommé..... pour tiers... monsieur de Morangis, con- » seiller du Roy en son conseil d'Estat. » — La sen- tence arbitrale, rendue le 29 mai 1644, porte : « Nous » condamnons les... sieurs... Martel payer au... sieur... » Blaru, pour tous droictz qu'il eust peu et pourroit » prétendre,... aux titres d'Amfreville, Sotteville, Di- » ville, Auvergny, Saint-Amand, les Aultes-Terres et » autres, possédées présentement par... Martel, dépen- » dantz de la succession de la... dame de Blaru, quand » mesme... Martel en seroient ay après évincés de par- » tye, la somme de (18000 livres), dans troys moys; en ce » non comprises les (6000 livres) de don mutuel porté » par » le contrat de mariage du seig' de Blaru avec la » dame de la Haye, » et sans que le présent jugement » puisse préjudicier aux droits et prétentions que..... » Blaru peut avoir contre les autres héritiers de la dite » dame de Blaru... » — Sommation en exécution de la dite sentence. — Lettre autographe signée de F. Martel à son neveu de Blaru, pour lui exprimer ses regrets de ne pas l'avoir trouvé à Blaru, lorsqu'il y est allé porter les 18000 livres, à quoi il a été condamné, l'inviter, ainsi que madame de Blaru, à assister au bout de l'an de feue ma- dame Martel, sa femme, et finalement le prévenir qu'il portera les 18000 livres à Rouen, ou les enverra en tout autre lieu que son neveu voudra lui indiquer.

E. 3343. (Liasse.) — 5 pièces, papier.

1642-1643. — Amfreville-la-Campagne. — Assi- gnation donnée, à la requête de Charles de Tilly, sei- gneur châtelain de Blaru et autres terres et seigneuries, gentilhomme de la chambre du duc d'Orléans, étant aux droits de sa femme Prudence de la Haye-Chanteloup, seule fille et héritière du seigneur d'Amfreville, à Pierre Le Moyne, tabellion à Tourville, au nom et comme tu- teur des enfants de Noël le Cointre, à fin de payement de fermage d'héritages tenus par le dit Noël le Cointre. — Défaut contre Pierre Le Moyne. — Assignation don- née à la requête du même Charles de Tilly à Michel le Tailleur, demeurant à Tourville-la-Champagne, ayant épousé Marie le Cointre, fille et héritière de Noël le Cointre. — Défaut contre le dit Michel le Tailleur.

E. 3344. (Liasse.) — 9 pièces, parchemin; 33 pièces, papier.

1516-1722. — Amfreville (fief de la côte d'). — « Marie de Poessy, dame de Huest, veufve de... Jacques » Danfreville, seigneur du dit lieu, d'Apremont et d'un » petit fief nommé les Boys de la Roche, » déclare tenir ce dernier à foi et hommage de Jean de Tilly, chevalier, seigneur de Blaru, à cause de la seigneurie de Blaru. — Foi et hommage rendu au seigneur de Blaru, pour le même fief, par Nicolas d'Amfreville, seigneur du dit lieu, de Bacquepuis, d'Huest et du Bois-de-la-Roche,

« cytée ci selsis près la Haye de Béronville. » — Partage entre Claude de Vipart, seigneur et baron du Bec-Thomas, et Nicolas de Vipart, son frère, seigneur de la Fertière, des biens à eux advenus par les décès de Marguerite d'Amfreville, en son vivant femme de feu Hector de Vipart, leur père, Jean de Vipart, leur frère aîné, Françoise d'Amfreville, leur tante maternelle. — Foi et hommage rendu au seigneur de Blaru, pour le fief du Bois-de-la-Roche, par Jean de Sabrevois, chevalier, seigneur et baron du Bec-Thomas, Apremont, Richebourg et le fief appelé Bois-de-la-Roche, à lui « appartenant par la succession » de Françoise de Vipart, sa mère, qui le tenoit de Nicolas » de Vipart, son frère. » — Foi et hommage rendu au seigneur de Blaru, pour le même fief, appelé dans l'acte (3 janvier 1634) « fief de la Coste d'Amfreville, » par Jacques le Conte, chevalier, seigneur et marquis de Nonant, Beaumesnil, Mellerault, Boissy, Mauvoisin, Apremont et du « fief de la Coste d'Amfreville, » qu'il avait acquis de Jean de Beaulieu, seigneur et baron du Bec-Thomas. — Autre foi et hommage, pour le même fief, rendu au seigneur de Blaru par André, marquis de Plessis-Châtillon, seigneur de Rugles et autres lieux, comme tuteur et ayant la garde noble de Jacques et Pierre du Plessis-Châtillon, ses fils mineurs, et de Rénée « Le Comte » de Nonant, sa femme, et par Jean Servant, procureur au bailliage et siège présidial de Mantes, bailli d'Apremont, au nom et comme procureur de Marie Dannet, veuve de Jacques Le Comte de Nonant et tutrice de Catherine Le Comte de Nonant, sa fille, héritière, avec sa sœur Rénée Le Comte de Nonant, de feu Pompone François Le Comte de Nonant, marquis du dit lieu, seigneur de Beaumesnil, Apremont « et des deux tiers en » la moitié, et encore d'un douzième au total, du fief de » la Coste d'Amfreville, autrement nommé le Bois-de-la-» Roche, assis proche Jeufosse et la Haye de Béron-» ville... » — Autre foi et hommage rendu, pour le même fief, au seigneur de Blaru, par Jean Servant, susnommé, au nom et comme procureur fondé de Catherine Le Comte de Nonant, veuve d'Erard Bouton, chevalier, seigneur comte de Chamilly, lieutenant-général et commandant en chef les armées du Roi, laquelle Catherine avait hérité le dit fief de ses père et mère et du marquis de Nonant, son frère. — Autre foi et hommage rendu, pour le même fief, au seigneur de Blaru, par François Ollivier de Senozan, chevalier de l'ordre du Roi, seigneur du comté de Senozan et du marquisat de Rosny, « et du fief, terre et seigneurie du Bois-de-la-Roche ou » Coste d'Amfreville, en partie, la Haye de Barangue-» ville et autres lieux,... » qui était propriétaire par la donation entre vifs faite, à son profit, par Jeanne Marguerite Bouton, veuve de Claude Marion de Ponserolles, chevalier, seigneur de Chanrose, colonel d'infanterie et major-général des armées du Roi. — Procédures contre les officiers de la justice d'Apremont, touchant le fief de la Côte d'Amfreville. — Procès-verbal d'arpentage du fief d'Amfreville et pièces y relatives.

E. 3343. (Liasse.) — 1 pièce, parchemin; 1 cahier, papier, de 8 feuillets in-4°.

1678-20 septembre. — Bionval. — Claude d'Arcona, veuve de Charles de Tilly, marquis de Blaru, et Charles de Tilly, aussi marquis de Blaru, fils et héritier du premier Charles, vendent à Jacques Danviray, chevalier, seigneur de Machonville, conseiller du Roi et président en la chambre des comptes de Normandie, le fief, terre et seigneurie de Bionval, sis dans le bailliage et vicomté de Gisors, et s'étendant sur les paroisses de Bionval, Gasny, le Mesnil-Milon ; etc., y compris la part et portion appartenant tant au dit marquis de Blaru, vendeur, qu'à son frère Henri de Tilly, chevalier, seigneur de Bionval, capitaine au régiment d'Anjou ; le tout mouvant de l'abbaye de Saint-Ouen de Rouen, à cause de la baronnie de Gasny ; la dite vente faite moyennant le prix de 28,000 livres de principal et 550 livres de pot de vin. — Déclaration d'héritages tenus de Jacques Danviray, seigneur de Machonville, Gros-Mesnil, Bionval, Bois-Jérome, Haricourt et autres lieux, par Simon Hébert, prêtre, demeurant à Vernon, fils et héritier de feu Jacques Hébert, procureur au dit Vernon.

3346. (Liasse.) — 2 pièces, parchemin ; 11 pièces, papier.

1699-1716. — Chauffour. — Claude « Chastelin, » tonnelier, demeurant à Chauffour, fils et héritier de Marie Henry, qui était héritière d'Abraham Henry, son père, reconnaît qu'il jouit et possède 130 perches de terre sur la seigneurie de Chauffour, sur lesquelles il est dû à Charles de Tilly, marquis de Blaru, héritier de Jacques de Tilly, seigneur de Villegast, son oncle, la somme de 7 livres 13 sous 9 deniers de rente foncière par an. — Procédures, pour cause de non payement de la dite rente, contre Jacques le Dru et Françoise Abadon, sa femme, veuve en premières noces et donataire de Claude Chastelain. — Obligation de 80 livres consentie au marquis de Blaru par Jacques le Dru, qui entre en jouissance de tous les héritages provenant de la succession du dit Claude Chastelin ou Chastelain.

E. 3347. (Liasse.) — 1 cahier, papier, de 27 feuillets in-4°.

1414-1415. — Chenet (Le). — Compte rendu, le 15 février 1414 (1415 N. S.), par Pierre Courager, receveur du « Chesnay, » à noble dame Marguerite de Trie, vicomtesse de Nogent-le-Roi, dame de Saine-Fontaine et du « Chesnay, » pour l'exercice 1414-1415... « Pour les
» gages de Jehan le Coq, bailli du Chesnay, pour ceste
» présente année, xv livres p. Item, pour les gaiges de
» Thomas Alleaume, conseiller et procureur de Madame,
» pour la dite année, xxxvi sous... »

E. 3348. (Liasse.) — 1 cahier, papier, de 25 feuillets in-4°.

1456. — Chenet (Le). — « C'est le papyer prins et
» extrait des adveus baillés au Chesné-sur-Blaru à noble
» et puissant seigneur, monsr Philippot de Trye, cheva-
» lier, seigneur de Se Fontaine, de Roulleboyse et du dict
» Chesnay, en l'an mil IIIIc cinquante-six. »

E. 3349. (Liasse.) — 3 pièces, parchemin, dont 2 cahiers, l'un de 30, l'autre de 4 feuillets in-4°. 1 cahier, papier, de 10 feuillets in-4°.

1507-1602. — Chenet (le). — Aveux de la terre et seigneurie du Chenet rendus au seigneur de Blaru : 1° par Robine de Trye, dame de Roulleboize et du « Chesnay sur Blaru ; 2° par Jean de Méricourt (sic), écuyer, sieur de Roulleboize, baron de Moucy-le-Châtel, et seigneur du « Chesnay-sur-Blaru... Est deu, par chacun an,
» au dit terme de Noël, au dit sieur,... par chacun de
» ses hommes tenans feu et lieu, huigt boesseaulx d'a-
» voine, iceulx qui ont voyture, et 4 boesseaulx qui n'ont
» point voyture,... et peuvent valloir, par chacun an,
» ung muy d'avoine ou environ, et souloint estre appel-
» lez *forestaiges*, le tems passé ;... » 3° par « N. de Ma-
» ricour » (cet aveu est en forme de terrier); 4° par René de Maricourt (sic), chevalier, gentilhomme ordinaire de la chambre du Roi, seigneur châtelain et baron de Moucy-le-Châtel, Maricourt, Monceaulx, Roulleboize, Ennery... et du « Chesnay-sur-Blaru... Le... manoir est
» de présent en ruyne et décadence, et les pressouer et
» colombier aussy en non valleur ;... les cens de la dite
» seigneurie peuvent valloir, par chacun an, la somme
» cinquante-cinq livres tournois ou environ, » (contre 32 livres parisis en 1514.) L'aveu de 1602 constate que le droit de *forestage* « ne peut estre à présent païé. »

E. 3350. (Liasse.) — 2 pièces, parchemin ; 1 pièce, papier.

1542. — Chenet (le). — Lettres d'offres faites au seigneur de Blaru par Jean de Maricourt (sic), touchant la terre et seigneurie du « Chesnay-sur-Blaru, » après la mort de Robine de Trye. — Jean de Tilly, chevalier, seigneur de Blaru, confesse avoir reçu de noble homme Jean de Méricourt, (sic), écuyer, fils aîné de noble demoiselle Robine de Trye, en son vivant, dame de Roulleboisé et du « Chesnay-sur-Blaru, » par les mains de noble homme Pierre de Méricourt et Hector Mauvoisin, écuyers, la somme de 70 livres tournois, pour le relief et le rachat de la terre et seigneurie du « Chesnay-sur-Blaru, » due par suite du décès de la dite Robine de Trye, ainsi que les foi et hommage dus à Jean de Tilly, à cause de sa châtellenie de Blaru.

E. 3351. (Liasse.) — 6 pièces, parchemin ; 1 pièce, papier.

1549. — Chenet (le). — Procédures entre les seigneurs de Blaru, seigneurs supérieurs, et ceux du Chenet, pour cause d'aveu mal rendu.

E. 3352. (Liasse.) — 1 cahier, papier, de 74 feuillets in-4°.

1540. — Chenet (le). — « Pappier terrier de la terre et
» seigneurie du Chesnay-sur-Blaru, pour noble homme
» Jehan de Méricourt, baron de Moussy-le-Chastel, Sr du
» dit lieu, Roulleboise, Méricourt et du dit Chesnay,...
» Lieux dits : « le Chastel, le Marcès, la grande Queue-de-
» Chevrie, les Angles, les Censives du Chesnay, les
» Coursières, Saint-Augustin, le Chemin de la Côte de
» Jeufosse, la Souche, la Haye de Loumois, l'Espine-
» Bourgine, les Chenots, l'Esguillon, Fourché, la Poelle,
» la mare d'Aboinville, la Saussaye, la Marette, le Buis-
» son-Roger, la Noe, le Lua, Mesleret, la Haye-aux-
» Moines, les Champs-aux-Questaulx, Tanebource, la
» Croix-du-Chesnay, le Champ-aux-Loups, les Noyers-
» Avers, la Nouraye-Barat, le Moulin-Neuf, le Bois-Blot,
» la Brière, la Chapelle, la Ruelle-du-Boille (et Bayle),
» la Fosse à la Daqvine (et Davine), la Ponche (et la
» Honche), le Chanfou, le Gaszon, le Le Vaussel, les
» Gros, le Bois du Manoir, la Motte, la fosse Crosse-
» vache (Cousse-vache et Conque-vache), la mare Gri-
» mont, les Ormeteaulx, le petit Moulin, Sablonnière,
» Clos-au-Mire, les Essarts, le clos Robin, Valmeotris, le
» Val, Mont-Javonlt, ruelle Qualot, Pruche (et Peruche),
» Champ-Martel, le Cirollet, la petite queue de Chevris,

» la Fosse-au-Comte, le Buisson-Durand, la Mare-Gillet,
» le Pitrouillet, la Haye-des-Portiers, au bout du Courtil,
» la Fosse rouge (et Fosse à la rousse), la Mare Haye (et
» à la Haye), les Sablons, les Champs aux Monniers (et
» Champeaux-Monniers), les vignes du Chesnay, la Cou-
» drette et la Coudrette. »

E. 3353. (Liasse.) — 1 pièce, parchemin; 1 pièce, papier.

1552. — Chenet (le). — Saisie de la terre et seigneurie du Chenet, à défaut de payement de la somme de
23 livres 13 sous 8 deniers parisis, taux des dépens auxquels avait été condamné Jean de Maricourt, à la requête
de Charles de Tilly, seigneur de Blaru.

E. 3354. (Liasse.) — 116 pièces, papier.

S. D. XVIIᵉ-XVIIIᵉ siècles. ? — Chenet (le). —
Extraits ou fragments du terrier du Chenet. — « Table
» des triages de la seigneurie du Chesnay-sur-Blaru,
» selon l'adveu de 1547 de Jean de Maricourt. »

E. 3355. (Liasse.) — 69 pièces, papier.

S. D. vers 1725. — Chenet (le). — Minutes du terrier du Chenet par *triages*, qui sont nommés les triages
du Bout-au-Ferais, la Fosse-Croquevache, la Marette, la
Couture, la Tanne-Boule, la Porte de la Mare, le Guillon, les Six Arpents, l'Eguillon, sous la Mare d'Aboinville, de Lanes, la Vallée de Ligne, la Haye de l'Hommois,
le Noulor-Aver, les Ormetiaux, le Sentier de Lua, la
Petite-Queux, le Fourchet, le Gasson, le Clos au Mire, le
Lua.

E. 3356. (Liasse.) — 120 pièces, papier.

XVIᵉ-XVIIᵉ-XVIIIᵉ siècles. — Chenet (le). —
Déclarations des héritages tenus à cens du seigneur du
Chenet par Raulin Ango, Martin Ango, Pierre Adam,
prêtre, Pierre Ango, Pierre Allain, Louis Ango, Charles
Ango, Jean Ango, Amand Ango, Hubert Asmette, Guil-
laume Amette, François Allix, Jacques Avice, Jean Allaire,
Louis Abadon, Jacques Alexandre, Philippe Ango, Claude
Ango, Simon Ango, Louis Aubé, Michel Aubé, Pierre Aba-
don, Guillaume Abadon, Martin Abadon, Nicolas Allain,
Marin Allain, Charles Allain, Guillaume Allain, Pierre
Allain, Jean Allain dit Chicot, Chardin Allain, Sanson Al-
lain, François Allain, Pierre Abraham, Jacques Abraham,
prêtre, Michel Allot, Philippe Allot, Charles Adam, Guy
Allais, Pierre André, Pierre Aubery, Martin Alost.

E. 3357. (Liasse.) — 10 pièces, papier.

XVIᵉ-XVIIᵉ siècles. — Chenet (le). — Déclarations
des héritages tenus à cens du seigneur du Chenet par
François et Martin Bourrier, Grégoire Bernay, Toussaint
Billebault, Jean Boursier, Toussaint Daudot, Mathieu
Binet.

E. 3358. (Liasse.) — 51 pièces, papier.

XVIᵉ-XVIIᵉ siècles. — Chenet (le). — Déclarations
des héritages tenus à cens du seigneur du Chenet par
Claude Chantel, Lubin Chantel, Allain Chantel, Martin
Chambon, Jean Chantel, François Chantel, Nicolas Chantel, Guillaume Corneville, Nicolas Coste, Nicole Charpentier, Mathurin Courtois, Louis Courtois, praticien en cour
laye, greffier du « Chesnay, » Charles Courtois, Philippe
Courtois, Guy Courtois, prêtre, Robert le Cousturier,
Henri le Cousturier, Nicolas le Cousturier, Jean le Cousturier, Jean Caillou, Pierre le Chasseur, Augustin Châtelain, Robert Chastellain, Réné Certain, Perrette Chambon, Jean Chappetois.

E. 3359. (Liasse.) — 15 pièces, papier.

XVIᵉ-XVIIᵉ siècles. — Chenet (le). — Déclarations
des héritages tenus à cens du seigneur du Chenet par
Simon le Dru, Léger le Dru, Claude David, François Durand, Jean Darlu, Guillaume le Doyen, Jurion Doriéans.

E. 3360. (Liasse.) — 9 pièces, papier.

XVIᵉ-XVIIᵉ siècles. — Chenet (le). — Déclara-
tions d'héritages tenus à cens du seigneur du Chenet par
Guillaume François, Jean François, Hilaire Feugère,
Jacques Foret, Jacques le Fort.

E. 3361. (Liasse.) — 32 pièces, papier.

XVIᵉ-VXIIᵉ siècles. — Chenet (le). — Déclarations
d'héritages tenus à cens du seigneur du Chenet par François le Grand, Jean Gosselin, Claude Gosselin, Adrien
Georgin, Etienne le Grand, Artus Gosselin, Philippe Gosselin, Denis Gosselin, Christophle Gosselin, Simon Gosselin,
Louis Gautier, Nicolas Gosselin, Colas Gosselin, Jeanne

Gosselin, Pierre Le Grand, Myot Orentée, procureur en cour laye.

E. 3562. (Liasse.) — 12 pièces, papier.

S. D. — Chenet (le). — Déclarations d'héritages tenus à cens du Seigneur du Chenet par Jean Henry, Pierre Henry, Thomas Haye, Pierre Hébert, Jean Hébert, Nicolas Hébert, Philippe Hérenger.

E. 3563. (Liasse.) — 22 pièces, papier, dont 1 cahier de 20 feuillets in-4°.

XVI°-XVII° siècles. — Chenet (le). — Déclarations d'héritages tenus à cens du seigneur du Chenet par Louis Langlois, Jean Langlois, Jacquin Langlois, Augustin Laurent, Pierre de Launay, Mathieu Lanchard, Pierre Lucas, Charles Lucas, Nicolas de Launay, Guy de Launay, Charles de Launay, Jean Lespine, Pierre Lanchard, Claude Lasne.

E. 3564. (Liasse.) — 19 pièces, papier.

XVI°-XVII° siècles. — Chenet (le). — Déclarations d'héritages tenus à cens du seigneur du Chenet par Jean Manchon, Philippe le Marchand, Jean le Marié, Lucas le Marié, Robert le Masson, Nicolas Masson, Marin Masson, Guy Masson, Philippot le Marchand, Guillaume le Marchand, Jean Manthois, Louis Morain, Clément Mantois, Gilles de Meulles.

E. 3565. (Liasse.) — 9 pièces, papier.

XVI°-XVII° siècles. — Chenet (le). — Déclarations d'héritages tenus à cens du seigneur du Chenet par Collas Nolles, Jacques Nolles, Georges Nolles, Jean Nolles, Pierre Nolles, Charles Nolles, Etienne Nolles.

E. 3566. (Liasse.) — 27 pièces, papier.

XVI°-XVII° siècles. — Chenet (le). — Déclarations d'héritages tenus à cens du seigneur du Chenet par Louis Pont, Martin de Pré, praticien en cour laye, Lucas Pèlerin, Nicolas du Pray (et du Pré), Guillaume Polt, Jacques Pot, Barthélemy le Plâtrier, Marin Plouin, Guy Pont, Jean Pont, Etienne du Pré, Adrien du Port, Pierre Pont, Louis Pont, Geoffroi Pont, Nicolas Pont, Marin Pont, Jacques Pinguet, Louis le Pouillalier.

E. 3567. (Liasse.) — 15 pièces, papier.

XVI°-XVII° siècles. — Chenet (le). — Déclarations d'héritages tenus à cens du seigneur du Chenet par Mathurin Questel, Louis Questel, Simon Questel, Guillaume Questel, Grégoire Questel, Léger Questel.

E. 3568. (Liasse.) — 35 pièces, papier.

XVI°-XVII° siècles. — Chenet (le). — Déclarations d'héritages tenus à cens du seigneur du Chenet par Guillaume Regnault, Pierre le Roux, Jean le Roux, Michel le Roux, Adrien le Roux, Michault le Roux, Nicolas le Roux, Louis le Roux, Robert Regnault, Mathieu Raignon, Pierre Roussel, Lucas Roussel, Guillaume Roussel, Charles Roussel, Jean Roussel, Simon Roussel, Robert Roussel.

E. 3569. (Liasse.) — 4 pièces, papier.

XVI°-XVII° siècles. — Chenet (le). — Déclarations d'héritages tenus à cens du seigneur du Chenet par Jean le Tellier, Regnault le Tellier, Charles Tremblay, Marin Tremblay.

E. 3570. (Liasse.) — 38 pièces, papier.

1658-1789. — Chenet (le). — Déclarations d'héritages tenus à cens de René de Préteval, Charles de Tilly et Charles-Bonaventure de Préteval, successivement seigneurs du Chenet, par Jean de Chérence, Claude Jumel, veuve de Nicolas Cousturier, Pierre Courtois, Pierre Le Chasseur, Elisabeth Courtois, veuve de Jean le Grand, Charles Courtois, fils de Mathieu, Françoise Courtois, veuve de François Lanchantin, Jean Leclerc, Christophe Camus, conseiller du Roi au bailliage et siège présidial de Mantes, Claude Chantel, Catherine Laurent, Louise Henry, veuve de Marin Masson, Jean Tremblé, Guillaume Tremblay, Thomas Trubert, Guillaume Fauvel, Charles Tremblay, Adam Tremblay, Antoine Gautier, François Gardier, fils de Jean, Martin le Grand, Henri Gambard, François Gervais, Nicolas Gervais, Martin Gosselin, Lucas Gosselin, Pierre Gosselin, fils de Christophe, Jean Gosselin, fils de Lucas, Léger Gosselin, Guy Gosselin, Louise David, veuve de Pierre Ango.

E. 3571. (Liasse.) — 32 pièces, papier.

1632-1735. — Chenet (le). — Publications annonçant que le marquis de Panilleuse, seigneur du Chenet, fera tenir sa recette, pour les droits seigneuriaux qui lui sont dus à cause de sa dite seigneurie du Chenet, en la maison de Lucas Gosselin le jeune, bûcheron, demeurant au dit lieu du Chenet. — Pièces d'un procès entre le marquis de Panilleuse et Guy Gosselin touchant le payement du droit de Champart sur deux pièces de terre sises au Chenet. — Par sentence du bailliage de Blaru du 27 juillet 1735, Guy Gosselin est condamné à payer au sieur de « Presteval, » marquis de Panilleuse, le champart des deux pièces de terre en question, sauf son recours contre le sieur de Tilly de Prémont, capitaine au régiment de Longuerue, infanterie, qui, ayant été appelé en la cause, a demandé par son procureur une remise, parce que, « estant absent pour le service du Roy, et actuellement en route pour conduire à Pavie, en Italie, » un détachement du dit Régiment, parti de Mézières le » 14 de septembre dernier (1734), ne peut répondre sur » les conclusions du dit sieur de Presteval et celles du » dit Gosselin. »

E. 3572. (Liasse.) — 1 cahier, papier, de 12 feuillets in-4°.

1660. — Chenet (le). — Registre journal des rentes seigneuriales dues en la seigneurie du « Chesnay, » fait le 23 juillet 1660.

E. 3573. (Liasse.) — 1 cahier, papier, de 24 feuillets in-4°.

1511-1519. — Chenet (le). — Copie des jugements rendus par le lieutenant du bailli du Chenet, de 1511 à 1519. Parties: Pierre Gosselin, Thomas, Michaut Pigner, Adam le Cousturier, Guillaume le Mire, Guillaume le Grand, Jean Nolles, Jean Manchon, Bertrand Ydoine, Jean le Grain, l'aîné, Pierre le Grand, Pierre le Coq, Robin de la Haye, Adam Nolles.

E. 3574. (Liasse.) — 5 pièces, papier, dont 1 cahier de 16 feuillets in-4°.

1707-1738. — Chenet (le). — Pièces d'un procès entre Charles-Bonaventure de Préteval, chevalier, marquis de Clère-Panilleuse, seigneur du « Chesnay-sur-Blaru, » lieutenant de cavalerie au régiment de Toulouse, d'une part, et Joseph Ollivier, laboureur, demeurant à la Saussaye, paroisse de Blaru, d'autre part, touchant le payement du droit de champart d'un arpent sept perches de terre, réclamé au second par le premier en qualité de seigneur du Chenet. — Déclaration fournie à Réné de Méricourt, seigneur du « Chesnay, » par Charles Delaunay, laboureur, pour des immeubles parmi lesquels figurent ceux qui sont frappés de droit de champart, au profit de Charles-Bonaventure de Preteval. — Constitution de procureur, au bas de laquelle sont les signatures autographes de Jean Claude de Calbrye, Le Goux et l'abbé de Panilleuse, frère de Charles-Bonaventure de Preteval.

E. 3575. (Liasse.) — 1 pièce, parchemin; 24 pièces, papier.

1634-1660. — Chenet (le). — Pièces de procédure pour le seigneur de Blaru, Charles de Tilly, contre Louis Duval, fermier du « Chesnaye, » à fin de payement de la somme de 2000 livres pour fermage. — Louis Duval, ses biens saisis et mis à l'enchère, entre en prison, le 1er février 1658, et en sort le 25 septembre 1659, après un séjour de 20 mois, « et ce à raison de cent sols pour » chacun mois, et trois sols 4 deniers pour chacun » jour, représentant les frais de gîtes et gardes, » suivant la quittance de Thomas Ducouldray, garde des prisons royales de Vernon, qui déclare également avoir reçu, du seigneur de Blaru, la somme de 41 livres 10 sous, montant de la dépense faite par Louis Duval, pendant sa prison.

E. 3576. (Liasse.) — 1 pièce, parchemin; 17 pièces, papier.

1659-1701. — Chenet (le). — Procédures concernant le décret des biens du marquis de Panilleuse. — Sentence arbitrale entre Réné de Préteval, chevalier, marquis de Panilleuse, légataire universel de Réné de Maricourt, chevalier, baron de Moucy-le-Châtel, et Claude Aubery, chevalier, marquis de Vaton, héritier en partie du même Réné de Maricourt, touchant la succession de ce dernier. — Requête adressée au lieutenant-général civil au siège de Vernon par Claude d'Arcona, veuve et héritière en partie de Charles de Tilly, marquis de Blaru, pour obtenir une sentence exécutoire par forme de provision sur des fermiers du marquis de Panilleuse, jusqu'à concurrence d'une somme de 1500 livres, à valoir sur ce qui lui est dû comme créancière de feu Réné de Preteval, en son vivant marquis de Panilleuse, et de Marguerite de Pompadour, sa femme, ainsi que du marquis de Panilleuse, leur fils, pour 650 livres de rente, résultant de compte, rendu par le dit feu marquis de Blaru, de la gestion des biens et affaires du marquis de Panilleuse, ce dernier en qualité de son tuteur élu en justice en 1643. — Opposition au décret du marquisat, terre et seigneurie de Panilleuse. — Mémoire pour terminer le différend entre les S⁰⁰ de Blaru et de Panilleuse : les moyens indiqués consistent à fixer la valeur de la terre du Chenet-sur-Blaru, à en fixer le revenu et le quantum de la restitution des jouissances, enfin donner à M. de Panilleuse un équivalent convenable.

E. 3577. (Liasse.) — 1 pièce, parchemin ; 10 pièces, papier.

1670-1689. — Chenet (le). — Procédures pour le seigneur de Blaru contre Guy Lanchard, fermier de la terre du Chenet, à fin de payement d'arrérages de loyer.

E. 3578. (Liasse.) — 22 pièces, papier.

1720-1738. — Chenet (le). — Procédures pour François-Bonaventure de Tilly, chevalier, marquis de Blaru, capitaine au régiment maistre de camp de dragons ; Hilaire de Tilly, chevalier non profés de l'ordre de Saint-Jean de Jérusalem, émancipé d'âge ; Jean-Baptiste Perrier, son curateur ; Jean-Baptiste d'Anican, maître des comptes, et Claude-Charlotte de Tilly, sa femme, héritiers de feu leur père, marquis de Blaru, contre Charles-Bonaventure de « Presteval, » se disant héritier par bénéfice d'inventaire du marquis de Panilleuse, « son ayeul, » touchant la propriété du fief du Chenet.

E. 3579. (Liasse.) — 1 pièce, parchemin ; 6 pièces, papier.

1486-1552. — Chenet (le). — Hector « Mavoysin, » écuyer, procureur fondé de Robine de Trye, dame de Roulleboise et du Chenet, baille, à titre de droit cens, à Jean Pingaut, le jeune, demeurant en la paroisse de Blaru, quatre arpents et demi de bois et buisson en la seigneurie du Chenet « sur Geufosse, » moyennant 2 sous parisis par arpent, et un chapon pour la totalité. — Bail à ferme, pour six ans, moyennant un loyer annuel de 500 livres tournois, de la terre et seigneurie du « Chené-sur-Blaru, » fait à François Huvey, laboureur, demeurant à la ferme de Chevrye, par Charles le Petit, greffier des eaux et forêts de Vernon, demeurant à Panilleuse, procureur fondé de Réné de Préteval, seigneur marquis de Clère et de Panilleuse, conseiller du Roi. — Charles-Bonaventure de Préteval, chevalier, marquis de Clère-Panilleuse, lieutenant au régiment de Toulouse, cavalerie, héritier par bénéfice d'inventaire de Réné de Préteval, son aïeul, baille et délaisse, à titre de fief et de bail d'héritage, à François-Bonaventure de Tilly, chevalier, marquis de Blaru, exempt des gardes du corps du Roi et mestre de camp de cavalerie, la terre et seigneurie « du Chesnay-soubz-Blaru. » — Bail analogue fait au même marquis de Blaru, moyennant 680 livres de rente de bail d'héritage non rachetable, par David Toussaints d'Anviray, prêtre, doyen de Notre-Dame de Vernon, abbé de Saint-Thomas de « Lablontière » (la Blontière), vicaire général de l'évêque d'Evreux, tant en son nom que comme se faisant fort de Jean « Danviray, » chevalier, seigneur de Montgrimont, ancien brigadier des gardes du Roi et chevalier de Saint-Louis, et de « François de Carette, » seigneur en partie de Sommereux, maréchal-des-logis des chevau-légers de la garde du Roi et chevalier de Saint-Louis, tous seuls héritiers par bénéfice d'inventaire de Charles-Bonaventure de Préteval, chevalier, marquis de Clère-Panilleuse, lieutenant au régiment de Penthièvre. — Règlement de compte entre les héritiers sus-mentionnés et le marquis de Blaru. — Le même David Toussaint « Danviray, » tant en son nom que comme procureur de Marie-Marguerite-Charlotte d'Anviray, fille majeure et seule héritière de Jacques « d'Anviray, » et encore de « François-Henri de Carette, » écuyer, seigneur en partie de Sommereux, mestre de camp, chevalier de Saint-Louis, reconnaît avoir reçu de François-Bonaventure de Tilly, marquis de Blaru, la somme de 22986 livres 18 sous, savoir : 20400 livres, somme « à laquelle les parties sont convenus pour l'amortissement de la rente de » 680 livres, sus-mentionnée comme non rachetable, dans la fieffe du bail à rente de la terre et seigneurie du Chenet, et 2586 livres 18 sous pour les arrérages.

E. 3580. (Liasse.) — 11 pièces, parchemin.

1501-1689. — Chenet (le). — Echange d'immeubles sis au Chenet entre Louis le Conte, se portant fort pour sa femme, Perrette, d'une part, et Guillaume le Roux, d'autre part. — Vente d'une moitié de maison, cour, jardins et terre, sis dans la seigneurie du Chenet, provenant de la succession de « Robin de la Hèze, » faite à Pierre le Roux, moyennant 40 livres tournois, par Guillaume Hèze, laboureur, Simon Gosselin, laboureur, au droit de Perrine, sa femme, et Robin Gosselin, tisserand en toiles, au droit de sa femme Malline. — Vente d'immeubles au Chenet, faite, outre les charges, moyennant le prix de 18 livres tournois, à honnête personne Pierre le R...., par Martin le Blond, et Marion, sa femme. — Pierre Bernay, demeurant à Blaru, et Colette Gosselin, sa femme, vendent à noble homme Charles Le Pelletier, seigneur de Château-Poissy, élu pour le Roi en l'élection de Mantes, la somme de 33 livres 8 sous 8 deniers tournois de rente annuelle et perpétuelle, assise sur une maison et autres immeubles sis au Chenet, pour le principal de 398 livres 4 sous tournois. — Louis Pont, dit Jadin, laboureur, et sa femme, Simonne Chastellain, vendent à Léger Péteil, meunier, demeurant en la paroisse de Vernonet, deux demi-arpents de terre, sis l'un dans la seigneurie du Chenet, lieu dit Lesguillon, l'autre dans la seigneurie de Blaru, lieu dit la Fosse-Reconville, pour le prix de 25 écus sol, valant 75 livres. — Vente d'un quart de terre ou environ dans la seigneurie du Chenet, lieu dit la Haye-des-Périers, faite à Hilaire Hézé, laboureur, par Jean Gosselin, aussi laboureur, moyennant 9 écus sol. — Charles le Dru, demeurant à Chaufour, se portant fort pour sa femme, Marie Crespin, vend à Jean Péloing, marchand, demeurant en la paroisse de Blaru, un quartier de terre en la seigneurie du Chenet, au triage du Gasson, dit les Six-Arpents, moyennant 15 livres tournois. — Vente de deux lots de terre sis en la seigneurie du Chenet, triage de la Marette, et en celle de Blaru, triage du Bois-Belot, faite à « honneste personne » Jean Plouing, marchand, par Louis Hézé et Jeanne Morain, sa femme, moyennant, outre les charges, le prix de 80 livres tournois. — Vente faite au même d'un quartier de terre en la seigneurie du Chenet, triage de la Faulce-Haye, par Charles Questel, sergent de la châtellenie de Blaru, et Anne Collin, sa femme, moyennant 25 livres tournois. — Vente, faite au même, de 55 perches de terre au Chenet, par Nicolas le Couturier, jaugeur au marquisat de Blaru, et Claude Jumelle, sa femme, pour le prix de 60 livres tournois. — « Judic le Mierle, » veuve de maistre Guy Bosché, en son vivant procureur et receveur de la terre et seigneurie du Chenet, vend à « honneste personne Louis de Cahangnes, marchand, bourgeois de Vernon, » un arpent et demi de terre en deux lots, sis sur la seigneurie de Blaru et sur celle du Chenet, triage de la Noué, pour le prix de 120 livres tournois.

E. 3581. (Liasse.) — 7 pièces, parchemin.

1556-1637. — Chenet (le). — Regnault le Chasseur, laboureur, demeurant au Chenet, paroisse de Blaru, baille, par échange, à Jean Carré, prêtre, demeurant à Blaru, un quartier de terre, sis en la seigneurie de Blaru, près la maison Cheryot, plus 9 perches de terre au même lieu, et en reçoit 1/2 acre de terre en la seigneurie du Chenet, et un écu d'or sol de soulte. — Le même baille au même, par échange, 32 perches de terre, en la seigneurie de Blaru, triage des vignes du Chenet, et en reçoit environ une vergée de terre, en la seigneurie du Chenet, triage du Garson. — Jean Chambon, laboureur, de la paroisse de Blaru, baille et « raproprie » à Jeanne Cardier, sa femme, une vergée de terre en la seigneurie du Chenet, lieu dit « Olloret. » — Vente de 80 perches de terre en la seigneurie du Chenet, faite à Martin Tromblé, marchand, laboureur, de la paroisse de Blaru, par Gilles Poullallier, du consentement de son curateur, Jean Le Coq. — Vente d'immeubles au Chenet, faite à Louis Duval, marchand, demeurant dans la paroisse de Rosny, par Geoffroy Chambon, fils d'autre Geoffroy, laboureur, de la paroisse de Jeufosse. — Louis Hézé, fils de Jean, demeurant à Blaru, du consentement de son tuteur et curateur Nicolas le Couturier, jaugeur à Blaru, vend à Jean Plouin, 30 perches de terre au hameau du Chenet, « trelle des Noulers. »

E. 3582. (Liasse.) — 4 pièces, parchemin; 5 pièces, papier.

1661-1662. — Chenet (le). — Ventes d'immeubles en la seigneurie du Chenet faites à Louis Courtois, marchand drapier à Blaru, par : Pierre Gosselin, au triage de Dessous-la-Mare ; Marie Roussel, au triage du Bois-Blot ; Jean de « Charencey, » archer des gardes du Roi, au triage de Lesguillon ; Marie Courtois et Nicolas Bouttier, cordonnier, de Blaru, au triage du Courtis.

E. 3583. (Liasse.) — 3 pièces, parchemin; 12 pièces, papier.

1670-1719. — Chenet (le). — Antoine de Chenard, chevalier, seigneur de Boussey, demeurant au Boussey, et Marie-Madeleine Le Tellier, sa femme, vendent à Louise-Catherine de Lommeau, veuve de Jacques de Tilly, chevalier, seigneur d'Apremont, demeurant à la rue de Normandie, paroisse Notre-Dame de Vernon, une maison et autres immeubles au Chenet, moyennant, outre les charges, le prix de 2600 livres argent. — Demoiselle Barbe Grusi, demeurant à Vernon, vend à la même plusieurs pièces de terre dans la paroisse de Blaru, moyennant, outre les charges, le prix de 78 livres. — Autre vente de plusieurs pièces de terre sises en la même paroisse, faite à la même, par Gervais Nolle, marchand tisserand, demeurant à Vernon, et Catherine Andrieu, sa femme, pour le prix de 136 livres, outre les charges. — Déclaration, signée « Delommeau prémont, » des biens tenus du marquis de Blaru, à titre de cens, par

Louise-Catherine de Lommeau. — Déclarations d'héritages tenus successivement du marquis de Blaru, à titre de cens, par Jean Dubois, ayant épousé Colette Bonamy, veuve de Jacques Nolles, Nicolas Nolles, Marie Idoisne, veuve de François Le Tellier, écuyer, seigneur du Vivier, Antoine de Chesnard, chevalier, seigneur de Boussey (sic), au nom et comme ayant épousé Madeleine Le Tellier, fille et héritière par moitié de François Le Tellier, seigneur du Vivier, et enfin Claude et Nicolas Nolles. — État des terres, en champart sur Blaru, acquises par M. de Prémont de M. de Boussey. — Deux quittances autographes signées : De Boussey.

E. 3384. (Liasse.) — 4 pièces, parchemin; 4 pièces, papier.

1702-1786. — Chenet (le). — Guy Courtois, tisserand, demeurant à Blaru, se portant fort pour sa femme, Marguerite Hébert, vend à Jacques Courtois, laboureur, demeurant à la rue de Normandie, à Vernon, une maison assise au hameau du Chenet, pour le prix de 150 livres. — Jacques Courtois vend à Gabriel Queruel, vigneron, demeurant à Bizy, 3 livres de rente à hypothèque spéciale sur une maison « assize au hameau du Chesné, paroisse » de Blaru, » pour le prix de 144 livres. — Marie Lacollée, veuve de Jacques Courtois, s'engage, en son nom et au nom de ses enfants mineurs, à payer à Gabriel Queruel la somme de 4 livres 10 sous par an, pour éviter les poursuites dont la menaçait le dit Queruel, au sujet d'une somme de 90 livres qu'il avait prêtée à Jacques Courtois, pour acheter la maison du Chenet. — Gabriel Queruel reconnaît avoir reçu de Pierre Picquet, vigneron, demeurant rue de Normandie, paroisse de Notre-Dame de Vernon, et de Marie « La Collaye, » sa femme, veuve de Jacques Courtois, la somme de 275 livres 15 sous, pour amortissement de rentes, « empruntée, » à cet effet, à Hubert Pelletier, maître chirurgien juré à Vernon, au profit duquel le mari et la femme constituent une rente de 12 livres sur la maison du Chenet et autres immeubles. — Bail de la maison du Chenet fait à Guy Gosselin, laboureur, demeurant à Blaru, par Pierre Picquet et Marie « La Collée, » pour un loyer annuel de 15 livres. — Vente de même maison faite à Louis de Tilly, chevalier, seigneur de Pré, demeurant à la rue de Normandie, par Adrienne Courtois, fille majeure, héritière de feu Jacques Courtois, Pierre Picquet le jeune, vigneron, Marie Courtois, sa femme, sœur d'Adrienne, Guillaume Sabin, journalier, Catherine Courtois, sa femme, aussi sœur d'Adrienne, et Marie « Lacolée, » déjà nommée, moyennant la somme de 400 livres, constituée, pour partie, en une rente annuelle de 12 livres.

E. 3385. (Liasse.) — 13 pièces, parchemin; 7 pièces, papier.

1502-1780. — Chevry (Ferme de). — Nicolas Binet, laboureur, demeurant à Blaru, vend à Jean de Tilly, écuyer, seigneur de Blaru, 18 acres de terre « en une » pièce, en laquelle a maison manable, court, granche, » estables, jardins, bois et appartenances,… assis ou dit » Blaru, au lieu dit les Cousturas du port de Villiers… » — Jacques Binet approuve la vente de 18 acres de terre faite par « Colin » Binet à Jean de Tilly. — Colin Binet, Guillemette, sa femme, Jean et Jacques les « Binetz » leurs enfants, déclarent avoir reçu de Jean de Tilly la somme de 100 livres tournois, « que le dit seigneur leur » avoit promis payer, par l'appointement qu'il avoit fait » avecques eulx des procès qu'ils avoient eubz en- » semble, » et à cause « du transport de leur héritage » qu'ils avoient fait à mon dit seigneur… » — Simon Binet, laboureur, de Blaru, baille par échange à Jean de Tilly 18 acres de terre, moitié de 36 acres « qui ont esté parties avec Colin Binet, frère du dit Simon, » et en reçoit 20 acres de terre en la seigneurie de Blaru, lieu dit la « Courbe-espine. » — « Arsans de Nonyville », maçon, et Guillemette, sa femme, demeurant à Vernon, vendent à Pierre Barbe, tisserand en draps, demeurant à Blaru, un acre de terre, au Chêne-Golon « à trois Cornetz ». — Transport du même immeuble fait par Pierre Barbe à Jean de Tilly, chevalier, seigneur de Blaru, et Françoise Ladvocat, sa femme. — Denis Luce, laboureur, de Vernon, vend aux mêmes un acre de terre au Val-de-Chevry. — Vente d'un demi acre de terre au Val-de-Chevry faite aux mêmes par Pierre des Faulgières et Marion, sa femme, de Blaru. — Robert le Myre, laboureur de vignes, demeurant à Gamilly, paroisse de Vernon, vend à Françoise Ladvocat, veuve de Jean de Tilly, un arpent de terre au triage de la Courbe-Epine. — Vente de trois vergées de terre au même lieu, faite à la même, par Colette, femme de Pierre Marchand, de Blaru. — Requête adressée au bailly de Blaru par Charles de Tilly, marquis de Blaru, tendant à obtenir l'autorisation de procéder à une saisie contre Aman Ango, fermier de la ferme de Chevry, pour cause de non paiement de rentes seigneuriales. — Procès-verbal d'arpentage de la ferme de Chevry. — Bail de la ferme de Chevry fait pour 3, 6 ou 9 années, par François-Bonaventure de Tilly, marquis de Blaru, à René Froyer, marchand et laboureur, demeurant en la paroisse de Villeneuve-en-Chevry, et à Catherine Moret, sa femme, moyennant un loyer annuel de 800 livres. — Bail de la même ferme, fait pour 3, 6 ou 9 années, par le même, à Jacques-Claude Vinot, laboureur, de Blaru, aux mêmes conditions. — Bail d'une pièce de terre de 3 arpents, appelée pièce de « Jaumarin » ou « Jemarins », ajoutée à la ferme de Chevry, fait par le même marquis de Blaru au même Jacques-Claude Vinet, moyennant un loyer annuel de 105 livres. — Bail de la ferme de Chevry, fait pour 9 années, par François-Hilaire de Tilly, marquis de Blaru, à Jean-Aubin Gosselin, laboureur, demeurant ci-devant à Egleville, près Pacy, et actuellement à Blaru, moyennant un loyer annuel de 2,000 livres.

E. 3386. (Liasse.) — 10 pièces, papier, dont 1 cahier de 13 feuillets in-4°.

1456-1703. — Clère et Panilleuse. — Aveu et dénombrement des baronnies, terres et seigneuries, fiefs et arrière-fiefs, tenus en hommage du roi de France par Georges de Clère : la demie baronnie de Clère, « assize ès bailliage de Rouen « Caux et Gisors »; le franc fief de Beaumais ; un fief noble, nommé « Goupillaires », dans la vicomté de Beaumont-le-Roger ; un demi fief nommé « Panilleuse, » en la seigneurie de Panilleuse, bailliage de Gisors. — Pièces à l'appui d'une instance que le marquis de Blaru veut introduire au parlement contre M. de Bercy, concernant les intérêts du principal, pour lequel le dit marquis de Blaru a été colloqué, par la sentence d'ordre du prix de la terre de Panilleuse, vendue le 18 juillet 1701.

E. 3387. (Liasse.) — 5 pièces, papier.

1642-1645. — Clos (le). — Sentence de la vicomté de Carantan, qui autorise, au profit de Jeanne Le Maçon, veuve de César de Montenay, en son vivant, baron de Garancières et Baudemont, la saisie arrêt de deniers dûs à Hiéronime d'Arcona, par François Busnel et Thomas Dastin, fermiers de la terre du Clos, appartenant au dit d'Arcona, à fin de payement de la somme de 5,000 livres, montant de cinq années d'arrérages d'une rente de 1,000 livres, constituée au profit de Christophe Le Maçon, en son vivant chevalier, seigneur de Gonneville, et père de la susdite Jeanne Le Maçon. — Hiéronime d'Arcona continue le bail de la terre du Clos à la veuve de Michel Busnel et à François Busnel, son fils, ainsi qu'à la veuve de Thomas Dastin et à Julien et Henri Dastin, ses enfants. — Quittances délivrées aux mêmes par Louise de Pleurs, veuve de M. de Bretignières, pour sommes reçues en paiement d'arrérages de rente, dûs à la dite Louise par Hiéronime d'Arcona.

E. 3388. (Liasse.) — 6 pièces, parchemin ; 3 pièces, papier.

1505-1545. — Colombier (le) et fief de Longueville (1). — « Cy ensuit l'instruction et estat et gouver-
» nement des boys et forestz et coustumes et paturaiges
» du fief de Longueville, appartenant aux habitans de
» dessus les lieux d'iceluy fief; lequel fief est situé et
» assis en Normandie, près Vernon-sur-Saine. Se double
» et coppie a esté recouvert à Paris, en la chambre des
» comptes du Roy, nostre sire, l'an de grâce mil deux
» cent et cinq, dixiesme de janvier. — Et premierement,
» — Ladicte forest et pasturaiges appartengnent, si comme
» ilz se comportent et étendent en long et en lé, de
» toutes pars, bourné, d'un bout, le ru des Goulletz, et,
» d'aultre bout, le Ru de Burgival, qui fait la disparacion
» de France et de Normandie, d'un costé la terre et ju-
» risdiction de Pacy, et d'aultre costé les hameaulx dudit
» fief, assis en la valée de Longueville ; lequel héritaige
» appartient aux habitans comme leur propre héritaige
» et fons, et en doibvent prendre et jouyr en la manière
» cy-après déclarée. — Premierement, chacun cous-
» mier y peult aller chasser et prendre toutes bestes à
» cor et à cry, et oyseaulx quelconques, à leur plaisir ;
» et en payeront au Roy nostre sire, par chacun an, au
» roy et à plusieurs gentilz hommes et aultres personnes,
» par dons et aumosnes faicts jadis par le roy Saint-
» Louys, roy de France, c'est asçavoir : cent muytz de
» vin de rente, et, avec ce, vingt-quatre costes de fruytz,
» estimés à payer en argent, pour chacun feu des des-
» susdits habitans, deux deniers parisis par an ; et ne
» peult lesdits coustumiers, voisins de ladite forestz, près
» ne louing, desserter ne mectre en labeur, vendre ny
» alliener en quelque manière que ce soit. — Item, les
» gens dudit pays et fief peult eslire à leur plaisir et
» mectre une personne dudit fief, tel qui leur plaist, par
» manière de verdier, suffisant ad ce, pour garder ladite
» forestz et fief, et avecques ce, ilz peult les dessus nom-
» més y mectre et esluire deux aultres hommes soubz
» iceluy verdier, pour myeulx y prendre garde, par ma-
» nière de sergent ; et yceluy verdier, pour luy et les
» dessus dits sergents, lesquelz doibvent payer et con-
» tenter, doibt avoir, par chacun an, pour ces gaiges,
» sur chacun feu, huyt deniers parisis, à payer au termes
» de Toussaints et Pasques ; lesquielx verdier et sergents
» peult estre, par les dits habitans du dit fief, par chacun

(1) Les coutumes forestières du fief de Longueville sont sur papier, et dans un tel état de détérioration que la lecture en est bien difficile, et qu'une simple communication peut compromettre l'intégrité de la pièce : c'est pourquoi l'on a cru qu'il y aurait quelque utilité à reproduire ce document *in extenso*.

» an, hostés et y en bouter d'aultres, si bon leur semble,
» hors du dit office. — Item, les dessus dits verdier et
» sergans seront tenus faire serment ausdits habitans du
» dit fief que, chacun jour continuellement, ils yront et
» visiteront bien et duement la dite forest et coustumes
» de Longueville, et feront ung rapport et vray, devant
» les commis, jurés et ordonnés ad ce, et se feront les
» dits rapports toutes les quinzaines, et seront les dessus
» dits sergents (sic) de escripre et mectre par estat toutes
» les offenses et malefaccessons que trouveront avoir esté
» faictes en ladite forest et coustumes, et feront bonne et
» vraye diligence de le savoir, et que nul ne resceleront. — Item, avec ce, les gens dudit pays et fief, pour
» myeulx ordonner en leur fait, bonne garde et visitation en ladite forest, peult et leur appartient en leur
» droit de esluyre, establir douze personnes dudit fief,
» telz qu'il leur plaise, si bon leur semble, suffisans ad
» ce, qui seront jurés, qui yront, par lesdites forests et
» pasturaiges, veoir et visiter par chacun moys une foys,
» toutes les malfassons qui y seront faictes, et se lesdits
» sergents et verdier en auront fait bonne diligence ; et
» feront les dessus dits douze hommes service se ilz y
» ont point trouvé de fraulde ne de déception ; et auxi
» seront les dessus dits payés et contentés de leurs
» peines sur les deniers des amendes qu'en seront rapportées par lesdits sergents; lesquelz douze hommes les
» gens dudit pays pourront oster et changer ung ou
» deulx, ou ce qu'il leur plaira, por chacun an, et y en
» mectre d'aultres, si bon leur semble. — Item, s'il est
» trouvé par lesdits jurés ou aultres personnes dudit fief
» que le dit verdier ou sergeans ayent recellé aulcune
» malfasson faicte en la dite forest, ou que ce fust de
» leur consentement qui l'eussent laissé prendre, ou emporter ou transporter hors dudit aulcune quantité de
» boys, ilz perdront ses gaiges et salaire d'un an, et,
» avec ce, il seroit privé de sa droicture et forfaict ung
» an de sa droicture et usaige des franchises, ou à la
» volonté de la plus grand et saine partie d'yseulx, selon
» le malfaict, et pareillement les jurés au cas pareil. —
» Item, pour survenir à la nécessité et fourniture de
» boys des dits habitans, les dits verdier et sergents seront subjectz semondre, ou adjorner et assembler en
» quelque lieu, vingt-quatre hommes, de chacune parroisse sa porcion, pour esluyre en droit lieu, place au
» mains damaigable, et faire une livrée, là où chacun
» dudit fief pourra aller et user tout par ordre ainsy que
» de raison, et demourra, en chacune livrée, certain
» nombre de bailliveaulx pour retorer (ou reloier) la dite
» forest, et nul ne pourra prendre le boys qui sera bon
» et pour maisons, pour ardre, se il ne luy est baillé par

» livrée, et s'il est trouvé faisant le contraire, il perdra
» son ferrement, et se payera amende, pour chascune
» chartée, V sous parisis, pour chascune somme de cheval ou d'asne, 11 sous parisis, et, pour chascune somme
» d'homme, XII deniers parisis. — Item, nul ne pourra
» ne debvra nul coupper boys pour maisonner, se il ne
» luy est premièrement livré et merché par lesdits verdier et sergents ; et sera tenu chacun de le coupper et
» abatre en telle sorte et manière et si duement comme
» il appartient, et que la revenue en resepée n'en puisse
» empirer ; et s'il estoit trouvé faisant le contraire, ils
» perdront leur ferrement, à la volunté desdits verdier et
» jurés, et seront tenus de le reseper, et payer amende,
» à la volunté d'iceulx jurés, selon l'ésigence du cas et le
» méfect. — Item, et se aulcuns boys estoit livré à aulcun pour maisonner, et il l'aura fait abatre, nul aultre
» ne le pourra prendre ne coupper ne emporter, s'il n'avoit jeu au boys plus d'une sepmaine, et s'il estoit
» trouvé faisant le contraire, il perdroit son ferrement.
» et sy payeroit amende pour chascune charretée, cinq
» soulx parisis, et pour chascune charge de cheval et
» d'âne, deux soulx parisis, et pour chascune somme
» d'homme, douze deniers parisis. — Item, et quant
» aulcun aura abatu aulcun boys pour ardoir, nul ne le
» porra dirupper ne emporter le jour qu'il aura esté
» abatu, ne lendemain, jusques ad ce que qu'il et (sic)
» aura jeu deux jours et deux nuytz, et s'il est trouvé faisant le contraire, il perdra son ferrement, et sy
» payera amende, pour chascune charetée, V sous parisis, et pour chascune somme de cheval et d'asne, 11
» sous parisis, et pour chascune charge d'homme, XII deniers parisis. — Item, en toute la forest qui ne sera
» point ordonnée pour livrée sera deffendu que nul ne
» se ose ne se hardy d'y aller pour y coupper, abatre ne
» emporter point de boys, pour quelque cause que se
» soit, tant pour eschalaz que aultrement, se se n'est
» tremble ou boys sec, se se n'estoit au cas de nécessité
» de maison, qui luy eust esté délivré, baillé et mercqué
» par lesdits verdier et jurés : et s'il est trouvé faisant le
» contraire, il perdra son ferrement, et si payera amende, pour chacune chartée, V sous parisis, pour cheval
» ou asne, 11 sous parisis, et pour homme, XII deniers
» parisis. — Item, se aulcune personne dudit fief et pays
» vendoit ou transportoit à aulcune personne hors dudit
» fief aulcune cantité dudit boys, en quelque manière
» que se soit ou pour quelque cause que se soit ou prix,
» et il est trouvé, conneu et vériffié, il payera, pour chacune chartée, X sous parisis, et pour chascune somme
» de cheval ou d'asne, 1111 sous parisis, et, aves ce, y
» perdre et forfara sa coustume, drecture, franchise et

» usaige en la dite forest jusques à ung an et plus et à
» la volunté desdits jurés et verdier, selon la calité du
» mal faict. — Item, et por semblable, se aulcun du dit
» fief et pays prenoit boys de quelque essence que se soit
» et le mectoit en sa maison, et après le transportoit hors
» du dit fief, il seroit puny comme devant, est dit, etc.
» — Item, aussi aux dessus dites deffens, que nul ne
» pourra, ne debvra coupper, ne abatre aulcun arbre,
» qui porte fruyts quelque il soit ; maiz demourera à la
» ladite forest pour la pousson ; et s'il est trouvé faisant
» le contraire, il payera amende comme devant. — Item,
» en ladicte forest et livrée, nul ne pourra coupper ne
» abatre aulcun boys de nuyt, ne amener en quel-
» que sorte que se soit, sur paine de faire amende
» à la volunté des dits verdier et jurés. — Item,
» en boys de taillys et de deffens, nul ne porra me-
» ner bestes qu'il n'y ait cinq années escheux et ré-
» volus pour les revenues dudit boys, sur paine de perdre
» les bestes et payer amende à la volunté desdits jurés
» et verdier. — Item, nul ne pourra mener en ladite
» forest en pasturaiges nulles bestes à laine ne chèvres,
» sur paine de perdre les bestes et faire amende à la vo-
» lunté desdits verdier et jurés ; et se aulcunes bestes y
» estoient trouvés qui ne fussent de dessus la terre et fief,
» les dessusdits habitants les pourront prendre comme
» en forfaiture et en faire à la délibération desdits
» jurés et verdier. — Item, se aulun, de nuyt, faisoit
» abatre aulcun boys et faisoit quelque offence, il perdroit
» sa coustume ung an, et se payeroit amende à la vo-
» lunté desdits jurés, etc. — Item, et en ladite forest et
» coustume comme allieurs est deffendu à ung chacun
» de porter la sye et la haiche plate, sur paine de perdre
» les ferremens et de payer amende à la volunté desdits
» verdier et jurés. — Item, et se aulcun y avoit offencé
» et fait quelque malfasson de feu que il luy eust mys et
» bouté, il perdroit sa coustume ung an, et, selon le dom-
» maige desdits, faire l'amende à la volunté desdits ver-
» dier et jurés, selon l'exigence du cas. — Item, en ladite
» forest, tant en deffens comme allieurs, aulcuns usans
» de coustume ne peult prendre neulles bestes en forme
» de panaige ou de paturaige, se n'eust seullement de sa
» nourriture, et seullement pour le gouvernement de son
» hostel et mesnaige dessus ledit fief sans fauldre (ou
» faulcie), sur paine de forfaiture et amende à la volunté
» des dits jurés et verdier. — Item, se en ladite forest et
» coustumes, tant en deffens comme en coustumes, aul-
» cunes personnes qui ne seroient pas du pays et du fief,
» et qui seroit demourant hors, estoit trouvé abatans,
» coupant ou emportant boys, ou fissent aulcune mal
» fasson ou gardant bestes, ils y forferont leurs bestes,

» ferr mens, harnoys et vestures. — Item, lesdits verdier
» et jurés, toutes et quantes foys que mestier sera et que
» il seroit besouing de faire aulcune visitaction ou mons-
» trer en aulcun lieu dudit fief, ou quelque appoinctement
» pour le fait de la communauté en icelle forest, y pour-
» roit appeller et élire, prendre et assembler avecques
» eulx de chacun village sa porcion, jusques au nombre
» de vingt-quatre gens ad ce suffisans et congnoissans
» ad ce et sans faveur, pour ce que du faict de commu-
» nauté il n'y a point de ordre, se que lesdits verdier et
» jurés avec les XXIIII hommes esleus sera tenu et entre-
» tenu sans contredit en aulcune manière. — Item, lesdits
» verdier et jurés pourront, deux foys l'an, esluyre douze
» hommes des plus gens de bien, de chacune parroisse
» sa porcion, sans fauldre, pour tauxer les amendes et
» forfaictures et malfasons qui auront été faites en ladite
» forest en cest an, et seront tauxées sans débat ainsy
» que de raison, et seront payés lesdites amendes et for-
» faitures sans aller au contraire, sur paine de payer
» double amende ou forfaiture de leurs franchises et
» perdre la coustume, droiture et usaige en ladite forest
» jusques à ung an à la volunté des dits jurés et verdier.
» — Item, et d'icelles amendes, par l'ordonnance de douze
» jurés, sera aulcune porcion donnée et départie audit
» verdier et sergents, selon que il luy auront bien servy,
» sans ce que les dessusdits verdier et sergents en puissent
» rien avoir se ne plaist aux dessusdits jurées, et selon
» comment ils auront bien gardé ladite forest et cous-
» tume. — Item, semblablement, sur lesdites amendes et
» forfaitures et malfassons, les douze jurés seront payés
» de leurs paines et travaulx, par l'ordonnance des vingt-
» quatre hommes esleuz et dessus dits, et, se surplus y
» avoit, les frais mises defrayées, il sera départy à cha-
» cune parroisse sa porcion, et employés en la nécessité
» de ladite forest, ainsy que délibéré sera. — Item, icelles
» amendes seront queuillie par ledit verdier et deux des
» jurés, par deux foys l'an, c'est asçavoir Nouél et Pen-
» thecouste. » — Adjudication de trois pièces de terre
sises au bailliage de Gisors, châtellenie de Vernon, triage
des « communes de Longueville, » faite par les commissaires nommés pour fieffer les terres vagues de Normandie à Jacques de Tilly, écuyer, seigneur de Blaru. —
Déclaration des héritages plantés en bois broutis, tenus
par Jacques de Tilly, écuyer, seigneur châtelain de Blaru,
acquis des commissaires du roi en 1575. — Adjudication
de trois pièces de terre au même triage des communes de
Longueville, faite à Louis de Tilly, chevalier, seigneur de Blaru, par les commissaires généraux députés
par le Roy, pour la réunion, la vente et revente de son
domaine en Normandie.

E. 3369. (Liasse.) — 21 pièces, parchemin; 9 pièces, papier; vestiges de sceau.

1262-1523. — **Colombier (le) et fief de Longueville.** — Pièces d'un procès entre Françoise Ladvocat, veuve de Jean de Tilly, seigneur de Blaru, d'une part, l'abbé et les religieux de Sainte-Catherine-du-Mont, près Rouen, et le prieur et les religieuses de Sainte-Madeleine de Bizy, d'autre part. — Richard de Crèvecœur (Ricardus de Crivecor), chevalier, donne au monastère de Sainte-Catherine-du-Mont près Rouen, pour la quatrième partie du champart de tout son fief, 8 acres de terre consistant en sa terre située entre le bois de Longueville-sur-Vernon (inter boscum de Longuevilla supra Vernonem), d'une part, et la terre du fief de Geoffroi de la Porte (Gaufridi de Porta), d'autre part, aboutissant, d'un côté, au fossé de « Morlu », et, d'autre côté, au fossé « de Gillanteverne ». Témoins : Guillaume de Miriclis, prieur de Bizy, Jean dit le Roi, Nicolas Basiro, Gillebert de Bizy, Jean de Bizy, et plusieurs autres. — Le roi de France renvoie devant le bailli d'Evreux un procès entre Jean de Tilly, écuyer, seigneur de Blaru, d'une part, et les manants et habitants du fief de Longueville, d'autre part, « pour
» raison et cause d'une pièce d'éritaige, frans et levées »
que ledit seigneur de Blaru disait lui appartenir, et dont l'évocation au siège d'Evreux était réclamée par ledit seigneur de Blaru, pour cause de suspicion des juges du bailliage de Gisors. — Requête adressée au Roi et aux gens du Grand-Conseil par Françoise Ladvocat, dame de la seigneurie de Blaru, « de laquelle seigneurie de Blaru
» ou autrement est et dépend ung fief vulgairement appelé
» le fief du Coulombier, près et joignant ledit Blaru, à
» cause duquel fief du Coulombier, sont et deppendent
» deux pièces de terre, l'une d'icelles contenant XVIII
» acres ou environ, située et assise au lieu nommé La
» Cousture Maupertuys, l'autre pièce, contenant de XII
» à XIII acres de terre ou environ, vulgairement nommé
» la terre de Gaige-Pleige, assise près du dit Coulombier,
» dont ladite dame et ses prédécesseurs ont joy de tout
» temps, comme encore font de présent. Et soit ainsi
» que lesdites terres et seigneuries de Blaru et du
» Coulombier soient situées et assises au dedans des fins
» et mectes du bailliage de Mantes, qui est en France, et
» hors les fins et mectes du duché de Normandie, ce
» néantmoins, à cause des dixmes deues pour raison des
» dites deux pièces de terre dessus déclarées, procès se
» seroit meu au Grand Conseil entre les doyen, cha-
» noines et chapitre de Nostre-Dame de Vernon, qui
» maintiennent les dixmes d'icelles pièces de terre à
» eulx appartenir, comme estant en la duché de Nor-
» mandie, d'une part, et frère Simon Tailleboys, prieur
» du dit Blaru, qui maintient lesdites dixmes à lui ap-
» partenir, à cause de son dit prieuré de Blaru, comme
» estant au pays de France et hors ladite duché de
» Normandie, d'autre part. Nonobstant lesquelles choses,
» les religieux de Sainte-Katherine de Rouen s'efforcent
» traiter ladite dame de Blaru en la duché de Normandie,
» et la faire appeler à ban, à la prochaine ville dudit
» duché de Normandie, pour raison de la propriété de
» ladite terre assise au dit lieu de Maupertuys, ou partie
» et porcion d'icelle ; et pareillement, le procureur du
» roy en ladite duché de Normandie se efforce traicter
» ladite dame et ses subgetz, pour raison de la propriété
» de l'autre pièce de terre nommée la Gaige-pleige, qui
» est au préjudice dudit procès pendant audit Grand-
» Conseil, pour raison des lymittes de France et de
» Normandie. » Françoise Ladvocat demande l'évocation au Grand-Conseil des deux procès intentés contre elle, tant par les religieux de Sainte-Catherine de Rouen, par devant le bailly de Gisors à Vernon, pour raison de la terre de Maupertuis, que par le procureur du roi à Rouen, joint aux habitants de Longueville, en la cour du parlement à Rouen, pour la terre de Gaize-pleige. — Adenet Doradi, laboureur, de Vernon, Guillemin Boysart, du Chenet-sur-Blaru, Jean le Cousturier, Michellet le Conte, Jean le Masson, le Riche, Guillaume Piesgne, Roger Gosselin, Perrinot Courtois, Toussaint Ydoysne, Guillemin le Roulx, Robin Treslin, Jean Boutier, fils de Charlin Boutier, Allain Ydoysne, Geffroy Treslin, Marc Darras, Jean le Grant, Nouvel de Lespine, Jean le Roulx, Gillet Morel, Laurent Maryé, tous demeurant en la paroisse de Blaru, attestent que, à la requête du prieur de Blaru, soutenant que les dîmes de la terre de Maupertuis étaient du dîmage du prieuré de Blaru, en France, contre le chapitre de Notre-Dame de Vernon, qui prétendait lever la dîme sur cette terre, sous prétexte qu'elle était en Normandie, la cause fut évoquée au Grand-Conseil du roi, « cinq ou six ans, ou environ ». — Cet acte est daté du 7 avril 1523 après Pâques. — L'abbé commandataire et les religieux du Mont-Sainte-Catherine-lez-Rouen, pour mestre fin au procès qu'ils ont avec Françoise Ladvocat, dame de Blaru, et qu'ils soutiennent au droit du prieuré de Bizy-lez-Vernon, « dont est prieur à
» présent (8 juillet 1523) Damp Gehan Rousset... » cèdent, quittent et délaissent à toujours, à fin d'héritage, à ladite Françoise Ladvocat et à ses enfants, tout et tel droit qu'ils ont pu ou peuvent avoir en conséquence de la donation faite à leur abbaye, en 1263, par Richard de

Crétecœur, et ce moyennant le payement d'une rente de 40 sous tournois à fournir au terme de la Toussaint au prieuré de Blay. — L'abbé « commandataire de l'abbaye » de la Sainte-Trinité, fondée au Mont de Saincte-Katherine-lez-Rouen, et tout le couvent dudit lieu, » reconnaissent avoir reçu de Françoise Ladvocat, tant en son nom que comme ayant la garde noble des enfants d'elle et de Jean de Tilly, en son vivant, chevalier, seigneur de Blaru, la somme de 48 livres tournois, « pour et à cause » de raquet et affranchissement de quarante-huit sols » tournois de rente foncière, » dûs par elle chaque année au terme de la Toussaint, « en droict et tiltre du » prieuré de Saincte-Katherine de Bisy-lez-Vernon », membre dépendant de l'abbaye du Mont-Sainte-Catherine, à cause de 3 acres de terre labourable et une pièce « assis sur les monts de Longueville. »

E. 3590. (Liasse.) — 12 pièces, parchemin ; 25 pièces, papier : vestiges de sceau.

1465-1576. — Colombier (le). — Procédures pour le droit des coutumes de Longueville, contesté entre Françoise Ladvocat, dame de Blaru, représentée par son fermier du Colombier, d'une part, et les habitants de Longueville, d'autre part, (vestige de sceau).

E. 3591. (Liasse.) — 5 pièces, parchemin ; 4 pièces, papier.

1465-2769. — Colombier (le). — Pierre de Tilly, écuyer, seigneur de Blaru, reconnaît avoir reçu de Jean Boutier la somme de 50 livres tournois, pour le rachat de 110 sous tournois, portion d'une rente annuelle de 10 livres tournois, moyennant laquelle le dit Pierre de Tilly avait baillé, au dit Jean Boutier et à Pierre Mahault, « le manoir du Coulombier de Blaru, avec les » terres et jardins à icelui appartenant... » — Bail de la ferme du Colombier fait à Nicolas Lespine et Georges Delestre, laboureurs, par Jacques de Tilly, seigneur châtelain de Blaru, moyennant le partage par moitié de tous les produits de l'exploitation. — Bail de la même ferme pour 9 années, fait par François-Bonaventure de Tilly, marquis de Blaru, à Louis Tessier, laboureur, demeurant à la ferme du Clos, paroisse d'Hargeville, et Marie-Madeleine de Lisle, sa femme, moyennant un loyer annuel de 900 livres. — Bail renouvelé par le même aux mêmes, moyennant un loyer annuel de 850 livres, avec 2 douzaines de pigeons et 1 douzaine de poulets. — Bail de la même ferme fait par le même marquis de Tilly à Charles Le Gendre, fermier, demeurant à la ferme de la Garenne, paroisse Saint-Étienne, et Suzanne Jumel, sa femme, moyennant un loyer annuel de 900 livres, plus les pigeons et poules, comme précédemment. — Bail de la même ferme fait à Jacques Dadon et à Marie-Louise Le Goux, sa femme, moyennant un loyer annuel de 1000 livres. — Bail de la même ferme fait par Guillaume-Charles Vigneux, mandataire de François-Hilaire de Tilly, marquis de Blaru, à Edme Honfrey et Marie-Catherine Pellerin, sa femme, moyennant un loyer de 2000 livres.

E. 3592. (Liasse.) — 26 pièces, parchemin.

1465-1542. — Colombier (le). — Ysac Dassigny, demeurant à Paris, tant pour lui que comme procureur d'Abraham Dassigny, son père, Jacob et Perrette Dassigny, enfants du dit Abraham et de Cyrote, sa femme, fille de feu Jean Le Moigne, en son vivant boulanger à Vernon, baille par échange à Jean Le Moigne, conseiller en cour laye, demeurant à Vernon, 2 acres de terre en 2 pièces sises au terroir de Blaru, la première « sur le grand prey du seigneur, » la seconde « au dit lieu de Blaru, vers le Coullombier..., » et en reçoit 40 sous tournois de rente, moitié de 4 livres tournois de rente, créée pour raison de la fieffe d'une pièce de pré sise à Gisors, et tenue par Henri le Picard, boucher, de Gisors. — Marion Boutier, laboureur, demeurant au Colombier, paroisse de Blaru, vend à Jean Le Pelletier, un acre de terre au lieu dit « la Cousture Richard, » seigneurie de Blaru. — Jacques Brunet et Marion, sa femme, vendent à Jean de Tilly, chevalier, seigneur de Blaru, la 4e portion des maisons, grange, cour et jardins du 4e lot des manoir et jardin du Colombier. — Gringoire Boutier, demeurant à Aigleville, vend à Jean de Tilly, chevalier, seigneur de Blaru, tout et tel droit de logis et jardins qui lui pouvaient être échus par la succession de ses père et mère au Colombier. — Rogier Boutier vend à Jean de Tilly, seigneur de Blaru, 5 acres une vergée 1/2 de terre au Colombier. — Jean Boutier l'aîné, et Robine, sa femme, vendent au même 2 acres 1/2 de terre « qui sont » des terres du lieu du Coulombier. » — Guillaume Boutier et Marion, sa femme, vendent au même, tout et tel droit, part et portion qui peuvent lui appartenir, tant au Colombier qu'ailleurs, dans la seigneurie de Blaru. — Nicolas Briard et Robine, sa femme, baillent par échange à Jean de Tilly, seigneur de Blaru, stipulant par sa femme, Françoise Ladvocat, tout et tel droit qui peuvent leur appartenir au « trelle de Mosin, » seigneurie de Blaru, et en reçoivent une pièce de terre à « Corbeschamps. »

— Pernot le Roux, demeurant à Villegast, vend à Jean de Tilly et à Françoise Ladvocat, la moitié d'une pièce de terre par indivis avec Thomas le Roux, au « tresle » de la « Costure Richard. » — Mahlotte, veuve de Guillaume Luce, vend aux mêmes un lot de terre au tresle des Viviers, seigneurie de Blaru. — Jean le Pelletier et Catherine, sa femme, vendent à Françoise Ladvocat, veuve de Jean de Tilly, un acre 1/2 de terre au Colombier. — Simon le Moigne, fils de Jean, cède à la même tous ses droits sur deux pièces de terre, assises, l'une « sur le grand prey de la seigneurie, » et l'autre vers le Colombier. — Jean le Roux, fils de Thomas, vend à la même une vergée de terre au tresle de la « Couture Richard. » — Hubert le Roux, tisserand en toiles, de la paroisse de Blaru, vend à la même une vergée de terre sise au même lieu. — Mathieu Boutier vend à Charles de Tilly, seigneur châtelain de Blaru, la moitié de la maison « maignante qui fut feu Jean Boutier de la Chesnaye, » père du dit vendeur, assis au Coulombier de Blaru... » — Mahlet Luce, au droit de sa femme Marion Boutier, vend ou même la moitié d'une grange qui fut à feu Jean Boutier de la Chesnaye, sise au Colombier. — Jeannequin Ango et Marion, sa femme, vendent au même un lot de jardin, sis au Colombier. — Vincent Maryé, se portant fort pour sa femme Légère Boutier, vend au même un acre de terre à la « Cousture Richard et un » acre 16 perches au tresle des Sablons sur le Coulom- » bier.... » — Yvon Trabouillart, laboureur de vignes, et Collette, sa femme, vendent à Charles de Tilly et à sa femme, Louise de Vauldray, deux pièces de terre, sises l'une « au lieu nommé les Sablons du Coulombier », et l'autre « aux Champs de Moslu.... ». — Louis Boursier, prêtre, « vicaire de la prieuré de Blaru pour le prieur du dit lieu.... » baille par échange à Charles de Tilly, seigneur châtelain de Blaru, 3 vergées de terre à la « Cousture Richard, » et en reçoit 40 sous tournois de rente, auxquels le dit Boursier était obligé envers le dit seigneur, à cause d'une « maison, jardin et lieu assis au » dit Blaru, au lieu nommé la Rue Chevre.... » L'acte est passé le 23 avril 1543, par devant Martin Dupré, clerc tabellion juré à Blaru, en présence de Christophe de Tilly, abbé de l'abbaye de « Raisons » (Ressons), frère de Charles de Tilly, François Lortye, Pierre Benardel, Pierre le Myre, Hilaire le Roux, Allain Durand et Lucas le Myre. — Guillaume Huet, de Vernon, vend à Charles de Tilly, seigneur châtelain de Blaru, une perche de terre sise « au fief de Péré, de dans laquelle est et prévient la source et fontaine du Coulombier.... »

E. 3593. (Liasse.) — 8 pièces, parchemin.

1524-1587. — Colombier (le). — Quatre transactions conclues le 7 août 1514 entre Jean de Tilly, seigneur de Blaru, et Françoise Ladvocat, sa femme, d'une part, et Michel et Richard Boutier, Pardon Morel et sa femme, Jean Rouxel et sa femme, Jean Morel et sa femme, d'autre part. Par ces transactions, le seigneur de Blaru devient propriétaire d'immeubles aux Coutures-Richard et Naupertuis, au Colombier. — Denis Boutin, laboureur, de Blaru, baille par échange à Jean de Tilly et à Françoise Ladvocat, sa femme, 4 acres 8 perches de terre au Colombier, et en reçoit 3 acres 1/2 de terre au tresle du But, seigneurie de Blaru. — Jean Leroux, fils de Guillaume, baille aux mêmes, par échange, 4 acres et 16 perches de terre au Colombier, et en reçoit une égale quantité à la Courbe-Espine. — Marc Darras et Perrine, sa femme, veuve en premières noces de Marin Boutier, autorisés des tuteurs des enfants de la dite Perrine et de son premier mari, baillent aux mêmes, par échange, 4 acres 1/2 de terre au Colombier, et en reçoivent 4 acres et 60 perches au terroir de Moslu, seigneurie de Blaru. — Charles de Tilly, seigneur de Blaru, bailli, capitaine et gouverneur de Dreux, prend à titre de rente annuelle et perpétuelle, d'Anne Juzée, veuve de Denis Grimont, procureur du roi au bailliage de Mantes, 30 acres de terre au lieu dit le « Coullombier, » paroisse de Blaru, à la charge de 12 deniers 1/2 parisis de cens par chaque arpent, et moyennant la somme de 40 livres tournois de rente annuelle et perpétuelle.

E. 3594. (Liasse.) — 1 pièce, parchemin ; 15 pièces, papier.

1514-1628. — Colombier (le). — Fiches portant les cotes des actes d'acquisitions d'immeubles ayant servi à constituer la ferme du Colombier, faites depuis 1504 jusqu'en 1628 inclusivement, par les seigneurs de Blaru, de Jacques Brunet, Mathieu Boutier, Jean le Boucher, Georges Boutier, Jean le Pelletier, Denis Boutier Pierre Morel, Louis Foubert. — Lucas Robert vend à Charles de Tilly, seigneur châtelain de Blaru, une vergée de terre « sur laquelle il y a un ung poirier de Martel, » sise au Colombier. — Louis Foubert, héritier de son frère Robert Foubert, et se portant fort pour sa femme, Perrette Boivin, vend au même une vergée de terre au lieu dit les Fosses du Colombier. — Toussaint Boutier baille par échange au même deux lots de terre au Colombier, et en reçoit 2 arpents de terre aux champs de « Moslu. »

E. 3593. (Liasse.) — 6 pièces, papier.

1684-1699. — Colombier (le). — Déclarations d'héritages tenus à cens du seigneur de Blaru et situés pour partie au Colombier, faites par Lucas Boutier, Pierre le Grand, le jeune, Vincent Boutier, fils de Jean, Françoise Boutier, fille et héritière de Jean Boutier et de Claude Pellerin. — Règlement pour la perception des dîmes entre le prieur et le curé de Blaru, partagées en trois quartiers, celui des Bois, celui du Buisson et celui du Colombier.

E. 3596. (Liasse.) — 1 pièce, parchemin; 32 pièces, papier.

1720-1723. — Colombier (le). — Mémoires à consulter, consultations d'avocats, correspondance, plan et transaction définitive entre Charles-Louis-Auguste Fouquet de Belleisle, duc de Gisors, prince du Saint-Empire romain, maréchal de France, chevalier des ordres du roi et de la Toison-d'Or, gouverneur des ville, citadelle de Metz et pays messin, ci-devant ambassadeur extraordinaire et plénipotentiaire de Sa Majesté pour l'élection de l'Empereur, d'une part, et François Bonaventure de Tilly, chevalier, marquis de Blaru, exempt des gardes du corps du roi, mestre de camp de cavalerie, d'autre part, touchant l'établissement des bornes et limites du Colombier, d'un côté, et, de l'autre, du parc du château de Bizy, faisant partie du domaine de la vicomté de Vernon, l'un des membres du duché de Gisors. Plusieurs lettres signées du maréchal de Belleisle.

E. 3597. (Liasse.) — 2 pièces, papier, dont 1 cahier de 8 feuillets in-4°.

1688. — Corbie. — Mandement de Jean le Tellier, licencié en droit, avocat au Parlement, postulant aux juridictions royales de Vernon, et y demeurant, sénéchal de la seigneurie de Corbie, appartenant à Charles de Tilly, seigneur de Blaru, à cause de sa femme Claude d'Arcona, pour saisir les héritages relevant de la seigneurie de Corbie, faute d'aveux et de payements de cens et redevances seigneuriales. Procès-verbal de saisie en exécution du sus dit mandement.

E. 3598. (Liasse.) — 7 pièces, parchemin; 16 pièces, papier.

1630-1730. — Ecos-Grimonval. — Pierre Chevalier, journalier, demeurant à Grimonval, déclare être détenteur, propriétaire et possesseur de 20 perches de terre propre à faire et planter vigne, au dîmage « d'Escos, » triège de la Chesnée, au-dessus de l'auge de Grymon- » val, » à cause de sa femme, par la cession que lui en a faite Dominique Barbay d'Ecos, qui avait reçu ces 20 perches de terre à bail à titre de rente d'Etienne Monnay, prêtre, demeurant à « Buchelet », paroisse de Rosny. — Partage entre Pierre et Jean Chevalier, frères, fils et héritiers de feu Guillaume Chevalier, des biens, meubles et immeubles, à eux délaissés par Philippe Primaux, leur mère. — Transaction entre Marin Delbos, demeurant à Ratipont, et Jean Chevalier, héritier de feu Pierre, son frère. — Jacques Vigreux, maître chirurgien, demeurant à « Houlbec » baille à titre de rente à Jacques Bailly, charretier, demeurant à Grimonval, paroisse d'Ecos, « une petite masure où il ne reste plus que trois mauvais arbres fruitiers, contenant environ dix perches », au dit lieu de Grimonval, triage de la Ruelle-Michault. — Louis Dailly prend à ferme de la veuve de Jacques Delu, en son vivant avocat, demeurant à Ecos, un jardin, sis à Grimonval, et divers autres immeubles, sis au dîmage de « Sivierre. » — Catherine Prieur, veuve de Louis Chevalier, demeurant à Grimonval, déclare avoir reçu de Louis Bailly, charretier du même lieu, la somme de 100 livres, pour restant du prix de vente d'héritages faite, par le dit Louis Chevalier, à Jacques Bailly, père de Louis Bailly. — Jean Bailly baille à ferme à Louis Desnoyers une grange et un grenier. — Règlement du douaire de Marguerite-Dominique de May, veuve de Louis Bailly. — Déclaration d'héritages tenus à cens d'Antoine de « Moy », chevalier, gentilhomme de la chambre du Roi, lieutenant de la compagnie des gens d'armes du cardinal duc de Richelieu, gouverneur de la ville et du château de Honfleur, seigneur de Plix-Aubin, par Martin Pinchard, frère et héritier pour une moitié de Claude Pinchard, demeurant à Ecos, héritages situés au dîmage d'Ecos, triège de la fontaine d'Hérencourt. — Déclaration d'héritages tenus à cens de Jean de la Grandière, écuyer, seigneur de Grimonval et le Boisgaultier, par Guillaume Chevalier, au nom de Philippe Primault, sa femme, à Grimonval. — Déclaration d'héritages tenus à cens de Louis de Grimonville, chevalier, marquis, seigneur et patron de la « Maillerayes, de Mouy... de » Plisaubin,... mestre de camp du régiment de Pié- » mont,... » par Pierre Chevalier, demeurant à Grimonval, dans le dîmage d'Ecos. — Déclaration d'héritages tenus à cens, au même triage, de Marie-Césarine de Montenay, veuve de « Paul Tenneguy de la Luzerne, vivant, » chevallier, seigneur et marquis de Benzeville, baronne

» des baronnies de Garentière et Baudemont.... » par Jean Chevallier, vigneron, demeurant au hameau de Grimonval. — Jean de la Grandière, écuyer, sieur de « Mercey, et des fiefs, terres et seigneuries de Boisgau-» tier et Grimonval, demeurant au dit lieu de Bois-» gautier,... » vend à Martin Princhard, laboureur de vignes, demeurant à Ecos, une pièce de terre contenant une vergée ou environ, sise au terroir d'Ecos, trelle de la Fontaine. — Jacques Petit, fils d'autre Jacques, demeurant à Ecos, vend à Nicolas Delaunay, boulanger, du même lieu, 20 perches de terre labourable, sise au dimage d'Ecos, tresle de la vallée du Plix. — Procès-verbal de saisie d'héritages, relevant de la seigneurie de Grimonval, faite, faute d'aveux et payements de redevances, à la requête de Jacques-Charles de la Grandière, chevalier, seigneur de Grimonval et de Boisgautier.

E. 3599. (Liasse.) — 1 pièce, parchemin; 24 pièces, papier.

1597-1762. — Gamachère (Ferme de la). — Extrait des registres de la recette des rentes seigneuriales de Blaru des années 1597 et 1598, pour justifier que la ferme de la Gamachère doit 2 chapons. — Procédures pour Charles de Tilly, marquis de Blaru, contre Louis de Croismare, Sr de Valmesnil, tendant à obtenir de ce dernier une nouvelle déclaration de la ferme de la Gamachère, pour servir de soutien au procès intenté par le dit marquis de Blaru à Charlotte Fontaine, veuve de Pierre Collette, fermier de la Gamachère, pour raison de 20 années d'arrérages de droits seigneuriaux. — Déclaration, par Louis de Croismare, des héritages qu'il tient du seigneur de Blaru, à savoir, la Gamachère, 1/2 arpent de terre au lieu dit le Cormier, 3 arpents 1/2 de bois taillis au val d'Aconville, 1/2 arpent près le moulin à foulon, etc. — Anne de Hénault, veuve et héritière de François de Croismare, écuyer, sieur de Richeville, pour et au nom de leurs fils Jacques-René de Croismare, écuyer, capitaine de cavalerie au régiment de « Bellinguant, » et Henri de Croismare, écuyer du Roi à la petite écurie, donne, à titre de rente foncière, perpétuelle et irrachetable, à Etienne Viornay, laboureur, demeurant à Blaru, la ferme de la Gamachère, tenue à ferme par Aignan Herson, et assise sur les paroisses de Chauffour, Blaru, Villegast et autres; plus 14 boisseaux de blé de rente foncière, que les sieurs de Croismare ont droit de prendre chaque année sur les terres de Prémont; le tout moyennant le prix et somme de 200 livres de rente foncière, perpétuelle et irrachetable, payable, chaque année, au terme de Noël. — Signification à Etienne Viornay, laboureur, demeurant à Condé, fils et héritier d'Etienne Viornay, 1° du bail à rente ci-dessus mentionné; 2° du transport de 200 livres de rente, prix du dit bail, fait à Jean le Boucher, l'aîné, bourgeois de Vernon, y demeurant, rue de la Porte-de-l'Eau, par Nicolas le Moine, conseiller du Roi, vicomte de Vernon, au nom et comme fondé de pouvoir d'Henri de Croismare, chevalier, écuyer du Roi, commandant de la petite écurie, tant en son nom que comme fondé de pouvoir de Jacques René de Croismare, son frère, capitaine de cavalerie au régiment de Vassé, l'un et l'autre héritiers de M. de Croismare de Richeville, leur père, et de la dame de Croismare, leur sœur; le dit le Moine, également porteur du pouvoir d'Anne de Hénault, déjà citée. — Contenance de la ferme de la Gamachère suivant les titres anciens. — Plan de la ferme de la Gamachère.

E. 3600. (Liasse.) — 3 pièces, parchemin; 13 pièces, papier.

1514-1618. — Goulet (le). — Procédures pour Hiérosme et Adrien d'Arcona, seigneurs d'Heubécourt, Corlye, Coupigny, Pressagny-le-Val, Pressagny-l'Orgueilleux et Bionval, contre Jean Donest (et Donnest), commissaire des guerres en Normandie, pour raison de plusieurs portions de rente dues aux demandeurs « au » hamel du Goulet, paroisse de Saint-Pierre d'Autix, » sur plusieurs maisons, terres, vignes et masures,... » et par espécial cent dix solz tournois de rente et deux » chapons à prendre, par chacun an, au terme de Toussaint, sur une maison, masure, terre et vigne, dont » sont tenuz les héritiers de deffunct honnorable homme » Jacques Donest, à présent honorable homme Me Jehan Donnest, m^e des ouvrages de Normandie. »

E. 3601. (Liasse.) — 12 pièces, papier.

1611-1762. — Goulet. — Bail à rente de 16 à 17 perches de vigne, « assise au lieu dit d'Aultix, trelle du » Goullet, » fait à Guillaume Fleurye, fils de Clément, demeurant à Saint-Pierre-d'Autils, par noble homme Georges de Bordeaulx, conseiller du roi, lieutenant général civil et criminel, à Vernon, du bailly de Gisors. — Mémoire des tenants de la fieffe du Goullet, appartenant au marquis de Blaru, contenant les noms de ceux qui la possédent en 1707. — Mémoire sur les rentes dues au marquis de Blaru dans le hameau de Maitreville, paroisse de Saint-Pierre-d'Autils, et le « Goullet. » — Inventaire des pièces concernant la fieffe du Goullet; la plus ancienne est du 18 juin 1613, la plus récente du 26 mai 1733. — État des arrérages des rentes foncières et seigneuriales dues au marquis de Blaru pour son fief du « Goulet », depuis le 27 septembre 1733 jusqu'à l'année 1763. — Prise à bail de « la ferme du Goulet », située en la paroisse de Saint-Pierre-d'Autils, et appartenant à Jean-Claude de la Barre, chevalier, seigneur de Verdun, par Marie-Madeleine Fleury, veuve de Jean Fleury et Claude Fleury, son fils, demeurant au Goulet, moyennant, outre les autres charges et conditions, le payement annuel d'une somme de 7 livres au marquis de Blaru.

E. 3602. (Liasse.) — 7 pièces, parchemin; 11 pièces, papier.

1622-1723. — Goulet. — Nicolas Picquet, ayant épousé Perrine Le Compte, fille et héritière en partie de feu Guillaume Le Compte, demeurant « au Goulet », déclare tenir à cens d'Hiéronime et Adrien d'Arcona, seigneurs d'Houbécourt, Corbie, Pressagny-le-Val, Pressagny-l'Orgueilleux, 10 perches de vigne au « Goulet ». — Déclaration pour le même héritage à Charles de Tilly, seigneur châtelain de Blaru, ayant épousé Claude d'Arcona, héritière de son oncle Hiéronime d'Arcona, par Nouel Drouet, fils de Claude, demeurant au « Goulet » représentant, à cause de sa femme, le droit de Nicolas Picquet. — Jean Leleu, fils de feu Nouel Leleu, demeurant au « Goulet » déclare tenir à cens, de Hiéronime et Adrien d'Arcona, 3 quartiers de vigne sis « audit lieu de » Goulet prez la chapelle de la Magdeleine dudit lieu. » — Déclaration pour le même héritage faite par Michel le Mercier, demeurant « à Maistreaulx », à Charles de Tilly et à Hubert de Champagne, seigneur et marquis de Villaines. — Déclarations de dix perches de vigne « au » Goulet, paroisse de Saint-Pierre-d'Autix,... triage » des vignes... », faites successivement à Charles de Tilly, à sa veuve Claude d'Arcona et à Charles de Tilly, marquis de Blaru, par Michel Thomas, laboureur de vignes, demeurant « au Goulet », Pierre Le Grain, bourgeois de Rouen, Romain le Roux, laboureur, demeurant au Goulet. — Déclarations de 33 perches de vigne au hameau de « Maistreville », paroisse de Saint-Pierre-d'Autils, faites successivement à Hiéronime d'Arcona, Charles de Tilly et autre Charles de Tilly, marquis de Blaru, par Marie la Barbier, veuve de Charles Delavigne, demeurant à Rouen, Guillaume « de La Vigne », fils de Charles, Jeanne Parent, veuve de Romain « de La Vigne », tutrice de ses enfants, demeurant à Rouen. — Guillaume-Romain Delavigne, Eustache Delavigne et Romain Le Roux, s'obligent à payer, au marquis de Blaru, toutes les redevances auxquelles il a droit sur les vignes qu'ils tiennent en la dépendance de son fief « du Goulet ». — Procédures pour Charles Bonaventure de Tilly, marquis de Blaru, à fin de payement d'arrérages de rentes dues pour cause des héritages mentionnés ci-devant.

E. 3603. (Liasse.) — 7 pièces, parchemin; 2 pièces, papier, qui sont 2 cahiers de 4 et 3 feuillets in-4°.

1681-1722. — Guignonville. — Extrait, fait au mois d'août 1681, des déclarations passées, au profit de noble homme M. Bénigne Le Ragois, notaire et secrétaire du roi, seigneur de Guignonville et des maisons et héritages sis au Perray-Notre-Dame d'Étampes, par devant Malvault, notaire royal audit Étampes. — Inventaire des titres et papiers concernant la terre de Guignonville. Le plus ancien titre mentionné est du 9 mars 1470, le plus récent du 4 juin 1683. — Foi et hommage rendu, pour cause d'héritages tenus à Guignonville, par Marie-Anne Le Nain, dame de Guignonville, légataire universelle, en partie, de feu Jean Le Nain, son ayeul, chevalier, seigneur de Guignonville, à Marie-Marguerite Petit, dame de la Montagne, femme de Pierre Laumosnier, conseiller du roi, élu en l'élection d'Étampes.

E. 3604. (Liasse.) — 7 pièces, parchemin; 33 pièces, papier.

1624-1642. — Hectomare. — Pièces de procédures pour Charles de Tilly, seigneur châtelain de Blaru et autres lieux, terres et seigneuries, gentilhomme de la chambre du duc d'Orléans, contre François Leprévost, laboureur en la paroisse d'Hectomare, fermier de noble homme Me Michel Duval, docteur en médecine, représentant la veuve et les héritiers de M. François Duval, seigneur d'Hectomare, aux fins de payement de cinq années d'arrérages d'une rente hypothéquée « à la raison » de cent livres par chacun an. » — Autres procédures pour le même contre Massin « d'Escambostes », fermier de la terre et seigneurie d'Hectomare, pour le même objet. — Copie du transport de 100 livres de rente fait le 3 avril 1624, par noble homme François Duval, sieur d'Hectomare, à Philippe de la Haye Chanteloup, chevalier, sieur d'Anfreville-la-Champagne, Sotteville et autres terres. — Copie du contrat de mariage de Charles de Tilly, fils aîné de Louis de Tilly, avec Prudence de la Haye Chanteloup, fille de Philippe de la Haye Chanteloup, du 12 septembre 1627. — Copie de l'opposition mise, le 18 janvier 1633, par Philippe de la Haye Chanteloup, au décret des biens ayant appartenu à noble dame Suzanne Duval, veuve de feu sieur de Larchant,

— Autres procédures pour Charles de Tilly, contre René de Fogère, sieur d'Hectomare, qui, par sentence des requêtes du palais en date du 1ᵉʳ février 1650, est condamné à payer, à Charles de Tilly, les arrérages de la rente de 100 livres, échue au demandeur au jour du décès de Prudence de la Haye, sa femme ; passer titre nouvel de 33 livres, 6 sous 8 deniers, faisant le tiers de ladite rente de 100 livres, appartenant au demandeur en vertu de son contrat de mariage du 12 septembre 1627 ; payer les arrérages des dites 33 livres, 6 sous 8 deniers, depuis le 4 avril 1638 jusqu'à ce jour, et ceux qui écherront jusqu'à l'extinction de ladite rente, ainsi que les dépens du procès.

E. 5005. (Liasse.) — 4 pièces, papier.

1627-1626. — Iville. — Baux des rentes seigneuriales, dues annuellement à la seigneurie d'Iville, consentis par le seigneur d'Amfreville à Jean de Bonneville, moyennant 22 boisseaux de blé et 140 boisseaux d'avoine, mesure de Neubourg, que le premier fournira tous les ans au bailleur.

E. 5006. (Liasse.) — 7 pièces, parchemin; 11 pièces, papier.

1404-1680. — Jeufosse. — Simon Postel ou Pestel, demeurant à Jeufosse, pour lui et se portant fort pour sa femme Jeanne, prend à rente de Guillaume Pillavoine, écuyer, demeurant à Rouen, une masure, jardin, etc., au lieu de Jeufosse. — Guillaume Pillavoine, seigneur de « Villarceaulx, Chaussy, Meretz, Boissemont, Pommereuil et Geufosse, vicomte hérédital de Nogent-le-» Roy, demeurant au dit lieu de Villarceaulx, » vend à honnête personne Martin du Toc, marchand, demeurant à « Cricqueboeuf-sur-Sainne, » une coupe de bois aux côtes de Jeufosse, moyennant 750 livres tournois. — Jacques de Mornay, écuyer, seigneur « d'Ambleville, » Villerceaulx, Omerville et Geffosse, » vend à Gilles le Boucher, dit Lescuyer, demeurant à « Villetiz, paroisse de Limetz, » et à Lucas Labbé, demeurant à « Geffosse, » une coupe de bois au même lieu, moyennant 680 livres tournois. — Autre vente de coupe de bois, à Jeufosse, faite par Nicolas de Mornay, seigneur de Villarceaux, à Jean Labbé, moyennant 750 livres tournois. — Allain Le Roux, prêtre, demeurant à Jeufosse, vend à Jean Chapetois, compagnon de rivière, demeurant aussi à Jeufosse, 20 perches de terre avec jardin et masure, « séant devant le chemin de la marchandise, passant » entre ladite masure et le dit jardin, estant au dessoulz » le tout ainsy qu'il se comporte, assis au village et » sieurie du dit Jeufosse, tenant d'un costé Allain le Fo-» restier.... » (28 octobre 1571.) — Vente d'un immeuble à Jeufosse, faite à Jean Chapetois, par Collette Manchon, veuve de Pierre Chapetois, demeurant à Gamilly. — Bernard Gosselin, manouvrier, et Catherine Chapetois, sa femme, baillent, à titre de rente, à Louis Chapetois, frère de la dite Catherine, tout ce qui peut appartenir à cette dernière, dans la succession de feu Jean Chapetois, père commun. — Louis Duval, laboureur, filassier, demeurant en la paroisse de Jeufosse, se portant fort pour Jeanne Nolle, sa femme, vend à Marin Tremblé, marchand de la paroisse de Blaru, 1/2 arpent de terre au terroir de Jeufosse, lieu dit « les Marcotz. » — Vente de divers immeubles faite, pour le prix de 1000 livres tournois, à Jean Baudet, marchand, maître des ponts de Mantes, y demeurant, par Louis Duval, laboureur, Louise Duval, sa fille, veuve de Gilles Haranger, demeurant à Bonnières, Pierre Duval, laboureur, demeurant à Rosny, en leurs noms, Hector le Dru, laboureur, à cause de Perrette Duval, sa femme, demeurant à Jeufosse, Hiéronime Cahagne, marchand bourrelier, demeurant à la Villeneuve-en-Chevry, à cause de Marguerite Duval, sa femme ; tous les sus-dits, tant en leurs noms que comme se portant fort pour Jean Langlois, laboureur, demeurant à Jeufosse, et Marie Henry, sa femme, auparavant veuve de Jean Duval. — Marin Tremblay, baille par échange à Jacques Duval, manouvrier, de la paroisse de Jeufosse, 16 perches de terre au terroir de Jeufosse, et en reçoit 16 autres perches au même terroir. — Vente d'immeubles par le sieur Marin le Manouvrier, demeurant à Jeufosse, et Jeanne Letellier, sa femme, à Jean Duval, fils de Louis, laboureur. — Jean Pinguet, cabaretier, de Jeufosse, prend, à « titre de fieffe » et rente seigneuriale, de Charles de Tilly, marquis de Blaru, 2 arpents de terre et atterrissement sur la seigneurie de Jeufosse, lieu dit « la Malladerie. » — Jean Leclerc, marguillier de l'église et Fabrique Notre Dame de Jeufosse, du consentement de Noël Duclos, curé du dit lieu (17 décembre 1670), et des habitants, baille, à titre de rente, à Charles Quervel, de Jeufosse, 30 perches de terre labourable, au territoire de Jeufosse, lieu dit « les Marcès, » pour 30 sous tournois de rente annuelle. — Jean le Dru, manouvrier, de la paroisse de Jeufosse, vend à Marin Nolle, laboureur au même lieu, 40 perches de terre labourable sur le territoire de Jeufosse, lieu dit la Mare de Saint-Augustin.

E. 3607. (Liasse.) — 9 pièces, parchemin; 8 pièces, papier, dont 1 cahier de 12 feuillets in-4°.

1407-1650. — Jeufosse. — Extrait des papiers de recette pour la seigneurie de Jeufosse, années 1407, 1410, 1425. — Toussaint Boisard, marchand, demeurant à Jeufosse, et Guillemette, sa femme, prennent à bail, pour 9 années, de Nicolas de Mornay, chevalier, seigneur de Villarceaux et de Jeufosse, acceptant par sa femme, Anne Lhuillier, la terre et seigneurie de Jeufosse, moyennant, outre les charges et réserves stipulées dans l'acte, un loyer annuel de 35 livres tournois. — Les sus-dits fermier et fermière transportent leur droit à ce bail à Pierre Ango, marchand, de la paroisse de Jeufosse. — Extrait du registre des recettes de la seigneurie de Jeufosse, pour l'année 1584. — Recette de la seigneurie de Jeufosse pour l'année 1628. — Ratification, par Marie Trambley, du bail de la terre et seigneurie de Jeufosse, faite à son mari Armand Ango, par Bertin de Mornay, chevalier, seigneur d'Ambleville, le 1er mai 1628. — Armand Ango, fermier et receveur de la terre et seigneurie de Jeufosse, s'oblige, envers Charles de Tilly, chevalier, seigneur de Blaru et de Jeufosse, à peupler de lapins les bois et côtes de Jeufosse, et établir une garenne, dont il jouira, pendant neuf années, moyennant une rétribution de 800 livres tournois. — Bail de la terre et seigneurie de Jeufosse, fait par Charles de Tilly, seigneur châtelain de Blaru, à Louis Duval, laboureur, de Jeufosse, moyennant un loyer annuel de 430 livres tournois et deux bons coqs d'Inde. — Barthélemy le Fort, manouvrier, demeurant à Jeufosse, prend à bail, de Louis Duval, laboureur, demeurant à « Chevrye, paroisse du Port-de-Villers, » une maison et 3 arpents de terre au dimage de Jeufosse. — Guillaume Laurent, laboureur, de la paroisse de Jeufosse, prend à bail, du même, 15 arpents de terre labourable, plus un arpent de bois taillis, dans la paroisse de Jeufosse.

E. 3608. (Liasse.) — 1 pièce, parchemin ; 12 pièces, papier.

1479-1651. — Jeufosse. — Jean de Tilly, écuyer, seigneur de Blaru, offre aux officiers du Roi, à Mantes, la somme de 12 livres tournois, une fois payée, pour finance et rachat de la haute justice de « Geufosse et le » Port de Villers, leuue des dits lieux, que le dit sieur » de Blaru a en la rivière de Seine avecques certains » gors, tenus » du Roi, à cause de son château de « Mont-Esprevier » de Mantes, dont le dit seigneur de Blaru a hérité par la mort de Pierre de Tilly, son père. — Déclaration des héritages tenus à cens, dans la seigneurie de Jeufosse, par Guillaume Gillebert, le jeune, demeurant à Bennecourt. — Déclaration des héritages tenus à cens du seigneur de Jeufosse par Pierre La Saye, demeurant à Bennecourt. — Aveu des héritages tenus à cens de René de Préteval, chevalier, seigneur et marquis de Pantilleuse, le Chenet-sur-Blaru et autres terres et seigneuries, par la fabrique de l'église de Jeufosse, rendu par François Hennequin, laboureur, demeurant aux Coursières-de-Rosny, paroisse de Jeufosse, marguillier en charge de la dite fabrique. — Déclaration d'héritages tenus à cens, à Jeufosse, des seigneurs de Blaru, également seigneurs de Jeufosse, par Charlotte Chambon, François Laurent, Jean Leclerc, Louis Ango, Charles Ango.

E. 3609. (Liasse.) — 15 pièces, parchemin ; 5 pièces, papier.

1489-1628. — Jeufosse. — Déclarations d'héritages tenus à cens, dans la seigneurie de Jeufosse, de Guillaume Pillavoine, écuyer, seigneur de Villarceaux et de Jeufosse, par Pernot Mergene. — Jean de Tilly, seigneur de Blaru, reconnaît avoir pris et reçu les foi et hommage en quoi était tenu Guillaume Pillavoine, envers le châtelain de Blaru, « tant par la mort de Phillippes de » Trye, chevalier,... seigneur de Roulleboise, son oncle, » que... par la mort... de... Jehanne de Trye, sa mère, » et sœur du dit... Phillippes... pour raison et à cause » d'un arrière fief, nomé le fief de Geufosse... » — Aveu et dénombrement de la terre et seigneurie de Jeufosse, fait à Françoise Ladvocat, veuve de Jean de Tilly, par Guillaume Pillavoine, héritier en partie de Nicolas Pillavoine, son père. — « Reçeu, par... Françoise Ladvocat, » dame de Blaru,... de noble homme Estienne de la Ga- » renne des Noëls, et Jehanne Pillavoine, sa femme, à » cause d'elle, par les mains de noble homme, Guillaume » Pillavoine,... la somme de six livres tournois, que les » dits de la Garenne et sa femme (lui) devoient de compo- » sition faicte, pour le rachapt du traicté de mariage qui » avoit été faict... de la dite Jehanne Pillavoine... avec le » dit de la Garenne,... le dernier jour de janvier mil V » cent et six... » (sign. autogr.) « Fransoyse Ladvocat. » — Charles de Tilly, seigneur de Blaru, bailli, capitaine et gouverneur du comté de Dreux, déclare avoir reçu de Guillaume Pillavoine, seigneur de Jeufosse, Villarceaux, Omerville et du Boulay-Thierry, vicomte héréditaire de Nogent-le-Roi, les fois et hommages à lui dus, comme seigneur de Blaru, par la mort de Jean de Tilly, son père. — Martin Dupré, fondé de procuration de Charles de Tilly, seigneur châtelain de Blaru, reconnaît avoir reçu de Jacques de Mornay, seigneur de Villarceaux, Ambleville et Jeufosse, au droit de Madeleine Pillavoine, sa femme, par les mains de Thibault Boucher, la somme de 96 livres tournois, pour le droit de rachat, en quoi le dit de Mornay était tenu envers ledit seigneur de Blaru, à cause du fief de Jeufosse, mouvant en plein fief de la châtellenie de Blaru. — Acte de foi et hommage rendu, pour la terre et seigneurie de Jeufosse, à Jacques de Tilly, seigneur châtelain de Blaru, par Jean de Mornay, chevalier, seigneur « d'Ambleville, Reuilly-en-la-» Forest-d'Orléans, Géneville, Boucaigny et Jeufosse, » seigneur chastellain de la ville de Guérard, Reuilly-le-» Hault, et Reilly-le-Bas, au pays de Brye, gentilhomme » ordinaire de la chambre du Roy... » — Foi et hommage rendu par le même à Louis de Tilly, seigneur de Blaru. — Foi et hommage rendu au même par Bertin de Mornay, écuyer, seigneur d'Ambleville, Jeufosse et autres lieux, fils aîné et principal héritier de feu Jean de Mornay. — Aveux et démembrements d'héritages sis en la paroisse de Jeufosse, dépendant de la seigneurie de Blaru, faits au seigneur de Blaru par « Nycolle Picart, » prebstre, demeurant à Geufosse. »

E. 3510. (Liasse.) — 5 pièces, papier, dont 4 cahiers de 7, 8, 14 et 26 feuillets in-4°.

S. D. XVe-XVIe siècles. — Jeufosse. — « Ce sont » les cens deubz à noble homme Guillaume Pillavoyne, » escuier, seigneur de Villarceaulx et Geuffosse, à cause » de sa dite seigneurie de Geuffosse, selon les déclara-» tions baillées par les hommes tenans d'icelle seigneu-» rie. » — Etat des recettes faites à Jeufosse aux termes de Noël et Toussaint. — Etat analogue pour les termes de Saint-Remi et de Toussaint. — « Extraict tiré sur un re-» gistre où est (sic) contenu les héritages despendant de » la seigneurie de Geufosse, pour noble homme Estienne » de la Garenne, escuier, s^r du dit lieu, et la dam^{lle}, sa » femme. » — « Extraict des déclarations rendues en la seigneurie de Jeufosse, pour les héritages en dépen-» dant, et non compris les Isles. »

E. 3511. (Liasse.) — 7 pièces, parchemin ; 3 pièces, papier.

1522-1692. — Jeufosse. — Rôle des amendes, défauts et autres exploits de justice, échus au bailliage de Blaru, en extraordinaire, depuis le 2 juin 1523 jusqu'au 4 octobre 1524. — Allain Gosselin, laboureur, demeurant en la paroisse de Jeufosse, prend, à titre de rente, d'Allain le Tellier, manouvrier, demeurant en la paroisse de Blaru, une maison et appartenances de 35 perches au treffe de la Haye-de-Béronville. — Guillaume Laurent, Léonard le Masson, Jacques Laurent, Jean Dauvergne, Simon Billart, Jean Monsinglant, Simon Augé, Robert Mathieu, la veuve Robin Picquart, Thomas Picquart, Nicolas Mausinglant, Jean Gloriant, Jean Pinguet, Guillot Mausinglant, Jean Laurent, Regnault David, Lucas Labbé, Jean Hébert, Guillaume Hébert, Adam le Cousturier, Bertrand Le Conte, Pierre Nolles, Guillaume Pinguet, Adam Dillart, tant pour eux que pour les habitants de Jeufosse, avouent tenir de Charles de Tilly, bailli, capitaine et gouverneur du comté de Dreux, seigneur châtelain de Blaru, à cause de sa châtellenie, une pièce de terre, autrefois en bois et buissons et présentement en friche et non valeur, sise en la paroisse de Jeufosse, contenant 40 arpents. — Procès-verbal d'estimation d'une pièce de terre de 5 à 6 arpents sise sur le dimage de Jeufosse, près la Vallée-aux-Anges. — Sentence arbitrale, rendue par Claude Bouquemare, prieur de Sauseuze, et François de Pacarony, écuyer, sieur de Maussigny, pour mettre fin aux débats et procès survenus entre Bertin de Mornay, seigneur d'Ambleville, et Léonidas de Mornay, seigneur de la Rivière-sur-Epte, pour raison des partages de la succession de feu Jean de Mornay, leur père. — Mandement du présidial de Mantes, pour contraindre Marguerite Aubé, veuve de Claude Le Pelletier, demeurant à Blaru, Charles Pelletier et Marguerite Pelletier, femme de Pierre de Laporte, chirurgien, demeurant à Vernon, à payer, au marquis de Blaru, la somme de 220 livres 2 sous 6 deniers, à quoi ils ont été condamnés par sentence du 6 septembre 1692.

E. 3512. (Liasse.) — 7 pièces, parchemin ; 5 pièces, papier.

1591-1639. — Jeufosse. — François Nyvet ou Nynet et Suzanne, sa femme, Charlotte, veuve de Jean Vivien, Jeanne Masson, veuve d'Hercule Gosselin, tous héritiers de feus Mathieu, Jean et Catherine les Massons, enfants mineurs de feu Nicolas le Masson et de Nicole Févet, femme en secondes noces de Claude David, vendent à honorable homme Pierre Ango, receveur de la terre et seigneurie de Villarceaux et du fief de Jeufosse, un arpent de terre au terroir de Jeufosse, lieu dit la Haye-de-Béronville. — Pierre Ango, marchand, et Marie Abadon, sa femme, demeurant à Jeufosse, baillent et transportent, à titre de rente annuelle et perpétuelle, à Louis Abadon, demeurant à Chauffour, un logis et une maison au village de Jeufosse, et divers autres immeubles, moyennant une rente de 150 livres tournois par an. — Amand Ango, receveur fermier de la terre et seigneurie de Jeufosse, et Marie Trembley, sa femme, s'engagent à payer à Louis de Tilly, chevalier, seigneur châtelain de Blaru, la somme de 180 livres tournois, qu'ils en ont reçue en prêt. — Sentence du présidial de Mantes, rendue, à la requête de Charles de Tilly, chevalier, seigneur châtelain de Blaru, fils et héritier de Louise de Tilly, qui condamne Amand Ango et sa femme à rembourser les 180 livres ci-devant mentionnées. — Amand Ango et Marie « Trembley, » sa femme, constituent une rente annuelle et perpétuelle de 75 livres tournois, au profit de Charles de Tilly, seigneur châtelain de Blaru. — Sentence du présidial de Mantes, qui condamne les sus-dits constituants à payer, à Charles de Tilly, la somme de 564 livres 6 sous. — Mémoire pour parvenir au compte entre le marquis de Blaru, d'une part, et Marie Trembley, veuve d'Amand Ango, Amand Ango fils, Jean Nolle, ayant épousé Charlotte Ango, tous héritiers du dit deffunt. — Jean Le Dru, manouvrier, demeurant en la paroisse de la Villeneuve-en-Chevry, domestique de Philippe Ango, baille à rente à Pierre Ango, laboureur, demeurant en la paroisse de Jeufosse, une maison située au terroir de Jeufosse, lieu dit la Haye-de-Béronville, moyennant 14 livres tournois de rente par an. — Louis Cuvier, manouvrier, demeurant en la paroisse de Blaru, au nom et comme curateur judiciaire aux successions vacantes de Guillaume Pinguet et Marie Ango, sa femme, vend à Jean Pinguet, laboureur, demeurant à Jeufosse, et Marie Nolle, sa femme, une maison à Jeufosse et d'autres immeubles, pour la somme de 600 livres.

E. 3613. (Liasse.) — 14 pièces, papier.

1651-1707. — Jeufosse. — Pièces d'un procès entre Charles de Tilly, marquis de Blaru, et Pierre Le Sueur, curé de Jeufosse, pour cause de banalité, méconnu par ce dernier, au préjudice du marquis. — Déclaration des héritages tenus à cens du seigneur de Blaru par Jean Hanoier (ou Hanonier), prêtre, curé de Jeufosse (23 mars 1651). — Sentence rendue à Blaru, le 23 décembre 1706, qui condamne Pierre Le Sueur, curé de Jeufosse, à réformer la déclaration par lui fournie le 22 octobre 1705, et à charger des droits de banalité, conformément à celle de son prédécesseur, Jean Hanoier (ou Hanouyer). — Sentence du bailliage de Blaru qui, nonobstant l'appel interjeté par le sus-dit Le Sueur, donne défaut, contre lui, au marquis de Blaru, et nomme Jacques Roussel, arpenteur, demeurant à Vernon, pour mesurer les héritages dont jouit le curé de Jeufosse, relevant du marquisat de Blaru.

E. 3614. (Liasse.) — 14 pièces, papier.

1687-1711. — Jeufosse. — Procédures pour Charles de Tilly, marquis de Blaru, contre Michel Pernelle, Pierre Drouard, la veuve d'André Pernelle et Pierre Ise, touchant la propriété d'atterrissements auprès de l'île de la Maladrerie de Jeufosse. — Correspondance y relative.

E. 3615. (Liasse.) — 21 pièces, papier.

1672-1689. — Jeufosse. — Procédures pour le marquis de Blaru contre la famille Pinguet, dont un membre, Jean Pinguet, avait été receveur de la terre et seigneurie de Jeufosse.

E. 3616. (Liasse.) — 1 pièce, parchemin ; 48 pièces, papier.

1703-1770. — Jeufosse. — Pièces de diverse nature, qui paraissent avoir été réunies en une seule liasse, pour servir à déterminer les limites de la seigneurie de Jeufosse, et pour servir, en même temps, au marquis de Blaru, à soutenir ses prétentions de juridiction seigneuriale, à l'encontre de Masson Morel, et M. de La Roche-Guyon, partie intervenante.

E. 3617. (Liasse.) — 58 pièces, papier, dont 37 cahiers variant de 2 à 8 feuillets in-f° et in-4°.

1731-1786. — Mantes. — Comptes-rendus des recettes de la Boîte du Roi, ou acquits des transports par eau, perçus à Mantes, de 1730 à 1786, inclusivement. (Manquent les comptes de l'année 1739, et ceux des années 1742 à 1762, inclusivement.) — Lettres, quittances et autres pièces relatives à ces comptes. (Le domaine avait engagé ce droit, le marquis de Blaru était un des engagistes).

E. 3618. (Liasse.) — 3 pièces, parchemin ; 2 pièces, papier.

14...-1525. — Port-Villez. — Les habitants de Port-villez déclarent tenir, du seigneur de Blaru, pour leurs coutumes, 60 perches de bois ou environ en la forêt de « Chevrye, au-dessus du port de Villers (Villez ou Vil-
» lers), tenant d'un costé au long du sieur de Blaru,
» d'autre costé depuis les tenans d'un jardin qui fut Regnault Locquis, vers Saine, jusques au bois de Mons.
» d'Ivry, aboutant d'un bout au boys de Jambeville, et
» d'autre bout le seigneur du Chesnay : dedans lesquealx

» soixante arpents de terre en boys, non comprinses deux
» carrières, là où lesdits habitants porront prendre de la
» pierre pour leur édifice, sans en povoir vendre à per-
» sonne. Et, pour ce, doibvent au dit S^r chacun desdits
» habitants, par an, au terme de Noël, pour chacun feu,
» la somme de seize deniers parisis, pour forestaige ;
» aussi à la charge de habiller et faner, tous les ans,
» troys arpents de pré ou environ, assis en Hamillon,
» dont les tenans d'aucunes héritaiges assis au Val d'A-
» conville, cy-après nommés, leur doibvent ayder.... et
» aussi à la charge que les dits habitants peult (sic) aller
» mouldre et cuyre là où il leur plaira, sans contrarier
» nul ; Et, parce que les dits habitants ne peult vendre
» ne transporter leurs dites coustumes hors du fief, que
» le passeur du Port-de-Viller si aura son loct ès dites
» coustumes comme ceulx du dit Port de Villers, sans
» ce qu'il en paye aulcunne chose, excepté que, tous les
» dymanches et troys festes aux veulx par an, le dit pa-
» seur doibt passer les dits habitants, et troys fois la sep-
» maine pour aller à leurs afaires, là où il leur plaira... »

E. 3619. (Liasse.) — 3 pièces, parchemin ; 7 pièces, papier.

1446-1676. — Port-Villez. — Jean Bonamy, demeurant « au Port de Villés, » déclare tenir à cens de
Jean de Sacquainville, chevalier, seigneur de Blaru,
divers héritages, et entr'autres une île sise devant Giverny. — Bail à rente de 2 arpents de terre à la côte du
Port-Passeur, et d'un motillon appelé le Motillon-de-
Simon-Pierre, fait par Jean de Tilly, écuyer, sieur de
Blaru, à Simon Pierre, demeurant à Port-Villez. —
Prise à ferme par Nicolas Romay ou Roumis, pêcheur,
demeurant à Giverny, de Charles de Tilly, chevalier,
seigneur châtelain de Blaru, d'une île, contenant environ 1/2 arpent, sur la paroisse de Port-Villez, près la
motelle du s^r du Buisson-de-Mai, moyennant 20 livres de
loyer par an. — Requête de Claude d'Arcona, veuve de
Charles de Tilly, et mandement à la suite, pour saisir
le sus dit fermier, faute de payement de loyer. —
Pierre Ducloz, demeurant à Giverny, prend de Charles de
Tilly, marquis de Blaru, le même immeuble à ferme,
moyennant un loyer annuel de 30 livres. — François
Damonville, conseiller du roi, lieutenant particulier
civil et général criminel au bailliage de Gisors pour le
siège de Vernon, vend à Charles de Tilly, chevalier, seigneur châtelain de Blaru, tous les héritages possédés par
lui dans la châtellenie de Blaru, dans la paroisse de
Port-Villez, et une partie de 10 livres et une poule de
rente sur Guillaume Fauvel, moyennant 1,384 livres

13 sous tournois. — Simon Gosmond, libhoureur, demeurant à Giverny, vend à Michel de Chérence « pan-
» natier, demeurant à Port-Villez. » 83 perches d'île sur la
Seine, paroisse de Port-Villez. — Bail pour 3 ans de la
carrière nommée la Carrière-Gaumé, sise dans le bois
du marquis de Blaru, sur les côtes de Port-Villez, fait
par Adrien-François Greslebin, avocat en parlement,
fondé de pouvoir de François-Hilaire de Tilly, marquis
de Blaru, à Robert de la Haye, fils de Pierre « Car-
» rayeur. »

E. 3620. (Liasse.) — 3 pièces, parchemin ; 4 pièces, papier.

1485-1520. — Port-Villez. — Jean de Tilly, écuyer,
s^r de Blaru et du « port de Villers, » vend à Richard
Maignart, écuyer, demeurant à Vernon, deux pièces de
pré à la prairie de « Hamillon, » l'une contenant 3 arpents, sise au « Tresle-de-Lestu, » l'autre contenant cinq
quartiers, nommée le Grand-Arpent, et sise au Tresle,
nommé le « Boisgeraulme ; » le tout moyennant la
somme de 50 livres tournois. — « Jehan de Tilly, es-
» cuier, s^r du fief de Peray, assis au dit Blaru, en la
» rue de Normandie, filz de... Jehan de Tilly, escuier,
» s^r de Blaru..., confesse avoir baillé... afin d'éritage
» à Chardin Orente, bourgoys, demeurant à Vernon...
» quatre arpents de pré assis en la prairie de Hamillon,
» en deux pièces, la première contenant trois arpents,
» assis au Tresle-de-Lestu... La deuxième, nommée le
» Grand-Arpent, lequel contient cinq cartiers, assis au
» Tresle, nommé le Bois-Géraulme..., » moyennant une
rente annuelle de 50 sous tournois. — Jean de Tilly,
écuyer, s^r de Blaru, se portant fort pour Jean de Tilly,
s^r du fief de Peray, son fils, ratifie le bail des 4 arpents
de pré sus-mentionnés, et vend la rente annuelle de
40 sous parisis, afférente au bail des dits 4 arpents. —
François de Lamotte, écuyer, procureur et receveur de
noble homme messire Jean de Nantilhac, chevalier, et
de noble dame Jacqueline de Vaszine, sa femme, en leurs
noms et comme ayant la garde noble de Jean et Louise
de Silly, traite, pour raison des reliefs, rachats et finances
qui pourraient être dus au dit seigneur, à cause d'un
arpent de pré sis au terroir de « Limaiz, » au lieu dit
Hamillon, nommé le Grand-Arpent, appartenant à Françoise Ladvocat, tant en son nom que comme ayant la
garde noble de ses enfants, moyennant le prix de 2 écus
soleil, dont François de Lamotte, donne quittance. Sign.
autogr. « Franchoys de Lamotte. » — Jean de Nantilhac,
chevalier, s^r de « Limaiz, » déclare, tant au droit de sa
femme, Jacqueline de Vaszine, que comme ayant la garde
noble de Jean et Louise de Silly, tenir de Françoise Lad-

vocat, 7 arpents de bois taillis, en la paroisse de « Port-de-Villers et dedans la chastellenie » de Blaru, « nommés et appelés le boys de Jamboville... »

E. 3621. (Liasse.) — 13 pièces, papier.

1501-1647. — Port-Villez. — Guillaume Guinet, demeurant à Jeufosse, laisse, à titre de rente, à Michault Pinguet, 3 acres et 1 vergée de terre au Val-de-Bennecourt, moyennant 8 sous parisis par année. — Déclaration de la susdite pièce de terre faite à Charles de Tilly, seigneur de Blaru, par Jean et Roger Ango, de Jeufosse, au nom de leur mère et de leurs frères et sœurs. — Déclarations d'héritages tenus à cens du seigneur de Blaru, dans les paroisses de Blaru, Jeufosse et Portvillez, par Perrette Le Tellier, veuve de Jean Ango, Simon Ango, Pierre Ango, Jacob Doriant, Jeanne Binet, veuve de Robert Rotenger, Raullin Ango, fils de feu Simon, Martin Ango, Simonnet Pierre. — Vente de lots de terre sur deux κ otillons en Seine, faite par Guillaume Landrin et sa femme Pernelle, à Jean Landrin.

E. 3622. (Liasse.) — 2 pièces, parchemin ; 4 pièces, papier.

1502-1644. — Port-Villez. — Le vicaire général de Raoul (V, du Fou), évêque d'Evreux, mande au doyen de Vernon d'installer à la cure de Saint-Pierre du Port-Villez, devenue vacante par la résignation de Guillaume le Flament, Pierre de Tilly, clerc, présenté par Jean de Tilly, écuyer, seigneur de Blaru et de Port-Villez ; au verso est le procès-verbal d'installation, faite le 7 juillet 1502 par Jean Lemaistre, prêtre. — Charles de Tilly, seigneur de Blaru et de Port-Villez, gentilhomme de la maison du roi, bailli, capitaine et gouverneur du comté de Dreux, présente Christophe de Tilly, abbé de la Croix-Saint-Leufroy, pour la cure de Port-Villez, devenue vacante par la mort de Mathurin Clériceau (2 septembre 1555). — Charles Certain, prêtre, curé de Port-Villez, déclare (23 juillet 1637), que, depuis 16 ans qu'il est pourvu de la dite cure, il a cueilli et pris annuellement les dîmes des herbes, converties en foin, des îles dénommées dans l'acte de déclaration. — Charles de Tilly, chevalier, seigneur de Blaru, Jeufosse, Port-Villez et autres lieux, présente Robert du Vivier, prêtre du diocèse de Chartres, pour la cure de Port-Villez, devenue vacante par le décès de Charles Certain (18 juin 1644). — Jean de la Mare, prêtre, vicaire général de François de Péricard, évêque d'Evreux, mande au doyen de Vernon, d'installer le sus-dit Robert du Vivier, à la cure de Port-Villez (24 juin 1644), (3 sceaux en placard pendant sur queue de parchemin) ; au verso se trouve le procès-verbal d'installation faite le mercredi 29 juin 1644 par Robert Jonequert, recteur de Saint-Pierre « de Balliolo alias de Gratia, » et doyen de Vernon.

E. 3623. (Liasse.) — 3 pièces, parchemin ; 44 pièces, papier.

1580-1696. — Port-Villez. — Déclarations d'héritages tenus à cens des seigneurs de Blaru, dans la paroisse de Port-Villez, par Simonnot Pierre, Jean Vauclin, Perrette le Marchand, veuve de Jean Vauclin, Nicolas Fauvel, la veuve de Nicolas Fauvel, Lucas Desmont, Jean Cocquart, Pierre le Marchand, Guillaume le Marchand, l'aîné, Jean David, Cyprien Cocquart, Guillaume Vauclin, fils de Pierre, Jacques Torel, noble homme Armand de Gaillarbois, écuyer, « curé de Port de Villiers » (14 avril 1575), Guillemette, veuve de Jean le Boucher, Pasquet Pierre, Anne Pierre, fille de feu Roger, Jean Guérard, Anne Guérard, veuve de Michel Houssaye, Claude le Marchand, fils de Nicole, honnête personne Jean Musart, Jeanne, veuve de Robin, l'aîné, Geneviève, veuve de Jean Pierre, Jean le Marchand, fils de Regnault, Nicolas le Marchand, Guillaume Pierre, Jean le Barbier, Jean la Personne, Colin de Rouen, Geoffroy Collombel, Jeanne, veuve de Marin Cocquart, Simon, Louis et Pierre Cocquart, Pierre Dessus-le-Pont (dont la signature autogr. est « de desur le Pont Desporte »), écuyer, sieur des Portes, demeurant à Vernon, Nicolas de Dessus le Pont (signat. autogr. : « De Dessus le Pont »).

E. 3624. (Liasse.) — 4 pièces, parchemin ; 3 pièces, papier.

1554-1646. — Port-Villez. — Robin, l'aîné, Nicolas Cochet, laboureurs de vignes, et Jeanne, veuve de Jean Cochet, demeurant en la paroisse de « Limais, et tenans » le port passeur, estant entre la paroisse du dit Limais et » leanée de Saine de la chastellenie » de Blaru, « appartenant la dite eauée à Mons. de La Roche et Mons. de » Blaru, par moitié, » s'obligent à payer, à la volonté de Charles de Tilly, seigneur châtelain de Blaru, la somme de 100 sous tournois, en représentation de 16 boisseaux d'avoine de rente seigneuriale, dus, par eux, chaque année, pour la tenure du dit port passeur. — Jeanne, veuve de Robin l'aîné, et Jeanne Boucher, veuve de Jean Cauchoix, sa fille, vendent à Antoine Fesques, régent en l'université de Paris, la huitième partie du droit du po-passeur, à prendre par indivis avec Supplix Cochet, et les enfants mineurs de François Cochet, frère du dit

Supplix, pour la somme de 24 écus sol 1/3. — Marin Cauchoix, fils de Léonard, laboureur, demeurant à « Villey, » et Gillette, sa femme, vendent au même la seizième partie du même droit, moyennant la somme de 4 écus sol. — « Suplis » Cochet, laboureur de vignes, demeurant à « Limais, » s'oblige à payer à Jacques de Tilly, seigneur de Blaru, la somme de 62 écus sol, représentant la valeur de 333 boisseaux d'avoine et 130 douzaines d'œufs montant de 29 années d'arrérages de 16 boisseaux d'avoine et 5 douzaines d'œufs de rente seigneuriale, due annuellement au seigneur de Blaru à cause du port passeur. — Titre nouvel de cette double rente seigneuriale passé au profit de Charles de Tilly, marquis de Blaru, par les héritiers de Jean Mussart, comme possesseur et jouissant « du droict du port pas- » seur de la rivière de Seine, du costé de Villers, pa- » roisse de Limais, à l'aultre costé du port de Villiers, » sur la terre et chastellenie de Blarru, et d'un demy » arpent de terre en deppendant, assis au dit Port de » Villiers, où aborde le batteau du dit port passeur, entre » la rivière de Seine et le chemin du roy, et d'un bout » la terre de l'esglize du Port de Villiers... »

E. 3625. (Liasse.) — 26 pièces papier.

1561-1767. — Port-Villez. — Fragments informes d'un registre des cens dûs au seigneur de Blaru par les habitants de Port-Villez et Jeufosse pour 1561. — État des rentes seigneuriales, dûes à la seigneurie de Blaru, y compris Jeufosse et Port-Villez. — Noms de ceux qui ont fourni déclaration pour les îles en 1683. — Plaids ordinaires et recette seigneuriale des hauts jours tenus le 23 novembre 1696 au village du « Port de Villés, » dépendant du marquisat de Blaru. — État des opérations d'arpentage exécutées par Pierre Heurtault dit Dubois, arpenteur royal à Nantes, sur plusieurs pièces de terre appartenant à Le Goux, huissier à Vernon, et sises au Val, près du moulin à foulon. — État des rentes ou fiefs faisant partie de la succession d'un des marquis de Blaru. — Publications pour les hauts jours de Port-Villez.

E. 3626. (Liasse.) — 14 pièces, papier.

1554-1652. — Port-Villez. — Copie d'obligations, déclarations, baux et comptes touchant le port passeur de Port-Villez, dont les originaux sont analysés dans les articles précédents.

E. 3627. (Liasse.) — 6 pièces, papier.

1575-1722. — Port-Villez. — Déclarations pour le port passeur tenu à cens du seigneur de Blaru, par Jeanne, veuve de Robin Lainé, Jean Cauchoix, fils d'Ollivier, la vouve de François Cochet, Sulpice Cochet, Jean Lanzeray, Jean Musard, Pasquet Chédeville, ayant épousé Marie Bullard, fille et héritière de Guillaume Bullard et de Guyonne Le Vavasseur, Nicolas Mussard, Nicolas, Guillaume, François et Jean Muzard, enfants et héritiers de feus Jean Muzard et de Guionne Le Vavasseur, Louis Quedeville, Noël Le Clerc, Antoine Lainé et Robert Barant.

E. 3628. (Liasse.) — 3 pièces, parchemin; 11 pièces, papier.

1635-1643. — Port-Villez. — Procédures pour Charles de Tilly, seigneur de Blaru et de Port-Villez, contre Jean Barault et Jean Cauchoix, fils de Chrétien, qui avaient pris à ferme, en 1635, de P. Musart (Alias Mussard) « le port passeur de Villez, scis en la rivière de » Seine, avec l'abort et terre du costé vers les costes de » Blaru, et abort du costé vers Villez, » à la charge entr'autres de payer au seigneur de Blaru une rente seigneuriale annuelle de 16 boisseaux et 5 douzaines d'œufs, charge, dont l'inexécution motive l'instance du seigneur.

E. 3629. (Liasse.) — 8 pièces, papier.

1642-1644. — Port-Villez. — Procédures pour le seigneur de Blaru touchant la propriété d'atterrissements formés près de l'île d'Anneaux, sur la paroisse de Port-Villez.

E. 3630. (Liasse.) — 21 pièces, papier.

1670-1788. — Port-Villez. — Plaids, assises et recette seigneuriale des hauts jours de la Verderie et haute justice de la châtellenie et marquisat de Blaru, tenus au lieu ordinaire de *Porvillés*, dépendant du dit marquisat. A l'exception de l'année 1784, il y a, pour chaque année, de 1775 à 1788, un cahier où se trouvent les noms des avocats, procureurs, gardes-chasse, bois et rivières, meuniers, pêcheurs, cabaretiers, tonneliers, maçons, tisserands, épiciers et merciers, laboureurs et tenanciers à divers titres.

R. 3631. (Liasse.) — 14 pièces, parchemin ; 20 pièces, papier.

1699-1748. — Port-Villez. — Acensement de deux perches d'île au lieu dit : « au bout de la rue maistre Coullebauze, » fait par Charles de Tilly, marquis de Blaru, à Adrien Soret, pêcheur, demeurant à Giverny, et Marie Morisse, sa femme. — Déclaration d'héritages tenus à cens du marquis de Blaru par Adrien Soret, dans la paroisse de Port-Villez. — Fieffe du Bras-de-Gobert, en l'île de Flotte, faite par le marquis de Blaru à Jean Isar, pêcheur, et à Jean Pinguet, laboureur, demeurant à Jeufosse, moyennant 20 sous de rente annuelle. — Fieffe faite par le marquis de Blaru à Guillaume et Jacques Monsingeant, frères, pêcheurs de Jeufosse, de trois gords sur la seigneurie de Port-Villez. — Fieffe d'environ 70 perches faisant partie d'un atterrissement formé le long de Grand-Isle, près Giverny, seigneurie de Port-Villez, faite par le même à Jacques de Bordeaux, chevalier, seigneur de Bargeville, capitaine-lieutenant de la mestre de camp du régiment de Fleury, cavalerie. — Autre fieffe de 50 perches d'eau près de l'Ile-aux-Orties, faite par le même à Jean Lauzeray, laboureur, demeurant à Villez, paroisse de Limetz. — Déclaration du Port-Passeur « de Villiers, paroisse de Limets, » tenu à cens du marquis de Blaru, par Charles Cauchois, Sulpice Cauchois, Guillaume Fesque, ayant épousé Marie-Marthe Cauchois, Françoise Pernelle, ayant épousé Marie-Anne Le Clerc, tous représentant Noël Le Clerc, Robert Charpentier, ayant épousé Marie-Anne Musard, Claude Etienne, ayant épousé Marguerite Lainé, représentant Antoine Lainé, Louis Lauzeray, ayant épousé Marie Barault, Marie-Geneviève Gautier, veuve de Nicolas Cauchois, Michel Allain, Jacques Cauchois, tuteur des mineurs de Noël Lainé, Gilles Gosselin, ayant épousé Marie-Geneviève Cabot, et Claude Cauchois. — Acensement de 50 perches de pré et de in l'île aux Gomonts, seigneurie de Port-Villez, fait par le marquis de Blaru à Claude Roze, laboureur, demeurant à Giverny. — Acensement d'un îlot près l'île des Gords, fait par le même à Charles-François Toustain, chevalier, seigneur et patron de Limay, Fontebose et autres lieux, ancien officier au régiment de Champagne. — Acensement de 30 perches d'atterrissement dans l'Ile-aux-Orties, seigneurie de Port-Villez, fait par le même à Nicolas Le Sieur, vigneron, de la paroisse de Giverny. — Autre acensement de 25 perches de terre, joignant l'Ile-aux-Orties, fait par le même au même. — Procès-verbal d'arpentage de l'Ile-aux-Orties. — Acensement de 2 perches d'eau joignant l'Ile-aux-Orties, fait par le marquis de Blaru à Nicolas Etienne, vigneron-laboureur, demeurant à Limals. — Acensement de 25 perches d'eau, joignant la même île, fait par le même à Anne Lemarchand, veuve d'Antoine Lainé, de la paroisse de Limetz. — Acensement de 25 perches d'eau, joignant la même île, fait par le même à Michel Lainé et Charles Charpentier, vignerons, demeurant à Villez, paroisse de Limetz. — Acensement du Gord de Prerez, au-dessus de l'île de l'Espérance, paroisse de Port-Villez. — Cession, à titre de rente et de bail d'héritage, de 3 arpents 90 perches d'atterrissement, attenant l'île de Fresne, faite par le marquis de Blaru à Louise Foubert, veuve de Mr Pierre Godin, ancien procureur au parlement de Rouen, demeurant à Giverny. — Transaction et pièces y relatives entre François-Hilaire de Tilly, marquis de Blaru, d'une part, et Jacques et Louis Soret, fils de Louis, d'autre part, touchant la non-jouissance prétendue de plusieurs objets concédés au dit dernier Louis, par feu le marquis de Blaru. — Acensement d'un gord à côté de l'île de la Falaise, paroisse de Port-Villez, fait par le marquis de Blaru à Louis Soret, fils de Louis, pêcheur, demeurant à Giverny. — Autre acensement de deux gords, nommés Gords-Sentinelle, près de l'île Sentinelle, paroisse de Port-Villez, fait par le même à Louis Soret. — Acensement d'un motillon vis-à-vis l'île d'Anneaux, fait par le même au même. — Acensement de « trois coups de Seine pour pescher dans » la rivière de Seine, vis-à-vis la paroisse de Giverny, » sur la paroisse de Port-de-Villez, » fait par le marquis de Blaru à Louis Soret. — Acensement d'un arpent d'eau à prendre vis-à-vis la paroisse de Giverny, proche l'île de la Madeleine, fait par le même au même. — Transaction entre François-Bonaventure de Tilly, marquis de Blaru, d'une part, et Guillaume-Jacques-Louis de Fontenay, écuyer, sieur de Mouflaines (?), d'autre part, au sujet de portions d'eau en Seine, sur la paroisse de Giverny. — Acensement de deux gords à créer sur la Seine, dans la seigneurie de Port-Villez, dont l'un doit porter le nom de Gord-Rhumine, et l'autre, celui de Gord-de-Tilly, fait par Charles de Tilly, marquis de Blaru, à Adrien Soret, fils de Jean, pêcheur de Giverny. — Acensement du Gord-de-la-Falaise, fait par François-Bonaventure de Tilly, marquis de Blaru, à Michel Bénard, pêcheur, demeurant à Giverny. — Mémoire pour faire valoir l'action formée, à la requête du marquis de (Tilly), contre Michel Bénard, aux fins de le faire condamner à détruire, sinon en totalité, du moins en partie, un gord qu'il a fait construire, sans droit ni qualité, dans la Seine, sur la partie dépendant du marquisat de Blaru, vis-à-vis la carrière Comet.

SÉRIE E. — TITRES DE FAMILLE.

E. 3632. (Liasse.) — 6 pièces, parchemin; 9 pièces, papier.

1469-1582. — Prémont (1). — Bail des hôtel, manoir, maison, grange, jardin, prés, terres labourables ou non, cens, rentes et revenus de « Presmont, en la paroisse de Blaru, » fait, pour 101 ans, par les religieux de Vaux-de-Cernay, à Pierre de Tilly, écuyer, seigneur de Blaru, et à Jean de Tilly, écuyer, son fils, moyennant la somme de 6 livres tournois, « monnoye courant en pais » de France et à Paris, de ferme, par chacun an, » et un muid de grains par an au curé et prieur de Blaru. — Transaction par arbitres entre l'abbaye de Vaux-de-Cernay, d'une part, et Jean de Tilly, écuyer, seigneur de Blaru, d'autre part, touchant des arrérages de rente due à l'abbaye sur les terres de Prémont. — Cession du bail emphythéotique ci-dessus mentionné, faite, par les dits Pierre et Jean de Tilly, à Michel Berthault et à Jean Gentil, son fils, demeurant à Blaru. — Bail, à titre de ferme et cens à rente annuelle et viagère, d'une « mettai-» rie et lieu, ainsy qu'il se comporte, appelé Prémont, » aveques les terres labourables à icelle mestairye apar-» tenant qui se montent en nombre à cent acres de » terre, » fait, par l'abbaye de Vaux-de-Cernay, à Jean Le Gentil, laboureur, demeurant à Prémont, paroisse de Blaru... « pour en jouyr par le dict Jehan, sa femme, » leurs enffans, et par les enffans de leurs enffans, le » temps des dictz preneurs et les dites troys vies du-» rant... », moyennant un cens annuel de 12 deniers parisis par acre, une livre de cire neuve et un chapon, plus le dixième gerbe des grains : l'abbaye se réserve les vertes et menues dîmes, et impose au preneur l'obligation d'édifier sur place une maison de trois fermes ou travées à double plancher et double cheminée, ainsi qu'une grange de six fermes, et des étables ; le preneur sera, en outre, obligé de recevoir et héberger, convenablement, tous les ans, pendant « ung jour naturel, » l'abbé des Vaux-de-Cernay et sa suite, ainsi que le procureur de l'abbaye, toutes les fois qu'il ira au dit lieu pour les besognes et affaires de l'abbaye. — Jean Darras, Pierre Darras, l'aîné, et Pierre Darras, le jeune, frères, demeurant « en la paroisse de Blaru, au hamel de Pré-» mont, » débiteurs de Charles de Tilly, seigneur châtellain de Blaru, bailli, capitaine et gouverneur du comté de Dreux, pour une somme de 258 livres 14 sous 4 deniers tournois, provenant, pour une part, d'arrérages impayés d'une rente annuelle d'un demi muid de blé et d'un muid d'avoine, de saisine due au dit seigneur de Blaru, « à cause des terres de Prémont, » hypothèquent à cet effet, au profit de leur créancier, 15 acres de terre, en deux pièces, sises à Prémont au treale de la Bonne-Mare. — Jean Dupré, fils de Mathieu, et Louis Allais, demeurant à Blaru, fermiers de la terre de Prémont, reconnaissent devoir à Jacques de Croismare, écuyer, sieur de Portmort, 75 boisseaux de blé froment et 27 boisseaux d'avoine, pour arrérage de 22 boisseaux 1/2 de blé et 7 boisseaux 1/4 d'avoine de rente annuelle, due au dit Croismare, à la décharge de madame de Jamheville. — Bail, à titre de ferme, de 83 acres de terre en 4 lots, à prendre sur la ferme de Prémont, fait à Grégoire Le Grand, laboureur, de la paroisse de Blaru, par Louis Allais, moyennant un loyer annuel de 500 livres. — Louis Allais et sa femme, Adrienne Du Pray, s'obligent à payer à Jacques de Croismare, ci-dessus nommé, la somme de 225 livres tournois, montant des arrérages de 22 boisseaux de blé froment de rente foncière et seigneuriale, due annuellement au dit de Croismare, à cause de terres qu'ils tiennent du sieur Héleville, conseiller au Parlement de Paris. — Saisie-arrêt pratiquée sur Louis Allais et sa femme, pour cause de non payement de la somme ci-dessus.

E. 3633. (Liasse.) — 4 pièces, parchemin; 5 pièces, papier.

1484-1546. — Prémont. — Pièces d'un procès entre le seigneur de Blaru, d'une part, et la famille Gentil (alias : Genty), d'autre part, touchant une rente annuelle de 8 setiers de blé et 8 setiers d'avoine, que le premier prétendait avoir le droit de prendre, sur les maisons, manoirs, prés, terres et biens de Prémont, en la châtellenie de Blaru, « desquelz héritages les reli-» gieux du Val-de-Cernay disent la propriété à eulx ap-» partenir, et les dits vefve Gentil et son dict filz l'u-» surfruict... » La première pièce, datée du 19 décembre 1484, contient le nom de Guillaume Champion, prêtre, avec la qualification de curé de Blaru et procureur de Jean de Tilly, écuyer, seigneur de Blaru. — « Pappier » de ceulx qui doibvent les rentes de Prémont, pour » les années mil v^c iiii^{xx} et iiii^{xx} et deux... » — « Papier » des rentes deubz à Prémont pour les années 1581 et » 1582, escheutz à Noël. »

E. 3634. (Liasse.) — 2 pièces, papier, dont 1 cahier de 29 feuillets in-4°.

1620-1688. — Pressagny-l'Orgueilleux. — Procès-

(1) Voir ci-dessus l'article E. 3522, qui, avec l'article E. 3633 qui suit, complète les détails sur Prémont.

verbal de saisie d'héritages relevant de la seigneurie de Pressagny-l'Orgueilleux, pour défaut d'accomplissement de devoirs seigneuriaux de la part de tenanciers, exécutée, à la requête de « Louis Berrier, chevalier, seigneur » d'Anfernet, La Notte, Poinvilly, Chedonet, Pressaigny-» l'Orgueilleux, Pressaigny-le-Val et Lisle, en partie. » — Claude d'Arcona, veuve de Charles de Tilly, marquis de Blaru, transporte à Michel de Bordeaux, sieur de la Fresnaye, courrier de cabinet du Roi, demeurant à Vernon, 80 livres de rente foncière et irrachetable, qu'elle avait droit de prendre annuellement sur Robert Bourdon, vigneron, demeurant à « Pressagny-l'Orgueilleux, » à cause de la fieffe qu'elle lui avait faite de 2 arpents de vigne et marais en une pièce, sise au dit Pressagny-l'Orgueilleux, triage des « Costes. »

E. 3635. (Liasse.) — 1 pièce, parchemin; 15 pièces, papier.

1622-1649. — Quesnay. — Constitution d'une rente de 40 sous tournois faite par François Denastre, fils d'Olivier, de la paroisse de Contrières, au profit de Guillaume Deschamps, de la paroisse de Quesnay. — Lettes autographes signées « Vilaines et Villainnes, » et qui sont d' « Hubert de Champaigne, » marquis de Villaines, adressées « au Quesnay à Lalande et Bertranville, » lesquels paraissent avoir été chargés des affaires du marquis de Villaines. — Mémoires de fournitures faites pour le compte du marquis en 1644 et 1648.

E. 3636. (Liasse.) — 2 pièces, parchemin; 13 pièces, papier.

1645-1648. — Quesnay. — Procédures pour Louise de Pleurs, veuve de François de Brétignières, Brétignère et Brétinière, en son vivant, conseiller du roi et son procureur général au parlement de Rouen, contre Charles Vastel, fermier de la terre de Quesnay, appartenant à Hiéronime d'Arcona, aux fins de payement d'arrérages d'une rente de 700 livres, dus à la demanderesse par le dit d'Arcona.

E. 3637. (Liasse.) — 16 pièces, papier.

1680-1705. — Quesnay. — Procédures relatives à une contestation entre la marquise de Blaru et la comtesse de Mortagne, Suzanne de Montgomerry, fille et héritière du comte de Ducey, touchant le domaine de Quesnay.

E. 3638. (Liasse.) — 1 pièce, parchemin.

1642 (10 avril). — Queue d'Haye (La). — Jean « le » Cousturier, sieur du fief et seigneurie de la Queudaix, » et Catherine Le Monnier, sa femme, vendent à « Ro-» bert de Gaillarboys, sieur de Marconville, .. le dict » fief, terre et seigneurie de Laqueudaix, qui est ung » quart de fief de Haubert, dont le chef est scitué et » assis au dict lieu de Laqueudaix, à la paroisse de » Haricourt, et s'estent en la dicte paroisse de Haricourt » et en la parroisse de Heubecourt, et ès environs de la » ville de Vernon, en la vicomté du dict Vernon, bailliage » de Gisors, auquel fief de la Queudaix y a manoir seigneu-» rial, grange, pressouer, coullombier à pied, mazures, » jardins, bois, domaine fieffé et non fieffé, rentes en deniers, chappons, poulles, œufs, rentes, reliefs, trai-» zièmes, amandes, aides, faisances et redevances sei-» gneurialles, justice et juridiction, court en usage en » basse justice, droicts et debvoirs sieuriaulx, suyvant » la coustume du pays, qui est tenu neuement et sans » moïen du chasteau du dict lieu de Vernon par foy et » hommaige, et en est deu douze deniers tournois, avec » ung jour pour garder au dict chasteau de Vernon, » quant le cas eschet, et que le dict sieur de Laqueudaix » en est sommé, et se relieve par soixante solz parisis. » Lesquels jardins du dict fief se montent environ à cinq » acres, ainsy cloz et plantez qu'ilz sont. Item, le dict » domaine non fieffé se monte à soixante acres ou environ, en une pièce terre labourable. Item, le dict bois » a vingt arpens ou environ en une pièce prez et joi-» gnant le dict manoir; lequel boys est exempt de tiers » et danger. Item, sept livres tournois de rente seigneu-» riale ou environ. Item, quinze pièces de volaille, tant » chappons que poulles, avec vingt œufs .. Item, un » droit, en la forest de Vernon, d'avoir et prendre, par » chacun an, pour ardoir au dict manoir, qui se monte » à vingt cinq cordes de boys, ou plus, avec bois pour » édifier au dict lieu et manoir, pennaige pour ses porcs » et pasturaige pour ses bestes tant chevallines que ar-» mailles, sans aucune redevance..... » La vente est faite moyennant 7500 livres tournois, sur laquelle somme l'acquéreur devra décharger les vendeurs de rentes et arrérages dûs à Jean de Bordeaux, bourgeois de Vernon; au s⁺ de Bonnemare; à Jean de Bordeaux, de Paris; à Henri le Duc, bourgeois de Vernon; à Jean Ausfray, prêtre, chanoine de Vernon; à la veuve de Claude le Moyne, de Vernon, à Jean le Flamant, bourgeois de Vernon; au chapitre de la collégiale Notre-Dame de Vernon; à Antoine Le Monnier, seigneur de Malherbe.

SÉRIE E. — TITRES DE FAMILLE. 177

E. 3889. (Liasse.) — 6 pièces, parchemin; 12 pièces, papier.

1689-1725. — Queue-d'Haye (La). — Flour Le Vor, écuyer, sieur de Caux, gentilhomme ordinaire de la chambre du roi, demeurant au lieu de Caux, au nom et comme se portant fort de sa femme, Charlotte de Gaillarbois, fille et héritière de feu Réné de Gaillarbois, en son vivant écuyer, sieur « de la Quendaiz et Marconville en » partie, » vend à Jean de la Grandière, écuyer, sieur de « Mercay, » lieutenant pour le service du roi en la ville » et château de Vernon, et y demeurant, « la terre, fief et » seigneurie de la Quendaiz, consistant en manoir, bati- » ments, colombier, bois taillis, terres labourables, » droict de bois à bastir, pannage, pasturage et chauf- » fage, dans la forest de Vernon, cens et rentes seu- » riales, tant en deniers, grains, oyseaux, œufs, que » autres rentes et debvoirs seigneuriaux, s'estendant és- » villages de Heubecourt, Haricourt et Tilly, » relevant et tenue du roi; cette vente est faite pour le prix de 15,000 livres tournois, constituées en une rente hypo- thécaire de 1,071 livres 8 sous 6 deniers tournois, et à condition que, « en cas que la dicte terre feust clamée » par les lignagers, » l'acquéreur sera, par les dits ligna- gers, remboursé « des intherestz de ses deniers, sur ce » desduit le fermage d'icelle terre. » — Procuration donnée par Robert de Gaillarbois, chevalier, seigneur de Marconville et d'Aumont, demeurant à Marconville, à Jean de Brée, écuyer, pour, entr'autres choses, opérer le retrait lignager de la terre « de la Queudez, » vendue par le susdit de Caux au nom de sa femme, cousine ger- maine du dit Robert de Gaillarbois. — Compromis entre le sr de Caux et Jean de Brée, qui, s'en remettent à l'arbi- trage de Gallan et Grout, avocats au parlement, pour régler le différend au sujet d'un terme du fermage de la terre de la Queue-d'Haye. — Jean Debrée (d'après sa si- gnature autographe, qui est à la fin de l'acte), écuyer, demeurant au village et paroisse de Fontenay en Nor- mandie, vicomté de Gisors, étant, ce jour, dans la ville d'Amiens, reconnaît, comme procureur de Robert de Gaillarbois, avoir reçu d'Adrien d'Arcona, chevalier, seigneur du dit lieu, la somme de 15,000 livres, emprun- tée pour l'extinction et amortissement du principal de la somme de 1,070 livres 8 sous 16 deniers de rente, consti- tuée par Jean de la Grandière au profit de Flour, sei- gneur de Caux, et de sa femme, Charlotte de Gaillarbois, plus diverses autres sommes montant, avec les dites 15,000 livres, à la somme totale de 17,741 livres 12 sous 6 deniers, dont le dit Debrée promet de faire tenir compte au dit d'Arcona par ledit Robert de Gaillarbois. — Quittance du rachat de la terre de la Queue-d'Haye, délivrée à Robert de Gaillarbois par le sieur de Caux. — Inventaire des pièces, titres et écritures rendus par Jean de la Grandière, sieur de Mercay, à Robert de Gaillar- bois, après le retrait lignager de la terre de la Queue-d'- Haye. (Le plus ancien titre mentionné dans cet inven- taire est de l'année 1497.) — Robert de Gaillarbois vend à Adrien d'Arcona la terre de la Queue-d'Haye moyen- nant quittance des 17,741 livres 12 sous 6 deniers, dont l'emprunt est mentionné plus haut. — Arrêt de la chambre des comptes de Normandie, ordonnant l'enregistrement des lettres patentes du roi, qui octroient à Hiéronime d'Arcona, chevalier, gouverneur des ville et château de Vernon, la garde noble des personnes et biens des enfants mineurs de feu Adrien d'Arcona, sieur d'Hoube- court, son frère, et de Louise « de Claire, » sa femme. — Saisie de la terre de la Queue-d'Haye pour défaut de foi et hommage. — Arrêt de main-levée de la terre de la Queue-d'Haye, indûment saisie par Pierre Regnault, huissier de la chambre des comptes de Normandie. — Déclarations d'héritage tenu à cens du marquis de Blaru, comme seigneur de la Queue-d'Haye, par : 1° Jean de la Tour, demeurant à Haricourt, ayant épousé Marie Gos- selin, veuve de Jean Toutain ; 2° Nicolas Toutain, fils de Jean, laboureur, demeurant à Haricourt. — Récépissé des titres de la Queue-d'Haye, par Testu, notaire à Ver- non, et le président Aubert. — Florent d'Argouges, che- valier, seigneur de Grèves et autres lieux, reconnait avoir reçu de Charles de Tilly, marquis de Blaru, et de sa femme, Catherine-Elisabeth de Manneville, par les mains de Marguerite d'Aligre, veuve de Louis-Charles d'Albert, duc de Luynes, qui fait le paiement en majeure partie, au moyen de 20,000 livres, « qu'elle vient de re- » tirer, des mains de Duvant, l'un des notaires soussi- » gnez, qui en étoit dépositaire, pour le reste du prix de » la vente, faitte par maditte Dame Deuchesse, en vertu » de la procuration des dits Seigneur et Dame de Blaru, » à Mre Urbain Aubert, chevalier, marquis de Tourny, » conseiller du roy,... président en sa cour des comptes... » de Normandie, du fief, terre et seigneurie de la Queue- » d'Aix, par contrat, » du 10 décembre 1714, la somme de 20,050 livres, dont 20,000 livres pour le sort principal et rachat de 1,000 livres de rente constituée par Charles d'Aligre et par les dits de Blaru, sous la caution de la Duchesse de Luynes, au profit de François d'Argouges, seigneur du Plessis-d'Argouges, les Grèves et autres lieux, les dites 1,000 livres de rente appartenant au dit Florent d'Argouges, en qualité de légataire particulier, d'Anne de Hodic, son ayeule paternelle, et 150 livres pour les arrérages de la dite rente.

SEINE-ET-OISE. — SÉRIE E. — TOME II.

(1) E. 3260. (Liasse.) — 20 pièces, parchemin; 2 pièces, papier.

1402-1780. — Romans (Fief des). — Aveux et dénombrements d'héritages tenus à cens, à cause du fief des Romans à Heubecourt, de Jeanne-la-Veneuse dite de Romans, et de Nicaise, écuyer, son fils, et de Colin de Carville, seigneur de Heubecourt, par Henri Prudomme, Jean de Tuit (ou Cuit), ses héritiers, Robert de Courcelles, Michaut Corbely, Jean Corbely, Simon Dutuit, Jean le Féron, Fromont Corbely, Guillaume Dumoustier, Pierre Dutuit, Nicolas le Flamant et Etiennette, sa femme, Chardin de la Quespière ou Grespière, les héritiers d'Henri Prudomme, Robin Ovyn ou Onyo, Fernot le Masurier, Philippe Dutuit. — Martin le Sage, au nom et comme procureur et receveur de Jean de Sacquainville, chevalier, seigneur de Blaru, reconnaît avoir reçu de Nicaise le Veneur, chevalier, seigneur du « Mesnil-Guillebert, » la somme de 75 sous tournois, due au dit Sacquainville, « pour le relief d'un quart de fief de Haubert » assis à Heubecourt, que tient à présent Damoiselle » Jehanne la Veneuse, veufve de... Jehan de Rommans, » pour la mort de feu Mess. Robert le Veneur, jadis chevalier et père du dit Mess. Nicaise et de la dite damoiselle.... » — Le roi de France mande au vicomte de Gisors ou à son lieutenant de mettre fin, le plus tôt qu'il pourra, à un débat entre Jean de Sacquainville, seigneur de Blaru, et Pierre de Jencourt ou Jeucourt, chevalier, seigneur d'Heubécourt.... « De la partie de nostre ami et » féal chevalier, conseiller et chambellan, Jehan de Sac- » quainville, seigneur de Blaru, nous a esté donné à » entendre comme naguères il avait entendu et conten- » doit à l'encontre de Pierre de Jencourt..., que ledit de » Jencourt lui faist hommage d'un certain fief, assis au » dit lieu de Heubecourt, appellé le fief de Romans, » lequel fief est tenu en hommage du dit seigneur de » Blaru, à cause de son fief et terre de Blaru, et aussi » que il lui païast plusieurs reliefs, aides de reliefs, » ventes et autres redevances de fief,... et aussi... que il » lui baillast le dit fief de Romans par adveu et dénom- » brement..., sur les quelles choses le dit de Jencourt » avoit appellé garans... Colin de Carville,... et Guille- » met le Venneur, et les hoirs de feu Nicaise le Ven- » neur,... (lesquels)... ont donné empeschement et arrest » au dit procès, soulz umbre et par vertu de certaines » nos lettres royaulx contenant forme d'estat jusques à » un an, lesquelles lettres sont causées pour le fait de la » bataille d'Aincourt, derrainement faite contre nos » adversaires d'Angleterre; pour le faict desquelles » lettres, le droit de nostre dit conseiller est grande- » ment grevé, et, pour ce, nous a requis que, considéré » que, pour le fait de la dite bataille, il lui a convenu » souffrir plusieurs courroux, pertes et dommages, et » mesmement que il ne sest, ne n'a peu sçavoir se nostre » amé et féal chevalier et chambellan, Sacquet de Blaru, » son fils, qui a esté à la dite bataille, est mort ou vif; » pour lequel faire quérir, et autres ses amis charnels, » qui ont esté mors ou pris à la dite bataille, il lui a » convenu et convient faire grand mises et despens, les- » quels il ne pourroit bonnement faire ne soustenir, se il » n'estoit paié de ceulx qui lui doivent... nous... te » mandons, etc. (Paris, 18 juillet 1416). » — Sentence de la vicomté de Gisors, portant acte de foi et hommage rendu, pour le fief de Romans, au seigneur de Blaru, par Jean Fleurie, au nom et comme procureur de « Pierres » de Glencourt, » chevalier, seigneur d'Heubecourt. — Requête adressée au bailly de Blaru, par Charles de Tilly, marquis de Blaru, lieutenant du roi en l'Ile-de-France, à l'effet d'obtenir une commission pour faire saisir féodalement, « faute d'hommes, droicts et devoirs » non faits et non payés... le fief de Romans, sis en la » paroisse de Heubecourt, vicomté de Vernon, qui fut à » messire Claude de Talaru, marquis de Chalmasol, et » qui est présentement possédé par messire Jean-Jacques » Charon, marquis de Ménars ; le fief de Vaudailly (Val » d'Ailly), assis en la paroisse de Vénable, vicomté du » Pont-de-l'Arche, qui fut à messire Pierre-Armand De- » carados, et quy est présentement possédé par le sieur » de Longuemare ; le fief de Pray, sis en la paroisse de » Notre-Dame de Vernon, quy fut à messire Jacques de » Tilly, et quy est présentement possédé par ses héri- » tiers... » — Foi et hommage du fief de Romans, rendu à François Bonaventure de Tilly, marquis de Blaru, par Hilarion-François de Becdelièvre, marquis de Becdelièvre, seigneur de la Scilleraie, La Touche Aubecourt, Gramesnil, Bionval, Haricourt et autres lieux, conseiller du roi et premier président en la chambre des comptes de Bretagne, ayant épousé Marie-Anne d'Anviray, fille et héritière en partie de feu Pierre d'Anviray, seigneur de Machonville, baron de Beaudemont, de Gromesnil, Heubecourt, Haricourt, Bionval, et autres lieux, conseiller du roi et président en la cour des comptes, aides et finances de Normandie. — Aveu et dénombrement fourni au même par le même, pour « un quart de fief de Haubert, » nommé de toute ancienneté le fief des Romans, assis » en la paroisse du dit Heubecourt,... lequel consiste

(1) Voir ci-devant, page 53, l'article E. 3264, qui se complète par les détails du présent article, et où il faut lire *Anviray* au lieu d'*Ascicay*.

» principalement en cinquante acres de terre, dont
» partie est présentement enclose dans le parc du dit
» Beubcourt, et les rentes seigneuriales, qui se mon-
» tent jusqu'à douze livres ou environs, outre les autres
» rentes en bled, avoyne et chapons, dües par les vas-
» seaux du dit fief, qui fut anciennement à Messire Ni-
» caise le Veneur et à D^{lle} Jeanne le Veneur, veuve de
» Jean, seigneur du dit fief; depuis, à noble homme
» Pierre de Jeucourt, dit Compagnon, écuyer; ensuite
» à Mre Claude de Talaru Chalmazel, chevalier, marquis
» du dit lieu, à cause de dame Louise-Marie de Cham-
» pagne, son épouse, comme seule héritière de haulte et
» puissante Dame, Madame Louise d'Arcona, sa mère,
» ayant épousé, en premières noces, ... Hubert de Cham-
» pagne, chevalier, marquis de Vitaines ; après à M^{re} le
» Marquis de Ménars, président à mortier au parlement
» de Paris; depuis au dit seigneur de Machouville,
» comme l'ayant, par contrat... du 19 octobre mil sept
» cent quatorze, acquis du dit seigneur de Ménars; et
» appartient présentement le dit fief des Romans au dit
» seigneur avouant, à cause de la dite Dame son épouse. »

E. 3641. (Liasse.) — 10 pièces, parchemin ; 190 pièces, papier.

1659-1725. — Saint-Chéron. — Procédures relatives au décret des biens de Charles de Goubert, sieur de Ferrières et de Saint-Chéron. Le 21 novembre 1659, « à
» Pacy, devant Michel Piquet, tabellion rolal,..... et
» Jean Belhomme, huissier rolal au dit lieu, pris pour
» adjoint pour absence de l'adjoint ordinaire, furent
» présens illustre et religieuse dame Marie-Paulle d'Al-
» bret, abbesse de Nostre-Dame de ce lieu, dame Ca-
» therine Carel, Jeanne-Scholastique Dupray, Marie
» Rusult, Geneviève de Bordeaux, Anne-Gabrielle de
» Sarcissy, Marie-Elisabet du Casiet, Marie-Paulle de
» Chenard, Madeleine de la Grandière, Susanne-Fran-
» çoise de Gouron, Catherine le Tellier, Marie-Paulle le
» Tellier, Marie de Matiel, Angélique de Colleason,
» Catherine de Lorme, Anne de Chevesne, Anne et
» Louise de Clinchamp, Louise de Valdavid, Marie-Mag-
» deleine du Chesne, Marie de Beausse, Marie de Boiseu-
» vier, Françoise du Val-David et Charlotte de Verger,
» religieuses dames de cœur en la dite abaïe, assemblées
» au son de la cloche,... lesquelles, reconnaissants le dé-
» sir et affection que Damoiselle Louise de Saint-Pol, fille
» de Claude de Saint-Pol, escuier, Sr de Neuphle, et de
» daffeunte dam^{lle} Louise de Ver, ses père et mère, a de
» se rendre religieuse dame de cœur en la dite abaïe...
» apprès que la dite dam^{lle} Louise de Saint-Pol, aagée de

» dix-huit ans ou environ, s'est présentée à la grille et
» que, en la présence de Mre Christophe de Ballet, es-
» cuier, prestre, curé de St-Chéron, son oncle maternel,
» Charles de Goubel, escuier, S^r des Ferrières et de
» St-Chéron, en partie, son cousin et curateur, créé
» et establie par justice, Claude le Barbier, escuier,
» S^r d'Egleville, Louis de Ver, escuier, Sr de Moisson,
» Georges de Montgros, escuier, Sr de Flicourt, et Jac-
» ques le Pellerin, escuier, Sr de Bisson, ses proches pa-
» rens et amis, la dite dam^{lle} Louise de Saint-Pol, ciant
» de rechef suplié la dite dame abbesse la vouloir rece-
» voir en la dite abbaïe;... icelle... promet recevoir... la
» dite dam^{lle}... et luy donner, aujourd'huy, l'habit de
» novice... En faveur de quoy, et pour suporter les frais
» de la maison, le dit S^r des Ferrières... s'est obligé
» païer à la dite dame abesse la somme de trois mil
» livres tournois; de laquelle somme il en a présentement
» païé... la somme de trois cens livres,... et, oultre
» la dite somme,... a païé,... la somme de cinquante li-
» vres pour l'habit de novice,... et, pendant le noviciat,...
» a promis païer la nourriture de la dite dam^{lle}, sur le
» pied de six vint livres par an... En considération de
» laquelle somme,... la dite damoiselle... a volontaire-
» ment cédé, quitté et délaissé au dit S^r des Ferrières,...
» généralement tous et un chacun des biens qui peuvent
» (lui) appartenir et qui lui pouvoit (sic) eschoir pen-
» dant son noviciat... » — Mémoires touchant l'acte qui précède et notes généalogiques sur les de Ver ou de Vert, les Ballet, les Ferrières. — Signification à Jacques de Tilly, chevalier, seigneur de Villegast, demeurant à Vernon, requête de Nicolas Josset, docteur en médecine, demeurant à Vernon, de : 1° une constitution de 114 livres 5 sous tournois de rente, faite, moyennant le prix de 3,000 livres tournois, par Charles de Goubert, chevalier, seigneur de Ferrières et de Saint-Chéron, demeurant à Saint-Chéron, bailliage de Chartres, au profit de Nicolas Josset, avec la garantie de Jacques de Tilly, seigneur de Villegast, et de Claude le Barbier, chevalier, seigneur d'Aigleville, « pour payer aux dame abbesse et religieuses
» de Pacy, ainsy qu'il est obligé par le contrat d'entrée
» en religion de Damoiselle Louise de Sainct-Paul; »
2° 3 exploits faits en conséquence de la caution et garantie ; 3° un exploit de saisie arrêt sur le fermier de Villegast ; 4° une sentence confirmative du bailli de Gisors. — Assignation à Jacques de Tilly, requête de Jacques Prodhomme, conseiller du Roi, lieutenant au bailliage de La Roche-Guyon, tuteur principal des enfants de feu Nicolas Josset, à fin de payement de cinq années d'arrérages de la rente de 214 livres 5 sous tournois, à défaut et comme caution du sieur de Ferrières. — Défaut, par

sentence du bailli de Gisors, à Jacques de Tilly contre Charles de Goubert, S' de Ferrières. — Bail de 120 arpents de terre labourable à Saint-Chéron fait, pour 6 ans, par Charles de Goubert, à Charles Ferré, laboureur, demeurant à Villegast. — Sentence rendue au bailliage de Bréval, en faveur de maître Claude-Adjuteur Josset, avocat en parlement, tant en son nom que comme tuteur de maître Jacques Josset, son frère, héritiers de feu Nicolas Josset, contre Charles Ferré, fermier, receveur de Villegast, en exécution de laquelle ce dernier affirme ce qu'il doit et devra aux héritiers de feu Jacques de Tilly, et doit garder en ses mains le montant de ses dettes. — Signification au dit Ferré de payer à Adjuteur Josset la somme de 868 livres, due par le marquis de Blaru pour arrérages de la rente de 215 livres 5 sous tournois, et saisie-arrêt faute de payement. — Claude-Adjuteur Josset reconnaît avoir reçu de Charles de Tilly, marquis de Blaru, la somme de 3847 livres 16 sous, tant pour le capital que pour les arrérages de la rente de 214 livres, constituée par Charles de Goubert, et ci-devant mentionnée. — Sentence du bailli de Mantes qui condamne Louis Sevestre, laboureur, demeurant à la Villeneuve-en-Chevrie, à vider ses mains, de ce qu'il peut devoir à Charles de Goubert, entre les mains de Charles de Tilly, marquis de Blaru, héritier de feu Jacques de Tilly, son oncle, seigneur de Villegast. — Charles de Tilly met opposition aux criées, ventes et adjudication par décret, poursuivi en la cour, de la terre et seigneurie de Saint-Chéron, et autres propriétés saisies à la requête de Salomon Domanchin, secrétaire des finances du duc d'Orléans, et mises en criées sur Charles de Goubert, tant en son nom que comme tuteur et ayant la garde noble de ses enfants mineurs et de Catherine de Vert, sa femme. — Défaut à Charles de Tilly contre Salomon Domanchin, et sentence qui substitue le premier au second, à la poursuite des criées des biens saisis sur Charles de Goubert. — Opposition au décret de la terre de Saint-Chéron par Louis Petit, S' de la Gayère et de Neauphle, se disant être aux droits de Charles de Saint-Paul, écuyer, frère et héritier de Claude de Saint-Paul, écuyer, sieur de Neauphle. — Procédures pour Charles de Tilly contre Roger de la Garenne, écuyer, sieur de Sainte-Geneviève, requérant que la terre de Saint-Chéron lui soit délaissée, en qualité de plus ancien et privilégié créancier, « sur » et tant moins de deux rentes qu'il prétend luy estre » deues, l'une de (1300) livres de principal, l'autre de » (1000) livres ; » pour établir ses deux créances, le S' de la Garenne produit deux contrats de constitution faits par Louis de Vert, tant pour lui que pour Louise de Ballet, sa femme, au profit de François Chenart, seigneur de Beauregard, aux droits duquel est subrogé le dit S' de la Garenne. — Mémoire des créances du S' de Beauregard, transportées au S' de Douens, à prendre sur la succession du S' des Ferrières. — Compromis entre le marquis de Blaru et le S' de Douens. — Mémoire des pièces du marquis de Blaru, créancier et opposant au décret de la terre de Saint-Chéron. — Mémoire des prétentions que les héritiers de feu Catherine de Goubert, femme de Jacques Pellorin, S' du Buisson, mettent en avant sur les biens provenant des successions de feu Adrien de Goubert, écuyer, S' de Thionville, et Angélique de Saint-Paul, ses père et mère. — Extrait de l'aveu baillé par le sieur des Ferrières au Mesnil-Renard. — Etat et mémoire des biens appartenant au S' des Ferrières, tant à la Villeneuve-en-Chevrie qu'à L'Ormoye. — Transaction, en date du 30 mars 1736, dont l'extrait suivant fait connaître l'origine, les phases et la conclusion : « Par devant M'" Jean Beaunson et Nicolas Lhuistre, » notaires... au bailliage de Mante, furent présens, dame » Marie de Sailly, prieure perpétuelle du couvent hospita- » lier de l'Hôtel-Dieu de Mante, y demeurant, au nom et » comme fondée de procuration... de M'" François Henry » de Sailly, écuyer, seigneur d'Aigleville, chevallier de... » St-Louis, capitaine de cavallerie au régiment de Bour- » bon, et D" Marie-Louise de Lescarbotte de Beaufort, » son épouse, demeurants en la ville de Guise en Ver- » mandois ;... le dit de Sailly d'Aigleville, fils et héritier » de feue Dame Anne Lebarbier, à son décès épouse de » M'" Henry de Sailly, écuyer, sieur d'Aigleville, la- » quelle était fille et héritière de Claude Le Barbier, » écuyer, seigneur d'Aigleville, d'une part, et M'" Fran- » çois-Bonaventure de Tilly, chevallier, seigneur mar- » quis de Blaru, exempt des Gardes du corps du roy,... » fils aîné et principal héritier de deffunct M'" Charles » de Tilly, chevallier, seigneur marquis du dit Blaru, » tant en son nom que comme fondé de procuration de » M'" Hilaire de Tilly, son frère puîné, chevallier, de- » meurant à Rouen, aussy héritier du dit feu sieur mar- » quis de Blaru, son père,... et encore le dit S' marquis de » Blaru se faisant fort de M'" Julien Danican, chevallier, » seigneur marquis d'Armebaut, seigneur du Pontciau- » de-Mer, conseiller du roy, M'" ordinaire en sa chambre » des comptes à Paris, et D" Charlotte de Tilly, son épouse, » aussy fille et héritière du dit feu sieur marquis de » Blaru... d'autre part : disans les dites parties... que les » dits sieurs marquis de Blaru, Hilaire de Tilly... sieur et » D" Danican, aus dits noms d'héritiers du... marquis de » Blaru, leur père, qui représentoit M'" Jacques de Tilly, » seigneur de Villegat, sont en procès avec... François- » Henry de Sailly, comme fils et héritier de... Anne Le

» Barbier..., fille et héritière de... Claude Le Barbier,...
» pour raison de la moitié de la créance (214) livres cinq
» sous de rente et arrérages remboursée... par le... feu...
» marquis de Blaru à M⁰ Claude-Adjutor Josset, avocat
» du roy, à Vernon, héritier de... Nicolas Josset, son
» père,... et encore des arrérages de la dite rente payés
» au précédent par le dit sieur de Villegat, et de ceulx
» échus depuis la... quittance de remboursement, mon-
» tant, pour la moitié, à (3083) livres (12) sols; la dite
» rente qui avait été constituée par Charles de Goubert,
» écuyer, sieur des Ferrières, sous le cautionnement du
» dit S⁰ de Tilly de Villegat et de Claude Le Barbier
» d'Aigleville, au dit Nicolas Josset,... ce faisant, que...
» François-Henry de Sailly serait condamné à payer la
» moitié du principal et arrérages de la dite rente; pour-
» quoy ils prétendoient droit d'hypothèque et privilège
» sur la terre et seigneurie d'Aigleville, dont le dit sieur
» de Sailly est propriétaire et jouissant... ont transigé...
» à l'amiable, ainsy qu'il s'ensuit : c'est à sçavoir que
» le marquis de Blaru, ès sus-dits noms... a quitté et
» déchargé... François-Henry de Sailly et la succession
» et héritiers de... Anne Le Barbier, sa mère,... de la
» dite moitié du principal de la dite rente... et de la moi-
» tié de tous les arrérages,...... moyennant la somme
» de (1500) livres seulement..... « — Ratification de
cette transaction par Claude-Henry de Sailly, prêtre,
chanoine de la Sainte-Chapelle de Bourges, y demeurant.

E. 3612. (Liasse.) — 1 pièce, parchemin; 12 pièces, papier.

1490-1618. — Saussaye (La). — Jean Treslin, l'aîné, de la paroisse de Blaru, prend à rente, cens, fief et héritage, de Pierre de Méricourt, écuyer, au nom et comme procureur général de Robine de Trie, sa mère, « dame
» de Rouitleboise et du Chesné-sur-Blaru, » 4 acres de terre en une pièce, au terroir du dit Chesnet, au lieu dit
« la Sausaie, » pour le prix et somme de 4 sous parisis par acre : de plus, si le preneur tient voiture, il payera,
par an, 8 boisseaux d'avoine, et 4 boisseaux, s'il ne tient pas voiture : « et aussy là où il vendroit (viendroit) aultre
» que le dit preneur, il paieront, pour chacun feu, les
» charges dessus dites touchant l'avoine seulement. »
Robine de Trie se réserve en outre, pour elle et ses héritiers, la faculté de pouvoir, pendant dix ans, couper
« tout le bois estant en acre et demie de la dite pièce; »
mais, jusqu'à ce que cette coupe soit faite, le premier sera dispensé de payer la rente pour cet acre 1/2. — Procédures pour le seigneur de Blaru, à fin de payement des arrérages d'une rente annuelle de 3 boisseaux 3 quartes
de blé, 1 poule 1/2 et 47 sous 7 deniers parisis, à lui dus
« à cause des maisons, lieux et héritages dépendant de la
» ferme de la Saussaye, qui a cy-devant aparlenu à Guy
» Courtoys, sommelier. »

E. 3613. (Liasse.) — 26 pièces, parchemin; 17 pièces, papier.

1500-1769. — Saussaye (La). — Déclaration d'héri-
tages tenus à cens de Jean de Tilly, écuyer, seigneur de Blaru, par les habitants de Blaru. — Jeanne Morin, autorisée de son mari, Louis Heyse, de Blaru, vend à Jean Le Tellier, conseiller du roi, avocat au bailliage de Vernon, 50 perches de terre à prendre en une pièce, sise au triage des Buttes-Chrestien, paroisse de Blaru, moyennant 33 livres tournois. — Vente d'une vergée de terre labourable, sise à Blaru, triage du Champ-Aulien,
moyennant 30 livres tournois, faite au même par Fran-
çois Questel, de la paroisse de Sainte-Geneviève de Vernon. — Vente d'une vergée de terre au triage de
Lesgaillon, faite au même par Guillaume Gosselin et Jeanne La Verta, sa femme, de Blaru, moyennant 36 livres tournois. — Vente de 60 perches de terre labourable au triage des Six-Arpents, hameau du
Chenet, faite au même, moyennant 40 livres tournois, par Mathieu Hardy et Jeanne Roussel, fille et héritière
de Jean Roussel. — Vente d'un arpent de terre labora-
ble, au triage des Buttes-Chrétien, faite au même moyen-
nant 65 livres, par Madeleine Hayes, veuve en secondes noces de Jacques Le Dannois, de Blaru. — Martin du
Pré, de Blaru, vend au même, moyennant 12 livres tour-
nois, 10 perches de terre, à Blaru, triage de la Mare, 10 perches au triage des Espinettes, et 15 perches à la
Fausse-Corne. — Françoise Morin, demeurant à Blaru, au hameau des Hayes, vend au même, moyennant 100 livres, un arpent de terre à Blaru, triage de la Fosse-Gé-
rard. — Jacques Ydoine, fils de Robert, et Jeanne Les-
pine, de Blaru, vendent au même, pour 30 livres, 40 perches de terre à prendre à Blaru, triage « du Corme-
» rel. » — Charles Luce, fils de Lucas, de Blaru, et Jeanne Beauciel, sa femme, vendent au même, pour
36 livres tournois, une vergée de terre, à Blaru, triage de la Prise. — Vente de 35 perches de terre, à Blaru,
triage du Bois-Blot, faite au même, moyennant 28 livres tournois, par Jean Dupré, prêtre, demeurant à Blaru,
tant en son nom qu'au nom de Louis Le Poullailler et de Marie Dupré, sa femme. — Jeanne Vauquelin, veuve de
Pierre Chastelin, de Blaru, vend au même, pour 17 livres tournois, 25 perches de terre, au triage de Cormerel. —
Vente d'un demi acre de terre, à Blaru, triage de la Saussaye, faite au même, à raison de 18 sous la perche,

par Pierre du Jardin et Marie Dupré, de Blaru. — Charles Le Noir, fils et héritier de feu Louis Le Noir, de Blaru, vend au même, pour 21 livres, 30 perches de terre au tresle de la Saussaye. — Charles Luce et sa femme, Jeanne Beauciel, vendent au même, moyennant 40 livres, 65 perches de terre au triage de la Mare. — Vente d'une vergée de terre, au tresle de la Saussaye, faite au même, pour 30 livres tournois, par Louis Le Boucher, sergent au marquisat de Blaru, et Catherine Boscher, sa femme. — Vente d'un arpent de terre, au triage de la Coste-Girard, faite au même, pour 100 livres, par François Morain, de Blaru. — Pierre Attais et Françoise Le Mercyer, sa femme, de Chauffour, vendent au même, moyennant 30 livres, une vergée de terre labourable, à Blaru, triage des Petites-Bruyères. — Perrette Binet, veuve de Pierre Gahlier, et Alfain Binet, son frère, de la paroisse de Portvilliez, vendent au même, pour 15 livres tournois, 33 perches 1/2 de terre, à Blaru, proche la Mare de Boinville. — Nicolas Bouttier et Anne Quesnel, sa femme, de Blaru, vendent au même, moyennant 12 livres, 30 perches de terre, tresle du « Champ-Chambon. » — Vente de la troisième partie d'un acre de terre, en la seigneurie de Blaru, « tresle du Champ-Chambon, » faite au même, moyennant 26 livres, par J. François et Françoise Delauné, sa femme, de Blaru. — Jean Dupré, demeurant à Paris, tant pour lui que pour Marie du Moutier, sa femme, vend au même, moyennant 15 livres tournois, 10 perches de terre labourable en la paroisse de Blaru, lieu dit la Charpenterie, plus 10 perches de terre au triage des Espinettes, et enfin 15 perches de terre au triage de la Fosse-Corne. — Vente d'une demie acre de terre, tresle de la Taille, faite au même, à raison de 15 sous la perche, par Charles Lenoir, de Blaru. — Vente d'une vergée de terre, faite au même, moyennant 32 livres, par Jean Durant, de la paroisse de Notre-Dame de Vernon. — Pasquier Idoisne, de Blaru, héritier d'Adrienne du Pré, sa mère, veuve de Félix Idoine, vend au même, moyennant 9 livres 10 sous tournois, 15 perches de terre, « triège » de la Fosse-Corne, et 10 perches « triège » des Espinettes. — Vente de 30 perches de terre au tresle du Clos, seigneurie de Blaru, faite au même par Catherine Roussel, veuve de Jacques Gosselin. — Louis Boucher, de Blaru, vend au même 40 perches de terre labourable, « triège » de la Caille, pour 15 livres. — Louis du Pray et Anne Pont, sa femme, de Blaru, vendent à Urbain Aubert, chevalier, seigneur et patron du marquisat de Tourny, Carcassonne, Pressagny et autres lieux, conseiller du roi et président en la cour des aides et finances de Normandie, 65 perches de terre labourable, paroisse de Blaru, « triège » du Cloz-Roger. —

Vente de 2 arpents de terre proche la Saussaye, faite au même, moyennant 90 livres, par Charles Morain et Suzanne Bouthier, sa femme. — Vente de 90 perches proche la Saussaye, faite au même par Pierre de Launay et Adrienne Gosselin, sa femme, moyennant 84 livres.

E. 3644. (Liasse.) — 2 pièces, parchemin ; 17 pièces, papier.

1560-1572. — Saussaye (La). — Aveux et dénombrements d'héritages sis au terroir de la Saussaye, tenus à cens des seigneurs de Blaru par Guillaume Treslin, Pierre Delaunay, l'aîné, Collette, veuve de Jean du Jort, Etienne du Jort, Jean Treslin, Jean Doria, Pierre Treslin, Nicole Demeulles, Pierre Durant et Collette, sa femme, Madeleine, veuve de Pierre Coppery, Louis Demeulles, Simon Desnouvières, Jean le Chasseur, Roger Morel, Thomas Delaunay, Jean Delaunay, fils de Pierre.

E. 3645. (Liasse.) — 9 pièces, papier, dont 5 cahiers de 10, 10, 14, 18 et 20 feuillets in-4°.

1633-1713. — Saussaye (La). — Acte de partage des biens provenant de la succession de Claude le Roulx, veuve de Nicolas Grentes, procureur, entre Jacques Grentes, praticien, et Catherine Grentes, sa sœur, veuve de Gilles de Lespine, en son vivant, avocat à Pacy, leurs enfants. Parmi les immeubles, il en est qui sont situés au triage de la Saussaye. — Déclaration des maisons, terres et héritages tenus à cens du marquis de Blaru, au hameau de la Saussaye et ailleurs, par Jean Letellier, écuyer, seigneur d'Orvilliers, Champagne et autres lieux, conseiller secrétaire du roi. — Déclaration d'héritages tenus à cens du marquis de Blaru par Urbain Aubert, qualifié, d'une part, écuyer, seigneur de Correy, de Janson et autres lieux, conseiller secrétaire du roi, et, d'autre part, écuyer et patron de la terre et marquisat de Tourny, conseiller secrétaire du roi, possesseur de la terre et ferme de la Saussaye, à cause de Marie-Anne Le Tellier, sa femme, fille et héritière de Jean Le Tellier, seigneur d'Orvilliers, et de Marie Bourse. — Etat des cens et rentes seigneuriales prétendus par le marquis de Blaru sur les maisons et héritages tenus et possédés par Aubert, conseiller, secrétaire du roi et receveur général des finances de la Généralité de Caen. — Mémoire en forme d'inventaire des titres et contrats de la ferme de la Saussaye, fourni par le président Aubert au marquis et à la marquise de Blaru, en conséquence d'un contrat passé entre eux le 11 novembre 1713.

E. 3646. (Liasse.) — 9 pièces, parchemin; 3 pièces, papier.

1643-1672. — Saussaye (La). — Jean Fougère et Perrette Le Marchand, sa femme, demeurant à Blaru, vendent à Jacques Chaumont, le jeune, fils de Jacques, tonnelier, de Blaru, 40 perches de terre, terroir de Blaru, seigneurie du Chenet, pour 33 livres tournois. — Vente de 50 perches de terre, même lieu, faite au même par Pierre Allaix, laboureur, demeurant au Chenet, pour 46 livres tournois. — Jacques Chaumont, le jeune, demeurant « au Bisson, » prend à titre de ferme, pour 10 ans, de Charles de Tilly, seigneur châtelain de Blaru, « une petite ferme,... nommée la ferme des Coustumes » de La Saussaye, » moyennant un loyer de 100 livres tournois, pour la première année du bail, et 200 livres pour chacune des années suivantes. — Le même reprend la même ferme à bail pour 9 années, moyennant un loyer annuel de 200 livres tournois. — Procès-verbal d'arpentage des terres tenues à bail du marquis de Blaru par Jacques Chaumont. — Procédures pour le marquis de Blaru, contre le dit Jacques Chaumont, à fin de payement d'arrérages de loyers.

E. 3647. (Liasse.) — 7 pièces, parchemin; 4 pièces, papier, dont 1 cahier de 14 feuillets in-f°.

1659-1684. — Saussaye (La). — Nicolas Jéraulme, laboureur de la paroisse de Gommecourt, vend à Jean Le Tellier, conseiller du roi, avocat au bailliage, vicomté et prévôté de Vernon, secrétaire ordinaire de la Reine-mère, la moitié, par indivis, avec Nicolas Manthois, de plusieurs héritages situés dans la paroisse de Blaru, triages de « La Fosse des Seaux,... à l'Esguillon ou de la » Margille,... La Fosse de la Derrine,... des Monfau- » cons..., » pour 100 livres tournois. — Vente de l'autre moitié, par indivis, des dits héritages, faite au même, moyennant 115 livres tournois, par Nicolas Manthois, laboureur, demeurant à Clachaloze. — Vente faite au même, moyennant 1,600 livres tournois, de plusieurs héritages sis dans les paroisses de Blaru et « Douans » (Douains), « au hameau de la Saussaye », aux triages des » Champarts,... des Carouges,... de la Fosse-Hezé..., du » Bout du Clos Roger,... du Chesne-Creux,... des Espi- » nettes,... de la Mare-Geller,... du Bois-Blot,... de la » Prinse,... du Champ Jambon,... de la Taille,..., du » Champ Guillain,... de la Cousture,... » par Nicolas Vallée, boulanger, ayant épousé Jacqueline Cuirot, tant en son nom que comme tuteur des enfants de la dite défunte et de lui ; Firmin Adam, chirurgien, demeurant à Pacy, tant en son nom qu'au nom de Claude Cuirot, sa femme, veuve en premières noces de Thomas Buisson, aussi chirurgien, et comme tuteur de leurs enfants ; tous héritiers de Catherine Grente, veuve de Barthélemy Cuirot, en son vivant, demeurant, dans la paroisse de Ménilles. — Vente d'immeubles au hameau de la Saussaye, faite au même, moyennant la somme de 1,060 livres 13 sous 8 deniers tournois, par Vincent de Moy, ayant épousé Catherine de Lespine, fille de feu Gilles de Lespine, en son vivant, avocat à Pacy ; Catherine Grente ; Louis Abadon, laboureur, demeurant à Chauffour, ayant épousé Hélène Cuirot, fille de feu Barthélemy Cuirot et de Catherine Grente. — Vente d'immeubles, dans les seigneuries de Blaru et du Chenet, faite au même, moyennant la somme de 2,000 livres, par Dominique Harasse, officier du roi, demeurant à Breval. — Jacques Chaumont, demeurant à Blaru, et Antoinette Pellerin, sa femme, vendent au même, au prix de 420 livres, plusieurs héritages sis à Blaru, triages du Roussel ou Vaussel, du Champart, de l'Esquillon, du Noyer, de la Mare, du Gazon, de dessus le Buc. — Adjudication par sentence, requête du dit Jean Le Tellier, des biens provenant des successions de Louis et Jean Allais, père et fils, à fin de payement de certaines créances dues au dit Le Tellier par les héritiers de Louis et Jean Allais ; les héritages adjugés à Le Tellier, sont situés à Blaru, lieu dit la Maison-du-Fournier, triage de la Mare-de-la-Saussaye, de la Fosse-du-Bois-du-Buisson, du Clos.

E. 3648. (Liasse.) — 2 pièces, parchemin ; 4 pièces, papier.

1667-1670. — Saussaye (La). Louise Lhommedieu, veuve de noble homme Fiacre Harasse, en son vivant, officier de la Reine-mère, fait le partage de ses biens entre ses enfants, Jean Harasse, son fils aîné, Dominique Harasse et Catherine Harasse ; les immeubles sont situés dans les paroisses de Breval, de Blaru, de Longnes: « et » d'autant que Jean Harasse, son fils aîné, est en posses- » sion de la charge de l'eschansonnerye du roy, pour » l'achapt de laquelle la dicte veufve auroit payé la somme » de cinq mil livres, elle veut et entend qu'il donne à son » frère et à sa sœur si-dessus nommés, chacun seize » cents livres... » — Jean Baroche, sergent royal au bailliage de Gisors, certifie que, depuis les défenses faites par le Roi, à toutes personnes, d'aller ny venir en la ville de Rouen, pour y trafiquer, il n'y a eu en contravention, dans sa sergenterie, que Robert Delavigne, fils de Pasquet, mercier, demeurant au lieu de Grâce, « et » que ce jour même (19 octobre 1668), plusieurs pèle- » rins de devers le Pont-de-Larche, estans venus en dé-

» vation au dit lieu de Grâce, avoyent refusé d'achepter
» des chapelets dudit Delavigne, attendu, ainsy qu'ils
» disayent, qu'il n'y avait pas trois jours qu'il estoyt
» revenu de la ville de Rouen, d'où il avoyt apporté des
» chapelets ». — Deux lettres autographes, signées,
l'une, « Nicolle, » l'autre « Harasse, » adressées à M. Le
Tellier, avocat du roi au siège de Vernon, relativement à
une acquisition de biens, faite au dit Harasse par Le
Tellier. — Louise Lhommedieu, veuve de Fiacre Harasse, « vivant, ayde d'eschansonnerye de France, » ratifie la vente de la ferme de la Saussaye, faite par Dominique Harasse, son fils, à Jean Le Tellier, moyennant
2,000 livres tournois. — Quittance des droits seigneuriaux payés par le dit Le Tellier, acquéreur, pour ces
héritages, ayant appartenu à Louise Lhommedieu; signée : Audouart.

E. 3019. (Liasse.) — 1 cahier, parchemin, de 15 feuillets in-4°.

1723 (11 novembre). — Saussaye (La). — Charles de
Tilly, marquis de Blaru, héritier de feu Claude d'Arcona, sa mère, et Catherine-Elisabeth de Manneville, sa
femme, vendent et transportent à Urbain Aubert, chevalier, seigneur marquis de Tourny, conseiller du roi et
président à la cour des comptes, aides et finances de
Rouen, le fief, terre et seigneurie de « Pressagny, qui est
» un quart du fief de Haubert, » situé dans la paroisse
de « Pressagny-l'Orgueilleux, » et qui s'étend dans la paroisse de Notre-Dame de « l'Isle », tant en domaine fieffé
que non fieffé, le tout mouvant et relevant du dit président Aubert, à cause de son marquisat de Tourny, auquel
« il a déclaré qu'il réunit ledit fief, terre et seigneurie
» de Pressagny en circonstances et dépendances..., »
moyennant, outre les charges contenues dans l'acte, le
prix et somme de 11,000 livres ; en payement de laquelle
le dit président Aubert, et Marie-Anne Le Tellier, sa
femme, cèdent, quittent et délaissent au dit marquis de
Blaru « la ferme de la Saussaye, scituée dans la parroisse
» du dit Blaru et environs..., » représentant 5,000 livres : sur les 6,000 livres, restant du prix principal, le
président Aubert payera, en l'acquit du marquis de
Blaru, savoir, « au sieur administrateur du collège de
» Saint-Lazare de Vernon, » 1834 livres 10 sous, pour
le principal et les arrérages d'une rente de 100 livres,
constituée par Claude d'Arcona, mère du dit Charles de
Tilly ; plus, à Pierre Godin, procureur au parlement de
Rouen, comme ayant épousé Louise Foubert, et à Louise
Foubert, héritière, avec sa sœur, autre Louise, de feu
Pierre Foubert, en son vivant, prêtre, chanoine en
l'église royale et collégiale de Notre-Dame de Vernon,
leur oncle, qui était aux droits de feu Etienne Foubert,
apothicaire, son frère, la somme de 1330 livres, pour le
principal de 96 livres 8 sous 7 deniers de rente, constituée par Jacques de Tilly, seigneur de Villegast, oncle de
Charles de Tilly, qui avait été son héritier ; plus, au bureau des pauvres valides de Vernon, la somme de 696 livres 4 sous 1 denier, pour le principal et les arrérages
d'une rente de 27 livres 15 sous 6 deniers, constituée par
Claude d'Arcona ; plus, 2,000 livres à Marie-Agnès Marcadé, pour le principal de 116 livres 4 sol d'intérêt de la
dite somme, « de l'obligation du... marquis de Blaru,...
» élapsée pour gages dûs à la dite demoiselle Marcadé,
» en qualité de demoiselle suivante de la dite feue mar-
» quise de Blaru... » L'acte porte quittance des sommes
sus-dites, payées, le jour même, par le président Aubert,
1° à Pierre Serot, marchand, demeurant à Vernon, receveur du bureau des pauvres valides de Vernon, autorisé
par Thomas Etienne, prêtre, haut-vicaire en la collégiale
dudit Vernon, et Claude Adjuteur Josset, conseiller et
avocat du roi aux sièges royaux de Vernon, administrateur du dit bureau ; 2° à Marie-Agnès Marcadé ; 3° à Jean
Pellevillain, marchand, bourgeois de Vernon, au nom et
comme administrateur du collège Saint-Lazare.

E. 3020. (Liasse.) — 1 pièce, parchemin ; 7 pièces, papier.

1736-1776. — Saussaye (La). — Bail de la ferme
de la Saussaye, fait pour 3, 6 ou 9 années, par François-
Bonaventure de Tilly, marquis de Blaru, à Etienne Viornay, laboureur, demeurant en la paroisse de Blaru, et
Catherine Hébert, sa femme, moyennant un loyer annuel
de 435 livres. — François-Bonaventure de Tilly, marquis de Blaru, vend, à titre de rente foncière et de bail
d'héritage, à Ambroise de Létang, écuyer, sieur de la
Houssaye, et Gille de Létang, écuyer, sieur de la Saussaye, porte-étendard des gardes du corps du roi, compagnie de Luxembourg, brigade de Vogüé, capitaine de
cavalerie, chevalier de Saint-Louis, 4 arpents de terre
en une pièce, au terroir et seigneurie de « Chagné »
(Chaignes), triage des Mares-Minettes; plus, 20 perches de
terre labourable, même seigneurie et triage, moyennant
le prix et somme de 20 livres de rente annuelle. — Acte
de prise de possession des dits immeubles. — M. de la
Houssaye promet de remettre au marquis de Blaru les
4 arpents de terre et un quartier que ce dernier lui a
vendus, à condition que « Louis Lorant » et la veuve
Jean Feray, sa caution, en jouiront durant le cours du
bail que le dit la Houssaye leur a fait de ses terres. —
Lettres autographes, signées « de la Houssaye, » adressées:

l'une au marquis de Blaru, lieutenant général des armées du roi; l'autre au marquis de Tilly, chef ou commandant de brigade des gardes du corps du roi, relativement à la rétrocession des 4 arpents sus-mentionnés. — Transaction entre les de la Houssaye, père et fils, Jean-Chrysostome Vinot, demeurant à la Saussaye, fermier du marquis de Blaru, et Madeleine Dadou, veuve de Jean Feray (et Ferret), pour terminer un procès au sujet de la jouissance des dits 4 arpents.

E. 3631. (Liasse.) — 4 pièces, parchemin; 58 pièces, papier.

1737-1787. — Saussaye (La). — Bail de la ferme de la Saussaye, fait par Jacques-Alexis Le Goust, principal tabellion à Blaru, et mandataire de François-Bonaventure de Tilly, marquis de Blaru, à Louis Marcel, laboureur, demeurant à Villegast, et Madeleine Derlot, sa femme, moyennant un loyer annuel de 455 livres. — Rétrocession du dit bail, faite par les dits preneurs à Jean Roulland, laboureur, demeurant en la paroisse de « Chanut, » et Marie Chenillon ou Chevillon, sa femme. — Bail de la même ferme, fait, par le dit marquis de Blaru, à Jean Roulland, le jeune, à la caution solidaire de Jean Roulland, son père, moyennant le prix de loyer sus-mentionné. — Acte sous-seings privés contenant les clauses et conditions auxquelles le dit marquis de Blaru consent à laisser la jouissance de la ferme de la Saussaye à Jean-Chrysostome Vinot et Marie-Anne Roulland (sign. autogr.: Roulland). — Quittances de loyer de la ferme de la Saussaye, signées « Blaru » et « Lenain de Blaru. » — Quittances de divers à la décharge de Chrysostome Vinot. — Procédures pour le dit Vinot, contre Marie-Madeleine Dadou, veuve de Jean Ferey. — Promesse de bail et bail des fermes de la Saussaye et du Colombier, faits par Adrien-François Greslebin, avocat en parlement, et fondé de procuration du marquis de Blaru, à Jean-Baptiste Delas, laboureur, demeurant en la paroisse Saint-Étienne-sous-Bailleul, moyennant, outre les charges, un loyer annuel de 1272 livres.

E. 3632. (Liasse.) — 2 pièces, parchemin; 7 pièces, papier.

1460-1715. — Val d'Aconville. — Pierre de Tilly, écuyer, seigneur de Blaru, acense, moyennant une rente annuelle de 4 sous parisis, à « Regnault le Petit, dict le » Marchant, » une pièce de terre au Val d'Aconville. — Le même baille à cens à Fréminot Pasquier, demeurant en la paroisse de Blaru, au Val d'Aconville, en France, 2 acres de terre sis au dit Val d'Aconville, moyennant une rente annuelle de 3 sous 4 deniers parisis. — Fremin Pasquier, demeurant en la paroisse de de « Sainct-Cens, en Caux, » vend à « Sanson Cauchon, » demeurant au Val d'Aconville, « en la paroisse Nostre-» Dame de... Vernon,... une maison, lieu et pourprains, » avec une masure, le tout contenant deux acres de » terre ou environ, assis au Val d'Aconville, en la pa-» roisse de Blaru,... chargées de trois sols quatre de-» niers parisis de rente par an, deubz au seigneur de » Blaru..., » moyennant 18 livres tournois. — Jean de Tilly acense, moyennant une rente annuelle de 6 sous parisis, à Guillaume Pasquier, 2 pièces de terre, sises, l'une « au Ru Merche-Houille desoubz la Bessière, » l'autre, en Normandie, « au triage nommé Gastejour... » — Le roi Charles VI mande aux vicomtes de Gisors, Evreux, Pont-de-l'Arche et Conches d'ajourner, au prochain échiquier de Normandie, Guillaume Jubert, « soy portant ou » disant lieutenant » du bailli de Gisors, pour y soutenir la plainte portée contre lui par Jean de Tilly, écuyer, seigneur de Blaru, qu'il a troublé dans la jouissance des « fiefs ou portion de fief, terres et revenus de Pré, du » Val d'Aconville et de la rue de Normandie, assis près » du lieu de Vernon... » — Jean de Tilly, chevalier, seigneur de Blaru, baille à titre de cens à Jean Le Peltier, marchand, demeurant au Val d'Aconville, paroisse de Blaru, « le droit de pouvoir faire un pressouer à ban, » servant à tous les habitans du Val d'Aconville, depuys » le tournouer du Ru jusques au bout du dit Val, du « costé de France, seullement, » moyennant une rente annuelle de 20 sous tournois et un chapon. — Bail à ferme de 30 perches de terre, au Val, triage de la Ruelle-à-Foulon, fait par Claude Housaye, « demeurant au Val, » paroisse de Blaru, » à Pierre Ydoyne, « demeurant au » Val, paroisse de Port-de-Villez. » — Adam Nicolas et Marguerite, sa femme, de Blaru, vendent et transportent, moyennant 50 livres tournois, à Françoise Courtois, veuve de Michel Allot, une rente de 100 sous tournois, assise, tant sur un lot de jardin et masure sis au Val, au « jardin aux Allots, » que sur les marguilliers de l'église de Blaru. — Nicolas Haimfray, de la paroisse de Pressagny-l'Orgueilleux, vend à Charles de Tilly, seigneur châtelain de Blaru, 10 perches de terre, au « Port-de-» Villez, au hamel du Val d'Aconville, faisant la sépa-» ration du dixmage de la paroisse du dit Blaru et du » Port-de-Villez.... » moyennant 25 livres tournois. — Accord entre Charles de Tilly, marquis de Blaru, et Louis de Tilly-Prémont, seigneur de Pray, au sujet de la mouvance de quelques héritages sis au Val d'Aconville, vendus par Le Pelletier de la Houssaye à Claude-Jean le Prévost, chirurgien à Vernon. — Le marquis de Blaru-

» quoyque convaincu et qu'il paroisse par tous les anciens
» tiltres que le cours des grosses eaux a fait de tout
» temps la séparation des provinces de France et de Nor-
» mandie, sans que les désirmataure y ayent pu rien
» changer, » consent à ce que le seigneur de Pray se
fasse donner aveu et perçoive les droits seigneuriaux sur
les héritages en question.

E. 3653. (Liasse.) — 11 pièces, parchemin, dont 5 cahiers de 2 feuillets du 4° chacun ; 3 pièces, papier.

1584-1772. — Val d'Ailly. — Aveux et dénombrements et fois et hommages rendus pour le fief du Val d'Ailly, sis dans les paroisses de Venables, Heudebouville, Fontaine-Bellenger et autres, aux seigneurs de Blaru, par : 1°, Jacques Caradas, écuyer, seigneur du « Val » d'Ally, » fils et héritier de feu Jacques « Caradaci, » en son vivant seigneur du dit fief du Val d'Ailly, et homme d'armes de la compagnie du prince de Ferrare; 2°, une demoiselle de Caradas; 3°, Henri Le Pelletier de Longuemare, écuyer, seigneur du Val d'Ailly et du Teillay-les-Gaudin, qui avait acquis le fief d'une demoiselle de Caradas ; 4°, Louis-François-Martin Le Pelletier, son fils; 5°, Louis-Henri Mengin, seigneur du Val d'Ailly, receveur de la capitation de la ville, banlieue et faubourg de Rouen, héritier de François-Martin Lepelletier de Longuemare. Antoine de Caradas, écuyer, sieur de Longuelune, avait acheté le Val d'Ailly à Jean de la Chapelle, sieur de la Troussière, qui le tenait, par sa femme, Françoise de Prunnelley, héritière en partie d'Annette de Tilly, veuve de Michelet de Beauvilliers : après la mort d'Antoine, le Val d'Ailly tomba dans le lot de partage de son fils Jacques de Caradas, qui le transmit à un fils nommé également Jacques, aïeul de la demoiselle de Caradas, laquelle vendit le fief à Henri Le Pelletier. — Requêtes du marquis de Blaru, à fin de saisie des fiefs du Pré, du Val d'Ailly et des Romans, pour défaut de devoirs seigneuriaux.

E. 3654. (Liasse.) — 3 pièces, parchemin.

1352-1372. — Vernon. — Acensement d'une vigne sise en la paroisse de Sainte-Geneviève, fait par Pierre de Blaru, écuyer, de la paroisse Saint-Marcel, à Huet Gérout, moyennant 5 sous parisis de rente annuelle. — Acensement d'une vigne en la même paroisse Sainte-Geneviève, fait par le même à Richard Parisis, moyennant un pot de vin blanc de rente. — Acensement d'une vigne dans la même paroisse, fait à Robert Chaboines par Jean du Grammesnil, écuyer, moyennant un baril de vin vermeil par an. (Titre aux trois quarts détruit.)

E. 3655. (Liasse.) — 4 pièces, parchemin.

1382-1510. — Vernon. — « Jehannot le Couvreur, » demeurant à Gamilly, prend à rente de Guillaume « Al-« maury, » bourgeois de Vernon, une pièce de terre sise à Gamilly, au clos Hurel, moyennant 14 sous parisis de rente. — Marie, femme de Jean de Caillenel ou Caillevel, demeurant à Gamilly, prend à rente de Guillaume Potart, écuyer, une pièce de vigne, sise au terroir de Gamilly, lieu dit les Grands-Corroaux, moyennant 18 sous parisis. — Autre pièce de vigne, sise au même terroir, lieu dit les Bouaires, faite par le même Potart. — Jean Souchet ou Fouchet, et Robert Loubel, demeurant à Gamilly, prennent à rente de Nicolas Letellier, écuyer, sieur de « Haricourt, en partie, » procureur fondé de « Jehan » Donnabault, chevallier, Sr de Heubécourt, Corbie et » Pressaigny-l'Orgueilleux, » une pièce de terre, partie en labour et partie en bois et buissons, sise à Gamilly, au lieu dit « le Champ-aux-Bourgoys, » moyennant 7 sous 6 deniers tournois.

E. 3656. (Liasse.) — 2 pièces, parchemin; 24 pièces, papier.

1382-1770. — Vernon. — Pierre Corpel et Michèle, sa femme, demeurant en la paroisse Sainte-Geneviève de Vernon, prennent à rente de Guillaume Almaury, écuyer, « un estal à pelletier, hébergé et couvert de teule, assis » à Vernon, ou marché du samedy, tenant d'un costé » Robert Guérart et le dit bailleur, d'autre costé, et join-» gnant par derrière à l'estal Nabillege (ou Mabillette), » jadiz femme de feu Raoul Le Quesne, » moyennant une rente annuelle de 12 sous parisis. — Titre nouvel d'une rente annuelle de 60 sous sur une vergée de terre au terroir de Vernon, tresle du chemin du Vernon, passé par Abraham Henri et Nicole Cadot, sa femme, demeurant à Chaufour, au profit de Jacques de Tilly, chevalier, seigneur de Villegast, héritier de feu Louis de Tilly, en son vivant, seigneur de Blaru, qui avait les droits cédés de Jean Bouttier. — Mémoires des rentes seigneuriales dues au seigneur de Blaru, sur des maisons à Vernon. — Jean-Michel Festu, procureur aux sièges royaux de Vernon, stipulant pour Charles-Henri Vidal, fermier des messageries de Toulouse et curateur de Pierre-André Langlois, fils de feu André Langlois, avocat au parlement, baille à loyer, pour 9 années, à Marguerite-Catherine de Bracdent, veuve de François de Croismare, chevaliers, une maison sise à Vernon, rue Potard, moyennant 200 livres de loyer ; bail continué à la suite de l'acte, à la comtesse d'Asfeld, qui a signé : « Blaru d'Asfeld. » — Bail de la même maison, fait au marquis et à la marquise de Blaru, par Jeanne-Marie Viau, veuve de Pierre-André Langlois, tutrice de ses enfants mineurs, assistée de Mathieu Langlois, marchand épicier à Vernon. — Autre bail fait par le même au marquis de Blaru. — Bail d'une maison sise à Vernon, rue Potard, fait au marquis de Blaru par Alexandre Brunon, moyennant un loyer annuel de 45 livres. — Quittance du dit loyer. — Bail d'une maison sise à Vernon, rue Potard, fait à François-Bonaventure de Tilly, marquis de Blaru, par Louis Thiberville, marchand épicier, demeurant à Mantes, moyennant un loyer annuel de 55 livres. — Quittance du dit loyer. — Adrien-François-Grestchin, avocat en Parlement, bailli, juge civil, criminel et de police du bailliage de Pacy, au nom et comme fondé de pouvoir de François-Hilaire de Tilly, marquis de Blaru, quitte, cède et délaisse à Henri de Moÿ, chevalier, ancien capitaine de vaisseaux, chevalier de St-Louis, et à Marie-Marthe-Charlotte de Moÿ, sa sœur, la jouissance et usufruit, à titre de bail à vie, d'une maison, sise à Vernon, rue Potard, et d'une terrasse de 45 à 46 toises de long, sur 5 à 6 toises de large, plantée de tilleuls, sise hors l'enceinte de la ville, et d'un jardin, clos de murs, hors la porte Chantreine, moyennant 5000 livres et outre les charges, parmi lesquelles on remarque une livre de poivre et 3 sous de rente au domaine de la ville de Vernon, 20 sous de rente au chapitre de la Collégiale de Vernon, 4 boisseaux de blé froment à M. Le Moine de Belleisle, et une rente en argent à la confrérie de Saint-Maur, fondée en la dite Collégiale. — Marie-Marthe-Charlotte de Moÿ renonce, après la mort de son frère, au bénéfice du bail sus-mentionné, en faveur du même marquis de Blaru, représenté par son régisseur Guillaume-Charles Vigreux, moyennant une rente viagère de 350 livres et la somme de 300 livres une fois payée.

E. 3457. (Liasse.) — 14 pièces, parchemin. Restes de sceaux pendants.

1397-1451. — Vernon. — Prises à rente ou acensements de terres et vignes sises à Plant-Espinay, paroisse Notre-Dame de Vernon, devant l'hôtel de Saint-Lazare ou Ladre, tendant à la Seine. — Simon le Boucher, bourgeois de Vernon, prend à rente de Guillaume Amaury, demeurant à Vernon, un jardin, sis en la paroisse de Sainte-Geneviève du dit Vernon, moyennant 70 sous parisis de rente. — Pierre le Clerc, tisserand, « dit de Blaru, » demeurant à Vernon, prend à rente de Jean Gillet, prêtre, un quartier de vigne, sis en « Plante Espinay, » moyennant 5 sous parisis de rente. — Guillaume Amaury vend à Guillaume de « Glencourt, » écuyer, « dit Sauvage, » premier panetier du roy, 75 sous parisis de rente à lui dus par Simon le Boucher. — Robert Roussel, demeurant à « Vernonnel, » prend à rente de Guillaume de « Jlencourt, » écuyer, dit Sauvage, une pièce de vigne, sise en « Plante-Espinay, » moyennant une rente de 5 sous parisis. — Henri Blondel, demeurant à Vernon, prend à rente de Pierre de « Jencourt, » écuyer, dit Compaignon, » une vigne, sise en « Plante-Espinay, » moyennant 12 sous parisis. — Pierre le Bourg, demeurant à Vernon, prend à rente de Charles de « Jencourt, » écuyer, seigneur de « Heubecourt, » un quartier de vigne, sis en « Plante-Espinay, » moyennant 3 sous parisis. — Everart le Bourg, demeurant à Vernon, prend du même 1 quartier 1/2 de vigne, au même lieu, moyennant 10 sous parisis. — Le même prend du même 1/2 arpent 18 perches de vigne, au même lieu, moyennant 6 sous 8 deniers parisis. — Martin le Fèvre, bourgeois de Vernon, prend du même une pièce de terre, sise à « Plante-Espinay, » moyennant 3 sous parisis. — Jean le Bailly, « pasticher, » demeurant à Vernon, prend du même 2 pièces de terre, sises au même lieu, moyennant 6 sous parisis. — Colin Dutuit, de la paroisse Sainte-Geneviève de Vernon, prend à rente, de Guillaume Amaury, une pièce de vigne, sise au « tresle de » Boussart (ou Loussart), » moyennant 12 sous parisis.

E. 3458. (Liasse.) — 2 pièces, parchemin ; 4 pièces, papier.

1393 (1394)-1786. — Vernon, Fief du Pré. — Pierre de Hardenville, dit Prieur, écuyer, en son nom et en celui d'Isabelle des Essarts, sa femme, vend à Jean de Saquainville, dit Sacquet, chevalier, seigneur de Blaru, chambellan du duc d'Orléans, un fief tenu dudit seigneur « qui jadis fu Monsr Gieffroy des Essars, séant en la » paroisse de Blaru ou Van d'Aconville, tant en France » comme en Normandie, en la paroisse du Port-de-Villiers, en la prairie de Hamillon,..... » moyennant 60 francs d'or du coin du roi. — Décret du fief de « Paray et aultres, » sis au Val d'Aconville et à Vernon, ayant appartenu à Guillaume et Jean de Saquainville. — Acensement de maison, grange et terre, sises au fief de « Péré, » paroisse Notre-Dame de Vernon, en la rue de Normandie, par Jacques de Tilly, écuyer, seigneur châtelain de Blaru, à Jean Guéroult, foulon, et Jeanne Bigot, sa femme, demeurant à Blaru. — Mémoire pour prouver que le fief « Depré, » situé en la rue de Normandie, paroisse de Vernon, » appartenait au duc de Penthièvre et était mouvant du marquisat de Blaru. — Charles Vigreux, régisseur et mandataire de François-Hilaire de Tilly, marquis de Blaru, baille, à titre de ferme, à Jean Aubin Gosselin, laboureur, demeurant à Chevrie, la ferme « de Pré,... » assise en la rue de Normandie, paroisse Notre-Dame de Vernon, moyennant un loyer annuel de 1400 livres en argent et 6 poulets de cour.

E. 3659. (Liasse.) — 7 pièces, parchemin; 1 pièce, papier.

1397-1575. — Vernon. — Pièces concernant une vigne à Pressagny et 2 maisons à Vernon, l'une joignant la maison de Quinquempoix et l'hôtel de la Huchette-Sainte-Geneviève, et l'autre maison près des Porches. (Il n'existe plus que la moitié environ du premier titre de 1397.) — Simon du Hamel, procureur de Charles de « Jencourt, écuyer, seigneur de Heubecourt, » vend à Jean de Bordeaux, bourgeois de Vernon, 4 livres parisis de rente annuelle et perpétuelle, à prendre : 40 sous sur 4 livres dues par Regnault du Rosay, et 40 sous sur 100 sous dus par Jean Jacques, de la paroisse Sainte-Geneviève de Vernon. — Charles de « Jencourt, écuyer, » seigneur de Heubecourt, en païs de Veuquessin-le-» Normant, » vend et transporte à Jean de Bordeaux, l'aîné, 29 sous 6 deniers parisis de rente, à prendre et avoir en diminution sur la somme de 30 sous parisis de rente, que le dit de Jencourt avait le droit de lever annuellement sur une pièce de vigne, appartenant au dit de Bordeaux, en la paroisse « Pressaingni. » — Jean Galloppin, couturier, et Gillette, sa femme, de Vernon, prennent à rente, de Robin de Meudon et Jouenne, sa femme, de Vernon, « ung hostel, court, édiffices, avec le » fons de l'héritage, lieu et pourprains,... assis en la » dicte ville, en la paroisse de Sainte-Geneviève, prez les » Porches, moyennant 64 sous parisis. » — Déclaration des héritages tenus à cens de la ville de Vernon par la veuve de Jacques Boucher.

E. 3660. (Liasse.) — 7 pièces, parchemin, dont 1 en lambeaux; 2 pièces, papier.

1400-1578. — Vernon. — Robert du Bec, dit de Montigny, prend à rente de Jean Gillot, prêtre, une masure, sise en la paroisse de Sainte-Geneviève de Vernon, touchant, d'un bout, aux murs de la dite ville, moyennant 36 sous parisis de rente. — Acensement fait par les enfants de Jean de « Jencourt, en son vivant, seigneur

» de Heubecourt,... de une vide place près la porte de » Bizy, » à Vernon. — Déclarations « des héritaiges que » tient Allain Binet, bourgoys de Vernon, assis en la » dite ville et fourxbourgs du dit lieu, et des rentes fon-» cyères qu'il doibt, à cause des dits héritaiges, qu'il » baille aux maire, gouverneur et quarteniers de la dite » ville de Vernon, suyvant le vouloir et édict du roy, » nostre sire, et ses lestres patentes donnés à Compiègne » le XIIIe jour de juillet mil Ve LIII. »

E. 3661. (Liasse.) — 8 pièces, parchemin.

1473-1474. — Vernon. — Martin Le Fèvre, demeurant à Vernon, prend à rente de « demoiselle Marye » Amaury, demeurant à Vernon, » une pièce de terre contenant 1 acre 1/2 et 6 perches, en la Garenne de Vernon, moyennant 21 sous 4 deniers parisis. — Guillot le Fort, demeurant à Bizy, prend, de la « même demoiselle » Marye Almaury, » plusieurs pièces de terre, sises à la garenne de Vernon, moyennant 44 sous parisis de rente. — Sentence de la « vicomté de bourgaige de Vernon, » concernant les terres acensées tant à Martin le Fèvre qu'à Guillot le Fort.

E. 3662. (Liasse.) — 20 pièces, papier.

1528-1719. — Vernon. — Claude Delamothe, prieure de la Maison-Dieu de Vernon, reconnaît avoir reçu de Charles de Tilly, écuyer, seigneur châtelain de Blaru, le montant du rachat de 30 sous tournois de rente, dues au dit prieuré, après la mort de Marie de Tilly, sa tante, religieuse dans la dite maison. — Quittances pour le vin des bois dû annuellement par les seigneurs de Blaru à l'abbaye royale et Hôtel-Dieu de Vernon, signées successivement par les abbesses : Catherine de Verdun, Sr de Brissac, Jeanne Turgot. — Philippe Maignard, écuyer, et Marie-Anne de Lambert, sa femme, héritiers de Charles de Tilly, lequel était héritier d'Adrien de Tilly et de Marie de Bordeaux, ses père et mère, ayant hérité, en partie, de Jacques de Tilly, seigneur de Villegast, son oncle, le dit feu Charles de Tilly ayant hérité de Jacques et Hubert de Tilly, ses frères, et les dits sieur et dame Maignard ayant les droits cédés de Françoise-Charlotte de Lambert, sœur de la dite dame Maignard, aussi héritière de Charles de Tilly, reconnaissent avoir reçu de Louis Doublet, chevalier, seigneur de Breuilpont et autres lieux, conseiller du roi et secrétaire du duc d'Orléans, et de Marie-Anne le Gendre, sa femme, par les mains de Nicolas-Étienne Rollet, écuyer, sieur de Lampérière, et ce en l'acquit de Charles de Tilly, marquis de Blaru, la somme de 3026 livres 10 sous, pour partie du rachat et amortissement de celle de 3920 livres, restant due aux sieur et dame Maignard, aux noms d'héritiers de Charles de Tilly. — Jeanne-Elisabeth Turgot, abbesse de l'Abbaye royale de l'Hôtel-Dieu de Saint-Louis de Vernon, Antoinette Dubosc de Vittermont, prieure, Louise Raffard, dépositaire, Thérèse de Pagny, religieuse de chœur, et Louis-François de Quay, avocat au Parlement, comme procureur des autres dames de l'abbaye, qui sont : Marie Martel, Charlotte de Saint-Paul, Louise de Chambort, Henriette Dachy, Françoise de Vaudencourt, reconnaissent (20 juillet 1718), avoir reçu de Louis Doublet et de Marie-Anne le Gendre, sus-nommés, la somme de 5900 livres 2 sous 4 deniers, dont 5000 livres de principal, pour le rachat et amortissement de 277 livres 15 sous 8 deniers de rente, constituée, au profit de la dite abbaye, par Louis de Tilly, seigneur de Lorleau et d'Acon, et Jacques de Tilly, seigneur de Villegast, frères, et 900 livres 2 sous 4 deniers pour les arrérages de la dite rente. — Simon Barrier, bourgeois de Paris, au nom et comme procureur de Charles de Tilly, marquis de Blaru, et de sa femme, Catherine-Elisabeth de Manneville, reconnaît avoir reçu de Louis Doublet, seigneur de Breuilpont, Lorcy et autres lieux, et de Marie-Anne le Gendre, sa femme, la somme de 5312 livres 10 sous, dont 5000 livres pour le remboursement de 250 livres de rente constituée par les sieur et dame Doublet, au profit des dits marquis et marquise de Blaru, pour le rachat du prix de la vente, faite par ces derniers aux époux Doublet, de la terre et seigneurie de Villegast et terre de Vaufremont, etc., et 312 livres 10 sous pour 15 mois d'arrérages de la dite rente.

E. 3663. (Liasse.) — 7 pièces, parchemin; 2 pièces, papier.

1552-1554. — Vernon. — Pièces d'un procès entre Jean, seigneur et baron d'Annebault, chevalier et gentilhomme ordinaire de la chambre du roi, seigneur d'Heubecourt, Corbie et Coupigny, d'une part, et Jean le Moyne, fils de Guillaume, épicier, bourgeois de Vernon, d'autre part, touchant la tenure d'une maison sise dans la grande rue de Vernon.

E. 3664. (Liasse.) — 3 pièces, parchemin; 4 pièces, papier.

1552-1594. — Vernon. — Procédures pour déterminer la mouvance d'une pièce de terre, sise à la garenne de Vernon, devant Saint-Ladre.

E. 3665. (Liasse.) — 4 pièces, parchemin; 4 pièces, papier.

1552. — Vernon. — Procédures pour Jean d'Annebault, chevalier, gentilhomme ordinaire de la chambre du roi, seigneur d'Heubecourt, Corbie et Coupigny, contre Michel Ollier, tuteur et curateur judiciaire de Michel Boucher, « pour et affin de gaiger à tenir ou dé- » laisser une pièce de terre..... assise à Plante-Espinay, » bournée d'un costé et d'un bout les dames religieuses » de l'Hostel-Dieu de Vernon, d'autre costé le chemyn, » d'un bout maistre Charles Vedié, par vingt et ung solz » 4 deniers parisis de rente par chacun an, envers le dit » seigneur, au terme de Toussainctz, pour et à cause de » sa dite seigneurie de Heubecourt. »

E. 3666. (Liasse.) — 3 pièces, parchemin; 2 pièces, papier.

1571-1762. — Vernon. — Constitution d'une rente de 200 livres tournois, au capital de 2000 livres, faite par Jacques de Tilly, écuyer, seigneur de Blaru, et Mathieu du Val, élu en l'élection d'Andely, Vernon et Gournay, au profit de la collégiale Notre-Dame de Vernon, représentée par Robert Grandin, doyen, Pierre Roussel, Gervais Robaille, Jean Auffray, Jean l'Homme-Dieu et Cosme le Duc, tous chanoines de la dite collégiale. — Quittance de rachat de la dite rente délivrée, le 27 janvier 1611, à Louis de Tilly, seigneur de Blaru, par Jacques de Chauffour, doyen, Thomas Magnard, curé de Vernonnet, Robert Baudouin, curé de Giverny, Guillaume Le Moyne, prieur de Saint-Michel et curé de Tilly, Hector Gaultier, curé de Mesière, Fiacre le Mercier, principal du collège de Vernon, et Michel Benart, curé de la collégiale de Vernon, réunis en assemblée capitulaire et stipulant pour la dite collégiale. — Jean le Jan, prêtre, licencié en droit, doyen et chanoine de l'église cathédrale de Notre-Dame d'Evreux, vicaire général de François de Péricard, évêque d'Evreux, sur la requête de Hiéronime d'Arcona, gouverneur de Vernon, tendant à obtenir l'autorisation de faire célébrer la messe dans une chapelle à ce disposée dans le château de Vernon, permet que la messe soit célébrée dans cette chapelle en présence du gouverneur et de son domestique, « et de ceulx qui, fortuite- » ment, pourront arriver en sa maison, « chaque jour de fête et de dimanche, excepté aux fêtes de Pâques, Pentecôte, Noël, du Saint-Sacrement et de la Vierge. — Charles de Tilly, marquis de Blaru, transporte aux Cordeliers de Vernon, représentés par le frère François Mouley, gardien du couvent, une rente annuelle de 30 livres, applicable à la fondation d'une messe basse, qu sera célébrée, tous les mercredis, à perpétuité, en l'honneur de la Sainte-Vierge, et suivie d'un *De profundis* pour le repos de l'âme du fondateur, de ses parents et amis. — Pièces relatives à l'hôpital général des pauvres valides de Vernon, parmi lesquelles on remarque la copie de deux délibérations des administrateurs, relatives à la concession, faite, au marquis de Blaru, du droit de présenter un pauvre pour être reçu au dit hôpital, par reconnaissance de la générosité qu'il a témoignée, en permettant de prendre, dans ses carrières, des pierres pour les bâtiments à la construction desquels on travaillait à la date du 9 juin 1723; une délibération du 10 avril 1763 spécifie que, dorénavant, le dit hôpital ne recevrait le pauvre en question que s'il appartenait aux paroisses des ville et faubourgs de Vernon.

E. 3007. (Liasse.) — 1 pièce, parchemin ; 8 pièces, papier.

1633-1743. — Vernon. — Pierre Pattyer, marchand, demeurant à Vernon, baille, à titre de rente, à Pierre-Claude du Bosc, épicier à Vernon, un petit jardin, sis sur la chaussée de la porte de « Chantraine, » contenant environ deux perches, moyennant une rente annuelle de 40 sous, et à la charge de payer à l'avenir, au capitaine du château de Vernon, une rente seigneuriale pouvant s'élever jusqu'à 5 sous. — Délibération du conseil de la ville de Vernon, portant qu'il sera payé annuellement à M. de Bouville, conseiller d'État et gouverneur de la dite ville, une somme de 60 livres, sur les deniers d'octroi, pour lui tenir lieu d'indemnité du fermage que lui produisait par an « une place et terrain assis derrière » le chasteau, » que se proposent de planter d'arbres, et de convertir en promenade, pour les habitants qui en sont privés, les conseillers : Louis Mordant, conseiller du roi, lieutenant civil et général criminel au siège du bailliage de Vernon, et maire perpétuel de la dite ville, Pierre de Merle, l'aîné, échevin, Nicolas Estienne, commissaire aux revues, Pierre Papeil ou Papeil et Pierre de Merle, le jeune, conseillers assesseurs à l'Hôtel-de-Ville, Mathieu Aubé, recevoir des deniers patrimoniaux, Charles Le Tellier, écuyer, conseiller du roi, vicomte de Vernon, Jacques Pattier, écuyer, receveur des tailles, François Le Tellier, écuyer, Sr d'Oissonville, Hubert le Peuple, Sr de Milly, officier de la vénerie du roi, Louis le Flament, conseiller du roi, élu à Vernon, François le Flament, conseiller du roi, substitut du procureur du roi, en l'élection de Vernon, Pierre Baudot et Louis Festu, le jeune, procureurs, Zacarie le Prince, Sr de Vergnettes, Claude le Tellier, l'aîné, et Jean Marcadé, procureurs, Claude de Monbines, sergent, Jacques le Marié, Clément du Gondray, l'aîné, et autres habitants de Vernon (23 septembre 1701). — Mémoire à l'effet d'obtenir un arrêt du Conseil, par lequel il plaise au roi d'agréer et confirmer la taxe d'un terrain « à commencer depuis le mur du chasteau jusques au pont de la porte de Chantraine. » A Vernon, faite, en assemblée générale de la ville, le 19 novembre 1701, à Jacques Pattier, écuyer, receveur des tailles de l'élection d'Andely, qui avait présenté, aux officiers de l'Hôtel-de-Ville, une requête où il exposait « que, pour » se faciliter une sortie seure et secrette pour le trans- » port des deniers de Sa Majesté, qu'il est obligé de faire » souvent aux recettes générales, et pour luy tenir lieu » de récompense d'un jardin cy-devant de mur (sic), à » luy appartenant, à cause de l'acquisition qu'en avait » faite le Sr Jacques Pattier, son bisayeul, par un con- » trat du 29 may 1610, depuis compris dans un terrain » qui est derrière le chasteau, servant autrefois de forti- » fication à la ville, il plut aux officiers de la dite ville, » luy cedder un terrain régnant le long de la muraille, » attenant la maison du dit sieur Pattier, depuis le mur » du chasteau jusques au pont de la porte de Chante- » raine... » — Délibération du conseil de la ville de Vernon, portant que la communauté rendra le terrain cédé en 1701, pour établir une promenade derrière le château, à M. de Bouville, qui consent à le reprendre, puisque « la communauté de la dite ville n'est plus en » disposition de faire planter le territoire appelé le Clos- » du-Chasteau. » (Janvier et février 1705.) Présents à la délibération : Matthieu Gouttard, lieutenant de maire, Henri Allais, premier échevin, Pierre de Merle, échevin en charge, Louis de Cahaigne, procureur du roi, Robert du Bois, conseiller assesseur, Mathieu Aubé et Georges Douelle, receveurs des droits patrimoniaux. — Requête adressée au vicomte de Vernon par Jacques Pattier, écuyer, lieutenant de la grande vénerie du roi, à l'effet d'être autorisé à lever des extraits d'une sentence du 10 octobre 1714, par laquelle le dit vicomte avait condamné Robert Laverte à la réparation d'un mur mitoyen près la porte Chanteraine, et à se faire payer des dépens taxés à 73 livres 4 sous. — Charles-Pierre-Louis Beaufils, procureur aux sièges royaux de Vernon, et fondé de procuration de Charles-Louis-Auguste Fouquet de Belle-Isle, duc de Gisors, prince du saint Empire romain, pair et maréchal de France, chevalier des ordres du roi et de la Toison d'or, etc., concède à Geneviève Marguerite Le Roux, veuve de Jean-Baptiste Le Moyne, conseiller maître ordinaire en la cour des comptes, aides et finances de Normandie : 1° une portion des fossés du château de Vernon, sise derrière la maison de la dite Le Roux, ayant son entrée par la rue Pottard, et actuellement occupée par le marquis de Blaru, d'une contenance de 50 à 54 toises superficielles environ ; 2° la faculté d'adosser des bâtiments sur la muraille de la ville ; 3° une terrasse derrière les dites murailles ; à la charge par le concessionnaire de tenir de tout du domaine de la vicomté de Vernon, appartenant au dit Fouquet, et faisant partie de son duché de Gisors, et d'en payer 8 sous de rente domaniale et seigneuriale. — 8 plans à l'appui des pièces contenues dans le dossier.

E. 3568. (Liasse.) — 6 pièces, parchemin ; 48 pièces, papier, dont 8 plans et 1 cahier de 82 feuillets in-f°.

1690-1725. — Vernon. — Pièces d'un procès entre Jacques Pattier, écuyer, conseiller du roi, receveur des tailles en l'élection d'Andely, Vernon et Gournay, d'une part, et Pierre-Philippe Langlois, bourgeois de Paris, et, après sa mort, Jeanne de Courchamp, sa veuve, remariée à Michel-Charles de Lollan, écuyer, contrôleur des gardes françaises et suisses, d'autre part, pour raison d'empiétement au moyen de constructions exécutées par les défendeurs sur un immeuble appartenant au dit Pattier, et attenant aux fossés de la ville de Vernon.

E. 3569. (Liasse.) — 6 pièces, parchemin ; 7 pièces, papier.

1522-1725. — Villegast. — Pierre des Essars, écuyer, demeurant en la paroisse de Glisolles, vend à Thomas Espringuet, bourgeois d'Évreux, 100 sous tournois de rente annuelle, à lui « due sur un manoir, jardins et » terre, séans en la paroisse de Villegas, que a (à) pré» sent, à rente du dit vendeur, Mons. Michiel de Lesire, » prestre, » pour le prix de 45 livres tournois. — « Al» lain de la Ferté, écuyer, seigneur de Villegast, demeu» rant à Melleray, en Beousse, près Neuville, » vend à Martin du Val, l'aîné, conseiller en cour laye, 10 livres tournois de rente d'héritage, à prendre annuellement sur la seigneurie de Villegast, pour le prix de 100 livres tournois. — Guillaume Chastellain, procureur fondé de Charles de Tilly, seigneur de Blaru, vend 60 livres tournois de rente annuelle à Jean de Bordeaulx, Sr du Buisson de May, demeurant à Vernon, moyennant 600 livres tournois. L'acte porte le texte de la procuration qui est commune à Guillaume Chastellain et à Christophe de Tilly, abbé de Bossons et frère de Charles de Tilly. — Charles de Tilly, seigneur de Blaru, déclare qu'il n'est que le prête-nom d'Adrian de Tilly, seigneur de Villegast, dans le rachat de deux rentes constituées, l'une par Louise de Clère, veuve d'Henri de Prestaval, au profit de Germain de Bordeaux, écuyer, sieur du « Buisson de » May, » l'autre par Claude Le Couvreur, marchand, demeurant à Paris, se portant fort pour sa femme, Henriette Le Barbier. — Marin de la Falle, tabellion, de Villegast, vend à Nicolas Henri, tisserand en toiles, du même lieu, un quartier de terre au terroir de Villegast, triège du Clos-aux-Forts, moyennant 80 livres tournois. — Jacques de Tilly reconnaît avoir reçu de Marie Gardier, veuve de Laurent Le Dru, la somme de 20 livres 6 sous, sur ce qu'elle lui peut devoir d'arrérages d'une rente annuelle de 18 livres 10 sous. — Saisie mobilière sur Jacquet Le Dru, pour non payement d'arrérages d'une rente due à Jacques de Tilly, seigneur de Villegast. — Vente de deux lots de terre à Villegast, faite à Jean Danuel, laboureur, du dit lieu, par Adam Clergeon, laboureur, et Marguerite Gaddiot, sa femme, demeurant à Hécourt. — Constitution d'une rente annuelle de 50 livres 15 sous tournois, au capital de 4502 livres, faite, au profit des héritiers de Philippe Le Dru, par Grégoire Le Grand, laboureur, de Blaru, et Françoise Du Pré, sa femme. — Règlement de la succession de Jacques de Tilly, seigneur de Villegast, entre ses neveux et héritiers, Charles de Tilly, marquis de Blaru, Henri de Tilly, seigneur de Bionval, d'une part, Charles, Jacques et Hubert, de Tilly, frères, d'autre part, et Jacques Robilly, demeurant à Damville, au nom et comme procureur fondé d'Urbain de Tilly, chevalier, seigneur d'Acon et de Lorleau, capitaine de cavalerie du régiment de Grignon, et Henri de Tilly, chevalier, écuyer de Saint-Illiers-le-Bois, d'autre part. — Mémoires sur un procès entre le marquis de Bréval et le marquis de Blaru, pour cause d'inexécution de devoirs féodaux de la part de ce dernier, qui, par la mort de son oncle, Jacques de Tilly, et par accord avec ses cohéritiers, était devenu seigneur de Villegast, et, en cette dernière qualité, soumis aux devoirs féodaux envers le marquis de Bréval. On y trouve les actes de foi et hommage rendu par le marquis de Blaru, en 1690, à Marie-Anne de l'Aubespine, veuve de Louis de Harlay, marquis de Chanvallon, fondée de procuration de François de Harlay, marquis de Breval et de Chanvallon, et, en 1707, à Claude de Damas, marquis de Thiange et de Breval, à cause de sa femme Françoise de Harlay.

E. 3570. (Liasse.) — 5 pièces, parchemin, dont 1 cahier de 14 feuillets in-8° ; 64 pièces, papier, dont 8 cahiers de 8, 6, 10, 14, 16, 20, 22 et 22 feuillets in-f°.

1520-1780. — Villeneuve-en-Chevrie. — Pièces

diverses réunies à l'occasion d'un procès entre le marquis de Blaru et le seigneur de Rosny, pour la propriété de la Villeneuve-en-Chevrie, dépendant de la seigneurie de Rosny. — Par devant Nicolas le Moulier et Estienne Duyhaue, clercs [...] tabellions jurés du roi au Châtelet de Paris, Béatrix de « Harcourt, » femme autorisée de Jean d'Ivry, dame de Rosny, donne à Yde de Daussart, femme de Jean de « Sacquainville, dit Sacquet, chevalier, sei-
» gneur de Blaru, chambellan du roy... et de Mons, le
» duc d'Orléans,... cousine germaine de la dite madame
» Beatrix,... le chastel, ville et seigneurie de Rosny,
» appartenant à la dite madame Beatrix de Harcourt
» de son propre héritage, avecques toutes les terres,
» cens, rentes, prez, bois, eaues, fours, moulins, fiefs,
» arrère-fiefs, revenues, droits, appartenances et appen-
» dances,... tant pour consideration de la prochaineté et
» affinité de lignage, qui est entre les dites deux dames,
» qui, comme dit est, sont cousines germaines, comme
» afin que la dite madame Yde ait ou temps avenir mieux
» de quoy avoir et soustenir son bon estat, et que la dite
» madame Yde soit tenue de prier Dieu pour la dite ma-
» dame Beatrix, et pour son âme; à laquelle madame
» Yde, ycelle madame Beatrix, en ce cas, se attend plus
» que à personne du monde de son lignage ne autre; et
» sur telle manière et condition que se la dite madame
» Beatrix avoit, ou temps avenir, aucun hoir ou hoirs
» nés et procreés de son corps en loyal mariage, que les
» héritages et possessions cy-dessus nommés retournent,
» veurent et appartiendront à plain droit au dit hoir
» ou hoirs;... non obstant ce présent don... Et d'abon-
» dant pour faire la dite démission et toutes choses à ce
» nécessaires, la dite madame Beatrix... fist... ses pro-
» cureurs generaulx... Maistre Robert des Plaines (ou
» Planis), Guillaume de Ceufosse, Martin Le Sage et
» Jehan de Marueil. » (10 octobre 1396.) — « C'est l'adveu
» et dénombrement de la terre, chastelenie et seigneurie
» de Rosny lez Mante sur Saine, que je Jehan de Meloun,
» le père, chevalier, seigneur d'Anthoing, de Caumont,
» de Maubray et de Rosny, viconte de Gand, tieng du roy
» mon souverain seigneur, par foy et par hommage, à
» la coustume du Veuquessin-le-François. Le chastel,
» chastelenie, terre et seigneurie du dit Rosny, ses cir-
» cunstances et deppendences, à cause du chastel de
» Mante, nommé anciennement la Tour-du-Mont-Espre-
» vier, laquelle m'est venue et escheue par le trespas de
» feue ma sereur, Elaine de Meloun, en son vivant contesse
» de Eu et dame du dit Rosny. Et premièrement, du de-
» maine qui est aprésent le chastel, place, porte fermant
» à pont-levis, clos de fossez, et la basse court, granges,
» coulombier à pié, mazures, jardins, pressorier, ven-
» noyer, dedens laquelle basse court a une chappelle a
» présent démolie, fondée en la révérence Nostre-Dame
» par mes prédécesseurs; la ville, ainsy comme elle se
» comporte; et devant la porte de la basse court y a ung
» grant jardin contenant deux arpens ou environ. Item,
» trente-six livres parisis de menus cens, revenans de
» présent à vingt-deux livres, receux audit Rony le
» jour saint Rémy. Item, huit livres de menus cens, qui
» se payent au terme de Noël, qui ne reviennent de pré-
» sent que à quatre livres ou environ. Item, quatre sex-
» tiers et mine d'avoine, qui ne reviennent de présent
» que à trois mines et demy quartier, audit jour de Noël.
» Item, soixante pièces de poullailles, qui ne reviennent
» de présent que à dix pièces, audit jour de Noël. Item,
» deux muys d'avoine, deus par chacun an audit jour de
» Noël par les habitans de Chaufour. Item, quinze ar-
» pens de vignes en plusieurs pièces, qui sont de présent
» en non valoir, réservé environ quatre arpens nommés
» la Plante, qui sont de présent en labeur. Item, deux
» cens soixante arpens de terre assis en plusieurs pièces
» à l'entour d'icelle ville de Rony, dont la pluspart sy est
» en friche et en bois. Item, ung gord en rivière de Seyne,
» et autres droiz, franchises et seigneuries en ladite rivière
» à l'endroit de ladite terre de Rony. Item, quarante
» sept arpens de pré ou environ, assis ès yales de devant
» Rony et Guernes ? dont y a en nature environ de dix
» huit à vingt arpens, et le surplus en buissons. Item,
» le patronnage et droit de présenter en la chappelle
» dudit chasteau. Item, en la forest de Chevryo, une
» pièce de bois contenant environ vingt-neuf arpens,
» appellé le Mont-Yvelon. Item, une autre pièce de bois
» contenant douze cens arpens ou environ, qui fut à la
» dame de Beaumesnil. Item, une autre pièce de bois
» contenant six cens trente arpens de bois, qui furent
» madame Ysabeau de Rony. Item, une autre pièce de
» bois, qui fut messire Pierre Mauvoisin de Rony, ar-
» chediacre de Brye, contenant deux cens cinquante ar-
» pens de bois ou environ. Item, une autre pièce de bois
» qui fut mess. Mauvoisin, chevalier, contenant neuf
» vingt arpens de bois. Item, plusieurs autres pièces de
» bois et terres labourables, qui sont entre la Ville-neufve
» en Chevrye et Blaru, au long du chemin par où l'on
» va de la Ville-neufve à Vernon et ou pays environ.
» Item, en la rivière de Seine, ou long et selon que icelle
» terre de Rony se comporte, les droiz et forfaicture,
» espaves, varissements, esterrissemens et atterrissemens et
» autres droiz des seigneuries et justice. Item, par toute
» ladite terre et seigneurie de Rony, j'ay garenne et tous
» droiz et proufliz de garenne à toutes bestes et oiseaulx,
» et droit de chasse par toute la forest de Chevrye, avec-

» ques les franchises, seigneurie et proufflts appartenant
» ad ce. Item, par tant ce que dit est toute justice haulte,
» moyenne et basse, fourches patibulaires audit Rony,
» aubaines, confiscations, forfaictures, varits et autres
» droix ad ce appartenant et qui en deppendent. Item,
» toute la haulte justice d'une haulte rue assize à Epone
» au hault d'icelle ville, en laquelle souloit demourer
» Jehan Le Houdoyer. Item, la haulte justice d'une par-
» tie de Soindres. Item, toute la haulte justice des villes
» Ver et Villette. Item, toute la haulte justice, moyenne
» et basse de Boinville et appartenant à icelle. Item, six
» vingtz rosettes que doit chacun an le doyen de Crissi-
» court, aux termes de Noël et Pasques. Item, ung espe-
» ron doré, que nous doivent par an les hoirs Philippe
» de Chemericourt, de Mante, et Jehan de Chauvincourt ;
» et sont leurs hoirs ou ayans cause sire Xristofle Gri-
» mont et Tassin Dunzin ; et sont lesdits esperons esti-
» mez à seize solz parisis. Item, cinq quartiers de ciel
» sur ung moy de ciel, que doivent tenir et tiennent de
» present les huit vicaires de Notre-Dame de Mante.
» Item, la garde des prieurez et églises qui sont en ladite
» terre de Rony, et les droix, proufflts et usaiges qui
» des choses dessus dites appartiennent et deppendent.
» Item, droit de eaue tout ainsy que ladite terre de Rony
» se estend, et les amendes accoustumées. Item, audit
» lieu de Rony, bailly, procureur, receveur, sergens, fo-
» restiers, pour exercer la juridiction. Et se plus y a
» du demaine, dont je n'ay congnoissance par inadver-
» tence ou autrement, je obey de bailler, déclairer et
» advouer de roy, notre dit seigneur, aussy tost qu'il
» viendra à congnoissance. Item, ensuyvent les arriere
» flefz tenus de moy en plain flof, à cause dudit chastel
» et chastellenye dudit Rony. Premièrement, la seigneu-
» rie, ville, terres et appartenances de Ville-neufve en
» Chevrye; et ou demaine de laquelle a plusieurs choses
» et parties, tant en cens, rentes, maisons, jardins, terres,
» bois, justice, garenne et autres droix seigneuraulx,
» tant en la rivière de Seine comme par terre; laquelle
» fut et appartient à Mess. Saquet de Sacanville, cheva-
» lier, seigneur de Biarru, à cause de madame Yde de
» Beausart, sa femme, et de présent est en notre main
» par deffault d'homme et de devoirs non faiz. Item, la
» terre et seigneurie D'Espremont, que souloit tenir
» mess. Robert de la Bome (ou Boine), chevalier, à
» cause de sa femme, et de laquelle le demaine sy est en
» plusieurs parties, tant cens, rentes, justice, garenne,
» terres et autres droix seigneuriaulx, et bois à l'extima-
» tion de six cens arpens de bois ou environ : laquelle
» terre et seigneurie s'y appartient de présent à damoi-
» selle Ysabel du Mesnil Jourdain. Item, la terre et

» seigneurie de Buchelle, que souloit tenir mess. Jehan
» de Vranoit, à cause de sa femme, ou demaine de la-
» quelle a plusieurs parties, tant en cens, rentes, terres
» labourables, champarts, vignes, affinances, pressouer
» à ban, terrages, rouages, forages et autres droix sei-
» gneuriaulx, et bois à l'estimation de six cens quarante
» arpens ou environ ; laquelle terre et seigneurie appar-
» tient de présent à ladite demoiselle Ysabeau du Mesnil
» Jourdain. Item, la terre et seigneurie de Fontenay
» Mauvoisin, que souloit tenir mess. Loys d'Orgeny (ou
» Orgevy), chevalier, ou demaine de laquelle y a ma-
» noirs, jardins, cens, rente, justice moyenne et basse,
» terre labourable, terraiges, forages et autres droix et
» devoirs seigneuriaulx, et bois à l'estimation de sept
» cens cinquante arpens ou environ ; et de présent ap-
» partient la dicte terre et seigneurie à la dite Ysabel et
» Jacques d'Anfreville, escuier, son fils. Item, la terre
» et seigneurie de Menerville, que souloit tenir messire
» Raoul Aches, laquelle est amortie à l'église Saint-
» Taurin, d'Evreulx, excepté la justice moyenne et
» basse, qui revient astement (à Apremont) et d'illec à
» Rony. Item, le fief de terre de Malassis, en laquelle a
» manoir, bois à l'estimation de sept arpens, terres la-
» bourables, jardins, cens, rentes, que souloit tenir
» Jehan de Manissigny, escuier, et de présent appartient
» à Bauduin Day, escuier. Item, la terre et fief du Mes-
» nil Regnard, dont la demaine s'y est en diverses re-
» venues, tant en cens, rentes, justice moyenne et basse,
» terres labourables, champars, bois, à l'estimation de
» six vingtz arpens ou environ, prez et autres droix et
» devoirs seigneuriaulx, que souloit tenir Philippot du
» Mesnil Regnart, et de présent appartient à Guillotin
» Caillot, escuier, et sa femme. Item, ung fief assis à
» Rony, auquel a demaine, cens, rente, justice moyenne
» et basse, travers, terres labourables, champars, pres-
» souer à ban, terrage, forage et autres droix seigneu-
» raulx, lequel fut Jehan de Saulx, et de présent appar-
» tient à Guillaume Dubois. Item, ung autre fief, assis
» à Mante, auquel appartient le huitiesme et neufiesme
» partie des acquis et scel deuz par eaue et par terre,
» lequel fut et appartient à maistre Loys Sanguin, et de
» présent me appartient, et le ay uny à mon demaine par
» acquisition faicte par puissance de fiefs sur les Céles-
» tins, auquel il avait esté adjugé par décret en la cour
» de parlement. Item, ung fief assis à Mante, qui fut feu
» Jacques le Ventrier et Denis de Hougneville, à cause
» de leurs femmes, auquel appartient certaine portion
» de piez de porcs vendus à la boucherie de Mante, et
» certains deniers sur les boulengiers de Mante, et sur
» l'acquit des Boursettes, lequel fut Guillemette la Ri-

» peruelle, et de présent aux dessus dits. Item, ung fief
» auquel a sept quartiers de vigne, qui fut à Estienne du
» Monstier, et de présent aux hoirs mess. Jehan Han-
» terne (ou Manterne). Item, ung fief assis à Mante, qui
» fut Jehan le Hendoyer, auquel souloit avoir une mai-
» son assise en la rue de la Roche Pellecocq, qui souloit
» valoir six livres de menus cens, et de présent ne vient
» que à cinquante solz, lequel appartient aux Célestins
» de Mante, et n'est point amorti. Item, ung fief assis à
» Villette, auquel a demaine, cens, rentes, terres labou-
» rables, prez, bois, justice moyenne et basse, terrage,
» forage et autres droiz et devoirs seigneuroriaulx, qui fut
» messire Simon de Mont-Orgueil, et de présent aux
» hoirs de Pierre de Beauchamp. Item, ung autre fief
» assis au dit lieu de Villette, auquel a cens, rentes,
» terres labourables, prez et bois, qui fut Robert Bretel,
» et de présent appartient auxdits hoirs. Item, ung autre
» fief assis audit lieu de Villette, auquel a certains prez,
» qui fut à ung nommé Picquot, et de présent appartient
» à maistre Jehan Ravault (ou Rauault), licencié en
» loix. Item, ung petit fief assis à Ver, auquel souloit
» avoir molin, lequel est de présent en ruyne, apparte-
» nant audit Ravault. Item, ung fief assis entre Mante
» et Rony, appartenant à sire Denis de Landres, auquel
» fief a une pièce de pré, contenant sept quartiers, et cer-
» taines terres environ Rony et Cassicourt. Item, ung
» fief assis à Fincourt, auquel a certaines terres apparte-
» nant à Jehan de Moranvillier, escuier. Item, ung fief
» assis à Mante, auquel appartient ung muy de seel sur
» les acquits du seel passans par dessoubz le pont de
» Mante, lequel est de nulle revenue pour le présent,
» pour ce que ledit acquit ne puet porter les charges qu'il
» doit, appartenans aux hoirs Jehan Drossel. Item, ung
» fief assis à Bonnelle, vaillant environ vingt cinq solz
» de menus cens, et aucunes terres labourables, lequel
» fut Jehan d'Escauville, et de présent à Denis d'Esca-
» ville, lequel souloit estre tenu de Rony, et de présent
» des Célestins, comme ayant le droit de Méry de Lerac.
» Item, ung autre fief assis à Mante sur le revenue des
» Bourcettes, appartenant audit Denis. Item, ung autre
» fief assis entre Rony et Mante, qui fut Guillaume Pos-
» tal, auquel appartient certaines terres qui sont en friche
» et non valoir, et est en nostre main. Item, ung autre
» fief assis environ Rony et Mante, nommé le fief de
» Chambines, auquel appartient terres qui sont en nostre
» main. Item, ung autre fief qui fut Guillaume Oger
» assis en garenne, où il y a plusieurs terres en friche,
» en nostre main. Item, un fief assis à Aspremont, qui
» souloit valoir quatre livres de rente, et de présent en
» non valoir, et en nostre main, et fut à ung nommé

» Jehan de Villeneufve. Item, ung fief assis à Sourdres
» (Soindres), auquel a maisons, terres et autres demaine,
» et le patronage de la chappelle de l'ostel de Mily, qui
» fut Estienne du Monstier, et de présent à Guillaume le
» Franc, escuier, Carbonneau de Bosc et leurs femmes.
» Item, ung fief assis à Ver, qui fut Simon Bavillo, et
» est amorty, appartenant ausdits Célestins. Item, ung
» autre fief qui fut Beaumistre, et est amorti. Item,
» ung fief assis à Sourdres, auquel souloit avoir manoir,
» cens, rentes, justice moyenne et basse, certains bois,
» terrage et forage, qui fut Guillaume de Belle, et de
» présent appartient aux hoirs damoiselle Gillette de
» Raupuevillé. Item, ung fief nommé le Chesnoy
» de la Roche-Guyon sur Dexu, auquel a manoir,
» terres labourables, bois, cens, rentes, prez et autres
» appartenances, qui furent à Mess. Guy de Roche-
» Guyon, et de présent madame Marie, sa fille. Item,
» ung fief assis à Sourdres, qui fut mess. Nicolas Raou-
» lin, chancellier de Bourgongne, nommé, et de présent
» à Denis de Landres, escuier, auquel a cens, rentes,
» justice moyenne et basse, terrage, forage et autres
» droiz et devoirs seigneuraulx. Item, ung autre fief
» assis près Sourdres nommé Beau-Repaire, et illec en-
» viron, qui fut Jehan de Cubiel, auquel a justice,
» moyenne et basse, et fut audit Raoulin, et de présent
» audit de Landres. Item, ung autre fief assis entre
» Mante et Rony, contenant trente deux arpens de terre
» en sablon, qui est en ma main. Item, ung autre fief
» assis à Sourdres, aux faulxbourgs de Mante, et en la
» forest de Chevrye y a environ cent solz de rente, bois,
» demaine, jusques à deux cens quarante arpens, qui
» fut Jehan Moulvoisin de Sortoval, et de présent audit
» Le Franc du Buscat et de leurs dites femmes. Item,
» ung fief assis en la garenne de Rony, qui fut Rogerin
» Biremes, et de présent en ma main, par deffaulte
» d'homme. Item, ung fief assis en Courte-Manche,
» chastelenye de Ponthoise, auquel a haulte justice,
» moyenne et basse, cens, rentes, champars, manoir,
» terraige, forage et autres droiz et devoirs seigneu-
» raulx, qui fut à la dame de Monnette, et certains fiefs
» assiz à Boncouvilliers, et de présent appartient à Jehan
» Dubois. Item, ung fief assis à Adverues, chastelenie
» de Meulant, auquel appartient certaines dismes, et ap-
» partient aux Célestins, et est amorty. Item, ung fief
» assiz en la conté de Beaumont le Roger, nommé Sar-
» quinguy, qui fut mess. Pierre Mauvoisin. Item, ung
» fief assiz lez Sourdres, au lieu dit Fautrieulx et au
» Mesnil Aubry, auquel a certains bois jusques à qua-
» rante arpens, qui fut Jehan Pelerio, et de présent est
» en nostre main comme dessus. Item, ung fief assis

» Villette, auquel a ung molin, certains prez et quinze
» arpens de bois, qui fut Pierre de Mézières, et de présent
» appartient aux hoirs Pierre de Beauchamp. Item, ung
» fief assis à Mante et illec environ, auquel a bois jus-
» ques à dix arpens, cent et demy de héronz czue sur
» l'acquit de la boite du roy, qui fut Bistart de la Vente,
» et de présent appartient aux hoirs Marguerite de Mont-
» signy. Item, ung fief assis à Villette auquel a domaine,
» cens, rentes, bois jusques à dix arpens, usage, forage
» et justice moyenne et basse, de présent appartient aux
» hoirs Gillette de Bouguenville. Item, ung fief assis à
» Mante, auquel a certain scel sur les acquits du scel
» passans par dessoubz le pont de Mante, lequel n'est de
» aucune revenue, pour ce que les acquits ne peuvent
» porter les charges qu'ilz doivent, qui furent Jehan de
» Hannecourt, dit l'Abbé, et de présent à Loys de Fem-
» michon. Item, ung fief assis à Mante, de la revenue
» d'un muy de scel prins sur le scel des acquits des ba-
» teaux chargez de scel passans par dessouz le pont de
» Mante, lequel est de nulle valeur, pour ce que les ac-
» quits ne peuvent porter les charges, qui fut mess. Gille
» de Gallois, et de présent est en nostre main comme
» dessus. Item, ung fief assis en la forest de Chevrye, au-
» quel a prez jusques à trois arpens, et bois jusques à
» quatre vingts arpens, appartenant à Mess. Philippe
» de Trye. Item, ung fief assis à Brassoul, auquel sou-
» loit avoir un molin à présent en ruyne, qui fut
» Pierre de Cahours, à cause de sa femme, et de pré-
» sent en ma main comme dessus. Item, ung fief assa-
» voir au Bois Robert, qui fut mess. Le Lon l'Estandart,
» et depuis à Guillaume l'Estandart, et contient seize
» arpens de bois et certaines terres labourables et champs.
» Item, ung fief assis à Ver, qui fut Marie le Greslée,
» et y a trois arpens de bois ou environ, et vingt quatre
» solz de menus cens sur plusieurs terres, qui sont en
» friche. Item, ung fief nommé Magnaville, auquel a
» manoir, cens, rentes, bois jusques à soixante sept ar-
» pens, prez jusques à dix arpens, terres labourables
» jusques à cent neuf arpens, rosoles jusques à trente,
» terrages et autres droiz seigneuraulx, appartenant
» de présent à Denis de Landres. Item, un fief assis à
» Sourdres, nommé Chasteau Poissy, que tient de pré-
» sent Denis Selz de Mante, où souloit avoir place forte,
» tenu de moy en foy et hommage. Item, ung fief sans
» demaine que tient maistre Jehan Le Fèvre, demourant
» à Mante. Item, ung fief nommé le Vivier et apparte-
» nances qui fut Pillevoyne, et de présent Anthoine Ou-
» dart. Item, le sire de Blarru ce qu'il a et tient en la
» forest de Chevrye, et grande partie de sa terre vers
» Blarru. Et desquelz fiefs sont tenus de moy en plain fief,

» et, en arrière-fief, du roy, mondit seigneur. Et foy pro-
» testant que ce plus en tiens, tant en domaine comme
» en fief, et arrière-fiefz, qui ne soit cy-dessus escript,
» je l'offre à bailler une autre fois, comme de présent,
» tantost que sera venu à notice et congnoissance. En
» tesmoing de ce j'ay signé ce présent adveu de mon
» seing, et scellé de mon scel armoyé de mes armes, le
» derrenier jour d'avril l'an mil quatre cens quatre vingts
» dix. (signé) J. de Meleun (avec paraphe). — Procès-
verbal de visite pour la vérification de bornage entre la
seigneurie de Rosny, d'une part, et la seigneurie de
Blaru, d'autre part, dans le fief de la Villeneuve-en-
Chevrie. Les experts des deux parties doivent se réunir,
le 7 avril 1491, devant l'église Saint-Nicolas de Villeneuve-en-Chevrie. — Quittances signées « Marie d'A-
» lègre, » femme en premières noces de Hiéronime
d'Arcona, et en secondes noces de Jean de Sabrevois,
chevalier, sieur de Becthomas, Richebourg et autres
places, pour les arrérages de son domaine viager, montant à une rente de 2500 livres tournois. — La même
« Marye d'Alègre, femme... de... Philippes de Béthune,
» chevalier, baron des villes de Schelles et Charolz, con-
» seiller du roy..., cappitaine de cent hommes d'armes
» des ordonnances de Sa Majesté, demeurant en ceste
» ville de Paris, rue Thibault aux dez,... » ratifie deux
contrats portant quittance d'arrérage du douaire sus-
mentionné. — Ratification d'un de ces deux contrats par
Marie de Grillet, veuve de Gaspard d'Arcona. — Quittance de Philippe de Béthune (sign. et 6 mots autographes). — Hiéronime d'Arcona, gouverneur de Vernon,
reconnaît avoir reçu de Louise de Clère, veuve d'Adrien
d'Arcona, et femme, en secondes noces, d'Henri de Prest-
oval, capitaine d'une compagnie de chevau-légers,
deux transactions en parchemin passées entre Hiéronime
d'Arcona et François Joubert, écuyer, sieur de Chastillon
et d'Houdainvillier, comme fondé de procuration de Philippe de Béthune et de Marie d'Alègre. — Requêtes,
productions de titres, consultations, mémoires, notes,
lettres, etc., touchant le procès pour la propriété de la
Villeneuve-en-Chevrie, qui n'était pas encore terminé
définitivement en 1726, si l'on en juge par des déclarations de membres de la famille de Tilly, qui avaient extrait du dossier certaines pièces, et notamment par celle
du chevalier de Blaru, où il est dit, que le frère du chevalier, c'est-à-dire le marquis de Blaru, lui a remis,
entre les mains, des grosses de cinq contrats de mariage,
dont il a besoin pour faire des preuves de chevalier de
Malte, et « lesquelles (pièces) ont esté tirées des pièces
» produites au procès contre M. le duc de Sully et M. de
» Senozan ; et promet de luy remettre après la confec-

» tion de (ses) preuves, ou plustot, s'il en est besoin,
» pour le jugement du dit procès. Fait à Paris, le douze
» avril mil sept cent vingt-six. »

E. 3471. (Liasse.) — 3 pièces, parchemin; 4 pièces, papier.

1403-1500. — Vivier (fief du). — « Martin et Jehan
» dit Pillavoine, frères, bourgeois et demeurant à
» Rouen, » prennent à rente, chacun par moitié, pour
la somme de 8 livres tournois par an, de « Philpot de
» Mantolain, escuier, et damoiselle Galote Guillot, sa
» femme, demeurant en l'isle de Francouze,... le fief du
» Vivier, assis au terrouer de la Villeneuve-en-Chevrie,
» appartenant à icelle damoiselle, contenant huit vingts
» arpents de terre... » — « Jehan de la Forest » prend à
rente de « Martin Pillavoine, bourgeois et demeurant à
» Rouen, » 3 arpents de terre en 2 pièces, « assis au Vi-
» vier, » moyennant une rente annuelle de 3 sous parisis. — Denis de Heugneville, receveur de Rosny, pour le
comte d'Eu, seigneur du dit lieu, reconnaît avoir reçu
de Guillaume Pillavoine, écuyer, la somme de 40 « pla-
» ques, » pour les ventes d'une maison et jardin à la
Villeneuve-en-Chevrie, faites, moyennant 20 écus, au dit
Guillaume par Guillaume Hennequin. — Claudin, S'
d'Anfreville et d'Apremont, reconnaît avoir reçu, par les
mains de Guillaume Goulle, la somme de 6 écus, pour le
rachat de la terre du Vivier, que devait Guillaume Pillavoine, « par le trespas de défunct Martin Pillavoine, son
» père. » — Accensements à la Villeneuve-en-Chevrie
faits à divers par Guillaume Pillavoine. — Règlement
de comptes et accord entre « noble homme Guillaume
» Pillavoine, escuier, S' de Villerceaulx, » et Antoine
Oudard, S' du Vivier.

E. 3472. (Liasse.) — 5 pièces, parchemin.

1480-(1530)-1533. — Vivier (fief du). — Sentences
rendues par Nicolas le Ventrier, licencié en lois, lieutenant général du bailli de Rosny pour Jean de Béthune,
seigneur « de Mareul-le-Besy (Baye), baron du dit Rosny
» et Villeneuve-en-Chevrye, » à la requête de Guillaume
Pillavoine, « S' de Villerceaulx et Geufosse, » contre divers tenanciers d'immeubles, accensés à la Villeneuve-en-
Chevrie et au fief du Vivier, par ses père et mère, Martin Pillavoine et Jeanne de Triye, et condamnant ces dits
tenanciers, ou ceux qui s'étaient obligés pour eux, à
payer les arrérages des rentes dues pour la jouissance des
immeubles accensés.

E. 3472. (Liasse.) — 7 pièces, parchemin; 3 pièces, papier.

1480-1684. — Vivier (fief du). — Jean Thorcau, en
son nom et comme se portant fort de sa femme Isabeau
Oudart, s'oblige à payer à Guillaume Pillavoine, seigneur
de Villerceaux et de Jeufosse, la somme de 680 livres
tournois, montant des arrérages d'une rente de 18 livres
tournois, due pour le fief du Vivier. — Ratification de la
dite obligation par Isabeau Oudart. — Vente d'un demi arpent de terre en la paroisse de la Villeneuve-en-Chevrie,
tenu de la Croix, faite par Robert Morel à Berlin le Tellier, moyennant 15 livres tournois. — Lucas le Roux
vend, pour 120 livres tournois, à Pierre le Roux, son
frère, un immeuble dont onze perches sont sur la seigneurie du Vivier. — Hectin de Mornay, chevalier, S'
d'Ambleville et de Jeufosse, Madeleine de Hagueville, sa
femme, tant en leurs noms que comme se portant fort de
Guillemette Luce, veuve de Jean de Mornay, en son vivant, chevalier, S' du dit Ambleville, Jeufosse et autres
terres, vendent à Charles de Tilly, chevalier, seigneur de
Blaru, la terre et seigneurie du Jeufosse avec une rente
de 15 livres 15 sous, due annuellement par Guillaume le
Tellier, seigneur du Vivier, moyennant la somme de
7000 livres. — Ratification de la dite vente par Guillemette Luce. — Titres nouvels de 15 livres de rente annuelle passés, au profit du seigneur de Blaru et successivement par Guillaume le Tellier, Hector le Tellier, son
fils, François le Tellier, fils d'Hector, tous seigneurs du
Vivier, et Marie Idoine, veuve de François le Tellier, et
tutrice de ses enfants mineurs.

E. 3474. (Liasse.) — 3 pièces, parchemin; 2 pièces, papier.

1490-1581. — Vivier (fief du). — Procédures pour
Jacques de Mornay, écuyer, seigneur d'Ambleville, Villarceaux et Jeufosse, et Guillaume de la Garenne, aussi
écuyer, seigneur de Saint-Etienne, contre les héritiers
d'Antoine Oudart, qui, le 13 août 1478, avait pris à titre
de rente, de feu noble femme Jeanne de Trie, de noble
homme Guillaume Pillavoine, écuyer, seigneur de Villarceaux, de Guillaume Grasse et de Thomasse, sa femme,
fille de feu Martin Pillavoine et de sa femme, Robine de
Trie, sœur de Guillaume Pillavoine, un fief, appelé vulgairement le fief du Vivier, sis au terroir de la Villeneuve-en-Chevrie : Jacques de Mornay avait épousé une
fille de Guillaume Pillavoine.

SÉRIE E. — TITRES DE FAMILLE.

E. 2213. (Liasse.) — 24 pièces, parchemin; 11 pièces, papier,
dont 2 cahiers de 6 et 6 feuillets in-4°.

1410-1580. — Pièces diverses. — Vente faite à
Guillaume de Blaru, écuyer, par Guillaume de Chaignes,
écuyer, de la paroisse de Chaignes, de terres sises à
Chaignes, en cinq pièces, et de 69 sous parisis de rente,
que lui doivent plusieurs particuliers dénommés dans
l'acte. — Vidimus du bail à rente de 12 acres de terre en
3 pièces, à un pré Prémont, fait à Chardin Quesnel par
Pierre de Tilly, écuyer, seigneur de Blaru, moyennant
une rente annuelle de 10 deniers parisis par acre. —
Berthrand Hays, demeurant à Blaru, vend à Jean Treslin,
l'aîné, demeurant aussi à Blaru, une pièce de terre contenant cinq arpents, assise à Blaru, lieu dit Près-les-
Terres-de-Prémont, pour le prix de 22 livres 10 sous
tournois. — Fragment d'enquête faite à « Bôhou » par
Guillaume de Bergerac, lieutenant du bailli de Monfort-
l'Amaury, en exécution de lettres royaux du 18 mai 1498,
requête d'Isabeau, veuve de Jean Robillard, contre Perrin le Colin et Guillaume le Colin, Jean Auvray et
Noëlle, sa femme. — Accord et transaction entre Robert
Ladvocat, chevalier, Sr de Lonchamp et de Villeroy,
d'une part, et Jacques Duguet, maître ès-arts, d'autre
part, sur une contestation née entre eux à la suite de
l'acquisition qu'ils avaient faite, avec d'autres individus,
des bois de Condeau, appartenant au seigneur de Lavardin. A la suite est la cession de la seizième partie des bois,
faite par l'acquéreur, Robert Ladvocat, à François Ladvocat, « escollier als, son fils aîné et principal héri-
» tier, pour luy aider à soy entretenir aux escolles es-
» quelles il est de présent (1505) estudiant. » — Bail à
rente d'un arpent de vigne au tresfo de Coursay, paroisse
de Saint-Marcel, fait par Michel Jubert, chanoine de
Vernon, à Tassine de Tilly, veuve de Jean Balletot, en
son vivant, écuyer, moyennant une rente annuelle de
30 sous tournois. — Extraits de divers actes de 1505 à
1510, dans lesquels figure Jean de Tilly, seigneur de
Blaru, qui, le 10 avril 1507 (1508), est ainsi désigné :
» Sr de Blarru, du Port-de-Villiers et Villeroy. » — Bail
à rente de maison et jardin à Blaru, fait à Nicolas Le
Vasseur, archer des ordonnances du roi, par Charles de
Tilly, seigneur de Blaru, moyennant le payement annuel
de « deux douzaines d'esteurs blancs, avecques deulx
» racquettes servant pour le jeu de paulme, et ung gant
» de paulme. » — Titres de propriété des immeubles dépendant de la succession d'Antoine du Soux et de sa
sa femme, Robine, fille de feu Robinet Le Mercier, dans
la seigneurie de Blaru, acquis par Françoise Ladvocat,
veuve de Jean de Tilly, et Charles de Tilly, seigneur de
Blaru, leur fils. — Accensement d'un lot de terre, près
Saint-Augustin, fait par Charles de Tilly, seigneur de
Blaru, moyennant 10 deniers et 2 poules de rentes par an.
— Saisie des fruits et revenus d'une île sise à Jeufosse,
que l'on dit appartenir à Gillebert, Jean Ysart, Richard
Séal, Pierre Coq et autres habitants de la paroisse de
Bonnecourt, pour dette d'arrérages de cens et rentes seigneuriales ou pour défaut de droits seigneuriaux. — Déclaration faite à la requête de Charles de Tilly, seigneur
de Blaru, le 5 janvier 1534 (1535), par devant Jean Bou-
chery, prêtre, notaire de l'officiai de Chartres, vicaire et
desservant en l'église Saint-Hilaire de Charpont, diocèse
de Chartres, et Guyon Oreuvil, clerc tabellion, commis
et établi en la baronnie et vicomté de Châteauneuf-en-
Thimerais, par Claude de Sabrevoys, seigneur de Clu-
selles, paroisse de Charpont, relativement à la vente de
fiefs appartenant à madame de Brienne, à Lommoye,
ainsi que des fiefs du clos d'Ivry, la Noe-Durland, les
Chastelliers et le Bisson de Prémont, sis en la seigneurie de Blaru, vente faite par le dit de Sabrevoys, fondé
de procuration de madame de Brienne, à Jean du Val,
demeurant à « Saint-Thillier, » lequel « tenoit en gaige
» une chesne d'or, à la dite dame de Brienne apparte-
» nant... » — Guillaume-aux-Vaches, Marguerite, veuve
de Jean Boullenger, et Christophe Pasquier, demeurant
à Limay, reconnaissent devoir, aux curé et chapelains de
l'église paroissiale de Saint-Maclou de Mantes, la somme
de 6 livres tournois d'arrérages d'une rente de 8 sous
parisis. — « Mémoire des sentences envoyées à Paris par
» Martin Dupré, pour produyre au procès de Mons.
» contre le procureur général du roy, pour le faict de la
» justice, le premier jour de décembre v° soixante. » La
date la plus ancienne des pièces mentionnées dans ce mémoire est de l'an 1496. — Procuration pour plaider,
donnée en blanc par Nicolas Boutier, prêtre, curé de
Port-Villez (27 août 1572), François Foucher, Guillaume
Thomas dit David, maréchal, Pacquet Pierre, laboureur
de vigne, Marion, veuve de Guillaume le Boucher, dit
Lescuyer, Anne, veuve de Michel Houssaye, Jean Pau-
vel, pêcheur, tuteur des enfants de feu Guillemin,
Pierre et Claude Le Marchand, pêcheurs, tous de Port-
Villez, à l'exception de Pacquet, domicilié à « Villez, pa-
» roisse de Limaiz. » — Arrêt du parlement en faveur
de Jean-Baptiste d'Arcona, Sr du dit lieu, chevalier de
l'ordre et gentilhomme ordinaire de la chambre du roi,
contre le duc de Longueville et d'Estouteville, en son
nom et comme chargé du fait de Jean Callipel et de
Me Jean « de Merlas, dictz le Mignon, » ses fermiers en
la terre et seigneurie de Hambye, pour les arrérages de

227 livres 7 sous 6 deniers tournois de rente. — Saisie-arrêt, en exécution de l'arrêt sus-mentionné, sur les fermiers des terres et seigneuries de « Héricourt et Vallemont, » appartenant au dit duc de Longueville. — Sentence du bailli de Blaru sur appel interjeté « du bailly du Chesne-sur-Blaru, » par Étienne Le Grand et Vincent Roussel, contre François de Héricourt, seigneur du Chesnet, qui condamne Jouffroy Chambon, soi-disant procureur et receveur du dit de Héricourt, à faire apparoir de sa procuration, et le condamne aux dépens. — Jean Gaumont, laboureur, et Perrine Martin, sa femme, demeurant à la Voysière, paroisse de Fordreauville, vendent à Charles Le Pelletier, sieur du Château-Poissy, conseiller du roi en l'élection de Mantes, 1/2 arpent de terre à la Verrière, moyennant 11 écus 2/3 d'écus sol. — Sentence du bailli de Blaru contre Martin Masson, Yvon Idoyne, Lubin Chantel, la veuve Pierre Lauchard, Jean Gosselin, Blondelet, Louis Questel, Guillaume Binet, Charles Roussel, Pierre Le Roux et Hilaire Clérambourg, convaincus d'avoir usé d'autres pressoirs que ceux de leur seigneur, Jacques de Tilly. — Ordonnance du bailliage de Vernon, qui consigne entre les mains de Jean Boucher, tuteur des enfants mineurs de Charles Pappoil, en son vivant débiteur du S' d'Arcona, les sommes que le dit Boucher pouvait devoir au dit Pappoil, et ce, sur la requête du dit d'Arcona. — Michelle Vallée, veuve successivement de Jean Baron et d'Amléé de..., demeurant à Saint-Laurent, paroisse de Tilly, et Claude Baron, son fils, la dite Michelle se portant fort pour Simon Baron, son autre fils, vendent à « Raoulx Bouteroye, » avocat au grand Conseil, 1/2 arpent de terre en jardinage, à Mondreville, ayant appartenu à Guillaume Petel.

E. 3076. (Liasse.) — 1 pièce, parchemin ; 12 pièces, papier, dont 4 cahiers de 10, 12, 16 et 18 feuillets in-4°.

1602-1625. — Pièces diverses. — Copie d'un aveu des tenanciers de Blaru, rendu à Jean de Tilly, écuyer, seigneur de Blaru. — Déclarations d'héritages tenus à cens des seigneurs de Blaru, par Marguerite Adam, veuve de René Certain, Colas Raignon, laboureur, demeurant à Chauffour, Louis Leclerc de Bennecourt, Geffroy Chambon, fils d'autre Geffroy, demeurant au « Bout-aux-Ferretz, » Pierre Nosle, du Chesnet, Jean de Chérences, Robert de Chérences, bachelier en théologie et diacre, Jean de Chérences, prêtre, Louis Le Prince, conseiller du roi, élu et grainetier en l'élection d'Andelys, comme ayant épousé Marguerite de Chérences, tous enfants et héritiers de Jean de Chérences, en son vivant vétéran des gardes du roi, et de Claude Le Grand, Clément Planche, meunier, demeurant en la paroisse Sainte-Geneviève de Vernon, Noël Hérange, pasteur de bêtes à laine, et Marguerite Idoine, sa femme, Jean-Baptiste Lemoyne de Belisle, président au grenier à sel de Vernon, comme ayant épousé Geneviève-Marguerite Le Roux, petite fille et héritière pour un tiers de feu Catherine Le Cauchois, veuve de feu Jacques Pellier.

E. 3077. (Liasse.) — 2 pièces, parchemin ; 3 pièces, papier.

1678-1692. — Pièces relatives : à la résignation de la charge de capitaine des château et ville de Caudebec-en-Caux, faite, au profit de Robert Desmalleville, sieur de Calletot et Penneville, chevalier de l'ordre du roi, par François de Fonches, sieur de Mesnil-Vassé ; à la nomination du dit Desmalleville. — Ce dernier, forcé de se rendre, sur l'appel du duc de Longueville, en la ville de Gournay, pour le service du roi, nomme, pour le remplacer dans son commandement pendant son absence, Jean le Chevallier, S' des Ys (10 août 1692).

E. 3078. (Liasse.) — 12 pièces, parchemin ; 35 pièces, papier, dont 2 cahiers de 6 et 8 feuillets in-4°.

1690-1691. — Pièces diverses. — Procuration donnée par Jean Le Noury, « sieur de la Gringuardière, demeurant en la parroisse de la Roussière, » à Marguerite Le Coran, sa femme. — Pierre Besnard, M° cordonnier, demeurant à Magny, et Tiphaine Le Roux, sa femme, vendent à Martin de Lespine, sergent royal à Magny, un lot de terre, au terroir de Magny, moyennant 17 livres tournois. — Partage en deux lots des acquêts faits par feu Jean Ollier, en son vivant, bourgeois de Vernon, au pays de France, pendant son mariage avec feu Michelle Le Prévost, sa première femme, entre Pierre Bence, tuteur des enfants mineurs du dit Ollier, d'une part, et Robert « Prévost, » tant en son nom que comme représentant Jacques « Prévost, » avocat, Pierre « Prévost, » fils de Louis, et Nicolas de Bordeaux, comme ayant épousé « Louise Le Prévost, » sœur des dits Robert, Jacques et Louis « Le Prévost, » héritiers de la dite Michelle Le Prévost, d'autre part. — Christophe-Auguste Allegrin, chevalier des ordres de Notre-Dame-du-Mont-Carmel et Saint-Lazare-de-Jérusalem, seigneur et patron de « Vallances en Brye, » les Bordés, Chambry, etc., remet à Raoul Bouthroye, avocat au grand Conseil, la terre et ferme des Hayettes, située en la paroisse de Mondreville, près Mantes-sur-Seine, qui lui avait été ci-devant donnée par le dit Bouthraye, pour la somme de 9000 livres tournois, ainsi qu'il est porté par le contrat de mariage d'entre le dit Sʳ de Yakxoo et Marie Bouthraye, sa femme, pour que le dit Bouthraye vende cette terre à Simon de Blaru, qui en offre 8,000 livres tournois. — Lettres royaux adressées le 20 septembre 1624 au bailli de Mantes, pour la confection d'un terrier de Blaru. — Claude Le Moyne, fils de feu Gilles, en son vivant, avocat du roi à Vernon, demeurant à la Chapelle-Saint-Ouen, vend, moyennant 60 livres tournois, à Vincent Poitevin, demeurant en la dite Chapelle, 2 lots de terre sis à la Chapelle, l'un au treige du Coudray, l'autre au treige des Brières. — Sentence qui condamne Louis Le Marchand à se servir du pressoir banal de Blaru. — Lucas François, demeurant au Chenet, et Jeanne Questel, sa femme, vendent, moyennant une rente annuelle de 4 livres tournois, à Jean Gosselin, fils de Simon, « deux « creux de logis, » sis au hameau du But, paroisse de Blaru. — Adjudication du bail des héritages, ayant appartenu à Louis Duval, aux Petites-Coutumes de Jeufosse. — Michel Sainctier, marchand, bourgeois de Vernon, baille à rente à Simon Cornay, laboureur, demeurant à la Chapelle-Saint-Ouen, un acre de terre au dit lieu de la Chapelle, triege des « Bauds, » moyennant une rente annuelle de 12 livres tournois. — Charles de Gisors, agent des affaires et procureur fondé du marquis de Blaru, baille à rente, moyennant 110 sous tournois par an, à Noël Le Cesne, laboureur, demeurant au Mesnil-Million, un acre de terre au dit Mesnil-Million. — Prisée et estimation d'une maison sise à Blaru, appartenant aux héritiers de Charles « Hoy. » — Récépissé des titres de propriété du Buisson de Blaru, acquis de Claude d'Arcons, veuve de Charles de Tilly, par André Jubert, chevalier, seigneur de Bouville. — Michel Chambon et Louis Chambon, son frère, baillent, moyennant une rente annuelle de 9 livres 15 sous, à Jean Soret, pêcheur de Port-Villez, au nom de Louise Le Page et de Perrette Chambon, sœur des dits Michel et Louis, divers immeubles sis dans la seigneurie de Blaru et dans celle du Chenet. — Transport de 4 livres 17 sous 6 deniers, moitié de la rente sus-dite, fait, moyennant 95 livres 15 sous, par Louis Chambon à Nicolas Noelle, fils de Jacques, charpentier, de la paroisse de Jeufosse. — Inventaire fait après le décès de Jean Plouin, à la requête de Geneviève Alais, sa veuve, tant en son nom que comme tutrice de Nicolas, Charles et Anne Plouin, leurs enfants mineurs, et en la présence et du consentement d'Adrien Paul, curateur des dits mineurs, de Louis Plouin, fils aîné du dit Jean, de Geneviève, sa fille, et de Louis Morain, son gendre. — Vente d'un petit clos de mesure plantée d'arbres fruitiers, sis « au Mutreau, » faite par Charles Canard, marchand, demeurant à Blaru, à Louis Chautel, tisserand en toile, demeurant aussi à Blaru, moyennant une rente de 45 sous tournois. — Rôle d'assignations données à divers pour se voir condamner à payer au seigneur de Blaru les droits de pressurage du cidre, qu'ils ont fait pressurer ailleurs qu'aux pressoirs banaux du marquisat de Blaru. — Charles de Tilly, marquis de Blaru, baille, moyennant une rente annuelle de 25 livres tournois, à Jean Primault, marchand, demeurant à Blaru, et Louise Lesplane, sa femme, divers immeubles, sis, tant dans la seigneurie de Blaru que dans celle de Domaine, confisqués à son profit par sentence de mort de Simon Gosselin, rendue au bailliage du marquisat de Blaru, et confirmée par arrêt de la cour du Parlement de Paris, le 13 février 1677. — Inventaire après décès de Louis Cardonné et de sa femme, « de Cabaigne, » fait en 1692. Les meubles inventoriés sont laissés à la garde de Marie Cardonné, fille aînée des dits défunts, en présence et du consentement de Pierre Jona, curé de Cantiers, Georges Mulot, curé de Cabagne, Louis Durand, Henri Delhos, Louis Canivel, M. Sourdeval, tous parents. — Accord entre Guillaume Pèlerin, laboureur, fils et héritier, en partie, de feu Marin Pèlerin et Jeanne Lasne, et Clément Planche, comme ayant épousé Jeanne Baudet, fille de Mathurin Baudet et de feu Marie Pèlerin, héritier, aussi en partie, des dits Marin Pèlerin et Jeanne Lasne, touchant l'exécution d'une fondation d'obits faite par ces derniers en l'église Sainte-Hilaire de Blaru. — Lettre d'appel, au Parlement de Paris, d'une sentence rendue au bailliage de Mantes, introduit par le marquis de Blaru contre Claude-Jean Leprévost, chirurgien à Vernon.

E. 3670. (Liasse.) — 4 pièces, parchemin; 4 pièces, papier.

1689-1674. — Pièces diverses. — Louis Questel, de Blaru, prend à rente (60 sous tournois par an), de Jean Roussignol, le tiers de 40 perches de terre au lieu dit la Fosse. — Louis de Tilly, chevalier de l'ordre du roi, conseiller en ses conseils d'État et privé, lieutenant des cent gentilshommes de Sa Majesté, capitaine d'une compagnie des chevaux-légers, seigneur châtelain de Blaru et du Port de Villiers, baille, à titre de cens et rente seigneuriale, à Jean le Fort, sergent en la châtellenie de Blaru, un lot de terre au lieu nommé Près-le-Chemin-de-Blaru. — Louis David, meunier, demeurant à Blaru, baille à Jean Bonami, laboureur, une grange sise à Blaru, moyennant une rente annuelle de 8 livres. — Charlotte de l'Orme, demeurant à Paris, héritière, en partie, de Guy de l'Orme, son père, en son vivant, demeurant à Blaru, vend à Perrette Drouart, veuve de Louis David, pour et au nom de Jean David, son fils, « un creux de maison » cour et jardin clos de haye vive, en partie, et planté » d'arbres, » au Buisson, paroisse de Blaru, moyennant la somme de 45 livres. — Cession de 8 livres tournois de rente de bail d'héritage de l'obligation de Jean Borami, faite par Perrette Drouart à Claude d'Arcona, marquise de Blaru, veuve de Charles de Tilly, moyennant la somme de 80 livres. — Barbe Le Doyen, veuve de Gilles Poitevin, et Pierre Poitevin, son fils, confessent avoir pris, à titre de bail à rente (8 livres 10 sous 8 deniers par an), de Claude d'Arcona, marquise de Blaru, 30 perches de vigne ou environ. — Claude d'Arcona reconnaît avoir reçu de Pierre et Claude Poitevin, frères, la somme de 191 livres, pour le rachat et amortissement de la rente de 8 livres 10 sous 8 deniers. — Bail de divers lots de terre, sis au dîmage de Blaru, fait par Jean Le Normand, chirurgien, demeurant à Gasny, à Marin Paul, laboureur, demeurant au Chêne-Godon, paroisse du Port-Villez, tant pour lui que pour Charles de Jord, son petit-fils, moyennant une rente annuelle, pendant le bail, de 15 boisseaux de blé métail.

E. 3460. (Liasse.) — 1 pièce, parchemin ; 70 pièces, papier.

1632-1782. — Pièces diverses. — Certificats de bornages faits par Jean Gosselin, arpenteur juré, demeurant à Blaru. — Obligation de 135 livres 5 sous 6 deniers consentie, au profit du seigneur de Blaru, par Madeleine Hayes, veuve de Lucas Gosselin, fils de Jean, de la paroisse de Blaru. — La dite Madeleine « Hay, » veuve en dernières noces de Jacques Le Dannois, consent à ce que le marquis de Blaru reçoive de Louis Dupré, procureur à Blaru, la somme de 60 livres, que ce dernier lui doit pour arrérages de fermage. — Mémoire de ce qui est dû au marquis de Blaru par la dite Madeleine. — Jean Gosselin, fils de Simon, laboureur, de Blaru, prend à ferme de Nicolas de Billy, chirurgien, demeurant à Blaru, moyennant 11 livres 13 sous 6 deniers, plusieurs pièces de terres labourables, à Blaru. — Henri Vollengellier et Elisabeth Gosselin, sa femme, vendent à Michel Gosselin, du hameau du Chenet, des immeubles sis au dit hameau, moyennant la somme de 15 livres, une fois payée, et l'obligation par l'acquéreur de payer, à l'acquit des vendeurs, à l'église et fabrique de Blaru, 40 sous de rente. — Adjudication à Guy Gosselin et Jacques Rousay, moyennant 4 livres 2 sous 6 deniers par acre, des héritages saisis, à la requête de Charles de Tilly, marquis de Blaru, sur Guillaume Dupont, curateur à la succession vacante de Louis Boucher, en son vivant, héritier de feu Marie Le Mire, femme de François le François. — Charles Dupré, bucheron, demeurant au hameau des « Mestréaut, » vend, à Charles Gosselin, un immeuble au hameau de Maulo, moyennant une rente annuelle de 5 livres. — Mémoire d'acquisitions faites par Louis Dupré, greffier à Blaru. — Mémoire des ventes dues pour ces acquisitions. — Mémoire des acquisitions faites par Jean Le Goust. — « Mémoires, pour compter avec Monsieur le marquis » de Blaru, des rentes seigneuriales, qui luy sont dues, » par Marie-Catherine Pèlerin, veuve de feu M. Louis » Dupré, et, en seconde, de feu M. Jean Le Goust. » — Assignations données, à la requête du marquis de Blaru, aux héritiers de Guy et Louis Bocher, pour qu'ils aient à payer 20 années d'arrérages d'une rente seigneuriale ; à Guillaume Monsaingeant, pour qu'il ait à payer la somme de 10 livres pour arrérage de rente ; à Louis Questel, pour qu'il ait à payer 10 livres en argent et 21 poules. — Accord et transaction entre Jacques Raffy, ayant épousé Anne Le Marié, Jean Postol, ayant épousé Catherine Le Marié, et Simon Thomas, ayant épousé Marie Le Marié, toutes héritières de feu Nicolas Le Marié, d'une part, Jacques Fouet, ayant épousé Madeleine Philippes, fille et héritière de Pierre Philippes, et Martin Duchesne, d'autre part, touchant la propriété de la moitié de 64 perches de vignes acquises par ces derniers de Claude d'Arcona, marquise de Blaru, en 1693 et 1694. — Remise de titres et d'arrérages, faite par la marquise de Blaru à Charles Ango, fils aîné de feu Charles Ango, et Catherine Périé, ayant exploité, par bail du marquis de Blaru, une petite ferme située au hameau du Buisson. — Mémoire et consultation en conséquence, autographe, signés Barbier (l'auteur de la *Chronique de la Régence et du règne de Louis XV*), sur un projet de partage entre les trois enfants de la « marquise de Jeufosse. » — Pierre Dupuis et Madeleine Viorné, sa femme, reconnaissent avoir pris à bail du marquis de Blaru « le » pressoir du Buillon, banal, comme les autres pressoirs » de Blaru, » aux mêmes charges, clauses et conditions du bail fait à Louis Dupré le 10 août 1747, et au prix de 45 livres de loyer par an. — Pierre Flot, laboureur, de la paroisse de Blaru, prend à ferme, du marquis de Blaru, 1/2 arpent de terre labourable au Buisson-Roger, moyennant un loyer annuel de 3 livres. — Contrat de mariage de Claude Beaufour, fils d'autre Claude et de Barbe Touttain, avec Marie Geneviève Le Bailly, fille de Louis Le Bailly et d'Anne Marie. — Transaction entre Chrysostôme Vinot, fermier de la Saussaye, et Charles Collette, demeurant au triage du Buisson, pour 3 pièces de terre au triage de la Taille, près la Saussaye. — Procès-verbal d'arpentage de ces 3 pièces fait, en conséquence de la dite transaction, par Caillon, de la Ville-Neuve-en-Chevrie. — Transaction entre François-Hilaire de Tilly, marquis de Blaru, d'une part, et Jean-Baptiste Lemoine de Bellisle, seigneur de Villetartre, Henneals, Vernon et Bellisle, etc., secrétaire des commandements du duc d'Orléans, d'autre part, sur les lods et ventes ou treizième qui leur revienent respectivement dans le prix de l'acquisition d'îles et gords sur la Seine, faite par le Sr Rozé, laboureur à Bornières, paroisse de Saint-Marcel, de Pierre de Launay. — Transaction entre le Sr Vigreux, chargé des affaires du marquis de Blaru, d'une part, et Louis-Germain Blin, « marchand et cabaretier ordinaire de la paroisse de Blaru, » d'autre part, qui, au mépris des droits du seigneur de Blaru, avait débité du vin en temps prohibé et usé de pressoirs étrangers au marquisat de Blaru. — Transaction entre le même, d'une part, et Jean-Chrysostôme Vinot, touchant la propriété d'une haye vive plantée sur une berge séparative entre deux pièces de terre, appartenant, l'une au marquis de Blaru, l'autre au dit Vinot. — Procès-verbal d'arpentage et plantation de bornes, accompagné du plan figuratif d'une pièce de terre sise à Blaru, triage de la Ruelle-Guérin, appartenant au dit Vinot. — Mémoire des tenanciers que les commissaires à la saisie féodale doivent arrêter par toute la terre de Blaru (1724). — Mémoire des tenanciers qu'il ne faut point laisser enlever sur Blaru. — Notes pour le terrier de Blaru.

E. 3581. (Liasse.) — 20 pièces, papier, dont 4 cahiers de 6, 6, 10 et 14 feuillets in-4°.

1668-1760. — Pièces diverses. — Massin « Delorme, » voiturier par eau, prend à fieffe, de Charles de Tilly, seigneur de Blaru, « ung motteau d'isle et » gord joignant appelé l'Isle et Gord de la Maladrie de » Jeufosse, de présent en décadence, » moyennant 8 sous parisis et un chapon de rente et droit seigneurial par an. — Déclaration de la 3e part et portion du port de Bennecourt, faite au marquis de Blaru par Jeanne Hébert, veuve de Laurent Landin, héritière de Massin Delorme. — Obligation de Simon Thomas, passager du port de Bennecourt, pour la somme de 6 livres envers le marquis de Blaru. — Déclarations d'héritages tenus à cens du marquis de Blaru par Michel de l'Orme, fils et héritier de Guillaume et Marie Gilbert. — Obligation de passer déclaration au marquis de Blaru, faite par François Morel, fils d'Étienne, comme ayant épousé Agathe Hannoyer, héritière de son père; François-Xavier Le Clerc, Toussainte Le Clerc et Nicolas Rouvelle, comme ayant épousé N. Le Clerc, tous héritiers de Marie Hannoyer, leur mère et belle-mère, laquelle était héritière de Guillaume Hannoyer, tous demeurant à Bennecourt; et aussi Michel Le Clerc, comme ayant épousé Catherine Morel, laquelle était héritière de Massin Morel, représentant aussi Guillaume Hannoyer, tenant leurs droits de Michel de Lorme, fils de Guillaume et de Marie Gilbert. — Compte réglé entre le marquis de Blaru, représentant, par acquisition, Louis Poullaillier, d'une part, et Claude de la Vigne, bourgeois de Vernon, créancier de la succession du dit Poullaillier, d'autre part. — Déclaration d'héritages tenus à cens du marquis de Blaru, par Marin Morain, dans la seigneurie de Blaru, tres-è de « Noslu, » Bausoingt, Terres-Franches, de la Fosse..... » — Echange d'immeubles entre le marquis de Blaru, d'une part, et Madeleine Pattier, veuve de Pierre Le Courrayer, héritière en partie de Catherine Le Caucholx, d'autre part. — Mémoires des terres acquises par feu Catherine Le Caucholx, veuve de Jacques Pattier, et actuellement possédées par Marie-Madeleine Pattier, veuve de Pierre Courrayer. — « État des terres, par situation, bouts et » côtés, de la ferme de M. Courrayer, occupée par la » veuve Du Bois, suivant un ancien bail et mémoire » fait en 1708, ferme appartenant jadis à madame Pat-» tier et aiant été occupée par Julien Bouret. » — « Mé-» moire des terres dont la veuve Du Bois, fermière de » Monsieur Courayer, refuse le champart. » — Déclaration d'héritages tenus à cens du marquis de Blaru par Jacques Le Courayer, conseiller du roi, référendaire en la chancellerie du Parlement de Rouen, fils, héritier de feu Madeleine Pattier, veuve de Pierre Le Courayer, aussi référendaire en la dite chancellerie, laquelle était héritière, en partie, de Catherine Le Caucholx, sa mère, veuve de Jacques Pattier; la dite Catherine Le Caucholx, représentant, par acquisition, le sieur François Le Tellier, écuyer, sieur d'Orsonville, et autres. — Lettres de Le Courayer au marquis et à la marquise de Blaru et à son fermier Du Bois. — Mémoire pour charger la déclaration du dit Le Courayer. — Pièces relatives au prix de l'arquebuse qui se tenait annuellement à Blaru le 2 septembre, fête de la Dédicace, et consistait d'abord en 3 prix, en 4 tasses d'argent, d'une valeur de 51 à 85 livres (1714-1721). — « Mémoire des meubles et » vaisselle que j'ai pris à Blaru, pour aporter à Blaru » (sic) dépouillé sur l'inventaire, et les prix ainsy qu'ils » y sont marqués. » Ce mémoire, sans date, paraît être tout entier de la main d'Élisabeth de Manneville, marquise de Blaru, dont la montre est estimée 45 livres et le cachet d'or 32 livres.

E. 2482. (Liasse.) — 2 pièces, parchemin ; 3 pièces, papier.

1764-1784. — TIPHAINE. — Signification d'une sentence rendue par « les juges et consuls des marchands » établis par le roy à Paris, » au profit de demoiselle Anne-Marguerite Payen, veuve du sieur Pierre François, ci-devant marchand de grains, demeurant à Néelle en Picardie, contre le sieur Tiphaine, marchand farinier à Presles, y demeurant. — Pièces de procédure y relatives, et autres touchant la succession de la dite Anne-Marguerite Payen. — Obligation de Jean-Baptiste Tiphaine, laboureur et voiturier, demeurant à Presles, et de demoiselle Marie-Claude Leroux, sa femme, au profit de Thomas Anthéaume, marchand boucher, demeurant à Moisselles, demoiselle Marie-Angélique-Etiennette Ragirel, sa femme, Pierre-Julien Ragirel, marchand boucher, demeurant à Maffliers, Jean-Pierre Roger, marchand boulanger, demeurant à Bessancourt, au nom et comme tuteur des enfants mineurs de lui et de défunte Angélique Ragirel, sa femme, tous héritiers de feu Pierre Ragirel, en son vivant, marchand boucher à Maffliers, et de feu demoiselle Marie-Anne Mazier, sa femme, pour la somme de 108 livres 8 sous. — Signification d'une sentence rendue par Jean-Simon Lemaître, bailli de Beaumont-sur-Oise, au profit de Louis-Charles Benoist, maître bourrelier, demeurant à Beaumont-sur-Oise, contre Jean-Baptiste Tiphaine. — Procès-verbaux de saisie opérée à la requête du sieur Le Duc, marchand de grains, sur Jean-Baptiste Tiphaine. — Opposition à la saisie au nom de Louis-Stanislas Xavier, fils de France, Monsieur, frère du roi, comme étant aux droits de Louis-François-Joseph de Bourbon, prince de Conty.

E. 2683. (Liasse.) — 3 pièces, parchemin ; 1 pièce, papier.

1650-1651. — TISSIER. — Vente d'immeubles au terroir de Saint-Blaise faite par Denise Regnart, veuve de Nicolas Vivez, en son vivant, vigneron, demeurant à Carrière-lez-Poissy, à Jean-Tissier, fils de Michel, vigneron, demeurant aussi à Carrière-lez-Poissy. — Vente, au même, d'une pièce de terre, sise au terroir de Carrières. — Accord et transaction portant quittance définitive et réciproque pour tous droits de succession entre les héritiers de Jean Tixier (sic) et Denise Vuiman, sa femme.

E. 2684. (Liasse.) — 1 pièce, papier.

1651. — TOUR D'AUVERGNE (de la). — Copie faite sur l'expédition en parchemin, étant en la possession du marquis de Soyecourt, seigneur de Poissy et de « Saint-James, » par Marre, receveur des domaines du roi à Poissy, de l'acte d'échange fait, le 20 mars 1651, entre les commissaires du roi, André-Lefebvre d'Ormesson, Henri-Auguste Loménie de Brienne, Etienne d'Aligré, Antoine Barillon, Jean d'Estampes de Vallençay, d'une part, et, d'autre part, Frédéric-Maurice de la Tour d'Auvergne, duc de Bouillon, etc., devant Vautier et Marreau, notaires à Paris, de la principauté de Sédan, etc., contre le duché pairie d'Albret, avec la baronnie de Durance, les justices, haute, moyenne et basse, de la ville de Nogaro et des lieux de Barcelone, Risole, Plaisance et Daignan, le duché pairie de Château-Thierry, le comté d'Auvergne, sauf quelques réserves, les seigneuries de Poissy et du « Sainte-James, » etc.

E. 3635. (Liasse.) — 1 pièce, papier.

1770. — Vente d'une maison à Viroflay et d'autres immeubles aux terroirs de Viroflay et de Sèves (sic), faite par Thérèse-Adélaïde Berger Dumesnil, veuve de Jean-Étienne Maillet-Degrandmaison, écuyer, conseiller secrétaire du roi, à Nicolas-François-Julie de la Tour d'Auvergne et d'Apchier, comte de Montsuc, seigneur de la Margerite, Veymarl, Marsan, Créqui et autres lieux, maréchal des camps et armées du roi, et Élisabeth-Louise-Adélaïde de Scepeaux de Beaupréau, son épouse. Cette vente est faite à la charge, pour les acquéreurs, de payer, en dehors des cens, droits et redevances, dont les immeubles sont chargés, la somme de 60.000 livres.

E. 3686. (Liasse.) — 1 pièce, papier.

1776. — TOURMONT (de). — Constitution de 400 livres de rente, au principal de 8.000 livres, faite, par devant Belime et Gaespereau, notaires à Paris, par Messire Augustin-Jean-Baptiste de Tourmont, écuyer, exempt des gardes suisses du comte d'Artois, demeurant à Paris, rue des Fossés et paroisse Saint-Germain-l'Auxerrois, au profit de Guillaume Mouëtte, ancien marchand bourgeois de Paris, demeurant rue Mouffetard, faubourg Saint-Marcel, paroisse Saint-Martin.

E. 3687. (Liasse.) — 2 pièces, papier.

1788. — TOURTEAU DE SEPTEUIL. — Bail à ferme, pour 9 années, des fermes Desmassis (sic) et Vitry de Mulsan, consenti par messire Jean-Baptiste Tourteau de Septeuil, chevalier, premier valet de chambre du roi, receveur général des finances, et Mᵉ Jean-Louis Tourteau d'Orvilliers, chevalier, conseiller du roi, demeurant ensemble rue des Petits-Champs, paroisse Sainte Eustache, à Paris, à Louise Masson, veuve de Jacques Guerrier, fermière à la Ville-l'Evêque, où elle demeure, et à Jacques et André Guerrier, ses fils, demeurant avec elle, logés à l'hôtel du Gaillardbois, rue de l'Echelle, paroisse Saint Germain-l'Auxerrois, moyennant 3.000 livres de loyer par an, outre autres charges et conditions spécifiées dans l'acte. — Etat des lieux de la ferme de Nuisan.

E. 3688. (Liasse.) — 1 pièce, papier.

1780. — TRÉMONVILLE (de). — Bail à loyer, pour neuf années, d'une maison bourgeoise et de campagne, sise au Port-Marly, ci-devant occupée par feu la comtesse de Warneville, consenti par Pierre-Bruno-Emmanuel-Estève de Trémonville, mestre de camp de cavalerie, chevalier de Saint-Louis, tant en son nom que comme se portant fort pour Marie-Claude de Grieu, son épouse, à Pierre-César Auginé, écuyer, receveur général des finances, et à Adélaïde-Henriette Genot, son épouse, demeurant à Paris, rue Neuve-du-Luxembourg, paroisse Saint-Roch, moyennant 3.000 livres par an, outre certaines charges spécifiées dans l'acte.

E. 3689. (Liasse.) — 2 pièces, papier, imprimés.

XVIIIᵉ siècle. — TURMENYES DE MONTIGNY. — Mémoire pour les sieur et dame de Turmenyes de Montigny, appelants, contre le comte de Buron, grand échanson de France, appelant, et le sieur abbé Le Boistel, et la dame de Lesmondains, intimés. — Mémoire signifié pour l'abbé Le Boistel et la dame de Lesmondains, intimés, contre le comte de Buron, les sieur et dame de Turmenyes, appelants.

E. 3690. (Liasse.) — 22 pièces, parchemin; 20 pièces, papier.

1576-1773. — Touzé. — Pierre Le Duc, manouvrier, de Blamecourt, paroisse de Magny, vend à Charles Chavanas, menuisier, du dit lieu, neuf perches de vigne, terroir de « Vélannes-le-Bon, » lieu dit « la vigne Gasté, » pour six livres tournois. — Obligation de Claude Floté, marchand, demeurant au Tremblay, à Mathurine Fresnay de Magny, pour la somme de 22 écus d'or sol. — Aveu et dénombrement des biens tenus à cens, dans la seigneurie de « Buhy-le-Cosy, » appartenant à Pierre de Mornay, chevalier des ordres du roi, etc., par Jeanne, veuve de Robert d'Aulle. — Cession d'un immeuble à la Roche-Guyon, faite par Noël Rany ou Ravy, laboureur en vignes, du dit lieu, à Catherine Monnier ou Mounier, veuve de Supplix de Fer. — Bail, à titre de rente annuelle et perpétuelle (8 livres tournois), d'un demi arpent de vigne, « au vignon de Buhy, au lieu dit la coste » Jourdain, » fait par François Rousseau, substitut du procureur du roi, et adjoint aux enquêtes et sièges royaux de Dourdan, à Gaultier Divetin (sic), vigneron, de Buhy, Jacqueline du Chesne, sa femme, Nicolas du Chesne, aussi vigneron, de Buhy, et Jeanne du Bois, sa femme. — Lots et partages des biens de feu Guillaume du Chesne, entre ses héritiers, Nicolas du Chesne et Gaultier Divetain (sic). — Obligation de Jean Gasse et Jean Guilly, tailleurs d'habits, à Claude Nepveu, marchand drapier à Dreux, pour la somme de 30 livres. — Obligation de Ivan de Rien, maréchal, demeurant à « Dilheux, paroisse du Tremblay, » à Etienne Gaboye, de Chartres, pour la somme de 25 livres tournois. — Reconnaissance de 25 sous tournois de rente, faite par Antoine Supplin, tisserand en toile, demeurant à la Roche-Guyon, à Dominique de Fer, serrurier, du même lieu. — Sentence sur le différend existant entre Etienne Divetin et la veuve de Guillaume du Chesne, pour cause de mitoyenneté et d'ouverture sur une ruelle. — Obligation de 36 livres tournois, consentie par Yvon Rion (sic) à Claude et Jean Outry, marchands. — Obligation de 36 livres par Guillaume Fournier, meunier, à Pierre Mittier, marchand. — Obligation de 260 livres, consentie par François et Nicolas Touzé, à Edouard Clément, concierge de M. le Duc à Versailles. — Obligation de 150 livres au même par Catherine Guyot, veuve de Nicolas Touzé. — Nicolas Touzé, l'un des collecteurs de la paroisse de Guyancourt pour l'année 1710, promet de payer, à mademoiselle Quatrhommes de Blamont, la somme de 60 livres, de laquelle elle a bien voulu se contenter, pour sa part des dépens auxquels il avait été condamné envers elle par sentence de l'élection de Paris et arrêt de la cour des Aides des 3 février 1703 et 20 mai 1707, et s'engage, en outre, à lui donner six poulets et deux chapons. — Obligation analogue, de la part de Françoise Guyot, veuve de Nicolas Touzé, en faveur de M. de Blamont et mademoiselle de Bélanger, héritiers de feu mademoiselle Quatrhommes de Blamont, leur sœur. — Quittance des payements des parties mentionnées ci-dessus, signée : Lemaistre. — Esmon Dianne, manouvrier, de Bancheton, et Catherine Passavant, sa femme, transportent à Jean du Chesne, le jeune, marchand de Magny, une rente de 30 sous tournois, due par Pierre Thomas, laboureur, d'Arthieulle, paroisse de Magny, et Hélène le Cocq, sa femme. — Marguerite Hainfroy, veuve de François Diot, en son nom et en celui de leur fils François Diot, vend à Jean du Chesne, le jeune, dix perches de jardin, à Magny, pour la somme de 58 livres. — Bail à loyer, à raison de 100 sous par an l'arpent, de 21 arpents de terres labourables, terroir de Guyancourt, fait par Françoise Catherine Guyot, veuve de Nicolas Touzé, à Thomas Piot, fils, fermier du roi à Guyancourt. — Pierre-André Le Marié, capitaine du château d'Hallaincourt, et procureur fiscal de la haute justice de Magny, au nom et comme procureur de Louise Lemarié, veuve de Charles de Fontenay, en son vivant, docteur en médecine, demeurant à Vernon, vend, à titre de rente, à Philippe Thierry, maréchal, à Magny, et à Madeleine Davette, sa femme, une maison, sise à Magny, rue Basse, moyennant une rente annuelle de 20 livres. — Acte d'inhumation, « à côté de la chapelle Saint-Joseph, « place de ses ancêtres, » dans l'église de Magny, de Philippe Thierry, maréchal et ancien marguillier de la dite église. — André Fiévé, grand valet de pied du roi, demeurant à Maisons-sur-Seine, et Marguerite-Françoise, sa femme, baillent, moyennant une rente annuelle de 18 livres, à François Huet, fils de Jean, vigneron, demeurant à Chennevières, paroisse de Conflans-Sainte-Honorine, et à Marie-Anne-Françoise Fiot, sa femme, plusieurs immeubles sis terroir de Neuville, lieu dit la Croix-Pépin; terroir d'Eragny, lieu dit les Rognaires; même terroir, lieu dit la Chasles; même terroir, lieu dit le chemin de Chasse-Marée; même terroir, lieu dit le chemin de Paris. — Les mêmes baillent, moyennant une rente annuelle de 21 livres, à Jean Le Grand, vigneron, demeurant à Eragny-sur-Oise, et Marie-Anne Matière, sa femme, divers immeubles, sis terroir d'Eragny, lieu dit le chemin qui conduit de Conflans à Eragny; même terroir, lieu dit le chemin de Neuville; même terroir, lieu dit la Carrière; même terroir, lieu dit la Ruelle du Moulin. — Pièces relatives à des marchandises saisies et ...nées à l'auberge ayant pour enseigne : Le Comte de ...ulouse, rue de la Paroisse, à Versailles, tenue par les Grillier (et Grillard).

2691. (Liasse.) — 3 pièces, parchemin ; 9 pièces, papier.

1615-1617. — Procédures pour Pierre Cressé, maître orfèvre, bourgeois de Paris, contre Marc Bargue, de Bouviers, paroisse de Guyancourt, à l'effet d'obtenir payement de trois obligations consenties par le dit Marc Bargue, au profit de Pierre Baron, laboureur, demeurant à Bouviers, et transportées par ce dernier à Pierre Cressé.

E. 2532. (Liasse.) — 2 pièces, parchemin; 5 pièces, papier.

1650-1750. — Daniel Le Couteux, marchand, bourgeois de Paris, rétrocède à Claude Trumeau, demeurant à Guyancourt, et à Françoise Le Gendre, sa femme, 3 arpents de terre labourable à prendre en deux pièces de onze arpents au terroir de Guyancourt, champtier de la Garenne, dont le dit Le Couteux était propriétaire par le transport que lui en avait fait Jean Lorest, en son vivant, prêtre, curé de Guyancourt, en 1649 et janvier 1650; ce dernier avait acquis l'immeuble en question, à faculté de réméré, des dits époux Trumeau. La rétrocession est faite moyennant 20 livres 10 sous de rente annuelle. — Titre nouvel du contrat sus-dit, passé au profit de François Mauger, avocat au parlement, et Madeleine Le Couteux, sa femme, fille et seule héritière de feu Jacques « Le Couteulx, » qui était fils de Daniel, par François « Touzé, » procureur fiscal de la prévôté et vicomté de Guyancourt, Noëlle Trumeau, veuve de Jean Lucas, laboureur, Perrette Binard, veuve en premières noces de Daniel Trumeau, et en secondes noces d'Antoine Liévin, et encore le dit « Touzé » comme tuteur des mineurs de Daniel Avenard et de Françoise Trumeau. — Procédures à l'effet d'obtenir payement de 29 années d'arrérages de la sus-dite rente, pour Pierre Leroy, conseiller du roi, banquier expéditionnaire de cour de Rome, et Madeleine Le Couteux, sa femme. — Rachat de la dite rente à Madeleine Le Couteux (sign. autgr. « Le Couteulx »), veuve en premières noces de François Mauger, et en secondes noces de Pierre Leroy, par Françoise Guyot, veuve de Nicolas « Touzé, » tutrice de leurs enfants mineurs, héritiers présomptifs de Françoise Touzé et Nicolas Trumeau, qui était elle-même fille et héritière, pour un quart, des feu Claude Trumeau et Françoise Le Gendre, ses père et mère.

E. 2693. (Liasse.) — 28 pièces, papier.

1672-1692. — Quittances de payements faits par Gervais Denis, locataire « de la maison des Trumeaux, « sise à Guyancourt, » pour travaux de construction ou réparation, à Étienne Besnard, François Lovernis, Nicolas Barnabé, Th. Piot, Jacques Deshayes, François Lauvergnal, Étienne Lamonne, Nicolas Marcier, Toussaint Pain, Malabel, Grillaint. — Quittances de payements faits, pour construction ou réparation à la même maison, par François Touzé à Jean Mennard, François Lauvergnat, René et Jean Guyart, Toussaint Pain, Jean Paulmier et Nicolas Barnabé, Jean Piche, Grillaint.

E. 3694. (Liasse.) — 1 pièce, parchemin ; 34 pièces, papier.

1672-1747. — Quittances délivrées à François Touzé ou à Françoise Guyot, par Mathurin Rousseau, Gabriel Homont, Louis Boucher, les receveurs de la terre et seigneurie de Guyancourt ou leurs fondés de pouvoir, Nepveu, Binard, Sandinon, Jacques Boulland, Claude Dumoutier, Louis Bault, Françoise Leau, femme de Pierre Mercier, Cochin, les seigneurs de Voisins ou leurs mandataires, Martin, Etienne-Louis-Jean-Baptiste Guercy, écuyer, sieur de Voisins, conseiller du roi au Châtelet de Paris, fils unique et seul héritier de feu Guercy écuyer, seigneur de Voisins; divers, tels que Chastelain, Le Cocq, Maulle, de Vaupré, Pierre Hébert, Louis Guille, gendre de Françoise Guyot, Maubon, Pierre Grenet et Charlotte Grenet, veuve Crétemont.

E. 3695. (Liasse.) — 1 pièce, parchemin ; 31 pièces, papier.

1676-1683. — Pièces relatives à la liquidation de la succession de Daniel Avenard et Françoise Trumeau, sa femme, dont les enfants mineurs avaient pour tuteur François Touzé, charron, demeurant à Guyancourt.

E. 3696. (Liasse.) — 19 pièces, papier.

1677-1720. — Quittances de payements d'une rente due à la fabrique de Saint-Georges de Trappes, délivrées à François Touzé par les marguilliers en exercice de la dite fabrique, Georges Simonet, Eustache Vigneron, Guillaume Banse, Marguerite Coquelet, femme de Lucas Paris, Claude Hue, Louis Frère, Thomas Duchesne, Guillaume Barrois, Louis Cogniard, P. Cheret, Garnier Le Noël, Pierre Marié, Focquin. — Quittance du rachat de la dite rente fait par Françoise Guyot, veuve de Nicolas Touzé.

E. 3697. (Liasse.) — 39 pièces, papier.

1677-1747. — Quittances de payements faits par François Touzé à Hiérosme Chéron et M. Boulliant. — Quittances délivrées successivement à François Touzé, Françoise Touzé, Nicolas Guyot et Françoise Guyot, sa veuve, pour cause d'une rente par eux due à la fabrique de Saint-Victor de Guyancourt, par les curé ou marguilliers en exercice, Rousseau, Nicolas Gallois, François Le Guay, Petit, Malabel, Salomon (curé, 1689-1693), Th. Piot, Daniel Trumeau, Nicolas Dinard, Hiérosme Chéron, Pierre Huard, Charles Piget, Jacques Malabel. — Décharge de 200 livres donnée au sieur Guilly, marguillier de la fabrique de Saint-Victor de Guyancourt en 1741, par les marguilliers en charge au 21 décembre 1744. — Lecoq, procureur au bailliage de Versailles, donne quittance à Françoise Guyot, veuve de Nicolas Touzé, de la somme de 30 livres, pour ses frais et débours, ayant occupé pour elle contre les marguilliers de Saint-Victor de Guyancourt, au sujet de la rente due à cette église par la dite Françoise conjointement avec Simon Carqueville. — Jacques « Boulland, » marguillier en charge de l'église Saint-Victor de Guyancourt, reconnaît avoir reçu de Jacques Varin, en l'acquit des héritiers Touzé, la somme de 11 livres 10 sous, pour une année de rente due à la fabrique de la dite église.

E. 3698. (Liasse.) — 1 pièce, parchemin ; 1 pièce, papier.

1688-1689. — Constitution d'une rente de 15 livres, au capital de 300 livres, faite au profit de Jean Petit, prêtre, prieur de Choisy-aux-Bœufs, par Guillaume Guiot, marchand, et Catherine Buisson, sa femme, demeurant à St-Cyr. — Rachat de la dite rente.

E. 3699. (Liasse.) — 1 pièce, parchemin ; 1 pièce, papier.

1694-1704. — François Nepveu, laboureur, demeurant à Toussu-le-Noble, près Châteaufort, vend à François Touzé, charron, demeurant à Guyancourt, un arpent 43 perches de terre labourable, terroir de Guyancourt, champtier de la Briqueterie, moyennant 150 livres. — Jean Bellanger, officier de feu Madame la Duchesse douairière d'Orléans, vend au même, pour le prix de 110 livres, un arpent de terre labourable, terroir de Guyancourt, champtier de la « Mar Jarrie. » — Hiérosme (Dederrière ?) manouvrier, demeurant aux Loges, vend au même, moyennant 60 livres, 1/2 arpent de terre labourable, terroir de Guyancourt, lieu dit « la Croix-aux-» Asnes. » — Jean Bellanger, officier de Madame douairière d'Orléans, demeurant à « Magny Lessart, » vend au même, moyennant 60 livres, un arpent de terre à Guyancourt, lieu dit la Garenne, à lui advenu par succession de feu Etienne Bellanger, son père. — Jean

Legrand, compagnon charron, vend au même, pour 60 livres de prix principal et 15 livres d'épingles, 3 quartiers de terre labourable, terroir de Guyancourt, lieu dit « les Fondrieux-le-Voisin, » proche le moulin du dit « Guyancourt. »

R. 3100. (Liasse.) — 9 pièces, papier.

1605 et mars. — Sentence d'appointement par devant le bailly de Versailles, à la requête de François Simon, bourgeois de Fontainebleau, Charles Coquerel, jardinier, et Madeleine Simon, sa femme, contre Léon Guerrier et Catherine Buisson, sa femme, pour parvenir aux partage et division des immeubles dépendant de la succession de feu Jean Simon, premier mari de la dite Catherine Buisson. — Contredits de ces derniers aux allégations des demandeurs.

R. 3101. (Liasse.) — 11 pièces, papier.

1707-1730. — Obligations consenties par François Touzé, et, après sa mort, par sa veuve Françoise-Catherine Guiot, à Claude de Louvier, bourgeois de Paris; Charles Harrel, marchand tuilier, demeurant à la tuilerie de Porchefontaine, paroisse de Montreuil; M. Deshayes. — Quittances délivrées aux mêmes par Charles Binard, receveur de la terre de Guyancourt; Louis Gierson, marchand boucher de Chevreuse; Jacques Malabel, serrurier à Guyancourt, marguillier de la paroisse dudit lieu; Charles Couturier, collecteur de la même paroisse; Delisle; Millon; Simon, Mithouard, collecteur de la paroisse de Guyancourt.

R. 3102. (Liasse.) — 2 pièces, papier, dont 1 cahier de 49 feuillets in-4°.

1712-1716. — Procès-verbal de la vente des meubles, effets, bestiaux et grains, demeurés après le décès de Nicolas Touzé, faite à la requête de Françoise-Catherine Guiot, sa veuve. — Sentence d'appointement au bailliage de Versailles, rendue sur la requête de Charles Binard, receveur de la terre et seigneurie de Guyancourt, poursuivant l'ordre et distribution des deniers provenus de la vente sus-mentionnée, contre Catherine-Françoise Touzé, Catherine Buisson, veuve de Léon Guerrier ès-noms, Pierre Mesny, Noël Deshayes, Charles Homel, Simon Mithouard, Jérôme Chéron, Thomas Piot, Louis Héron et Jean Maillot, Pierre Gauthier, tous opposants sur lesdits deniers, et Gabriel Favas, au nom et comme curateur judiciaire à la succession de Nicolas Touzé, comme vacante.

R. 3103. (Liasse.) — 1 pièce, parchemin; 8 pièces, papier.

1722-1730. — Pièces relatives à la liquidation de la succession de Nicolas Touzé, en son vivant, laboureur, demeurant à Guyancourt.

R. 3104. (Liasse.) — 10 pièces, papier.

1730-1732. — Pièces d'un procès entre Catherine Buisson, veuve, en premières noces, de Guillaume Guyot, et, en secondes noces, de Léon Guerrier, d'une part, et les marguilliers de l'église paroissiale de Saint-Cyr, pour cause d'une rente constituée au profit de la fabrique de ladite église.

R. 3105. (Liasse.) — 20 pièces, papier.

1724-1734. — Quittances délivrées à la veuve Touzé, par l'abbé Charpentier, chapelain de la Chapelle Saint-Côme de Feucherolles, ou par ses mandataires, pour cause de payements de rentes à lui dues par ladite veuve, fermière des terres de la Chapelle de Saint-Côme. — Lettres adressées à la même par ledit Charpentier, au sujet desdites rentes. — Description des tenants et aboutissants des terres de la Chapelle de Saint-Côme. — Copie du bail de ces terres, fait en 1701, à Françoise Guyot, veuve Touzé, par Claude Cordelet, concierge du Duc de La Rochefoucauld et bourgeois de Versailles, y demeurant, rue de l'Orangerie, au nom et comme procureur de Valentin Charpentier, prêtre, chanoine semi-prébendé en la collégiale de Saint-André de Chatou, curé de l'hôpital Saint-Julien et Saint-Gratien de la même ville, et chapelain de la Chapelle de Saint-Côme et Saint-Damien de Feucherolles, paroisse de Gambais.

R. 3106. (Liasse.) — 23 pièces, papier.

1729-1730. — Pièces d'un procès entre Françoise Guyot, veuve de Nicolas Touzé, d'une part, et Jean-Baptiste Dutartre ou Du Tartre, l'un des 300 gardes et archers de la ville de Paris, héritier pour un cinquième de Gabriel Dutartre et Jeanne Lucas, ses père et mère, touchant la propriété d'une rente, prétendue par ladite Françoise sur la succession desdits Gabriel Dutartre et Jeanne Lucas.

E. 3707. (Liasse.) — 4 pièces, papier.

3736. — Procédures pour Françoise Guyot, veuve de Nicolas Touzé, laboureur à Saint-Cyr, contre Simon Carquoville, laboureur à Lardy, ci-devant tuteur des enfants mineurs de Gabriel Dulaître et Jeanne Lucas.

E. 3708. (Liasse.) — 4 pièces, parchemin; 11 pièces, papier.

3737-1740. — Pièces d'un procès entre Françoise Guyot, veuve de Nicolas Touzé, d'une part, et Simon Nithouard ou Nithouard, fermier du roi, en la ferme de la Minière, paroisse de Guyancourt.

E. 3709. (Liasse.) — 1 pièce, parchemin; 7 pièces, papier.

1742-1743. — Pièces d'un procès entre Françoise Guyot, veuve de Nicolas Touzé, d'une part, et Jean Viot, marchand de vins à Paris, d'autre part, lequel, excipant d'un prétendu droit d'hypothèque privilégiée sur les biens de Thomas Piot, laboureur, de Guyancourt, refusait de payer à la demanderesse les arrérages d'un loyer de terre qu'elle avait consenti audit Piot.

E. 3710. (Liasse.) — 21 pièces, papier.

1740-1754. — Commandement à Louis Guilly, aubergiste, et Charlotte Touzé, sa femme, de payer à Denis Guerry, compagnon menuisier, la somme de 200 livres, montant d'une année de loyer de l'hôtellerie de Saint-Pierre, sise à Saint-Cyr. — Quittance du payement de 140 livres fait audit Guerry par Louis Guilly. — Quittances de payements faits par les époux Guilly, alliés des Touzé et des époux Thierry, à Godard, Martin, Collette, François Champion, Gosse, André Souplet, Chambert, N. Petit, curé de Saint-Cyr (21 mai 1751), Binet.

E. 3711. (Liasse.) — 2 pièces, papier.

1748. — Significations à Nicolas Touzé, maître d'école, demeurant à Saint-Cyr, et à Louis Guilly, aubergiste, et Charlotte Touzé, sa femme, demeurant aussi à Saint-Cyr, d'une sentence du prévôt de l'abbaye royale de Saint-Cyr, déclarant exécutoire contre Nicolas Touzé, Louis Guilly, Charlotte Touzé, sa femme, Nicolas Coquart, Catherine Touzé, sa femme, Jeanne Touzé, veuve de Charles Odard, héritiers des époux Nicolas Touzé et Françoise Guyot, un contrat de constitution de 50 livres de rente au principal de 1000 livres, passé par ladite feue Françoise Guyot, au profit de Robert Buisson, chanoine de Maintenon; la sentence précitée est rendue à la requête de Nicolas Pichenay, procureur de Louis Buisson, marchand épicier à Igny, près Versailles, au nom et comme ayant les droits cédés de Pierre Buisson, son frère, auquel était échu, par le partage fait des biens de la succession de Louis Buisson, leur père commun, le sixième appartenant à ce dernier, dans ladite rente de 50 livres, en qualité d'héritier du susdit Robert Buisson, son frère.

E. 3712. (Liasse.) — 4 pièces, papier; 1 cahier de 11 feuillets in-f°.

1762-1769. — VAILLEZ. — Inventaire des meubles, carosses, chevaux, équipages, et autres effets délaissés par feu Patel à Savine, loueur de carosses, fait, à la requête de Jean-François Le Bœuf, dit Dumesnil, loueur de carosses, place Maubert, à Paris, et Marie-Anne Savine, sa femme. — Pierre Delangle, dit Saint-Laurent, loueur de carosses, à Paris, et Marie Martincourt, sa femme, vendent à Jean-Baptiste Lebœuf-Domesnil, et Madeleine-Catherine Vaillez, sa femme, le fonds et les meubles, effets et ustensiles servant à la profession de baigneur, comportant le ci-devant fonds de boutique du sieur Rapin, perruquier, baigneur privilégié, et garnissant la maison rue Saint-André-des-Arts, appartenant au sieur Brière, directeur des fermes du roi; lesquels meubles, effets et ustensiles sont détaillés dans un état annexé à la minute de la vente qui en avait été faite, le 21 juillet 1762, par Florent Nogaret, valet de chambre du roi, et Marie-Madeleine Desjardins, sa femme, à Pierre Rapin et Anne Chambon, sa femme, et aux époux Saint-Laurent; l'acte porte aussi cession de la clientèle et du droit au bail. — État de la maison des bains de M. Dumesnil.

E. 3713. (Liasse.) — 6 pièces, papier, dont 3 cahiers, 3 de 8, 19 et 20 feuillets in-8°, et 2 de 11 et 13 feuillets in-4°.

1747-1769. — Cahier de comptabilité domestique, où sont mentionnés les naissances et baptêmes d'Antoine Vaillez (13 mars 1749), Henri Vaillez (13 octobre 1750), Marie-Antoinette-Henriette Vaillez (10 avril 1752), Marguerite-Françoise Vaillez (nuit du 23 au 24 décembre 1754), François-Falerand Vaillez (5 novembre 1756). — Extrait des registres baptistaires de la paroisse Saint-Nicolas-des-Champs à Paris, contenant l'acte de baptême de Michel-Auguste, fils de Jean-Baptiste Lebœuf-Duménil, négociant, et de Madeleine-Catherine Vailiez, sa femme; parrain, Michel-Auguste d'Harmoncourt de Parigny, (sic), capitaine au service du roi de France, absent, et représenté par Henri Vailiez; marraine, Luce Vailiez 9 septembre 1769. — Cahiers de comptabilité domestique.

E. 3114. (Liasse.) — 117 pièces, papier.

1708-1770. — Mémoires de fournitures, quittances, billets à ordre, intéressant le sieur Vailiez, ainsi que sa fille et son gendre, les époux Lebœuf, dit Duménil.

E. 3115. (Liasse.) — 40 pièces, papier.

1768-1772. — Lettres de Lambert de Paquier à La Branche; du chevalier de Vincheguerre à son cousin, l'abbé de Vincheguerre, curé de Saint-Étienne de Senlis; de De Vimeux; Pierre O'Reilly; de Lamore; Marchal; à M. Duménil: de Laboureau; Dresle; Bouteaux; à Madame Duménil. — Pièces relatives au bail d'une maison à Vert-le-Petit, paroisse Saint-Martin, fait par Nicolas Delavaux, bourgeois de Paris, à Michel-Auguste de Saint-Robert, demeurant à Brie-Comte-Robert. — Lettres signées: Vailiez, mère de madame Duménil. — Lettre signée: Renaud, adressée, de Besançon, probablement à madame Duménil, sa petite fille, car sa mère était une Renaud. — Lettre sans suscription, signée: De Saint-Cyr.... « Le dégoût m'a tellement gagné que je suis à la » veille d'abandonner de sang-froid plus de six cent » mille livres.... Je serais bientôt consolé, s'il ne s'agis- » sait que de faire le sacrifice d'une somme considérable, » mais je ne puis m'empêcher d'être très-sensible à la » perte des pouvoirs que j'ai de rendre service à d'hon- » nêtes gens qui m'intéressent infiniment. Martyr de la » circonspection et de la politique, je ne puis m'adresser » à ceux que je vois familièrement, pour obtenir le re- » mède au moyen duquel j'obvierais à tout. » — Lettre adressée à M. Renaud par sa fille « Vailiez Duménil. » — Supplique adressée au comte de Saint-Florentin, ministre et secrétaire d'État, par Fulcrand Vailiez, bourgeois de Paris, principal locataire d'une maison garnie, appelée hôtel de Tours, rue du Paon, faubourg Saint-Germain; obligé de se cacher pour échapper à ses créanciers, il demande un sauf-conduit qui lui permette de réparer le désastre de sa fortune, et de secourir ses dix enfants réduits à la dernière misère: le suppliant est âgé de 60 ans.

E. 3116. (Liasse.) — 61 pièces, papier.

1768-1769. — Procédures contre les sieurs Vailiez et Duménil, pour Valentin Lefebvre, marchand de Paris, Orion, metteur en œuvre, à Paris, Brasseur, négociant à Paris, Dargout, joaillier, à Paris, Bachelet, batteur d'or, à Paris, Deschamps, négociant à Paris, Champagne, frères, marchands de vin, de Dijon, Rolleau, négociant, à Paris, Mallet, marchand de vins, à Paris, Patron, joaillier, à Paris, etc.

E. 3117. (Liasse.) — 50 pièces, papier.

1768-1771. — Lettres adressées au chevalier de Parigny, successivement officier réformé de la maison du Hainaut et capitaine au régiment de recrues de Metz, par Dubois, qui ne peut rendre compte au ministre d'une demande de gratification faite par le chevalier, sans lui présenter en même temps un mémoire signé de son ancien colonel; Guy, qui, après avoir rendu compte au duc d'Ayen, annonce que ce dernier est disposé à continuer ses démarches auprès de Madame de Gramont, pour obtenir de l'emploi au dit chevalier; Choiseul, duchesse de Gramont; « Ce que j'ai fait, Monsieur, » en votre faveur, ne peut mériter tous les remercîments » que vous me faites; je me suis intéressée à ce qui vous » regarde, parce que j'ai été touchée de votre situation; » en attendant qu'il soit possible de la rendre meilleure, » je vous ay obtenu une gratification de 300 livres; ce » n'est point à cette grâce que je borneray l'envie que » j'oy de vous rendre service quand l'occasion s'en pré- » sentera. Soyés persuadé que je suis véritablement, » Monsieur, votre très-humble et obéissante servante: » Choiseul, duchesse de Gramont. — ; » Duc de Choiseul, qui annonce au chevalier sa nomination à une lieutenance dans le régiment des recrues de Metz à la place du Sr de La Taille de Loinville, comte de Vaux; Lefebvre; Terray, qui lui annonce un secours de 300 livres accordé par le roi; Mesnard de Colachard; de Bréban; Puget. — Lettre du maréchal duc de Broglie au comte de Vaux, pour lui recommander le chevalier de Parigny. — Quittance de la capitation du chevalier de Parigny. — Enveloppes de lettres à l'adresse du chevalier de Parigny, dont trois ont conservé intact le sceau du duc de Choiseul, d'azur à la croix d'or, cantonné de vingt billettes de même de cinq en cinq en sautoir, en chaque canton; deux, le sceau des Noailles, de gueule à la bande d'or; une, le sceau des Broglie, d'or au sautoir ancré d'azur.

SÉRIE E. — TITRES DE FAMILLE.

E. 3718. (Liasse.) — 2 pièces, parchemin; 16 pièces, papier.

1760-1762. — Procédures pour la veuve Vallet contre le Sr Duménil, baigneur, pour non payement d'un billet de 200 livres. — Procédures pour le sieur Lelain, contre le même, afin d'obtenir payement d'une dette de 103 livres. — Procédures pour le Sr Benoist, peintre, contre le même, à fin d'obtenir payement d'un billet à ordre de 300 livres. — Procédures pour le Sr Vallée, l'aîné, contre le même, pour obtenir payement d'un billet de 300 livres. — Procédures pour le Sr de Vimeux, négociant à Calais, poursuivant, contre le même, le payement d'un billet de 207 livres. — Procédures pour le sieur Pellard, marchand, à Paris, contre le même, pour obtenir payement de la somme de 72 livres. — Procédures pour le Sr Vanderplace, négociant, à Paris, contre le même, pour avoir payement d'une somme de 400 livres. — Procédures contre le même, pour les Srs Audry, marchand mercier, à Paris, Poinsonot, bourgeois de Paris, Haynaut, marchand, à Paris.

E. 3719. (Liasse.) — 19 pièces, papier.

1763-1770. — Lettres adressées de Londres et de Calais, par N. Duménil, à Madame Duménil, sa femme, hôtel de Tours, rue du Paon, et à la Croix de Malte, rue Phelippeaux, à Paris : affaires domestiques.

E. 3720. (Liasse.) — 103 pièces, papier.

1763. — Lettres du caractère le plus intime, non signées, mais émanant évidemment du chevalier de Parigny, qui les adressait à une femme, dont le nom ne se trouve jamais écrit. — Lettre du chevalier de Parigny à sa tante ; aveu de ses fautes ; demande à rentrer en grâce auprès d'elle. — Lettre du même sans suscription ; demande l'avance de six mois sur ses appointements.

E. 3721. (Liasse.) — 53 pièces, papier, dont 2 cahiers de 8 et 15 feuillets in-4°, et 14 imprimées.

S. D.—XVIIIe siècle.—Dissertation philosophique sur la religion. — Relation du bannissement des Jésuites de la Chine, par l'auteur du compère Mathieu. — Règlement pour la Comédie Française (vers libres). — Épître à Mlle Guimard. — Pièce de vers satyriques sur

S. D. — Croquis et notes informes qui paraissent avoir trait à l'exploitation du coche par eau, entre Paris et Châlons. — Recettes contre les fièvres régulières, la rage, les maladies secrètes, la brûlure. — Lettre en vers adressée par un jeune gentleman de la marine à son ami à Falmouth (texte anglais). — Prospectus de vente de l'eau anti-scorbutique de Chauvet ; de la liqueur à enlever les taches, de Bonnet ; de la « Route de Marre, dite l'acier volatisée, » de François Noël. — Adresses de marchands à Paris, manuscrites et imprimées, au revers de cartes à jouer.

E. 3722. (Liasse.) — 2 pièces, parchemin; 3 pièces, papier.

1450-1472. — VALLOUX (DE) ET VALOIS. — Arrêt du Parlement de Dôle, qui condamne Girard de Cusance, seigneur de Belvoir, Louis, seigneur de Cusance, Jean de Beffremont, seigneur de Soye, et dame Isabeau, dame de Varax, à payer à Pierre Dubois, écuyer, tant en son nom qu'au nom des enfants de lui et de feu Jeannette, sa femme, fille d'Henri de Lanniron (alias : Camiron), les arrérages d'une somme principale de 100 francs, constituée en faveur du mariage de la dite Jeannette, par feu Jean, seigneur de Cusance et de Belvoir, père des condamnés. — De Riollet, chanoine d'Avallon, reconnaît avoir reçu de M. de Valous, et s'engage à lui rendre un acte de partage entre les enfants de Jean Dubois, écuyer, du 6 août 1387, et, de plus, l'arrêt du Parlement de Dôle, ci-devant mentionné. — Pierre de « Montaignerot, » sieur de « Sannette-lez-Mont-Saint-Johan, » tant en son nom qu'au nom de sa femme, « Jehanne de Montheruel, » cède par échange à « Henry Duboys, » écuyer, seigneur « de la Rochette-sur-Vingenne, » tant en son nom qu'au nom de sa sœur Nicole, la troisième partie de la terre et seigneurie de la Rochette, et tout ce qui leur appartient aux lieux, villages et territoires de « Bousselanges, Annones, Chemin, Beauchemin, » et au comté de Bourgogne ; il en reçoit tout ce qui peut revenir aux dits Henri et Nicolle Dubois, du chef de leur père, au « villaige, finaige, justice et » territoires d'Ivilly en l'Auxois..., et, en outre, une somme de 100 francs pour plus value. — Ratification de cet échange, par « Jehanne de Montereul, » femme de Montaignerot.

E. 3723. (Liasse.) — 9 pièces, parchemin ; 2 pièces, papier.

1520 (1522)-1608. — Partage des biens provenant de la succession des feu Etienne de Sacquenay, écuyer, et Catherine de la Villeneuve, sa femme, entre Henri Dubois, seigneur de la Rochette, père et tuteur de Jean et Didier Dubois, fils de lui et de feu Guillemette de Sacquenay, d'une part, et Etienne « de Nays, » écuyer, seigneur de Renève, en partie, et Guillemette Dubois, sa femme, les dits Henri, Didier et Guillemette, petits enfants d'Etienne de Sacquenay et de Catherine de la Villeneuve. — Partage, après le décès d'Henri Dubois, en son vivant, seigneur de la Rochette et d'Oisilly, en partie, fait entre sa veuve, Jeanne de Mailleroncourt, d'une part, et Jean, Didier, Guillemette et Antoine Dubois, frères et sœurs, enfants du premier mariage du dit Henri Dubois avec Guillemette de Sacquenay. — Procuration donnée par Etienne et Gaspard Dubois, fils mineurs et héritiers de Jean Dubois, écuyer, en son vivant seigneur de la Rochette, ayant pour curateur Guillaume de Sacquenay, écuyer. — Traité de mariage passé entre Etienne Dubois, écuyer, seigneur de la Rochette, de Renève et d'Oisilly, en partie, et Françoise de Cui, fille de Pierre de Cui, écuyer, seigneur d'Orain et de « Chevigney, » en partie. — Testament du susdit Etienne Dubois. Il élit sa sépulture en l'église Saint-Julien de Champagne-sur-Vingeanne, à côté de feu Françoise de Cui, sa femme; héritier, Hector Dubois, son fils; legs à ses filles Gabrielle, Jeanne et Martine Dubois, cette dernière mariée à (sic) de Longueville; substitution en faveur de ses neveux Africain et Nicolas Dubois, fils de Gaspard et Jean Dubois. — Traité de mariage entre le susdit Hector Dubois et Clémence Noblet, fille de feu Guillaume Noblet, en son vivant contrôleur des morte-payes en Bourgogne, et de Guillemette Richard. — Insinuation du traité de mariage entre Africain Dubois, seigneur de la Rochette et d'O...lly, en partie, et Elmée de Montigny, fille de Guid... Montigny et de Bonne de Saint-Seine, seigneur et dame d'Orain, Hettes, Arricourt et le Puits, en partie. — Décret des biens de feu Hector Dubois, à la requête de sa veuve, Clémence Noblet, femme en secondes noces de noble Thimothée Rougier de Dijon, secrétaire ordinaire de la Chambre du roi, impétrante, contre les sœurs du dit Hector, Jeanne, femme de noble Claude Besançon, et Gabrielle, femme de noble Claude de la Borde.

E. 3724. (Liasse.) — 9 pièces, parchemin, dont 1 avec sceau; 41 pièces, papier, dont 4 imprimées, et 4 cahiers de 6, 6, 8 et 10 feuillets in-4°.

1606-1771. — Erric de Lorraine, évêque et comte de Verdun, etc., en qualité de tuteur des enfants mineurs de feu le comte de Chaligny, son frère, nomme capitaine des châteaux, terre et seigneurie de « Kevres » (Œuvres), son conseiller et maître d'hôtel, Marie de Frétigny; (sign. aut. et sceau en cire rouge, pendant sur queue de parchemin). — Commissions au sieur de la Rochette pour lever des compagnies de gens d'armes dont le roi le nomme capitaine. — Brevet de capitaine au régiment de cavalerie du chevalier de Trailly en faveur du sieur de la Rochette. — Brevet de la charge de cornette en la compagnie de Tagnot dans le régiment des dragons du chevalier de Gramont, donnée au sieur de Dojin (d'Orain), la dite charge vacante par la promotion du sieur de la Rochette à une lieutenance. — Brevet de la charge de lieutenant dans la compagnie Desbrosses, régiment de dragons de Chantroy, donnée au même. — Convocations aux Etats ordinaires du duché de Bourgogne, adressées « à de la Rochette Dorrain » ou « Dubois d'Orrain, » et « d'Orrain Dubois. » — Lettres, dont une seule porte en suscription : « A Monsieur Dubois, seigneur d'Orrain à Orrain, » mais qui ont été toutes adressées, probablement, à la même personne, de 1709 à 1733, par Epinac, Pons, Langhac, le marquis de Saulx et Montal, pour solliciter un suffrage à l'élection de la noblesse à la triennalité des Etats de Bourgogne. — Pièces relatives à la charge de lieutenant des maréchaux de France au bailliage de Dijon, octroyée à Jean-Claude Dubois, sieur d'Orain, en remplacement de feu Jean-Baptiste Mellin, seigneur de Saint-Seine, en attendant la capacité d'âge du fils de ce dernier et d'Anne Guérinet, sa veuve. — Généalogie de Messieurs de Mellin. — Acte mortuaire d'Edme Dubois de la Rochette. — Certificat des commissaires nommés par Messieurs de la Chambre de la noblesse aux Etats tenus à Dijon, en juin et juillet 1760, constatant la noblesse de Jean Claude Dubois. — Inventaire des meubles et effets, titres et papiers, fait après le décès d'Edme Dubois, seigneur de la Rochette. — Traité de mariage entre Jean-Claude Dubois, écuyer, seigneur d'Orain, d'une part, et Marguerite de Mellin, fille de feu Henri de Mellin, seigneur de Franclieu, la Besace et autres lieux, et d'Antoinette Madeleine Hémery. — Production de titres en preuve de noblesse, faite par Marie-Jeanne Dubois, veuve de Charles René de Chalas, écuyer, seigneur d'Arbigny et autres lieux. — Extrait mortuaire de Jean-Claude Dubois. — Vente faite à Jean-Baptiste Maillet, seigneur de Courchamp, demeurant à Langres, par Anne Dubois, veuve d'André de Fontenay, écuyer, capitaine-lieutenant au régiment dragons de Beaufremont, demeurant à Gray. — Transaction entre la dite Anne Dubois et le dit Maillet.

E. 3725. (Liasse.) — 13 pièces, parchemin, dont 3 cahiers de 10, 12 et 16 feuillets in-4°; 9 pièces, papier, dont 3 cahiers de 6, 8 et 10 feuillets in-4°.

1634-1692. — Testament de Jean-Louis Dubois, écuyer, seigneur de la Rochette, d'Oisilly et de Renève en partie. Il institue, pour seul et unique héritier, Pierre Dubois, son frère, avec substitution en faveur d'André Fébure de Rugny, son frère utérin, auquel il lègue 1,000 livres tournois. — Traité de mariage entre Pierre Dubois, écuyer, sieur de la Rochette, Oisilly et Renève, en partie, fils de feu Africain Dubois et d'Edmée de Montigny, femme en secondes noces de François Fébure de Rugny, d'une part, et Bernarde Corberan, fille de noble Claude Corberan, trésorier des gages de la Cour du parlement de Dijon, et de feu Bénigne Quantin. — Partage de la succession de Claude Corberan entre ses enfants, ladite Bernarde Corberan, femme de Pierre Dubois et Jean Corberan. — Traité de survivance entre lesdits Pierre Dubois et Bernarde de Corbéran. — Testament d' « Aymée » de Montigny, veuve en premières noces d'Africain Dubois, et, en secondes noces, de François Fébure. — Arrêt du Conseil privé du roi, renvoyant les parties au Parlement de Dijon, dans la cause relative à la vente d'un communal, faite par les habitants de Renève, cause où figurent les habitants de Renève, demandeurs, en requête d'évocation, d'une part, Claude de Saulx, comte de Beaumont et de Tavanes, Pierre Dubois, Jean Grata, seigneurs de la Rochette, et les habitants de Blagny, Oisilly et Champagne, défendeurs, d'autre part, et lesdits Dubois, Grata et habitants, demandeurs, d'une part, et les habitants de Renève, défendeurs, et Jacques Chabot, chevalier des ordres du roi, marquis de Mirebeau, seigneur de Renève, reçu partie intervenante, d'autre part. — Autres pièces relatives à ce procès. — Vente d'une pièce de terre sise au finage de la Rochette, lieu dit au Champ-de-la-Pierre, faite à Pierre Dubois, sieur de la Rochette, par Thibaut Vozot et Claudine Tavernier, veuve d'Aubert Vozot, demeurant à Orain. — Procès-verbal d'ouverture du testament de Françoise Blagny, veuve de Christophe Le Bant, demeurant à Champagne-sur-Vingeanne, dont un des héritiers présomptifs était Pierre Dubois, sieur de la Rochette. — Pièce relative à une rente de 6 livres 5 sous, constituée par Pierre Fourot de Perrigny et Nicole Catherine, sa femme, au profit de Claude Corberan, beau-père du sus-nommé Pierre Dubois. — Traité de mariage, entre Jean-Claude Dubois, écuyer, fils de feu Pierre Dubois et de Bernarde de Corbéron, et Elisabeth de Mellin, fille de Louis de Mellin,

écuyer, gentilhomme ordinaire de la Chambre du roi, seigneur de Francheu, Renève, Saint-Seine, les Halles-sur-Vingeanne, et de Simonette de Roujoux. — Acte de baptême d'Edme, fils de Jean-Claude et d'Elisabeth de Mellin, sus-nommés. — Testament de Jean-Claude Dubois, écuyer, seigneur de la Rochette et d'Orain, en partie, cornette de la noblesse du duché de Bourgogne à l'arrière-ban, etc. Il laisse l'usufruit de tous ses biens à Elisabeth de Mellin, sa femme, et règle les parts à revenir, après la mort de celle-ci, à ses enfants, Edme-Jean-Claude, Jeanne-Charlotte, Marie et « Hugette » Dubois. — Contrat de mariage d'Antoine Morizot, écuyer, seigneur de Taniot, premier capitaine et major du régiment de dragons de Chartres, fils de feu Antoine « Morizot », écuyer, seigneur de Taniot, Chenge, Laborde, etc., et major au régiment royal, et de Marie d'Autenten, d'une part, et Jeanne-Barbe Dubois, fille de Jean-Claude Dubois, chevalier, seigneur de la Rochette, Orain, Oisilly et Renève, en partie, cornette de la noblesse du bailliage de Dijon, et de feu Elisabeth de Mellin, d'autre part. — Acte mortuaire dudit Jean-Claude Dubois. — Partage des biens de Jean-Claude Dubois, entre ses enfants, Edme, Jean-Claude, lieutenant d'une compagnie de dragons au régiment de « Grammont », Jeanne Dubois, femme d'Antoine de Morizot, Charlotte, Marie et Jacques Dubois.

E. 3726. (Liasse.) — 9 pièces, parchemin; 18 pièces, papier, dont 1 cahier de 12 feuillets in-4°.

1632-1775. — Généalogie de Messieurs de Valoux, écuyers, seigneurs de Chazeul. — Preuves de la noblesse de Jean-Claude de Valoux, écuyer, seigneur de Chazeul. — Tableaux et notes généalogiques. — Traité de mariage entre Jean-Clément « Valoux », écuyer, seigneur de « Chazaux », officier au régiment du « Plessis-Pralain », d'une part, et Catherine de Beaubreuil, fille de feu Jean de Beaubreuil, en son vivant, bourgeois de Limoges, et sœur de Blaise de Beaubreuil, d'autre part, passé à Toulouse, en la maison de noble Jean de Prougen, ancien capitoul. — Arrêt du Conseil du roi qui décharge Jean de Valoux des assignations à lui données et du paiement de la taxe imposée aux usurpateurs de noblesse, et le maintient en sa qualité de noble et écuyer. — Acte du mariage religieux de Jean Valoux, écuyer, avec Anne Dubois, célébré à Essoyes, par Blaise Valoux, prêtre du diocèse de Toulouse. — Acte de baptême de Blaise « Valoux », fils de Jean et d'Anne Dubois; parrain: Blaise de Beaubreuil, seigneur de Servigny.

taire ordinaire du duc d'Orléans ; marraine : Denise Hallotte, veuve de Didier Dubois, seigneur de Courchamp. — Acte de baptême de Jean-Claude, fils de Blaise Valoux, seigneur de « Chaseul », et d'Huguette Dubois ; parrain : Jean-Claude Dubois, écuyer, seigneur d'Orain, lieutenant des maréchaux de France en Bourgogne ; marraine : Marie de Rosière, femme d'Edme Dubois, écuyer, chevalier (sic), seigneur de la Rochette. — Certificats de services militaires délivrés à Jean de Valoux, successivement par le comte de Lamothe-Houdancourt, Charles-Honoré d'Albret, duc de Chevreuse, le marquis de Tovy. — Traité amiable passé entre Catherine Mariotte, veuve de noble homme Blaise de Beaubreuil, en son vivant, seigneur de Servigny, secrétaire de Monsieur, frère unique du roi, en son nom, tant à cause de la communauté de biens qu'elle a eue avec le défunt, que comme sa donataire mutuelle, d'une part, Blaise Varachau, bourgeois de Limoges, au nom et comme donataire entre vifs de Jean de Beaubreuil, son oncle, prêtre, docteur en théologie, chanoine de l'église collégiale de Saint-Junien, en Limousin, qui était créancier et légataire universel du dit feu Blaise de Beaubreuil, son frère, d'autre part ; et Jean de Valoux, écuyer, seigneur de Chaseuil, l'un des deux cents chevau-légers de la garde ordinaire du roi, créancier et donataire entre vifs du dit feu Blaise de Beaubreuil, son oncle. — Inventaire fait après le décès de Jean de Valoux, seigneur de Chaseuil, chevau-léger de la garde du roi, mort de blessures reçues au combat donné près de Tournay en Flandres, laissant deux enfants mineurs. — Traité de mariage entre Blaise de Valoux, fils de feu Jean-Baptiste et d'Anne Dubois, d'une part, et Huguette Dubois, fille et héritière de feu Jean-Claude Dubois, écuyer, seigneur de la Rochette, Orain, Oisilly, Renève, en partie, et autres lieux, et d'Elizabeth de Mellin, d'autre part. — Acte de baptême d'Oudette, fille des dits Blaise de Valoux et Huguette Dubois ; parrain : Edme Dubois, seigneur de la Rochette ; marraine : Hodette Humbert, femme du président Tabourot, écuyer, seigneur de Véronnes. — Acte de baptême de Jean-Claude, fils des mêmes ; parrain : Jean-Claude Dubois, seigneur d'Orain ; marraine : Marie de Rosière, femme d'Edme Dubois. — Acte mortuaire de Blaise de Valoux, seigneur de Chazeuil. — Contrat de mariage entre Jean-Claude de Valloux, seigneur de Chazeuil, et, en partie, d'Oisilly et Renève, fils de feu Blaise et Huguette Dubois, d'une part, et Barbe Michel, fille de Jacques Michel, seigneur d'Atricourt, « Hoste », et le Puy, en partie, trésorier de France, président au bureau des finances et Chambre du domaine de Bourgogne et Bresse, et de Jacqueline Mochot. — Procédures pour le dit Jean-Claude de Valloux contre les habitants de Bourberain et de Chazeuil qui l'avaient imposé au rôle de la taille, malgré sa prétendue noblesse. — Procuration donnée par le même de Valloux à sa femme Barbe Michel, pour traiter de la substitution de la terre de la Rochette, avec Anne Dubois, veuve de M. de Fontenay, ancien officier au régiment de Dauphremont. — Le ministre de la guerre, R. de Paulmy, annonce au sieur de Chazeuil que le roi lui accorde une place de chevalier dans l'ordre de Saint-Louis. — Brevet d'aide-major dans le régiment d'infanterie d'Auvergne, pour Jean-François-César « Valloux » de Chazeuil. — De Riollet, chanoine d'Avalon, déclare avoir reçu de M. de Valloux, le titre et partage du château de la Rochette, entre Etienne Gaspard Melchior et Jean Dubois, écuyer, fils des feu Jean Dubois et Etiennette Bourgoin. — Barbe Michel et Jean-François-César de Valloux sont nommés tuteurs et curateur de Marguerite-Huberte, Catherine-Henriette, Marie-Claire-Françoise-Barbe et Jeanne-Baptiste, toutes les quatre filles mineures de la dite Barbe Michel et de feu Jean-Claude de Valloux. — Procédures pour Barbe Michel, veuve de Jean-Claude de Valloux, pour être déchargée des tailles roturières, auxquelles elle avait été imposée dans plusieurs localités, etc.

E. 3727. (Liasse.) — 82 pièces, papier.

1775-1781. — Lettres adressées à M. de Valoux, secrétaire de M. de Reverseaux, par : Dardenne, secrétaire du duc de Rohan ; une dame Dalos, qui, paraît-il, était sur le pied d'une grande intimité avec son correspondant ; l'abbé Callens ; Lefebvre, avocat du roi à la gouvernance de Lille ; frère Bonaventure Durand, chartreux, second coadjuteur à Dijon, (ventes de vin de Bourgogne) ; Duvallier de Combe ; D^{lle} de Valoux, etc. — Lettres de M. de Valoux à M. Tronson, procureur au parlement de Paris.

E. 3728. (Liasse.) — 2 pièces, parchemin ; 59 pièces, papier.

1775-1785. — Brevet de réception de franc-maçon pour Jean-Louis-Jacques de Valoux, (sceau). — Traités sous seings privés, requêtes, exploits, assignations, mémoires de fournitures, quittances, lettres de change, etc., concernant le sieur de Valoux, écuyer.

E. 3729. (Liasse.) — 2 pièces, parchemin ; 3 pièces, papier, dont 2 cahiers de 6, 6 feuillets in-f°.

1249-1545. — Valoes et Valoux. — Contrat de

mariage de noble homme Louis de Valory, écuyer, et Catherine de Brisay, fille de Jean de Brisay, seigneur du dit lieu, qui cède au futur « l'ostel... de Destilly, » assis et situé en la chastellenie de Chinon, en liste de » Vernon, » avec ses appartenances, etc. — Contrat de mariage d' « Anthoine Valory, escuier, fils puisné de » feu noble homme Loys Valory, escuier, en son vivant, » et de damoiselle Katherine de Brisay, seigneur et » dame de Destilly... et de damoyselle Ysabeau de Monta- » lembert, fille de feu noble homme Xristofle de Mon- » talembert, en son vivant, escuier, et de damoyselle » Perrenelle de Deicé... » — Contrat de mariage entre « noble homme Françoys de la Chaise, fils de feu noble » homme René de Lachaise, en son vivant, seigneur du » dict lieu et de Sainct Denys, paroisse de Songé-le- » Donant,... et damoiselle Jehanne de Buffevent, fille » de deffunct noble homme Jehan de Buffevent, en son » vivant, Sr des Barres, paroisse de Villeblevain,..... » en la présence de nobles personnes Pierre de la Chaise, » frère aisné du dict Françoys; Loïse de Bellay, dame » de Villeneufve-La-Guiart; Jacques de Coné, sieur du » dit lieu; Guillaume Bomerrier, sieur de la Ripaille; » Johan Leboeuf, prieur, baron d'Ouffant, et Maria Bou- » det, curé de Saint-Georges de Boutavant... » (23 juin » 1530). — Contrat de mariage entre « noble homme » Yves d'Andigné, seigneur de Vaudort, filz de feuz » nobles personnes Lancelot d'Andigné, en son vivant, » seigneur du dict lieu et d'Angrye, et damoyselle Thi- » baulde de Tintoniac,... d'une part; et damoyselle » Scolastique du Celyer, fille unique de feu noble homme » Jacques du Celyer, en son vivant, seigneur des » Petits-Boys, et damoiselle Françoyse du Pond, à pré- » sent sa vefve, d'autre part; » traité entre le futur en personne et « vénérable religieux frère René du Celyer, » prieur claustral du Moustier et abbaye de Sainct Aul- » bin, d'Angiers, » procureur fondé de la future : (An- gers, 31 mars 1530). — Accord et transaction entre « Baudouyn de Valory, seigneur de Destilly, et damoi- » selle Anne de Rillac, son épouse,... tant pour eux que » pour noble homme Jean de Valory, leur filz,... et » comme ayans les droicts et actions de noble homme » Charles de Valory, son frère puisné,... d'une part, » et... Philipe de Valory, tant pour luy que comme ayans » les droictz de noble homme Loys de Valory, son » frère, et noble homme Hellaine (Alias : Helenus) de » Valory, » d'autre part, » sur les différans et procès » qui estoient mus, pendans et indécis, et autres espérer » mouvoir,... pour raison de l'entretenement du con- » trat cy-devant faict passé, en cour du roy, nostre sire, » à Baugé, entre deffunct messire Jean de Valory, sei- » gneur du dict lieu de Destilly, père des dits de Valory, » et Icons de Valory.... » le 2 septembre 1549; « aussy » pour raison des différans et questions de leur par- » tages et de la mestairie de la Chapproanerie, retirée » et recousse par le dit Philippe de Valory sur Nicollas » de la Barre... »

E. 3730. (Liasse.) — 5 pièces, parchemin, dont 3 cahiers de 6, 5 et 3 feuillets in-f° chacun; 3 pièces, papier.

1555-1604. — Baudouin de Valory et Anne de Ril- lac, sa femme, du consentement de Nicolas de Rillac, abbé de Lesterp, cèdent à noble et puissant Adam de Houdan, bailli de « Gisors, » le droit de rachat de la terre et seigneurie de Détilly, par eux acquis de Charles de Valory. — Retrait lignager des terres et sei- gneuries « de Meigne, de Villaine et de la Bellinière, » fait par « Nicolle de Reilhac, abbé commandataire de » Sainct Pierre de Lesterp, aulmosnier et conseiller or- » dinaire de Madame Marguerite, sœur unicque du roy, » oncle maternel et concurateur ordonné par justice, » à Jean de Valory, enfant mineur des dits Baudouin de Valory et Anne de Rillac, lesquels avoient vendu les dites terres et seigneuries à Jean de Daillon, comte du Lude. — Transaction entre « Philippe de Valory, sieur de » Lublé, » d'une part, et « Baudouyn de Valory, sieur de » Magné et Chenteple, » d'autre part, sur les contesta- tions au sujet du partage de la succession de leur père et mère, Jean de Valory et Renée de Champagne. — Déli- vrance des meubles provenant de la succession de Louis de Valory, abbé de « Quimperlé, prieur de Monnaye- » Saint-Georges et le Breuilbellay, et aulmonier ordi- » naire du roy, » à la requête de ses frères et héritiers, Baudouin et Philippe de Valory. — Sentence des re- quêtes du palais « à Paris, dans la cause entre Melchior » de Thorigny, dame de la Roche d'Abran, et l'une des » dames d'honneur de la royne de Navarre, » et Anne de Reilhac, veuve de Baudouin de Valory, pour raison de la terre de « Nérenville. » — Jacques « du Sellier, » écuyer, seigneur des « Petis Bois, paroisse des zières, » pays d'Anjou, « de l'autorité de « Radegonde de Noëlle, » sa mère, de messire Michel de Jalesne, chevalier, » seigneur du dict lieu de Jalesne, paroisse de Vernante, » païs d'Anjou,... de messire Jacques de Villiers, cheva- » lier,... seigneur de Louberdière,... de Alexandre de » Lestenou, escuier, seigneur de la Charbonière,... de » Ollivier du Vau, escuier, sieur de Milly,... de Lau- » rent de la Pronnière, sieur de la Sansonnière, » s'en- gage à contracter mariage avec « Florence de la Roche- » foucault, fille de René de la Rochefoucault, seigneur de

» Neuilly-le-Noble, et de damoiselle Anne de Gillier.... »
— « Anne de Gond, fille de noble Guy de Gond, sieur de
» Clivoy, pensionnaire du roy, gentilhomme ordinaire de
» sa fauconnerie, et de deffuncte damoiselle Magdelayne
» de la Pommeraie, et, par représentation d'elle, principale
» héritière, en ligne paternel, de deffuncte damoiselle
» Magdelayne de la Pommeraie, vivant, espouse de def-
» funt noble René S' de Morell... et de Landifer, »
fondé de procuration « son bien aimé... Guy de Valory,
» escuyer, S' du dit lieu et de Chantepie. »

E. 3731. (Liasse.) — 9 pièces, parchemin; 10 pièces, papier.

1601-1602. — François de Bourbon, prince de
Conty, lieutenant général pour le roi ès armées de Poitou, Anjou, Touraine, le Maine, Berri, Blaisois, Dunois,
haut et bas Limousin, grand et petit Perche, charge Guy
« de Gouay, » sieur de Clivoy, de mettre « sus une com-
» pagnie de cent carabins, dont il sera capitaine. » Fait
au camp devant Mirabeau, le 5 juillet 1601. Signat. autogr. sc. pla. — Brevet d'une pension annuelle de 200
écus accordée par le roi de France au sieur de Clivoy, en
attendant qu'il puisse lui en accorder une de 1,000 écus
sur la première vacance d'abbaye ou prieuré qui se pro-
duira en Bretagne, Normandie, Maine, Touraine, Anjou
et Poitou. — Jugement de maintenue de noblesse en faveur de François de Valory, écuyer, sieur de la Galopinière. — Brevet d'enseigne de la compagnie des cent
gentilshommes de la maison du roi, place vacante par le
décès de Louis de Valory, donné à Charles de Valory,
chevalier, seigneur du dit lieu et de la Motte, par Louis
de Crevant, marquis d'Humières et de Mouchy, vicomte
de Brigueil, baron de Preuilly, seigneur d'Azay et autres
lieux, gouverneur des ville et château de Compiègne,
capitaine des chasses au dit lieu, et capitaine de la dite
compagnie. Sign. autogr. Louis de Crevant d'Humières :
sc. pla. — Commission de capitaine d'une compagnie de
chevau-légers donnée par le roi à (Charles) de Valory, le
24 septembre 1651. — Mandement royal portant exemption de logement de gens de guerre, en la maison de Lécé,
paroisse de Varennes-sous-Montsoreau, appartenant à
Charles de Valory. — Lettres de *Committimus* accordées
par le roi de France à Charles de Valory, enseigne de la
compagnie des cent gentilshommes. — Jugement de
maintenue de noblesse en faveur de Louis de Valory, seigneur de Lécé, fils de François de Valory, seigneur de la
Galopinière, et de Marguerite de Villeneuve. — Don de
11,892 florins fait par le roi au sieur de Valory, l'un de
ses ingénieurs, chargé de la direction des ouvrages des
fortifications de Menin, la dite somme représentant le
remboursement des terres et héritages appartenant tant
au prince de Chimay qu'à la demoiselle Snoukart, et faisant partie de ceux qui ont été compris dans les fortifications de Menin, acquis et confisqués au roi par le droit
de la guerre. — Certificat d'enregistrement à l'armorial
général des armoiries de Charles de Valory, écuyer, seigneur de « Cussé. » Sign. d'Hozier. Les armoiries sont
d'or à un arbre de sinople au chef de gueules. — Extrait
des registres de la paroisse de Varennes-sous-Monsoreau,
diocèse d'Angers, élection de Saumur, portant l'acte de
baptême de Charles-Louis-François, fils de Charles de
Valory, chevalier, seigneur de « Cussy, » et d'Angélique
Elisabeth-Françoise de Valory, dame de Lécé, sa femme;
parrain : Louis de Valory, chevalier, seigneur de Détilly,
oncle de l'enfant; marraine, Antoinette de Valory, damoiselle, tante de l'enfant; présents : Elie-Louis-Gabriel
de Valory, chevalier, officier de marine, son cousin-ger-
main; Michel Le Méc, prêtre, chapelain de la paroisse;
Scipion-Marthe de Saint-Martin, seigneur de La Barre,
capitaine au régiment de Navarre; et Louis Rudault,
sieur de Marcé.

E. 3732. (Liasse.) — 4 pièces, parchemin, dont 2 cahiers de 5 et 6
feuillets in-4°; 8 pièces, papier, dont 3 cahiers de 3, 7 et 8,
feuillets in-4°.

1605-1631. — Contrat de mariage de François de
Valory, écuyer, fils de feu Philippe de Valory, seigneur de
Détilly, et de Catherine de la Grandière, avec Marguerite
de Villeneuve, fille de feu René de Villeneuve, écuyer,
S' du Bois-Grolleau, et de Renée de Cone, et veuve de
Pierre « de Lourmée, vivant, escuyer, S' de la Collete-
» rye, dame de la terre et seigneurie de Lecé, paroisse
» de Varennes-soubz-Monsoreau, et y demeurant. » —
« Jacques Ducellier, escuier, S' des Petis-Bois, » tant
pour lui que pour Fleurance de La Rochefoucault, sa
femme, cède, pour la somme de 2,400 livres tournois,
à Louis de La Rochefoucauld, seigneur de Neuilly-le-
Noble, tous les droits aux successions des feu René de la
Rochefoucauld et Anne Gillier, père et mère des dits Louis
et Fleurance. — Accord et transaction entre « Guy de Va-
» lory, écuyer, sieur de Chantepie, gentilhomme ordi-
» naire de la Chambre du roy, demeurant ordinairement
» au lieu de la Motte, pays du Mayne,... héritier par
» bénéfice d'inventaire de deffunct Jean de Valory, son
» père, soy faisant fort de damoyselle Marguerite et Fran-
» çoise de Valory, ses sœurs,... les dites damoyselles filles
» et héritières, par bénéfice d'inventaire, du dit deffunct
» Jean de Valory,... d'une part, et... Jacqueline de Hu-
» mières, au nom et comme soy faisant fort de messire

» Louis de Crevant, son espoux, vicomte de Briqueil,... » et messire Jean de Moutiers, chevallier, sieur de Meraiuville, y demeurant, près Estampes,..... d'autre part,.... » touchant la propriété de la terre de « Méraln» ville. » — François de Valory, écuyer, et Marguerite de Villeneuve, sa femme, seigneur et dame de la Galopinière, donnent à François de Valory, écuyer, leur fils puiné, savoir : le dit de Valory, le tiers de ses meubles et immeubles, « soient antiens ou acquests, » et la dite de Villeneuve aussi le tiers de ses propres et acquêts. — Ratification par Marie Moreau, femme d'Antoine de Valory, écuyer, sieur de Détilly, du contrat de mariage entre François de Valory, sieur de la Galopinière, et Marguerite de Villeneuve. — Quittance de 370 livres 19 sous 3 deniers donnée par « Jacques Giroust, escuyer, » sieur d'Auvillé, » à François de Valory, sieur de la Galopinière, demeurant en la maison seigneuriale « de » Lecé, paroisse de Varennes-soubz-Montsoreau, pour et » en l'acquit de Jacques du Sellier, escuier, sieur des » Petits-Bois, et de damoiselle Florance de la Rochefoucauld, son espouze... » — Contrat de mariage entre Charles de Valory, écuyer, sieur de Lecé, fils aisné de François de Valory, sieur de la Galopinière, et de Marguerite de Villeneuve, et Madeleine du Cellier, fille unique de Jacques du Cellier et de Fleurance de la Rochefoucauld. — Provision de curateur de Louis de Valory, sieur de Détilly, Gabriel, Renée, Marie, Anne et Marguerite de Valory, enfants mineurs de feu Antoine de Valory et de Marie Moreau, donnée à François de Valory, sieur de la Galopinière, leur oncle paternel.

E. 3733. (Liasse.) — 4 cahiers, parchemin, de 4, 6, 6 et 6 feuillets in-4°; 6 pièces, papier, dont 1 cahier de 5 feuillets in-4°.

1685-1653. — Contrat de mariage entre Antoine de Valory, écuyer, sieur de Détilly, fils de feu Antoine de Valory et de Marie Moreau, d'une part, et Marie Moynerie, fille de feu Guillaume Moynerie, sieur de la Bobanière, et de Marie Crouin, assistée de Charles Moynerie, écuyer, Sr de la Bobanière, gendarme de la compagnie du roi, son frère, d'autre part; du consentement de René de la Grandière, écuyer, sieur de Montgeoffroy, cousin paternel, et de François de Valory, écuyer, pour le futur, et de Marguerite Moynerie, sœur, Julien Moynerie, commis au greffe du Parlement, Jacques Moynerie, trésorier de la maison du maréchal de Créqui, cousins paternels, Anne Crouin, tante maternelle, Guillaume Bouchardeau, lieutenant au grenier à sel du Château-du-Loir, cousin paternel, et Marie du Perray, cousine, pour la future. — Jugement de maintenue de noblesse rendu, en faveur de François de Valory, sieur de la Galopinière, par les commissaires généraux députés par le roi pour le règlement des tailles en la généralité de Tours. — Autre en faveur de Louis de Valory, sieur de Détilly et de Chatelaison. — Accord et transaction entre François de Valory, sieur de la Galopinière, et Hélène Desquesses, veuve de Louis de Villeneuve, écuyer, sieur du Vivier, mère et tutrice naturelle de Louis de Villeneuve, touchant le partage de la succession de feu Alexandre Quéront, écuyer, sieur du Vivier. — Accord et transaction entre Charles de Valory, écuyer, Sr de Lecé, fils aisné et principal héritier de feu François de Valory, sieur de la Galopinière, et de Marguerite de Villeneuve, d'une part, et François de Valory, écuyer, fils puiné et aussi héritier des dits deffunts, et François Dupuy, écuyer, sieur du dit lieu et de « Frede» fonds, » et Marguerite de Lorme, sa femme, fille de la dite Marguerite de Villeneuve et de Pierre de Lorme, sieur de la Colleterie, son premier mari, aussi héritière de la dite dame de Villeneuve, d'autre part, touchant le partage de la succession des sieur et dame de la Galopinière : la Galopinière reste à François de Valory. — Les sus-nommés François Dupuy et Marguerite de Lorme cèdent et transportent au dit Charles de Valory la somme de 3102 livres 10 sous, à eux due par Louis de Valory, écuyer, sieur de Détilly. — Provision de curatelle aux enfants mineurs de feu Charles de Chambes de Maridort, chevalier, seigneur baron d'Avoir, et de Marguerite Marchant, sa veuve, donnée à Charles de Valory, écuyer, sieur de Lecé. — Contrat de mariage entre Charles de Valory, écuyer, sieur de la Motte, fils de Guy de Valory, chevalier, gentilhomme de la chambre du roi, et Anne de Goué, et Catherine Le Lièvre, fille de feu Guillaume Le Lièvre, marchand, bourgeois de Paris, et de Catherine de Planne, en la présence de Guillaume Lelièvre, frère de la future, Claude de Planne, marchand, bourgeois de Paris, oncle maternel, Elisabeth de Planne, veuve de Pierre Belen, maître batteur d'or et d'argent, à Paris, tante maternelle, Charles Le Petit, marchand, bourgeois de Paris, cousin paternel, et Jean-Baptiste Le Large, procureur au Châtelet. — Ratification de ce contrat par les père et mère du dit Charles de Valory.

E. 3734. (Liasse.) — 2 pièces, parchemin; 9 pièces, papier, dont 5 cahiers de 5, 6, 7, 8 et 8 feuillets in-4°.

1654-1662. — Testament de Guy de Valory, chevalier de l'ordre du roi, gentilhomme ordinaire de la chambre, « seigneur de Valory, de la Motte, de la Chasse,

» de Graviers, de la Pommeraie, de la Rouée, de la
» Vaugrellière et autres ses terres demeurant en sa mai-
» son seigneurialle de la Motte en Soulgé-le-Bruand... »
Il veut être inhumé au chancel de l'église paroissiale
de Fontaine-Couverte, « dont il est fondateur; » il fait
des fondations « en la chapelle qu'il a fait édifier en la
» dite maison seigneurialle de la Motte ; » il ordonne
« qu'il soit mis et apposé sur sa fosse une tombe de
» marbre de Saint-Berthevin, près Laval, et portée sur
» quatre petites collonnes de pareille pierre, nettoyées et
» bien polies, et que sur icelles, ou contre l'appareil de
» la muraille où sera planté la dite tombe, il y sera ap-
» posé un placard de cuivre, ou du dit marbre, auquel
» il désire que son nom et le jour de son décès soient
» employez, avec un écusson de ses armes et celles de la
» dame son épouse, my partie... »; il choisit pour exécuteurs de son testament, Louis de Chanteloup, écuyer,
Sr du dit lieu, « demeurant à Chanteloup, paroisse de
» Gastines-en-Craunais ; » Nicolas Fournier le jeune,
sieur du Pont, avocat à Laval, et « honorable Réné Pel-
» letier, Sr de la Besnardière, demeurant au bourg de
» Naillé-sur-Ouestre... » — Accord et transaction entre
« Brandelix de Valory, chevallier, seigneur du dit lieu,
» fils aîné et principal héritier présomptif noble de » Guy
de Valory et d'Anne de Goué, d'une part, et Charles de
Valory, chevalier, sieur de la Motte, enseigne de la compagnie des cent gentilshommes de la maison du roi, capitaine d'une compagnie de chevau-légers du régiment du
marquis d'Humières, son frère puîné, d'autre part, pour
assurer le règlement du partage fait par leurs père et mère.
— Certificat du marquis d'Humières constatant que Charles de Valory est un des cent gentilshommes de la maison
du roi. — Contrat de mariage entre Charles de Valory, seigneur de Lecé, fils aîné de feu François de Valory et de
Marguerite de Villeneuve, seigneur et dame de la Galopinière, d'une part, et Elisabeth de la Rochefoucauld, fille
puînée de Réné de la Rochefoucauld et d'Angélique de Préville, seigneur et dame de Neuilly-le-Noble, etc., d'autre
part. — Certificat des épousailles, le 13 octobre 1657. —
Accord et transaction entre le sus dit Charles de Valory,
« donnataire universel de deffuncte damoyselle Magde-
» leine du Cellier, son espouze, » d'une part, et Réné de La
Rochefoucauld, chevalier, seigneur de Neuilly-le-Noble,
fils aîné de feu Louis de la Rochefoucauld et d'Adrienne
de Montbron, qui était fille et héritière de feu Hector de
Montbron, chevalier, baron d'Avoir et de Champeaux, et
de Radegonde de Noëlle, sa seconde femme, veuve en
premières noces de Réné du Cellier, écuyer, seigneur
des Petits-Bois, le dit Réné de la Rochefoucauld, héritier,
du côté maternel, de la dite Madeleine Du Cellier, sa

cousine germaine, et aussi de la dite Radegonde de
Noëlle, par représentation d'Adrienne de Montbron, sa
mère, d'autre part, touchant le partage de la succession
de Madeleine du Cellier. — Accord et transaction entre
Brandelis de Valory et sa sœur Gabrielle de Valory, touchant le règlement, de la part de cette dernière, dans les
successions paternelle et maternelle, et dans celle de
Louis de Valory, leur frère commun. — Accord et transaction entre le même et son frère, Charles de Valory,
touchant le règlement définitif de toutes les successions
directes ou collatérales à eux échues.

E. 3733. (Liasse.) — 1 pièce, parchemin ; 8 pièces, papier,
dont 3 cahiers de 6, 12 et 16 feuillets in-4°.

1659-1670-1695. — Accord et transaction entre
François de Valory, prieur du prieuré simple de Palaiseau, patron des patronages ecclésiastiques de « Vaudlin-
» court et d'Harrancourt, » seigneur de la Galopinière,
tant en son nom que comme procureur de Charles de Valory, seigneur de Lecé, et de Yves Dupuy, chevalier, seigneur de « Froidefonds, » Réné de Camont, chevalier,
seigneur de Buisson, et Madeleine Du Puy, sa femme,
les dits Valory, enfants et héritiers, en partie, de Marguerite de Villeneuve, veuve en premières noces de
« Pierre de Lourme, escuyer, sieur de la Cottrye, et
» femme, en secondes noces de deffunct Mre François
» de Vallory, vivant, chevallier, seigneur de la Galopi-
» nière, et les dits sieurs et dame Dupuy, petits-enfants
» et aussi héritiers en partage de la dite dame Marguerite
» de Villeneufve, par la représentation de deffuncte
» Marguerite de Lourme, sa fille, de son premier ma-
» riage avec ledit sieur de Lourme, d'une part, » et Mathieu Thomas, sieur de Jonchère, avocat au présidial
d'Angers, curateur de Pierre-Augustin de Villeneuve,
chevalier, seigneur de la Renaudière, fils et unique héritier de Louis-Augustin de Villeneuve, et principal héritier de feu François de Villeneuve, chevalier, seigneur
de Cazeau, son oncle: en présence et du consentement de
Marie-Madeleine Ménage, sa mère, Nicolas Thomas, Sr de
Fontenay, aussi avocat au présidial d'Angers, au nom et
comme procureur de Marie de Villeneuve, femme de
Jacques-Éléonor Bodet, chevalier, seigneur de la Fe-
nestre, sœur des feu Srs du Cazeau et de la Renaudière,
et héritière, en partie du premier, d'autre part ; touchant le règlement de la succession de Réné de Villeneuve, grand-père maternel des dits de Valory. —
Contrat de mariage entre Louis de Valory, chevalier,
seigneur de Détilly, fils d'autre Louis, seigneur de Dé-

tilly, Chatelaison, Cussé, Chambourt et autres lieux, et de Marie Moinerie, d'une part, et Antoinette-Catherine de Voyer, fille de René de Voyer de l'Anisy, chevalier, seigneur d'Argenson, comte de Rouffiac, baron de Veuil, maître des requêtes honoraire de l'hôtel du roi, et ci-devant son ambassadeur à Vienne, et de Marguerite Houllier de la Pojade. — Contrat de mariage entre Charles-Guy de Valory, capitaine au régiment de Normandie, fils de feu Charles, sieur de la Chaise, lieutenant des cent gentilshommes de la maison du roi, et de Catherine Le Lièvre, d'une part, et Marie-Catherine Voilant, fille du sieur Simon, ingénieur, conseiller du roi et trésorier de la ville de Lille, et de Marie Vilain. Signat. autogr. A ce contrat est joint l'extrait de baptême de Charles de Valory, né le 22 septembre 1655. — Partage des successions paternelle et maternelle entre Louis de Valory, chevalier, châtelain de Détilly, fils aîné et principal héritier de Louis de Valory et de Marie Moinerie; François « du » Breil-Hélion, chevalier, seigneur de la Garronnière et de Combe, et Gabrielle-Marie de Valory, sa femme; François de Valory, diacre de l'église de Tours, « prieur » d'Allois, près la Ferté-Bernard, pays du Mayne; » et Charles de Valory, chevalier, capitaine au régiment royal des vaisseaux, autres fils et fille desdits Louis de Valory et Marie Moinerie.

E. 3736. (Liasse.) — 3 pièces, papier, dont 2 cahiers de 34 et 36 feuillets in-folio.

1668-1672-1708. — Pièces relatives au partage de la succession de Robert Aubery, chevalier, seigneur de Brevannes, président en la Chambre des Comptes, père commun, entre Louis Aubery, chevalier, seigneur de Trilport, d'une part, et Claude Aubery, chevalier, seigneur de Jully; Geoffroy Luillier, seigneur d'Orgeval, maître des requêtes ordinaire de l'hôtel du roi, en son nom, à cause de Marie Aubery, sa femme; Alexandre de Vieuxpont, chevalier, marquis du dit lieu, à cause de sa femme, Henriette Aubery, et se portant fort de Claude Aubery, chevalier, marquis de Vatau, tant de son chef que comme exerçant les droits de Françoise-Angélique Aubery, veuve de Charles de Cochefillet, chevalier, seigneur de Vancelas, comte de « Vauvineux », de Félix Le Comte de Nonant, chevalier, seigneur de Cerrières, mestre de camp, et de sa femme, Anne-Dorothée Aubery, de Gaston-Jean-Baptiste de Lancy, chevalier, marquis de Raray, et de Marie-Luce Aubery, sa femme, d'autre part. — Extrait du registre mortuaire de l'église paroissiale de Saint-Étienne, à Lille, portant que : le 14 octobre 1708, a été enterré, dans le chœur de la dite église,

Claude-Louis Aubery, chevalier, seigneur de Tiercelin, lieutenant-colonel au régiment de Bellisle.

E. 3737. (Liasse.) — 4 pièces, parchemin, dont 1 cahier de 6 feuillets.

1687-1694. — Constitution d'une rente de 90 livres 18 sous, faite, au profit de révérend père Toussaint Le Lièvre, prêtre de l'Oratoire, par Raymond-Louis de Valory, chanoine de l'église Saint-Pierre, de Lille en Flandre, au nom et comme procureur de Catherine Le Lièvre, sa mère, veuve de Charles de Valory. — Accord et transaction entre François de Breuil-Hellion, chevalier, seigneur de la Guéronnière et de Combes, premier capitaine du régiment commissaire général de la cavalerie française, tant pour lui que comme procureur spécial de Marie-Gabrielle de Valory, sa femme, d'une part, et François de Valory, prêtre, « prieur de Saint-Gilles d'Hallais, diocèse du Mans, » et Charles de Valory « d'Estolly, » chevalier, capitaine au régiment des vaisseaux, d'autre part ; tous héritiers puînés des feus Louis de Valory, chevalier, châtelain de Détilly, et Marie Moinerie, sa femme, pour arriver à la subdivision du partage des successions paternelle et maternelle fait entre eux et leur frère aîné. — Partage entre Angélique-Elisabeth-Françoise de Valory, femme de Charles de Valory, chevalier, capitaine au premier bataillon du régiment royal des vaisseaux, et Antoinette de Valory, damoiselle, héritières des feus Charles de Valory, seigneur de Lécé, et Elisabeth de la Rochefoucauld, leurs père et mère, et de feu François de Valory, leur frère, et encore héritiers bénéficiaires de l'abbé François de Valory, leur oncle, des successions de leurs dits père, mère, frère et oncle. — Donation mutuelle faite entre les dits Charles de Valory et Angélique-Elisabeth-Françoise, sa femme. — Accord et transaction entre Louis de Valory, seigneur de Détilly, d'une part, Charles de Valory, chevalier seigneur de Cussé, d'autre part, et François du Breuil-Hélion, susnommé, lieutenant-général des maréchaux de France, en Poitou, ayant charge de sa femme, Gabrielle-Marie de Valory, aussi d'autre part, touchant la succession de feu leur frère, François de Valory, « prieur de Saint-Gilles » et Saint-Nicolas d'Alays... »

E. 3738. (Liasse.) — 3 pièces, parchemin, dont 1 cahier de 12 feuillets in-4°; 6 pièces, papier, dont 2 cahiers de 6 et 8 feuillets in-folio.

1705-1724. — « Bref estat de compte que rend

» dame Anne Vedeau, veuve de Mre Alphonse de Guérin,
» chevalier, seigneur de Moulinneuf, gouverneur pour le
» roy des chasteau et forts de Namur, auparavant veuve
» de Mre Louis Aubery, chevalier, seigneur de Trilleport,
» conseiller au grand conseil, à M. Alphonse de Guérin,
» chevalier, seigneur de Moulinneuf, lieutenant au régi-
» ment des Gardes Françoises du roy, fils unique des
» dits sieur et dame de Moulinneuf,... de l'administra-
» tion que la ditte Dame a eue des biens du dit sieur
» son fils, comme sa tutrice. » — Contrat de mariage
entre Alphonse-Germain de Guérin et Henriette-Françoise Le Camus, fille de feu Pierre-Ignace Le Camus,
trésorier des états de Courtray, et de Marie-Angélique
Vanacker, laquelle était alors veuve en secondes noces de
Claude-Louis Aubery, chevalier, seigneur de Trilport,
lieutenant-colonel des dragons au régiment de Belle-Isle.
— Constitution d'une rente de 150 livres, au capital de
3000 livres, faite par les dits Alphonse-Germain de Guérin et Anne Vedeau, sa mère, au profit de François
Drouet, bourgeois de Paris. — Sentence rendant ce contrat de constitution exécutoire sur les ayant cause du dit
de Guérin. — Obligation de 14,181 livres 10 sous consentie par le même de Guérin au profit de Marie-Angélique Vanacker, susnommée. — Quittance de remboursement de la dite somme entre les mains de Pomponne
Hirey, écuyer, conseiller secrétaire du roi, receveur des
consignations des requêtes du Palais, à Paris. — Obligations consenties par le même, pour diverses sommes, à
Louis-Philippe-Joseph le Camus, demeurant ordinairement à Lille en Flandre.

E. 3739. (Liasse.) — 25 pièces, parchemin, dont 13 cahiers, de 4,
4, 4, 5, 6, 6, 8, 8, 8, 10, 16, 22 et 22 feuillets in-4°: 39 pièces,
papier, dont 8 cahiers de 5, 5, 6, 6, 8, 9 et 14 feuillets in-4°.

1709-1720. — Contrat de mariage entre Alphonse-
Germain de Guérin, chevalier, seigneur de Moulinneuf et
de Tiercelieu, lieutenant des gardes-françaises, fils de feu
Alphonse de Guérin et d'Anne Vedeau de Grandmont,
femme, en premières noces, de Louis Aubery, chevalier,
seigneur de Trilport, d'une part, et Henriette-Françoise
Le Camus, fille du sieur Le Camus et de Marie-Angélique
Vanacker, veuve, en premières noces, de Pierre-Ignace
Le Camus, trésorier général des États de Courtray, et, en
secondes noces, de Claude-Louis Aubery, seigneur de
Trilport, lieutenant-colonel de dragons au régiment de
Belle-Isle. — Certificat de Le Conte, prêtre, bachelier de
Sorbonne aumônier à la suite du régiment des gardes-
françaises, constatant qu'Alphonse-Germain de Guérin
de Moulinneuf, colonel et premier lieutenant des grenadiers du dit régiment, a été inhumé au camp devant
Fribourg en Brisgau. — Extrait du registre des sépultures de l'église Saint-Pierre d'Étampes, portant qu'Anne-
Charlotte, fille du dit de Guérin et d'Henriette Le Camus,
a été inhumée le 24 novembre 1619. — Lettre de bénéfice
d'inventaire au profit de la dite Henriette Le Camus,
touchant la succession entre la même Henriette Le Camus
et Anne Vedeau de Gramont, sa nommée. — Pièces diverses relatives au règlement et à la liquidation de cette
succession.

E. 3740. (Liasse.) — 5 pièces, parchemin; 16 pièces, papier.

1710-1746. — Pouvoir de lieutenant-général d'armée donné par le roi de France au sieur de Valory, maréchal de camp et ingénieur ordinaire du roi. — Nomination du sieur de Valory, lieutenant-général, directeur
des fortifications des places de Flandres, à la charge de
gouverneur du Quesnoy. — Provisions de commandeur
de l'ordre militaire de Saint-Louis à la pension de
4000 livres par an, pour le même (Sc. presque intact en
cir. roug. pend. sur doub. queue de parch.). — Extrait
tiré, le dernier jour d'octobre 1714, des registres de
l'église de Beaumont, portant l'acte de baptême de Charles,
fils de Louis de Valory, écuyer, seigneur « d'Estilly, »
et de Marie Moinerie, sa femme; parrain : Charles Moinerie, écuyer, seigneur de la Bobeinière, capitaine d'une
compagnie de gens de pied; marraine : Anne Crouin, dame
de Fontaines... Procédures pour Charles de Valory, assigné
à la requête de François Ferrand, chargé de la continuation de la recherche des usurpateurs de titres de noblesse.
— Bulle du pape Clément XI portant dispenses pour
contracter mariage en faveur de Charles-Louis-François
de Valory et de Marie-Jeanne-Catherine de Camont (Sc.
en plomb, pend. par lacs de fil.). — Ordonnance du bureau des finances et domaines de la généralité de Lille,
portant qu'un acte de foi et hommage fait au roi par feu
Jacques-Henri de Valory, écuyer, capitaine des grenadiers au régiment de Saint-Vallier, et frère de Charles-
Guy de Valory, chevalier, seigneur de la Chaire, lieutenant-général des armées du roi, gouverneur du Quesnoy,
grand'croix et commandeur de l'ordre de Saint-Louis,
sera réformé, et que la qualité d'écuyer, omise dans cet
acte, sera donnée au dit Jacques-Henri. — Brevet d'une
place à Saint-Cyr pour Marie-Florence de Valory. — Certificat de la prestation de serment de M. de Valory, en
qualité de cornette au régiment de cavalerie de Rohan.
— Commission de capitaine d'une compagnie dans le régiment royal de cavalerie donnée au sieur de Valory,
sieur de Lèce, cornette dans le régiment de cavalerie de

Brinon. — Certificat de la prestation de serment. — État des titres qui doivent servir à François-Marthe-Hubert de Valory pour entrer aux pages du roi. — Extrait des registres de l'église paroissiale de Saint-Pierre d'Étampes, portant, sous la date du 15 février 1744, l'acte de célébration du mariage de François-Marthe-Hubert de Valory, capitaine de cavalerie au régiment royal, fils mineur de Charles-Louis-François de Valory, chevalier, seigneur de Locé, les Barres-Lugré, la Galopinière, Cussay et autres lieux, et de Marie-Jeanne-Catherine de Oumont, avec Henriette-Charlotte-Edmée de Valory, fille mineure de Guy-Louis-Henri de Valory, chevalier, seigneur du Bourgneuf, de Tiercelieu et autres lieux, brigadier et maréchal des camps et armées du roi, gouverneur de Rue, commandeur de Saint-Louis, envoyé extraordinaire et ministre plénipotentiaire à la cour de Prusse, et de Henriette-Françoise Lecamus. La bénédiction nuptiale est donnée par Paul-Frédéric-Charles de Valory, prêtre, docteur en théologie, prévôt de l'église collégiale de Saint-Pierre de Lille en Flandre, abbé de Sauve, en présence de : Henri Le Clerc de Fleurigny, chevalier, seigneur d' « Evinville » ; Louis-Marie de Ferron, lieutenant aux gardes-françaises, chevalier de Saint-Louis, Henriette-Françoise Le Camus, mère de la mariée ; Jeanne-Louise-Charlotte de Valory, sa sœur, Jules-Hippolyte de Valory, chevalier de Saint-Louis, son oncle ; Volant de Valory, sa tante ; Charles-Joseph de Valory, ingénieur du roi, chevalier de Saint-Louis, son cousin, et autres parents et amis.

E. 3741. (Liasse.) — 3 pièces, parchemin ; 114 pièces, papier, dont 7 cahiers de 42, 42, 55, 65, 90, 146 et 149 feuillets in-4°, et 6 imprimés.

1727-1738. — Procédures relatives à la liquidation de la succession de Marie-Gabrielle de Valory, veuve de François du Breuil-Hélion, seigneur de la Guéronnière et de Combes, et plus particulièrement à une action intentée par les héritiers, Réné-Alexis de Valory, chevalier, seigneur de Détilly, Marguerite-Françoise-Antoinette de Valory, veuve de Charles Lebrun, seigneur de la Brosse, chevalier de Saint-Louis, lieutenant au gouvernement de la ville d'Arras, et Charles-Louis-François de Valory, seigneur de Locé, aux héritiers et ayant cause de Nicolas Pinson, conseiller du roi, receveur des décimes du diocèse de Poitiers, débiteurs à ladite succession.

E. 3742. (Liasse.) — 4 pièces, papier, dont 3 cahiers de 6, 7 et 32 feuillets in-4°.

1742-1748. — Contrat de mariage entre Charles-Louis-François de Valory, chevalier, seigneur de Locé, fils et unique héritier de feu Charles de Valory, chevalier, seigneur de Cussay, et d'Angélique-Élisabeth Françoise de Valory, et Marie-Jeanne-Catherine de Oumont-Dupuy, fille de Henri-Alexandre de Oumont, chevalier, seigneur du Puy et de Froidfond, et de Jeanne Reverdy, dame de l'Épinay. — Arrêt du conseil d'État qui, sur la requête de Charles-Guy de Valory, lieutenant-général des armées du roi, commandeur de l'ordre de Saint-Louis et gouverneur de la ville du Quesnay, nomme l'abbé de Pomponne et le généalogiste Clérambault, commissaires pour vidimer et collationner les titres de la maison de Valory, que le requérant avait fait copier dans les archives des sieurs de Valory de la Pommeraye, ses aînés, et de Valory « d'Estilly, » ses puînés. Les titres dont la copie est à la suite de l'arrêt sont : 1° contrat de mariage de Guy de Valory avec Anne de Goué ; 2° curatelle aux enfants mineurs d'Antoine de Valory « d'Estilly » et de Marie Moreau ; 3° contrat de mariage de François de Valory avec Marguerite de Villeneuve. — Contrat de mariage entre « Étienne-François Masens, chevalier, seigneur de Bony, Dampierre et Sampouy, » fils de feu « Guillaume Masens, chevalier, comte Darquienac, » et de Marguerite Le Bret, d'une part, et Marie-Florence de Valory, fille de Guy-Louis-Henri de Valory et d'Henriette-Françoise Le Camus, seigneur et dame du Bourgneuf, d'autre part ; en présence de « Joseph Masens, » doyen de l'Église de « Saint-Mellon de » Pontoise, prieur de Serent ; » de François-Marthe-Hubert de Valory, et sa femme Charlotte-Henriette-Edmée de Valory, sœur de la future ; Jeanne-Charlotte-Louise de Valory, aussi sœur ; Louis-Henry-Emmanuel-Alphonse Le Camus, cousin germain de la future, etc. — Bref de minorité pour Guy-Réné de Valory, passé à Malte le 8 mai 1752.

E. 3743. (Liasse.) — 1 pièce, parchemin ; 39 pièces, papier.

1722-1773. — Pièces relatives à la nomination en survivance de l'état et charge de bailli, gouverneur et capitaine des ville, château et duché d'Étampes, en faveur d' « Adrien-Constant-Esprit-Regnault Debarres, marquis » Debarres. » — Démission du dit marquis en faveur de Guy-Louis-Henry, marquis de Valory, lieutenant-général d'armée, commandeur grand'croix de Saint-Louis, gouverneur de la citadelle de Lille et de la ville de Rue, seigneur du Bourgneuf, etc. — Pièces relatives à la nomination de ce dernier aux état et charge susdits, on y trouve des lettres de : Fontaine, l'abbé de Breteuil, Belisle, » Domillier de Thésigny, » etc. — Lettres adres-

…es au marquis de Valory par : le vicomte de Latour-Dupin ; le marquis de Barbançon (a accordé au chevalier de Bonnevaux la place d'inspecteur, dont M. de Vaugien vient de se démettre) ; Fontaine ; Legrand de Melleray et Bosilhoustte, touchant la lieutenance des chasses, la mise en possession de la terre du château d'Etampes, la compagnie de l'arquebuse.

E. 3745. (Liasse.) — 10 pièces, papier, dont 10 cahiers de 2, 2, 2, 2, 3, 4, 5, 6, 8 et 13 feuillets in-4°.

1730-1740. — Mémoire rédigé en forme d'instructions à son fils, probablement par Guy-Louis-Henri de Valory. C'est un document d'un caractère intime, mais très-intéressant pour l'histoire personnelle des membres de la famille de Valory : on y trouve des détails curieux sur les opérations militaires dans les Flandres de 1707 à 1710. — Discours sur la question de savoir quel est, pour un artiste, le plus avantageux, de vivre dans la retraite ou dans le commerce du monde. Ce travail est dû probablement à la plume de Jules-Hyppolyte de Valory, frère de Guy-Louis-Henri. — Récit des batailles d'Oudenarde et de Malplaquet, et des opérations subséquentes, rédigé probablement par le sus dit Guy-Louis-Henri de Valory. — Notes de comptabilité sur les courses faites en 1740 par Jonet, courrier du même Guy-Louis-Henri de Valory, ministre plénipotentiaire à la cour de Prusse. — Mémoire sur la cavalerie, présenté au ministre de la guerre en 1740. — Autre mémoire sur la cavalerie. — Mémoire sur l'infanterie, présenté au cardinal de Fleury. — Deux Lettres d'Argenson au marquis de Valory, touchant les renseignements que ce dernier fournissait au ministre sur les troupes du roi de Prusse. — Mémoire sur la question de savoir « s'il convient mieux au service du roy, quant au militaire, d'être exact à donner » les congés absolus au bout des six ans portés par les » engagements que les soldats contractent avec les capi-» taines des différents corps de troupes. » — « Quelques » principes et définitions tirés de la poétique d'Aristote ; » extrait de Métastase. — Brouillon des 6 premières scènes d'une comédie en 1 acte et en prose, intitulée « L'homme » à la minute. » — Extrait du « Traité de Westphalie, » du père Bougeant. »

E. 3745. (Liasse.) — 2 pièces, parchemin ; 18 pièces, papier.

1754-1779. — Commission donnée à M. de Valory, pour recevoir, comme chevalier dans l'ordre de Saint-Louis, François-Marthe-Hubert de Valory de Lécé, l'un des exempts des gardes du corps en la compagnie de Charost. — Certificat de ladite réception. — Extrait des registres des inhumations de la paroisse Saint-Pierre d'Etampes, portant que, le 29 septembre 1758, a été inhumé dans l'église Saint-Pierre le corps d'Henriette-Françoise Le Camus, âgée de 63 ans ou environ, femme de Guy-Louis-Henri, marquis de Valory, lieutenant-général des armées du roi, commandeur de l'ordre de Saint-Louis, gouverneur de la citadelle de Lille, chevalier, seigneur de Bourgneuf, en présence de Paul-Frédéric-Charles de Valory, abbé de de la Sauve, son beau-frère, de François-Marthe-Hubert de Valory, écuyer, seigneur de Lécé, exempt des gardes-du-corps, chevalier de Saint-Louis, mestre-de-camp de cavalerie, son gendre, et autres. — Pièces relatives à la réception dans l'ordre de Malte de Casimir-Louis de Valory, né et baptisé le 27 décembre 1739, fils de François-Marthe-Hubert de Valory, sus nommé, et de Charlotte-Henriette-Edmée de Valory, sa femme. — Mandement de bénéfice d'âge, pour l'administration de leurs biens, en faveur d'Henriette-Catherine de Valory de Lécé, damoiselle ; Charles-Jean-Marie de Valory, page de la petite écurie ; Charles-Guy-Louis de Valory, chevalier de Saint-Jean de Jérusalem, page de la chambre du roi, et Marie-Jeanne-Marthe de Valory, demoiselle ; enfants des feus François-Marthe-Hubert et Henriette-Charlotte-Edmée de Valory, ci-devant nommés. — Articles du contrat de mariage entre Charles-Jean-Marie de Valory, capitaine de Cavalerie au régiment royal de Lorraine, gouverneur et grand bailli d'épée de la ville, bailliage et duché d'Etampes, capitaine au château de ladite ville, seigneur de Bourgneuf et fiefs y joints, haut justicier et censier du prieuré de Saint-Pierre d'Etampes, seigneur des terres de Lécé, la Barre et Lugré en Anjou, et autres lieux, avec Adélaïde-Louise-Jeanne-Joséphine Dupleix, fille mineure de feu Joseph-François marquis Dupleix, comte de la Ferrière, commandant de l'ordre de Saint-Louis, gouverneur des établissements français dans l'Inde, gouverneur de la ville et fort de Pondichéry, et de Claude-Thérèse de Chastenay-Lanty. — Acte de la célébration religieuse de ce mariage, le 13 avril 1779, dans l'église de la Madeleine, à Paris. — Procuration générale donnée par le dit marquis de Valory, à la dite Adélaïde Dupleix.

E. 3746. (Liasse.) — 1 cahier, papier, de 103 feuillets in-f°.

1750. — « Karekal et autres lieux du sud de la côte » Coromandel, depuis le 24 mars 1750 jusques et com-» pris le 20 octobre 1750, lettres à l'armée commandée » par M. Dauteuil. » — Copie des lettres adressées de

Pondichéry par Dupleix, pendant la période sus-indiquée, à MM. Dauteuil, Le Riche, Floyer, de Bausset et de Larche, de la Touche, Law, Laurence, Pradeau de Bussy, Sornay, Poymorin, Abeille, R. Jean.

E. 3747. (Liasse.) — 3 pièces, papier, dont 2 cahiers de 274 feuillets in-folio.

1752. — « Copie de lettres adressées », de Pondichéry et de la Taupe, du 16 avril au 16 septembre 1751, par Dupleix, à MM. de la Tour, Dauteuil, les officiers de l'armée, Brenier, Law, La Bussaussay, Patté, du Rocher, Destimonville, Dumesnil, Goupil, Hoyt, Turnton, La Volonté, de Gauville, de Selve, Véry, le Riche.

E. 3748. (Liasse.) — 1 cahier, papier, de 147 feuillets in-f°.

1751-1752. — « Voyage de Golconde et Aurenga- » bat. Lettres de l'armée, commencées le 16 janvier » 1751, jusqu'au 21 may 1752. » — Copie de lettres adressées de Pondichéry, pendant la période sus-indiquée, par Dupleix, à MM. de Bussy, de Kerjean, le père Théodore, Agy-Abdoula; Mouzaforkan, Vincent.

E. 3749. (Liasse.) — 1 cahier, papier, de 116 feuillets in-f°.

1751-1752. — « Lettres pour l'Europe, commencées » le 16 octobre 1751 jusqu'au 21 octobre 1752, » adressées par Dupleix à Madame de Montaran, MM. Dousset-Castanier, Choquet, de Saint-George, Drignon, Pèlerin, Prévôt de la Touche, de Montendre, de Massin, de Bonneval, Boissière, Pépin de Bellisle, de la Garde, de la Lande, Mad° Joly, MM. Joly, Gardancourt, Le P. René de Charante, les syndics et directeurs généraux (de la Compagnie des Indes), de Montaran, de Machault, les directeurs de la Compagnie d'Angleterre, Martin de Selve, Polizy, Gayrosso, l'abbé Staffort, la Vigne-Buisson, Quentin de Lac-Métrie, Gilbert-Deschainay, de Verney, Baudran, Chailhat, Morellet, Danycan, Bouillé, duc de Gesvres, duc de Noailles, duc de Béthune, de Silhouette, de Lavalette, Dupleix (son neveu), Godchen, Nicole, Faydeau-Dumesnil, Michel, Saintard, Gilly, Gardamons, de Rabouine, Binet, duc de Richelieu, comte de Thoumone, Mad° de Baquencourt: quelques-unes de ces lettres sont chiffrées avec la traduction interlinéaire.

E. 3750. (Liasse.) — 1 cahier, papier, de 151 feuillets in-f°.

1752. — « Registre des lettres écrites aux armées » commandées par MM. Law et Brenier, à commencer du » 1er janvier 1752 jusques et compris le » 16 juin 1752, adressées par Dupleix à MM. Brenier, Law, Patté, Destimonville, Véry, Dumesnil, Durocher, Saint-Philippe, Hoyt, Milon, Plouzquelec, Saint-Bernard, La Volonté, le Sergent de Valgonde, Du Rocher de la Périgne, Murray, Dauteuil, Beauvais, Lambert, l'officier commandant à Valgonde, Le Comte. Beaucoup de ces lettres sont chiffrées, avec la traduction interlinéaire.

E. 3751. (Liasse.) — 1 cahier, papier, de 104 feuillets in-f°.

1752. — Copie de lettres adressées, du 20 mai au 3 octobre 1752, de Pondichéry, par Dupleix, à MM. Milon, Hoyt, La Volonté, Médère, Le Comte, Saint-Philippe, Véry, Patté, Brenier, Le Gris ou Le Gros, de Saint-Germain, Bauvais, Mad° Médoisat, MM. de Kerjean, Dauteuil, de la Beaume, Pacaud, Dusaussay, de Glauignac, Willesmo, Le Normand, Dormieux, de Manière, de Maissin.

E. 3752. (Liasse.) — 1 cahier, papier, de 42 feuillets in-f°.

1752-1753. — Copie de lettres adressées, de Pondichéry, du 4 mai 1752 au 10 janvier 1753, par Dupleix, à MM. le Gouverneur de Madras, Sanders, Dumesnil, Cokell, Visdelou, le gouverneur du fort St David, le commandant des troupes anglaises, Laurence, Starke, Andrew Ross, d'Alton, Dormieux, Campbelle.

E. 3753. (Liasse.) — 1 cahier, papier, de 14 feuillets in-4°.

1753. — Minute d'une lettre adressée de Pondichéry, le 16 janvier ou février 1753, par Dupleix, aux syndics et directeurs généraux de la compagnie des Indes.

E. 3754. (Liasse.) — 1 cahier, papier, de 149 feuillets in-f°.

1752-1754. — « Livre des lettres écrites à l'armée » de Golconde et Aurengabal, commencé en 1752, le » 30 mai, » et fini au 10 mars 1754. Copie de lettres adressée pendant la période sus-indiquée, de Pondichéry, par Dupleix, à MM. de Bussy, Dugrez, Jean-Baptiste, Goupil, Vafadirkan, le R. P. Montjustin, Marière, Durocher, de Valton, Marion, de Mainville, Romikan, Villéon, de Boisseran, Beylie, le chevalier de Parthenay, de Ligny, Gadeville, les officiers de l'armée française sous les ordres de M. de Bussy, de Jainville, de Vieux-de-loup,

Duquesny, Moulin, de Mézière, Dhmé, le marquis de Conflans ; beaucoup de ces lettres sont chiffrées avec la traduction interlinéaire.

E. 3753. (Liasse.) — 1 cahier, papier, de 69 feuillets in-f°.

1753-1754. — « Lettres pour Karcikal et autres lieux du sud de la côte, à commencer du 27 août 1753 jusques et compris le 31 juillet 1754, » adressées par Dupleix à MM. Le Hiche, Donzach, R. P. Costas, Hooremann, gouverneur de Négapatam, R. P. Tremblay, Barthélemy, Hoyt, Sivers, Thibault, l'évêque d'Halycarnasse, Roth, Beauvais, Vermont, Brouwer, de Marcenay, Ziegenbalg, Recepall, Vaulke.

E. 3755. (Liasse.) — 1 cahier, papier, de 67 feuillets in-f°.

1753-1754. — « Registre des lettres écrites de Masulipatam, commençant le 1er janvier 1753, jusqu'au 27 juillet 1754, » et adressées par Dupleix à MM. de Marocin, Périgny, Duplant, de la Selle, Ducs, de Fontenay, Panon, Du Laurens, De Bussy, Berthelin, Marion, Vermont, M. Vve Rinck, R. P. Augustin, de Ligny, Le Fagueix, chevalier de Boisseran, Trémisot, Miton, Dormieux, Dittens, Mad. Denis, chevalier de Parthenay. Les quelques passages chiffrés qui se trouvent dans ces lettres ne sont pas traduits.

E. 3756 bis. (Liasse.) — 2 pièces, papier, dont 2 cahiers, l'un de 77, l'autre de 20 feuillets in-f°.

1754. — Livre de compte, probablement de Dupleix, établi par doit et avoir pour l'année 1754. — Répertoire alphabétique des noms de personnes contenus dans le dit livre. — Liste de 16 personnes, dont les noms ne se trouvent pas dans le répertoire, dont cette liste sur feuille volante pourrait être le complément.

E. 3757. (Liasse.) — 1 cahier, papier, de 4 feuillets in-4°.

10 novembre 1758. — Contrat de mariage entre Joseph-François, marquis Dupleix, comte de la Ferrière, commandeur de Saint-Louis, ci-devant commandant général des établissements français dans l'Inde et gouverneur des ville et forts de Pondichéry, fils de feu François Dupleix et d'Anne-Louise Manac, et veuf sans enfant de Jeanne Albert, d'une part ; et Claude-Thérèse du Chastenay de Lauty, fille majeure de feu François-Élie de Chastenay, chevalier, marquis de Lauty, baron de Crépan, mestre de camp, lieutenant-colonel, commandant le mestre de camp, général de cavalerie, chevalier de Saint-Louis, et de Jeanne-Françoise Gardian, d'autre part.

E. 3758. — 1 registre, papier, relié, de 939 feuillets in-f°.

1763-1764. — Procès-verbal d'apposition et de levée des scellés sur les meubles et objets mobiliers de Joseph-François Dupleix, marquis, commandeur de Saint-Louis, comte de Ferrière, ancien gouverneur de la ville et du fort de Pondichéry, dans l'Inde-Orientale, mort le 11 novembre 1763, dans son hôtel, rue Neuve-des-Capucines, paroisse de la Madeleine de la Ville-l'Évêque, fait à la requête de Claude-Thérèse de Chastenay de Lauty, sa veuve, en qualité de créancière de la succession, et comme tutrice naturelle d'Adélaïde-Louise-Jeanne-Joséphine, leur fille. Les vacations sont au nombre de 341, et les oppositions des créanciers sont au nombre de 336. Ce procès-verbal forme 4 volumes reliés, dont le premier est inscrit sous le présent numéro et les 3 autres forment les articles suivants.

E. 3759. — 1 registre, papier, relié, de 928 feuillets in-f°.

1763-1764. — Deuxième volume du procès-verbal ci-dessus.

E. 3760. — 1 registre, papier, relié, de 909 feuillets in-f°.

1763-1764. — Troisième volume du même procès-verbal.

E. 3761. — 1 registre, papier, relié, de 964 feuillets in-f°.

1763-1764. — Quatrième volume du même procès-verbal.

E. 3761 bis. — 1 registre, papier, de 165 feuillets in-f°.

1767-1768. — Procès-verbal de vente aux enchères, à Paris, de diamants, pierres et autres objets précieux, faisant partie de la succession Dupleix.

E. 3762. (Liasse.) — 53 pièces, papier.

1745-1769. — Quittances de droits de censive

être payée par les Valory aux receveurs de la terre et seigneurie de Mesnil-Girault, pour le compte du chapitre de Sainte-Croix d'Orléans. — Quittances d'une rente annuelle de 9 livres, sur une maison servant aux audiences de la justice, à Étampes, payée par les mêmes aux marguilliers de la fabrique de l'église Saint-Pierre : Jean-B. Paris; Carneuillier; Denis Gaudron; Jean Paris; Douché; Coiteau; Delasnoue; Denis Rué; Denis Vézard; Jean-Baptiste Roger; B. Capy; Claude Vézard; Ronceray; Simard; P. Paris; Labiche; Baron; Pierre Paris; Pierre Auclere; Pierre Boucher. — Quittances du loyer du banc des Valory dans la chapelle de la Sainte-Vierge de l'église Saint-Pierre d'Étampes, payé, en conséquence de l'adjudication du 23 août 1769, à raison de 6 livres 2 sous par an, aux marguilliers Coiteau; Rué; Hetanoue; Denis Vézard; Jean-Baptiste Roger; B. Capy; Ronceray; Pierre Paris; Baron; Pierre Auclere; Pierre Boucher. — Quittance de 202 livres reçues de l'abbé de Valory, pour le compte de M. Anfrye de Malte et les honoraires du mémorial et suppliques à l'occasion des preuves de Louis Casimir de Valory, par Lacroix. — Quittance de Chauvet, préposé du vingtième de la paroisse de Brières-les-Scellés, pour la somme de 4 livres 8 sous, payée par Louis-Henri de Valory, coté au rôle à l'article 89. — Quittance de Lavallery, avocat au parlement et contrôleur des actes au bureau d'Étampes, pour la somme de 605 livres 19 sous 3 deniers, montant du droit de centième denier et 10 sous par livre, des immeubles dépendant de la succession d'Henriette-Catherine de Valory, femme du marquis de Cély, décédée le 31 décembre 1785, somme payée par le marquis, le chevalier et la comtesse Marthe de Valory. — Quittance de 8 livres 10 sous 3 deniers pour 9 années de censive d'un arpent de terrain dans le potager du Bourgneuf, et 3 arpents de terre au chantier de la Mare-Garbault, possédés en roture du chapitre de Sainte-Croix d'Étampes par le marquis de Valory, signé Fromentin, chanoine. — Autre quittance du sus-nommé Lavallery pour la somme de 785 livres 3 deniers, montant du droit de centième denier sur les mutations ayant pour objet la ferme de Boismercier, somme payée par Charles-Jean-Marie, marquis de Valory, seigneur de Bourgneuf, gouverneur d'Étampes; Casimir-Louis de Valory, chevalier non profès de l'ordre de Malte; Marie-Jeanne-Marthe de Valory, comtesse de Valory, chanoinesse du chapitre noble de l'Argentière, tant en leurs noms qu'en l'acquit de Nicolas Dieudonné-Cornette de Cély, marquis de Cély, leur beau-frère. — Quittance d'une redevance annuelle de 12 livres due par le même marquis à Lemasson, prêtre, chapelain de Saint-Macé.

E. 3763. (Liasse.) — 74 pièces, papier.

1757-1760. — Mémoires de fournitures faites aux Valory, par Villemère Laumonier, marchand à Étampes; Roux, tailleurs. — Mémoires de travaux de menuiserie, maçonnerie, charpenterie, etc., exécutés au Bourgneuf. — Quittances de ces mémoires, de rentes viagères, d'impositions, etc., faites à Chalou de Lizy, pour le compte des majeurs et mineurs de Valory, dont il gérait la fortune, de 1775 à 1780.

E. 3764. (Liasse.) — 63 pièces, papier.

1760-1768. — Quittances du vingtième et 2 sous pour livre payés par M. de Valory, pour sa maison située à Paris, rue de Bracque. — Mémoires d'ouvrages de pavé, menuiserie, peinture, vitrerie, maçonnerie, tapisserie, serrurerie, couverture, charpenterie, carrelage, fumisterie, faits à la dite maison, les dits mémoires portant quittances signées : V° Pinot; Passinge; Marceau; Vadé; Benard; Blondel; Gérard; Desriches; Morin; Delleville; Le Houcoeul; femme Lamare; Simon; Baudet; Rolland; Bertholain; Ferrand; Méry; Charvet; Loir; Pilheux.

E. 3765. (Liasse.) — 41 pièces, papier.

1754-1788. — Quittances pour une rente seigneuriale annuelle de 105 livres due aux chartreux d'Orléans par les seigneurs du Bourgneuf, et reçue successivement des Valory par leurs receveurs : Étienne Grugeon; Marguerite Grugeon, sa veuve; Antoine Gervais Bechen et Louis Gerosme, cohéritiers et ayant droit de lui.

E. 3766. (Liasse.) — 8 pièces, papier, dont 3 cahiers de 19, 112 et 111 feuillets in-f°.

1769-1788. — Inventaire de meubles fait après le décès d'Henriette-Françoise le Camus, à la requête de Guy-Louis-Henri, marquis de Valory, lieutenant-général des armées du roi, grand croix de l'ordre de Saint-Louis, gouverneur de la citadelle de Lille, ci-devant ministre plénipotentiaire à la cour de Berlin, chevalier, seigneur du Bourgneuf, haut justicier et censier du prieuré de Saint-Pierre, Tiercelin, et des fiefs de Saint-Bonnet dit des Longs, des Harangeois, Foresta et autres terres, son mari, en présence et du consentement de François-

Marthe-Hubert de Valory, chevalier, comte de Lécé, la Barre, Lugré et autres lieux, chevalier de Saint-Louis, maître de camp de cavalerie, exempt des gardes-du-corps, et Charlotte-Henriette-Edmée de Valory, sa femme; Jeanne-Louise-Caroline de Valory, les dites Charlotte et Jeanne, filles des dits marquis et marquise de Valory. La bibliothèque du château du Bourgneuf contient 1000 volumes, les archives 93 articles. — Renonciation de Charlotte-Henriette-Edmée de Valory à la succession de sa mère. — Inventaire des meubles du château du Bourgneuf fait après le décès de Charlotte-Henriette-Edmée de Valory, à la requête du marquis de Valory, prêtre, prévôt en dignité de l'église collégiale de Saint-Pierre de Lille, au nom et comme ayant pouvoir de François-Marthe-Hubert de Valory, sus-nommé, ce dernier agissant tant en son nom personnel que commissionaire d'Henriette-Catherine de Valory, âgée de 15 ans 4 mois; Charles-Jean-Marie de Valory, âgé de 12 ans; Charles-Guy-Louis de Valory, âgé de 8 ans, chevalier de justice du Saint-Jean de Jérusalem; Marie-Jeanne-Marthe de Valory, âgée de 4 ans, et Casimir-Louis de Valory, reçu de minorité pour l'ordre de Malte, âgé de 18 mois, tous cinq enfants mineurs du dit François-Marthe-Hubert et de Charlotte-Henriette-Edmée de Valory. — Extrait du registre des sépultures de l'église Notre-Dame de Versailles, portant que, le 12 mars 1765, a été inhumé François-Marthe-Hubert de Valory, décédé la veille, en présence d'Antoine-Luc de Séré, mestre de camp de cavalerie et exempt des gardes du corps du roi; François de Duras, brigadier des armées du roi et enseigne des gardes-du-corps. — Tutelle des mineurs sus nommés donnée à leur aïeul maternel Guy-Henri-Louis marquis de Valory. — Inventaire mobilier après les décès des dits François-Marthe-Hubert et Charlotte-Henriette-Edmée de Valory « ... deux boucles d'oreilles et une
» bague à diamans fins, prisées et estimées..., deux mille
» livres..., une montre à répétition et boite d'or et chaine
» d'acier prisée et estimée..... deux cents livres. » — Pièces relatives à l'émancipation de M. et de M{ll.} de Valory.

E. 3767. (Liasse.) — 3 pièces, parchemin, dont 1 cahier de 6 feuillets in-4°; 4 pièces, papier.

1752-1788. — Contrat de mariage entre Louis-Nicolas-Dieudonné-Cornette de Cély, chevalier, capitaine au régiment royal Pologne, cavalerie, fils de feu Nicolas-Philippe-Cornette-Saint-Cyr de Cély, chevalier, conseiller du roi en son conseil souverain de l'île de la Martinique, et de Marie-Rose-Daubas Dubreuil, représentée par Rémy Le Roy de Vaudremont, d'une part; et Henriette-Catherine de Valory de Lécé, fille des feus François-Marthe-Hubert de Valory, chevalier, seigneur de Lécé, de la Barre « Lagré » et autres lieux, exempt des gardes-du-corps du roi, chevalier de Saint-Louis, et d'Henriette-Charlotte-« Aimée » de Valory; de l'agrément et en présence de Guy-Henri-Louis, marquis de Valory, chevalier, commandeur, grand-croix de Saint-Louis, lieutenant-général des armées du roi, ci-devant son ministre plénipotentiaire à la cour de Prusse et à celle de Sa Majesté britannique, chevalier, commandeur des ordres de Notre-Dame de Mont-Carmel et de Saint-Lazare de Jérusalem, gouverneur, grand bailli d'épée de la ville d'Etampes, grand-père maternel de la future; Jean-Baptiste Poilloux de Saint-Mars, seigneur de Dierville, officier de marine, et sa femme Marie-Louise Le Roy; Charles-Jean-Marie, comte de Valory, chevalier, capitaine de cavalerie au régiment royal de Lorraine, et Marie-Jeanne-Marthe de Valory, frère et sœur de la future; Jules-Hippolyte de Valory, chevalier, ancien capitaine du régiment de la Marine, chevalier de Saint-Louis; Jeanne-Louise-Charlotte de Valory, madame de Saint-Wast et madame du Petit-Val. — Lettres d'émancipation en faveur de Casimir-Louis de Valory, chevalier de justice de l'ordre de Saint-Jean-de-Jérusalem, fils des sus-nommés François-Marthe-Hubert et Henriette-Françoise-Edmée ou Aimée de Valory. — Entérinement des dites lettres au bailliage d'Etampes. — Donation faite par le dit Casimir-Louis à Charles-Jean-Marie, marquis de Valory, de tous les droits successifs immobiliers qui lui appartiennent et peuvent appartenir dans les successions de leurs père et mère, qualifiés comte et comtesse de Valory, et dans celle du marquis de Valory, leur aïeul maternel, à la réserve de l'usufruit. — Transport mobilier et d'usufruit dans les biens provenant des dites successions fait au même par le même moyennant une rente annuelle de 3,000 livres. — Accord et transaction entre Louis-Nicolas-Dieudonné-Cornette de Cély; Louise-Caroline de Valory; Charles-Jean-Marie, marquis de Valory, chevalier non profés de l'ordre de Malte, et Marie-Jeanne-Marthe, comtesse de Valory, dame chanoinesse d'honneur du chapitre noble de l'Argentière, touchant la succession d'Henriette-Catherine de Valory, marquise de Cély, décédée sans enfants. — Adhésion par Charles-Jean-Marie, Casimir-Louis et Marie-Jeanne-Marthe de Valory aux testament et codicille faits par Jeanne-Louise-Caroline de Valory, leur tante.

E. 3769. (Liasse.) — 53 pièces, papier.

1776-1788. — Lettres adressées au marquis de Valory, capitaine au régiment de Lorraine, cavalerie, par Chailloux, baron de Lisy, chargé des affaires de la famille de Valory; administration de la fortune; défense des intérêts; projets d'établissements; construction d'un presbytère à Étampes, etc.

E. 3770. (Liasse.) — 92 pièces, papier.

1748-1802. — Lettres adressées à M. Ballin par l'abbé de Valory, Le Camus, à l'abbé de Valory, par « Frère Charles; » au marquis de Valory, par le commandeur Jourdain, avocat général de l'ordre de Malte, l'abbé de Loménie, coadjuteur de Sens, Chevereau, etc. — « Titres et pièces de famille de M. de Valory de Lécé » contenus dans un petit sac de toile, remis, le 10 février 1769, à M. Chérin, généalogiste. » — « État des titres et documents envoyés le 5 mars 1774, à Paris, au chevalier de Valory; » « État des papiers appartenant au citoyen » Valori, qui lui ont été remis par le citoyen Deschamps, » archiviste de la préfecture du département de Seine-» et-Oise, en vertu de l'arrêté du préfet du 11 messidor » an dix de la République française. » Au pied de cet état est le récépissé des titres, signé: « Valori, » à Versailles le 12 fructidor an X, c'est-à-dire le 30 août 1802. Cet état comprend 47 articles qui se composent de documents très précieux pour l'histoire, tels que la correspondance de Guy de Valori, pendant ses dernières ambassades, et celle de Dupleix, pendant son séjour dans les Indes.

E. 3770. (Liasse.) — 1 cahier, parchemin, de 44 feuillets in-4°; 1 pièce, papier.

26 août 1580-1655. — Bourgneuf (le). — Décret volontaire des « fief, terre et seigneurie, appartenances « et dépendances du Bourgneuf, » à la requête de François « Rolger, » conseiller du roi et son procureur général au parlement de Paris, par suite de convention spéciale avec Claude Delisle, écuyer, seigneur « du Grant-» Bonyaville, » qui lui en avait fait la vente. (Ce document, fort intéressant, a subi de regrettables mutilations qui le rendent incomplet entre les feuillets 22 et 23.) — Cote analytique du document sus-mentionné, suivie de la cote de l'acte de vente « de la terre et seigneurie du » Bourgneuf, » faite, le 24 mars 1655, par D' Gobelin, veuve Bénigne le Ragois et tutrice de Jean le Ragois, à Nicolas de Caurs.

E. 3771. (Liasse.) — 1 pièce, papier.

24 février 1580. — Bourgneuf (le). — Extrait des registres de Catherin Poitevin, notaire royal à Étampes, contenant la vente des seigneuries du Bourgneuf et de la « Mairerye, » faite à noble homme Bénigne le Ragois, conseiller, notaire et secrétaire du roi, sieur de Guignonville, par Georges « Rolger, » écuyer, seigneur de « Mauchesne, » tant en son nom que comme procureur spécial de Cécile « Rolger », sa sœur, veuve de François de Harainville, écuyer, sieur de Guillerville, moyennant la somme de 3,600 écus 2 3 d'écu d'or sol. Les seigneuries du Bourgneuf et Mairie, sises au faubourg Saint-Pierre d'Étampes, consistaient « la dicte seigneurie du » Bourgneuf, en un grand corps de logis meublé couvert » de thuille, cour, grenier, cave, grange, estable et jardin » derrière; le tout d'un tenant et clos de murs; le tout » d'une part à la rue du dict Bourgneuf, d'autre part » à une ruelle, d'un bout par devant à une autre ruelle, » et d'autre bout par derrière sur Toussain et Moulin; » un grand jardin assis à l'opposite du dit lieu; les » dicts jardins et grange aussy tout d'un tenant et clos » à murs, tenant d'une part à ladicte rue du Bourgneuf, » d'autre part à Simon Lesné et autres, aboutissant des » deux sur deux ruelles. Un courtil assis près le dict » lieu, contenant demy quartier ou environ, tenant » d'une part à Pierre Mainfroy, vigneron du grand » Pierre, d'autre part à la rue des Ourches, autrement » appellée la rue du Fillouer, d'un bout sur la dicte rue » du Bourgneuf, et d'autre bout sur la veuve et héritiers » de feu Cantien Morard. Un moulin à bled assis sur la » rivière de Juisne, vulgairement appellé le moulin du » Bourgneuf, avec les autres saulx des moulins situez » sur la dicte rivière, depuis le quay du Crochet jusques » au lieu appellé le moulin des Grais, le dict moulin des » Grais de présent en ruine, et quitté, par les propriétaires dicelluy, au proffit des dits vendeurs, les droicts » de chausez et pesches selon que de tout temps et d'ancienneté les seigneurs du dict Bourgneuf ont accoustumé jouir, à sçavoir du dict droict de pesches, depuis » les escluzes de Vauson jusques au lieu appellé la Teste » à l'Abbé, et le dit droict de chaussez depuis les dictz » escluses jusques au Moulin Fouleret;... » plus quelques menus cens. La seigneurie de la « Mairerye » consistait « en une pièce estant joignant le pricuré de l'é-» glise du dict Saint-Pierre d'Estampes, contenant un

» arpent ou environ, où il y avait entièrement un logis
» et reste encore une cave et des fondements, tenant
» d'une part au dict prieuré, une vente entre deux,
» d'autre part à la rue de la Valloyer, d'un bout sur les
» marais de la dicte Mairerye, et d'autre bout sur le si-
» metier de la dicte église du dict bourg Sainct-Pierre,
» le chemin pour entrer au dict prieuré entre deux :
» trois quartiers de prez assis derrière le clos du dict
» prieuré... demi muid de bled formant de rente fon-
» cière... les censives... montant à cent soix tournois. »

E. 3771. (Liasse.) — 8 pièces, parchemin, dont 3 cahiers de 9, 12 et 16 feuillets in-4°; 4 pièces, papier, dont 3 cahiers de 9 et 16 feuillets in-6°.

1685-1689. — Bourgneuf (le). — Catherine Gobelin, veuve de Bénigne Le Ragois, vivant, écuyer, sieur du Bourgneuf, tant en son nom que comme tutrice de Jean Le Ragois, fils mineur du dit défunt et d'elle. Bénigne Le Ragois, écuyer, sieur du Bourgneuf; Madeleine Le Ragois, femme de Charles Hervé, conseiller au parlement : les dits Bénigne et Madeleine frère et sœur, fils et héritiers du dit feu Bénigne Le Ragois et de Catherine Gasnier, sa première femme : vendent à noble homme Nicolas de Cœurs, conseiller du roi, receveur général et payeur des rentes assignées sur les tailles, et Antoinette Martin, sa femme, toutes et telles parts et portions qui leur appartiennent en la maison, terre et seigneurie du Bourgneuf, moulin du dit lieu et « Mairie
» Sainct Pér, le dict moulin à présent en ruyne, avec
» telz cens, droict et debvoirs seigneuriaux qui leur peu-
» vent être deubz à cause des dictz fiefz et seigneuries,
» leurs appartenances et dépendances ; le tout scis et si-
» tué ès faulx bourgs Sainct Père lès Estampes ; et tenu
» en fief, foy et hommage de Monsieur l'abbé de l'abbaye
» St Benoist-sur-Loire, diocèse d'Orléans... » La vente est faite moyennant la somme de 51,662 livres 3 sous 2 deniers tournois. — Claude Villet, receveur et payeur de rentes de la ville de Paris assignées sur les gabelles, reconnait avoir reçu de M. de Cœurs la somme de 1400 livres tournois « en faveur et pour le pot de vin de la
» vente.... de la terre de Bourgneuf..... » — Inventaire des titres et contrats livrés par la venderesse à l'acquéreur. — Quittance de Marie Le Ragois et de son mari J. Dujardin, pour leur part dans le prix de la vente. — Françoise Bazat, veuve de Claude Clozier, vend à Nicolas de Cœurs plusieurs immeubles sis au faubourg Saint-Pierre d'Étampes, en son vivant maître apothicaire, demeurant à Étampes, aux Champtiers de Coquesalle, de Maisons, de Godeluche, les trois Hailles, du couvent, de Sainvilliar, de Cochereau, proche la fontaine Saint-Pierre, grande rue du faubourg de Bretagne, du fief du Couldray, des Butes, des Grandes-Blanches, de Dargault, proche la Croix le long du pavé. — Vente de 5 quartiers de terre labourable, au terroir d'Ormoy-la-Rivière, champtier de l'Orme de l'huillie, en 2 pièces, enclavées dans celles du seigneur de Bourgneuf, faite au même Nicolas de Cœurs, moyennant 50 livres tournois, par François Durand, maître charon à Étampes, et Jeanne Joisneau, sa femme. — Les mêmes vendent au même, moyennant 110 livres tournois, 5 arpents 1/2 de terre labourable, terrains Saint-Pierre et d'Ormoy, en 8 pièces sises aux champtiers du Grande, Vauroux, de Mesnil, du Val-aux-Dames. — Louis Picard, sergent royal, à Étampes, tant en son nom que comme tuteur de Louis Picard, fils mineur de lui et de feue Jeanne Roulleau, vend au même plusieurs pièces de terre sises au terroirs de la Montagne et « sainct Pierre, » et indivises avec Élisabeth Roulleau, veuve de Louis Picard, en son vivant, procureur aux sièges royaux d'Étampes. — Vente d'une maison sise à Étampes, rue de la Negrattorie, autrement dit le marché Notre-Dame, et de deux pièces de terre au champtier de « Lamaire de Boulle, » faite au même par Quentin Motheux, marchand, demeurant à Étampes.

E. 3772 bis. 1 registre, parchemin et papier, de 201 feuillets, parchemin, 12 et 4 feuillets, papier, in-4°.

5 février-6 avril 1740. — Bourgneuf (le). — Adjudication de la terre et seigneurie du Bourgneuf, par décret sur Louise-Julie de Cœurs, au profit d'Alphonse de Germain de Guérin, chevalier, seigneur de Moulineuf, et de Tiercelin, lieutenant des gardes-françaises ; ce registre contient, sur parchemin : 1° l'adjudication ; 2° déclaration de command ; 3° consignation ; 4° expédition et sceau ; 5° enregistrement ; 6° insinuation ; sur papier : 1° une lettre du conteur au décret ; 2° des « remarques des
» erreurs qui se trouvent au décret de la terre du Bourg-
» neuf ; » la partie en parchemin est interfoliée en papier depuis le folio 136 jusqu'au folio 201.

E. 3773. (Liasse.) — 3 pièces, papier, dont 1 cahier de 16 feuillets in-folio.

Sans date. XVIIe-XVIIIe siècles (?). — Bourgneuf (le). — « Ventilation de l'acquisition du Bourgneuf.
» Pour parvenir au payement des lotz et ventes et droitz
» seigneuriaux deubz aux seigneurs dont relève la terre

» du Bourgneuf, suivant l'acquisition faicte par le con-
» tract du 24 mars 1659, il est nécessaire de faire une
» ventilation de tous les héritages mentionnés au dict
» contract, affin que chacun seigneur cognoisse ce qui
» luy appartient. » Ces seigneurs sont : l'abbé de Saint-
Benoît-sur-Loire; l'abbé et les religieux de Morigny;
M. de Saint-Bonnet; les religieux de Sainte-Croix d'Orléans; le commandeur du Temple, près Étampes; M. de
Valnay; le duc d'Étampes; M. de Saint-Cyr; le collège
du cardinal Lemoyne; M. de la Montagne; le prieur de
la chapelle Sainct-Macé; M. de Boissy-le-Sec; M. de Ma-
chault-Chamben. — « État estimatif de la terre du
» Bourgneuf, moulin, fiefs, fermes, terres et prés et
» autres droits en dépendants. » Cet état non daté, mais
dressé postérieurement à 1782, contient un ensemble intéressant de renseignements sur le Bourgneuf, les fiefs
des Harengeois, de Saint-Bonnet ou des Longs, de Saint-
Pierre, de Foresta, les fermes de Boismercier, de l'Ormo,
d'Abboville, des Petits Johannets et Tourcheville, Ezen-
ville, Bièvres, et Saint-Germain, la Chapelle-Saint-
Macé, etc.

E. 3774. (Liasse.) — 7 pièces, papier, dont 4 cahiers de 18, 30
25 et 44 feuillets in-f°, et 1 cahier de 25 feuillets in-f°.

1720-1723. — Bourgneuf (le). — Sentence d'adjudication par décret de la terre et seigneurie du Bourgneuf, moulin à eau en dépendant, ferme et métairie de
Boismercier, circonstances et dépendances, et autres
biens saisis réellement sur Louise-Julie de Cœurs, fille
majeure, à la requête de Pierre Lhuillier, avocat en parlement, au profit d'Alphonse-Germain de Guérin, chevalier, seigneur de Moulineuf, lieutenant au régiment
des gardes-françaises, moyennant le prix de 33,700 livres. — Extrait de la dite sentence. — Déclaration des
rentes foncières dues au dit S' de Moulineuf, à cause de
sa terre et seigneurie du Bourgneuf, dressées sur l'affiche
de quarantaine de l'adjudication de la dite terre et sur les
mémoires de recettes de feu Savouré, en son vivant receveur de la dite terre; ensemble des rentes : 760 livres
9 sous 6 deniers, sauf révision. — Autre déclaration des
mêmes rentes : total 737 livres 18 sous, avec réserves. —
Déclaration des loyers des moulin, ferme, prés et terres
labourables, en vertu de la sentence d'adjudication mentionnée au début du présent article.

E. 3775. (Liasse.) — 3 cahiers, papier, de 6 feuillets in-f° chacun.

14 février 1724. — Bourgneuf (le). — Transaction
entre Anne Vedeau de Gramont, veuve, en premières
noces, de Louis Aubery, chevalier, seigneur de Triport,
conseiller du roi, et, en secondes noces, d'Alphonse de
Guérin, chevalier, seigneur de Moulineuf et autres lieux,
gouverneur des château et fort de Namur, la dite Anne
en qualité de seule héritière bénéficiaire de feue Anne-
Charlotte de Guérin, sa petite fille, laquelle était fille et
seule héritière de feu Alphonse-Germain de Guérin, et
d'Henriette-Françoise Le Camus, décédée au Château de
Bourgneuf le 24 novembre 1713, d'une part, et Henriette-
Françoise Le Camus, mineure de 18 ans, veuve d'Alphonse-Germain de Guérin, chevalier, seigneur de Moulineuf, Tiercelleux et de Bourgneuf, d'autre part; contenant, entre autres choses, abandonnement, à la dite Henriette-Françoise Le Camus, de la terre et seigneurie du
Bourgneuf et dépendances, de la terre et seigneurie de
Tiercelleux et de portion dans le greffe de la vicomté de
Rouen.

E. 3776. (Liasse.) — 1 cahier, parchemin, de 10 feuillets in-f°.

11 avril 1589. — Bourgneuf (le). — Procès-verbal
de visite de la seigneurie du Bourgneuf et des Moulins-
neuf au faubourg Saint-Père d'Étampes, fait par Noël
Bijon, juge et garde de la prévôté « de la Ferté Aleps, »
à la requête de François Roiger, seigneur de la dite seigneurie. La visite commence par un « grand moulin à
» bled assis sur la dicte rivière de Juisne au-dessus et
» joignant » l'hôtel de Pierre Testard, où pendait pour
enseigne l'image de Saint-Martin, et qui était situé au
bout du « Pont-aux-lièvres, autrement le Pont de Juisne;
elle se continue par un « autre moulin foulleret estant
» assis sur la dicte rivière au dessoulz du dict pont-aux-
» lièvres. » On se transporte ensuite en dehors du faubourg Saint-Père, « allant le long de la dicte rivière de
» Juisne droit au village d'Ormoy, » pour visiter un
autre « moulin folleret, où y a maison couverte de tuilles.
» À cause desquelz molins qu'ilz » (les témoins appelés
par le juge de la Ferté-Alais) « dient estre appelez les
» molins neufz du fief, terre et seigneurie du dict Bour-
» neuf, dient le dict cours d'eaue et rivière de Juisne ap-
» partenir au dit Roiger, depuis ung gué appelé le gué
» de la Bronarie, estant près du village d'Ormoy, au-
» dessus de la maison de Vauron, jusques au dessoulz
» des dictz molins neufz et du dit faulxbourg Sainct-
» Père, et lieu qui se appelle la Teste-à-l'abbé,… au-des-
» sus du dict molin foulleret, deux autres eaux de molins, l'un au-dessus et près du dict molin foulleret,
» appelé le Sault du molin de Crochet, et l'autre plus

» hault tirant sur la dicte rivière vers Vauron... » suit la délimitation de la censive « du chantier appelé la » censive de Courte, appartenant à la dicte terre et sei- » gneurie des molins neufs... » Après quoi se trouvent les délimitations des dépendances et appartenances de la seigneurie de Bourgneuf proprement dite, etc.

E. 3777. (Liasse.) — 1 pièce, parchemin.

1570-1576. — Bourgneuf (le). — Demoiselle Cécile Roiger, « dame des fiefs de Bourgneuf et Mairerye Sainct- » Pierre, faulxbourg d'Estampes, » baille, à titre de ferme, à Gilles Buchon, procureur au bailliage d'E- tampes, et moyennant un loyer annuel de 80 livres tour- nois, « le lieu seigneurial du dict Bourgneuf, se consis- » tant en maisons, jardins, devant et derrière, prés, vi- » gnes, terres labourables deppendantes d'icelle seigneu- » rie de Bourgneuf et Mairerye,... avec demy muyd de » blé de rente à prandre sur la mestairye de la Breton- » nerye et terres deppendantes d'icelle, dont sont dé- » tempteurs Symon Dupré et les héritiers feu Symon » De la Porte... » — Au bas de cet acte est une déclara- tion signée (autogr.) : « George Roiger, » qui continue pour trois ans le bail au dit Buchon.

E. 3778. (Liasse.) — 5 pièces, parchemin.

1553-1583. — Bourgneuf (le). — Charles Guettard, Thomas Guettard et Philippe Cormereau, à cause de Marie Guettard, sa femme, transportent à l'Hôtel-Dieu d'Etampes, représenté par les maîtres administrateurs, Pierre Forest et Cantien Dallier, une rente de 40 sous tournois, assise sur une maison de la rue de Lalun, à Etampes. — Titres nouveaux de la dite rente par : 1° Perrine Grenier, veuve de Daniel Le Conte; 2° Jean Dolebeau, vigneron ; 3° Mathieu Biard, vigneron. — Quit- tance de rachat de la dite rente délivrée à Nicolas de Cœurs, seigneur de Bourgneuf et autres lieux, par Michel Boullemier, maître boulanger, à Etampes, au nom et comme administrateur de l'Hôtel-Dieu, et du consente- ment de noble homme Jean Alleaume, conseiller du roy et lieutenant ancien de l'élection d'Etampes, maire, Jean Rousse, conseiller du roy, lieutenant en la dite élec- tion, Noël Jolly, chef d'échansonnerie de feu Monsieur le duc d'Orléans, Jacques Duris et Antoine Thibault, marchands, échevins de la dite ville d'Etampes, direc- teurs temporels de l'Hôtel-Dieu.

E. 3779. (Liasse.) — 6 pièces, parchemin; 1 pièce, papier.

1562-1570-1580. — Bourgneuf (le). — Constitu- tion d'une rente annuelle de 42 sous 6 deniers tournois faite par Pierre Biétrix, vigneron, du faubourg Saint- Pierre d'Etampes, au profit de Françoise Lesné, veuve de Jean Delisle, marchand à Etampes, au nom et comme tutrice des enfants mineurs des feus Georges Hamois et Guillemette Delisle. — Titres de propriété « d'une mai- » son couverte de thuille, consistant en chambre basse, » chambre haulte, grenier au dessus, et petite court der- » rière, aisance et appartenances,... assis en ceste ville » d'Etampes, derrière le presbitaire monseigneur sainct- » Bazille du dit Estampes, tenant d'une part, à discrette » personne Mre Jehan Moisy, d'aultre part, à discrette per- » sonne Mre Nicolas Boucheny, prebstre, d'un bout, sur » une petite rue qui est derrière le dict presbitaire, et » d'aultre bout à Jehan Ratte, une muraille entre deulx... » ayant appartenu à « Jehan Moilin, prebstre, chanoine de » l'église Saincte-Croix d'Estampes. »

E. 3780. (Liasse.) — 11 pièces, parchemin; 3 pièces, papier.

1565-1627. — Bourgneuf (le). — Sentence rendue par Etienne Le Vassor, bailli de la châtellenie de Guillerval, pour l'abbé de Saint-Denis, en faveur du chapitre de la collégiale de Saint-Croix d'Etampes, représentée par Pierre de Gilles, chanoine et boursier de la collé- giale, et Gilles Buchon, son procureur, contre Gabriel Nyord, Pierre Millet et Jean Lebarbier, le jeune, con- damnés à passer titre nouvel d'une rente de 40 sous pa- risis, qu'ils doivent sur une maison et appartenances sises en la paroisse de Guillerval, au lieu de Garsenval, dont ils sont détenteurs. — Titre nouvel d'une rente de 20 sous tournois sur une maison et dépendances au faubourg Saint-Pierre d'Etampes, rue du « Fillouer, » passé au profit de Simon Migault, marchand à Etampes, par Jean Boudier, maçon. — Autre, passé par Michel Boudier, maçon, en son nom et au nom de son frère Jean Boudier, tous deux fils d'autre Jean, au profit d'Henri Thibault, huissier au châtelet de Paris, comme ayant épousé Marie Musnier, veuve en premières noces de Si- mon Migault, et ayant la garde de son fils Thomas Mi- gault. — Testament de Germaine Danthon, femme de Pierre Colteau, fait en présence de Jean Larsonnier, no- taire, et Chevallier, prêtre, vicaire de Saint-Pierre d'E- tampes (2 mai 1591), et par lequel elle lègue, entr'autres choses, à ladite église, une rente annuelle et perpétuelle d'un écu 1/3 d'écu sol, à prendre sur une maison sise rue de « Lavallouer, » au faubourg Saint-Pierre, dont elle laisse la jouissance viagère à son mari. — Titre nouvel de la dite rente passé par Léonard Dauthon, vigneron, « au nom et comme héritier et biens tenans « de la deffuncte Germaine Dauthon, sa niepce. » — Constitution d'une rente de 6 livres 5 sous tournois à prendre : sur la maison sise rue de « Lavallouer, » 1/2 arpent 1/2 quartier de terre, champtier de Cochereau, 1/2 arpent 1/2 quartier au même champtier, et 3 quartiers au champtier du Bordeau, faite, au profit de l'église Saint-Pierre d'Etampes, par Médard et Eloi « les Daul- » tons, frères, vignerons, » fils de Léonard Dauthon. — Titre nouvel de 25 sous de rente donnés à l'église Saint-Pierre par Gervaise Péronnet, veuve de Léonard Dauthon, dans son testament reçu par Pierre Le Roy, prêtre, curé du bourg Saint-Pierre d'Etampes, le 19 novembre 1612, passé par Eloi Dauton, fils de la dite Gervaise, au profit de la fabrique de l'église Saint-Pierre, représentée par Jean Villemaire et Jean Louchon, marguilliers. — Titre nouvel des 4 livres de rente ci-devant mentionnées passé par Léonard Dauthon, vigneron, étant au lieu de Léonard Dauthon, son aïeul. — Sentence qui rend exécutoire, contre Pierre Nicolas, le jeune, sonneur de l'église Saint-Pierre, curateur aux successions vacantes de Léonard et Eloi Dauthon, les actes constitutifs des rentes dûes par les dits Léonard et Eloi à l'église Saint-Pierre. — Jean Corbillon, marchand à Etampes, et Catherine de La Lucazières, sa femme, baillent, moyennant une rente annuelle d'un écu sol 40 sous, à Marie Robert, boulanger, et Damien Jourdain, vigneron, un arpent 0 perches de pré en la prairie de Vauroux. — Titre nouvel de la dite rente passé par Jacques Cappy, vigneron, et Toussaint Jourdain, vigneron, au profit du chapitre de Notre-Dame d'Etampes, à qui Jean Corbillon et Catherine de La Lucazière l'avaient donnée par disposition testamentaire.

E. 3781. (Liasse.) — 7 pièces, parchemin.

1573-1601. — Bourgneuf (le). — Titre nouvel de 10 livres tournois de rente annuelle passé, au profit de la collégiale Sainte-Croix d'Etampes, par Nicolas Jallant, maréchal, d'Etampes, et Catherine Charpentier, sa femme, veuve en premières noces de Jean Le Cocq, aussi maréchal. — Titre nouvel de 10 sous parisis de rente passé, au profit de Catherine Pasquier, fille de feu Claude Pasquier, vivant, sergent royal à Etampes, par Marguerite Provensal, veuve d'Anselme Corbillon, vivant, potier d'étain, à Etampes, étant au lieu de Michel Hudebert, boucher, d'Etampes. — Transport de la dite rente fait par Catherine Pasquier à Catherine Rochereau, veuve de Michel Lambert, d'Etampes. — Transaction entre Louise Laumosnier, veuve de Louis Dupré, vivant, boucher, à Etampes, d'une part, et Marguerite de Lespine, fille de feu Pierre de Lespine, vivant, sergent royal à Etampes, où il est question d'une rente de 5 écus 33 sous 6 deniers tournois au profit du chapitre Notre-Dame d'Etampes, sur une maison au « Perray Notre-Dame. — Vente de la moitié de la dite maison faite par Jean Vacher, laboureur, demeurant à Mauchamps, tant en son nom, à cause de Besnarde Loismet, sa femme, que comme tuteur de Cantienne Loismet, sa belle-sœur, fille mineure de feu Jacques Loismet, vivant, laboureur, d'Etampes, et Marie de Lespine, qui était héritière pour un quart de feus François et Nicole les Moreaulx, enfants de feus Jean Moreau et Catherine Guillemeau, à Louise Laumosnier, ci-devant nommée. — Sentence d'exécution du testament de Marguerite de Lespine, fille de feus Pierre de Lespine et Jeanne Gilette, qui adjuge à Thomas Mynier et Bernarde de Lespine, sa femme, une rente de 9 livres 6 sous tournois, en deux parties, assises sur deux maisons au Perray Notre-Dame. — Bail d'une de ces maisons fait à Jeanne Berteau, veuve de Cantien Thénard, par Marguerite de Lespine et Louise Laumosnier, moyennant une rente de 8 livres 12 sous 6 deniers.

E. 3782. (Liasse.) — 15 pièces, parchemin.

1582-1632. — Bourgneuf (le). — Titres de propriété d'une maison et appartenances en la grande rue du bourg Saint-Pierre d'Etampes, ayant appartenu successivement aux Mouton, Mainfroye, Faye et Rigault, tenue en censive du prieur du dit bourg Saint-Pierre et chargée de 4 livres tournois de rente annuelle envers Jacques Paris, marchand tanneur d'Etampes. — Gabrielle Paulmier, veuve de Macé Guisenet, bourgeois d'Etampes, cède à Jean Foye (Faye), vigneron, moyennant une rente annuelle d'un écu 1/3, un quartier de vigne au champtier de Courte, vignoble du bourg Saint-Pierre; un autre quartier de vigne au champtier « de » Cousdray, » même vignoble. — Roch Lhoste, hôtelier au faubourg Saint-Pierre, vend à Jean Mercier, Jean Yvert et Cantian Rigault, vignerons, du même faubourg, 5 quartiers de vigne en une pièce au champtier de Cochereau, moyennant 270 livres tournois. — Marie Meusnier, femme d'Henri Thibault, demeurant à Etampes, baille, moyennant une rente annuelle de 20 livres tournois, à Durand Moullin, vigneron, du bourg Saint-

Pierre d'Etampes, une maison avec ses appartenances, grande rue du, dit faubourg. — Pierre Gervaise, vigneron, demeurant au Parvy Notre-Dame d'Etampes, et sa femme Marguerite Mulot, baillent, moyennant une rente annuelle de 4 livres 15 sous tournois, à Pierre Le Roy, vigneron, du bourg Saint-Pierre d'Etampes, une maison « assise au dict Bourg Saint-Pierre, en la rue tendant » de Lorme à l'église du dict lieu, » avec une quarte de terre, située en face de l'autre côté de la dite rue. — Les mêmes vendent la dite rente à Michel Plumet, marchand, bourgeois d'Etampes. — Geneviève Plumet, veuve de Claude Doussy, écuyer, sieur de Moigny, transporte la dite rente à Nicolas de Coeurs, seigneur du Bourgneuf, conseiller du roi, receveur et payeur des rentes de l'Hôtel-de-Ville de Paris. — Jean Dollebeau, vigneron, de la paroisse Saint-Pierre d'Etampes, baille, moyennant une rente annuelle de 4 livres 12 sous 6 deniers tournois, à Pierre Mainfroy, du faubourg Saint-Pierre, 3 quartiers de terre et vigne, sis au terroir de Morigny, champtier de « Vauloger. » — Jacques Godin, sergent royal à Etampes, ayant épousé Fleurie Paris, baille, moyennant une rente annuelle de 6 livres 10 sous tournois, à Philbert Giron, vigneron, un quartier 1/2 de vigne en 3 parties, sises au champtier de Malouvre, Vauluisant et Gros-Morin. — Bail d'un demi arpent de vigne au champtier d'Espinans, fait au même et à Michel Fontaine, aussi vigneron, par Catherine Le Long, veuve en secondes noces de Guillaume Pépie. — Simon Ducharme, marchand, demeurant à la Boissière de Saint-Vian, se portant fort pour sa femme Barbe Chanon, baille, moyennant une rente annuelle de 4 livres tournois, à Guillaume Le Roy, vigneron, diverses pièces de terre sises au Bois-Renault, aux champtiers de Sainvilliers, de la Belle-Croix et de l'Alouette. — Bénigne Le Ragois, sieur de Bourgneuf, trésorier provincial à Metz, Toul et Verdun, baille, moyennant une rente annuelle de 21 livres 17 sous 6 deniers tournois, à Jean Moreau, marchand parcheminier, et Etiennette Moreau, sa femme, 1/2 arpent d'aulnaie sis à Vaudouleur, et 1 arpent et 1/2 quartier 8 perches de pré, sur la grande sente. — Sentence qui reçoit le déguerpissement de ces immeubles fait par Jean Fouldrier, qui les avait acquis des preneurs sus-nommés, et devait 5 années d'arrérages de la rente.

E. 3783. (Liasse.) — 11 pièces, parchemin; 9 pièces, papier.

1602-1675. — Bourgneuf (le). — Titres d'une rente foncière de 3 livres 10 sous due au chapitre Notre-Dame d'Etampes, à la charge successivement de Cantien Thénard, Michel Boullemier et Elisabeth Thénard, et Michel Hautefeuille. — Cancien Balté, vigneron, et Bertheranne Mignon, sa femme, vendent, moyennant 81 livres tournois, à Bénigne Le Ragois, conseiller du roi et trésorier principal à Metz et pays Messin, 1 quartier 1/2 de vigne en 2 pièces au champtier du Couldray, vignoble du bourg Saint-Pierre d'Etampes; les dites pièces chargées de 6 deniers parisis de cens par arpent envers la collégiale Notre-Dame d'Etampes. — Bail de 3 quartiers de vigne au même vignoble, champtier de Moisons, fait, moyennant une rente de 40 sous tournois, par Pierre Pinguenet, marchand du bourg Saint-Pierre d'Etampes, à Saturny Ruelle, vigneron de Guignonville. — Bénigne Le Ragois cède divers immeubles à Cantien Boullemier, vigneron, demeurant au bourg Saint-Pierre d'Etampes, et en reçoit, comme échange, une rente de 8 livres tournois, à prendre sur Pierre Mainfroy, le jeune, vigneron, demeurant au même lieu. — Le même baille à Cancien Dorasse, vigneron, du faubourg Saint-Pierre d'Etampes, et Catherine Boucher, sa femme, 5 quartiers de terre, terroir du bourg Saint-Pierre, champtier de la Belle-Croix, moyennant une rente de 8 livres 10 sous tournois. — Le même baille à Jean Vivyer, vigneron, demeurant au bourg Saint-Pierre d'Etampes, un quartier de vigne, au champtier de Sainvilliers, moyennant une rente de 40 sous tournois. — Bail d'une maison sise au bourg Saint-Pierre d'Etampes, grande rue de la Boucherie, fait, moyennant une rente annuelle de 40 livres tournois, à Jean Bouchon, marchand hôtelier du dit bourg Saint-Pierre, par Bénigne Le Ragois. — Pièces relatives à une rente de 25 livres tournois, constituée, au capital de 400 livres, et au profit de Bénigne Le Ragois, par Etienne Chappart, marchand, demeurant en la paroisse de Saint Basille d'Etampes, et Cantienne Barillier, sa femme. — Titre nouvel d'une rente de 10 sous tournois, passé, au profit du chapitre de l'église Notre-Dame d'Etampes, représenté par Louis Barat (14 septembre 1627), prêtre, chapelain de la dite église, par Cantien Billard, tisserand en toiles, du faubourg Saint-Pierre d'Etampes. — Titre nouvel de la même rente passé, au profit d'Alexis-François de Coeurs, seigneur du Bourgneuf, par Marie Gaultier, veuve en premières noces du dit Cancien Billard.

E. 3784. (Liasse.) — 20 pièces, parchemin; 3 pièces, papier.

1607-1674. — Bourgneuf (le). — Transport d'une rente de 100 sous tournois, à prendre sur Pierre Le Roy, vigneron, fait par Jean Carte, corroyeur, et Noële Laumosnier, sa femme, à « honorable homme Jean Laureault, » avocat au parlement de Paris (12 juin 1607). — Transport de la même rente fait à Jacques Petit, maître tailleur d'habits, par « noble homme Léon Laureault, » laîné, avocat au parlement. » (26 novembre 1618.) — Sentence qui ordonne l'acceptation des offres faites, pour le rachat de la dite rente, par Etienne Petit, tailleur d'habits, et Pierre Petit, fils et héritiers de Jacques Petit, à la requête de Jacques Fillon, huissier, à cheval, au parlement de Paris, ayant droit par transport de Mathurin Couart et de Marie Guyot, sa femme, seule héritière de feu Pierre Guyot, avocat au parlement, et de Marie Laureault, sa femme, qui étaient héritiers de Léon Laureault, l'aîné, père de Marie Laureault. — Transport de la même rente de 100 sous à prendre « sur une maison... » seize au faubourg Saint-Pierre d'Estampes, rue des » Sablons, provenant de la succession habandonnée de » feu Pierre Le Roy, vigneron... » fait par Pierre et Antoine Le Petit, tailleurs d'habits à Etampes, à François-Alexis de Cœurs, sieur du Bourgneuf. — Titre nouvel d'une rente de 33 sous 4 deniers tournois, assise sur une maison, faubourg Saint-Pierre d'Etampes, « en la grande » rue tendant de l'église du dict lieu à la porte de Pi- » thiviers, » passé, au profit de Louis Trouette, par Léon Lemaire, vigneron. — Transport de 110 sous 6 deniers tournois de rente à prendre sur les biens de Pierre Biétrix, vigneron, fait à Cantien Rigault, vigneron, par Noël Boissier, sergent royal à Etampes, à cause de Guillemette Delisle, sa femme, Pierre Colleau, chirurgien à Etampes, tant en son nom qu'au nom de Zacharie Colleau, « Me Seruzier, » à Etampes, son frère, et Jacques Chevrier, tannelier, tuteur des mineurs de Pierre Chevrier et de Nicole Colleau, sa femme. — Transport d'une rente de 20 livres tournois à prendre sur Durand Moullin, vigneron, fait par Thomas Rigault, greffier de l'élection d'Etampes, seigneur de Thoureau, à Bénigne Le Ragois, trésorier provincial à Metz, Toul et Verdun, seigneur du Bourgneuf. — Bail d'un demi arpent 1/2 quartier et 1/2 quarte de terre en 6 pièces, sises au terroir du faubourg Saint-Pierre, chantier de Bretonnerie, fait, par le susdit Bénigne Le Ragois, à Toussaint Jourdain, vigneron, moyennant une rente annuelle de 8 livres tournois. — Titre nouvel d'une rente de 22 livres tournois, dans lesquelles sont comprises les 8 livres sus-mentionnées, passé par le même Jourdain au profit de Catherine Gobelin, veuve de Bénigne Le Ragois, tutrice de leur fils, et de Marie Le Ragois, femme de Jacques Du Jardin, conseiller à la cour des aides, et Madeleine Le Ragois, femme de Charles Hervé, conseiller au parlement de Paris. — Constitution d'une rente de 40 sous tournois, au capital de 32 livres tournois, provenant d'une fondation d'obit par Besnard Caquet, faite par Madeleine Georges, veuve en dernières noces de Pierre Buchen ou Buchet, au profit de la fabrique de l'église Saint-Pierre d'Etampes, acceptant par Jean Papillon, Pierre Jubin, Eloi Barbault et Pierre Boucher, proviseurs ou marguilliers en exercice, et du consentement de Pierre Le Roy, curé, Jean Jubin, Jean Bouchon, Michel Bouillemier, le jeune, Jean Halle, Artus Lemaitre, Zacharie Vallée, François Bauldry, Michel Bauldry, Jean Villemaire, Guillaume Lecomte, Pierre Joisneau et plusieurs autres habitants de la paroisse (5 mai 1624). — Titre nouvel de la dite rente passé au profit de la dite fabrique par Charles Buchet, vigneron, au nom et comme héritier, à cause de Françoise Buchet, sa femme, de Madeleine Georges. — Constitution d'une rente de 37 sous 6 deniers faite par Michel Mercier, le jeune, vigneron, au profit de la fabrique de l'église Saint-Pierre d'Etampes. — Titre nouvel de la dite rente passé au profit de la dite fabrique par Eloi Dauthon, l'aîné, vigneron, au nom et comme ayant épousé Marie Mercier, fille unique et seule héritière de feu Michel Mercier. — Transport d'une rente de 20 sous tournois à prendre sur Mathieu Boucher, vigneron, fait par Jean Mercier, vigneron, à Louis Barrat, prêtre, chapelain de Notre-Dame d'Etampes. — Titre nouvel passé, au profit du même, par Mathieu Boucher, vigneron, comme étant au lieu et droit de Jean Mercier. — Constitution d'une rente de 11 livres 5 sous tournois faite, au profit de Médard Paulmier, meunier, par Eloi Dauthon, vigneron, et Marie Martin, sa femme. — Transport d'une rente de 12 livres 3 sous 9 deniers tournois, à prendre sur Charles Buchet, vigneron, fait à Bénigne Le Ragois, sieur du Bourgneuf, par Jean Boucher, fils d'André, et Pasquière Mercier, sa femme. — Jacques Godin, procureur aux sièges royaux d'Etampes, et Jacqueline Gilbert, sa femme, vendent et transportent au dit Bénigne Le Ragois, une maison et ses appartenances, en la paroisse Saint-Gilles d'Etampes ; 4 arpents de terre sur les paroisses de Saint-Pierre d'Etampes et d'Ormoy ; 25 livres tournois de rente, acquises de Nicolas Thirouin, prêtre, curé de Saint-Basile d'Etampes, et à prendre sur X. Chassecullier, héritier de feu Guillaume Chassecullier ; 8 livres 15 sous tournois de rente due par la veuve et les héritiers de Louis Bourdon ; 7 livres 10 sous tournois de rente sur la veuve Jacques Moussault ; 6 livres tournois de rente sur Julien Fontaine et Joachim Pézard ; 10 livres tournois de rente sur Michel Girard, foulon ; 10 livres tournois de rente sur Julien Simoneau, savetier ; 367 livres tournois dues par le sieur de Bussy. — Transport d'une rente de 19 livres 5 sous tournois fait, au susdit Jacques Godin, par Mas Guisenet, ci-devant substitut du procureur du roi à Etampes. — Transport de 31 livres 15 sous tournois de rente, dans laquelle sont comprises les 19 livres 6 sous tournois sus-mentionnées, fait à Bénigne Le Ragois par le dit Godin.

E. 3763. (Liasse.) — 19 pièces, parchemin ; 1 pièce, papier.

1610-1687. — Bourgneuf (le). — Bail de 7 quartiers de vigne et 1 pièce, au champtier de Moisons, vignoble de Morigny, fait, moyennant une rente annuelle de 6 livres tournois, à Martin Moullin, vigneron du bourg Saint-Pierre d'Etampes, par Pierre Mainfroy, le jeune, vigneron, du même lieu. — Transport de la dite rente fait par ledit Mainfroy et Marie Clairon, sa femme, à noble homme Léon Leaureault, avocat au parlement, demeurant à Etampes. — Titre nouvel passé par Martin Moulin à noble homme Pierre Guyot, avocat en parlement, demeurant à Etampes, à cause de sa femme Marie Leaureault, étant aux droits du dit Léon Leaureault. — Rachat de la dite rente fait à Pierre Guyot par Bénigne Le Ragois, sieur du Bourgneuf, receveur payeur des rentes de la ville de Paris. — Titre nouvel d'une rente de 3 livres tournois passé par Pierre Garnier, vigneron du bourg Saint-Pierre d'Etampes, au profit de Pierre Duris, marchand, d'Etampes. — Vente de 30 sous tournois de rente, à prendre annuellement sur Antoinette Cléron, veuve de Jean Deterne, faite à Toussaint Maslon, charron, d'Etampes, par Pierre Mainfroy. — Constitution d'une rente de 18 livres 15 sous, au capital de 300 livres, faite par Pierre Pinguenet, marchand cabaretier du bourg Saint-Pierre à Etampes, et Perrine Besnard, sa femme, au profit de Jacques Paris, marchand tanneur d'Etampes. — Constitution d'une rente de 18 livres 15 sous tournois au capital de 300 livres, faite, au profit de Bénigne Le Ragois, sieur du Bourgneuf, par Mathurin Feilleret, receveur fermier de la terre et seigneurie de « Lenye, » et Pierre Colleau, maître chirurgien, demeurant à Etampes. — Titre nouvel de la dite rente passé par Etienne Heinard et Marie Macé, sa femme. — Procédures touchant cette rente. — Titre nouvel d'une rente de 6 livres tournois passé par Mathieu Le Vasseur, père et fils, d'Etampes, au profit de Jean Léger, marchand à Etampes, ayant les droits acquis par échange de Michel Gillet, chevalier d'écurie du roi, tenant la poste à Etampes. — Constitution d'une rente de 65 livres 12 sous 6 deniers tournois au capital de 1050 livres, faite, au profit de Bénigne Le Ragois, par Roch L'hoste, marchand, et Perrine Taracquier, sa femme, d'Etampes. — Bail d'immeubles fait par le même aux mêmes moyennant une rente annuelle de 9 livres 15 sous tournois. — Titre nouvel d'une rente de 8 livres 19 sous 6 deniers passé, au profit de Pierre Legendre, procureur ès-sièges royaux d'Etampes, par Michel de « Hautefeuille, » marchand, d'Etampes, ayant les droits acquis de Michel Houllemier, le jeune, vigneron, du bourg Saint-Pierre d'Etampes, et Elisabeth Thénard, veuve de Louis Lyon. — Constitution d'une rente de 9 livres 7 sous 6 deniers tournois faite par Jean Lecomte, vigneron, et Claire Chasignier, sa femme, du faubourg Saint-Pierre d'Etampes, au profit de François Pichonnat, apothicaire, bourgeois d'Etampes. — Transport de la dite rente fait par Antoine Lenoir, greffier de la prévôté d'Etampes, et Jeanne Pichonnat, sa femme, fille et héritière du susdit François Pichonnat, à noble homme Nicolas de Cœurs, seigneur du Bourgneuf, conseiller du roi, receveur et payeur de rentes de l'hôtel-de-ville de Paris, « absent, honorable homme » Barthélemy Decœurs, son frère, concierge du lieu sei- » gneurial du Bourgneuf, à ce présent, acceptant pour » le dict sieur son frère. » — Constitution d'une rente de 7 livres 6 sous 3 deniers tournois faite, par le sus-nommé Jean Lecomte, au profit de Jean Moulier, marchand, du bourg Saint-Pierre à Etampes.

E. 3766. (Liasse.) — 11 pièces, parchemin ; 38 pièces, papier.

1610-1766. — Bourgneuf (le). — Déclaration d'héritages tenus à cens de Nicolas de Cœurs, seigneur du Bourgneuf et de la censive des Harengeois, à cause de cette censive, par les religieux de la maison Saint-Eloi de Paris, représentés par D. Basile Fleureau, prêtre, religieux de la congrégation des Barnabites et supérieur de leur maison à Etampes. — Déclaration d'héritages tenus à cens d'Alexis-François de Cœurs, seigneur de Bourgneuf et de la Mairie, à cause de la dite Mairie, par Jean Dantfels, chanoine de Notre-Dame d'Etampes, procureur fondé du chapitre. — Requêtes et assignations et sentences à l'effet de paiement d'arrérages de rentes. — Baux à rente faits par Alphonse-Germain de Guérin, seigneur du Bourgneuf, à Médard Collet et à Pierre Houllier. — Pierre Jabineau de la Voute, procureur au bailliage d'Etampes, prévôt, juge civil et criminel du prieuré de Saint-Pierre, au nom et comme fondé de procuration spéciale des Chartreux d'Orléans, cède à Guy-Louis-Henri, marquis de Valory, « un espace de mazure ou » estoit cy devant une maison dont il ne reste qu'un » monceau de pierre, avec un petit terrain derrière un » triangle, assis au faubourg Saint-Pierre du dit Etam-

» pes, faisant le coin de la rue du Sablon et celle de l'A-
» valloir, vis-à-vis la maison du prieuré, qui appartient »
aux dits Chartreux, moyennant le payement d'une rente
de 9 livres à l'œuvre et fabrique de la paroisse Saint-
Pierre, en l'acquit et décharge de la Chartreuse d'Orléans.
— Note : « C'est sur ce terrain qu'est bâti l'auditoire. »
— Lettre d'Aubry, chanoine de Notre-Dame d'Etampes,
se plaignant des usurpations du seigneur du Bourgneuf.
— Quittances des arrérages d'une rente de 50 livres due
à l'abbé François Mattrot par le comte de Valory de Léo.
— Vente de 2 pièces de terre, terroir Saint-Pierre, champ-
tier des Bastes, faite à Pierre Lesourd, marchand mégis-
sier, à Etampes, par François Lesourd, marchand à
Etampes, et Elisabeth Angot, sa femme. — Déclaration
d'une maison sise à Etampes, rue du Tripot, paroisse
Saint-Basile, et une portion de jardin sur la rue des
Groisonneries, faite par Jean-Baptiste de « Poillouve de
» Bonnevaux, » chevalier, seigneur de Bonnevaux, ancien capitaine de carabiniers, chevalier de Saint-Louis.

E. 3767. (Liasse.) — 10 pièces, parchemin ; 2 pièces, papier.

1618-1645. — Bourgneuf (le). — Noble homme
Louis Blachot, conseiller et élu en l'Élection d'Etampes, et
sa femme Marie Accarie, vendent à noble homme Pierre
Hardy, grenetier en la gabelle d'Etampes, une rente annuelle et perpétuelle de 75 livres tournois qu'ils avaient
droit de prendre sur Charles Claverot, marchand épicier
à Etampes, et Madeleine Manery, sa femme. — Transport de la dite rente faite à noble homme Bénigne Le
Ragois, sieur du Bourgneuf, conseiller du Roi et trésorier provincial à Metz et pays Messin, par Pierre Hardy,
qualifié contrôleur ordinaire des guerres. — Titres
de propriété d'une maison à Etampes, paroisse Saint-Basile,
près le champ du château, pour ledit Bénigne Le Ragois.
— Echange entre le dit Bénigne Le Ragois, qualifié
conseiller du Roi et receveur général de ses finances à
Limoges, d'une part, et Guillaume Houdry, marchand,
demeurant à « Villeconnin, » tant en son nom que comme
procureur fondé de Marie Marsault, sa femme ; le premier donne la maison de la rue du Château et reçoit du
second plusieurs rentes dues par Jacob du Vau, vigneron de Villeconin, Gilles Bourdeau, vigneron du même
lieu, les héritiers Jean Thiboust, Jean de Taré, vigneron, de Moufles. — André Gobert, marchand épicier-
mercier, à Etampes, vend au même Bénigne Le Ragois,
qualifié sieur du Bourgneuf, conseiller du Roi, receveur
et payeur des rentes de la ville de Paris, assignées sur
les gabelles, un arpent 3/4 de terres labourables en deux

pièces, sises au terroir du faubourg Saint-Père d'Etampes, l'une au champtier de Bretagne, l'autre au champtier du Colombier. — Rétrocession des immeubles cédés
par Bénigne Le Ragois à Guillaume Houdry, faite au
même par Marie Marsault, veuve du dit Houdry. —
Jacques Doraco, marchand hôtelier, demeurant à Etampes, et Marguerite Pinot, sa femme, vendent au même
Le Ragois, 1/2 arpent de vignes en trois pièces sises au
vignoble Saint-Pierre d'Etampes, champtier de Moisons.
— Antoine Frussard, maître boulanger, demeurant à
Etampes, au nom et comme tuteur des enfants mineurs
de lui et de feue Denise Frussard ; Nicolas Fournier,
maître boulanger, demeurant à Etampes, et Marie Frussard, sa femme, Marguerite Frussard ; tous héritiers de
feue Jeanne Frussard, veuve de Michel Fouclin, vendent
au même Le Ragois 109 sous tournois de rente foncière,
à prendre annuellement sur une maison sise à Etampes,
rue de la Savatterie, appartenant à Jean Héliot, maître
cordonnier, demeurant à Paris, et à Marie Macé, sa
femme. — Vente de ladite maison faite audit Le Ragois
par les dits époux Héliot. — Jacques Godin, conseiller
et avocat du Roi en l'Élection d'Etampes, tant en son nom
que comme se portant fort de Jacqueline Gilbert, sa
femme, vend au même, plusieurs pièces de terre sises
aux champtiers du Clou du Temple de Montcuer, de la
vallée Bertrand, du Longreage, près le Temple, de Fleu-
riettes, proche des Belles-Croix, de la vallée de Lumery,
de la Croix, des Gardes, du Chemin-aux-Vaches, du
Noyer-Puttin, des Mélites, Chemeau, des Coustumes.

E. 3788. (Liasse.) — 24 pièces, parchemin ; 13 pièces, papier.

1622-1680. — Bourgneuf (le). — Bénigne Le Ragois,
sieur du Bourgneuf, trésorier provincial à Metz et pays
Messin, baille, moyennant une rente annuelle de 10 livres 4 sous 4 deniers tournois, à Etienne Moreau, marchand cabaretier au Peray Notre-Dame, à Etampes,
1 quartier 1/2 de vigne, vignoble du bourg Saint-Pierre,
champtier des Courtes. — Le même baille à Médard
Dolhon, vigneron, moyennant une rente annuelle de
20 livres tournois, diverses pièces de terre sises aux
champtiers des Grosses-Têtes, des Blanches, du Couvent,
de Courte, de Montanchault, derrière les vignes du Couldray. — Vente, moyennant le prix de 120 livres tournois,
d'une moitié de maison sise rue de la Boucherie, faubourg Saint-Pierre d'Etampes, indivise avec Jacques Raclardy, cordier, faite à Jean Le Roy, vigneron, par Jean
Villemaire, maréchal. — Jean Bournillan, sergent royal
à Etampes, Anne Provensal, sa femme, et Girard Pro-

vendu, marchand apothicaire à Étampes, tant en son nom personnel que comme se portant fort pour sa femme, Françoise Lebedeau, vendent à Bénigne Le Ragois, une maison sise au Péray Notre-Dame, et 1/2 arpent 1/2 quartier d'Aulnaie, pour le prix de 800 livres tournois. — Bail des dits immeubles fait, moyennant une rente annuelle de 55 livres tournois, à Pierre Courtillet, jardinier, par le dit Le Ragois. — Sentences qui autorisent le même Le Ragois à se remettre en possession d'immeubles dont les tenanciers ne payent pas exactement les rentes. — Françoise Le Brun, veuve de Jacques Moussault, archer en la maréchaussée d'Étampes, vend, moyennant 180 livres tournois, à Salomon Lezage, marchand à Étampes, au nom et comme tuteur de Marie Sinsard, fille de feu Jean Sinsard et de Marie Danouard, à présent femme du dit Lezage, et à Hiérôme Sainsard, un jardin clos de haies et murs, au faubourg Saint-Pierre d'Étampes. — Vente, moyennant 400 livres tournois, des 3/4 d'une maison sise rue de la Boucherie, faubourg Saint-Pierre à Étampes, faite par Jean Le Roy, vigneron, à Denis Bourdin, vigneron, à qui appartient le quatrième quart. — Bénigne Le Ragois baille à Jean Moreau, le jeune, parcheminier à Étampes, une maison couverte en chaume, sise au Péray, et deux pressoirs, aussi couverts en chaume, « servant à pressurer vins, » le tout moyennant une rente annuelle de 70 livres tournois. — Jean et Simon Le Roy, frères, vignerons, baillent, moyennant une rente annuelle de 55 sous 9 deniers, à Michel Mercier, le jeune, vigneron, une quarte 1/2 de vigne, vignoble du faubourg Saint-Pierre, champtier des Bastes. — Transport de la dite rente fait, par les dits Le Roy, à Hiérôme Testard, chirurgien de Monsieur, frère unique du roi. — Constitution de 12 livres tournois de rente faite, au profit du sus dit Testard, par Michel Mercier, et Denise Trament, sa femme. — Nicolas de Cœurs, seigneur du Bourgneuf, payeur des rentes de l'Hôtel-de-Ville de Paris, cède à Nicolas Testard, chirurgien à Étampes, fils de Hiérosme, une rente de 14 livres sur les héritiers de François Huan, boisselier, et en reçoit, par échange, une rente de 14 livres 15 sous 9 deniers tournois due par Eloi Danton et X. Mercier, sa femme. — Titres de propriété d'une maison sise à Étampes, rue de la Boucherie, et d'une quarte de terre, données à bail à titre de rente à Julien Simonneau, savetier, et ayant appartenu successivement à Jacques Godin, procureur aux sièges royaux d'Étampes et aux seigneurs du Bourgneuf. — Bénigne Le Ragois baille, moyennant une rente annuelle de 12 livres tournois, à Michel Bauldry, vigneron, 3 pièces de terre sises en la paroisse Saint-Pierre d'Étampes. — Cession du dit bail faite par Bauldry à Michel Le Blanc, marchand hôtelier à Étampes.

Bail d'un demi arpent de pré, même lieu, fait, moyennant une rente annuelle de 9 livres tournois, à Julien Chappe, vigneron, par le même Le Ragois. — Marie Raugin, veuve de Pierre Boudonneau, l'aîné, marchand boucher d'Étampes, âgée de 80 ans, donne à Pierre et Mathurin Boudonneau, bouchers, à Antoine Feussard, boulanger, et Marie Boudonneau, sa femme, 2 arpents 1 quartier de terre en 3 pièces, sises au terroir du faubourg Saint-Pierre d'Étampes, champtiers du Bourdeau, des Roglers, et à la vallée de Collin. — Catherine Gobelin, veuve de Bénigne Le Ragois, tutrice de leur enfant mineur, et se portant fort pour Marie Le Ragois, femme de Jacques Dujardin, conseiller à la Cour des Aides, et de Madeleine Le Ragois, femme de Charles Hervé, conseiller au parlement, vend à Pierre Motheux, pour le prix de 500 livres tournois, diverses pièces de terre, sises au terroir de Morigny, champtier de la Haye-des-Roches, terroir Saint-Pierre d'Étampes, champtier du Couldrays, de Montauchault, des Nouret de la Fontaine, de la Boudine, de la Mare de Bleule. — Vente d'un jardin sis au faubourg Saint-Pierre d'Étampes, rue des Aveugles, faite, moyennant 15 livres tournois, par Guillaume Goudart, tailleur d'habits, demeurant à Bouville, et Marie Vallée, sa femme, à Nicolas de Cœurs, seigneur du Bourgneuf. — Échange d'immeubles entre de Cœurs, seigneur du Bourgneuf, et Cantien Faye. — Vente d'une maison, sise au faubourg Saint-Pierre d'Étampes, près Giraufosse, faite pour le prix de 140 livres tournois, à Nicolas de Cœurs, par Pierre Jourdain, vigneron, et Marie Baudry, sa femme. — Simon Le Roy, vigneron, et sa femme, Marguerite Lemaire, vendent, pour 12 livres tournois, à Crestien Hochereau, marchand drapier à Étampes, la 4e partie d'un demi arpent 1/2 quartier de vigne, au vignoble Saint-Pierre, champtier de Salnvillier. La feuille qui sert de couverture à l'acte de vente précédent est une déclaration de vente de 3 quartiers de terre en plusieurs pièces et divers champtiers faite à Nicolas de Cœurs par Péple, en Avril 1660.

E. 3759. (Liasse.) — 13 pièces, parchemin.

1622-1656. — Bourgneuf (le). — Transport d'une rente foncière annuelle de 3 livres tournois fait à Bénigne Le Ragois, sieur du Bourgneuf, conseiller du Roi et trésorier provincial à Toul, Metz et Verdun et pays Messin, par Pierre Pinguenet, marchand, et Perrine Bénard, sa femme, demeurant au bourg Saint-Pierre d'Étampes. — Titre nouvel d'une rente de 8 livres tournois passé, au profit du même, par Pierre Nalafroy, le jeune, vigneron, d'Etampes. — Transport d'une rente de 11 livres tournois fait à Claude Hameye, greffier et tabellion de la châtellenie de Mesnil-Gérault, demeurant à Etampes, par Zacarie Vallée, marchand du bourg Saint-Pierre d'Etampes. — Bénigne Le Ragois cède à Jean Martinet, vigneron, d'Etampes, 18 livres 15 sous de rente foncière, et en requisa en échange une maison sise au faubourg Saint-Pierre. — Bail d'un quartier de vigne sis au vignoble du faubourg Saint-Pierre d'Etampes, champtier de Courte, fait par François Forest, sergent royal à Etampes et procureur fondé de Bénigne Le Ragois, au susdit Jean Martinet, moyennant une rente annuelle de 4 livres tournois. — Constitution d'une rente de 20 livres 18 sous 9 deniers faite par le même Martinet, au profit de Jean Houllier, meunier, demeurant au bourg Saint-Pierre d'Etampes. — Titre nouvel des rentes dues par ledit Jean Martinet à Bénigne Le Ragois, passé au profit de sa veuve Catherine Gabelin, et de ses filles Marie Le Ragois, femme de Jacques Dujardin, conseiller à la Cour des Aides, et de Madeleine Le Ragois, femme Charles Hervé, conseiller au Parlement. — François Forest, procureur fondé de Bénigne Le Ragois, baille à François Guatin, vigneron du faubourg Saint-Pierre d'Etampes, un quartier de vigne au vignoble Saint-Pierre, champtier de Courte, moyennant une rente annuelle de 40 sous tournois. — Constitution d'une rente de 25 livres au capital de 400 livres tournois faite, au profit de Jean « de Galteau, » écuyer, sieur de Puiselet, conseiller et commissaire ordinaire des guerres, par Agathe Lacquereau, veuve, en dernières noces, de Jean Guibourt, vivant, sergent royal à l'Élection d'Etampes, Pierre Guibourt, sergent royal au Bailliage d'Etampes, et Catherine Loriau, sa femme, et Hiérosme Testard, chirurgien de Monsieur, frère du Roi, demeurant au Perray, paroisse Notre-Dame d'Etampes. — Constitution d'une rente de 18 livres 15 sous tournois, au capital de 300 livres, faite par Jean Monnat, marchand tanneur, demeurant à Etampes, et Andrée Guyard, sa femme, au profit de « Johan de Galeteau, écuier, seigneur de Pui- » selet-le-Marais, l'un des cens gentilshommes de Sa » Majesté, demeurant au dict lieu de Puiselet..... » — Bail de portion de vignes au vignoble du faubourg Saint-Pierre, champtier de « Courte, » fait, moyennant une rente annuelle de 4 livres tournois, à Léon Lemaire, vigneron, du faubourg Saint-Pierre, par François Forest, mandataire de Bénigne Le Ragois. — Transport d'une rente de 7 livres 10 sous tournois sur le dit Léon Lemaire, fait à Crestien Hochereau, marchand drapier d'Etampes, par Jean Hochereau, capitaine de charrois de l'artillerie de France. — Transport de la susdite rente fait à Nicolas de Cœurs, seigneur du Bourgneuf, conseiller du Roi, receveur et payeur des rentes assignées sur les tailles de l'Hôtel-de-Ville de Paris, par Robert Pépin, marchand à Etampes, et Jeanne Hochereau, sa femme.

E. 3191. (Liasse.) — 3 pièces, parchemin ; 3 pièces, papier, dont 1 cahier de 9 feuillets in-4°.

1624-1692. — Bourgneuf (le). — Fois et hommages rendus, pour certaines possessions dans la seigneurie de Mesrobert : 1° à noble homme Guillaume de Sens, seigneur de Saint-Julien et de Mesrobert, Chatignonville et autres lieux, conseiller du Roi, par noble homme Bénigne Le Ragois, seigneur du Bourgneuf ; 2° à la comtesse de Villetanneuse, dame de Mesrobert, par Marie Savouré, au nom et comme tutrice de François, Marie et Gabrielle de Cœurs, enfants mineurs d'Alexis-François de Cœurs et de Jeanne-Françoise de Berrard. — « Mé- » moire des terres que Monsieur du Bourgneuf a à Mes- » robert, acquises par décret de deffunct Monsieur Bas- » tard. » — « Les maisons et héritages appartenant à » Monsieur du Bourgneuf, seizes à Mesrobert, qui relè- » vent en censive de Monsieur du dit Mesrobert. »

E. 3191. (Liasse.) — 9 pièces, parchemin ; 11 pièces, papier, dont 1 cahier de 10 feuillets in-4°.

1628-1691. — Bourgneuf (le). — Bail d'un quartier 1/2 de vigne, en 2 pièces sises, l'une au champtier du Fief, l'autre au champtier du Couvent, fait par M. de Cœurs, seigneur du Bourgneuf, à Pierre Dorace, vigneron, demeurant à Morigny, moyennant une rente annuelle de 100 sous. — Nicolas de Cœurs, seigneur du Bourgneuf, conseiller du Roi, receveur et payeur des rentes de l'Hôtel-de-Ville de Paris, baille, moyennant une rente annuelle de 10 livres tournois, à Aubin Colleau, du faubourg Saint-Pierre d'Etampes, 1/2 arpent 2 quartiers de vigne en 4 pièces sises aux champtiers du Coudroy. — Claudine Pitois, veuve de Simon Laureault, vigneron, de Fontenay-sous-Bagneux, tant en son nom que comme tutrice de leurs enfants, Jacques, Jean et Nicolas « les Loreants, » et Julien Perdereau, vigneron, du même lieu, se portant fort pour sa femme, Jeanne Laureault, vendent à Bénigne Le Ragois, sieur du Bourgneuf, conseiller du Roi, receveur et payeur des rentes de l'Hôtel-de-Ville de Paris, une maison couverte en chaume sise au bourg Saint-Pierre d'Etampes, en la rue de l'Hôtel-Dieu « de Bunel. » — Bail de la dite maison fait par Bénigne Le Ragois, moyennant une rente annuelle de 9 livres tournois, à Jean Dolliheau, le jeune, vigneron, du faubourg Saint-Pierre d'Etampes. — Pièces relatives à une rente foncière annuelle de 20 livres tournois, assise sur une maison sise dans la grande rue Saint-Jacques, paroisse Saint-Gilles, à Etampes, et successivement à la charge, envers les seigneurs du Bourgneuf, d'Yves Jusquet, laboureur, d'Etampes, Nathurin Beaujour, marchand, à Etampes, Marie Beaujour, veuve de Pierre Dif, vivant, maître tonnelier, à Paris. — Zacarie Banouard, marchand, bourgeois d'Etampes, cède à François Pichonnat, maître apothicaire d'Etampes, une maison sise à Etampes, rue du Petit-Cerf, paroisse Notre-Dame, et on reçoit comme échange une rente annuelle de 18 livres 15 sous tournois, à prendre sur Pierre Pinguenet et Perrine Besnard, sa femme. — Transport de la dite rente fait par le dit Banouard à Michel Plumet, bourgeois d'Etampes. — Autre transport de la même rente fait à Marin Savouré, marchand à Etampes, par Julienne Plumet, veuve de noble homme François Rousso, vivant, conseiller et contrôleur au grenier et magasin à sel d'Etampes, héritière de Michel Plumet. — Déclaration de command du dit Marin Savouré en faveur de M. de Coeurs, seigneur du Bourgneuf.

E. 3797. (Liasse.) — 13 pièces, parchemin; 6 pièces, papier.

1690-1608. — Bourgneuf (le). — Bénigne Le Ragois, sieur du Bourgneuf, baille, à Antoine Chambault, vigneron, du faubourg Saint-Pierre d'Etampes, et Julienne Rogier, sa femme, 2 portions de vigne sise au terroir de Saint-Martin, champtiers de la Prieuré et de Corsereau, moyennant une rente annuelle de 10 livres. — Transport de la dite rente fait par Jacques Godin, conseiller du Roi et son avocat en l'Élection d'Etampes, mandataire de Bénigne Le Ragois, à Anne Jutel, veuve de Claude Hamois, vivant, notaire et greffier en la justice de Mesnil-Girault. — Rachat de la dite rente fait de Jean-Baptiste Penot, marchand bourgeois d'Etampes, et Marguerite Hamois, sa femme, héritière de feu Claude Hamois, par Nicolas de Coeurs, seigneur du Bourgneuf, conseiller du Roi, receveur et payeur des rentes de l'Hôtel-de-Ville de Paris. — Constitution d'une rente de 14 livres 10 sous tournois, au capital de 232 livres, faite, au profit de Bénigne Le Ragois, sieur du Bourgneuf, conseiller du Roi, receveur payeur des rentes de l'Hôtel-de-Ville de Paris, par Guillaume Le Roy, vigneron, du faubourg Saint-Pierre d'Etampes, et Etiennette Michau, sa femme. — Titre nouvel d'une rente de 10 livres, assise sur la 6e partie d'un moulin à foulon, avec maison, au faubourg Saint-Martin d'Etampes, tenant « d'une part et d'un » bout sur la rivière, d'autre part aux Ministres de la » Sainte-Trinité d'Etampes, et d'autre bout sur le che- » min, » passé au profit de Bénigne Le Ragois, ayant les droits acquis de Jacques Godin, procureur à Etampes, et Jacqueline Gillebert, sa femme, par Michel Girard, maître foulon en draps. — Constitution d'une rente de 300 livres tournois, au capital de 5,400 livres, faite, au profit de Pierre Bizet, sieur « de la Darois, » conseiller au parlement de Paris, par Hiérosme de Nouveau, sieur de Fromon, conseiller du Roi, général des postes de France, et Louis Aubery, sieur « de Trilleport, » conseiller au » grand conseil. — Titre nouvel de la dite vente passé par les mêmes au profit de Pierre Bizet, chevalier, seigneur « de la Barroire, » capitaine d'une compagnie de cavalerie entretenue en Hollande pour le service du Roi, et Gabriel Bizet, seigneur de « Noisay, » conseiller au Parlement, frères consanguins, en leurs noms, tant comme seuls héritiers, chacun pour moitié, de Pierre Bizet, leur père, que comme le dit Gabriel Bizet, donataire universel de feue Elisabeth Grisson, sa mère. — Quittance de rachat de la dite rente délivrée à Gabriel Bizet par Louis Aubry, seigneur de « Troilleport. » — Quittances de payement d'arrérages de rentes dues à Thomas Le Lièvre, président au grand conseil, et à Jean Torquant, chevalier, seigneur d'Aubeterre et autres lieux, conseiller et maître des requêtes ordinaires du Roi, par le susdit Louis Aubry. — Constitution d'une rente de 9 livres 7 sous 6 deniers tournois, au capital de 150 livres, faite au profit de Bénigne Le Ragois par Jean Mercier, vigneron, demeurant au Perray Notre-Dame d'Etampes ; Jean Boucher, l'aîné, aussi vigneron, et Pasquière Mercier, sa femme, demeurant au faubourg Saint-Pierre. — Titre nouvel de la dite rente; François Mercier au lieu de feu Jean Mercier, son père et père de Pasquière. — François de Castille, conseiller du Roi et président aux enquêtes du Palais, à Paris, reconnaît avoir reçu de Louis Aubery, sieur de Trilport, la somme de 4,130 livres tournois pour le remboursement et les arrérages d'une rente de 250 livres, à lui due par ledit Louis Aubery, pour sa part, et moitié de 500 livres tournois de rente par lui et feu Henri de Castille, en son vivant seigneur « de Redemont, » conseiller au grand conseil, frère dudit François de Castille, constituée à Louis Chauvelin, écuyer, sieur de « Grisenoire. » — Pièces relatives à une rente de 100 livres tournois, constituée par Bénigne Le Ragois au profit de Ferry Gervoise, trésorier général de la maison du Grand Prieur de France, frère naturel du Roi, transportée par Ferry Gervolte, conseiller du Roi, commissaire ordinaire des guerres, et Marie de Vérigny, sa femme, à Guillaume Herbin, conseiller, notaire et secrétaire du Roi, et réclamée par « Herbin de Hauteville, » écuyer, seigneur du dit lieu, seul héritier de Pierre Herbin, » abbé de Landresy, docteur en théologie... »

E. 3703. (Liasse.) — 5 pièces, parchemin; 11 pièces, papier, dont 2 cahiers de 6 et 14 feuillets in-4°.

1639-1663. — Bourgneuf (le). — Requête adressée à César de Vendôme et à son conseil par Bénigne Le Ragois, portant qu'il est propriétaire des seigneuries du Bourgneuf et de la Mairie Saint-Pierre, sises dans un des faubourgs d'Etampes ; qu'à ce titre il a droit de censive sur plusieurs héritages tant du dit faubourg que des environs ; que le principal manoir des dites seigneuries se trouve enfermé entre deux petites ruelles, fort rapprochées l'une de l'autre ; « l'une desquelles sépare le dit » manoir d'avec son jardin ; » elles ne sont pas, d'ailleurs, d'un grand usage au public. Dans ces conditions, Bénigne Le Ragois demande l'autorisation de s'accommoder d'une de ses ruelles, en la joignant à sa maison, à la charge de faire « paver celle qui restera pour la rendre » plus utile, » et de donner les dédommagements convenables. A la suite de la requête est l'ordonnance de renvoi aux officiers d'Etampes pour informer de commodo et incommodo, sig. autogr. : César de Vendosme. — Le dimanche 1er septembre 1639, à l'issue de la messe paroissiale de Saint-Pierre, faubourg d'Etampes, « par maistre Philippes Battereau, pbrestre, curé dicelle église, » sur la publicquation ce jourd'huy faicte au prosne de » la dicte messe par le dict sieur curé, que les habitans » d'icelle paroisse eussent à s'assembler en un col- » lectif, pour adviser sur les offres faictes par noble » homme maistre Bénigne Le Ragois, conseiller du » roy, receveur des finances en Limoge, sieur du Bourg- » neuf, pour la closture de la ruelle, tenant et qui tra- » verse entre sa maison seigneuriale du Bourgneuf et » le clos et jardin dicelle, et transférence d'icelle ruelle » en aultre lieu, se réunissent devant la porte de la ditte » église, et par devant notaire, le susdit curé, Jacques » Vallée, François Paris, Can Mercier, Claude Faye, le » jeune, procureurs et marguilliers d'icelle église ; An- » dré Rue, André Godefroy, Estienne Colleau, Martin » Moulin, Pierre Marseille, Jullien Simonneau, Louis » Hunger, Pillippes Rousseau, Robert Le Franc, Pierre » Jouasneau, le jeune, Simon Papillon, le jeune, Can- » tien Garron, Anthoine Beauvois, Jullien Chappes,

» Jehan Houllier, Pierre Boucher, Jehan Demollière, » Jehan Simonneau, Pierre Fulguernet, Perry Battereau, » Jehan Faye, Estoy Dotten, Aubin Colleau, Jacques » Colleau et Pierre Notheux, tous lesquels habitans..... » sont d'advis... que, au lieu de la dicte ruelle que le » dict sieur du Bourgneuf pourra faire enclore ; il face » paver, à ses frais,... la rue Torce, qui est devant la » porte du dict lieu du Bourgneuf.... comme aussy qu'il » face paver, depuis le coing de la dicte maison seigneu- » riale du Bourgneuf, la rue qui va jusqu'au coing de la » maison de Pierre Jubin ; et oultre moyennant vingt- » cinq livres tournois de rente » annuelle « à l'œuvre » et fabrique de la dicte église Saint-Pierre, icelle rente » non rachetable, pour estre icelle rente employée au » payement d'un maistre d'escolle pour instruire la » jeunesse du dict faubourg ou aultres affaires néces- » saires de la dicte paroisse, et oultre ce, fournir » d'un logement pour loger icelluy maistre d'es- » colle... » — Procès-verbal de commodo et incommodo. — Le duc de Vendôme autorise Bénigne le Ragois à s'approprier la ruelle, objet de sa requête, en payant la rente sus-mentionnée de 25 livres et suivant les offres qu'il a faites (sign. autogr., sceau, plaq.). — Requête adressée, par le même Bénigne le Ragois, au même duc de Vendôme, à l'effet de transférer, dans l'intérêt du public et moyennant les dédommagements convenables, une petite ruelle non pavée, qui sépare le principal manoir du Bourgneuf d'un autre corps de logis en dépendant. — Ordonnance conforme. Sign. autogr. : César de Vendôme. — Procédures relatives à l'exécution des projets d'adjonction à l'enclos du Bourgneuf des rues appelées du Bourgneuf, Torce et du Filoir.

E. 3704. (Liasse.) — 9 pièces, parchemin, dont 1 cahier de 10 feuillets in-4°; 5 pièces, papier.

1637-1668. — Bourgneuf (le). — Jacques Godin, avocat du Roi en l'Élection d'Etampes, au nom et comme procureur de Bénigne Le Ragois, seigneur du Bourgneuf, receveur et payeur des rentes de la ville de Paris, baille, moyennant une rente annuelle de 31 livres 5 sous, à Nicolas Durand, marchand potier d'étain à Etampes, la moitié d'une maison sise à Etampes, rue de la Regratterie, paroisse Notre-Dame. — Jean Dorange, laboureur et marchand, demeurant à Thionville, étant aux droits de Louis de Poilloue, écuyer, sieur des Chastelliers, transporte à Adam Thiboust, écuyer, sieur de Thionville, une rente annuelle de 6 livres 5 sous tournois, à prendre sur les biens de Michel de Louye, laboureur de Thionville.

Titre nouvel de la dite rente passé par le dit Michel de Longue, au profit du dit Adam Thibaust. — Transport de la susdite rente fait par Roland Oslin, écuyer, sieur de Thionville, et sa femme, Claude Thibaust, héritière de feu Adam Thibaust, à honorable homme Barthélemy de Cœurs, marchand, bourgeois, demeurant à Etampes. — Transport de la même rente fait à François Tardif, conseiller au Châtelet, par le même Barthélemy de Cœurs, qualifié secrétaire de feue la reine-mère du Roi. — Pièces relatives à une rente foncière annuelle de 8 livres 10 sous tournois, dues aux seigneurs du Bourgneuf, successivement, par Cantien Marticat, vigneron, du bourg Saint-Pierre d'Etampes, et maître Pierre Lamy.

E. 3725. (Liasse.) — 16 pièces, parchemin; 7 cahiers de 9 et 10 feuillets in-4°.

1622-1697. — **Bourgneuf (le).** — Noble homme Jacques Godin, conseiller et avocat du Roi en l'Élection d'Etampes, et procureur fondé de Bénigne Le Ragois, écuyer, seigneur du Bourgneuf, receveur général et payeur des rentes de la ville de Paris, vend à Pierre Aubry, jardinier, une masure rue des Aveugles, à Etampes, moyennant une rente foncière annuelle de 10 livres tournois. — Constitution d'une rente de 21 livres 17 sous 6 deniers tournois faite, au profit personnel du dit Jacques Godin, par Michel Le Blanc, marchand, maître charron, à Etampes, Denis Le Blanc, sergent royal en l'Élection d'Etampes, et Préjante Hamoys, sa femme. — Transport d'une rente annuelle de 131 livres 5 sous tournois, à prendre sur Michel Le Blanc, Jean Villemaire, Pierre de Mazeaux, Jean Hardy, Samuel Pozé, fait, par le sus dit Godin, à Bénigne Le Ragois. — Titre nouvel d'une rente de 6 livres 5 sous tournois, assise sur un jardin sis rue des Aveugles, passé, au profit de Bénigne Le Ragois, par Médard Daulton, vigneron. — Transport d'une rente de 24 livres tournois, à prendre sur Martin Moulin, vigneron, fait par Bénigne Le Ragois, à noble homme Thomas Migault, conseiller du Roi et élu en l'Élection de Dourdan. — Sentence ordonnant la vente, en adjudication publique, des héritages sur lesquels est assise la rente susdite de 24 livres tournois, dont plusieurs arrérages sont dus à Nicolas Migault par Martin Moulin. — Constitution d'une rente de 18 livres tournois, faite par Pierre Boucher, vigneron, et Marie Deschamps, sa femme, au profit de Barthélemy de Cœurs, marchand, à Etampes. — Quittance de rachat de la dite rente donnée par le dit Barthélemy de Cœurs à François Boucher, vigneron, fils des susdits constituants. — François Boucher et Jeanne Baudry, sa femme, constituent une rente de 10 livres au profit d'Alexis-François de Cœurs, conseiller au Châtelet de Paris, seigneur du Bourgneuf. — Titre nouvel d'une rente de 46 livres tournois passé par Perrine Courtillet, veuve de Cantien Renard, au profit de Catherine Gobelin, veuve de Bénigne Le Ragois, au nom de leur fils et les autres héritiers du dit Le Ragois. — Claude Fontaine, prêtre, curé de Saint-Pierre d'Etampes, Denis Le Blanc, sergent royal, Simon Jolly, maréchal, et Pierre-Nicolas Le Jeune, vigneron, marguilliers du dit Saint-Pierre, considérant que la fabrique a 22 livres 1 sou tournois de rente en 7 parties, à prendre sur plusieurs particuliers morts et sans biens, ou vivants et insolvables, assignées sur quelques maisons sises au faubourg Saint-Pierre, et à présent en ruine depuis les guerres dernières, transportent, moyennant la somme de 359 livres 4 sous, à noble homme Nicolas de Cœurs, seigneur du Bourgneuf, receveur et payeur des rentes assignées sur les tailles de la ville de Paris, 111 sous sur François et Cantien Faye, vigneron; 100 sous sur Jean Boucher et Pasquière Mercier; 4 livres 2 sous 6 deniers tournois sur Simon Papillon, l'aîné, et Simon Papillon, le jeune; 40 sous tournois sur Madeleine Georges, veuve de Jean Duchet; 40 sous tournois sur Robert Dourdon, héritier de Denis, son père; 37 sous 6 deniers tournois sur Eloi Daulton, l'aîné, vigneron; 32 sous tournois sur Cantien Demellières (26 août 1627). — Titre nouvel d'une rente de 100 sous tournois passé, au profit de Nicolas de Cœurs, par Jeanne Bouchon, veuve en dernières noces de Charles Adam, maître d'école, demeurant au faubourg Saint-Pierre d'Etampes, grande rue de la Boucherie. — Constitution d'une rente de 17 livres 10 sous, faite, au profit d'Alexis-François de Cœurs, seigneur du Bourgneuf, par Jacques Chenu, laboureur, et Simonne Meusnier, sa femme. Titre nouvel d'une rente de 23 livres 5 sous tournois passé par Eloi Daulton, vigneron, au profit de Catherine Gobelin, veuve de Bénigne Le Ragois, au nom de leur fils et des autres héritiers du dit Le Ragois.

E. 3726. (Liasse.) — 7 pièces, parchemin; 12 pièces, papier.

1640-1675. — **Bourgneuf (le).** — Constitution d'une rente de 23 livres tournois, au capital de 450 livres, faite à Jacques Duplessis, écuyer, sieur d'Aurainville, gentilhomme servant de Sa Majesté, par Cantien Paris, archer en la maréchaussée d'Etampes, et Catherine Cochon, sa femme. — Titre nouvel de la dite rente passé par la même Catherine Cochon, remariée à Philippe Revozel lieu marchand, demeurant au Haut-Pavé, paroisse Saint-Martin d'Etampes, au profit de Jean Gobelin, écuyer, sieur « de Bourjeu, » ayant les droits cédés de Jacques Duplessis. — Procédures touchant cette rente, devenue, par succession, à la charge de Gautien Carnevillers, maréchal, d'Etampes. — Constitution d'une rente de 9 livres tournois, au capital de 108 livres, faite, au profit du même Jacques Duplessis, par Jean Moreau, vigneron, demeurant à Saint-Martin d'Etampes, et Marie Bauldry, sa femme. — Pièces relatives à une rente foncière de 3 livres 10 sous, assise sur une maison du faubourg Saint-Pierre d'Etampes, et rachetée par Bénigne Le Ragois, seigneur du Bourgneuf, conseiller du Roi, receveur général et payeur des rentes sur les gabelles de France, à Denise Goussard, veuve de noble homme Michel Chaillou, en son vivant, lieutenant en l'Élection d'Etampes, laquelle avait les droits acquis de Jean Paris, marchand tourneur, et Catherine Goussard, sa femme.

E. 3797. (Liasse.) — 11 pièces, parchemin; 4 pièces, papier.

1643-1682. — Bourgneuf (le). — Titres de rentes possédées, sur la ville de Paris, par Claude de Lisle, écuyer, conseiller et maître d'hôtel du Roi, qui en avait acquis : 1° une de 894 livres 4 sous, de Mathieu Thoreau, écuyer, sieur de la Grimaudière, doyen de l'église de Poitiers, tant en son nom que comme procureur de Françoise du Pont, veuve de René Thoreau, vivant, écuyer, sieur du dit lieu de la Grimaudière, trésorier général de France à Poitiers, au nom et comme mère et tutrice de René et Philippe Moreau, écuyers, leurs fils mineurs, et encore procureur de Gilles Thoreau, écuyer, sieur d'Assé, conseiller du Roi, trésorier général de France à Poitiers, et de François Thoreau, écuyer, sieur du Breul, ses frères ; 2° une de 609 livres 12 sous tournois, de Jean Chaussière, notaire au châtelet de Paris ; 3° une de 290 livres 18 sous tournois, de Jean Lombus, avocat du Roi en l'Élection de Romorantin. — Jacques Godin, conseiller et avocat du Roi en l'Élection d'Etampes, procureur fondé de Bénigne Le Ragois, seigneur du Bourgneuf, conseiller du Roi, receveur et payeur des rentes de l'Hôtel-de-Ville de Paris, baille à Jean Bonouard, maître savetier, demeurant à Etampes, une maison sise à Etampes, rue de la Savaterie, moyennant un loyer annuel de 22 livres. — Pièces relatives à une rente foncière de 20 livres hypothéquée sur une vigne sise au terroir de Morigny, la dite rente cédée à Nicolas de Cœurs, seigneur du Bourgneuf, conseiller du Roi, receveur et payeur des rentes de l'Hôtel-de-Ville de Paris, par Pierre Boulle-

mier, prêtre, chantre et chanoine de la collégiale de Sainte-Croix d'Etampes (12 novembre 1662).

E. 3798. (Liasse.) — 3 pièces, parchemin, 17 pièces, papier.

1643-1674. — Bourgneuf (le). — Constitution d'une rente annuelle de 100 livres tournois, au capital de 1,800 livres, faite, au profit de Gédéon Paris, prêtre, chanoine de la collégiale de Saint-Médéric, à Paris, par Philippe Jabiter, marchand, bourgeois de Paris, commissaire et contrôleur pour le Roi à la porte Saint-Michel de la dite ville, et Geneviève Martin, sa femme. — Extrait du testament du dit Gédéon Paris, qui lègue au chapitre de Saint-Médéric 500 livres tournois de rente, dues tant par les héritiers de feue madame De la Croix, veuve de M. De la Croix, maître des comptes, et Jean De la Croix, aussi maître des comptes, et Claude De la Croix, sieur du Fresnoy, que par les nommés Jabier, Maillart, et leurs femmes. — Titre nouvel de la rente de 100 livres tournois sus-mentionnée, passé par les constituants au profit du chapitre de Saint-Médéric. — Titre nouvel de la même rente fait, au profit du même chapitre, par Nicolas de Cœurs, conseiller du Roi, receveur et payeur des rentes assignées sur l'Hôtel-de-Ville de Paris, et Antoinette Martin, sa femme, devenus acquéreurs des immeubles sur lesquels était hypothéquée la dite rente de 100 livres. — Quittances d'arrérages de la dite rente, délivrés par : Tassel, chanoine et receveur du chapitre de Saint-Médéric, de 1659 à 1661 ; Barcillon, chanoine et receveur de 1662 à 1665 ; Barcillon, chanoine et receveur, de 1666 à 1671. — Quittance de rachat de la dite rente donnée à Alexis-François de Cœurs, seigneur du Bourgneuf, conseiller au Châtelet, créancier de la succession de feu Nicolas de Cœurs, son père, et d'Antoinette Martin, sa mère, par Nicolas Blancpignon, chevecier, François Jacob, Augustin Barcillon, Jean Gealin et Jean-Baptiste Jomard, tous prêtres, chanoines de la collégiale Saint-Médéric, assemblée en la manière accoutumée au dit chapitre, le 30 avril 1674.

E. 3799. (Liasse.) — 3 pièces, papier.

1643-1710. — Bourgneuf (le). — Procès-verbal de visite de la chapelle du lieu seigneurial du Bourgneuf, faite, le 10 mai 1642, par le doyen de la chrétienté d'Etampes (J. Hochereau), assisté de Claude Delaporte, curé de Saint-Gilles du dit Etampes, promoteur au dit doyenné, et de Cantien Chasseculier, prêtre, curé de Saint-Pierre d'Etampes. On trouve, « en l'entrée de la

» gallerie, un pavillon couvert d'ardoises, bien voûté,
» faict en chapelle bien ornée, un autel et plusieurs
» beaux tableaux de dévotion et choses nécessaires et
» requises pour la décoration de la dite chapelle, selon
» les saincts canons et statuts synodaux.... » sign. autogr. « J. Hochereau; Gobelin, espouse du dict sieur du
» Bourgneuf, absence, Delaporte; Chasseculier. » — Sur
le vu de ce procès-verbal, Octave de Bellegarde, archevêque de Sens, accorde, par ses lettres données en l'abbaye du Lys, le 12 mai 1649, à Bénigne Le Ragois, la permission de faire dresser un autel dans sa demeure, et
donne commission à l'abbé de Morigny d'en faire la bénédiction, pour que la messe y puisse être célébrée par
les prêtres approuvés du dit archevêque ou de ses vicaires
généraux. — Commission donnée le 18 novembre 1710,
par l'archevêque de Sens, Hardouin Fortin de la Ho-
guette, au sieur Voizot, doyen de Sainte-Croix et doyen
rural du district d'Etampes, « pour aller réconcillier et
» bénir la chapelle du lieu du Bourgneuf, paroisse de
» Saint-Pierre du dit Etampes, s'il la trouve en estat
» décent, et fournir suffizamment des ornemens néces-
» saires à la célébration de la Sainte-Messe... » Au dos
de cette commission est le procès-verbal de la bénédiction de la chapelle, faite le 8 février 1711, par le dit
Claude Voizot, assisté de François Maupas, prêtre, curé
de la paroisse Saint-Pierre d'Etampes : il y est question
de « plusieurs ornemens à l'usage d'icelle et entr'autres
» d'un tableau où est représentée l'annonciation du mys-
tère de l'Incarnation.

E. 3600. (Liasse.) — 3 pièces, parchemin; 5 pièces, papier.

1644-1699. — Bourgneuf (le). — Claude Boullemier, le jeune, vigneron, demeurant au faubourg Saint-
Pierre d'Etampes, baille à Michel Boullemier, le jeune,
aussi vigneron, demeurant au même lieu, la 4e partie
d'une maison couverte en chaume, sise audit faubourg
Saint-Pierre, rue de Lalun, moyennant une rente annuelle de 9 livres tournois. — Déclaration d'immeubles
sis au terroir d'Etampes, champtiers de Pineau et d'Epi-
neau et de Grain, tenus à cens de l'abbaye de Longchamps par Marie Plault, veuve de Lambert Lamber,
vivant, écuyer, prévôt des maréchaux d'Etampes. — Copie
d'actes touchant une rente foncière annuelle de 45 livres
due à François Aleaume, bachelier en théologie de la Faculté de Paris, tant en son nom que comme tuteur de
Claude Aleaume, son frère, par Gabriel Debry, conseiller
du Roi, président, lieutenant général civil et criminel au duché, bailliage et gouvernement d'Etampes, et

Marie-Anne de Chartres, sa femme, pour cause de bail,
fait par le premier à ces derniers, d'une maison sise rue
Saint-Jacques, paroisse Saint-Basile, à Etampes. — Bail
de la moitié de la dite maison sise même rue fait, moyennant une rente annuelle de 50 sous, à Martin Laumôn-
nier, maître tonnelier, à Etampes, par Guillaume Garnier, chirurgien, demeurant à « Chalot-Saint-Mars, »
tant en son nom que comme ayant épousé Marguerite-
Hélène Danonville, que comme tuteur des enfants mineurs de feus Nicolas Mercier, marchand mercier à Etampes, et Madeleine Danonville, sa femme, et procureur
fondé de la veuve Michel Leblanc. — Bail à vie d'une
maison sise à Etampes, rue du Château, fait, moyennant
la somme de 800 livres une fois payée, par René Cousté,
directeur des affaires de finance du Roi, tant en son nom
que comme fondé de procuration de son frère, Simon
Cousté, prêtre de l'Oratoire de Jésus, à Alexandre Levasseur, écuyer, sieur de Rochefontaine, prévôt provincial
de la maréchaussée d'Etampes, et Madeleine Peschard,
sa femme. — Michel Le Maret, maître chirurgien, à
Etampes, et Louise Colleau, sa femme, baillent à Sébastien Poullard, maître savetier, à Etampes, une maison
sise au dit Etampes, grande rue de la Boucherie, moyennant une rente annuelle de 21 livres 3 sous tournois.—
Vente d'immeubles sis au terroir de Marolles, champtiers du Marchais, des Grandes-Vignes, de la Haye, des
Petites-Vignes, des Croix de la Marenlou, du Viel-Ma-
renlou, faite par Michel Choppart, laboureur, demeurant dans la métairie de « l'Horme, paroisse d'Abbeville, » et Toussainte Imbault, sa femme, à Pierre Chappart, laboureur, du même lieu. — Sentence par laquelle
Gédéon Percheron, procureur aux sièges royaux d'E-
tampes, prévôt, juge ordinaire civil et criminel de la
prévôté de Morigny, pour l'abbaye du dit Morigny,
donne en charge à Mathieu Bergerot les mineurs Cas-
tien et Gabriel Bergerat, dont il a la tutelle, à condition de les nourrir jusqu'à ce que chacun d'eux ait
atteint l'âge de 18 ans, de les faire instruire « et apprendre leur croiance, » de les acquitter de toutes dettes,
de fournir à chacun annuellement un habit complet de
la valeur de 15 livres. — Pièces relatives à une rente
annuelle de 9 livres tournois sur 3 quartiers de vigne
au vignoble de Saint-Pierre d'Etampes, champtier du
Couldray, due aux seigneurs du Bourgneuf, successivement par Basile Simmonneau, vigneron, d'Etampes,
Antoine Chauvelet, maître charpentier, à Chartres,
Guillaume Ancelin, vigneron, demeurant au Perray
d'Etampes, et Jean Boudeau, maître chirurgien, demeurant aussi au « Paray, » paroisse Notre-Dame d'Etampes.
— Edme Angevin, maître boulanger, demeurant au

faubourg Saint-Pierre d'Etampes, et sa femme, Louise Motheux, baillant à Jean et Gilles Caillandeau, père et fils, vignerons, demeurant à Morigny, paroisse Saint-Germain-lès-Etampes, 1/2 arpent de vignes en 5 pièces sis aux champtiers de Beauvais, le grand champtier, lieu dit le Cornailles, lieu dit le Creux, moyennant une rente annuelle de 6 livres. — Transport de la dite rente fait par les mêmes à Nicolas de Cœurs, seigneur du Bourgneuf, conseiller du Roi.

E. 3501. (Liasse.) — 7 pièces, parchemin; 7 pièces, papier.

1643-1691. — Titres d'une rente de 150 livres 12 sous sur l'hôtel-de-ville de Paris, cédée, en échange d'un immeuble à Toury, à Jean Guéret, marchand au dit Toury, par Nicolas de Cœurs, receveur général des traites foraines en Picardie, et qui passa successivement, par transport de Jean Guéret, à Nicolas Piot, bourgeois de Paris, et de Nicolas Piot à Claude Martin, prêtre, aumônier de la duchesse d'Orléans (10 juin 1651), lequel en fit l'acquisition pour le compte d'Alexis François de Cœurs, écolier. — Catherine Gobelin, veuve de Bénigne Le Ragois, vivant, écuyer, sieur du Bourgneuf, s'oblige à continuer à Marguerite Sallard, veuve de Joachim Usson (et Husson), maître tapissier, à Paris, le payement de 50 livres de rente, de laquelle rente déclaration a été faite à son profit par feu Nicolas du Buisson, vivant, conseiller du Roi et auditeur à la Chambre des Comptes; les 50 livres faisant partie de 1125 livres de rente constituée au dit feu du Buisson, par le dit feu Bénigne Le Ragois, Philippe Le Ragois, veuve de noble homme François Peyrat, vivant, trésorier des maisons et finances de Madame de Montpensier, et Jacques Peyrat, tant en leurs noms que comme se faisant fort de Claude Le Ragois, sieur de Bretonvilliers, par contrat du 28 juin 1632. — Titre nouvel d'une rente de 12 livres 10 sous tournois, passé, au profit de Catherine Gobelin, par Jean Boullemier, vigneron, du faubourg Saint-Pierre d'Etampes. — Transport d'une rente de 18 livres tournois fait à Nicolas de Cœurs par René Guisenet, prêtre, chantre et chanoine de Notre-Dame d'Etampes, et Jacques Lucet, aussi prêtre et chanoine, curé de Notre-Dame d'Etampes (10 novembre 1650), tant en leurs noms ès-dites dignités que comme délégués du chapitre de l'église Notre-Dame d'Etampes. — Constitution d'une rente de 5 livres 10 sous tournois, au capital de 99 livres tournois, faite, au profit de Nicolas de Cœurs, par Jean Chenu, laboureur, du faubourg Saint-Pierre d'Etampes, et Anne Chéron, sa femme. — Constitution d'une rente de 44 livres 9 sous 6 deniers, faite, au profit du même, par Gabriel Robine, laboureur, demeurant à « Mesrobert, » et Marie Roudet, sa femme. — Titre nouvel de 5 livres de rente passé, au profit du même, par Toussainte Bourdon, veuve, en premières noces, de François Vezard.

E. 3502. (Liasse.) — 2 pièces, parchemin, dont 1 plan et 1 cahier de 8 feuillets in-4°.

1645-1656. — Bourgneuf (le). — Transaction sur les droits de censive et justice en la maison et enclos du Bourgneuf, faubourg Saint-Père, à Etampes, entre Dom Sébastien Mercier, prêtre, religieux profès et prieur de la maison chartreuse d'Orléans, tant pour lui que comme procureur de Dom Pierre Boucher, vicaire, Dom Guillaume Pastey, Dom Michel Ragaud, procureur, et Dom Hilarion d'Espineu, sacristain, tous prêtres et religieux de la dite Chartreuse d'Orléans, d'une part; et Catherine Gobelin, veuve de noble homme Bénigne Le Ragois, vivant, sieur du Bourgneuf, tant en son nom que comme tutrice des enfants mineurs du dit défunt et d'elle; M. Jacques Du Jardin, conseiller du Roi à la Cour des Aides de Paris, au nom et comme procureur de Bénigne Le Ragois, écuyer, fils du dit défunt et de feue Catherine Gosnier, sa femme; Marie Le Ragois, femme du dit Jacques du Jardin, et Madeleine Le Ragois, femme de Charles Henri, seigneur de la Boissière, conseiller au Parlement de Paris, d'autre part. — Plan de la terre et seigneurie du Bourgneuf, au verso duquel est un certificat d'attestation signé (autog.) C. Gobelin; Sébastien Marrier, Dujardin; F. Jacques Mongin; Marie Le Ragois; Madeleine Le Ragois, et les notaires Groyn et Hénaut.

E. 3503. (Liasse.) — 11 pièces, parchemin; 1 pièce, papier.

1647-1778. — Bourgneuf (le). — Denis Bourdon, vigneron, demeurant au faubourg Saint-Pierre d'Etampes, s'oblige envers Catherine Gobelin, veuve de Bénigne Le Ragois, vivant, sieur du Bourgneuf; Marie Le Ragois, femme de Jacques Dujardin, conseiller à la Cour des Aides; et Madeleine Le Ragois, femme de Charles Hervé, conseiller au Parlement, à leur payer une rente annuelle de 11 livres tournois, qu'ils ont droit de prendre sur une maison sise au faubourg Saint-Pierre d'Etampes, grande rue de la Boucherie, où habite le dit Denis Bourdon. — Bail de cette maison à titre de rente faite à Pierre Le Roy, demeurant audit faubourg Saint-Pierre, par Catherine Gobelin, tant en son nom que comme tutrice de son fils, Jean Le Ragois, et se portant fort pour Marie et Madeleine Le Ragois. — Obligation de continuer le payement de la rente faite par Gantien Le Roy, vigneron, fils de Pierre. — Rachat de la dite rente moyennant 220 livres, dont « Julie de Cours du Bourgneuf, fille » majeure, demeurante à Estampes, au château du Bourg-» neuf, » donne quittance au dit Gantien Le Roy. — Constitution de 11 livres de rente faite, moyennant 220 livres, sur la même maison, par le même Gantien Le Roy, au profit de Jean-Jacques Baudet, sieur Du Mesnil, conseiller du Roi, commissaire aux montres et revues de la maréchaussée d'Étampes. — Sentence contre Jean Le Roy, soldat, fils et héritier de Gantien, pour défaut de payement de trois années d'arrérages de la dite rente. — Bail à loyer de la maison sur laquelle était assise la rente, fait par le dit Baudet, à Charles Choisneau, manouvrier, moyennant 20 livres par an. — Bail à rente (22 livres 10 sous par an) de la dite maison, fait par le même à Pierre Rivière, manouvrier. — Titre nouvel par Michel Chesne, marchand, demeurant à Étrechy, comme ayant épousé Louise Angevin, veuve de Pierre Rivière, et tuteur des enfants du premier lit de la dite Louise. — Vente de la dite maison faite à Jean-François Houlier, vigneron, demeurant à Étampes, et Marie-Françoise Charbonnier, sa femme, par Laurent Chaumerat, manouvrier, demeurant à Puiseaux, fondé de procuration de Louise Angevin, sa femme, et de Thomas Cochet, manouvrier, de Puiseaux, et Madeleine Rivière, sa femme. — Alexis Gaudon, bourgeois d'Étampes, tant en son nom que comme ayant pouvoir de Cyrille Gaudon, son frère, bourgeois de Paris, tous les deux héritiers par moitié de feue Anne Baudet Dumesnil, à son décès veuve d'Alexis Gaudon, conseiller du Roi, lieutenant particulier et assesseur criminel au Bailliage royal d'Étampes, laquelle était aux droits de Marguerite-Jacqueline Guyot, veuve de Louis Bessirat, secrétaire du Roi, et en cette qualité créancière des successions de Jean-Jacques Baudet Dumesnil et de Marie-Anne Drouöt, sa femme, aïeul des deux dits frères, reconnaît avoir reçu de Jean-François Houlier, et Marie-Françoise Charbonnier, sa femme, la somme de 456 livres 30 sous 2 deniers, pour le principal et les intérêts de la rente de 22 livres 10 sous sus mentionnée. — Les dits époux Houlier vendent la dite maison à Charles-Jean-Marie, chevalier, marquis de Valory, seigneur du Bourgneuf, haut justicier du prieuré de Saint-Pierre d'Étampes et autres lieux, capitaine au régiment royal Lorraine cavalerie, gouverneur et grand bailli des ville, bailliage et duché d'Étampes, qui, en récompense des services qu'ils ont rendus à lui et à son père, et en considération de leur âge avancé, leur en laisse la jouissance viagère, et la proroge même pour 6 ans au profit de leur fils Pierre Houlier, dans le cas où les dits vendeurs mourraient avant 6 années de jouissance.

E. 3804. (Liasse.) — 2 pièces, parchemin ; 4 pièces, papier ; dont 1 cahier de 24 feuillets in-folio.

1656-1688. — Bourgneuf (le). — Michel Lemuret (et Le Muret), maître chirurgien à Étampes, et Louise Colleau, sa femme, reconnaissent avoir reçu de Sébastien Poulard, maître savetier à Étampes, la somme de 120 livres 13 sous 4 deniers, pour le remboursement du principal et les arrérages d'une rente de 7 livres 1 sou tournois, faisant le tiers d'une rente de 21 livres 3 sous de rente foncière annuelle sur une maison sise au faubourg Saint-Pierre d'Étampes. — Déclaration de command faite par Guillaume Lasnier, maître tailleur d'habits, à Paris, au profit de Gilles de Carvoisin, chevalier, seigneur d'Achy, pour raison du transport de 1,000 livres du principal, frais et dépens, adjugés à Jean Royer dit Champagne, par sentence du Châtelet de Paris, à l'encontre de feu Florent Pasquier de Valgrand, vivant, capitaine au régiment royal, transport que le dit Royer avait fait au dit Lasnier. — Florent Pasquier, chevalier, seigneur de Valgrand, conseiller du Roi et ci-devant procureur général au grand conseil, héritier mobilier et des acquêts de feu Florent Pasquier, son fils, vivant, aussi seigneur de Valgrand, capitaine d'une compagnie de cavalerie dans le régiment du marquis d'Uxelles, confesse avoir reçu de Louis de Cravent, chevalier, marquis d'Humières et autres places; Louise-Antoinette de la Chastre, sa femme ; Catherine Delaplame, veuve de Guillaume Le Lièvre, marchand, bourgeois de Paris; chevalier de Valory, capitaine d'une compagnie de chevau-légers dans le régiment d'Humières, et Catherine Le Lièvre, sa femme, la somme de 7,000 livres tournois en déduction de 1,000 livres dues par les dits sieur et dame d'Humières, dame Le Lièvre et sieur et dame de Valory, au dit Valgrand, par obligation du 25 avril 1658 envers le dit feu sieur de Valgrand. — Geneviève Picot, veuve de Pierre Carlier, vivant, conseiller du Roi et correcteur en sa chambre des comptes, confesse avoir reçu de Charles de Valory, ci-devant nommé, et de Catherine Le Lièvre, sa femme, la somme de 3,183 livres 13 sous 4 deniers tournois pour le rachat et les arrérages d'une rente de 166 livres 13 sous 4 deniers, constituée par feu Florent Pasquier, écuyer, sieur de Valgrand, au profit de feu noble homme Louis Vitry, conseiller du Roi et commissaire ordinaire de la marine, premier mari de la dite Geneviève Picot. — Règlement de comptes entre Hiérosme de Nouveau, chevalier, seigneur de Francourt, Lignières et autres lieux, conseiller du Roi et surintendant général des postes et relais de France; Louis Aubery, chevalier, seigneur de Tritport, conseiller au grand conseil, et Jean de Turquant, chevalier, seigneur d'Auberterre et autres lieux, qui s'étaient solidairement obligés envers quelques particuliers.

E. 3805. (Liasse.) — 17 pièces, parchemin; 27 pièces, papier.

1668-1769. — Bourgneuf (le). — Titres d'une rente foncière annuelle de 4 livres 12 sous 6 deniers due au seigneur du Bourgneuf, qui l'avait acquise de Claude Hemery, marchand, à Etampes, étant au lieu de feu Guillaume Descores, son beau-père, qui était au lieu de Cantien Ruotte, le jeune, laboureur, demeurant « au Mesnil-Racouin, » et Dorothée le Mornay, sa femme, successivement par François Morize, et Louis Morize, père et fils, tous les deux tailleurs d'habits, demeurant à Maisse. — Titre nouvel d'une rente de 33 livres 17 sous 6 deniers assise en partie sur la maison dite hôtellerie de la Herse, rue de la Herse, à Etampes, passé par Denis Leblanc, marchand hôtelier, fils et héritier de feu Michel Leblanc, au profit de Nicolas de Cœurs, conseiller du Roi, receveur et payeur des rentes de l'Hôtel-de-Ville de Paris, seigneur du Bourgneuf, ayant les droits acquis de feu Jacques Godin. — Titre nouvel d'une rente annuelle de 50 sous assise sur des immeubles à Gironville, passé au profit de Louis de Launay, chevalier, seigneur de Gironville, par Théodore Desbordes, dudit lieu, comme ayant épousé Toussine Buhour, Rémy Buhour, Jean Buhour, tous héritiers de feu Jean Buhour. — Bail d'une maison à Etampes, rue de Lalun, fait, moyennant une rente annuelle de 24 livres, à Cantien Moulin, vigneron du faubourg Saint-Pierre d'Etampes, par Marin Savouré agent et fondé de procuration d'Alexis-François de Cœurs, seigneur du Bourgneuf. — Sentence qui rend le bail exécutoire sur Germain Coutard, en qualité de curateur à la succession vacante dudit Cantien Moulin, au profit de Germain de Guérin, chevalier, seigneur de Moulineuf, lieutenant des gardes françoises, adjudicataire de la terre et seigneurie du Bourgneuf. — Titre nouvel d'une rente foncière annuelle de 15 livres assise sur une maison « au haut pavé paroisse Saint-Martin » d'Etampes, passé au profit dudit Alexis-François de Cœurs, par Marie Delamote, veuve d'Henri Brosse, vivant, sergent royal à Etampes. — Titre nouvel d'une rente de 25 livres sur une maison rue de Lalun, et autres immeubles, passé, au profit du même, par Mathieu Tramont, vigneron, demeurant au faubourg Saint-Pierre d'Etampes, et Marie Thibault, sa femme. — Transport d'une rente de 15 livres fait par le même Alexis-François de Cœurs, et Jeanne de Bérard, sa femme, à Jacques Viart, chevalier, seigneur de Villette. — Bail d'une maison rue de la Savatterie, à Etampes, fait à Jacques Dyenne, maître cordonnier à Etampes, par Martin Savouré, ayant charge des créanciers de feus Nicolas de Cœurs, Antoinette Martin, sa femme, et Alexis-François de Cœurs, moyennant une rente annuelle de 17 livres 15 sous, au seigneur du Bourgneuf, par des membres de la famille Trinité d'Etampes, et qui s'éteignit en 1769 par la reprise d'une maison rue du Sablon, à Etampes, sur laquelle elle était assise en partie, reprise opérée par Guy-Louis-Henri, marquis de Valory, seigneur du Bourgneuf.

E. 3806. (Liasse.) — 11 pièces, parchemin : 31 pièces, papier.

1668-1769. — Bourgneuf (le). — Catherine Le Lièvre, femme et fondée de procuration de Charles de Valory, lieutenant des cent gentilshommes de la maison du Roi, s'oblige, envers Louis Lemercier, marchand, bourgeois de Paris, pour la somme de 618 livres qu'elle en a reçue en pur prêt. — Vente d'une maison rue du Sablon à Etampes, faite à Samuel François Boisse, huissier royal à Etampes, par Guillaume Jouasnes, maître charcutier à Etampes et Geneviève Jollivet, sa femme. — Titre nouvel d'une rente de 4 livres 10 sous, assise sur ladite maison, passé au profit de François-Antoine Boisse, marchand épicier mercier à Etampes, par Jacques Boucher, vigneron, et Perrine Jollivet sa femme. — Autre passé au profit des héritiers et de la veuve de François-Antoine Boisse par Pierre Moreau, vigneron, du faubourg Saint-Pierre à Etampes, seul héritier de feus Jacques Moreau et Perrine Jollivet, sa femme. — Pièces relatives à une rente foncière annuelle de 6 livres assise sur une maison rue du Sablon à Etampes, payable au seigneur du Bourgneuf par divers membres d'une famille Guyot. La famille Valory rentre en possession de ladite maison par sentence du Bailliage d'Etampes du 20 novembre 1769.

E. 3807. (Liasse.) — 9 pièces, papier, dont 2 cahiers de 6 et 7 feuillets in-4°.

1677-1723. — Bourgneuf (le). — Titres de propriété

des maison et terre de Guinette à Etampes, cédées en 1672 aux religieuses de la congrégation de Notre-Dame, établies à Etampes, représentées par Alexis de Dombale supérieure, Marie Moreau, assistante, Marie-Angélique Harielle, Marie-Gabrielle Brillon et Marie-Madeleine Bruhère, conseillères, par Claude de Fera, veuve de Jean de Vigny, écuyer, l'un des pages de Monsieur, âgé de 17 ans et Claude de Vigny, âgé de 18 ans. — Vente de rentes et héritages faite aux mêmes religieuses par Louis Autreau, juré vendeur de vins, bourgeois de Paris, et Charlotte Plisson, sa femme.

E. 3808. (Liasse.) — 1 pièce, parchemin; 2 pièces, papier, imprimées.

1679-1702. — Bourgneuf (le). — Procédures pour les créanciers aux successions de feus Nicolas de Cœurs, vivant, conseiller du Roi, receveur et payeur des rentes de l'Hôtel-de-Ville de Paris, Antoinette Martin, sa femme, Alexis-François de Cœurs, seigneur du Bourgneuf, conseiller du Roi au Châtelet de Paris.

E. 3809. (Liasse.) — 8 pièces, parchemin; 17 pièces, papier, dont 1 cahier de 12 feuillets in-folio.

1679-1765. — Bourgneuf (le). — Partage de la succession de feu Martine Lhoste, à son décès, veuve d'Etienne Moreau, vivant, marchand à Etampes, entre Jean de la Chasse, marchand, à Etampes, au nom et comme père et tuteur de Claude de la Chasse, fils de lui et de Perrine Moreau, d'une part, et Pierre de la Chasse, frère de Claude, d'autre part. — Claude de la Chasse, marchand, bourgeois d'Etampes, vend à Michel Baudet, marchand boucher, d'Etampes, la moitié d'une grange sise au faubourg Saint-Pierre d'Etampes, et la moitié de deux appentifs derrière cette grange, moyennant la somme de 140 livres. — Sentence d'adjudication desdits immeubles rendue, à titre de retrait, en faveur de François Durand, marchand, bourgeois d'Etampes, et Marie Moreau, sa femme. — Vente de l'autre moitié desdits immeubles faite, au même François Durand, par Marguerite Lefébure, femme et procuratrice de Pierre de la Chasse, sergent à verge au Châtelet de Paris. — Bail à rente des mêmes immeubles fait à Michel Tanneur, marchand, et Marguerite Baudry, sa femme, par Jacques Duris, conseiller du roi, receveur des tailles et gabelles d'Etampes, qui les avait acquis de Michel Vallon et Françoise Durand, sa femme. — Nicolas Tanneur, manouvrier, et Anne Cheval, sa femme, vendent à Claude Glasson de la Châteigneraye, chevalier de Saint-Louis, ancien capitaine enseigne des Cent-Suisses, et Anne Duris, sa femme, 12 livres 10 sous de rente annuelle à prendre spécialement sur une maison sise au faubourg Saint-Pierre, rue de la Boucherie, à Etampes. — Titre nouvel d'une rente de 11 livres 10 sous faisant partie de 40 livres de rente, moyennant laquelle les susdits Nicolas Tanneur et sa femme ont vendu la maison de la rue de la Boucherie à Pierre Vézard, vigneron d'Etampes. — Vente de ladite maison faite à Guy-Louis-Henri marquis de Valory, seigneur du Bourgneuf, par Jeanne Faye, veuve de Pierre Vézard, Pierre Vézard, et Jeanne Gaudier, sa femme, Etienne Vézard, et Marie-Catherine Petit, sa femme, et Jeanne Vézard. — Quittance de rachat de la rente de 11 livres 10 sous sus-mentionnée, délivrée au marquis de Valory, étant aux droits des Vézard, par Nicolas Tanneur, marchand charcutier à Milly, et Marie-Madeleine Tanneur, veuve de Jacques Borne, vivant, cabaretier à Milly, seuls héritiers de feus Nicolas Tanneur et Anne Cheval, leur père et mère. — Autre quittance de rachat de 28 livres 10 sous de rente délivrée au même par Geneviève Duris, veuve de Louis-Alphonse Hommain de Courbeville, chevalier, seigneur de Gironville, au nom et comme ayant pouvoir de Claude-Jacques Glasson de la Châteigneraye, Jeanne-Marie-Louise et Marie Glasson de la Châteigneraye, toutes trois filles majeures, et Augustin-Jacques Lhéritier, avocat en Parlement, conseiller du Roi, notaire au Châtelet de Paris, et Marie-Anne Delépine, sa femme : lesdits sieurs et demoiselles de la Châteigneraye, frère et sœur, de leur chef; et la dame Lhéritier par représentation de Marie-Anne Glasson de la Châteigneraye, sa mère, à son décès, femme d'Antoine Delépine, ancien payeur des rentes de l'Hôtel-de-Ville de Paris, seuls et uniques héritiers, chacun pour un cinquième, de Claude-Edme Glasson de la Châteigneraye, et Anne Duris, sa veuve.

E. 3810. (Liasse.) — 6 pièces, parchemin, dont 1 cahier de 6 feuillets in-4°; 5 pièces, papier.

1690-1739. — Bourgneuf (le). — Marie et Anne Martin baillent à loyer à Louis Trinité, laboureur, d'Etampes, une maison sise au faubourg Saint-Pierre à Etampes et plusieurs immeubles, sis à la Terrière, champtier des Courtes, des Milières, à l'Orme-de-Juillet, des Régères, de la Pointe-aux-Portes, de Montanchault, de la Belle-Croix, de Chalouette, des Basies, aux Tropèdes, aux Blanches, de la Pointe-de-Bois-Venu, autrement Vau-Martin, de Vaucrasse, des Haultes-Cous-

dray, des Maisons, de Poll-de-Chèvre, de Coudray-aux-Plantes, Terrouer-derrière-Bretagne, anciennement appelé Potin-Freesles-Ouches, de Volegé, de la Fosse-aux-Baleux, moyennant 132 livres 6 sous par an. — Extrait du partage des biens des successions de feu François Martin et Marie Constant, sa femme, entre Aimé Thibault, procureur en la cour, Marie-Françoise Martin, sa femme, d'une part, Jean Legoubé, bourgeois d'Avranches, et Anne-Elisabeth Martin, sa femme, d'autre part. — Vente de la part advenue à Anne-Elisabeth Martin, faite par elle et son mari, à Maximilien Arnoult, receveur du prieuré Saint-Pierre d'Etampes, et greffier en chef de la maréchaussée de ladite ville. — Bail d'une partie des immeubles ainsi acquis fait par ledit Arnoult à Louis Trinité. — Bail de la maison mentionnée au début de cet article et d'autres immeubles fait à Louis Trinité par Alexis Desforges, marchand hôtelier, à Etampes. — Autre bail de la même maison et des mêmes immeubles fait à Pierre Servant, laboureur, et Louise Vinet, sa femme, par Alexis Desforges, qualifié dans l'acte « com-
» mis commissaire aux saisies réelles des bailliage et
» prévosté d'Estampes. » — Cession dudit bail fait par les époux Servant à Henriette-Françoise Le Camus, femme et procuratrice de Guy-Louis-Henri, marquis de Valory, seigneur du Bourgneuf. — Requête adressée par le dit marquis de Valory, au bailli d'Etampes, à l'effet d'obtenir la suppression de la rue Torse. — Procès-verbal de visite en conséquence de la dite requête. (Il y a un dossier particulier pour cette affaire.)

E. 3811. (Liasse.) — 4 pièces, parchemin, 1 cahier, papier, de 6 feuillets in-4°.

1694-1725. — Bourgneuf (le). — Titres de propriété d'un jardin près le presbytère Saint-Pierre d'Etampes. — Vente, à titre de rente foncière, faite à David Chassevillier, prêtre, curé de Saint-Pierre d'Etampes (16 mars 1694), moyennant 3 livres par an, par Marin Savouré, bourgeois d'Etampes, au nom et comme fondé de procuration générale des directeurs des créanciers des sieur et dame du Bourgneuf. — Vente réelle du dit jardin faite au même par Louise-Julie de Cœurs, fille majeure, héritière de feue Jeanne-Françoise de « Berrard, » sa mère, et créancière de la succession de feu Alexis-François de Cœurs, conseiller au Châtelet de Paris, seigneur du Bourgneuf et adjudicataire des biens de la dite succession, par arrêt du parlement du 6 mars 1701. — Testament du susdit David Chassevillier : il ne veut point être inhumé dans l'église, « l'église estant un lieu
» sainct où doivent seulement reposer les saincts et non
» les pescheurs comme luy... » Le luminaire et autres frais d'inhumation seront réduits au strict nécessaire ; ces espèces de dépenses « sont de nulle utilité aux dé-
» functs, et ne serve que pour entretenir l'orgueil et la
» vanité des vivants... » Il lègue à l'église Sainte-Croix d'Etampes 35 livres de rente, à prendre sur la fabrique de Saint-Pierre, à la charge de célébrer annuellement 4 services à 3 leçons, un pour lui, un pour feu Cantien Chassevillier, en son vivant, prêtre, chantre de l'église Sainte-Croix et curé de l'église Saint-Pierre, son oncle ; un pour Tristan Chassevillier et Charlotte Poignard, ses père et mère ; et le quatrième, pour feu Claude « Fon-
» teine, » son prédécesseur dans la cure de Saint-Pierre, et chanoine de Sainte-Croix. Après plusieurs autres dons et legs, il nomme ses légataires universels Thomas Petit, Edmée de Villette, veuve de François Le Sourd et Angélique Pinson, femme de Marc-Antoine Sergent, marchand mercier épicier d'Etampes. — Angélique Pinson, veuve de Marc-Antoine Sergent, vend à Marie, fille de François Le Sourd et d'Edmée de Villette Le Sourd, le tiers du sus dit jardin, lui revenant dans la succession de David Chassevillier. — Vente du dit jardin faite par Marie Le Sourd et Thomas Petit, à Guy-Henri de Valory, chevalier de Saint-Louis, colonel d'infanterie, gouverneur de Rué, seigneur du Bourgneuf « et des fiefs de la Mai-
» rerie Saint-Pierre, de Saint Bonnet dit des Longs et
» des Harengeois. »

E. 3812. (Liasse.) — 13 pièces, parchemin ; 8 pièces, papier.

1698-1790. — Bourgneuf (le). — Constitution d'une rente de 100 livres, au capital de 2,000 livres, faite, au profit de Toussaint Le Lièvre, prêtre de l'Oratoire, par Charles-Antoine de Valory, écuyer, commissaire principal de l'artillerie, et Geneviève Garnier, sa femme ; Raymond-Louis de Valory, prêtre, chanoine de la Collégiale de Saint-Pierre « de l'Isle, » tant en leurs noms que se portant fort de Charles-Guy de Valory, écuyer, directeur des travaux de Menin et autres places, leur frère. — Transport d'une rente de 60 livres fait par le dit Toussaint Le Lièvre, au nom et comme procureur fondé de Catherine Le Lièvre, veuve de Charles de Valory, vivant, chevalier, capitaine des portes de Lille en Flandres, lieutenant des cent gentilshommes de la maison du Roi et capitaine de cavalerie dans le régiment d'Humières, à Charles-Guy de Valory, écuyer, ingénieur, directeur des fortifications en Flandres, représenté par Charles de La Rochefoucault-Neuilly, abbé, demeurant au séminaire Saint-Magloire, à Paris. — Transport d'une rente de 500 livres sur Louise-Elisabeth de Jarente, veuve de Pierre de Petra, écuyer, dame en partie de la terre d'Orgeval, fait par Claude-Louis Aubarry, chevalier, seigneur de Trilport, capitaine de dragons au régiment d'Estrade, à Marie-Angélique Vanakre, veuve de Pierre-Ignace Le Camus, trésorier des États de Cambray. — Quittance de remboursement du capital d'une rente de 100 sous délivrée par Jean-François Gebaille, conseiller du Roi, lieutenant en la maréchaussée d'Étampes, à Pierre Poulard, maître cordonnier à Étampes, et nouvelle constitution de la dite rente par ledit Poulard au profit de Jean Debarry, marchand à Étampes. — Constitution d'une rente de 4 livres 19 sous faite, au profit de Jean Debarry, archer en la maréchaussée d'Étampes, par Pierre Poulard, maître cordonnier en vieux, et Marie Le Sage, sa femme, d'Étampes. — Vente d'une masure, sise Grande-rue du faubourg Saint-Pierre à Étampes, fait, moyennant une rente annuelle de 12 livres, à Jean Marcia, maçon, et Jeanne Gangnierre, sa femme, par Charles Roger, vigneron. — Titre nouvel de cette rente passé, au profit de Marie-Marguerite Dossonville, femme de Jean-Claude Davesne, écuyer, demeurant à Étréchy, par Cantien Boucher, maître maçon, héritier, pour un tiers, de feue Jeanne Gangnier, sa mère, à son décès veuve de Denis Boucher ; Pierre Vézard, vigneron, et Jeanne Marcia, sa femme, et Marie-Louise Marcia, héritiers, chacun pour moitié, de Jean Garcia, leur père. — Titre nouvel de la même rente passé, au profit de Rose Choiseau, fille de feue Marie-Marguerite Dossonville, femme, en premières noces, de Charles Choiseau, et en secondes noces, de Claude Davesne, écuyer, par Charles Moreau, tourneur, demeurant à Étampes, et Marie-Louise Marcia, héritière pour moitié de Jean Marcia, son père, et pour un tiers de Jeanne Gangnier, sa mère, à son décès femme de Jean Marcia, et auparavant veuve de Denis Boucher. — Jean-Henri Privet, prêtre, curé de Saint-Basile d'Étampes (21 janvier 1736), au nom et comme directeur de la Charité des pauvres de la dite paroisse, et Agnès Linde, veuve de Paul Dorival, trésorier de la dite Charité, baillent à Guy-Louis-Henri de Valory, chevalier de Saint-Louis, colonel d'infanterie, gouverneur de Rûe, seigneur du Bourgneuf, un immeuble rue du Sablon, à Étampes, moyennant une rente annuelle de 15 livres. — Quittance de rachat d'une rente foncière de 15 livres, assise sur un immeuble rue du Sablon à Étampes, donnée à Guy-Louis-Henri de Valory, chevalier de Saint-Louis, colonel d'infanterie, gouverneur de Rûe, seigneur de Bourgneuf, par Jean-Henri Privet, prêtre, curé de Saint-Basile d'Étampes (23 novembre 1737), au nom et comme directeur de la Charité des pauvres de ladite paroisse, et Jeanne-Marguerite Privet, femme de Jean Montil, procureur aux sièges royaux d'Étampes, trésorière de la dite Charité. — Titre nouvel d'une rente de 50 sous passé, au profit de Charles Chevalier, maître barbier-perruquier à Étampes, et Madeleine Gilbon, sa femme, légataire universelle de Charles Gilbon, bourgeois d'Étampes, par Pierre Moreau, vigneron, seul héritier de feus Jacques Moreau et Perrine Julivot, cette dernière, veuve, à son décès, de Jacques Boucher, et Lambert Braudet, vigneron, et Élisabeth Moreau, sa femme. — Quittance de rachat de la dite rente donnée à Charles-Jean-Marie, chevalier, marquis de Valory, seigneur du Bourgneuf, chevalier de Saint-Louis, maistre de camp, colonel au régiment de Bourbon infanterie, par Pierre-François Desroziers, maître en chirurgie, et Françoise-Rosalie Chevalier, sa femme, légataire universelle du sus dit Charles Chevalier. — Constitution de 200 livres de rente, au capital de 5,000 livres, faite, au profit de Pierre Houdry, meunier, demeurant à Étampes, faubourg Saint-Pierre, par Jeanne-Louise-Caroline de Valory, fille majeure, demeurant au château du Bourgneuf, et à la caution solidaire de François-Marthe-Hubert de Valory, chevalier, seigneur, comte de Léée, Labarre, Lugré, le Bourgneuf et autres lieux, chevalier de Saint-Louis, maistre de camp de cavalerie, exempt des gardes du corps, et de Charlotte-Henriette-Édmée de Valory, sa femme. — Quittance de rachat d'une rente de 36 livres délivrée à Guy-Louis-Henry de Valory, seigneur du Bourgneuf, par Nicolas Boyard, maître vannier, et Marie-Madeleine Chardon, sa femme ; François Delarue, marchand, et Marie-Barbe Chardon, sa femme, héritière par moitié de François Chardon, son père, et seule héritière de François Chardon, son frère. — Constitution d'une rente de 60 livres, au capital de 12 livres, faite, a profit de Marie-Anne Bidault, veuve d'Étienne Colleau, maître menuisier à Étampes, et de la mineure Marie-Félicité Colleau, par Adélaïde-Louise-Jeanne-Joséphine Dupleix, femme et fondée de procuration de Charles-Jean-Marie, marquis de Valory, seigneur du Bourgneuf. — Rachat de la dite rente fait par le même marquis de Valory.

E. 3513. (Liasse.) — 3 pièces, parchemin ; 1 pièce, papier.

1762-1770. — Bourgneuf (le). — Louise-Julie de Coeurs, dame du Bourgneuf, baille, moyennant 10 sous de rente annuelle, à Jacques Chaudel, maître charretier, du faubourg Saint-Pierre d'Étampes, une masure, rue du Sablon. — Bail du même immeuble et d'une pièce de terre, sise à Étampes, terroir de Saint-Pierre, champtier de la rue Baraquine, fait, moyennant une rente annuelle de 30 livres, à Michel Trinité, vigneron, d'Etampes, et Jeanne Lefebvre, sa femme, par François Chardon, maître bourrelier, Anne Julemier, sa femme, Nicolas Boyard, maître vannier, et Marie-Madeleine Chardon, sa femme, propriétaires, tant du chef des dits François et Marie-Madeleine Chardon, comme héritiers, chacun pour un tiers, de feue Madeleine Chaudet, veuve de feu François Chardon, leur père et mère, que comme étant aux droits de Pierre Jacob et Marie-Jeanne Chardon, sa femme, leur sœur et belle-sœur, leur cohéritière. — Vente des immeubles sus-mentionnés fait à Guy-Henri-Louis, marquis de Valory, seigneur du Bourgneuf, par Marie Harué, veuve de Louis Trinité, fils de Michel, tant en son nom que comme se portant fort pour Marie-Jeanne-Louise-Emélie, Marie-Françoise-Noéle, Jean-Pierre et Cantien-Louis Trinité, enfants d'elle et du dit feu Louis Trinité.

E. 3314. (Liasse.) — 7 pièces, parchemin; 6 pièces, papier.

1710-1748. — Bourgneuf (le). — Marin Savouré, bourgeois d'Etampes, procureur fondé de Germain de Guérin, seigneur du Bourgneuf, lieutenant des gardes-françaises, baille à Michel Trinité, laboureur, 3 quartiers de terre labourable et 1 quart de marais, au terroir de Saint-Pierre, moyennant un loyer annuel de 6 livres. — Louis Ponchel, marchand à Lille en Flandre, fondé de procuration d'Henriette-Françoise Le Camus, dame du Bourgneuf, veuve du sus dit Germain de Guérin, baille à Côme Launay, laboureur, 3 quartiers de pré en la prairie de Saint-Pierre, à Etampes, et 1/2 arpent de pré en la prairie de Coquerive, moyennant un loyer annuel de 33 livres 10 sous. — Marguerite Laumosnier, veuve de Nicolas Baudry, conseiller du Roi, receveur des consignations du Bailliage d'Etampes, baille à Denis Boucher, vigneron, 1/2 arpent de pré, en la prairie Saint-Pierre, champtier du « Guay-Pierreux, » moyennant un loyer annuel de 11 livres. — Guy-Henri de Valory et Françoise Le Camus, sa femme, veuve en premières noces de Germain de Guérin, baillent à Nicolas Jousset, François Martinet, l'aîné, et François Martinet, le jeune, son fils, vigneron, 6 arpents ou environ de pré, en la prairie de Saint-Pierre, moyennant un loyer annuel de 60 livres. — Bail d'un demi arpent de pré, au champtier de Saint-Pierre, fait par les mêmes, moyennant un loyer annuel de 15 livres, à Estienne Delanoue, dit la France. — Résiliation d'un bail fait par Guy-Louis-Henri de Valory, seigneur du Bourgneuf, à Michel Trinité, l'aîné, vigneron, et obligation de 160 livres, payables à volonté, par ce dernier, au dit seigneur du Bourgneuf. — Bail de 8 quartiers de pré, en la prairie Saint-Pierre, fait par le seigneur du Bourgneuf, à Claude Gaudron, maître maréchal à Etampes, moyennant 30 livres de loyer par an. — Bail d'un demi arpent de pré, en la prairie de la rivière de Saint-Pierre, fait par le même, moyennant un loyer annuel de 12 livres, à Nicolas Petit, dit la Gambade. — Bail d'un demi arpent de pré, fait à Pierre Guiot, marchand tailleur d'habits à Etampes, moyennant un loyer annuel de 18 francs, par la dame du Bourgneuf, Le Camus-Valory. — La même reconnaît avoir loué à Sébastien Paris, 3 quartiers de pré ou environ, en la prairie Saint-Pierre, moyennant 12 livres par an. — Copie de la déclaration faite par Etienne Laumosnier, marchand à Etampes, au nom et comme fondé de procuration de Guy-Louis-Henri de Valory, seigneur du Bourgneuf, pour l'imposition du dixième, conformément à la déclaration du Roi du 17 novembre 1733.

E. 3315. (Liasse.) — 1 cahier, parchemin, de 24 feuillets in-4°; 10 pièces, papier.

1721-1728. — Bourgneuf (le). — Procédures et transaction finale entre Alphonse-Germain de Guérin, chevalier, seigneur de Moulinneuf et autres lieux, lieutenant des gardes françaises, adjudicataire de la terre et seigneurie du Bourgneuf, d'une part, et Jean-Jacques Baudet, sieur du Mesnil, conseiller du Roi, commissaire aux revues de la maréchaussée d'Etampes, qui s'était rendu opposant au décret d'adjudication, à fin, entr'autres, de distraction de 11 livres de rente foncière dues par Cantien Le Roy.

E. 3316. (Liasse.) — 8 pièces, parchemin; 17 pièces, papier.

1722-1770. — Bourgneuf (le). — André Doches, greffier de l'Hôtel-de-Ville d'Etampes, baille, moyennant une rente annuelle de 15 livres, à Claude Dauton, vigneron, d'Etampes, et Louise Vaury, sa femme, une petite maison, rue du Sablon, et deux vignes, au vignoble de Morigny, champtiers de Gaudeluche et de « Moissons, » et une pièce de terre, à ce dernier lieu dit. — Eloi Dauton, vigneron, d'Etampes, baille, moyennant une rente annuelle de 40 sous, à Claude Dauton, 2 quartiers 1/2 de vigne, sis au champtier du Coudray. — Le même et sa femme, Geneviève Courtillet, vendent à Etienne Rigault, maître perruquier à Etampes, et Perrette de saint Basile, 1/2 quartier de vigne, au champtier de Godeluche, et cèdent les 40 sous de rente baillés à Claude Danton. — Titre nouvel des dits 40 sous de rente passé au profit d'Etienne Rigault par Pierre Danton, vigneron, de Lardy, et Jacques Fleureau, d'Etampes, et Louise Danton, sa femme, les dits Pierre et Louise, héritiers par moitié de feus Claude Danton et Louise Vaury, sa femme. — Vente de la moitié des immeubles sur lesquels est assise la dite rente, faite par Pierre Danton à Jacques Fleureau. — Vente de la totalité, faite à Guy-Henri-Louis, marquis de Valory, seigneur du Bourgneuf, par Jean Fleureau, manouvrier, d'Etampes, Marie-Louise Renou, sa femme, Jean Tellier, vigneron, d'Etampes, Marie-Louise Fleureau, sa femme, tant en leurs noms que comme se portant fort pour Jean-Jacques et Suzanne Fleureau, leurs frère et sœur, enfants héritiers de feus Jacques Fleureau et Louise-Anne Danton. — Nicolas Fargis, maître coutelier à Etampes, et Marie-Anne Rigault, sa femme, reconnaissent avoir reçu du dit marquis de Valory, la somme de 55 livres, dont 40 pour le principal et 15 pour les arrérages de la rente de 40 sous sus mentionnée. — Michel-Louis Bourraine, conseiller du Roi, receveur des tailles de l'Election d'Etampes, au nom et comme fondé de procuration de Jean-Félix Miger, écuyer, seigneur de Gironville, lieutenant des gardes de la porte du Roi, et de Françoise-Geneviève Bouraine, sa femme, reconnaît avoir reçu du même marquis de Valory la somme de 313 livres 7 sous, pour le principal et les arrérages de la rente de 15 livres, dont il est parlé au début de cet article.

E. 3517. (Liasse.) — 19 pièces, parchemin ; 2 pièces, papier.

1464-1632. — Bourgneuf (le). — Titres relatifs à la famille de Laumoy, à laquelle appartint la seigneurie de Gironville, en Beauce.

E. 3518. (Liasse.) — 1 pièce, parchemin ; 13 pièces, papier.

1712-1720. — Bourgneuf (le). — Alphonse-Germain de Guérin, chevalier, seigneur de Moulineuf, Tiercelieux, le Bourgneuf et autres lieux, colonel d'infanterie et lieutenant des grenadiers des gardes-françaises, reconnaît avoir reçu de Marie-Madeleine Marcia la somme de 600 livres, pour rachat de 83 livres 17 sous 6 deniers de rente, constituée en deux parties par ses aïeul et bisaïeul maternels, David et Michel Le Blanc. — Quittance de 1400 livres, pour rachat et extinction de rente faite par le même à Michel Durandet, père et fils, jardiniers à Etampes. — Extrait d'un partage sous seing privé, fait entre Alexandre-Louis de Laumoy, chevalier, seigneur de Gironville, Marie-Madeleine Hénard, sa femme, Louis-Robert de Barville, chevalier, seigneur de Romainville, et Claude Hénard, sa femme. — Constitution d'une rente de 300 livres au capital de 6000 livres, faite par Florent-Joseph Donguyra, baron de Courrières, tant en son nom que comme procureur fondé d'Angélique Vanaker, veuve de Louis Aubry, chevalier, lieutenant-colonel au régiment de dragons de Belle-Isle, au profit d'Alexandre-Louis de Laumoy, tant en son nom à cause de Marie-Madeleine Hénard, sa femme, que comme tuteur tant de ladite dame que de Marie-Claude Hénard, de Boisoz, sa belle-sœur. — Quittance de remboursement du capital de ladite rente, donnée par le dit Louis de Laumoy, ès-nom, à Marie-Angélique Vanaker, veuve en premières noces d'Ignace Le Camus, receveur général des Etats de la châtellenie de Courtray, et, en secondes noces, de Louis Aubry, lieutenant-colonel de dragons de Belle-Isle. — Quittances de remboursement de rentes faites : par Louis Chardon, en son nom et comme procureur fondé d'Henriette-Françoise Le Camus, veuve d'Alphonse-Germain de Guérin, à Didier Loureau, bourgeois de Paris, Jean-Baptiste Robert, bourgeois de Paris, Michel Hutte, maître de pension à Etampes ; par Louis Pouchel, marchand, demeurant à Lille, comme procureur fondé de la même, à Louis Alexandre, maître boulanger à Etampes ; Marin Savouré, bourgeois d'Etampes ; Marie-Cécile Charon, fille mineure de feu Léon Charon, vivant, procureur aux sièges royaux d'Etampes ; Denis Girard, maître sellier à Etampes, Jacques Vallée, maître boisselier à Etampes ; par André Doches, huissier à cheval au Châtelet de Paris, demeurant à Etampes, aussi fondé de procuration de la même, à Louise Leclerc, veuve de Jean Boucher, vigneron à Etampes.

E. 3519. (Liasse.) — 22 pièces, papier.

1714-1730. — Bourgneuf (le). — Etat des titres et contrats ensaisinés par le sieur Savouré, comme receveur du Bourgneuf, depuis l'année 1714. — Quittances délivrées par le dit Savouré, pour paiement de censives à la seigneurie du Bourgneuf. — Notes relatives à la gestion du même Savouré.

E. 3520. (Liasse.) — 2 cahiers, papier, l'un de 6 feuillets in-f°, l'autre de 15 feuillets in-4°.

1720. — Bourgneuf (le). — Etat des rentes foncières, de bail d'héritages et rentes héritières appartenant à

Henriette-Françoise Le Camus, veuve d'Alphonse-Germain de Guérin, chevalier, seigneur de « Moulineuf, Tiercheliers et du Bourgneuf, » comme faisant partie de la terre de Bourgneuf. Total des rentes : 1732 livres 6 sous 9 deniers. Débiteurs des rentes : Antoinette Barué, Alexandre Audenet; André Audenet; Anne Bourdon; Antoine Maillet; Antoine Valot; Alexandre Charles; Cantien Charier; Cantien Le Roy; Charles Angevin; Charles Richebois, Prieur de Morigny; Delaunay; Claude Cotteau; Charles Baudet; Denis Vézard; Denis Girard; Elisabeth Le Leu; Riot Dauthon; Etienne Geofroy, maître chirurgien à Etampes; Etiennette Lhôte; les héritiers François Chantosme; Guillaume Jouannet; Gilles Colodeau; Geneviève Hlin; Jacques Dannery, procureur à Etampes; Jacques Claudel; la veuve de Jean Boucher; Jean Roger; Jean Pomerel; Jacques Auclerc; Jacques Vallée; Jean d'Herbelay; Joseph Canivet; Louis Trinité; Louis Morisse; Léon Charon, procureur à Etampes; Marie-Madeleine Hercier; Marin Savouré; Michel Alexandre; Cosme Launay; Charles Roger; Michel Tanneur; Morin Mursant; Morin Nicolas; Michel Vézard; Madeleine Auclerc; Nicolas Megater; Pierre Rigaut; Pierre d'Herbelay, marchand à Etampes; Pierre Trinité; Pierre Rué; Pierre Papillon; Nicolas Jousset; Pierre Godin; Pierre Le Gendre; Perrine Jolivet; Pierre Courtillet; Pierre Audry; Radegonde Jouanneau; Simon Baudet; Simon Guiot; Simone Faye.

E. 3821. (Liasse.) — 14 pièces, papier, dont 3 cahiers de 4, 6 et 6 feuillets in-4°.

1728-1729-1730. — Bourgneuf (le). — Mémoires sur les revenus de la terre du Bourgneuf, et consultations des avocats, de Richebourg, Maillard, Berroyer et de La Vigne, sur les droits de mutation et les profits féodaux des fiefs du Bourgneuf, de la Mairie et des Harengeois, relevant tous de la seigneurie d'Auton et Du-Plessis-Saint-Benoît, prétendus par Jérôme-du-Faur de Pibrac, abbé de Saint-Benoît-sur-Loire. — Le même de Pibrac et Jean-François Lambert, receveur de ses terres et seigneuries, reconnaissent avoir reçu de Monsieur et Madame de Valory, seigneur et dame du Bourgneuf, par les mains de l'abbé de Valory, leur frère et beau-frère, la somme de 2,600 livres, fixée, par composition, pour tous les profits de fiefs dûs au dit abbé par suite des mutations de la terre du Bourgneuf, depuis le mois d'octobre 1713, époque de la mort de Germain de Guérin, premier mari de la dite dame du Bourgneuf, jusqu'au 3 mars 1730, date de la quittance.

E. 3822. (Liasse.) — 4 pièces, parchemin; 4 pièces, papier.

1788-1769. — Bourgneuf (le). — Titres de propriété d'une grange ou maison sise à Etampes, faubourg Saint-Pierre, rue du Sablon, acquise de François-Nicolas Jousset et ses enfants par Guy-Henri-Louis, marquis de Valory, lieutenant général des armées du Roi, gouverneur de la citadelle de Lille, grand croix de l'ordre de Saint-Louis, chevalier, seigneur du Bourgneuf et autres lieux, bailli, capitaine et gouverneur des ville, château et duché d'Etampes, laquelle maison était chargée d'une rente de 15 livres 10 sous envers Angélique Puzos, veuve de François Pépin, chevalier de Saint-Louis, ancien capitaine de cavalerie, seigneur de la Montagne, Guignonville et autres lieux, rente remboursée par le même marquis de Valory.

E. 3823. (Liasse.) — 6 pièces, parchemin; 5 pièces, papier.

1795-1769. — Bourgneuf (le). — Charles Roger, vigneron, demeurant au faubourg Saint-Pierre d'Etampes, baille, à titre de rente (15 livres par an), à Charles Chapron, aussi vigneron, demeurant ci-devant à Alençon, en Normandie, « la moitié de trois espaces de grange, » sous un même toit, et petit jardin derrière... » au faubourg et dans la paroisse Saint-Pierre. — Bail de diverses pièces de terre sises au terroir Saint-Pierre, champtiers de Cochereau et des Bastes, fait, moyennant 9 livres de rente, par Charles Roger, et Perrine Le Conte, sa femme, à Charles Chapron et Marie Dupont, sa femme. — Sentence de la prévôté d'Etampes déclarant exécutoires les deux contrats de vente sus mentionnés, à la requête de Jean Hardy, marchand épicier meunier d'Etampes, et Marie-Marguerite Laumosnier, sa femme, au nom et comme étant aux droits, par donation entre vifs, de Charles Roger, contre Pierre Petit, maître tailleur d'habits, demeurant à Etampes, et Marie Chapron, sa femme, fille et héritière de Charles Chapron et de Marie Dupont. — Marie Dupont, veuve de Louis Sabin, demeurant paroisse de Ranes, diocèse de Séez, vend à Jacques Poivrier (alias : Peuvrier), vigneron, du faubourg Saint-Pierre, à Etampes, la moitié des meubles ci-devant mentionnés, à elle appartenant comme héritière des propres de Louise-Elisabeth Petit, sa petite nièce, décédée mineure, le 3 mars 1745; — Vente de l'autre moitié faite au même par Gilles Chapron, manouvrier, demeurant à Anvers, paroisse Saint-Georges. — Vente des mêmes immeubles faite à André Peuvrier par Gabriel Rufz (alias : Rué), vigneron, d'Etampes, tant en son nom que se portant fort pour Marie-Anne Peuvrier, sa femme, et sous le bon plaisir d'Anne Colleau, sa belle-mère, veuve de Jacques Peuvrier. — Cession des deux rentes, montant ensemble à 23 livres, assises sur les immeubles ci-devant mentionnés, faite par Marie-Marguerite Rose Choiseau, fille et héritière pour un tiers de Marie-Marguerite d'Ossonville, sa mère, à Guy-Henri-Louis, marquis de Valory, seigneur du Bourgneuf.

E. 3824. (Liasse.) — 3 pièces, parchemin; 4 pièces, papier.

1780-1788. — Transactions entre Guy-Louis-Henri de Valory, chevalier, seigneur du Bourgneuf, des fiefs des Harangeois et autres, colonel d'infanterie, gouverneur de Rüe, chevalier de Saint-Louis, d'une part, et 1° frère Nicolas Bruxelles, chevalier de Saint-Jean de Jérusalem, commandeur des commanderies d'Etampes et de Chalou-la-Reine, d'autre part, touchant le droit de seigneurie sur une maison appartenant aux héritiers Guettard, sise à Etampes près le pont Saint-Pierre; 2° Philippe Poussin, prêtre, chantre en dignité et chanoine de la collégiale Sainte-Croix d'Etampes, au nom et comme ayant pouvoir de Claude Drogas, évêque, comte de Toul, abbé commandataire de l'abbaye de la Sainte Trinité de Morigny, touchant les droits de seigneurie et censive au territoire de Douvillier, paroisse de Saint-Germain-lès-Etampes. — Transaction entre François-Marthe-Hubert de Valory, chevalier, seigneur de Lévé, Labarre, Lugré et autres lieux, capitaine de cavalerie au régiment royal; et Henriette-Charlotte-Edmée de Valory, sa femme, seigneurs co-propriétaires de la terre et seigneurie du Bourgneuf et dépendances, au moyen de la donation faite à ladite Edmée par Guy-Louis-Henri de Valory et Henriette-Françoise Le Camus, ses père et mère, d'une part, et 1° Charles Viart Dorval, chevalier, seigneur de Bois-Chambault, au nom et comme fondé de procuration de l'abbaye de Notre-Dame-de-Villers-lès-la-Ferté-Alais, ordre de Citeaux, diocèse de Sens, touchant les droits de seigneurie et censive sur les terres et héritages situés au terroir d'Etampes, champtiers de Moquebouteille, Larry, Saint-Martin et Machefert, proche et au-dessus du couvent des capucins d'Etampes; 2° François Pépin, chevalier, seigneur de la Montagne, Guignonville, fiefs en dépendant et y réunis, et du fief de Moisons ou Cardinal-Lemoine, chevalier de Saint-Louis, ancien capitaine de cavalerie au régiment de Bretagne, touchant les censives du champtier du Coudray.

E. 3825. (Liasse.) — 3 pièces, parchemin; 51 pièces, papier.

1785-1778. — Bourgneuf (le). — Procédures pour Guy-Louis-Henri de Valory, seigneur du Bourgneuf, contre Canlien Courtillet, pêcheur, à Etampes; Michel Reynard, boucher, Jacques Boucher, vigneron, Guillaume Jouanet, charcutier, à Etampes; Pajou, employé dans les fermes du roi et Angélique Laumosnier, sa femme; le curé et les marguilliers de l'œuvre et fabrique de Saint-Pierre d'Etampes; François Dubuisson, bourgeois de Paris, curateur judiciaire à la succession vacante d'Anne Housin, veuve d'André Denise; Nicolas Chalons, huissier à cheval au Châtelet de Paris; Jean Demolière, huissier à cheval au Châtelet de Paris; la veuve Sébastien Paris, marchand coquetier à Morigny-lès-Etampes, Louis Vézard, vigneron, à Etampes; Paul Couteault, laboureur, à Vauroux; Michel Laghce, bourgeois d'Etampes, à l'effet de contraindre les défendeurs à passer des déclarations au terrier du Bourgneuf.

E. 3826. (Liasse.) — 3 pièces, parchemin; 139 pièces, papier, dont 4 cahiers de 7, 14, 16, et 19 feuillets in-4°, et 1 cahier de 21 feuillets in-4°.

1786-1787. — Bourgneuf (le). — Pièces d'un procès entre Guy-Louis-Henri de Valory, seigneur du Bourgneuf, d'une part, et Françoise-Julie Arnoult, veuve d'Alexis Desforges, Michel-Alexis Desforges, Claude Mahis, marchand épicier mercier, et Jean-Baptiste Delisle, marchand apothicaire, à Etampes, touchant la clôture de la rue Torse, passant devant le château du Bourgneuf, et mettant en communication les rues de Lalun et du Sablon. — Autorisation de faire fermer aux deux bouts ladite rue, donnée au dit de Valory, par Louis-François de Bourbon, prince de Conti, duc de Mercœur et d'Etampes. Sign. autogr. L.-F. de Bourbon: sceau en placard.

E. 3827. (Liasse.) — 4 pièces, parchemin: 2 pièces, papier.

1786-1790. — Bourgneuf (le) — Ventes faites à Guy-Louis-Henri de Valory, seigneur du Bourgneuf, etc., ou à sa femme Henriette Françoise Le Camus, fondée de procuration, 1° d'une grange, rue du Bourgneuf, par Magloire Boisse, de Vermaison, bourgeois d'Etampes;

3º d'un jardin près le château du Bourgneuf, par Marie-Marguerite Dussonville, épouse non commune en biens de Jean-Claude Daveyne, écuyer, demeurant à Étrechy ; 3º d'un bout de jardin, par Anne Delambon, veuve de Claude Poulard, vivant, maître cordonnier, à Étampes, au nom et comme mère et tutrice d'Henriette et Julienne Poulard ; Claude Poulard, cocher de M. de Bois-Sablons, Jean Delande, perruquier, à Paris, comme se portant fort pour sa femme, Cantienne Poulard ; 4º d'une portion de jardin de la maison sise à Étampes, faubourg Saint-Pierre, Grande-Rue-de-la-Boucherie, par Cyr Augenet, le jeune, maître charron, et Françoise et Louise Augenet.

E. 3828. (Liasse.) — 3 pièces, parchemin, dont 1 cahier de 10 feuillets in-4º; 15 pièces, papier.

1741-1760-1769. — Bourgneuf (le). — Extrait du décret d'adjudication des biens de Jacques Guillot et Anne Dausin, en ce qui concerne deux granges, sises, l'une rue de Lalun et l'autre Grande-Rue-de-la-Boucherie près le moulin, adjugées au marquis de Valory. — Titres de propriété d'une maison sise rue de la Boucherie à Étampes, vendue par les Delande à Étienne Chaillou de Lisy, avocat en parlement, acquéreur pour les mineurs de Valory. — Titres de propriété d'une maison sise à Étampes, Grande-Rue du faubourg et paroisse Saint-Pierre, vendue au marquis de Valory par Charles Noreau, maître tanneur, et Marie-Louise Marcial, sa femme. — Titres de propriété d'une maison sise rue du Sablon, à Étampes, ayant appartenue aux Launai et acquise par le marquis de Valory. — Titres de propriété d'une petite maison sise même rue, vendue au marquis de Valory par Pierre-Gervais Boivin, maître des petites écoles de la paroisse Saint-Gilles à Étampes, Julienne Boudet, sa femme, et Marie-Étiennette Baudet. — Vente de pièces de prés faite à Marie-Catherine Gaillard par Casimir-Louis de Valory, chevalier de justice de l'ordre de Saint-Jean de Jérusalem, capitaine au régiment de Lorraine, cavalerie, etc. — Le marquis de Valory reconnaît devoir à Mlle Gaillard la somme de 1,200 livres, à Sophie Tournemine, la somme de 500 livres.

E. 3829. (Liasse.) — 3 pièces, parchemin, dont 2 cahiers de 8 et 12 feuillets in-4º; 17 pièces, papier.

1778-1779. — Bourgneuf (le). — Pièces relatives à un échange d'immeubles entre le marquis de Valory et les habitants de la paroisse Saint-Pierre d'Étampes, pour la construction d'un nouveau presbytère. Le contrat d'échange, homologué au parlement de Paris, le 21 août 1779, stipule que les curé et marguilliers de la paroisse de Saint-Pierre, comparaissant par Jean-Baptiste Barbier, prêtre, curé, Claude Béchu, marchand meunier farinier, boursier, Jean-François Baron, aubergiste et laboureur, François Boucher, vigneron, et Claude Launay, aussi vigneron, tous marguilliers en charge, cèdent à Charles-Jean-Marie marquis de Valory, seigneur du Bourgneuf, haut justicier et censier du prieuré de Saint-Pierre d'Étampes et autres fiefs réunis, gouverneur et grand bailli de la ville, bailliage et duché d'Étampes, capitaine commandant au régiment royal Lorraine cavalerie, savoir : une maison sise au faubourg Saint-Pierre d'Étampes, ouvrant sur la rue de Lalun, servant de presbytère, avec cour et jardin d'une contenance de 10 perches. De son côté, le dit marquis de Valory cède 3 quartiers de terre en ouche ou jardin clos de murs en partie, sis au même faubourg Saint-Pierre, rue du Sablon, et appelés l'Ouche-aux-Barons. Les curé et marguilliers s'obligent à payer annuellement au dit marquis de Valory 3 sous 9 deniers de cens, dont sont chargés les dits 3 quartiers de jardin ; le marquis s'engage à payer tous les frais des actes auxquels a donné lieu ou peut donner lieu pour l'avenir l'échange en question ; de plus, il se charge de faire construire incessamment à ses frais, sur les dits 3 quartiers de jardin, une maison convenable et commode pour loger le curé de Saint-Pierre et ses successeurs ; toutefois, sur le montant de ces frais, les habitants et propriétaires des fonds de la Paroisse Saint-Pierre payeront la somme de 2,000 livres, et le dit marquis de Valory ne sera tenu que de l'excédant de cette somme.

E. 3830. (Liasse.) — 22 pièces, papier, dont 6 cahiers de 5, 6, 7, 8, et 9 feuillets in-fº.

1728-1768. — Bourgneuf (le). — Comptes des recettes et dépenses de la terre et seigneurie du Bourgneuf rendus aux Valory par André Doches, huissier à cheval au Châtelet de Paris ; la d{me} Godeau, sa veuve ; le sieur Ballin ; Étienne Laumosnier ; sa veuve ; Villemaire Laumosnier ; Venard, huissier ; François Ballin ; Marin Venard, notaire.

E. 3831. (Liasse.) — 4 pièces, parchemin ; 6 pièces, papier.

1779-1780. — Bourgneuf (le). — Titres de propriété

d'une maison, rue du Sablon, à Étampes, acquise de Jean, Marie-Jeanne et Claude-Robert Moreau, par Charles-Jean-Marie, marquis de Valory, seigneur du Bourgneuf.

E. 3532. (Liasse.) — 4 pièces, parchemin, dont 1 cahier de 26 feuillets in-4°; 8 pièces, papier, dont 2 cahiers de 14 et 12 feuillets in-f°.

1587-1789. — Bourgneuf (le). — Mandement d'Étienne (V de Poncher), évêque de Paris, abbé commandataire de l'abbaye Saint-Benoît-Le-Fleuri-sur-Loire, faisant connaître que Claude de Lisle, écuyer, lui a rendu foi et hommage pour le fief et seigneurie du « Bourgneuf, Saint-Père, situé et assis lez Estampes… » — Mainlevée de la saisie de la terre et seigneurie du Bourgneuf opérée pour défaut de devoirs seigneuriaux, la dite mainlevée donnée, moyennant 12 écus, à Claude de Lisle, par noble homme Jacques Bernard, maître de la chambre ordinaire du roi, procureur et receveur général du cardinal de Sens (Antoine du Prat), chancelier de France, et abbé commandataire de Saint-Benoît-sur-Loire. — Détail pour rendre foi et hommage pour les fiefs, terre et seigneurie du Bourgneuf, des « Moullins-Neufs et de la Mairerie Saint-Père, » accordé par Antoine (Sanguin, cardinal de Meudon), évêque d'Orléans, abbé de Saint-Benoît-sur-Loire, à Marthe de Selve, veuve de maître François Roiger, vivant conseiller et procureur général du roi, tant en son nom que comme ayant la garde noble de Jean Roiger, âgé d'environ 8 ans, et des autres mineurs d'elle et du dit François Roiger. — Aveu de la seigneurie de Bourgneuf rendu par Simon Patin, sergent royal à Étampes, fondé de procuration de noble homme Bénigne Le Ragois, seigneur du Bourgneuf, conseiller du Roi et receveur général de ses finances à Limoges, à Armand-Jean du Plessis, cardinal de Richelieu, comte de Limours, et seigneur châtelain de l'abbaye Saint-Benoît-sur-Loire. — Foi et hommage pour la même seigneurie rendu par Louis-Marthe-Hubert de Valory, chevalier, seigneur de Lécé, Labarre, Lugré et autres lieux, capitaine au régiment royal, au nom de sa femme Henriette-Charlotte-Edmée de Valory, fille de Guy. — Louis-Henri de Valory, marquis de Valory et d'Henriette-Françoise Le Camus. — François-Marie de Valory, prêtre, prévôt de l'église Saint-Pierre de Lille, au nom et comme fondé de procuration de François-Marthe-Hubert de Valory, comte de Valory, tuteur de ses enfants mineurs, nomme et substitue en son lieu et place Jacques-Alexandre Becquet Duvivier, bourgeois d'Étampes. — Requête du dit Alexandre Becquet Duvivier à l'effet d'obtenir délai, pour rendre foi et hommage de la seigneurie du Bourgneuf, en faveur d'Henriette-Catherine, âgée de 15 ans 4 mois; Charles-Jean-Marie, âgé de 12 ans; Charles-Guy-Louis, âgé de 8 ans, chevalier de justice de l'ordre de Saint-Jean de Jérusalem; Marie-Jeanne-Marthe, âgée de 4 ans; et Casimir-Louis, reçu de minorité pour l'ordre de Malte, âgé de 18 mois; tous enfants de François-Marthe-Hubert de Valory, comte de Valory, seigneur de Lécé, Labarre Lugré, Le Bourgneuf, chevalier de Saint-Louis, mestre de camp de cavalerie, exempt des gardes du corps, actuellement au service à l'armée d'Allemagne, et de feue Charlotte-Henriette-Edmée de Valory, sa femme. — Foi et hommage pour la seigneurie du Bourgneuf rendu par Denis-Pierre Chaillou, fondé de procuration de Charles-Jean-Marie de Valory, seigneur du Bourgneuf et autres lieux, garde de sa Majesté, compagnie de Beauvau, actuellement en quartier à Troyes, Champagne, fils aîné et principal héritier de feus François-Marthe-Hubert de Valory et de Charlotte-Henriette-Edmée. — Autre foi et hommage rendu pour la même seigneurie par Antoine Lecamus, avocat en parlement, au nom et comme procureur substitué d'Adélaïde-Louise-Jeanne-Joséphine « Duplex » femme et fondée de procuration de Charles-Jean-Marie, marquis de Valory, seigneur du Bourgneuf, du Gef des Harangois et autres y joints, haut justicier et censier du prieuré de Saint-Pierre d'Étampes, seigneur de Lécé, Labarre, Lugré en Anjou et autres lieux grand bailli et gouverneur des ville, bailliage et duché d'Étampes, ci-devant capitaine commandant au régiment royal Lorraine cavalerie, et actuellement mestre du camp au régiment de Bourbon en garnison à Belle-Isle en mer. — Aveu et dénombrement du fief du Bourgneuf, par le susdit François-Marthe-Hubert de Valory, représenté par Antoine Le Camus, tant en son nom que comme se portant fort d'Henriette-Catherine de Valory, femme de Louis-Nicolas-Dieudonné « Cornette de Coly » capitaine de cavalerie au régiment royal Pologne; Charles-Guy-Louis de Valory, chevalier de Saint-Jean de Jérusalem, capitaine de dragons au régiment de Jarnac; Marie-Jeanne-Marthe de Valory et Casimir-Louis de Valory, chevalier de Saint-Jean de Jérusalem, lieutenant de cavalerie au régiment de Monsieur : l'aveu est rendu à Georges-Louis-Phélipeaux d'Herbault, archevêque de Bourges, patriarche primal des Acquitaines, abbé commandataire de Saint-Benoît-le-Fleury-sur-Loire, et contient, entr'autres détails : « Premièrement le château et
» lieu seigneurial du Bourgneuf, situé à Étampes, fau-
» bourg et paroisse Saint-Pierre, consistant en un châ-
» teau couvert d'ardoises, composé d'un vestibule, ayant

» porte d'entrée sur la cour et un autre sur le jardin,
» grand escalier en iceluy; à gauche dudit vestibule, un
» grand salon, au bout duquel est un appartement com-
» posé d'une chambre, cabinet et garde-robe, un autre
» appartement y joignant; un autre bâtiment en aile
» composé de plusieurs chambres basses et chambres
» hautes; à droite dudit vestibule, un salon à manger,
» au bout duquel est un cabinet et une garde-robe, et à
» la suite une chambre au bout d'icelle, un cabinet ser-
» vant de bibliothèque, et un bâtiment en aile, consis-
» tant en une cuisine et un grand commun et un office;
» au premier étage, un grand corridor communiquant à
» plusieurs chambres et cabinets, grenier sur le tout;
» au midy du dit bâtiment, un jardin contenant environ
» un quartier de terre, et, au nord, la basse cour, con-
» sistante en écuries, vacheries et bûchers couverts de
» tuiles : auquel lieu était autrefois un petit jardin :
» tout ce que dessus compris entre les rues Pavée, la rue
» Torse, actuellement enclavées dans le jardin et cour
» du dit seigneur avouant, et mouvant du roy, et la
» Grande-Rue du Sablon, contenant en superficie demi
» arpent environ, tenant d'une part, d'orient, à l'empla-
» cement de la dite rue Torse, d'un bout, du midy, par
» le jardin, à la rue du Sablon, et d'autre bout, du sep-
» tentrion, par la basse cour, à la dite rue Torse, laquelle
» subsiste encore en cet endroit, et va communiquer à la
» rue de Lalun .. Item, un moulin fesant de bled farine,
» appelé le moulin du Bourgneuf, situé au dit fauxbourg
» Saint-Pierre sur la rivière de Juine, avec le sault du
» dit moulin et les bâtiments en dépendants, qui consis-
» tent en une maison à demeure, ayant deux chambres
» basses, deux chambres hautes, grenier dessus, écu-
» ries; tous les dits bâtiments couverts de tuiles et petit
» jardin à côté situé le long de la rue des Prés. Item, le
» droit de pesche en la dite rivière de Juine des deux
» bords, depuis les écluses de Vauroux jusqu'au lieu
» appelé la Teste-à-l'Abbé et paroisse Saint-Germain,
» avec la chaussée des deux bords de la dite rivière, de-
» puis les dites écluses jusqu'au jardin des héritiers
» Michel Durandet. »

E. 3833. (Liasse.) — 16 pièces, papier.

1753-1774. — Bourgneuf (le). — Fois et hommages
» pour raison et à cause du droit de haute justice sous le
» titre de prévôté, sur les maisons et héritages relevant
» en censive du prieuré de Saint-Pierre d'Étampes,
» acquis » des Chartreux d'Orléans, le 2 juillet 1753,
par : 1° Guy-Louis-Henri de Valory, lieutenant général
des armées du Roi, commandeur de Saint-Louis, seigneur haut justicier du prieuré de Saint-Pierre, Le
Bourgneuf, Tiercellieu et autres lieux; 2° François-
Marthe-Hubert de Valory, chevalier, seigneur comte de
Lécó, Labarre, Lugré et autres lieux, chevalier de Saint-
Louis, exempt des gardes du corps, en son nom à cause
de Charlotte-Henriette-Edmée de Valory, sa femme, et
Jeanne-Louise-Caroline de Valory, sœur de la dite Charlotte, et, avec elle, héritière présomptive par moitié de
feu Henriette-Françoise Le Camus, leur mère, femme de
Guy-Louis-Henri, marquis de Valory, sus-nommé;
3° Denis-Pierre Chaillou, procureur de Marie de Valory,
chevalier, seigneur du Bourgneuf et autres lieux, garde
de sa Majesté, compagnie de Beauvesu, en quartier à
Troyes, en Champagne, fils aîné et principal héritier des
feu François-Marthe-Hubert et Charlotte-Henriette-
Edmée de Valory, ses père et mère, tant pour lui que
pour Henriette-Catherine de Valory, âgée de 21 ans,
Charles-Guy-Louis de Valory, chevalier de justice de
l'ordre de Saint-Jean-de-Jérusalem, âgé de 16 ans,
Marie-Jeanne-Marthe de Valory, âgée de 13 ans, et Casimir-Louis de Valory, officier de justice de l'ordre de
Saint-Jean-de-Jérusalem, âgé de 10 ans; 4° le même
Charles-Jean-Marie marquis de Valory.

E. 3834. 1 registre, papier, de 171 feuillets in-f°; incomplet.

1585-1587. — Bourgneuf (le). — Déclaration d'héritages tenus à cens de Marthe de Selve, veuve de noble
homme et sage, maître François « Roger, » vivant, conseiller et procureur général du Roi au parlement de Paris,
dame des seigneuries du Bourgneuf et « Mairerye Saint-
» Père d'Estampes, assises ès faulxbourgs Saint-Père du
» dict Estampes, » par Bastian Ridart, vigneron, Pierre
Lhuylier, marchand, Cancian Boucher, vigneron; Cancian Hudebert, marchand boucher; Simon Godin, marchand mercier; Antoine Beauvoix, vigneron ; Nicolas
Banouard, marchand menuisier; Cancian Coustillet,
vigneron; Pierre Gancourt, vigneron; Jean Dupré,
l'aîné, marchand boucher; Jean Chesneau, vigneron;
François Yver, vigneron ; Germain Boucher, vigneron;
Guillaume Migault, l'aîné, vigneron; Moteau Garnyer,
vigneron; Simonne, veuve de Michel Brette; Jean Val-
lée, marchand bourrelier; Thibaut Mainfroy, vigneron;
Robine Ferrault, veuve de Jacques Le Maire ; Raoul
Biétrix, vigneron ; Adam Le Mareschal, vigneron; Jean
Drouet, marchand boucher; Antoine Paris, marchand ;
Girault Bélier, potier d'étain et marchand ; Pierre Col-
leau, vigneron ; Simon Rivière, marchand et vigneron;

Jean Hemoys, marchand et bourgeois d'Etampes; Ferry Paris, marchand; Catherine, veuve de Pierre Ferry; Guillaume Cacquet, laboureur; Jean Moreau, marchand; Jean Fernel, le jeune, praticien; Michel Seigneurt, vigneron; Collas Girard, vigneron; Cancian Joyneau, vigneron; Jean Faye, vigneron; Marion, veuve de Jean Tertot; Guillemette, veuve de Jean Moreau; Durand Forest, vigneron; Louis Jourdain, marchand; Chéron Thourault, marchand; Jean Jourdain, le jeune, vigneron; Cancien Lhoste, vigneron; Martin Jebulton, prêtre, demeurant à Etampes; Michelle, veuve de Louis Petit; Pierre Petit, vigneron; Pris Guiard, marchand charron; Cancion Lopbre, bonnetier; Louis Tellier, coutelier; Jeanne, veuve de Jean Charpentier; Pierre Grancourt, vigneron; Marguerite, veuve de Robert Thibault; Léonard Bénard, vigneron; Louis Le Roy, vigneron; Perrine, veuve de Jean Paris; Pierre Roullant, vigneron; Pierre de la Roué, vigneron; Antoinette, veuve de Jean Forest; Mathieu Forest, vigneron; Nicolas Houdas, vigneron; Etienne Michellet, marchand cordonnier; Louis Doulcet, huilier; Morin Mérianne, pelletier; Mathieu Daulton, vigneron; Jean Corneviller, vigneron; Jean Bidaine, bourrelier; Macé Bondequin, marchand; Jean Chaudru, marchand; Jean Girardin, marchand; Nicolas de la Follye, marchand; Antoine Caradou, vigneron; Michel Moreau, charron; Jean Baudry, vigneron; Cancianne Pichotou, femme d'Antoine Bonnard; Robert Champigny, marchand potier d'étain; Cancien Béard, vigneron; Guillaume Delabarre, marchand; Etiennette, veuve de Gillet du Moulin; Jean Hue, marchand tanneur; Simon Delaporte, laboureur; Martin Gouvet, marchand; Etienne Plesse, marchand; Cancien Archambault, marchand bonnetier; Jean Moreau, prêtre, demeurant à Etampes; Louis Tessière, charron; Cancien Doyen, vigneron; Gilles Regnard, cordonnier et marchand; Guillaume Godefroy, vigneron; Ythier Robert, vigneron; Louis Lelong, marchand; Jean Picart, chapelier; Cancien Provensal, marchand; Yvonnet Fouldrier, marchand; Jean Lamy, marchand mercier; Jean Corbillon, marchand potier d'étain; Cancien Hamery, vigneron; Marion, veuve de Jean Michellet; Guillemot Dantelu, marchand, bourgeois d'Etampes; Catherine, veuve de Philippon Pillas; Etienne Papillon, marchand menuisier; Morin Hoquet, marchand meunier; Etienne Serveau, marchand boucher; Pierre Mouton, le jeune, vigneron; René Drouard, fourbisseur; Jean Champagne, vigneron; Philippon Gabrielle, marchand boucher; Jean Bouilemier, vigneron; Guillaume Texier, vigneron; Jean Dallier, marchand; Robert Buchon, procureur et praticien en courtoye; Robin Buchon, marchand parcheminier; Jean Legendre, Cancien Godin et Guillaume Godin, procureurs et marguilliers de la fabrique de l'église Saint-Martin d'Etampes; Jean Musnier, vinaigrier; Pierre Guiton, marchand drapier; Pierre Guiard, barbier et chirurgien; Pierre Lortau, prêtre, demeurant à Etampes; Etienne Le Vasseur, procureur au bailliage d'Etampes; Etienne Gamborelle, procureur au même bailliage; Martin Aupex, marchand, bourgeois d'Etampes; Michel Soinzard, marchand drapier.

E. 3534¹. — 1 registre, papier, de 309 feuillets in-f°.

2560-2585. — Bourgneuf (le). — Déclarations d'héritages tenus à cens de Bénigne Le Ragois, seigneur du Bourgneuf, par: Claude Durand, épicier à Etampes; Cancien Faye, vigneron; Cancien Banouard, marchand; Eloi Chesneau, vigneron; Roch Lhoste, vigneron; Pierre Biétrix, l'aîné, vigneron; Pierre Biétrix, le jeune vigneron; Etienne Scarin, vigneron; Loïs Biétrix, vigneron; Pasquier Jourdain, vigneron; Jeanne Tarraquier, veuve de Jean Galet; Marie Valée, veuve de Ferry Durand; Jean Girard, cabaretier; Marie Pineau, veuve de Jean Lion; Simon Bérard, vigneron; Cancian Béard, vigneron; Simon Lesné, marchand; Françoise Cadoral, veuve de Jean Courtillet; Cancian Grenier, vigneron; Alin Dadure, vigneron; Guillemette Moulin, veuve de Mathieu Forest; Jean Boucher, vigneron; Mathieu Leclère, veuve de Guillaume Vroment; Emery Coustault, vigneron; Pierre Cléron, vigneron; Cancian Dolibeau, vigneron; Guillemette Tesnière, veuve de Cancien Paillault; Toussaint Chesneau, vigneron; Françoise Forest; Loïse Valée, veuve de Cancian Colleau; François Meslin, vigneron; Guillaume Jolivet, vigneron; Pierre Yvart, vigneron; Cancienne Egal, veuve de Jean Meslin; Cancian Loreau, vigneron; Antoine Valée, bourrelier; Toussaint Beauvoix, vigneron; Cancian Vroment, vigneron; Oudin Ourry, vigneron; Loïse Moreau, veuve de Jean Joisneau; Cancian Jourdain, vigneron; Pierre Le Roy, vigneron; la collégiale Sainte-Croix d'Etampes; Roland Cousin, parcheminier; Pierre Mainfroy, fils de Jean, vigneron; Jeanne Regnard, veuve de Jean Gouvet; René Piedgellé, vigneron; Jean Colleau, vigneron; Jean Dupuis, vigneron; Jean Hervy, le jeune, vigneron; Sébastien Paris, tailleur d'habits; Cancien Boucher, vigneron; Simon Fourrier, vigneron; Guillaume Gouault, vigneron; Michel Bouilemier, vigneron; Jean Forest, vigneron; Durand Garnier, maréchal; Philippe Lion, marchand; Jean Godin, mercier; Cancianne Godin, veuve de Cancien Duiarte; Michel Girard, dit Costard;

Léonard Daulton, vigneron ; Jean Rigault, vigneron ; Damienne Moreau, veuve de Guillaume Menton ; Jacques Thibault, parcheminier ; Loïs Blanchard, marchand, bourgeois ; Loïs Dupré, marchand cordonnier ; Michel le Père, prêtre ; Can Godin, marchand épicier ; Etienne Lelong, marchand ; Godin Guyard, charron ; Jean Paris, vigneron ; Christophle Banouard, marchand boucher ; Guillemette Michellet, veuve de Simon Banouard ; Cancian Godin, mercier ; Jean Branche, marchand ; Marie Lelong, veuve de Michel Seignant ; Pierre Corbillon, marchand potier d'étain ; Mathurin Bondonneau, marchand boucher ; Jeanne Dupré, fille de feu Louis Dupré ; Giles Buchon, procureur au bailliage et duché d'Etampes ; Jean Doutret, menuisier ; Nicolas Mainfroy, épicier ; Girard François, docteur en médecine ; Julien Dubref, chirurgien et barbier ; Macé Guisonet, marchand ; Simphorien Baron, procureur au bailliage et duché d'Etampes ; Marguerite Baudequin, veuve de Jean Daurinville ; Jean Musnier, vinaigrier, fils de Mathurin ; Jean Valée, charron ; Pierre Hue, marchand drapier ; Cancian Paris, marchand drapier ; Jean Paris, mercier ; Cancian Paris, son fils ; Claude Lambert, marchand ; Jeanne Mainfroy, veuve d'Hilaire Baudet ; Denise Blanchard, veuve de Michel Bonnyer ou Bouvyer ; Jacques Touchard, marchand boucher ; Huguette Paris, veuve de Jean Parnet, vivant, procureur au bailliage d'Etampes ; Jean Corte, marchand mercier ; Jean Lesné, procureur au bailliage et duché d'Etampes ; Jeanne Baril, veuve de Gervais Girardin ; Jacques Blondeau, marchand épicier ; Denis Girardin, marchand ; Martin Le Roux, marchand bourgeois ; Claude Paulmier, marchand tanneur ; Etienne Charpentier, sergent royal au bailliage et duché d'Etampes ; Pierre Vilemaire, laboureur à Boismercier ; Marguerite Banouard, veuve de Cancian Guétard ; Pierre Bardin, marchand ; René Cytron, vigneron à Eréchy ; Guillaume Godin prêtre ; Jean Baugyn, dit de Boines, marchand boucher ; Jean Hamel, menuisier ; Martine Lhoste, veuve de Pierre Mouton ; Jean Durand, vigneron ; Adam Mareschal, laboureur ; Mathieu Cytron, vigneron ; Mathieu Vrament, l'aîné, vigneron ; Toussaint Moulin, vigneron ; Cancien Colleau, serrurier ; Guillaume du Val, bourrelier ; Pierre Mainfroy, hostelier ; Meslin Boucher, marchand épicier ; Catherine Bidault, veuve de Daniel Esgal ; Hippolyte Fontaine, marchand cordier ; Jean Moreau, marchand meunier ; Jean Frussard, marchand boulanger ; Pierre Rousseau, marchand boisselier ; Jean Houy, bourgeois ; Marie Saillard, veuve de Simon le Valtier ; Jean Durand, l'aîné, marchand cordonnier ; Noël Heurtaulx, marchand et bourgeois ; Jeanne Harnois, veuve de Claude Paulmier, vivant, avocat à Etampes ; Pierre Ligier, marchand chaussetier à Dourdan ; Marie Ducroix, veuve de Jean Dallier ; Claude Guyot, marchand ; Nicolas Lelong, marchand ; Martin Régnier, laboureur ; Jean Hébert, parcheminier ; Can Courtillet, vigneron ; François Chéron, marchand et bourgeois ; Pierre Regnault, boulanger ; Marguerite Thibault, veuve de Jean Trinquart, l'aîné, vivant, marchand et bourgeois ; Catherine Guiard, femme de Jean Fiseillier, boucher ; François Hamoye, marchand et bourgeois ; Jean Banouard, marchand boucher ; Pierre Godin, marchand et bourgeois ; Louis de Beauvois, marchand ; Catherine Bizourt, veuve de Jean de Beauvois ; Guillaume Poynet, marchand épicier ; Etienne Brossard, marchand ; Pierre Hacte, avocat à Etampes ; Cancien Buisson, marchand boucher ; Pierre Martin, bourrelier ; Thomas Damours, huillier ; Guillaume Le Cendre, marchand ; Guillaume Texier, tailleur d'habits ; Jean Tretard, marchand hôtelier ; Jean Charrier et Guillaume Cornet, provisours de l'église Saint-Martin d'Etampes ; Simon Coustillet, vigneron ; André Vénard, voiturier par terre ; Pierre Ponville, bourgeois et marchand ; Avoie Chassecullier, veuve de Jean Marrubliez, vivant, procureur à Etampes ; Perrine Forest, fille de Jean Forest et de Damianne Banouard ; Pierre Dallier, marchand et bourgeois ; Thomas Guétard, l'aîné ; Perrine Gouin, veuve de Cancian Morard ; François Amiot, meunier ; Jean Desternes, vigneron ; Simon Lenoir, marchand cardeur ; Nicolas Charrier, prêtre, chanoine de Sainte-Croix d'Etampes ; Michel Mignult, vigneron ; Cyprien Petit, marchand ; Françoise Fontaine, femme de François Roussy, chaussetier, à Dourdan ; Louis Leblanc, charretier. Les tenanciers ci-dessus nommés possédaient dans la seigneurie du Bourgneuf. Voici les noms des tenanciers dans la seigneurie de la Mairie-Saint-Pierre : Claude Durand, marchand épicier ; Cancian Banouard, marchand ; Louis Bazal, vigneron ; Pierre Biétrix, l'aîné, vigneron ; Louis Biétrix ; Roulet Biétrix, vigneron ; Cancian Vézard, vigneron ; Marie Vaiée, veuve de Perry Durand ; Jean Girard, vigneron ; Martin Lecomte, vigneron ; Simon Lesné, marchand ; Cancianne Lecomte, veuve d'Adam Mareschal ; Jeanne Valerault, veuve de Philibert Tarraquier ; Guillemette Moulin, veuve de Mathieu Forest ; Jean Boucher, vigneron ; Mathieu Leclère, veuve de Guillaume Vrament ; Joseph Forest, vigneron ; Jeanne Bourdin, veuve de Cancian Gorron ; Pierre Guymont, vigneron ; Cancian Loreau, vigneron ; Jean Joisneau, vigneron ; Toussaint Boulemier, vigneron ; Jean Michel, le jeune, vigneron ; Gilles Girard, vigneron ; Florent Paris, vigneron ; Aulbine Vrament, veuve de Cancian Bourdin ; Pierre Mainfroy, fils de Jean, vigneron ; Jean Colleau, vigneron; Sébastien Paris, tailleur d'habits; Cancian Boucher, vigneron; Cancian Boulemier, laboureur; Michel Boulemier, vigneron; Jacques Peigne, « fendeur de grain; » Robine Béord, veuve de Guillaume Boullemier; Michel Girard, dit Coctard; Léonard Paulton, vigneron; Jacques Thibault, parcheminier; François Lhoste, vigneron; Cancian Lhoste, vigneron; Jean Paris, vigneron; Marie Lelong, veuve de Michel Seignant; Gilles Buchon, procureur au bailliage d'Etampes; Jeanne Dupré, fille de Louis Dupré; Jean Boutret, menuisier; Nicolas Mainfroy, épicier; Jean Valée, charron; Marie Paulmier, veuve d'Esprit Hacte, vivant, procureur du Roi au bailliage et duché d'Etampes; Louis Girard, marchand hôtelier; Jacques Touchard, boucher; René Citron, vigneron; Jean Durand, vigneron; Alin Londieu, maréchal; Cancian Loreau et Simon Migault, proviseurs et marguilliers de l'église Saint-Pierre d'Etampes; Mathieu Cytron, vigneron; Jean Lelarge, vigneron; Mathieu Vrament, l'aîné, vigneron; Jean Brunel, marchand boulanger; Simon Millet, marchand boucher; Jeanne Hamoys, veuve de Claude Paulmier, vivant, avocat à Etampes; Marie Decroix, veuve de Jean Dalier; Roch Boulard, marchand meunier; Lucas Guillet, meunier; Jacques Pothuyn, marchand boucher; Claude Godin, marchand; Cancian Coichin, marchand parcheminier; la Collégiale Notre-Dame d'Etampes; Martine Lhoste, veuve de Pierre Mouton. A la suite de la déclaration de Martine Lhoste, qui est du 14 août 1580, viennent, sous la date du 14 octobre 1584, des lettres de Jean Audren, prévôt d'Etampes, portant permission, en faveur de Claude Pichon, procureur au bailliage d'Etampes, de délivrer en grosse et signer tous les contrats, obligations, papiers terriers, etc., reçus et passés par feu Catherin Poitevyn, en son vivant, notaire royal à Etampes, et beau-père du dit Pichon. Viennent ensuite les déclarations reçues, du 8 décembre 1584 au 11 novembre 1585, par Charles Godin, notaire royal à Etampes, « prins pour » le trespas de.... Catherin Poictevin. » Les déclarants sont : Jean Audren, prévôt d'Etampes; Etienne Colapeau, maréchal; Prégente Thourault, veuve de Jean Baron, vivant, sergent royal au bailliage d'Etampes; Adam le Mareschal, marchand drapier, bourgeois de Paris; Jacques Lambert, sergent royal à Etampes; Jean Geoffe, fourier et archer de la compagnie du duc de Nivernois; Imbert Fizellier, boucher; Thomas Guétard, contrôleur des aides et tailles en l'Election d'Etampes; noble homme Nicolas Poteau, docteur ès-droits, conseiller du Roi, lieutenant général au bailliage et gouvernement d'Etampes; Jean de Mazeaux, receveur ordinaire du domaine d'Etampes. A la fin du registre sont trois tables contenant :

la première, les noms de ceux qui tiennent des maisons; la seconde, les noms des tenanciers dans la seigneurie du Bourgneuf; et la troisième, les noms des tenanciers dans la seigneurie de la Mairie-Saint-Pierre.

H. 3334². — 1 registre, papier, de 283 feuillets in-f°.

1595-1608. — Bourgneuf (le). — Déclarations, au terrier des seigneuries du Bourgneuf et de la Mairie-Saint-Pierre, des héritages tenus de Marie Saulcier, veuve en dernières noces de Pierre Amador, et en premières¹ noces de noble homme Bénigne Le Ragcois, comme ayant la garde noble des enfants d'elle et du dit Le Ragcois, passées par : noble homme Jean Hurault, écuyer, seigneur de Boistaillé, « demeurant à présent à Etampes; » François Wrament, vigneron; Pierre Haymes, maître tailleur d'habits; Louis Saillard, sergent royal au bailliage d'Etampes; Mathurin Gorry, boulanger; Eloi Chesneau, vigneron; Louis Girauldon, marchand tanneur; Cancian Pallé, vigneron; Cancianne Godin, veuve de Cancian du Tartre; Etienne Le Long, marchand, Mathieu Bouchier, vigneron; Pierre Tonnelle, archer du prévôt des maréchaux d'Etampes; François Martin, marchand; Marie Dallier, veuve de Jean Demazeaulx; Girarde Mainfroy, veuve en dernières noces de Liger Paulmier, et, en premières noces, de Sébastien Paris; Pierre Enjubert, marchand; Michel Boullemier, l'aîné, vigneron; Pierre Charpentier, vigneron; Michel Mercier, vigneron; Guillaume Bignet, marchand épicier; Hippolyte Leblanc, bourrelier; Jean Mercier, maître maréchal, et Guillaume Pépie, laboureur; Jean Mercier, vigneron; Pierre Carte, marchand boisselier; Cancian Boucher, vigneron; Claude Banouard, marchand épicier; Françoise Girard, veuve de Charles Poing; Barbe Raclardy, veuve d'Imbert Fisellier; Avoye Guichard, veuve de Jacques Charron; Cancian Godin, marchand épicier; Aubin Colleau, vigneron; Barbe Le Roy, veuve d'Antoine Boulemier; Pierre du Meur, cordonnier; Marin Godracher, laboureur aux Granges d'Avrainville; Boulant Martinet, vigneron; Pierre Michel, vigneron; Jacques Paris, marchand; Henri Fontaine, tonnelier; Claude Durand, marchand; Pierre Simonneau, « saustier; » Jean Verret, prêtre; Jeanne Charles, veuve en dernières noces de Thomas Damours; Cancienne Guettard, veuve de Cancian Lamy; Damien Jourdin, vigneron; Roch Lhoste, marchand; Pierre Arrivet, vigneron; Jean Harant, bourgeois; Jean Loreau, vigneron; Denise Blanchard, veuve de Michel Bonnier; Toussaint Chesneau, vigneron; Pierre Rousseau, cordonnier; Louis

SÉRIE E. — TITRES DE FAMILLE (VALORY).

Barat, vigneron; Hellye Durand, marchand; Denis Bary, marchand; Pierre Bondonneau, marchand; Basile Polgnard, savetier; Jacques Guyot, « taillandier en œuvre blanche; » Cancian Vézard, vigneron; Cancian Piégelé, vigneron; Jeanne Férande, veuve de Jean Dadure; Jean Foye, vigneron; Catherine Louguet, veuve de Guillaume Le Grand; Michel Banouard, mercier; Jean Gorron, vigneron; Rouflet Blétéris, vigneron; Marguerite Banouard, veuve de Cancian Guettard; Jean Banouard, savetier; Eloi Caradon, huilier; Jacques François, marchand épicier; Louise Sainsard, veuve de Jean Branche; Jean Durand, marchand; la veuve Mathieu Vrament; Henri Ancistre, marchand vinaigrier; Simon Durand, marchand épicier; Marie Forest, veuve de Julien Dubief; Denis Chesneau, vigneron; Basile Corneviller, charron; Zacharie Colleau « serrugier »; Louise Durand, veuve de Cancian Colleau; Christin Le Vassor, sergent royal à Étampes; Gilles Dadure, vigneron; Léonard Dauthon, vigneron; Jacques Touchard, boucher; Etienne Coispeau, maréchal; Marie Colleau, femme de Germain Guymont; Bertherand Courtillet, vigneron; Pierre Bouchet, marchand; Jean Jourdin, vigneron; Denis Baudry, vigneron; Pierre Champigny, boulanger; Louis Ramon, marchand; Jacques Huc, marchand; Jacques Malhieu, marchand; Michel Charpentier, vigneron; Réné Girard, vigneron; Pierre Bourjade, vigneron; Pierre Mainfroy, le jeune, vigneron; Jean Garnier, le jeune, vigneron; Pierre Scaris, laboureur; Mathieu Demollières, laboureur; Perrine Moulin, veuve de Cancian Loyer; Pierre Cavé, marchand; Nicolas Boudignon, marchand boucher; Simon Provensal, apothicaire; Allain Septier, marchand épicier; Henri du Pré, procureur au bailliage d'Etampes; Gilles Le Large, vigneron; Jeanne Hudebert, veuve de Christophe Banouard; Michel Lambert, marchand; Anne Lyon, veuve de Toussaint Moullin; Rose Sergent, veuve d'Esprit Thibault; Philippe Lyon, maréchal; Jean Yver, vigneron; Jean Rouzier, bourgeois; Noël Meusnier, vigneron; Perrine Buisson; Guillaume Morize, vigneron; Jean Roger, vigneron; Martin Leconte, vigneron; Pierre Raclardy, le jeune, cordier; Jean Hersant, bourgeois; Réné Le Sueur, laboureur; Marguerite Banouard, fille de Christophe Banouard; Jacques Thibault, marchand parcheminier; Michel Boullemier, vigneron; Pierre Mainfroy, vigneron; Gabriel Canivet, marchand cabaretier; Jean Jubin, charron; Jeanne Mareschal, veuve d'Allain Beauvoix; Anne François, veuve d'Etienne Charpentier; Michelle Fontaine, veuve de Michel Boullemier; Pierre Garnier, vigneron; Catherin Pothouyn ou Pothovyn, boucher; Magdallain Fuzeau, sergent royal au bailliage d'Etampes; Cancianne Vrément, veuve de Jean Jouanneau; Jean Dolibeau, vigneron; Jean Houy, bourgeois; Rose Brossard, veuve de Michel Boullemier; Marie Robert, boulanger; Perrine Paris, veuve de Toussaint Boullemier; Pierre Godin, marchand; Jeanne Béard, veuve de Jean Forest; Cancienne Godin, veuve de Denis Roger; François Duris, marchand; Perrine Godin, femme de François Duris; Gilles Le Large, vigneron; Catherine Corbillon, veuve de François Pichonnard; Nicolas Charrier, prêtre, doyen d'Étampes (13 Novembre 1600); Jean Hermarin, vannier; Adam Mareschal, marchand, bourgeois de Paris; Michel Boullemier, l'aîné, vigneron; Pierre Charpentier, vigneron; la Collégiale de Notre-Dame d'Étampes; Antoine Godracher, savetier; Marin Godracher, laboureur; Guillaume Jollivet, vigneron; Jeanne Charles, veuve de Thomas Damours; Denise Blanchard, veuve de Michel Bonnier; Jean Dollibeau, vigneron; Michel Boutevillain, tanneur; Jean Durand, marchand; la veuve Mathieu Vrament; Léonard Dauthon, vigneron; Réné Gizard, vigneron; Marie Colleau, femme de Germain Guymont; Pierre Mainfroy, le jeune, vigneron; Pierre Alexandre, boulanger; Anne Lyon, veuve de Toussaint Moullin; Charles de Craffour, écuyer, seigneur des Routies et de Matanvillier, en partie; Simon Guettard, marchand; Jean Simon, marchand, à Boisgency; Benoît Cocheteau, maçon; Pierre De Lorme, boucher; Martin Bouchet, marchand. En tête du registre est une table alphabétique des noms des déclarants, avec l'indication de l'ancien foliotage, lequel ne comprend ni cette table, ni les lettres de terrier délivrées par Accurse Cassegrain, prévôt d'Étampes.

E. 3835. (Liasse.) — 87 pièces, papier.

XVIe **et XVIII**e **siècles.** — Notes et extraits, principalement des déclarations censuelles, passées aux divers terriers de la seigneurie du Bourgneuf, et des fiefs et seigneuries y réunis, où sont mentionnés les champtiers de : « l'Isle Galardon ; Sanbideult ; Prateau ; carrefour Doré ; rue Saint-Mars ou Triperie, rue de la Cordonnerie ; rue Regratine ; rue des Cordeliers ; rue Lourcier ; port Saint-Jacques-aux-Écluses et Saint-Jacques-de-l'Épée, la Folie-Regnault ; entre Coudray et Moissons ; Petit-Saint-Mars ; Fontaine-du-Saulx ; Pré-Bourgouin et les Aires ; Vauluisant ; Noyer-de-la-Saint-Jean ; Monlieu ; du Fief et des Potences ; des Melittes ; Terres-Douces ; de Vaubrenier ; Rougemont ; des Pillars ; des Méchants ; de Gros-Morin, Gros-Liénard ; Vaudouleurs ; des Ouches ; de Bonvillier ; de Rochepie ; faubourg Évezard ; la Bouteille ; Damoiselle ; de Cochereau ; du Perray ;

Paroy; des Barricades; de Montauchent; Vauloger ou Vaulayer; de Courtes; de Coudray; des Bostes; de Grosse-Teste; Tropidor; Chalouettes; du Bourdeau; Gros-de-Vauroux; du Quai-du-Crochet; de Girefosse et Coulombier; Hameau de Bretagne et Plantes-aux-Dupres; de Blandard; l'Orme Yvrouin; rue du Bourgneuf; rue du Sablon; ruelle Torse; rue de Lalun; rue des Grais; rue du Moulin-Fouleret; rue de la Boucherie; rue Saint-Jacques et Plâtrerie. »

E. 3335. (Liasse.) — 1 pièce, parchemin; 42 pièces, papier.

1601-1780. — Bourgneuf (le). — Pièces relatives aux droits de censives appartenant à la chapelle de Saint-Macé, fondée en l'église Notre-Dame d'Etampes. — Extrait des déclarations passées au chapelain depuis 1601 jusqu'en 1671. — Déclarations de Martin Daumont, gentilhomme servant de la Reine; Claude Boullemier, maître perruquier, à Etampes; Charles Viart Dorval, écuyer, seigneur de Boischambault, comme ayant pouvoir de Marie Duris, veuve de Mathieu Rousseau, vivant, avocat au parlement; Charles Lefèbvre Dutillet, écuyer, sieur de Villebazin, mousquetaire noir. — François-Joseph Tissonnet, prêtre, curé de la paroisse de Saint-Pierre d'Etampes (3 avril 1751), au nom de chapelain de Saint-Macé, en la présence et du consentement de Jacques Petit de Mézières, prêtre, chef chantre et chanoine, Jean-François Aubry, Denis Parizot, Charles Gerbault, Marc-Antoine Hamony, et Fiacre Sergent, tous prêtres, chanoines capitulans, baille, à titre de bail emphythéotique, pour 99 ans, à Françoise-Marthe-Hubert de Valory, chevalier, seigneur de Lécé, La Barre, Lugré et autres lieux, capitaine de cavalerie au régiment royal, demeurant au château du Bourgneuf, paroisse Saint-Pierre d'Etampes; tous les droits de censive et directe, qui appartiennent à la chapellenie de Saint-Macé, sur partie des terres labourables et prés situés au terroir et dans la prairie de Saint-Pierre, au champtier dit la Longue-Raye, près Vauroux, et entre les deux rivières de Juine et de Juineteau, les dits droits montant à 4 livres 10 sous 6 deniers ou environ de menu cens, payables chaque année au jour de Saint-Remy: le bail est fait moyennant la somme de 12 livres de loyer et redevance emphythéose. — Quittances de loyer délivrées aux marquis ou marquise de Valory par le sus dit Tissonnet, de 1752 à 1760; par Cottin, 1761-1767; par Yves Paschal, successivement vicaire de Vaugirard et curé de Chatou, de 1772 à 1780, et par Antoine-Louis-Charlemagne Lemasson, vicaire du diocèse de Paris, tous successivement chapelains de la chapelle Saint-Macé.

E. 3337. (Liasse.) — 120 pièces, papier.

1617-1618. — Bourgneuf (le). — Déclarations d'héritages tenus à cens du seigneur du Bourgneuf par François Paris; Jean Roger; Mathieu Boucher; Zacharie Colleau, ancien Boucher; Claude Massonneau; Jean Rannouard; Hélie Durand; Julien Chappon; Jean Godin; Jacques Bouteillais, maître chirurgien barbier; Christain Le Vassor, sergent royal au bailliage d'Etampes; Jacqueline Bourdon, veuve de Jacques François; Jeanne Lambert, veuve de Philippe Petit, vivant, sergent royal au bailliage d'Etampes; Jacques Allaire, prévôt de Maisse; Jacques Boutet, de la panneterie de Monsieur, frère unique du Roi, le Chapitre de Sainte-Croix d'Etampes, représenté par Jean Verret et Noël Bauldry, prêtres, chanoines de la Collégiale, administrateurs de son temporel, et boursiers de la grande et de la petite bourse (5 juillet 1617); Pierre Mercier; Pierre Delorme; Henri Dupré, procureur au bailliage d'Etampes; Eloi Barbault; Cantien Ballu; Claude Dothois; Louis Godin; Jean Jubert; Jean Regnault et Simon Videau, bourgeois de Corbeil; Georges Hamoyer; Denis Pigeon; Cantien Boullemier; Jean Faye; Cantien Guymont; Pierre Mercier; Michel Boutevillain, le jeune; Jean Mercier; Lambert Boutet; Germain Jourdain; Perrine Godin, femme de François Duris; Catherine Rousseau; Claude Delaporte; Basile Poignard; Jacques Petit; Jacques Paris; Guillaume Barbault; Jean Hersant; Pierre Joisneau; Pierre Colleau, maître chirurgien et barbier, à Etampes; Etienne Moreau; Michel Chevallier; Denise Coispeau; Pierre Martinet; Catherine Lambert; Claude Mainfroy; Nicolas Compotier, receveur collecteur de la paroisse Saint-Germain de Mosigny; Denis Baudry, Morin Cochon; Henri Deschamps; Mathieu Sitron; Noël Magin; Giles Lelarge; Thomas Migault, greffier en l'Election d'Etampes, Pierre Chesneau; Pierre Pinguenet; David Petit, prêtre, curé d'Ormoy-la-Rivière (1618); Denis Piet; Morin Gandecher; Henri Fontayne; Besnard Coquet; François Burgerin; François Forest.

E. 3338. (Liasse.) — 3 pièces, parchemin; 17 pièces, papier, dont 1 cahier de 47 feuillets in-folio.

1617-1642. — Bourgneuf (le). — Déclarations passées au terrier de la seigneurie du Bourgneuf, appartenant à noble homme Maître Bénigne Le Ragois, par Marie Gudin, veuve de Louis Bourdon; Jean Durand, marchand potier d'étain; Pierre Cavé, marchand; Jean

Carte, corroyeur; Etienne Le Long, marchand boucher; Jean Hermain, tanneur; François Thibault, marchand; Jacques Chevccin, tonnelier; Médard Touchard, marchand parcheminier; Gilles Barat, tisserand en toiles; Zacarie Colleau, maître serrurier; Pierre Gérard, tonnelier; honorable homme Georges Guibourt, mesureur au grenier à sel d'Etampes; Marie Enjubert, veuve d'Alain Septier, en son vivant, marchand bourgeois d'Etampes; Jacques Bouterouo, marchand; Jean Courtillet, vigneron; Pierre Godin, valet de chambre de Monsieur de Retz, conseiller à la Cour des Aides, à Paris; Guillaume Drappier, marchand; Artus Le Maire, vigneron; Michel Boullemier, le jeune, vigneron; Louis Hersant, maître boulanger; Nicolas Gillebon, laboureur; Jean Dollibeau, l'aîné, vigneron; Roch Lhoste, laboureur; Zacharie Vallée, marchand bourrelier; Noël Mangin, marchand; honorables hommes Isaac Guisenet, marchand bourgeois d'Etampes, en son nom, Jean Paris, marchand tanneur, noble homme Esprit Chevrier, avocat en parlement, à cause de Cantienne Paris, sa femme, et Jacques Paris, écolier étudiant en l'Université de Paris, usant de ses droits sous l'autorité d'honorable homme Can Charron, bourgeois d'Etampes, son curateur. — Procédures pour parvenir à la confection d'un terrier de la seigneurie du Bourgneuf, à la requête de Bénigne Le Rageois.

E. 3838 bis. — 1 registre, papier, de 184 feuillets in-4°, non compris 7 feuillets du titre et de la table dressée en 1676.

1642-1676. — Bourgneuf (le). — « Déclarations des » censives du fief de Bourgneuf et Mairie Saint Pierre, com» mençant le 20° novembre 1642, et finissant le dernier » septembre 1643. » Ce titre est fautif, car la deuxième déclaration est du 18 novembre 1642. Déclarants : André Vrament, maître tailleur d'habits; Claude Boullemier, l'aîné, vigneron; François Paris, vigneron; Jean Masson, laboureur; Louis Unger, maître bourrelier; Tristan Piedgelé, vigneron; Gabriel Boullaye, marchand; Claude Faye, le jeune, vigneron; Antoine Vrament, vigneron; Antoine Chambault, vigneron; Pierre Roger, vigneron; Pierre Jubin, charron; Claude Jubin, charron; Bazille Poignard, vigneron; Georges Hamois, marchand; Guillaume Banouard, marchand boucher; Toussaint Jourdain, vigneron; Claude Barbault, vigneron; Jacques Cappy, vigneron; Léonard Cavé, marchand (en 1650, qualifié officier de son Altesse Royale, demeurant à Vierville); Jean Leconte, vigneron; Germain Leconte, vigneron; Huguet Godin, marchand; Roch Bauldry, vigneron; Pierre Cavé, marchand; Louis Lancien, maître cordonnier; Pierre Chanvet, vigneron; Cantienne Plisson, veuve de Jean Ba-

ron, l'aîné; Jean Boucher, vigneron; François Mercier, tonnelier; Charles Huchet, vigneron; Pierre Buchet, vigneron; Claude, Jacques et Michel les Boullemier, frères, vignerons; Jeanne Coquet, veuve de Pasquier Huguet; Toussaint Cocquet, marchand épicier-mercier; Besnard Cocquet, maréchal; Marie Coispeau, veuve de François Bourguin; Pierre Paris, vigneron; Marc Laureau, peintre; Claude Faye, l'aîné, vigneron; Pierre Boucher, vigneron; Germain Chesneau, vigneron; Etienne et Jacques les Colleau, vignerons; Charles Dargillières, maître vitrier; Julien Simonneau, maître savetier; Etienne Charpentier, maître tailleur d'habits; Jean Benoist, marchand; Claude Durand, maître boulanger; Jeanne Charpentier, veuve de Michel Banouard; Martin Boucher, marchand mercier; Constance Banouard, veuve d'Esprit Payen; Julien Chappe, vigneron; Michel Boullemier, laboureur; Simon Lhoste, vigneron; Jeanne Papillon; Cantien Le Roy, l'aîné, vigneron; Pierre Martin, marchand; Léon le Maire, vigneron; Simon Papillon, vigneron; Michel Bouldry, l'aîné, vigneron; Accurse Dupré, procureur aux sièges royaux d'Etampes; Jean Vincent, bourgeois, et Claude Desprez, maître menuisier; Pierre Paris, vigneron; Jean Bourdon, tailleur d'habits; Denis Bourdon, vigneron; Quentin Motheux, marchand et bourgeois; Cantien Coppy, vigneron; Pierre Coquet, vigneron; Simon Bauldry, vigneron; Jean Jollivet, vigneron; François Vézard, vigneron; Cantien Vézard, vigneron; Cantien Boullemier, vigneron; Simon Bernier, vigneron; Pierre Boullemier, prêtre, chanoine de Sainte-Croix d'Etampes; Cantien Colleau, maître chirurgien; Jean Martinet, vigneron; Anne Beauvais, veuve de Louis Ramond; Antoine Goron, vigneron; Cantienne Laureau, veuve de Laurent Jollivet; Pierre Bondonneau, l'aîné, boucher; Pierre Bondonneau, le jeune, maître boucher; Denis Fontaine, marchand; Nicolas Boutevillain, maître chirurgien; Anne Legendre, veuve de Chrétien Bochereau; Guillaume Dollibeau, laboureur; Pierre Simonneau, vigneron; Pierre Charpentier, marchand; François Faye, vigneron; Bernard Voisot, maître écrivain, à Etampes; Perrine Mainferme, veuve de Tristan Chassecuillier, vivant, procureur aux sièges royaux d'Etampes; Jean Voullon, vigneron; Cantien Le Roy, le jeune, vigneron; Nicolas Vrament, vigneron; François Angevin, marchand; Pierre Le Roy, le jeune, vigneron; Nicolas Thibault, marchand, bourgeois; Jean Thibault, marchand; Pierre Duris, marchand, bourgeois; Germain Boucher, vigneron; Jean Le Houx; Robert Petit, procureur aux bailliage et prévôté d'Etampes; Louise Hébert, veuve de Claude Desanges; Michel Martin, marchand tanneur; Jean Le Houx, boucher; Louis Liou, marchand;

Toussaint Charpentier, vigneron; Marie Hujubert, veuve d'Alain Septier; Catherine Payen, veuve de Pierre Pantholo; Barthélemy Guilgot, vigneron; Pierre Véron, plâtrier; Geneviève Durand, veuve de Simon Richard; noble homme Jacques Provensal, conseiller et élu en l'élection d'Etampes; Jean Faye, vigneron; Thomas De Launay, marchand, bourgeois de Paris; Marie Chandellier, veuve de Jean Hersant; Jacques Régnier, boulanger; Michel Banouard, marchand boucher; Cantien Martinet; Pierre Martinet; Denise Coispeau, veuve de Jean Regnard; Can Mercier; Denise Legendre, veuve de Pierre Michel; Antoine Roger, sergent royal à Etampes; Jean Couppé, laboureur; Jean Courtillet, manouvrier; Cancian Guimont, prêtre, curé de Saint-Martin de Champigny (14 septembre 1649); François Bauldry, l'aîné; Pierre Pérou, vigneron; Pierre Le Roy, l'aîné, vigneron; Germain Boucher, vigneron; François Piet et Noël Piet, marchand épicier; Gille Mercier, maître tonnelier; Martin Moulin; François Gillet, marchand; Ferry Boutet, marchand; François Fauvieau; François Cotin; Jacques Touchard, marchand boucher; Marie Chesneau; Jean Lesage, marchand; Jean Beauvois; Jeanne Girault, veuve de François Roslé; Pierre Villemère, maître maréchal; Louise Magnin, veuve de Zacharie Leblanc; Noël Boutet, maître apothicaire; Jean Demolière, meunier; Catherine Rousseau, veuve de P. Pérot, et Pairot; Perrine Delorme; Jeanne Banouard, veuve de Simon Durand; Claude Delaporte, prêtre, curé de Saint-Gilles d'Etampes (30 septembre 1643); Denis Martin, le jeune, marchand; Etienne Morvan, marchand; Pierre Charpentier, marchand; Pierre Villemaire, marchand.

E. 3839. (Liasse.) — 1 registre, papier, de 79 feuillets in-f°.

1676-1707. — Bourgneuf (le). — Cueilleret ou état de cens dus aux seigneurs du Bourgneuf par « François
» Anceau, maître coutelier; Louis Auclerc; Nicolas An-
» gevin, marchand; Michel Alexandre; Mathurin Ar-
» chambault; les héritiers Jacques Alcaume, bourgeois
» d'Orléans; Accurse Aury, vinaigrier; Edme Angevin,
» boulanger, cabaretier; Audefeuille; Jean Banouard,
» épicier, et (plus tard) Marie Vallée, sa veuve; Fran-
» çois Boucher; Jean Boucher; Denis Le Blanc, maître
» de la Herse; Michel Bailly; Nicolas Boullemier, vigne-
» ron; Michel Boullemier, l'aîné; Pierre Berceau, chi-
» rurgien; Jean Boudonneau, boucher; Pierre Boulle-
» mier, prestre, chantre de Sainte-Croix; Michel Baudet,
» boucher; la veuve Nicolas Bourdeau, pâtissière; Ni-
» colas Baudry, receveur du domaine; Pascal Belletoise,
» vigneron; les hoirs Jean Bichebois, officier; Pierre
» Baudet, marchand; la veuve et les hoirs Pierre Baudry,
» vigneron; Nicolas Roudignon, boucher; François Bau-
» dry, vigneron; Michel Boullemier, le jeune, vigneron;
» Pierre Boullemier, vigneron; l'hospital du Sr Duval;
» Sébastien Bredet, lieutenant en la prévosté d'Estam-
» pes; Robert Bourdon, vigneron; Bonnefillieu; Can-
» tien Banouard, boucher; Denis Boullemier, maître
» tonnelier; Samuel Boisse, archer; Toussaint Baudry,
» vigneron; la veuve Jean Bouraillaud; Anthoine Bouzou,
» vigneron; François Baudry, vigneron; Louis Baron,
» huissier; Ciret Bart, vigneron; les RR. PP. Barna-
» bites de Paris; la veuve Louis Alexandre; les héritiers
» Pierre Baugin; Boireau; Pierre Bergerat; Blanchet;
» Louis Boivin; la veuve Besnard, fille d'Esprit Tou-
» chard; Jean Bloin, gendre de Joachim Pézard; Michel
» Boullemier, puisné; Martin Boudier; la veuve Es-
» tienne Baudry; Martin Boudier et Barthélemy Ar-
» mand; Nicolas Bary, gendre de François Norillon;
» Roch Baudry; Simon Berruez; monsieur le président
» Bourdon; Pierre Bergerat; Pierre Bélier, vigneron;
» Pierre Bonnet; François Brosse; Mathieu Bonnivet,
» papetier; Ambroise Bergerat; Claude Barbant; Sul-
» pice Boullaye, mercier; Estienne Baraud; Catherine
» Bauger; veuve Pierre de Beauvoise; Jacques Bialin;
» Jean Boudier; Michel Bailly, déchargeur de vins au
» port; Pierre Bonvallet; le Sr du Bourgneuf; Denis
» Bourdon; Jean Baugin, petit-fils de Pierre Baugin; la
» Blondelle; Adam Bourgoin; Debouvart dit Boissière;
» Bigot, gendre de feu Bernier; les enfans Blandin; Ge-
» neviefve Boudeau, Vᵉ Mᵉ Jean Guyot; Simon Bureux;
» le Sr Chanteaume; les Srs Chapitre Sainte-Croix; Da-
» vid Chassecolier, curé; Jullien Chappe, vigneron;
» Jean Charrier, vigneron; Léonard Cuvé, marchand;
» M. Cousté, bourgeois de Paris; la veuve Cancien
» Cappy, vigneron; Jean Cappy; Jean Coué; Pierre
» Canivet; Jacques Claudet, charcutier; le Sr Cheve-
» reau; Aubin Colleau; Lambert Cappy; Pierre Co-
» quet; Cantien Carnevillier; Louis Carnevillier; Ba-
» sile Carnevillier; Accurse Cordeau et Marguerite
» Le Conte; Jean Martin, gendre de Nicolas Le-
» conte; Jean Chesnay, corroyeur; Le sieur Couard;
» Chappart; Nicolas Cheverier; Louis Cheverier; Noël
» Cheverier; Antoine Cheverier; Martin Cochon, bou-
» cher; Lifarde Cousin, Vᵉ Guillaume Hémard, vigne-
» ron; Philippe Courtillet; Joanne Le Coup, Vᵉ Georges
» Enjubert; Pierre le Coup; Pierre Charpentier, Mᵉ du
» Soleil; François Cutet, lorain; Cantien Cornevillier;

» François Sellerin; Jean Charpentier; Pierre Crestaud,
» vigneron; la V° femme de Coupechou; Cosine, maré-
» chal; Jean Courtillet; Jacques Cappy, vigneron; la
» dame Lolucaxière; Théodore Charpentier; le S⁺ Clou-
» zier; Chenoville, messager; le S⁺ Cordez; la V° et héri-
» ritiers Laurent le Clerc; François et Pierre les Cappy,
» vignerons; Julienne Chastillon, V° Julien Septier; les
» héritiers du sieur Curé Fontaine; Jean de la Chasse;
» les hoirs Guillaume de la Chasse; le sieur Barthélemy
» de Cœurs, bourgeois; M. Michel le Conte; Nicolas
» Colleau, l'esné, vigneron; Estienne Colleau; Nicolas
» Colleau, le jeune, vigneron; Bénigne Charpentier;
» Bernard Coquet, maréschal; François Charon, sergent;
» Isabeth Fontaine, V° Gilles Charon; les hoirs Nicolas
» Compotière; les hoirs et ayant cause Pierre Cochard;
» Guillaume Chayer, M⁺ bourrelier; le sieur du Clos;
» Barthélemy Caillet; le S⁺ Chantoaume; Jean Chenu,
» laboureur; Pierre Chauvet; la V° Chardon; le S⁺ Co-
» chedenier; Henri le Coup; la V° Nicolas Drappier; les
» hoirs et ayant cause M⁺ Pierre Delambon, bourgeois;
» François Durand, marchand; Jacques Dury, marchand
» drapier; la V° et héritiers Eloy Dauton, l'esné, vigne-
» ron; Guillaume Dupestier, M⁺ du Petit-Panier; André
» et Nicolas les Duprez, frères; les héritiers la Dam⁻⁻
» Daussy; le S⁺ Depantalier, seig⁺ de Valnay; Guillaume
» Dolibeau; les héritiers Jean Dolibeau; Estienne Du-
» randel, hostellier; la V° Dupuis; le S⁺ Coches; M. An-
» dré Dupré; Jean Daussin; le bonhomme Dupuis ou
» Mathieu Béard; Bertrand Dalaine; Louis Deffondz;
» Estienne Du Puis; la Damoiselle Dumest; Jean Du-
» rand, savattier; le S⁺ Simon de Vaux; Toussaint Du-
» randet; Jacques Durandet; François Deffonds; l'hostel-
» Dieu d'Estampes; les hoirs et la V° Estienne Déan,
» marchand; Claude Durand, M⁺ boulanger; la V° de
» la Noue; la veuve Louis Deurs; les hoirs M⁺⁺ Michel
» Egal et Pierre Egal; Georges Enjubert; Arnoul Esme;
» Estienne Esme, vigneron; François Ellebron, meus-
» nier; Claude Faye; François et Cancien Faye; la V°
» Cantien Forest; Pierre Faye; Pasquier Forest; Martin
» Forest; les enfans de feu Noël Fontaine; Pierre Fon-
» taine, le jeune; Pierre Fontaine, l'esné; François
» Fontaine, le père; Jeanne Fontaine, V° Michel Mo-
» teux; la V° Luc Fontaine; Jean Fontaine, le père; Eloy
» Fromentin; la veuve Nicolas Fargis; Jacques Fagueret;
» Fleury Régnier; Florence Fontaine; les hoirs Charles
» Giraudon; Jean Gilbon, laboureur; Barthélemy Guil-
» legot, vigneron; Julien Guyot; François Gilbon;
» François et Antoine Gorron; la dame M⁺ Pierre
» Guyot; Mathurin Gonest, bourgeois; Nicolas Guy-
» mond, jardinier; la veuve Mathurin Gorry; Jean

» Godin; Monsieur Gabalite; les hoirs feue Louise Gil-
» bert; M⁺ Nicolas Guyot; le S⁺ Guettard; Jeanne Gui-
» senal; les hoirs et ayant cause M⁺ Guibourg, estev; le
» S⁺ Guillotin; Accurse Guillet, vigneron; Claude Go-
» din, tisserand; les héritiers Michel Guillet, bourgeois
» d'Estampes; Louis Gillet, drappier; Philiebert Giron;
» Madame Godin, la controlleuse; Nicolas Grégy; Jean
» Legendre; Jean Guillet; Martin Legendre; Charles
» Guyard; le S⁺ Legendre, greffier de la mareschaussée;
» Claude Gautron; Jean-Baptiste Guyot; les héritiers
» Jean Guillauteau; les héritiers Louis Guimont; Ger-
» main Guimont; Cantien Guimont, vigneron; Denis
» Godeau; Théodore Godeau; M. Pierre Goussard, se-
» crétaire du Roy; Cantienne Girard, veuve Jean Ba-
» nouard; Marie Godin, fille de Jean Godin; Jean et
» Jacques Les Godins, fils de Jean Godin, vigneron;
» Philbert Giron; Monsieur Godeau; mercier; Cantienne
» Hersant; Antoine Hémard, marchand; Noël Hardy,
» marchand; les héritiers Claude Hémard; les hoirs
» ayant cause M. Hiérosme Houy, conseiller du Roy en
» sa cour des monnoyes; honorable homme Jean Houy,
» bourgeois d'Estampes; Joseph Hardy; la V° Jean Ho-
» chereau, archer; les hoirs Damien Huguet, M⁺ plas-
» trier; les hoirs Hallé; Gilles Houllier; Haudefeuille;
» Simon Houllier, boucher; Pierre Houllier; Jean Hé-
» mard; Nicolas Hémard dit Maigret; les héritiers ou
» ayant cause de Jean du Hamel, tonnelier; le sieur Hé-
» rieu, archer; Jacques Hébert; Nicolas Hémard; Fran-
» çois Hersant, jardinier; Nicolas Hémard, l'aisné; Jean
» Hémard, le jeune; les héritiers Martin Hémard dit
» Beudon; Barthélemy Hémard, cocher; Estienne Mesme,
» vigneron; Arnoul Mesme, mercier; Mons. Hochereau,
» grassier; Pierre Mesmes; Marcq Hervey, vigneron;
» les héritiers la V° Hamoyes; la dame David Saint-
» Forgeais; V° Hochereau; Liesne Yvert , vigneron;
» Cantien Yvert, vigneron; Blaise Jourdain et Nicolas le
» Conte; les héritiers feu le sieur Jolly; l'huissier Ju-
» bert; Durand Jollivet, vigneron; Toussaint Jourdain;
» Philippe Jourdain; Pierre Jourdain; Claude Joanneau;
» Jean Joanneau; Pierre et Claude les Joanneaux; Guil-
» laume Jollivet, vigneron; Jean Jollivet; Pierre Jaland,
» bourrelier; la V° et héritiers André Jouy, marchand;
» Nicolas Jourdain; Nicolas Jousset; les hoirs M. Jac-
» ques Lucet, curé de Notre-Dame; les ayans cause Ger-
» main Landemenez; Jacques Lamy, huissier; Estienne
» Leroy; les héritiers la dame Loreau; les hoirs et ayant
» cause la dame Lavaux; Jean Lion, laboureur; les hé-
» ritiers feu Pierre de la Lucazière, sergent; M. Jacques
» Lhuillier, bourgeois de Paris; Le S⁺ Nicolas Laumos-
» nier; Nicolas Lamy, vigneron; Jean Le Large; Fran-

« çois Legrier; Gilles Le Large; Martin Lenele; François
» Launel, vigneron; Jean Lesage; les héritiers Artus Le
» Long; Cantien Laureau; la Vᵉ Pierre Laureau; M. Mi-
» chel Leconte, procureur; Simon Lhoste, vigneron;
» François Lhoste, vigneron; Cantien Moulin, vigneron;
» Claude Moulin, vigneron; Simon Moulin, vigneron;
» les ayant cause Sébastien Moreau; les hoirs le Sʳ Mu-
» ret; les hoirs Pierre Martin, tanneur; Zacharie Mar-
» ceau; Claude Melin, bourrelier; madame la Vᵉ Fran-
» çois Martin; l'œuvre et fabrique Saint-Martin; les
» hoirs la veuve Thibaud Martin; le Sʳ Mahy, mercier;
» le Sʳ De Mainvillier; monsieur Moreau, lieutenant;
» les hoirs de feu Mons. Migaut; Jean Millot; Jean Mar-
» cillier; Pierre Moreau; Nicolas Mercier; les enfans Ni-
» colas Le Maistre; Claude Martin; Madeleine Mousnier;
» Cantien Mercier, savattier; Pierre Mercier, bosselier; Ni-
» colas Mercier; Maréchal; Michel Mercier; Basille Mou-
» lin; Pierre Martinot, vigneron; Toussaint Le Maistre;
» Jean Moreau, archer en la maréchaussée; la Vᵉ Claude
» Moynel, vigneron; Charles Martin, vigneron; Marie
» Mercier; Barthélemy Mislin; Jean Mislin; Gabrielle
» Sortain, Vᵉ Nicolas Mislin; Jean Meusnier; Martin Mi-
» chaut; les Sʳˢ Célestins de Marcoussy; les hoirs Pierre
» Moussault, archer; Artus Le Maire; Jean Martin; Jean
» Migon; Pierre Moteux; François Masson; le Sʳ Curé
» de Saint-Martin; Cantien Mislin; Claude Moteux;
» Zacharie Marceau; la veuve Jacques Martin, drapier;
» Charles Maugé; le Sʳ Menu, de Paris; la veuve Jean
» Messager, vigneron; Antoine Maillet; Denis Mainfroy,
» marchand épicier; Jean Mislin, ayant épousé la
» Vᵉ de Claude Cassegrain; les hoirs Pierre Nicolas,
» l'esné, dit le Breton; Jean Nicolas, manouvrier; Vic-
» tor Nicolas; Nicolas Girard; Monsieur Petaux, con-
» seiller en parlement; Michel Paris, vigneron; les
» hoirs Simon Papillon, vigneron; la fabrique Saint-
» Pierre d'Estampes; Jean Pezard; M. Jacques Pichon-
» net; Hiérosme Payen, Mᵉ boucher; Monsieur l'Avocat
» du Roy; les hoirs Estienne Petit, tailleur; Claude
» Petit, tanneur; le Sʳ Pierre Paumier, procureur à
» Estampes; la veuve Jean et Gilles Petit, chappelier;
» Philippe Poygnard; Mathurin du Plessis; Claude Pa-
» pillon; Pierre Parier; Antoine Parizot et Pierre Pa-
» vier; Tristan Piedgelez, sonneur de Nʳᵉ-Dame; Fran-
» çois Paris, vigneron; les hoirs du Sʳ Macé Percheron,
» exempt; François Perroches, marchand; Gabriel et
» Abraham les Pérots; Jean Petit, huissier; le Sʳ Cézard
» Provensal, prévost d'Estampes; Jacques Pezard; Can-
» tien Pezard; Gabrielle Paulmier, veuve en première
» nopce de Jean Paris, et en seconde de Macé Guisenet;
» les hoirs Jacques Prieur, tailleur d'habits; Michel
» Parcet; Lambert Penville; les hoirs Cantien Paris,
» archer; Joachim Pezard, gendre d'Abel Bénard;
» Pierre Parent; Simon du Pais; les héritiers Portehaut;
» le Sʳ du Pré, procureur; la dame du Pré, greffière de
» l'hostel de Ville; la dame Petit, Vᵉ Gourby; Philippe
» Patin, médecin à Chartres; Sébastien Poulard, sava-
» tier; Pierre Le Roy; Louis Ramond, apoticaire; le
» sieur Rivot, drappier; les hoirs Catherine Rousseau;
» Jean Roger, procureurs; la veuve et hoirs Pierre Ro-
» ger, vigneron; Sébastien Riou, meusnier; Jean Re-
» gnard, Mᵉ de la poste d'Estampes; Germain Riou;
» meusnier; Cantien Le Roy, l'aisné, vigneron; M. Jean
» Rousso, lieutenant en l'Election; Pierre Roulle; la Vᵉ
» et hoirs Denis Rué, vigneron; les propriétaires de la
» terre des Roches; Pierre Roguin; vigneron; Fleuvie
» Regnier; la Vᵉ Pierre Rué; Antoine Rué; Simphorien
» Rousseau; Nicolas Ratif; François Rossard; la Vᵉ
» Pierre Rigaut, médecin; Gilles de la Rué, marchand
» boucher; Barthélemy Ruelle, ayant épousé la Vᵉ Pierre
» Crestaud; Estienne Richeux, le jeûne; Pierre Re-
» gnard; Denis Rousseau, Mᵉ Boulanger; Estienne Re-
» gnard, le jeune; Rossignol; le sieur Claude Fontaine,
» curé de Saint-Pierre; Claude Robiclard, cordonnier;
» Jean Roullier; Pierre Roger et Trinité; les dames re-
» ligieuses de la congrégation; les héritiers Jean Rallé;
» Barthélemy Robillard; Edmée Guettard, Vᵉ Jacques
» Rousse, officier; Cantien Rivière, maréchal; les hoirs
» M. François Rousse, contrôleur à la Gabelle; Simon
» Richard; Valentin Rousseau; les ayant cause Cosme
» Segaud; la Vᵉ Alain Septier; Jean Le Sueur, étai-
» gnier fais. de cuillliers; les hoirs Julien Simonneau,
» savetier; M. Claude Sénéchal; Louis Segaud, jardinier;
» les hoirs M. Pierre Septier, épicier; le sieur Sévin;
» François Sellerin; le sieur Ministre de la Trinité;
» Antoine Thibaud; André Thibaud; les hoirs et enfans
» de Pasquier Tournevilles; Nicolas Thibaud; les hoirs
» Cantien Tubeuf; les hoirs Cathelin Tubeuf; Jean Tarat-
» tier; Denis Tarattier; les hoirs Robert Taradde; les hoirs
» Laurent Touzé; Jean Touché; Jacques Thibaud, vigne-
» ron; Hiérosme le Tailleur; le Sʳ Tronçon; Jacques Tou-
» chard; Nicolas Touzé; la Vᵉ Antoine Tarattier; Michel
» Trinité, vigneron; François Thibaud; la dame des
» Tournelles; Esprit Touchard, boucher; la Vᵉ et hoirs
» Jean du Toq, boulanger; Jean Vivier, vigneron; An-
» toine Thibaud, marchand; les hoirs Vrament; Mathieu
» Vrament, vigneron; les ayant cause Philippe Véron;
» la Vᵉ et hoirs M. Louis Le Vasseur; hoirs feu Bernard
» Voisant; la Vᵉ Jean Le Vassor; Nicolas Voisant, mar-
» chand épicier; la Vᵉ Robert Le Vassor, substitud
» Claude Villemaire, maréchal; Michel Vrament, vi-

» gueron; le Sr de Villette, gendre de feu Sr Lucet; le
» Sr de Villemartin; Gilles Valet, petit-fils de la Vve Abel
» Dupuis, servante du sieur Buchon, sergeant; Simon
» de Vaux, gendre de la Vve Dupuis; Cantien Villemaire;
» Nicolas Vrament; les hoirs de Zacharie Vallée; Blaise
» Vallée, boulanger; le gendre de Charles Villemaire;
» Michel Voillon; Jacqueline Veston, Vve Pierre Faye; la
» Vve Guillaume Villemaire; François Vrament, l'aîné et
» le jeune; Vergeon; Michelle Villemaire, fille de Ciret
» Villemaire; Cantien Vezard; Claude Vezart; Germain
» Vassor; Denis Vivier; le Sr de la Vermillière; Jean
» Vivier; Vallerant; Vincent Yvert.

E. 3810. — 1 registre, papier, de 94 feuillets in-f°.

1679 (?). — Bourgneuf (le). — Registre des rentes
dues au seigneur du Bourgneuf par: André et Jacques
Rivière; Antoine Thibault; Antoine Maillet; Aubin Col-
leau; Abel de Poictou, Sr de Saclas; Adam Bourgoin;
André Dupuys; Antoine Valet; Basile Charpentier; Ba-
sile Moulin, Bertrand Deslande; Blaise Lecomte; Charles,
Pierre et Jean Roger; Claude Hémery; Cantien Vézard;
Charles Lionnard; Cantien Carnevillier; Claire Mainfroy,
veuve de Martin Moulin; Cantien Billard; Cantien Faye;
Christophe de Machault, seigneur de Chambon; Cantien
Moullin; Claude Moullin; Charles Blanchard; Claude
Mahy; Charles Baruc; Claude Villemaire; Cantien Sureau;
Daniel Boucher; Daniel Rué; Denis Foudrier; Durand
Jollivet; Denis de Mollère; David Nicolas et Léon Lambert;
Daniel Boucher; Elie Durand et Jeanne Girauldin, sa
femme; Etienne Dadure; Etienne Moreau; Eloi Daulton;
Etienne et Jacques Haillard; François et Pierre Cappy;
Furcy Brosse; François Mathieu; François Péron; Fran-
çois Caradas; François Baudry; François Morize; François
Boucher et Jeanne Baudry, sa femme; François Marais;
François Oudebine; François Perroche; François Jouan;
François Lesleu; François Girard; Guillaume de la
Chasse; Georges Corbillon; Gabriel Robine; Guillaume
Le Roy; Gabriel Damond; Jacques Chéron; Jean de
Cunes et Cantienne Pélisson, sa femme; Jean Boudeau,
maître chirurgien à Etampes; Jacques et Gilles Caillan-
deau; Jean du Tau; Jean Blain; Jacques Cham, fils;
Julien Moreau; Jean Rouault; Jean Boucher; Jeanne
Boucher, veuve de Charles Adam, et Louise Darde, veuve
de Jean Bouchon; Jean Léon, fils; Jean Bauldry; Jean-
Baptiste Pattin; Jean Foudrier; Jean Chenu; Jean Vi-
vier, père; Jean de la Chasse; Jean Vouillon; Jean Mar-
tinet; Jacques Venard; Jacques Morinet, cordonnier;
Léonard Leclerc; Jean Dif; Jacques Chevallier, boulan-

ger; Julien Chappe; Jacques Foivieu; Jacques Claudet;
Louis Duc; les héritiers Etienne Merlin; Lancelot So-
nestre; la veuve Dupré; la veuve Claude Hémery; la
veuve Oudebine; Michel et Denis Leblanc; Michel Car-
tier; Michel Boullemier, le jeune; Mathieu Vrament;
Mathieu Beaujour; Mathurin Perdigeon; Jean Hardy et
Louis de la Foy; Madeleine Georges, veuve de Pierre
Buchet; Martin Moullin; Michel Hautefeuille; Michel
Boullemier, l'aîné; Michel Baudet; Marie de la Mothe,
veuve de Furcy Brosse; Michel Alexandre; Nicolas Colleau; Nicolas Compothière; Nicolas Druant; Pierre Buchet; Pierre Mosnière, Sr de la Guane; Pierre Le Roy;
Pierre Bourgeois, charcutier; Pierre Hugues et Hélène
Foudrier; Pierre Nicolas; Pierre Marais; Pierre Houlier; Pierre Baulry; Pierre Petit; Pierre Lamy; Philibert Giron; Paul Dufour; Pierre Damond; Pierre Musnier; Pierre Cadot; Pierre Papillon; Pierre Martin;
Pasquier Jouan; René Girard; Rodolphe Derbelet; René
de Villezan; Robert Bourdon; Simon Bauldry; Simon
Papillon; Thomas Michault; Toussaint Jourdain; Valentin Rousseau, jardinier.

E. 3810 bis. — 1 registre, papier, de 521 feuillets in-f°, dont 5 de
table et 516 de texte.

1732-1739. — Premier volume du terrier de la
seigneurie du Bourgneuf et autres fiefs, appartenant à
Guy-Louis-Henri de Valory, contenant, entre autres
choses, les déclarations passées par: Jeanne Evin; Jérôme Le Cocq, maître barbier perruquier; Pierre Moulin, l'aîné; Jacques Vramnat, marchand; Marie Capy,
veuve d'Etienne Colleau; Anne Parisot, femme de Jean
Hugot, marchand orfèvre; Jean-Henri Rivet, prêtre,
curé de Saint-Basile d'Etampes (30 septembre 1734);
Catherine Godeau, veuve d'André-Claude Doches; François-Antoine Boisse, marchand mercier épicier; Mathieu
Baron, maître charron; Cantien Poussard, maître boisselier; Michel Paris, vigneron; Denis David, vigneron;
Sébastien Paris, vigneron; Charles Paris, vigneron;
Jeanne Poisson, veuve de Martin Moulin; Jean-Baptiste
Thémin, maître boulanger; Robert Doucet, maître ma-
réchal; Charles Edme, maître serrurier; Jacques Dra-
mard, marchand; Denis Anseaume, maître bourrelier;
Jean-François Dolivré, maître tailleur d'habits; Elie
Ménault, maître cordier; Nicolas Fargis, garçon coute-
lier; François Houlié, jardinier; Denis Vézard, vigne-
ron; Madeleine Mercier, veuve de Guillaume Garnier;
Thomas Laumosnier, marchand de chevaux; Jacques
Boucher, vigneron; Marie Véron, veuve de Claude Mé-

lin; Marie Rué, veuve de Simon Baudet; Pierre Roger, vigneron; Antoine Galampois, maître pâtissier traiteur; Pierre Boucher, vigneron; Cantien Edme, vigneron; Jean Boucher, l'aîné, vigneron; Claude Boucher, le jeune, vigneron; René de la Chasse, marchand mercier épicier; François Capy, vigneron; Jacques Auclerc, maître cordonnier; Charles Rué, vigneron; Guillaume Dabin, maître maçon en plâtre et couvreur en tuile et ardoise; Pierre Darblay, vigneron; Denis Vézard, vigneron; Pierre Moulin, le jeune, vigneron; Germaine Fauveau, veuve de Noël Besnard; Pierre Vramant, vigneron; Pierre Paris, vigneron; Simon Ruelle, vigneron; Pierre Nicolas, vigneron; Catherine Rivet; Henriette Vramant, veuve de Pierre David; Claude Boucher, l'aîné, vigneron; Nicolas Baudet, vigneron; Jean Ramlet, vigneron; François Lemaitre, laboureur; Jean Roux, maître maçon en gros murs; Anne Oramard, veuve de Pierre Buisson; Toussaint Baudry, vigneron; Marie-Jeanne Baudry; Cantien Boucher, vigneron; Claude Boucher, l'aîné, Cantien et Jean Boucher, vignerons; Pierre Canivet, vigneron; Eutrope Pinet, marchand boucher; Etienne Boulemier, marchand hôtelier; François Amé, écuyer; Sébastien Canivet, vigneron; Jean Trinité, vigneron; Michel Trinité, le jeune, vigneron; Pierre Canivet, le jeune, vigneron; Jeanne Rué; Pierre Rué, maître cordonnier; Jean Hardy, marchand mercier épicier; François Boucher, maître maréchal; François-Nicolas Joussot, vigneron; Jacques Perrier, vigneron; Eloi Dauthon, vigneron; Louis Vézard, vigneron; Etienne Touchard, officier de feu S. A. R. le duc d'Orléans, régent; Cantienne Simonneau, veuve de Sébastien Rué; Louis Bary, jardinier; Jean-Baptiste Mesnager, maître charron; Pierre Vézard, vigneron; Pierre Edme, le jeune, vigneron; Pierre Edme, l'aîné, vigneron; François Martinet, l'aîné, vigneron; Jean Buisson, maître cordier; Mathieu Berrier, conseiller du Roi, receveur des consignations du bailliage d'Etampes; Pierre Lambert, huissier à cheval au Châtelet de Paris; Marie Cantienne Vallée Marie; Dupont, veuve de Charles Chapron; Jean Roger, vigneron; Cyr Audenet, maître charron; Claude Poulard, maître cordonnier; Michel Durchâtel, marchand jardinier; Claude Brunet, veuve de Philippe Véron; Jean Compoin, marchand boucher, et Marie-Jeanne Baudet, sa femme; Jean Courtillet, mesureur de grains; François Boucher, vigneron; Michel Taneur, voiturier par terre; Jean Baudry, vigneron; Madeleine Paris, veuve d'Etienne le Sage; Robert Thibault, marchand mégissier; Claude Vézard, vigneron; Cantien Trinité, vigneron; Jacques-Mathieu Barrier, receveur des consignations du bailliage d'Etampes; Cantien Vézard, l'aîné, vigneron; François Vézard, vigneron; François Joussot, vigneron; Michel Trinité, l'aîné, vigneron; Simon Audenet, vigneron; Jacques-Antoine Melge, mesureur de grains; Jacques Vézard, vigneron; Philippe Véron, maître couvreur; François Saulsay, chapelier à la Ferté-Alais, et Joseph Blossier, manoeuvrier; Etienne de la Noue, laboureur; Charles-Guillaume de Neufville, bourgeois d'Etampes; D. Basile le Boistel, prêtre Barnabite pour les Barnabites de Paris; Pierre Ruelle, maître menuisier tonnelier; Jean Baron, marchand hôtelier; Jean Colleau; Etienne de la Noue; Pierre Petit et Jacques Poirier; François Chardon, maître bourrelier; Joseph Mainfroy, maître serrurier; Simonne Chenu, veuve de Pierre Courtillet; Charles Roux, vigneron; Denis Simon, avocat au parlement de Paris; François Houllier, l'aîné, vigneron; Jacques Bordier, maître tailleur d'habits; Antoine Piet, marchand jardinier; Salomon Vié, maître cordonnier; Etienne Lhoste, vigneron; Joseph Coquentin, laboureur; Simon Villemaire, maître maréchal; Jean Launay, vigneron; Pierre Paulmier, marchand; Jacques Darblay, marchand hôtelier; Nicolas Dupré, ancien officier du prince de Bourbon-Condé; Jean-Gabriel Baudry-Delapotterie, ancien officier au régiment des Bretons volontaires; Basile Roger, le jeune, au nom des demoiselles Regnault; Antoine du Verger, écuyer, maître de la poste d'Etampes; Jean Bellanger, ci-devant marchand hôtelier; Jean Lion, vigneron; René Martin, marchand mégissier; Claude Hochereau, fille majeure; Antoine Paranton, maçon en gros murs; François-Antoine Boisse, marchand mercier épicier; Jacques Nicolas Baron, bachelier en droit; Jean Baron, marchand hôtelier; René de la Chasse, marchand mercier épicier; Etienne Laumonier, marchand mercier épicier; Nicolas Dolimier, marchand bonnetier; Charles Viart-Dorval, écuyer, seigneur de Boischambault; Marie Duris, veuve de Mathieu Rousseau, avocat en parlement; Eloi Chevalier, laboureur à Ormoy-la-Rivière; Nicolas Baron, marchand; Catherine Peschard, veuve de Jacques Petit de Mézières, sieur de la Borde; Jean Saradin, maître taillandier; Claude Gaudron, maître maréchal; Madeleine Anceau, veuve de François Hutteau; Geneviève des Jardins, fille majeure, Catherine Simonneau, veuve de Pierre Martin; Bernard-Claude Voizot, prêtre, chanoine de Sainte-Croix d'Etampes, comme fondé de procuration de Simon Conté, prêtre de l'Oratoire, demeurant à la maison de Marines, près Pontoise; Gabriel-Martin Gallier; Louis Briet, marchand, échevin de la ville d'Etampes (19 janvier 1738); François Maheu, maître tailleur d'habits; Cantienne Parisot; Marguerite Laumosnier, veuve de Nicolas Baudry, vivant, conseiller du Roi, receveur des consignations du bailliage d'Etampes ; Etienne de la Nono, laboureur ; Françoise Barelier, veuve de Nicolas Meguières ; Jacques Auger, laboureur ; Léon Barué, voiturier par terre; Pierre Sugis, vigneron; Louis Chevrier, vigneron; Louise-Catherine Jouy. En tête de ce volume se trouve la « Table alphabétique des » déclarations contenues en ce premier volume. » Cette table compte 5 feuillets.

E. 2810. — 1 registre, papier, de 487 feuillets in-folio, dont 5 de table et 482 de texte.

1738-1739. — Deuxième volume du Terrier de la Seigneurie du Bourgneuf et autres fiefs, appartenant à Guy Louis-Henri de Valory, contenant les déclarations passées par: François Sougis, vigneron; Pierre-François Riou, menuisier; Marie-Anne Charrier; Louis Boudet, vigneron; Paul Charrier, vigneron; Catherine Ruelle, veuve de Nicolas Charron; Nicolle Bonté, veuve de Michel Guigreau; Cantien Olivier, vigneron ; Louis Mornet, vigneron; Pierre Mornet, vigneron; Pierre Baudry, vigneron ; Pierre Papillon, Jean Papillon, maîtres cordonniers, et Marguerite Papillon ; Pierre Houdry, vigneron; Jacques Baubé, mercier; Pierre Coquet, l'aîné, vigneron; Charles Alexandre, marchand boulanger; Henri le Coup, vigneron ; Jean Robert, maître tailleur d'habits; Pierre Roguin, vigneron; Henri Piché, vigneron; Etienne Morin, vigneron; Antoine Plegat, tailleur d'habits; René Cozon, manouvrier; René Bichette, marchand papetier; Pierre Desforges, marchand hôtelier; Charles Viart, écuyer, sieur d'Orval, seigneur de Boischambault, ayant charge et pouvoir de son frère, François Viart, chevalier, sieur de Villette; Michel Duraudet, jardinier; Cantien Girault, vigneron ; Pierre Nicolas de la Place, papetier; Simon Dupuis, laboureur: Philippe Hamouy, vigneron; Marie le Conge, veuve de Jean Bermant; Pierre Doches, greffier en chef de l'élection d'Etampes; Claude Bluet, vigneron; Pierre Arnoult, maître maréchal; Marguerite Renon; François-Joseph Tissonnet, prêtre, curé de Saint-Pierre d'Etampes (5 février 1738); la fabrique de Saint-Pierre ; Philippe de Lisle, maître chirurgien; Claude Maby, marchand épicier mercier ; Pierre Pajou, bourgeois; Pierre-Louis Berceau, prêtre, curé de Saint-Michel en Gâtinois; Marie Mahié, veuve de Gilles Poussin ; Etiennes Dessalles, vigneron; Pierre Adrien, mesureur de grains; Martin Boudier, vigneron; Pierre Beaujour, vigneron; Jean Dupuis, vigneron; Jean Guettard, marchand ; François Danton, marchand épicier mercier; Michel Fessard, « maître en fait d'armes; » Nicolas Richard, maître maçon en plâtre et couvreur en tuiles et ardoises ; Michel Papillon, vigneron; Nicolas Petit, vigneron; Marguerite Petit; François Capy, vigneron; Mathieu Hamouy, vigneron; Marie Vallée, veuve de Michel Hamouy; Marie-Julienne Angevin, veuve de Pierre Lambert; Elisabeth-Françoise Hugo, veuve de Jean Charles Clozier; Mathurin Simon, vigneron; Michel-Alexis Desforges, marchand hôtelier; Louis-Marin Le Roy, écuyer, sieur de Gomberville, conseiller du Roi, président, lieutenant-général civil et criminel, commissaire enquêteur et examinateur au bailliage d'Etampes, maire de ladite ville (19 mars 1738); Charles-François Dupré, commis au greffe du bailliage d'Etampes; Louis Boudier, voiturier par terre; Louis-Alphonse Houmain, écuyer, sieur Courbeville, seigneur de Luyères; Jean-Louis Compain, marchand boucher; Pierre Portois, laboureur; Simon Elie, laboureur; Michel-François Hamouy, vigneron; Claudine Bergerat, veuve de Pierre Fontaine; Elisabeth Ravelon, veuve de Pierre Chapart; Claude Mercier, vigneron; Cantien Mercier, vigneron ; Jean Thomas, laboureur; Mathieu Hénard, vigneron; Jacques Peurier, vigneron; Claude Baudry, vigneron, Pierre Hémard de Danjouan, avocat en Parlement; Louis Leconge, vigneron; Marguerite Leconge, veuve de François Bluet, l'aîné; Jean-Baptiste Delisle, conseiller du Roi, receveur et contrôleur des saisies réelles du bailliage d'Etampes; Michel Pichonnat, conseiller du roi, contrôleur au grenier à sel d'Etampes; Claude Force, jardinier ; Guillaume Ruelle, vigneron; Claude Ruelle, marchand ; Claude Harpoil, jardinier ; Mathurin Girault, le jeune, vigneron; Jacques Barbier, le jeune, vigneron ; Gabriel Charbonneau, marchand papetier; Antoine Boudié, vigneron; Pierre Belletoise, vigneron; Simon Poisx voiturier; Noëlle Hervé, veuve de Pierre Desnard; Etienne Boudié, vigneron; Jean Caquet, vigneron; Pierre Gastine, manouvrier; Guillaume Migon, vigneron; Thomas Gudin, maître tailleur d'habits ; Louis Barrué, vigneron; Catherine Gaudeau, veuve d'André-Claude Doches; Jacques Bonnet, marchand, Jean Moreau, entreposeur du bureau de tabac à Etampes; Etienne Boucaumont, tisserand ; Jacques Mercier, vigneron; François Bouchez, cabaretier; Jacques Vinard, procureur au bailliage de Méréville; Marguerite Collard, veuve de Michel Rousseau; Catherine Carnevillier, veuve d'Antoine Thomas ; Jean Delanoue, maître charron; Marie Couty, veuve de Symphorien Rousseau ; Anne Parisot, femme de Jean Hugo ; Etienne Boulemier, marchand hôtelier; Anne Dupin, veuve de Michel Boulemier; François Paris, vigneron; Antoine Renon, vigneron; Pierre Goupil, prêtre, curé de Saint-Martin d'Etampes et les marguilliers (4 mai 1738); François Martin d'Aumont, conseiller du Roi, lieutenant particulier au bailliage d'Etampes; Pierre Paris, vigneron; Etienne Grugeon receveur du prieuré de Saint-Pierre; François Sureau, huissier à verge au Châtelet de Paris; Jacques-Mathieu Barrier, receveur des consignations du bailliage d'Etampes; les dames de la congrégation Notre-Dame à Etampes; Marie Lecoup, veuve de François Carnevilliers; Antoine Harnauf, bourgeois; Jean Demolière, huissier à cheval au Châtelet de Paris; Louis de Poilloue, écuyer, sieur du Petit-Saint-Mard; François Roux, maître maçon en gros murs; Gérard Edeline, conseiller du Roi, président, prévôt d'Etampes, et lieutenant général de police de ladite ville; Elisabeth Jubert, veuve de Pierre Charpentier; Pierre Pincau, marchand épicier mercier; Marie-Joseph Croizot, fille majeure; Claude Parot, laboureur; Clément Couret, prêtre, ministre et supérieur du couvent de la Sainte-Trinité à Etampes; Pierre Allain, praticien; Marie Anne Hardy; Henriette Petit, veuve de Jean-Etienne Guettard; Bernard-Claude Voizot, prêtre, chanoine de la Collégiale de Sainte-Croix d'Etampes, et Marie Anne Voizot, sa sœur; Gabriel Germain, conseiller du Roi, lieutenant de la prévôté des bandes générales et du régiment des Gardes Françaises; Jacques-Auguste de Poilloue, chevalier, seigneur de Bonnevau; Perrine Paris, veuve de Mathieu Prieur; Claude Viart, chevalier, seigneur de Villebazin, lieutenant général d'épée au bailliage d'Etampes; Jacques Ruelle, vigneron; Clément Buchère, écuyer, sieur de la Beauvaisière, écuyer ordinaire du Roi; Jean Constance, vigneron; Charles-Nicolas Hochereau, bourgeois; Jean Brisard, marchand mégissier; Alexandre Baudry, procureur au Châtelet de Paris; Marie Duris, veuve de Mathieu Rousseau, Jean Bolvin, marchand hôtelier; « Roze-Angélique Lemoyne, épouse du sieur Louis » Godin, de l'Académie royale des sciences, envoyé par » Sa Majesté au Pérou, pour y faire des observations as- » tronomiques; ladite dame demeurant à Paris à l'Ob- » servatoire royalle (sic), paroisse Saint-Jasques du Haut- » Pas, au nom et comme fondée de procuration générale » et spéciale dudit sieur Godin, son mary, et autorizée » par icelle, pour l'administration de leurs biens, passée » devant Blanchard qui en a la minute et son confrère » notaires à Paris le (20 mars 1735); 10 janvier 1740). » Du folio 374, verso, au folio 384, recto, se trouvent: 1° une transaction entre Charles Viart d'Orval, chevalier, seigneur de Boischambault, fondé de procuration de l'abbaye de Notre-Dame des Villiers-les-la-Ferté-Alais, d'une part, et François-Marthe-Hubert de Valory, et Henriette-Charlotte-Edmée de Valory, sa femme, seigneurs et propriétaires de la terre et seigneurie du Bourgneuf et dépendances, d'autre part; 2° la procuration dont est question ci-dessus. — Les déclarations recommencent au folio 384, verso: Charles Gilbon, bourgeois; Jules-François Chéreau de Bois-Sablons, seigneur du Petit-Villière, Vendômeurs, etc.; Jacques-François Voizot, conseiller du Roi, commissaire de police d'Etampes; la collégiale de Notre-Dame d'Etampes; Charles Charpentier, vigneron; Charles Miron, cabaretier; Jacques Auger, vigneron; la Collégiale de Sainte-Croix d'Etampes; Claude Renaut, tuilier; Marie Vivier, veuve de Cancien Boucher; Marie-Madeleine Férier, veuve de Thomas Petit; Pierre Pincau, marchand épicier mercier, Antoine Sergent, marchand hôtelier; Jeanne Menlo, veuve de Jacques Legrain, vigneron; Pierre-François Garnier, maître chirurgien; François Darblay, marchand hôtelier; Anne-Geneviève Gallier; François-Martin d'Aumont, gentilhomme servant la reine, au nom et comme se portant fort d'Angélique Plisson, veuve de Julien-Guyot Delabarre, jadis président au grenier à sel d'Etampes, sa belle-mère; Henri Viart, chevalier, seigneur des Francs; Charles Rivet, bourgeois d'Etampes; Charles-François Boutteau, maître charcutier; Madeleine Dupré; Alexis Carnevillier, maître boulanger; Pierre Jobineau de la Voûte, procureur aux sièges royaux d'Etampes; François Clozier, marchand apothicaire, procureur fondé d'Etienne Mazure, marchand épicier à Paris; Pierre Renault, prêtre, chanoine de Saint-Spire de Corbeil; l'Hôtel-Dieu d'Etampes; Jean Bégault, laboureur; Gabriel Chevrier, vigneron; Christophe-Claude-Bernard Anquetin de la Chapelle, conseiller du Roi, grenetier au grenier à sel d'Etampes, au nom et comme ayant pouvoir de Gabriel-Paul Anquetin de la Chapelle, son frère, commis à la recette générale de Lyon; Agathe Tardy, femme de Venard, le notaire, qui passe la déclaration; Françoise Barrelier, veuve Nicolas Megnère; Pierre Delanoue, maître tailleur d'habits; Françoise Mercier, veuve de Pierre Baudry; Paul Roger, vigneron; Eloi Fromentin, maître taillandier; Jean Paris, vigneron; Thomas Baudry, conseiller du Roi, lieutenant en l'élection d'Etampes; Jean Baudet, vigneron; Cantienne Villereault, veuve de Pierre Doches; Jean-François Houlier, vigneron; Claude Goudron, l'aîné, maître maréchal; Jacques Brière, maître cordonnier; Claude Le Roy, vigneron; Clément Buchère de la Beauvaisière, ancien écuyer ordinaire du Roi; Pierre Gravelin, vigneron; Louis-André Guérin, vigneron; Simon Audenet, vigneron. En tête du volume se trouve « une table alphabétique des déclarations contenues au présent 2° volume, ladite table contenant 5 feuillets. »

E. 3841¹. — 1 registre, papier, de 55 feuillets in-f°, dont plusieurs en blanc.

XVIII° siècle. — Bourgneuf (le). — Registre pour

servir à la perception des rentes dues au marquis de Valory, seigneur du Bourgneuf.

E. 3841 9. — 1 registre, papier, de 57 feuillets in-f°.

XVIII° siècle. — Bourgneuf (le). — Registre qui paraît avoir été primitivement consacré à une table alphabétique des noms des censitaires portés au terrier de 1733-1759, et à l'indication des charges personnelles, mais qui a reçu, jusqu'à la veille de 1790, de nombreuses indications de mutations de propriétés.

E. 3841 ². — 1 cahier, papier, de 39 feuillets in-f°.

1698. — Bourgneuf (le). — « Papier de perception où sont contenus tous les chantiers de la seigneurie du » Bourgneuf par de nouveaux tenans et aboutissans, fait » en l'année 1698. »

E. 3842. (Liasse.) — 15 pièces, papier, dont 2 cahiers de 6 et 16 feuillets in-f°.

1785-1790. — Bourgneuf (le). — Procédures pour le chapitre Notre-Dame d'Etampes, contre le seigneur du Bourgneuf, prévenu d'usurpation sur la censive du dit chapitre. Parmi les pièces se trouve un « mémoire » des objets usurpés par le nouveau terrier du seigneur » seigneur du Bourgneuf sur la censive du chapitre » Notre-Dame d'Etampes, dressé par M° Jean-François » Aubry, chanoine du même chapitre, chargé à cet effet » par acte du 8 may 1756. »

E. 3843. (Liasse.) — 1 pièce, parchemin; 22 pièces, papier, dont 2 cahiers de 13 et 29 feuillets in-4°.

1764-1765. — Bourgneuf (le). — Procédures pour le marquis de Valory, seigneur du Bourgneuf, contre le chapitre Notre-Dame d'Etampes, touchant le droit de censive sur deux arpents de terre, prétendu par le dit marquis de Valory, comme seigneur du fief de Foresta, qu'il a acquis des religieuses de Lonchamps.

E. 3844. (Liasse.) — 9 pièces, parchemin; 8 pièces, papier.

1701-1789. — Bourgneuf (le). — Baux du moulin du Bourgneuf, sis au faubourg Saint-Pierre d'Etampes, sur la rivière de Juisne, faits à Pierre-François Rion;

Louis Houdry et Françoise Couteaux, sa femme; Françoise « Couteau, » veuve; Pierre Houdry et Madeleine Boucher, sa femme; Pierre Houdry et Jeanne Huteau, sa femme; Pierre Houdry et Jeanne Madeleine Dumortout, sa femme; Claude Béchu et Marie Cantienne Gérôme, sa femme. — Michel Durandet déclare qu'il tient de M. de Valory, seigneur du Bourgneuf, la permission d'avoir, sur la rivière, un pont de communication entre son jardin et celui qu'il tient en loyer des Pères Barnabites.

E. 3845. (Liasse.) — 14 pièces, papier.

XVIII° siècle. — Bourgneuf (le). — Plan des Champtiers : du bas de Cochereau, de Montanchant, de Lorme Gurein, du Hameau de Bretagne, de la Plante aux Dupez et du Bourdeau, de Coudray, de Chalouette, des Bastes, des Gros de Tropidor, de la Fosse-aux-Balleux, de Vauloger, de la Folie-Regnault, de Machefer, de Lary-Saint-Martin, de Moynebouteille, de la Mairerie, de la Fontaine-Saint-Pierre, de la rue du Perray, de la rue des Tripots, de la rue de Saint-Mard ou de la Triperie, de la rue Basse-de-la-Fouierie, de la Fontaine-du-Sault, du petit-Saint-Marc, de Bressault, des Monheux, des Fiefs, de Saubidault, de Vauluisault, de Vaubreniers, de la Triperie, du Noyer-de-la-Saint-Jean, des Terres douces, des Pillares et Pillard, des Gros Liénards, de Rochepie, de la Roche à l'hermite.

E. 3846. (Liasse.) — 20 pièces, papier, dont 1 cahier de 6 feuillets in-f°.

XVIII° siècle. — Bourgneuf (le). — Plans des Champtiers : du Portier, des Trente arpents et du Bois-l'abbé; du petit muid et du Pinson; du Pisson, de Fleuriette; d'Epinant, du Bois Bourdon, de Belaport, de Cotillon et de Heurtebise; du Lavis et du Bois Blond; de la Guide; de l'Orme Raquilet et des Maquereaux; de la petite Guillote et de l'Orme-au-nain; du grain d'or et du château; de devant la porte de Guinette. — Nomenclature des contenances et des noms des détenteurs de parcelles inscrites dans les plans sus-mentionnés.

E. 3847. (Liasse.) — 3 pièces, papier.

XVIII° siècle. — Bourgneuf (le). — Plans des champtiers où est la justice, des Bastes; des Gros de Tropidor, de Montmonté dit anciennement le Pavé.

E. 3848. — 1 pièce, papier.

3 août 1770. — Bourgneuf (le). — Plan des Barricades connues sous le nom de l'île de Galardon.

E. 3849. — 1 pièce, papier.

XVIIIe siècle. — Bourneuf (le). — Plan colorié, qui paraît être celui de l'avenue du Bourgneuf, avec les tenants et aboutissants.

E. 3850. (Liasse.) — 3 pièces, papier.

XVIIIe siècle. — Bourgneuf (le). — Plans coloriés des terres appelées les champarts de la pointe aux postes, contenant environ 8 arpents 3 quartiers, et chargées du droit de champart envers le prieuré de Saint-Pierre d'Etampes.

E. 3851. (Liasse.) — 4 pièces, papier.

1782. — Bourgneuf (le). — Plans relatifs à une plantation faite proche le Pont rouge, contenant 7 perches en 2 parties. — Claude Mercier reconnaît avoir reçu du Marquis de Valory la somme de 135 livres pour avoir fourni et planté une aulnaie de 3 quartiers de terrains.

E. 3852. — 1 pièce, papier.

XVIIIe siècle. — Bourgneuf (le). — Plan sans désignation, mais qui pourrait être celui du faubourg Saint-Pierre d'Etampes.

E. 3853. (Liasse.) — 9 pièces, parchemin, dont 2 cahiers de 8 et 18 feuillets in-4°; 91 pièces, papier.

1574-1749. — Abbeville. — Jacques Petit, laboureur, demeurant à Marolles, se portant fort pour Denise Cappy, sa femme, Mathurin Boucher, laboureur, demeurant à Dhuilot, paroisse d'Hormoy-la-Rivière, Nicolas Leloup, laboureur, demeurant à « Boischambault » et Noël Ymbault, laboureur de Marolles, vendent à Augustin de Thou, chevalier, conseiller au conseil privé et avocat du roi au parlement de Paris, sieur d'Abbeville, absent, ce acceptant par Guillaume Vincent, avocat à Etampes « ung lieu et héritage assis au lieu et village » du dict Boischambault, qui se consiste en maison et » grange couverts de chaulme, mazures, jardin... » etc., contenant 5 quartiers et le tiers d'une quarte, plus 1/2 quartier 1 perche 1/3 de jardin près le dit lieu ; plus les bois pierres et autres « mathières, » qui sont sur le dit lieu, plus 2/3 de quartiers de bois taillis au bois dudit Boischambault; le tout moyennant 500 livres tournois. — Pièces relatives à cette vente. — Déclaration d'héritages tenus à cens d'Augustin de Thou, seigneur de la Fosse d'Abbeville, de Boissy-la-rivière, par Françoise d'Orléans, veuve de Constantin Hubert, procureur au parlement. — Basile Chaussier, maréchal, demeurant à Abbeville, vend à Etienne Searin, charron, du même lieu, « deux demyes » fermes de mazures avec six perches d'héritages à l'entour » des dites mazures, aysances et appartenances d'icelles, » assis au dit Abbeville, lieu dit le grand court.. » — « Vente de deux petites portions d'héritages et jardins, sis au dit Abbeville, faite au même par Jean Toult, marchand, demeurant à Mespins, et Jacquette Girard, sa femme. — Mandement du bailli d'Etampes, requête de Cosme de Savary, chevalier, « comte de Monlevrier, » seigneur de Javersy et de Lorme en la paroisse d'Abbeville, » portant ordre de saisir les biens dépendant des dites seigneuries, pour défaut de devoirs seigneuriaux. — Autre à la requête et en faveur de Françoise Simon, veuve de Nicolas Colin, vivant, conseiller secrétaire et contrôleur général de l'extraordinaire des guerres, dame des fiefs et seigneuries. « La grande-court d'Abbeville et » de Lorme en dépendant, Javery et du petit Colinville, » qui ont justice. — « Pièces d'un procès ayant pris fin » par une transaction dont voici les principaux points : » » Par devant... notaires... furent présents Dame Fran- » çoise Simon, veuve de Messire Nicolas Colin, vivant, » seigneur en partie d'Abeville, la grande-cour du dit » lieu, Lorme, en dépendant, Javersy et le petit Cottin- » ville, dans le village et paroisse du dit Abeville..., tant » en son nom que comme tutrice de Louis Colin, son fils » mineur, d'une part ; Messire Henri Testu, chevalier, » seigneur de Baslincourt, baron du Bouloir, et autres » lieux, conseiller du roy ordinaire en son grand Conseil, » et dame Claude Marguerite de Sève, son espouse, dame » en partie d'Abbeville et du total de Fontenette, en » partie du fief Quinquenpoix, sis dans la mesme pa- » roisse ;... et encore le dit sieur de Baslincourt comme » procureur de... Guy de Sève de Rochechouart, son » beau-frère,... évesque d'Arras, seigneur de Saint-Cir » et en partie du dit Abeville et du fief Quinquempoix,... » et encore le dit sieur de Baslincourt comme se faisant » fort de... Jean de Sève, chevalier, seigneur de Gom- » merville, capitaine d'une compagnie au régiment des

» Gardes françoises du roy, aussy son beau-frère, d'autre
» part ; et M. Martin Gallier, bourgeois de Paris, comme
» procureur des curé et marguilliers et principaux habi-
» tans du dit Abeville,... encore d'autre part; disans, la
» dite dame Collin, et lesdits sieur et dame de Baslin-
» court... qu'il y a contestation entr'eux pour raison
» de la seigneurie de la dite paroisse d'Abeville et droits
» honorifiques de l'esglise du dit lieu ; prettendant la
» dite dame qu'elle doit précéder, parcequeladite église
» est en sa censive chargée envers elle de quatre deniers
» parisis de cens, et qu'elle préside en la dite paroisse,
» les fiefs de la grande court d'Abeville, Lorme en des-
» pendant, Javersy, et le petit Cottinville,... et les dits
» seigneur évesque d'Arras, sieur et dame de Baslin-
» court,... au contraire, parcequ'ils sont seigneurs du
» dit fief de Quinquempoix et du hameau de Fontenelle,
» où il y a haute, moyenne et basse justice, appartenant
» à la dite dame de Baslincourt, le tout situé dans la
» dite paroisse : sur lesquelles contestations, procès s'es-
» tant meu au bailliage d'Estampes,... sentence y est in-
» tervenue par forclusion, le (20 avril 1674), par la-
» quelle les conclusions de la dite dame Collin lui ont
» esté adjugées, avec condamnation de despens, tant
» contre ledit seigneur évesque d'Arras que contre lesdits
» intervenans, qui ont tous interjeté appel au parlement
» de Paris... Pour assoupir lequel procès,... ont fait
» et accordé... ce qui s'ensuit, c'est assavoir que, dores-
» navant, la dite dame Colin, èsdits noms, et les dist
» seigneur évesque d'Arras, sieur et dame Baslincourt
» et leurs hoirs et ayans cause, possédans les dits fiefs
» dans la dite paroisse d'Abeville, prendront et porteront
» la qualité de seigneur et dame, en partie du dit Abe-
» ville; que le banc qui est placé au chœur de la dite es-
» glise du costé gauche demeurera en commun à tou-
» jours entr'eux, sans prérogative l'un sur l'autre ; que
» chacun en aura une clef; que le premier occupant
» aura la première place et les honneurs, et que les
» prières seront faites par le dit sieur curé pour les sei-
» gneurs et dame d'Abeville sans aucune autre nomina-
» tion de personne... Fait et jugé à Paris le (29 juillet
» 1670). — Pierre Etienne Simonneau, fondé de pro-
» curation de Casimir-Louis de Valory, baille à Pierre
» Hiteau, manouvrier, et Catherine Rigou, sa femme,
» moyennant un loyer annuel de 100 livres, une maison
» et plusieurs pièces de terre sises à Abbeville.

E. 3854. (Liasse.) — 15 pièces, papier, dont 1 cahier de 8 feu...s in-4°.

1628-1652. — Abbeville. — Anne de Thou, veuve de François Savary, vivant, chevalier, Seigneur de Brèves et autres lieux, conseiller du Roi en son conseil d'Etat et privé, et premier écuyer de la Reine-Mère, déclare que, suivant le pouvoir qu'elle tient de la donation entre vifs à elle faite par Augustin de Thou, son frère, à présent abbé des abbayes de la Roe (La Roue), en Anjou, et de Notre-Dame-de-Grestin (Grestain), en Normandie, elle choisit Cosme Savary, Marquis de Haulevrier et maître de la garde-robe de Monsieur, fils d'elle et du défunt Seigneur de Brèves, pour jouir, après son décès, de tout le contenu en la dite donation. — Acceptation du dit Cosme Savary. — Extrait de la dite donation, faite le 6 mars 1639, par le dit Augustin de Thou, alors abbé de Maulien, comprenant spécialement les lieux et fiefs de Bierville, Boissy-la-Rivière, Boisarchambault, «Abain-ville, Javery,» Hierville et Vaux. — Extrait du contrat de mariage entre noble homme Henri David, conseiller du roi, receveur général du taillon, en la généralité de Rouen, et Françoise Collin, fille de feu noble homme, Nicolas Collin, vivant, conseiller du roi, secrétaire et contrôleur général de l'extraordinaire des guerres, et de Françoise Simon. — Extrait du contrat de mariage entre Marie Collin, autre fille de Nicolas, et Louis Vigneron, écuyer, conseiller du roi, trésorier général de France à Soissons. — Cosme Savary, Comte de Brèves, seigneur de Chanteloup et autres lieux, constitue une rente de 1441 livres 8 sous 8 deniers, au profit de Raymond de Forgues, chevalier, sieur d'Argence, gentilhomme ordi-naire de son Altesse Royale, et une autre rente de 1329 livres 17 sous 4 deniers, au profit de Pierre Auger, mar-chand orfèvre, bourgeois de Paris, au capital, ensemble, de 49,937 livres 10 sous, les dites rentes hypothéquées sur les terres et Seigneuries de Brèves, du Plessis, en Nivernais, de Chantelou près Chartres, de la Fosse-Lagrange, Villecoutin, Fresne, de Lorme, Boissy-la-Rivière, entre Chartres et Etampes. — Quittance de 10,277 livres 10 sous, faite par le dit Pierre Auger au dit Cosme Savary. — Autre de 1733 livres 11 sous don-née au même par François Fléau, procureur au parle-ment, au nom de Bernard de Forgues, Seigneur de Neuillac et la Rochaudry, en partie, maréchal de camp des armées du roi, héritier usufruitier de feu Aymard de Forgues, sieur d'Argence. — Cosme Savary, Comte de Brèves, seigneur de Chantelou et autres lieux, transporte à Jacques Patoillat, bourgeois de Paris, une rente de 611 livres 2 sous 3 deniers tournois à lui cédée à titre d'échange, par Pierre Collin, écuyer, sieur d'Ognes, sur Antoine Dabadie, seigneur de Charton, de Saint-Félix et autres lieux, et Ursule Parre, sa femme.

B. 3333. (Liasse.) — 1 pièce, parchemin ; 3 cahiers, papier, de 22, 46 et 71 feuillets in-4°.

1689-1669. — Arengeois et Harengeois (Fief des). — Michelle, veuve d'Etienne Picart, avoue tenir en censive de noble homme Jean Lampens (?), écuyer, sieur de Fresne, à cause de la censive des « Harengoys », un jardin sis « au pont Quesneau,… » — « C'est le pappier des
» déclarations des maisons, terres, prez, vignes et aultres
» héritages, tenus en censive du fief des Harengeois ; la
» dicte censive de présent appartenant à noble homme
» M° Bénigne Le Ragois, notaire et secrétaire du roy,
» seigneur de Guignonville et du dit fief des Harengois,
» partie desquelles déclarations ont esté receues au nom
» de noble homme Jacques de Veillard, écuyer, duquel
» le dict Le Ragois a acquis la dicte censive, et aultres
» parties à la requeste d'iceluy Le Ragois, en continuant
» le reste des dites déclarations, lesquelles ont esté receues
» et passés partie par M° Eustace Malvault, notaire royal à
» Estampes, et aultre partie par M° Catherin Poictevin,
» aussy notaire royal au dict lieu… et laquelle censive
» se reçoit, chacun an, le jour Sainct-Remy, sur le pont
» de Juisne, appellé d'ancienneté le pont au Lievpre, et
» de présent le pont Robillard. » Censitaires : Germain Durand, mercier ; Robert Lamare, filassier ; Thomas Damours, huilier ; Pierre Raclardy, cordier ; Marie Vallée, veuve de Ferry Durand, potier ; Jean Gobert, vigneron ; Pierre de Villers, chapelier ; Toussine Courtillet, veuve de Jean Peronnet ; Jean Galet, vigneron ; Claude Hamouys, bourgeois d'Etampes ; Antoinette, veuve de Symphorien Le Roy ; Lubin Lion, paveur ; Nicolas Mahom, bourgeois d'Etampes ; Jean Métais, vigneron ; Cantien Moreau ; Aignan Poullain, foulon ; la veuve de Quentin Lesné ; Perrine Guillotin, veuve de Jacques Paulmier, tanneur ; Claude Paulmier, tanneur ; Cantienne Paulmier, veuve d'Etienne Mouton ; Etiennette Villard, veuve de Simon Lourcier ; Denis Demollières, mercier ; Marie Gasteau, veuve de Jacques Vigneux ; Cantien Boucher ; Cantien Morard ; Françoise Gilbert, veuve de Laurent Bourdier, boulanger ; Jean Testard, marchand hôtelier ; Réné Troisœufz, vinaigrier ; Cantien Colleau, « serrusier ; » Réné Cytron et Jean Durand, vignerons ; Cantien Buisson, boucher ; Cantien Banouard, mercier ; Nicolas Mainfroy, mercier ; Eloy Chesneau, vigneron ; Léonard Delorme, vigneron ; Jeanne Banouard, veuve de Jean Hue ; Pierre Bernard, marchand ; Denix Soillard, veuve de Cantien Gilbert, marchand ; Pierre Le Roy, vigneron ; Jean Corbillon ; Jean Pocquet, tailleur en draps ; Denis Burgevin, marchand ; Jean Vallié, charron ; Julien Dubref, chirurgien ; Isabelle Louret, veuve de Cantien Leprebstre, bonnetier ; Antoine Vallée, bourrelier ; Simon Millet, boucher ; François Hamouys, mercier ; Cantien Dallier, marchand et bourgeois d'Etampes ; Marie Saillard, femme de Simon le Vattier, maître chirurgien ; Pierre Pouville, marchand ; Pierre Godin, marchand mercier ; Guillaume Guyard, tanneur ; Julien Le Jay, savetier, et Denise Garnier, veuve de Mathurin Fortespaulles ; Michel Petit, cordier ; Jeanne Fortespaulle, veuve de Claude Le Moy, maître chirurgien ; Simon Nigault, savetier ; Louise Valée, veuve de Cantien Colleau ; Guillaume Garnier, maréchal ; Pierre Simonneau, savetier ; Claude Lambert, marchand ; Marie Pineau, veuve de Jean Lyon ; Guillemette Moulin, veuve de Mathieu Forest ; Louis de Beauvoix, marchand ; Cantien Boucher, vigneron ; Boulland Martinet, vigneron ; Louis Dourdeau, marchand ; François Le Long, marchand drapier ; Marie Guichard, fille de feu Antoine Guichard, marchand ; Jean Godin, mercier ; Antoinette Guillot, femme de Cantien Hébert, mercier ; Martin Le Roux, marchand ; Marie Le Long, veuve d'Abraham Pasquier, procureur à Etampes ; Macé Guisinet, marchand ; Catherine Chandoulx, veuve de Ferry Alvantine, bourgeois d'Etampes ; Marie Paulmier, veuve d'Esprit Hacte, procureur du roi au bailliage d'Etampes ; Toussaints Chastinior, tailleur de pierres ; Etienne Cour, vigneron ; Perrine Souzis, fille et héritière en partie de feu Cantien Souzis, et Perrine Janvry ; Jeanne Regnard, veuve de Jean Gonnet ; Mathurin Genest, ayant épousé Christine Hue, veuve de Jacques Thillard ; Catherine Paulmier, veuve de Cristophe de Croix, bourgeois d'Etampes ; Jean Guectard, marchand, fils de Charles Guectard ; Jean Godin, l'aîné, marchand ; Marie Paulmier, veuve d'Esprit Hacte, procureur du roi à Etampes, fille et héritière en partie de feu Giles Paulmier, procureur à Etampes ; Louis Merrublier, procureur au bailliage d'Etampes ; Jean Le Vassor, procureur au bailliage d'Etampes, héritier, à cause de Catherine Guy, sa femme, de feu Jean Guy, sergent à cheval au Châtelet de Paris, qui était héritier de Jean Guy, l'aîné, bourgeois d'Etampes, son père ; Guillaume Desanges, marchand ; Christophe Chandellier, bourgeois d'Etampes ; Jean Musnier, vinaigrier, fils de Simon Musnier. — Déclaration des héritages tenus à censive du fief des Harengeois par Georges Hamoys, marchand épicier ; Louis Hanger, maître bourrelier ; André Vraman, maître tailleur d'habits ; Julien Simonneau, maître savetier ; Jacques Bordier, boulanger, demeurant à Neufville-aux-Loges, au nom et comme tuteur de Zacharie et Marie Les Vallées, enfants mineurs des feus Zacharie Vallée et

Marie Bordier, et Antoine Vallée chirurgien à Étampes; Claude Durand, boulanger pâtissier; Claude Petit, prêtre, curé d'Ormoy-la-Rivière, et Chapelain en la collégiale Notre-Dame d'Étampes, au nom et comme seul héritier de feu Guillaume Desprez, prêtre, curé du Val-en-Puiseaulx, son cousin (14 juillet 1641); Denis Martin, le jeune, marchand; Jeanne Guillier, veuve de Pierre Bertrand, tonnelier, et Jean Flavignard, laboureur à Fromont-en-Gatinais, à cause de Marie Bertrand, sa femme, Pierre Cavé, marchand; Pierre Caillou, marchand hôtelier, Louis Lancien, cordonnier; Claude Hébert, marchand; Michel Nicolas, vigneron; Salomée Godin, veuve de Ferry Le Murot, maître chirurgien à Étampes; noble homme Jacques Cordeau, avocat au parlement de Paris; Nicolas Boutevillain, chirurgien à Étampes; Noël Maulgin, marchand, à cause de Marie Boutevillain, sa femme, héritiers de Jacques Boutevillain, chirurgien; Jacques Petit, tailleur d'habits; Jean Cauvet, marchand drapier; Morin Bary, charron; Catherine Payen, veuve de Pierre Pothouy, huissier audiencer au bailliage d'Étampes; Denise Legendre, veuve de Pierre Michel, marchand cordonnier; noble homme Jean Boutel, chef de panneterie du duc d'Orléans; Louis Vallerault, marchand épicier mercier; Michel Morin, savetier; Nicolas de Lambon, procureur à Étampes; Denis Pigeon, taillandier; Thibault Anger, cordonnier; Cantien Borace, vigneron; Jean Menault, marchand, bourgeois d'Étampes; Jean Benoist, marchand épicier meunier; Cantienne Boutin, veuve de Jean Banouard, marchand boucher; Jean de Mollières, meunier et fermier du moulin de Bourgneuf; Guillaume Descarres, maréchal; Nicolas Haslé, vigneron; Denis Petit, huissier audiencer au bailliage d'Étampes; Hiérosme Charpentier, marchand boucher; Jean Mordant, procureur aux sièges royaux d'Étampes; Catherine Tousseau, veuve de Jean Perot, marchand drapier; Pasquier Liénard, maçon; Claude Goussard, marchand, bourgeois d'Étampes; Louis Lion, marchand fruitier; Pierre Marseille, le jeune, marchand hôtelier; François Thibault, laboureur; Constance Banouard veuve en premières noces d'Esprit Payen, marchand boucher; Simon Bauldry, vigneron; François Bauldry, l'aîné, vigneron; Pierre Pérou, vigneron — Déclarations d'héritages tenus en censive du fief des Harengeois par Louis Lion, fruitier; Pierre Motheux, officier de l'artillerie; Nicolas Hallez, vigneron; Guillaume Petit, marchand; Benoit Mercier; Julien Simonneau, savetier; Claude Durand, boulanger; X. Melun, femme et procuratrice de François Gilles, archer des gardes de la porte du roi; Toussaint Coquet, marchand, André Vramant, tailleur d'habits; Louis Vallerault, marchand épicier, meunier; Alain Septier, marchand; Cantien Chevallier, prêtre, chapelain en l'église Notre-Dame d'Étampes (18 août 1648); Nicolas Girard, huissier de la prévôté d'Étampes; Georges Hamoys, mercier; Louis Hunger, bourrelier; Pierre Charpentier, marchand; Jacques Petit, tailleur d'habits; Jeanne Carnevillier, veuve de Morin Bary, charron; Denis Pigeon, taillandier; Jeanne Renard, veuve de François Godin, marchand; noble homme, Jean Boutel; Louis Lancien, cordonnier; Nicolas Boutevillain, chirurgien; Jean Moreau, sieur du Chesnepussay; noble homme Charles Godin, conseiller du roi et contrôleur au grenier à sel et magasin d'Étampes; Claude Hébert, marchand; Hiérosme Charpentier, boucher; Charles Le Vasser, procureur aux sièges royaux d'Étampes; noble homme Jean Frédéric, lieutenant en la maréchaussée d'Étampes, comme ayant la garde des enfants de lui et de Marie Guisenet, sa femme, Jean Banouard, marchand; Marie Hochereau, veuve de Denis Martin, maréchal; François Gillet, archer des gardes du roi; Mathurin Genest, bourgeois d'Étampes; Thibault Martin, officier du roi; Hiérosme Payen, marchand; Pierre Blandin, marchand épicier, meunier.

E. 3856. (Liasse.) — 2 pièces, parchemin, dont 1 cahier de 16 feuillets in-4°; 6 pièces, papier, dont 2 cahiers de 8 et 12 feuillets in-f°.

1695-1789. — Arengeois et Harengeois (Fief des). — Pierre de Veillard, écuyer, seigneur de la « Chesné, des Meursneufs et de la censive des Harengeois, » tant pour lui que pour son frère et sa sœur, héritiers bénéficiaires de feu Michel Veillard, leur père, vivant, écuyer, sieur « de ladite Chesné, des Meurs neufs et de ladite censive, » avoue « tenir en plein fief, foy et hom-
» mage, rachat, quint denier, cheval de service, mors
» d'argent et autres droits et devoirs de fiefs, quand le
» cas y eschet, suivant la coutume du bailliage d'Étampes,
» où ledit fief est assis, » d'Armand Jean Duplessis, cardinal de Richelieu, comte de Limours, abbé de Saint-Benoit-le-Fleury-sur-Loire, et seigneur châtelain du Plessis et Authon, membres dépendant de ladite abbaye, la somme de 8 livres 2 sous parisis de cens, appelé la censive des Harengeois qui anciennement valait 8 livres 19 sous 6 deniers, à prendre sur les détenteurs des maisons, terres et héritages, dont les noms suivent : Louis Cantien, cordonnier, un corps de logis à Étampes, rue du Carrefour doré; Jacques Boutevillain, partie d'un corps de logis, même rue; Étienne Meusnier, vinaigrier, une maison grande rue Saint-Jacques; Pierre Favier,

laboureur, une maison rue de la Plastérie; Marcellin Pichon, un jardin, même rue; les héritiers de feu Antoine Guillot, une maison et un jardin, rue de la Damoye, plus un corps de logis sur rue dans la paroisse Saint-Gilles d'Etampes; la veuve et les enfants de Gillot, vivant, drapier, et Guillaume Dupetit, une maison, cour et jardin, rue Louvrier; Hélène Le Long, veuve de Pierre de La Lucazière, une portion de jardin derrière la maison du pont Quesneau; les enfants et les héritiers de feu Pierre Boudeau, un grand jardin clos, rue de la Foulerie; Catherine Rousseau, veuve de Jean Perrot un jardin clos, même rue; Jacques Le Vasser, procureur, 3 quartiers 1/2 de pré en la prairie d'Etampes; Mathurin Boudonneau, boucher, une maison, cour et jardin, au Paray Notre-Dame; Marie du Camel, veuve de Charles de Crafort, écuyer, une maison, même lieu; Jean Paris, tanneur, un jardin, même lieu; François Paulmier, bourgeois d'Etampes, 1 quartier 5 perches de jardin, même lieu; Guillemette Sauvage, veuve de Frémin Carnevillier, une maison même lieu; Michel Marin, savetier, une maison, cour et jardin, même lieu; Thibault Oger, cordonnier, une maison, même lieu; Pierre Provençal (et Provensal), marchand, une maison, même lieu; Jacques Petit, tailleur d'habits, une maison, même lieu; Jean Paris, une Aulnaye en l'île Galardon; François Paulmier, 1 quarte de pré audit lieu; Jean Paris, 1 quarte de blé audit lieu; le même, 2 3 d'arpent de pré audit lieu; Catherine Pasquel, femme d'Esprit Touchard, la moitié de 3 quartiers de terre et jardin audit lieu; Cantien Ballu, cordonnier, 2 maisons au faubourg Saint-Pierre, rue de la Boucherie; les héritiers de feu Pierre Simonneau, une maison, même rue; Damien Fizellier, boucher, une masure et « escorcherie court en » laquelle souloit estre le pont de Juisne; » plus « un » appentil couvert de tuille audit lieu, » plus la moitié d'un jardin audit lieu; Michel Chevalier, une maison audit lieu; plus la moitié d'un jardin audit lieu; Mathurin Gorry, une maison au même lieu; Claude Moissonneau, une maison au faubourg Saint-Pierre; Michel Chevalier, une maison audit faubourg; André Cramant et ses frères et sœurs, une maison, même lieu; Zacharie Vallée, une maison, rue de la Boucherie; les enfants de feu Georges Hamoys, une maison, même rue; Jacques Simonneau et Jean Papillon, une maison, même rue; Jean Benoist, mercier, une maison, même rue; Jean Jubin, une maison, même rue; Pierre Charpentier, une maison, même rue; Pierre Chesneau, laboureur, une maison, rue de Lalun; Pierre Motheux, laboureur, une maison, même rue; Denis Baudry, vigneron, 3 maisons, même rue; Noël Maugin, une maison, même rue;

Guillaume Le Comte, un jardin, même rue; Jean Hasle, vigneron, une maison, au faubourg Saint-Pierre; Cantien, boucher, une maison, rue de Laleu; Claude Petit, prêtre, une maison, même rue; Maria Chaussier, 3 quartiers de jardin clos de murs, au champtier de « Giraufosse; » Toussaint Thibault, laboureur, 1/2 arpent de terre, même champtier; Isaac Guivenet, 3 quartes de terre, même lieu; Marin Passecrin, 3 quartiers de terre, même lieu; Damien Jourdain, 1 quartier 1/2 de vigne, « en Giraufosse; » Pierre Godin et la veuve Ferry Morel, 1 arpent de terre, même lieu; Jean Laureau, vigneron, 1 quartier 1/2 de terre, même lieu; la veuve d'Alain Septief, 2/3 d'arpent de terre, même lieu; Eloi Dauthon, 1/2 arpent de terre, même lieu; Médard Dauthon, 1/2 arpent de terre, même lieu; les héritiers ou ayant cause de Jeanne Guettard ou Pierre Raclardy, qui sont la veuve Louis Hersant et consorts, 1/2 arpent de terre, même lieu; les héritiers de Louise Rousseau 1/2 arpent de terre même lieu; la veuve et les enfants d'Henri Dupré, 1/2 arpent de terre, même lieu; Pierre Langois ou ses ayant cause, 1/2 quartier de terre et vigne, même lieu; Jean Dollibeau, vigneron, 1/2 quartier de vigne, même lieu; Cantien Dollibeau, 1 quartier de vigne, même lieu; la veuve Guillaume Marais, 1 quartier 1/2 de terre, même lieu; les héritiers de feu Jacques Paris, une quarte au même lieu; les enfants de feu Nicolas Roudignon, 1 quartier et 1 quarte de terre, même lieu; Isaac Guisenet, 1 quartier de terre, même lieu; les héritiers de feu Jacques Herry, 1/2 arpent de terre, même lieu; Toussaint Bastard, 1/2 quartier de terre, même lieu; Denis Piet, 1/2 quartier de terre, même lieu; Bazile Carnevillier, 1 quartier 1/2 de terre, même lieu, la veuve et les héritiers d'Esprit Payen, 1/2 arpent de terre, même lieu; les héritiers et la veuve François Martin, 1 quartier de terre, même lieu; les héritiers de feu Jeanne Charles, 1 quartier de terre, même lieu; Marie Passevin, 1/2 arpent de terre, même lieu; les héritiers et ayant cause de feu Jacques Desauges, dont André Gobert a partie des droits, 1/2 arpent de terre, même lieu; le sieur du Bourgneuf, 1/2 quarte de jardin en la rue des Ouches; Jacques Cordeau, procureur du roi à Corbeil, 3 quartiers de pré, rue des Prés; le curé de Notre-Dame d'Etampes, 1/2 arpent de pré et aulnes, même rue; les héritiers de feu Claude Durand, 1/2 quartier de pré aulnaie, audit lieu; les héritiers de Simon Provensal, 1/2 quartier de pré aulnaie, même lieu; les ayant cause de feu Marin Fizellier, 5 quartiers de pré, même rue; les héritiers de feue Gabrielle « de Sauges, » veuve de François Martin, 7 quartiers de pré aulnaie dans la prairie d'Etampes; la veuve et les enfants de Jean Banouard, 7 quartes de pré, même lieu; Pierre Lambon, 1 arpent de pré, près le quai du Crochet; les enfants de feu Jean Banouard, vivant, mercier, 1 quartier de pré, au même lieu; Pierre Pinguenet, 1 quartier de pré, même lieu; Simon Durand, 1 quartier de pré, même lieu; plus 1/2 quartier de pré et aulnaie; les enfants de feu Michel Petit ou leur ayant cause, une portion de jardin, rue des Prés; Jean Menault, 1 arpent de terre, au Champtier de la vallée Collin; les héritiers de feue Louise Gillebert, en son vivant, veuve de Jean Bourdon, 1 arpent de pré, même lieu; Léon Laureault, l'aîné, avocat, 1 quartier de pré, aux Écluses, près le couvent des Capucins; les enfants de feu Étienne de Sauges, 3 quartiers de pré, même lieu; Ferry Boutel, 1 arpent de pré entre deux eaux, près Vauroux; Pierre Bertrand, tonnelier, 3 quartiers 8 perches 1/3 de pré, même lieu; les enfants de feu Mathurin Genest, 1/3 quartier d'arpent de pré, même lieu; Gabriel Drappier, ayant épousé Catherine Esgal, 1 arpent de pré, même lieu; Claude Forest, 3 quartiers de terre, près la Porte dorée; Claude Hébert, 1/2 arpent 1/3 quarte de terre, près la Porte dorée; Quentin Banouard, 1 quartier de terre audit lieu; Jean-Isaac Guisenenet, 1/2 arpent de pré, rue des Prés. — Fois et hommages rendus, pour le fief des « Arangeois, Arrangeois, Harangeois et Harran-» geois, » aux abbés de Saint-Benoît-sur-Loire: M. de Pibrac; Alexandre Milon, évêque de Valence; Georges Phélippeaux d'Herbault, archevêque de Bourges; par Alphonse Germain de Guérin, chevalier, seigneur de Moulineuf, Tiercelieu et Bourgneuf, lieutenant des gardes-françaises; Henriette-Françoise Le Camus, sa veuve; Pierre Chaillou, avocat au Parlement, procureur fondé de Charles-Jean-Marie de Valory, chevalier, seigneur du Bourgneuf et autres lieux, tant pour lui que pour ses frères et sœurs; Antoine Le Camus, avocat au Parlement, procureur substitué de Adélaïde-Louise-Jeanne-Joséphine Dupleix, femme et fondée de procuration de Charles-Jean-Marie, marquis de Valory. — Aveu et dénombrement du fief des Harangeois par ledit Charles-Jean-Marie de Valory.

E. 3857. (Liasse.) — 1 pièce, parchemin; 2 pièces, papier.

23 février 1645. — Arengeois et Harengeois (fief des). — Pierre de Veillard, écuyer, sieur de la Chesré et des « Mœurs neufs, » et Jacques Godin, conseiller et avocat du roi en l'élection d'Étampes, ce dernier au nom et comme se faisant fort de Bénigne le Ragois, écuyer, sieur du Bourgneuf, font les échanges suivants: Veillard cède la censive des « Arrengoix, » à prendre annuellement sur plusieurs héritages, sis au faubourg Saint-Pierre d'Étampes ou champtiers avoisinant, se montant à 2 sous 6 deniers parisis de cens annuel et perpétuel; Godin, au nom de Bénigne Le Ragois, donne, en contre échange, au dit Veillard, les 3/4 d'une métairie sise « à Chesnay, » acquis tant de Pierre Hardy ayant acquis les droits de Jean Hardy, que par décret fait à sa requête, comme ayant les droits acquis de Thomas Migault, subrogé au lieu de feue Marie Rigault, veuve de Pierre Rigault; le dit Veillard donne, en outre, la somme de 300 livres tournois, pour laquelle il constitue une rente de 11 livres 2 sous 2 deniers tournois.

E. 3858. (Liasse.) — 6 pièces, parchemin, dont 3 cahiers de 6, 7 et 7 feuillets in-4°; 43 pièces, papier, dont 16 cahiers de 4, 5, 6, 6, 6, 10, 10, 10, 12, 14, 16, 20, 26, 23, 35 et 43 feuillets in-f°.

1638-1708. — Boismercier (métairie de). — Pièces d'un procès entre la famille de Lisle, dont les membres furent seigneurs de « Marivault, Orsonvilliers, » Aubourville, Montagu, La Roue, Alainville, Boismer-» cier et Vallenay, » d'une part, et Alexis-François de Cœurs, seigneur du Bourgneuf, et André Petit, seigneur de la Montagne, d'autre part, touchant une redevance de 20 setiers de blé et de 7 setiers d'avoine, prétendue, par les dits seigneurs de Marivault, sur 150 arpents de terre, formant la métairie de Boismercier. Parmi les pièces produites se trouve une transaction entre Catherine de Caillebot, veuve de François de Lisle, seigneur des seigneuries sus-mentionnées, d'une part, et Louis de Lisle, chevalier, seigneur de Marivault et autres lieux sus-dits, fils aîné et principal héritier du dit feu François de Lisle; Augustin de Lisle, chevalier, seigneur de Montagu; Hardouin de Lisle de Marivault, chevalier, aussi héritier du dit François de Lisle, d'autre part. Les inventaires, dits, contredits et autres procédures font mention de pièces intéressantes à connaître pour l'histoire des familles ayant possédé la seigneurie de Boismercier, et parmi lesquelles il faut compter celle d'Olivier, dont un membre, François Olivier, fut chancelier de France, en 1545.

E. 3859. (Liasse.) — 1 cahier, parchemin, de 10 feuillets in-4°; 1 cahier, papier, de 8 feuillets in-f°.

1638-1640. — Boissy-le-Sec (Ferme de). — Marie Durand, veuve de noble homme Jacques de Sève, vivant conseiller du roi au présidial de Bresse; Madeleine Durand, femme de noble et honoré seigneur Isaac Gallatin, conseiller et secrétaire d'État de la cité de Genève, tant en leurs noms que comme se portant fort pour noble homme Ézéchiel Durand, sergent de bataille en l'armée de la république de Venise ; tous trois héritiers de feue Madeleine Conet, leur mère, et représentés par leur procureur fondé Abel de Maistre, secrétaire de M. Guératin, conseiller et agent du roi de Bohême, auprès du roi de France, vendent à François Gohory, écuyer, sieur de la Tour, conseiller du roi et trésorier provincial de l'extraordinaire des guerres et des régiments au département de Metz, pays Messin Toul et Verdun, la 4ᵉ partie au total d'une ferme sise au village de Boissy-le-Sec en Beauce, près Etampes, appellée « Le Chastignier, » qui était échue à ladite Madeleine Conet par la succession de son cousin, Augustin Gohory, en son vivant, avocat au parlement. — Vente de la ferme de Boissy-le-Sec faite à noble homme Bénigne Le Ragois, sieur du Bourgneuf, conseiller du roi, receveur et payeur des rentes anciennes assignées sur le sel, par noble homme Nicolas Gohory, conseiller du roi et trésorier provincial à Metz, Toul et Verdun, Renée Gohory, sa sœur, en leurs noms, et maître Jean Morin, bourgeois de Paris, au nom et comme tuteur des enfants mineurs de feu François Gohory, ci-devant nommé, et Madeleine Gosnier, sa femme, pour demeurer quittes envers le dit Bénigne Le Ragois, de la somme de 6000 livres tournois, que lui doivent les vendeurs ès-dits noms.

E. 3860. (Liasse.) — 2 pièces, parchemin ; 5 pièces, papier.

1684-1770. — Colombier (fief du). — Noble homme Pierre Baron, sieur de « Lhumery, » docteur en médecine, demeurant à Etampes, fait foi et hommage à « François de Rochechouard, chevallier, sieur de Saint-Cyr, » pour raison de 3 quartiers 2 perches 1/2 de terre au champtier du « Coullombier » dont le dit Baron a fait l'acquisition de Catherine Rousseau, veuve de Jean Perrot, marchand drapier à Etampes, et dont l'hommage est dû au sieur de Saint-Cyr à cause de son fief de Voisins. — Cantien Doracé, vigneron et Catherine Borassé, sa femme, vendent à Bénigne Le Ragois, conseiller du roi, receveur et payeur des rentes de la ville de Paris, seigneur du Bourgneuf, 2 arpents de terre labourable en une pièce sise au terroir du faubourg Saint-Pierre, champtier du Colombier, relevant du seigneur de Saint-Cyr. — Foi et hommage rendu à Guy de Sève de Rochechouart, évêque d'Arras, seigneur de Saint-Cyr, par Nicolas Laumosnier, receveur de la terre et seigneurie de Mesnilgirault, paroisse de Boissy-la-Rivière, pour les 3 quartiers et 2 perches 1/2 ci-devant mentionnées, au champtier du Colombier, par lui acquis de Claude Baron, veuve de Charles Dupuis, chevalier sieur des Tournelles. — Guy-Louis-Henri, marquis de Valory, seigneur du Bourgneuf, cède à Charles Baudry, chanoine de Notre-Dame d'Etampes, 3 quartiers de terre labourable en une pièce sise au champtier du petit Bourdeau, et en reçoit par échange 1 arpent de terre labourable en une pièce sise au champtier du Colombier au-dessus de Girofosse. — Foi et hommage pour raison de 4 arpents de terre en une pièce appelée le fief du Colombier, rendu par Pierre Chatillon, avocat au parlement et procureur fondé de Charles-Jean-Marie de Valory, seigneur du Bourgneuf, agissant tant pour lui que pour ses frères et sœurs, à Simon-Claude Grassin, maréchal des camps et armées du roi, chevalier de Saint-Louis gouverneur des ville et château de Saint-Tropez, vicomte de Sens, seigneur de Malay-le-Roi, Maisonselle (Maisoncelles), et des fiefs, terres et seigneuries de Saint-Cyr-la-Rivière, Voisins, Marancourt, Jubert, Romard (sic), les Grais (sic), de Bierville, Abbeville, Javersy, Quinquempoix, Fontenette, et autres lieux. — Note relative au fief du Colombier constitué par les 4 arpents sus-mentionnés, indiquant diverses dates de 1580 à 1770.

E. 3861. (Liasse.) — 1 cahier, parchemin, de 36 feuillets in-f°, 1 pièce, papier.

2752-2753. — Foresta ou de Longchamp (fief de). — Claude Henri de Vigny, chevalier, seigneur du Tronchet, Chalot-Saint-Mars en partie, Emerville et autres lieux, au nom et comme fondé de procuration des religieuses de Longchamp, baille, vend, cède et transporte à Guy-Louis-Henri, marquis de Valory, lieutenant général des armées du roi, commandeur de l'ordre de Saint-Louis, seigneur du Bourgneuf, tous les droits de fief, censive et seigneurie directe appartenant aux dites religieuses sur plusieurs maisons, bâtiments. cours et jardins, sis à Etampes, grande rue Saint-Jacques, paroisse saint-Basile ; et dans la rue dite du Château, même paroisse, et sur 370 arpents ou environ de terres labourables et héritages sis à Brières-les-Scellés et Bouvilliers, le tout montant à 30 livres ou environ de menu cens, payable annuellement le jour de la Saint-Remy ; moyennant une rente foncière annuelle et perpétuelle et non rachetable de 90 livres. — Arrêt d'homologation de ce bail et du contrat de vente ou bail à rente du droit de haute justice, censive et directe du prieuré Saint-Pierre à Etampes, fait le 2 juillet 1753, au même marquis de Valory, par les Chartreux d'Orléans.

E. 3862. (Liasse). — 2 pièces, papier, dont 1 cahier de 8 feuillets, in-f°, avec additions collées ou rattachées avec des épingles.

1755. — Foresta ou de Longchamp (fief de). — « État des papiers du fief d'Étampes. » Il s'agit de l'inventaire des titres du fief de Foresta, vendu au marquis de Valory par les religieuses de Longchamp, titres qui presque tous ont été conservés. Lettre sans souscription écrite de Longchamp le 22 novembre 1755, par sœur de la Barre, trésorière chargée par l'abbesse de donner l'assurance que l'abbaye a envoyé à M. de Vigny tous les papiers qu'elle possédait touchant le fief de Foresta ; elle écrira à M. Dequeux, à Dourdan, de faire une exacte recherche « de tous les papiers d'Étampes, » et de les envoyer à l'acquéreur, etc.

E. 3863. (Liasse.) — 5 pièces, papier.

1758-1774. — Foresta ou de Longchamp (fief de). — État descriptif du fief de Foresta acquis des religieuses de Longchamp, par le marquis de Valory, consistant en 476 arpents de terre, 18 maisons et 5 quartiers de pré. — Fois et hommages rendus au roi pour ce fief, par le seigneur de Valory, en 1758, 1770, 1774.

E. 3864. (Liasse). — 9 pièces, papier.

1769-1771. — Foresta ou de Longchamp (fief de). — Pièces et mémoires des administrateurs de l'Hôtel-Dieu d'Étampes et du marquis de Valory, comme seigneur du fief de Foresta, pour la mouvance de la maison du sieur Dupré, procureur au Châtelet, au droit de la dame Dumarché, sa tante, maison située Grande rue Saint-Jacques à Étampes.

E. 3865. (Liasse). — 37 pièces, papier.

1754-1768-1792. — Foresta ou de Longchamp (fief de). — Quittance de la rente foncière annuelle de 90 livres, due à l'abbaye de Longchamp par le marquis Valory, et reçue successivement par : sœur Thérèse de Tourment, abbesse; sœur Anne de Tourment, abbesse; sœur Denise Bouet et sœur Madeleine Garnison, trésorière; sœur Thérèse de Morlet, abbesse; Louis-François Leclerc de la Ronde, procureur fondé de l'abbaye de Longchamp; le même avec Charles-Fiacre Aillé, tous deux « intendants » des dames de Longchamp… » — Offre faite à la requête de Charles-Jean-Marie de Valory, seigneur du Bourgneuf, par Jean-Élie Fromentin, premier huissier audiencier au tribunal du district d'Étampes, aux administrateurs du directoire du dit district, de : 1° la somme de 1915 livres 13 sous, pour rachat et amortissement de la rente foncière de 90 livres sus-indiquée, et 2° la somme de 2051 livres 1 sou, pour rachat et amortissement de la rente foncière de 100 livres, provenant de la vente des droits et censives du prieuré de Saint-Pierre d'Étampes faite le 3 juillet 1753, à Guy-Louis-Henri de Valory, par les Chartreux d'Orléans.

E. 3866. (Liasse.) — 1 pièce, parchemin; 2 pièces, papier.

1266-1267. — Foresta ou de Longchamp (fief de). — Guiard de Foresta, Jacqueline, sa femme, et Pierre, frère de Guiard, clerc, vendent aux religieuses de l'abbaye de la Sainte-Vierge près de Saint-Cloud (Longchamp), moyennant 500 livres parisis, tout le cens à eux appartenant sur des maisons, vignes et terres, sises à Étampes, diocèse de Sens, ainsi qu'un pressoir avec la moitié du manoir dans lequel ce pressoir est situé, et le droit de pressurage (pressuragium), toutes choses provenant de l'héritage maternel, et tenues du roi de France. — Ratification de la dite vente par le roi de France. — Traduction de ces deux actes, d'une écriture moderne : Guiard y figure sous le nom de Girard.

E. 3867. — 1 rouleau, parchemin, de 1,07 de long sur 0,18 de large.

1271. — Foresta ou de Lonchamp (fief de). — État des cens dûs, à la Saint-Remi, « à l'abbesse de Long- » champ et au couvent que êles ont à Étampes… » par « Andrin le Saunier; Hémeri Daunoi; Guillemin de Lau- » mone; Mestre Hébert le Mercier ; Mestre Renant le » Mire ; Pierre de Poissi; Maci, fiuz à la concierge; Gille » Langelier; Bertaut de Louviers; Guérin; Monseigneur » Hébert le Trésorier ; Robert Mingnon; Guillaume » Riant; Ernoul Trucart; Jehan de Saint-Lorenz; Dame » Colinne, fame Bertaut, fiuz de Roy; Benoist de la » Granche; Jeannot Coulon ; Richart Cuine; Renaut Bé- » rangier; Guillemin Sans-terre; Pierre le Mareschal » Estienne Alaire; Pierre le Saunier; Guillaume de » Tori; Jaque Lemoine; Jehan Fillatre; la Ménie feu » Guillaume Bourriau; Bourge la Torte; Houdart le Pa- » triarche; Thomas Paris; Renaut de Chastes, la Ménie » feu Boudier; Monsegneur Pierre Bourguegniau; Ro- » bert le Chemei; Guillaume de la Crois; Johanne la » mercière ; la fame feu Bricon Dude; Bertaut Paris; » Jaqueline de Cheinai; Mestre Pierre le Saunier; la

» prieuse de Sainte-Loire; Hébert Blondel; Guérin de
» Larvenoère; Simon de Chaillou; Thomas Aiso; Es-
» tienne Loisel; Jaqueline Chiron; Guillaume Loisel;
» Jehan Fel-mal; Bertaut Poitevin; Hersent la Chéron-
» ne; Jehan Anchenaus; Anceline, fame feu Pierre Dau-
» vers (?); Robert Mancien; Perrin Piéde; Marie la Na-
» vette; Jehan Vignier; Marie, fame feu Ernoul Piéde;
» Gilles de Malogni; Jehan Bobiche; Pierre Labbé; Co-
» lin Burian; Marie, fame feu Jehan Auplé; la fame feu
» Fourque le Bas; Guillemin de la rue de Bruières;
» Guillaume Puisiau; Estienne le Mestre; Estienne le
» Conte; Ernoul Nouri; Herbert Hunel; Eude Gallier;
» Jehan de Coulons; Denise la Delle; Milesan, fame feu
» Robert le Normant; Ernoul Monnet; Jehan le Cordier;
» Simon Chiéron; la fame feu Alaire; Girart de Chail-
» lou; Raoul Désus; Daudopin le Rons; Renaut le Gesce;
» Monséigneur Ansol de Vile-Neuve; la fame feu Raoul
» le Grant; Jehan Barre; les enfans feu Lobert; Raoul
» Goillart; Esdelot la couturière; la dame de Chatnoi;
» Renaut le François; Estienne Dauvers; Thomas Gra-
» pin; Perrin Godry; la Hanepolière; Jehan le Patriar-
» che; Jeannot le Ferron; Jaquelin Clément; Lucas Gal-
» lier; Houdeart, fame feu Douin; Macy Blanchart;
» Jehan Quentin; la Ménide feu Guillaume le Normant;
» Lorens, gendre Jehan le Mercier; Bertaut Bertranz;
» Jehannot le Vitu, la femme Jaques Biaus-hostes; Ro-
» bert Handrui; Phélippe Bobiche; Guillaume de La-
» boulie; Guillaume le Mareschal; Eude Cope; Olivier le
» Mareschal; Gille Daboville; Guiart Haudry; Gilote,
» fille feu Girart; Guillaume Brise-hante; Jaquelin Chan-
» cel; Estienhe le Barbier; Macy de Teingnonvile; Belon
» Avice; Thomas Pulot; Flourie la Hervie; Monséigneur
» Macy Deron; Nicolas Caille-embouilhé; Bertaut Chié-
» ron; Johan Dauvers; Olivier Tropateres; Gautier le
» Tuilier; la femme feu Jaque Ménier; Johan de Latour;
» la famme Benoît le Charpentier; Hémon le Tiais; Ber-
» taut le Cerf; Gilebert Duner; mestre Pierre de la Ro-
» chèle; Durant Rapine; Jaque Papellon; Guillaume de
» Lasale; Gaceline la Bourguegnèle; Jehan le Heer;
» Michel Tardiau; Jehannot Laudigois; Belon du Coing;
» Thomas de Bonnes. »

E. 3565. — 1 rouleau, parchemin, de 1,11 de long sur 0,21 de large.

Après 1274. — (1) Foresta ou de Longchamp (fief de).

(1) La date du document qui fait l'objet de cet article est incomplète, par suite d'un accident arrivé au parchemin; mais elle doit être
postérieure à 1274, puisque ce document mentionne comme n'existant

— État des cens dûs aux religieuses de Longchamp près
Paris, sur des héritages sis à Étampes ou aux environs,
tenus par: « Andriu Le Gammer; Crestien Dutrouin;
» Hémeri Dannoy; mestre Renaut Lemire; Jehan le
» Saunier; Jacquelin Chiéron; Lucas Gallier; Esdeline,
» la fame feu Thomas Chiéron; Symon Fourre; Belon,
» la fille feu Oudart le Patriarche; Nathulin Poncet;
» Ocelinne, la fame feu Girart; Ermainart, la femme
» feu Estienne Coulon; Robert Mancien; Perrin Caille-
» tiau; Jehan Leconte; Marie Lanavoite; Raoul Désus;
» Girart de Chaillou; Lorenz Leclerc; Jehan Lemercier;
» Jehan de Saint-Lorenz; Flourie Labasse; Raoul Avice;
» Guillaume Lenormant; Jehan Bobiche; Jehan Lecor-
» dier; Guillaume Loisel; Jehan Le Hafer; Herbert
» Blondel; Guérin; Perrin Piéde; Houdeart, la fame
» feu Bucon; Renaut La Gôte; Gerveise do Botteviller;
» Michel Fardel; Alain Le Foulon; Flourie de Ville-
» noeve; Ernoul Mounian; Jaquet Munier; Jehan Le-
» maréchéault; Charlot Morart; Jehan Ouchevans; Pierre
» Le Saunier; Guillaume Pichon; Huo de Boudier;
» Mestre Ansiau de Ville-noëve; Aceline, la fame feu
» Pierre Dauvers; Guillaume de la Croix; Johanne la
» mercière; Marie, la fame feu Aubert Femart; Thomas
» Aiso; Thomas Grapin; Jehan Auplé; Estienne le Bar-
» bier; Raoul Galart; Robert le Coiceur; Bertaut Pa-
» ris; Richart Cuine; Guillaume Prislans; Naci Des-
» teingnanville; Estienne Alaire; Phélippe Bobiche;
» Maci Blanchart; Emeline Lagrant; Jehan Guerre;
» Guillaume Riant; Guillaume de Laboulie; Herbert
» Muniau; Hersent, la fame feu Johan Chéron; Herbert
» Lemercier; Jaquelin Lemoinne; Lorence, la fame feu
» Ansiau Archepiau; Milesant, fame feu Robert Lenor-
» mant; Jaquelin Biausostes; Jouan Dauvers; Jehan
» Le Patriarche; Estienne Le Mestre; Jaquelin de Pa-
» pellum; monseigneur Naci Deron; Thomas le Ve-
» rins; Jaquelianne de Chemal; Symon Chéron; la Menie
» feu Alaire de Ville-Noëve; Jouanne La Gélinoéle;
» Jehan Burrevont; mestre Bernaiest Le Charpentier;
» Marie Le Piedet; Alixandre Lerberor; Jehan Fillatre;
» Danbandonné; Bonaiest de Bonen-viler; Pierre Le
» Couturier; Helisent la Henapelière; Bertaut Chéron;
» Jehannot Levita; Ernoul Ourri; Perrin Goidri; Tho-
» mas Lanfant; Guillaume de Coulons; Jehan de Cou-
» lons; Herbert Chantiau; Gille Daboville; Belon de
» Boelon; Berthelemin, fil de Royer; Ernoul Trucart;
» Thomas de Mespuis; Guillaume Sanz-terre; Estienne
» du Chemal; la fame feu Guillaume Bourriau; Bertaut

plus un certain nombre d'individus qui figurent comme vivants dans
le document de 1274 qui fait l'objet de l'article précédent.

» Lecerf; La Chaille-Emboulic; Ermeinart, la fame feu
» Estienne Brisehente; Guillaume Brisehante; Bertaut
» Potonin; Houdeart La Douente; Jaquet Climent; Jo-
» han Barre; Eude Gallier; Baudouin Cecolle; Ernoul
» de Denouville; Colin Burlao; Renaut Bérangier et sa
» dame; Guillot Vitu; La Concierge; Maci Tropaferes;
» Olivier Tropaferes; Olivier Le Mareschal; Robert
» Haudri; Herbelot Pilon; Guillaume Le Mareschal;
» Jehan le Vingnier; Gille de Dammarville; Guiart
» Andri; Eude Coupé; monseingneur Estienne Canno-
» nelle; Gilebert Duner; Hémon Le Tinis; Gilebert
» Tonduc. Ce sont les noms de ceus qui doivent présouer:
» Acelinne, la fame feu Girart Lemans; Gaucelinne La-
» bourgueingnèle; Robert Mignon; les Anfan feu Lou-
» bert; monseingneur Pierre Bourgueingnian; la ménie
» feu Bertaut de Chailiou; Madame Gille de Chatenay;
» Ernoul Trucart; Gille, la fame de feu Durant Ra-
» pinne; Johan Delatour; les Nonnains de Sainte-Loire;
» Gille de Maingni; Pierre Soulaz; Renaut Bérangier;
» Bertaut de Louviers; Mestre Pierre de la Rochelle;
» le Chapitre de Sainte-Croix; Guillemin Le Saunier;
» Jaque Le Moinne; Guillemin de Laumone .. »

E. 3869. — 1 cahier, parchemin, de 8 feuillets in-4°, mesurant 0,21 c de large sur 0,20 de haut, et cousu avec 1 autre cahier également en parchemin de 17 feuillets in-4° mesurant 0,16 de large sur 0,27 de hauteur : quelques feuillets troués.

1278-1304. — Foresta ou de Longchamp (fief de). — « Cens d'Estampes de 1278 ». Ce titre en écriture moderne est en tête de la 1re colonne du recto du 1er feuillet du grand format. Au dessous commence, en beaux caractères du XIIIe siècle, la nomenclature des censitaires, dont le nom est suivi du taux du cens, et de la désignation de l'immeuble sur lequel ce cens doit être prélevé. Censitaires: « Matildes de Caprosia; Anselius de Chas-
» tenoi, miles; Isabellis la Noblesse; Guillelmus-le-
» Saunier; Petrus le Saunier; Odo Boudier; Guillel-
» mus Pichon; Guillelmus le Normant; Hémon Lale-
» mant; Guillelmus de Coulons; Johannes Coulons;
» Thomas Aise; Benedictus Carpentarius, Guillelmus
» Rapine; Thomas Granpin; Radulphus Morart; Jo-
» hannes Bursenont; Radulphus Besus; Jacquelinus
» dictus Monachus; Guillelmus Guimont, presbiter;
» Guiart Haudri; Girart de Chale; Relicta Richardi
» Servientis; Capellani Sancte Crucis de Stampa; La
» Macarde; Relicta Fulconis le Bas; Macio (parch. troué)
» rou; Ameli (parch. troué) dolon, belon au volon;
» Johannes (parch. troué); Robertus (parch. troué) eline;
» Stephanus Canoèle; Petrus de Auverslaco; Arnulphus
» Mouel; Renaudus la Geste; Thomas Paris; Perrinus
» le Cheilletiau; Robertus Mancium; Johannes le Conte;
» Stephanus Nourri; Guillelmus de Cruce; Guillelmus
» Pu (parch. troué) aus; Herbelot Pilon; Relicta Johan-
» nis Cheron; Olivier Cropaleres ou Tropaleres; Step
» (parch. troué) de Chesnoi; Jaq (parch. troué) us Che-
» ron; Thomas Cheron; La Concierge; Solaz; Hélois la
» Vignère; Le Champinn; Aleni le Foulum; Maria la
» Navete; Johannes de Auvorsiaco; Habert Cancel; Mau-
» cousin le Bretum; Johannes Fillatre; Robertus Piede;
» Arnulphus Piede; Perrinus Piede; Arnulphus Tricart;
» Renaut de Chesnoi; Stephanus de la Roulie; Thomas
» Lanfant; Jaqueline des Chesnoi; Pierre Labe; Jo-
» hannes Bobiche; Thomas de Morigni; Johanna la
» Merciere; Simon de Borral; Richart de Burgonovo;
» Robin Lanfant; relicta Radulphi Magni; Johannes
» Aschevans ou Aschenaus; Bricon Dude; relicta Ro-
» berti Burgensis; Matheus Blanchart; Gilot Daboville;
» Andreus le Quarreeur; Habert Mouel; Philippus Bo-
» biche; Colinus Doolin; Petrus de Granchio; Odo Pa-
» triarche; Johannes le Patriarche; Thomas de Mes-
» puis; le Boltous; Colin Burlau; Arnulphus Norri;
» Simon Doulie; Robert le Normant; Magister Renau-
» dus, Medicus; Perrinus le Duc; Guillelmus Pourri;
» relicta Guerini le Hanapelier; Guarinus Quinzesoa;
» Alexander Anglicus; relicta Stephani Doucin; Rober-
» tus Haudri; Simon Fourre; (parch. troué) apero, cho-
» valier; Olivier le Mareschau; Johannes Salverius; Co-
» lin Caille; Pierre Saoule; relicta Petri don Rocci;
» Simon le Cheron; Bernot Alcire; la fame Alaire; la
» fame Lauranz Muniez; Jaquet Climant; Guillelmus
» Riant; Maturinus Prucet; Lucas Gallier; Gilet Mes-
» nier; Renaut Panco; Perrin le Seller; les Noneis de
» Saint Ylaire; Simon de Ronçais; Gile de Magni; Du-
» ranz Rapine; Bérangier Rougere; Guillaume de La-
» mone; Matheus (parch. troué) nes; relicta (parch. troué)
» Trossechien; Guillet (parch. troué) Benedictus de Bo
» (parch. troué) Guillaume Riant; Belon Avice; Johan-
» nes le Haier; Robert Haudri; Hémeri Dannoi; Ri-
» chart Charle (parch. troué); Maci de (parch. troué);
» Ognerville; (parchemin troué sur 3 noms différents);
» Guarinus (parch. troué) vist; Baudoin le Rons; Ber-
» taut le cerf; Petrus Borguinel; Petrus de la Boichole;
» Ansiau Darchepiau; Gilebert dou Noir; Guillaume
» Brise-haute (parch. troué); Félippon Moillart; Tevenot
» le Barbier; Jaquelin de Papillon; Arnulphus de Danon-
» ville; Stéphanus Riant, Johan de Seint-Lorans; Té-
» venot de Auvers; Hécart de Dordan; relicta Regnandi
» Geliniel; Audri lou G (parch. troué); Jehan le co
» (parch. troué); Jehan Barre; Robert Mignon; Girart

» de Granchia; relicta Petri Borgo (trou) et; Johannes
» de Colta; familia Nicolai Haudri; Magister Ansellus
» de Villa-nova. » Feuillet 3, recto, 1ᵣᵉ colonne: Ce
» sont les rentes que les sereurs de l'umilité Notre-Dame
» de lès Saint-Clouct achetèrent de mon seignour Jehan
» de Damy à Paris : » 2ᵉ colonne : « ce sont les rentes
» qu'èles ont sura grant pont. » Même feuillet, verso,
» 1ʳᵉ colonne « Ce sont les rentes que les suers mineurs
» ont à Viri : » 2ᵉ colonne : « ce est ci cens la dame de
» Genoilli près de Viri. » Feuillet 4, verso, 2ᵉ colonne:
« Ce sont les cens de Sorernes de la Saint Rémi à So-
» rernes. » Feuillet 5 recto, 1ʳᵉ colonne: « Ce sunt li
» cens des Granches »(de Dourdan) « à la feste Sainct
» Denise ». Feuillet 6, recto 1ʳᵉ colonne : « Ce sont les
» masures de Quailloujau aus enfans Oilo des Champs
» qui fu lour père jadis. » Même feuillet, recto, 2ᵉ co-
» lonne : « Ce sont les cens aus devant dix enfans, que l'en
» doit rendre aus huitièves de la Saint Denis. » Même
feuillet, verso, 1ʳᵉ colonne: « c'est le cens commun Je-
» hon le fluz Oile des Chans et Johan le Flamant, que
» l'en doit rendre aus huitièves de la Saint Denis. »
Feuillet 7 recto, 1ʳᵉ colonne : « Ce sont les terres Jehans
» lou Fiuz Oile de Chans, et aus autres enfans. » Même
feuillet, verso, 1ʳᵉ colonne : « Ce sunt les crois de cens
» que les sereurs meneurs de Lonc champ ont à Paris. »
Feuillet 8 recto : « Véci ceus qui doivent vin à Espone
» ou clos Moriso au Cordelières de Lonc champ l'an
» de grâce mil CCC et IIII. » Petit format, feuillet 1,
recto: « Paris, Lo fló de Paris. L'an de grâce mil CCC.
» sont les cens et les rentes des sereurs mineurs de
» l'Umilité Notre-Dame Saincte-Marie de Lonc champ de
» lès sainct-Cloout. » Même feuillet verso: « Paris :
» Crois de cens. Ce est le Crois de cens de Paris, que
» l'en duit au IIII termes accoustumés à Paris. » Feuillet
» 2, recto : « Estampes, ce sont les cens d'Estampes, le
» jour de la Saint-Remi, l'an mil CCC : Adam de Borne;
» Oalés la Pilote; Aimbert de Mante, Bertaut le Cerf et
» Guérin Barbou; Bardin et Richart, fiz de feu Andri le
» Cousturier; Bertaut Navet; Bertaut Chéron; Bertaut
» Paris; Bertaut Charle; Colin Chéron; Colin le Recou-
» vreur; Colin le Gros; Colin Mailart; Colin le Plâtrier;
» Colin Baudoin, Colart Aupié; Denisot le Charretier;
» Daniel le Breton ; Estienne Bat-les-voies; Ernoul
» l'Apostre; Ernoul Mestivier; Ernoul de Chartres; Es-
» tienne Galotiau ou Granlotiau; Ernoul de la Forest;
» Estienne Perledin; Estienne de Rotoirs; Guiart Blan-
» di; Guiart Guicheux; Guillaume Cuisne; Guillaume
» Boudier, Guillaume Benal; Guillaume Rive; Giefroi
» Monneviau; Guillaume de la Salle; Guillaume Sain-
» sart; Guillaume, le fiz de Johan le Car. ou Tur; Gi-

» rart de Chalon; Guillaume le Pelletier; Guillaume
» Dambre; Gillon, la fille Renaut Bérengier; Guillaume
» Couillenart; Guillaume de la Forest; Guillaume Len-
» glois; Guisart Haudri; Henri Bergier; Hébert Blondel;
» Hébert le Suour; Hébert Puitiaus; Jaquelin Robiche;
» Jorge Piédo; Jehennot Blanchart; Jaquelin Lescuyer;
» Jehennin le Barbier; Jaquelin Joudouin; Jehennot
» Dauvers; Jehennot Trucart; Jorget Larmier; Jaques
» Billart; Jehennot Bacheler; Jorge de Doterviller; Je-
» han le Maire; Jehennot Aaise; Jehennin Quentin;
» Jehennot le Cordier; Jehen le Féron; Jehein Trousse-
» chien; Jehennot Peronnée; Jaqueline, la fame Jehan
» Galopin; Jehen Galopin; Jehennot Brise-Hante; Jehen
» de Chatillon; Joce le Mareschal; Jehen Toupaou Coupe;
» Jehenné Dotonville; Jehenne de la Tour; Jehennot
» Paris; Jehennot Chéron; Johannin de Archepol; Je-
» hennot le Taillier; Jehenau-chevrus; les enfans feu
» Gille de Bonville; les enfans feu Adam do Pas; les
» anfans Jehen Viguior; les enfans feu Belon la Niande;
» la femme feu Guérin Sidoiro ; la fame Robert Govein-
» dri; les enfans Bertaut Goveindri; les onfans Guil-
» laume de la Boulle; la fame Pierre le Barbier; les
» enfans Guillaume le Pelletier; les enfans de la Belle-
» hostesse; Lucas Paunier; la fame Bertaut de Louviers;
» la fame Simon le Charretier; les enfans Jehanne le
» Paumier; Lorens Fortin; la fame feu Audri le Cous-
» turier; la prieuse de Saint-Hilaire; les anfans Raoul
» Douci; la fame Johannin le Nouricon; les enfans Guil-
» laume Puisiaus; les enfans Jaquelin de Papillon; la
» fame Olivier Tropabeues; la fame Ernoul Baudouin;
» la fame Guillaume Grapin; la fame Thomas le Ver ou
» Ber; la fame Thoumas Biauselet ou (Viauselot); la
» fame Estienne Mestinier; la fame Jehan le Patriarche;
» la fame Jehon Germain; les enfans Colin Buriau; les
» enfans Jaques le Tainturier; les enfans Mahi le Bou-
» chiot; la fame Ernoul Joudouin; la fame Simon Motart;
» la fame Jehennin Nouricon; monseigneur Renaut de
» Bruières; Monseigneur Maci Deroy; Monseigneur
» Denise le Normant; Monseigneur Estienne le Hana-
» pelier; Michelot le Cousturier; Maci Fortin; Maci Blan-
» chart et Vincent, son frère ; Marie du Minoge; Martin
» le Bas Phélipot Bichon; Peronnèle la Bourgueinnèle;
» Phelipot Brisebarre; Perrin Perniau ou Preniau;
» Perrin Joudouin; Perrin Gouelart; Paugier Dauvers;
» Perriau le Bouchier; Phelipot de Sarcelles; Phélis
» Bérengier; Pierre Digon; Phelipot Pausnier; Pierre
» Bataille; Renaut Viguier; Robin Lourecel ou Louvecel;
» Robin Villain; Renaut Bérengier; Renaut le Charre-
» tier; Renaut le Brun; Robin le Bouchier; Robert le
» Tainturier; Simon Enjorran; Simon Maillart; Thou-

» mas Jobe; Thoumas Tutart; Thoumas le Pelletier;
» Thoumas Paris; Vincent Moriau. » Feuillet 5 Recto :
« Les Granches le Roy. Ce sont les cens des Granches-
» le-Roy de lès Dourdan, poiés le jour de la Sainct-
» Denis l'an mil CCC. » Feuillet 10 recto : « Palloisel-
» Pallesel, l'an mil CCC le jour de la Saint Rémi : ce
» sont les cens l'abbesse et le Couvent de Lonc champ du
» jour de la Saint Rémi poiés à Pallesel. » Feuillet 13,
» verso : « Ce sont les rentes de Pallesel, de Noël, l'an
» mil CCC. » Feuillet 14, recto : « Viri. Ce sont les cens
» de Viri, poiés le jour des Octièves de la Saint-Denis
» l'an mil CCC. Feuillet 16, verso : « C'est l'ordonnance
» comment nous prenons le tonlieu du pain en la ville
» Paris. »

E. 2880. — 1 rouleau, parchemin, de 1,27 de long sur 0,16 de large.

1895. — Foresta ou de Longchamp (fief de). — État des cens levés à Étampes, pour les religieuses de Longchamp, par Pierre « Achanderons », leur procureur, sur « Denysot, fiz feu Symon le Charretier; Machau Fardel;
» Robin la (déchiré); Arnul de la (déchiré); Pierre le
» Boier; Regnaut Béranger; Colin le Plâtrier; Colin le
» Recemateur; Robin Langlais; le chapitre de Sainte-
» Croix; Guillaume le Maréchal; Guérin Savire; Guil-
» laume de la Boulie; Jehanne Blanchart; Symon An-
» gorrant; la femme feu Perrot Dauvers; Hodart la
» femme feu Britesle; Thomas Truquart; Ameline,
» femme Johannot Atinart; George Piéde; Estienne
» Bollegent; Guillaume le Peletier; Marguerite, femme
» feu Meistre Regnault le Mire; Raoul Goillart; Perrin
» Joudouin; Jaquelin Joudouin; la femme feu Jehannot
» Germain; Henri Bergier; Johannin le Morvens ou
» Morneus; Johannot Turquart; Monseigneur Maci
» Detron; Marie, la femme feu Thomas Acisse; Guille-
» min Acise; Jehanne Acise; Jehannot le Mercier; Ja-
» quelet, fille feu Jehan le Mercier; Phelipot Bichon;
» Laurent Fortin; les enfanz feu Jehan le Paumier;
» Guillaume Puisians; Habert Puisians; Olivier Tropa-
» feves; la femme feu Bertaut Petevin; Regnault Char-
» retier; Bertaut Paris; Meistre Habert le Mercier;
» Symon Maillart; Adam de Bone; monseigneur Estienne
» le Hanapelier; Habert Blondel; Guillaume le Breton;
» Jaquelin Billart; Michau Climent; Robin Villein; Raoul
» le Breton; les enfans feu Bertaut Goindrin; Robin
» Goindrin; Thévenot Guérin; Robin Loitel; Dame
» Cheline; Jehan Trouschien; Jehan Biant; Ysabel
» de Papillon; Jehan le Mareschal; Ales la Pilote; Pierre
» Piéde; Guérin Barbou; Thomas Leber; Hémart Dar-
» cheplau; Guillaumin Deimbert; Vincent Morel; Tho-
» mas Halle; Johan le Camprier; Guiart Guicheus;
» Amelot, fille feu Jaquet Munier; Marguerite Dabo-
» ville; la femme feu Jehan le Patriarche; Motot Fur-
» tin; la femme feu Jaquelin Chéron; Bertaut le Cerf;
» Jaques le Teinturier; Robert le Teinturier; Audri le
» Couturier; Couillevar; Jehan le Ferron; les enfans
» feu Colin Burian; Jehan Quantin; Mahi le Bouichier;
» monseigneur Denyse, prestre; Guiart de Blandi; la
» Belle-Entasse; Cholin Chéron; Bertaut Chéron; Guil-
» laume Saintart; la femme feu Jehan Fillatre; Jehan-
» not dou Menage; Symonnest la Geste; Thomas le
» Lanier; Guillaume le Couturier; Pierre Digon; la
» prieuse de Saint-Alleire; Holouys de Rouviller; Pierre
» Bataille; Phelippe de Saint-Val; Johan Viguier; Perre-
» nenelle femme feu Guillaume Graplu; Arnol Mativier;
» Guillaume Naval; Jehan de Lator; Bertaut de Lou-
» viers; Perrin Gaillart; Arnoulin Challe; Jaquelin
» Laquier; Colin le Greus; Ansol Chapel; Roullat la
» Poutre; Raoul Doncin; Jehan Coupo; Meistre Pierre
» le Saunier; Estienne Bouvier; Perrenellle la Bour-
» guignette; Pierre do Vierson; Thomas Joubé; Thomas
» Péletier; Guillemin Boulier; Martin le Bas; Guil-
» laume Brise-haute; Thomas Loste; Robert le Bouget;
» Herbelin Potovin; Robin Ermesant; Hervi le Correur;
» Jehennot Chérun; Colin Baudouin; Guillemin Rive;
» Johannin le Borgeis; Jehennin le Berbier; Jeufrei
» Monnel; George Piéde; les enfanz feu Guérin de la
» rue-neuve; Thomas Blausefet; Estienne le Charpan-
» tier; Estien Alleire; Arnoul Baudouin; Guillaume de
» la Salle, Vincent Blanchart; Thomas Paris; Martin
» Cordelier; Girart de Chalon; Houde-Phelippe; Colin
» Bobiche; Robin, jendre Bec-Afou; Pierre Freide; Re-
» gnaut de la Forest; le frère Martin Cordelier; dame
» Gile de Puivers; Aveline, fille à la Mareschalle; Jehan-
» not le Tais; meistre Guillaume Aupié; monseigneur
» Jehan de Louaux; Guiart Haudri.

E. 2881. — 1 rouleau, parchemin, de 1,93 de long sur 0,16 de large.

1896. — Foresta ou de Longchamp (fief de). — « Ce
» sont les Cens à l'abbesse de Lonchamp, receus à Estam-
» pes, l'an de grâce M. CC. IIII^{xx} et XVIII (1298), pour
» le terme de la Saint Rémi. » Censitaires : « Adam de
» Bone; Amelot, la fame feu Germain; Ales le Pilote;
» Amelot, la fille feu Jacques Munier; Adan de Pas;
» Adan de Lerne; Bertaut Paris; Bertaut Chéron; Ber-
» taut de Louviers; Bertaut le Cerf; B. Maillart; Colin
» Chéron; Colin le Maçon; Colin le Greus; Collat Naval;

» Colin Baudouin; Colin Letellier; Crestiane de Noter-
» viller; Colin Aupté; Denisot le Charretier; Daman le
» Breton; Ernoul Baudouin; Estienne Pledin; Ernoul
» de Chartres; Ernoul de la Forest; Ernoul Mestivier;
» Ernoul le Poutro; Estienne Bonnier; Estienne de Bou-
» tonera; Guillaume Boudier; Guillaume le Peletier;
» Guillaume Paisiaus; Guillaume de la Salle; Guillaume
» le Cousturier; Guillot Cueno; Guiart de Biendi; Gi-
» rart de Chafon; Guillaume Brisebaute; Gillo, la fame
» feu Symon le Charretier; Guillaume Saintart; Guil-
» laume de Jubert; Guillaume Corneille; Guillot Pa-
» triarche; Guillaume Rive; Guérin Barbon; Guérin
» Sydonere; Guiart Haudel; Henri Bergier; Habert
» Blondiau; Hémeri Darchepiau; Habert dou vau de
» Poisious; Houdart, la fame feu Bricart; Habert Pui-
» siaus; Jehannot Dauvers; Jaquelin Laenier; Jehan le
» Ferron; Jehan Trouschien; Jouhanin Cantin; Jaquelin
» Billart; Giorgo Piede; Jehannot Tracart; Jehanno de
» Chéremont; Jaqueline la Pitevine; Jehannot Le Sellier;
» Jehanne la Belle; Jehannot Aise; Jehannot Lalemant;
» Johan le Meire; Jaquelin Jourdoüin; Jehannot Lache-
» lier; Jaquelin Bobiche; Jonéte le Mareschal; Johan-
» nin de Archepel; Jehannot le Berbier; Jehannot Ché-
» ron; Jehan Coupe; Jehannot le Tyas; Jehannot Paris;
» les anfans dame Coline; Lucas Panier; les anfans feu
» Jaquelin de Papillon; les Anfans à la Belle-Ontace;
» la fame feu Nouricon; la fame feu Guillaume Grapin;
» les anfans feu Andri le Cousturier, Bardin et Richart;
» la fame feu Habert Denise; la fame feu Jehan Pate-
» reige; les anfans Colin Burel; la fille feu Jehan Lemer-
» cier; Lorans Fortin, la prieuse Saint-Aleire; la fame
» feu Olivier Tropafeves; les enfans feu Guillaume le
» Peletier; la fame feu Bonart Billart; les enfans feu
» Jehan le Pannier; les anfans feu Bertaut Goveindri;
» les anfans feu Raoul Doncin; la fame feu Guillaume
» le Mareschal; la fame Thomas Biaurefet; la fame feu
» Jehan dou Mignaige; les anfans feu Jaques le Tentu-
» rier; monseigneur Jehan Aroque; monseigneur Re-
» naut de Bruères; monseigneur Estienne le Hanapelier;
» Marguerite de la Ville; Matot Fortin; Mahy le Boi-
» chier; Martin Lebas; monseigneur Denise; monsei-
» gneur Maci Deron; Michau Ferdiau; monseigneur Je-
» han de Loueus, prestre; Perronnelle la Bourgunelle;
» Phélipot de Laboulie; Phelipot Brisebarre; Phelipot
» Bichon; Pierre le Barbier; Perrin Joudoüin; Perrin le
» Boichier; Phelipot de Saclas; Perrin Digon; Paquier,
» le fiz Pierre Dauvers; Phélis Bérangier; Perrin Cua-
» lart; Robin Villain; Robin le Boichier; Robert le
» Teinturier; Robin Atinart; Renaut le Charretier; Re-
» naut Bérangier; Renaut le Brun; Renaut de la Forest;

» Souplise, la fame feu Robin Loisel; Symon Morart;
» Symon Anjorrant; Symon Maillart; Thomas le Pele-
» tier; Thomas Paris; Thévenon Guitart; Thomas Tru-
» cart; Thomas Gobin; Tibaut de Ravières; Vincent
» Bat-le-Vries; Vincent Moriau; Vincent Blanchart.

E. 3882. — 1 rouleau, parchemin, de 0,44 de long sur 0,18
de large.

1806. — *Foresta ou de Longchamp (Fief de).* —
« Ce sont les Cens aus seurs de Lonechamp, receus à
» Estampes, le jour de la St. Rémi l'an M trois cens et
» VI (1306). Censitaires » Jehannot Aupés; Simon Ma-
» chart; Robert Granchier; Renaut Mestivier; les en-
» fans feu Guillaume Puissiaus; Jehan Coupe; Robin
» Estinart; Thomas le Peletier; Guérin Sarot; la fame
» feu Jehannin Quentin; Guillaume Quilort; Emen-
» gon, fille Raoul Doncin; Thomas Jeubo; Guillot le
» Normant; Pierre de Meisse; Colin Baudouin; Lorenz
» Fortin; Colin Chéron; la fame feu Jehan le Nouricon;
» Macie le Sage; Jehan Galopin; Jehannot de Paris;
» Paquier d'Auvers; Jargo Piede; Bertaut le Cerf; Je-
» hannin Faunon; Colin le Recouvreur; Colin le Grous;
» Colin Anquetin; Térenot Bac; la fame feu Simon le
» Charetier; Colin Navet; Félis Bérengier; Perrin So-
» nelart; Jehannot d'Auvers; Philippot Pannier; Simon
» Enjorran et Quentin, son fiz, Denisot Arundel; Ernoul
» Mestivier; Jehan Aise; la fame feu Ernoul Baudouin;
» Jehan Chéron; la Bourgougnelle; Jehannin Doncin;
» Roulin Pledin; Thomas Maillart; Adelot, fille Jehan
» Blanchart.

E. 3883. — 1 rouleau, parchemin, de 1,30 de long sur 0,18
de large.

1323. — *Foresta ou de Longchamp (fief de).* —
« Ce sont les cens à l'abesse et au couvent de Longchamp
» receus l'an de grâce mil CCC et XXIII (1323) le jour
» de la Saint-Remi. » — Censitaires : « Paquier d'Au-
» vers; Peronnelle, la fame feu Guillaume Grapin; Ma-
» rote la Puiselle; Guillemin Billart; Peronnelle, la fame
» feu Thomas Biausefet; Jehan Picart; Grevin le Lai-
» nier; Perrot d'Ardeleu; Jehan Evans; Jeffroy d'Au-
» vers; Maci d'Auvers; Thévenot Balamas; Ysanbart
» Buisson; Jehan de la Ville, bon escuier; la fame feu
» Mahi le Sage; Phelippot le Picart; les hers feu Perrot
» le Fèvre; la fame feu Colin Chéron; Ermanton, la
» fame feu Jehannin Dudert; Aalips, la fame feu Regnaut
» Métivier; Robin Elivarton Ecivart; Jehan Herchier;
» Gervesot le Tondeur; Guillou le Breton; les enfans feu

» Colin Malart; Johannin de Pont-Eschars; Mahi Les-
» enier; Mons-Jehan Loisiau; la fame feu Symon Chiés-
» de-Ville; Jehannot d'Auvers; Guillemin le Patriage;
» Guillemin Pilon; Guillaume Vignier; Symon Bichon;
» Bertaut d'Aboville; Guérin le Garotiau; Thévenot
» Fortin; Matot Orri; Regnaut Morart; George Piedo;
» Johanne la Douciane; Ernoul Pilochon; Hernoul le
» Gros; Michian Pilochon; Michiau Blanchart; Perrin
» Potavin; Johannin Maillart; Jehan de Gonzeville;
» Pierre Ménart; Hernoul Enjorrant; Marie, la fame feu
» Jehan Coupe, et pour Tevenot son fiz; Jehan le Clerc;
» Jehan Vintgarnier; Johannin Brichot; Monseigneur
» Phélippe, curé de Saint-Gile; Jehan le Bourgois, de
» Ville-Neuve; Oulet Cousin; Lorens Fortin; Guillaume
» de la Forest; Jaquelin Daudouin; Guillemin Aubert;
» Douriot la Mestivière; Jehannot Vignier; Guillaume
» Fleuri; Guillaume Cuine; Robert Genbin; Jehan le
» Mareschal; Adan le Verrier; Aceline la Digone; Jehan
» Fannon; Symon Chéron; les hers feu Bourgois; Phe-
» lippot Jourdouin; Robin du Coign; Mestre Denis le
» Chartier; Belon la Vignière; les anfans feu Pierre le
» Barbier; Bertaut Paris; les anfans feu Bataille; Jehan
» de la Forest; Marguerite, la fame feu Pierre Gaupe;
» les hers feu Guillaume de la Sale; Boiliau le Charron;
» Thomas le Patriage; Mestre Guillaume Aupié; Jehan
» de Chastellion; la prieuse de Saint-Ylaire; Henri le
» Mercier; Johanne, fille feu Danrobert Goingdrin; Jo-
» hannot Bacheler; Jeffroy le Breton; Thibaut Sidoire;
» Jehan Gautier; Matot le Changeur; Denisot Herron-
» deau; Perrot, le fiz feu Hémeri Haudri; Johannin
» Geube; Acelot la Geubée; Robin de Méréville; Robin
» le Maire; Guillemain Blondiau; Thomas Maillart;
» Colin le Bourrelier; Pierre Chenu; Maclot Chartier;
» Bunef du Bois; Johannot le Bucher; Johannin Hubert;
» Jaquellin Germain; Jehan Larsonneur; les anfans
» Guiot Paris; Johannot Hubert; Bertaut Paris; les an-
» fans feu Regnaut Chartier; Perrot Gautier; Phelippot
» Senglede; Phelippot Brisebarre; Roulin Pledin;
» Phelippot Bichon; les anfans feu Bertaut Chéron;
» Jehan le Granchier; Regnaut Granchier; Phelippot de
» Sacloix; Adam le Normant; Mestre Jaques Biausostes;
» Guillaume Quidort; Jehannot de Bosne; Marie du Mi-
» nage; Jehannot Bourdin; Johannin Fortin; Jehan de la
» Porte; Jehan Trosse Chain; Colin Anquetin; Challot
» le Guigneur; Gillet Quentin; Guérin le Lainier; Per-
» rin Guillart; Thevenot Puisinus; Perrot de Rou-
» seignon; les hers feu Guillaume Boudier; Michel
» Manessier; Quentin Anjorran; Robert d'Erbouville.

E. 8884. — 1 rouleau, parchemin, de 1,40 de long sur 0,23 de large.

XIVe siècle (1). — Foresta ou de Longchamp (fief de).
— État informe des cens levés à Étampes pour les reli-
gieuses de Longchamp, Censitaires : « Thomas Potevin;
» Dueno Doubois; Jehan de la Grange de Villeneuve;
» Bertaut Moingniau; Bourdine, femme feu Jehan
» Piede; Challot le Guaineur; Colin Secot; Colin
» Puisiaus; Margot, fille Regnaut d'Auvers; Emeline,
» femme Regnaut d'Oisonville; Thomas le Gros; Mar-
» guerite, fille Estève Grangier; Thomas Pilochon;
» Eliot dou Perron; Estève Balanois; Jehannot Bon-
» temps; Perrot Bontemps; Thomas le Pellé; Uricet
» le Pellé; Belon la Pelée; Emeline, femme Michel Au-
» bert; Sedille, la femme Guillemin le Gros; Guillemin
» le Gros; Guillemin Pilon; Robin Joube; Guillaume
» Senée; Guillaume Haudri; Guillaume la Chance;
» Guillaume le Plâtrier; Guillemin Mancelier; Guillon
» Chéron; Macy Fortin; Marguerite, la femme Guarin le
» Guarotiaux; Guillaume Durant; Henry le Maréchal;
» Jehannot Chéron, le josne; Jehannot le Moigne; Ber-
» taut Buisson; Jehannot Granchier; Jaquelin Germain;
» Jehannot le Clerc; Jehannot Cuyno; Jehannin Mativer;
» Tévenin Pasquier; Jehannin d'Erbouville; Margeron
» la Blancharde; Rau Doucin; les enfans Jehan Vin-
» gnier, Macy Fortin; Jehan de la Porte; Jehan de Cou-
» sainville; Jehan de Chastillon; Jehannotte, femme feu
» Petit-Vigout; Jehannot Nourry; Belon, la fille Jaquet
» Estivart; Jehan Enquetin; Jehannot Vingnier; les
» enfants Jehannot Paris; Denisot Couppe; Jehannot
» Tenart de Bruières; Jehannot le Patriarche; Thomas
» le Patriarche; Symon le Breton; Jehan le Piquart;
» les enfans feu Perrot Maillart; la femme Jehan
» Maillart; le curé de Saint-Basille; la prieuse
» de Saint-Hilaire; les enfants Noulin Plaidin;
» les hoirs Adam de la Forest; Lucas le Barbier;
» Marquet Bourdin; Maci Ourry; Vincent Blanchart;
» Mons Guillaume Gonier; Guillot Ratiaux; Guil-
» lemin le Moingne; Jehan Mativier; Noulin Mativier;
» Nouel Mativier; Jehanne, femme Noulin le Breton;
» Nouel Touchier et Jehan Touchier; Jehannin Pilochon;
» Adelot, la femme Perrin Paris; Philippot de Sacloy;
» Perrot Chartier; Marion la Bichonne; Perrot Terboil-

---

(1) Ce document, atteint par les injures du temps, ne montre pas sa
date; mais elle doit être antérieure à 1353; car le rouleau qui porte
cette date, et qui fait l'objet de l'article suivant, mentionne, comme
étant morts, des individus qui figurent ici comme encore vivants.

» lart; Pasquier dou cuin; Perrot de Juniau; Perron-
» nelle la Trousse-Chienne; Symon Guibert, le josne;
» Moulin Morart; Quentin Bojarrant; Quentin Morart;
» Vincent Joibe; Regnaut le Pelé; Richart le Pelé, As-
» selot, la femme Raulet Potevin; Jehan Huson; Gille-
» bert Panceron; Jehan Bichon; Alés, la femme Simon
» Hubert; Simon Chéron des Bordes; Simon Harchier;
» Guillemin Morart; Jehannot Nourry; Raoul Doucin;
» Thomas Mativer; Ténot Moroles; Thomas le Frère;
» Thomas Estivart; Thomas Laisler; Simon Rogier;
» Denisot Mativer; Perroche la Morcière; Jaquet
» Fortin; Massy Fortin; Thomas Noury; Regnaut Quan-
» tois. »

E. 3385. — 1 rouleau, parchemin, de 1.31 de long, sur 0,25 de large.

1353. — Foresta ou de Longchamp (fief de). — « Ce sont les cens aux dames de Longchamp receus à » Estampes, le jour de la feste S. Remi l'an LIII (1353). » Censitaires : « Jehannin Paris et Robin Granchier;
» Massin Fortin; Jaquet Fortin; Ligier Gontaut; Jehannot
» Nourry; Jehan Pillon; Jehan Couppe; Thoumas Coup-
» pe; Colin Puisiaux; Regnaut Pommeraie; Raoul
» Doucin; Pasquier Doucin; Johan de Chastillon; Robin
» Ourry; la femme feu Thomas le Frère; les enfants
» feu Jehannot Vingnier; Jehannin Mativier; Colin
» Enquetin; Guillot Chéron; Colin Pilon; Jehan
» le Charpentier; Nouel Potevin; les enfants Téno
» Granchier; Jehan Granchier; les enfants Jehan Jeube;
» Bertaut Moigniau; Jehannot Chéron; Colin Enqueten,
» le josne; Jehannot Chéron, le josne; Alis la Chéronne;
» Jehan Belle-femme; Thomas le Gros; Jehan le Pa-
» triarche; Thomas le Patriarche; Belon, fille Guillaume
» de la Cauche; Jehan le Mareschal; Jehan le Piquart;
» Jehan Mativier; Thomas Estivart; Jehannot Mativier;
» Denisot Mativier; les enfants Perrot Maillart; Noulin
» Mativier; Colin Enquetin; Morguit, la fille Regnaut
» d'Auvers; les enfants Jean Bussy; Jehannot Hubert;
» Nouel Mativier; les enfants feu Johannin Gautier; Per-
» rot Chartier; Belon, la femme feu Phelippot Grant-
» pain; Vincent Jeube; Guillot Puisiaux; Denisot Jou-
» douin; Vincent de Chainoi; Perrot Goutin; Macy
» Fortin; Guillaume Aubert; Marquet le Couturier;
» Simon Guibert; Massy Dudart; Thomas le Pellé; Je-
» hannot Bichon; Guillot Ratiau; la femme feu Guarin
» le Quarotiaux; Thomas Potevin, Laurens le Breton;
» Quentin Morart; la femme Jehannin Faterne; Simon
» Morart; la fille feu Johannin Potevin; Buene Doubois
» (ou dou Bois); le curé de S. Basile; Jehannot Bon-
» temps; Perrot Bontemps; Jaquelin Gardeur; la femme
» feu Jehannot Sendé; Marguerite d'Esbouville; Jehan
» Bois-Galon; Robin le Buffetier; Jehannot Potier;
» Guillaume Haudey; Colin Sécot; Jehan Sécot; Téve-
» nin Pasquier; Jehannot le Moigne; Thiébaut Durant;
» Guillemin Gontant; Emeline, femme Regnaut d'Oi-
» sonville; Regnaut Quentois, Jehannot Pardenne; Je-
» han Cuyne; Thomas Vingnier; Gilot d'Esboisville; Phi-
» lippot Regnart; Philippot de Saclay; les enfants Thé-
» venot Muroles; Jehannot Mativier; Thévenot le
» Bidaut; Guillemin le Moingne; Thomas Loiso; Lériu
» Siran; les enfants Noulin Plaidin; Marion, la fille
» Noulin Plaidin; Guillot Plaidin; Jehan le Sueur; la
» femme feu Guillemin le Plâtrier; Vincent Blanchart;
» les enfants Jehannot Paris; Jehan Haubart; Jehan
» Aubert; Jehan le Marchal; Ténot Bichon et Marion,
» sa suer; Michot Maillart; Jehan de Gousainville; Per-
» rot le Gaigneur; l'église de Notre-Dame d'Estampes;
» la prieuse de Saint-Yllaire; Noulin Morart; Guillemin
» Morart; Jehan de la Porte; Mons. Guillaume Moriau;
» Perronnelle la Trousse-Chienne; Marion la Vionde
» et Perrot Rignot; Maistre Lois Pate; Guilhaume Gra-
» nier; Maci Puysail; Jehan de la Granche, Vénot Bichon;
» Thomas le Patriarche; Philippot Fortin; Jehannin, fil
» de feu Jehannin le Vanier; Belon la Grant-Pène; la
» fame feu Guérin le Garoutiau.

E. 3386. — 1 rouleau, parchemin, de 2,34 de long sur 0,26 de large.

1359. — Foresta ou de Longchamp (fief de). — Etat des cens levés à Etampes pour les religieuses de Longchamp, à la Saint-Rémy 1359. Censitaires : « Mas-
» sin Fortin; Jacques Fortin; Jehannot Nourry; Jehan
» Pilon; Jehan Coupe; Denisot Couppe; Colin Puisiaux;
» Regnaut Pommeraie; Raulin Doucin; Pasquier Doucin
» Robin Ourri; la femme feu Thomas le Frère et Théve-
» nin Prévost; les enffenz feu Jehan Vignier; Jehannin
» Mestivier; Jehan Enquetin; Jehan Laislé; Colin En-
» quetin; Guillot Chéron; Guillot Pilon; Nouël Potevin;
» les enffenz feux Granchier; les enffenz feux Jehan
» Jeube; Bertaut Moeineau; Phélippot Chéron; Colin
» Enquetin; Jehannot Chéron; Jehan Bellefemme; Tho-
» mas le Groux; Jehannot le Patriarche; Jehan Coupe;
» Thomas le Patriarche; Jehan Delannoy; Jehan le Pi-
» cart; Guillemin le Gentils; Jehan Mestivier; Thomas
» Estivart; Jehannot Mestivier; Denisot Coupe; Denisot
» Mestivier; les enffenz Perrot Maillart; Colin Enquetin;
» Jehan Tonchier; Bertaut Buisson; Bertaut Moenlau;

» Lubin Buisson; Jehannot Lubert; Nouel Mestivier;
» Jehannot Nandais; Belon, femme feux Philippot Grant-
» pain; Vincent Jeube; Guillot Puisaulx; Denisot Jou-
» douin; Vincent de Chesnay; Perrot Quentin; Maci For-
» tin; Jehannot le Glene; Colin le Charpentier; Guil-
» laume Aubert; Marquet le Cousturier; Simon Guibert;
» Maci Dudart; Thomas le Pelé; Jehannot Bichon;
» Guillot Ratiau; Thomas Poitevin; Lorenz le Breton;
» Quentin Morart; Jehannin Faterne; Jehanotte la Fa-
» terne; Simon Morars; la fille feux Jehan Boncaire ou
» Boncarré; Mess Buones du Bois; le curé de Saint-Ba-
» sile; Jehan Bontemps; Jehannin Bontemps; Colin En-
» quetin; Lubin Enquetin; Jaquelin Gadenoir; Jehannot
» Courtin ou Tourtin; Perrot Estivier; Guillemin Au-
» quetin; Robin Granchier; les hers feux Perrot Troi-
» gnel; Jehan Boigalon; Bertaut Pilleren; Garnier Guiart;
» Jehannin du Tertre; Guillaume Haudri; Colin Secot;
» Bernart du Boulay; Pasquier; Jaquelin Germain;
» Jehannot Durant; Thibaut Durant; Guillemin Gontant;
» Ameline, femme feu Regnaut d'Oisonville; Regnaut
» Cautois; Jehan Cuyne; Thomas Vignier; Philippot Re-
» nart; Philippot de Saclas; les enffanz Thévenot Mervier;
» Jehannot Mestivier, Thomas Laisié; Lotin Tirian;
» les enffanz Noulin Pladin; Noulin Pledin; Marion,
» fille Noulin Pledin; Guillot Pledin; Jehannot le Sueur;
» Jehan Bellefemme; la femme feux Guillemin le Plas-
» trier; Vincens Blanchart; Marion, fille Johannot Pa-
» ris; Marion, femme Jehan Aubert et ses enffenz; Jehan
» Aubert; Ermengron la Chéronse; Bertaut Puisiaux;
» Thénot Buchon; Michaut Maillart; Jehan de Gonsser-
» ville; Perrot le Gamier, Jehan Treignot; Noulin Mo-
» rart; Guillemin Morart; Jehan de la Porte; Mes.
» Guillaume Morel, Chapellain de Sainte-Croix; Marion
» la Viande; Macis Colourine; Thomas le Patriarche;
» Maci Puisaulx; Jehan de la Granche ou de la Canche;
» Guillemin Danigeon; Jehan, fils feux Jehan Lanouer;
» la femme feux Guillaumin le Garatiau; Jaquelin Pau-
» quet.

E. 3887. — 1 rouleau, parchemin, de 1,78 de long sur 0,11 de large.

1382. — Foresta ou de Longchamp (fief de). — « Ce
» sont les cens de religieuses et honnestes madame
» l'abbesse et le couvent de Longchamp, receupz à
» Estampes, le jour de Saint-Rémi, l'an IIIIxx et deux
» (1382) par Mess. Giles de la Sauls, procureur gé-
» néral d'icellui lieu; » Censitaires : « Macy Fortin;
» la femme Jehan Bergier; Jehan du Tertre; Florie,
» la fille de feu Pierre Sarradin; Jehan de Chesnay;

» Guillaume Comptans, Pierre l'Esculer; Jehan Fa-
» terne; Perrin Frougier, ou Frougier; Regnaut
» Quantoys; Thomas Estiennort; Maci Doucin, Jehan
» le Maire; Guillaume Aupel; Jehan Mestivier; Re-
» gnaut l'Esculer; Jehan Mainfroy; Guillaume Guino;
» Jaqueline la Sacote; Bernart du Boulay; Guillaume
» Pessans; Marquet le Cousturier; Thomas le Pelé;
» Massot Dudart; Robin Jube; Emeline, femme de feu
» Guillaume Ratiau; Colin Boucher; Denisot Gagne;
» Perrot Mestivier; Jehan Touche; Jaquet Maillart;
» Laurens le Breton; Loys Mestivier; Jehan Pillon; Mar-
» quete la Mestiviere; Jehan Bontemps; Guillaume Bon-
» temps; Bertant Charretier; Jaquet Vigner; Regnaut
» Coupé; Macillace; Symon Maillart; Jehan le Patriar-
» che; Thomas Patriarche; Thomas Lasé; Marquet Mes-
» tivier; Denisot Mestivier; Jehan le Seneur; Guillemin
» Guérin; Jehan Sausson; Vincent du Chesnay; Guil-
» laume Anquetil; Lubin Buisson; Symon Morant; Es-
» tienne Mestivier; Sanisot l'Esculer; Denis Mallart;
» Guillemette, femme de feu Crassemitte; Je-
» hannote, femme de feu Guillaume Senée; Jehan
» le Picart; Vincent Jube; Jehan Dunpant; Jehan Mo-
» rant; Phelippot Regnart; les hoirs Philippot Grant-
» pain; Belon la Grantpain; Jehan le Moyne; Guiot
» Lambert; Jehan Ballif; Denisot Delmet; Andreu le
» Merchier; Johan de la Forest; Guillaume Boulie;
» Massy de Lourme; Jehan Belin; Geuffroy Piet; Denisot
» Sifort; la prieuse de Saint-Hylaire; Jehan Blondeau;
» Regnaut le Foire; Estienne Prévost; Jehan Chéron;
» Bertaut le Charretier; Johan Chéron; le Chapitre de
» Nostre-Dame d'Estampes; le Chapellain perpétuel de
» Saint-Estienne en l'église de Sainte-Croix; Mess.
» Colin Branger, chapellain de Sainte-Croix; Colin
» Trouguet; le curé de Saint-Basille; Jehan le Char-
» ron, autrement dit Morin; Bourgot, femme de feu
» Jehan Maroles; Perrin Blanchart; Jehan Mallart, le
» jone; les exécuteurs de Jehanne la Hervelière; Tho-
» mas Poitevin, de Bruères; Jehan du Tertre; Thomas-
» sin Prévost; Noël Mestivier; Phelippot Rémont; Denis
» Maillart; Perrot Lécuyer; Lygier Gontaut; Denisot
» Mestivier; Thomas Coupé; Mess. Santse Adam. »

E. 3888. — 1 rouleau, parchemin, de 1,25 de long sur 0,21 de large.

1387. — Foresta ou de Longchamp (fief de). — « Ce
» sont les cens aux dames de Longchamp receuz le jour
» de Saint Rémi par moy Giles de la Sauls, prebstre
» procureur des dites « religieuses, l'an mil CCC IIIIxx
» et VII. » (1387) Censitaires : « Macy Fortin, le jeune,

» la femme Jehan le Bergier ; Jehan du Tertre ; Flore,
» fille feu Guillaume Sacradin ; Jehan du Chenay ; Guil-
» laume Comptans ; Jehan Faterne ; Perrin Fronger ;
» Regnaut Quantols ; Thomas Estiennart ; Macy Doucin ;
» Jehan le Maire ; Guillot Aupel ; Jehan Mestivier ; Re-
» gnaut l'Escuier ; Jehan Mainfroy ; Guillaume Cuino ;
» Jaqueline la Sacote ; Bernart du Boulay ; Guillaume
» Pesseaux ; Marquet le Cousturier ; Thomas le Pelé ;
» Massot Dudart ; Robin Jube ; Jehan Mestivier ; Ame-
» line, femme feu Guillaume Ration ; Colin Boucher ;
» Denisot Gogne ; Perrot Mestivier ; Jehan Touche ; Ja-
» quet Maillart ; Lorens le Breton ; Loys Mestivier ; Jehan
» Pillon ; Marquète la Mestivière ; Jehan le Mestivier ;
» Denisot Coupe ; Jehan Bontemps ; Guillaume Bon-
» temps ; Guillaume Gontaut ; Bertaut Charron ; Jaquet
» Vigner ; Regnaut Coupe ; Macillace ; Symon Maillart ;
» Jehan le Patriarche ; Thomas Patriarche ; Thomas Lacé ;
» Marquet Mestivier ; Denisot Mestivier ; Jehan le Seneur ;
» Guillemin Guérin ; Jehan Sansson ; Vincent du Ches-
» noy ; Guillaume Anquetil ; Guillaume Anquetil, le
» jeune ; Lubin Boisson ; Symon Morant ; Estienne Mes-
» tivier ; Jehan le Rebrachem ; Sainsot l'Escuier ; Denis
» Maillart ; Guillomette, femme feu Crassemitte ; Guil-
» laume Comptans ; Jennette, femme feu Guillaume Se-
» née ; Jehan le Picart ; Vincent Jube ; Jehan Dunpant ;
» Jehan Morat ; Philippot Regnart ; les hers Phi-
» lippot Grantpain ; Belon la Grantpainne ; Jehan le
» Moynne ; Guiot Lambert ; Jehan Ballif ; Denisot de
» Livet (ou Delinet) ; Andrea le Mercher ; Jehan de la
» Forest ; Guillaume Boulle ; Macy de Lourme ; Jehan
» Belin ; Geoffroy Piet ; Denisot Sifort ; la prieuse de
» Saint Hylaire ; Jehan Blondean ; Regnaut le Feire ;
» Estienne Prévost ; Jehan le Chéron ; Bertaut Charre-
» tier ; Jehan Chéron ; le chapitre de Nostre-Dame d'Es-
» tampes ; le Chapellain perpétuel de la Chapelle Saint-
» Estienne en l'église Sainte-Croix ; Mess. Colin Bran-
» gier, Chapellain de Sainte-Croix ; Colin Trorgnet ; le
» Curé de Saint-Basille ; Jehan le Charon ; Bourjot,
» femme feu Jehan Marolles ; Jehan Thibaut ; Perrin
» Blanchart ; Jehan Maillart ; les exécuteurs Jehanne la
» Herveliére ; Thomas Potevin, de Bruères ; Jehan du
» Ruile ; Thomassin Prévost ; Guillaume Rémont ; Phi-
» lippot Rémont.

E. 3869. (Liasse.) — 1 cahier, parchemin, de 5 feuillets in-4°;
1 rouleau papier de 1,25 de long sur 0,30 de large.

1304. — Foresta ou de Longchamp (Fief de). — « Cens
» receux à Estampes, le jour de feste saint Rémi ; pour
» les religieuses de Longchamp, par moy Giles de la
» Saulx, procureur d'ycelles, pour l'an mil trois cens
» quatre vins et quattorze. « Censitaires : » Guillaume
» Coutans ; Macy Dussin ; Jehan Dussin ; Belon, femme
» feue Guillot Poiseaux ; Jehan Puiseaux ; Jehanne la
» Beline ; Geoffroy Piet ; Jehan Prévost ; les hoirs feuz
» Estienne Prévost ; Guillemin Ramon ; Johan du Tertre ;
» Guillot Anquetin ; Jehan le Maire ; Lorens le Breton ;
» Jehan Faterne ; Rolin Morart ; Jehan le Sueur ; Cha-
» pitre de Notre-Dame d'Estampes ; le Curé de Saint-
» Basille ; Denisot Couppe ; Marquet Mestivier ; Adam
» Mestivier ; Robin Jube ; Jaquet Vignier ; Symon Mail-
» lart ; Jehan Blondeau ; Légier Contant ; Gorget Rateau ;
» Jehan le Moigne ; Macy Loisé ; Regnaut Couppe ; Ger-
» vais Tarenne ; Jehan Chartier ; Jehan Maillart ; Jehan
» Goullart ; Jehan Roullant ; Guiot Tarenne ; Messire
» Gervais du Tertre ; Jehan Syzeau ; Guiot Lambert ;
» Jehan Morin ; la femme feux Andry le Mercier ; Je-
» han Blanchart ; Thévenin du Tertre ; Perrot Rousse ;
» Perrot Sansson ; Estienne Valton ; Jehan Sansson ;
» Perrot Lescuier ; les enffans feux Phélippot Grantpain ;
» Jehan Bontemps ; Thomas Bontamps ; Colin Troignet ;
» Manon la Boulaye ; Noël Mestivier ; Thévenin le Moi-
» gne ; Guillemot Enquetin ; Quentin Enquetin ; Jehan
» Morart ; Jacquet Aupés ; Gilet Mestivier ; Jehan Champ-
» doux ; Eliot Bagnet ; Perrin Frogier ; Guillot Enquetin ;
» Bertaut Chartier ; Guillemin Gontaut ; Macy Fortin ;
» Perrin Losquant ; Jehan Durant ; Jehan Trouchier ;
» Jehan Mestivier ; Denisot l'Evesque ; Thomas le Pelé ;
» le Commandeur du Temple dessus Estampes ; Gilet de
» Mérioles ; Guillaume le Balif ; Denisot Guérin ; Guil-
» lemin Belon ; Vincent Jubé ; Colin Bouché ; Denisot
» Maillart ; Fourquet Potevin ; Gilbert Portelance ; Lubin
» Grantpain ; Denisot de Livet ; Estienne Mestivier ; Gi-
» let de Montigni, barbier ; Jehan le Patriarche ; les
» enffans feux Adam Potevin ; Estienne Nourisson ; Je-
» hannette la Mestivière ; Jaquet Contant ; Regnaut le
» Feuvre ; Perrot Chartier ; Nolin Chartier ; Guillaume
» de Chenay ; Denisot Mestivier ; Jehan Mestivier ; Es-
» tienne Martineau ; Bertaut le Savetier ; Jehan Vignier ;
» Perrot Bontemps ; Jehan Sizeau ; Philippot le Gous ;
» Jehan Bontemps ; Michau Buisson ; Jehan Buisson ;
» les enffans feux Perrot Potevin ; Lubin Buisson ; De-
» nisot Piéfort ; Quentin le Patriarche ; Jehan le Pa-
» triarche ; Micheau le Patriarche ; Jehan Chéron, l'esné ;
» Jehan Chéron, le jeune ; les enffans feux Jehan Bidaut ;
» Jehan Belot. » — Autre rôle de cens pour la même année, mais dans un ordre différent.

E. 3890. — 1 cahier, papier, de 10 feuillets in-f°.

1400. — Foresta ou de Longchamp (Fief de). — « Cens receuz à Estampes, le jour de la feste Saint Rémy, pour les religieuses de Longchamp, par moy Giles de la Saulx, procureur d'icelles, pour l'an mil quatre cens. » Censitaires : « Guillaume Contans; Macy Dussin; Belon, femme feu Guillot Puiseaulx; Jehan Puiseaulx; Jehanne la Beline; Geffroy Piet; Jehan Prévost; les hoirs feu Estienne Prévost; Guillaume Ramon; Jehan du Teurtre; Guillot Anquetin; Jehan le Maire; Lorens le Breton; Jehan Faterne; Colin Morart; les enfants feuz Jehan le Sueur; Chapitre Notre-Dame d'Estampes; le Curé de Saint-Basile; Denisot Couppe; Macquet Mestivier; Robin Jube; Jaquet Viguier; Simon Maillart; Jehan Blondeau; Légier Contant; Gorget Rateau; Jehan le Moine; Macy Loisé; Regnault Couppe; Gervais Tarenne; Jehan Chartier; Jehan Maillart; Jehan Goualart; Jehan Roullant; Guiot Tarenne; Mess-Gervais du Teurtre; Jehan Sizeau; Guiot Lambert; Jehan Morin; la femme feu Andry le Mercier; Jehan Blanchart; Thevenin du Teurtre; Perrot Rousse; Perrot Sansson; Estienne Valton; Jehan Sanson; Perrot l'Escuier; les enfans feu Philippot Grantpain, c'est assavoir : Jehan et Lubin; Jehan Bontemps; Perrot Bontemps; Collin Troignet; Marion la Boulaye; Noël Mestivier; Thevenin le Moine; Guillot Enquetin; Quentin Enquetin; Jehan Morart; Jaquet Aupez; Gillet Mestivier; Jehan de Champdoux; Eliot Baguet; Perrin Frangier; Berthaut Charretier; Guillemin Gontaut; Macy Fortin; Perrin Loaquant; Jehan Durant; Jehan Touchier; Jehan Mestivier; Denisot l'Evesque; Thomas le Pelé; le Commandeur du Temple dessus Estampes; Gilet de Marolles; Guillaume le Baillif; Denisot Guérin; Guillemin Belon; Vincent Jube; Colin Bonche; Denisot Maillart; Fourquet Pontovin; Gilbert Portelance; Lubin Grantpain; les enffants Denisot de Livel; Jehan le Maistre; Estienne Mestivier; Gillet de Montegnin, barbier; Jehan le Patriarche; les enfans feux Adam Potovin; Estienne Nourisson dit Gauffroy; Jehannette la Mestivière; Thibaut le Moine; Jaquet Contant; Regnaut le Feuvre; Perrot Charretier; Nolin Charretier; Guillaume de Chenay; les hoirs feux Denisot Mestivier; Jehan Mestivier, le jeune; Estienne Martineau; Bertaut le Savetier; Jehan Vignier; Philippot le Goux; Micheau Buisson; Jehan Buisson; les enffans feu Perrot Pontovin; Lubin Buisson; Denisot Piéfort; Quentin le Patriarche; Jehan le Patriarche; Michau le Patriarche; Jehan Chéron, l'esné; Jehan Chéron, le jeune; les enfans feu Jehan Didaut; Jehan Delot; Gilet Cousin; Jehan Maillart; Loys Mestivier. »

E. 3891. — 1 cahier, papier, de 12 feuillets in-f°.

1408. — Foresta ou de Longchamp (Fief de). — « Ce sont les cens et rentes receux à Estampes, le jour de la feste Saint-Remy, pour les religieuses, abbe (sic) et couvent de l'Umilité de l'esglise Nostre-Dame de Longchamp, par moy Thomas Morlas, prestre... mil IIIIᵉ et huit. » Censitaires : « Macy Dussin; Guillot Puiseaulx; Jehan Puiseaulx; Germain Ponnille (ou Pouville); Alez, femme feu Gieuffroy Piet; Perrot Prévost; Jehan Prévost; Jehan du Tertre; Guillaume Anquetin; Robin le Breton; Colin Morat; Colin le Sueur; Chappitre de Nostre-Dame d'Estampes; le Curé Saint-Basile; Marquet Mestivier; Jehan Gravelle; Denisot Couppe; Simon Maillart; Jehan Boucher; Herry Conart; Jehan le Moyne; Regnault Couppe; Gervaise Taranne; Jehan Maillart; Jehan Gouallart; Jehan Roullant; Guiot Tarenne; Messire Gervaise du Tertre; Jehan Sizeau; Thévenin Jodouin; Guiot Lambert; Climent Philippe et Robin Morin; Jehan Mauvoisin, escuier; Jehan Toureau; Perrot Sanson; Jaque Fortin; Houdin Fortin; Jehan Chaudoux; les enffans feu Jehan Sanson; Estienne Valeton; Perrot l'Escuier; Jehan Grantpain; Jehan Bontemps, l'aîné; Jehan Aubrée; Jehan Jodouin; les enffans feu Perrot Bontemps, Robin de la Folie; les enffans et femme feu Colin Troignet; Jehan Bontemps; Jehan Gouryon; Perrot Couppe; Noël Mestivier; Guillot Anquetin; Jaquet Aupez; Gillet Mestivier; Perrin Franger; Perrin Loaquant; Pasquier Joudouin; Thibault Ramon; Guillemin Ramon; Jehan Touchier; Denisot l'Evesque; Thomas l'Evesque; Thomas le Pellé; le Commandeur du Temple dessus Estampes; Gillet de Marolles; Guillaume le Baillif; Denisot Guérin; Guillaume Belon; Jehan Mainffroy; Vincent Jube; Jehan Bouché; Marquet le Sueur; Denisot Maillart; Perrot Maillard; Fourquet Poitevin; Gillebert Portelance; Jehan le Maistre; Denisot Mestivier; Estienne Mestivier; Gillet de Montigny, barbier; Jehan le Patriarche; Robin Potin; Thibault le Moingne; les enffans feu Jaquet Contant; Regnault le Fèvre; Nolin Chartier; Guillaume du Chesnay; Jehan Mestivier; Estienne Martineau; Berthault le Savetier; Jehan Vignier; Philippot le Goux; Micheau Buisson; Jehan Buisson;

» les enffans feu Perrot Poitevin ; Lubin Buisson ; De-
» nisot Piéfort; Micheau le Patriarche; Jehan le Patriar-
» che; Jehan Chéron; Jehan le Barbier, Chaustier; Tho-
» massin Férouart; Gillet Cousin; Jehan Maillart;
» Thomas le Goux; Berthault Charretier; Eliot Baquet ;
» Jehannin Maillart. »

E. 3892. — 1 cahier, de 13 feuillets in-4°.

1418. — Foresta ou de Longchamp (Fief de). — « Ce
» sont les cens et rentes receus à Estampes le jour de la
» feste Saint-Remy, pour les religieuses, abbesse et cou-
» vent de l'Umilité de l'église Notre-Dame de Lonchamp,
» pour l'an IIIIe XVIII (1418). Censitaires : « Massin
» Fortin, le josne; Massin Doucin ; Guillot Puisieux ;
» Jehan Puisieux; Jehan Bardillet; Maistre Jehan de
» Haincourt; Guillemin Piét; Perrot Prévost; Jehan
» Prévost; Jehan du Tertre; Simon Maillart; Jehan Bou-
» cher ; Simonnet Maucorant ; Jehan le Moigne ; Jehan
» Bonnet, Sainsot Bourgeois; Jehan Maillart; Denisot
» Goallart; Jehan Roullant; Guiot Tarenne; Mess Ger-
» vaise du Tertre; Jehan Sisiau; Thévenin Joudouin ;
» Philippot Prévost; les hoirs feu Jehan Morin; les
» hoirs Jehan de la Roche ; Gillet Boiseau, lieutenant du
» baillif; Jehan Toreau ; Perrot Sanson; Jaquet Fortin ;
» Jehan Chandoux; Houdin Fortin; Guillemin du Chen-
» noy; les hoirs feu Estienne Valton ; Guillaume Anque-
» tin ; Jehan Faterne; Colin Morart; Colin le Sueur;
» Chappitre de Nostre-Dame d'Estampes; l'Ostel-Dieu
» d'Estampes; le Curé de Saint-Bazillo; Marquet l'Es-
» cuier; Jehan Gravelle; Denisot Couppe; Perrot l'Es-
» cuyer; Jehan Grantpain; Philippot Gravelle; Clément
» Philippe ; Jehan Joudouin ; les enfans feu Perrot Bon-
» temps; Robin de la Follie ; Jehannin Amelot; Gillet
» Moulleheuse; Jehan Bontemps; Jehan Thibout; De-
» nisot Goillard; Noël Mestivier; Cancien Delourme;
» Jaquet Aupés ; Perrin Frangier; Perrin Loyquant;
» Pasquier Joudouin; Macé Maillard; Guillaume Ré-
» mon; Denisot l'Evesque; Thomas l'Evesque; Jehan
» Touchier; Thomas le Pelé; le Commandeur du Temple
» dessus Estampes; Gillet de Marolles; Guillaume le
» Baillif; Denisot Guérin; Jehan Mainfroy; Vincent
» Jubé ; Jehan Bouché ; Marquet le Sueur; Denisot
» Maillart; Perrot Maillart; Fouquet Poitevin ; Guillaume
» Rémon; Jehan le Maistre; Estienne Métivier; Denisot
» Mestivier ; les ayant cause de feu Gillet de Montigni,
» barbier ;Robin Potin ; Thibaut le Moingne ; les enffans
» feu Jaquet Contant; les hoirs et ayant cause de feu Re-
» gnault le Feivre ; Nolin Chartier; Guillaume de Chen-
» nay ; Jehan Mestivier; Estienne Martineau; les hayans
» cause feu Bertaut le Charretier; Jehan Vingnier ; Re-
» gnaut Regnier ; Michaut Buisson; Jehan Buisson ; les
» enfans feu Perrot Poitevin; Michault Le Patriarche; Quen-
» tin le Patriarche; Jehan de Quoquardoys, dit le Roux,
» trompette; Jehan le Barbier, Chaussetier; Estienne
» Prévost; Gillet Cousin; Jehan Maillard; Bertaut le
» Chartier; Eliot Béquet; les ayant cause de feu Jehan
» d'Arbouville; les ayant cause feu Jennot Maillart; les
» ayant cause feus Jeannette du Boys ; les ayant cause
» feu Jehan de Chastillon ; les ayant cause feu Jehan
» Lisiart; les ayans cause feu Jehennette la Digne-
» borde; les ayans cause feu Jehannot Quentin; la
» prieuse de Saint-Hillère prez d'Estampes Soulz Ar-
» tenne; les ayans cause feu Nolin Plouin; les ayans
» cause feu Adam de la Forest; les ayans cause feu Mi-
» chiel Adam, chastelain d'Estampes; les ayans cause
» feu Macé Doucin ; les hayans cause feu Mess. Jehan de
» Villeseau; les ayans cause feu Philippot de Saclain;
» les ayans cause feue Perronnelle la Trousienne; les
» ayans cause feu Boisot Gauchier; Brennes du Boys;
» Bastart d'Arbouville; les ayans cause feu Denisot le
» Picart; les ayans cause feu Emengon la Dudardre; les
» ayans cause feu Guillemin Manessier; les ayans cause
» feu Guillot Morart; les hayans cause feu Perrot Doi-
» neau ; les ayans cause feu Regnaut d'Oisonville; les
» haïans cause feu Simon Jubert, le josne; les ayant
» cause feu Simon dit des Bordes »

E. 3893. — 1 cahier, papier, de 4 feuillets in-4°.

1449. — Foresta ou de Longchamp (Fief de). — « Ce
» sont les cens receux à Estampes, le jour Saint Remy,
» pour les religieuses et honnestes personnes les abbesse
» et couvent de l'Umilité de l'église Nostre-Dame de
» Lonchamp-lez-Saint-Clou, pour l'an mil IIIIe XLIX,
» par moy Jehan de Rethelois, procureur d'icelles
» Dames... » Censitaires : « le Curé de Saint-Basille
» d'Estampes; Mess. Loys Gorge, prebstre; les hoirs ou
» ayans cause de feux Jehan le M^e (Maire ou Maistre) ;
» Macé Maillart; Thomas l'Evesque; Sainxot Bourgeois ;
» Jehan Thibaut ; Jehan Amelot; Gillet Moilleheuse; Je-
» han de Quoquardos, dit Roux, trompette; Roger Boul-
» lay; Jehan Bardillet ; Guillaume Piét; Jehan Godin ;
» Jehan Aubrée; Jehane Prévost ou ses ayans cause ;
» les ayans cause des Boisins ou Voisins; Denisot Goas-
» lart; Jehan le Mérot; Philippot Prévost; les ayans
» cause de feux Jehan Morin; Gillet Boisseau; les hoirs
» Estienne Valton ; Chappitre de Nostre-Dame d'Estam-

» pes; l'Ostel-Dieu-Nostre-Dame d'Estampes; le Com-
» mandeur du Temple dessus Estampes; les ayans cause
» de feux Regnaut le Fèvre; Regnaut Régnier; Michau
» Cholet; Estienne Prévost; Jean Amelot; Henry le Ton-
» nelier. »

E. 3894. — 1 cahier, papier de 6 feuillets in-4°.

1457-1464-1465. — Foresta ou de Longchamp
(Fief de). — « Ce sont les cens et rentes receuz à Es-
» tampes, le jour de la Saint-Remy, pour les religieuses,
» abbesse et couvent de l'Umilité de l'église Nostre-Dame
» de Lonchamp, par moy Jehan de Rotheleis, clerc,
» procureur dicelles, ...l'an mil CCCC cinquante et
» sept. » Censitaires : « Messire Loys George, prebstre;
» Colin Régnier; le curé de Saint-Basille d'Estampes;
» Robin Morin; Michau Chollet; Gillet Girault; Sainxot
» Bourgois; Denisot Gouaslart; Thévenin du Roussay;
» Jehan de Cocquardot, dit Roux, trompette; Jehan Thi-
» bault et Jehanne, vefve de feu Jehan Gombault; Je-
» han Boucher; Jehan Bordillet; Rogier Boulaye; Es-
» tienne Prévost; Philippot Prévost; Denisot l'Eves-
» que. » En 1464, les censitaires nommés sont : « Es-
» tienne Picart; Estienne Johannes; Jehan Bardillet;
» Jehan Morin; Roger de la Boullaye; Jehan Haste, le
» jeune; Sainxot Bourgeois; Mercier; Jehan Godart;
» Denisot Gouaslart, curé de Saint-Basille; Robin Sans-
» son; Denisot l'Evesque; Estienne Mahault; Guillemin
» Godin; André Boucher; Gillet Girault; Jehan Bou-
» cher; Symonnet du Saussoy; Pernet Gorson; Louys
» Bellouste; Jehan de Rotheleis; Mess. Jehan Morin. »
En 1465, les censitaires sont : « Sainxot Bourgeois; Je-
» han Savary, coutellier; Mess. Juhan Rémy, prebstre,
» ou nom et comme curé de Saint-Basille; Jehan Mo-
» rin; Macé Mallart; Denisot Goaslart; Pernet Boyvin;
» Estienne Mahault; Guillaume Godin; Jehan Boucher;
» Jehan Hacte, le jeune; Roger Boullaye; vefve de feu
» Michau Cholet; chappitre Sainte-Croix; Germain
» Mercier; Jehan Thibault; Estienne Johannes; Denisot
» l'Evesque; Gillet Girault. »

E. 3895. (Liasse.) — 2 pièces, parchemin, 1 cahier, papier, de
21 feuillets in-4°.

1477-1478. — Foresta ou de Longchamp (Fief de).
— « Ce sont les cens reçues à Estampes par moy Guil-
» laume Beloncle, prebstre, pour les religieuses, abbesse
» et couvent de l'église Nostre-Dame de Lonchamp, le
» jour Saint-Remy, l'an mil CCCC IIII** et XVIII. »
Censitaires : « Anthoine Terret; Anthoine Bieujon, ma-
» çon; Andry Donyer; Andry Ridon; Collin du Comel;
« Collin Bourgoys; Cancian Allart; Collas Brossart;
» Cancian Louvet; Collas Blanchart; Cancian Hudebert;
» Cancian Torneville; Denis Piat; Denis Delacroix,
» charron; Denis Nolier; Dryon Begault; Estienne
» Amelot; Estienne et Pierre les Daudens; Estienne Pou-
» illo; Estienne Hidas; Estienne Johannes; François
» du Camel; Guillaume l'Estourneau; Guillaume Mou-
» ton; Germain Loreau; Gillet le Coup; Geffroy le Ton-
» nelier; Gillet Arlet; Gervaise Blanchart; Guillaume
» Charles; Guillaume Meetas; Guillaume des Prés;
» Gillet Mignart; Gillet Mignart, cordonnier; Guillaume
» Porier; Guillaume Remes; Gillebert Dugast; Guil-
» laume Péronnet; Guillaume le Breton; Jacques Mes-
» tant et Pierre Garson; Jehan Osselin, sergent; Jehan
» de Mazeaux, le jeune; Jehan Pezart; Jehan Morin;
» Jehan Boyvin, dit Gaucher; Jehan l'Evesque; Jehan
» Lesné, cloutier; Jehan Rondeau; Jehan Ternet; Je-
» han Hue; Jehan Forest, drapier; Jehan Hacte; Jehan
» Bourdillon; Jehan Marie, dit Grant-Jehan; Jehan
» Bonnart; Jehan de Mazeaux, le jeune; Jehan Dupuis;
» Jehan des Landes, le jeune; Jehan des Landes, l'esné;
» Jehan Aurelion; Jacquet Judin; Jehan Petit; Jehan
» Cocheteau; Jehan Guyart, dit Nerbonne; Jehan Guil-
» lart; Jehan Joudin; Jehan Boursault; Jehan Bois-
» sière; Jehan Mahon; Jehan le Sage; Jehan Bonart,
» le jeune; Jehan Bezart; Jehan Moret; Jehan Souriz;
» Jehan Guérin; Jehan Prévost; Jehan de Limoges;
» Jehan Osselin, maçon; Jehan Hugut; Jehan Bérart;
» les héritiers feu Jehan de Villecte; Liénart Petit;
» Loys Johannes, fils d'Estienne; Les doyen et chapitre
» de l'église colégiale Sainte-Croix; Les hoirs feu An-
» thoine Moret; les hoirs de feu Loys Beloncle; Loys
» des Buissons; Loys Girault; Loys Godin; les hoirs feu
» Marie Doisy; les enffans Perrot Baranier; la veufve
» feu Glaude Hémart; Mathieu Pasquier, laboureur;
» Martin Tourneville; Martin Carougel; Maturin Oury;
» Maturin Nolier; Mess. Guillaume Gallot; Mathurin
» Lebret; Martin Thomas; Mess. Estienne Coignart;
» Noël Bézart; Noël Thibault, laboureur; Oudet Dupont;
» Pernet Boyvin; Philippot Prévost; Pierre Potevin;
» Pierre Boucher, laboureur; Pierre Artu; Pierre Blan-
» chart; Perrin le Conte; Pierre Cousin; Pierre le Long,
» Pierre de Courselles; Pierre Bonnet, vigneron; Pepin
» Bézart; Pierre Cousin, laboureur; Pierre Gresle;
» Quenti Hardi; Robin Regnault, mercier; Robin Gille-
» bon; Roulant Guiot; Robert Gonest; Robin Bérart;
» Simon Tourneville; Simon Brossart; Simon Alapt;

« Yvonnet François; Yvonnet le Rebours. » La couverture de ce cahier est faite de deux parchemins cousus ensemble et en assez bon état de conservation. L'un de ces parchemins est une procuration donnée par devant Pierre de Vaucorbel, tabellion en la châtellenie de Crépy-en-Valois, qui a signé au bas de l'acte, par Guillaume Deloncle, « escolier, estudiant en l'Université de Paris en la faculté des ars... », le 15 février 1476 (1477). L'autre est l'aveu des héritages tenus à cens du Comte d'Estampes, parmi lesquels, « ung hostel court, coulombier, » mouvant de terre, appellé Guillerville, assis à la Bri» che », par noble homme Pierre Leprince, escuier, sei» gneur de la Bretonnière, de la Briche et de Guiller» ville », rendu par devant François Gombault, prêtre, substitut de J an le Tellier, clerc, tabellion de la ville et comté d'Estampes, lequel Gombault a signé l'acte, le 1 mars 1489 (1490).

E. 3996. (Liasse.) — 1 pièce, parchemin; 1 cahier, papier de 14 feuillets in-4°.

1450-1482. — Foresta ou de Longchamp (fief de). — « Ce sont les cens et rentes receus à Estampes, le » jour de la feste Saint-Rémy, pour les religieuses, » abbesse et couvent de l'Umilité Notre-Dame de Long» champ-lez-Saint-Clou-l, par moy Loys Deloncle, pro» cureur des dites religieuses,... l'an mil CCCC quatre» vingts et deux. » Censitaires : « Messire Loys George, » prebstre; Germain Loreau; Gillet Girault; Jehan de » Villecte; Pierre Boyvin; Sainxot Bourgoys; Estienne » Picart; Phillippot Prévost; Jehan Voire, gendre de » feux Estienne Picart, Philippot Prévost, Colin du » Camel; Jehan Picart; Estienne Amelot; Jehan Morin; » Rogier Boulyot; Gillet Delorme (ou de L'orme) : Ber» thault Gervaise; Jehan l'Evesque; les doyen et chappi» tre de l'église Collégial Sainte-Croix; Jehan Boyvin; » Jehan Hamoys; Jehan Girard; Anthoine Morel; Gillet » Bazart; Loys Godin; Jehan Chandoux; Guillaume Houil» lart; Jehan Lesné; Jehan Bézard; Jehan Rondeau; » Jaquet le Doyen; Audry Boucher; Geffroy Regnault; » Jehan Bouchier; Pernet Bouchier; Jehan Hacte; Méry » Rechier; Jehan Bourdillon; Jehan Dupuis, Coustu» rier; Jehan Marie; Martin Tourneville; Jehan le Tem» plier, l'aisné, Robin Gilbon; Berthault Gervaise; » Jaquet le Doyen; Girard Richard; Jehan Guiart; Je» han Asselin, Sergent; Christofle le Bigoux, Martin » Corrogel; Loys des Bouchons; Jehan Buile; Pernet » Boucher; Jehan de Mazeaulx, l'aisné; Jehan de Ma» zeaulx, le jeune; Denis Piat; Anthoine Terret; Pierre » Eschalo; Jehan Mestivier; Gervaise Chalos; Anthoine » Cocheteau; Jehan Dupuis; Pierre Aubert, mary de la » veufve de feu Regnault Dupuis; Quentin Hardy; Lau» rens Carretier; Jehan Gobert; Jehan Asselin, le » jeune; Guillot Fessart; George Fumel; Toussains » Aymery; Audry Boucher; Nouël Boudon; Simon » Brossart; Colas Girault; Gilles Chollet; Estienne Jo» hannes; Jehan Bézart ou Vézart; Loys Girault; Robert » Clenest; Jehan Chevassier; Jehan Guérin; Cancien » Martin; Liénard Petit; Thomas Chevalier; Jehan » Damours; Pierre du Ris; Pernet Augis. » Le parchemin qui recouvre ce cahier renferme le contrat de mariage entre Jehan Gehoult, foulon à Estampes, et Marguerite, fille de feu André Boulfart et d'Etiennette, ladite Etiennette mariée en seconde noces avec Girard Jouhet. Acte signé Deloncle, clerc, tabellion à Estampes, le 1er mai 1479.

E. 3997. — 1 registre, papier, recouvert en parchemin ; 0,20 de long sur 0,12 de large ; 107 feuillets.

1509. — Foresta ou de Longchamp (Fief de). — « Cens receus à Estampes, par moy Jehan Baclardy, » prestre, procureur pour Mesdames les Abbesse et cou» vent de l'Umilité Notre-Dame de Lompt-Champt-lès» Saint-Cloux près Paris, pour l'an mil cinq cens et » neuf. » Censitaires : « Anthoine Bichon, masson, Au» dry Bidon; Audry Bonyer; Allin Bourceault; An» thoyne Guyart; Bastien Guyart; Collin du Camel; Collas » Brossart; Cancien Girard, tonnelier; Cancien Pou» nille; Cancien Tourneville; Cancien Louvet; Cancian » Coue; Cancian Daulon; Cancian Hardy; Cancion Go» bert; Clément Joliet; Collin des Mons, argentier; » Dryon Bougault; Denis Serault; Denis Nolier; Denis » de la Croix, charron; Estienne Boudon; Estienne » Pouille; Estienne Porcher; Françoys Voire; Guil» laume le Gendre; Gyrault de Saint Any, escuier et » capplaine d'Estampes; Gillet le Coup, marchand mer» cier; Gillet Mygnart, cordonnier; Guillaume Benoist; » Guillaume Syrant, le jeune; Gillet Mercier; Guillaume » Papillon; Guillaume Doucet, laboureur de bras; Gillet » Chollet; Guillaume Lebret; Guillaume Péronner; » Guillaume Mestas; Guillaume Maynet, mercier; Guil» laume Druyant; Guillaume Filleul; Huet Souriz; Je» han de Lyonnin, Chevaucheur du roy; Jehan Asselin, » voiturier de la Reyne de France; Jehan Buisson; Je» han Chaudoux, marchand espicier; Jehan l'Evesque; » Jehan Rondeau; Jehan Bourdillon; Jehan Foreau; Je-

» han Péraut, boucher; Jehan Gouvin, l'aîné, et Jehan
» Gouvin, le jeune; Jaquet le Mère; Jehan Bagvin, le
» laboureur; Jehan Gaillart, laboureur de bras; Jehan
» Charpentier, dit Danbé; Jehan Moret; Jaquet Boucher,
» gendre de Orion Rougault; Jehan Rougault, fils de
» Oryon Rougault; Jehan Buisson; Jehan Loreau; Jehan
» Bouteau, boulanger; Jehan Morin, l'esné; Jehan
» Morin, le jeune; Jehan Johannès; Jehan Fortin; Jehan
» le Saige; Jehan Ruello; Jehan Pigneau, marchand cor-
» dier; Jehan Loreau, le jeune; Jehan Rondeau, le
» jeune, boulangier; Jehan Gravenfent; Jehan Gallot;
» Jehan Bézart, l'esné; Jehan Bézart, le jeune; Jehan
» Souriz; Jehan Guyart; Jehan Durant, practicien en
» court laye; Jehan Noller; Jehan Fournyon; Jehan des
» Landes, l'esné; Jehan Brouechaut, et les enfans de
» feu son frère, Noël Brauechaut; Jehan Régnier, mar-
» chand mercier; Jehan de Lymoges, cousturier; Jehan
» Chevetier; Jehan des Landes, le jeune; Jehan Tourne-
» ville; Jehan Allart; Jehan Pierre; Jehan Marie, dit
» Petit-Jehan; la veufve et hoirs feuz Anthoyne Belle-
» more; la veufve Jehan Vanot; la veufve et hoirs Jehan
» Asselin, masson; la veufve et hoirs Jehan Lesné,
» cloutier; la veuve Jehan Hyote; la veufve et hoirs An-
» thoyne Tarret; la veufve et hoirs Jehan Melu, bou-
» langer; la veufve et hoirs Anthoyne Michelet, masson;
» Loys Girault; les doyen et chappitre de Saincte-Croix;
» le Chappelain de la chappelle Saint-Estienne fondé
» en l'église Saincte-Croix; la veufve et hoirs Jehan de
» Marcaulx, l'esné; la veufve et hoirs Lyénart Petit; la
» veufve Estienne Templier; la veufve Jehan Cocheteau;
» Loys Johannès; Liénart Thibault; la veufve Mathu-
» rin Lebret; les hoirs Jehan Chevetier; Loys Regnier;
» la veufve et hoirs Jehan de Marcaulx, chaustier; la
» veufve et hoirs Jehan Boursault; les hoirs Jehan
» Haste; les hoirs Collin Bourgeys; Loys Lalier, mar-
» chant cousturier; Mess. Jehan le Vasseur, presbstre,
» chantre de Nostre-Dame d'Estampes et Chanoyne de
» Saincte-Croix; Michelet Pigneau, marchant; Mahiet
» Loreau; Mathurin le Fievre; Marsault Bézart; Ma-
» thurin Notler; Michau Guyocbars; Mathurin Ourry;
» Macé Chartier; Marsault Pillault, tailleur de pierre;
» Marquet de Lacroix, vigneron; Macé Lebret; Mathu-
» rin Ramon, foulon; Noël Boulet, conterouleur du
» grenier au sel d'Estampes; Noël Lamy; Oudet du Pont;
» Pierre Retourne; Pierre le Conte; Pierre Guillegault,
» mercier; Pierre Esselin, marchand cordonnier; Pierre
» Boysse, foulon; Pierre Delorme, marchant boucher;
» Pierre Bouchier, laboureur; Pierre Cocta; Princet
» Guyart; Pierre Rue, marchant drappier; Pierre Gille-
» gault, mercier; Pierre Aubert; Pernet Lesné; Pierre

» Doches, sergent à cheval; Robin Regnault; Quantin
» Hardy; Robert le Tellier, marchant et bourgeoys de
» Paris; Robert Genest; Robin Regnault, menuisier; Ri-
» chart Johannès; Robin le Conte, marchant drappier;
» Symon de Villette, tanneur; Symon Tourneville, fils
» de feu Martin Tourneville; Symon Lamore; Symon
» de Lestan; Thomas Janvier, mareschal.

E. 3593. — 1 registre, papier, de 83 feuillets in-4°, précédé d'une
table de noms de personnes de 12 feuillets, formant un cahier
de 0,21 de long sur 0,05 de large.

3593. — Foresta ou de Longchamp (Fief de). —
« Cens receuz à Estampes par moy Jehan Maclardy,
» prebstre, procureur pour mesdames les abbesse et
» couvent de l'Umilité Nostre-Dame de Longchamp-lez-
» Saint-Clou près Paris, pour les ans mil cinq cens et
» unze et cetera: et fait faire déclaration des héritages et
» terres et appartenances tenus en censive des dites
» Dames assis à Estampes, et es environs, receu par moy
» Cancien Védie (Sign. Autogr. Védye.) clerc, notaire
» juré en la ville et conté d'Estampes, soubz Pierre Védie,
» Clerc, tabellion juré dudit Estampes, des détenteurs
» d'iceulx héritages et terres et appartenances, pour et à
» la requeste des dites Dames ou de leur procureur pour
» elles, pour en faire registre à la conservation de leur
» droit, afin de perpétuel mémoire. Lesquels détenteurs,
» chacun en droit soy, ont avoué tenir lesdits héritages,
» terres et appartenances, audit titre de censive desdites
» Dames: ledit cens paiable par chacun an, le jour
» Saint-Remy, en la ville d'Estampes, en l'ostel de
» Gillet-le-Coupt, marchant, lequel oustel est tenu
» d'elles en censive, assis devant l'église Saint-Basille,
» en la Grant-rue Saint-Jaques; portant ledit cens cinq
» solz parisis de deffault par faulte de paier le cens ledit
» jour Saint-Rémy... » Censitaires: « Anthoyne Bi-
» chon, masson; Anthoyne Guyart, marchant houstelier;
» Cancien Girard, marchand tonnelier; Guillaume Dou-
» cet, laboureur de bras; Cancien Gobert, laboureur de
» bras; Jehan Allant, homme de bras; Denis Delacroix,
» charron; Guillaume le Gendre; François du Camel,
» marchant outelier; Ferry Saillart, marchand cordon-
» nier; Françoys Voire, homme de bras; Gillet le Coupt,
» marchant espicier; Jehan Buisson, carrier; Guillaume
» Syrant, le jeune; Guillaume Papillon; Jehan de Lyon-
» nin, chevaucheur du roy; Jehan Asselin, voiturier de
» la Reyne; Jehan Rondeau; Jehan Boyvin, laboureur
» de vignes; Jehan Loreau; Jehan Bézart, l'esné; Je-
» han Guyart; Jehan Durant, praticien en court laye;

» Jehan Fournyou; Johan Brouchant; la veufve An-
» thoyne Ferret; la veufve et hoirs Jehan Hale, boulan-
» gier; la voufve Johan de Mareaulx, chaustier; Mathu-
» rin Notier; Marxault Piftault, tailleur de pierre; Pierre
» Retourne, charron; Pierre Eszelle, cordonnier; Pierre
» Delorme, marchant bouchier; Pierre De...ier, homme
» de bras; Pierre Oolo, laboureur de vignes; Princet
» Picart, charron; Pierre Huo, marchant drappier;
» Symon Tourneville, huillier, fils de feux Martin Tour-
» neville; Symon de Lestan; Thomas Janvier, maré-
» chal; Pierre Nyvet; Denis l'Evesque; Symon l'Eves-
» que; Estienne de Lestan; Jullian l'Evesque; Jehan
» Chaudoux, marchand espicier; Jehan Souris; Jehan le
» Fouvre; Pierre Coste; Loys Régnier; Audry Dilon;
» la vefve et hoirs Jehan Ruelle; Denis Serault; Guil-
» laume Benoist; Jehan Gouvin, l'esné; Jaquet le Mère;
» Jehan Loreau, le jeune; Mahiet Loreau; Mathurin
» Ourry; Pierre Guillegault, mercier; Cancian Tourne-
» ville; Cancian Coue; Audry Bouteron; Audry Boyer;
» Allin Bourelault; Anthoine Mathieu; Bastien Guyart;
» Collas Brossart; Collin des Mons, arpenteur; Clément
» Jolivet; Mathurin Ranson; Estienne Porchier; Gillet
» Mercier, vitrier et peintre; la vefve et hoirs Gillot
» Chollet; Girault de Saint-Any, escuyer; Guillaume le
» Drot; Guillaume Péronnel; Guillaume Noynot, mer-
» cier; Jehan Bourdillon, praticien en court laye; Je-
» han Friceau; Jehan Pérart, marchant bouchier; Je-
» han Guillart, homme de bras; Jehan Charpentier, dit
» Danbo; Jehan Moret; Jaquet Bouchier, gendre de
» Dryon Bougault; Jehan Bougault, fils de Dryon Bou-
» gault; Jehan Buisson; la vefve Jehan Morin, l'esné;
» Jehan Morin, le jeune; Jehan Johannes; Pierre
» Plessis; Marsault Bezard; Mathurin le Fièvre; Ri-
» chard Johannes; Symon la More; Pierre Hardy; Pierre
» Boysse, foulon; Pierre le Conte; Oudet du Pont;
» Noël Lamy; Marc Chartier; Marquet de Lacroix, vigne-
» ron; Michelet Pogneau, marchant; Pierre Brunel;
» homme de bras; Dryon Bougault; Denis Notier; Gillet
» Mignard, cordoanier; Jehan Galliot; Jehan Granseulay;
» Jehan Notier; Jehan Régnier, marchant espicier; Je-
» han Chevecier; Jehan Pierre; Jehan Bellemère; la
» vefve et hoirs Anthoyne Michelet, masson; Loys Gi-
» rault; la vefve et hoirs Estienne Templier, fille de
» feux Martin Tourneville; Loys Johannes; Liénart
» Thibault; Loys Lallier, cousturier; Pierre le Brot; la
» vefve Jehan Lesné, clouetier; Pierre Doches, sergent à
» cheval au chastellet de Paris; Pierre Lesné, marchant
» cloutier; la vefve et hoirs Jehan Asselin; la veufve et
» hoirs Jehan Hyète; la vefve et hoirs Jehan de Ma-
» reault, l'esné, musnier; Cancian Boudon, vigneron;

» Jehan le Saige; Pierre Ambart, vigneron; Estienne
» Bandon, laboureur; Symon de Villete, marchant tan-
» neur; Guillaume Bruant; la veufve Johan Veret; Jo-
» han Genest, fils de feux Robert Genest; Lucas Bou-
» netier, cardeur; la veufve Perrot Jullien, fille de feux
» Robert Genest; Guillaume Chevecier; Cancian Hardy;
» la veufve Estienne Michenet; les hoirs feux Jehan
» Chevecier; Jehan Notier; Jehan des Landes, le jeune;
» Jehan Moret; Martin de Paviaux; Robert le Tellier,
» marchand et bourgoys de Paris; Noël Boutet, mar-
» chant, conterouleur du Grenier à sel à Estampes; Guil-
» laume Carquaret, vigneron; Cancian Fenoillie, mar-
» chand drappier; Collin du Camel; Cancian Ferest;
» les hoirs feux Guillaume Metas, les doyen et chappitre
» de l'église collégiale Saincte-Croix; Jehan le Noble,
» foullon; Jehan Dallier, marchant; Anthoyne Four-
» nyon; Jehan le Comte, marchand mercier; Cancian
» Girard; Michel des Prés; Jehan Locherau. »

E. 3598bis. — 1 Registre, papier, de 83 feuillets in-4°, plus
6 feuillets de table.

1561-1562. — Foresta ou de Longchamp, (Fief de).
— Ce registre est un double de celui qui fait l'objet de
l'art. 3599. Il s'arrête à la déclaration des cens payés par
la collégiale de Sainte-Croix d'Estampes, et ne contient
pas les noms des censitaires qui terminent l'article précédent. Ces noms se trouvaient peut-être dans un feuillet
qui devrait porter le n° 86, et qui a disparu, ne laissant
qu'une manière d'onglet pour toute trace de son existence. La table, qui est au commencement de ce registre,
porte, en lettres rouges et noires, l'intitulé suivant:
« *Tabula ad inveniendum nomina que sequntur.* »
Il y a dans ce registre nombre de lettres initiales or-
nées.

E. 3599. — 1 registre, papier, de 0,30 de long sur 0,11 de large,
97 feuillets.

1529-1541. — Foresta ou de Longchamp (Fief de).
— État des cens reçus à Estampes, « en l'hôtel où pend
» pour enseigne St-Sébastien, assis devant l'église St-Ba-
» zille », par Etienne Gambereile, procureur et rece-
veur-fermier des religieuses de Longchamp, pour les
années 1529 à 1541 inclusivement. Censitaires en 1529:
« Andry Dichon; Anthoyne Guyard; Armet Jourdin;
» Anthoine Jolié; Bastien Guyard; Berthélémy Asse-
» lin; Bastien Bijon; Basille Motenlay; Bastien Proud'-

homme ; Cancian Bauldry ; Cancian Hondry ; Cancian Bézard ; Cancian Coiro ; Cancian Pupille ; Cancian Gilbert ; Colas Picard ; Cancian Pézard ; Claude Thibault ; Cancian Gouvin ; Denis Barrante ; Denis Barrehet ; Denis Douteron ; Estienne Gamberville ; Estienne Delestan ; Estienne Tardif ; François Michellet ; François Acamide ou Récamier ; François Hasto ; François Danouard ; Guillaume Fouxsereau ; Guillaume Allant ; Guillaume Loreau ; Guillaume Seirant ; Girard Doisio et Jehan Bézard, son beau-frère ; Guillaume Papillon ; Guillaume le Comte ; Gauvin Laumonier ; Girault de Sainct-Aby, escuier ; Geoffroy de Lorme ; Germain Gouvin ; G. des Préz ; Jehan Sergent ; Jehan le Franc ; Jehan Angelot ; Jehan Genest ; Jehan Thibault ; Jehan Nottier, le jeune ; Jehan des Landes ; Jehan Doutevillaie ; Jehan Brochant ; Jehan Dichon ; Jehan Bézart, Gulion ; Jehan Genest ; Jehan Robillard ; Jehan Buisson ; Jehan Huterret ; Jehan Dallier, le jeune ; Jacques Dacquillier ; Jehan Delisle ; Jehan Chandouix ; Jehan Johannès ; Jehan Pierre ; Jacques Haby ; Jehan le Noir ; Jehan Cocheteau ; Jehan Lochereau ; Jacquet le Marié ; Jehan Leclerc ; Jehan Guyard ; Johanne Lévesque, fille de feu Denis Lévesque ; Jehan Racquillier ; Jehan Dautron ; les doyen et chapitre Ste-Croix ; la veuve et hoirs François du Camel ; Laurens Gabot ; Lyénard Thibault ; la veuve Jehan Ruelle ; la veuve G. Julien ; la veuve Richard Johannes ; Lubin Danouard ; les hoirs feu Gillot Le Coup et sa femme ; la veuve Loys de Lorme ; la veuve G. Filleau ; Loys Duchesne ; la veuve Estienne Michenet ; la veuve Cancian Gobert ; les enfans feu Ferry Saillart ; la veuve et hoirs Loys Fournillon ; la veuve Loys Johannes ; Lubin Bouquart ; les hoirs feu Jehan Loreau ; les hoirs Pierre Lebret ; Lucas Bézart ; la veuve Noël Boutot ; Loys Régnyer ; les hoirs Cancian Ponille ; la veuve Jehan Boyvin ; Loys Amyot ; la veuve Jehan Ourry ; la veuve G. Ourry ; les hoirs Pierre Doches ; la veuve Pierre Hue ; la veuve Pierre Ruelle ; la veuve Andry Johannes ; la veuve Jehan Asselin ; les hoirs feu Le Tellier ; la veuve Cancian Tourneville ; Macé Chartier ; Mathurin Foucquier ; bless. Jehan Desmazis ; M. Edmes Danezeau ; Marquet Boyer ; Marsault Bézard ; Marquet de la Crois ; Macé Brossard ; Marquet Leboeuf ; M. Jehan Durand ; Mathurin Lefèvre ; Martin des Préz ; Mathurin Verret, fils de feu Jehan Verret ; Mathurin Jabineau ; M. Régnault Leroux, prebstre ; Nicolas des Granches ; Oudet du Pond ; Pierre Guilgault ; Philibert Gouvin ; Pasquier Cousin ; Pépin Tonnelier ; Pierre Boucher ; Pierre Lebret ; Pierre Ruelle ; Pierre Petit ; Pierre Lesné ; Pierre Morin ; Poincet Guyard ; Pernet Ducamel ; Quantin Hardy ; Quantin Ourry ; Quentin Sédillot ; Robert Gallot ; Robert de la Croix ; Robert Thibault ; Simon Boulon ; Simon Coutureau ; Simon Lévesque ; Simon de Villetta ; Simon Tourneville ; Simon Pronis ; Thomas Moieule ; Thomas Janvier ; Xristofle Danouard. — Contributres en 1590 : « André Bichon ; Anthoyne Guyard ; Arnet Jourdin ; Anthoyne Jolis ; André Hardy ; André Deprez ; Bastien Goyard ; Barthélemy Asselin ; Bastien Goyard ; Barthélemy Asselin ; Bastien Bijon ; Bastien Prud'homme ; Barthélemy Richard ; Cancien Bauldry ; Cancien Hondry ; Charles Thibault ; Cancien Bézard ; Cancien Couo ; Cancien Ponille ; Cancien Gilbert ; Colas Girard ; Claude Thibault ; Cancien Gilbert ; Cancien Racquillier ; Cancien le Noyr ; Denis Bouteron ; Denis Sarreault ; Estienne Tardif ; Estienne Michau ; Estienne de Lestang ; Françoys Michellet ; Françoys Hasto ; Françoys Danouard ; François Gouvin ; Françoys Cormier ; Guillaume Fousseau ; Guillaume Allard ; Guillaume Loreau ; Guillaume Seiraut ; Girard Doisio et Jehan Bézard, son beau-frère ; Guillaume Papillon ; Guillaume le Conte ; Girault de Sainct-Any, escuyer ; Geoffroy Delorme ; Guillaume Desprez ; Germain Gouvin ; Guillaume Gentilz ; Guillaume Buysson ; Georges Hémery ; Jehan Sergent ; Jehan le Franc ; Jehan Nottier, le jeune ; Jehan Deslandes ; Jehan Doutevillain ; Jehan Brochant ; Jehan Bézard ; Jehan Robillard ; Jehan Buysson ; Jehan Charbonoyer ; Jehan Vincent ; Jehan Dallier, le jeune ; Jacques Raquiller ; Jehan Delisle ; Jehan Guychard ; Jehan Chandouix ; Jehan Johannès ; Jehan Pierre ; Jacques Haby ; Jehan le Noir ; Jehan Cocheteau ; Jehan Lochereau ; Jacquet le Marié ; Jehan le Clerc ; Jehan Fournillon ; Jehan Goyard ; Johanne Lévesque, fille de feu Denis ; Jehan Racquillier ; Jehan Dautelu ; Jehan Bougault ; Jehan Asselin ; Jehan Souris ; Jehan Goyard ; Jehan Monnet ; Jehan Marcquet ; les doyen et chappitre Ste-Croix ; la veuve et hoirs François Ducamel ; Laurens Gabot ; la veuve et hoirs Olivier Martel ; Lyénard Thibault ; la veuve Estienne Boudon ; la veuve Jehan Ruelle ; la veuve Jehan Pierre ; la veuve Richard Johannes ; Lubin Danouard ; les hoirs feu Gilles Leroux ; la veuve Loys de Lorme ; la vefve feu Filleul ; les hoirs feu Jehan Moleau ; Loys Duchesne ; les hoirs feu Estienne Michenet ; la veuve Cancien Gobert ; les enfans Ferry Saillard ; la veuve Loys Johannes ; Lubin Bocquard ; les hoirs feu Jehan Loreau ; Loys Fournillon ; la veuve Quantin Hardi ; les hoirs Guillaume Lebret ; Lucas Bézard ; la veuve Noël Boulier ; les hoirs Cancien Ponille ; la veuve Jehan Boyvin ; la veuve Jehan Ourry ; les hoirs Pierre Doches ; la veuve Pierre Hue ; la veuve

» André Johannes; les hoirs feu Jehan Asselin; les hoirs feu Robert le Tellier; la veuve Cancian Tourneville; » Loys Deschamps; les hoirs de feue Marion, jadis femme de Jehan Angelot; la veuve Bastien Guyard; les enfans » Cancion Hardi; M. Johan Durand; M. Pierre Le Péret; Marsault Pillault; Macé Chartier; Mahyer Gouvin; » Mess. Jehan Desmaals, prebstre; Mess. Michel Gouven, prebstre; Marquet Boyer; Marsault Bézard; Marquet de la Croix; Macé Brossard; Marquet Leboeuf; Martin Ourry; Martin Verrat; Mathurin Jabineau; Mathurin Souris; Mathurin le Fèvre; M. Guillaume Ducamel; Mathurin Sédillot; Nicolas des Granches; Oudet du Pond; Pierre Guylgault; Phillppot Gouvin; Pasquier Cousin; Pépin Tonnelier; Pierre Boucher; les hoirs Pierre Lebret; Pierre Ruelle; Pierre Petit; Pierre Lesné; Pierre Morin; Pierre de Lorme; Pierre de Gilles; Quantin Hardi; Quantin Ourry; Quantin Sédillot; Robert Gallot; Roullet de la Croix; Robert Thibault; Simon de Villette; Simon Tourneville; Simon Roulx; Simon Boudon; Simon Lévesque; Thomas Moteulx; Thomas Janvier; Thomas Desplantes; Xristofle Banouard. » Consitaires en 1592: « André Dydoux (?); Anthoine Guyard; Armet Jourdin; Anthoyne Jolix; André Desparrex; André Hardi; Anthoine Souris; Barthélemy Asselin; Bastien Bijou; Bazille Moteulx; Bastien Preudhomme; Barthélemy Richard; Cancien Bauldri; Cancien Houdry; Charles Thibault; Cancien Bézard; Cancien Coue; Cancian Pouille; Cancien Gilbert; Colas Girard; Cancien Girard; Claude Thibault; Cancien Racquiller; Cancien le Noyr; Denis Bouteron; Denis Sarrault; Denis Lebret; Estienne Tardif; Estienne Michau; Estienne de Lestang; François Michellet; François Haste; François Banouard; François Gouvin; François Cornyer; Guillaume Foussard; Guillaume Boisse; Guillaume Papillon; Guillaume le Conte; Girault de Saint-Any, escuier; Geoffroy Delorme; Germain Gouvin; Guillaume Buisson; Huet Souris; Jehan Sergent; Jehan le Franc; Jehan Michellet; Jehan Thibault; Jehan Nothier; Jehan Bezoult; Jehan des Landes; Jehan Bouteviltain; Jehan Brochant; Jehan Bézard, foulon; Jehan Groiselier; Jehan Souris; Jehan Robillard; Jehan Buysson; Jehan Charbonnyer; Jehan Vincent; Jehan Daltier, le jeune; Jacques Racquiller; Jehan Delisle; Jehan Chandoulx; Jehan Johannes; Jehan Pierre; Jacques Mahy; Jehan le Noyr; Jehan Cocheteau; Jehan Lochereau; Jacques le Maire; Jehan Leclerc; Jehan Fonillon; Jehan Guyard; Jehan Lévesque; Jehan Racquiller; Jehan Dantelu; Jehan Redde;

» Jehan Asselin; Jacques Ourry; Jehan Guyard, le jeune; » Jehan Moynel; Johan Porzeau; Jehan Marquet; » J. Chausson; les doyen et chappitre Ste-Croix; la veuve et hoirs François Ducamel; Laurens Guabot; les hoirs N. Marlin; Lyénard Thibault; la veuve Jehan Ruelle; la veuve Guillaume Jullen; la veuve Richard Johannes; la veuve et hoirs Lubin Banouard; la veuve Loys Delorme; la veuve Guillaume Fillaul; les hoirs Jehan Moteun; la veuve Cancien Onbert; les enfans Ferry Saillard; la veuve Loys Johannes; Lubin Bouquard; les hoirs Jehan Loreau; Loys Fornillon; la veuve Quantin Hardi; les hoirs Lebret; Lucas Dézard; la veuve Noël Doutel; Lois Régnyer; les hoirs Cancien Fonille; la veuve Jehan Boyvin; la veuve Jehan Ourry; la veuve Pierre Doches; les hoirs Robert le Tellier; la veuve Cancien Tourneville; Loys Deschamps; les hoirs André Chrétien; la veuve Bastien Girard; les enffants Cancion Hardy; les enffants Anthoine de Villotte; la veuve André Johannes; M. Jehan Durand; M. Pierre Lepère; Macé Chartier; Macé Saultpillault; Mahier Gouvin; Mess. Jehan de Souris, prebstre; Mess. Michet Gomet (ou Gouvet), prebstre; Marquet Boyer; Marsault Bézard; Marquet Delacroix; Macé Brossard; Marquet Leboeuf; Mathurin Verrot; Mathurin Jabineau; M. Regnault Leroux, prebstre; Mathurin Souris; Mathurin Le Fèvre; M. Guillaume Ducamel; Mathurin Sédillot; Martin Desprez; Nicolas des Granches; Oudet du Pond; Pierre Guilgoult; Phillppot Gouvin; Pasquier Cousin; Pépin Tonnelier; Pierre Boucher; Pierre le Bret; Pierre Ruelle; Pierre Petit; Pierre Lesné; Pierre Morin; Pierre Delorme; Perrin Guyard; Pierre de Gilles; Quantin Hardi; Quantin Ourris; Quantin Sédillot; Robert Gallot; Roullet de la Croix; Robert Thibault; Symon de Villotte; Simon Tourneville; Symon Boudon; Simon Lévesque; Thomas Moteulx; Thomas Janvier; Thomas Desplaines; Xristofle Banouard; Vihier Chausson; » Consitaires en 1533: « André Dichon; Anthoine Guyard; Armet Jourdin; Anthoine Jolix; André Desprez; André Hardi; André Pinault; Anthoine Souris; Berthélemy Asselin; Bastien Bijou; Bazille Moteulx; Berthélemy Richard; Cancien Bauldri; Cancien Houdri; Charles Thibault; Cancien Bézard; Cancian Cosse; Cancian Gilbert; Cancien Bacquiller; Cancian le Noyr; Cancian Fillau; Denis Bouteron; Denis Sarrabili; Denis Lebret; Estienne Tardif; Estienne Delestang; François Michellet; François Haste; François Banouard; François Gouvyn; François Cormyer; François Bydault; Guillaume Foussard; Guillaume Alland; Guillaume Loreau; Guillaume Servant; Girard Boisse; Guillaume Papillon; Guillaume Le

» conte; Girault de Saint-Any, escuier; Geuffroy De-
» lorme; Guillaume Despres; Germain Gouvyn; Gaul-
» vin Laulmonyer; Guillaume Gentilz; Guillaume
» Boysson; Guillaume Reguyer; Huet Souris; Jehan
» Sergent; Jehan le Franç; Jehan Michellet; Jehan
» Thibault; Jehan Nothler, le jeune; Jehan Bézault;
» Jehan Deslandes; Jehan Bouteviltain; Jehan Bro-
» chant; Jehan Bézard, foulon; Jehan Groisentier;
» Jehan Souris; Jehan Robillard; Jehan Boisson; Je-
» han Vincent; Jehan Dallier, tainturier; Jacques Rac-
» quillet; Jehan Delisle; Jehan Chaudoulx; Jehan Jo-
» hannes; Jehan Pierre; Jacques Mahy; Jehan le Noyer;
» Jehan Cocheteau; Jehan Lochereau; Jacquet le Maire;
» Jehan Leclerc; Jehan Fourillon; Jehan Guyard;
» Jehan Lévesque; Jehan Racquillet; Jehan Dantelu;
» Jehan Redde; Jehan Rougault; Jehan Asselin; Jacques
» Ourry; Jehan Souris; Jehan Guyard, le jeune; Jehan
» Moynet, plasteyer; Jehan Porceau; Jehan Chausson;
» Jehan Perdreau; les doyen et chappitre Sainte-Croix;
» la veuve et hoirs François Ducamel; Laurens Gabot;
» les hoirs M. Olivier Martel; Lyénard Thibault; la
» veuve Jehan Ruelle; la veuve Guillaume Julien; la
» veuve et hoirs Lubin Danouard; la veuve Loys De-
» lorme; la veuve Guillaume Filleul; les hoirs feu Jehan
» Meleun; Lois du Chesne; la veuve Cancien Gobert;
» les enffans Ferry Saillard; la veuve Cancien Girard;
» la veuve Lois Johannes; Lubin Boucard; les hoirs feu
» Jehan Loreau; les hoirs André Chrétien; la veuve
» André Johannes; Loys Fournillon; la veuve Quantin
» Hardi; les hoirs Guillaume Lebret; Lucas Bézard; la
» veuve Noël Boutel; Loys Regayer; les hoirs Cancien
» Ponillo; la veuve Jehan Boysin; la veuve Jehan Our-
» ry; la veuve Pierre Doches; la veuve Pierre Hue; les
» hoirs Robert le Tellier; la veuve Cancien Tourneville;
» Loys Deschamps; la veuve Cancien Girard; la veuve
» Bastien Guyard; les enffans Cancien Hardi; les hoirs
» feu M. Jehan Durand; la fille Macé Saultpillault;
» M. Pierre Lepère; Macé Chartier; Mahiet Gouvyn;
» Mess. Jehan des Mazis, prebstre; Mess. Michel Gou-
» vet, prebstre; Marquet Boyer; Morsault Bézard; Mar-
» quet de la Croix; Marquet Lebeuf; Mathurin Verret;
» Mathurin Jabyneau; Me Regnault Leroux, prebstre;
» Mathurin Souris; Mathurin le Fèvre; M. Guillaume
» Ducamel; Mathurin Sédillot; Nicolas des Granches;
» Oudet du Pond; Pierre Guilgault; Philippot Gouvyn;
» Pasquier Cousin; Papin Tonnelier; Pierre Boucher;
» Pierre Lebret; Pierre Ruelle; Pierre Petit; Pierre
» Lesné; Pierre Morin; Pierre Delorme; Perrin Guyard;
» Pierre de Gilles; Quantin Hardi; Quantin Ourry;
» Quantin Sédillot; Robert Gallot; Roullet Delacroix;

» Robert Thibault; Raphaël Moteulx; Symon de Villette;
» Symon Rusden; Symon Lévesque; Thomas Moteulx;
» Thomas Janvier; Thomas Deslandes; Xristofle Da-
» nouard. » Censitaires en 1594 : « André Bichon;
» Anthoyne Guyard; Armet Jourdin; Anthoyne
» Jolis; Andrés Despres; André Hardi; André Py-
» nault; Anthoyne Souris; Barthélemy Asselin; Bastien
» Bijeo; Basille Moteulx; Barthélemy Richard; Can-
» cian Bauldri; Cancien Houdri; Charles Thibault; Can-
» cien Bézard; Cancien Cosse; Cancien Gilbert; Claude
» Thibault; Cancien Racquillier; Cancien le Noyer; Can-
» cien Philau, menuisier; Colas Cochon; Denis Boute-
» ron; Estienne Tardif; Estienne Delestang; François
» Michellet; François Hasto; François Danouard; Fran-
» çois Gouvyn; François Gormyer; François Thibault;
» Guillaume Fousserart; Guillaume Allaed; Guillaume
» Loreau; Guillaume Schaut; Girard Buisse; Guillaume
» Papillon; Guillaume Leconte; Guillaume Despres;
» Girault de Saint-Any, escuyer; Geoffroy Delorme;
» Gaulvyn Laulmonyer; Guillaume Gentilz; Guillaume
» Boysson; Gilles Guy; Guillaume Réguyer; Huet Sou-
» ris; Jehan Sergent; Jehan le Franc; Jehan Chollet;
» Jehan Thibault; Jehan Nothler, le jeune; Jehan
» Bezault; Jehan Deslandes; Jehan Boutevillain; Jehan
» Brochant; Jehan Bézard, foulon; Jehan Groisentier;
» Jehan Souris; Jehan Robillard; Jehan Buysson; Jehan
» Vincent; Jehan Dallier, tainturier; Jacques Racquil-
» let; Jehan Delisle; Jehan Chaudoulx; Jehan Johannes;
» Jehan Pierre; Jacques Mahy; Jehan le Noyer, vigno-
» ron; Jehan Cocheteau; Jehan Lochereau; Jacquet le
» Maire; Jehan Leclerc; Jehan Fourillon; Jehan
» Guyard, l'aisné; Jehan Lévesque; Jehan Racquillet;
» Jehan Dantelu; Jehan Redde; Jehan Rougault; Jehan
» Asselin; Jacques Hourry; Jehan Jouris; Jehan Guyard,
» le jeune; Jehan Porceau; Jehan Perdreau, Jehan Tar-
» dif; Jacques Loreau; Jehan Corbillon; Jehan Fouc-
» quier; Jehan Boucher, huyllier; Jehan Lefèvre, vic-
» trier; Jehan Lejeune; Jehan de Villette; les doyen et
» chappitre Ste Croix; la veffve et hoirs François Duca-
» mel; Laurens Gabet; les hoirs feu M. Olivier Martel;
» Lyénard Thibault; la veuve Jehan Ruelle; la veuve
» Guillaume Julien; la veuve Richard Johannes; la
» veuve et hoirs Lubin Danouard; la veuve Loys Delor-
» me; les hoirs Jehan Meleun; Loys du Chesne; la veuve
» Cancien Gobert; les enffans Ferry Saillard; la veuve
» Cancien Girard; la veuve Loys Johannes; Lubin Bou-
» card; les hoirs feu Jehan Loreau; la veuve André
» Johannes; Loys Fournillon; la veuve Quantin Hardy;
» les hoirs Guillaume Lebret; Lucas Bézard; la veuve
» Macé Boutel; Loys Régnier; les hoirs Cancien Ponille;

» la veuve Jehan Boyvin; la veuve Jehan Ourry; la veuve
» Pierre Doches; la veuve et hoirs Pierre Huc; les hoirs
» Robert Letellier; la veuve Cancien Tourneville; Loys
» Deschamps; la veuve Bastien Guyard; les enffans Can-
» cien Hardi; les hoirs feu M. Jehan Durand; la
» veuve Jehan Thibault; la veuve Jacques Delacroix;
» la veuve de Jehan Fozlier; M. Pierre le Père; Macé
» Chartier; Mahiet Gouvyn; Mess. Jehan Desmazis,
» prebstre; Mess. Pierre Johannes, prebstre; Mess.
» Michel Gouvet, prebstre; les hoirs Marsault Bé-
» zard; Marquet Lebeuf; Mathurin Verret; Mathurin
» Jobyneau; M. Regnault Leroux, prebstre; Mathurin
» Souris; Mathurin Lefèvre; M. Guillaume Ducamel;
» Mathurin Sédillot; Martin Desparrez; Martin et Jehan
» les Hardis, héritiers de feu Pierre Hardi, leur ayeul;
» Oudet du Pond; Pierre Guillault; Philippot Gouvyn;
» Pasquier Cousin; Pépin Tonnelier; Pierre Boucher;
» Pierre Lebrut; Pierre Ruello; Pierre Petit; Pierre
» Lesné; Pierre Morin; Pierre Delorme; Pierre de Gilles;
» Pierre Desmazis, escuier; Quantin Hardi; Quantin
» Ourry; Quantin Sédillot; Robert Gallot; Robin Thi-
» bault; Raphaël Moteulx; Rob. Fournier(?); Simon de
» Villette; Symon Boudon; Symon Lévesque; Thomas
» Moteulx; Thomas Desplantes; Xristoffle Banouard. »
Censitaires en 1525 : « André Bichon; Anthoyne
» Guyard; Armet Jourdin; Anthoyne Jolix; André Des-
» parvez; André Hardi; André Pynault; Anthoyne Sou-
» ris; Anne, fille de feu Cancien Girard; Berthélemy
» Asselin; Bastien Dijou; Bazille Moteulx; Berthélemy
» Richard; Cancien Houdey; Charles Thibault; Cancien
» Bézard; Cancien Caio; Cancien Gilbert; Colas Girard;
» Claude Thibault; Cancien Racquillot; Cancien le
» Noyr; Cancien Philleu, menuisier; Colas Cochon;
» Charlot Guétard; Cancien Hardi; Denis Douteron;
» Estienne Tardif; Estienne Delestang; Esprit Hacte;
» Françoys Michellet; François Haste; Françoys Ba-
» nouard; François Gouvyn; Françoys Cormyer; Fran-
» çoys Bydault; Guillaume Deslandes; Guillaume Fous-
» sereau; Guillaume Allaud; Guillaume Loreau; Guil-
» laume Scerant; Girard Boisse; Guillaume Papillon;
» Guillaume Leconte; Guillaume Desprez; Girault de
» St. Auy, escuier; Geuffroy Delorme; Gouvyn Laul-
» monyer; Guillaume Gentilz; Guillaume Buysson;
» Gilles Guy; Guillaume Réguyer; Huet Souris; Jehan
» Sergent; Jehan le Franc; Jehan Michellet; Jehan
» Nottier, le jeune; Jehan Bezoult; Jehan Deslandes;
» Jehan Bontevillain; Jehan Brochant; Jehan Bézard,
» foulon; Jehan Croisentier; Jehan Buisson; Jehan
» Vincent; Jehan Dallier, tainturier; Jacques Rac-
» quillot; Jehan Delisle; Jehan Chaudoulx; Jehan Jo-

» hannes; Jehan Pierre; Jacques Mahy; Jehan le Noir;
» Jehan Oochateau; Jehan Lochereau; Jehan Leclerc;
» Jehan Fouraillon; Jehan Guyard, l'esné; Jehanne
» Levesque; Jehan Recquillet; Jehan Dantoin; Jehan
» Reddo; Jehan Rougault; Jehan Asselin; Jacques
» Ourry; Jehan Guyard, le jeune; Jehan Porceau et
» Vivier Chausson; Jehan Perdreau; Jehan Tardif; Jac-
» ques Loreau, Jehan Corbillon; Jehan Fouequier; Je-
» han Boucher, huillier; Jehan Guy, le jeune; Jehan
» de Villette, fils de feu Anthoyne de Villette; Jehan le
» Fèvre, victrier; Jehan Hamouye; Johan Robillard;
» les doyen et chapitre Ste Croix; la veuve et hoirs
» F. du Camel; Laurens Gabot; les hoirs feu M. Olivier
» Martel; Lyénard Thibault; la veuve Jehan Ruello; la
» veuve Guillaume Julien; la veuve Richard Johannes;
» la veuve et hoirs Lubin Banouard; la veuve Loys De-
» lorme; les hoirs feu Jehan Moteau; Loys du Chesno;
» la veuve Cancien Gobert; la veuve Ferry Saillard;
» la veuve O. Girard; la veuve Loys Johannes; Lubin
» Boucard; les hoirs feu Jehan Loreau; la veuve André
» Johannes; Lois Fouraillon; la veuve Quantin Hardi;
» les hoirs G. Labret; Lucas Bézart; Loys Réguyer; les
» hoirs Cancion Fonille, l'esné; la veuve Jehan Boyvin;
» la veuve Jehan Ourry; les hoirs Pierre Doches; les
» hoirs Pierre Huc; les hoirs Rob-Letellier; la veuve
» Cancien Tourneville; Loys Deschamps; la veuve Bas-
» tien Guyard; les enffans Cancien Hardi; les hoirs feu
» M. Jehan Durand; la veuve Pierre Boucher; la veuve
» Jehan Thibault; la veuve Jacquet le Mire; les hoirs
» Jacques de la Croix; la veuve Jehan Fozlier; les hoirs
» et veuve Cancien Cous; la veuve Roullot Delacroix; la
» veuve Jehan Dallier; M. Pierre Lepère; Macé Chartier;
» Mahiet Gouvyn; Mess. Jehan Desmazis; D. des Mazis;
» Mess. Pierre Johannes; Mess. Michel Gouvet; Marquet
» Lebeuf; Mathurin Verret; Mathurin Jabineau; Mess.
» Regnault Leroux, prebstre; Mathurin Souris; Mathu-
» rin le Fèvre; M. Guillaume Ducamel; Mathurin Sé-
» dillot; Martin Desgrès; Martin et Julien les Hardis;
» M. Esmes Vanezeau, ayant espouzé Michelle Noble;
» Michel Lecoq; Oudet du Pond; Pierre Guilgault;
» Philippot Gouvyn; Pasquier Cousin; Pépin Tonnelier;
» Pierre Boucher; Pierre Lebret; Pierre Ruello; Pierre
» Petit; Pierre Lesné; Pierre Morin; Pierre Delorme;
» Prix Guyard; Pierre de Gilles; Pierre Banouard;
» Pierre Orry; Quantin Hardi; Quantin Ourry; Quantin
» Sédillot; Robert Gallot; Rob. Thibault; Raphaël Mo-
» teulx; Rob. Fourre; Symon de Villette, Symon Bou-
» don; Symon Lévesque; Thomas Moteulx; Thomas
» Deslandes; Cristoffe Banouard. » Censitaires en 1536 :
« André Bichon; Armet Jourdin; Anthoine Jolix; André

» Despres; André Hardi; André Pinault; Anthoine
» Souris; Anne, fille de feu Cancien Girard; André
» Gouillard; Barthélemy Asselin; Bastien Bijou; Barille
» Mousle; Barthélemy Richard; Cantien Houdon;
» Charles Thibault; Cancien Racquillet; Cancien le
» Noir; Cancien Phillon, menuisier; Colas Cochon; Colin
» Michau; Charlot Ouétard; Cancien Hardi; Denis
» Bouteron; Estienne Delestaing; Estienne Tardif;
» Esprit Hacte; François Michellet; François Hasto;
» François Banouard; François Gouvyn; François
» Bydault; François Boucher; Guillaume Deslandes;
» Guillaume Foussart; Guillaume Allaud; Guillaume
» Loreau; Guillaume Peirent; Girard Boisse; Guillaume
» Papillon; Guillaume Leconte; Guillaume Despres;
» Girault de St Any, escuier; Geoffroy Delorme; Gaulvin
» Laulmonger; Guillaume Gentils; Guillaume Buysson;
» Guillaume Guy; Guillaume Regnyer; George Bros-
» sard; Guillaume Godefroy; Huet Souris; Jehan Ser-
» gent; Johan le Franc; Jehan Nothier, le jeune; Jehan
» Bezoult; Jehan Deslandes; Jehan Boutevillain; Johan
» Bézard, foulon; Jehan Groisentier; Jehan Souris; Jehan
» Buisson; Jehan Vincent; Jacques Racquillet; Jehan
» Delisle; Jehan Chaudoulx; Jehan Lévesque; Jérôme
» de Villette, fils de feu Symon de Villette; Jehan Jo-
» hannes; Jehan Pierre; Jacques Maby; Jacques le Noyr;
» Jehan Cocheteau; Jehan Luchereau; Jehan Lebret;
» Jehan Fournillon; Jehan Guyard, l'esné; Jehan Lé-
» vesque; Jehan Racquillet; Jehan Dantela; Johan
» Redde; Johan Bougault; Jehan Asselin; Jacques
» Ourry; Jehan Guyard, le jeune; Jehan Porreau;
» Ythier Chausson; Jehan Perdreau; Jehan Tardif; Je-
» han Corbillon; Jehan Foucquet; Jehan Boucher, huil-
» lier; Jehan Guy, tabellion; Jehan de Villette; Jehan
» le Fèvre, victrier; J. le Long; Jehan Hamoys; Jehan
» Robillard; Jehan Gouvet; Roullet de la Rue; Jehan
» Valet; les doyen et chapitre Sainte-Croix : la veuve et
» hoirs feu Fr. du Camel; Laurens Gabot; les hoirs feu
» Olivier Martel; Lyénard Thibault; la veuve Jehan
» Ruelle; la veuve G. Julien; la veuve Richard Johannes;
» les hoirs feu Lubin Banouard; la veuve Loys Delorme;
» les hoirs feu Jehan Meleum; Loys du Chesne; la veuve
» Jehan Dallier; les enffans feu Ferry Saillard; la veuve
» Cancien Girard; la veuve Loys Johannes; Lubin Bou-
» card; les hoirs feu Jehan Lorean; les hoirs André Cré-
» tien; la veuve André Johannes; Loys Fournillon; les
» hoirs G. Lebret; Lucas Bézard; Loys Regnier; les
» hoirs Cancien Ponille; la veuve Jehan Boyvin; la
» veuve Jehan Ourry; les hoirs feu Pierre Doches; les
» hoirs Pierre Hue; les hoirs Robert le Tellier; la veuve
» Cancien Tourneville; Loys Deschamps; la veuve Bas-

» tien Guyard; les enffans Cancien Hardi; la veuve G.
» Leconte; Loys Perrot, les hoirs feu M. Jehan Durand;
» la veuve Jeh. Thibault; la veuve Jacquet le Maire; les
» hoirs Marquet de la Croix; la veuve Jehan Fonther. »
Consitaires en 1597 : « André Bichon; Anthoyne Guyard;
» Arnet Jourdin; André Despres; André Hardi; André
» Pinault; Anthoyne Souris; Anne, fille de feu Cancien
» Girard; Anthoyne Fournillon; André Goillard; Ber-
» thélemy Asselin; Bastien Bijou; Berthélemy Richard;
» Cancien Houdri; Charles Thibault; Cancien Bézard;
» Cancien Gilbert; Colas Girard; Claude Thibault; Can-
» cien Racquillet; Cancien le Noyr; Cancien Phillou,
» menuisier; Colas Cochon; Colin Michau; Charles Goé-
» tard; Cancien Hardi; Denis Bouteron; Estienne Tardif;
» Esprit Hato; Estienne Banouard; François Michellot;
» François Harto; François Banouard; François Gou-
» vyn; François Cormyer; François Bydault; Ferry Bou-
» cher; François Bourdin; Ferrent Fournillon; Guil-
» laume; Deslandes; Guillaume Foussart; Guillaume
» Allaud; Girard du Four, Guillaume Loreau; Girard
» Boisse; Guillaume Papillon; Guillaume Leconte;
» Guillaume Despres; Girault de St Any, escuier; Gef-
» froy Delorme; Gaulvya Laulmonger; Guillaume Gen-
» til; Guillaume Buysson; Gilles Guy; Guillaume Ré-
» gnier; George Brossard; Guillaume Gaudeffroy;
» Gilles Banouard; Huet Souris; Jehan Sergent; Johan
» le Franc; Jehan Nothier, le jeune; Jehan Bezoult; Je-
» han Deslandes; Jehan Boutevillain; Jehan Bézard,
» foulon; Jehan Groisentier; Jehan Souris; Jehan Buys-
» son; Jehan Vincent; Jacques Racquillet; Jehan Delisle;
» Jehan Chaudoulx; Jehan Porreau (Alias Poreau);
» Julien Lévesque; Jehan Robillard; Jérôme de Villette;
» Jehan Hamouys; Jehan de Villette; Jehan Johannes;
» Jehan Pierre; Jacques Maby; Jehan le Noyr; Jehan
» Cocheteau; Jehan Lochereau; Jehan Le Clerc; Jehan
» Fournillon; Jehan Guyard, l'esné; Jehanne Lévesque;
» Jehan Racquillet; Jehan Dantela; Jehan Bougault;
» Jehan Asselin; Jacques Ourry; Jehan Guyard, le jeune,
» charron; Ithier Chausson; Jehan Perdreau; Jehan
» Tardif; Jehan Corbillon; Jehan Foucquet; Jehan Bou-
» cher, huillier; Jehan Guy, tabellion; Jehan de Vil-
» lette, de Paris; Jehan le Fèvre, victrier; Jehan Gou-
» vet; Jehan Boutin; Jehan Banouard; Jacquet Joliard;
» Jacques Boutevillain; les hoirs feu François Ducamel;
» les doyen et chappitre Ste Croix; Lyénard Thibault;
» la veuve Jehan Ruelle; la veuve J. Julien; la veuve
» Richard Johannes; Lois du Chesne; la veuve Jehan
» Dalier; les enffans feu Ferry Saillard; la veuve Jehan
» Boyvyn; la veuve Cancien Girard; la veuve Loys Jo-
» hannes; Lubin Boucard; les hoirs feu Jehan Lorean;

» les hoirs André Crétien; Loys Fournillon; la veuve
» Quantin Hardi; les hoirs G. Lebret; Lucas Bézard;
» Loys Régoyer; les hoirs Cancien Ponnille; la veuve Je-
» han Ourry; les hoirs feu Pierre Dochez; les hoirs Robert
» le Tellier; la veuve Cancien Tourneville; Loys Des-
» champs; la veuve Bastien Guyard; les enffans Cancien
» Hardi; Loys Perrot; les hoirs feu M. Jehan Durand;
» la veuve Jehan Thibault; la veuve Pierre Delorme; la
» veuve Jacquet le Maire; la veuve et hoirs Marquet de
» la Croix; les hoirs Cancien Coue; les hoirs Jehan
» Moynet, dict Jolix; les hoirs Marsault Bezard; Loys
» Cheveeyer; M. Pierre Lopère; Macé Chartier; Mahiet
» Gouvyn; Mess. Jehan de Souris, prebstre; Mess. Pierre
» Johannès, prebstre; Mess. Michel Gouvet; Marquet
» Lebeuf; Mathurin Verret; Mathurin Jobyneau; M. Re-
» gnault Leroux, prebstre; Mathurin Souris; Mathurin
» le Fèvre; M. G. Ducamel; M. Jehan de Nymes, s^r de
» Villemartin; Mathurin Sédillot; Martin Desprez; Mar-
» tin et Jehan les Hardis; M. Esnard Vanezeau; Michel
» Lecoq; Mahiet Banouard; Oudet du Pond; Pierre
» Guilgault; Philippot Gouvyn; Pasquier Cousin; Pépin
» Tonnelier; Pierre Lebret; Pierre Raelle; Pierre Petit;
» Pierre Lesné; Pierre Morin; Prix Guyard; Pierre De-
» lorme; Pierre de Gilles; Pierre Desmazis, escuier;
» Pierre Banouard; Quantin Hardi; Quantin Oury;
» Quantin Sédillot; la veuve Symon Lévesque; Thomas
» Deslandes; Thomas Noteulx; Douliet de la Rue; Ro-
» bert Fourre; Cristofflo Banouard. » — Censitaires en
1538 : « André Bouteron, le jeune; Anthoine Girard;
» Armet Jourdin; André Desprez; André Hardi; André
» Pinault; Anthoine Souris; Anne, fille de feu Cancien
» Girard; Anthoine Fournicon; André Cocllard; Ber-
» thélemy Asselin; Bastien Bijou; Berthélemy Richard;
» Cancien Houdon; Charles Thibault; Cancien Bézard;
» Cancien Gilbert; Colas Girard; Claude Thibault; Can-
» cien Bacquillet; Cancien le Noyr; Cancien Phillou,
» mersier; Colas Cochon; Colin Michau; Charles Gué-
» tard; Cancien Hardi; Denis Bouteron; Cancien Ba-
» nouard, fils de Lubin; Estienne Tardif; Esprit Hacte;
» Estienne Banouard, fils mineur de Lubin; Estiénart
» Ponnille; François Michelet; François Haste; Fran-
» çois Banouard; François Gouvyn; François Cormyer;
» François Bydault; François Boucher; François Bou-
» din; Florent Fournillon; Guillaume Deslandes; Guil-
» laume Foussier; Guillaume Allard; Girard de Four;
» Guillaume Lorean; Girard Boisse; Guillaume Papil-
» lon; Guillaume Leconte; Guillaume Desprez; Girault
» de St-Nany, escuier; Geuffroi Delorme; Goulvyn Laul-
» monyer; Guillaume Gentilz; Guillaume Buysson;
» Gilles Guy; Guillaume Régnier; Georges Brossard;
» Gilles Banouard, fils mineur de Lubin; Huet Souris;
» Jehan Sergent; Jehan Lefranc; Jehan Nothier, le
» jeune; Jehan Bezault; Jehan Deslandes; Jehan Boute-
» villain; Jehan Bézard, foullon; Jehan Grataloys;
» Jehan Souris; Jehan Buysson; Jehan Vincent; Jacques
» Bacquillet; Jehan Delisle; Jehan Chandoux; Jehan
» Audenet; Jehan Poireau; Julien Lévesque; Jehan Ro-
» billard; Jhérome de Villette; Jehan Hamouys; Jehan
» de Villette; Jehan Johannes; Jehan Pierre; Jacques
» Mahy; Jehan Lenoir, vigneron; Jehan Cocheteau;
» Jehan Lochereau; Jehan le Clerc; Jehan Fournillon;
» Jehan Girard, lesné; Jehan Lévesque; Jehan Bacquil-
» let; Jehan Dantelu; Jehan Bidde; Jehan Bougault;
» Jehan Asselin; Jacques Henrry; Jehan Souris; Jehan
» Girard, le jeune, charron; Jehan Poireau; Ithier
» Chousson; Jehan Perdreau; Jehan Tardif; Jehan
» Corbillon; Jehan Fouquet; Jehan Boucher, huillier;
» Jehan Guy, tabellion; Jehan de Villette, de Paris;
» Jehan le Fèvre, vitrier; Jehan Gouvet; Jehan Boutin;
» Jehan Banouard, cardeur; Jacquet Juliard; Jehan Ba-
» nouard, boucher; Jacques Boutevillain; les hoirs feu
» François du Camel; les doyen et chappitre Sainct-
» Croix; Lyénard Thibault; la veuve Jehan Ruelle; la
» veuve G. Julien; la veufve Richard Johannes; la
» veufve Loïs Delorme; Jehan Moteau; Loys du Chesne;
» la veufve Jehan Dallier; les enffans feu Ferry Saillard;
» la veufve Jehan Doyvyn; la veuve Cancien Girard; la
» veufve Loys Johannes; Lubin Boucard; les hoirs feu
» Jehan Loreau; les hoirs André Xrétien; la veuve An-
» dré Johannes ; Loïs Fournillon; la veufve Quantin
» Hardi; les hoirs G. Lebret; Lucas Bézard; Loys Re-
» guyer; les hoirs Cancien Pounille; la veuve Jehan
» Ourry; les hoirs feu Pierre Dockes; les hoirs Pierre
» Hus; les hoirs Robert Letellier; la veuve Cancien
» Tourneville; Loys Deschamps; la veuve Bastien Gi-
» rard; les enffans Cancien Hardi; Loys Guyot; les hoirs
» feu M. Jehan Durand; la veufve Jehan Thibault; la
» veufve Pierre Delorme; la veufve Jacquet le Maire; la
» la veufve et hoirs Marquet de la Croix; les hoirs Can-
» cien Coue; les hoirs Jehan Moynet, dict Jolix; les hoirs
» Marsault Bézard; Loïs Chevecyer; M. Pierre le Père;
» Macé Chartier; Mathieu Govyn; Messire Jehan Des-
» mazis, prebstre; Messire Pierre Johannes, prebstre;
» Messire Pierre Lorens; Marquet le Beuf; Mathurin
» Verret; Mathurin Jabineau; Regnault le Coup, prebs-
» tre; Mathurin Souris; Mathurin le Fère; M. Guil-
» laume du Camel; M. Jehan de Nymes, s^r de Villemar-
» tin; Mathurin Sédillot; Martin Desprez; Martin et
» Jehan les Hardis; M. Esmes Vanezeau; Michel le Coq;
» Mahiet Banouard; Mess. Jehan Boutet, prebstre; Oudet

» du Pond; Pierre Guilgault; Philippot Gouvyn; Pasquier
» Comin; Pépin Tonnelier; Pierre Lebret; Pierre
» Ruelle; Pierre Petit; Pierre Lesné; Pierre Morin;
» Pierre de Vouce (?); Prix Guyart; Pierre de Gilles;
» Pierre Desmazis, escuyer; Pierre Banouard; Pierre
» le Long; Quantin Hardi; Quantin Ourry; Quantin
» Sédillot; Robert Gallot; Robert Thibault; Raphaël
» Motoulx; Robert Fourre; Symon Boudon; les hoirs et
» la veuve Symon de Villette; les hoirs Symon Léves-
» que; Thomas Deslandes; Robert Guillata (?); Roullet
» de la Rue; Robert Fourre. » — Censitaires en 1539;
« André Didon; Anthoine Guyard; Armet Jourdin; An-
» dré Desparres; André Hardi; André Pynault; An-
» thoine Souris; André Bouteron, Anne, fille de feu
» Cancien Girard; Anthoine Fournillon; André Coll-
» lard; Barthélemy Asselin; Bastien Bijou; Barthélemy
» Richard; Cancien Houdon; Charles Thibault; Cancien
» Bézard; Cancien Gilbert; Colas Girard; Claude Thi-
» bault; Cancien Racquillet; Cancien le Noyr; Cancien
» Phillau; Colas Cochon; Colin Michau; Charles Gué-
» lard; Cancien Hardi; Cancien Banouard; Estienne
» Tardif; Estienne Banouard; Estienne Ponillo; Fran-
» çoys Michellet; François Haste; François Banouard;
» Françoys Gouvyn; François Cormier; Jehan By Jault;
» Ferry Boucher; François Bourdin; Florent Fournil-
» lon; Guillaume Deslandes; Guillaume Foussereau;
» Guillaume Alland; Girard du Four; Guillaume Lo-
» reau; Girard Boisse; Guillaume Papillon; Guillaume
» Leconte; Guillaume Desprez; Girault de Sainct-Any,
» escuyer; Geuffroy Delorme; Gouvyn Laulmonyer;
» Guillaume Gentilz; Guillaume Buyeson; Guillaume
» Guy; Guillaume Regnyer; Georges Brossard; Guil-
» laume Gaudeffroy; Gille Banouard; Guillaume Du-
» rand; Huet Souris; Jehan Sergent; Jehan le Franc;
» Jehan Nothier, le jeune; Jehan Bezoult; Jehan Des-
» landes; Jehan Boutevillain; Jehan Bézard, foulon;
» Jehan Groiseuleu; Jehan Souris; Jehan Buysson;
» Jehan Vincent; Jacques Racquillet; Jehan Porreau;
» Jehan Audenet; Julien Lévesque; Jehan Robillard;
» Jhérome de Villette; Jehan Hamonys; Jehan Johan-
» nes; Jehan Pierre; Jacques Mahy; Jehan le Noyr;
» Jehan Cocheteau; Jehan Lochereau; Jehan Leclerc;
» Jehan Fournillon; Jehanne Lévesque; Jehan Racquil-
» let; Jehan Ridde; Jehan Bougault; Jehan Plisson;
» Jehan Asselin; Jehan Souris; Jehan Guyard, le jeune;
» Jehan Tardif; Jehan Foucquet; Jehan Guy, tabellion;
» Jehan de Villette; Jehan Gouvet; Jehan Boutin; Jehan
» Banouard, carieur; Jacques Juliard; Jehan Seirant;
» Jehan Boucard, boucher; Jacques Boutevillain; Jehan
» Meleun; Jehan Choltet; les hoirs feu Fr. Camel; les

» doyen et chapplitre Ste-Croix; la veuve et hoirs Jehan
» Chaudoulx; les hoirs feu Yiher Chausson; la veuve
» et hoirs Jehan Deltate; Lyénard Thibault; la veuve
» Jehan Ruelle; la veuve G. Julien; la veuve Loys De-
» lorme; la veuve Jehan Dallier; les enfans feu Perry
» Raillard; la veuve Jehan Royvyn; la veuve Cancien
» Girard; la veuve Loys Johannes; les hoirs feu Jehan
» Loreau; les hoirs André Krétien; la veuve André Jo-
» hannes; Loys Fournillon; la veuve Quantin Hardi;
» les hoirs G. Lebret; Lucas Bézard; Loys Reguyer;
» les hoirs Cancien Pouville; la veuve Jehan Ourry; les
» hoirs feu Pierre Doches; les hoirs feu Pierre Rue; les
» hoirs Robert le Tellier; la veuve et hoirs Cancien
» Tourneville; Loys Deschamps; les hoirs M. Jehan Du-
» rand; la veuve Jehan Thibault; la veuve Pierre De-
» lorme; la veuve Jacquet le Maire; la veuve Prix Gi-
» rard; Symon Jamet, carleur. » — Censitaires en
» 1540: « Colas Girard; Claude Thibault; Cancien Gil-
» bert; Cancien Racquillet; Cancien Lenoir; Cancien
» Fillot, menusier; Colas Cochon; Colin Michau; Char-
» les Guéchard; Cancien Hardi; Colas Yver; Cancien
» Banouard; Cancien Bézard; Denis Bouteron; Estienne
» Tardif; Estienne Banouard; Estienne Ponillo; Fran-
» çoys Michellet; François Haste; François Banouard;
» François Gouvyn; François Cormier; François Bi lault;
» François Boucher; François Boudin; Fleurand Four-
» nillon; François Gallot; Guillaume Deslandes; Guil-
» laume Foussereau; Guillaume Alland; Girard du Four;
» Guillaume Loreau; Girard Boisse; Guillaume Papil-
» lon; Guillaume Leconte; Guillaume Desprez; Girault
» de Sainct-Any, escuyer; Geuffroy Delorme; Gouvyn
» Lausmonaler; Guillaume Gentilz; Guillaume Buis-
» son; Gilles Guy; Guillaume Régnier; Georges Bros-
» sard; Guillaume Gaudefroy; Gilles Banouard; Guil-
» laume Durand; Huet Souris; Jehan Juliard; Jehan
» Forest; Jehan Chevelier; Jehan Marchelle; Jehan St-
» Germain; Jehan Lefranc; Jehan Nottier, le jeune;
» Jehan Bezoust; Jehan Deslandes; Jehan Boutevillain;
» Jehan Groiseutier; Jehan Bézard, foulon; Jehan Sou-
» ris; Jehan Buisson; Jehan Vincent; Jean Racquillet;
» Jehan Porreau; Jehan Audenet; Jehan Robillard;
» Jhérome de Villecte; Jehan Hamoys; Jehan Johannes;
» Jehan Pierre; Jacques Mahé; Jehan le Noir; Jehan
» Fournillon, le jeune; Jehan Cocheteau; Jehan Loche-
» reau; Jehan Leclerc; Jehan Fournillon; Jehan Léves-
» que; Jehan Raquillet; Jehan Redde; Jehan Bougault;
» Jehan Plisson; Jehan Asselin; Jehan Souris; Jehan
» Guyard, le jeune, charron; Jehan Tardif; Jehan Fou-
» quet; Jehan Boucher, huillier; Jehan Guy, tabellion;
» Jehan de Villecte; Jehan Gouvet; Jehan Boutin; Jehan

» Banouard; Jaquet Jaillard; Jehan Ciraut; Jehan Ba-
» nouard, boucher; Jehan Meleau; Jacques Bontevillain;
» Jehan Michellet; Jacques Ourry; les hoirs feu Fran-
» çois du Camel; les doyen et chappitre Ste Croix; la
» veuve et hoirs Jehan Chaudon; les hoirs feu
» Vivier Chausson; la veuve et hoirs Jehan Delisle;
» Elénard Thibault; la veuve Jehan Ruelle; la veuve
» Guillaume Julien; la veuve Loys Delorme; la veuve
» Jehan Dallier; les enffans feu Ferry Saillard; la veuve
» Jehan Boivyn; la veuve Cancien Girard; la veuve Loys
» Johannes; les hoirs feu Jehan Loreau; la veuve André
» Xrétien; la veuve André Johannes; Loys Fournillon;
» la veuve Quentin Hardi; les hoirs feu Guillaume Le-
» bret; Lucas Rézard; Loys Régnier; les hoirs feu Can-
» cien Ponille; la veuve Jehan Ourry; les hoirs feu
» Pierre Doches; les hoirs feu Pierre Huc; les hoirs Ro-
» bert Letellier; la veuve et hoirs Cancien Tourneville;
» Loys de Ste Any; les enffans Cancien Hardi; Loys
» G...; les hoirs M. Jehan Durand; la veuve Jehan Thi-
» bault; la veuve Pierre Delorme; la veuve Jaquet Le-
» maire; la veuve Pierre Guyard; la veuve Robert Thi-
» boust; la veuve et hoirs Marquet Delacroix; les hoirs
» Cancien Coue; les hoirs Jehan Moynet, dict Jolix; les
» hoirs Marsault Rézard; Loys Chovecyer; la veuve
» M. Pierre Lepère; la veuve Symon de Villecte; Lau-
» rens Lévesque; Mathieu Govyn; Mess. Jehan Desmazis,
» prebstre; Mess. O Johannes, prebstre; Messire Pierre
» Loreau, prebstre; Marquet Leboeuf; Mathurin Verret;
» Mathurin Jabineau; M. Regnault Lecoup, prebstre;
» Mathurin Souris; Mathurin Lofeburc; M. Guillaume
» Ducamel; M. Jehan de Nymes, Sr de Villemartin; Ma-
» thurin Sédillot. Martin Desprez; Martin et Jehan les
» Hardis; M. Esmes Vanezeau; Michel Lecoq; Nahiel
» Banouard; Mess. Jehan Cancien Boutet, prebstre; Mi-
» chel Cochon; Oudet du Pond; Oudin Guyard; Pierre
» Guilgault; Philippot Gouvyn; Pasquier Cousin; Pépin
» Tonnelier; Pierre Lebret; Pierre Ruelle; Pierre Petit;
» Pierre le Fere; Pierre Bourreau, le jeune; Pierre
» Morin; Pierre Delorme; Pierre Guyant; Pierre de
» Gilles; Pierre Desmazis, escuier; Pierre Banouard;
» Pierre Lelong; Quentin Hardi; Quantin Ourry; Quen-
» tin Sédillot; Robert Gallot; Robert Thiboust; Raphaël
» Moteulx; Robert Fourre; Robert Germain; Roullet de
» la Rue; Simon Boudon; Simon de Villecte; Jhérosme
» de Villecte; Simon Lévesque; Simon Jamel, cardeur;
» Thomas Deslandes; Thomas le Maire; Xristofle Ba-
» nouard. » Censitaires en 1541 : « André Bichon; An-
» thoyne Guyard; Armet Jourdin; André Desprez; An-
» dré Hardi; André Pynault; André Bouteron, le jeune;
» André Fournillon; André Coillart; Anthoine Souris;

» Barthélemy Assolin; Bastien Bijou; Barthélemy Ri-
» chard; Cancien Houdri; Charles Thibault; Cancien
» Bézard; Cancien Gilbert; Cancien Houdri; Colas Gi-
» rard; Claude Thibault; Cancien Racquillet; Cancien
» Lenoir; Cancien Pillon; Colas Cochon; Colin Michau;
» Charles Queitard; Colas Yver; Cancien Banouard;
» Cancien Bézard; Cancien Mainfroy; Estienne Tardif;
» Estienne Banouard; Estienne Ponille; François Mi-
» chellet; François Haste; François Banouard; Fran-
» çois Gouvyn; François Cormyer; François Bydault;
» François Boudin; François Galland; Florent Four-
» nillon; François Souris; Guillaume Desfandes, Guil-
» laume Rousseau; Guillaume Loreau; Girard Rosse;
» Guillaume Papillon; Guillaume Despres; Girault de
» St Any; Guillaume Lecomte; Geoffroy Delorme; Gou-
» vyn Laulmonyer; Guillaume Gentils; Gilles Guy;
» Guillaume Réguyer; Georges Brossard; Guillaume
» Gaudeffroy; Guillaume Banouard; Guillaume Durand;
» Huet Souris; Jehan Jaillart; Jehan Forest; Jehan Che-
» vecier, le jeune; Jehan Marcelle; Jehan Sergent; Jehan
» Morin; Joachim du Pond; Jehan Boutin; Jehan Mi-
» chellet; M. Gilles Paulmyer. »

E. 3906. (Liasse. — 1 pièce, parchemin, 1 registre, papier, de
92 feuillets in-4°.

1558-1570. — Foresta ou de Lonchamp (Fief de).—
État des cens perçus, à Étampes, par Pierre Soreau, pro-
cureur et receveur fermier, pour les religieuses de
Longchamp, pendant les années 1561 à 1570, inclusive-
ment. Censitaires en 1561 : « Nicolas Mainfroy; Armet
» Jourdain; Michel Seignant; Simon Charlevellier;
» Quentin Guyard; Cancien Rourdin; la veuve Nicolas
» Yver; Charles Ségault; Anthoine Souris; Estienne
» Ségault; Pierre Crestienault, vigneron; François Mi-
» chellet; Bastien Bijou; Thibault Réguier; Jehan Gué-
» rin; Estienne Guilectes; Jehan Blanchard; Pierre
» Gallot; Cancien Moynet; Guillaume Moreau; Jehan
» Vacher; Guillaume Gallot; Jehan Granselieu, l'aisné;
» Guillaume Belmaire; M. Racquillet; Jehan de Beau-
» vaix; les enffans feu Jehan Cocheteau; Jehan Michel-
» let; François Govyn; Xristofle Pierre; Quantin Hardi;
» Macé Gentilz; la veuve Richard Delbeau; Quentin
» Bougault; Charles Thiboust; Jehan Audenet; la veuve
» Jehan Delisle; Gervaise Gallot; Jehan Forest; Siméon
» Jamet; Jehan Thibault; André Coillart; Jacques Ourry;
» Marsault Pignaut; la veuve Robert Bonnault; la veuve
» Lucas Bézard; Cancien Gilbert; François Lhoste; M. de
» la Porte; Claude Laulmosnier; Jehan Guyart; Nicolas

SÉRIE E. — TITRES DE FAMILLE (VALORY).

» Laslier; Quentin Hourry; Jehan Ayrant; Jehan le Fé-
» bure; Claude Buisson; Mahiet Banouard; Hiérosme
» Godet; les héritiers de Macé Jollivet; André Hémery;
» Estienne Sédillot; Jacques Delambon; Guillaume Jo-
» hannes; Ypolite Charpentier; Jehan Martin; Jehan le
» Tanneur; Geuffroy Johannes; la veuve François Gallot;
» Pierre Ponille; Florent Fournillon; Marie Borassé,
» veuve de Jehan Mouton; Estienne Hardi; Cancien
» Hardi; François Fouteron; M. Pierre Leleste; Simon
» Chevallier; Richard Motheulx; Jehan Babel; Jehan
» Humbert; Pierre de Gilles; Estienne Banouard; Jac-
» ques Bouteviliain; Nicolas Cochon; Loïs Chevecier;
» Anthoine le Maire; Mathurin Notier; la veuve Jehan
» Sergent; Estienne Motheux. » Censitaires en 1502:
» Altain Guibourt, varlet de chambre du roy; Anthoine
» Blondeau; Anthoine Mainfrot; André Rouault; André
» Pinault; Armet Jourdain; André Leconte; Anthoine
» Souzis; André Coullart; Arthus le Maire; Anthoine
» Bouteron; André Hémery; Adam du Four; Blaise
» Allart; veuve de Charles Guettard; Bastien Bigeon;
» Claude Delorme; Charles Séguault; Cancian Musnier;
» Charles Thiboust; Cancian Gilbert; Claude Buisson;
» Claude Desanges, escuier, sieur de Bruières; Cancian
» Papillon; Estienne Banouard; Estienne de Gaubhin; Es-
» tienne Cocheteau; Estienne Guenées; Estienne Hardi;
» Estienne Motheulx; Estienne Sédillot; François Mi-
» chellet; François Banouard; François Gouvyn; François
» Bourdin; Ferry Boucher; Ferrand Fournillon; Fran-
» çois Sonais; François Fouteron; François Deschamps;
» Ferry Hue; Françoys L'hoste; François de Goullone;
» François Fournillon; Girart Roquillet; Guillaume
» Moreau; Guillaume Johannes; Germain Belin; Guil-
» laume Ourry; Guillemecte, veuve de Jehan Gouvet;
» Guillaume Gallot; Gervaise Gallot; Geuffroy Johan-
» nes; Guillaume Villomaire; Gilles Guy; Gervaise De-
» laporte; Hiérosme Godet; Hiérôme Bézar; Helye
» Lambert; Jehan Guérin; Jehan Boucher; Jehan Grois-
» en-lieu, l'esné; Jehan Descaumois; Jehan Michellet;
» Jehan Audenet; Jehan Foreltz; Jehan Thiboult;
» Jacques Ourry; Jehan Barquet; Jehan Thiboust; Jehan
» Guyart; Jehan Cyrant; Jehan le Fébure; Jehan Hau-
» mel; Jacques Denison; Jehan Fourre; Jehan Martin;
» Jehan le Tenceur; Jehan Babel; Jehan Duré; Jehan
» Durandel; Jehan Hue, drappier; Jehan L'hoste; Jehan
» Grois en leu, le jeune; Jehan Bourdeau; Jehan Nothier;
» Jehan Robillart; Jehan Fournillon; Jehan Thiboust;
» Jehan Lebret; Jacques Delanbon; Jacques Mahé; Jac-
» ques Boutevillain; Jehan Musnier, vinaigrier; Jehan
» Bézard; Jehan Hudebert, boucher; Katherine Poicte-
» vyn; Lubin Crestault; les enffans feu Jehan Guignon;

» la veuve Jehan Dellale; L. Souzis; Loys Pierre; la
» veuve Lucas Bézard; la veuve Nicolas Yver; la veuve
» Denis Levrain; la veuve François Gallot; la veuve
» Quentin Ourry; la veuve Raphael Motheulx; la
» veuve Jehan Millet; la veuve Philippe Renard; la veuve
» Jehan Sergent; la veuve Cancien Hémery; la veuve
» Florent Aleaume; la veuve Thomas le Maire; la veuve
» Jehan Ducamel; la veuve Pierre Morin; la veuve Jehan
» Boutin; la veuve Loys Béncetior; les hoirs feu M. Ger-
» main Reharos; la veuve Pierre Guyard; les doyen et
» chappitre Saincte-Croix; la veuve Anthoine Guyart;
» les héritiers feu Hiérosme de Villette; les enffans
» Jehan Moleau; M. Jehan Audren, prévost d'Estampes;
» M. Tristan Lecharron, eslen d'Estampes; Mathurin
» Raquillet; Macé Gentilz; Marquot Pignault; M. Jac-
» ques Savary; Mathurin Delaporte; Mahiet Banouard;
» M. Jacques Texier; M. Pierre Leconte; Mathurio No-
» tier; M. Esprit Ducamel; M. Esprit Hacte; M. Barthé-
» lemy Marcial; M. Pierre Johannes, prebstre; M. Jehan
» Leverrier, escuier, sr de Villemartin; M. Edmé Vanne-
» reau; M. Estienne Levassor; M. Jehan Levassor; Mi-
» chel Hardi; Martin Moreau; M. Pierre Legendre,
» prebstre, curé de Notre-Dame d'Estampes; Michel Gi-
» raud; Michel Seignant; Nicolas Laslier; Nicolas Co-
» chon; Nicole, veuve de Jehan Bézu; Nicolas Houldry;
» Nicolas Mainfroy; Noël Chartier; Nicolas Michon,
» bourgeois d'Estampes; Oudin Guyard; Pierre de Gil-
» les; Pierre Ponille; Pierre Desnard; Pierre Guérin;
» Pierre Berruyer; Pasquier Delorme; Pierre Gallier;
» Pierre Delange; Pierre Ourry; Pierre Crestault; Pas-
» quier Thiboust; Pierre Regnault; Pierre Forest; Pierre
» Hochereau; Pierre Cloisier; Pierre Ourry; Quentin
» Brugault; Quentin Hardi; Quentin Brossard; Quentin
» Ourry; Robert Thiboult; Robert Morin; Rullet Las-
» nier; Rickard Gobert; Siméon Jaunes; Simon Jau-
» nes; Simon Chevallier; Simon Chandellier; Simon
» le Noir; Simonne Motheulx; Simon Gervaise; Simon
» le Maire; Simon Hervé; Thomas Hérault; Thibault
» Rouzier, Ypolite Charpentier; Xristofle ar; Xristofle
» de Croix. » — Censitaires en 1503: « Alaï Guibourt,
» valet de chambre du roy; Anthoine Blondeau; Artus
» le Maire; Anthoine Souzis; André Pinault, vigneron;
» Anthoine Mainfroy, vigneron; Anthoine Bouteron,
» vigneron; André Coillart, vigneron; André le Conte;
» Ambroise Texier; André Hémery; Adam du Four,
» bourgeois d'Estampes; André Rouault; Anthoine Mai-
» gnier; Blaise Allart, veuve de Charles Guettart, bour-
» geois d'Estampes; Bastien Bigeon; Claude Delorme;
» Charles Séguault, Cancian Moynier; Charles Thiboust;
» Cancian Gilbert; Claude Lanmosnier; Claude Buisson;

» Cancian Hardy; Claude Desmazis, escuyer, s' de
» Bruières; Cancien Papillon; Claire Boucher, veuve de
» Nicolas Yver; Cancien Hungier; Estienne Banouard,
» boucher; Estienne Degaulehin; Estienne Cocheteau;
» Estiennes Guerières; Estienne Hardy; Estienne Bédil-
» lot; Françoys Gouvyn; Françoys Bourdin; Ferry Bou-
» cher; Florand Fournillon; Françoys Fouteron; Fran-
» çois Deschamps; Ferry Hue; François L'hoste; Fran-
» çois de Ganilunes; François Fournillon; François
» Pixard; Gérard Raguillot; Guillaume Moreau; Ger-
» main Bidon; Guillaume Johannes; Guillaume Ourry;
» Guillemette, veufve de Jehan Gouvet; Gervaise Gal-
» lot; Guillaume Villemaire; Gilles Gay; Gervaise
» Delaporte; Guillaume Gallot, le jeune; Geoffroy Jo-
» hannes; Hiérosme Godet; Hiérosme Béau, Moulton;
» Hélie Lambert; Jehan Guérin; Jehan Boucher; Jehan
» Michellet; Jehan Debeauvoir; Jehan Audenet; Jehan
» Forest, vigneron; Jehan Thibault; Jacques Ourry;
» Jehan Marquet; Jehan Thiboust; Jehan Guyart, mar-
» chand, charron; Jehan Cyraut et Jehan Bailly; Jehan
» Hamel; Jacques Denison; Jehan Fourre; Jehan Mar-
» tin; Jehan Babel; Jehan Duré; Jehan Durandel;
» Jehan Huo, drappier; Jehan Guyon; Jehan L'hoste;
» Jehan Groiseniou, le jeune; Jehan Bourdeau; Jehan
» Nothier; Jehan Robillard; Jehan Fournillon; Jehan
» Thiboust, puisné; Jehan Lebret, fils d'autre Jehan;
» Jacques Delambon, bourgeois d'Estampes; Jacques
» Mahé; Jacques Boutevillain; Jehan Groagnet; Jehan
» Musnier; Jehan Bézard; Jehan Hudebert, marchand
» boucher; Jehan Leclerc; Jacques Boucher, boucher;
» Jehan Hémery; Jacques Ourry; Lubin Crestault; la
» veuve Cancian Doulcet; la veuve Jehan Delisle; Léon-
» net Souzis; Loys Pierre; la veuve Robert Bonnault; la
» veuve Lucas Bézard; la veuve Nicolas Yver; la veuve
» Denis Levrain; la veuve Pierre Delorme; la veuve
» François Gallot; la veuve Quentin Ourry; la veuve
» Raphaël Motheulx; la veuve Jehan Millet; la veuve
» Charles Bénard; Loys Chevecier; la veuve Jehan Ser-
» gent; la veuve Cancien Hémery; la veuve Hélye Soub-
» dain; la veuve Ferry Alcaume; la veuve Thomas le
» Maire; la veuve Jehan Ducamel; la veuve Pierre Mo-
» rin; la veuve Jehan Boutin; la veuve Loys Berruyer;
» la veuve M. Germain Rebours; la veuve Prix Guyard;
» les doyen et chappitre Sainte-Croix; la veuve An-
» thoyne Guyart; les héritiers feu Hiérosme Devillette;
» les enfans feu Jehan Meleun; la veuve Jehan Char-
» tier; la veuve Robert Bonnault; Lubin Brossart,
» charron; M. Jehan Audren, prévost d'Estampes;
» M. Tristan Lecharron, esleu d'Estampes; Macé Gen-
» tilz; Marquet Pynault; M. Jacques Savary; M. Gé-
» rauld Archambault; Math. Delaporte, boucher; Ma-
» hiot Banouard; M. Jacques Texier; M. Pierre Leconte;
» Mathurin Natier; M. Esprit Ducamel; M. Hacte, pro-
» cureur du roy; M. Martin Jobilion, prebstre, cha-
» noine; M. Berthélemy Martial, advocat à Estampes;
» M. Pierre Johannes, prebstre; M. Johan le Verrier,
» escuyer, seigneur de Villemartin; M. Edme Vanne-
» reau; M. Estienne Levasior; M. Johan Levassor; Mi-
» chel Hardy; M. Pierre Legendre, prebstre, chanoine,
» Curé de Notre-Dame d'Estampes; Michel Girard, Mi-
» chel Seignant; Mathurin Raguillet; Maurice Pynault,
» vigneron; Nicolas Lastier; Nicolas Cochon; Nicole,
» veuve de Jehan Bézu; Nicolas Houldry; Nicolas Mau-
» froy; Noël Chartier; Nicolas Michon, bourgeois d'Es-
» tampes; Oudin Guyart, charron; Pierre de Gilles,
» bourgeois d'Estampes; Pierre Ponille, bourgeois d'Es-
» tampes; Pierre Bénard; Pierre Guérin; Pierre Ber-
» ruyer; Pasquier Delorme; Pierre Gallot; Pierre De-
» lauge; Pierre Crestault; Pierre Banouard, boucher;
» Pasquier Thiboust; Pierre Regnault, sergent; Pierre
» Forest; Pierre Hochereau; Pierre Clousier; Pierre
» Ourry; Quentin Bougault; Quentin Hardy; Quentin
» Brossard; Quentin Ourry; Robert Thiboult; Robert
» Morin; Robert Lasnier; Richard Gobert; Richard
» Tonnelier; Simon Lelong, chevaulcheur d'escurye;
» Siméon Jannest; Simon Chevalier; Simon Chandelier;
» Simon le Noir; Simonne Moteulx; Simon Gervaise;
» Simon le Maire; Simon Hervé; Thomas Héroult · Thi-
» bault Martin; Ypolite Charpentier; Xristofle Decroix;
» Xristofle Pérar. » Censitaires en 1564 : « Alain
» Guybourt, varlet de chambre du roy; Anthoine Souzis;
» André Pynault, vigneron; Arthus le Maire, labou-
» reur; Anthoine Blondeau; Anthoine Malafroy, vigne-
» ron; Anthoine Bouteron; André Coillart; André Le-
» conte; Ambroise Texier; André Hémery; André Re-
» nault; Anthoine Maignier; Anthoine Manerolles;
» André Groiseniou, vigneron; André Delorme; Blaise
» Allart, veuve de Charles Guellard; Barthélemy Bou-
» teron; Claude Delorme; Charles Ségault; Cancien
» Moynier; Cancien Gilbert; Claude Laumosnier; Claude
» Buisson; Cancien Hardy; Claude des Nazis, escuyer,
» seigneur de Bruières; Cancien Papillon; Claire Bou-
» cher, veuve de Nicolas Yver; Charles Thiboust; Can-
» cien Fouldouer; Cancien Hungier; Cancien Prieur;
» Estienne Banouard, boucher; Estienne Degaulehin;
» Estienne Cocheteau; Estienne Guenères; Estienne
» Hardy; Estienne Sédillot; Estienne Lelong; Françoys
» Michellet, boullenger; Françoys Banouard; François
» Bourdin; Ferry Boucher; François Souzis; François
» Forterin; Françoys Deschamps; Ferry Hue, bourgeois

» d'Estampes; Françoys L'hoste; Françoys Degoullons; Françoys Fournillon; Francette Cyrant, fille de feu Jehan Cyrant; Girard Racquillet, boucher; Guillaume Moreau; Germain Bidon; Guillaume Johannes; Guillaume Ourry; Guillemette, veuve de Jehan Gouvet; Gervaise Gallot; Guillaume Villemaire; Gilles Guy; Gervaise Delaporte; Guillaume Gallot, le jeune; Guillaume Johannes; Leconte, fils de feu Guillaume; Hiérome Godet; Hiérôme Bézu, foulion; Hélyé Lambert; Henry le Tenneur; Jehan de Beauvoise; Jehan Guérin; Jehan Boucher; Jehan Croixenleu, l'esné; Jehan Audenet; Jehan Forests, vigneron; Jacques Ourry; Jehan Marquet; Jehan Thiboust; Jehan Guyart, charron; Jehan Cyrant et Jehan Bailly; Jehan le Fébure; Jehan Thiboust, l'esné; Jehan Thibault; Jacques Denison; Jehan Fourre; Jehan Babel; Jehan Duré; Jehan Durandel; Jehan Hue, l'esné, bourgeois d'Estampes; Jehan Guyon; Jehan L'hoste; Jehan Giroxenleu, le jeune; Jehan Boudeau; Jehan Nottier; Jehan Robillart; Jehan Martin; Jehan Bézard; Jehan Fournillon; Jehan Lévesque; Jehan Thiboust, puisné; Jehan Lebret; Jacques Delamban, bourgeois d'Estampes; Jehan Grangnier; Jehan Musnier, vinaigrier; Jehan Hudebert, dict Jolis, boucher; Jehan le Clerc, laboureur; Jehan Hourry; Jacques Ourry; Jehan Bangin; Jehan Poictevin; Jacques Boutevillain; Jehan Guignon; Jehan le Teneur; Jehan Bailly; Jehan Baron; les doyen et chappitre Saincte-Croix d'Estampes; Lubin Crestault; la veuve Cancien Doulcet; la veuve Jehan Delisle; Léonel Souzis; Loys Pierre; la veuve Robert Bonnault; la veuve Lucas Bézard; la veuve Nicolas Yver; la veuve Pierre Delorme; la veuve Quentin Ourry; la veuve Raphaël Motheulx; la veuve Jehan Millet; la veuve Philippe Dénard; Loys Chevecier; la veuve Jehan Sergent; la veuve Cancien Hémery; les enffans feu Hélye Soudain, boullanger; la veuve Ferry Ateaume; la veuve Thomas le Maire; les enffans Jehan Ducamel; la veuve Pierre Morin; la veuve François Gallot; la veuve Jehan Boutin; les hoirs de la veuve Pierre Guyart; les hoirs de la veuve Anthoine Guyart; les héritiers feu Hiérosme Devillette; les enffans feu Jehan Meleun; la veuve Jehan Chartier; la veuve Robert Boucault; Lubin Brossart, charron; la veuve Adam du Four; la veuve Blaise Bézard; les enffans feu Jehan Cocheteau; Loïs le Miré, painctre; la veuve Loys Berrayer; M. Jehan Audren, prévost d'Estampes; M. Tristan Le Charron, esleu d'Estampes; M. Berthélemy Marcial, advocat à Estampes; M. Pierre Legendre, prebstre, chanoine, curé de Nostre-Dame d'Estampes; M. Jehan le Verrier, seigneur de Villemartin; M. Estienne Lavassor; M. Jehan Lavassor; M. Esprit Hacte, procureur du roy; M. Pierre Leconte; M. Jacques Toxier; M. Martin Jollon, prebstre, chantre de l'église Saincte-Croix; M. Pierre Johannes, prebstre; Macé Gentilz; Michel Giraud; Mathurin Raquillet; M. Girault Archambault; M. Jacques Savary; Mahiet Pinault; Mathurin Delaporte, boucher; Mahiet Banouard; Mathurin Notier; Michel Hardy; Michel Seignant; M. Guillaume Lemareschal; Mathurin Raguillot; Maurice Pynault; M. André Le Roux, conseiller du roy, auditeur en sa chambre des comptes; Martin Cochon, boucher; Mathurin Marcilles fils; M. Denis Pinchon, prebstre, curé de Ste Gilles d'Estampes; M. Blanchard, prebstre; Nicolas Laslier; Nicolas Cochon; Nicole, veuve de Jehan Bézard; Nicole Hauldry; Nicolas Mainfroy; Noël Chartier; Nicolas Michon, bourgeois d'Estampes; Oudin Guyart, charron; Pierre Degilles, bourgeois d'Estampes; Pierre Ponille, bourgeois d'Estampes; Pierre Guérin; Pierre Berrayer; Pierre Gallot; Pierre Delnage; Pierre Crestault; Pierre Bouvard, boucher; Pasquier Thiboust; Pierre Forest; Pierre Hochereau; Pierre Clousier; Pierre Ourry; Pasquier Delorme, tanneur; Pierre Plisson; Quentin Bougault; Quentin Hardy; Quentin Brossard; Quentin Ourry; Robert Morin; Richard Gobert; Simon Lelong, chevaulcheur d'escurye; Siméon Jannet; Siméon Chevallier; Simon Chandellier; Simon le Noir; Simonne Motheulx; Simon Gervaise; Simon le Maire; Simon Hervé; Salomée, veuve de Claude des Essars; Thomas Hérault, Mᵉ Barbier et Chirurgien; Thibault Cozier; Thibault Martin; Ypolite Charpentier; Xristofle de Croix. » Censitaires en 1569 : « Estienne Ponille et Jehan Hue, le jeune; Jehan Lambert, marchand, d'Estampes; Jehan Hue, l'esné, bourgeois d'Estampes; Estienne Lelong; Jaqueline, veuve de Pierre Morin; Jehan Boucher; Quentine, fille de feu Pierre Morin; Aymée Morin, fille de feu Pierre Morin; Nicolas Michon, bourgeois d'Estampes; Quentin Bougault; Jehan Durandel, vigneron; André Delorme, vigneron; Simon le Noir; la veuve André Grasenleu; Charles Thiboust; Macé Gentilz; Gervais Delaporte, laboureur; Anthoine Marcil, fils de deffunct Mathurin Marcilles; Loys Fortier, boullanger; la veuve François Gallot; Jehan Gallot; la veuve Gervaise Gallot; Jacques Denison; Michel Girard, marchand; Richard Gobert, laboureur; Simon Hervé, laboureur; Simon Gervaise, marchand; la veuve Raphaël Moteulx; Jehan Thiboust, vigneron; Mathurin Thiboust; Marin Thiboust; Jehan Hémery, vigneron; M. Martin Jollidon, prebstre, chantre à Ste Croix; la veuve André Hémery;

« François Michellet, marchand boullenger; la veuve
» Jehan Mallet; Pierre Degilles, bourgeois d'Estampes;
» Jacques Boutevillain, l'esné, bourgeois d'Estampes;
» Cantien Hardy, laboureur; Blaise Hardy et Ferry
» Hardy; Nicolles Laslier; Pierre Ourry, vigneron; Loys
» Pierre, vigneron; Jehan Cousin; Johanne Cousin,
» veuve de Jehan Audenet; André Coulart, vigneron;
» Simon Clément, vigneron; Hervé le Tonneur, vigne-
» ron; Marin Lelong, veuve de Michel Seignant; An-
» thoine Bouteron, vigneron; Blaise Allart; la veuve
» Pierre Delage; Ferry Boucher; Guillaume Ourry; la
» veuve Jehan Notier; Marquet Pinault; Jehan Bézart;
» Guillaume Leconte; la veuve Cancien Hémery; Ni-
» colas Gallot; Estienne Guéneres; Johan Forest; Jehan
» Roux; Maurice Pinault; Jehan Bailly; Mathurin Ra-
» guillet; Gérard Raguillet, boucher; Martin Cochon, »
Censitaires en 1570 : « Allain Guibour, varlet de chambre
» du roy; Anthoine Marcilles, fils de feu Mathurin Mar-
» cilles; André Groisenien; André Delorme; André Cou-
» lard, vigneron; Anthoine Bouteron, vigneron; Aymée
» Morin, fille de feu Hardy, et Ferry Hardy, enffans de
» feu Cancien Hardy; Charles Thibouet; Cancien Foul-
» drier, bourgeois d'Estampes; Cancien Hardy, labou-
» reur; Catherin Poictevin; Damoiselle Guyard, fille de
» Guill. Guyard et deffuncte Nicolle Delorme; Estienne
» Ponnille et Jehan Hue, le jeune; Estienne Lelong; Es-
» tienne Sédillot, vigneron; Estienne Hardy, laboureur;
» Estienne Banouart; Estienne Moreau; Françoys Mi-
» chelet, marchand boullenger; Ferry Boucher; Ger-
» vaix de la Porte, laboureur; Guillaume Ourry; Guil-
» laume Leconte; Girard Raoquillet, boucher; Gilles
» Aussane; Geoffroy Joanes; Germain le Teneur;
» Jehan Lambert, bourgeois d'Estampes; Jehan Hue,
» l'esné; Jacqueline, veuve de Pierre Morin; Jehan
» Boucher; Jehan Durandel, vigneron; Jehan Gallot,
» vigneron; Jacques Denison; Jehan Ourry, vigneron;
» Jacques Boutevillain, l'esné, bourgeois d'Estampes;
» Jehan Duré; Jehan Guérin, vigneron; Jehan Sédillot;
» Jacques Delanbon, bourgeois d'Estampes; Jehanne
» Cousin, veuve de Jehan Audener; Jacques Ou..., vi-
» gneron; Jehan Lévesque; Jehan Guyard; Jehan Bé-
» zart; Jehan Cirant; Jehan Bailly; Jehan Bangin; Je-
» han Delaporte; Jehan le Pêbure; Jehan Groiseuleu;
» Jehan Chevevier, l'esné; Jehan Poictevin; la veuve
» Jehan Delisle; la veuve Gervais Gallot; la veuve Ra-
» phaël Motheulx; Loys Pierre; la veuve Philippe Ber-
» nard; la veuve Jehan Thiboust; la veuve Jehan Char-
» tier; la veuve Pierre Delage; Macé Gentilz; Michel
» Girard; Mathurin Thiboust; Marin Thiboust; M. Mar-
» tin Jobdou, prestre, chantre de Ste Croix; Marquet

» Pinault; Maurice Pinault; Mathurin Racquillet; Mar-
» tin Cochon; Nicolas Mahon, bourgeois d'Estampes;
» Nicollas Laslier; Nicollas Gallot; Pierre Crestault;
» Pierre de Gilles, bourgeois d'Estampes; Pierre Ourry,
» vigneron; Quentin Dougault; Robert Ourry; Richard
» Gobart; Simon le Noir; Simon Gervaise; Simon Clé-
» ment, vigneron; Simon Chandellier; Pierre Plis-
» son; Pierre Lebret; François Fonteron; la veuve
» Pierre Bernard; Jehan Magoyer, cousturier; Cristine
» Melun, fille de feu Jehan Melun; la veuve Robert Bou-
» rault; Jehan Hudobert, l'esné; Saloméon Barbault,
» veuve Claude des Essards; Jehan Fourro; Germain
» Bidon; Nicolle Donesse, veuve de Jehan Mouton; Lu-
» bin Crestault; la veuve Jacques Texier; Estienne Soul-
» dain, fils de deffunct Hélye; Florent Fourrallon; Jehan
» Thiboust; Estienne Sédillot; Pierre Crestault; Pierre
» le Mo Cordier; la veuve Nicolas Yver; la veuve et hé-
» ritiers de Jehan Guyart, charron; Pierre Lebret. » —
Le parchemin assez bien conservé qui recouvrait ce registre consier contient le bail de 8 arpents de terre appartenant à la métairie de « Champdoulx, » fait, à titre
de loyer et pension de grain, à Cantien Scellerin, laboureur, demeurant à Boissy-le-Sec, par Lubin Chausson,
prêtre, chanoine de la collégiale Notre Dame d'Etampes,
et prieur de Marly.

E. 3901. (Liasse.) — 2 cahiers, papier, l'un de 54, l'autre de
82 feuillets in-4°.

1571-1576. — Foresta ou de Longchamp (fief de). —
Etat des cens reçus à Etampes, pour le compte des religieuses de Longchamp, par François Hamoys, leur receveur, de 1571 à 1576, inclusivement. Censitaires au
cours de ces années : « André Coullard; Anthoine Mar-
» quet; Anthoine Bouteron; Alain Guibourt, vallet de
» chambre du roy; Anthoine Ravet; Audry Durant, dit
» Aveline, boucher; Andry de Lorme; Andry Pinault;
» Alexandre Françoys, sergent à Etampes; Anthoyne
» Gasperon; Audry Gauber, pastissier; Belaise Allart,
» veuve de Charles Guectard; Barthélemy Giron; Bar-
» thélemy Lemaire; Bésard Ourry; Belazac; Catherin
» Poithevin; Cancien Hardy; Charles Thibous; Claude
» Lomonnier; Cancien Fouldriez; Claude de Lorme;
» Cristofle de Croix; Cancien Cresiault; Cancien Gre-
» nier, cordonnier; Claude Letailleur; Cancien de
» Lasge; Claude Jandin, pastissier; Cancien Notier;
» Cancien Colliau, serrurier; Cancien Louste; Cancien
» Pierre, vigneron; Cancien Banouard; Cancien Flami-
» chon; Louis Mesgrot, peletier; Estienne Lelous; Es-

tienne Hardy; Estienne Soudin, boulanger; Louis Bésard; Estienne Géné; Estienne Moriau, boulanger; Estienne Sédillot; Estienne Sargent, cordonnier; Estienne Hautevillain, tanneur; Estienne Damours; Estienne Chuscont, laboureur; Estienne le Blanc, boucher; Francoys Michelet, boulanger; Fleurons Fournichon; Ferry Bouché; François Fontenon; Pillebart Cléron; François Caqyvet; Pillebart Corbillon; Françoys Banouard; Flipes Pailliau, boulanger ; Françoys Louste, vigneron ; François Gallot; Fiacre Coullart ; François Loquereau, tessier en toille; François Cauvino (?); François Petit, vigneron ; François Baron, marchand; François Gransouse; François Gaultier; Guillaume Corry; Girard Raquillet ; Gourfret Jolancs; Guillaume Le Conte; Gervaise de Laporte; Gauvin Lemonnier, mercier; Guillaume Macé, Sargent à Estampes; Guillaume Duval, bourrelier; Guillaume Villemaire; Guillaume Guiart, tanneur; Girard Bonnain, tonnelier; Guillaume Mory, vigneron; Girosme Gaudot; Guillaume Gallot; Guillaume Poniet ; Guillaume Gaygnoleuf, pastissier; Gyrosme Le Charron, vallet de chambre de la reine Yzabel; Gilles Ryvière; Gilles Chevallier; Guillaume Delamain, homme de bras; Geoffroy Bisson, filz de Guillaume; Guion Nollier; Guillaume Vénard; Houdinot Guiard, charron; Hervey Letanneur; Hérosme Racle; Jacques Routevillain, marchant; Johan Manier; Jehan Durez; Jehan Gérain; Jasques Ourry; Jehan Gouvet, vigneron; Jehan Daugin, boucher; Jehan Gentard, drapper ; Jehan Baliily, Jehan Grosenleu; Jehan Jeudebert, dit Jolly; Jehan le Fèvre; Jehan Melug; Johan Tuibault ; Jehan Fourre; Jasques Denyson; Jehan Durandel; Jehan Lévesque; Jehan Poitrine; Jehanne Couzin, veuve de Jehan Audenet; Jehan Gouviet, postier d'estain; Jehan de Lorme, boucher; Jehan Lambert, marchant; Jasques le Maistre, boucher; Jehan Hue, l'esné, drappier ; Jasques de Lambon; Jehan Bézard; Jehan Bourdon; Jehan Paigen; Joafret Bison; Jehan Guérin; Jehan Debeauvoix; Jehan Marquet, l'esné; Jehan Letanneur; Jehan Lebret; Jehan Forest; Jehan Fournichon; Jehan Houy, bourgoys; Jehan Letelert, l'esné; Jehan Galliez, tinturier; Jehan Pichon, sergent à Estampes ; Jehan Sirant; Jehan Dion, le jeune, tonnelier; Jehan Rondiau, boulanger; Jehan Meusnier, vinegrier, Jacques Grouslon, consierges du château à Estampes; Jehan Sauvegrasce; Jasques Lebreton, chaderonnier ; Jehan Demolière, mercier; Jehan Gougon; Jehan Moreau, Jaiques Bienvenu, mercier; Jehan Ratif, vigneron; Jehan Aubert dit Duplessis; Jasques Parrotiau, plâtrier; Jehan Moulia; Jehan le Clart, laboureur; Jacqueline Giroslan, veuve de Pierre Morin; Jehan Lebret; Joseph et Symon les Banouards; Jehan Dorenge; Jehan Marquet, vigneron ; Jehan Boisiau, Oxdier; Jehan le Gendre, vigneron; Jehan Briennet, boulanger; Jehan Gillet ; Jehan Jobert; Jehan Retoraux; Jacques de Viollart, escuyer, vigneur de la Chesné; Jehan Danton, vigneron; Jehan Gouvat; Jehan Harnea, charron; Jehan Landry et Françoise Lesné, sa femme; Jouillen Renard; Jacques Boisrat, vigneron ; Jehan Frosard, boulanger; Jacques Brochemier, foulon ; Jehan Gillebon; Jehan Sédillot; Jehanne Hamoys, veuve de Mestre Claude Paulmier; Jehan le Bouché; Jehan Thibault; Jehan Ralle; la veuve Quantin Hémery; la veuve Nycolas Yver; la veuve Gervaise Galot; Lionnel Buyson; la veuve François Gallot; la veuve Pierre de Lago; la veuve Rafael Mareulx; la veuve Jehan Chartier; la veuve Symon Cléron; la veuve Jehan Delille; la veuve Pierre Bénard; Loys Fortier, boulanger; la veuve Robert Bannault; la veuve Louys Pierre ; la veuve Jehan Doutin, dit Chartier; Lubin Brossard, charron; la veuve Jehan Durennel; la veuve Belles Lambart; la veuve Ferry Ateaume; la veuve Flipes Benard; la veuve Claude de Essartz; la veuve Jehan Routin; la veuve Lucas Bézart; la veuve Jehan Sargent; la veuve Cancien Hémery; la veuve Jasques Texsier; les hoirs feu mestre Germain Le Rebours; les doyen et chappitre Sainte-Croix; les héritiers de feu Girosme de Vileste; Loys Blanchart; la veuve Jehan Guiart, charon; Lubin Bézart; la veuve Jasques Billarans; la veuve mestre Estienne Lavasol; la veuve Pierre Banouard; la veuve Cancien Sainsard; la veuve Baisille Boutevilain; la veuve Mahiet Banouard; la veuve Jehan Heulbart, boucher; la veuve Mathurin Raquillet; la veuve Pierre Hochereau; Louys Hue; Louyse de la Porte, veuve d'Anthoine Petit; la veuve Pierre Benard, Boucher; Lubin Benard; la veuve Cristofle de Croix; Louys Louste ; Louys Banouard, cordonnier; la veuve Claude Fontaine; la veuve Jehan Durez; Louys Chartier, charron; Louys Chardon; Louys Lalier; la veuve Guillaume Leconte; la veuve Jehan Durandel; la veuve Pierre Hue; Marie Paulmier, veufve de mestre Esseprit Hasle; Macé Genty, vigneron; Marie Giard, veufve de Liénard Tilart; mestre Martin Jobidon, prebstre, chantre de Ste Croix ; Michel Banouard, boucher; Michel Girrard ; Norice Pinault; Mestre Pierre Mariot, eslu d'Estampes; Mestre Jacques Texcier; Marquet Pinault; Marie Lelong, veuve de Michel Sergent; Martin Cochon, boucher; mestre Pierre Leconte, avocat; mestre Tristant Lecharron, lieutenant au bailliage

» à Estampes; mestre Barthélemy Marcís, avocat à Es-
» tampes; mestre Jehan le Verrier, seigneur de Ville-
» martin; mestre Estienne Levasseur, procureur; M° Je-
» han Levasseur, procureur; M° Denis Plachon, prebstre,
» curé de St Gilles; Martine Meunnier, veuve de Jehan
» Thibault; Michel Crétien; M° Nicolas Petau, bailli
» d'Estampes; Mychel Parot; Mestre Pierre Legendre,
» curé de Nostre-Dame; Martin Flippes Batart, procu-
» reur; Michel Gasdon, marchand; Marie Harville,
» maréchal; mestre Jacques Savary, naguère receveur
» des tailles à Estampes; maistre Pierre Lamy, avocat
» à Estampes; Marion Moteux; mestre Pierre Parans;
» Marion Pinau, veuve de Canelon Liénard; Martin Sé-
» néchal, marchand; Michel Gasdon, marchand; Ma-
» thurin Bachellet, dy Renardy, savetier; maistre Pierre
» Mallevault, prévost général de Mons. Dauville; Mestre
» Charles Triste, auditeur des comptes à Paris; mestre
» Girrard Lecharron, bailly de Dourdan; mestre Triste
» Locharron, lieutenant du bailly à Estampes; Marie
» Séranx, veuve de Jehan Bailly; Martin Durandel;
» Mestre André Holler; Marc Legrand; Martin Ronier;
» Marin Forest; Messire Noël le Sourd; Marc Lignard;
» Nicolas Lalieu; Nicolas Mahon; Nicolas Gallot; Noël
» Charlier, Noël Gallot; Noël Heurtault; Nicolas Plis-
» son; Nicollas Varnier, marchant et vendeur de boutel-
» les; Noël Marquet; Nicollas Grimon; Nycollas Meurs,
» sargent; Nycollas Bondignon; Nicolas Hasto; Oudin
» Guiort, charon; Pierre Ourry; Pasqué Thibault; Pierre
» Crétault; Pierre Lebrot; Pierre Benard; Pierre Plisson;
» Pierres de Gilles; Philbert Cléron; Pierre Hocherlan,
» houtelier; Paqué de Lorme; Pierre Ponnillo; Pierre
» Foires, vigneron; Pierre Lemestre, cordinier; Pierre
» Letaleure, marcier; Pierre Legendre, poissonnier;
» Pierre Baudon, boucher; Pierre Paris; Pierre Gesr-
» rain; Pantalion Dulatre; Pierre Guyard, taneur;
» Pierre Morian; Pierre Rivière; Pierre Sédillot; Pierre
» Bihourt; Quantin Orry; Quantin Bougault; Quantin
» Moirlau; Quantin Banouard, boucher; Robert Morin;
» Roulans Gilgault; Robert Ourry; Renés Boutin; Ro-
» bert Leblanc, parcheminier; Richard Leclart; Symon Le-
» long, escuyer du roy à Estampes; Symon Lenoir; Symon
» Bilerans; Syméon Jamet; Symon Harvy; Symon Clé-
» ron; Symon Milet, boucher; Symon Gran, boulanger;
» Symonne Ourry, fille defunct Jacques Ourry; Symon
» Banouard; Symon Gervaise, drappier; Thomas Hé-
» rault, barbier; Thomas Damours; Thomas Motheuix;
» Thomas Bidon; Thiennette Rétif. »

E. 3502. — 1 registre incomplet et informe de 59 feuillets in-4°, papier.

1571-1579. — Forests ou de Longchamp (Fief de).
— État des cens reçus à Estampes, pour le compte des reli-
gieuses de Longchamp, par Jehan Hamoys, leur procu-
reur, de 1571 à 1579, inclusivement. Censitaires en
1577 : « Tounmas Damours; Jehan Dorenges; Jehan De-
» molière; Jasqueline Girardon; Quentin Ourry; Marie
» Guiard, veuve de Liénard Titant; Jehan Meunier,
» vinaigrier; Pierre de Gilles; Quentin Bougault; Pierre
» Paris; Canelan Demolières; Girrard Raquillot; Pierre
» Ronrry; Jehan Ratif; Jasques Blondiau; Estienne
» Lelons; Pierre Lemestre; la veuve Pierre Benard;
» Jehan Thibault; Symon Le Noir; Syéonne Ourry;
» Jehan Fourré; Symon Hyllet; la veuve Louys Pierre;
» Flippes Pailliau; Jasques Lambon; Catherin Poictie-
» vin; Pierre Ponnillo; Guillaume Macé, sargent; Jehan
» Harvin, charron; Nycollas Hodry; Jehan Baudon; la
» veuve Mestre Estienne Levasseur; Loys Fortier, bou-
» langer; Nycolas Lalier; la veuve Pierre Hocherlan;
» Noël Heurtault; Guillaume Giard; Michel Gesdon;
» Robert Ourry; Audry Delorme; Jehan Siraut; Morice
» Pinault; Pierre Gefroy; Cancien de Lasgo; Jehan Ge-
» frain; la veuve Jasques Dilarant; Jehan Durandel;
» la veuve Canelon Hémery; Estienne Sédillot; Cancien
» Petit; Marquet Pinault; Lyonet Bison; Nycollas Var-
» nier; Louyse Delaporte; Jehan Bondiau; Gaufret Jo-
» hannes; Jehan Legendre; la veuve Robert Bonnault;
» Jehan Danton; Leucas Férard; Harvy Letaneur; Es-
» tienne Damours; Audry Durans; Nycollas Plisson;
» Estienne Morian; Claude Fontaine; Marie Harville,
» maréchal; Jehan Hue, drappier; Jehan Durez; Jehan
» Boissio, cordier; Martin Coichon; Guillaume Leconte;
» Girosme Gaudet; Jehan Marquet; Estienne Hardy;
» Barthélemy Giron. » Censitaires en 1578 : « Pierre Mo-
» riau; Jehan Dorenges; Louys Fortier; Gervesse Dela-
» porte; Thoumas Damours; Hervy Letaneur; Jehan
» Foure; Jehan Ratif; Michel Guesdon; Cantien Cré-
» tault; M. Thomas Hérault; Symon Lenoir; Pierre Bou-
» ville; Marquet Pinault; Michel Crétian; la veuve Can-
» tin Hémery; Cantin Banouard; Pantalion de Tartre;
» Jehan Picholo; Pierre Oury; Nycollas Houdry; Nassé
» Gentil; Jehan de Molière; Jasqueline Giraukdon;
» Claude Joudin; Fleurent Fournillon; Guillaume le
» Conte; la veuve Louis Pierre; Jehan Lambert; la
» veuve Jehan Delisle; Jaques Denyson; Estienne Le-
» tone; Symon Guiot; Pierre de Gille; Pierre Mallevault;

» Paquier Delorme; Robert Ourry; Ferry Boucher; Je-
» han Bourdon; la veuve mestre Estienne Levasseur;
» Marie Herville; Johan Chauvin; Michel Girard; mestre
» Pierre Parent; la veuve Nycollas Yver; Pierre Lebret;
» Pierre Lemestre; Jehan Herret, charron; Jehan Ran-
» deau, boulanger; Estienne Courcoupt, laboureur;
» Jacques Parruteau. » Censitaires en 1519 : « Morin
» Frères; Gervais Delaporte; Jehan Gilles; Guillaume
» Poquet; Jehan Croistault; Jehan Marsier; Claude
» Jourdin; Hiérosme Lecharron; N. Tanneur; Jehan
» Doche; Jehan Rétif; Marie Herville; Pierre de Gille;
» Jehan Moulté; Pierre Ourry; mestre Pierre Vallerault;
» la veuve Pierre de Gilles; Estienne Leloup; Thomas
» Damours; Pierre le M°; Nycollas Menos; Girard Ha-
» quillet; Jehan Bourdon; la veuve M. Levasseur. »

E. 3902. — 1 registre, papier, comprenant 2 cahiers de 75, 40 et
8 feuillets, en tout 123 feuillets in-4°.

1540-1571. — Foresta ou de Longchamp (Fief de).
— Etat du cens perçus, à Etampes, par les religieuses de
Longchamp, en 1540, 1561 et 1571. Les noms des Censitaires portés dans ces Etats se retrouvent dans les articles ci-après sous les trois dates susmentionnées.

E. 3903. (Liasse.) — 2 cahiers, papier dont 1 de 91 et l'autre de
41 feuillets in-4°.

1577-1645. — Foresta ou de Longchamp (Fief de).
— Extraits de déclarations d'héritages dépendant de la
censive du couvent de Longchamp, tant à Etampes que
dans les environs. — Extraits d'actes de même nature
appartenant plus particulièrement aux années 1638 à
1642.

E. 3904. — 1 registre, papier de 75 feuillets in-4°.

1540. — Foresta ou de Longchamp (Fief de). — Etat
des cens reçus à Etampes, pour le compte des religieuses
de Longchamp, par Bertrand Caresme, potier d'étain, leur
receveur. Censitaires : « Antoine Marquet; Anthoine
» Bouteron; André Durand, dict Aveline, boucher;
» André Delorme; André Pinault; Alexandre François,
» sergent royal à Estampes; Antoyne Caperon; Bar-
» thellemy Giron; Barthellemy Lemaire; Bernard
» Ourry; Beize Duparc; Chrestophle Banonard,
» boucher; Cantien Demolières; Claude Letailleur;

» Claude Jourdain, praticien; Cantien Motteux;
» Cantien Colleau, serrurier; Cantien Delage; Can-
» tien Lhoste; Cantien Banonard; Claude Pierni-
» chon; Cantien Varnier; Claude Forest; Cantien le
» Loup; Estienne Le Long; Estienne Hardy; Estienne
» Rouault; Estienne Moreau, boulanger; Estienne So-
» dilot; Estienne Bouteville, tanneur; Estienne Da-
» mours; Estienne Courcour, laboureur; Estienne le
» Blanc, boucher; Bastasse Sertin; Estienne Johannes;
» Pierrette Sirout; Florent Favraillon; Ferry Boucher;
» François Onivet; François Banonard; François Lhoste,
» vigneron; Pierre Couillard; François Locquereau, texier
» en toiles; François Petit, vigneron; François Baron,
» marchant; François Gransanleu; François L'hoste;
» Françoys le Long; Françoys Gautier; François De-
» lorme; Geoffray Johannes; Guillaume le Comte; Ger-
» vais Delaporte; Guillaume Mace, sergent royal à Es-
» tampes; Girard Bouvain, toupotier; Guillaume Galot;
» Guillaume Ouard, tanneur; Guillaume Guigneleuf,
» pasticien; Guillaume Ourry; Girard Haquillet, bou-
» cher; Gilles Rivière; Gilles Chevalier; Guillaume de
» la Main, homme de bras; Guillemecte Sablon; Gouvyn
» Laumosnier; Guillaume Paumel; Guillaume Venard;
» Guyon Hotier; Georges Hamoys; Hervy Le Tanneur;
» Hiérosme Hacte; Hiérosme Godet; Hiérosme Lechar-
» ron, valet de chambre de la royne Ysabel; Hiérosme
» Galot; Jehan Manier; Jehan Guérin; Jehan Baugiré,
» boucher; Jehan Guccard, drapier; Jehan Melun; Je-
» han Thibault; Jehan Fourré; Jacques Denison; Jehan
» Gouvel, potier d'estain; Jehan Lambert, marchant;
» Jacques Lemaistre, boucher; Jehannue l'esné, drapier;
» Jacques de Lambon; Jehan Gransenleu; Jehan Payau;
» Jeuffroy Oison; Jehan Marquet, l'esné; Jehan Leton-
» neur; Jehan Forest; Jehan Fournillon; Jehan Houy,
» bourgeoys; Jehan Leclerc, l'esné; Jehan Dalliez, tainc-
» turier; Jehan Pichon, sergent à Estampes; Jehan Si-
» raut; Jehan Rondeau, boulanger; Estienne Busnier,
» vinaigrier; Jacques Droullant; Jacques Lebreton,
» chauldronnier; Jehan Ourry, vigneron; Jehan Thi-
» boult; Jehan de la Lucquezière, marchant; Jacques
» Bontevilain, fils de deffunct Jacques; Jehan Demo-
» lières, mercier; Jehan Moreau; Jehan Hue, drappier;
» Jacques Bienvenu, mercier; Jehan Baron; Jehan
» Rétif, l'esné, vigneron; Jehan Aubert, dict Duplessis,
» tailleur de pierre; Jacques Perroteau, plastrier; Jehan
» Houle; Jehan Leclerc, laboureur; Jacqueline Giraudon,
» veufve Pierre Morin; Jehan Lebret, l'esné; Jehan
» Dorange; Jehan Marquet, vigneron; Jehan Boisseau,
» cordier; Jehan Brunet, boulanger; Jehan Gobert
» Jehan Hébard, parcheminier; Jehan Legendre, vigne-

» ron; Jehan Bourdon; Jehan Billerant, fils de deffunct
» Cantien Billerant; Jehan Danton, vigneron; Jehan
» Couvet; Jehan Hervé, charron; Julien Raynard; Jac-
» ques Bouchcr, vigneron; Jehan Faissard, boulanger;
» Jacques Brochemier, foulon; Jehan Gilbon; Jehan Si-
» dillot; Jehan Ourry, vigneron; Jehan Bouches; Jehan
» Thibault; Jehan Buisson; vigneron; Jehan Rasle,
» laboureur; Jehan Banouard, boucher; Jeuffroy Buis-
» son, fils de Guillaume; Jacques Touchart, boucher;
» Jacquette Capperon, fille de feu Denis; Jacques Paris,
» marchant mercier; Jehan Guertard, le jeune; Jehan
» Guyou; la veufve Nicolas Yver; la veufve Gervais Galot;
» Lionnel Buisson; la veufve Françoys Galot; la veufve
» Simon Giéron; la veufve Pierre Pénard; Loïs Fortier,
» boulanger; la veufve Robert Rouvault; la veufve Loïs
» Pierre; la veufve Jehan Roulin, dict Chartier; Lubin
» Drossart, charron; la veufve Ferry Alexanne; la veufve
» Jehan Sergent; la veufve Cantien Hémery; la veufve
» Jacques Texier; les Doien et chappitre Saincte Croix;
» Loïs Blanchard; la veufve Jacques Billerant; la veufve
» Cantien Salnxard; la veufve Basile Boutevillain; la
» veufve Pierre Hochereau; Loïs Hue; Loïs Dela-
» porte, veufve d'Anthoyne Petit; Lubin Bégard; la
» veufve Xristophe Decroix; Loïs Banouard, cordonnier;
» la veufve Claude Fontaine; la veufve Jehan Duris;
» Loïs Chartier, charron; Loïs Chandon; Loïs Lhoste;
» la veufve Me Pierre de Maxeaux, en son vivant, esleu
» d'Estampes; la vefve Pierre de Giles; la veuve Guil-
» laume Leconte; Loys Banouard, boucher; la veuve
» Me Claude Paulmyer; la veuve Jehan Durandel; Loys
» Lefèvre; Lionnet Gobert; Marie Paulmier, veuve de
» Esprit Hacte, vivant, procureur du roy à Estampes;
» Macé Gentil, vigneron; Michel Girard; Maurice Pi-
» nault; Marguet Pinault; Marie Lelong, veuve de Mi-
» chel Seignant; Martin Cochon, boucher; Me Barthé-
» lemy Martial, advocat à Estampes; Me Jehan Lever-
» rier; sr de Villemartin; Me Jehan Levasseur, procu-
» reur; Michel Chrestian; Me Nicolas Petau, bailly d'Es-
» tampes; Michel Perrot; Me Pierre Legendre, curé de
» Nostre-Dame; Me Philippes Bastart, procureur; Marie
» Hervile, maréschal; Me Pierre Lamy, avocat à Es-
» tampes; Marion Motheux; Me Pierre Parent; Marion
» Pinault, veuve Cantien Liénard; Marin Forest; Marin
» Séneschal, marchant; Michel Guesdon, marchant; Ma-
» thurin Bachellot, dict Reverdy, savetier; Me Pierre
» Malvault, prévost général de Monsieur Danville;
» Me Thomas Guextard, le jeune, contrôleur des tailles;
» Maistre Charles Tristan, auditeur des comptes à Paris;
» Me Girard Le Charron, bailly de Dourdan; Me Tristan
» Le Charron, lieutenant du bailliage d'Estampes; Marie

» Siraut, veuve de Jehan Bailly; Martin Durandel;
» Me André Hublier, procureur; Here Lignard; Messire
» Noël Lesourd; Mathurin Cocheteau; Michel Clément,
» vigneron; Marin Bougault; Mathurin Hardy, vigne-
» ron; Me Pierre de Mazeaux, contrôleur du grenier à
» sel; Nicolas Haudry; Noël Chartier; Noël Galot; Noël
» Heurtault; Nicolas Plisson; Noël Marquet; Nicolas
» Renault, sergent; Nicolas Doudignon, vigneron; Ni-
» colas Harte, vigneron; Nicolas Mercier; Oudin Oulard,
» charron; Pierre Ourry; Pierre Lebrat; Pierre Pon-
» nille; Pierre Forest, vigneron; Pierre Lemaistre, cor-
» dier; Pierre Guérin; Penthaléon du Tertre; Pasquier
» Delorme; Pierre Goyard, tanneur; Pasquier Prieur;
» Philippe Paluan, boulanger; Pierre Rihoust, maris-
» chal; Pierre Potot; Pierre Hardi, laboureur; Pierre
» Nérigot, vigneron; Quentin Ourry; Quentin Bou-
» gault; Quentin Banouard, boucher; Robert Ourry;
» Richard Leclerc; Roullet Chappe; Symon Lenoir;
» Symon Millet, boucher; Symon Goyot, boulanger;
» Symonne Ourry; Symon Banouard; Symon Gervaise,
» drappier; Thomas Hérault, barbier; Thibaut Rousier;
» Thomas Damours; Thomas Bidon. »

E. 3903. — 1 registre, papier, de 32 feuillets in-4°.

1607. — Forests ou de Longchamp (Fief de). — Etat
des cens reçus à Etampes, pour le compte des religieuses
de Longchamp, par Pierre Degilles, prêtre, pour termes
échus en 1512 ou à échoir à des années suivantes. Censitaires : « Anthoine Bouteron; André Durant, dict Ave-
» line, boucher; André Gobert, pâtissier; André Delorme;
» Anthoinette Bernier, veuve Estienne Notier; Alexandre
» Françoys, sergent; Anthoine Capperon; André Beau-
» vallet, tailleur dhabits; Barthélemy Gyron; Blaise
» Despare; Benoist Cocheteau; Barbaut Papillon; Can-
» tien Moteux; Cantien Colleau, serrurier; Cantien
» Delaye; Cantien L'hoste; Cantien Giraudon; Cantien
» Banouard; Cantien Bernier; Claude Charpentier,
» vigneron; Claude Boisseau; Estienne Lelong; Estienne
» Hardi; Estienne Guenées; Estienne Boutevillain, tan-
» neur; Estienne Thibault; Estienne Courcour; Eus-
» tache Sertain; Estienne Mensnier; Estienne Joannes;
» Estienne Tommain; Esme Banouard, boucher; Ferry
» Boucher; Françoys Banouard; Françoys Lhoste;
» Françoys Petit; Françoys de la Lucazier; Françoys
» Baron; Fiacre Couillard; François Locquereau, texier
» en toiles; Françoys Grasenleu; Françoys Trouillard;
» Ferry Vredet, boullenger; Françoys Hardy; Françoys
» Martin, Foursy Renoult, vigneron; Françoys Ba-

» nouard; Françoys Paulmier; Françoys de la Masure;
» Guillaume Maré, sergent; Guillaume Guyard, tan-
» neur; Guillaume Quinetent, pattcier; Gilles Chevalier;
» Girard Jacquillot, boucher; Georges Hamoys; Guil-
» laume Vénard; Hiérosme Le Charron, varlet de
» chambre de la Reyne; Hiérosme Gallot; Hiérosme
» Saiozard; Hiérosme Jacquillet; Jehan Manier; Jehan
» Guérin; Jehan Jougla, boucher; Jehan de Lam-
» bon, marchand; Jehan Méllin; Jehan Fourré;
» Jehan Thibault; Jacques Deniron; Jeuffroy Disson;
» Jehan Tanneur; Johan Marquet, l'esné; Jehan Itouy,
» marchand; Jehan Leclerc, l'esné; Jehan Rodeau; Je-
» han Poictevin; Jacques Boucher, vigneron; Jacques
» Brodemier, foulton; Jehan Sédilot; Jehan Gillebon;
» Jehan Danton; Jehan Gouvel; Jehan Hervé, charron;
» Jehan Sirnot; Jacques Droullault; Jehan Texier;
» Jehan de la Lucaxier; Jacques Boutovillain; Jehan
» Demollières; Jehan Huo, marchand; Jehan Daron;
» Johan Rôtif, l'esné; Jacques Perroteau; Jehan Moule;
» Jacqueline Giraudon; Jehan Legendre; Jehan Hébard,
» parcheminier; Jehan Bourdon, corroyeur; Jehan
» David; Jehan Ourry; Jehan Jourdin, marchand épi-
» cier; Jehan Gouvel, quoroyeur; Cantian Bouchon;
» Johan Boucher, vigneron; Jehan Thibault; Jehan
» Duisson, vigneron; Jehan Banouard, boucher; Jacques
» Touchard; Jacques Paris, espicier; Jehan Guectard;
» Jehan Guyon; Johan Foucquet; Jehan Gaballe, le
» jeune; Jeuffroy Boysson, le jeune; Johan Thibault;
» Jehan Bouquain; Jacques Lelong, charron; Jehan
» Ourry; Jehan Thibault; la vefve Nicolas Yver; les
» hoirs Loys Fortier; la vefve Robert Donault; Loys
» Louste; la veuve Jacques le Breton, chaudronnier; la
» vefve Ferry Alleaume; la veuve Jehan Fossard; la
» veuve Bernard Ourry; la veuve Thomas Hérault; la
» veuve Jehan Thibault; la vefve et hoirs Jehan Sergent;
» les Doyen et Chapitre Ste Croix; la vefve Jacques Bil-
» larant; la vefve et hoirs Cantian Saiozard; Loys
» Blanchard; les hoirs feu Loys Hue; Loyse Delaporte,
» vefve d'Anthoine Petit; Lubin Bézard; la vefve Cres-
» tofle Decroix; la vefve Claude Fontaine; Loys Ba-
» nouard, cordonnier; la vefve Guillaume Le Conte; la
» vefve Jehan Durandel; Loys Lefèvre; Lionnet Gobert;
» la vefve Mᵉ Loys de Montqueron; la vefve Girard Bon-
» nin; la vefve Hervy Tanneur; la vefve Mᵉ Pierre
» Lamy, advocat; Loys Giraudon, tanneur; Lubin
» Ourry; Loys Banouard, boucher; Maistre Françoys
» Colas, greffier à Orléans; Marie Paulmier, veufve
» de Mᵉ Esprit Hacte, procureur du roy à Estampes; Mar-
» quet Pinault; Marie Lelong, vefve de Michel Seignant;
» Mᵉ Pierre Hacte, advocat; Michel Girard; Mᵉ Jehan

» Lorurrier, seigneur de Villemartin; Mᵉ Jehan La-
» vester, procureur; Mess. Jehan Bézard, prebstre, curé
» de St Quentin de Brutres-les-Scellées; Michel Chres-
» tian; Mᵉ Nicolas Pelau, bailly d'Estampes; Michel
» Perrot; Maistre Philippes Bastard procureur; Marin
» Herville, maréchal; Mᵉ Pierre Parent; Marion Pi-
» nault, veuve de Cancien Léonard; Marin Séneschal;
» Michel Guendon; Mathurin Bachelot, dit Rerordi;
» Mathurin Gonjon, jardinier; Mᵉ Claude Pichon, pro-
» cureur; Mᵉ Pierre Malvault, prévost de monseigneur
» le Mareschal de Montmorency; M. Charles Tristan,
» auditeur en la chambre des comptes à Paris; Martin
» Durandel; Marc Lignard; Mathurin Cocheteau; Marin
» Rougault; Mathurin Hardi; Maitre André Hobier;
» Maître Pierre de Mazeaux, controleur du grenier à sel;
» Mathurin Lucas; Marguerite Banouard, veuve Robert
» Leblanc; Michel Lambert; Noël Chartier; Noël Galot;
» Nicolas Plissen; Noël Marcquet; Nicolas Menault,
» sergent royal; Nicolas Hasto; noble homme Philippes
» Delisles, Seigneur du Tronchay; Pierre Guérin; Pas-
» quier Delormes; Pierre Delorme, boucher; Pasquier
» Prieur; Pierre Bilhourd; Pierre Nérigot; Pierre Hardi;
» Pierre Hunger; Pierre Homard; Pierre Detespine,
» sergent; Pierre Enjubart; Pierre Voitton ou Veillon;
» Pierre Fontaine; Pierre Fourrier, boulanger; Pierre
» Hubert, maréchal; Quentin Ourry; Quantin Banouard;
» Robert Ourry; Richard Leclerc; Roullet Chappe;
» Robert Lambert; Simon Danouard; Sébastien Pierre;
» Thomas Bidon, Zacarie Colleau, serrurier. »

E. 3903¹. — 1 registre, papier, de 127 feuillets in-4°.

1560-1640. — Foresta ou de Longchamp (Fief de).
— Minutes de déclarations passées au terrier de Forests.
Les noms des déclarants se trouvent reproduits dans les
articles qui précèdent ou suivent celui-ci.

E. 3903². (Liasse.) — 2 pièces, parchemin, dont 1 registre de
166 feuillets in-f°, 2 et 7 de tables et 157 de texte.

1600-1640. — Foresta ou de Longchamp (Fief
de). — Terrier du fief de Foresta ou de Longchamp. —
Déclarations passées par : Jacques Paris, marchand épicier; Jean Texier, maçon; François Petit, vigneron;
Forcy Benoul; les heritiers Sergent; Michel Lambert,
marchand drapier; Pasquier Prieur, marchand; Zacharie Colleau, serrurier; « Louise Durand, veuve de Cantien Colleau; Pierre Pinot, laboureur; Jean Rousseau,

vigneron; Jérôme Sainsard, marchand épicier; Guillaume Venard, laboureur; Cantien Cone, cordier; Pierre Delorme, marchand; Pierre Fournier, boulanger; Jérôme Raquillet, boulanger; Rose Sergent, veuve d'Esprit Thibault; Henri Fontaine, tonnelier; Claude Forest, marchand; Benoist Cocheteau, maçon; Cantien Bernier, vigneron; Marie Durand, veuve de Thomas Horault; Cantien Banouard, marchand boucher; Cantien Gobert, vigneron; Pierre Rojobert, marchand; Nicolas Pilsson, boulanger; Étienne Delage, vigneron; Berteaine Gallot, veuve de Jean Thiboust; Jean Bailly, le jeune, vigneron; Blaise Bathereau, boulanger; François Troullard, vigneron; Marie Hochereau, veuve de Michel Quesdon; Pierre Hubert, maréchal; Jean Dubois, charretier; Michel Chrestien, laboureur; Gervais Rapigeon, vigneron; Marie Herville, maréchal; Cantien Garnier, cordonnier; Barbault Papillon, tisserand; Marie Ciraut, veuve de Jean Bailly; Claude Chargentier, vigneron; Jean Thiboust, vigneron; Étienne Hardy, laboureur; Jean Ourry, vigneron; Lubin Ourry, vigneron; Jean Clément, vigneron; Jean Moulle, marchand; Damienne David, veuve de Jacques Droulaut; Pierre Bihourt, maréchal; Pierre Amy, marchand; Jean Delorme, fils de Pasquier; Georges Hamois, prêtre, curé de Saint-Gilles d'Étampes (23 décembre 1000); Jean Guédard, marchand et bourgeois; Guillaume Baron, marchand; Quentin Banouard, marchand boucher; Christophe Leblanc, boucher; Léonarde Petault, veuve de Louis de Montgleron; Jean David, marchand; Jean Jourdin, marchand; Philippe Bastard, greffier du bailliage d'Étampes; Cantien Giraudon, marchand et laboureur; François Dantonnet, laboureur; Louis Lhoste, vigneron; Jérôme Testard, maître barbier et chirurgien; Jacques Alleaume, marchand, bourgeois d'Orléans; Ferry Ponville, marchand drapier; Hélène Lelong, veuve de Pierre Delucazière; Étienne Musnier, vinaigrier; François Martin, marchand parcheminier; Michel Goujon, vigneron; Fiacrette Cyrault, femme de Quentin Gallot; Cantienne Fleury, veuve de Jean Perrot, et Cantienne Fleury, filles des feu Pierre Fleury et Cantienne Legendre; Noël Pierre, vigneron; Marie Saulmier, femme de noble homme François Collas, naguères grenetier du grenier à sel et gabelle d'Orléans; Marie Lelentier ou Lebertier, veuve de Pierre de Mazeaulx; Huguette Leconte, veuve d'Étienne Thibault; Barthélemy Bonnet, marchand; François Locquereau, tisseur en toile; Mathurin Lucas, marchand hôtelier-tonnelier; Alexis Archambault, boulanger; Nicolas Thibault, marchand; Toussaint Godeau, marchand « grossier; » Siméon Banouard, boucher; Edme Banouard, boucher; André Delorme, vigneron; Pierre Hervé, le jeune, charron; François Drenier, vigneron; Geoffroy Buisson, vigneron; Jean Bailly, l'aîné, vigneron; Louis Ourry, vigneron; Jean Clément, le jeune, vigneron; Jeanne Hatte, veuve de François Chéron; Michel Chrestien et Jacques Daron, laboureurs; François Herville, maréchal; Jeanne Hubert, veuve de Christophe Banouard; Étienne Holiar, procureur au bailliage d'Étampes; Louise Legendre, veuve de François Delaunay; Marie Huo, veuve d'Étienne Bouteviliain; Cantien Crestault, vigneron; noble homme Jean Lebeau, archer des gardes du corps du roi, et Simonne Buchon, veuve de noble homme Pierre Malvault; Sébastienne Fouquet, fille de Jean Fouquet; Pierre Fontaine, vigneron; Jean Rouzier, marchand boucher; Jean Bézard, prêtre, curé de Bruyères-les-Scellés (31 juillet 1604); Louis Noël, marchand; Jean Gouvet, tailleur d'habits; Jeanne Musnier, veuve de Blaise Desparay; François Hardy, vigneron; Hiérosme Gallot, vigneron; Françoise Delamasure, laboureur; Jeanne Rigault, veuve de Jean Rambert; noble homme Nicolas Cousté, lieutenant particulier au bailliage d'Étampes; Gervois Petau, bourgeois de Paris, et Hélène Petau, fille de feu noble homme Nicolas Petau, vivant bailli d'Étampes; Marguerite Boucher, veuve de Louis Hémery; Perrine Jubert, veuve de Jean Boucquin; Simon Dieu, cardeur; Jean Bonnet, vigneron; Antoine Bezard, vigneron; Gabrielle Deserville, veuve de Louis Bézard; Marie Bouterou, veuve de Martin Hocquères; François Delorme, vigneron; Louis Ourry, vigneron; François Troullard, vigneron; Guillaume Pépie, laboureur; Guillaume Galart, marchand et laboureur; Jean Gouvet, corroyeur; Catherine Lemaistre, veuve de Ferry Brodet; Françoise Hatte, femme de Lucas Cracher, maître chirurgien et barbier, à Paris; Ambroise Morin, le jeune, clerc au Palais; François Morin, cardeur, et Marie Morin, enfants d'Ambroise Morin, l'aîné, et de Julienne Hochereau; Gilles de Châtillon, chevalier de l'Ordre du roi, gentilhomme ordinaire de la chambre, baron d'Argentan, etc.; Damienne Bauldet, veuve de Damien Fizelier; Marguerite Dorange, veuve de Claude Fontaine; Nicolas Menault, marchand mercier; noble homme Jean Hardy, maréchal des logis du roi et de ses armées; Jean Bellier, laboureur; Jacques Moussault, archer du prévôt des maréchaux d'Étampes; Zacharie Banouard, marchand; Jean Beauvilier, receveur du domaine d'Étampes; François Paulmier, marchand bourgeois; Marie Audran, veuve de Pierre Lamy; Lambert Lambert, fils de Robert Lambert, marchand bourgeois; Jean Denise, manouvrier; Pierre Munger, bourrelier; Can Doche, marchand mercier;

Louis Banouard, marchand boucher; Louis Giraudon, marchand tanneur; Julienne Dublet, veuve de Bédard Delsage, vivant chirurgien barbier; Jacques Cochon, marchand mercier; Fiacre Noury, vigneron; Jean Sauvegrace, vigneron; Mathurin Cocheteau, vigneron; François Delorme, laboureur; Jacques Munier, laboureur; Claude Montel, vigneron; Jacques Mérigot, vigneron; Denis Daymra, savetier; noble homme Michel de Veillard, écuyer, sieur de Chesnay; André Guétard, marchand mercier; Pierre Banouard, marchand boucher; Marie Hue, fille de Louis Hue; Étienne Roulleau, sergent royal au bailliage d'Etampes; Jacques Le Vassor, procureur aux bailliage et prévôté d'Etampes; Jean Thibault, vigneron; Ferry Ponville, marchand drapier; Arthus Le Maire, vigneron; Jacques Lhotte, vigneron; Marin De Lorme, vigneron; Pierre Barrelier, manouvrier; Guillaume Guérin, l'aîné; Jean Guérin, vigneron; Pierre Leblanc, laboureur; François Herville, maréchal; Jean Mercier, maréchal; Pierre et Jean Baron, laboureurs; Louis Bourton, marchand; Pierre Boudeaulx, procureur au bailliage d'Etampes; noble homme Jacques Petau, conseiller du roi, lieutenant général civil et criminel au bailliage du gouvernement d'Etampes; Pasquier Dézard, vigneron; Thomas Narais, cordonnier; Jean Barillier, manouvrier. En tête de ce registre se trouve une table alphabétique « des noms et surnoms des dénommés au présent papier terrier; » il y en a une seconde à la fin du registre. Une des feuilles de garde est formée avec une « Table des sols et livres parisis. A Paris, chez Antoine de Vauconsains, marchand ordinaire du roy en la grand-salle du Palais, avec privilége du roy, 1637. » Cette table en papier est collée sur parchemin. — Original des lettres de terrier données par le roi à Paris, le 24 mars 1604.

E. 3906. (Liasse.) — 2 cahiers, papier, l'un de 9, l'autre de 33 feuillets in-f°.

1600-1661. — Foresta ou de Longchamp (fief de). — Déclarations d'héritages tenus à cens, des religieuses de Longchamp, à Etampes et aux environs, passées par devant Pierre de Lambert, notaire et principal tabellion des ville, bailliage et duché d'Etampes, par:
» Salomon Lesage, marchand espicier mercier; René
» Villemaire, laboureur; Claude Charpentier, manou-
» vrier; Pierre Petit, messager; Jean Goustier, chirur-
» gien; M. Jacques Rousse, bourgeois de Paris; Pierre
» Danonville, messager de la ville d'Estampes; François
» Giraudon; Gabrielle de Villois, veuve de Jean Baudet,
» archer en la maréchaussée d'Estampes; Marie Beau-
» doulu, veuve de Pierre Foirest, Mᵉ tonnelier à Es-
» tampes; Guillemette Hardy, veuve d'Huguet Gouvat,
» vigneron; Enrica Bourdier, veuve de Pierre de Lor-
» me, vigneron; Estienne de Lage, laboureur; Nicolas
» Bailly, laboureur; Jean de Lorme, vigneron; Quentin
» Bailly, vigneron; Nicolas Clément, vigneron; Fran-
» çoise de Muret, veuve de François Canivet, marchand;
» Martin Guiard; honorable homme Claude Petit, mar-
» chand cabaretier; Damien Hugaet, Mᵉ maçon; Jehan
» Rallé, vigneron; Denis Thomas, laboureur; Médarde
» Gaudrille, veuve de George Maury, berger; noble
» homme Thibault Martin sieur de Souplainville, officier
» du roy; Anne Gajot; Jean Ollivier, vigneron; Marie
» Durand, veuve d'Anthoine Roger, sergent royal à Es-
» tampes; Marguerite Bouchet, veuve d'Aconne Dupré,
» procureur ès-sièges royaux d'Estampes; Jeanne Roul-
» lier, veuve de Jacques Petit, manouvrier; Pierre De-
» gast, marchand; Allain Grenier, Mᵉ chirurgien;
» François Gillibon, laboureur; Noble homme Jacques
» Vincent, advocat en parlement, conseiller du roy,
» esleu en l'esllection d'Estampes; Nicolas Plisson,
» marchand tanneur; Gérosme Foudrier; Elizabeth Hes-
» me, veuve d'Alexandre Jacquet, marchand tanneur;
» Mᵉ Pierre Petault, prestre; M. Claude Le Vassort, pro-
» cureur ès-sièges royaux d'Estampes et substitud de
» Monsieur le procureur du roy; Jean Baron, laboureur;
» Lucresse Jousselin, dame baronne de Bouville, Fra-
» cheville et autres lieux, veuve messire Estienné Jappin,
» conseiller secrétaire du roy; Louis de Croix et Pasquier
» Horry, marguilliers de l'œuvre et fabrique de Saint-
» Quentin de Brières-les-Scellées; Jean Leveville,
» Mᵉ cordonnier; Claude Duphay, laboureur; Pierre de
» la Scelle, vigneron; Denis Billan, laboureur; Antoine
» Lebrun, Mᵉ boulanger-patissier; M. Claude Fontaine,
» prebstre, curé de Saint-Pierre d'Estampes et chanoine
» de Sainte-Croix; Théodore Morant, archer en la ma-
» réchaussée d'Estampes, honorable homme Rodulphe
» Gaudeau, marchand espicier, bourgeois de Paris; ho-
» norable homme Jean Gabaille, marchand bourgeois
» d'Estampes; Pasquet et Pierre Aury, laboureur; ho-
» norable homme Anthoine Thibault, receveur de mes-
» sieurs les Célestins de Marcoussis; Nicolas Renault,
» sergent royal à Estampes; Michel Le Muret, Mᵉ chir-
» rurgien, noble homme Claude Goussard, officier du
» roy; Janne Lauquet; Nicolas Thibault, marchand
» bourgeois d'Estampes; Michel Piron, marchand à
» Dourdan, dame Catherine Hubert, veuve de noble
» homme Pierre Meusnier, receveur des tailles, control-
» leur et esleu en l'élection d'Estampes; Noble homme

» Jean Baron, commissaire ordinaire des guerres ; ho-
» norable homme Pierre Crochard, bourgeois d'Estam-
» pes ; M. Nicolas Guiot, procureur ès-sièges royaux
» d'Estampes ; Claude Naby, marchand capitier ; dame
» Renée Alesume, veuve de noble homme Jean Dubois,
» esleu en l'election d'Estampes ; Basille Delorme, M^e
» Menuisier, révérend père dom Jean Boucquel, religieux
» de la congrégation de St-Paul, dite Barnabite ; Mar-
» tin Marceau, M^e maçon en plastre, couvreur en thuille
» et ardoise ; Simon Houllier, marchand boucher ; Jean
» Thiboust, laboureur ; noble homme Sébastien Oredet,
» lieutenant en la prévosté d'Estampes ; Jean Bichebois,
» escuyer, garde du corps de Monsieur, le duc d'Anjou,
» frère unique du roy ; vénérable et discrète personne
» Hazart Auroux, prestre, religieux, ministre du cou-
» vent de la Sainte-Trinité, à Estampes ; Simon Davost,
» marchand ; Pierre Legendre, marchand capitier ;
» Pierre Aury, vigneron ; vénérable et discrète personne
» Messire Jean du Chesnay, curé de Saint-Basile d'Es-
» tampes ; Jeanne Caillou, veuve de Nicolas Baron, la-
» boureur ; Claude Leblanc, marchand hostellier ; Jac-
» ques Leblanc, marchand boucher ; Quentin Leblanc,
» marchand boucher ; Jacques Fouquet, M^e cheron ;
» Pierre Moussault, archè en la maréchaussée d'Estam-
» pes ; Jeanne Dréard, veuve de Pierre Brodet, M^e boul-
» langer ; Pierre Bouveau, M^e boulanger ; Jean Daus-
» sin, marchand boucher ; Mathurin Archambault,
» marchand ; Cantien Broussard, laboureur ; François
» Péroche, marchand ; Claude de Laistan, chartier ; Ro-
» bert Le Clerc, laboureur ; Cantien Carnevillier, M.
» Maréchal ; Michel Toneur, laboureur ; M. Jean Roger,
» procureur ès-sièges royaux d'Estampes ; noble homme
» François Cordelx esleu en l'election d'Estampes ; noble
» homme Jean Peschard, escuyer, sieur de Lespines ;
» Marie Horry, veuve de Jean Charpentier, vigneron ;
» Cantien Forest, vigneron ; Damienne Forest ; Antoine
» Sannoix, M^e menuisier ; Marie Rivet, veuve de Noël
» Boutet, M^e appotiaire ; Claude Villemaire, M^e maré-
» chal ; Guillaume Desange, marchand mercier ; Claude
» Melun, M^e bourrelier ; Rodolphe Guyard, marchand
» mercier ; M. Henry Pinguenel, greffier au bailliage
» d'Estampes, boursier de l'œuvre et fabrique de Saint-
» Basile d'Estampes ; François Michau, M^e boulanger ;
» Cantien Carneville, messager ordinaire de la ville
» d'Estampes à Paris et Jacques Touchard, laboureur ;
» Louis Picard, sergent royal à Estampes ; Marie Gui-
» bourt et Anne Thibault ; Pierre Michellet, M^e tailleur
» d'habits ; dame Catherine de la Lucazière ; Pierre
» Laumonier, l'aisné, marchand ; noble homme, M. Gé-
» déon Percheron, conseiller et advocat du roy en l'es-
» lection d'Estampes ; Anthoine Lambert, sieur de Ro-
» chemont ; Jacques Plagis, vigneron ; François Hervia,
» M^e maréchal ; dame Adine Martin ; Jean Daugin, mar-
» chand boucher, vénérable et discrète personne Char-
» les-Jean Charpentier, prestre, doien, chanoine et bour-
» sier de la petite bourse de Sainte-Croix ; Anne des Ma-
» zeaulx, fille de deffunct honorable homme Me Pierre
» des Maizeaulx, conseiller au grenier à sel d'Estampes ;
» Guillaume Danouard, marchand boucher ; dame Marie
» Paulmier, femme d'honorable homme M. François
» Collas, naguère grenetier du grenier à sel et gabelle
» d'Orléans ; Michel Lambert, marchand drapier, noble
» homme Jacques Pelau, conseiller du roy, lieutenant-
» général civil et criminel au bailliage et gouvernement
» d'Estampes ». — Papier de perception des censives
» pour les dames religieuses, abesse et couvent de
» Nostre-Dame de l'Humilité de Longchamps-lès-Saint-
» Cloud, en leurs censives d'Estampes et ès-environs,...
» suivant les déclarations et recognoissances... passées
» au nouveau terrier, commencé en l'année 1657. »

E. 3907. — 1 cahier, papier, de 37 feuillets in-4°.

1604. — Foresta ou de Longchamp (Fief de). — Etat
incomplet des cens reçus à Estampes, en 1604, probablement pour le compte des religieuses de Longchamp.
Censitaires : « Cantien Yvernette ; Cantien Godin ; Can-
» tien Gobert ; Cantien Hunger ; Cantien Crestault ; Claude
» Regnault ; Claude Regnard ; Cantien Gigot ; Cantien
» Marault ; Clément Netier ; Claude Goue ; Claude Le-
» conte ; Claude Delaporte ; Claude Boyvin ; Cantien Vé-
» nard ; Claude Sanson ; Denis Baudri ; Didier Chenard ;
» Denis Martin ; Estienne Thomain ; Estienne Banouard ;
» Estienne Charpentier ; François Delisle ; Françoys Vra-
» ment ; François Gabaille ; François Ruet ; François Hé-
» mery ; Françoys Martin ; François Carnevellier ; Fran-
» çois Méri ; Guillaume Pépie ; Guillaume Guiard ; Gilles
» Lebrun ; Gilles Enjubert ; Guillaume Lebrun ; Guil-
» laume Chambault ; Guillaume Naudet ; Gervais Guillot ;
» Herol Fontaine ; Henri Aussaire ; Hiérosme Sainxard ;
» Jacques Baudouin ; Jehan Chassecullier, appothic-
» quaire ; Jehanne Guischard ; Jehan Guyon ; Jehan
» Moreau ; Jehan Hersant ; Jehan Delabarre ; Jehan de
» la Chasse ; Jacques Paris ; Jehan Moullé ; Jehan Mignon ;
» Jehan Yver ; Jehan Guyot ; Jullian Regnard ; Joa-
» chim Guérelin ; Jehan Faye ; Jehan Féron ; Jacques
» Françoys ; Jacques Bruant ; Jehan Racyne ; Jehan Jul-
» lian ; Jacques Hémard ; Jehan Grenot ; Jehan Dutraict ;

SÉRIE E. — TITRES DE FAMILLE (VALORY).

» Jehan Carnevillier; Jehan Forest; Jehan Gilles;
» Jacques Thibault; Jehan Gobert; Jacques Houssault;
» Jacques Mallet; Jehan Ollivier; Jehan Fauvet; Jehan
» Domolières; Jehan Hunier; Johan Damours; Jehan
» Rouiller; Jacques Lunguard; Jehan Lelong; Jacques
» Chauvin; Jacques Maugard; Jehan Bouchain; la veufve
» Estienne Beauvillier; la veufve Jacques Hémery; la
» veufve Hervé Fleureau; la veuve Jacques Charron; la
» veuve J. Ruissault; la veufve Abel Dupois; la veufve
» Rollant Bousquin; la veuve Cansian Goétard; la
» veuve Cantien Lamy; la veuve Damien Fizelier; la
» veuve Pierre de la Mare; la veuve François Pichoémus;
» la veuve Colleau; la veuve Jehan Jouanneau; les héri-
» tiers Jullian Joly; la veuve Jehan Regnard; Lithard
» Carevillier; la veuve Richard Hanger; la veuve Jo-
» seph Drébant; la veuve Jehan Hervi; Loys Saillard;
» la veuve Nicolas Louveau; la veuve Thomas Hérouit;
» la veuve J. Bori; la veuve Etienne Daudré; la veuve
» Abel Chevrier; la veuve Claude Courtillet; la veuve
» Jehan Charron; Loys Giraudon; Loys Danouard;
» Laurent Prévost; la veuve Marin Delahaye; la veuve
» Mathurin Richier; Lucas Lhoste; la veuve Guillaume
» Chambault; la veuve Pierre Forest; la veuve M° Es-
» tienne Charron; la veuve M° Guillaume Vincent; Lau-
» rand Jallant; la veuve Dussaint Sarradin; la veuve
» Guillaume Cormier; les héritiers Jacques Bouthevil-
» lain; Michel Petit; Mathieu Rué; M° Hamois; M° Henri
» Dupré; Michel Lambert; Macé Besnard, sergent;
» M° Symon Egal; Michel Odin; Michel Petit; Michel
» Bouthevillain, le jeune; Martin Mercier; Mathurin
» Lhoste; Marin Guillot; M° Jacques Levasser; Martin
» David; Michel Gilles; Nicolas Delahaye; Nicolas Plis-
» son; Nicolas Legenet; Nicollas Brières; Nicolas Baudet;
» Pasquier Prieur; Pierre Fontaine; Pierre Delorme;
» Pierre Yvernette; Pierre Injubert; Pierre Dumenu;
» Pasquier Robert; Pierre Thibault; Pierre Michel;
» Pierre Hanger; Pierre Baron; Pierre Baudry; Pas-
» quier Jourdain; Pasquier Injubert; Pierre Guérin;
» Pierre Hémard; Pierre Gaillard; Pierre Godin; Pierre
» Lorin; Pierre Brières; Pierre Chauvin; Pierre Lau-
» mosnier; Pierre Thomas; Philippes Houillier; Pierre
» Forest; Pierre Baudri, le jeune; Raoul Guy; Quantin
» Banouard; Quantin Dutrait; Robert Meusnier; Symon
» Boucher; Symon Plisson; Symon Goussard; Symon
» Lecoup; Toussaint Thiboust; Vincent Rousseau; Ypo-
» litte Leblanc.

E. 3303. — 1 registre, papier, de 223 feuillets écrits, dont plusieurs sont restés en blanc.

1634. — Forests ou de Longchamp (Fief de). — Registres de déclarations censuelles passées, en 1616, probablement au profit des religieuses de Longchamps, pour
les héritages sis à Etampes ou aux environs. Déclarants :
« Marin Archambault, boullanger; André Delorme, vi-
» gneron; Anthoyne Bézard, vigneron; Adrienne Chan-
» delier, veuve d'honorable homme Berthélemy Chéron;
» André Qudiard, marchant mercier; Ambroise Marin,
» le jeune, clerc au Pallais; François Morin, cardeur et
» Marie Morin, enffans d'Ambroise Morin, l'esné, mar-
» chant; Bertrane Gallot, veuve de Johan Thiboust;
» Blaise Batherleau, boullanger; Barbaut Papil-
» lon, tixeran en draps; Berthélemy Bonnet, mar-
» chant; Cantien Coue, cordier; Claude Forest,
» marchant; Cantien Vernier, vigneron; Cantien Ba-
» nouard, marchant boucher; Cantien Gobert, vigneron;
» Cantien Garnier, cordonnier; Claude Charpentier, vi-
» gneron; Christophle Leblanc, boucher; Cantien Giraul-
» don, marchant; Cantienne Fleury, veuve de Johan Perot;
» Cantienne Lemaistre, veuve de Ferry Drevet, boullan-
» ger; Cancien Crestault, vigneron; Cantien Doché, mar-
» chant mercier; Claude Montet, vigneron; Damienne
» David, veuve de Jacques Droullault; Denise Legendre,
» veuve de François Delaunay; Damienne Bausset,
» veuve de Damien Fixelier, boullanger; Denis Daymes,
» savetier; Estienne Delnage, vigneron; Estienne Hardy,
» labourer; Estienne Musnier, vinaigrier; Edme Ba-
» nouard, boucher; Maistre Estienne Hobier, procureur
» au bailliage d'Estampes; Estienne Pévilleau, sergent
» royal au bailliage d'Estampes; François Petit, vigneron;
» Forcy Renoult, vigneron; François Boullard, vigneron;
» Fiacre Amy, marchant; François Dantonnel, labou-
» reur; Ferry Pouville, marchant drappier; Fiacrette
» Girault, de présent femme de Quantin Gallot, aupara-
» vant veuve de Bernard Ourry; François Martin, mar-
» chant parchemynier; François Locquereaux, texier en
» thoille; François Brenier, vigneron; Françoys Her-
» ville, maréschal; Françoys Hardy, vigneron; Françoys
» Delorme, vigneron; Françoys Troullard, vigneron;
» Françoys de la Masure, vigneron; honorable femme
» Françoise Haite, femme de honorable homme Lucas
» Cacher, M° chirurgien et barbier, demeurant à Paris;
» Françoys Paulmier, marchant bourgeois d'Estampes;
» Fiacre Nourry, vigneron; Francoys Delorme, labou-
» reur; Guillaume Vénard, laboureur; vénérable et dis-
» crette personne M° Georges Hamoys, prebstre curé de

» l'église Saint-Gilles d'Estampes; Guillaume Baron,
» marchant; Geoffroy Buisson, vigneron; Gabrielle
» Deserville, veuve de Louis Bézard; Guillaume Pé-
» ple, laboureur; Guillaume Goyert, marchant et la-
» boureur; hault et puissant seigneur, messire Gilles
» de Chastillon, chevallier de l'ordre du roy, gentil-
» homme ordinaire de la chambre, baron d'Argen-
» ton, Chantemerle, etc.; Hiérosme Sainsard, espicier;
» Hiérosme Raguillet, boulanger; Holayrie Leblong,
» veufve de Pierre Delalucasière, marchant; Hu-
» guette Leconte, veuve d'Estienne Thibault, mar-
» chant, Hiérosme Gallot, vigneron; Jacques Paris,
» marchand espicier; Jehan Texier, maçon; Johan
» Rousseau, vigneron; Jehan Bailly, le jeune, vigne-
» ron; Jehan Dubois, chartier; Jehan Thiboust, vigne-
» ron; Johan Ourry, vigneron; Jehan Clément, vigne-
» ron; Jehan Moulé, marchand; Jehan Delorme, fils de
» deffunct Pasquier Delorme, marchant; Jehan Quô-
» tard, marchant et bourgeois d'Estampes; Johan David,
» marchant; Jehan Jourdain, marchant espicier, Jac-
» ques Alleaume, marchant, bourgeois d'Orléans; Je-
» han Bailly, l'esné, vigneron; honorable femme Je-
» hanne Hatte, veuve d'honorable homme François
» Chéron, bourgeois d'Estampes; Jehanne Hubert,
» veufve de Cristophe Banouard; Noble homme Mᵉ
» Jehan le Beau, archer des gardes du corps du roy, de-
» meurant à Estampes; Jehan Boucher, laboureur; Je-
» han Corixe, marchand boucher; Messire Jean Bézard,
» prebstre, curé de Broyères-les-Scellez; Jehan Gonnet,
» tailleur d'habitz; Jehanne Musnier, veuve de Blaize
» Despiray; Jehanne Rigault, veuvede Jehan Rambert;
» Jehan Bonnet, vigneron; Jehan Gonnet, couvreur;
» noble homme Jehan Hardy, mareschal des Logis du
» roy et de ses armées, demeurant à Estampes; Jehan
» Bellier, laboureur; Jacques Moussault, archer du pré-
» vost des mareschaulx d'Estampes; Maistre Jehan
» Beauvillier, receveur du domaine d'Estampes; Ju-
» lienne Dubref, veuve de Médard Delaroche, chirur-
» gien et barbier, demeurant à Estampes; Jacques Co-
» chon, marchant mercier; Jehan Sauvegrâce, vigne-
» ron; Jacques Musnier, laboureur; Jacques Mérigot,
» vigneron; Jacques Brossard, marchant; Loïse Du-
» rand, veufve de Cantian Colleau, serrurier; Lubin
» Ourry, vigneron; Léonarde Pelault, veuve d'honora-
» ble homme M. Loïs Demouqueron, greffier de la pré-
» vosté d'Estampes; Loïs Lhoste, vigneron; Louys
» Ourry, vigneron; Loïs Nel, marchant; Lambert Lam-
» bert, filz émancipé de Robert Lambert, marchant
» bourgeois d'Estampes; Loys Banouard, marchant
» boucher; Loys Girauldon, marchant tanneur; Michel
» Dollon, laboureur; Michel Lambert, marchant drap-
» pier; Marye Durand; Marye Hockereau, veuve de Mi-
» chel Guesdon; Michel Crestion, laboureur; Marya
» Herville, mareschal; Marye Girault, veuve de Jehan
» Bailly; Dame Marye Paulmier, veuve de noble
» homme Mᵉ François Collas, naguères grenetier du
» grenier a sel et gabelle d'Orléans; honorable femme
» Marye Lefestier, veuve d'honorable homme Mᵉ Pierre
» Demezeaulx, contrôleur de la Gabelle d'Estampes;
» Michel Dogouillons, vigneron; Michel Crestion et Ja-
» ques Baron, laboureurs; honorable femme Marie Hue,
» veuve d'honorable homme Estienne Boutevillain, mar-
» chant; Marguerite Boucher, veuve de Loïs Hômery;
» Marye Bouteron, veuve de Martin Hocquereau; Mar-
» guerite Dorange, veuve de Claude Fontaine, voiturier
» par terre; honorable femme Marie Audren, veuve de
» Pierre Lamy, avocat en l'Eslection et Gabelle d'Es-
» tampes; Mathurin Cocheteau, vigneron; noble homme
» Michel de Veillard, escuyer, sieur de Chesnay; Marye
» Hue, fille de feu Loys Hue; Nicollas Plisson, boul-
» langer; Noël Pierre, vigneron; Nicollas Thibault,
» marchant; noble homme Nicollas Cousté, lieutenant
» particulier au bailliage d'Estampes; Gervais Petau,
» bourgeois de Paris, et Hélayne Petau, fille de feu no-
» ble homme Mᵉ Nicollas Petau, vivant bailly d'Estam-
» pes; Nicollas Menault, marchant; Pasquier Prieur,
» marchant; Pierre Pinel, laboureur; Pierre Delorme,
» marchant; Pierre Enjubert, marchant; Pierre Hu-
» bert, mareschal; Pierre Béhoust, mareschal; honora-
» ble homme Mᵉ Philippe Bastard, greffier du bailliage
» d'Estampes; Pierre Hervé, le jeune, charron; Pierre
» Fontayne, vigneron; Perrine Jubert, veuve de Jehan
» Boucquyn; Pierre Hunger, bourrelier; Pierre Ba-
» nouard, marchant boucher; Quantin Banouard, mar-
» chant boucher; Roze Sergent, veuve de Mᵉ Esprit
» Thibault, procureur du roy en l'Eslection et Gabelle
» d'Estampes; Servais Papigeon, vigneron; Symon Ba-
» nouard, boucher; Sébastienne Foucquet, fille de def-
» functz Jehan Foucquet, vigneron, et de Jehanne Hé-
» may; Symon Dieu, cardeur; Zacarye Banouard,
» marchant. »

E. 3909. — 1 cahier, papier, de 19 feuillets in-4°.

1622-1623. — Foresta ou de Longchamp (Fief de). — État des cens reçus à Estampes, pour le compte des religieuses de Longchamps, par François Prieur, leur receveur en 1623, de « Jehan Hersant; Toussainct Go-
» deau; Symon Plisson; Claude Delorme; Estienne

» Musnier; Pierre Bordes; la veuve Esprit Thibault;
» Louis Garnier; la veuve Estienne Symon; la veuve
» Symon Richard; Jacques Tafoureau; Cantien Bou-
» chon; Johan Barellier; Pierre Houry; Jehan Houry;
» la veuve Jacques Beauvilliers; Quantin Delorme;
» Claude Charpentier; Morin Delorme; François De-
» lorme; Pierre Hunger; Jehan Thibault; la veuve Mi-
» chel Fontaine; Jacques Lhoste; Maurice Boucher;
» Claude Drouillault; Johan Jourdain; Pierre Thi-
» boust; Jehan Petit; la veuve Jehan Moulle; Marin
» Danton; Guillaume Guyard, Jacques Brossard; Jac-
» ques Boucher; Pierre Fontaine; Claude Forest; Je-
» han Leclerc; Estienne Roulleau; Cantien Hardy;
» Anne de Mazeaulx; la veuve François Bernier; Pierre
» Forest; Claude Gandier; Barbault Papillon; Jasque
» Moussaulx; Pasquier Enjubard; la veuve Jehan
» Bailly, le jeune; Madame la Grenetière de France,
» par les mains de Nicollas Jubard; Denis Guiard; la
» veuve Guillaume Mazayer; Pierre Banouard; la veuve
» Louys Bourdon; Jehan Guérin; Johan Guyard; Je-
» han Sorgent; Jehan Bourdeaux; Jehan Bonnet, Hié-
» rosme Charpentier; « en 1624, » de la veuve Jehan
» Moullé; Simon Plisson; Pasquier Enjubert; Jehan
» Hersant; la veufve M° Esprit Thibault; la veufve
» François Delalucazière; Estienne Musnier; Cantien
» Bouchon; M° Pierre Colleau; Claude Forest; la veuve
» Ferry Bradet; Claude Drouault; la veuve Jehan Gau-
» det; François Hardy; Pierre Hunger; Jehan Le-
» clerc; Louis Houry; Jacques Tafoureau; Pierre
» Houry; Jehan Thibault; Maurice Boucher; Pierre
» Regnard; la veufve Monsieur Blaisot; la veufve Louis
» Bourdon; Estienne Roulleaux; François Génalt; Fia-
» cre Coullard; Jehan Barrelier; les enfans M° Médard
» de la Roche; Jehan Houry; Philippe Lemaire;
» Anne de Mazeaulx; Louys Banouard; Pierre Sé-
» journé; la veuve Ferry Ponille; Louys Guesdon;
» Jehan Boqin; Quantin Benouard; Cantien Bonnaur-
» don; Marin Doton; Sébastien Marin; Phillebert
» Giron; Barbault Papillon; les héritiers de Michel
» de Rimbert; Hiérosme Sainxard; Ferry Delorme;
» Claude Charpantier; Pierre Delorme; Pierre Forest;
» Guillaume Guiard; Jacques Moussaulx; Jehan Me-
» nault; Jehan Clémant; A. Parent; Jehan Thibault;
» la veufve monsieur Lescuier Lelong; Zacarie Ba-
» nouard; Pierre Banouard; Jehan Bertier; Jehan
» Guyot; les héritiers de feu M. Charles Godin; Jasque
» Louste; Michel Crestien; Jehan Bonnet; Jehan Petit;
» la veuve Louis Hémery; Denis Hémery; André de
» Lage; Madame la Grenetière de France, par les mains
» de Nicollas Jubart, son facteur; Pierre Baron; Pierre

» Vénard; Symon Hunger; Monsieur le prévost des mar-
» chands d'Estampes; les héritiers de feu Pierre Cheve-
» sier; la veuve Nicollas Renault; » en 1625, de « Jehan
» Hersant; Pierre Regnard; Jehan Guérin; François
» Delorme; Cantien Brossard; Marin Galot; monsieur
» Plumet; Christophle le Blanc; la veuve Jehan Thi-
» bault; Pierre Banouard; Pasquier Enjubart; la veuve
» François Delalucazière; Jehan Vénard; la veuve Es-
» tienne Roulleau; Pierre Fontaine; Pierre Baugin; Es-
» tienne Musnier; Jehan Bourdeaulx; la veuve Jehan
» Mouslé; Jehan Leclerc; la veuve Jehan Bessard; Can-
» tian Hardy; Claude Drouillault; la veuve S¹mon
» Richard, le jeune; Jacques Boucher; Estienne De laye;
» Simon Plisson; la veuve Ferry Bredet; Claude For-
» rest; Zacarie Colleau; Cantien Colleau; la veuve Ma-
» dame Esprit Thibault; Pierre Hunger; Pierre De-
» lorme; la veuve Estienne Simon; la veuve Guillaume
» Marais; la veuve Jehan Gouvet; Johan Renault; Can-
» tian Doche; Louys Gaudon; la veuve François Cres-
» tault; M° Guillaume Cousté; Jehan Baron; Pierre
» Baron; Jacques Louste; Cantien Bouchon; Jehan
» Barrelier; Jehan Houry; Pierre Houry; François
» Trouillard; Jacques Tassoureau; François Hardy;
» Cantien Bonnaurdon; Marin Danton; Marie Barre-
» lier, femme de Pasquier Bézard; André de Laye;
» Pierre Forrest; Charles le Gros; Denis Hémery; Jehan
» Beslier; la veuve Louis Hémery; Jehan Guiot; la
» veuve Ferry Ponnille; Louis Banouard; Louis Petit;
» Protès Gouvet; Phillebert Giron; Jehan Clément;
» Pierre Thiboust; Cantien Delorme; Marie Delorme;
» Fiacre Coullart; Jehan Thiboult; Morice Boucher; la
» veuve M° Philippe Thibault; la veuve André Fon-
» taine; Anne de Mazeaulx; Barbault Papillon; Jehan
» Baugin; les héritiers Michel de Rimbert; Hiérosme
» Sainsard; la veuve Estienne Hardy; Sébastin Marin;
» Jehan Thibault; Gédéon Lévesque; Claude Delorme;
» Jacques Brossard; Zacarie Banouard; Claude Charpan-
» tier; Pierre Leblanc; la veuve Toussainct Gaudeau;
» Jasque Questart; » en 1626 et 1627, de : « A. de Ma-
» zeaulx; la veuve M° Esprit Thibault; la veuve Can-
» tian Bonnardon; Claude Drouilqult; Estienne Meus-
» nier; maistre Pierre Colleau; Pierre Fontaine; la
» veuve François de la Lucazière; Hiérosme Charpen-
» tier; la veuve François Crestault; Jehan Houry; Pierre
» Houry; la veuve Simon Plisson; la veuve Jehan Gou-
» vet; Jehan Barrelier; les héritiers Michel Crestian;
» la veuve Louys Hémery; Pasquier Prieur; Jehan Le-
» clerc; Monsieur Plumet; la veuve Toussainct Gau-
» deau; Christofle Leblanc; Mademoiselle Blaisot; mon-
» sieur l'esleu Duboys; la veuve Estienne Simon;

» Pierre Hunger; la veuve Simon Richard; Jehan Me-
» naulx; la veuve Ferry Bredel; Pierre Bredel; Pasquier
» Enjubard; Phillebert Giron; Jacques Tafoureau;
» Claude Charpentier; Jehan Thibout; Pierre Thibout;
» Maurice Boucher; Denys Hémery; Jehan Rouvet;
» Françoys Hardy; Jehan Gillebard; la veuve Jehan
» Bailly; André de Laye; Estienne de Laye; Jehan Bo-
» gin; la veuve du Petit Escu; Claude Hémard; Marin
» Gallot; Marin Doton; la veuve Michel Crestian; les
» héritiers Jehan Bellier; Jacques de Leatan; Fiacre
» Coullard; la veuve Protès Gouvet; les hoyrs Lubin
» Houry; Cantian Brossard; Françoys Troullard; Marin
» Ollivier; Jasque Jollivet; Claude Dandrille; Françoys
» Chesnier; Jehan Bourdeault; la veuve Estienne
» Hardy; Marin Delorme; Quantin Delorme; la veuve
» Jehan Moulé; la veuve Arthus Lelong; Barbault Pa-
» pillon; la veuve André Fontaine; Jehan Guiot; les
» héritiers M° Charles Godin; Louys Banouard; Jehan
» Baron; Louys Girodon; Gorge Hamouys; les héritiers
» Cantian Banouard; les héritiers Quantin Banouard;
» la veuve Jehan Banouard; Cantien Boudeaulx; les hé-
» ritiers de feu Madame la Grenetière par les mains de
» Monsieur Baron, l'un des héritiers de la succession;
» Pierre Baron; Pierre Petit; la fille de feu Simon Ba-
» nouard; Monsieur le prévost des mareschaux; » en
1628, de : « Pierre Coue; Jehan Hersant; Marin Dos-
» ton; Jehan Thiboult; la veuve Jehan Gouvet; la
» veuve Ferry Ponville; Jehan Leclerd; la veuve Simon
» Richard; Marin Gallot; Phillebert Giron; Estienne de
» Layes; Françoys Troullard; Pierre Fontaine; Pierre
» Bogin; la veuve Ferry Bredel; Claude Charpantier;
» Loys Girodon; Jehan Menault; Jehan Barrelier;
» Pierre Thiboult; Christofle Leblanc; Pierre Bargera;
» Estienne Meusnier; Claude Drouillard; Fiacre Coul-
» lard; la veuve Françoys Crestault; Pierre Hunger;
» Monsieur Plumet; Jasques Enjubard; la veuve Henry
» Banouard; la veuve Estienne Simon; la veuve Tous-
» saint Godeau; Anne de Mazeaulx; M° Guillaume
» Gouste; Cantian Colleau; Guillaume Guiard; Cantien
» Boudeaulx; François Herville; la veuve Blaize Deparé;
» les héritiers Quantian Banouard; la veuve Estienne
» Roulleau; Monsieur Gilles; François Hardy; Jasques
» Jollivet; Jehan Hourry; Cantian Brossard; Pierre
» Houry; Marin Delorme; Jehan Thibault; André de
» Laye; Denys Hémery; Jehan Bailly; Jasques Gallot;
» la veuve Simon Plisson; Quantin Delorme; Pierre
» Forest; Pierre Bondonneau, le jeune; François Mo-
» theulx; la veuve Cantian Bouchon; les héritiers Es-
» tienne Boutevillain; la veuve Jehan Banouard, du
» Petit Escu; la veuve François de la Lucezière. »

E. 3908. — 1 cahier, papier, de 10 feuillets in-4°.

1629-1640. — Foresta ou de Longchamp (Fief de).
— Répertoire informe des acquisitions faites, en la censive des religieuses de Longchamp, à Etampes, de 1629
à 1640, par : « Monsieur Goussart; Madame Hélène de
» Rochemont, le prévost des marchans; Monsieur Godin,
» procureur du roi en l'eslection; Symon Houller;
» noble homme M° Johan Duboys; Jehan Bailly; Claude
» Delorme; Sebastienne Fouquet; Anthoine Garnier;
» Jehan Baron; Michel Boucher; François Gillebon, la-
» boureur; Pierre Marseille; Symon Jullian, boulan-
» ger; Marin Guyot; Jehan Denise, marchant hostellier
» à Estampes; M° Pierre Bredel, escuyer, sieur de
» Saincte-Marye; Yves Jacquet, marchant, laboureur;
» Michel Girard; Jehan Donton; Louis Gaudouin;
» noble homme M. Ferry Gervaize; Jehan Bailly, le
» jeune; Louys Dorbelet; Monsieur le lieutenant Lau-
» reau; Pierre Bredel, boulanger; Mathurin Imbault;
» la veuve Pierre Hémard; Nicollas Jollivet; François
» Hardy. »

E. 3909. — 1 cahier, papier, de 24 feuillets in-4°.

1630-1640. — Foresta ou de Longchamp (Fief de).
— Etat incomplet des cens reçus à Etampes, pour le
compte des religieuses de Longchamp, en 1630 et années
suivantes. Censitaires : « Cantien Giraulden; Charlotte
» Goron; Claude Hémart; Claude Drouleau; Claude
» Dandrille; Cantien Colleau; M° Claude Vincent; Can-
» tien Crestault; Cantien Doche; Cantien Bouchere;
» Charles le Groust; Cancien Bondeaux; Cancien Bros-
» sard; Charles Dumé; Claude Delormes; Charles Mo-
» rean; Claude Mentel, vigneron; Denis Martin; Denis
» Dayme, savetier; Denis Hémery; Dreux Guiart, Da-
» niel Banouard; Estienne de Lange, vigneron; Estienne
» Delahaye; Esme Banouard, boucher; Estienne Meus-
» nier; Estienne Charpentier; François Delorme; Farci
» Renoult; François Troillard; François Bouville; Fran-
» çois Herry; François Chardon; Fiacre Amy, mar-
» chand; François d'Authonnet; Ferri Pouville, mar-
» chand drappier; Fiacrette Avault, femme de François
» Martin, marchand; François Loquereau, texier; Fran-
» çois Herville, marchand; François Hardy, vigneron;
» François Delorme, vigneron; François de la Masure,
» vigneron; François Paulmier, bourgeois d'Estampes;
» Fiacre Maury, vigneron; M. Ferry Gervaise; Fiacre
» Coillart; François Chesnet; François Moteux; Fran-

» çois Gillebon; Françoise Hante, veuve de Lucas Cro-
» chart; Maistre Georges Hamouy, prebstre, curé de
» Saint-Gilles d'Estampes; Guillaume Baron, marchand;
» Geoffroy Buisson, laboureur; Guillaume Banouard;
» Gabrielle Desarville, veuve de Louis Bézart; Guillaume
» Pèple; Messire Gilles de Chastillon; Gédéon Chardon;
» Gabriel Bastard; Gédéon Lévesque; M⁰ Guillaume
» Costé; Guillaume Gouvet; Gérome Sainsart; Guil-
» laume Gaiard; Georges Hamouy; Guillaume Morans,
» cordonnier; Guillaume Bourdeaux; Hiérosme Char-
» pentier, boucher; Hiérosme Roquillot, boulanger;
» Hélaine Lelong, veuve de Pierre de la Lucazière, mar-
» chand; Jacquette Lecompte, veuve d'Estienne Thi-
» bault, marchand; Hiérosme Gallot, vigneron; Jacques
» Gouvet; Jacques Buisson; Jehan Tezier, masson;
» Jehan Pailly, gendre de Jehan Bonnet; Jehan Rous-
» seau; Jehan Bailly, le jeune; Jehan Dubois, chartier;
» Jehan Houry; Jehan Clesmant, vigneron; Jehan Moullé,
» marchand; Jehan Delorme, fils de deffunct Pasquier;
» Jehan Jourdin, marchant espissier; Jacques Allœaume,
» marchant, bourgeois d'Orléans; Jehan Baillif, l'esné;
» Jehan Thibault; Jehanne Hubert, veuve de Christofle
» Banouard; Jehan Boucher; Jehan Rossier, marchand
» boucher; Jehan Gouvet, tailleur d'abitz; Jehanne Ri-
» gault, veuve de Jehan Rimbert; Jehan Gouvet, cour-
» roieur; Jacques Moussault, archer du prévost des maré-
» chaux d'Estampes; M. Jehan Beauvillier, recepveur
» du domaine d'Estampes; noble homme Jehan Fou-
» drier; Jehan Denise, manouvrier; Jacques Cochon,
» marchant mercier; Jehan Sauvage, vigneron; Jacques
» Delestan; Jacques Meusnier; Jacques Mérigot, vigne-
» ron; Jacques Brossard, marchand; Jehan Cavé; Jehan
» Hersent; Jehan Thiboust; Jehan Leclerc; Jacques Me-
» nault; Jehan Guérin; Jehan Menault; Jehan Léves-
» que; Jehan Barrelier; Jehan Baron; Jehan Carratier;
» Jehan Boudreaux; Jacques Jollivet; Jehan le Maud;
» Jehan Ourry; Jacques Guestart; Jehan Gillet; Jehan
» Thiboust; Jehan Mercier; Jehan Bonnet; M. Jehan
» Canivet; Jehan Hourry, le jeune; Jehan Bailly, l'esné;
» noble homme M⁰ Jehan Dubois; Jehan Tourneville;
» Jacques Gallot; Jacque Touchart; Jacque Petit; Jehan
» Petit; Jehan Chesnay; Jacque Thaffoulleau et Mathu-
» rin Delorme; Jacquenon Boucher; Jehan Gillebert;
» Jacques Moussault; Jehan Papillon; Louise Durant,
» veuve de Cantien Colleau, seruzier; Louis Darbelet;
» Lubin Hourry; Louis Lhoste, vigneron; Louys Nel,
» marchant; Monsieur le prévost des maréchaux, nommé
» Lambert Lambert, fils de Robert Lambert, marchand
» à Estampes; Damoizelle Simonne Gonesart, veuve de
» noble homme Antoine Lambert; Louys Giraudon; la

» veufve Ferry Pouville; la veufve Louys Bourdon; la
» veuve Simon Richard; la veufve François Hourry; la
» veuve Jehan Imbault; la veufve Jehan Banouard; les
» héritiers Jehan Bellier et Pierre Bangeron; la veufve
» François Crestault; Léonard Cavé; Louys Gaudon; la
» veufve Estienne Simon; la veuve Toussainct Gau-
» deau; Louys Petit; la veuve Jacques Delahaye; la
» veufve Salomon Lesage; la veuve Boudon; la veufve
» Estienne Rouileau; la veuve Jehan Boucher; les héri-
» tiers Quentin Banouard (qui) sont, Henry Banouard,
» Jehan Banouard et Jehan Tourneville; la veuve Gé-
» rauline Floquet; Louise Garnier; la veuve Cancien
» Boudon; les héritiers Estienne Bouthevillain; la
» veufve de Jehan Banouard du Petit Escus; la veufve de
» M. Philippes Thibault; les héritiers Houry Fontaine;
» la veuve Pierre Rémard, la veuve François Delalu-
» cazière; les héritiers madame de la Roche; les doyen
» et chapitre de Sainte-Croix, la veufve Jehan Moullé;
» la veufve Estienne Hardy; Louys Hourry; les héri-
» tiers Charles Goddin; la veufve Estienne Simon; la
» veufve Louys Blassot; Louys Delacroix; la veuve Mi-
» chel Crestien; la veufve Artheux Lelong; Lubin
» Hourry; la veufve André Fontaine; les héritiers ma-
» dame la Grenetière; M⁰ Léon Laureau; Michel Dollon,
» laboureur; Mary Durand, veuve Thomas Drault; Mi-
» chel Baron; Marye Hochereau; Michel Guesdon, mar-
» chand, bourgeois d'Estampes; Michel Zamet; Marye
» Cirault, veufve Jehan Bailly; Michel Goullons, vigne-
» ron; Michel Crestien; honorable femme Marye Hue,
» veuve de Michel Bouthevillain; Michel Bihours; Mar-
» guerite Boucher, veuve de Louys Hémery; Marie
» Boutheroue; Margueritte Dorrange, veuve de Claude
» Fontaine; Michel Boucher; Mathurin Imbault; hono-
» rable femme Marye Andrieu, veuve de M. Pierre
» Lamy, avocat en l'élection d'Estampes; Marin Guyot;
» noble homme Michel de Veillard, escuyer, sieur Du-
» chesnay; Marin Daulthon; Marin Gillot; Morize Bou-
» cher; Mathurin Moteux; Marin Ollivier; Monsieur
» Gilles; M⁰ Michel Plumet; Gallot; Nicollas Plis-
» son, boulanger; Noël Pierre, vigneron; Nicolas Thi-
» bault, marchand; noble homme M. Nicolas Cousté,
» lieutenant particulier au bailliage d'Estampes; Nicollas
» Clémant; Nicollas Lamy; Pasquier Prieur, marchand;
» Pierre Pinet, laboureur; Pierre Delorme; Pierre Amy;
» Pierre Leblanc; Pierre Henjubert, marchand; Pas-
» quier Enjubert et Françoys Durant; Pierre Hubert,
» maréchal; Pierre Bihourt, maréchal; Pierre Bonna-
» naudone; Pierre Hourry, le jeune; Philippe Lemaint;
» Pierre Banouard; Pierre Bondonneau, le jeune;
« Pierre Barron; Pierre Goussard; Pierre Lamounyer. »

E. 3910. — 1 registre, papier, de 149 feuillets in-4°.

1638-1648. — Forêts ou de Longchamp. (Fief de). — « Papier de perception des censives, pour les dames religieuses, abbesse et couvent de Longchamps, en leurs censives d'Estampes, Bouvilller, Brières-les-Scellées, et ès environs suivant les déclarations reçues et passées tant par devant Courtois Dupré et Larsonneur, notaires, qu'autres, ès-année MVIC trente huit et autres suivantes, jusques en mil six cens quarante huit. « Censitaires » André Georges ; Anthoine Roger ; sergent royal ; Anne de Mazeaulx ; André Buchon ; Anthoine Thibault ; Anthoyne Garnier ; Arnoul Heines ; André de Lorme ; André Fontaine ; Anne Hobier ; Blaize Jourdain ; Claude Drouillant ; Christophle Le Blanc ; Cantien Colleau ; Cantien Motheux ; noble homme Claude Guettard ; Catherine de Mazeaulx ; Claude Hémard ; noble homme Claude Vincent, avocat ; Cantien Petit ; Claude de Lorme ; Charles Giraudon ; Cansian Bouchon ; Claude Coullombeau ; Charles Legros ; Cantien Brossard ; Charlotte Giron, veuve de Jean Bailly ; Claude Charpentier ; Denis Fontaine ; Denis Humeri ; Denis Martin ; Estienne Charpentier ; Esprit Touchart ; noble homme M. Estienne Jappin ; noble homme Ferry Gervaize ; François Oury ; François Chesnet ; Fiacre Coulard ; François Chardon ; François du Monceau, escuyer, sr des Bouis ; François Gillebon ; François Hardy, le jeune ; François Herville ; Ferry Fontaine ; Guillaume Gouvet ; Germain Banouard ; Gédéon Chardon ; Guillaume Banouard ; Guillaume Descores ; honorable homme Guillaume Cousté ; Gabriel Bastard ; Guillaume Guyard ; Hugues Gouvet ; Hiérosme Charpentier ; Huguet Gaudin ; Hareulles Vergier ; Jehan Bailly, lesné ; Jehan Gilbert ; noble homme Jehan Foudrier ; noble homme Jehan Boutel, chef de peneterye ; honorable homme Jehan Canivet ; Jean Bailly, le jeune ; Jehan Denise ; Jehan Taneur ; Jacques Taffoureau ; Jehan Le Cousteur ; Jacques Jollivet ; Jehan Baron ; Jehan Bouvet ; Jehan Basrelier ; Jehan Thiboust, le jeune ; Jacques Auri ; noble homme M. Jehan du Bois ; Jacques Menault ; Jean Menault ; Johan Baugin ; Jehan Danton ; Jacques Touchard ; Jehan Daussin ; Jehan le Clerc ; Messire Jehan Charpentier ; Jehan Banouard ; Jullien Capperon ; Jehan Taraquier ; Joachim Pouville ; Jacques Marseille ; noble homme M. Jehan Crochard ; M. Jehan Guyot ; Jehan Paris ; noble homme M. Jacques Petit, avocat ; Jehan Menault, marchand ; Jacques Delastan ; Jean Baltier ; Jeanne Roullier ; Jean Dufai ; la veufve Salomon Lesage, la veufve Jacques Guettard ; la veufve Estienne Simon ; la veuve M. Médard Godin ; la veufve Toussaint Gaudeau ; la femme de François Mazurier ; la veuve Noël Bontet ; la veuve François Chesnet ; Lubin Auri ; la veufve Jehan Boucher ; Louis de Crois ; Louis Auri ; la veufve Marin Gulot ; la veuve Madame Gabaille ; la veufve Marin Delorme ; la veufve François Herville ; Louis Grenier ; Laurens Seignant ; les héritiers Denis Gaudet ; les provizeurs de Saint-Basille ; Léonard Oavé ; la veufve Hiérosme Floquet ; noble homme M. Léon Laureault ; la veufve Cantien Bouchon ; la veufve Estienne Munier ; la veufve Cantien Carnevilliers ; Cantienne Giraud, veufve Jehan Danouard ; Louis Darbelet ; la veufve Estienne Roulleau ; la veufve François Hardy ; les marguilliers de Brières ; la veufve M. Georges Guibourt ; la veufve Louis Bourdon ; Louis Giraudon ; la veufve M. Pierre Goussard ; la veufve Pierre de la Lucazière ; la veufve noble homme M. Anthoine Lambert ; la veufve Jean Harsout ; la veufve Louis Chassecutler ; les Dames religieuses de la Congrégation ; la veufve Simon Plisson ; la veufve Dreux Guiard ; la vefve M. Michel Plumet ; la veuve Jehan Bailly ; la veuve Nicolas Baron ; la veuve Jehan Banouard du Petit Escu ; les hoirs André Hunger ; la veuve M. Jean Allexaume ; la veuve Marin de Lorme ; la veuve noble homme M. Estienne Jappin, baron des baronnies de Bouville et Sarcheville ; Michel Girard ; Marin Bari ; Michel Bailly ; Michel Biron ; Mathurin Moteux ; Michel Bernier ; Marguerite Boucher ; Morice Boucher ; Mathurin Imbault ; Michel Boucher ; Michel Baruer ; Michel Banouard ; Martin Thibault ; Mathurin Duplessis ; Michel Jollivet ; Morin Gallot ; Michel Bailly ; Marie Beauvillier, veufve d'Allain Grerier, cousin de Monsieur Boutevillain ; Marcel Thibault ; Nicollas Brossard ; Nicollas Clément ; Nicollas Baugni ; Nicollas Jollivet ; Pierre Thiboust, le jeune ; Pierre Bredet, boulanger ; Pierre Auri, le jeune ; Pierre Thiboust, l'esné ; Pierre Auri lesné ; noble homme M. Pierre Bredet ; Pierre Laulmosnier ; Pierre Baron ; Pasquier Enjubert ; Pierre Foyrest ; Pierre Bourdonneau ; Pierre Banouard ; Pasquier Gaudrille ; Pasquier Horny ; Pierre Leblanc ; Pierre Levesville, cordonnier ; Monsieur Pacquet ; Quantin Clément ; Quantin Delorme ; Quantin Leblanc, boucher ; Quantin Banouard, René Villemaire ; Simon Hémard ; Simon Houllier ; noble homme M. Simon Cousté ; Simon Bréard ; Simon Motheux ; Simon Devault ; Toussainct Cocquet ; Yves Jacquet.

E. 3311. — 1 registre, papier, de 31 feuillets in-f°.

2055. — « Foresta ou de Longchamp. (Fief de). — Recepte faicte par maistre Charles Dupré, recepveur des Dames de Longchamp en leur recepte d'Estampes et ès environs, commençant au jour St-Rémy MVI° cinquante cinq, des personnes cy après... Anthoine Roger; André Fontaine, Agathe Banouard; André Georges bourelier; Anthoine Thibault; André Delauge; Alexandre Jacquet; André Grandrille; Anthoine Saunsnoise; Anthoine Lebrun; Allain Grenier; Baltazard Delorme; Barthélemy Oudin; Claude Montel; Cancian Petit; Claude Coulombeau; Charles Legros; Cancian Brossard; Claude Hébert; Cancian Chéneville; Cancianne Bailly, fille de Jean Bailly, l'aisné; Claude Petit; Damien Huguet; Denis Toracquier; Estienne Delauge; Rémé Banouard, boucher; Estienne Bauchery; Estienne Leblanc; François Hourry; Fiacre Houry; François Gilbon; François Hardi, le jeune; François Locquereau; François de Lalucazière; Françoise Girauldon; Guillaume Banouard; Guillaume Descores; Georges Thiboust; Hiérosme Charpentier; Jean Gilbert; Jacques Tafourneau; Jean Lecousteur; Jean Baron; Jean Barellier; Jean Thiboust, le jeune; Jacque Hourry; Jacques Menault, de Paris; Jean Baugin, boucher; Jean Dauthon; Jean Leclerc; Jean Ballier; Jean Taneur; Jean Guérin; Jacques Flagi; Jacques Hémery; Jean Hervé; Jacques Lesourd, huissier en la gabelle d'Estampes; Jean Baudet, premier archer; Jean Gilbon; Jacques Leblanc; Jacques Né, dit Neufville; Jean Cocquantin; Jacques Touchard; Jean Leclerc; Jean Biron; Jean Taneur; Jacques Flocquet; Jean Lavesville; Jacques Moussault; Joachim Nourry; Jean Hardy; Jacques Rousse; Jean Bredet; sieur des Pavillons; Jean Raslé; Jean Ollivier; Jean Baugin; Jean Delorme; les héritiers de la veuve Pierre de Lalucazière; les héritiers Jacques Guyot; la femme de François Mazurier; la veuve Noël Boutet; les héritiers de la veuve François Chesnay; la veufve Jean Boucher; les hoirs François Martin; Louis Hourry; la veuve Marin Delorme; Léonard Cavé; la veuve Hiérosme Flocquet; les héritiers de la veuve Cancian Cornevillier; la veuve Jean Banouard; les héritiers M. Pierre Guibourt; la D°" de Cintray; les héritiers Louis Girauldon; la veuve M. Anthoine Lambert, sieur de Rochemont; les héritiers de la veuve Jean Hersant; les Dames religieuses de la congrégation; les héritiers Simon Plisson; la veuve Louis Petit; les héritiers de la veuve Zacarye Banouard; la veuve Fiacre Couillard; les héritiers Jacques Boucher; le chapitre Ste-Croix d'Estampes; la veuve Marin Delorme; la veuve Germain du Chemin; les héritiers du feu sieur Chauvelin; les héritiers Barbault Papillon, les héritiers Claude Forest; la veuve Pierre Calleau; la veuve Jean Dufai; les ayans cause Jean Lévêque; les hoirs et ayant cause de la veuve Jacques Martin; la veuve François Bernier; les héritiers Pierre Delorme; les ayans cause Jacques Duplessis; la veuve Nicolas Baron; les héritiers André Georges; les ayans cause Anthoine Garnier; la veuve Georges Maury; la veuve Claude Charpentier; les ayans cause Claude Delorme; les héritiers Charles Guyart; les héritiers Denis Martin; la veuve Estienne Charpentier; la veuve M. Jean Rousse; les héritiers Guillaume Guyart; la veuve Jean Canivet; les héritiers Jacques Touchard, boucher; les ayans cause Jacques Delestang; la fille de Jacques Petit; la veuve M. Jean Dubois; la veuve Louis Bézard; les Pères Barnabites; les héritiers M. Jean Crochart; le père Ministre de la Trinité; les héritiers Mathurin Duplessis; la veuve M. Accurse Dupré; la veuve Pierre Bredet; les héritiers de la veuve Quentin Delorme; la veuve Noël Boutet; les héritiers de M. Jean Foudrier; les ayans cause Marcel Thibault; les hoirs et ayans cause de la veuve Louis Bourdon; la veuve Jean Turaquier; la veuve Hugues Gouvet; les ayans cause Simon Bréard; la veuve Simon Notheux; les héritiers de feu M. Lambert Lambert, prévost des maréchaux; maistre Jacques Vincent; M. Jean Guyot; Marye Gillet; Michel Biron; Marguerite Boucher; Maurice Boucher; Mathurin Imbault; Michel Doucher; Michel Barnier; Michel Banouard; Mary Beauvilliers; M. Sébastien Bredet; Monsieur Cousté, de Paris; Monsieur de Brières; Monsieur Pasquier; Michel Muret; Monsieur de Mainvillier; M. Pierre Fraslon; Monsieur Delalucazière, procureur au Parlement; Monsieur Debarre; Monsieur Rousse; Monsieur Peschard; Monsieur Claude Le Vassor; Monsieur Ferron, de Paris; Madame de Vilmartin; Martin Marceaud; Nicolas Brossard; Nicolas Jollivet; Nicolas Menault; Nicolas Testard; Nicolas Clément; Nicolas Mercier, maréchal; M" Nicolas de Gomont; ayant espousé dame Madeleine de Fleury; Pierre Thiboust, le jeune; Pierre Thiboust, l'esné; Pierre Hourry; Pierre Laumosnier; Pasquier Injubert; Pierre Forest; Pierre Bondonneau; Pierre Danonville; Pierre Gouvet; Perrine Rousseau; Quantin Clément; Quantin Leblanc; Quantin Thibault; Quantin Banouard; Quantin Bailly; Réné Vilmaire; Robert Péplé; Rodolphe Gaudeau, de Paris; Simon Hémard; Salomon Lesage; Théodore Morant. »

E. 3211². — 1 registre, papier, de 174 feuillets, non compris 15 feuillets où sont les lettres de Terrier et accessoires, et 4 feuillets de table ; le tout lacéré².

1658-1660. — Forests ou de Longchamp (fief de). — « Etampes. Adveux des gens dûbs aux Dames de Lon- « champ, données jusqu'en 1661, en exécution des lettres « de terrier obtenues en 1654 et 1657, aux requêtes du « Palais. » Déclarants : Salomon Lesage, marchand épicier mercier ; René Villemaire, laboureur ; Claude Charpentier, manouvrier ; Pierre Garnier, vinaigrier, Pierre Amiot, manouvrier, et André Georges, maître bourrelier; Jean Gauthier, chirurgien ; Jacques Rousse, bourgeois de Paris ; Pierre Danouville, messager de la ville d'Etampes; Gantien Brossard, laboureur ; Françoise Giraudon ; Gabrielle de Villois, veuve de Jean Baudet ; Marie Baudouin, veuve de Pierre Forest ; Guillemette Hardy, veuve d'Hugues Gouret ; Perrine Hourtier, veuve de Pierre Delorme ; Etienne Delage, laboureur ; Nicolas Bailly, laboureur ; Jean Delorme, vigneron ; Quentin Bailly, vigneron ; Nicolas Clément, vigneron ; Françoise Lemaret, veuve de François Canivet ; Claude Petit, marchand cabaretier ; Martine Guiard ; Damien Huguet, maître maçon en plâtre ; Jean Hallé, vigneron ; Denis Thomas, laboureur ; Médarde Gaudreville, veuve de Georges Maury ; noble homme Thibaut Martin, s' de Souplainville, officier du roi ; Anne Gulot ; Jean Ollivier, vigneron ; Marie Durand, veuve d'Antoine Roger ; Marguerite Bouclet, veuve d'Accurse Dupré ; Jeanne Roullier, veuve de Jacques Petit ; Pierre Degast, marchand ; Allain Garnier, maître chirurgien à Mesrobert ; François Gilbon, et Jean Gilbon, laboureurs ; noble homme Jacques Vincent, avocat en parlement, conseiller du roi, élu en l'élection d'Etampes; Nicolas Plisson, marchand tanneur ; Hiérosme Foudrier, fils de noble homme Jean Foudrier, vivant, lieutenant en la maréchaussée d'Estampes ; Jean Hardy, et Pasquier Leconte, laboureurs ; Nicolas Testard, maître chirurgien ; Pierre Pétault, prêtre à Dourdan, au nom et comme tuteur de Claude Lambert, fils mineur de feu Lambert Lambert, vivant, prévôt des maréchaux d'Etampes, et de Marie Pétault ; Claude Levassort, procureur aux sièges royaux d'Etampes ; Jean Baron, laboureur ; Lucresse Joussalin, dame baronne de Bouville, Forcheville et autres lieux, veuve de Messire Etienne Gappin, vivant, conseiller du roi, etc. ; la fabrique de Saint-Quentin de Brières-les-Scellés, représentée par Louis de Croix et Pasquier Horry, marguilliers ; Jean Léveville, maître cordonnier ; Claude Duphay, laboureur ; Pierre Delacelle, vigneron ; Denis Billau, laboureur ; Antoine Lebrun, maître boulanger, pâtissier ; Claude Fontaine, prêtre, curé de Saint-Pierre d'Estampes (19 juillet 1658) ; Théodore Morant, archer en la maréchaussée d'Etampes ; Rodolphe Gaudeau, marchand épicier, bourgeois de Paris ; Jean Gaboitte, marchand bourgeois ; Pasquier et Pierre Aury, laboureurs ; Antoine Thibault, receveur des Célestins de Marcoussis ; Nicolas Menault, sergent royal à Etampes ; Michel Lemurer, maître chirurgien ; noble homme Claude Goussard, officier du roi à Boisville-le-Comte, au nom et comme tuteur de Jacques Bréard ; Jeanne Lauquet ; Nicolas Thibault, marchand bourgeois, au nom et comme procureur de Louis Hautereau, bourgeois de Paris ; Pierre Biron, marchand à Dourdan ; Catherine Robert, veuve de noble homme Pierre Meunier, vivant, receveur des tailles, en l'élection de Gien et élu en l'élection d'Etampes ; noble homme Jean de Baroux, conseiller du roi et commissaire ordinaire des guerres ; Pierre Crochard, bourgeois ; Nicolas Guyot, procureur aux sièges royaux d'Etampes ; Claude Mahy, marchand épicier ; Françoise Enjubert, veuve de Nicolas Danouard ; Renée Ateaume, veuve de noble homme Jean Dubois, vivant, conseiller et élu par le roi en l'élection d'Estampes ; Jean Dufay, laboureur ; Basile Delorme, maître menuisier ; Jean Boucquet, religieux barnabite ; Martin Moreau, maître maçon en plâtre ; Simon Houllier, marchand boucher ; Jean Thibault, laboureur ; Jean Bredet, sieur Despavillons ; noble homme Sébastien Bredet, lieutenant en la prévôté d'Etampes ; Jean Bichebois, écuyer, garde du corps du duc d'Anjou, frère unique du roi. Les déclarations passées par les personnes dont les noms précèdent l'ont été par devant Pierre de Lambert, notaire et principal tabellion à Etampes ; la dernière est du 27 mars 1660. Les déclarations passées par les particuliers dont les noms suivent l'ont été par devant Pierre Cuyot, « nommé pour la révocation du dict de Lambert. » La première est du 3 avril 1660. Suite des déclarants : Jean Bichebois, déjà nommé ; le couvent de la Trinité d'Etampes représenté par Lazarre Auroux, prêtre, religieux et ministre du dit ; Jean Lebeau, maître charcutier ; Simon Devost, marchand ; Pierre Legendre, marchand épicier ; Pierre Aury, vigneron ; Jeanne Gaillon, veuve de Nicolas Baron ; Claude Leblanc, marchand hôtelier ; Marie Baufhouyn, veuve de Pierre Forest ; Jacques Le Blanc, marchand boucher ; Quentin Le Blanc, marchand boucher ; Jacquet Fouquet, maître charron ; Pierre Moussault, archer en la maréchaussée d'Etampes ; Jeanne Bréard, veuve de Pierre Bredet ; Pierre Bouveau, maître boulanger ; Jean Daussin, marchand boucher ; Mathurin Archambault, marchand ; Gantien Brossard, laboureur; Robert Leclère, laboureur ; Gantien Carneviller, maître maréchal; Michel Teneur, laboureur; Louis Delacroix, vigneron ; Claude Deletau, charretier, et Pierre Brossard, laboureur ; Jean Roger, procureur aux sièges royaux d'Etampes ; noble homme François Cordets, conseiller du roi et élu en l'élection d'Etampes ; noble homme Jean Perchard, écuyer, sieur de Lespine ; Marie Morey, veuve de Jean Charpentier ; Gantien Forrest, vigneron ; Antoine Bannois, maître menuisier ; Marie Chaussneau, veuve de Jean Taraquier ; Marie Rivet, veuve de Noël Bontel ; Claude Villemaire, maître maréchal ; Guillaume Rezange, marchand mercier ; Claude Nolan, maître-bourrelier ; Rodolphe Guinard, marchand mercier ; Pierre Desesville, maître cordonnier ; François Péroche, marchand; la fabrique de Saint-Basile d'Etampes, représentée par les marguilliers; Henri Pinguenet, greffier au bailliage d'Etampes, François Michau, maître boulanger, Gantien Oberville, messager ordinaire d'Etampes à Paris, et Jacques Touchard, marchand ; Gantien Chéneville, susnommé ; Jacques Touchard, laboureur ; Louis Picard, sergent royal à Etampes ; Marie Guibert et Anne Thibault ; Pierre Michelet, maître tailleur d'habits ; Catherine Delafucasière, Pierre Laumosnier, l'aîné, marchand ; noble homme Gédéon Périchon, conseiller et avocat du roi en l'élection d'Etampes ; Antoine Lambert, sieur de Rochemont; Jacques Flagès, vigneron ; Jean Roger, procureur aux sièges royaux d'Etampes, fondé de procuration d'Etienne Magny, étalier boucher ; François Hervil, maître maréchal ; Adine Martin ; Jean Baugin, marchand boucher. En tête du registre se trouve une table alphabétique des noms des déclarants.

E. 3912. (Liasse.) — 2 cahiers, papier, l'un de 21, l'autre de 31 feuillets in-f°.

1677-1712. — Foresta ou de Longchamp (Fief de). — « Papier de perception des censives pour les Dames
» religieuses, abbesse et couvent de Notre-Dame de l'Hu-
» milité de Longchamp-lès-Saint-Cloud, en leur censive
» d'Etampes et és environs, contenant les noms et sur-
» noms des particuliers possédant les maisons, terres et
» héritages tenus à cens des dittes Dames de Long-
» champ, suivant les déclarations et reconnaissances
» qui ont été passées, tant anciennes que nouvelles ;
» desquels droits et cens en est deu neuf années à mes
» dites dames échues depuis le jour de Saint-Rémy de
» l'année 1677, que le bail du feu sieur Dupré est fini,
» jusques et y compris le jour Saint-Rémy de l'année
» 1686, sans préjudice des lots et ventes, et de
» ce qui peut leur estre deu de rentes et autres droits. »
Chapitres : « Salomon Le Sage, marchand ; Iraheb-
» tier Villemaire, laboureur ; Claude Charpentier, ma-
» nouvrier ; Pierre Petit, messager à Etampes ; Jean
» Gautier, chirurgien; Jacques Rousse, officier, bour-
» geois de Paris ; Gantien Brossard, laboureur ; Me Jul-
» ien Guyot, greffier au grenier à sel d'Etampes, ayant
» épousé Françoise Giraudon ; Gabrielle de Villois,
» veuve de Jean Daudet, archer en la maréchaussée
» d'Etampes ; Marie Raudouin, veuve de Pierre Forest,
» tonnelier ; Pierre Aury, vigneron ; Perrine Daudier,
» veuve de Pierre de Lorme, vigneron ; Claude Dufay,
» laboureur ; Jean de Lorme ; Quantin Bailly, vigne-
» ron ; Nicolas Clément, vigneron ; François Coulet,
» sergent royal ; Simonne Petit, veuve Jean Plisson ;
» Pierre Berceau, maître chirurgien ; Noël Huguet ; Jean
» Ratté, vigneron ; Denis Thomas, laboureur ; François
» Gilbert et Denis Boucher ; François Martin, officier du
» roy ; Anne Guyot ; Jean Ollivier, vigneron ; Antoine
» Roger, procureur ; Me Quentin Doches, huissier ;
» Jeanne Roullier, veuve de Jacques Petit ; la veuve et
» héritiers de Pierre de Gast, marchand ; le sieur Allain
» Garnier, maître chirurgien ; François et Jean Gitton,
» laboureurs ; Me Jacques Vincent, avocat en parlement,
» eslu en l'élection d'Estampes ; Me Plisson, conseiller
» et advocat du roy au bailliage d'Etampes ; la veuve de
» M. François Martin ; Elisabeth Esmé, veuve d'Alexan-
» dre Jacques ; Cosme Fargier, maître maréschal ; Nico-
» las Testard, officier et maître chirurgien ; Me Anne
» Coutault, greffier au bailliage de Dourdan ; Me Jacques
» Pichenat, conseiller du roi, eslu en l'élection d'Es-
» tampes ; les héritiers Jean Baron, laboureur ; Messieurs
» de Farcheville ; l'esglize et fabrique de Brières-les-
» Scellés ; Jean Léveville, maître cordonnier ; Margue-
» rite Imbault, veuve de Pierre de la Selle ; l'hostel Dieu
» d'Etampes ; Me Guillaume Viart, chevalier ; Théodore
» Morant, archer en la maréchaussée d'Etampes ; dame
» Catherine Hersaint, veuve de Jean Gaballié ; Antoine
» Thibault, receveur des Célestins de Marcoussis ; Nico-
» las Renault, sergent royal d'Estampes ; Philebert Go-
» din, escuier, sieur d'Arcy, et Agathe Banouard, sa
» femme ; Nicolas Thibault, marchand, bourgeois d'Es-
» tampes ; Michel Le Muret, chirurgien ; Anthoine
» Sannoise, maître menuisier ; Sébastien Bourdier,
» thaillier d'habiz, maître menuisier ; Monsieur Conté,
» de Paris ; dame Geneviève Lhuillier, veuve de Jean
» de Baroux, conseiller du roy et commissaire des
» guerres ; Marie Septier, veuve de Pierre Crochard,

« bourgeoise de Paris ; Martin Laulmosnier ; Jean Baptiste Galet, chirurgien, fils de Jacques et de Catherine Gaudeau ; Mons Bourdon, président en l'élection d'Estampes ; Françoise Anjubert, veuve Nicolas Danouard, hostellier ; Louis Baudet, maître savetier ; Jean Dufay, laboureur ; Gilles Meuslee, maître boulanger ; les pères Barnabites d'Estampes ; Martin Marceau ; Simon Houllier, boucher ; Jean Thiboust, laboureur ; le seigneur de Brjères-les-Scellés ; M. Sébastien Bredel, conseiller du roy, lieutenant en la prévosté ; Jean Dichebois ; les religieux de la Trinité d'Estampes ; Jean Le Beau, maître charcuitier ; Cantian Chenoville, messager ; Pierre Le Gendre, officier ; Flourant Chesnay ; Jeanne Caillou, veuve Nicolas Baron, laboureur ; la damoiselle Du Mas ; Colombe Berteau, veuve de Jacques Le Blanc, boucher ; Toussaint Baujon, dit La Rose, cabaretier ; Jeanne Dréard, veuve de Pierre Bredel, boulanger ; Jean Daussin, boucher ; Mathurin Archambault, marchand ; Cantien Cornouillies, maître mareschal ; Michel Tanneur, laboureur ; Nicolas Dailly, laboureur ; Pierre Brossard, laboureur ; Marie Guestard, veuve de Guillaume Féron ; noble homme François Cordez, conseiller du roy, esleu en l'élection d'Estampes ; le sieur Dury, receveur de la gabelle et des tailles d'Estampes ; Marie Garry, veuve de Jean Charpentier, vigneron ; Cantien Foirex, vigneron ; les héritiers de deffunct Damien Foirète, femme de M. Pierre Freston, auparavant veuve de Philippe Poignard ; Marie Choussneau, veuve Jean Tarraquier, vigneron ; Marie Rivet, veuve Noël Boutet, appothiquaire ; Guillaume Desange, marchand meunier ; Claude Melin, bourrelier ; l'église Saint-Bazille ; Jacques Touchard, hostellier ; M. Jean Meneux, advocat ; M. Estienne Godin, advocat et lieutenant au baillage de Choisy ; Pierre Michellet, maître tailleur d'habits ; M. Martin Gallier, bourgeois de Paris ; Pierre Laumosnier, l'esné, marchand ; les Dames religieuses de la congrégation d'Estampes ; Monsieur de Labutte ; Jacques Fiagis, vigneron ; M. Estienne Magny, bourgeois de Paris ; Claude de Vion, sieur de Chalot, ayant espousé damoiselle Adine Martin ; Jean Baugin, marchand boucher ; Estienne Coquet, marchand mercier à Paris ; les sieurs du Chappitre de Sainte-Croix ; Monsieur Robeau, seigneur du Valnay, ayant espousé la veuve M. Toussaint Baudoin, procureur au Châtelet de Paris ; Jean Dochon, vigneron ; la veuve Jacques Petit ; Jacques Né, dict Neufville ; le sieur Huttereau, mary de Charlotte Plisson ; Messieurs de Mainville, sieurs de Vigny ; Jacques Chério ; Dominique de Monqueron ; Monsieur Baron du Touchet ; Georges Thiboust ; Françoise Messieux ; Madame Baron ; Madame Cintré ; François Mousseau, escuier ; Madame Rousse ; Cantienne Bailly ; Jean Chabot ; François Hardy ; Monsieur de la Lucastière ; Monsieur de la Barre ; Lubin Aury ; Béaigne Charpentier ; Monsieur de Lambon et M. Estienne Godin ; M. Gautier ; Marie Chandellier, veuve de Jean Stesant ; Marie Bouin, veuve Pierre Hémard ; Marguerite Poignard, veuve Breux Guyart ; Agathe Danouard, veuve Estienne Branchery ; la veuve Ferry Bredel ; Martin Thiboust, le jeune ; Pierre Bouveau, maître boulanger ; Nicolas Brossard, marchand ; Pasquier Gaudeille ; M. Paquet ; Simon Simard ; noble homme Simon Couté, secrétaire de la chambre du roy, et M. Michel Bonteviliain, bailly de la Foirest-Ateps ; Louis Quatresols, maître mareschal ; Accurse Horry, maître vinegrier ; Louise de Maraigny ; Louis Darbelet ; Nicolas Bailly ; Monsieur le curé et prieur d'Estrichy ; Jeanne Favier, veuve de Quentin Raslé ; Michel Jollivet. » A la fin, avant la table des noms de personnes contenus dans ce censier, est la copie de l'acte de vente d'une maison à Etampes, faite, le 23 août 1719, à Jean Drouet, vinaigrier, à Etampes, par Alexandre Hardy, prêtre, curé de Saint-Gilles d'Etampes, fondé de procuration de Guillaume et Jacques « Deschange, » marchands à Lyon. — Duplicata du censier précédent, mais non complet.

E. 3912¹. — 1 registre, papier, de 20 feuillets in-f°, non compris 4 feuillets in-f° de la table.

1680-1709. — Foresta ou de Longchamp (Fief de). — Cueilloir pour la perception des rentes, cens, droits seigneuriaux, lods, ventes et amendes, appartenant à l'abbaye de Longchamp, à causes de son fief d'Etampes, dont une partie est à Brières-les-Scellés et aux autres lieux, à commencer en 1680 et finir au 31 décembre 1709.

E. 3912². — 1 registre, papier, de 407 feuillets in-f°, non compris les 5 feuillets in-f° de la table.

1754. — Fief de Foresta et du prieuré Saint-Pierre à Etampes. — Premier volume du terrier des fiefs de Foresta et du prieuré Saint-Pierre d'Etampes. Déclarants : Gabrielle Desforges, veuve d'Antoine Du Verger, maître de la poste d'Etampes ; Pierre Hémard, sieur de Daujuan, ecclésiastique, avocat au parlement ; Damien Huguet, maître maçon en plâtre ; Barthélemy Capy, vigneron ; François Houlier, le jeune, vigneron ; Marie Louise

Rousseau, veuve de Jérôme Dubois ; Lazare Berger, vigneron ; Etienne Delanoue, vigneron ; Philippe Delisle, maître chirurgien ; Denis Legabais, marchand mercier ; Marie Fromentin, veuve d'Etienne Fargis ; M. César Victor Daché, prêtre religieux barnabite, au nom de Claude Chopin de Ruell, écuyer, seigneur de Ruell, en partie ; Pierre Boudier, maître vannier ; Jean Symphorien Rousseau, maître batissellier ; François Edme, vigneron ; et François Laurent, maréchal ; Michel Pommeret, maître maçon en plâtre et couvreur en tuile et en ardoise ; Louis Hamouy, marchand ; Marin Nivet, vigneron ; François Soreau, huissier priseur au bailliage d'Etampes, au nom d'Hyacinthe Papileau, veuve de Claude Laumosnier du Rondeau, officier au régiment royal artillerie ; Jacques Boucher, vigneron ; Jean Marceau, entrepreneur de tabac à Etampes ; Pierre Petit, vigneron ; François Paris, vigneron ; Louis Josias Barrier, marchand ; Claude Guyot, vigneron ; François Rué, vigneron ; Gabriel Rué, vigneron ; Madeleine Faye, successivement veuve de Gabriel Rué, et de Jacques Baubé ; Pierre Vezard, l'aîné, vigneron ; Marie Vivier, veuve de Cantien Boucher ; Anne Coiteau, veuve de Jacques Perrier ; Claude Doulremier, maître perruquier ; Marie Anne Buisson, veuve de Charles Alexandre ; Cantien Duvazy, marchand mégissier ; François Mercier, veuve de Pierre Baudry ; Philippe Houllier, vigneron ; Pierre Vézard, le jeune, vigneron ; Jeanne Rué ; Pierre Anseaume, maître bourrelier ; Jean Baptiste Paris, vigneron ; Marie Françoise Taneur ; Jacques Philippe Artesme Paris, vigneron ; Françoise Rué, veuve de Charles Paris ; Charles Rué, vigneron ; Marie Anne Legrand, veuve de Sébastien Paris, le jeune ; Marie Boulemier, veuve de Sébastien Paris, l'aîné ; Jean Baudet, vigneron ; François Cochon, marchand mégissier ; Simon Audenet, vigneron ; Thomas Bioulx, manouvrier, François Martinet, vigneron ; Jean Trinité, vigneron ; Jacques Fleureau, manouvrier ; Pierre Darblay, vigneron ; Jean Roger, vigneron ; Antoine Vaillot, laboureur ; Cyr Audenet, charron ; Pierre Thevast, maître cordier ; Catherine Privet ; Cantien Moulin, vigneron ; Pierre Gravelin, vigneron ; Claude Gaudron, maître maréchal ; Pierre Darblay, vigneron ; Claude Leroy, le jeune, vigneron ; Jean Launay, vigneron ; Jean Lion, vigneron ; Pierre François Riou, marchand ; Gabriel Chrétien Goutiard, maître charcutier ; François Sadoux, portefaix ; Marie Audenet, veuve de Claude Vézard ; Simon Ruelle, vigneron ; Jean Gaudron, maître maréchal ; Julien Salomon, marchand et hôtelier ; Claude Gaudron, l'aîné, maître maréchal ; Louis Arnoult, mesureur de grains ; Françoise Barrelier, veuve de Nicolas Méguère ; Michel Trinité, vigneron ; Pierre Roulla, l'aîné, vigneron ; Denis Vézard, vigneron ; Jean Lefebvre, garçon meunier ; Eloi Chevalier, laboureur ; Louis Trinité, vigneron ; Louise Baudry, veuve de Jean Baudry ; Simon Baudet, laboureur ; Pierre Nicolas, vigneron ; François Jaquet, voiturier ; Etienne Chaudé, maître boulanger ; Marin Savouré, prêtre, curé d'Arrancourt. (8 novembre 1734) ; Pierre Basile Roger, laboureur ; Eloi Fromentin, maître taillandier ; Claude Corbeau, cabaretier ; Paul Roger, vigneron ; Jean Fressard, maître boulanger, Pierre Ruelle, maître menuisier ; Charles Charpentier, vigneron ; Catherine Anquetin Delachapelle, veuve de Louis Belet ; Michel Laque, huissier à Chavabau au Châtelet de Paris ; Marie Anne Barué, veuve de Pierre Sougis ; Pierre Houdry, vigneron ; François Roncaret, voiturier ; Denis Melguère, vigneron ; Nicolas Petit, vigneron ; Pierre et Simon Baudet, vignerons ; Jean Marc Antoine, sergent, marchand, bourgeois ; André Louis Houllier, voiturier ; Lazare et Pierre Houdry, laboureurs ; Paul Charrier, vigneron ; Marie Charrier, veuve de Louis Baudet ; Nicolas Mousse, maître cordonnier. Il n'y a que le début de cette déclaration formant les dernières lignes du verso du feuillet 107.

E. 3912*. — 1 registre, papier, de 329 feuillets in-f°, non compris 4 feuillets in-f° de table, et 17 plans.

1734-1759. — Fiefs de Foresta et du prieuré Saint-Pierre, à Etampes. — Deuxième volume du terrier. — Déclarants : Nicolas Mousse, maître cordonnier ; Théodore Le Roy, vigneron ; Jacques Lambert, vinaigrier ; Guillaume Guyot, vigneron ; Claude Baron, maître charron ; François Morise, maître menuisier ; Pierre Rué, maître cordonnier ; Jean-Louis Compain, marchand boucher ; Pierre Brossard, cabaretier ; Jean Guyot, vigneron ; René Delachasse, marchand mercier épicier ; Marie Doris, veuve de Mathieu Roussereau ; François Chardon, maître bourrelier, et Nicolas Bayard, maître vannier ; Marguerite Duguet, veuve de Jacques Allais, maîtresse de poste à Montdésir ; Jacques Dramard, bourgeois ; Elie Menault, maître cordier ; Henri Charbonneau, meunier du moulin de l'Epine ; Michel Mainfroy, maître serrurier ; Conrard-Antoine Borgne, premier huissier audiencier en l'élection de Dourdan ; François Clozier, chirurgien des haras du roi ; Anne-François Thibault, prêtre, chanoine de Notre-Dame d'Etampes, au nom de Marie-Elisabeth et Geneviève-Edmée Regnault ; Claude Boucher, vigneron ; Pierre Paris, vigneron ; Pierre-François Garnier, lieutenant du premier chirurgien du roi ; Louis-François Voizot, et Pierre Pineau, marchands ; Charles-Nicolas

Hochereau, l'un des commissaires de la police royale d'Etampes; Jean-Martin Châtelain, maître charpentier; Madeleine Dupré, femme de Louis Dumarché, chevalier de Saint-Louis, capitaine au régiment de Normandie; Gabriel Villemaire, marchand; la fabrique de Saint-Pierre d'Etampes, représentée par le curé; Joseph-François Tiffonnet et les marguilliers, Germain Déliord, marchand fripier, et Jean-Baptiste Porte, vigneron; Henriette Laumosnier, femme de Thomas-Basile Sergent, directeur de l'hôpital de la marine à Brest; Jean-Jacques Sergent, marchand épicier; Marie-Marguerite Dissonville, femme de Claude Davesne, écuyer, seigneur de Fontalue, auparavant veuve de Charles Choiseau, maître de la poste d'Etréchy; Charles Durandel, laboureur; Michel-Alexis Desforges, marchand libraire; Jacques-François Chazottier, bourgeois; Gabriel Germain, écuyer, lieutenant de la prévôté générale des bandes et du régiment des gardes françaises; Théodore Charpentier, marchand; Alexis Le Loup, marchand; Etienne Nolteau, bourgeois; Marie Trinité; Jacques-Charles Picart, avocat en parlement, conseiller du roi, président en l'élection d'Etampes; Jean Villemaire, marchand épicier mercier, Nicolas François Viart de Villette, chevalier, seigneur de Vaufin; Catherine Simonneau, veuve de Pierre Martin; Médard Mainfroy, hôtelier; Jacques-Auguste de Poilloue, seigneur de Bonneveau; Cantienne Mahy, veuve d'Etienne Laumosnier; Pierre Paulmier, conseiller du roi, contrôleur du grenier à sel de Malherbes; Jeanne Débonnaire, veuve de François Trémeau, capitaine de la bourgeoisie d'Etampes; Cantienne Vallerau, veuve de Pierre Doches; Noëlle-Catherine Petit, veuve de Claude Thiboust de Berry, écuyer, sieur de Choisy, capitaine au régiment de Médoc; Sainte-Croix d'Etampes, représentée par Philippe Poussin, prêtre, chantre en dignité et chanoine; Jules-François du Boisabiou, chevalier, seigneur de Vaudouleurs, etc.; Etienne Perrot, maître boulanger; Jean Baron, marchand hôtelier; Blaise-Alexis Chapeau, marchand; François-Accorre Lesourd, marchand; Charles Gilbon, bourgeois; Madeleine Baudry, veuve de Pierre Edme; Marie et Madeleine Périer, veuve de Thomas Petit; Pierre Guyot, marchand fripier; Nicolas Dolimier, bourgeois; Jean-Gabriel Baudry Delapotrie, conseiller du roi, président du grenier à sel d'Etampes; Nicolas Marcou Delahaye, officier du roi; Pierre Jabineau de la Voute, conseiller du roi, receveur des consignations au bailliage et autres juridictions royales d'Etampes, etc.; Alexis-Jean-Jacques Ganton, prêtre, vicaire de Notre-Dame d'Etampes; Eutrope Barrué, vigneron; François Martinet, le jeune, vigneron; Chrétien Baudry, chanoine de Notre-Dame d'Etampes; Jacques Bordier, prêtre, curé de Villeneuve-sur-Auvers (6 mai 1754); Jean-Baptiste Thomas, maître boulanger; l'Hôtel-Dieu d'Etampes; Marie-Anne Nerteau, veuve d'Antoine Marais; François-Marie Daumont, lieutenant particulier au bailliage d'Etampes; Anne-Geneviève Gallier; Marie-Cantienne-Henriette Lemosnier, veuve de Jean Villemaire; François Faury, marchand, Clément Bushère de la Beauvaisière, ancien écuyer ordinaire du roi; Jean Bluet, vigneron; François Girandin, maître tisserand; Barthélemy Thomas, vigneron; Etienne Marchat, maçon en gros murs; Marie Vallée, veuve de Michel Hamouy; Marie Fontaine, veuve de Simon Génin; Marie Conty, veuve de Symphorien Rousseau; Jeanne Fontaine, veuve de Charles Riquois; Pierre Guyot, marchand tailleur fripier; Jean Hozetto, laboureur; Jean Dupuis, vigneron; Pierre Boujoge, garçon paulatier; Pierre Charpentier, meunier à Tan; Françoise Durandel, veuve René Guzon; Marie-Françoise Davoust, veuve de Rodolphe Darblay; Denis Chauvet, manœuvrier; Claude Carnevillier, vigneron; Pierre Buelle, maître menuisier; Antoinette Charpentier; Jacques Gaudry, maître boulanger; Caut en Dichette, papetier; Pierre Olivier, papetier; Marc Lecerf, maître bourrelier; Gilles Poussin, marchand; Michel Laglace, maître tourneur; Philippe Serre, vigneron; Denis Vézard, vigneron; Jean-François Rulland, chevalier, seigneur de Chalterange. Etat de tous les héritages possédés par le marquis de Valery, dans sa haute justice et censive du prieuré de Saint-Pierre. Plans.

E. 3912*. — 1 registre, papier, de 201 feuillets in-f°, non compris 14 feuillets in-f° de la table.

1754-1757. — Premier volume du terrier du fief de Foresta. — Noms des déclarants : Madeleine Dupré, femme de Louis Du Marché, chevalier de Saint-Louis, capitaine au régiment de Normandie; Antoine Petit, vigneron; Marie Louise Baudet, veuve de Pierre Locheron; Marie Du Paty, veuve de Louis Robert, marchand de chevaux; Louis Eugène Drouit, maître cordonnier; Charles Hautefeuille, ci-devant laboureur et à présent bourgeois d'Etampes; Martin Blavet, paveur et cabaretier; Jacques Thiboust, laboureur; Jean Gaudron, maître maréchal; Alexandre Robert, marchand de chevaux; Julien Salomon, maître poussier, traiteur et hôtelier; Cosme Fargis, maître boisselier ; Jacques Bordier, prêtre, curé de Villeneuve-sur-Auvers (20 septembre 1754); Denis François Nizot, conseiller et avocat du roi au bailliage d'Etampes; Gilles Sellerin, voiturier; Marie Madeleine

Charles, veuve de Louis Baudet, vigneron; Pierre Bailly, le jeune, voiturier; André Bailly, manouvrier; Claude Lefèvre, manouvrier; Marie Lefèvre, veuve de Nicolas Bailly; Pierre Brossard, dit l'Italien, manouvrier; Étienne Buisson, manouvrier; François Grasvelin, manouvrier; André Taneur, charretier; Barbe Bailly, veuve de Pierre Belarme; Geneviève Lefèvre, veuve de Claude Perrot; André Forest, manouvrier; Pierre Haury, manouvrier; Pierre Guillemat, charron; Cantien Delasalle, manouvrier; Marie Julivet, veuve de Jean Boucher; Marie Pargis, veuve de Jean Charpentier; Henri Baujon, charretier; Marie Jeanne Baudet, veuve de Jean Jolivet; Françoise Lemaire, veuve de Jean Lefèvre; Pierre La Baure, tisserand; Pierre Gravelin, l'aîné, manouvrier; Antoine Collet, manouvrier; Louis Levron, laboureur; François Thiboust, vigneron; Michel-Jacques Baudet, huissier priseur au bailliage d'Estampes; Anne Clément, veuve de François Haury; Vital Raslé, manouvrier; Jean Fessard, l'aîné, laboureur; Charles Godin, laboureur; Marie Blin, veuve de Gilles Haury; Simon Poua, voiturier; Jean Paris, vigneron; Jean Raslé, manouvrier; Jacques Lefèvre, manouvrier; Charles Drouot, vigneron; Louis Descroix, manouvrier; Marie Boucher, veuve d'Eloi Fromentin; Pierre Véron, vigneron; Geneviève Poua, veuve d'Alexandre Denis; Claude Godin, l'aîné, laboureur; Quentin Godin, laboureur; Michel Raslé, manouvrier; Marie-Joseph Voizot, fille majeure; Cantien Dumay, marchand mégissier; Jacques Taneur l'aîné, manouvrier; Quentin Raslé, manouvrier; Marie Durin, veuve de Mathieu Rousseau; Jacques Gilbon, prêtre, curé de Dossainville; (23 mars 1757); Pierre Boucher, manouvrier; Laurent Boullé, notaire royal de la prévôté et châtellenie royale de Montlhéry, (20 mai 1757); Marie Baron, veuve d'Antoine Sergent; Louis Gendrop, laboureur; François Cocheteau, vigneron; Marie-Anne et Marie-Jeanne Thibault; Louis Le Cerf, maître bourrelier; Louise Madeleine Hardy, veuve d'Antoine Pichonat, procureur du roi au grenier à sel d'Étampes; Jean-Étienne Henosson, prêtre, curé de Cormeille-en-Parisis, (7 juillet 1857); Jean-Chazottier, bourgeois; Jean Roux, laboureur; François Sureau, bourgeois.

E. 3912 b. — 1 registre, papier, de 267 feuillets in-f°, non compris les 14 feuillets in-f° de la table.

1757-1769. — Deuxième volume du terrier du fief de Foresta. — Déclarants : François Sureau, bourgeois, comme fondé de procuration de Catherine Élisabeth Baudet du Mesnil, femme de Jean-François Ronsse, sieur d'Inville, conseiller au bailliage d'Estampes; Jean Claude Orééy, bourgeois; Étienne Marlin, vitrier; François Baugin, conseiller, procureur du roi en l'élection d'Étampes; Marguerite Collard, veuve de Michel Rousseau; Henri Viart, chevalier, seigneur des Francs, chevalier de Saint-Louis, etc.; Jean-Louis Guillaume Prévosteau, maître des enfans de chœur de la paroisse de Notre-Dame-d'Étampes; Vincent La Borde, religieux, prêtre et supérieur des Barnabites d'Étampes; Michel La Glace, maître tanneur; Chrétien Baudry, chanoine de la collégiale de Notre-Dame d'Étampes, au nom de François Pépin, veuve de François Moreau, marchand imprimeur à Paris; François Sureau, au nom de Jean-Baptiste Laureau, notaire et procureur au comté de Beaumont, en Gâtinois; l'Hôtel-Dieu d'Étampes; Louis René de Pullione, chevalier, seigneur du Petit-Saint-Marc, etc.; Gilles Poussin, marchand; la fabrique de Saint-Basile d'Étampes; Charles-Nicolas Hochereau, commissaire de la police royale d'Étampes; Cantien Brossard, laboureur; Anne Brossard, fille majeure; Pierre Brossard, cabaretier; Cantien Loyau, manouvrier; Catherine Amquetin de la Chapelle, veuve de Louis Briet; François Pargès, huissier à verge, au châtelet de Paris, au nom de Nicolas Charlont, bourgeois de la ville de Caen; Jacques Julien François Picart, conseiller du roi, lieutenant général de police de la ville d'Étampes; Cantienne Mahy, veuve d'Étienne Laumosnier; Louis-François Voizot, et Pierre Pineau, marchands; Claude-Nicolas Baudry de la Potterie, bourgeois; Denis Minier, laboureur; Marie Tiercelin, veuve de Gabriel Videmaire; Pierre Hémard, sieur de Daujouan, ecclésiastique, avocat en parlement; Silvain-François-Nicolas Sureau, huissier à verge au Châtelet de Paris, priseur vendeur au bailliage d'Étampes, au nom de Marie-Anne Bidault, veuve de Charles Hersant Destouches; Adrien-Constant-Esprit Regnault de Barres, chevalier, comte de Barres, etc., capitaine et gouverneur d'Étampes; Jacques Collet, charretier; Antoine Du Verger, maître de la poste d'Étampes; Marie-Marthe Durand, veuve de Jacques Dorplay, marchand mégissier; Jean Buisson, manouvrier; Jean-Marie-Antoine Sergent, bourgeois, et Michel Alexis Desforges, bourgeois, au nom de Louise-Marie-Anne Contault, femme d'Étienne-François Godin, avocat en parlement, bailli de l'abbaye de Saint-Père-en-Vallée de Chartres; Marguerite Leclerc, veuve de Pierre Étienne Simonneau; Marie-Anne Buisson, veuve de Charles-Alexandre; Louis-François Guillot, marchand boucher; Anne-Charlotte de Saint-Pol, veuve de François Duris, chevalier, seigneur de Chatignonville, etc.; Philippe Poussin, prêtre, chantre en dignité, et chanoine de la collégiale de Sainte-Croix d'Etampes, au nom de Sainte-Croix; Jeanne Laumonier, veuve de Nicolas Le Sourd; Louise-Catherine Jouy; Françoise-Charlotte Gauthier, femme de Pierre-François Garnier, lieutenant du premier chirurgien du roi; Michel-Jacques Baudet, bourgeois, au nom de Pierre-Richard-François Gudin, avocat au parlement de Paris; Marie-Françoise Davoust, veuve de Rodolphe Darblay; Cantien Pinet, marchand boucher; Elisabeth Françoise Clozier, veuve de Pierre Gudin, greffier des prévôté et police royale d'Etampes; Nicolas Pommeret, conseiller du roi, contrôleur de la ville et communauté d'Etampes; les dames de la Congrégation de Notre-Dame à Etampes; Madeleine Dupré; Alexandre-François-Louis Rousse, de Saint-André, écuyer; Pierre-Philippe Pineau, procureur aux sièges royaux d'Etampes; Anne Geneviève Gallier; Marin Anne Guyot de la Barre, veuve de François Martin, sieur d'Aumont; Jacques Petit de Mézière, prêtre, chef-chantre et chanoine de Notre-Dame d'Etampes, tant en son nom que comme tuteur de François-Jacques et Alexandre Petit de la Borde, écuyers, ses neveux, et se portant fort de César Petit de la Borde, son frère; Geneviève Daris, veuve de Louis-Alphonse Houmain de Courbeville, chevalier, seigneur de Gironville; Michel Jacques Baudet, bourgeois; François Ange Gabaille, conseiller, procureur du roi au bailliage d'Etampes; Antoine Tremeau de Jenneville, receveur des gabelles d'Etampes, au nom de Claude Martin d'Ormoy, seigneur de Grand maison, etc., conseiller du roi, président en l'élection de Pithiviers; François Thibault, prêtre, chanoine de Notre-Dame d'Etampes, au nom de Claude Chevallet de la Madeleine, procureur au parlement de Paris; Claude Coquentin, laboureur; Nicolas Bayard, marchand vannier; Philippe Dufresne, prêtre, bachelier en théologie, ministre et supérieur de la maison de Saint-André d'Etampes, ordre de la Sainte Trinité; Louis Barbier, procureur aux sièges royaux d'Etampes; Geneviève Boyard, veuve de François Jolivet; Claude-Alexis-François Mahy, marchand épicier; Paul Caron, notaire royal à Chamarande et procureur fiscal du comté du dit lieu, au nom de César-Marie Talaru, comte de Chamarande, etc.; Jacques Grugeon, laboureur; Pierre Paulmier, conseiller du roi, contrôleur au grenier à sel de Malesherbes; Julien du Morieu, marchand; Etienne Louis Jerôme, marchand meunier; la collégiale de Notre-Dame d'Etampes; Louis Porthault, laboureur; Michel Jacques Baudet, bourgeois; Catherine Forest, veuve d'André Nabot; Vincent Michel Maynon, chevalier, conseiller du roi, président honoraire au parlement de Paris, baron de Bonville et Forcheville, etc.; Louis-Claude Chrétien Hochereau, conseiller du roi, élu en l'élection d'Etampes, et maire d'Etampes, (29 juillet 1765); Charles Nicolas Hochereau, commissaire de la police royale d'Etampes; Jacques Auguste de Poilloue, chevalier, seigneur de Bonnereau; Charles-Philippe Oramard, substitut du procureur du roi au bailliage d'Etampes, au nom de René De la Chasse, bourgeois d'Etampes. Transaction entre Guy-Louis-Henri, marquis de Valory, d'une part, et Claude Drouas, évêque comte de Toul, abbé commandataire de l'abbaye de Morigny, représenté par Philippes Poussin, prêtre, chantre en dignité et chanoine de Sainte-Croix d'Etampes, d'autre part, pour la limite des censives du terroir de Bonvilliers. Procès-verbal du plan des bornes. Baux d'immeubles faits par le dit marquis de Valory, à Antoine Du Verger, maître de la poste d'Etampes; Claude Benjamin Sergent marchand hôtelier. Déclaration au terrier, faite par Louis Nicolas Deboisguyon, chevalier de Saint-Louis, ancien capitaine de grenadiers au régiment de Lamballe, demeurant à Chamarande, à cause de Thérèse-Henriette Buchère de la Beauvaisière, sa femme. Il n'existe que le début de cette déclaration, qui est au verso du feuillet 287; les feuillets qui complétaient et terminaient le registre ont été coupés avec des ciseaux, et n'existent plus.

E. 3913. (Liasse.) — 90 pièces, papier.

1512-1637. — Foresta ou de Longchamp (Fief de). — Extrait des terriers de Vedie (1512), Pernet, (1577), Dupré (1600), Courtois (1638), Delambon et Guyot (1637), mentionnant, avec les noms des tenanciers, les héritages tenus en censive des religieuses de Longchamp aux champtiers « d'Antioche près la justice de Villeneuve;
» de l'Amandier, au-dessus du Larry de Brières; du
» Larry haut et bas; du Larry; du Bois blond; de la
» Ruelle St-Mars; du Bois Bellon (Bois blond?); du Poi-
» rier Bidou; du Bois l'Abbé; des Trente arpents; du
» Murger; du Noyer Couriant; des Cerjeaux; des Grosses
» Bonnes; des Accroissemens; de la Vallée Collin; des
» Carrières et Brihory; de Bordeau ou Barbie au-dessus
» et proche les fossés de la Porte St-Martin; de Bala-
» port; de Cotillon au bas du Larris du Coquillon; du
» Clos Valleton; du Vergalant ou Noyer Paul; de l'E-
» pine; d'Espinant; du Fourneau, ou clos Valleton; de
» Grain d'Or; des Jroust; du petit Fourneau, au-dessus
» de la Vallée des Brières; de Vaucenas; Heurtebise;
» des Macquereaux; de l'Orme au Nain, au-dessus et du
» même costé de la petite Guinette; d'Orléans près Ville-
» neuve ou les Bordes; des Bourdes ou Bordes; du petit
» Muid; du Pinson; Proche la porte du Château et Gui-

» nette; du Noyer Pallu; du Noyer Paul; Grande rue
» Saint-Jacques; Rue du Château; ruelle St-Jean; devant
» et au-dessus de la petite Guinette; de l'Orme Raquillet;
» de la Vallée Jeannest; de la vallée St-Martin. »

E. 3914. (Liasse.) — 2 pièces, parchemin; 23 pièces, papier,
dont 1 cahier de 19 feuillets in-4°.

1451-1594. — Foresta ou de Longchamp (Fief de).
— Procédures pour les religieuses de Longchamp contre
divers pour défaut de payement d'arrérages de rentes à
cause de leur fief de Foresta à Etampes.

E. 3915. (Liasse.) — 9 pièces, papier.

1577-1640. — Foresta ou de Longchamp (Fief de).
— Procédures pour les religieuses de Longchamp contre Jean Guérin, vigneron, demeurant à Brières, et
Pierre des Mazis, écuyer, sieur de Brières-les-Scellés,
partie intervenante, pour raison de droit de cens prétendu par les dites religieuses sur un héritage sis au
terroir dudit Brières. Parmi les pièces se trouve l'aveu
et dénombrement du fief de Huisy (Dhuisy), fourni, le
2 juillet 1577, par Pierre Des Mazis, écuyer, seigneur
de Brières-les-Scellés, homme d'armes de la compagnie
du duc de Nevers, aux Célestins de Marcoussis, « seigneurs d'ardane ? »

E. 3916. (Liasse.) — 4 pièces, parchemin; 26 pièces, papier, dont
6 cahiers de 6, 6, 10, 10, 20, 20 et 21 feuillets in-4°.

1600-1604. — Foresta ou de Longchamp (Fief de).
— Procédures pour les religieuses de Longchamp contre
François Paulmier, marchand à Etampes, pour avoir
paiement du cens à elles dû sur trois quarts d'une maison ou masure appelée la Grange d'Harancourt et sur 3
arpents de terre en dépendant, acquis de Jean Dallier
par le dit Paulmier.

E. 3917. (Liasse.) — 3 pièces, parchemin; 34 pièces, papier.

1601-1659. — Foresta ou de Longchamp (Fief de).
— Actes constitutifs, titres nouvels, correspondance et
procédures pour les religieuses de Longchamp, touchant
les rentes qu'elles ont à lever sur François et Etienne
Saradin; Jacques Lhuillier; Zacharie Jourdain; Pierre
Jourdain, Michel Jourdain et Martin Prieur; Blaise Simon; les religieux de Morigny; Méry Junet; Jean David et consorts. Louis Lenormant, notaire héréditaire
au Châtelet de Paris, fils et héritiers de Claude Lenormant, et Marie Prieur.

E. 3918. (Liasse.) — 16 pièces, papier, dont 4 cahiers de
6, 8, 18 et 20 feuillets in-4°.

1602-1604. — Foresta ou de Longchamp (Fief de).
— Pièces d'un procès entre les religieuses de Longchamp, d'une part, et l'Hôtel-Dieu de Paris, d'autre
part, touchant le droit de censive sur 3 quartiers de terre
labourable sis à Etampes au-dessus des fossés de la
porte dorée, champtier du grain d'or.

E. 3919. (Liasse.) — 4 pièces, parchemin; 2 pièces, papier.

1604-1753. — Foresta ou de Longchamp (Fief de).
— Ordonnance de Jean Camus, bailli d'Etampes, pour
l'exécution des lettres de Terrier données par le roi de
France aux religieuses de Longchamp, le 4 mars 1604.
Procès-verbal de criées et affiches à cet effet. — Lettres
de Terrier accordées aux mêmes religieuses par le roi
de France, le 2 juin 1753. Sentence d'entérinement des
dites lettres au bailliage d'Etampes. — Ordonnance de
publication et commission de bailli à cet effet.

E. 3920. (Liasse.) — 4 pièces, parchemin; 25 pièces, papier,
dont 4 cahiers de 6, 10, 12 et 12 feuillets in-4°.

1623-1626. — Foresta ou de Longchamp (Fief de).
— Pièces d'un procès entre les religieuses de Longchamp, d'une part, et Bénigne Le Ragois, sieur du Bourgneuf, d'autre part, au sujet des droits de lods et ventes
prétendus par les dites religieuses sur deux maisons et
héritages tenus d'elles en censives à Etampes, et ayant
été adjugées au dit Le Ragois, par décret sur la succession de Philippe Bastard, receveur des consignations du
bailliage d'Etampes; les deux maisons sises l'une rue
Saint-Jacques, paroisse de Saint-Basile, l'autre rue du
Château.

E. 3921. (Liasse.) — 2 pièces, parchemin; 73 pièces, papier.

1628-1647. — Foresta ou de Longchamp (Fief de).

— Procès-verbaux de saisie d'immeubles et pièces de procédure pour les religieuses de Longchamp, à cause de leur droit de censive sur des héritages sis à Étampes et dans les environs, contre Pierre Goussard; Jean Guyot; Pierre Jollivet; Lazare Dramard; René Villemaire; Nicolas Gilbon; Simon Devaulx, vannier; Geneviève Leverrier, veuve de Jacques Petau, lieutenant-général au bailliage d'Étampes; Jean Chargeron; Louis Gaudon; la veuve Cantien Bailly; la veuve Jean Banouard; Charles Legros; François Aury; Jacques Delastang; Yves Jacques; Blaise Jourdain; la veuve Antoine Thibaut; Charles Giraudon; Sébastien Lesage; Pierre Baron, le jeune; René Forest; Simon Hémard; Nicolas Banouard.

E. 3922. (Liasse.) — 19 pièces, papier.

1698-1643. — Foresta ou de Longchamp (Fief de). — Procédures pour les religieuses de Longchamp contre : Marie Petault, veuve de Lambert Lambert, prévôt des maréchaux d'Étampes; Jean Thiboust, l'aîné, laboureur, à Brières; Claude Gandrille, vigneron à Brières; Nicolas Banouard, marchand hôtelier à Étampes; Pierre Danonville, messager ordinaire d'Étampes à Paris.

E. 3923. (Liasse.) — 2 pièces, parchemin; 35 pièces, papier, dont 2 cahiers de 8 et 9 feuillets in-f°.

1700-1705. — Foresta ou de Longchamp (Fief de). — Pièces d'un procès entre les religieuses de Longchamp, d'une part, et 1° Marie-Anne de Chartres, veuve de Messire Gabriel de Brie, conseiller du roi, lieutenant-général au bailliage d'Étampes; 2° Claude Alleaume, sieur de « Villeron » d'autre part ; touchant la revendication des droits de lods et ventes sur une maison sise rue Saint-Jacques à Étampes, dans la censive des dites religieuses, maison vendue au dit de Brie, par François Alleaume, dont le dit Claude était héritier.

E. 3924. (Liasse). — 19 pièces, papier.

1702-1726. — Foresta ou de Longchamp (Fief de). — Lettres, quittances et notes pendant l'administration des censives des religieuses de Longchamp à Étampes, par Madame Hervé, leur receveuse.

E. 3925. (Liasse.) — 19 pièces, papier.

1707-1756. — Foresta ou de Longchamp (Fief de). — Correspondance, mémoire et plan touchant une maison sise rue Saint-Jacques à Étampes, acquise des héritiers de Pierre Goussard par François Tardif, officier du duc d'Orléans, et pour laquelle les religieuses de Longchamp prétendaient percevoir les droits de lods et ventes au préjudice de l'abbaye de Maubuisson.

E. 3926. (Liasse.) — 7 pièces, parchemin.

1450-1601. — Foresta ou de Longchamp (Fief de). — Jean de Jaussigny (et Jossigny), demeurant en la paroisse Saint-Basile d'Étampes, prend à bail, des religieuses de Longchamp, près Saint-Cloud, moyennant un cens annuel de 16 sous parisis, « unes masures et places, » esquelles souloit anciennement avoir plusieurs mai- » sons et édiffices, esquelles a de présent ung jardin » que a tenu Jehan Dantelu, dit Lorrain ;... situées .. en » la grant rue d'Estampes en la dite parroisse Saint-Ba- » sille, tenant, d'une part aux religieuses de Maubuis- » son, et d'autre part au chemin pavé par lequel l'on va » de la dite église Saint-Basille au chastel d'Estampes, » nommée d'anciennetté la rue de Bruyères, aboutis- » sant par ung bout au champ du Chastel contre certain » condos, et d'autre bout au pavé de la dite grant-rue... » — Christophe et Guillaume dits Laubigois, fils des feus maître Pierre Laubigois et Huète de Hannencourt, prennent à bail, des mêmes religieuses, moyennant un cens annuel de 2 sous 6 deniers parisis, « une masure ou » place de masure assis derrière le chasteau d'Estampes, » au lieu dit Grain d'Or, aveecques trois arpens de terre » ou environ joignant à icelle masure, qui jadis furent » et appartindrent à Simon Harchier, puis à maistre » Jehan de Hannencourt, père de ladite demoiselle... » — Jeanne Porchère, abbesse de Longchamps, baille (31 octobre 1472) à Antoine Sagery, laboureur, moyennant un cens annuel de 2 sous, 1/2 arpent de terre, à prendre sur 3 arpents 1/2 connus sous le nom de Clos Étienne Valtan (?), sis au dessous du château d'Étampes, tenant d'une part « à certain murgier de pierre, et d'autre » part à Denis Piat, aboutissant sur la chaussée... » — Louis Beloncle, demeurant à Étampes, prend à bail, moyennant un cens annuel de 4 sous parisis, de maître Macé Hégron, procureur des religieuses de Longchamp, « une place vuide assise au dessoulz du chastel du dit

» lieu d'Estampes,...., tenant d'une part à Colin Durant, » et d'autre part à Jehan de Villete, aboutissant par » devant sur le pavé par lequel on va de l'église Saint- » Bazille au dit chastel, et d'autre bout aux dames de » Maubuisson.... » — Sentence de main levée de plusieurs héritages sis à Etampes, prononcée, en faveur des religieux de Longchamp, par Pierre Didier, lieutenant général du prévost d'Etampes, qui les avoit indûment saisis pour défaut de devoirs et droits seigneuriaux envers le comté d'Etampes. — Procuration générale donnée à « Estienne Regnard » « Regnaud de Feuleville » et « Robert » le Puticier, » par « sœur Lorence Jacob, humble abbesse » des sœurs myneurs de l'humilité Nostre-Dame de Long- » champ-les-Saint Cloud... » (23 décembre 1593). — François Prieur, tailleur d'habits, demeurant à Etampes, et receveur des religieuses de Longchamp, baille, moyennant un cens annuel de 16 sous parisis, à Philippe Bastard, greffier du bailliage d'Etampes, une masure et jardin, rue du Chastel à Etampes.

E. 3927. (Liasse.) — 14 pièces, parchemin; 6 pièces, papier.

1462-1654. — Foresta ou de Longchamp (Fief de). — Baux à ferme de « la justice, seigneurie, cens, rentes, » revenus et héritages quelzconques, ventes, saisines, » defaux, amendes jusques à vingt solz parisis et au » dessoulz, » appartenant aux religieuses de Longchamp, dans la ville d'Etampes et aux environs, faits à Louis Beloncle, praticien ; Jean Raclurdy, prêtre, chapelain de la collégiale Notre-Dame d'Etampes; Pierre Soreau, procureur à Etampes, par Jean Tronson, curé de Ris, procureur fondé desdites religieuses (19 septembre 1560); François Hamoys, marchand, par frère Basile Berruer, prêtre, religieux de Morigny, procureur fondé desdites religieuses. — Cession de son bail faite par le dit Hamoys à L. Caresme, potier d'étain, son gendre. — Autres baux faits par Jean Chesneau, procureur au parlement, et fondé de procuration des religieuses de Longchamp, à Pierre de Gilles, prêtre, chanoine de Sainte-Croix d'Etampes, et à Jacques Genest, marchand ; François Prieur, tailleur d'habits, par François Lescuyer, secrétaire de la chambre du roi et procureur desdites religieuses, au même François Prieur, par Catherine Boulard, abbesse de Longchamp, Marguerite Damour et Charlotte du Bois, trésorière de l'abbaye, au nom des autres religieuses, à Pierre Hochereau, marchand, demeurant à Galardon ; par Martin Mazel, procureur des religieuses de Longchamps, à « noble homme » Mⁿ Pierre Hochereau, conseiller et esleu... en l'es- » lection d'Estampes; » à Pierre Le Gendre, procureur aux sièges royaux de la ville d'Etampes ; à Marie Guillebon, veuve de Jean François Dupré, procureur aux sièges royaux d'Etampes.

E. 3928. (Liasse.) — 66 pièces, papier, dont 2 cahiers de 15 et 19 feuillets in-4°.

XVIIᵉ et XVIIIᵉ siècles. — Foresta ou de Longchamp (Fief de). — Copie de déclarations, mémoires, inventaires, notes et renseignements divers pour faciliter le recouvrement des droits seigneuriaux des religieuses de Longchamp à Etampes et aux environs, ainsi que sur les fiefs possédés par les religieuses à Grange-le-Roi et à Dourdan.

E. 3929. (Liasse.) — 2 pièces, parchemin; 15 pièces, papier.

1750-1752. — Foresta ou de Longchamp (Fief de). — Procédures pour Guy-Louis-Henri, marquis de Valory, contre Michel Rialé, laboureur, demeurant à Villeneuve, paroisse Saint-Basile d'Etampes, et Nicolas Chaslons, bourgeois de la ville de Caen et ci-devant huissier à cheval au Châtelet de Paris, résidant à Etampes, pour raison de rentes dus à la censive de Foresta.

E. 3930. — 1 registre, papier, de 49 feuillets in-4°.

1512-1542. — Longs ou Saint-Bonnet (Fief des). — Registre terrier ou déclarations d'héritages tenus à cens de Louis Le Long, par : Etienne de Montery, écuyer, et, plus tard, Jean de Lespine, lieutenant général du bailli d'Etampes, comme ayant la garde des enfants de lui et de feu Gabrielle de Montery, sa femme; Ferry Paris, drapier ; Ferry Charron, tonnelier; Guillaume Hamel, menuisier; Jean Dupré, l'aîné, boucher; Jean Charron, tonnelier; Jeanne Morelle, femme de Jean Moreau ; la veuve Antoine Picheton ; Pernel de Lorme, tonnelier; Berthelot Richart, sellier ; Cancian Louvet; Cancian Bande, drapier ; Claude Savyn, procureur de François Savyn, son fils, commandeur de Saint-Jacques de l'Espée-les-Etampes ; Colin Musnier; Durand Petit; Ferry Saillart; Ferry Charron, tonnelier; François Du Camel, marchand; Guillemin Durand et Jean Durand, frères, héritiers des feus Jean Durand et Belet, leur père et mère ; Guillaume Julin, tant à cause de sa femme, fille de feu Jean Paris, dit Jartin, que pour

Thomas Paris, dit Jartin, mineur; Gillon, veuve de Robin Bary, et auparavant, de Jean Bouny, maréchaux; Guillaume Ducamel, praticien en cour laye; Jean Guillart; Jean Bélier, vigneron; Jean Sablon, cordonnier; Jean Parent, praticien en cour laye; Jean Paris, l'aîné; Jean Chausson; Jean Allart, drapier; Jean Barbault, marchand épicier; Jean Le Frère; Jean de Fer; Jean du Clero, marchand chaussetier; Jean Brochant, boucher; Jean Michelet, boucher; Jean Flette, cordonnier; Jean Bouvet; Jean Chandelier, mercier; Jean Poignard, marchand; Jean Godin, sergent; Jean Chaudoulx, bourgeois, marchand; Jean Le Fèvre, l'aîné, maçon plâtrier; Jean Bezoult, marchand épicier; la veuve Cancian Girault; Louis du Chesne, cordonnier; la veuve Jean de Mazeaulx, drapier; la veuve François Girard; la veuve François Voiro; Liénard du Chesne, cardeur; Lubin Banouart, boucher; Louis Le Vassor, drapier; la veuve de Jean Asselin, maçon; la veuve Jean Loreau; la veuve Cancian Gobert; la veuve de Jean Fessart, dit le Tourneux; Louis Petit et Jean Contencian, tuteurs des mineurs de Durand Petit et de Simonne, sa femme; Marie de Gilles, veuve de Guillaume Cormereau, procureur du roi au comté d'Etampes; Macé Aleaume; Michau Le Royer; Michau Guerches, dit le Cornemuseulx; Jean Regnier, prêtre; Mathurin Jabineau; Pierre Huré, prêtre, curé d'Ormoy-la-Rivière, au lieu de feu Guillaume Foreau, prêtre, qui était au lieu de feu Thomas Barbault, aussi prêtre (5 juin 1516); Guillaume Audren, licencié en décrets, garde de la prévôté d'Etampes; Morice Pynet, marchand; Jean Le Vassor, avocat à Etampes; Noël Boutet; Pierre Moreau, maréchal; Pierre Girault, vigneron; Pierre Bourdin, vigneron; Pierre Mencion, contrôleur; Pierre Boasse, foulon; Princet Guiart, charron; Pierre de la Corne, maréchal; Pierre Theau, cardeur; Richard Renou, charretier; Christophe Bouchet; Simon Thibault; Yvonnet François.

E. 3931. (Liasse.) — 4 pièces, parchemin; 9 pièces, papier, dont 1 cahier de 10 feuillets in-f°.

1530-1770. — Longs ou St-Bonnet (Fief des). — Louis le Long, fils aîné de feu Réné le Long, en son vivant, contrôleur du grenier à sel d'Etampes, avoue tenir en fief de l'abbé de Morigny-lès-Etampes, la somme de 7 livres 14 sous 8 deniers parisis de menu cens, ne valant plus que 7 livres 11 sous 4 deniers parisis, qui se perçoivent annuellement, partie à la Saint-Rémy, partie à la Saint-Denis, en l'Hôtel dudit le Long, à Etampes, et sont dûs sur plusieurs héritages sis aux faubourgs d'Etampes et aux environs. Censitaires : Louis le Long; les héritiers Jean Martin; Claude Foucher; Edme Cochon; André Buchon, l'aîné, meunier; la veuve de Jean Buchon; Pierre Fauveau; Robert Buchon, clerc; Etienne Bellay; Pierre Moulin; Cancien Belay; la veuve de Gervaise Rousseau; Guillaume Bouvet, bourrelier; Guillemette, veuve de Nicolas Michelet; la veuve et les héritiers de Guillaume Forest; Guillaume Galinière; Durand Garnier; Jean Michau, tanneur; Jean Bellat; Pierre Chevallier; Guillaume Rouault; Etienne Verret, l'aîné; Louis Petit; la veuve et les héritiers de Jacques Pelletier; Michel Grenier; les héritiers de Robert Thibaut, apothicaire; Louis Regnier, de Bonvilliers; Pierre Baudry la veuve et les héritiers de Jacques Galier; Simon de la Porte; Jean Forest, l'aîné; Germain Paquier; Jean Chesneau; Jean Lami; Jean Dramard; Pierre Boiselet; Henri Cochon; Jean Durand, praticien; Etienne Plessi; Jean de Grancourt; les héritiers de Jean Le Noble, foulon; Jean de la Barre, foulon; François Le Conte; la veuve et les héritiers de Jean Vrament; Jean Moreau; Guillemin Terret; Jean Vallée, bourrelier; la veuve et les héritiers de Robert Chasseculier; Laurent Noël; Jean Lefèvre, verrier; les enfants de Jean Sanson; Jacques Mahi; les héritiers de Denis Sarrault; Jacques le Maire; Cancien Vrament; Jean Guétard, boucher; Pierre de la Porte; Jean Grenier; le curé de Saint-Père; Michel Garnier; Adam le Maréchal; Cancien Hébert; Simon Loreau; Guillaume Bellai; Durand Bellai et Pierre Bellai, frères; Pierre Rigault, l'aîné, cordonnier; Guillaume Dauton; Jean Gouvet, bourrelier; Léonard Besnard; Jourdine, fille de Robin Hémard; Guillaume Corbillon; autre Guillaume Corbillon, prêtre; Etienne Godin, de Saint-Martin; Henri Fontaine; Jean Lenoir, huilier; Louis Cotier, couturier; Blaise Poulard; Guillaume Meusnier; Cancien Foucher; Michau Guerechant; Barthélemy Asselin; Jean Asselin; François Etienne Asselin; Jean Motheux; François Banouard; Réné Hémeri; Guillaume Morry; Etienne Morry; Pierre Morry; Pierre Paris; Jean Guiart; Etienne Enjubert; Jean Aillory; Pierre Le Coup; Colas Dupuis; Martin Legendre; Mathurin Paris; Jean Fontaine, le jeune, Pierre Regnault; Collin Sellier; Jean et Cantien Touzé; Françoise Marion et autres enfants de feu Etienne Legendre; Simon Meunier; Renault Dolibeau; Claude Regnault; Michel Regnault; Guillaume Baudon; Louis Besnard; Jean Besnard; Etienne Regnault; Perrine, veuve de Ferry Thierry; Jean Blanchard, couturier; Jean Rebour; Guillaume Bénard; Cantienne, veuve de Robin Corbillon; Lucas Bréchemier; Cantien Tuboeuf; Nicole Picault ; Martin Rolif, l'ainé ; Jean Durand ; la veuve Richard Daroue ; Simon Malo ; Cantien Gaudin ; Jean Delaunay ; Jean Gazeran, le jeune ; Étienne Chevrier ; la veuve d'Antoine Chevrier ; Méry Constantin, Appolline, fille de Colin Mercier ; Fleurent Mercier ; Jean Mercier ; Pierre Bouteux ; Germain Gaudin ; Martin Charpentier ; Antoine Gazeran ; Pierre Charpentier ; la veuve et les héritiers de Martin Bouteux ; Aliot Rousseau ; Renault Boisseau ; la veuve Houdin Hatte ; Gilles Carnevillier ; Étienne Heine ; Perrine, veuve de Jean Carnevillier ; Anne Carnevillier ; Guillaume Barré, potier d'étain ; frère Jean Doulot, ministre de la Sainte-Trinité d'Etampes ; Guillaume de La Lucazière ; Cantien Savisart ; Guillemette, veuve de Roulet et Dolibeau ; Thomas Labazé ; Pierre Bauchan, Gorges de la Rivière ; Pierre le Maréchal ; Hubert Vilermiet ; Jean Mialin ; Messire Pierre Fougué, curé de Saint-Martin (17 novembre 1530) ; les héritiers de Jacques Aleaume ; Jacques Cornet ; Jean Legendre, conseiller au parlement ; Jean Duclos ; Martin Jallons ; le chapitre de Sainte-Croix d'Étampes ; Gervais le Roux ; François Compotière ; les héritiers d'Étienne Ancelot ; Jean Angelot ; Thomas Pigeau. — Foi et hommage rendu à l'abbé de Morigny, pour partie d'une censive appelée « des Longs », par Claude Cassegrain, avocat au parlement de Paris et ci-devant lieutenant général au bailliage d'Etampes, au nom et comme procureur de Jean Le Camus, sieur de Saint-Bonnet, conseiller au conseil privé, qui avait acquis la dite censive des héritiers de feu Abel Charpentier, bourgeois d'Étampes. — Quittance de 15 écus pour les profits du fief des Longs, délivrée au dit sieur de Saint-Bonnet par Hurault, abbé commandataire de Morigny. — Foi et hommage pour le même fief rendu à Henri de Refuge, abbé de Morigny, par Nicolas de Cœurs, seigneur du Bourgneuf, qui avait acquis la dite censive d'Henri Camus, chevalier, seigneur de Saint-Bonnet, Gaudreville et autres lieux. — Foi et hommage pour le même fief rendu au même par Alexis François de Cœurs, fils de Nicolas, seigneur du Bourgneuf. — Autres à Charles Le Sage, abbé de Morigny, par Alphonse Germain de Guérin, seigneur du Bourgneuf, et par sa veuve Henriette Françoise Le Camus. — Autres à Claude Le Bègue de Majainville, et à Drouas de Boussey, évêque de Toul, abbé de Morigny, par Henriette Françoise Le Camus, femme de Guy Louis Henri de Valory, seigneur du Bourgneuf, François Marthe-Hubert de Valory, et Pierre Chaillon, procureur fondé de Charles-Jean-Marie de Valory, agissant tant pour lui qu'au nom de ses frères et sœurs.

E. 3932. (Liasse.) — 4 pièces, parchemin ; 5 pièces, papier, dont 1 cahier de 10 feuillets in-f°.

1558-1670. — Longs ou Saint-Bonnet (Fief des). — Déclaration des cens et rentes tenus en fief du roi, à cause du château d'Etampes, et dus à Louis Le Long par les détenteurs d'héritages, Antoine de Beauvais ; Cantien Verrard ; Cantien Colleau ; Daniel Le Compte ; Guillaume Boulemier ; Gilles Moulin ; Jean Pinot ; François Yvert ; Jean Faye et ses consorts ; la veuve Pierre Héry ; les proviseurs de l'église Saint-Pierre d'Étampes ; la veuve de Quantin Laisné ; Michel Seignant ; Pierre Valtrault ; Pierre Mouton ; Pierre Garnier ; Pierre Lalun ; Pierre Moreau ; Simon Ferry ; Simon Carnevillier ; la dame du Bourgneuf. — Foi et hommage pour partie de la censive appelée des Longs, rendu au roi par Alphonse-Germain de Guérin, seigneur du Bourgneuf. — Autre rendu au roi et à la duchesse de Vendôme et d'Étampes par Henriette-Françoise Le Camus, veuve du dit Germain de Guérin. — Autre au roi et au prince de Conty, duc d'Étampes, par François-Marthe-Hubert de Valory, seigneur du Bourgneuf. — Autre au roi et au duc d'Orléans, tuteur de ses enfants, le duc de Chartres et Mademoiselle, par Denis-Pierre Chaillon, procureur fondé de Charles-Jean-Marie de Valory, seigneur du Bourgneuf, au nom de ses frères et sœurs.

E. 3933. (Liasse.) — 4 pièces, parchemin ; 7 pièces, papier, dont 1 cahier de 12 feuillets in-f°.

1560-1770. — Longs ou Saint-Bonnet (Fief des). — Guillaume Le Long, demeurant à Étampes, avoue tenir en fief, foi et hommage, de Claude de Chastillon, chevalier, seigneur de Villeneuve-sur-Auvers, pour une moitié, l'autre moitié de la dite seigneurie appartenant à Pierre de Bouville, écuyer, noble homme André Le Roux, auditeur des comptes à Paris, et noble homme Jean Bergeret, avocat au Parlement de Paris, la somme de 7 livres 3 sous parisis de menu cens, valant autrefois 8 livres parisis, à percevoir, 2 fois par an, à la St-Rémi et à la St-Denis, sur les héritages tenus, en la ville d'Étampes et aux environs, par : Antoine Guichard ; Antoine Tourneville ; Guillaume Gibert ; Basile Motheux ; la veuve de Claude des Essards ; Charles Guestard ; la veuve Cancian Bandet ; Cancian Fouldrier, à cause de sa femme, veuve de Cantien Poignard ; Damien Bauldon ; Étienne Banouard, boucher ; Étienne Cochon ; François Bourdin; François Sanguin, à cause de sa femme, fille de feu Pierre Jourdain ; François Hudebert, boucher, à cause de sa femme, fille de feu François Hamelin; Ferry Martin; la veuve Ferry Alleaume, bourgeois d'Étampes ; François Didault, bourgeois d'Étampes ; François Poignard, fils de Cantien ; Girard Bredel ; Guillaume Godefroy; Georges Vasseur; Girard Boisse, foulon; Gilles Duval; Jean Roux, grenetier; Jean Chaudoulx, bourgeois d'Étampes ; Jean Le Moyne, boulanger ; Jean Godin, sergent; Jean Lecoup; Jean Perdereau ; Jeanne Dupré, veuve de Germain Gauthier; Jean Houy; Jeanne, fille de Jean Bélier; Jean Le Camus, bourgeois de Paris ; Jean Métais; Jean de Beauvoix ; Jean Varet ; Jean Chasseculier, apothicaire ; Catherine, veuve de Guillaume Hamel; les héritiers de Philippe Gabaille, la veuve Guillaume Cormereau ; la veuve Claude Hébert ; le commandeur Saint-Jacques de l'Espée; Guillaume Macé; la veuve Étienne Bruant; Messire Simon Charbonnier ; la veuve Jean Michellet ; Damienne Lambert ; Pierre Le Maistre; la veuve et les héritiers de Jean Guillard; la veuve Jean Le Vassor; les héritiers de Cancien Archambault; les héritiers de feu Jean Poynet; les héritiers de feu Jean Banouard; la veuve et les héritiers de l'ancien Hue; les héritiers de Lubin Chosson ; les héritiers de Maurice Chandellier ; Jean Vincent ; Étienne Le Vassor; Jean Le Mercier; Macé Boulard; Simon Audren, prévôt d'Étampes; Jérôme de Villette; Jean Hélye, prêtre, curé d'Ormoy (28 février 1560, 1561); la veuve Esprit du Camel; Simon Lesn), prêtre; Michel Girard ; Pierre Guyon ; Pasquier Motheux ; Pierre Hervy; Philippe Cormereau, bourgeois d'Étampes; Pierre Pothoyn ; Pierre Paris ; Pierre Poulain ; Pierre de Gilles ; Robert le Blanc ; Robert Morin ; Gervais Sessard; Simon et Maurice les Banouards ; Thomas Chelot ; Christophe de Croix ; Christophe Banouard ; Antoine de Lezée ; Guillaume Moreau ; Jean Perdereau ; la veuve Pierre de Lorme; noble homme Gilles Baillard ; les héritiers de feu François Compotier; la veuve Aubin Baron; les héritiers de Cancien Charron ; Mathurin Fontaine bourrelier; la veuve de Pierre de la Mare ; Pierre Rivet; Pierre Jallant; Simon Dupré; Simon Raclardy; Claude Saillard ; Jean du Camel; la veuve Antoine Guyard ; Claude Cassegrain, avocat au Parlement de Paris et ci-devant lieutenant général au bailliage d'Étampes, procureur fondé de noble homme Jean Le Camus, sieur de Saint-Bonnet, fait foi et hommage au seigneur de Villeneuve-sur-Auvers, pour une censive de 9 écus 1/3, réduits à 28 livres, appelée la censive des Longs, et acquise par le dit Le Camus sur les héritiers de feu Abel Charpentier, bourgeois d'Étampes. — Foi et hommage rendu à Madeleine de Houville, veuve de François de la Tranchée, écuyer, seigneur de Villeneuve, par Nicolas de Cœurs, seigneur du Bourgneuf, ayant acquis la censive sus-mentionnée d'Henri Camus, seigneur de Saint-Bonnet, Gauldreville et autres lieux. — Autre foi et hommage rendu à la même, pour la même censive, par Alexis François de Cœurs, seigneur de Bourgneuf, fils de Nicolas. — Saisie de la dite censive, à la requête de Philippe et Henri de la Tranchée, écuyers, seigneurs de Villeneuve-sur-Auvers, pour défaut de devoirs seigneuriaux. — Foi et hommage, pour la même censive, rendu à Charles de Hurville des Ursins, chevalier, seigneur de Villeneuve-sur-Auvers, par Alphonse-Germain de Guérin, seigneur de Bourgneuf. — Autre par Martin Savouré, bourgeois d'Étampes, procureur fondé d'Henriette-Françoise Le Camus, veuve du susdit Germain de Guérin. — Autre rendu à Elisabeth Juvenel de Hurville des Ursins de Tronelle, veuve de Jean-Jacques Regnault de Barres, chevalier, comte de Barres, seigneur de Villeneuve-sur-Auvers, par Marthe-Hubert de Valory, seigneur du Bourgneuf. — Autre rendu à César-Marie, marquis de Talaru, comte de Chamarande, seigneur d'Étréchy, de Villeneuve-sur-Auvers, etc., par Denis-Pierre Chaillou, avocat au Parlement, procureur fondé de Charles-Jean-Marie de Valory, au nom de ses frères et sœurs.

N. 3931. (Liasse.) — 3 pièces, parchemin; 6 pièces, papier.

1562-1770. — Longs ou Saint-Bonnet (Fiefs des). — Guillaume Le Long, fils aîné de feu Pierre Le Long, demeurant à Étampes, avoue tenir en fief, de noble homme Jean Le Prévost, conseiller au Parlement de Paris, seigneur de Malassise, la somme de 70 sous parisis de menu cens, ayant valu 8 livres parisis, à prendre sur plusieurs héritages sis à Étampes et aux environs, et tenus par : Barbe Ferry, veuve de Cantien Hémery ; Cantien Vézard ; Cantien Colleau ; Guillaume Le Maréchal ; Denis Bardin et Audouin Fillau ; Durand Garnier ; Étienne Seignant ; Étienne Papillon ; François Yver ; la veuve Guillaume Boullemier ; Gilles Moulin ; Jean Girault ; Jean Jeanne ; la veuve Simon Ferry ; les proviseurs de Saint-Pierre ; Adam de la Lucazière ; la veuve Quantin Laisné ; Monsieur du Bourgneuf ; Jean Dolier, prêtre ; la veuve Pierre Vallerault ; la veuve Daniel Le Conte ; la veuve Simon Carcailler ; Michel Seignant ; Martin Paris, au nom et comme tuteur de François Paris, son fils ; Mathieu Daulton ; Pierre Mouton ; Pierre Garnier ; Pierre Moreau ; Pierre Calin ; Pierre Mainfroy ; Jean

SÉRIE E. — TITRES DE FAMILLE (VALORY). 831

Charpentier; Roger Bélissant; Pierre Beauvois. — Claude Cassegrain; avocat au Parlement de Paris et ci-devant lieutenant général au bailliage d'Etampes, procureur fondé de Jean Le Camus, sieur de Saint-Bonnet, rend hommage, au seigneur de Malassise, de la censive sus-mentionnée, acquise sur les héritiers d'Abel Charpentier, bourgeois d'Etampes, par le dit Le Camus. — Henri Camus, chevalier, seigneur de Saint-Bonnet, Gaudreville et autres lieux, conseiller du roi, bailli, capitaine et gouverneur des ville, château et duché d'Etampes, fils et donataire en la succession de Jean Camus, héritier en partie de Jean-Pierre Camus, en son vivant évêque de Belloy, son frère, vend à Nicolas de Cœurs, seigneur du Bourgneuf, le fief, censive et seigneurie, anciennement et communément appelés la censive des Longs, moyennant la somme de 1,000 livres (10 avril 1664). — Foi et hommage d'une partie de cette censive rendu par le dit Nicolas de Cœurs, à Madeleine Houel, veuve de Jean de Boisseret, marquise de Sainte-Marie, dame de Roussay, Etréchy et Malassise. — Autres rendus à César-Marie, marquis de Tataru, seigneur de Malassise, etc., par Denis-Pierre Chaillou, avocat au Parlement, procureur fondé de Charles-Jean-Marie de Valory, seigneur du Bourgneuf, au nom de ses frères et sœurs.

E. 3931¹. (Liasse.) — 2 pièces, papier ; 1 registre de 196 feuillets in-f° ; 1 cahier de 8 feuillets in-f°.

1565-1572. — Longs ou Saint-Bonnet (Fief des). — Terrier du fief des Longs ou Saint-Bonnet, fait sous Abel Charpentier, propriétaire. Déclarants : Claude Durand, mercier ; la veuve et les héritiers de Guillaume Boullenger; Jean Lesné; Denis Bordin; Denis Bertault; manouvrier; la veuve Daniel Leconte; Mathurin Papillon, vigneron; Jean Charpentier ; la veuve Pierre Vallerault; Marie Le Long, veuve de Michel Seignant ; Guillemette veuve de Martin Paris ; Gilles Grignon, Cancian Colleau, l'aîné, vigneron ; Simon Lesné, marchand; Durand Garnier ; François Yvert, Oudin Ourry ; la veuve Simon Ferry; Pierre Mainfroy; Mathieu Danthon, Cancian Lhoste; Sébastien Boullard, boulanger, et Jean Péronnel, vigneron ; Cancian Bézard ; Mathurin Papillon ; Marie Bellissant, fille de Roger Bélissant; Jean Gehennies, crubleur; Barbe Ferry, veuve de Cancian Hémery; Jean Fauveau; Jean Sauvegrace; Jean Dupré, boucher; Catherine Gallinière ; la veuve et les héritiers de Jean Chaussidon ; la veuve Pierre Mouton ; Léonard Mouton ; la veuve Etienne Papillon ; Mathieu Vrayment, l'aîné; Pierre Villemain; Antoine Gervaise; marchand; Jean Thénard, prêtre, chapelain de Saint-Nicolas, à Notre-Dame d'Etampes (9 octobre 1579); Jacques Lambert, apoticaire; Jean Houy, marchand; Jacques Ripenneau, maréchal; Jean Dallier, teinturier; Jeanne Texier, veuve de Pierre Pothoryn; Jeanne Oulard, veuve de Mahiet Banouard; Antoine Guichard ; Damien Baukdon, vigneron; Guillaume Genault, vigneron ; Guillaume Gilbert ; Denis Petau ; Jean Hudebert, boucher; Etienne Cochon ; Jean Louvard, prêtre ; Jean Cormereau, procureur au bailliage d'Etampes ; Jeanne, veuve de Jean Fourmi; Jean Hébert, parcheminier ; Marion Bourdin, veuve de François Sanguyn ; Pierre Ourry, vigneron ; Marie Baudin, veuve d'Etienne Banouard ; la veuve et les héritiers de Cantien Hue; Jean Forest et Pierre Clairon, vignerons ; Marguerite, veuve de Cantian Forest ; Louis Marinalloyo, marchand ; Cantian Barat; Eloi Chesneau ; Joseph Michel; la veuve et les héritiers de Daniel Le Compte ; Etienne Cartot ; Claude Tarraquier ; Catherine Pelletier, veuve de Cantian Tarraquier ; Pierre Bouryen, la veuve d'Abraham Pasquier, fille de Louis Lelong ; Claude Bellay, vigneron ; Louis Biétrix ; Jean Carnevillier ; Pierre Berrouer ; Philippe Cellier, vigneron ; Guillaume Curvet ; François Corvet ; Cancian Yvernette ; Jean Fontaine, le jeune, fils de Denis; Nicolas Chobet; Etienne Durandel, boulanger; Michelle Legendre, fille de la veuve de Mathieu Legendre, l'aîné; Claude Mazeaulx ; Etienne Gazeran ; Cancian Cyrode ; Cancian Gazeran, vigneron ; Claudine Fontaine, veuve de Pierre Charrier ; Claude Thibault; François Martin ; François Le Long, marchand ; Martin Malondeau ; Etienne Durandel, dit Ferdalenne ; Jean Fontaine, le jeune ; Guillaume Fontaine ; Etienne Le Bas, fourbisseur; Mathurin Myallin, vigneron ; Etienne Papillon, boulanger ; Nicole Le Long, veuve de Richard Pochet ; Pierre Dolibeau ; Pierre Perrot ; Regnault Ferry, vigneron ; Roch Garezan, vigneron ; Marion Laslery, veuve de Claude Hocquet ; la veuve Martin Mercier ; Sébastien Dupuys ; Pierre Courtillet ; Jean Gilbert, Jean Baron ; Jean Durand ; Imbert Faquillet ; Guillaume Dresnux ; Jean Godin, l'aîné ; Claude Chaussidon ; Louise, veuve de Colas Hémard ; Nicolas Fontaine, vigneron ; Pierre Meusnier; Pierre Rebours, Jean Papillon ; Jean Durandel, vigneron ; Abel Dupuis, vigneron ; Guillaume Dupestalz, savetier; Jean Nyvet, tisserand ; Jean Réul ; Martin Fontaine, vigneron ; Simon Yvernette ; Etienne Thibault, marchand ; Guillemette Godefroy, fille de Guillaume; Roulland Pelletier, sergent royal aux bailliage et prévôté d'Etampes; Pierre Moussin, marchand ; Gilles Lecoup; Michel Girard ; Jean Bauldry, boulanger ; Pierre Degilles, prêtre; Jacques Dorillault; Gilles Moulin; Jeanne Dufermanoir, veuve de Jean Hue; Simon Banouard; Nicolas Hamee; Denise Peyrier, veuve de Cancien Godin, l'aîné; Blaise Chesneau, vigneron; Nicolas Boudignon; Toussaint et Etienne les Alexandres; Jean Mercier, fils de Martin; Gervaise Marguerie, marchand potier d'étain; Marion Legendre, veuve de Cancien Thubœuf; Jacques Charpentier, pâtissier; Nicolas Chassecuillier; Hiérome Legendre; Pierre Durand, dit Breton, vigneron; Martin Delaunay; Martin Hemes, vigneron; Cancien Gobert, vigneron; Philippe Néret; la veuve et les héritiers de Jean Hemes; Simon Charpentier, vigneron; Marie Regnault, fils de Balthazar; Noël Rôlier, vigneron; Cancien Touré, vigneron; Jean Houldrier; Claude Regnault, fils de Jacques; la veuve Jean Delisle; la veuve de Pierre Hemes; Jean Olivier; Laurent Jallant, vigneron; Claire Bénard, veuve de Pierre Dredet; Nicolas Mahonjean; Martin Mercier, fils de Pierre; Etienne Coue, l'aîné; Cancien Hémard; Simon Chauldrier; Pierre Legendre; la veuve et les enfants de Guillaume Hémard; Henri Tounard, marchand; la veuve Henri Fontaine; Hervye Fontaine, veuve de Jean Bellier; Nicolas Mercier; Claude Hémard, fils de Pierre; François Dolibeau, fils de Roch; Jean Bénard, boulanger; Jean Legendre; Jean Rétif, le jeune; Elie Myalin, meunier; Antoine Tourneville, boucher; André Gobert, pâtissier; Christophe Péron, vigneron; Cancien Gazeran, vigneron; Claude Potier, vigneron; Claude Banouard, bourgeois; Claude Thibault, vigneron; Denis Burgevin, marchand; François Lecoup, vigneron; Guillaume Bidde, vigneron; François Banouard; François Cormier, vigneron; Marguerite Godeau, veuve d'Etienne Jallant; Louis Petit, vigneron; Guillaume Moreau, vigneron; Gabrielle Paulmyer, veuve de Jean Paris; Léphard Hémard, vigneron; Gilles Papillon, vigneron; Jean Lhoste cardeur; Jean Carnevillier, l'aîné, vigneron; Jean Godin, bourrelier; Nicolas Menault, marchand; Jean Leclerc, laboureur; Marion Cadot, veuve de Simon Carnevillier; Sébastien Dupuis, vigneron; Claude Robert, laboureur; Richard Bynet; Denis Audenet, laboureur; Pierre Cambray, boucher; Pierre Legendre, charron; Louis Perrot, marchand; Noël Fontaine, vigneron; Regnault Jarry; Nicolas Pezard; Louis Delaporte; la veuve François Bidault; Jean Chesneau; Simon Charpignon; Pierre Rigault; Pierre Garnier, maréchal; la veuve et les héritiers de Pierre Sablon; la veuve Mathurin Paris; Julien Regnard, marchand; Louis Petit; Cancien Rivière; Pierre Pothouyn, marchand; Gervais Moussu, curé de Saint-Père d'Etampes (12 décembre 1568); Jacques Pothouyn, boucher; Marie Guiard, veuve de Cancien Archambault; Pierre Debauvais; Lieane Yvert; Jean Fontaine, dit Jannoy, fils de Jean; Robin Fontaine; Catherine Chaudoula, veuve de Ferry Alleaume; Louis Bourdeau, marchand; Jean Gillet, marchand; Michel Chausson; Marie Guéetard, veuve de Simon Andren; Denis Godeau; Nicolas Chevrier, vigneron; Cancien Le Roy, vigneron; Jean Priddeau, vigneron; Lubin Cresaquit; Jeanne, veuve de Cancien Charron; Antoine Blondeau, maître de la Bouteille Saint-Gilles; Guillaume Moireau, vigneron; Hippolyte Poulin, « serrurier »; Jean Banouard, boulanger; Marin Carnevillier, fils de Gilles, vigneron; Jacques Brechemier, marchand; Hiérosme Chastillon, bourrelier; Pierre Binette, marchand; Yvon Baron; Etienne Lamy, procureur au bailliage d'Etampes; Fleurent Enjubert, vigneron; Jean Gouvet, corroyeur; Pierre Gaucourt, vigneron; Claude Fontiblier, potier d'étain; Denis Patau, vigneron; Gilles Buchon, procureur à Etampes; André Gilles, praticien; Pierre Villemyer, vigneron; Guillaume Marionnet, plâtrier; Jean Mignard, marchand; la veuve François Compotière; Catherine du Bourgneuf, veuve de Pierre Lelong; Etienne Le Vassor, procureur au bailliage d'Etampes; Etienne Le Vassor, le jeune, fils de feu Jean Le Vassor, praticien; Jean Hélix, prêtre, curé d'Ormoy-la-Rivière (5 août 1570); Perrine Lhuillier, veuve de Jean Lecoup; Etienne Degaulchire; Guillaume Gouault; Louis Septier, sergent royal à Etampes; François Ledoyen, marchand, Barthélemy Marcéat, avocat; Marc Boullard; la veuve de Jean Varrest; Etienne Morry, et Audillon Chousson, tisserands en toile; Gervais Fessard; la veuve Claude des Essards; Nicole Consté, veuve de Thomas Chelot; Jean Debauvais; Pierre Raclardy, cordier; Simon Dupré; la veuve Pierre Delorme; la veuve Jean Charron; Louis Blanchard; Simon Raclardy; la veuve et les héritiers d'Aubin Baron; Robert Leblanc, parcheminier; Pierre Ryvet, cardeur; Denis Gallet, plâtrier; Lucas Sabourin; Cancien Fouldrier; Avoye Allard, veuve de Charles Guéetard; Jean Hamet, tonnelier; Jean Du Ris, laboureur. — Table alphabétique des noms et prénoms des déclarants.

E. 3933. (Liasse.) — 3 pièces, papier, dont 1 registre de 379 feuillets in-f°, 1 cahier de 27 feuillets in-4°, et 1 cahier de 7 feuillets in-4°.

1580-1600. — Longs ou Saint-Bonnet (Fief des). — Terrier du fief des Longs, ou registre des déclarations censuelles passées devant Hobier, Védye et autres, notaires à Etampes, au profit de Jean Camus, seigneur de Saint-Bonnet et de Gaudreville en Beauce, conseiller du roi, par (en 1580) : Martin Mercier, fils de Pierre, vigneron ; Nicolas Mercier, vigneron ; Louis Girard, hôtelier ; Marie Le Long, veuve Michel Soignant ; Durand Garnier, maréchal ; Jacques Durandel, vigneron ; Nicolas Chavrier, vigneron ; Pierre Hémard, fils de François, vigneron ; Jean Durandel, vigneron ; Zéphar de Couasin, veuve Guillaume Hémard, vigneron ; Richard Hémard, vigneron ; Cancien Gobert, vigneron ; Jean Deneau, vigneron ; maître Gilles Buchon, procureur au bailliage et prévôté d'Étampes ; Cancian Banouard, marchand ; Jean du Ris, laboureur ; Eloi Chesneau, vigneron ; Léonard Daulbon, vigneron ; Jean Grenier, vigneron ; Pierre Michellot, cordonnier ; Etienne Rasté, vigneron ; Pierre Bollibeau, vigneron ; Anthoine Voullon, vigneron ; Pierre Voullon, vigneron ; Claude Regoard, marchand ; Pierre Baron ; Guillaume Gault, vigneron ; Robine Béard, veuve de Guillaume Boultemier, vigneron ; Jean Charpentier, marchand ; Denis Patau, vigneron ; Christophe Proust, vigneron ; Guillaume Gault, vigneron ; Robine Béard, veuve de Guillaume Boultemier, vigneron ; Jean Charpentier, vigneron ; Perrine Garnier, veuve de Daniel Leconte, vigneron ; Pierre Clairon, vigneron ; Jean Forest, vigneron ; Jean Mignard, marchand ; Jeanne Paris, veuve d'Abel Dupuis, vigneron ; Ambroise Bergeret, vigneron ; Jean Carnevillier, l'aîné, vigneron ; Jacques Bréchemier, marchand, bourgeois d'Étampes ; Jean Crestault et Jean Gobert, vignerons ; Cancien Paris, vigneron ; Pierre Mainfroy, l'aîné, vigneron ; Louis Petit, vigneron ; Blaise Chesneau, vigneron ; Jean Cattin ; Jean Cornevillier, vigneron ; François Cornevillier, vigneron ; François Launoy, vigneron ; Etienne Hemes, vigneron ; Guillemette Haste, veuve de Claude Belloy, vigneron ; Cancienne Dupuis, veuve de Martin Mercier, vigneron ; Boniface Mercier, vigneron ; Jehan Gehennes, cribleur ; Gilles Girard, vigneron ; Jean Michel, le jeune, vigneron ; Pierre Gaucourt, vigneron ; Guillaume Jollivet, vigneron ; Can Mercier, vigneron ; Huguette Mareschal, veuve de Cancien Vrayment ; Pierre Fontaine, fils de Henri, vigneron ; Jean Dauny, manouvrier ; Claude Tarraquier, vigneron ; Michel Girard, marchand ; Pierre Legendre, fils de Simon, vigneron ; Pierre Yvert, vigneron ; Jean Fontaine, l'aîné, fils de Claude ; Jean Motheulx, vigneron ; Cancien Laureau, vigneron ; Simon Paris, vigneron ; Claude Pothier, vigneron ; Pierre Gazeran, vigneron ; Philippe Durand, vigneron ; Mathurin Myallain, vigneron ; Nicolas Pezard, vigneron ; Claude Thiboult, vigneron ; Léonard Petit, charron ; Nicole Cousté, veuve de Thomas Cholet ; Etienne Charpentier, vigneron ; Jhérosme Homo, cordier ; Roch Lhoste, vigneron ; Pierre Legendre, charron ; Nicolas Bernier, archer du prévost des maréchaux d'Étampes ; Claude Chaussidon, vigneron ; noble homme Me Claude Rouy, docteur en médecine ; Bertrand Mainfroy, vigneron ; Martin Trappeloire, maréchal ; Durand Tarraquier, vigneron ; Florent Rajubert, vigneron ; Martin Leconte, vigneron ; Louis Biétrix, vigneron ; Roullet Biétrix, vigneron ; Cancien Bésard, vigneron ; Cancien Lamy, lanternier ; Me Guillaume Godin, prêtre ; Michel Jarry, vigneron ; Mathurin Collet, vigneron ; Gilles Papillon, vigneron ; Louis Chartier, charron ; Liesné Yvert, vigneron ; Pierre Hémard, vigneron ; Etienne Durandel, marchand hôtelier ; Louis Blanchard, marchand, bourgeois ; Mathurin Bachelot, manouvrier ; Martin Cochon, marchand boucher ; Claude Durand, mercier ; Can Godin, marchand mercier ; Françoise Vincent, veuve de Pierre Rivet, marchand ; Gilles Grignon, marchand ; Etienne de Gaulchin, vigneron ; Julien Regnard, marchand ; Simon Charron, vigneron ; Pierre Motheulx, vigneron ; Denis Bardin, charron ; Hippolite Fontaine, cordier ; Gilles Hervy, boulanger ; Jacques Pothouin, boucher ; Jacques Drouillault, foulon ; Etienne Lelong, marchand ; Etienne Thibault, marchand ; Mathieu Vrayment, vigneron ; Cancien Demollières ; Christophe Texier, tourneur ; Pierre Villemaire, vigneron ; Guillemette Perdreau, veuve de Pierre Provensale, marchand ; Guillaume Maryonnet, plâtrier ; Catherine Bidault, veuve de Daniel Egal ; Jacques Le Breton, marchand chaudronnier ; Jean Delisle, marchand ; Etienne Cochon, bourgeois ; Jean Chasseculier, apothicaire ; Jeanne Regnard, veuve de Jean Gouvet, corroyeur ; Barthélemy Myallain, vigneron ; Mathieu Papillon, vigneron ; Esprit Boutin, marchand ; Girard Racquillet, boucher ; François Ledoyen, marchand ; Catherine Gallinière, veuve de Quentin Lesné ; Jean Hourry, vigneron ; Toussaint Moulin, vigneron ; Hervy Tanneur, vigneron ; Cancien Fontaine ; Girault Fontaine, vigneron ; Pierre Tarraquier, vigneron ; Jean Tarraquier, vigneron ; Jacques Faulveau, vigneron ; Simon Lesné, marchand ; Simon Lemaire, laboureur ; Françoise Motheulx, veuve de Pierre Legendre, vigneron ; Cancienne Corbillon, veuve de Claude Fontibier, potier d'étain ; Louis Fortier, boulanger ; Sébastienne Chausson, veuve de Roulland Pelletier, sergent royal à Étampes ; Jean Brunet, marchand boulanger ; Simon Lesné, marchand ; Claude Pierre, vigneron ; Jean Hébert, parcheminier ; Roch Boullard, mercier ; Robert Musnier, maréchal ; Jean Hervy, le jeune, vigneron ; Jean Boutevillain, marchand tanneur ; Jean Mestais, vigneron ; Denis Richeulx, vigneron ; Christophe Musnier, vigneron ; Philippe Chartier, vigneron ; Blaise Legendre, vigneron ; Philippe Scellier, vigneron ; Noël

Bellier, marchand; Jean Godin, bourrelier; Guillaume Cornet, vigneron; Sébastien Paris, tailleur d'habits; (en 1594, 1596, par devant Valyo); Guillaume Jollivet, vigneron; Claude Tarraquier, vigneron; Louis Colteau, vigneron; Pierre Guymont, marchand; Jean Villemaire, maréchal; Louis Banouard, cordonnier; Cantienne Seignant, veuve de Michel Vacher; Marin Robert, boulanger; Jean Bontevillain, marchand; maître Henri Dupré, procureur au bailliage et prévôté d'Etampes; Claude Durand, mercier; Nicolas Bernier, archer du prévôt des Maréchaux à Etampes; Jacques Touchart, boucher; Jean David, marchand; Thomas Motheulx, vigneron; Cantien Lamy, lanternier; Jacques Le Sourt, boulanger; Léonard Richeulx, chapelier; Mathurin Torry ou Gorry; boulanger; Jean Gaballle, marchand; Hippolyte Fontaine, cordier; François Crestault, vigneron; Pasquier Prieur, marchand; Morin Robert, boulanger; Marie Beaudon, veuve de Jacques Le Breton; Jean Dollibeau; Roland Martinet; honorable femme Jeanne de Laigle, veuve de Jean Charron, sergent à cheval au Châtelet de Paris; Louis Harsant, boulanger; Quantin Banouard, boucher; André Durand; François Banouard, boucher; Sébastien Gallet; Pierre Raciardy, le jeune, marchand cordier; Jeanne Hudebert, veuve de Christophe Banouard; Simonne Tarraquier; Pierre Faye, vigneron; Eloi Chesneau, vigneron; Alain Septier, marchand; Hippolite Charpentier, vigneron; Laurent Chandellier, serrurier; Mathurin Bachelot, savetier; Guillaume Marionnet, plâtrier; Jacques Revers, marchand; Mathurin Richard, marchand; Pierre Cavé, marchand; Cantienne Torneu, veuve d'Esprit Bouttin, marchand hôtelier; Etienne Le Long, marchand; François Piet, marchand; Pierre Motheulx, vigneron; Marie Pinet, veuve de Pierre Le Tailleur, boursier; Léonard Dauthon, vigneron; Jean Lhoste, marchand; Toussaint Chesneau, vigneron; Julien Regnard, marchand hôtelier; (par devant Pierre Jutel, en 1598, 99, 1600, 4, 5, 6.): les proviseurs de l'église Saint-Pierre d'Etampes, représentés par Claude Dauthon, Guillaume Chandellier, et Durand Jollivet; Mathurin Chéneville, charron, Michel Lambert, marchand, bourgeois d'Etampes; Pierre Fourrier, boulanger; Guillaume Vénart, marchand; Servais Michellet, cordonnier; Cantian Banouard, marchand boucher; Jean David, marchand; Pierre Rigault, marchand hôtelier; Cantian Yvert, vigneron; Robert Drouillault, jardinier; Jacques Paris, marchand épicier; Jean Le Clerc, maître tailleur d'habits; Jean Beaujon, marchand; demoiselle Marie Saulcier, veuve de Pierre Amadonne, dame du Bourgneuf; (9 octobre 1600, 4, 5,); Marie Audren, veuve de maître Pierre Lamy, avocat au bailliage et prévôté d'Etampes; Madeleine Garras, veuve de noble homme Etienne Chardon lieutenant de la prévôté d'Etampes; Claude Forest, marchand; Pierre Parrent, procureur au bailliage d'Etampes; François Dupuis, vigneron; Jacques Abraume, marchand, bourgeois d'Orléans; Etienne Pernet, praticien; Liphart Cornevillier, vigneron; Anne Fortier, veuve de Jean Brelet, marchand corroyeur; Pierre Goyot, meunier; Jean Moullé, marchand, bourgeois d'Etampes; Marie Gaballle, veuve de Jean Clain, marchand; Sébastien Fouldrier, marchand; Pasquier Prieur, marchand; Cantien Banouard, boucher; Pierrine Berruyer, femme de Nicolas Mainfroy; Girarde Mainfroy, veuve de Sébastien Paris, tailleur d'habits; Nicolas Rutif, vigneron; Jacques Moussault, archer du prévôt des maréchaux d'Etampes, Dourdan et La Ferté-Alops; Pierre Joineau, le jeune, vigneron; René Le Sueur, laboureur; Cantien Yvert, vigneron; Jean Fontaine, le jeune, vigneron; Nicolas Hénard, l'aîné, vigneron; Claude Boucher, vigneron; Pierre Mercier, charron; Merlin Boucher, marchand mercier; Pierre Chardon, praticien à Paris; Cantienne Seignant, veuve de Michel Vacher; Pierre Bergeral, vigneron; Guillaume Papye, marchand et laboureur; Pierre Delorme, marchand boucher; Perrine Moullin veuve en secondes noces de Caucien Louis, vigneron; Antoine Mercier, bourrelier; Guillaume Leconte, marchand hôtelier; Guillemette Chassecullier, veuve de Jacques Lambert, apothicaire, bourgeois d'Etampes; Philippe Petit, huissier audiencier au siège royal d'Etampes; Charles Protte, sergent royal à Etampes; Jean Sauvegrâce, vigneron; Pierre Godin, mercier; Louis Banouard, marchand boucher; Léonarde Dorange, veuve de François Piet, mercier; Simon Papillon, vigneron; Cantien Gobert, vigneron; Damien Fizellier, boucher et Michel Mercier, vigneron; Jean Fouldrier, marchand, bourgeois d'Etampes; Marguerite Cochon, veuve de Cantien Poignart, marchand; Jean Dœurre, vigneron; Jacques Thibault, vigneron; Eutrope Loué, vigneron; Roger Dadure, voiturier par eau; Simon Regnault, vigneron; Jean Guereton, marchand, bourgeois d'Etampes; Pierre Fortier, voiturier par eau; Toussaint Seignant, vigneron; Cantienne Godin, veuve de Denis Roger; Perrine Godin, femme de François Durés, marchand; Jean Fontaine, l'aîné, vigneron; Louise Longeralle, veuve de Jacques Deserville; Martin Hénard, cabaretier; Pierre Crestault, vigneron; Pierre Forest, l'aîné, vigneron; François Duris, marchand, bourgeois d'Etampes; Michel Bontevillain, le jeune, tanneur; Ferry Pouville, marchand drapier; Cantian Loué, marchand cordier; Servais Michellet, marchand; François Godin, meunier;

Marin Régnier, laboureur; Toussaint Godeau, marchand; François Ranouard, marchand boucher; Michel Collenu, laboureur; Jean Thibault, marchand; Huguette Leconte, veuve d'Etienne Thibault, marchande, bourgeoise d'Etampes; Jean Mignon, hôtelier; François Gaballle, marchand hôtelier; Pierre Darras, sieur de Marmas; Michel Boullemier, le jeune, vigneron; Cantienne Guettart, veuve de Cantien Lamy, lanternier; Jacques Bouteviillain, bourgeois d'Etampes; Jean Guettard, marchand, bourgeois d'Etampes; André Guettart, marchand; Arthus Le Maire, vigneron; Jacques Boucart, hôtelier; Hélye Durant, marchand; François Dupuis, vigneron; Noël Naublet, vigneron; Simon Guettard, marchand drappier; Christine Rue, veuve de Mathurin Geneat, marchand, bourgeois; Jean Ranouard, marchand boucher; François Delestes, maître chirurgien à Etampes; Pierre Voillon, laboureur; Jehan Monault, marchand, tanneur; Cantien Mercier, savetier; Jean Carnevillier, l'aîné, vigneron; Nicolas Papillon, vigneron; Etienne Charpentier, vigneron; Claude Chaulsidon, vigneron; Jean Durandel, vigneron; Gilles Lelarge, vigneron; Cantien Gobert, vigneron; Cantien Hémard, vigneron; Simon Lecoup, vigneron; Gilles Enjubert, vigneron; Mathieu Rué, vigneron; Jean Fontaine, le jeune, vigneron; Jean Yvert, vigneron; Cantien Yvert, vigneron; Noël Mallet, laboureur; Cosme Segault, vigneron; Nicolas Hémard, fils de Cantien, vigneron; Jean Guibourt, sergent royal en l'élection d'Etampes; maître Pierre Boudeaulx, procureur à Etampes; honorable femme Gabrielle Paulmier, veuve de Marc Guisenet, bourgeois d'Etampes; maître Jean Héneville, procureur au bailliage et prévôté d'Etampes. Tables alphabétiques des censitaires.

E. 3936. (Liasse.) — 66 pièces, papier.

1650-1664. — Longs ou Saint-Bonnet. (Fief des). — Déclarations passées à Marie de Conte, veuve de Jean Camus, chevalier, seigneur de Saint-Bonnet, Chastres, Gaudreville, la Chapelle et autres lieux, bailli, gouverneur et capitaine des ville et duché d'Etampes, et à Henri Camus, chevalier, seigneur de Saint-Bonnet, bailli et gouverneur d'Etampes, son fils, pour les héritages tenus, dans la censive des Longs ou Saint-Bonnet par: Pierre Brunet, vigneron; François Brosse, vigneron; Gabriel Boureau, chirurgien; Perrine Bouchet, veuve en secondes noces de Michel Bouillemier; Jean Boullemier, vigneron; Pierre Bondonneau, boucher; Martin Boudier, vigneron; Mathieu Bézard, vigneron; Mathurin Baugin, boucher; Toussaint Cocquet, épicier, au nom de Jean Baugin, marchand; Jean Boucher, laboureur; Jean Cour, vigneron; Accurse Cordeau, tonnelier; Pierre Charpentier, hôtelier; Jeanne Bourdon, veuve de Jean Rigault, docteur en médecine, ayant charge de noble homme Philippe Chantier, avocat au parlement de Paris; Michelle Chandellier, veuve de François Charron, mercier; Jacques Certain, charpentier en bateaux; Louis Carnevillier, vigneron; François Carnevillier, vigneron; Guillaume Caoitet, compagnon boisselier; Marie Lambert, veuve de François Dumoureau, écuyer, sieur des Bruis (ou Bouis); Claude Durand, boulanger; Barthélemy de Cœurs, marchand; Jean Dagthon, laboureur; François et Cantien les Fayes, vignerons; Françoise Ranouard, veuve d'Hiérosme Florques, boucher; François Gaudreau, épicier mercier; Pierre Goussard, conseiller secrétaire du roi, avocat au parlement de Paris; Michel Hémard, vigneron; Claude Jublin, charron, Nicolas Lamy, marchand; Marguerite Leconte François Levasseur, boulanger; Gabriel Boureau, chirurgien, et Claude Fontaine, comme marguilliers de Saint-Pierre d'Etampes; Zacharie Merceau, maçon en plâtre; Jeanne Ranouard, veuve de Marin Marchand; Mathieu Marchand; Claude Martin, vigneron; Jean Masson laboureur; Madeleine Meusnier; Nicolas Mercier, maréchal; Pierre Mercier, boisselier, Jean Miaslin, noble homme Thomas Rigault, conseiller du roi en l'élection de Dourdan; Simon Papillon, vigneron; Pierre Paris, l'aîné, vigneron; Pierre Funier et Antoine Parizot, marchands, à cause de Cancienne et Marguerite Routin, leurs femmes; Nicolas Patou, jardinier; Guillaume Petit, marchand; Joachim Pézard, vigneron; Pierre Pinot, vigneron; Pierre Rossignol, l'aîné, Pierre Rossignol, le jeune, Ferry Rossignol et François Hersant, vignerons; François Sellerin, vigneron; Catherine Gorry, veuve d'Alain Septier; Pierre Septier, marchand, bourgeois d'Etampes; Simon Taneur, vigneron; Etienne Tarade, marchand; Jean Tarraquier, vigneron; Claude Thibault, Catherine Tubœuf, vigneron; Jacques Touchard, marchand; Mathurin Thureau, vigneron; Cantien Vézard, vigneron; Pierre Villemaire, maréchal. — Table alphabétique des noms des déclarants de 1650 à 1664. Il n'y a qu'une seule déclaration de cette dernière année et deux de 1660; toutes les autres appartiennent aux années 1650 et 1651.

E. 3937. (Liasse.) — 37 pièces, papier.

1674-1676. — Longs ou Saint-Bonnet (Fief des). —

Déclarations passées à Alexis-François de Cœurs, conseiller au Châtelet de Paris, seigneur de Bourgneuf, pour les héritages tenus dans la censive ou fief des Longs ou de Saint-Bonnet par: François Anceau, coutelier; Étienne Baudry, marchand, bourgeois d'Étampes; Jean Richebois, officier de Monsieur, frère unique du roi; Pierre Bourgeois, charretier; Jacques Caperan, boulanger; Pierre Carneviller, laboureur; Cantien Chénoville, l'un des messagers d'Étampes; Aubin Colleau, le jeune, vigneron; Nicolas Colleau, le jeune, vigneron; Philippe Courtillet, vigneron; Cordeau, avocat au parlement de Paris; Jean Dausselin, boucher; Éloi Fromentin, marchand; Cantienne Hersant, veuve de Jean Gabaille; Marguerite Renault, veuve de Jacques Hersant; Catherine Boutevillain, veuve de Jacques Hochereau, marchand; Jeanne Galsenel, veuve de Pierre Houdouin; Denis Leblanc; maréchal; Toussaint Lemaistre, laboureur; Jean Baudet, tailleur d'habits; François Charron, huissier, et Jean Boudeau, chirurgien, comme marguilliers de l'œuvre Notre-Dame d'Étampes; Étienne Lhoste, vigneron; Basile Moulin, laboureur; Jean Nicolas, manouvrier; Jean Nicolas, vigneron; Jean-François Paris, vigneron; Antoine Parizot, l'aîné, marchand; Étienne Petit, tailleur d'habits; Sébastien Poulard, cordonnier; Jean Roullier, laboureur; Valentin Rousseau; Louis Ségault, jardinier; Pierre Vergeon, l'aîné, Pierre Villemère et Luce Hardy, femme de Cosme Dujat; frère Toussaint Béhade, prêtre, professeur en théologie, ministre et supérieur du couvent de la Sainte-Trinité d'Étampes, (1er juillet 1670); François Hersant, jardinier. — Table alphabétique des déclarants de 1671 à 1670.

E. 2939. (Liasse.) — 21 pièces, papier.

1724-1764. — Ferme de l'Orme. — Pièces relatives à une rente foncière annuelle et perpétuelle de 200 livres, créée par Joseph Hardy, au profit de Charles Prousteau et sa femme, pour partie du prix de vente de la moitié de la ferme et métairie de la ferme de l'Orme, sise en la paroisse d'Abbeville. Quittances pour ladite rente, données généralement par Jean Bonnardel André, conseiller du roi, lieutenant général civil et criminel au bailliage de Gien, qui avait épousé Marie-Jeanne Prousteau. — Titre nouvel de ladite rente passé par un des co-propriétaires de ladite ferme, Claude Mazure, épicier à Paris, tant en son nom que comme tuteur d'Étienne, Nicolas et Marie-Anne, enfants de lui et d'Henriette Quétard. — Cantien Hardy, marchand, demeurant à Boynes, et Andrée Saussard, sa femme, cèdent et transportent à Pierre Prousteau, sieur des Orêves et des Ronets, la somme de 400 livres de principal, à eux dues par François-Marthe Hubert de Valory, et Charlotte-Henriette-Aimée de Valory, sa femme pour reste du prix de vente que lesdits époux Hardy leur ont fait du quart de la ferme de l'Orme. — Quittances de la rente de ces 400 livres délivrées successivement par Hardy et Prousteau.

E. 2939. (Liasse.) — 2 pièces, parchemin; 23 pièces, papier.

1680-1740. — Greffe de la vicomté de Rouen. — Pièces relatives à la part du produit du greffe de la vicomté de Rouen, entrée dans la famille Valory par le mariage de Guy-Louis-Henri de Valory, avec Henriette-Françoise Le Camus, veuve, en premières noces, d'Alphonse Germain de Guérin, seigneur de Moulineuf, laquelle Henriette tenait cette part de produit par suite d'une transaction passée entre elle et Anne Védeau de Grandmont, veuve, en premières noces, de Louis Aubery, et en secondes noces de Germain de Guérin, père du sus nommé Alphonse Germain de Guérin.

E. 3910. (Liasse.) — 6 pièces, papier.

1700. — Boismercier, Valnay, etc. Mémoire sur la valeur de la ferme de Boismercier. Extraits des registres tenus par les officiers mesureurs de grains à la halle de Paris, contenant le prix des blés, seigles, orges, avoines, et grenailles, de 1770 à 1789. — Jean Gérard Geoffroy, avocat en parlement, demeurant à Étampes, fondé de la procuration spéciale de François-Étienne-Michel de la Bigne, écuyer ordinaire et commandant le premier manège de la grande écurie du roi, demeurant à Versailles, propriétaire de la terre de la montagne et Guigneville et du fief de Boismercier et Valnay, dont le domaine utile est tenu en roture par M. de Valory, déclare avoir reçu de Charles-Jean-Marie de « Valory, » chevalier de Saint-Louis, colonel commandant le premier régiment provincial d'état-major, la somme de 18,184 livres, dont 15,084 pour le sort principal de 20 septiers de blé, froment et 10 septiers d'avoine, de la rente foncière et seigneuriale payable annuellement sur le domaine utile dudit fief de Boismercier et Valnay, dont la nu-propriété appartient au susdit Valory, et l'usufruit à Casimir-Louis de Valory et Marie-Jeanne-Marthe de Valory, ses frère et sœur, et 250 livres pour le rachat et extinction des droits casuels dudit domaine utile.

E. 3941. (Liasse.) — 204 pièces, papier.

1640-1704. — Valnay, Courtmeunier, etc. — Déclarations d'héritages tenus à cens des seigneurs des fiefs de Valnay, Courtmeunier et Courtheur par : Jean de La Luzazière, bourgeois de Paris; André Bailly, laboureur; François Gilbert, vigneron; Jacques Boucher, laboureur; Clément Rivet ou Rinel, marchand drapier; Pierre Hardy, laboureur; Jean Dufay, laboureur; A. Chéneville, maître cordonnier; Nicolas Bailly, laboureur; Pierre Brossard, laboureur; Antoinette de Saint-Pol, veuve de Pierre de Volliard, écuyer, seigneur de la Chesnée; Pasquier Oury, laboureur; Claude Dufay, marguillier de la fabrique de Saint-Quentin de Brières; Cantien Brossard, laboureur; Catherine Godin, fille et héritière de feu noble homme Médard Godin, vivant, conseiller du roi et président au grenier et magasin à sel d'Etampes; Simon Poussard, charretier; Jean Coquentin, laboureur; Rodolphe Guyard, marchand; Denis Fontaine, laboureur; Espérance Darthois; Michel Durandel, laboureur; Pierre Simonneau, laboureur; Salomée Durantel, veuve de Pierre Ruelle; Marie chandellier, veuve de Jean Hersant; Jean Chesnay, marchand; Jacques Baron, boisselier; Nicolas Mériault, marchand tanneur; Pierre Rotté, laboureur; Denis Martin, marchand; Jean Dif, maître charron; François Barrué, vigneron; Joachim Sédillot, maréchal; Abel Lefébure, laboureur; Pierre Papillon, laboureur; Jean Le Roy et Guillaume Delange, marchands; Madeleine Défourcroy, veuve de noble homme Michel Egal, vivant, conseiller du roi, président prévôt d'Etampes; Geneviève Guyot, veuve de Pierre Sévin, vivant, conseiller du roi et élu en l'élection d'Etampes; Fiacre Bourblier, manouvrier; Jean Guillauteau, tant en son nom que comme tuteur de Jean et Marie Guillauteau, ses enfants, héritiers de feu Claude Regnard, vivant, marchand à Etampes; Jean Cantien Vézard, vigneron; Bavile Moulin, laboureur, Pierre Delanoue, vigneron; Antoine Le Noir; Perrine Bayard, femme de Vincent Dargent; Alain Septier; Simon Dacost, laboureur; Nicolas Allais, papetier; Charles Mauger, laboureur; Madeleine Regnault, sa veuve; Cantien Cornet, laboureur; Pierre Blandin, marchand; Louis Gervaise, marchand épicier; Alexandre Rousseau, maître pâtissier, Jean Chartier, marchand; Joachim Chevrier, maître menuisier, et Jean Daussin, marchand boucher, tous marguilliers de l'église Saint-Basile d'Etampes; Marie Léresque, veuve de Jacques Menault, bourgeois de Paris; Léonard Cavé, huissier de cuisine du commun du duc d'Orléans; Pierre Cavé, marchand; Accurse Dupré, procureur aux sièges royaux d'Etampes; Claude Massignon et Basile Durandel; Jean Ruelle, maître pâtissier; Gilles Petit, marchand chapelier; Pierre Vallée, bourrelier; Louis Ségault, jardinier; Jean Massigon, jardinier; Norin Marchand, meunier; Toussaint Lemaistre, voiturier; Jacques Hébert, marchand; Mathurin Archambault; Symphorien Rousseau, (sign. autg. Rouoiau), maître boisselier; Geneviève Boudeaux; veuve de Jean Guyot, vivant, procureur aux sièges royaux d'Etampes; les religieuses de la congrégation Notre-Dame d'Etampes (23 juin 1681), Marie Moreau, supérieure, Alexis de Dombale, assistante, Angélique-Marie Hurielle, Marie Buchère et Marie-Anne Pinzau, conseillères; Marie Petit, veuve de Jean Couty; Claude Dupuis, laboureur; Noël Hardy, marchand épicier; Nicolas Thibault, marchand; Jean Guyot, receveur et payeur des droits et taxations des officiers de l'élection d'Etampes, au nom et comme ayant la garde des enfants de lui et de feue Catherine Banouard, héritière de son père Louis Banouard; Claude Melun, maître bourrelier; Quantin Banouard, fils d'autre Quantin, marchand boucher; Jean Melun, bourrelier; Antoine Bourdon, conseiller du roi, président en l'élection d'Etampes; Jean Couty, marchand; Michel Le Gendre, prêtre demeurant à Etampes; Pierre Bellier, vigneron; Simon Taneur, vigneron; noble homme Noël Jolly, chef d'échansonnerie de S. A. R. (7 septembre 1648); Julien Moreau, vigneron; Antoine Lebrun, maître boulanger; Richard Hémard, vigneron; Nicolas Hémard, vigneron; Barthélemy Bellin, Pierre Montaigne, laboureur; Louis Charron, le jeune, procureur au parlement; Mathieu Bominet, marchand papetier; Michel Vaullon, maître boulanger; Théodore Martin, prêtre, chantre et chanoine de Sainte-Croix d'Etampes (30 août 1701); Ferry Boucher, vigneron; Georges Capitain, maître chaudronnier; Laurent Touzé, vigneron; Jean Le Sage, vigneron; Louis Jarry, vigneron; Denis Taraquier, vigneron; Claude Richeux, vigneron. Les seigneurs ou dames de Valnay au profit de qui ont été passées les déclarations sont : Germaine de Tournay, veuve de Pierre Camus ou le Camus, bailli et gouverneur d'Auxerre; Claude Le Camus, trésorier de France en Bourgogne; Toussaint Baudoin, procureur au Châtelet de Paris; Pierre Robeau, contrôleur de la maison du roi; François Baudoin, avocat au parlement.

E. 3942. (Liasse.) — 1 pièce, parchemin; 4 pièces, papier, dont 3 cahiers de 7, 7 et 17 feuillets in-4°.

1463-1575. — Terres en Anjou. — Acte de foi et

hommage rendu à Jean, sieur de Bueil, comte de Sancerre, seigneur de Chasteaux en Anjou, « par maistre Hilaire Vallory, licentié en droit et archeprebstre de Chastellerault, au nom et comme procureur de Loys de Vallory, escuier, seigneur d'Estilly, et maistre d'ostel de Monsieur le comte du Maine, » pour les terres de la Perrière et de Lublé, naguères acquises, par le dit Louis de Valory, de Catherine de Lisle, veuve de Georges « de la Trémoille, chevalier. » — Aveu et dénombrement de la terre et seigneurie de « Meigné, » rendu à Jean d'Alençon, comte du Perche et vicomte de Beaumont, par Catherine « de Brezay, damoiselle, veuve de Loys Vallory, en son vivant, escuier, seigneur de la Perrière, Meigné et Lublé. » — Aveu et dénombrement de la terre, fief et seigneurie de Chantepie rendu à Georges de Valory, chevalier, seigneur de Détilly et de Meigné, par « Roland de Ploret, escuier, seigneur du dit lieu, au nom et comme père et tuteur de Jullien de Ploret, aussy escuier..... » — Catherine de la Grandière, femme et fondée de procuration de Philippe de Valory, chevalier, seigneur de Détilly et de Lublé, reconnaît avoir reçu de Mathurin de Rougé, chevalier, gentilhomme ordinaire de la chambre du roi, et enseigne des cent gentilshommes de sa maison, sous le gouvernement du seigneur de Chavigny, seigneur des Rues et de Perrière, la somme de 2,000 livres tournois, à déduire sur la somme de 6,500 livres tournois, restant de la somme de 12,600 livres tournois, prix de la vente des lieux, fief, terre et seigneurie de Meigné, sis en la paroisse de Chigné, et des fiefs de « Villaynes et la Balynière, » faite par ledit Philippe de Valory audit de Rougé, par contrat passé à Tours le 22 décembre 1574.

E. 3943. (Liasse.) — 3 pièces, parchemin ; 6 pièces, papier, dont 1 cahier de 47 feuillets in-4°.

1524-1770. — Terres en Anjou. — Acte de foi et hommage rendu à Jean Philbert, avocat au bailliage de Chinon et procureur du cardinal de Richelieu, par Louis de Valory, écuyer, sieur de Détilly, héritier de feu Antoine de Valory, son père, pour la châtellenie, fief, terre et seigneurie de Détilly, tenue du dit cardinal, à cause de la seigneurie de Chinon. — Antoinette-Catherine de Voyer d'Argenson de Paulmier, veuve de Louis de Valory, chevalier, seigneur châtelain de Détilly, en qualité de tutrice et ayant la garde noble de ses enfants, consent que Charles de Valory, chevalier, seigneur de Cussy, touche, sur chacune des 7 années du bail de la terre et seigneurie de Détilly, la somme de 227 livres 5 sous d'intérêt du principal de 4,545 livres, dû audit Charles de Valory par la succession dudit Louis de Valory. — Vente, par contrat pignoratif, des maisons, terres et seigneuries du Lécé et des Petits-Bois faite à Maxime Préault, veuve de Pierre Mangot, avocat au bailliage de Chinon, par Elizabeth de La Rochefoucauld, veuve de Charles de Valory, seigneur du Lécé et des Petits-Bois, et tutrice de leurs enfants mineurs, et comme procuratrice de François de Valory, prieur des prieurés « de Puitoiseau et de Hallais, patron des patronnages ecclésiastiques de Vadellincourt et de Harancourt, seigneur et de la terre et seigneurie de la Gallopinière, » et Antoine de La Rochefoucauld, chevalier, seigneur de Neuilly-le-Noble, tant pour lui que pour Renée de Sainte-Marthe, sa femme. — A la suite est l'acte par lequel Pierre Mangot, conseiller secrétaire du roi, fils et héritier en partie de la susdite Maxime Préault, subroge à ses droits, moyennant finance, Charles de Valory, chevalier, seigneur de Cussay. — Aveu et dénombrement « de la terre et seigneurie de Lécé, fief Destouche et fief Petit, » vendu, par le seigneur Charles-Louis-François de Valory, à Louis du Bouchet, comte de Montsoreau, marquis de Souches et de Bellay, etc., chevalier de Saint-Louis, lieutenant général des armées du roi. — Foi et hommage simple à 6 deniers de service rendu à Charles-Louis-François de Valory, seigneur de la Barre, à cause du fief de la Barre, par Marie Lefort, veuve d'Urbain Lévesque, huissier audiencier demeurant en la paroisse de Varennes-sous-Montsoreau. — Lettre adressée au marquis de Valory, lieutenant général des armées du roi, grand croix de Saint-Louis, par M. Des Escotais-Valory, datée de « Destilly, le 3 novembre 1770. » Sur le point de vendre ses terres en Anjou, et désirant que la propriété ne sorte pas de la famille Valory, Madame Des Escotées serait heureuse de les vendre au petit-fils du marquis.

E. 3944. (Liasse.) — 5 pièces, parchemin ; 114 pièces, papier.

1775-1776-2791. — Terres en Anjou. — Pièces diverses relatives aux propriétés possédées par les Valory dans l'Anjou, et dont l'administration avait été confiée à Langlois, notaire royal à Varennes-sous-Montsoreau. Il s'y trouve plusieurs lettres du marquis de Valory, et d'autres signées : Dupleix-Valory, adressées à Langlois ; ces dernières proviennent d'Adélaïde-Louise-Jeanne-Joséphine Dupleix, qui avait épousé, en 1779, Charles-Jean-Marie de Valory.

E. 3944. — 1 registre, papier, de 44 feuillets in-f°.

1778-1789. — Terres en Anjou. — Recettes et dépenses des revenus de la Seigneurie de Lecé et dépendances.

E. 3945. (Liasse.) — 36 pièces, papier.

XVIIᵉ et XVIIIᵉ siècles. — Résidu. — Quittances du vingtième payé par Louis Henri de Valory. — Notes de comptabilité et autres. — Déclarations censuelles probablement détachées de quelque cahier ou registre ; l'une d'elles provient de Claude Fontaine, curé de Saint-Pierre d'Étampes ; elle est datée du 9 janvier 1669 ; les immeubles indiqués sont tenus de l'abbaye de Morigny ; un plan sans désignation, etc.

E. 3946. — 15 pièces, papier, dont 2 cahiers de 3 et 26 feuillets in-f°.

1739-1779. — VARENNES (de). — Extrait mortuaire de François-Ignace de Limojon, co-seigneur de Venasque et de Saint-Didier, chevalier de Notre-Dame du Montcarmel et de Saint-Lazare de Jérusalem, époux de Rose-Sibille de Normandeau, décédé à Avignon, le 13 mai 1739, à l'âge de 68 ans, enseveli dans l'église Notre-Dame dans un tombeau de famille. — Transaction passée à Avignon le 10 octobre 1739, entre Éléazar Aubert, procureur fondé de Jean-Noël Limojon, chevalier de Saint-Louis, seigneur de Jonquerettes, co-seigneur de Venasque et de Saint-Didier, citoyen d'Avignon, résidant à Paris, seul et unique héritier de son frère « Ignace-François » (sic), ci-devant nommé, d'une part, et Anne-Barbe de Normandeau, veuve de Pierre de Pusque (Alias Pusco), procuratrice spéciale de Rose Sibille de Normandeau, veuve du dit « Ignace François » (sic), sa sœur, d'autre part ; touchant la liquidation de la succession du dit Ignace François. — Inventaire général des titres concernant les biens que possède madame de Pusco de Jonquerettes de Savigny, dans le pays de droit écrit, fait en 1779. — Pièces diverses relatives à ces mêmes biens.

E. 3947. (Liasse.) — 53 pièces, papier.

1748-1788. — Quittances, notes, renseignements, etc., relatifs à la succession de madame de Savigny.

E. 3948. (Liasse.) — 34 pièces, papier.

1789-1790. — Lettres adressées à M. de Varennes, maréchal de camp, par M. Vincent, son homme d'affaires, demeurant à Paris, rue de Richelieu, n° 82. — Pièces comptables fournies par le dit Vincent.

E. 3949. (Liasse.) — 63 pièces, papier.

1778-1788. — Constitution d'une rente viagère de 66 livres 15 sous au profit de Jean-Baptiste de Maçoro, chevalier, seigneur de Ludesse, etc., faite par Étienne de Varennes, chevalier, seigneur de Chignot, chevalier de Saint-Louis, commandant pour le roi en la ville de Clermont, et Jean Gérard Blan ou Blau, écuyer. — Projet d'un mémoire par lequel le sieur de Laveau, avocat en Parlement, demande l'aliénation, à titre de bail emphytéotique, pour 30 ans, de quelques portions du domaine dépendant de la principauté d'Orange. — Lettres diverses adressées à divers et signées : Marcou ; Delabonne ; Guérin, docteur-médecin de l'Hôtel-Dieu de Caderousse ; Maury ; femme Paulin ; Varennes ; etc. — Pièces d'un procès entre M. de Varennes, Florent Passet, négociant de la ville d'Orange, Isale, de Cavaillon. — État des diamants de madame de Savigny. — Quittance de remboursement de rentes sur l'État donnée par Anne-Agnès-Gabrielle-Joséphine d'Iscard, femme et fondée de la procuration d'Étienne. — François Varennes, etc.

E. 3950. (Liasse.) — 23 pièces, papier, dont 6 cahiers de 5, 5, 6, 6, 7 et 13 feuillets in-4°.

1769-1793. — Extrait d'un acte de liquidation d'héritage passé, le 9 mai 1769, entre M. de Lestagnol, légataire universel de M. de Saint-Didier, d'une part, et Madame de Savigny, sa légataire particulière, d'autre part. — Pièces diverses relatives à la liquidation de la succession de Françoise-Barbe-Agnès de Pusco, citoyenne d'Avignon, veuve, en premières noces, de Jean-Noël de Limojon, et, plus tard, femme de Jean-François-Augustin-Perrin de Savigny, chevalier de Saint-Louis, ancien lieutenant au régiment des gardes-françaises, colonel d'infanterie. Le testament de la dite dame, en date du 1ᵉʳ mai 1789, porte, entr'autres choses, un legs de 300 livres de rente viagère en faveur de Françoise de Pusco, religieuse aux Dames du Verbe incarné, à Avignon, nièce de la testatrice ; l'usufruit et la jouissance des biens à son mari; donation à Adrien Perrin de Chavilly, intendant d'Orléans, de la moitié d'une maison et dépendances à Grandvaux, paroisse de Savigny-sur-Orge; donation à une autre nièce, Mlle de Pusco, femme du comte du Cambis-Lezan, de la terre d'Urban au comtat Venaissin, et des seigneuries de Saint-Didier et Venasque; donation à autre nièce, fille d'Isoard, femme de M. de Varennes, de la terre de Jonquerettes et des biens possédés par la testatrice dans la ville du Saint-Esprit, en Languedoc; donation à sa petite nièce et filleule, Augustine-Françoise de Varennes, de tous les diamants et bijoux et de tous les biens possédés dans la paroisse de Caderousse, au comtat, etc.

E. 3931. (Liasse.) — 1 pièce, parchemin; 7 pièces, papier.

1752-1781. — Copie de la donation de 900 livres de rente viagère faite, le 22 juillet 1751, par Jean-Noël de Limojon, seigneur de Durban et Jonquerettes, co-seigneur de Venasque et de Saint-Didier; chevalier de Saint-Louis, ancien capitaine au régiment de Condé, infanterie, à Jean de Limojon, écuyer, natif de « Nyons en Dauphiné, son parent, » à condition que le donataire continuera à faire profession de la religion catholique romaine, et ne se mariera point, du vivant du donateur, sans son consentement. — Extrait des registres des sépultures de la paroisse Saint-Sulpice de Paris portant que le dit Jean-Noël Limojon a été inhumé le 9 juillet 1758. — État des rentes constituées dont jouissait feu M. de Jonquerettes dans Avignon, le Comtat et provinces voisines. — État des capitaux formant la dot de dame Françoise-Barbe-Agnès de Pusco, veuve de Mtre Jean-Noël de Limojon. Jean-Baptiste Biscarel, prêtre du diocèse d'Avignon, reconnaît avoir reçu de Rose-Sibille de Normandeau, veuve de François-Ignace de Limojon, chevalier de Saint-Lazare et du Mont-Carmel, légataire universelle de feu Jean-Noël de Limojon, son beau-frère, et de Françoise-Barbe-Agnès de Pusco, veuve dudit Jean-Noël de Limojon et son héritière universelle de tous les biens situés en pays de droit écrit, la somme de 3000 livres, à lui léguées par le dit Jean-Noël qui l'avait institué son exécuteur testamentaire. — Procuration générale donnée par Françoise-Barbe-Agnès de Pusco, dame de Durban, Jonquerette, Venasque, Saint-Didier et autres places, « citoyenne » de la ville d'Avignon, à son mari Augustin de Savigni, colonel d'infanterie, chevalier de Saint-Louis. — Brevet d'une pension de 200 livres, accordée, par décision du 7 mars 1781, à Demoiselle Marie-Philippine-Yolande de Brue, née à Nantes, en Bretagne, le 2 avril 1769, fille de feu S. Pierre-François-Sébastien, vicomte de Brue, lieutenant de vaisseau retiré.

E. 3932. (Liasse.) — 43 pièces, papier.

1758-1769. — Lettres adressées à Madame veuve de Jonquerettes, plus tard Madame de Savigny, en son hôtel, rue Vaugirard, au coin de la rue Férou, à Paris, par son frère Lestagnol. Ces lettres généralement datées d'Avignon, traitent d'intérêts et affaires de famille. — Lettre signée : Bruneau, adressée à la même. — Extraits des lettres sus-mentionnées.

E. 3933. (Liasse.) — 44 pièces papier, dont 21 cahiers de 5, 5, 6, 6, 6, 7, 7, 7, 8, 8, 8, 9, 9, 10, 10, 11, 11, 11, 12, 13 et 28 feuillets in-4° et in-f°.

1750-1769. Comptes de l'administration des biens possédés au comtat Venaissin par Mad. de Jonquerettes, plus tard Mad. de Savigny, rendus par le régisseur ou chargé d'affaires, M. d'Isoard. — Notes pour servir à l'examen des comptes de M. d'Isoard. — Pièces comptables. — Une lettre de M. d'Isoard adressée probablement à Madame de Savigny. — Réponse à un mémoire de Madame de Savigny contre la gestion de M. d'Isoard, qui était son beau-frère.

E. 3934. (Liasse.) — 7 pièces, papier.

1790-1791. — Lettres adressées à M. de Varennes, successivement à Clermont, en Auvergne, et à Avignon, par M. de Savigny et le comte de Cambis-Lezan; — autres de M. de Savigny, sans suscription. — Lettres adressées d'Avignon par M. de Varennes au comte de Cambis-Lezan : affaires de famille.

E. 3935. (Liasse.) — 8 pièces papier.

1792. — Lettres, sans autre signature que les lettres B. B. mises à la fin de quelques-unes, adressées, de Villeneuve-lès-Avignon, à M. de Varennes, chevalier de Saint-Louis et maréchal de camp, à Paris et à Versailles. L'auteur de ces lettres, où l'on trouve quelques détails sur les mouvements du Midi, pourrait bien être Mlle de Bruc qui, en 1781, avait obtenu du roi de France une pension de 200 livres, et qui, en 1792, avait quelque peine à s'en faire payer régulièrement.

E. 3936. (Liasse.) — 34 pièces, papier.

1789-1792. — Lettres adressées à M. de Varennes, successivement à Paris et à Versailles, de Gerzat, Clermont et Paris, par Mazoires, qui représentait, en Auvergne, les intérêts de son correspondant, et qui fut député de son canton (Gerzat) à la Fédération ; affaires domestiques.

E. 3937. (Liasse.) — 35 pièces, papier, en partie imprimées.

1766-1784. — Constitutions de rentes sur les greniers à sel et les bureaux de la douane dans la ville d'Avignon au profit de : Lucrèce d'Izoard (et Isoard), veuve de Claude-Joseph de Serre, en son vivant, citoyen d'Avignon ; Jean-Paul Royer, prêtre de la ville de Bolesne (Bellène), au Comtat-venaissin, docteur en théologie ; Louis Bonexel (et Benexet) Limojon, prêtre d'Avignon ; François-Ignace de Limojon, co-seigneur de Venasque et Saint-Didier. — Quittances de payement d'arrérages des dites rentes.

E. 3938. (Liasse.) — 89 pièces, papier.

1746-1784. — VASSAN (de). — État des lieux d'une portion de l'hôtel d'Avignon, à Versailles, occupée par M. de Vassan. — Quittances du loyer, signées : Fromentin. — Conventions entre Louis-Simon Regnouf, conseiller du roi en la cour des Monnaies, tant en son nom qu'au nom de M. le Peure (ou le Fèvre), son neveu, capitaine dans le colonel général dragons, d'une part, et M. de Vassan, d'autre part, touchant la location faite à ce dernier d'une maison sise à Versailles, au Parc-aux-cerfs, louée, pour le moment, à un nommé Coly, maçon. — Conventions entre Pierre-Nicolas Marin, officier de la reine et ingénieur géographe, d'une part, et Michel, marquis de Vassan, capitaine des Levrettes de la chambre du roi, d'autre part, pour le loyer d'un immeuble, sis rue des Mauvais-Garçons, paroisse Saint-Louis, à Versailles, appartenant à Marin, et loué par lui à Vassan. — Quittances dudit loyer, signées : P. N. Marin. — Lettre sans souscription, signée : Le comte de Noailles, 9 décembre 1770 : « Sa Majesté m'ordonne de vous » mander qu'il vous emprunte votre logement et ne vous » l'ôte pas ; que c'est une honnêteté momentanée qu'on » vous demande pour satisfaire Madame, et que vous » aurez une chambre et une garde-robe pour votre pied » à terre, en attendant que la marquise de Saurins » vous rende votre appartement... » — Lettre du marquis de Vassan à son frère. — Quittances, mémoires, notes, etc., dont plusieurs en lambeaux.

E. 3939. (Liasse.) — 1 pièce, papier.

1775. — VATELLIER. — Extraits d'actes relatifs à la liquidation de la succession de Jean-François Vatellier, ancien domestique de madame de La Roche-sur-Yon.

E. 3960. — 1 cahier, parchemin, de 6 feuillets in-4°.

6 août 1771. — VAULTIER (de). — Décret volontaire d'immeubles à Montfort-l'Amaury et aux environs, à la requête de Georges-Nicolas Clausse, procureur au bailliage de Versailles, créancier de Timothée de Vaultier, chevalier, seigneur de Petitmont, propriétaire desdits immeubles, parmi lesquels « plusieurs bâtimens compo- » sant les greniers à sel de Montfort-l'Amaury, consis- » tans en deux greniers à sel et un entrepôt, sis au dit » Montfort, appuyés, d'un côté sur le mur de la ville » qui dépend desdits greniers, ainsi que deux tours adja- » centes, et la porte de ladite ville nommée la porte de » Paris ; tenans de l'autre côté, au sieur Robinet ou ses » représentans, d'un bout au sieur Constot ; par devant, » sur la rue qui conduit à ladite porte de Paris ; lesdits » bâtimens couverts en thuilles, une cour au devant, » fermée par des murs, une porte charretière, et un » petit bâtiment à côté de la cour, ayant vue et entrée sur » la rue... » Les biens décrétés sont adjugés audit de Vaultier moyennant 23,420 livres, dont 11,520 pour les greniers à sel.

E. 3961. (Liasse.) — 1 pièce, papier.

1780. — VEUGEN OU VEUGEN. — Copie du titre par lequel les officiers des gardes du corps constituent, en faveur du sieur Veugen dit Mathieu, une pension annuelle de 3,000 livres, dont la moitié sera, après son décès, réversible sur sa veuve.

E. 3962. (Liasse.) — 2 pièces, parchemin.

1784. — VERDIER. — Baux d'immeubles appartenant à la fabrique de l'église Notre-Dame de Milly, faits par

Louis-Edme Verdier, marchand boulanger, demeurant à Milly, au nom et comme marguillier de ladite fabrique; 2° à Etienne Gauret, marchand et laboureur, demeurant à Milly, et Catherine Nardon, sa femme; 3° à Blaise Cassard, blatier et laboureur, demeurant à Milly, et Anne Boudineau, sa femme.

E. 3963. (Liasse.) — 1 pièce, parchemin; 4 pièces, papier.

1785-1789. — VERDIER. — Obligation de 5,000 livres consentie par Dominique-François Retouret Castel, écuyer, maréchal des logis des gardes du corps de Monsieur, chevalier de Saint-Louis, au profit de Georges-Pierre Verdier, ancien officier du roi. Bons de 150 livres chacun consentis par le même au même.

E. 3964. (Liasse.) — 2 pièces, papier.

1745-1758. — VERT (de), ou DEVER. — Cession de tous droits successifs faite par Marie-Angélique Dever, supérieure de la communauté des Dames de la Providence, établie à Paris, rue de l'Arbalète, paroisse Saint-Médard, à Marie-Louise Le Bastier, veuve de Henri Dever, écuyer, seigneur du fief des quatre-seigneurs, et autres lieux, ancien capitaine au régiment de Guerry, à la charge d'acquitter toutes les dettes passives de la succession dudit Henri, et moyennant 100 livres de rente, dont 70 livres en viager, et 30 livres en rente perpétuelle, rachetable pour 600 livres. A la suite de l'acte est la quittance de rachat (1758). — Fr. Marc Thierry, coadjuteur de la Chartreuse de Bourbon-lez-Gaillon, reconnaît avoir reçu de Mme Le Bastier, veuve de M. Henri de Vert (sic), la somme de 40 livres tant pour relief dû par ladite dame, comme cessionnaire de Mlle de Vert, sœur et unique héritière du sieur de Vert, que pour restant d'ancien relief dû par feu M. de Vert, savoir, 10 livres tournois pour le relief du fief des communes, et 40 livres parisis, valant 12 livres 10 sous tournois, pour le relief du fief de Lausnay Saint-Père, sans préjudice du droit de foi et hommage dû, pour lesdits fiefs, aux R. R. P. P. Chartreux, à cause de leur terre et seigneurie de Génainville; fait au prieuré dudit lieu, le 18 octobre 1748.

E. 3965. (Liasse.) — 22 pièces, papier.

1762-1782. — VÉRON DE LABORIE. — Lettres adressées successivement de Laborie, Strasbourg, Valenciennes et Paris, à Mlle de Laborie, successivement à l'abbaye de Voroy, à l'abbaye de « Vignogue » (sic pour Vignogou), à Montpellier, au couvent des Bernardines de Clermont en Auvergne, à Issengeaux, au Puy, à Paris et à Laborie, par son frère aîné Jean-André Véron de Laborie affaires de famille; détails intimes. — Lettres adressées par le même à M. Michel, curé de Saint-Jeure, et à l'abbé du Pinet, vicaire général, à Paris: même sujet.

E. 3966. (Liasse.) — 7 pièces, papier.

1763-1777. — Lettres adressées à Mlle de Laborie successivement à l'abbaye de « Vinogue, » à Montpellier, à l'abbaye des Bernardines de Clermont, et à Issengeaux, par Béfort de Salcerays (?): affaires d'intérêt entre Mlle de Laborie et son frère.

E. 3967. (Liasse.) — 22 pièces, papier.

1770-1795. — Lettres adressées à Mlle de Laborie par Tollin, chanoine; chevalier de Chalender; Richier, chanoine; Lenoir; de Labrosse; Gallet de Lagarde; Tremolet; comte de Kläsen, Chambellan du duc de Bavière; Savy, avocat; de Roussillon; Monmerqué Digoville; marquise de Vauborel; duc de Charost; etc.

E. 3968. (Liasse.) — 7 pièces, papier.

1772-1781. — Lettres adressées à Mlle de Laborie, successivement à Issengeaux et chez l'abbé du Pinet, chanoine de l'église de Paris, à l'archevêché, à Paris, par Michel, curé de Saint-Jeure; le chevalier Laborie, son frère; le marquis de Ségur; touchant des discussions d'intérêt avec un autre de ses frères.

E. 3969. (Liasse.) — 60 pièces, papier.

1773-1782. — Lettres, notes, consultations, mémoires et autres pièces relatives à un procès entre Jeanne-Marie Véron de Laborie, d'une part, et son frère Jean-André Véron de Laborie, colonel au régiment de la couronne, d'autre part, au sujet de la fixation des droits légitimaires de la sœur sur la succession paternelle. Une des pièces produites est la copie du testament de noble Jean de Véron, sieur de Laborie, du lieu de Laborie, paroisse, de Saint-Jeure-de-Bonnet, fait le 15 février 1745.

SÉRIE E. — TITRES DE FAMILLE.

E. 3970. (Liasse.) — 24 pièces, papier.

1777-1783. — Lettres adressées à divers par Mlle de Laborie, au sujet de ses différends avec son frère ; caractère confidentiel.

E. 3971. (Liasse.) — 10 pièces, papier.

1779-1780. — Lettres adressées de Tence, à Mlle de Laborie successivement au Puy et à Issingeaux, par Boureta, notaire royal : affaires de famille ; détails intimes.

E. 3972. (Liasse.) — 37 pièces, papier, dont 11 enveloppes de lettre, quelques-unes avec cachet.

1779-1785. — Lettres adressées successivement de Saint-Malo, Paris, Rennes, Besançon, à Mlle de Laborie, par le Maréchal de Vaux, qui s'employa à régler les différends entre cette demoiselle et son frère.

E. 3973. (Liasse.) — 5 pièces, papier.

1781-1790. — Lettres adressées, du Puy, à Mlle de Laborie, à Paris, par Mme Vaux-Lamye : affaires de famille ; chronique locale.

E. 3974. (Liasse.) — 19 pièces, papier.

1781-1784. — Lettres adressées d'Issingeaux à Mlle de Laborie par la veuve Charpentier : affaires de famille.

E. 3975. (Liasse.) — 13 pièces, papier.

1781-1784. — Lettres adressées successivement du Puy et de Minostrol à Mlle de Laborie par Marie-Joseph de Galard de Terraube, évêque du Puy, qui s'entremit pour concilier les intérêts de Mlle de Laborie, avec ceux de son frère. Sceau aux armes de Galard : d'or à trois corneilles de sable, becquées et membrées de gueules, posées 2 et 1.

E. 3976. (Liasse.) — 9 pièces, papier.

1782-1790. — Lettres adressées du Puy, à Mlle de Laborie par Laulantrier ; dame Lasucherie ; Roche de Poutol : affaires de famille.

E. 3977. (Liasse.) — 13 pièces, papier.

1782-1785. — Lettres adressées à Mlle Laborie par M. J. Laulantrier, évêque d'Égée ; le maréchal de Castries ; touchant les différends entre cette demoiselle et son frère.

E. 3978. (Liasse.) — 1 pièce, parchemin.

8 mars 1761. — VERRIER. — Bail de 3 arpents 96 perches de terre labourable en 8 pièces et de 45 perches de pré en 2 pièces, sis aux terroirs de Montainville, Maule et Mareil, fait, moyennant un loyer annuel de 54 livres, à Jacques Broquet-Soisson, demeurant à Montainville, et Marguerite Broquet, sa femme, par Pierre Verrier, laboureur, demeurant à Autouillet.

E. 3979. (Liasse.) — 2 pièces, parchemin ; 3 pièces, papier.

1655-1733. — VIART DES FRANCS. — Copie collationnée des lettres d'anoblissement données par le roi de France « à Jacques Lhuillier, sieur de la Chapelle, » capitaine général des Guides et des camps et armées de Sa Majesté, et un de ses gentilshommes servants, et des lettres confirmatives des premières en faveur de Jacques Lhuillier, sieur de la Chapelle, capitaine général des Guides, et Louis Lhuillier, frères, fils de Jacques ci-devant nommé. — Ordonnance de l'intendant de la généralité de Paris, Philippaux, portant confirmation de noblesse en faveur de Jacques Viart, sieur de Villette, et de ses enfants Nicolas-Gabriel Viart, chevalier, seigneur de Villette, enseigne de vaisseaux, Jacques-Gabriel Viart, chevalier, seigneur des Francs, garde-marine, Louis-André Viart, chevalier, seigneur de Lamirault, aussi garde-marine ; Henri Viart, lieutenant au régiment royal d'artillerie des « Fusiliers, » Charlotte-Françoise et Marie-Thérèse Viart. — Bref de dispense pour mariage accordé par le pape Benoît XIII à Henri Viart des Francs et Marie Le Feure. — Contrat de mariage entre Henri Viart, chevalier, seigneur des Francs, capitaine en chef d'une compagnie de cent hommes au régiment Royal-Artillerie, commissaire d'artillerie, chevalier de Saint-Louis, demeurant ordinairement à Étampes, d'une part, et Marie Le Feure, veuve de Louis de Lhuillier, chevalier, seigneur de la Chapelle, capitaine général des Guides du roi et de ses camps et armées, demeurant en son château des Tourelles, paroisse du Tremblay, d'autre part; en la présence et de l'avis de Charlotte-Françoise Viart, fille majeure, sœur du futur; de dame Noël-Catherine Petit de Mézières, femme de M. de Choisy, sa cousine ; de l'abbé Courcier, théologal de Paris; du président de Grassy; de M. et Madame d'Alberny, et de M. Toumaz. — Lettre signée : Solon, et adressée « à Monsieur, Monsieur Deffrance le Père, rue des Tripeau, en son hôtel à Estampes. »

E. 3950. (Liasse.) — 40 pièces, papier, dont 4 cahiers de 8, 10, 12 et 24 feuillets in-4°.

1745-1749. — Feuille signalétique contenant l'état des services militaires d'Henri-Auguste Viart des Francs, né le 6 décembre 1708, à Étampes, capitaine en premier au régiment Royal-Artillerie. — Fragments de cahiers d'études d'algèbre, d'artillerie, de fortifications. — États de fournitures faites au régiment Royal-Artillerie pendant ses garnisons en Italie — Mémoires de fournisseurs, quittances, etc. — État du détachement de M. de Cazeaux, parti de Grenoble le 28 avril 1745.

E. 3951. (Liasse.) — 10 pièces, parchemin, dont 3 cahiers de 6, 7, 8, 11 et 12 feuillets in-4° ; 6 pièces, papier.

1699-1787. — Transaction, portant vente et transport d'une rente de 2 muids de blé froment et mine de poix, passée entre Louis du « Becz, escuier, seigneur de » Sainct-Liger des Aubaix et de Sausseulx, gentilhomme » ordinaire de la chambre du roy, demeurant au dict » lieu de Sainct-Liger des Aubaix, paroisse dudict » Sainct-Liger, » tant en son nom, comme héritier de feu Louise Courtet, sa mère, en son vivant veuve de Nicolas du Becz, vivant, écuyer, seigneur des « Péreaulx, » maréchal des logis du roi, commissaire ordinaire des guerres, que comme héritier sous bénéfice d'inventaire de feu Jean du Becz, en son vivant, écuyer, seigneur du dit « Péreaulx, » et maître ordinaire en la chambre des comptes à Paris, son frère, d'une part, et noble homme Pierre Coulombeau, naguères receveur général du taillon en la généralité d'Orléans, d'autre part. La vente est faite par Louis du Becz à Pierre Coulombeau. — Procédures touchant la jouissance et la propriété de deux rents s, l'une de 4,000 livres, l'autre de 50 livres, provenant de la succession d'Odet de Chamberville, en son vivant, s' de « Chantellou » et « Cantelou, » et bailli de Caen, contentieuses entre Pierre Goix, praticien en la cour de Parlement de Rouen, d'une part, et Pierre de Maxle, écuyer, s' de Brières-les-Scellés, en son nom et au nom de « Charlotte de Sallure, » sa femme, d'autre part. — Constitution d'une rente annuelle et perpétuelle de 45 livres tournois faite au profit de « François Beauharnois, » conseiller du roi et de S. A. R. président et lieutenant général au bailliage et siège présidial d'Orléans, y demeurant, paroisse de Saint-Pierre-Lantin, par Charles Guyot, procureur au châtelet d'Orléans, au nom et comme fondé de procuration de « Charles Debougier, » écuyer, sieur de Brennes, demeurant audit lieu seigneurial de Brennes, « paroisse d'Isdes en Sologne, » et Marie Petit, sa femme : capital remboursé le 17 janvier 1670, entre les mains dudit François Beauharnois, par Jacques de Bouguier, écuyer, sieur de Brennes, fils aîné des constituants. — Constitution d'une rente de 66 livres 13 sous 4 deniers tournois faite par les mêmes au profit de noble homme Adam Perrinet, agent des affaires de la duchesse douairière de Sully, demeurant à Villebon, et Marie Lenoir, veuve de noble homme maître Pierre Granet, avocat en parlement, demeurant à Sully ; remboursement effectué, le 5 mai 1670, par le fils aîné des constituants, entre les mains de M. Pierre Rozet, s' de la Vallette, receveur des aides en l'élection de la Châtre, et Jeanne Granet, sa femme, héritière de Jeanne Granet, sa mère, première femme d'Adam Perrinet. — Pièces relatives à une rente de 125 livres due, par les mêmes Charles « de Bouguier » et Marie Petit, à noble homme François Vincent, sieur de Saint-Fallier, conseiller du roi, lieutenant en la prévôté d'Orléans. — Pièces relatives à une rente annuelle de 16 livres 13 sous 4 deniers tournois constituée ar les mêmes au profit de Pierre Michau, maître tailleur d'habits, demeurant à Sully, et Anne Roy, sa femme, et remboursée, le 14 janvier, par le fils aîné des constituants, au moyen d'un prêt d'argent à lui fait par Jacques Viart, chevalier, seigneur de Villette et de la Vronnière, et Claude Viart, sa sœur. — Constitution d'une rente de 116 livres 16 sous 4 deniers tournois faite, par Charles de Bouguier et sa femme, Marie Petit, au profit de Jacques Ducoing, écuyer, sieur de la Porte, conseiller du roi, président et trésorier général de France au bureau des finances de la généralité d'Orléans : remboursement effectué, le 10 décembre 1670, par le fils aîné des constituants entre les mains de Claude Lambert, seigneur « de Fougen, » et Marie Ducoing, sa femme. — Marie-Anne-Edeline, veuve d'Henri-Auguste Viart des Francs, chevalier, an-

TABLE ALPHABÉTIQUE

DU TOME DEUXIÈME

Série R. — N°° 2945 à 3003.

TITRES DE FAMILLE (suite et fin).

	Pages.		Pages.		Pages.
Prestel	1	Roze	21	Tilly	47
Prie (de)	1	Rual	24	Tiphaine	202
Prioreau	1			Tissier	202
Puissant	6	Salornay (de)	25	Tour d'Auvergne (de la)	202
Porgold de Lowendardt	6	Salvatory	25	Tourmont (de)	202
		Salvert (marquise de)	25	Tourteau de Septeuil	202
Quantin de Villiers	7	Sereno (de)	27	Trémauville	202
Quérn	7	Sérame	27	Turmenyes de Montigny	202
		Savaria de Marestan	27	Tousé	203
Racine	7	Savigny (de)	27		
Raigecourt (de)	7	Schomberg (baron de)	28	Vaillez	207
Raissing	7	Selve (marquise de)	35	Vallous (de) et Valious	209
Rassay (Aubert de)	8	Sereut (marquis de)	36	Valori et Valory	212
Raynal	9	Seumaisons (de)	37	Varennes (de)	339
Renard	9	Sevin	37	Vassan (de)	341
Renier	12	Soler (marquis de)	38	Vetellier	341
Retz (de)	12	Solive	39	Vaullier (de)	341
Ribault	12	Sommereux	42	Veugen ou Veugen	341
Ricard (de)	12	Sommery (comte de)	42	Verdier	341
Richemont (de)	13	Soubise (de)	42	Vert (de) ou Daver	342
Ricouard (de)	13	Stein	43	Veron de Laberie	342
Rigolay (baron d'Ogny)	13	Sthissel	43	Verrier	343
Ringuenet de la Toulinière	13	Surat	43	Viart des Francs	343
Riquet de Caraman	16	Saint-Huberty (de)	43	Vigron	345
Rivet de Bois-Jacourt	16	Saint-Souplet (de)	43	Vigny (de)	345
Robien (de)	16	Sainte-Croix (de)	43	Villanou	345
Robillard	22			Villepoix	345
Robin (de), baron de Megalas	22	Talleyrand-Périgord (de)	44	Villète	345
Robineau	23	Tambrun	44	Vimeux	346
La Rochefoucauld-Doudeauville	23	Tandon de Lucenay	44	Vivroudet	346
Rohan-Rochefort (de)	24	Térolles	44	Vissier	346
Roncherolles (de)	24	Tessé (de)	45	Vitte	346
Ropsy	24	Thierry	45	Vouët (Channston de)	346
Rousseau	24	Thirial	46		
Roussel de Meuiville	24	Thomas	46	Wexheim (de)	349

FIN DE LA TABLE DU TOME DEUXIÈME.

VERSAILLES. — CERF ET FILS, IMPRIMEURS DE LA PRÉFECTURE, RUE DUPLESSIS, 59.

cien capitaine au corps royal d'artillerie, chevalier de Saint-Louis, tant en son nom que comme se faisant et portant fort d'Henri-Noël-Auguste Viart des Francs, chevalier de Saint-Louis, ancien capitaine au corps royal d'artillerie, son fils, constitue une rente de 40 livres au profit de Romain-Étienne Guettard-Baron, négociant, demeurant à Étampes, et une rente de 160 livres au profit de Gabriel-Paul Guettard-Bataille, négociant, demeurant à Orléans, frères, acceptant par Pierre Guettard, leur père, bourgeois ancien échevin de la ville d'Étampes.

E. 3982. (Liasse.) — 1 pièce, papier.

24 juin 1760. — VIGNON. — Copie du brevet d'ingénieur ordinaire des ouvrages et bâtiments des ports et arsenaux de la marine accordé par le roi à Michel-Félix Vignon, ci-devant chargé en chef des travaux de la Compagnie des Indes au port de Lorient, en récompense du zèle, de la capacité et du courage par lui déployés dans la défense de la ville et du port de Lorient, investis et assiégés par les Anglais depuis le 28 septembre jusqu'au 8 octobre 1746.

E. 3983. (Liasse.) — 1 pièce, parchemin.

28 juin 1784. — VIGNY (de). — Bail de 5 arpents et 1/2 quartier de terre à Cézarville, fait par Léon-Pierre, chevalier de Vigny, seigneur d'Émerville et autres lieux, tant pour lui et en son nom qu'au nom de messieurs et demoiselle de Vigny, ses frères et sœur, ledit seigneur demeurant ordinairement en son hôtel à Étampes, rue du Collège, paroisse de Saint-Basile, à Jean-Baptiste Le Grand, charron, demeurant à Cézarville, et Marie-Jeanne Chevalier, sa femme.

E. 3984. (Liasse.) — 3 pièces, parchemin.

1784-1786. — VIGNY (de). — Léon-Pierre de Vigny, chevalier, capitaine d'infanterie, vend à Guillaume Simonneau, négociant à Étampes, et Anne (*alias* Marie-Anne) Pelletereau, sa femme, une maison sise à Étampes, rue Basse-Saint-Antoine. — Abandonnement de ladite maison, au titre de retrait lignager, fait par les acquéreurs susdits à Claude-Victor-Louis de Vigny, chevalier, seigneur du Tronchet et autres lieux, et Adélaïde-Angélique-Charlotte Le Maire de Monstirault, sa femme.

Claude-Louis-Victor de Vigny, chevalier, ancien capitaine des Cent-Suisses de la garde ordinaire du roi, seigneur du Tronchet, Châlo-Saint-Mars en partie, Obterre, Lagrange Saint-Laurent et autres lieux, demeurant ordinairement en son château du Tronchet, paroisse de Châlo-Saint-Mars, fait bail à Jean-Jacques Randouin, meunier, demeurant à la Ferté, paroisse de Châlo-Saint-Mars, et Marie-Jeanne Fontaine, sa femme, du moulin à eau de la Ferté, situé sur la rivière de « Chatouille », faisant de blé farine, et d'autres immeubles dénommés dans l'acte, moyennant 1.200 livres en argent, 120 bottes de foin du poids ordinaire, 1 plat de poisson, 6 canards et 1 gâteau par an.

E. 3985. (Liasse.) — 1 pièce, papier.

12 février 1786. — VILLANOU. — Contrat de mariage entre Jean-Pierre Villanou, garçon-coiffeur, fils mineur de Jean-Antoine Villanou, boulanger à Mazères, pays de Foix, et de Marie-Anne Fournier, représenté par Denis Charles Mercier, garde-magasin de la compagnie des chevau-légers de la garde ordinaire du roi, demeurant à Versailles, en l'hôtel desdits chevau-légers, sis avenue de Sceaux, paroisse Saint-Louis, d'une part ; et Marie-Françoise Boutet, fille mineure de feu Noël Boutet, arquebusier du roi, demeurant à Versailles, avenue de Sceaux, et de Françoise Le Roy. A la suite est un émargement du receveur de l'enregistrement à Versailles, Noël, en date du 29 thermidor, an II (16 août 1794), constatant que la citoyenne Boutet, femme de Villanou, émigré, et sa créancière, a acquis jusqu'à concurrence de 755 livres des meubles délaissés par ledit Villanou.

E. 3986. (Liasse.) — 1 pièce, papier.

24 janvier 1679. — VILLEPOIX. — Ordonnance du bailli d'Amiens dans la cause d'Adrien de Villepoix, chevalier, seigneur de Saint-Félix, et Marguerite de la Rocque, sa femme, contre Jean de Belloy, écuyer, sieur de « Hallviler », touchant les arrérages du douaire de ladite Marguerite de la Rocque.

E. 3987. (Liasse.) — 1 pièce, parchemin, incomplète.

27 janvier. — VILLÈTE. — Procuration générale donnée par Jérôme de Villète, clerc en lois, d'Orléans, à maîtres Jean de Villète, Olivier Martel, Jean...

E. 3988. (Liasse.) — 11 pièces, papier.

1746-1793. — Vimeux. — Contrat de mariage entre Charles « de Vimeux », fils mineur de Charles de Vimeux, jardinier au village de Saint-Yon, proche Arpajon, et de Marie-Madeleine Fauvelle, d'une part ; et Marie-Françoise Monnery, fille majeure de René Monnery, menuisier, et de Françoise Bricot, d'autre part. — Extraits des registres de l'État civil relatifs à des membres des deux familles Monnery et Vimeux. — Carte de sûreté délivrée au citoyen Vimeux, Louis-Sébastien, par les commissaires de la section des Quinze-Vingt à Paris.

E. 3989. (Liasse.) — 2 pièces, papier.

29 mars 1706. — Virvoudet. — Acte de partage des biens provenant de la succession de Nicolas Virvoudet, en son vivant charron, demeurant à Brunoy, entre Geneviève Le Candé, sa veuve, d'une part ; Louis Tissier, tisserand en toiles, au nom de sa femme Geneviève Virvoudet ; Pierre Virvoudet, boucher, à Versailles ; Noël Virvoudet, charron, à Paris ; et Germain Virvoudet, mineur, enfants desdits Nicolas Virvoudet et Geneviève Le Candé, d'autre part.

E. 3990. (Liasse.) — 1 pièce, parchemin ; 3 pièces, papier.

1768-1775. — Vissier. — Mathurin Chabrevor confesse avoir reçu, de M. de la Régalle, la somme de 250 livres pour une soupente édifiée sur l'escalier des Valets de chiens. — Nicolas Durhaun, officier de la reine, et Elisabeth Bougée, sa femme, demeurant au château du Chenil, paroisse Notre-Dame, à Versailles ; François Huet, officier du roi, demeurant aux petites écuries du roi, même paroisse, se faisant et portant fort de d^{lle} Madeleine Bougée, fille majeure, demeurant présentement à Saint-Léger, près Rambouillet ; lesdites Elisabeth et Madeleine, sœurs, seules et uniques héritières de feu Eloi Bougée, vétéran officier du roi ; vendent à d^{lle} Marie-Madeleine Morillon, fille majeure, ouvrière en corps de robes d'enfants, demeurant audit château du Chenil ; à Antoine Vissier, valet de chien à la vénerie du roi ; et à Suzanne Morillon, sa femme, demeurant au Chenil neuf, tous les matériaux formant une baraque construite dans le grand Chenil, sur le terrain du roi, et ce moyennant la somme de 1.250 livres. — Homologation d'avis de parents et sentence du bailliage de Versailles nommant Suzanne Morillon, veuve d'Antoine Vissier, tutrice de leurs enfants mineurs Antoine Vissier, âgé de 19 ans 1/2, et Suzanne-Françoise Vissier, âgée de 17 ans.

E. 3991. (Liasse.) — 2 pièces, parchemin ; 45 pièces, papier, dont 5 cahiers de 6, 8, 16, 23 et 40 feuillets in-f°.

1734-1793. — Vitte. — Extraits des registres de l'État civil concernant des membres des familles Vitte et Dubois, alliées. — Contrat de mariage entre Jean Vitte, domestique, fils de feu Pierre Vitte, laboureur à Vaux-en-Bresse, diocèse de Lyon ; et de Jeanne le Clerc, d'une part ; et Marie-Anne le Vasseur, domestique, fille majeure des feu Nicolas le Vasseur, maître d'école à Fouquière, diocèse de « Beauvais », et de Marguerite Galtompoix, d'autre part. — Testament du susdit Jean Vitte, qualifié bourgeois de Paris. — Pièces relatives à la liquidation de la succession du même entre ses neveux Claude Joseph et Louis Vitte, et Anne-Marguerite Henriot, fille majeure, au nom et comme exécutrice du testament de Jean Vitte. — Pièces personnelles audit Claude-Joseph Vitte, connu sous le nom de Brunet, entr'autres une série de reconnaissances de Barbier, chef du gobelet du roi, en 1791.

E. 3992. (Liasse.) — 2 pièces, papier, dont 1 imprimée.

1718. — Vouët (Channeton de). — Edit du roi portant suppression de deux officiers de Hachasseurs, de treize Suisses Portiers, établis aux portes de la forêt de la Capitainerie royale de Saint-Germain-en-Laye, et création de deux charges de sous-lieutenants, deux d'inspecteurs généraux, et six d'exempts dans ladite Capitainerie. — Nomination et présentation par Adrien-Maurice, duc de Noailles, gouverneur et capitaine des chasses de Saint-Germain-en-Laye, de la personne de Pierre Channeton de Vouët, pour remplir la charge d'exempt des chasses de ladite Capitainerie.

E. 3993. (Liasse.) — 72 pièces, papier, dont 5 cahiers de 2, 6, 6, 10 et 15 feuillets in-f°.

1762-1793. — Waxheim (de). — Contrat de mariage entre Jean-Antoine-Thibaud de Waxheim, capitaine de cavalerie dans la légion royale, majeur, fils de noble Jean-Louis Thibaud, avocat en parlement et aux cours de Lyon, et de dame Anne Duval, d'une part ; et Anne-Henriette Boucherat, fille mineure de feu Edme-

Nicolas Boucherat, écuyer, ancien fourier des logis du roi, et d'Henriette Lafond. — Acte de la célébration du mariage religieux. — Obligation de 5,000 livres consentie par ladite Henriette Lafond, au profit de Pierre Guilleminot, bourgeois de Paris; remboursement par Henriette Boucherat, devenue madame de Waxheim. — Traité entre la baronne de Waxheim et Pierre Monageot, couvreur, pour l'entretien des couvertures de la maison de ladite baronne, sise à Paris, rue Ménilmontant, près le Pont-aux-Choux. — Convention d'abonnement pour la fourniture de l'eau, entre la même et Périer frères et compagnie, entrepreneurs de la distribution des eaux de la Seine par les machines à feu établies en vertu d'un arrêt du Conseil d'État du roi, du 17 février 1777. — Quittance signée : Saint-Martin, et datée à Dax, le 4 août 1791, par laquelle ledit Saint-Martin reconnaît avoir reçu de madame de Waxheim, sa belle-mère, la somme de 239 livres. — Passeport délivré à madame veuve Waxheim par la municipalité de Paris ; le certificat du commissaire de police de la section de Popincourt à l'effet d'obtenir ledit passeport, signale la taille de madame de Waxheim comme étant de 5 pieds 2 pouces. — Laissez-passer délivré à la même par la municipalité de Rueil. — Bail d'une maison sise rue de Satory, 18, à Versailles, fait à la même par Augustin Jarjaye et Marguerite-Louise-Émilie Laborde, sa femme. — Mémoire de fournitures diverses pour le compte de la même ; quittances ; états de meubles et effets mobiliers, etc. — Jean-Philippe et Barthélemy Comérany, comédiens du roi et du comité de la Comédie italienne, reconnaissent avoir reçu de M. Desneval la somme de 812 livres 10 sous pour 13 mois, à commencer du 3 décembre 1791 et finir le 31 décembre 1792, pour son quart de loge n° E aux premières, côté de la reine ; au dos de la quittance est la cession de la jouissance dudit quart de loge faite à mademoiselle le Maire par Hébert, fondé des pouvoirs du tuteur des enfants mineurs de feu M. Le Roux d'Esneval, 19 décembre 1791.

FIN DU TOME SECOND DE LA SÉRIE E.

www.ingramcontent.com/pod-product-compliance
Lightning Source LLC
Chambersburg PA
CBHW060329170426
43202CB00014B/2717